COLEÇÃO

HISTÓRIA DA IGREJA DE CRISTO

DANIEL-ROPS

COLEÇÃO

HISTÓRIA DA IGREJA DE CRISTO

IX

A IGREJA DAS REVOLUÇÕES (II)

4ª edição

Tradução de Henrique Ruas
Revisão de Emérico da Gama

QUADRANTE

QUADRANTE

QUADRANTE EDITORA
Rua Bernardo da Veiga, 47 | Tel.: 3873-2270
CEP 01252-020 | São Paulo - SP
atendimento@quadrante.com.br
www.quadrante.com.br

Direção geral
Renata Ferlin Sugai

Direção de aquisição
Hugo Langone

Direção editorial
Felipe Denardi

Produção editorial
Juliana Amato
Gabriela Haeitmann
Ronaldo Vasconcelos
Roberto Martins
Karine Santos

Capa
Gabriela Haeitmann

Diagramação
Sérgio Ramalho

Título original: *L'Église des révolutions. II. Un combat pour Dieu*
Edição: 4ª

Dados Internacionais de Catalogação na Publicação (CIP)

Daniel-Rops, Henri, 1901-1965
A Igreja das revoluções: um combate por Deus / Henri Daniel-Rops; tradução de Henrique Ruas e revisão de Emérico da Gama – 4ª ed. – São Paulo: Quadrante Editora, 2024.

Título original: *L'Église des révolutions: un combat pour Dieu*
Conteúdo: IX. A Igreja das revoluções. 2. Um combate por Deus
ISBN (capa dura): 978-85-7465-752-3
ISBN (brochura): 978-85-7465-741-7

1. Igreja - História - Período moderno, 1500- 2. Igreja Católica - História I. Gama, Emérico da II. Título

CDD–270

Índices para catálogo sistemático:
1. Cristianismo : História da Igreja 270

Sumário

I. A época da "morte de Deus" 7

II. Sobre esta pedra, a minha Igreja 69

III. As opções de Leão XIII a respeito do futuro 153

IV. A grande jornada do catolicismo social 233

V. Pio X e "os interesses de Deus" 323

VI. Uma crise espiritual: o modernismo 385

VII. A guerra e a paz 449

VIII. Da ação social à ação católica 511

IX. Os grandes combates de Pio XI 581

X. A Igreja à dimensão do mundo. 1. Em terras batizadas 659

XI. A Igreja à dimensão do mundo. 2. Apogeu e reforma das missões 747

XII. Uma renovação da inteligência 835

XIII. "A vitória que vence tudo" 921

XIV. Teresa, "palavra viva de Deus" 1015

Quadro cronológico 1061

As principais encíclicas de 1878 a 1939 1077

Índice bibliográfico 1079

Índice analítico 1089

I. A ÉPOCA DA "MORTE DE DEUS"

O desafio

Era em Weimar, aos 25 de agosto de 1900. Na modesta casa em que os parentes o tinham recolhido, só e demente, estava um homem prestes a morrer. Era um escritor cujas obras não tinham despertado muito eco entre os contemporâneos, mas que, cinquenta anos depois, iria aparecer à humanidade como o profeta dos seus abismos: Friedrich Wilhelm Nietzsche. Na estranha autobiografia que, sob o título sutilmente sacrílego de *Ecce Homo*, escrevera imediatamente antes de a doença o fulminar, liam-se estas frases terríveis, em que o orgulho luciferino andava de mistura com a angústia:

"Onde está Deus? Eu o vou declarar: matamo-lo — vós e eu! Sim, todos nós somos seus assassinos. Mas como foi que pudemos fazê-lo? Como pudemos nós esvaziar o mar? A envergadura de tal ação não era demasiada para nós? Porque a verdade é que jamais houve ação maior que esta, e é por isso que aquele que nos suceder nesta Terra pertencerá a uma história mais alta que toda a história. Deus morreu! Deus morreu! E fomos nós que o matamos!"

No preciso momento em que desaparecia o autor dessa certidão blasfema, um velho, muito velho, também ele à beira do grande limiar, tomava solenemente a palavra, por duas vezes, a fim de entregar ao mundo o cerne da sua mensagem. Em 25 de maio de 1899, a encíclica *Annum sacrum* do papa Leão XIII consagrava a humanidade inteira ao Sagrado

Coração de Jesus, símbolo do amor que o Deus feito homem tem por todos os homens, mesmo por aqueles que o ignoram, mesmo até por aqueles que o combatem ou negam. E, no dia 1º de novembro de 1900, iria sair uma outra encíclica, *Tametsi futura* — nova página mística, em que o sacrifício redentor de Cristo seria apresentado como a explicação última de tudo o que na terra se cumpre, o alfa e o ômega do homem e do seu destino.

É no confronto desses textos que se manifesta o drama espiritual que tem por teatro e por troféu tanto o século XIX como o século XX, seu herdeiro. De um lado, homens — de quem Nietzsche é o intérprete mais lúcido — que, levando ao cúmulo a rebelião da inteligência, empurram Deus para o meio dos fantasmas vãos ou dos cadáveres em decomposição. Do outro lado, fiéis — cujo guia e porta-voz é um papa de gênio — que vão buscar à situação inquietante em que veem a cristandade motivos para serem mais audazes, mais eficazes, mais dedicados, e que, longe de admitirem que Deus desapareceu da terra, proclamam a sua soberania universal. É como que uma aposta. A Igreja de Jesus Cristo desafia aqueles que o negam. Há mais de um século que a história religiosa não é senão a história desse desafio.

Num mundo que muda de bases

Quando, a 20 de setembro de 1870, o canhão piemontês, troando em frente da Porta Pia, pôs fim à venerável realidade histórica que era o poder temporal dos papas, tinham transcorrido oitenta anos desde que um outro canhão — o dos parisienses revoltados contra o seu rei —, apontado contra as paredes da Bastilha, lançara por terra essa outra realidade histórica que fora o *Ancien Régime* francês. Mais do que a princípio pareceu, os dois acontecimentos estavam estreitamente ligados, um como causa do outro. Uma canhonada respondia à outra.

Efetivamente, a revolução que, durante dez anos, revolvera a França não dissera respeito apenas à França. As doutrinas que a haviam provocado, os ideais que os seus homens haviam servido, tinham-se proposto uma validade universal. Tinham penetrado profundamente nas consciências, tão profundamente que as tentativas dos seus adversários para arrancá-las se haviam revelado impotentes. Os exércitos vitoriosos tinham-nas difundido através das nações e das literaturas. Essas doutrinas tinham estado em ação durante oitenta anos seguidos, erguendo os "liberais" contra os regimes de autoridade, os "nacionalistas" contra a dominação estrangeira, explodindo em crises violentas por toda a parte, dando ao velho mundo perfis bem diferentes daqueles a que tantas gerações se haviam acostumado. "Na Europa, a revolução já está feita: importa que prossiga a sua marcha", dissera um dos homens a que ela tinha dado origem: Napoleão Bonaparte. E ela prosseguira a sua marcha.

A essa primeira causa de transformação da sociedade, outra se juntara, que, a princípio, impressionara menos, mas que havia de se mostrar ainda mais decisiva. Ao mesmo tempo que a revolução intelectual e política, rebentara a revolução científica e técnica. A máquina a vapor, a bem dizer contemporânea da Declaração dos Direitos do Homem, preparara, não menos que esta, a mutação dos valores e dos princípios. Pouco depois, o ritmo do trabalho já se alterava, juntamente com as condições em que se exercia. O aparecimento da grande indústria tivera duas consequências: o desenvolvimento do capitalismo, reino desumano do dinheiro anônimo, e a formação do proletariado, com as suas imensas massas de gente sem esperança. Daí resultara um enorme desequilíbrio, favorável aos movimentos de subversão e às doutrinas socialistas. Desde 1848, a revolução social misturava-se com a revolução política, tornando-a mais violenta e mais eficaz. "O mundo vai mudar de bases", escrevia, em 1871, Eugène Pottier, no poema que ia fornecer as palavras do hino revolucionário *A Internacional*. E não se enganava.

Por mais setenta anos irão decorrer novas transformações na vida política, social, moral, e serão de tal maneira profundas, tão radicais, que é lícito falar de substituição de bases. Elas se darão com espantosa rapidez. Já em 1872, ao escrever o prefácio à *Histoire du XIXème. siècle*, Michelet observava: "Um dos fatos mais graves e menos notados é que o andamento do tempo mudou por completo. De modo estranho, dobrou o passo". A observação será ainda mais válida para o período seguinte. É então que se torna verdadeiramente manifesta essa "aceleração da História" que Daniel Halévy teorizará[1]. Em poucos anos, aparece radicalmente modificado o equilíbrio das forças que conduzem o mundo: tendem a estabelecer-se novas relações entre as raças, entre as classes; impõem-se usos que as gerações anteriores desconheciam, e esses usos vão transformar, com a vida prática dos homens, o sentido da própria vida. Todos os fenômenos que vimos anunciados e depois esboçados desde a Revolução Francesa agora atingem pleno desenvolvimento. Haverá mais diferenças entre o mundo de 1939 e o de 1789 do que entre este e o do reinado de São Luís (†1270).

Essas mudanças são de toda a ordem. Em política, é a Guerra de 1914-18 que parece provocar as mais espetaculares. Preparada por longos anos de jogos diplomáticos, a guerra rebenta como um vulgar conflito de hegemonia, mas cedo se transforma em drama planetário e provoca uma revisão radical das situações. Sob a pressão das forças por ela desencadeadas, ruem impérios várias vezes seculares, que deixam atrás de si apenas escombros e farrapos, fundamento bem pouco sólido para sobre ele se edificar um futuro estável. Há regimes que sofrem a mesma sorte, enquanto outros surgem, de tipo desconhecido, temível, em que o espírito europeu, fundado sobre uma certa escala de valores, já não se reconhece. A velha Europa balança. O próprio continente que criou essas normas do espírito sente-se agora ameaçado, quer na sua supremacia, quer nas suas forças vitais. "Declínio do Ocidente", profetiza Oswald Spengler: fim fisiologicamente inevitável de uma dessas "civilizações mortais" de que fala Paul Valéry — a civilização que havia mil anos regia o continente europeu.

No extremo Ocidente, a prodigiosa ascensão dos Estados Unidos da América, subitamente reforçada pela Guerra Mundial, parece ao mesmo tempo confirmar o declínio da Europa e assegurar parcialmente a salvaguarda dos seus valores, de resto profundamente alterados na forma que assumem no "Novo Mundo". Ao mesmo tempo, no Oriente, e até no coração da Ásia imensa, outro fenômeno se inicia, cujo primeiro indício é a brusca entrada em cena do Japão, que vence a Rússia czarista em 1905. Trata-se da revolta das raças de cor contra aquela que, ao longo de três séculos, pretendeu assumir sozinha a direção do planeta, e cuja triunfal expansão colonialista semeara por toda a parte os próprios germes desse levantamento. Pressente-se e prepara-se para o mundo uma espécie de mutação, que a Segunda Guerra Mundial irá desencadear, encerrando uma página da história e, com ela, um capítulo de mais de um milênio, para abrir à humanidade uma era dramaticamente nova.

Esses enormes movimentos são ainda pouco, ao lado daqueles que a irrupção da ciência e da técnica vai determinar nas estruturas sociais e nos modos de vida — irrupção que, por outro lado, também explicará, ainda que parcialmente, as transformações políticas. Os progressos efetuados nesses domínios durante os dois primeiros terços do século XIX, por maiores que tenham sido, não se comparam com os que se operam a seguir, especialmente no último terço do século e no início do século XX. Que época espantosa! E, em muitos aspectos, que época admirável! O surto intelectual que nela se dá não tem par em nenhum momento da história. Dir-se-á que nenhum ano desse período deixou de ser assinalado por uma descoberta capaz de pesar sobre o futuro. Quando os americanos vierem a traçar a curva das "invenções decisivas", vê-la-emos subir cada vez mais, quase na vertical, como se a capacidade criadora do homem tendesse para o infinito...

Tudo muda, tudo se renova, tanto a visão que o homem tem do universo como as condições mais materiais em que ele vive. A ciência pura abre ao espírito perspectivas vertiginosas, em que se confundem matéria e energia, tempo e luz. Do maior ao mais pequeno, desde o espaço sem limites em que flutuam, aos milhões, as galáxias, até ao átomo onde se detecta a dança dos elétrons à volta de um núcleo, um mundo se revela, mundo que os homens de meados do século XIX nem sequer poderiam imaginar. Fato capital: as mais altas dessas especulações têm, quase sempre, consequências práticas. Traduzem-se, concretamente, em transformações na vida dos homens. Hertz esforça-se por definir em termos precisos uma teoria das ondas, e nasce o rádio, que vai revolucionar a comunicação do pensamento. Em 1895, Röntgen descobre os raios X; em 1900, Pierre e Marie Curie descobrem o elemento químico rádio. E, com isso, toda a terapêutica se transforma. E eis que, dos trabalhos de Lorenz, de Perrin e de Thompson, saem a eletrônica e o atomismo, para bem e para mal — anunciando outras revoluções.

A ciência aplicada e a técnica — esses os agentes soberanos da transformação dos tempos. E as datas são eloquentes: todas as invenções práticas que atualmente regem as nossas vidas vêm desses anos: em 1875, o telefone de Graham Bell; em 1895, a "telegrafia sem fios" de Hertz, Branly, Lodge e Marconi; em 1889, a hidroeletricidade, a "hulha branca", de Gramme, Bergès e Desprez; em 1888, o motor a explosão movido a gasolina, fixado por Forest; por volta de 1890, o automóvel; cerca de 1900, o "aeroplano"; em 1891, com os Lumière, o "cinematógrafo". A lista seria longa e cobriria o campo de todas as disciplinas: da metalurgia, em que entram em uso novos minerais; da química, dos corantes ou dos solventes; dos têxteis; do material para todos os usos; da medicina ou da farmácia, que, de Pasteur a Fleming, tantos e tantos trabalham por renovar.

Todas essas invenções traduzem-se no aparecimento de máquinas, cada vez mais numerosas, de perfeição crescente. São elas que revolucionam todos os meios de comunicação e de transporte; elas que transmitem o pensamento e a informação, modificando a fisionomia do mundo talvez mais depressa e mais profundamente do que todas as outras invenções. São também as máquinas que dominam a produção de bens, cada vez mais espantosos, mais caros e mais indispensáveis. Praticamente tudo o que a sociedade moderna consome é produzido por elas, incluindo, em larga medida, os produtos do solo, visto que até a agricultura se mecaniza e, em todos os países novos, passa a ser uma indústria ao lado de outras indústrias. Entre a máquina e o homem, criam-se laços que ninguém quebrará.

As consequências deste acontecimento são inúmeras. Observam-se na vida de todos os dias e nas próprias estruturas da sociedade. Nos países de alta civilização técnica, dos quais os Estados Unidos da América são protótipo e símbolo, o nível de vida eleva-se e o conforto passa a ser um ideal. Mas, se é certo que o maquinismo pode produzir em quantidades gigantescas os bens de consumo, a verdade é que o sistema econômico do mundo ainda não está adaptado ao seu ritmo. E rebentam as crises, a mais dramática das quais é a de 1929; depois dela, há de ver-se queimar alimentos em diversos países, a fim de dar remédio à superprodução, enquanto chineses e indianos morrem de fome às centenas de milhares.

E talvez isso não seja ainda o mais grave; porque essa irrupção da técnica afeta o homem de todas as maneiras. Não se apagou ainda a recordação das terríveis consequências que teve sobre a vida dos trabalhadores a entrada em cena das máquinas. Pouco a pouco, essas condições vão melhorando, mas outro perigo se desenha. Em princípio, a máquina deve diminuir o esforço dos trabalhadores: "A humanidade — escreve Izoulet em 1914 — passou a ter ao seu serviço milhões de escravos de ferro". Na realidade, em quantos casos não está o homem reduzido ao papel de escravo da máquina, que tem de alimentar e servir?... Por volta de 1900, Taylor precisa o seu famoso sistema de produção, baseado nos três princípios — "identidade, repetição, rapidez" —, e entra em uso a "cadeia produtiva". Vinte anos depois, Ford integra o *taylorismo* numa concepção geral que não abrange apenas a produção e as trocas, mas também toda a vida do operário: tudo tem de obedecer às regras do *standard*. E é grande o perigo de o homem passar a ser somente uma roda de um mecanismo gigante, útil apenas para fabricar e consumir.

Em correlação com o fenômeno de natureza técnica que é o avanço triunfal da máquina, aparece um outro, que dele depende em larga medida: o monstruoso crescimento das cidades, a concentração das massas humanas. Entre 1870 e 1914, Paris duplica a sua população, e o mesmo se passa em todas as grandes capitais, enquanto os campos se esvaziam. De repente, destroem-se as antigas estruturas sociais. O homem perde o quadro natural em que se desenvolvia. Acha-se rodeado de massas imensas, anônimo, substituível, prestes a sofrer todas as pressões crescentes da coletividade. Prepara-se uma sociedade gregária. O processo é mundial; estende-se a todos os países onde se desenvolve a grande indústria moderna.

Ao considerarmos as prodigiosas transformações que se deram durante esses setenta anos, como não falar de revolução? É certo que os resultados são bem diferentes daqueles que sonhavam os constituintes de 1789; o individualismo destes pouco tinha a ver com a civilização de massas, e, cento e cinquenta anos após terem sido proclamados, os Direitos do Homem mostram-se bem ameaçados. Mas nem por isso deixa de ser verdade que foram as forças desencadeadas pela Revolução Francesa que continuaram a abalar o mundo nos seus alicerces; são elas que acompanham, na velha sociedade ocidental, essa "ascensão vertical dos bárbaros" diagnosticada por Ortega y Gasset; são elas que fazem fermentar contra os colonizadores a Ásia e a África. A irrupção da técnica deu-lhes novas oportunidades de aplicação, multiplicando as causas do desequilíbrio. Social ou política, é sempre a Revolução que prossegue a sua marcha. E a Igreja, que tem de levar a mensagem de Cristo à terra dos homens, continua a ser a Igreja das Revoluções.

O reinado do espírito laico

Todos esses acontecimentos que mudam as bases do mundo parecem estar extremamente longe das preocupações espirituais da Igreja e do seu campo de ação. De fato, porém, dizem-lhe respeito diretamente. Não é só de ontem que o sabemos, e a teologia não cessa de repeti-lo: sobrenatural por essência, transcendente à terra pelo seu fim, a Igreja não deixa de ser constituída por homens, seres de carne e sangue, e, daí, empenhada no temporal. Desde as suas origens, sempre teve de enfrentar o problema da sua inserção nas sucessivas formas de civilização. E agora vai ter de enfrentá-lo de um modo mais imperioso que nunca. Pois não é verdade que está posto em causa o homem que ela tem por encargo levar à salvação? E não estará o próprio Deus ameaçado pelas forças obscuras e temíveis que determinam as transformações que se observam? Para a Igreja, o que está em jogo nas suas relações com os Estados, com as classes sociais, com as diversas raças, é a sua autoridade, como também as possibilidades de transmitir a sua mensagem: numa palavra, a sua própria existência, contra a qual se encarniçam muitos inimigos.

Os setenta anos cuja importância acabamos de ver no âmbito da história profana não são menos significativos no da história religiosa. Essas décadas coincidem com um enorme crescimento dos adversários que, desde havia muito, se lançavam contra o cristianismo, tentando deitá-lo abaixo. É verdadeiramente "a irrupção tempestuosa do ateísmo" de que fala Jacques Maritain. Em todos os planos e de todos os lados, desencadeia-se um imenso assalto contra a fé cristã, contra os costumes cristãos, contra a Igreja. A prodigiosa mutação que se opera na história irá marcar o fim da religião? Ao mudar de alicerces, irá o mundo expulsar Deus?

Três são as palavras que cobrem todas as formas de hostilidade à religião, desde o início deste período. Palavras que, precisamente, passam a ser usadas num sentido novo[2]: *laico, laicismo, laicidade*. Designando primitivamente o homem que não era clérigo, o termo *laico* passa a ter uma acepção mais polêmica; significa "aquele que está separado de qualquer realidade religiosa": separado, daí a pouco hostil[3]. O "laicismo" é a atitude de espírito daqueles que, na teoria e na prática, rejeitam a fé e tudo o que dela procede. Inclui todas as formas e manifestações da luta empreendida contra o cristianismo. No fim das contas, o que visa é a dessacralização radical da vida e do mundo. Compreende-se que um papa que não teve fama de espírito estreito, Pio XI, haja qualificado o laicismo como "a peste do nosso tempo, em que se encontram, no que têm de pior, todos os nossos erros"[4].

Ao longo de todo o período que estudamos, vemos o espírito laico em plena atividade, minando por todos os lados o edifício cristão. Começa por atuar no plano político, inspirando os governos, penetrando nos regimes. Reclama a separação total da Igreja e do Estado, sob o pretexto de impedir o domínio de uma entidade sobre a outra, mas, de fato, a sua intenção é afastar de todas as instituições humanas os imperativos religiosos. Retomando os métodos de que tantos governos se tinham servido séculos atrás, mas agora num intuito mais radical, ataca as congregações religiosas, o recrutamento do clero, os vínculos que unem os católicos à Sé de Roma. Antes de tudo, procura destruir o quadro em que a Igreja atua, lançando mão de métodos empregados outrora pelos regalistas, galicanos e josefitas, ou, mais tarde, pelos membros da Convenção. Pode assumir expressões diversas. Com grande frequência, será por meio da legislação, como na Alemanha de Bismarck ou na França da III República. Mas também pode suceder que, na luta contra a fé, os senhores do laicismo recorram à perseguição violenta, como se verá no México ou na Espanha, enquanto não surgem os sistemas totalitários, que conjugarão os dois métodos, utilizando ao mesmo tempo o terror e o arsenal legislativo para fazer triunfar a irreligião.

Para agir sobre os governantes, o espírito laico tem uma arma secreta: a *franco-maçonaria*. Sem cairmos nos excessos de alguns polemistas à maneira de Léo Taxil, que veem maçons por toda a parte, há que reconhecer que, no grande assalto promovido contra a religião, a seita desempenha agora um papel considerável. Tinha-se podido pôr em dúvida a sua responsabilidade na preparação da Revolução Francesa e concluir que, se certos dos seus membros tinham ocupado um lugar eminente no movimento de ideias que levara à explosão revolucionária e à sua inflexão para um sentido hostil ao cristianismo, a franco-maçonaria, naquela altura, não devia ser incriminada em bloco[5]. De resto, a Revolução não a respeitara: fizera desaparecer na França a maior parte das lojas.

Reorganizada sob o Império, em que José Bonaparte e Cambacérès a tinham dirigido, contara entre as suas fileiras marechais, altos magistrados, notabilidades de toda a espécie. Apesar de começos difíceis, a Restauração não lhe fora desfavorável, porque o duque de Berry e o ministro Decazes, "irmãos", a protegiam, e a glória de La Fayette a aureolava. Mas fora sobretudo no governo de Napoleão III que a maçonaria atingira o seu pleno desenvolvimento, na França e fora da França. Embora desconfiasse dela, o antigo carbonário deixara-a crescer, tentando controlá-la por meio de Lucien Murat, do marechal Magnan e do "irmão" Morny. Nesse meio tempo, na Itália, em que Cavour e Garibaldi eram dos seus, e na Alemanha, a seita participava diretamente dos movimentos nacionalistas e liberais, especialmente antirromanos.

O período que começa em 1871 é o do seu triunfo. Se bem que a participação de alguns dos seus membros na Comuna pudesse torná-la suspeita, ela ocupa subitamente, na III República, um lugar de primeira importância, ainda que secreto. "A maçonaria — escreverá o 'irmão' Gadaud — é a República encoberta, tal como a República é a maçonaria descoberta"[6]. O alto pessoal do Estado é maçom ou simpatizante: de Gambetta a Émile Combes, de Jules Ferry a Waldeck-Rousseau... Não seria fácil fazer a lista completa. E não é assim apenas na França. Os "irmãos" atuam no Império de Bismarck, bem como na Itália, com Crispi ou Ernesto Nathan (o mais sectário dos prefeitos que Roma conheceu). Detêm o poder em numerosas repúblicas sul-americanas, como também em Portugal. Na Espanha, a revolução que vai abater a monarquia será preparada nas lojas e terá por chefes aqueles que os "conventos" designarem — os Azaña, os Lerroux, os Largo Caballero. Como o poder ajudava ao recrutamento, a maçonaria será cada vez mais próspera. Nas vésperas da Segunda Guerra Mundial, os maçons hão de alcançar a cifra de perto de dois milhões.

Ao mesmo tempo, dá-se uma evolução. O deísmo sincero, mais ou menos claramente formulado, que antes de 1789 inspirava a franco-maçonaria, e até, já sob a Restauração, aquele a que Joseph de Maistre era capaz de aderir, desaparecera progressivamente. Muitas lojas, a partir de 1848, apagaram do seu ritual o nome de Deus. Apenas numa minoria de maçons subsiste um respeito pelo "Grande Arquiteto"; a maioria é racionalista e ateia. Um anticlericalismo fervente, apaixonado, anima a propaganda feita pelas lojas em nome de um ideal de liberdade e de justiça. O ódio à Igreja torna-se o principal motor da sua ação. "Não esqueçamos que somos a Contra-Igreja!" — exclama um "irmão". E outro continua: "Nós, maçons, temos a obrigação de prosseguir na demolição definitiva do catolicismo". E um outro precisa ainda: "O que tem de ser destruído é o instrumento de que o clero se serve para subjugar as massas: é a própria religião"[7]. Animados por tais princípios, os franco-maçons no poder irão trabalhar o melhor possível para instalar o reinado do espírito laico.

Para estabelecer esse reinado, foi posta em prática uma ação sistemática em todos os planos, a começar pelo intelectual. A ofensiva lançada por Strauss, Renan e os outros — tantos outros, desde Voltaire[8]! — vai ser retomada e desenvolvida. O trabalho crítico sobre os textos sagrados, em que nem tudo é de rejeitar (o de Harnack, ou o dos defensores da *Formgeschichtliche Methode*[9], o "método da história das formas"), será sistematicamente centrado contra as bases escriturísticas da fé, apresentadas como se fossem um amontoado de coisas inverossímeis. A figura de Cristo será maltratada. O Antigo Testamento, especialmente visado por Wellhausen, há de ser ainda mais maltratado, e os seus milagres objeto de escárnio. A arqueologia será convidada a prestar o seu apoio. A publicação dos "códigos babilônicos", tais como o de Hamurabi; a edição, por Flinders Petrie, do *Livro dos Mortos* do Antigo Egito; o estudo do dualismo iraniano — tudo vai permitir apresentar a mensagem judaico-cristã como simples decalque das religiões orientais.

Mais ainda: quando nascer na Inglaterra a *Ciência Comparada das Religiões*, vai haver um grande entusiasmo em buscar analogias e prefigurações da Santíssima Trindade na "tríade capitolina" dos romanos ou na de Brama, Vishnu e Shiva venerada pela Índia, e a "realeza sagrada", tão querida da Escola de Upsala, "explicará" a messianidade de Jesus. Tal como o estudo das religiões primitivas, inventado por Edward Burnett Taylor, o inquérito prodigiosamente minucioso feito por James Frazer em *O ramo de ouro*, há de autorizar os espíritos "verdadeiramente livres" a encontrar a origem de todas as religiões, sem excetuar o cristianismo, em obscuras práticas, e a tudo explicar pelo *totem*, o *tabu*, a "manducação de Deus" e os "ritos mágicos"[10].

A História, como é óbvio, não ficará fora desses jogos; vai ser convidada a demonstrar os "escândalos da Igreja" e as suas enormes iniquidades, mesmo as menos demonstráveis, como por exemplo a da pretensa "papisa Joana". A Inquisição, o processo dos templários, o caso Galileu — outras tantas excelentes ocasiões de polêmica! Tudo isso será difundido, quer pela imprensa de larga tiragem, quer pelos manuais para uso da instrução primária. Vem a propósito uma palavra de um mestre ilustre da universidade, Edgar Quinet, no seu *Livre de l'éxilé*: "Trata-se, não apenas de refutar o papismo, mas de o extirpar; não apenas de o extirpar, mas de o desonrar".

Não menos que as bases intelectuais do cristianismo, serão minadas as suas bases morais. As leis laicas terão em vista arruinar o edifício cristão anulando as regras morais impostas pela Igreja. E não é um desígnio oculto. "O nosso objetivo — há de dizer Albert Bayer — é lutar contra a moral cristã, expulsar das consciências os velhos dogmas, mas também os preceitos e as máximas que nelas foram introduzidos a coberto de tais dogmas". É significativo que o divórcio, condenado pelos católicos como "um regresso ao paganismo e ao naturalismo", seja imediatamente estabelecido pelos governos que se inscrevem na luta antirreligiosa, como por exemplo a França em 1884 e seis ou sete outros países. É igualmente significativo que, em Estados em que o direito matrimonial era da competência exclusiva das autoridades religiosas — no Brasil, na Argentina, na Espanha, na Hungria, em Portugal e em outros lugares —, o casamento civil receba sanção legal. Significativo ainda que um dos cuidados dos regimes anticlericais seja o de autorizar a incineração dos mortos (na França, a decisão data de 1886), por a Igreja ser hostil a essa prática[11].

Um dos aspectos mais importantes desta ação do espírito laico é o que se propõe dominar a juventude. É certamente aí que a ambiguidade dos termos é mais manifesta. Reclama-se a "neutralidade" da escola "laica", ou seja, o direito de educar as crianças fora de toda e qualquer influência religiosa. De fato, porém, a intenção profunda é expulsar Deus da escola e da consciência das crianças. "A guerra entre nós não está nos caminhos abertos: está na escola!" — atira o laico Clemenceau aos seus adversários[12]. E outro laico, Viviani, há de reconhecer: "A neutralidade é sempre uma mentira"[13]. Um dos grandes condutores do laicismo escolar, Ferdinand Buisson, num livro francamente intitulado *La foi laique*, chega a fazer esta confissão: "A escola deve ser doutrinariamente laica"[14], ou seja, não apenas de fato. Não é de admirar, pois, que, em todos os países onde se põe o problema religioso, as discussões mais graves sejam sempre sobre a questão da escola e da formação da juventude. Isto é verdade não só nas democracias anteriores a 1914, mas também na Itália de Mussolini e na Alemanha de Hitler.

Tal o dado capital de toda a evolução do mundo no período que vimos considerando. O espírito laico reina cada vez mais soberanamente. E esta é uma constante tão evidente que não se limitará a ser apanágio das democracias chamadas "liberais" de antes da Primeira Guerra Mundial, que tão bem o serviam. Quando, após o conflito, vierem a surgir os regimes totalitários, estes não irão ser menos laicos, menos substancialmente opostos à Igreja e a toda a religião, que as democracias que eliminaram ou que condenam. Hitler e Lênin serão tão laicos como os ministros de Combes ou de Crispi. Até os processos de que se vão servir os totalitarismos para fazer penetrar o laicismo nas consciências e nos espíritos serão idênticos: ação sobre a família, sobre a juventude, polêmica crítica. O "Museu do Ateísmo", em Moscou, irá afixar nas suas paredes os argumentos do voltairianismo ao lado daqueles que a irreligião vai buscar à ciência e à técnica. E o fim último de toda essa obra de laicização continua a ser o mesmo, de Combes a Stalin.

Bem sabemos qual é esse fim: os defensores do laicismo não o escondem. Para lá da Igreja, das suas instituições, e até para lá de qualquer religião, o que se visa é uma certa concepção da vida — aquela que assenta na fé. "A ideia laica encerra uma concepção filosófica que implica a independência e a autossuficiência da razão" — diz um historiador do laicismo[15]. Quando empreender a luta contra a Igreja, Bismarck dar-lhe-á um nome eminentemente significativo: *Kulturkampf* ["luta entre culturas"], frisando assim que se trata do embate de duas concepções da civilização. O que os marxistas vierem a dizer será, como se sabe, a mesma coisa. Este intuito de construir uma sociedade sobre a negação da fé foi formulado em termos tão claros por um dos representantes mais autorizados do laicismo sob a III República, que todos os protagonistas da irreligião, até Hitler ou Stalin, os poderiam fazer seus. Interrogado por Jaurès acerca da intenção profunda da sua política, Jules Ferry respondeu: "A minha intenção? Organizar a humanidade sem Deus".

"Crer ou não crer"

Na imensa ofensiva conduzida contra o cristianismo, há, pois, bem mais do que o banal anticlericalismo, e até o ódio à Igreja como instituição. Na raiz do movimento que se diria lançar o mundo contra a religião, o que há é um pensamento, uma concepção do homem essencialmente oposta àquela que o cristianismo oferece. Bem o compreendeu Leão XIII, e bem o assinalou, na primeira encíclica do seu pontificado, uma das mais importantes de todas, a *Inscrutabile Dei*: "Se considerarmos bem as condições críticas do nosso tempo, descobriremos sem dificuldade que há uma só causa para os males que nos ameaçam: os erros filosóficos que certas escolas fizeram penetrar em demasiadas consciências".

Não era de ontem essa responsabilidade espiritual. O "conflito entre crer e não crer", de que Goethe, no seu *Divã do Ocidente e do Oriente*, já dizia ser "o tema mais profundo da história do mundo, único verdadeiro, só ele único", foi travado, quanto à Europa cristã, no momento em que o homem começou a discutir os imperativos da Igreja e a opor às certezas da fé as certezas, mais imediatas, da razão. A rebelião da inteligência[16], iniciada nos dias do Renascimento pelos Poggio, os Platina, os Dolet, os Cardan, depois encorajada pela vitória do cartesianismo — um cartesianismo entendido num sentido que Descartes não teria aprovado —, nunca mais desde então cessou de minar a consciência europeia, até quando ela parecia estabelecida nas bases mais sólidas[17], e veio saltar à vista no século XVIII. Invocando "luzes" que não eram as da fé, o espírito humano pretendeu desembaraçar-se desta como se fosse uma venda nos olhos. A Revolução Francesa marcou o ponto máximo dessa evolução. Embora não tenha tido por causa imediata essa rebelião da inteligência, a verdade é que recebeu e difundiu os temas desta, da qual foi, afinal, o sinal mais brilhante e mais terrível. Foi também à luz sangrenta da Revolução que começaram a descobrir-se as consequências da revolta intelectual.

O século XIX, nos dois primeiros terços da sua história, assinalara uma terceira fase da revolta luciferina, uma "terceira *Aufklärung*" (como alguém disse), mais radical que as do Renascimento e do Século das Luzes. Enquanto, na primeira fase, se atacara sobretudo a estrutura da Igreja — o que explica que a revolução protestante tenha vindo imediatamente depois do Renascimento —, e, no "Século das Luzes", se pusera em causa a fé em Cristo, a época de Kant, de Hegel, de Comte, de Renan, de Taine, de Marx foi muito mais longe. Os esforços diferentes, mas na verdade convergentes, de todos esses espíritos, levavam a recusar qualquer fé num ser transcendente. Era propriamente "o conflito entre crer e não crer". O Deus revelado da religião cristã passava a ser discutido; segundo alguns, radicalmente suprimido.

A esse resultado, nada traz de novo o período que se abre em 1871. Todas as doutrinas hostis à fé que então surgem em ação procedem diretamente das do princípio do século XIX. Todas, exceto uma — o idealismo —, que é diferente, mas que vem dar um som tão radicalmente novo que poucos serão capazes de recolher o seu eco. Os outros não fazem senão prolongar Auguste Comte ou Feuerbach e Marx, tirando as consequências das ideias lançadas por esses pensadores. E não é dos menos curiosos aspectos da crise do espírito contemporâneo essa como que esterilização da irreligião doutrinária, essa ausência de seiva criadora, exatamente no período em que parece prestes a triunfar.

Conjugam-se, pois, as três grandes correntes da irreligião que antes pudemos detectar. Uma é o *positivismo* que teve em Comte o seu teorizador[18]. Os positivistas não se recusam a admitir a existência de substâncias espirituais distintas das materiais, coisa que os materialistas negam. Mas, mesmo para os positivistas, a única realidade que verdadeiramente conta é a que fere os sentidos e é percebida pela inteligência humana. O conhecimento "positivo" é, por conseguinte, o mais completo. É a ele que chega a humanidade moderna, agora que, graças à ciência, ultrapassou a "idade teológica" e depois a "idade metafísica". Falecido em 1867, Auguste Comte deixou numerosos discípulos[19].

Na França, *Littré*, autor do dicionário mais célebre, é seu zeloso propagandista, antes de regressar ao cristianismo, já às portas da morte... *Hippolyte Taine* (falecido em 1893) aplica o positivismo a muitos temas de História e de Estética, embora as suas convicções tivessem mudado no que diz respeito à metafísica comtiana. Na Inglaterra, a corrente positivista alia-se àquela a que deu origem *John Stuart Mill*, depois continuada pelo seu discípulo *Alexander Bain*. Na Itália, o positivismo goza de grande prestígio, com *Roberto Ardigo* (1828-1920), "o filósofo dos fatos", fundador da *Rivista di filosofia scientifica* juntamente com o médico e antropólogo Mantegazza. Nos países germânicos, onde Ernst Lass e Friedrich Jodl se fizeram incensadores de Comte, as teses deste tomam novo colorido, com o *empirocriticismo* de *Richard Avenarius* e *Ernst Mach*, que reduzem o conhecimento à sensação e submetem todos os fenômenos a leis físico-químicas; é esse empirocriticismo que Lênin classificará como "doutrina bastarda, incrivelmente caótica e reacionária"... Sob os seus diversos aspectos, o *comtismo* exerce uma influência profunda. Espíritos tão diferentes como

Charles Maurras e Lévy-Bruhl hão de aderir a ele. As suas aparências de objetividade e de seriedade agradam às inteligências universitárias. Há de animar vastos setores do pensamento, até ao momento em que, renovado e sistematizado por Marx, o materialismo o substituir.

Em certo sentido, o *materialismo* é mais lógico. Não aceita que haja qualquer manifestação espiritual independente da matéria. Toda e qualquer atividade intelectual ou moral procede do funcionamento do corpo. São teses já defendidas, no século XVII, por Thomas Hobbes e, no século XVIII, por La Mettrie e numerosos enciclopedistas. No decorrer do século XIX, foi sempre aumentando de importância. Porventura a única realidade não será aquela que a ciência atinge diretamente?

O livro que Ludwig Büchner publicou em 1855, *Kraft und Stoff* ["Energia e matéria"], reeditado vinte vezes em meio século, difunde largamente essas teses. A Alemanha é a terra privilegiada dessa doutrina, com Moleschoff, fisiologista a quem a mera palavra *espírito* põe fora de si, ou Carl Vogt, ou Ernst Haeckel, pensador medíocre, mas grande vulgarizador. Mesmo um sábio genial como *Wilhelm Ostwald* (1853-1932), prêmio Nobel de química, mal se afasta do mais rasteiro materialismo na sua concepção do mundo como agregado de átomos regidos por leis de uma dinâmica incompreensível.

Essa corrente materialista expande-se por todo o lado. É ela que leva o psiquiatra italiano *Cesare Lombroso* a construir a teoria do gênio como forma de loucura. Na França, é ela que eleva aos píncaros *Félix Le Dantec* (1869-1917), para o qual "a consciência não é mais que um epifenômeno" e todos os pensamentos são consequências do "determinismo sociológico". Assim se preparará o terreno para uma outra forma de materialismo, infinitamente mais estruturada e mais atuante — a que Marx propõe.

Positivismo e materialismo, aliás muitas vezes afins e difíceis de distinguir, parecem querer partilhar entre si o campo inteiro do pensamento. Achamo-los associados com maior ou menor clareza a todas as disciplinas científicas novas. Por exemplo, à *sociologia*, que Comte inventou ao ensinar que o desenvolvimento da humanidade está sujeito a leis cujos princípios podem ser fixados pelos métodos científicos. *Émile Durkheim* (1858-1917) será o sistematizador da nova ciência, cujos domínios vão ser estendidos por *Lucien Lévy-Bruhl* (1857-1939) ao campo da moral. Os sociólogos pensam, segundo observa o seu fiel intérprete Albert Bayet, que importa "considerar os fenômenos sociais como coisas" e rejeitar qualquer explicação transcendente e finalista. É a sociedade humana que faz o homem, sem nenhuma significação. "Não pode haver moral teórica", diz Lévy-Bruhl, pois a única moral real é aquela que a sociedade impõe. Já Jean-Marie Guyau, numa obra que, apesar de esquecida, fez grande furor no seu tempo (1885), falara de uma "moral sem obrigação nem sanção".

Fora desse vasto domínio em que avançam, cada vez mais misturadas, as ondas violentas do positivismo e do materialismo, dir-se-ia não haver senão ilhotas ameaçadas. A persistência das afirmações espiritualistas, quer as de Bergson, quer as de pensadores cristãos como Blondel ou Maritain, cuja capital importância examinaremos[20], é considerada por muitos como um fenômeno bizarro, absurdo, uma curiosidade análoga à da observação dos mamutes no gelo polar. A única corrente filosófica admitida e que banha a consciência dos intelectuais quando lhes repugna a mediocridade do mecanicismo e do materialismo vulgar, é o *idealismo*. Saído de Hegel, vê na "ideia", ou seja, no Espírito, o Ser Universal do qual procedem todos os seres individuais. Tem os seus arautos: na Inglaterra, Bradley e Pringle-Pattison; na Itália, *Benedetto Croce* (1866-1952) e *Giovanni Gentile* (1875-1944), que depressa serão irmãos-inimigos; na França, *Léon Brunschvicg* (1869-1944). Não falta nobreza a essa doutrina, que tem o sentido das verdadeiras hierarquias, mas à qual se censura ter pouco em conta o real e não o dominar de modo nenhum. Lênin irá lembrar aos idealistas que a terra existia antes do homem, isto é, antes da ideia, e Péguy há de lançar-lhes o sarcasmo: "O idealismo tem as mãos puras; mas não tem mãos!"

Todas essas doutrinas têm um mesmo fim; bem sabemos qual. Até o idealismo, que, centrando tudo no "eu" pensante, elimina necessariamente todo o Espírito absoluto criador, preexistente a tudo, e cujos defensores — em termos mansos, como um Brunschvicg, ou, mais violentamente, como um Gentile ou um Croce — são, na realidade, adversários decididos do cristianismo. A hostilidade para com a religião é nítida nos outros, quer positivistas, quer materialistas, aqui aliados. Como o sobrenatural escapa, por definição, à experiência sensível e não pode ser alcançado sem a matéria, toda a metafísica é absurda. "Falar de fé — dizia Mach — é falar de vento". Mesmo os mais moderados — como Herbert Spencer — reduzem Deus a um desconhecido do qual a ciência nunca há de saber nada e de quem, por consequência, mais vale não tratar. Para Haeckel, nem a existência de Deus, nem a imortalidade da alma, nem o livre arbítrio têm qualquer sentido. De resto, "Deus não passa de um animal vertebrado gasoso"... Os sociólogos, cuja influência vai crescendo, como fundamentam tudo na consciência coletiva que se impõe ao indivíduo, concluem daí que a crença em Deus não é mais que uma ilusão imposta pela sociedade, e a sua moral, como já vimos, é exatamente antitética da moral cristã, que pressupõe obrigações ditadas por uma autoridade superior às da terra e admite penas eternas.

Por qualquer lado que a abordemos, essa imensa corrente do pensamento moderno parece, sempre, dirigir-se para uma só meta, que é a que se propôs a rebelião da inteligência desde que começou: a eliminação do sagrado, a negação de Deus. É este o credo a que se vinculam os que pensam caminhar no sentido da história e trabalhar pelo progresso do espírito humano. Verdadeira fé às avessas, cujos pressupostos estão, frequentemente, tão longe da razão como os que a graça estabelece nas consciências cristãs. Como duvidar disto, quando lemos esta confissão do materialista Le Dantec, num livro cujo título — *Athéisme* — vale por um programa? Dizia ele: "Eu sou ateu porque não creio em Deus. E não creio em Deus porque sou ateu!"

Religião da ciência e mito do progresso

Essas doutrinas não se confinam aos abstratos limites do pensamento puro: penetram na consciência — ou até na inconsciência — do homem moderno. São transportadas por poderosas correntes que não fazem parte deste ou daquele sistema de pensamento, mas são admitidas ou pressupostas por todos. Já alguém pôde dizer[21] que se trata dos "denominadores comuns da mentalidade do século". A *religião da ciência* e o *mito do progresso* são os nomes das mais fortes dessas correntes.

"A ciência é uma religião": a palavra foi escrita em 1848 por Renan, no seu O *futuro da ciência*, livro que o autor deixou por muito tempo inédito, mas que, a dois anos da morte, ou seja, em 1890, se decidiu a publicar. Essa nova fé, nascida durante o século XIX, não deixou de se desenvolver. Como é que a época que assistiu ao mais prodigioso surto das ciências puras e das técnicas de todos os tempos não havia de ficar maravilhada? A inteligência tem orgulho de si própria, o que é perfeitamente legítimo e bem acolhido pelo cristianismo, o qual reconhece nessa superioridade do homem a prova de uma inefável semelhança com Deus. Mas, quanto mais esses progressos se firmam, tanto mais se acentua a deformação que já vimos surgir: o cientificismo.

Embriagado com os seus triunfos, o homem faz da ciência um ídolo, e à volta dela organiza essa autêntica "religião" de que falava Renan — com os seus dogmas, os seus ministros, a sua moral. Da ciência espera-se um futuro de felicidade, e é precisamente isso que dá à sua "religião" tanto fascínio. O paraíso pertence à Terra, e está à vista. Só a ciência está à altura de revelar ao homem a verdade inteira. Só ela o ensina a viver. Só ela fundamenta a sabedoria. Por que buscar outras explicações? "Já não se acredita nos filósofos!", exclama Nietzsche, zombando. Nem nos padres. Mas crê-se nos cientistas.

Hoje, à luz ofuscante dos acontecimentos, muitos espíritos renunciaram a semelhantes ilusões. Nós aprendemos que a ciência vale o que valerem os homens, e nunca terá tido tanta atualidade a famosa palavra de Rabelais: "Ciência sem consciência não é senão ruína da alma". Mas, há ainda pouco mais de meio século, raros eram os que opunham resistência à corrente cientificista. Por exemplo, um Henri Poincaré, ao estabelecer a autonomia do conhecimento metafísico em relação ao conhecimento científico; ou um William James, cujo "pragmatismo" não via na ciência senão um instrumento cômodo; ou um Henri Bergson, ao mostrar a ciência como construção intelectual, incapaz de apreender o real, e ao reclamar logo a seguir, para conjurar o perigo cientificista, "um suplemento de alma". Sem falar de um Tolstoi, que denunciava "as modernas superstições", ou de um Brunetière, que, com certa precipitação, anunciava a "bancarrota da ciência". Porém, a grande maioria dos espíritos que exercem influência nesta época são *cientificistas* convictos: cientistas como Marcellin Berthelot, Claude Bernard, Thomas Henry Huxley, ou escritores como Flaubert,

Zola ou o dinamarquês Brandes. O cientificismo tem até os seus teólogos: o alemão Wundt, que pretendia realizar a síntese de todas as ciências, ou o seu compatriota Dilthey, que pretendia definir uma anti-metafísica.

A essa fé tão exaltante, as massas aderem cada vez mais. E é fácil, visto que não impõe qualquer limite. Tudo ajuda a difundi-la: a imprensa e a literatura andam repletas dela, e as Exposições Universais, que reúnem as maiores cidades do mundo ocidental, contribuem poderosamente para essa expansão. O *Livro de Ouro da Torre Eiffel*, recordação deixada no coração de Paris pela Exposição de 1889, está cheio de aforismos sobre o tema: "Até onde não subirá o homem, já que levantou a torre?" Os romances à Júlio Verne, à Robida, mais tarde à H.G. Wells, em que a imaginação se apoia no real científico, contribuem para fazer crer que tudo passou a ser possível ao homem. Até espíritos muito conservadores se entregam à tendência triunfante: um Melchior de Vogué, um Paul Bourget.

Conflui para esta corrente uma outra, que a reforça: a do *evolucionismo*. Já assistimos ao nascimento da teoria da evolução na primeira parte do século XIX[22], desde que começou a afirmar-se a ciência da Pré-história e que Lamarck e Darwin, cada um a seu modo, lançaram a hipótese do "transformismo". Numerosas descobertas parecem dar razão aos transformistas: por exemplo, no que diz respeito às origens do homem, a descoberta, em 1890, pelo holandês Dubos, na ilha de Java, dos restos fósseis do "pitecantropo", proclamado intermediário entre o macaco e o homem; depois, as de outros elos da mesma cadeia — o homem de Neanderthal ou o de Piltdown[23]. Não se deixa de continuar a discutir acerca do mecanismo da evolução, como no tempo em que Darwin contradizia Lamarck. Aparece mesmo uma nova hipótese, em 1901, formulada pelo botânico holandês Hugo de Vries — o "mutacionismo". Mas o essencial da tese não se alterou, e até vai tomando caráter mais geral e absoluto.

E aí está o fato capital. O evolucionismo tende cada vez mais a deixar de ser uma simples hipótese científica para tornar-se uma explicação do mundo. Huxley e Spencer aplicam-no à estrutura moral e social da humanidade. Haeckel, o vulgarizador cujo livro *Os enigmas do Universo*, publicado em 1899, alcança a tiragem de 400 mil exemplares, difunde abundantemente essa ideia. É então que a evolução passa a ser verdadeiramente considerada como "a lei dos Cosmos"; "não apenas uma teoria, um sistema, uma hipótese, mas uma condição geral a que têm de se curvar e que têm de satisfazer, para serem pensáveis e verdadeiras, todas as teorias, todas as hipóteses, todos os sistemas" — como diz, em obra só editada após a morte do autor[24], um jovem paleontologista que, em 1913, afirma trazer elementos novos para o conhecimento do homem fóssil: o jesuíta Teilhard de Chardin. Haeckel vai ao ponto de dizer que a inteligência de um povo se mede pela fé na evolução.

A concepção evolucionista invade todas as ciências, tanto a anatomia como a genética, a geologia, a antropologia ou a sociologia. Também não lhe escapam a psicologia e a moral, e Marx aplica-a aos fatos econômicos. Ferdinand Brunetière, o mesmo que proclamara "a bancarrota da ciência", fala da "evolução dos gêneros literários"...

Religião da ciência e teoria evolucionista juntam-se para fundar o mais evidente dos "denominadores comuns" do pensamento moderno: o mito do progresso. O espírito humano pretende abarcar toda a história da humanidade, desde as mais distantes origens até ao mais longínquo futuro. A ideia é simples, e impressiona as massas. Assim como se verifica que, depois da "descida das árvores" de que fala Édouard Le Roy, a humanidade nunca mais deixou de avançar para um tipo mais perfeito, para formas de civilização mais bem organizadas, assim a veremos, graças à ciência e aos meios cada vez mais poderosos de que vai dispondo, crescer ainda mais e afirmar-se como dominadora do mundo e da vida. A ascensão triunfante do homem é coisa certa. Tudo deve ser ordenado para o Progresso[25]. O mito impõe-se ao espírito; são muito poucos os que escapam à sua sedução. E mesmo após os terríveis avisos das câmaras de gás e de Hiroshima, ainda fascina as consciências até aos nossos dias.

Será ainda preciso dizer que estas linhas de força da mentalidade moderna tendem todas elas a recusar a fé e a negar Deus? Não é que, fundamentalmente, o cristianismo seja hostil à ciência e ao progresso; até veremos que, no nosso tempo, uma apologética — a do pe. Teilhard de Chardin — pretenderá fundamentar-se em ambos. Mas, no tempo em que Haeckel e Le Dantec brilham, ainda não soou essa hora. O evolucionismo e o cientificismo fazem muito mais do que expandir o axioma — "o homem descende do macaco" —, ou do que fornecer armas à crítica contra os milagres da Bíblia. O que se propõe é toda uma concepção do mundo e do homem, essencialmente antagônica à do cristianismo. A própria ideia de uma origem intencional do mundo e de uma finalidade é inadmissível: o Deus Criador é tão "absurdo" como a Providência. Por que razão o homem, demiurgo do mundo de amanhã, havia de sentir-se dependente de um ser superior, a quem devesse adoração e obediência? "O laboratório substitui o oratório". Também a imagem cristã do homem, ferido pelo pecado mas resgatado, deixa de ter sentido se uma evolução fatal vai conduzir a humanidade para um estado de perfeição superior. A oposição é irredutível. Baudelaire bem o tinha percebido, quando escrevia que "o verdadeiro progresso não consiste no gás de iluminação ou no vapor, mas na diminuição dos vestígios do pecado original".

Deste modo, o termo para o qual caminha necessariamente a humanidade, num futuro iluminado pela ciência e pela técnica, parece ser a própria ruína da fé. No mundo que nasce, a religião já não terá lugar: esta convicção difunde-se e impõe-se. É o que quer dizer J.M. Guyau — esse pensador medíocre, mas que teve o dom das fórmulas felizes — ao intitular o mais famoso dos seus livros de *A irreligião do futuro*.

"Homo homini deus"

Há, finalmente, outro aspecto do pensamento moderno que temos de considerar se quisermos compreender o mecanismo dessa "morte de Deus" profetizada por Nietzsche: é que todas as negações que acabamos de enumerar vêm reforçadas por afirmações igualmente determinantes para o processo da irreligião. Não se trata apenas de formas variadas do ateísmo. Trata-se de um *humanismo ateu*, na célebre expressão do pe. Henri de Lubac[26]. No vazio deixado pela fé em Deus, é tão grande para o homem a necessidade de crer, que uma outra fé se instala, fé num outro absoluto, que não é senão o próprio homem. Assim se opera essa substituição da religião que, segundo um axioma, é o único meio de assegurar a sua total destruição.

O humanismo ateu não é mais inovador do que as doutrinas da irreligião. Vimos como nasceu e cresceu com a rebelião da inteligência. A Revolução Francesa formulara-lhe a doutrina, como também as suas formas aberrantes. Desde então, não parou de ganhar terreno[27]. Todas as correntes de pensamento que rejeitam a fé procedem dela. O refrão de Béranger que se trauteava nos começos do século XIX exprime uma convicção progressivamente generalizada: "Humanidade, reina! Eis a tua era — que a voz dos ecos piedosos contesta em vão". E Feuerbach forneceu-lhe a fórmula adequada: *"Homo homini deus"*.

O homem, deus para o homem... Auguste Comte sonhara construir sobre esse alicerce um novo sistema religioso. Renan falou da "humanidade divina". Berthelot nunca se cansou de proclamar que o fim último do esforço científico é a revelação e glorificação do homem. Passou a ser agora como que um pressuposto da anti-fé, um "é óbvio"... Por vezes, exprime-se de um modo tão primário que faz rir. Haeckel escrevia: "O segredo da teologia é a antropologia. Deus é o homem adorando-se a si mesmo. A Trindade é a família humana divinizada". A mesma ideia encontra-se nos meios científicos e entre os fanáticos do progresso, que veem, no futuro, o homem como senhor absoluto do mundo; mas não menos entre os idealistas, para quem o pensamento do homem inclui até mesmo esse mundo e o chama à existência. O homem medida de tudo, a única razão de ser de tudo — eis a imagem que cada vez mais as massas vão adotando.

Que tal imagem é falaciosa, é o que mostrarão o passar dos anos e os acontecimentos que, ao longo da marcha da humanidade, se irão tornar cada vez mais catastróficos. Paradoxalmente, a glorificação do homem caminhará a par da sua secreta degradação, e não tardará a vir a sua radical negação. Se o ser humano não passa de um agregado de moléculas regido no seu comportamento por forças cegas, não se percebe onde é que se funda a sua grandeza. Se as teorias de Charcot, depois as de Janet, são verdadeiras na explicação que oferecem dos estados místicos, como também as de Lombroso, quando dá aos maiores dons criativos essa mesma causa — a loucura, a neurose —, desabam os tipos superiores da humanidade, os únicos que poderiam justificar a sua glorificação: os gênios, os heróis, os santos. A pessoa humana, medida de tudo... Que será dela no sistema estabelecido pela técnica, onde, na dependência do automatismo da máquina, o trabalhador é cada vez mais reduzido ao *standard*, enquanto no resto da sua existência está submetido a pressões cada vez mais pesadas que se exercem todas elas contra a liberdade?

A época do humanismo ateu triunfante é também aquela em que surgem no horizonte do mundo os temíveis monstros totalitários, com os seus métodos infalíveis de reduzir os indivíduos à escravidão do coletivo e de aniquilar aquilo que faz o verdadeiro homem: a possibilidade e o direito de realizar um destino pessoal. Esta dupla evolução manifesta-se ao longo de todo o período que nos ocupa e há de acelerar-se de maneira apavorante a partir de 1918; não estará longe o dia em que, dos lábios de uma das melhores testemunhas do tempo, cairá esta máxima de amargura: "Diz-se que Deus morreu... Talvez o homem tenha morrido com Ele"[28].

Nesse ínterim — antes de a história confirmar com os seus castigos essa *hybris*, esse orgulho desmedido do qual já os gregos diziam que é sempre punido com catástrofes, e de a humanidade sofrer uma dúvida crescente acerca da sua deificação —, há de observar-se no seio do humanismo ateu uma evolução que lhe dará todo o seu significado luciferino. Mudará de natureza. As diversas filosofias que vimos alimentarem a irreligião desembocavam no ateísmo ao cabo de um raciocínio especulativo: proclamavam que "Deus não existe" uma vez que não é redutível à experiência, não é um fato material, ou então não passa de uma hipótese, já que ter ideia de um objeto não é o mesmo que demonstrar a sua realidade. O humanismo ateu do século XX irá muito mais longe. Não se contentará com dizer que "Deus não existe e toda a religião é absurda": há de querer proceder de tal maneira que isso se cumpra. Já Proudhon falava de um *antiteísmo*.

Para que o homem seja deus, é preciso que não haja Deus: a conclusão é de uma lógica impecável. Deus sentido como obstáculo decisivo à realização do homem, entrave que importa quebrar para sermos o que somos, verdadeiramente livres — tal o termo a que chegam todos os positivismos, todos os materialismos, todos os evolucionismos, todos os cientificismos. A irreligião do século XX encontrará aí a sua originalidade, que é também o seu extremo. Dois grandes pensamentos determinaram essa evolução final. Completamente diversos um do outro, mas no fim das contas complementares: Karl Marx e Friedrich Nietzsche.

Nietzsche, profeta das trevas

Friedrich Nietzsche... É impossível falar sem afeição deste homem, apesar de o mundo ateu reconhecer nele um dos seus guias.

Amava a natureza, os animais, as flores, vibrava ao pensar na Itália e na Grécia, achava na música a satisfação de uma exigência vital, era poeta — discípulo, rival de Heine e de Hölderlin, um dos maiores que a Alemanha conheceu. Era bondoso, ele que pensava odiar a bondade e a misericórdia; era compassivo para com os humildes e os pobres, tão suave e doce no comportamento pessoal que, em Gênova, a vizinhança lhe chamava "santinho". Mas, sobretudo — e por isso um cristão não o pode olhar com indiferença —, esse combate com o Anjo que todo o homem tem de travar, ele travou-o de corpo e alma, aceitando todos os riscos, sabendo que assim expunha muito mais do que a vida, defrontando o mistério numa angústia quase pascaliana, como testemunha genial das nossas piores tentações.

Contemplemo-lo[29] acima do lago de Sils-Maria, no Engadin, lago tão azul, tão frio, tão duro e puro como água-marinha, junto ao rochedo de Surlei, hoje consagrado à sua memória. Contemplemo-lo detendo-se, sabendo que está "a 6.500 pés acima do mar e muito mais acima de todas as coisas humanas", invadido por uma onda de intuições quase indizíveis, e apesar de tudo experimentando até ao delírio a necessidade de criar a sua revelação. Hegel e Feuerbach, Comte e Renan, Spencer e Stuart Mill, todos eles doutrinadores da descrença, são intelectuais tristes, raciocinadores, professores. Nietzsche é outra coisa. Por isso rejeita-os a todos com desprezo — os racionalistas e os positivistas, os materialistas e os idealistas, sem esquecer os socialistas. Para ele, que vem a ser isso de demonstrações lógicas?... O que ele tem de trazer ao mundo é uma certeza existencial, uma certeza que nele se formou de repente, num instante de milagre e angústia, quando estava "abandonado ao lago, em pleno meio-dia, no tempo sem fim". E sabe que o segredo de que é depositário é um segredo terrível. "Ah! Como eu gostaria mais de ser professor em Basileia do que de ser Deus! — exclama —; mas não sou tão egoísta que renuncie a criar o mundo!" Formalmente, é um profeta, um inspirado. De resto, com aquela fronte gigantesca, o imenso bigode a esconder-lhe os lábios, e os olhos cavados — sobretudo os olhos, olhos de febre e de loucura, enterrados nas órbitas de arcadas farfalhudas —, é como o poderia ter pintado Michelangelo na Sistina... Não é verdade que a si mesmo se chama "profeta de trevas até agora desconhecidas"? A irreligião moderna não virá a ter voz mais patética do que a sua para criá-la.

Será possível falar propriamente de doutrina a seu respeito? Sofreu tantas influências, como as doutrinas de Heine e de Dostoievski, que aceitou, como as de Strauss e de Feuerbach, que julgou recusar, ou como a de Wagner, que por fim rejeitou!... Há nele qualquer coisa de Manu, de Buda e até de Cristo: muitos dos seus aforismos não passam de máximas cristãs viradas pelo avesso. Nada mais distante do espírito de sistema que o modo de expressão de que se serve — essas sequências de máximas líricas, de sentenças cunhadas como medalhas, mas que se contradizem sem vergonha. É fácil encontrar nele, em apoio de todas as suas teses, citações até da apologética cristã mais clássica. Onde começa para ele o paradoxo, a ironia? Onde a necessidade de criar a verdade mais escandalosa? E, no entanto, desse turbilhão efervescente, desprende-se uma verdadeira filosofia, no sentido em que qualquer filosofia é sabedoria, ou seja, atitude de vida. É certo que não existe um sistema nietzscheano; mas existe um nietzscheanismo.

O fundamento que criou para si esse filho de um pastor da Turíngia é a descrença radical. "Para mim — exclama ele no *Ecce Homo* —, o ateísmo não é o resultado de alguma coisa, ainda menos de um acontecimento da minha vida em casa; é automático; é algo instintivo". Pouco importa que, por vezes, se possa suspeitar que essa confissão é forçada, arbitrária, e se tenha a impressão, ao lê-lo, de que esse Deus a quem ele pretende tão calmamente despedir continua a ser olhado como adversário, terrivelmente real e próximo. É desse pressuposto que procedem todas as suas teses: não há Deus, o céu está vazio — assim fala Zaratustra.

A primeira consequência desse axioma é que não pode existir nenhuma religião. Para Nietzsche, a religião resulta de um desdobramento do homem. Nos mais fortes, dá-se uma crise de consciência da grandeza humana, a qual, não ousando afirmar-se, acaba por atribuir a um ser sobrenatural os próprios atributos do homem. Para os fracos e os medíocres, esses atributos da divindade são os que eles jamais poderão alcançar. A religião é, pois, em todos os casos, "uma alienação da personalidade", uma negação da grandeza do homem. Impede-o de ser "fiel à terra", isto é, de realizar todas as suas possibilidades. Deus não é senão o símbolo de que se reveste a covardia humana, a vontade de impotência, e, se tantos conservam esse mito, é porque é mais cômodo não ser do que querer ser, visto que a maioria recusa o esforço heroico que seria necessário para "ser o que se é".

É sobretudo contra o cristianismo que Nietzsche volta a ponta mais aguda dessa crítica. De todas as religiões, a cristã é a que leva ao cúmulo a alienação do homem e o seu aviltamento: é "uma nódoa eterna sobre a humanidade".

Tomando como princípio que "todo o bem, toda a grandeza, toda a verdade, são dados pela graça", o cristianismo tira ao homem todas as hipóteses de ser ele próprio. A fé atenta contra a "fé na vida". E, de resto, não é verdade que a moral cristã se contrapõe a tudo o que faz o homem verdadeiro? "A supremacia dos simples de espírito, dos corações puros, dos sofredores, dos fracassados" — será essa a verdadeira hierarquia de valores? Em valores como "a fé, a pureza, a simplicidade, a paciência, o amor ao próximo, a resignação, a submissão a Deus", Nietzsche vê "um repúdio do Eu" — o que é, aliás, perfeitamente exato, mas que ele interpreta como um atentado contra o homem. Todos os sentimentos que o cristianismo qualifica como virtudes são para ele absurdos e desprezíveis. "A compaixão é um desperdício, parasita nocivo à saúde moral". O verdadeiro homem deve ter por máxima: "Sê duro!" E, afinal, na prática, não será a esta máxima que obedecem os grandes homens, os conquistadores, os gênios, que sujeitam os acontecimentos à sua medida: os césares, os napoleões?... A conclusão que se impõe brota, claríssima, desse imponente bigode de profeta: "Não é decente ser cristão".

Na verdade, a mensagem última que Nietzsche julga ser chamado a transmitir ao mundo é esta: deu-se um acontecimento capital que escapou à observação dos homens: *o tempo das religiões acabou; Deus morreu*. A certeza da "morte de Deus", que ele recebeu de Heine[30], é o fundo da sua mensagem.

Não se trata de uma certeza de algum modo estática, de uma verificação do gênero das que fazem os historiadores. Nas célebres frases[31] em que anuncia esse acontecimento, o que se afirma é também uma opção. "Todos nós somos assassinos de Deus", e continuamos a assassiná-lo dia a dia. Ao "decidir-nos contra o cristianismo, não por meio de raciocínios, mas por gosto", nós perpetramos esse crime dos crimes.

"A morte de Deus não é apenas, para o homem, um fato terrível: é querida por ele. Por quê? Para que há de ser senão para pôr fim à sua alienação, ao seu aviltamento?"

Matar Deus é afirmar o Homem. O ateísmo nietzscheano não é simplesmente negativo: pretende propor a cada homem, em vez das covardes facilidades que, segundo ele, a religião nos dá, a aventura prodigiosa da "conquista penosa e cheia de riscos" do homem autêntico. "Desde que deixou de haver Deus, a solidão tornou-se intolerável. Importa que entre em ação o homem superior".

Eis o som, a tantos títulos perturbador, que vem do humanismo ateu de Friedrich Nietzsche. Ele sabe, aliás, que a morte de Deus é um acontecimento de uma importância terrível, mesmo que a maior parte dos vivos ainda não suspeite disso. Entre aqueles que dela tomaram consciência, muitos ficaram como que mudos de espanto perante esse "assassinato". "Como pudemos nós fazer semelhante coisa? Como é que pudemos esvaziar o mar?" E entregam-se a temores que, de resto, a história irá confirmar: "Não vamos agora cair, cair sempre? Não vamos perder-nos num infinito nada? Não sentimos já bater-nos no rosto o sopro do vácuo? Não está cada vez mais frio? Não é cada vez mais noite?" Profeta do mundo coberto de trevas, Nietzsche tem, mais que ninguém, a certeza de que a humanidade, assassina de Deus, entrou num imenso ciclo de catástrofes. O que ele propõe não é o paraíso na terra, à maneira de todos os socialistas: a sua *gaia ciência* está desprovida de otimismo. Não é fácil fazer do homem um Deus.

No termo dessa opção, o que é que, afinal, se encontra? Nada mais que o homem. Não, porém, o homem covarde e fraco que chafurda no lamaçal das religiões. É antes o homem que verdadeiramente pôs em prática a morte de Deus e dela tirou todas as consequências; aquele que, tal como o Siegfried de Wagner, vive, sem medo da morte, a vida humana na sua plenitude; aquele que toma consciência das potencialidades infinitas que o alevantam, e que as realiza: o *super-homem*. Visão messiânica, de um messianismo sem Deus, e em que o super-homem é ao mesmo tempo o salvador e o salvado.

Associada à "moral da vida", que podemos extrair, por oposição, das invectivas lançadas contra a moral cristã, essa concepção vai acabar por justificar a violência, a crueldade, a pior desigualdade nas condições humanas, a própria escravidão, pois é legítimo que a raça do super-homem seja servida pela dos medíocres e dos covardes. "É possível — confessa Nietzsche — que tudo isto nos encha de pavor, mas também a natureza tem qualquer coisa de pavoroso". É "para além do Bem e do Mal" que o homem se erguerá, como Deus admirável na sua perfeição, caminhando todo ele, não para a virtude, também não para o gozo, mas para a nobreza e a grandeza.

Tal é o humanismo ateu de Friedrich Nietzsche, aquele em que se encarna — devemos confessar que da mais alta maneira — a rebelião luciferina na nossa época. Aristocrática em alto grau e apenas acessível a bem poucas inteligências, essa mensagem ficará, em vida de Nietzsche, a bem dizer ignorada. O escritor sem leitores não convencia ninguém quando afirmava aos vizinhos de mesa: "Dentro de quarenta anos, serei célebre na Europa!" E, no entanto, sem que tenha suscitado o enorme movimento que será causado pelo pensamento de Karl Marx, o pensamento do autor da *Vontade de poder* e do *Anticristo* virá a alimentar de razões de viver aqueles que, posteriormente, se julgarem vocacionados para super-homens. Uma forte corrente vai sair de Nietzsche, visível na literatura. Os grandes *fauves* ["selvagens"] que, entre as duas guerras mundiais, vão impor a sua tirania aos povos, serão seus leitores e discípulos: Mussolini, Hitler. Será necessária a experiência dos campos de concentração e das câmaras de gás para que a humanidade compreenda aonde levavam os aforismos líricos acerca da moral do super-homem e do esmagamento das raças inferiores.

Quanto a ele, quanto a esse profeta das trevas, havia já muito que estava morto, depois de, por dez anos, ter vivido na loucura uma existência pior que a própria morte. Foi o arauto mais veemente da humanidade rebelde levantada contra Deus, mas também, melhor que qualquer outro, quem a advertiu dos riscos que corria na sua tentativa. Um cristão não fala sem emoção dessa testemunha trágica da grande ausência — dessa testemunha despedaçada.

A ascensão do marxismo

Nietzsche é um isolado romântico. Não se dirige às multidões, e, muitas vezes, a paixão tem nele mais lugar que o raciocínio. Pouco antes de terem explodido as suas tenebrosas profecias, um outro homem de gênio, no seu quarto de exilado em Londres, elaborava uma doutrina de música completamente diversa da que vinha daquela sabedoria paradoxal: uma doutrina lógica, difícil de penetrar e, no entanto, capaz de levantar as massas. Em breve essa doutrina ia ter um desenvolvimento impressionante. Era ela que ia emergir da efervescência das filosofias anticristãs, resumindo-as todas. E viria o dia em que, da "morte de Deus" anunciada por Nietzsche, a primeira testemunha e o agente mais eficaz seria incontestavelmente *Karl Marx*.

Recordemos[32] que — judeu alemão, partindo de Hegel, mas infiel ao idealismo do mestre para seguir o caminho aberto por Feuerbach em direção a um materialismo determinista radical, e passando depois da filosofia especulativa para o estudo dos problemas econômicos e sociais —, Karl Marx tinha chegado a elaborar uma gigantesca síntese em que pretendera captar e ordenar toda a realidade, ou traduzir, na expressão do seu discípulo Plekhanov, "uma concepção total do homem e da vida". Ao mesmo tempo, aderira ao movimento revolucionário, ao qual, já em 1848, trouxera as teses audaciosas do *Manifesto comunista*. O primeiro volume da sua suma, *Das Kapital*, aparecera, em alemão, em 1867, sob um subtítulo enganador, que não revelava nem a amplitude do desígnio nem a riqueza dos temas abordados: "Desenvolvimento e produção do capital". Esse primeiro tomo não passara despercebido: tinha-o lido a *intelligentsia* revolucionária da Alemanha e da França. Em Paris, Joseph Roy iniciara imediatamente a tradução, que concluiria passados dez anos, sob a vigilância direta do autor. Mas quando Marx morreu (1883), o seu pensamento seria tudo menos famoso. E ele próprio, por mais convicto que estivesse de ter aberto uma nova era na história, sentia-se inquieto e triste ao ver que a sua irradiação era fraca e que a *Internacional Operária*, de que fora animador, se decompunha e finalmente se dissolvia, no Congresso de Filadélfia, em 1876.

De ano para ano, porém, o marxismo ia progredir. Muitas razões explicam o seu êxito. A mais evidente é que todos os temas que, conforme vimos, constituem o denominador comum da mentalidade moderna, tinham sido apreendidos e ordenados por ele num sistema de pensamento de um rigor soberano. Cientificismo, mito do progresso, evolução necessária — tudo isso se encontrava assumido e extrapolado no marxismo. O otimismo luciferino do homem sem Deus achava nele o seu arremate. O materialismo era levado ao cúmulo. Para Marx, verdadeiramente, só existia a realidade material, só ela era cognoscível.

Mas, ao passo que havia tantos que dessas afirmações não tiravam senão determinismos chãos, ele pretendia responder à angústia existencial do homem, explicar-lhe por que estava na terra e para que lhe servia a vida. O seu método — a dialética, que fora buscar em Hegel, mas "pondo-lhe os pés no chão", fazendo proceder tudo da matéria e não da "Ideia" (ou seja, do espírito), convertida assim em "dialética materialista" — oferecia uma explicação geral de toda a realidade, designadamente da realidade humana que se traduz na história, o que dava ao "materialismo dialético" uma vitalidade interna que nenhuma outra doutrina filosófica possuía em tal grau. Enfim, e sobretudo, o marxismo apresentava-se, não como simples ideologia, verdade especulativa, mas como "práxis", doutrina para a ação, assim realizando "a unidade da prática e da teoria".

Nenhum dos filósofos positivistas ou materialistas, nem mesmo Auguste Comte, se preocupava com os meios concretos de transpor para a realidade humana as consequências dos conceitos que definiam. Nietzsche, o profeta, também não. Já o marxismo revolucionário, esse declarava que não queria "interpretar o mundo, mas transformá-lo". Revelando às massas sofredoras e oprimidas o modo de se libertarem, essa doutrina, fundamentada em análises áridas e em números, punha, portanto, em jogo ressentimentos e esperanças, isto é, todos os instintos elementares dos homens, dos melhores aos piores. Não é de admirar, portanto, que ela tenha abalado e posto ao seu serviço as "forças telúricas" de que falaria Keyserling.

O sistema de pensamento lançado pelo primeiro tomo do *Capital* veio ainda a ser mais bem definido pela publicação póstuma de três outros volumes, fixados a partir de notas e rascunhos: o segundo e o terceiro, pelos cuidados de Engels, o mais querido amigo de Marx, a quem esse trabalho exigiu dez anos; o quarto, por Kautsky. O conjunto foi editado entre 1904 e 1910. Esse acervo monumental foi traduzido em curto espaço de tempo para todas as principais línguas do Ocidente. Na França, J. Molitor dedicou trinta anos a essa tarefa, consubstanciando-a no gigantesco conjunto de cinquenta e cinco volumes, publicados pelo editor Costes.

A simples menção dessas publicações é suficiente para revelar o lugar que o marxismo ocupou durante os trinta anos que se seguiram à morte do fundador. Foi a bem dizer uma ascensão constante, aliás prevista por Marx, no plano da doutrina e no da ação. Ao passo que Nietzsche não deixou ninguém atrás de si para o prolongar, nasceu uma verdadeira escola marxista, que em pouco tempo se expandiu. Na Inglaterra, o norte-americano Henry George, no seu livro *Progress and Poverty* [1879], fez uma impressionante aplicação das teses marxistas ao lamentável estado social do país. Na França, Jules Guesde, autodidata apaixonado, tirou delas argumentos para a renovação do velho coletivismo de que fora arauto, e Georges Sorel, autor das *Réflexions sur la violence* [1908], filho de burguês e politécnico em ruptura com a sociedade capitalista, deu ao marxismo uma adesão tempestuosa e excêntrica[33]. Foi sobretudo entre os intelectuais russos, expulsos do seu país pelas medidas policiais dos czares, que Marx encontrou os seus herdeiros mais eficazes. Logo em 1883, Plekhanov e Akselrod fundavam um grupo marxista que depressa recrutou bastantes aderentes na *intelligentsia* exilada. Começou a desenvolver-se uma imprensa marxista, mais ou menos clandestina: em Londres, o *Iskra* ["A Centelha"]; em Viena, o *Pravda* ["A Verdade"], ambos fundados por *Leon Trotsky*.

Mas, acima de todos — ora refugiando-se em Genebra ou em Paris, ora aproveitando um abrandamento das severidades czaristas para reentrar na Rússia e aí atuar secretamente; escritor fecundo, jornalista incisivo que fez do *Pravda* o órgão mais importante do movimento —, surgiu um homem como continuador eminente de Marx. Foi o São Paulo do novo messias, o homem que adaptou com autêntico gênio o pensamento do mestre às condições práticas da obra revolucionária:

Vladimir Ulianov, dito *Lênin*, de pensamento tão penetrante e ação tão eficaz que, daí em diante, a doutrina comunista se chamaria *marxismo-leninismo*.

Consequência imediata desses progressos do marxismo foi que os diversos sistemas socialistas que tinham sido elaborados na primeira metade do século XIX desapareceram. Ferdinand Lassalle, único rival alemão de Marx, tinha morrido em 1864, e os seus partidários aderiram ao "socialismo científico" nos congressos de Gotha e de Erfurt (1876 e 1880). Os outros socialismos foram ultrapassados, quase aniquilados: os socialismos franceses à Saint-Simon, à Fourier, à Proudhon; os socialismos ingleses *trade-unionistas* ["sindicalistas"] ou comunitários; o socialismo do holandês Niewenhuis, evangélico e generoso; o socialismo italiano, cheio de reminiscências do insurrecionismo de Mazzini. É sabido com que severidade Marx tratara esses sistemas que procuravam conceber o mundo de amanhã em nome de princípios generosos, mas abstratos. *Miséria da Filosofia* [1847], replicara ele, em tom de mofa, à *Filosofia da Miséria* [1846] de Proudhon.

Em face do marxismo, da sua lógica rigorosa, dos seus apelos à luta de classes e à ditadura do proletariado, que podiam contar as ideologias humanitárias dos velhos socialismos? É certo que ainda houve quem tentasse estabelecer uma síntese entre as teses marxistas e os princípios individualistas herdados da Revolução Francesa. Na Alemanha, Bernstein; na França, Jean Jaurès; na Bélgica, Vandervelde. Mas a atitude desses teóricos nunca saiu da ambiguidade. Salvo na Inglaterra, onde o "fabianismo", caro a Wells e a Bernard Shaw, preconizava um socialismo prático, construtivo e "cheio de bom senso municipal". Por toda a parte, nas vésperas de 1914, o socialismo se mostrava impregnado de marxismo.

No interior desse socialismo marxista ou marxizante, observa-se uma evolução que terá efeitos consideráveis. Manifestam-se duas tendências: a que rejeita a violência e a que opõe ao reformismo a vontade revolucionária e admite todos os meios de ação. Os partidários da primeira querem realizar o socialismo por meios legais, parlamentares; os da segunda, embora separando-se radicalmente dos anarquistas à Bakunin e à Kropotkin, cujos atentados a nada levam, não veem outra hipótese senão a subversão da sociedade capitalista liberal. Politicamente, essa oposição entre as duas tendências aparece por toda a parte, exceto na Inglaterra, onde a *Labour Party* reúne praticamente todos os socialistas, e nos países escandinavos. Em 1903, no Congresso de Londres, o socialismo russo cinde-se em dois: por pequeníssima diferença, os partidários da Revolução a qualquer preço, dirigidos por Lênin (que começaram a ser chamados "os majoritários", *bolcheviks* em russo) vencem os *mencheviks*, os minoritários reformistas. Catorze anos depois, os primeiros estarão em franca vantagem sobre os adversários, e hão de ser os grupos mais duros do marxismo integral que, instalando o comunismo na Rússia, provarão o acerto da sua posição — por algum tempo...

Tal é, sem dúvida, o fato capital da história das ideias políticas da nossa época: apresentando-se como a única solução para todos os problemas humanos, o humanismo ateu, sob a forma mais sistemática e mais dura, prepara-se para fornecer a demonstração de estar à altura de fundar uma sociedade humana. Para o cristianismo, para a Igreja, essa ascensão do marxismo é grave. A partir desse momento, os cristãos vão estar em face dos adversários mais decididos e mais armados que algum dia puderam conhecer. Eram muitas as falhas na irreligião do socialista Proudhon, no anticristianismo do positivista Auguste Comte; os materialistas de tipo banal eram incapazes de construir um sistema baseado nas suas asserções simplistas, e os ministros "laicos" da França ou da Itália não tinham a bem dizer qualquer doutrina. A partir de agora, é uma verdadeira doutrina, um sistema de pensamento total e positivo, que faz frente à crença e que está decidido a arruiná-la.

Porque a oposição do marxismo à religião[34] não é acidental: prende-se com a própria essência do pensamento filosófico e social de Marx. O seu ateísmo é o reverso necessário da concepção que tem do homem: é nele que se fundamenta a sua definição de liberdade. Ser livre é não receber de ninguém aquilo que se é, não acreditar num Deus criador, não aceitar ser escravo. A corrente que levava o humanismo ateu, em qualquer das suas formas, a rejeitar Deus, sentido como obstáculo ao desenvolvimento do homem, vem encontrar aqui a sua culminância. É conhecida a célebre expressão de Marx: "Religião, ópio do povo". E Lênin exclamará: "Nem sequer ópio, mas uma espécie de má vodca espiritual em que os escravos do capitalismo afogam o seu ser de homem". Para realizar o homem, para lhe permitir a construção do mundo à sua dimensão, importa que a religião desapareça, que a própria ideia de Deus se torne incompreensível. É a sociedade inteira que, na sua marcha avante, há de realizar essa tarefa. Nunca o ateísmo se havia mostrado tão radical e tão completo.

Devemos acrescentar que, a essa ação do marxismo sobre os espíritos, para os levar a aderir ao materialismo e ao ateísmo, outra se juntou, de ordem prática. Na perspectiva marxista final, o homem não precisa fazer-se "assassino de Deus", como queria Nietzsche. Uma vez que a religião é uma superestrutura da sociedade capitalista, desaparecerá com esta, de acordo com o movimento dialético da história. Mas, nesse meio tempo, como ainda se está na fase transitória em que a sociedade capitalista se mostra poderosa, a religião, elemento importante da ordem estabelecida, não pode deixar de ser considerada como aliada do regime capitalista, ou seja, como inimigo a abater. É por isso que, assim como o materialismo dialético marxista cobre e absorve todas as antigas formulações do ateísmo, assim também a política marxista lançará mão de todos os meios preparados pelos adversários da fé, ainda que tenham um modo de pensar fundamentalmente burguês. Deste modo veremos os marxistas fazerem seus os argumentos do laicismo mais tradicional, por exemplo em matéria de crítica bíblica, de sociologia ou de moral. E também se verá como imitam os procedimentos "laicos" para desferir os seus ataques contra a Igreja, o clero, as instituições eclesiásticas, só se distinguindo por uma violência muito maior e por um método mais perfeito. "Soma das irreligiões", porventura estará o humanismo ateu marxista destinado a polarizar, quer na ação, quer na doutrina, todas as forças que, desde há muito tempo, lançam a grande ofensiva contra Deus?

A ameaça totalitária

A época que se abre com o fim da Primeira Guerra Mundial marca também uma nova fase dessa grande ofensiva. Não que tenham surgido então outras doutrinas para ensinar aos homens métodos inéditos de "matar Deus". As que aparecem não passam de variantes ou sucedâneos dos diversos positivismos e materialismos que vimos em ação desde há muito tempo. Foi nos acontecimentos e nas instituições que a ameaça se tornou mais imediata e premente. Já não se trata de simples teoria, mas de aplicação prática. Povos inteiros vão ser forçados a realizar na sua vida a "morte de Deus".

Nos dias 6 e 7 de novembro de 1917[35], um punhado de marxistas dirigidos por dois chefes audaciosos, *Lênin* e *Trotsky*, lançam por terra, com um piparote, o frágil edifício que os socialistas reformistas agrupados à volta de Kerenski tentavam manter de pé sobre as ruínas do Império czarista.

Através de inumeráveis dificuldades, vencendo o caos à custa de um terror impiedoso, repelindo os assaltos dos adversários externos e internos, os bolcheviques conseguem impor-se à Rússia inteira. Quatro anos depois, em 1921, já era claro, a quem tivesse olhos para ver, que essa pequena minoria de revolucionários, cuja queda a imprensa burguesa profetizava todos os dias, tinha estabelecido tão solidamente o seu poder, apoiando-se nos *soviets* de soldados e operários, que não seria abatida, apesar das crises frequentemente violentas. Assim se abria um novo destino para a "Santa Rússia". O acontecimento é de uma importância capital, não apenas no plano político, mas na história das ideias e na da religião.

Existe agora um Estado fundado sobre o marxismo mais absoluto e decidido. *Lênin* (1870-1924), esse pequeno-burguês com rosto de calmuco a quem, mais do que a ninguém, se deveu o êxito da Revolução de Outubro — repensando a doutrina do mestre, traduzindo-a em termos ainda mais adaptáveis ao seu tempo, oferecendo-lhe meios de expressão mais simples, mais acessíveis às massas, mais polêmicos —, tornou essa doutrina também mais eficaz, ou seja, também mais temível para a fé. Tal como Marx, Lênin e todos os que o rodeiam são violentamente hostis à religião, da qual falam com um desprezo ainda maior que o de Karl Marx. Pois não estava a igreja russa tradicional associada ao regime autocrático e plutocrático que o bolchevismo acabava de destruir? Portanto, o jovem Estado marxista há de encarniçar-se contra ela, usando de todos os meios para abatê-la, incluindo o da perseguição violenta, e prosseguirá num esforço enérgico para arrancar a fé de todas as consciências, a fim de estabelecer a sociedade "sem Deus".

Este é o fato histórico de importância capital: pela primeira vez desde que existem sociedades humanas, existia um regime — e parecia destinado a durar — que rejeitava toda e qualquer referência a Deus ou às forças sobrenaturais e queria promover uma civilização dessacralizada. Jamais fora feita semelhante tentativa, luciferina à letra — pois substituía Deus pelo homem. Nem nos dias mais negros da Revolução Francesa os piores condutores da campanha antirreligiosa se tinham valido de tais princípios. Ou, pelo menos, os ateus completos, aliás raros, não tinham disposto do aparelho do Estado para impor as suas ideias. Agora, aqueles que se propuserem o aniquilamento final da religião já poderão aproveitar o precedente. Em um número cada vez maior de países o Partido Comunista que se vai criando — na França, desde 1920[36] — encarna a vontade de construir um mundo sem Deus. E a *Terceira Internacional*, fundada por Lênin em 1919 pela federação de todos os movimentos e partidos comunistas sob a direção do *Komintern* [abreviatura de *Kommunistiska internationalen*, "Internacional Comunista"], desempenha o papel de uma "Contra-Igreja" que, como a Igreja de Cristo, se propõe orientar toda a humanidade.

Lênin e os bolchevistas fazem ainda mais que provar ao mundo, mediante o exemplo terrivelmente peremptório do Estado soviético, que é possível um regime sem Deus: afinam um instrumento que vai constranger os homens à irreligião. O chefe da nova Rússia bem o percebeu: um dos seus principais livros, *O Estado e a Revolução* [1917], explica-o sem subterfúgios: "O Estado, organismo de coação, deve ser colocado por inteiro ao serviço dos princípios revolucionários". Todos os meios de que dispõe hão de convergir para o estabelecimento da sociedade marxista, para realizar o homem marxista. Assim nasce, com a vitória do bolchevismo russo, o primeiro dos *regimes totalitários* modernos[37]. Em tal regime, tudo depende do Estado, tudo procede dele, tudo para ele tende. É o Estado que anima e domina a vida econômica, bem como a vida intelectual. Não há liberdade individual, ou, melhor, só existe no marco fixado pelo Estado.

Também deixa de haver justiça. E moral. A lei suprema, a lei única, é aquela que o interesse do regime determina. A bem dizer, nem sequer existe o homem, uma vez que desapareceu o homem livre e unicamente responsável perante a sua consciência. Só existe o homem coletivo, expresso de modo abstrato pelo Estado.

Aqui reside, não o podemos pôr em dúvida, a intuição genial de Lênin ao pressentir que a evolução do mundo sob a ação do progresso técnico parecia tender irresistivelmente para esse primado do coletivo sobre o individual. No momento em que, no sistema de produção e de comércio, como também na existência diária dos homens desenraizados das grandes cidades, tudo caminha para a uniformização, o totalitarismo parece adequado a essa evolução do mundo. Uma certa concepção do homem e da sociedade vai, pois, ver-se ultrapassada, e, com ela, os regimes democráticos mais ou menos liberais que pretendem fundar-se sobre ela. Bem puderam alguns escritores ou filósofos lançar gritos de alarme[38]... Para um número cada vez maior de homens, o totalitarismo surgiu como uma fatalidade ou uma necessidade.

E tanto é assim, que este tipo de regime não se limita à Rússia soviética onde nasceu. Nos vinte anos que separam as duas Guerras Mundiais, aparece em diversos pontos do globo. Nem sempre está ao serviço da doutrina marxista: acontece até que, como na Itália ou na Alemanha, parece ser o único obstáculo capaz de se opor ao bolchevismo. Mas os princípios e os métodos de governo são exatamente os mesmos. Não há grande diferença entre a GPU russa e a Gestapo germânica, e é idêntica a pressão que se exerce, em todos os Estados totalitários, no sentido de orientar e modelar os espíritos ou de dominar toda a existência do homem. Para Mussolini e Hitler, tal como para os bolchevistas, é o Estado que deve fixar o que se tem de pensar, crer, dizer ou fazer. "A educação totalitária e integral de todos os italianos cabe exclusivamente ao Estado como uma das suas funções primordiais, ou, melhor ainda, como a função primordial do Estado", diz o *Duce*, enquanto um universitário alemão, exprimindo perfeitamente o pensamento do regime nacional-socialista, exclama: "Agora, que se abriu a era da autoridade política, a neutralidade do Estado desaparece: o direito, a arte, a religião, a economia, a ciência, a cultura, a educação, a escola — tudo deve ser regido pelo Estado"[39].

Tal é a nova ameaça com que o cristianismo se defronta. A ascensão dos totalitarismos põe-no diretamente em causa. Existem, sem dúvida, grandes diferenças de intenções e de acentuação entre os diversos regimes. Enquanto o bolchevismo russo, na sua qualidade de marxista, pressupõe formalmente como base e como fim a negação de Deus e de toda a religião, é evidente que isso não acontece com o fascismo, que, na medida do possível, procura respeitar as convicções cristãs do povo italiano. Mas a "estatolatria pagã" de que falará Pio XI acerca do regime mussoliniano, as suas afirmações incessantemente repetidas de que "o indivíduo nada é, a coletividade é tudo", e, ao mesmo tempo, a constante exaltação dos valores da força e da violência pela propaganda oficial, não são essencialmente anticristãs? E não se deve fazer idêntico juízo acerca do nacionalismo intransigente que a política fascista proclama? O mesmo acontece, mas com uma intensidade ainda maior, com o regime que Hitler e os seus camisas-marrons instauram na Alemanha e que, neste caso, envolve e unifica os seus erros numa autêntica heresia, a do racismo, à qual a Igreja opõe o seu grande princípio da igualdade fraterna de todos os homens, quaisquer que sejam a sua raça, a sua classe, o seu nível de civilização.

É contra esses novos adversários que o cristianismo tem, pois, necessidade de lutar[40]. São infinitamente mais temíveis que os da época anterior. Se os totalitarismos não desdenham a utilização dos métodos do laicismo democrático, dispõem, por outro lado, de meios de ação bem mais poderosos do que as democracias maçônicas de antes da Primeira Guerra Mundial, para atingirem o objetivo que Jules Ferry definira: "organizar a sociedade sem Deus". E talvez não menos que a pressão que conseguem exercer para impor os seus princípios àqueles que dominam, o que há neles de perigosíssimo são os elementos positivos contidos nos ideais que os orientam: o sentido da grandeza, o entusiasmo criativo, a solidariedade no interior do partido... Dir-se-á que assim desafiam as virtudes que os cristãos deveriam pôr em prática. São eles que parecem estabelecer da forma mais completa o culto do homem que vimos ser a nota dominante do pensamento moderno. Ainda mais, talvez, que pelos seus atos de barbárie e pelas suas atrocidades, os totalitarismos são uma temível ameaça à fé pelo veneno que espalham, ao qual bem poucos povos na terra ficarão imunes.

Essa ascensão dos totalitarismos traz consigo uma consequência inesperada: ao sentirem-se ameaçadas, as democracias do velho tipo liberal aproximam-se da Igreja: prova-o o número de Concordatas assinadas logo depois da Primeira Guerra Mundial. O anticlericalismo rasteiro perde terreno. A República francesa reata as relações com Roma. A Igreja afirma-se cada vez mais como defensora da verdadeira liberdade, e com isso reforça-se enormemente a sua autoridade. Até a franco-maçonaria, cujo tradicional anticlericalismo se manifesta ainda por ocasião da assinatura da paz de 1918 e da fundação da Sociedade das Nações — destruição da católica Austro-Hungria, veto à participação do Vaticano na assembleia de Genebra —, e que continua a agir de acordo com os seus velhos princípios, não deixa de sofrer uma evolução. Alguns dos seus membros reconhecem que o perigo totalitário existe para ela tanto como existe para a

Igreja, e preconizam o abandono do anticlericalismo[41]. Mas esse abrandamento dos antigos ódios bastará para tornar menos graves os perigos que correm a fé e a Igreja?

Em meados do século XX, o humanismo ateu encontra a sua expressão mais terrível nesses sistemas que, para concluírem a aniquilação de Deus, reduzem o homem à servidão.

Uma imensa deriva

Não se disse ainda tudo quando se falou de todas essas forças coligadas contra a religião, de todas essas doutrinas que lhe minam os alicerces. Nem sequer quando se tomou consciência das condições históricas, econômicas e sociais que favoreciam a ação de umas e outras. Para compreender o sentido e o alcance desse gigantesco ataque, seria preciso avaliar os resultados de todas essas influências no comportamento dos homens, tentar ver se a finalidade foi atingida e se o mundo deixou mesmo de ser cristão.

A resposta é difícil. Neste domínio, devemos desconfiar das generalizações precipitadas. Tem-se classificado em demasia como "países de missão" países onde a Igreja, apesar de arranhada e diminuída, não deixou de manter sólidos fundamentos e tem imensas hipóteses de renovação. Falar de um "mundo sem alma" para caracterizar a sociedade do Ocidente, sem precisar o significado e os limites da expressão, é assimilar os camponeses da Irlanda ou da Polônia, ainda quase totalmente fiéis, ao proletariado industrial das grandes cidades ocidentais, quase totalmente descristianizado. E, depois, se é verdade que, em matéria religiosa, a quantidade pesa menos do que a qualidade, a presença de santas figuras, tantas, tão exemplares, numa época que sumariamente dizemos ateia, basta para desmentir certas asserções excessivamente pessimistas.

No entanto, não é menos verdade que, olhado como um todo, o período de que nos ocupamos marca uma queda muito grave do nível cristão. Ou, por outras palavras, é como que uma imensa deriva que parece afastar os homens da religião. O fenômeno não é de ontem. Já o detectamos por muitos e muitos indícios, talvez desde o século XVIII, pelo menos desde o começo do século XIX, com momentos de enfraquecimento, de retomada ou, em sentido contrário, de aceleração. Ao longo deste período que estudamos, esse fenômeno ganha forças, substancialmente vinculado ao duplo processo técnico e sociológico que vimos acima: o triunfo da máquina e da indústria, o desenvolvimento monstruoso das grandes cidades. No final, encontrar-se-á porventura, na maior parte das terras outrora cristãs, nada mais que uma sociedade em que Deus já não seja sentido como exigência vital, mas sim como um mito, uma ilusão, ou até um adversário, e a religião não passe de uma escravidão da qual seja preciso desembaraçar-se?

O fenômeno da descristianização pode ser observado nos fatos. Dois destes são flagrantes: o abandono da prática religiosa e o desmantelamento das estruturas cristãs da sociedade. Uma religião não é uma filosofia, mas um comprometimento de todo o ser, uma atitude vital e, ao mesmo tempo, a pertença a uma coletividade que impõe ao indivíduo a sujeição a certas regras de existência neste mundo em vista de uma realização sobrenatural. Ora, todos estes elementos fundamentais da vida cristã se encontram cada vez mais ameaçados.

A queda da prática religiosa é impressionante. A visão de igrejas quase absolutamente vazias, onde só vêm ajoelhar-se, para a Missa dominical, algumas velhinhas, algumas crianças, é bastante para a tornar visível e constitui um espetáculo cada vez mais frequente. No entanto, é possível que seja falacioso, porque, para obter uma opinião correta, basta opor-lhe o espetáculo das multidões gigantescas que se amontoam nas esplanadas de Lourdes ou que enchem os prodigiosos recintos dos Congressos Eucarísticos. Há cinquenta anos, ainda tínhamos de nos contentar com simples impressões deste gênero. O desenvolvimento de uma ciência, que não é inteiramente nova, mas que só recentemente se expandiu e sistematizou, a *sociologia religiosa*, veio permitir uma medição mais rigorosa do abandono da prática. Mas, a bem dizer, em 1939 as minuciosas pesquisas que ela exige não passavam de projetos ou eram ainda experiências individuais, sem continuidade[42]. Hoje mesmo, estão longe de ser feitas em todos os países da cristandade.

Em todo o caso, mesmo sem ser possível recorrer a uma documentação científica, podemos concluir que, durante os três quartos de século que aqui estudamos, o afastamento da prática religiosa é um fato. Dá-se da mesma forma por toda a parte e em todos os momentos[43]. Começa-se por deixar de cumprir o preceito pascal; depois, deixa-se de ir à Missa aos domingos, e só se vai nos dias das festas principais, por força de um uso imemorial. Assim se dá um grande passo para a impiedade. Trabalhar aos domingos e não mandar os filhos ao catecismo são duas etapas que não tardam a vir. Sobrevivem ainda, por muito, muito tempo, as mais tradicionais das observâncias religiosas: o casamento pela Igreja, o enterro religioso, o batismo dos filhos. Mas serão ainda algo mais do que um simples cerimonial? O fato é que, quando também essas práticas são deixadas de lado, nada mais subsiste de cristão na existência, ao menos externamente. E quantos conservarão uma vida religiosa, ao menos uma apetência do espiritual, quando toda a prática foi abandonada?

É na classe operária que se observa o fenômeno com mais evidência. Começou por causar impressão por meados do século XIX, provocando, aliás, a generosa reação do catolicismo social[44]. Esmagado por condições desumanas de trabalho, como poderia o proletário das gigantescas fábricas conservar qualquer vida religiosa? Como se manteria fiel a uma Igreja que podia parecer-lhe indiferente à sua sorte, quando não aliada aos seus exploradores? Mas, mesmo quando o progresso técnico e a ação da fé passam a melhorar a existência material do operário de fábrica, continua a sua deriva longe de Deus: a classe operária não se recristianiza com isso; está até muito mais descristianizada em 1924 do que estava em 1874. Deve-se atribuir a culpa a essa espécie de redução ao autômato que a técnica moderna impõe? Ou à crescente influência do cientificismo e do mito do progresso? Ou, mais ainda, à ruptura das estruturas sociais naturais, pelo monstruoso amontoamento de massas humanas nas grandes cidades? Tudo a um tempo.

Seja como for, quando se tornar possível calcular matematicamente a paganização da classe operária, os resultados das estatísticas serão apavorantes. Em 1943, a célebre pesquisa dos pes. Godin e Daniel[45] mostrará aos estupefatos católicos da França que a percentagem de prática religiosa na classe operária não ultrapassa 2%, e que em numerosos casos concretos parece ser ainda mais fraca. É melhor na Alemanha, na Itália; mas também aí a queda é sensível. Nas vésperas da Guerra Civil espanhola, que há de revelar, no povo de Santa Teresa, de São João da Cruz, de Santo Inácio, abismos de ódio contra o cristianismo, todos os viajantes observam que a massa operária não frequenta a igreja. Para milhões de seres humanos, para o proletariado industrial, Deus parece riscado da vida. Tal o "grande escândalo" de que fala Pio XI numa célebre entrevista: a Igreja perdeu a classe operária[46].

Como as fábricas modernas estão todas situadas em cidades, e sobretudo nas grandes cidades, a descristianização parece ser principalmente um fenômeno urbano. Em três quartos de século, todas as capitais duplicam em extensão e as "cidades tentaculares" absorvem milhões de seres humanos. Ao mesmo tempo, a queda da vida religiosa é evidente. No momento em que se chega a ter uma ideia precisa do fenômeno, toma-se conhecimento de que, em todo o Ocidente chamado cristão, a prática nas grandes aglomerações é muito inferior à média nacional. Em Paris, em 1925, não vai além de 20%. Na Alemanha católica — em Colônia ou em Düsseldorf —, anda por volta de 25%.

A periferia das grandes metrópoles está em situação ainda mais grave. É lá que se acumulam as fábricas e que escasseiam as igrejas. Como estranhar que não haja lá mais de 3% da população tocada pela mensagem de Cristo? Quando, em 1927, o pe. Pierre Lhande Heguy (1877-1957) promove a sua perturbadora pesquisa *Le Christ dans le banlieu* ["Cristo nos subúrbios", 1927], é para a imensa maioria dos católicos uma surpresa ter notícia de que, à volta de Paris, há um cinturão vermelho onde nem sequer se conhece o nome de Jesus Cristo. Mas a situação assim denunciada será nova? Alguns padres e jornalistas cristãos lançavam gritos de alarme já por volta de 1890. "Os nossos subúrbios, habitados em princípio por gente batizada — escreve o pe. Soulange-Bodin, pároco de Plaisance —, tornaram-se um verdadeiro país de missão"; ao que François Veuillot acrescenta: "Temos de preocuparnos por fim com esta China que rodeia Paris e que conta perto de dois milhões de habitantes". Em 1902, o pe. Forbes, jesuíta, avalia em pelo menos um quarto da população parisiense a "cidade pagã" que vive totalmente à margem da Igreja e ignora praticamente tudo sobre religião[47].

Se as cidades são as mais marcadas pela descristianização, os campos não são poupados. Por meados do século XIX, depois da incontestável renovação da prática cristã que sucedera à crise revolucionária, as massas rurais constituíam sólidos bastiões da fé e da vida católica. Mas, à medida que os meios de comunicação aproximam as cidades e os campos, as condições de vida do mundo rural copiam as da cidade; e à medida, também, que se manifesta a ação da escola laica e a do serviço militar obrigatório, que atira para as cidades os moços camponeses, a baixa é cada vez mais sensível. Os camponeses dos romances de Zola são já, praticamente, figuras desligadas da religião; os de Giono serão pura e simplesmente pagãos. Há, porém, enormes diferenças, não só entre os países, mas, dentro de cada país, de região para região. Por motivos históricos não menos que psicológicos, a Bretanha permanece fiel, ao passo que o Alto-Marne ou a Corrèze têm as igrejas vazias. E não é somente na França: na Espanha, em Portugal, até na Itália, e ainda mais nas nações católicas da América do Sul, surgem autênticas "zonas de missão".

Será que a descristianização se refere apenas aos operários ou aos camponeses? A burguesia apresenta um aspecto mais complexo. Observa-se nela, desde o início do século XIX, um regresso à fé que não pode ser explicado unicamente pelo medo pânico da Revolução ou pelo desejo de fazer reinar no mundo a ordem moral. Chega a formar-se no seu seio uma elite cristã, sobretudo nos meios intelectuais, e esse fato é precisamente um dos que podem dar à Igreja as melhores razões de esperança no futuro[48]. Mas, se é certo que uma ampla parcela da burguesia regressou a uma certa prática religiosa, há outra, e mais numerosa, que, conquistada pelas teses cientificistas e materialistas, esqueceu completamente o caminho da Igreja. Existe até, em todos os países ocidentais, uma burguesia violentamente anticristã, cuja veemência se manifesta a propósito de muitos assuntos na França e na Itália. E devemos acrescentar que, mesmo na burguesia ainda ligada aos valores cristãos, são muitos aqueles cujo cristianismo não passa de mero conformismo. E há também um "ateísmo prático", esse que, no dizer de Jules Lagneau, consiste, "não em negar a existência de Deus, mas em não querer tornar Deus real nos atos"[49]. Há uma descrença dos pretensos fiéis, que consiste em não viver nas circunstâncias do dia-a-dia e nas relações sociais a fé que declaram. A dicotomia que corta a existência em duas partes, uma em que se cumprem mais ou menos os atos religiosos, outra em que se age fora de toda a lei cristã, é uma atitude burguesa cada vez mais espalhada. E também ela denuncia a grande deriva para longe de Deus.

Quanto ao outro fato em que se manifesta a descristianização — o desmantelamento da sociedade cristã —, é também bem claro. Essa derrocada das estruturas sociais cristãs é a causa da descristianização ou antes a sua consequência? As duas coisas ao mesmo tempo, porque uma arrasta a outra. Bem o sabem os "laicos", cujo esforço por destruir a família cristã já conhecemos, pois a família era considerada a célula viva da fé cristã. Não é por acaso que, em todos os países, uma das primeiras medidas tomadas pelos governos anticlericais tenha sido votar leis autorizando o divórcio.

De fato, um dos sinais mais flagrantes da queda do espírito religioso é o aumento dos divórcios. Por toda a parte onde a lei o autoriza, o divórcio avança: na França, o número passa de cerca de 4 mil em 1885 — a lei era de 1884 — para 21 mil em 1927 e 27 mil em 1937. Em outros países, a progressão é análoga. Simultaneamente, aumenta o número de casamentos meramente civis, e é por isso que, em diversos países, os anticlericais se esforçam por retirar validade ao casamento abençoado pelo sacerdote, em benefício do casamento civil. Em 1937, em Paris, de cinquenta casais unidos matrimonialmente, só vinte e dois julgavam útil passar pela igreja. E não conhecemos o número de uniões livres!

Não é somente uma legislação estabelecida pela Igreja que desmorona: é a própria moral cristã. Percebemo-lo ao considerarmos a vida sexual nos países que ainda se dizem cristãos. Os estritos princípios da Igreja são abertamente violados. O número de filhos nascidos fora do casamento vai crescendo sempre: em Paris, passa de 22% em 1927 para 39% em 1937. A situação é análoga na austera Espanha ou na virtuosa Alemanha. E ainda não é esse o sinal mais grave: teríamos de conhecer o número dos adultérios burgueses, que alimentam certa literatura, como também o dos abortos. É toda a sociedade ocidental, tanto a da Europa como a da América, é toda a humanidade civilizada que desliza para a obsessão do sexo, tão característica da nossa época: o cinema, desde o seu aparecimento, contribui largamente para impor essa obsessão por toda a parte.

E não é só a moral sexual cristã que está em causa. Todos os princípios do Evangelho são cada vez mais abandonados e traídos. O da caridade, mais que qualquer outro. A sociedade torna-se cada dia mais dura, mais cruel, o menos fraternal possível. O mundo a que Renan prometera o Paraíso pela ciência descobre que a ciência também faz progredir os meios de destruição. Vai haver uma larga distância entre as modestas hemorragias da guerra de 1870 e as hecatombes da Primeira Guerra Mundial; mas o horror das chacinas de Verdun e do Chemin des Dames cederá perante o do espetáculo da Segunda Guerra, com os seus campos de concentração e câmaras de gás, com a bomba atômica sobre Hiroshima. As relações sociais oferecem outros exemplos dessa maré em ascensão da violência: o ódio entre as classes aumenta, e, quando se desencadeia, mostra-se atroz, como no México ou na Espanha. O mundo que perdeu o sentido de Deus é também o mundo em que, na palavra sublime de São Francisco de Assis, "o Amor não é amado".

Quando olhamos assim os sintomas desta crise que afeta o homem ainda ontem cristão e que o separa da sua alma, seria fácil concluir pelo desespero. Nietzsche parece ter tido razão: a "morte de Deus" impõe-se como um fato inelutável. E, no entanto, não é assim. Meio século mais tarde, a Igreja de Cristo não apenas terá escapado à destruição, mas surgirá mais forte, mais jovem, mais segura do seu futuro. O desafio lançado por um papa em resposta ao profeta dos abismos terá um desfecho vitorioso. Porque, na realidade, nem tudo era uniformemente negro e desesperador na situação desse mundo em plena transformação, e a palavra de Deus guardava nele as suas cartadas. Para muitos homens de fé, as trevas que os envolviam não eram aquelas em que o solitário de Sils-Maria via a humanidade precipitar-se no abismo. Eram antes as que a Promessa ilumina secretamente. Eram as trevas da Sexta-Feira Santa.

Notas

[1] *Essai sur l'accélération de l'Histoire*, Paris, 1947; reed. 1961.

[2] É por volta de 1875 que essas palavras tomam o sentido que aqui lhes damos. Nesse ano, Renan fala da *laïcité* — "laicidade" — num discurso acadêmico, mas a edição de 1878 do *Dicionário da Academia* ainda ignora a palavra e só define *laïc* na sua antiga acepção de "leigo". Em 1871, Littré ainda definira o *laicismo* como "o conjunto ou o caráter dos leigos", e foi só em 1935 que a Academia redefiniu o termo: "Doutrina que tende a dar às instituições um caráter não religioso". Na realidade, é mais que uma doutrina: é uma atitude geral do espírito.

[3] Como os termos *leigo*, *laicismo* e *laicidade* (*laïc*, *laïcisme*, *laïcité*) continuam a ser bastante equívocos, é bom notar que houve — e há sempre —, no campo mais laico, consciências nobres e retas, que nunca desejaram abater nem derrubar a moral evangélica. Mas os próprios "santos laicos" [como, em Portugal, se chamou a Antero de Quental (N. do T.)] esvaziavam o sobrenatural e contribuíam para minar as bases da fé pela sua simples presença. O respeito que temos por alguns deles não basta para desmentir a lição dos fatos, que é a que se pode tirar quando consideramos a obra levada a cabo pelo laicismo.

[4] Encíclica *Quas primas*, 1925.

[5] Cf. o vol. VII, cap. I, par. *Uma questão obscura: o papel da franco-maçonaria.*

[6] *Convent du Grand Orient*, 1894, p. 389.

[7] Estas três citações são extraídas das atas oficiais de reuniões maçônicas. Por esta ordem: Congresso regional maçônico de Belfort, mai. 1911; *Convent du Grand Orient*, 1895; Congresso internacional de Paris, 1900.

[8] Cf. o vol. VIII, cap. VI, e vol. VII, cap. I.

[9] Cf. neste volume o cap. VI, par. *Um perigo interno.*

[10] Salomon Reinach, autor de um manual de História das Religiões, *Orpheus*, ganhou fama usando e abusando dessas aproximações. Como sabemos, os primeiros cristãos empregavam o anagrama *Ichtys* [*'Iésous Christós Theoú 'Yiòs Sotér*, "Jesus Cristo, Filho de Deus, Salvador"] para designar Cristo; prova evidente, para Reinach, de que adoravam um "deus-peixe". Para

ele, a Eucaristia era um rito mágico, análogo aos da antropofagia dos primitivos (afinal, não se conhecem tribos que comem o fígado da vítima humana para se apropriarem da sua força?...). É triste pensar que, durante os primeiros trinta anos do século XX, *Orpheus* tenha sido considerado, em muitos meios universitários, como livro digno de crédito!

[11] Atualmente, segundo dispõe o *Código de Direito Canônico*, a Igreja aceita a incineração, embora a desaconselhe (N. do T.).

[12] Sessão do Senado, 15.04.1901.

[13] Cit. por *L'Humanité*, 4.10.1904.

[14] Ferdinand Buisson, *La Foi laïque: Extraits de discours et d'écrits, 1878-1911*, Hachette, Paris, 1912, pp. 209-212. É de notar que, na França, a *Ligue de l'Enseignement*, fundada em 1866 por Jean Macé, tem origem nitidamente maçônica. O próprio Macé assim o declarou formalmente, em 1886, no Congresso de Lille: "A Liga é uma maçonaria exterior", embora mais tarde, depois da Primeira Guerra Mundial, este caráter tenha passado a ser menos marcante. A Liga foi condenada por Pio IX em 14 de janeiro de 1873.

[15] G. Weil, *Histoire de l'idée laique en France*, Paris, 1929.

[16] Cf. o vol. VIII, cap. VI, e vol. VII, cap. I.

[17] Cf. Paul Hazard, *La crise de la conscience européenne, 1680-1715*, Paris, 1935.

[18] Veja-se a exposição dedicada a Auguste Comte no vol. VIII, cap. VI, par. *A caminho do humanismo ateu: 2. Positivismo e religião da humanidade, segundo Auguste Comte.*

[19] Na maioria, deixaram cair a famosa "religião da humanidade", que, para Comte, era o arremate do seu pensamento. Alguns poucos pensadores e políticos vão permanecer-lhe fiéis: na França, Pierre Laffite; na Inglaterra, Congrege; na América do Sul, alguns nomes, especialmente no Brasil e na Bolívia.

[20] Cf. neste volume o cap. XII, par. *Uma filosofia do espírito.*

[21] O dominicano Marie-Dominique Chenu.

[22] Cf. o vol. VIII, cap. VI, par. *O combate de Jacó.*

[23] O "homem de Piltdown", que causou enorme reboliço nos ambientes darwinistas de começos do século XX, foi uma fraude muito bem forjada (N. do T.).

[24] Teilhard de Chardin, *Le milieu divin*, Paris, 1955.

[25] O termo entra na moda entre 1880 e 1914, quer nos cartazes dos cafés, quer na bandeira do Brasil e da Bolívia positivistas, quer ainda à cabeça do programa dos "Jovens Turcos" [grupo político nacionalista que forçou a abdicação do sultão Abdul Hamid II em 1909 e impôs o primeiro governo constitucional ao Império otomano (N. do T.)].

[26] Henri de Lubac, *Le drame de l'humanisme athée*, Paris, 1945.

[27] Acerca das origens e do sentido do humanismo ateu, cf. vol. VIII, cap. VI, pars. *A caminho do humanismo ateu: 1. De Hegel a Karl Marx* e *A caminho do humanismo ateu: 2. Positivismo e religião da humanidade, segundo Auguste Comte.*

[28] André Malraux, carta pessoal ao Autor.

[29] A vida de Nietzsche apresenta muito poucos acontecimentos importantes, nada que possa suscitar a curiosidade fácil. Quando muito os seus amores, breves e decepcionantes, com Lou Andreas-Salomé. Nasceu em Roecken (Prússia), em 1814, foi professor durante algum tempo, tornou-se amigo de Richard Wagner, com quem depois se indispôs. A partir de 1879, deixou o ensino e passou a levar vida errante de doente sem fortuna, escrevendo livros que os editores não disputavam, partilhando o tempo entre o Engadin (estância suíça) e diversos pontos da Itália. Finalmente, sofreu um ataque de loucura, numa rua de Turim, em 1889, e morreu em Weimar em 1900.

[30] O fato era mal conhecido até que Henri de Lubac o trouxe à luz. Meio século antes de Nietzsche, em 1834, na *Revue des Deux Mondes*, Heinrich Heine escrevera um artigo, *De l'Allemagne depuis Luther*, em que se encontravam frases como estas: "Não ouvis as campainhas? De joelhos! Estão levando os sacramentos a um Deus que morreu".

[31] Cf. neste volume e capítulo o primeiro parágrafo.

[32] Cf. vol VIII, cap. VI, par. *A caminho do humanismo ateu: 1. De Hegel a Karl Marx.*

[33] Sorel teve influência em Lênin, em Mussolini e, através de Valois, na *Action Française* (N. do T.).

[34] Cf. vol VIII, cap. VI, par. *A caminho do humanismo ateu: 1. De Hegel a Karl Marx.*

[35] Por causa da defasagem do calendário russo, o acontecimento é conhecido como "Revolução de Outubro".

[36] Em Portugal, em 1921; no Brasil, em 1922 (N. do T.).

[37] Modernos, porque já tinham existido totalitarismos em tempos passados, como por exemplo no Egito faraônico ou entre os incas; mas a intenção final destes regimes era bem diferente da do Estado soviético.

[38] Pensamos no *Scènes de la vie future* [1930], de Georges Duhamel, no *Brave New World* [1932], de Aldous Huxley, e muitas outras obras que, entre as duas guerras mundiais, desenvolveram estes temas.

[39] Voltaremos a falar das ditaduras totalitárias no cap. VIII.

[40] Deve-se sublinhar que a oposição da Igreja ao estatismo não é ocasional. Não foi para enfrentar os totalitarismos que ela adotou essa atitude. A 39ª proposição do *Syllabus*, tal como foi escrita em 1864, referia já, entre as doutrinas condenadas pela Igreja, a seguinte: "O Estado é a origem e fonte de todos os direitos, e goza de uma autoridade sem limites".

[41] Em janeiro de 1937, Albert Lantoine, membro do Supremo Conselho da Maçonaria escocesa, dirige nesse sentido uma *Carta aberta ao Soberano Pontífice*, à qual responde o pe. Berteloot em artigos publicados na *Revue de Paris* e, mais tarde, num grosso volume.

[42] O verdadeiro pai da sociologia religiosa, Gabriel Le Bras, só começou a publicar os resultados dos seus trabalhos por volta da Segunda Guerra Mundial. Teve alguns predecessores, mais ou menos inspirados em Le Play, tais como Tristão de Athayde em 1934 ou Roger Bastide em 1935.

[43] A análise que se segue deve muito aos trabalhos notáveis de Boulard.

[44] Cf. vol. VIII, cap. VI, par. *Catolicismo e consciência social*. E, adiante, o cap. IV deste volume.

[45] *A França, país de missão*, obra editada em 1943 e reeditada em 1962, em Paris.

[46] Palavras de Pio XI ao pe. Cardijn; cf. neste vol. o cap. VIII, par. *Pio XI e a JOC*.

[47] É o que dá grande interesse ao prefácio de Émile Poulat para o *Journal d'un prêtre d'après-demain*, do pe. Calippe, Casterman, Tournai e Paris, 1961, em que mostra por numerosas citações que a descristianização é um fenômeno de que certos membros da Igreja tiveram consciência muito nítida mais de setenta anos antes, e também que já então se procuravam os meios para lhe dar remédio. Põe ainda em relevo que a expressão "país de missão", aplicada a uma zona do Ocidente, não data de ontem, pois era corrente em torno de 1880; cf. cap. XII.

[48] Cf. neste vol. o cap. IV.

[49] Jules Lagneau, *Célèbres leçons et fragments*, Nîmes, 1950.

II. Sobre esta pedra, a minha Igreja

O combate por Deus

O progresso da irreligião nos espíritos, nas instituições, nos costumes, ao longo de todo o século XIX e depois já no século XX, é um fato evidente, incontestável: ninguém o pode negar. Devemos concluir daí que era esse todo o clima da época? Não. E também isso é uma realidade indubitável. Se é verdade que, para uma parcela já larga e crescente da humanidade, Deus parece verdadeiramente morto, há ainda numerosas consciências para quem Ele continua a ser "o Caminho, a Verdade e a Vida".

Longe de haver desaparecido para sempre, o fenômeno religioso exige, pelo contrário, a atenção dos historiadores objetivos[1]. "As igrejas[2] não renunciaram de modo algum à sua tarefa. Apesar das resistências que lhes opõe o 'espírito laico', atuam sem descanso, muitas vezes com êxito e sempre na certeza inabalável de um dia poderem voltar à tona. Não é dos aspectos menos interessantes desta época positivista essa incessante atividade religiosa à margem do esforço continuado de uma sociedade para a qual o progresso material e os problemas de ordem humana parecem, à primeira vista, serem já os únicos que contam".

A história da Igreja, no decorrer do período que vai ser estudado aqui, é precisamente a história dessa ação incansável, animada pela convicção de que nem as portas do Inferno conseguirão prevalecer contra a Palavra de Cristo. O cristianismo, que Berthelot declarava "morto e bem morto", revela uma vitalidade surpreendente, e a Igreja Católica, que tantos e tantos diziam estar envelhecida, esclerosada, incapaz de opor aos assaltos dos adversários algo mais que gemidos e sermões, defronta os perigos com resolução e vigor crescentes. Não se limita a resistir, a aparar os golpes, coisa que talvez se tenha limitado em demasia a fazer nos dois primeiros terços do século XIX, quando, às ameaças que via definirem-se, quase só ripostou com condenações e anátemas. Agora, poderemos vê-la trabalhar para a reconquista do terreno perdido, manifestando por todo o lado a sua presença. Se quisermos usar outra vez o vocabulário militar, trata-se de uma contraofensiva, que, em bastantes setores, será coroada de êxito.

A Igreja terá de travar esse combate nos campos em que vimos o adversário atacar, ou seja, em todos: no intelectual, no político, no moral, no social, ainda em outros. Pois todos são um só nessa imensa batalha em que tudo está em jogo. A Igreja terá de fazer face às doutrinas e filosofias que pretendem minar os seus fundamentos; e sucederá que os seus inimigos contarão com aliados, mais ou menos conscientes, no seu próprio seio. Terá de fazer frente aos Estados que, sob formas mais ou menos violentas, hão de mobilizar contra ela o aparelho das leis e das polícias. Terá de combater, até na massa dos batizados, essa espécie de torpor espiritual, de crescente astenia, que, privando a alma de todo o sentido religioso, acaba por esvaziar o sagrado. E terá de fazer esse esforço simultaneamente com um outro igualmente decisivo, aquele que desde as origens sempre teve por primordial: o de levar aos homens a sua mensagem. Um esforço tanto mais indispensável quanto o mundo dessa época se alarga e é preciso adaptar-se às suas dimensões.

Porque as transformações extraordinariamente rápidas da sociedade e das suas condições de vida impõem à Igreja, quer ela queira quer não, a necessidade de renovar-se e adaptar-se. Desde o início da sua existência, a Igreja esteve sempre perante um dilema, que só a sua santidade, prova tangível da promessa de duração que lhe fora feita, lhe permite superar. Tem que defender um depósito, o da verdade imutável, que não pode sofrer nenhuma acomodação. Neste sentido, a Igreja é plenamente uma potência conservadora: é fiel ao passado, e a tradição desempenha um papel decisivo no seu pensamento. Mas, ao mesmo tempo, porque é constituída por seres vivos empenhados na história, não pode fugir ao fluir dos acontecimentos, sob pena de ficar reduzida a um fóssil sagrado, sem laços com a vida real dos homens: precisa, pois, de renovar a expressão que dá às certezas, de adaptar a sua estrutura às condições que a época impõe.

Desde o fim da Idade Média, desde que deixou de inspirar e orientar todas as instituições humanas, esse dilema foi sendo cada vez mais dramático. Foi ele que dominou todo o século XIX, exigindo dos cristãos que optassem por ou contra a revolução, por ou contra o mundo moderno. No período que nos ocupa, o dilema parece particularmente grave. O que está em causa são todas as condições em que o homem tem de cumprir o seu destino; é a própria condição humana. Importa, pois, que a Igreja compreenda a tremenda mutação que se prepara e se disponha a corresponder-lhe. Mais uma vez, vai-lhe ser pedido que realize aquilo que conseguiu realizar por várias vezes no decurso dos séculos: a encarnação visível do espiritual, a inserção da mensagem eterna numa forma transitória de civilização.

É óbvio que toda esta tarefa — cujas grandes linhas podemos distinguir graças ao recuo do tempo, reforçado pela "aceleração da história" que observamos — não foi levada a cabo com a clareza simplificadora com que o historiador se vê obrigado a expô-la para que se torne compreensível. Todos os combates são confusos, e até os que neles tomam parte são semelhantes ao Fabrice del Dongo da *Cartuxa de Parma*, que não podia ter consciência simultânea de todas as operações efetuadas no campo de batalha de Waterloo. Seria exagerado dizer que, entre 1871 e 1939, a Igreja sempre revelou uma visão clara nas situações tantas vezes complexas em que se encontrou, que agiu sempre da melhor maneira a favor dos seus verdadeiros interesses, que não ignorou certos aspectos dos problemas que estava chamada a resolver. A Infalibilidade, que o Concílio Vaticano I reconheceu ao sucessor de Pedro, é plena e sem possibilidade de apelação na ordem dogmática, mas não se estende aos compromissos temporais. Apesar de tudo, uma visão objetiva das coisas leva à conclusão de que, no conjunto, os erros não são superiores às decisões felizes, nem as falhas ultrapassam os resultados positivos.

É esse confronto com as forças inimigas e ao mesmo tempo esse esforço de renovação interior que dão a este período da história da Igreja a sua verdadeira dimensão, que nem sempre lhe é reconhecida. Durante esses setenta anos[3], numa sociedade que parecia ir-lhe tirando, uma após outra, todas as possibilidades, a Igreja lutou para que a palavra do Senhor não fosse em vão. Fê-lo com uma firmeza e uma coragem que forçam à admiração. Muito mais do que geralmente se diz, ela foi digna do seu passado e da sua missão. Só agora, quando tantos sacrifícios aceitos, tantos esforços obscuramente realizados oferecem frutos à vista, é que os cristãos de hoje podem medir o que devem às gerações imediatamente anteriores. A Igreja de meados do século XX, cuja generosidade, inteligência e força são reconhecidas pelos próprios adversários, não seria como nós a vemos sem o trabalho e as dores de homens que passaram por situações verdadeiramente trágicas a fim de lhe abrir caminho. A Igreja dos Novos Apóstolos é filha daquela que, durante três quartos de século, travou o combate por Deus.

Quatro guias

Nessa luta que teve de viver, a Igreja foi favorecida pela sorte de ser governada sucessivamente por quatro homens que, de maneira diferente uns dos outros, mas todos incontestavelmente, se revelaram verdadeiros chefes. Por mais de sessenta anos, a Barca de Pedro foi conduzida por mão firme no meio da tempestade, por entre os recifes que a época ia multiplicando. Com efeito, quatro papas ocuparam então a Sé Apostólica. E todos qualificados para assumir essa esmagadora responsabilidade. Qualificados, antes de mais, pela altura espiritual, pelas virtudes. Parece, aliás, perfeitamente natural: havia séculos, desde o Concílio de Trento, que a Igreja se habituara a ver o Vigário de Cristo não só acima de qualquer suspeita, mas dando muitas vezes exemplos insignes. Os quatro guias que ela teve durante este período são todos moralmente admiráveis: um deles é até um santo autêntico, que a Igreja não tardaria a elevar aos altares. Mas, qualificados para reger a cristandade, foram-no também pelas suas qualidades humanas — inteligência, força de caráter, coragem; ao menos quanto a um deles, o conjunto dos dons é tão impressionante que se pode falar de gênio. E nenhum se mostrou desigual na tarefa tão pesada que a Providência lhes impôs.

O fato é de importância capital. Desde meados do século XIX, e muito claramente por ação do grande Pio IX, a autoridade do papa na Igreja não cessara de aumentar. Estavam definitivamente encerrados os tempos em que alguns homens, algumas nações faziam de Roma o que queriam. A proclamação do dogma da Infalibilidade pontifícia, conexa com a ruína do poder temporal, coroara esse esforço que tendia a revestir o sucessor de Pedro de um poder espiritual incontestado. O resultado imediato foi que as oportunidades da Igreja se achavam depositadas, bem mais que outrora, nas mãos de um só homem, de alguém que, só pela sua vontade, podia orientar o mundo católico — e, de certo modo, o mundo inteiro — num ou noutro sentido. Esta autonomia na decisão há de comprovar-se em diversas ocasiões.

Ver-se-á um pontífice tomar sozinho a decisão de introduzir uma modificação política radical e depois impô-la, mau grado a repugnância da igreja nacional a que dizia respeito: falamos de Leão XIII e do *ralliement*[4]. Ver-se-á um outro deter uma corrente de pensamento que parecia estar prestes a arrastar consigo toda a inteligência católica: Pio X e o modernismo[5]; outro, ainda, assumir o risco, ao condenar um regime, de ver a Igreja cair em ruínas num país inteiro: Pio XI e o regime hitlerista[6].

O papel dos papas foi durante bastantes anos tão importante que a divisão mais lógica que se imporia para expor os acontecimentos seria a sucessão dos pontificados. Em todo o caso, seria impossível abordar o estudo deste período sem considerar primeiro essas quatro personalidades, a quem veremos sem cessar presentes e eficazes em todos os domínios a que a Igreja estende a sua ação. Raramente o misterioso jogo de palavras que serviu a Cristo para designar Pedro como chefe da Igreja e guardião da mensagem se aplicou aos seus sucessores de maneira tão adequada. Cada um deles foi verdadeiramente a pedra sobre a qual se fundou a Igreja de Cristo.

Esses papas nem sempre têm sido julgados equitativamente. Próximos de nós, suscitam ainda reações apaixonadas. Do mais santo deles, diz, desconfiado, um católico ilustre: "Este santo não é da minha paróquia". Outro desses papas, criticado com igual violência pelos nacionalistas dos dois campos que a Primeira Guerra Mundial exasperou, passará à história com uma imagem completamente desfigurada. Outro ainda, por ter usado do direito de advertir que é próprio de qualquer chefe espiritual, será arrastado na lama por um partido.

Uma observação mais precisa dos acontecimentos mostra que cada um desses papas cumpriu o seu dever e, no seu conjunto, em benefício da Igreja. Esta ou aquela determinação, que, de momento, suscitou inquietações ou iras, veio a revelar-se fecunda e já ninguém a discute[7].

É claríssimo que esses quatro papas não se assemelham entre si. Os comentadores gostam de se entreter opondo-os uns aos outros, e é sabido que é comum na história da Igreja que a sucessão dos pontífices obedeça a uma espécie de lei dialética, que faz com que a um pontificado "de abertura" se siga outro "dc concentração", ou que se coloque a tiara num político depois de ter sido dada a um místico. Mas esta oposição tem limites. Uma visão objetiva dos fatos desmente a opinião sumária segundo a qual cada papa contradiria pura e simplesmente o antecessor e viria a ser desmentido pelo sucessor. As coisas não são tão simples como parecem. Assim como se é levado a reconhecer que o papa "liberal" Leão XIII foi um dos inspiradores do "reacionário" *Syllabus* de Pio IX, assim se observará ter havido perfeita identidade de princípios entre Leão XIII e o seu sucessor Pio X, que alguns apresentam como coveiro da obra leonina. E o vigoroso Pio XI será, em larga medida, o continuador de Bento XV, esse papa tantas vezes tido por "apagado".

Seria, no entanto, absolutamente ingênuo e próprio de uma apologética bem simplista negar as diferenças que existiram entre esses quatro pontífices. Diferenças de estilo, de atitude; diferenças até mais sérias que essas, por dizerem respeito à própria orientação a dar à cristandade. São diferenças que procedem de diversas causas, quer humanas, quer históricas. Diferenças de temperamento: como é óbvio, na sequência pontifícia, variam os caracteres, varia o físico. Diferenças de origem: uma das satisfações da Igreja está em escolher os seus chefes sem ter em conta as condições sociais; o filho de um camponês não terá as mesmas reações que o herdeiro de uma longa tradição aristocrática. Diferenças de formação: um pároco de aldeia não terá acerca do mundo a mesma visão que um aluno da Pontifícia Academia de Nobres Eclesiásticos ou que um intelectual galardoado. Mas, afinal, não serão úteis essas diferenças? Não impedem a Igreja de se cristalizar nas mesmas atitudes? Porventura os esforços desses quatro homens não se mostraram complementares, aplicados por temperamentos diferentes a circunstâncias que também o eram?

Afinal de contas, não encarnou cada um desses Vigários de Cristo uma das possibilidades da Igreja? Mais sensíveis, consoante o temperamento, ao dever de conservar ou à necessidade de progredir, todos eles trabalharam por situar a catolicidade nas melhores condições para continuar a levar aos homens a mensagem de Cristo. E, se olharmos em bloco os resultados dos seus esforços, não parece que, em qualquer dos quatro pontificados, se possa falar de fracasso.

O gênio de Leão XIII

Quando, em 20 de fevereiro de 1878, a multidão amontoada na Praça de São Pedro para ver se aparecia, por cima da Capela Sistina, a *fumata bianca* a anunciar que "havia papa", ouviu o cardeal-diácono Caterini proclamar a eleição para o sumo pontificado do "Eminentíssimo Senhor Cardeal Gioachino Pecci", sentiu-se um estremecimento de surpresa. Para a grande maioria dos romanos, esse nome não dizia nada.

Mas a estranheza não deu lugar a comentários, visto que, tendo corrido como rastilho que o novo eleito, contrariamente ao uso, não apareceria na *loggia* exterior da Basílica, para assim protestar contra o odioso atentado ao poder pontifício que era a presença vitoriosa dos "piemonteses" em Roma, a praça esvaziou-se num abrir e fechar de olhos. E as vagas de um mar de gente lançaram-se ao assalto dos gradeamentos, irromperam pelas portas de bronze e encheram a imensa nave até transbordar.

Duas horas depois, viu-se aparecer, no balcão interior, espantosamente magro e fino na sua longa batina branca, um homem alto, um pouco curvado, cuja silhueta tinha qualquer coisa de hierático e de sobrenatural. Lentamente, percorreu com o olhar a multidão imensa, subitamente emudecida, que se ajoelhava. Depois, a sua voz ergueu-se, forte e sonora, num tom aristocraticamente nasalado. Por três vezes o longo braço branco traçou no ar o sinal da bênção, e, em resposta, uma gigantesca aclamação subiu, estrondosa, até à cúpula de Michelangelo. Começava o pontificado de *Leão XIII*.

Se a multidão dos romanos desconhecia D. Gioachino Pecci, os membros do Sacro Colégio, pelo contrário, não tinham experimentado grande hesitação em designá-lo. Bastaram três dias para que os sessenta cardeais presentes — trinta e sete italianos, vinte e três de outras nações — fixassem a escolha. O cardeal Bilio, familiar de Pio IX, anunciara que recusaria a tiara, evitando assim que o cardeal Bonnechose pronunciasse contra ele o "exclusivo" em nome da França, do qual estava encarregado[8]. De modo que o cardeal Pecci, de escrutínio em escrutínio, passara regularmente de dezoito votos para quarenta e quatro, ou seja, mais três que os necessários. O fato desmentira o adágio de que "um Camerlengo sai sempre Camerlengo do Conclave", pois o novo eleito era, precisamente, o Cardeal Camerlengo, isto é, tinha a seu cargo a administração da Igreja durante a vacância da Sé Apostólica; tarefa que, aliás, desempenhara da melhor maneira, sabendo, em especial, evitar que a cerimônia de sepultura do defunto se convertesse em manifestação política anti-italiana. A sua habilidade, a sua cortesia, tinham acabado de esclarecer os cardeais que o conheciam superficialmente. E o Conclave, afinal, tinha sido tão fácil, que correu em Roma o boato de que Leão XIII fora eleito por aclamação[9].

Gioachino Pecci já não era jovem: ia fazer sessenta e oito anos. Mas, embora de saúde delicada, o vigor da sua inteligência e do seu caráter mantinha-se intacto; estava em perfeitas condições de fazer face aos encargos de um pontificado que se anunciava difícil. A vida, tal como as circunstâncias lha tinham modelado, permitira-lhe preparar-se longamente. Destino curioso, o seu! Começo muito rápido numa carreira brilhante, depois um eclipse súbito e uma aparente estagnação de um terço de século. Para ele, porém, essa longa interrupção não foi perdida; e é ela que explica, em larga medida, a grandeza do seu pontificado.

Nascido não longe de Roma[10], de uma família numerosa da pequena nobreza, Gioachino fora destinado pelo pai, coronel das milícias, à administração papal. Mas a influência da sua piedosa mãe e uma tradição ancestral — havia dois Bem-aventurados na família —, e ainda as lições dos seus mestres jesuítas, tinham-no decidido a ser outra coisa que não um desses funcionários de batina, muitas vezes simples subdiáconos, que abundavam nas repartições dos Estados Pontifícios. Padre aos vinte sete anos, doutor em Teologia, depois de ter pensado fazer-se missionário, entrara no palácio Severoli, da Piazza Minerva, onde a Academia dos Nobres Eclesiásticos formava os futuros diplomatas e administradores dos Estados da Igreja.

A consideração em que era tido pelos seus chefes pode medir-se pela dificuldade dos postos que logo lhe foram confiados. "Delegado" do papa em Benevento — enclave no reino das Duas Sicílias —, conseguira dominar bandoleiros e carbonários com sorridente firmeza. Transferido para a Úmbria, em Spoleto e depois em Perúgia, revelara-se um administrador sagaz, hábil reformador de tribunais e secretariados, construtor e até técnico em abertura e conservação de estradas (pois foi obra sua a Via Gregoriana, assim chamada em honra de Gregório XVI).

Na Bélgica, as coisas não lhe tinham corrido tão bem. A situação era difícil quando, em 1843, fora para lá como núncio apostólico. A questão escolar começava a lançar os católicos contra os liberais, e, fosse qual fosse o seu pensamento pessoal, o núncio não podia deixar de apoiar a ação dos bispos, o que irritava a esquerda, e mesmo o rei Leopoldo. Depois, o jovem prelado vira-se envolvido na querela que opunha a Companhia de Jesus aos professores de Lovaina. Finalmente, atacado em Roma, fora convidado a deixar a diplomacia e a voltar para Perúgia, onde era unanimemente reclamado — mas, desta vez, para a sé arquiepiscopal. Aceitara.

E aí ficara durante trinta e dois anos... Por quê? A resposta contém-se numa só palavra: Antonelli. O controvertido Secretário de Estado, que Pio IX mantivera a seu lado, desconfiaria de Pecci[11] e recearia ter nele um rival? Julgá-lo-ia demasiado audacioso no modo de pensar? De qualquer maneira, pelo resto da vida de Antonelli, o arcebispo continuara na sua sé provincial, relativamente consolado pela púrpura cardinalícia que ninguém se atreveria a negar-lhe.

Esses trinta e dois anos de episcopado foram para ele uma excelente velada-de-armas. Mostrara-se em muitas ocasiões um verdadeiro chefe, enfrentando o próprio Garibaldi ou acolhendo debaixo do seu teto todos os seminaristas expulsos. E dera à sua diocese um impulso intelectual que, devemos confessá-lo, era pouco habitual na Itália pontifícia. Pessoalmente a par de tudo o que se pensava e escrevia, leitor dos mestres contemporâneos, incluindo Rosmini e Lamennais, agrupara à sua volta homens que se interessavam pela filosofia, pela crítica, pela exegese, e até constituíra uma "Academia Tomista" presidida pelo seu irmão, onde se estudavam as teses do genial dominicano.

Os resultados desses esforços não passaram despercebidos. As cartas pastorais do arcebispo davam testemunho de uma largueza de vistas, de uma audácia de pensamento geralmente alheia a esse gênero de textos e, no sínodo provincial regularmente convocado pelo metropolita, os bispos da Úmbria tinham votado várias vezes, a seu pedido, mensagens de um tom nada habitual. Embora a multidão romana não o conhecesse, Gioachino Pecci estava longe de ser um desconhecido na Igreja. Quando "o Grande Tiago"[12] falecera, Pio IX rendera-se por fim às razões dos que estranhavam que um valor tão alto fosse mantido à margem e chamara-o a Roma, aprendera a estimá-lo e nomeara-o Cardeal Camerlengo. Diziam uns que para designá-lo como sucessor; outros, que para afastá-lo...

Tal como era, numa velhice cheia de vitalidade, no momento em que o voto do Sacro Colégio lhe lançava sobre os ombros o cargo mais pesado que um homem pode receber; tal como seria até ao fim da vida (passados os noventa anos), Leão XIII causava uma profunda impressão em quem quer que dele se aproximasse. Capaz de ser, ora amável, ora grandioso, ora familiar, ora cheio de majestade, sabia às mil maravilhas tirar partido dessa irradiação, dessa presença, da força que emanava de uma aparência frágil. O seu corpo, flexível, parecia prestes a partir-se ao meio. O rosto tinha a palidez da cera. Mas havia no porte da cabeça, no modo de andar, no gesto rápido dos braços, algo de imperioso, enquanto as feições alongadas, a alta fronte estreita nos temporais, o queixo proeminente significavam de maneira clara uma vontade sem fendas. Adivinhava-se nele um ser em quem o Espírito subordinara plenamente a carne. Mas essa força de alma nunca se mostrava brutal: o olhar extremamente vivo e a boca larga de lábios finos iluminavam-se muito frequentemente com um sorriso, por vezes matizado de uma leve ironia.

Tinha o temperamento de um condutor de homens. Não mostrara já, aos trinta anos, em Benevento e na Úmbria, de que era capaz? Do autêntico chefe, tinha ele a clareza nos propósitos, a firmeza na execução e, ao mesmo tempo, o absoluto autodomínio que faz os grandes políticos. Como Bismarck ou como Richelieu, poderia ter dito de si próprio que era alguém "livre de qualquer sentimento, de qualquer ressentimento", radicalmente desligado de preferências pessoais, desde que estivessem em causa os interesses da Igreja. Nem mesmo lhe faltava, apesar de muita efusão verbal, uma certa secura de coração que deve ser indispensável a quem tenha de governar a espécie humana. Mas, acima de quaisquer outros traços, o que o distinguia eram os altíssimos dons de observar os acontecimentos e os homens com olhos de águia, sem nunca se deixar iludir, medindo como que instintivamente o possível e o impossível, e, em seguida, quando a decisão estava tomada, lançar a sua ação com um tato, uma habilidade e uma flexibilidade fora do comum. Tudo isso fazia dele o tipo exato do diplomata, do político. Os romanos, algum tanto irônicos para com os seus papas, costumam dizer que todos eles se podem classificar numa de três categorias: os *dotti*, os *zelanti*, os *politici*. É evidente que foi na última que meteram Leão XIII.

Ora, a verdade é que se enganavam. Porque esse altíssimo político era também um intelectual de grande qualidade, que sabia a fundo o latim e várias línguas, possuía autêntica cultura e interessava-se quer pelas mais complexas especulações teológicas, quer pelas teorias literárias, tendo sobre muitas matérias uma opinião pessoal. E, sobretudo, aquele que Gambetta, num artigo laudatório, classificava, no seu advento, como "mais diplomata do que padre", era, na verdade, uma alma profundamente religiosa, um padre no sentido mais genuíno do termo, piedoso e desprendido, dotado de facetas quase místicas. Aquele que, sendo papa, havia de publicar não menos de vinte encíclicas sobre assuntos unicamente espirituais, seria inteiramente o oposto de um Talleyrand de batina branca que alguns gostariam de imaginar...

Ao ascender à cátedra de Pedro, Leão XIII encontrava uma situação que, em bastantes aspectos, parecia inquietante[13]. Que Pio IX tenha sido um grande papa, ninguém o poria em dúvida. Fora o primeiro a empenhar-se na luta contra as heresias do mundo moderno, com uma coragem incontestável. Fora graças a ele que o papado conseguira obter, juntamente com o reconhecimento da Infalibilidade, o de um poder espiritual como jamais tinha possuído. O seu longo pontificado fora marcado por uma renovação espiritual de incontáveis manifestações. No plano temporal, porém, os resultados tinham sido menos felizes, e muitas vezes causara a impressão de que, traumatizado desde os começos do seu pontificado pelo sangrento fracasso das suas veleidades "liberais"[14], passara a ter para com todas as novidades, mesmo as mais legítimas, uma desconfiança crescente, que acabara por afastá-lo das preocupações e das realidades do seu tempo.

A perda do poder temporal e dos bens territoriais, aos quais se mostrara sem dúvida excessivamente apegado, fora para ele como que um golpe mortal. Dir-se-ia que, com a queda de Roma, fora atingido um centro vital. Os últimos oito anos do pontificado tinham sido decepcionantes. Embalado em ilusões, consolando-se dos desgostos com as provas tocantes que lhe prodigalizavam os fiéis do mundo inteiro, o "prisioneiro do Vaticano" deixara correr os últimos tempos de vida sem qualquer esforço por fazer face aos acontecimentos, adaptar o papado às novas condições, tirar partido do reforço da sua autoridade espiritual para compensar as perdas materiais. A impressão de "estagnação" que o cardeal Manning trouxera de uma visita à Roma papal era mais que fundamentada. Nesse meio tempo, desencadeara-se uma imensa ofensiva contra a Igreja em numerosos países: depois da França da Comuna, era a Alemanha bismarckiana, era a Suíça, era o México de Juárez, eram até a Áustria e a Espanha que, com maior ou menor violência, atacavam as bases cristãs. Os protestos indignados que, de tempos a tempos, partiam de Roma caíam na indiferença. No momento em que era necessário reunir todas as energias para combater os adversários, a Igreja parecia envelhecida, incapaz de qualquer esforço, terrivelmente ultrapassada pelos acontecimentos. Tal como o seu chefe.

Era indispensável uma mudança. O próprio Pio IX o tinha percebido. O cardeal Ferrata, nas suas memórias, refere dele estes pensamentos melancólicos: "O meu sucessor há de ter de se inspirar na minha dedicação à Igreja e no meu desejo de fazer o bem. Quanto ao mais, tudo mudou à minha volta; o meu sistema e a minha política fizeram o seu tempo; mas estou velho demais para mudar de orientação. Será obra do meu sucessor". Foi precisamente sobre essas necessárias mudanças que o futuro Leão XIII meditara durante o longo retiro de Perúgia.

Mantendo-se à escuta do seu tempo, perfeitamente a par das correntes de pensamento que o atravessavam, Gioachino Pecci tinha tido a inteligência e o tempo necessários para conhecer um a um os problemas que a Igreja enfrentava e mesmo para conceber as soluções. Acabara por fixar para si próprio um verdadeiro programa de governo. Várias vezes, os seus atos pastorais tinham indicado as grandes linhas desse programa, o que, seja dito entre parênteses, não deixara de aumentar a desconfiança de Antonelli, pouco aberto à crítica. Ao receber a tiara, o cardeal Pecci sabia com grande clareza em que sentido ia orientar a ação da Igreja. É impossível pô-lo em dúvida quando se lê a sua primeira encíclica, *Inscrutabili Dei consilio*. Como todas as "primeiras encíclicas", esta expunha os propósitos do novo pontificado; mas, publicada poucas semanas após a coroação, tinha tal grandeza de vistas e tal precisão que se deve afastar por inteiro qualquer ideia de improvisação[15].

Mas em que consistiria, afinal, a mudança que Leão XIII ia introduzir na condução dos negócios eclesiásticos? Não era sobre os próprios princípios em nome dos quais a Igreja deve ser governada. Neste ponto, nenhuma dúvida. Com um vigor igual ao do seu antecessor, Leão XIII afirmava que a causa dos dramas em que se debatia a humanidade estava no enfraquecimento da autoridade da Igreja, no abandono das normas cristãs, "nos excessos de uma liberdade desenfreada e perversa". Da civilização moderna, corrompida pela imoralidade e o ateísmo, ia ao ponto de dizer: "Não passa de simulacro de civilização; a palavra não cobre nenhuma realidade".

É, pois, um erro, demasiadas vezes cometido por historiadores interessados em opor um papa a outro papa, ver em Leão XIII um papa "liberal", no sentido em que o *Syllabus* e a *Quanta cura* utilizaram o termo, isto é, um homem pronto a deixar fletir os princípios de ordem e de autoridade para conseguir uma ilusória aproximação com o adversário. E, afinal, não fora ele um dos iniciadores do *Syllabus*? Não tinha ele conseguido em 1849, ainda jovem arcebispo de Perúgia, que o Sínodo provincial votasse uma moção em que se pedia ao sumo pontífice "que expusesse o quadro dos erros mais graves e mais difundidos, a fim de ser possível considerá-los num só olhar e condená-los sob todas as suas formas"? Não eram posições "liberais"... E o cardeal Pie não se enganava ao escrever: "Leão XIII não está animado de um espírito diferente do de Pio IX".

Mas a verdade é que, ao serviço desses mesmos desígnios — fazer triunfar a causa de Deus e da Igreja —, o papa Pecci não utilizaria os mesmos meios do papa Mastai-Ferretti. A mudança começaria na atitude geral, impos-ta pela diferença de temperamento. Pio IX, tão aberto às inovações do tempo da sua mocidade, instalara-se cada vez mais, após a Revolução de 1848, numa posição de recusa e de anátema. Considerara a Igreja, ou a cristandade, como praça cercada, que importava defender atacando o adversário com golpes mortais. Daí tinham resultado tensões e rupturas com a sociedade civil, que tinham acabado por favorecer os planos inimigos. Diplomata, político, Leão XIII pensava, porém, que era preciso dar à Igreja de Cristo um outro rosto, ceder no superficial para salvaguardar o essencial, não fulminar senão quando estivessem esgotados todos os outros recursos. Pensava que não seria encerrando os católicos numa fortaleza eriçada de ameias que se voltaria a trazer o Evangelho para o meio dos homens: era preciso aproximar-se deles com as mãos abertas, debruçar-se sobre as suas angústias e os seus pensamentos, mostrar-lhes que o cuidado dos valores eternos não era incompatível com uma política cristã de contato e de acolhimento.

A essa mudança de atitude corresponderia também uma modificação de princípio na questão que se punha à Igreja desde a Renascença: a questão das suas relações com o mundo moderno. Seria necessário aceitá-lo ou antes rejeitá-lo? Olhados em conjunto, os papas tinham optado, havia séculos, pela segunda hipótese. E os violentos abalos da Revolução tinham confirmado os pontífices do século XIX na ideia de que o mundo moderno era, em bloco, inaceitável. Tinham, pois, seguido uma linha política reacionária, no sentido mais preciso do termo, condenando demasiadas vezes as tentativas de subversão juntamente com inovações perfeitamente legítimas, como eram os progressos técnicos. Leão XIII iria romper com esses erros. "Será verdade que a civilização não pode dar frutos numa sociedade que viva do espírito de Jesus Cristo? Não poderá o homem desenvolver-se na ordem física, social e política, senão com a condição de repudiar a Igreja Católica? Eis a questão que afirmamos ser grande e capital, tendo em conta que, se for resolvida em detrimento da Igreja, já não haverá maneira de parar a apostasia dos seus filhos".

Era uma visão profunda, que dava testemunho de um verdadeiro gênio. Distinguir no mundo moderno, por um lado, temas de pensamento e princípios condenáveis (de resto, já legitimamente condenados), e, por outro, realidades que, em si, não eram anticristãs e nas quais Cristo devia apor a sua marca, era abrir à Igreja caminhos novos. "Solidamente assentada numa rocha cujas arestas Pio IX tinha acabado de definir, o papado, sob Leão XIII, ia começar a traçar as largas avenidas que, de todos os cantos do mundo, viriam confluir para essa rocha"[16].

Leão XIII teve a sorte de dispor de vinte e cinco anos para pôr em prática esse programa, novo sob tantos aspectos. A sua excepcional longevidade não é alheia ao seu triunfo e à glória que o envolveu. Teve ainda outra sorte — mas suscitada por ele mesmo, graças à intuição dos homens que possuía —: a de ter a seu lado, a partir de 1887, um colaborador também excepcional, *Mariano Rampolla del Tindaro* (1843-1913), de quem fez seu Secretário de Estado. Raramente dois homens foram mais feitos para se entenderem e completarem. Nesse jovem aristocrata siciliano, antigo membro da Academia dos Nobres Eclesiásticos como ele, e, como ele, antigo núncio, Leão XIII como que se reconheceu. Ele, que não era muito propenso a admirar os homens, admirou nesse companheiro mais novo a vasta inteligência, superiormente informada, as virtudes profundas, que uma fé inclinada ao misticismo empurrava para o bem supremo, e o caráter, aberto às iniciativas e firme nas realizações.

Bem sabemos como é importante o papel de um Secretário de Estado junto de um papa. Dia após dia, durante dezesseis anos, de manhã, enquanto o papa acabava de tomar a sua habitual xícara de leite batido com uma gema de ovo, lá vinha o Secretário de Estado ao gabinete do soberano pontífice, com uma pasta abarrotada de documentos debaixo do braço, sentar-se à mesa diante de Leão XIII. Durante duas horas, estudava com ele todos os assuntos. Colaboração tão íntima, tão completa, que, nos grandes atos de Leão XIII, é impossível distinguir exatamente o que cabe à ação pessoal do papa e o que se deve atribuir aos méritos do cardeal Rampolla.

Foi em todos os planos, em todos os domínios, que Leão XIII pôs em prática o programa de renovação e de ampliação que tinha elaborado. A imensidade do campo que trabalhou não pode deixar de provocar espanto. Nos *Acta* do seu pontificado, não existe nenhum problema, dentre os que preocupavam os homens do seu tempo, que tenha sido esquecido por ele. Sobre cada questão, podemos encontrar pelo menos um dos seus *motu proprios* — fórmula que, pela sua rapidez, preferia à das grandes encíclicas, que por sua vez será mais grata a Pio X — e nos quais trabalhava diretamente, como latinista exímio que era. O conjunto forma um edifício impressionante: será preciso esperar pelo pontificado de Pio XII para achar outro tão vasto.

A política "internacional" foi o setor em que Leão XIII obteve os êxitos mais visíveis, aqueles que mais contribuíram para a sua fama. De acordo com o seu plano, quis estabelecer "paz e harmonia" nas suas relações com os Estados, mesmo com os que tinham uma Constituição pouco adaptada aos princípios formulados pelo *Syllabus*, mesmo com os que Pio IX pudera, legitimamente, considerar seus adversários. Ao reafirmar em todos os momentos que a Igreja ensina o respeito pelo poder estabelecido, repetindo que o cristianismo se apresenta como a única barreira eficaz contra as doutrinas subversivas, mostrou aos governos que era possível um entendimento. Como contrapartida da sua boa vontade, pediu que ao menos fosse dada à Igreja liberdade de ação, ou, se possível, uma legislação favorável aos interesses católicos. Desse modo restabeleceram-se contatos que seria danoso romper.

Assim o demonstraram, na Alemanha, o fim do *Kulturkampf* bismarckiano e o reatamento das relações, muito cordiais, manifestadas pelas três visitas de Guilherme II ao Vaticano; na Suíça, o termo do "pequeno *Kulturkampf*"; na Espanha, o abandono, pelo governo liberal, das leis anticlericais. A nova política não foi menos feliz nas relações com a Rússia, que restabeleceu vínculos diplomáticos com o Vaticano; com a Inglaterra de Gladstone, que, grata pelos conselhos de moderação dados aos irlandeses, enviou para junto da Santa Sé um representante oficioso; com os Estados Unidos, onde, recusando aos imigrantes bispos da sua nacionalidade, ou seja, contribuindo para a fusão dos católicos numa realidade social homogênea, Leão XIII apoiou as intenções do governo federal e conseguiu ter um delegado apostólico em Washington; o mesmo com a Noruega e com diversos países da América do Sul.

Essa política de vistas largas, ajustada ao programa estabelecido, teve o seu ápice na França. Foi sobretudo aí que se pôde ver até que ponto era audacioso o pensamento de Leão XIII. Ao passo que todos os seus predecessores, incluindo Pio IX, tinham visto nos sucessivos regimes franceses os herdeiros da Revolução, portanto suspeitos, o novo papa pensou, segundo a fórmula perfeita do cardeal Rampolla, que "não se devia consentir que certas realidades políticas, que eram fatos e, como tal, valiam e podiam durar, fossem apresentadas às massas populares como a encarnação de certas ideias anticristãs, associadas ao reinado de uma filosofia hostil à Igreja". A aplicação desse novo e profundo modo de ver traduziu-se no conselho instante dado aos católicos para que deixassem de se opor, pura e simplesmente, à República: foi o *Ralliement*[17].

Mas não foi só com os Estados que Leão XIII quis restabelecer o contato: foi também com as classes sociais que a evolução do mundo moderno parecia afastar irresistivelmente da Igreja; sobretudo com esse proletariado das fábricas e oficinas cuja situação dolorosa ele conhecia e de quem falara várias vezes nos seus atos pastorais como arcebispo. Nesta matéria, o documento-chave foi a iluminadora encíclica *Rerum novarum*, de 1891. Nela, assumindo e ordenando os principais temas dos "católicos sociais", Leão XIII situava a Igreja no âmago da construção social, de onde havia muito que estava ausente[18]. O papa ia até muito longe na audácia, pois denunciava o liberalismo econômico para o qual o trabalho humano era como mercadoria, e considerava-o responsável pela miséria injusta dos trabalhadores e pelo ódio entre as classes que daí resultava. Desse modo, tirava ao socialismo os argumentos que este utilizava para os seus fins, e punha a Igreja em melhor situação para reconquistar para Cristo a classe operária. Era a primeira atitude construtiva destinada a lutar contra as forças do ateísmo[19].

Ainda em muitos outros campos, Leão XIII definiu posições semelhantes a essas. Durante as suas longas meditações da Úmbria, um dos pontos em que tinha refletido mais intensamente — e dele falara com frequência aos seus íntimos —, era a causa profunda do drama em que se debatia o mundo. E concluíra que o que estava na origem de todo o desregramento que se podia observar era uma crise do espírito. Acima de tudo, deplorava a falta que a Igreja cometera muitas vezes ao cortar completamente com os métodos do pensamento moderno e da ciência. Para vencer o erro, não seria necessário descer a esse terreno, para lhe tirar as armas? Importava restaurar o pensamento cristão, a fim de pôr os fiéis à altura de responder aos adversários[20]. Daí uma obra imensa, múltipla, realizada por ele no plano da inteligência.

A filosofia cristã mostrava-se deficiente. Gioachino Pecci tinha estudado muito São Tomás e a *Suma* durante o seu episcopado em Perúgia, de modo que uma das suas primeiras encíclicas, *Aeterni Patris*, foi consagrada ao tomismo, proposto como a filosofia basilar do cristianismo, aquela que podia permitir a solução do grande problema do tempo — as relações entre a fé a razão. A historiografia católica e especialmente a história religiosa e o seu anexo, a exegese, agonizavam. Ignoravam propositadamente os métodos da ciência, por medo aos pretensos perigos que podiam fazer correr à fé. Leão XIII tomou uma posição diametralmente oposta: "A Igreja — exclama — nada tem a temer da verdade!" Máxima que muitas vezes retomará, e de que fez um eloquente comentário numa carta aos estudiosos católicos Pitra, De Luca, Hergenröther. A consequência prática foi a abertura dos arquivos do Vaticano aos historiadores.

Ao mesmo tempo, a exegese bíblica foi encorajada. Tratava-se de responder a Strauss e a Renan, lutando contra eles com armas iguais. A encíclica *Providentissimus* fixou os respectivos princípios, e foi esse o ponto de partida da renovação bíblica, um dos acontecimentos capitais do catolicismo atual — que teve como amostras de ouro, primeiro, a fundação da Escola Bíblica de Jerusalém pelo pe. Lagrange e, depois, a da Comissão Bíblica de Roma. Mas essa restauração do pensamento cristão só seria eficaz se os conhecimentos adquiridos pelos homens de ciência fossem levados à massa. Daí as providências tomadas para renovar o ensino nos seminários, os encorajamentos dados à fundação ou ao desenvolvimento de universidades e institutos católicos na Alemanha, na França, na Bélgica, na Itália, na Suíça. Daí as mensagens de felicitação enviadas aos Congressos científicos católicos, que tinham sido objeto de tanta desconfiança.

Essa mesma obra de aglutinação que Leão XIII cumpriu no plano político e social foi por ele estendida a todos os setores. Imprimiu um novo impulso, uma força até então desconhecida, ao grande movimento missionário, já tão bem lançado por Gregório XVI e Pio IX[21]. Empenhou-se nisso pessoalmente: presidindo ele próprio — e logo quatro dias após a eleição — às Comissões que designavam os vigários apostólicos, acompanhando de perto a ação dos Oblatos de Maria Imaculada no Canadá, manifestando a sua amizade pelo cardeal Lavigerie e pelos seus Padres Brancos, recordando, em 1893, a necessidade tão perfeitamente assinalada por Gregório XVI de formar cleros indígenas, de promover "igrejas de cor" — como então se dizia —, e dando em toda a parte como palavra de ordem a máxima que o arcebispo de Cartago tanto prezava: "Conquistar os corações!"

No próprio seio da Igreja, Leão XIII pôs em prática os mesmos princípios: trabalhou por fortalecer os laços entre Roma e as igrejas católicas do Oriente, com as quais os seus antecessores nem sempre tinham sido muito hábeis. E fez mais. Campeão da "paz e da harmonia", sonhou em restabelecer esses laços onde quer que estivessem penosamente deteriorados, reconciliando todos os cristãos. Primeiro dos grandes papas contemporâneos a trabalhar pela unidade ecumênica, foi ele o papa das primeiras retomadas de contato com os anglicanos, testemunhando por uma carta de enorme repercussão o interesse pelo diálogo entabulado entre o lazarista Portal e Lord Halifax. Foi também o primeiro papa a dar diversas provas de sincera simpatia pela "santa Rússia", pela sua nobre liturgia e espiritualidade, especialmente na comemoração dos santos Cirilo e Metódio e na carta *Praeclara*.

Toda essa imensa e multiforme atividade obriga a ampliar o retrato de Leão XIII, deixando de ver nele apenas o político, o diplomata, que Gambetta anunciara e a que demasiados historiadores o reduzem. Para ele, na meta de todas essas iniciativas, estava sempre algo de mais importante: o regresso dos homens à vida cristã. E expôs os princípios desse regresso na encíclica *Exeunte iam anno*, página mística em que, para falar da "união com Cristo", atinge a linguagem dos mestres espirituais. Quanto aos meios a adotar, apresentou-os em numerosos documentos, como a encíclica *Tametsi futura*, sobre Cristo Redentor e Senhor do mundo, ou a *Mirae caritatis*, sobre a Eucaristia, ou ainda a *Divinum illud*, sobre a graça.

O papa que, tantas e tantas vezes, afirmou a necessidade do culto mariano e instituiu na forma atual a festa da Sagrada Família; o papa que deu à devoção a São José a possibilidade de se exprimir durante todo o mês de março; o papa que, talvez mais que qualquer outro, escreveu páginas profundas sobre o Espírito Santo — não é, com certeza, apenas um papa político. A política, para ele, estava envolvida numa intenção sobrenatural. É o que bem compreendemos ao ler a calorosa encíclica *Annum sacrum*, em que, quase no fim da vida, como testamento espiritual e resposta aos adversários, consagrou todo o gênero humano ao Sagrado Coração de Jesus.

E este último aspecto, propriamente espiritual, da imensa e multiforme atividade de Leão XIII, vindo completar os traços do seu retrato, mostra também até que ponto seria errado ver nele um pontífice indulgente, fraco em questões de princípios, como houve quem o acusasse de ser. Com efeito, na ordem doutrinal, Leão XIII mostrou-se de uma firmeza — quase diríamos rigidez — tão evidente como em outros domínios se mostrou flexível. Pio IX evitara condenar as teses de Rosmini: foi Leão XIII quem as censurou[22]. Quando, nos Estados Unidos e depois na França, se manifestou um desvio que iria ser chamado "americanismo", não hesitou em atacar. Logo na segunda encíclica (dezembro de 1878) lançava o anátema contra "o socialismo, o comunismo, o niilismo", em termos claríssimos.

No plano da política imediata, é falso que tenha sido sempre contemporizador, prudente, cheio de mansidão. Perante a nova Itália, a sua atitude foi tão dura como a dos antecessores, e grande a energia com que reclamou os direitos do papado. Foi ele que obrigou a retratar-se o pe. Curci, autor do panfleto *Vaticano regio*, que Pio IX, em atenção aos seus serviços, não quisera censurar. E, afinal, a mais severa condenação jamais formulada pela Igreja contra a maçonaria foi a da encíclica *Humanum genus* (1884), que atinge uma violência rara de se encontrar sob a sua pena: os membros da seita são designados como "os verdadeiros fautores do mal na nossa época".

Ao retrato tradicional de Leão XIII, papa acolhedor e hábil, têm de ser feitos estes retoques. Por eles se vê que, fosse qual fosse o método usado, o seu objetivo era o mesmo dos seus antecessores: o combate por Deus.

Diante da amplitude e da oportunidade da obra realizada por Leão XIII, é difícil fugir à admiração. Sabe-se que a pretensa "profecia de Malaquias"[23] lhe atribui como epíteto, para resumir a sua obra e vida, *Lumen in coelo*. A coincidência é feliz. Foi bem uma luz que Gioachino Pecci trouxe ao céu da Igreja, uma luz que continuaria a iluminar a sua estrada até aos nossos dias. Não é só por ter conseguido restabelecer o papado no concerto das potências que Leão XIII nos parece grande; é, muito mais do que isso, porque soube tomar opções decisivas para o futuro — as quais o nosso tempo ainda não acabou de sentir. A Igreja tal como se desenvolveu no século XX procede diretamente, em muitos pontos, das iniciativas de Leão XIII, então julgadas por alguns demasiado audaciosas e inquietantes. Não se pode dizer que a palavra *gênio* seja grande demais para ele.

E a verdade é que não lhe faltaram testemunhos da fama alcançada pelos seus trabalhos. Ano após ano, vinham aclamá-lo multidões de peregrinos, que se acotovelavam nas audiências públicas e nas cerimônias litúrgicas em São Pedro. As peregrinações operárias organizadas por Léon Harmel[24] fizeram sensação, muito para além da Cidade Eterna. O Ano Santo celebrado em 1900 (Leão XIII voltava assim a um costume interrompido desde 1825) foi ocasião de uma imensa manifestação espontânea, em que a veneração do povo cristão pelo nonagenário vestido de branco se revelou de inúmeras maneiras. As visitas de chefes de Estado, nomeadamente as do rei da Inglaterra Eduardo VII e do *Kaiser* Guilherme II, um e outro soberanos não-católicos, foram legitimamente interpretadas como homenagens ao prestígio inteiramente novo adquirido pelo Vigário de Cristo. Ao mesmo tempo, alguns Estados tomavam-no por árbitro nas suas disputas internacionais[25].

Apesar de tudo, os últimos anos do papa foram tristes. Embora pudesse achar tantas provas de ter bem servido a causa da Igreja, tinha o sentimento de um fracasso. Ao passear com um colaborador pelos belos jardins da sua "prisão" vaticana — longa silhueta branca que Paul Bourget evocava em *Cosmopolis* —, em caminhada melancólica que interrompia de quando em quando para, com as suas mãos diáfanas, aproximar de si uma rosa que aspirava sem colher, repetia muitas vezes o motivo dos seus receios e deixava até entrever a angústia de se ter enganado. Eram sobretudo os acontecimentos da França que o preocupavam: as posições insultuosas de "*Monsieur* Combès" (como ele dizia)[26] não estariam a desmentir dolorosamente, ao menos na aparência, a generosa política de *ralliement*? E, na própria Itália, não lhe inspiravam tantos cuidados os católicos da Ação popular?; não parecia haver sintomas de desvio na atividade a que se entregavam? A encíclica *Graves de communi*, sobre a democracia cristã, traduzia essas inquietações.

Mas havia indícios de estarem a aproximar-se desvios ainda maiores. Notava-se uma estranha agitação nos espíritos em matéria de filosofia e de exegese: após o americanismo, o modernismo... Os católicos, vendo aberta a via da ciência, não estariam indo longe demais? E o velho papa interrogava-se se teria insistido no essencial: na reforma moral, na restauração da fé nas almas... A sua ansiedade crescia.

Conservou intacta até ao fim a energia e o vigor de espírito que tanto haviam servido o seu gênio. Embora já quase não se alimentasse senão de caldo e de gemas de ovo, exigia que o levassem a São Pedro para cada uma das numerosas canonizações e beatificações que decretou, e todos os que o viam ficavam impressionados com a palidez mortal daquele rosto onde só cintilavam os olhos, que nada tinham perdido da sua juventude. Por vezes, brincava a propósito da sua longevidade. Um dia, respondendo aos votos de uma freira que lhe desejava que vivesse até aos cem anos, perguntou-lhe: "Por que, minha filha, fixar um limite à bondade da Providência?" E, na véspera da morte, 5 de julho de 1903, murmurou, num sorriso: "Amanhã, que louca agitação vai haver por aqui!" Pouco antes, escrevera, em perfeitos versos latinos, um poema que constituía o seu testamento espiritual: era um apelo à misericórdia divina, mas também um canto místico de gratidão a Cristo e de esperança[27].

Santidade de Pio X

"Agora temos um papa, Leão XIII, que, com a sua ciência profunda, o seu seguro golpe de vista, a sua habilidade, fez subir prodigiosamente e acima de toda a expectativa a situação da Igreja no mundo. Mas, quando ele morrer, a Igreja pode vir a ter necessidade de um chefe supremo que a reconduza mais estreitamente às virtudes evangélicas dos tempos apostólicos, à bondade, à caridade, ao espírito de pobreza, à mansidão, a fim de exercer mais larga influência sobre as massas populares". Assim se exprimia por volta de 1900 um homem que a Igreja elevaria às honras dos altares, o eminente jurista Contardo Ferrini[28].

Mais tarde, ao comentar num artigo indiscreto[29] o Conclave que elegera o sucessor de Leão XIII, o cardeal Matthieu resumia assim a opinião dos seus eminentíssimos confrades: "Queríamos um papa que não estivesse ligado a nenhuma política, cujo nome significasse paz e concórdia, que tivesse envelhecido no ministério das almas, que se ocupasse em pormenor do governo da Igreja e que fosse, acima de tudo, pai e pastor".

E um e outro — o leigo e o cardeal — concluíam designando aquele que, em seu entender, devia satisfazer esse duplo desejo: o cardeal Sarto, patriarca de Veneza. O próprio cardeal Sarto — sem lhe passar pela cabeça, na sua sincera humildade, que algum dia pudesse ser o objeto de tais desejos — dissera certa vez a uma visita: "A sabedoria com que Leão XIII ilumina o mundo obriga a desejar que um grande papa seja chamado a substituí-lo. Mas um papa que se imponha, antes de tudo, pela santidade"[30]. Um papa "pai e pastor", um papa que "reconduzisse mais estreitamente a Igreja às virtudes evangélicas": isso era precisamente o que ia ser esse Giuseppe Sarto que, quarenta anos após a morte (1954), a Igreja iria declarar autenticamente um santo.

Quarenta anos... A inusitada rapidez com que foi levada a bom termo essa causa na Cúria Romana — nenhum outro papa fora canonizado desde Pio V, o grande dominicano da reforma católica[31] — prova facilmente o prestígio que continuava a aureolar a memória desse homem de Deus. Prestígio que era feito não menos de ternura do que de veneração. Os católicos admiraram Leão XIII ou Pio XI; mas amaram Pio X, o seu sorriso de luz, a sua bondade sem reserva, a sua inesgotável caridade. Já em vida se construíra à volta da sua pessoa uma "legenda áurea", abundante em pormenores comovedores, palavras exemplares ou até narrativas de milagres. Talvez devamos baixar o diapasão desse louvor popular. Talvez não seja preciso, para admirarmos São José Sarto, aceitar como verídico que, em menino, percorria diariamente, descalço (tão pobres eram os pais!), os sete quilômetros que separavam a sua aldeia natal da escola. Mesmo que alguns traços tenham sido embelezados, ainda ficam muitos outros, indiscutíveis, para que a sua figura nos apareça fora de série. E, além do mais, não é pequeno indício da irradiação de um santo essa aura de que o cerca a multidão dos fiéis.

Giuseppe Sarto era um filho do povo, do povo miúdo. Desde a Revolução Francesa até meados do século XX, todos os chefes supremos da Igreja foram, com exceção dele, membros da nobreza, da burguesia ou do meio administrativo. E seria preciso esperar por 1958 para ver subir ao mais prestigioso dos tronos um outro filho do povo, cujos irmãos ainda andavam atrás de um arado lá nos campos de Bérgamo: Angelo Roncalli. Em Riese, aldeola dos contrafortes dos Alpes venezianos, onde nasceu, os pais de Giuseppe Sarto estavam longe de ocupar o alto da pirâmide. O pai, moço de recados da prefeitura; a mãe, costureira doméstica, que trabalhava duramente para aguentar a numerosa ninhada de filhos. Mas a fé era sólida nessa família. Margherita Sarto, que os retratos nos mostram com o ar de dignidade e a distinção natural que é frequente nas velhas camponesas italianas, era mulher de boa cabeça e era uma santa. Quando seu filho Giuseppe receber as ordens sacras, a mãe dirá aos outros filhos que deixem de tratá-lo por tu, e ela dará o exemplo. Mas quando, feito bispo, ele lhe mostrar o anel de ametista, observará: "Muito bonito o seu anel, Giuseppe! Mas não se esqueça de que, para que você pudesse usá-lo um dia, fui eu que tive de usar, primeiro, este aqui..." E tocará na sua humilde aliança de prata.

Essa formação foi decisiva. Filho de pobres, Giuseppe Sarto conservará por toda a vida o espírito de pobreza, e recusará, já como papa, as honras e prebendas que teriam parecido legítimas. Permanecerá sempre atento à condição dos humildes, e o seu coração comover-se-á com a miséria. Há de ser sempre o menino que só fizera os seus estudos graças ao apoio do pároco, à ajuda financeira de algumas pessoas simples e a uma bolsa oferecida no seminário pelo Patriarca de Veneza; e que, muitas vezes, só tinha para o almoço um naco de pão e um pedacinho de queijo parmesão. Essa austera infância tinha-lhe formado o espírito e o caráter. Na escola, no colégio ou no seminário, sempre foi um aluno modelo e bem dotado.

A sua carreira foi lenta, marcada por uma espécie de harmonia rítmica a que achava graça. "Estudei nove anos no seminário — dizia ele —, fui nove anos coadjutor em Tômbolo, nove anos cônego em Treviso, nove anos bispo em Mântua... Vereis que hei de ser nove anos patriarca de Veneza, e que, se um dia for papa, será por nove anos, porque eu sou farinha que se põe em todos os molhos". Uma longa formação. Só aos sessenta e oito anos, exatamente como Leão XIII, é que Giuseppe Sarto foi eleito papa. Formação unicamente sacerdotal e pastoral, bem diferente daquela que o seu antecessor tinha recebido nas nunciaturas e que o seu sucessor receberia. Formação que teve o mérito de lhe dar a conhecer os problemas concretos que as almas tinham de enfrentar e as exigências propriamente espirituais do seu tempo.

Em todos os postos por onde passou, *D.* Sarto revelou as mesmas qualidades. Admiravam nele tanto a fé como o zelo e a bondade. Em Tômbolo, onde se matou a trabalhar para substituir um velho pároco, viram-no, certo dia, de batina arregaçada, abrindo uma cova em lugar do coveiro, que estava doente. Em Salzano, onde os burgueses o tinham recebido sem entusiasmo, despertou tanta estima que, ao ter de partir para Treviso, as suas ovelhas protestaram oficialmente contra a transferência.

Excelente orador, muito requisitado, entrava pela noite adentro para preparar sermões ou retiros, já que da manhã até ao anoitecer se dedicava às tarefas que lhe estavam confiadas. É claro que corriam imensas histórias acerca da sua caridade: como preferira deixar acusar o gato da casa a ter de dizer que tinha dado o frango assado a um mendigo; ou como as irmãs, que lhe governavam a casa, tinham de usar de astúcia para lhe encomendarem uma nova batina... Havia em D. Sarto algo do Cura d'Ars e de São Vicente de Paulo. Ao mesmo tempo, porém, tal como o grande santo da caridade, era um homem de ordem e empreendedor, um construtor, um organizador. A diocese de Mântua, então abaixo do medíocre, foi remexida da cabeça aos pés por esse bispo infatigável. Em Veneza, se foi o patriarca dos gondoleiros, também soube ser o líder que tomou nas mãos a imprensa católica da diocese e fez frente à municipalidade maçônica, da qual se desembaraçou habilmente. Já o cercava uma espécie de auréola, e até em Roma se falava dele. Leão XIII, que o estimava e lhe pedia conselho, disse muitas vezes que ele seria o seu sucessor. Coisa que Giuseppe Sarto nem desejava nem esperava. Por isso, ao partir de Veneza para o Conclave, comprou um bilhete de ida e volta...

No Conclave, o seu nome esteve longe de se impor logo de entrada. No primeiro dos sete escrutínios que foram necessários, apenas obteve cinco votos. Todas as probabilidades pareciam indicar o cardeal Rampolla, o colaborador íntimo do papa defunto, o depositário do seu pensamento. Iria ele ser o eleito? Iria ultrapassar os trinta votos que atingiu no quarto escrutínio? Não é seguro. Se o cardeal Mathieu exprimia a opinião do Sacro Colégio, as frases que lemos atrás dão pé para pensar que Rampolla não era o papa que muitos desejavam[32]. Seja como for, o certo é que o nome do Secretário de Estado não figurou até ao fim. Antes do terceiro escrutínio, o cardeal Puzyna, príncipe-bispo de Cracóvia, fez saber que a Áustria formulava contra ele o "exclusivo", em virtude do antigo privilégio que a tradição reconhecia aos soberanos da Espanha, França e Áustria. O protesto, muito digno, expresso pelo Secretário de Estado, e as manifestações de simpatia de que o rodearam não conseguiram mudar o fato, e o número de votos a seu favor nos boletins foi decrescendo[33].

Em 4 de agosto de 1903, no escrutínio da manhã, o cardeal Sarto obtinha cinquenta votos em sessenta e quatro[34]. Quando lhe perguntaram qual o nome que desejava tomar, respondeu: "Pio, em memória dos santos pontífices que, no século passado, lutaram corajosamente contra os erros que pululavam". À noite, confessou aos seus íntimos: "Aceitei este cargo como se fosse subir um calvário. Foi uma cruz que me puseram aos ombros".

Poucos papas têm sido objeto de juízos tão violentamente contraditórios como Pio X. Herói sem medo e sem mancha na luta que a Igreja tem de travar sempre para defender os direitos de Deus — dizem uns —; e acrescentam: foi guardião vigilante da ortodoxia, restaurador eficaz da fé e da prática religiosa. Um homem brutalmente intransigente, de mente estreita e limitada — replicam outros, que acrescentam: estava sempre disposto a lançar condenações ou recusas, eram inúmeras as suas atitudes desastradas. Opinião que o Diretor da École Française de Roma, mons. Duchesne, exprimia de um modo mais gracioso que respeitoso: "O Santo Padre conduz a barca de Pedro *à la gaffe*".

É sobretudo a propósito dele que muitos historiadores invocam a pretensa "lei dialética" que necessariamente oporia um pontífice ao seu predecessor, sem perceberem que, em muitos e muitos pontos, Pio X prolonga Leão XIII, e não apenas o Leão XIII dos últimos anos, cheio de inquietação por se ver ultrapassado ou desmentido pelos fatos, mas também o Leão XIII das inovações intelectuais e das grandes encíclicas místicas. E sobretudo sem cuidarem de saber se, nas circunstâncias em que se encontrava a Igreja, ameaçada pela violenta hostilidade dos Estados, interiormente minada por doutrinas suspeitas, não seria necessária uma reação e não seria preciso estabelecer um patamar donde mais tarde se pudesse partir para uma nova jornada. É claro que seria ingenuidade pretender negar as diferenças de temperamento e de comportamento entre os dois papas, mas não é seguro que, se Leão XIII houvesse vivido mais dez anos, não iria ter as mesmas atitudes de Pio X[35].

Também se tem dito muito que o verdadeiro responsável da política "reacionária" de Pio X foi aquele que, logo após a eleição, passou a ser seu colaborador íntimo até ao fim da vida, o *cardeal Merry del Val* (1865-1930). Espanhol de alta linhagem, de maneiras aristocráticas, mons. Merry del Val, filho de diplomata, e ele próprio diplomata utilizado em muitas ocasiões difíceis por Leão XIII, poliglota notável e inteligência extremamente culta, é indiscutível que teve sobre o papa, antigo pároco e que só falava bem o italiano, a influência que pode exercer sobre um chefe um colaborador que conhece a fundo as questões. Durante o Conclave, em que exercera as funções de secretário, mostrara-se de grande habilidade, e por isso Pio X o fez Secretário de Estado e cardeal, embora só tivesse trinta e oito anos. Dele afirmava uma testemunha que a sua ideia da autoridade era "a concepção que se podia ter na Espanha três séculos atrás", e que escondia "esse aço debaixo do veludo de uma grande benevolência natural e de uma finíssima delicadeza"[36].

Será assim? É certo que Merry del Val considerava "a organização da Igreja de um modo muito hierárquico, com os católicos em tudo submissos aos bispos e estes esperando fielmente de Roma a sua palavra de ordem". Mas por que censurá-lo? Era a ideia que tinham tido todos os papas desde a Renascença, e que prevaleceu até aos nossos dias. A verdade é que o cardeal Merry del Val se achou espontânea e totalmente de acordo com o papa que servia sem hesitação nem reticências, e que a política do pontificado veio a ser, como fora a de Leão XIII e Rampolla, obra comum de ambos.

Política, de resto, em que se deu uma evolução, assinalada pelas mudanças de pessoal. Se, a princípio, o Secretário de Estado conservou a seu lado o colaborador imediato do cardeal Rampolla, mons. Della Chiesa — o futuro Bento XV —, o certo é que, logo que este foi feito arcebispo de Bolonha, outras personagens começaram a ter influência no Vaticano, nomeadamente mons. Benigni — bastante inquietante —, e foi então que se manifestou, apesar da bondade do papa e da extrema cortesia do Secretário de Estado, essa "intransigência serena e dura" que alguns irão considerar como característica de todo o pontificado.

Se Leão XIII, antes de ser eleito, tinha elaborado um verdadeiro programa de governo, Pio X, sem ter nada de semelhante, seguiria uma regra de conduta à qual havia muito conformava os seus atos. Era uma máxima de vida que seria também a máxima do seu pontificado e que repetia com muita frequência: *Omnia instaurare in Christo*. Máxima de caráter místico, em que se pode ouvir o eco da célebre frase de São Paulo: "Já não sou eu que vivo: é Cristo que vive em mim" (Gl 2, 20). Colocar Cristo no centro de toda a vida, fazer com que tudo se baseie nEle, na sua mensagem — é evidente que esta é a finalidade que todo o cristão se deve propor, e, com maior razão, um papa. Foi este propósito que ditou a Pio X todas as suas grandes decisões de ordem espiritual. Mas seria errado julgar que esse princípio não teria de inspirar também a sua conduta em questões completamente diferentes da prática eucarística ou da reforma litúrgica. Ele mesmo teve o cuidado de se explicar acerca deste ponto[37]: "Restaurar tudo em Cristo é não apenas restabelecer o que pertence diretamente à missão divina da Igreja, que é a condução das almas, mas ainda o que deriva dessa missão: promover em todos os seus elementos uma sociedade cristã".

Portanto, quando se opõe Pio X, papa "não político", ao seu predecessor, o político Leão XIII, temos de nos entender bem sobre o sentido e o alcance das palavras. É inquestionável que o futuro santo quis ser um papa "não político", um papa acima de tudo religioso. Mas, além de que é já uma política não querer fazer nenhuma política, não há dúvida de que o pontífice que desejava "trazer todos os homens aos caminhos de Jesus Cristo" não excluía a política dos meios a utilizar para levar a cabo esse anseio. Havemos de ver[38] que a considerava submetida à religião — coisa em que estava de acordo com Leão XIII —, acrescentando que "não se pode separar os negócios políticos do magistério que o papa exerce sobre a fé e os costumes". Portanto, onde quer que estivessem em jogo os interesses da Igreja e dos fiéis, nenhuma consideração política poderia passar à frente, nenhuma habilidade seria admissível. Ora, no seu tempo, esses interesses estavam ameaçados. Daí o caráter de extremo rigor que as suas decisões assumiram muitas vezes. Nenhum pontífice esteve tão persuadido como Pio X de que travava um combate por Deus.

Assim se explicam as tensões que marcaram o seu pontificado, bem como as rupturas. Mas, antes de tachá-lo de intransigente, seria bom saber se a iniciativa dos conflitos veio dele ou dos seus adversários, e também se as decisões que de momento pareceram brutais não tiveram melhores resultados do que os que poderiam derivar de uma atitude mais flexível, mas mais mole. É certo que, nas suas relações com os Estados, Pio X não procurou evitar o risco de conflitos, e que, uma vez abertos esses conflitos, nada fez para atenuar-lhes as consequências. Mas não é verdade que as suas posições vieram a ser ratificadas pelo futuro? Não davam elas testemunho de um assombroso sentido dos verdadeiros interesses da Igreja, de uma presciência que só a ação do Espírito Santo é capaz de explicar?

Foi assim que o viram apostar na Irlanda contra a Inglaterra, na Polônia contra a Rússia, muito antes de essas duas nobres nações católicas terem readquirido a livre opção dos seus destinos. Foi assim que, nos negócios da França, o viram fazer frente, com uma firmeza sem titubeios, aos sucessivos ataques do anticlericalismo, defendendo com serena intransigência os direitos e o prestígio da Sé Apostólica. Depois, quando a ruptura for consumada pelos seus adversários e for votada a "separação", e a igreja da França iniciar com angústia uma nova página da sua história, o papa recusará todo e qualquer compromisso e aceitará para os seus filhos uma situação difícil, como se soubesse de fonte segura que dessa provação resultariam grandes bens, uma mais completa "instauração em Cristo".

Foi a mesma vontade de tudo subordinar à fé em Cristo — e à autoridade da Igreja, que a interpreta — que determinou a rudeza das condenações pronunciadas por Pio X. Umas atingiram os católicos envolvidos na política, e mais particularmente aqueles que, para usar um termo sumário, poderíamos chamar católicos de esquerda, conquistados pelas ideias da democracia. Não que o papa fosse hostil, por princípio, aos regimes democráticos tal como então existiam: por diversas vezes declarou respeitá-los, mesmo nos casos em que se comportavam como seus adversários. E, na França, não pôs em causa o *ralliement* aconselhado pelo seu antecessor. Mas inquietava-o ver tantos democratas, mesmo cristãos, aceitarem a doutrina "laica" da absoluta soberania do povo, quando, numa perspectiva cristã, a vontade popular exprime e transmite a vontade de Deus; e incomodava-o verificar que, nos meios juvenis dos democratas cristãos, o espírito de disciplina e o respeito pelos valores hierárquicos estavam longe de ser virtudes características. Assim, foram condenados alguns movimentos católicos em que, no entanto, se manifestavam uma generosidade e uma dedicação autênticas: a *Obra dos Congressos* na Itália, o *Sillon* na França. Mas seria interpretar erradamente o pensamento do santo pontífice atribuir essas condenações a intuitos políticos. Aí, como em todos os campos, o que ele quis foi defender os interesses espirituais. E também nesses casos é legítimo perguntar se, ao tomar posições tão firmes e pôr em guarda os espíritos contra possíveis desvios, não estaria preparando o terreno para uma ação mais eficaz[39].

É a conclusão que se impõe muito claramente quando olhamos a mais estrondosa querela do seu pontificado, a do *modernismo*, e a atitude de intrépido rigor que o papa adotou. Nesse caso, já não se tratava apenas de esquerdismo político — embora os católicos políticos que foram atingidos tivessem alguma coisa a ver com a corrente modernista —, mas de um desvio doutrinal extremamente grave que, ao pretender renovar os métodos da filosofia, da exegese, da história religiosa e até da moral, acabava pondo em causa as próprias bases da fé cristã. Já Leão XIII, perto do fim da vida, tinha pressentido o perigo. Pio X teve o mérito de discerni-lo com grande nitidez e de o deter com energia.

Se a Igreja tivesse deixado desenvolver-se a corrente modernista tal como surgia no momento da eleição do cardeal Sarto, o catolicismo teria sido esvaziado da sua substância espiritual, tornando-se uma espécie de doutrina humanista, mais ou menos racionalista, como era então o protestantismo liberal. *Omnia instaurare in Christo*: para que o pensamento dos homens fosse instaurado em Cristo, como tudo, era preciso afastar todo o risco dessa heresia sutil, tanto mais poderosa e atuante quanto apelava para os mais modernos métodos da inteligência. Foi essa a obra de Pio X, com o decreto *Lamentabili sane* e a encíclica *Pascendi dominici gregis*. É certo que, se o "papa-pároco de aldeia" (como ele gostava de se chamar) adivinhou o perigo por uma espécie de instinto, não procurou opor ao erro dados positivos. Só mais tarde viria para a Igreja a hora das afirmações e das reconstruções, após a das proibições e das condenações. Mas porventura essa obra positiva teria sido possível se Pio X não houvesse desbravado o caminho, fixando os limites que ninguém devia ultrapassar, se não tivesse posto em guarda os católicos contra a tentação de entregar as armas aos adversários e contra a ilusão do compromisso?[40]

É a este aspecto da obra de Pio X — o aspecto a que podemos chamar "defensivo" — que os historiadores mais geralmente se prendem, certamente por força das suas características espetaculares ou mesmo ruidosas. Mas não é o mais importante. Paralelamente, o santo papa meteu ombros a uma obra construtiva que iria ser fecunda para a Igreja. É talvez por isso que veio a merecer o louvor que o seu sucessor Pio XII lhe tributou no dia da beatificação: "Ele viu exatamente quais deviam ser, no mundo tal como era, a missão da Igreja e o seu lugar".

Do seu grande princípio — *Omnia instaurare in Christo* —, a que temos de voltar sempre, resultava um programa que abrangia, em conjunto, a melhor utilização das forças da Igreja, o incremento da sua influência, e, acima de tudo, a renovação e aprofundamento da vida espiritual nas almas. Aí, o antigo pároco, o antigo bispo, sentia-se perfeitamente no seu terreno. Quarenta anos de ministério pastoral: quantos papas poderiam orgulhar-se de uma experiência tão vasta? Uma vez papa, *D.* Sarto recordava-se de todo esse tempo, e soube aliar o sentido das realizações práticas às mais altas intenções espirituais.

Realizações práticas. "O espiritual é, ele próprio, carnal", escrevia por esse tempo Charles Péguy. Pio X pensava que, para triunfar, o espiritual tinha necessidade de instituições. E é um dos aspectos mais surpreendentes da sua personalidade esse que o cardeal Merry del Val mostra nas suas memórias: um Pio X trabalhando pessoalmente, meses a fio, na constituição apostólica *Sapienti Consilio*, de 1908, sólido documento de oitenta páginas densas, completado por dois anexos. Um documento que reorganizou de um momento para o outro toda a administração central da Igreja — e a reorganizou tão profundamente que foi possível dizer de Pio X que foi "o segundo fundador da Cúria Romana".

Essa organização assentava, em princípio, na famosa Carta *Immensa*, pela qual, em 1588, Sisto V procedera a uma primeira ordenação. Mas, passados mais de três séculos, o sistema tinha-se desorganizado bastante. Estava-se em face de uma selva de jurisdições, frequentemente opostas umas às outras, de uma amálgama de administrações, muitas delas já sem qualquer utilidade, como por exemplo aquelas que se considerava encarregadas de ocupar-se (e eram dez) da cidade de Roma e dos Estados Pontifícios. A reforma de Pio X teve em vista um tríplice objetivo: suprimir os organismos inúteis (por exemplo, o número de Congregações romanas foi reduzido de vinte para onze); separar o poder administrativo do judiciário; fixar as atribuições de cada um dos dicastérios. É sobre essa base estabelecida por Pio X que ainda hoje funciona a Santa Sé[41]. Na época, houve quem pensasse que o conservador Pio X se mostrava muito revolucionário. "*Ignis ardens*... — murmurava-se nas antecâmaras do Vaticano —. A profecia de São Malaquias tem razão: ele queima tudo!"

Outra realização de Pio X provocou menos protestos, mas não foi menos decisiva para o futuro: pôr ordem na legislação eclesiástica. O Direito Canônico assentava numa balbúrdia de leis, decretos, decisões acumuladas ao longo dos séculos em volumes por vezes inacessíveis, sem que ninguém se preocupasse de adaptá-las às novas condições nem de impedir as contradições. Nos tempos em que era apenas bispo, mons. Sarto, espírito lógico, tinha-se manifestado muitas vezes em desacordo com semelhante desordem. De modo que, logo que subiu ao trono pontifício, pôs em andamento a reforma do Direito Canônico, e, ao longo do pontificado, cuidou dela pessoalmente: fixou o objetivo e os métodos mediante *motu proprios* bem claros, designou os cinquenta "consultores" que desenvolveriam o trabalho em Roma, ajudados por "colaboradores" escolhidos entre os melhores canonistas das dioceses e das universidades, discutiu muitas vezes a situação dos trabalhos com um alto funcionário da Secretaria de Estado que ensinara Direito Canônico durante vinte anos no Instituto Católico de Paris, mons. Pietro Gasparri (futuro Secretário de Estado). Repetia com frequência a todos eles: "Apressai-vos! Estou velho e gostaria de ver esta obra acabada antes de morrer". Na verdade, só três anos depois da sua morte é que se concluiu o gigantesco corpo de leis: 2.500 cânones, repartidos por cinco livros e incluindo todas as matérias jurídicas. Ao promulgar o novo código, no domingo de Pentecostes de 1917, Bento XV comparou com toda a justiça o seu verdadeiro autor a Inocêncio III, Honório III e Gregório IX, que, cada um no seu tempo, tinham levado o Direito Canônico a dar mais um passo[42].

No tempo do Concílio de Trento, dizia-se muito que a reforma de que a Igreja tinha necessidade devia ser operada *in capite et in membris*. Ao tratar de pôr em ordem a Igreja na sua cabeça, nem por isso Pio X se desinteressou dos membros, antes pelo contrário. São muitas as decisões que o mostram empenhado em animar com seiva bem viva todo o imenso organismo da Igreja, fazendo sentir a sua ação e a sua autoridade em todos os níveis.

Dedicou particular atenção ao corpo episcopal. Reorganizou o processo das nomeações, confiando-as — com exceção das relativas aos países de missão — à Congregação Consistorial. Esta recebeu poderes mais amplos, mas também diretrizes precisas sobre o modo de organizar os *dossiers* dos candidatos, que deveriam ser estudados pelo papa antes de qualquer decisão. A fim de reforçar a vigilância de Roma sobre o episcopado, as visitas *ad limina*, obrigatórias desde Pio IX, passaram a obedecer a um rodízio estrito, de tal sorte que cada bispo iria ao Vaticano todos os cinco anos. E as visitas eram completadas por um relatório que todos os bispos teriam de enviar à Congregação Consistorial acerca do estado da sua diocese.

Ainda mais que os bispos, a grande preocupação do santo pontífice foi o simples clero, que de certa maneira emana daqueles[43]. Não era por acaso que Pio X mantinha uma estatueta do Cura d'Ars na sua mesa de trabalho. Logo na primeira encíclica, mostrou o que era para ele uma alma verdadeiramente sacerdotal. Julgando embora "dignos de louvor" os que se consagram a estudos úteis, confessava que preferia os padres "que se dedicam mais particularmente ao bem das almas, no exercício dos divinos ministérios que são próprios do padre, quando o anima o zelo pelo homem divino". Quando bispo, em Mântua e em Veneza, pregara pelo exemplo, ocupando-se pessoalmente da formação dos seminaristas e da vida espiritual dos seus sacerdotes, participando dos seus retiros, confessando aqueles que o desejassem, reerguendo com firme doçura os que tinham caído. Em 1908, a Exortação inteiramente redigida por ele pela passagem do seu jubileu sacerdotal, e dirigida a todo o clero católico, um dos seus mais belos textos, de um tom comovedor de confidência e de diálogo, constituiu uma verdadeira carta espiritual do sacerdócio. Ao mesmo tempo, porém, o homem prático que esse místico era soube tomar decisões que havia muito se impunham para bem dos padres: por exemplo, a centralização dos seminários de dioceses demasiado pequenas e a sua ligação com os grandes seminários regionais, onde a formação podia ser mais acurada.

A mesma experiência direta da vida pastoral, que lhe permitira explicar aos seus padres, melhor que ninguém, como poderiam assumir plenamente a sua tarefa de homens de Deus, levou-o também a fazer aquilo que, no seu tempo, pode ser tido por uma descoberta: o papel do laicato. Afirmou em diversas ocasiões a necessidade de constituir um escol de leigos, capaz de animar as paróquias, e a urgência com que a Igreja precisava de santos entre os leigos[44]. O tom era novo, e a sua encíclica *Il fermo proposito*, acerca da União Popular Italiana, veio a ser, vista à distância, um texto verdadeiramente premonitório, em que se anunciava a Ação Católica, empreendimento capital de meados do século XX. Quando da sua beatificação, Pio XII pediria com toda a justiça "às multidões da Ação Católica que incluíssem entre as almas eleitas a quem veneram como guias e promotoras do seu salutar movimento" o papa Giuseppe Sarto[45].

Na obra de Pio X, surgem muitas vezes esses pressentimentos sobre o que a Igreja teria de fazer para que o seu apostolado fosse mais frutuoso. Chega a causar assombro verificar como, num pontificado frequentemente tido por tradicionalista e reacionário, se tomaram tantas iniciativas que o futuro mostraria fecundas. O "pároco de aldeia" repetiu mil vezes que o essencial para a renovação do catolicismo era dar aos católicos uma autêntica cultura cristã. E durante toda a sua vida deu aulas de catecismo, tanto a crianças como a adultos, mesmo depois de eleito papa: aos domingos, reunia no pátio de São Dâmaso todos os que quisessem ouvi-lo comentar, com a sua bela voz quente e lenta, o Evangelho do dia ou um ponto de doutrina. Na encíclica *Acerbo nimis* (1905), recordou solenemente aos párocos a imperiosa obrigação de ensinar o catecismo. E chegou a tentar aperfeiçoar um gênero que, já no seu tempo, não era brilhante: o sermão. Quando bispo, dizia muitas vezes aos seus padres: "O que eu quero não são engroladores de *oremus*. Quero é que ensineis a Palavra". Já papa, repetiu-o, prevenindo contra o estilo afetado, as tiradas acadêmicas, o "pseudo-Bossuet".

Tomaram-se várias providências para rejuvenescer o ensino nos seminários, especialmente o da Sagrada Escritura.

Este papa, geralmente tido por pouco intelectual, compreendeu perfeitamente que o clero e os leigos cultos precisavam de uma formação filosófica cristã, tanto mais que as instruções de Leão XIII sobre o regresso ao tomismo estavam longe de ser cumpridas. "Como a maior parte dos professores sofria a influência deformadora da filosofia kantiana", diz o pe. Desgranges, Pio X chamou-os à ordem com insistência, nomeadamente numa Carta à Pontifícia Academia de São Tomás que teve grande repercussão. Nos últimos tempos do seu pontificado, os teólogos do seu círculo chegaram a estabelecer a lista das vinte e quatro teses fundamentais do tomismo, e até se pensou em impô-la por um ato de autoridade a todos os professores de filosofia católicos, o que alguns julgaram excessivo.

Também em matéria de estudos bíblicos Pio X prosseguiu a obra de Leão XIII. Reorganizou-se a Comissão Bíblica, que assumiu as características de uma espécie de tribunal; as suas decisões passaram a ter o valor e a força dos decretos das Congregações romanas e foi-lhe atribuído o direito de conferir graus acadêmicos. Em 1909, foi criado o Instituto Bíblico, que o papa quis "rico de todos os recursos do progresso científico moderno"; era um passo decisivo para a renovação bíblica que havia de ocorrer em meados do século XX. E, para fixar o próprio texto da Escritura, Pio X confiou aos beneditinos a tarefa de rever o latim da Vulgata, empreendimento imenso, cujos primeiros resultados surgiram em 1926, com a publicação do *Gênesis*.

Obra imensa, como vemos. Obra construtiva, a um tempo pastoral, apostólica e pedagógica, que veio a culminar num último conjunto de realizações que constituem o fecho de abóbada do pontificado: a obra propriamente espiritual. *Omnia instaurare in Christo*... O primeiro desígnio de Pio X, o mais essencial, foi, evidentemente, fazer crescer nas almas a vida sobrenatural. Não é possível recompor um mundo cristão se não se começa por ter Cristo presente no coração dos homens, se o seu exemplo não lhes governa a vida, se a sua doutrina não lhes inspira o pensamento. Daí os numerosíssimos documentos em que o papa santo, assumindo em toda a plenitude a sua missão de Pai e Pastor, lembrou com firme suavidade quanto importa viver em Cristo. E, como esse santo era um homem realista, e como a sua experiência de pároco e de bispo lhe tinha dado a conhecer bem as reais necessidades dos fiéis, tomou decisões concretas para que essa vida espiritual encontrasse ajuda e alimento. Para isso, pôs à disposição dos católicos o sacramento da vida por excelência: a Eucaristia. As suas decisões sobre a comunhão frequente e sobre a comunhão das crianças, pondo fim a inúmeras discussões, deram à prática sacramental um impulso tão forte que se faria sentir até à nossa época[46]. A renovação eucarística, que caracteriza tanto o catolicismo dos nossos dias, continua a ser obra de Pio X.

E não menos a renovação litúrgica. Acolhendo-se aos resultados dos trabalhos feitos por Guéranger e os monges de Solesmes[47], Pio X, mal subiu à cátedra de Pedro, editou medidas decisivas para restituir à liturgia o seu significado e para tentar pô-la de novo em contato com o povo cristão, após um longo rompimento[48]. Ao mesmo tempo — e foi esta a parte mais espetacular desse programa —, cuidou de restaurar a música sacra na sua dignidade, pelo regresso ao canto gregoriano[49]. Nada de coisas suaves ou de árias de ópera na Igreja. Se possível, nada de cânticos açucarados durante as liturgias solenes! Sem exclusivismo nem autoritarismo, Pio X prosseguiu a realização desse plano, com a costumada energia. As cerimônias da Igreja Católica passaram a ter um estilo novo ou renovado.

Se nos lembrarmos de que Pio X apenas reinou pouco mais de onze anos, a consideração da obra que levou a cabo na defesa da Igreja, para cimentar de novo as suas bases, não pode deixar de causar admiração. "Não passo de um pároco de aldeia" — gostava ele de dizer, com humildade não fingida. Mas leia-se o que pensava dele Aristide Briand: "Era um campônio, diziam com desprezo tanto católicos como os outros. Pois sim: era um campônio. É por isso que era admirável e nos dominava a todos. Pio X?... Sabem como é que eu sempre o vi? De grandes tamancos, tamancos de pregos debaixo da batina branca, tamancos pesados, que o faziam andar a passo lento e o prendiam ao chão. Tinha os pés na terra. Era um homem de bom senso, de um bom senso que se avizinhava do gênio, e que, no fim das contas, talvez fosse mesmo um gênio"[50]. Bem podemos ficar com a opinião de um político que nunca ninguém teve por ingênuo...

A verdade é que Pio X era um homem completo. "Inteligência clara, profunda e vasta", dirá dele Pio XII; inteligência, segundo Émile Ollivier, dotada de uma visão "penetrante da natureza humana e das forças que governam o mundo"; inteligência que sabia escutar maravilhosamente o interlocutor e captar num instante o assunto exposto. Tinha, acima de tudo, o sentido do possível e do impossível e o pressentimento daquilo que as circunstâncias impunham. Prudente e lento no conselho, nunca tomava uma decisão precipitadamente, mas, uma vez tomada a decisão, fixava-se nela com uma firmeza inabalável.

As suas qualidades de condutor de homens manifestavam-se também na doçura e na amabilidade com que recebia, no dom que tinha de comover e seduzir. O seu belo rosto cheio e regular, que a idade veio coroar de cabelos brancos quase sem o sulcar de rugas, os olhos cor de noz, com um olhar de luz, impressionavam o visitante e, com o remate da conversa, deixavam-no conquistado. Eram palavras simples, diretas, atravessadas por ditos de espírito a que não faltava a ironia aldeã. Menos solene no seu comportamento cotidiano do que

Leão XIII — foi o primeiro papa a proibir aos bispos que se ajoelhassem diante dele —, sabia, apesar de tudo, mostrar-se majestoso, quando necessário; as cerimônias a que presidia causavam grande impressão.

Mas todas essas qualidades não eram, em última análise, mais que a manifestação humana daquilo que, nele, estava para além do humano. Era um sacerdote que alongava a Missa de cada dia, interrompendo-a frequentemente com a demorada contemplação da hóstia que acabava de consagrar. Era o místico que constantemente repetia aos seus próximos: "Lembrai-vos de que estamos sempre na presença de Deus". Era o homem de oração, que muitas vezes iam encontrar orando horas e horas na sua capela privada e que, na noite anterior à condenação da lei francesa da separação, desceu à Basílica de São Pedro para rezar durante duas horas, prosternado diante da "Confissão" do Apóstolo, para que o Espírito Santo o iluminasse acerca do seu dever; e que foi autor de numerosas orações, entre elas a de Maria Imaculada, que viria a ficar célebre. Eis o que explica o pontífice das grandes batalhas da política, assim como explica o autor da *Pascendi* e o anunciador da Igreja de amanhã.

Tudo isso iria ser reconhecido pelo seu sucessor Pio XII, ao elevá-lo aos altares em 1954. Tinham transcorrido então quarenta anos sobre a sua morte (20 de agosto de 1914), no limiar dessa Grande Guerra que ele lucidamente anunciara e que os seus apelos supremos, até ao último instante, tinham tentado impedir que eclodisse. Mas não foram só os católicos que, antes da sua morte, reconheceram a sua grandeza (alguns até, como Léon Bloy, a sua santidade); foram também descrentes de juízo equilibrado. No dia seguinte à sua morte, um jornal parisiense prestou-lhe esta homenagem: "Morreu o papa. Deve-se dizer que foi um grande papa. A sua política foi muito simples: consistia em restaurar os valores da fé com apostólica firmeza. Conduziu essa política com autoridade.

Pela simplicidade da sua alma e sinceridade das suas virtudes, que ninguém pode pôr em dúvida, sim, seja qual for a maneira de o julgar, importa dizer que Pio X foi um grande papa". O jornal que assim se exprimia era o que fora fundado pelo socialista Jean Jaurès. Tinha por título *L'Humanité*[51]...

Um papa pouco conhecido: Bento XV

"É a vingança de Rampolla!", dizia-se nos salões "negros" de Roma, ao fim da tarde de 3 de setembro de 1914, quando se soube da eleição para o trono de São Pedro do cardeal Giacomo della Chiesa. Fora breve o Conclave — dois dias — e, ao que parece, sem história. Ao que parece..., porque tinham sido dadas imperativas indicações de silêncio (era a primeira vez) e foram respeitadas. Os cardeais presentes, que eram só cinquenta e dois, por causa da Guerra (vinte e oito italianos, vinte e quatro estrangeiros), tinham chegado facilmente a acordo sobre o nome daquele que ia receber a esmagadora responsabilidade de suceder a Pio X, e sobretudo de governar a Barca do Apóstolo no meio da tempestade que varria o planeta. Ao contrário do seu santo predecessor, Della Chiesa não chorara ao saber-se proclamado; nem sequer fizera qualquer objeção. Acolhera o resultado do último escrutínio com a simplicidade, se não mesmo humildade, que punha em tudo.

Era uma figurinha magra, de aspecto franzino, o corpo um pouco torcido, ombros desiguais e andar claudicante; decerto não ia impressionar as multidões. Mas o rosto irregular irradiava inteligência. Os olhos, por detrás das lentes, pousavam sobre o interlocutor um olhar firme[52]. Aquele a quem os romanos chamavam, nos tempos em que ele pertencia à Secretaria de Estado, *il piccoletto*, tinha no comportamento cotidiano uma vivacidade e uma espontaneidade que contrastavam com a majestade de Leão XIII ou a irradiante serenidade de Pio X, e que se matizavam de muita gentileza. Dir-se-ia que utilizava o seu exterior para melhor pôr em prática o célebre preceito da *Imitação de Cristo*: "Procura ser desconhecido e tido por nada".

Mas, debaixo dessas aparências sem fausto, palpitava uma alma de firmeza de aço, um espírito aberto a todos os grandes problemas, o menos conformista possível, uma bela inteligência, para mais servida por uma cultura autêntica nas línguas italiana, francesa e espanhola, e por uma ilimitada capacidade de trabalho. Ao fim e ao cabo, o oposto do homem timorato, hesitante, medíocre e submisso às influências, como sugere a imagem proposta por certos historiadores. Não há a menor dúvida de que Giacomo della Chiesa teria sido capaz de realizar uma grande obra se a Providência não lhe houvesse infligido duas desgraças: a de ser o papa da Guerra Mundial, e a de morrer após somente sete anos e cinco meses de pontificado, e quando tinha sessenta e oito anos, exatamente a idade em que Leão XIII e Pio X tinham começado os seus.

Oriundo pelo lado paterno e pelo materno de velhas e nobres famílias da Ligúria, aparentadas com as dos duques de Spoleto e do papa Calixto II, o filho do marquês Della Chiesa, antes de corresponder a uma vocação que sentia em si desde a mocidade, recebera do pai a ordem de cursar primeiro os estudos de Direito. Só depois de os ter concluído brilhantemente por um doutoramento é que obtivera autorização para se inscrever no Colégio Caprânica, matricular-se na Universidade Gregoriana e entrar, como Leão XIII, na Academia diplomática da Piazza Minerva. Notado pelo cardeal Rampolla quando se iniciava na Secretaria de Estado, fora por ele designado para a nunciatura de Madri, onde o *piccoletto*, de incansável generosidade, recebera dos mendigos das *calles* a lisonjeira alcunha de "padrezinho Duas Pesetas".

Esse tempo na Espanha fora para ele o da grande formação. Sob a direção de um chefe como Rampolla, iniciara-se na diplomacia a toda a velocidade porque, precisamente quando estava em Madri, a nunciatura tivera de preparar o *dossier* da questão hispano-germânica das Carolinas, que Leão XIII fora convidado a arbitrar[53]. Chamado de novo ao Vaticano, onde o seu chefe era agora Secretário de Estado, nomeado substituto e encarregado de duas missões delicadas em Viena, o franzino mons. Della Chiesa passara a ser uma mola tão valiosa da alta administração da Igreja, que Pio X e o cardeal Merry del Val tinham resolvido de comum acordo deixá-lo ficar no seu posto.

Em 1907, abrira-se uma nova página no seu destino e revelara-se um novo traço do seu caráter: o de pastor de almas. Em rigor, não era um traço inteiramente novo, visto que, mesmo em Roma, muitas vezes lhe acontecera sair dos gabinetes do Vaticano para ir visitar pobres, confessar em paróquias, pregar aos seus amigos terciários franciscanos. Mas, nomeado bispo de Bolonha, dera tudo por tudo, e, sete anos a fio, imprimira à vasta diocese um impulso que ainda nos nossos dias se faria sentir. Fato singular: ou por esquecimento ou por pequena vingança de certos meios romanos pouco "rampollistas", a verdade é que o barrete cardinalício demorara a pousar-lhe na cabeça: só na primavera de 1914 é que Pio X (no último consistório que reuniu) o elevara à dignidade da púrpura. Três meses depois, o cardeal Della Chiesa trocava-a pela veste branca...

Quer dizer que, tanto pela sua formação como pela sua personalidade, o novo papa parecia estar preparado para levar a cabo uma espécie de síntese entre as lições dos seus predecessores. Era tão diplomata como Gioachino Pecci, tão inclinado como ele a sentir a Igreja como uma grande instituição supranacional e, como ele, tão decidido a estender a todos os domínios as perspectivas da sua ação. Ao mesmo tempo, era um pastor tão generoso e preocupado com as almas como Pio X, um apóstolo para quem o dever de testemunhar a palavra e de fazer irradiar a mensagem passava à frente de tudo. Escolhendo o nome do papa Lambertini, seu antecessor na sé de Bolonha — o equilibrado Bento XIV, louvado por Voltaire, pelo presidente Brosses e pelo protestante Walpole —, talvez Della Chiesa quisesse significar que seria, como ele, um papa de espírito aberto, prudente e ao mesmo tempo audacioso; que, numa palavra, seria, como ele, um *dotto*, um *politico* e um *zelante*. Mas, no próprio dia em que os sinos de São Pedro festejavam a sua coroação, os exércitos franceses e alemães entrechocavam-se numa terrível batalha no Marne. Bento XV ia ser, como o anunciara o Pseudo-Malaquias, o papa da *Religio depopulata* ["religião despovoada"].

Foi, portanto, diante de um acontecimento terrível, a Guerra Mundial, que Bento XV, mal se tinham calado os últimos repiques dos sinos, se viu imediatamente confrontado. E todo o seu breve pontificado ia ser dominado por esse acontecimento, quer diretamente, enquanto duraram as operações, quer indiretamente, quando se tratou de refazer uma Europa mergulhada no caos e nas ruínas de toda a espécie que a guerra acumulara, tanto nos espíritos como nos Estados e nos bens. Para o ajudar nessa tarefa, Bento XV teve, como os seus antecessores, a sorte de dispor ao seu lado[54] de um Secretário de Estado de grande classe, o *cardeal Gasparri* (1852-1934), antigo núncio, canonista eminente, um daqueles a quem Pio X confiara a refundição do Direito Canônico, personalidade vigorosa, cuja serenidade um tanto pesada escondia um ardor e uma intrepidez que nada conseguia alterar.

Era de toda a evidência que a guerra colocava o Vigário de Cristo numa situação trágica. Não podia aceitar essa atroz violação da grande lei de amor dada aos homens por Jesus e, menos ainda, resignar-se a ver católicos erguerem-se uns contra os outros, num duelo sangrento. Falar de paz, propor a paz, trabalhar por fazer regressar a paz: um papa está no seu papel quando obedece a um imperativo tão evidente da sua vocação. E, no entanto, foi isso que censuraram em Bento XV, não somente os políticos dos dois campos, mas ainda um grande número de católicos. A sua ação, hoje apreciada, passado quase um século, não parece, nem excessiva nas suas intenções, nem pouco hábil nos meios utilizados. Teve apenas a pouca sorte de se antecipar demasiado aos acontecimentos e de ter pela frente as paixões elementares que os grandes perigos exasperam no coração dos homens. Tudo o que Bento XV fez, pois, durante a guerra, pela causa da paz, não somente foi ineficaz, mas contribuiu enormemente para fazer dele esse homem muito mal conhecido que a história registrou. Até a sua obra caritativa, tão indiscutivelmente admirável, não conseguiu fazê-lo apreciar com justiça. Aflige ver a ingratidão e a iniquidade que ainda hoje diversos historiadores, mesmo católicos, manifestam nos seus juízos sobre ele[55].

Essa injustiça fez sentir os seus efeitos quando se restabeleceu a paz: ajudou poderosamente aqueles que, como os chefes anticlericais da Itália, receavam uma reaparição da Sé Apostólica no concerto diplomático em que se ia decidir a sorte do mundo. Foi por isso que não somente excluíram o papado das negociações dos tratados, como o afastaram — quando fora ele o primeiro a lançar a grande ideia de uma arbitragem internacional obrigatória[56] — do organismo expressamente criado para exercer, melhor ou pior, essa arbitragem: a Sociedade das Nações. Dir-se-ia, pois, que tudo conspirava para consagrar o eclipse da Sé Apostólica, o eclipse da Igreja, nessa época decisiva em que, mais que nunca, teria sido necessário ouvir o seu apelo desinteressado em prol de uma paz autêntica e fraterna — coisa que de modo nenhum veio a ser a paz de Versalhes.

Apesar de tudo, colocado em condições tão ingratas, Bento XV não renunciou a agir a favor dos interesses de Deus e da Igreja. Foi mesmo durante os três últimos anos do seu pontificado — que correspondem aos do tão desafortunado tratado de paz — que ele melhor manifestou as suas qualidades de grande diplomata e mostrou a largueza da sua visão. Tendo chegado a restabelecer a presença da Igreja precisamente onde tinha de estar ausente de modo oficial (por exemplo, em Versalhes, onde o seu representante secreto, mons. Cerretti, deu mostras de extrema habilidade), sabendo abandonar a tempo posições demasiado rígidas e ter em conta as circunstâncias a fim de voltar a ganhar pé quando parecia que tudo estava perdido, o papa fez entrar a Igreja numa vasta operação de acordos com os Estados, de Concordatas, de *modi vivendi*, que Pio XI iria prosseguir sem alterações.

O momento mais espetacular foi aquele em que as negociações com a França levaram ao restabelecimento das relações diplomáticas e à solução das questões deixadas pendentes no início do século após o drama da separação[57]. Mas houve muitos outros pontos em que a política de Bento XV se revelou igualmente hábil, igualmente criadora do futuro, nomeadamente na própria Itália, onde indicou nitidamente o caminho da *conciliazione* que Pio XI viria a realizar. Foi também na Itália que, deixando os católicos experimentarem uma política nova, Bento XV abriu vias que só se mostrariam eficazes muito mais tarde, depois de outras convulsões — as da Segunda Guerra Mundial[58].

Temos de repetir que nada disso foi bem compreendido no seu tempo, nem, sobretudo, apreciado como devia ter sido, tendo em conta o futuro que preparava. O mundo desconjuntado não tardaria a sentir, com maior ou menor clareza, que lhe era indispensável a grande força moral encarnada pelo homem de branco do Vaticano e exercida em função dos valores mais altos. Mas há um número que mostra como, apesar da injustiça e da violência das críticas, o prestígio da Sé Apostólica no pontificado de Bento XV foi sempre em aumento:

o número de potências que quiseram estar representadas junto do papa passou de quinze para vinte e sete.

Uma política tão perfeitamente coerente, tão firmemente conduzida, mostra como é errônea a imagem demasiadas vezes aceita de um Bento XV "papa de transição", esmagado pela vizinhança dos dois prestigiosos pontífices que o enquadram cronologicamente, personagem sem brilho, balançada pelos acontecimentos... Mas o aspecto que estudamos não é o único. Bem longe de se deixar paralisar pelas enormes dificuldades encontradas no terreno da política, o frágil Giacomo della Chiesa continuou, em plena guerra e no pós-guerra, a obra empreendida pelos seus antecessores. Por mais dramáticas que fossem as circunstâncias, elas não iam impedir a Igreja de ter vida própria, nem o papado de conduzir a sua ação em planos bem distantes dos da política.

Foi assim que, na ordem intelectual, ao encontrar a Igreja ainda sacudida pela tempestade do modernismo, e sabendo que "a heresia das cem formas", como disse, ainda não fora eliminada em toda a parte, Bento XV sentiu a necessidade de retomar por sua vez as condenações feitas por Pio X. Foi o que fez logo na sua primeira encíclica, *Ad Beatissimi Apostolorum*, de novembro de 1914. Mas, não ignorando também — e estava bem situado para o saber — que, nos últimos tempos do pontificado anterior, a reação antimodernista tinha caído em alguns excessos, julgou útil prevenir contra certos abusos, certos procedimentos, certos homens que se erigiam em "mestres na Igreja", opondo-se desse modo ao perigo daquilo que mais tarde se chamaria *integrismo*, indicando a "via média" que, a partir daí, a Igreja iria seguir[59]. E fez que se prestasse justiça a algumas vítimas da reação integrista, tais como o admirável pe. Anizan[60].

Tratava-se, é certo, de uma decisão restritiva. Mas houve outras, em muitos outros domínios, em que Bento XV cuidou de reter e prolongar aquilo que, nas iniciativas dos dois pontificados anteriores, lhe pareceu mais importante e mais necessário. O *Código de Direito Canônico*, cuja elaboração Pio X ordenara em 1904, foi concluído em 1917 e proclamado em 15 de setembro do mesmo ano, num momento em que tudo levava a pensar que as preocupações do papa estavam voltadas para objetivos muito diferentes. Pois bem: Bento XV criou uma Comissão pontifícia para "a interpretação autêntica" do novo texto, com autoridade para responder a todas as questões que lhe propusessem os bispos ou os dicastérios romanos.

A reorganização desses dicastérios, a que Pio X já procedera, foi completada com diversas decisões felizes. Desapareceu a Congregação do Índex, que passou a integrar-se na do Santo Ofício. Foi criada uma nova Congregação, a dos Seminários e Universidades, encarregada, como é óbvio, de vigiar o ensino, especialmente o da teologia, mas, mais ainda, de o dinamizar: a designação para seu primeiro prefeito do eminente tomista cardeal Mercier, arcebispo de Malines, manifesta bem qual o sentido em que o papa desejava que o novo órgão da Santa Sé atuasse.

Foi fundada uma outra Congregação, que também revelava significativamente o propósito de alargar as perspectivas observado em outros campos: a Congregação para as Igrejas Orientais. Criada em 1917, foi tal a importância que o papa lhe deu que reservou para si o cargo de prefeito, tendo como secretário um cardeal que o podia representar. Tratados por muito tempo como parcela desprezível dentro da Igreja, por vezes até feridos por algumas inabilidades[61], os católicos de rito grego, os maronitas e outros ficaram a saber que tinham em Roma defensores dos seus interesses e das suas tradições. Abriu-se para eles um Pontifício Instituto de Altos Estudos Orientais, extensivo aos padres latinos que desejassem ir exercer o seu ministério no Oriente, bem como aos ortodoxos. (A esse Instituto, Pio XI dará em 1928 um impulso vigoroso).

A admissão de ortodoxos no novo Instituto foi apenas um dos aspectos da atitude generosa de Bento XV para com os "irmãos separados". Em diversas ocasiões, o papa lembrou aos cristãos orientais que a Igreja Católica não tinha menos admiração que eles por esses Padres gregos que lhes estavam ligados. Proclamou o sírio Santo Efrém doutor da Igreja, título que o Oriente lhe dava há muito tempo. E, embora não tenha assentido a fazer-se representar na *World Conference*, iniciativa da Igreja Episcopaliana dos Estados Unidos, exprimiu a sua simpatia pelos promotores e, em 1916, ordenou uma novena de orações pela unificação das igrejas. Quando, em 1921, Lord Halifax e o cardeal Mercier encetaram as famosas conversas para a reconciliação da Igreja Anglicana com Roma, Bento XV fez chegar a Malines a expressão do seu encorajamento.

Homem de vasta cultura, Bento XV não podia deixar de dar continuidade às orientações dos seus predecessores em matéria intelectual. A sua encíclica *Saeculo sexto exeunte* (1921), publicada por ocasião do sexto centenário da morte de Dante, dirigida aos professores e alunos das universidades e institutos católicos, é um dos mais belos documentos pontifícios sobre o significado da cultura e sobre a relação entre as coisas divinas e as obras que enriquecem o espírito. O mesmo intuito que levou o papa a criar a Congregação dos Seminários e Universidades fez dele o protetor de todas essas universidades e institutos superiores que então se fundaram ou desenvolveram. O ensino do tomismo recebeu um novo impulso: tornou-se a base oficial dos estudos teológicos nos seminários e noviciados das ordens; em Lovaina, criou-se, à margem da universidade, o Instituto Leão XIII, destinado a promover trabalhos de nível superior sobre a *Suma Teológica*[62].

Em matéria bíblica, a ação de Bento XV foi ainda mais decisiva, na linha de Leão XIII. Recém-assinado o armistício de 1918, o papa convidava os católicos a celebrar o vigésimo quinto aniversário da encíclica *Providentissimus Deus*. Em 1920, a encíclica *Spiritus Paraclitus*, publicada por ocasião do décimo quinto centenário da morte de São Jerônimo, retomava os temas fundamentais daquela, mas estabelecendo com firmeza o âmbito em que se devia inscrever obrigatoriamente o estudo das Escrituras, ao mesmo tempo que insistia em que se difundisse a sua leitura. A *Pia Sociedade de São Jerônimo*, que visava este fim e da qual o papa fora em tempos presidente, recebeu encorajamento e subsídios. A Tipografia Vaticana imprimiu uma edição popular do Novo Testamento. Há quem faça remontar a Bento XV as origens da renovação bíblica que é um dos traços da Igreja contemporânea: homenagem que não parece imerecida.

Também parece que seria justo atribuir-lhe a responsabilidade pelo nascimento do grande movimento que, sob Pio XI, iria ser a Ação Católica. A União Popular, do conde Dalla Torre e da marquesa Patrizzi, que já tivera algum vínculo com o arcebispo de Bolonha e que recebeu todo o apoio do papa[63], pode ser considerada como um dos elementos de que nascerá a Ação Católica. Também aqui Bento XV mostrou o caminho a seguir. E ainda mais o mostrou quanto a esse outro setor do apostolado que são as missões, pelas quais se interessou apaixonadamente.

A encíclica de 1919, *Maximum illud*, verdadeira carta da obra missionária, estabeleceu os princípios que o seu sucessor iria pôr em prática esplendidamente, sobretudo no que diz respeito à promoção do clero indígena e à fundação das igrejas nativas[64]. A criação da União Missionária do Clero, a renovação das obras da Propagação da Fé, da Santa Infância, de São Pedro Apóstolo, mostraram, por sua vez, até que ponto o papa trazia no coração esse problema, vital para a Igreja. Diz-se que a última palavra saída dos seus lábios foi esta: "Missões".

A morte que, em três breves dias o prostrou (19-22 de janeiro de 1922), foi achar, portanto, Bento XV em plena tarefa construtiva, bem longe de ter realizado tudo o que empreendera, mas tendo feito mais do que preparar o terreno ao seu sucessor. Que teria ele cumprido ainda se, para lá dos seus sessenta e oito anos, a Providência lhe tivesse dado um quarto de século — como deu a Leão XIII?... Mais equitativamente julgado nos nossos dias, mesmo quanto à sua ação durante a Primeira Grande Guerra, Bento XV surge-nos como o primeiro na linhagem dos papas deste período que — ultrapassando a clássica antítese entre o pontificado tradicionalista e o pontificado liberal — mostraram que a Igreja, se quiser assumir em época de grandes perigos a missão que o Mestre lhe confiou, tem de conservar o depósito da fé e ao mesmo tempo fazê-lo progredir: tem de estar simultaneamente presente a Deus e presente ao mundo — o que o sucessor de Giacomo della Chiesa iria procurar com tanta firmeza.

Logo após a sua morte, um dos panegiristas que evocaram a sua personalidade e a sua obra exclamou: "Nunca o prestígio da Santa Sé foi tão grande como hoje. Seria preciso recuar vários séculos na história para encontrar algo de comparável". Podemos ser levados a atribuir esse entusiasmo à ênfase da oratória sagrada. Mas o homem que assim falava não tardaria a verificar se a sua opinião era bem fundamentada: esse panegirista não era outro senão o cardeal-arcebispo de Milão, Achille Ratti.

A fortaleza de Pio XI

Se parece legítimo apor ao nome de Leão XIII a palavra gênio, de tal maneira a sua ação foi iluminadora, criadora de dados novos; se o termo santidade se ajusta ao caráter de Pio X como que por uma espécie de consubstancialidade, não parece que, para definir Pio XI, seja possível encontrar melhor vocábulo do que este, de sentido misterioso e rico: a fortaleza. A fortaleza, como é óbvio, tal como a define a teologia: simultaneamente atributo divino e uma das quatro virtudes cardeais do homem, distinta da energia natural do temperamento, mas que, enquanto potência vinda de Deus, realiza e eleva essa energia ao ápice da sua eficácia.

Para São Tomás[65], a fortaleza sublima e põe ao serviço das causas divinas o "apetite irascível", ou seja, a tendência à luta e ao domínio que existe naturalmente no homem. E é o que explica, certamente, que a plena posse desta virtude esteja habitualmente ligada — mesmo num papa — a um caráter imperioso e por vezes até abrupto. Pressupõe o espírito de decisão, a amplidão de propósitos a que os escolásticos chamam "magnanimidade", a coragem, a fé invencível numa causa, servida pela paciência e pela constância. Estas definições da escolástica traçam um retrato psicológico tão certeiro de Achille Ratti que poderiam bastar. Raras vezes terá havido outro caso em que seja tão de recordar que o Espírito Santo, ao pousar sobre um homem para dele fazer o Chefe da Igreja, lhe confere a *virtus Dei*, essa "força do Alto" que irrompeu na alma dos Apóstolos quando o vento do Pentecostes soprou como uma tempestade.

Essas virtudes não são, no entanto, as que ordinariamente se esperam de um bibliotecário, que é o que o futuro papa Pio XI foi durante trinta anos, depois de ter sido professor de um seminário maior e capelão de religiosas, todas funções que não parecem exigir heroísmo nem levar à combatividade. Em 1918, mons. Achille Ratti, que acabava de completar sessenta anos, era, havia quatro, prefeito da Biblioteca do Vaticano, depois de ter sido vice-prefeito, e de anteriormente haver trabalhado (desde 1888) como um dos "doutores", ou seja, um dos bibliotecários, da Ambrosiana de Milão. A sua vida desenrolara-se sem choques.

Originário da Brianza, terra laboriosa cantada por Manzoni, filho do diretor da fábrica de têxteis Conti (em Desio, Lombardia)[66], entrara aos dez anos no seminário menor e e aos dezoito no maior. Fora depois enviado para Roma, onde preparara o doutoramento em Direito Canônico na Gregoriana, outro em teologia na Sapienza e um terceiro na nova Academia de São Tomás. Desde a mais tenra idade, dera provas de tão eminentes qualidades de inteligência e de assiduidade no trabalho que se diria ter sido inventada para ele a expressão "aluno excelente". Tinha um não sei quê de um nadinha sério demais, de um nadinha demasiado aplicado, que levara o seu arcebispo a chamá-lo, graciosamente: "Meu jovem velho"...

Com efeito, havia algo mais que um rapaz modelo — segundo os critérios dos pedagogos — nesse professor do seminário maior de Milão, nesse perfeito funcionário da fundação do cardeal Frederico Borromeu, nesse erudito cuja reputação não tardara a estender-se pelo mundo da gente sábia. Enquanto ensinava hebraico e teologia, e acumulava fichas e dossiês como bom rato de biblioteca, D. Achille Ratti também tinha sido o apóstolo de coração ardente que ia dar catequese nos bairros pobres, o coração generoso que recolhera, durante um inverno rigoroso, quinze pequenos limpa-chaminés tiroleses perdidos na grande cidade, o padre que, durante os trágicos acontecimentos provocados em Milão por uma grave crise de desemprego (1893), se mostrara com toda a simplicidade um herói[67]... E ainda não se deve esquecer o alpinista perfeito, formado na mais árdua técnica da escalada, que, nas férias, partia, de saco às costas, batina arregaçada, para a ascensão da vertente oriental do Monte Rosa, onde tinham morrido os que o haviam precedido. Nesse monsenhor de óculos, baixote, via-se a união, bem rara, de um intelectual puro e de um homem para quem o mundo exterior existia, sim, com as suas realidades, exigências e problemas. O êxito do seu pontificado terá muito a ver com o caráter completo da sua personalidade.

Em 1918, uma experiência que lhe foi oferecida de maneira inesperada permitiu-lhe precisamente pôr à prova esse caráter forte e os seus princípios ante as realidades da política e da conduta dos homens. Enviado por Bento XV como visitador apostólico à Polônia, teve de enfrentar uma situação mais que delicada, num país onde a organização eclesiástica fora sistematicamente desmantelada pelos ocupantes russos, onde os problemas de jurisdição pareciam inextrincáveis por força da vinculação de algumas dioceses a bispos alemães, e onde, finalmente, a própria sobrevivência do país se encontrava ameaçada pela invasão dos exércitos bolcheviques. Esses três anos de Polônia não transcorreram para ele sem dificuldades e mesmo sem fracassos; mas completaram-lhe a formação de homem de ação, de político e de diplomata. Um episódio dos mais marcantes revelou também a virtude de que mais tarde iria dar tantas provas: a de uma intrepidez calma e lúcida. Quando a cavalaria de Tukhatchevsky se aproximou de Varsóvia, todos os embaixadores das grandes potências se fizeram prudentemente ao largo. Mas o representante da potência mais desarmada do mundo, o núncio, esse ficou.

Essa atitude heroica não deve ter pesado pouco na decisão de Bento XV de lhe confiar a sucessão do pranteado arcebispo de Milão, cardeal Ferrari, e de lhe conceder a púrpura. Mas o cardeal Ratti não gozou por muito tempo da alegria de governar a ilustre arquidiocese que fora a da sua juventude. Cinco meses depois de tomar posse do cargo, morria o papa e o Sacro Colégio reunido em Conclave (cinquenta e três cardeais, dos quais vinte e nove italianos e vinte e quatro estrangeiros), após quatro dias de indecisão — em que, em treze escrutínios, o clã Gasparri e o clã Merry del Val tinham oposto em vão os respectivos candidatos —, dava ao arcebispo de Milão quarenta e dois votos, bastante mais que o mínimo exigível. À pergunta canônica — "Aceitas a eleição para o sumo pontificado?" —, respondeu com esta declaração, que era mais que mera frase de circunstâncias: "Apesar da minha indignidade, que sinto no mais íntimo de mim mesmo, aceito, porque não quero que se possa dizer que me furtei a um pesado fardo".

Era um homem de meia estatura, robusto, de ombros quadrados e maciços, com um aspecto mais de montanhês que de erudito. A face rosada e fresca, quase sem rugas, respirava saúde, robustez. Por detrás das lentes dos óculos professorais, brilhavam uns olhos claros, e o olhar penetrante era o de um homem que não se deixa enganar pelas aparências. Habituado por uma longa experiência a perscrutar os documentos e a contrastar as interpretações, ajuntava à sua natural prudência a circunspecção do historiador. Logo, porém, que a questão estava amadurecida e a decisão tomada, não havia nada que o fizesse mudar de opinião e ia até ao fim com uma resolução inabalável, de punhos cerrados e pupilas cintilantes. Ao mesmo tempo, se era intransigente quanto ao essencial, até ao ponto de se mostrar autoritário e duro (ficariam célebres os murros que dava na mesa...), já quanto ao que parecia secundário mostrava-se indulgente e conciliador. Lembrando-se de que fora diplomata, era perfeitamente capaz de conduzir uma questão com paciência e habilidade, tanto como de reduzi-la a cacos e anatematizar. É o que explica os dois aspectos nitidamente opostos que se verão na sua política: por um lado, a negociação; por outro, a condenação.

Essas qualidades, em que voltavam a surgir, afinal, numa estranha síntese, muitas das dos seus três predecessores, estavam ao serviço de uma concepção muito alta e muito justa do papel que lhe cabia. Para ele, como para Pio X ou Leão XIII, só contavam a glória de Deus e o estabelecimento do seu Reino.

É muito curioso que este papa de pleno século XX, tão "moderno" em tantos aspectos, tenha tido, desse Reino de Deus, uma ideia ainda mais imperiosa que a dos seus antecessores — uma ideia que alguns julgaram medieval. Exprimiu-a, sobretudo, na encíclica *Quas primas*, de 1925, que instituía a festa de Cristo-Rei[68]. Seria inteiramente vão imaginar que foi só o desejo de aumentar o número de celebrações litúrgicas das prerrogativas de Jesus que inspirou ao papa a decisão de consagrar ao novo culto o último domingo de outubro. Tal manifestação, se não tivesse feito mais que situar-se na linha da Epifania, da Páscoa e da Ascensão, não teria grande sentido. Temos de tomar à letra a afirmação da encíclica de que "Cristo reina", de que é Ele o único Senhor da humanidade.

Essa afirmação intransigente, frontalmente contrária a todas as do humanismo ateu da época, vale sobretudo e em primeiro lugar na ordem espiritual. Mas a realeza messiânica exerce-se sobre os homens, sobre as coisas terrestres. "Os Estados, os príncipes, os governos são senhores dos seus domínios, e Cristo, cujo reino não é deste mundo, não quer que a sua Igreja intervenha nesse terreno; mas exige que lhes recorde os princípios espirituais e morais com que devem conformar a sua obra; exige que lhes repita que também eles devem promover e dilatar o Reino de Deus". Concepção *teocrática*, pois, da ação da Igreja, tão imperiosa como a de Inocêncio III, mas radicalmente diferente, porque transcende toda a política e situa o papel do papa num plano estritamente espiritual: exatamente o mesmo a que o consagravam os dois grandes acontecimentos de 1870 — a proclamação da Infalibilidade e a perda do poder temporal. É aí que o Vigário de Cristo é inatacável, inexpugnável. Todas as decisões de Pio XI, ainda as mais surpreendentes, como a que deu solução à questão romana, explicam-se por essa concepção fundamental. Os seus sucessores irão mantê-la. Será ela que dará ao papado as dimensões que hoje vemos nele.

O perigo dessa atitude, dessa imperiosa afirmação do "primado do espiritual", na palavra profunda de Jacques Maritain[69], seria o de confinar a ação do Vigário de Cristo em afirmações e condenações de caráter doutrinal e em demonstrações de princípios. Mas o homem que era Pio XI, como já o conhecemos, não estava disposto a encerrar-se nas esferas das ideias puras. Havia nele um realista, um homem que prezava o contato com os seres humanos e as coisas. O historiador que ele era tinha ido buscar à convivência com o passado a certeza de que, "na história, o tecido vivo dos acontecimentos procede tanto do pensamento e dos atos dos homens como dos de Deus, de tal modo que os dois elementos se mesclam, se contradizem e se entrechocam para cumprir o plano da Providência". Por outras palavras: o papa pensava que, para promover o seu Reino, Deus precisava dos homens.

Esse teólogo da realeza espiritual de Cristo iria, pois, dedicar a maior atenção às exigências da sua época, às necessidades e angústias do mundo, chegando ao ponto de dizer: "Nós devemos falar como chefe da Igreja Católica, mas também e sobretudo como homem do nosso tempo, ou seja, como testemunha e ator pessoal dos acontecimentos que ameaçam os contemporâneos. De certo ponto de vista, nós preocupamo-nos mais com as instituições sociais e governamentais puramente humanas do que com a própria Igreja Católica"[70]. Para estabelecer o reinado de Cristo, era necessário que ele e a sua Igreja estivessem presentes em toda a parte. Durante os dezessete anos do seu pontificado, a ação de Pio XI não visou outro fim.

Logo que, no silêncio solene da Capela Sistina, os dosséis de todos os cardeais foram abaixados e se manteve erguido apenas o de Achille Ratti, o recém-eleito tomou duas decisões que definiam o sentido em que ia orientar o seu pontificado. Convidado a dizer com que nome reinaria, indicou o de Pio. Não só — explicou — porque fora batizado sob Pio IX e ordenado sob Pio X, mas porque, como declarou, "Pio é um nome de paz, e a paz há de ser a maior das minhas preocupações". Retomaria essa ideia na fórmula *Pax Christi in regno Christi*. Depois, foi o gesto inesperado, que desorientou cardeais e camareiros: a saída do novo papa ao balcão da *loggia* exterior da Basílica de São Pedro, para dar a sua primeira bênção *Urbi et Orbi*, dando a entender desse modo que rompia com o costume dos seus três predecessores[71]. Era também anunciar um propósito pacificador, a vontade de restabelecer um contato, de manifestar uma presença.

Nessa política de presença, que ia ser a de todo o seu pontificado, Pio XI teve a ajuda muito eficaz daquele que fora o colaborador de Bento XV e que ele conservou como Secretário de Estado até 1930: o cardeal Gasparri. Continuou, pois, muito naturalmente, o esforço que o corajoso papa Della Chiesa empreendera logo após o fim da guerra para estabelecer ou restabelecer relações com os Estados e reintroduzir a Igreja, como potência, no concerto das nações. Se, ao contrário do seu antecessor, Pio XI nada fez para associar a Santa Sé à Sociedade das Nações, limitando-se a encorajá-la e até a ajudá-la, por julgar, no seu foro íntimo, que a instituição genebrina era frágil e pouco eficaz, a verdade é que praticou a mesma política de acordos, dando-lhe mesmo uma extraordinária amplitude. As vinte Concordatas ou tratados de *modi vivendi* que estabeleceu não foram notáveis apenas pelo número, mas ainda pela variedade dos países e dos regimes com os quais foram assinados, e pelas novas características de que se revestiram.

Para restabelecer a presença da Igreja, Pio XI não hesitou em negociar com governos que eram notoriamente seus adversários. Por exemplo, com o governo maçom da Checoslováquia, com o perseguidor do México, até com o de Hitler, doutrinário do neopaganismo anticristão por essência. Se tivesse podido, teria negociado com os próprios soviéticos!...

Ao mesmo tempo, contudo, em cada um desses acordos, cuidou de que se reconhecessem, não somente os direitos institucionais da Igreja, mas ainda os princípios cristãos da moral e da justiça, em virtude desse "primado do espiritual" que trazia no coração.

O vértice dessa política foi atingido quando, em 1929, se assinaram os *Acordos de Latrão*[72], que puseram fim à espinhosa "Questão Romana" e em que Pio XI, ao aceitar que o "poder temporal" do papa fosse territorialmente reduzido a um domínio tão pequeno que podia ser tido por simbólico, consagrou o verdadeiro sentido da soberania pontifícia: a essa soberania, cento e quarenta e quatro hectares podiam ser amplamente suficientes como base sensível, porque, para além do sensível, a soberania espiritual se estende a toda a humanidade.

Não serviria de muito restabelecer a presença da Igreja junto dos Estados e dos governos se os homens continuassem a afastar-se dela. Daí o esforço de Pio XI, ao longo do seu reinado, por tornar Cristo presente em todos os setores. Leão XIII mostrara os dois caminhos a seguir: no setor social e no intelectual. Pio XI retomou essa marcha e foi bem mais longe. Assim, quando, em 1931, publicou a encíclica *Quadragesimo anno* para celebrar o aniversário da primeira encíclica social, a *Rerum novarum*, as posições que aí assumiu foram ainda mais claras e mais audaciosas[73]. Não se limitou a repetir os grandes princípios da fraternidade cristã nem a denunciar os excessos da desigualdade social. Foi mais longe e condenou o liberalismo econômico que "abre o caminho ao comunismo". Fê-lo em termos tão vigorosos como este, protestando contra a "miséria imerecida" de tantos e tantos trabalhadores, e contra a "degradação do homem" causada pela indústria moderna. E formulou, com um rigor nunca até então alcançado, a distinção entre o dever de justiça e o dever de caridade. Segundo ele, a caridade "não é senão mentira e hipocrisia" se o primeiro dever não é cumprido. A ajuda constante e eficaz que sempre deu ao movimento do catolicismo social e ao dos sindicatos cristãos seguiu esse mesmo rumo.

Na ordem intelectual, Leão XIII também fizera sérios esforços para restabelecer a presença da Igreja onde quer que ela devesse intervir, e Pio X, sem reforçar especialmente esse movimento, deixara-o em condições de se desenvolver. Impunha-se agora a necessidade de um esforço maior, em especial após a crise modernista. Tinham sido fixados os limites estritos além dos quais qualquer inovação seria imprudente. Mas importava que os católicos adotassem seriamente os métodos dos adversários para estarem habilitados a ripostar-lhes. Ninguém melhor para os orientar nesse sentido do que o intelectual muito autêntico que era Achille Ratti. Dissera ele um dia: "Saber para viver: gostaria que fosse esta a nossa divisa". Por isso mesmo, todo o seu pontificado foi marcado por um extraordinário impulso da inteligência católica, decidida a retomar o seu lugar em todas as ordens da Ciência, da Filosofia, das Letras[74]. Os indícios são inumeráveis: desenvolvimento do Pontifício Instituto Bíblico de Roma e da Escola Bíblica de Jerusalém, da abadia beneditina de São Jerônimo (onde se procedia à revisão da Vulgata), fundação da Pontifícia Academia das Ciências, aberta mesmo a não católicos, multiplicação dos congressos científicos, literários, jurídicos, organizados por católicos.

E muitos outros, ainda. Nem mesmo aos mais recentes meios de expressão do pensamento deixou o papa de pedir que manifestassem a presença da Igreja. Amigo de Marconi, inaugurou pessoalmente a estação de T.S.F., cujas antenas se elevaram nos jardins do Vaticano. E não é dos menores títulos de glória do grande pontífice ter dedicado páginas de uma encíclica a mostrar a importância do cinema e a indicar como ele poderia servir a fé[75].

Na raiz de todo esse esforço querido pelo papa e a que a Igreja inteira se associou vigorosamente, havia uma intenção apostólica, aquela que tivera por expressão a encíclica *Quas primas* sobre Cristo-Rei: promover o reinado de Cristo e restaurá-lo onde tivesse sido destruído. Tal foi o sentido de um novo empreendimento, nascido espontaneamente em diversos meios independentes uns dos outros, mas mais firmemente concebido e posto em prática na Bélgica pelo pe. Cardijn, e depois na França: a *Ação Católica especializada*. Pio XI teve o mérito de avaliar imediatamente a sua importância, de a acolher calorosamente e de generalizar os seus métodos. Assim se realizaram duas inovações: a associação direta dos leigos à obra de apostolado que incumbe à Igreja, e a especialização das formas e métodos dessa ação consoante o meio a reconquistar ou a conservar cristão. Os anos de 1925 e seguintes, que viram entrar em jogo a Ação Católica, marcam uma data capital da Igreja contemporânea, bem como do pontificado que a alentou[76].

Não foi só aos militantes da Ação Católica que Pio XI propôs — como palavra de ordem para levar a Palavra — a necessidade de, na expressão de São Paulo, "fazer-se grego entre os gregos", isto é, "operário entre os operários, camponês entre camponeses". Com uma intuição não menos profunda de outra exigência da época, compreendeu que, para tornar a Igreja presente no meio dos povos então ditos "colonizados", era preciso modificar e alargar a concepção tradicional das missões. Retomando as ideias do pe. Matteo Ricci ou do pe. Nobili[77], desenvolvendo e sistematizando as indicações muito lúcidas de Bento XV na *Maximum illud*, lançou, na *Rerum Ecclesiae*, as bases dessas "igrejas de cor" que mais tarde, na hora da grande vaga da "descolonização", surgiriam como as únicas possibilidades da Igreja na Ásia e na África. E a sagração, pelo próprio papa, em 1926, de bispos de raça oriental manifestou com grande brilho essa orientação decisiva[78].

Esse papel de grande unificador do rebanho dos homens no aprisco de Cristo, que fez dele o papa social, o papa da Ação Católica, o papa das missões, quis também Pio XI desempenhá-lo no terreno onde parecia ainda mais difícil de vingar: na tragédia da desunião dos cristãos. Nenhum dos seus predecessores ignorara esse doloroso problema; ele, porém, consagrou-lhe uma atenção mais resoluta. A encíclica de 1928 — *Mortalium animos* — expôs com amplitude a doutrina da Igreja católica na matéria. Embora os resultados concretos não tenham sido numerosos nem no campo dos protestantes nem no dos anglicanos, o certo é que foi feito um esforço por restabelecer os contatos. Quanto aos cristãos separados do Oriente, foram aproveitadas muitas ocasiões para dar provas de uma solicitude e de uma simpatia que, se não tivessem outros méritos, teriam ao menos o de preparar um novo clima.

Ao mesmo tempo que manifestava uma benevolência ativa para com os católicos orientais — promoção ao cardinalato do patriarca sírio de Antioquia, mons. Tappouni; confirmação pontifícia do patriarca dos armênios, mons. Agagianian; elevação do mosteiro basiliano de Grottaferrata a arquimandria *nullius* —, Pio XI pareceu investi-los do mandato de estabelecerem ligações com os irmãos separados dos seus países[79].

Um papa que não tivesse feito nada além do que o que acabamos de ver realizado por Pio XI, seria sem qualquer dúvida considerado grande. E, no entanto, não é senão metade da sua obra. Se lhe parecia indispensável levar a Igreja ao mundo, isso não era mais que um meio. O fim absoluto era levar o mundo a Deus. *Adveniat regnum tuum!* Daí um imenso, tríplice esforço por ele empreendido — esforço que o aparenta mais com Pio X do que com Leão XIII — por defender a fé, por reconduzir a humanidade ao cumprimento dos princípios cristãos e por elevá-la às realidades sobrenaturais. Este tríplice desígnio animou-lhe todo o pontificado, mas parece ter sido especialmente forte na segunda metade, depois de 1930. Foi quando o abalo causado à ordem antiga pela crise econômica de 1929, a ascensão dos totalitarismos e a progressiva decadência das instituições internacionais o persuadiram de que as ameaças que pesavam sobre a cristandade, como afinal sobre a humanidade inteira, eram prementes e terríveis, e de que era seu dever imperioso erguer a voz. Então, o papa de tantos e tantos acordos diplomáticos revelou-se de uma intrepidez e de uma energia exemplares, e assumiu o rosto de combatente que a história preferiu reter dele.

Nessa segunda parte do seu pontificado, quando teve de travar as batalhas decisivas, Pio XI teve a seu lado um representante das novas gerações que toda a experiência acumulada tornara muito sensível aos problemas que se apresentavam ao mundo; alguém que, servindo o Santo Padre com um devotamento sem quebras, o encorajou na sua atitude. Foi o Secretário de Estado escolhido em 1930 para substituir o cardeal Gasparri: *mons. Eugenio Pacelli* (1876-1958). Esse diplomata nato, cuja carreira nas nunciaturas o firmara na convicção de que era preciso tentar todos os acordos antes de romper fosse com quem fosse, era também um homem de ferro sob as aparências de uma extrema gentileza soberana, a quem o hábito de uma rígida disciplina tinha dado um absoluto domínio de espírito, e que, sendo uma alma de místico, vivia verdadeiramente apenas no sobrenatural e pelo sobrenatural. Na aparência tão diferentes, esses dois homens iam completar-se plenamente. A ágil inteligência do Secretário de Estado, habituada a aplicar-se aos inúmeros assuntos que os seus prodigiosos dons de poliglota lhe permitiam abordar sem intermediário, compensava aquilo que a inteligência do papa tinha por vezes de abrupto; e a atitude aristocrática de um equilibrava a rusticidade montanhês do outro. No essencial, porém, o acordo entre os dois era perfeito. Quando, em

1939, Eugenio Pacelli for eleito sucessor de Pio XI, ao fim de um Conclave espantosamente unânime, o novo papa não hesitará um segundo em tomar por nome oficial o do grande chefe que quererá continuar.

A luta pela fé — *Fides intrepida*, diz, de Pio XI, o Pseudo-Malaquias, decididamente mais uma vez exato nos seus aforismos proféticos — teve, em Achille Ratti, dois aspectos: um, defensivo; outro, construtivo. O papa via a fé atacada por modalidades mais ou menos virulentas do materialismo e do humanismo ateu: e ripostou. Já uma primeira vez, nos primeiros tempos do pontificado, denunciara o "naturalismo positivista" que constituía a base filosófica da doutrina de Charles Maurras, chefe da *Action Française*, não hesitando em censurar um movimento onde, afinal, eram tantos os católicos sinceros; fizera-o precisamente por lhe parecer importante evitar qualquer confusão. Mas o seu tom fez-se mais categórico quando se tratou de enfrentar os ídolos que se erguiam por sobre a humanidade: o Estado-Rei, que absorvia todas as liberdades, todas as atividades do homem, e pretendia submetê-lo desde o berço ao túmulo, como o proclamavam todos os regimes totalitários, juntamente com a raça divinizada, monstro pagão que o nacional-socialismo de Adolf Hitler queria impor à Alemanha.

As grandes encíclicas papais contra a "estatolatria" fascista (*Non abbiamo bisogno*) e contra o racismo hitlerista (*Mit brennender Sorge*) assinalaram a reação da consciência cristã contra as ameaças que pesavam sobre o homem, num momento em que a fraqueza e a pusilanimidade dos políticos encorajavam as tiranias. Para lá de qualquer intenção política, o que Pio XI procurava salvar eram os princípios do cristianismo, defendendo ao mesmo tempo aqueles que realizam o verdadeiro homem e constituindo-se em promotor de um humanismo cristão que surgiria cada vez mais como a única possibilidade de salvação para um mundo ameaçado de morte.

Ainda neste terreno, atingiu um cume quando, em 1937, dedicou ao comunismo ateu a encíclica sem dúvida mais solidamente articulada de todo o pontificado: a *Divini Redemptoris*, análise completa e penetrante da filosofia marxista, do materialismo dialético e suas consequências. Era uma página de doutrina verdadeiramente magistral, escrita à margem de qualquer consideração política, mas depois da qual deixariam de ser possíveis as confusões ou os acomodamentos táticos; condenação sem apelo do sistema que, no século XX, assumiu e resumiu todos os sonhos da humanidade rebelde, os seus desejos de "matar Deus"[80].

Mas não bastava condenar os sistemas que pretendiam lançar por terra a sociedade cristã. Nessa *Nova Idade Média* — como Nicolai Berdiaeff intitulava uma obra recente —, Pio XI bem sabia, à semelhança do grande pensador russo, que, para salvar a sociedade do século XX dos perigos a que estava exposta, havia que reinserir nela o cristianismo: num sentido inteiramente diferente do da Idade Média, havia que refazer uma cristandade. Recristianizar os costumes, as mentalidades, as instituições, tendo em conta as situações de fato criadas pelo tempo, tal foi, portanto, o segundo aspecto da luta do papa pela fé. Desse modo indicou um campo de ação que o seu sucessor iria desbravar em todos os sentidos, com uma persistência e uma constância exemplares.

Opondo-se a essa forma de religião dicotômica que já conhecemos[81], e que se limita a impor o conformismo de uma prática, deixando fora do seu alcance o essencial da existência, Pio XI, fiel à sua concepção da soberania de Cristo, lembrou aos homens que a fé tem de penetrar e ordenar todas as atividades da vida, sejam elas sociais, econômicas, profissionais ou familiares. É este pensamento que se encontra incessantemente nas suas mensagens, cartas ou encíclicas, assim como nas instruções que regularmente dirigia aos participantes das diversas Semanas Sociais, e até em documentos que não pareciam destinados a isso, ou naqueles em que expressamente se propunha lembrar algum ponto da doutrina cristã. Dois textos revestiram particular importância: *Divini illius magistri*, de 1929, sobre a educação, e *Casti connubii*, de 1930, acerca do casamento e da família. Passadas tantas décadas, não há que alterar nem uma vírgula nesses textos.

Todo esse esforço culminou, como é óbvio, no último aspecto que podemos considerar na obra de Pio XI: o aspecto propriamente espiritual. É no coração do homem que Cristo tem de começar por reinar para que o seu Reino se estabeleça na terra. Um número considerável de documentos (mais de duzentos!) publicados pelo papa — papa político, papa social, papa dos grandes combates —, não teve outro significado além do sobrenatural, nem foi objeto de menos cuidados que os outros. Encíclicas como *Caritate Christi*, sobre o Sagrado Coração de Jesus, *Miserentissimus Redemptor*, sobre a reparação devida ao amor divino pelos pecados dos homens, *Ingravescentibus malis*, acerca do rosário, ou ainda as duas, belíssimas, que consagrou à mensagem de São Francisco de Assis, revelam algumas das suas intenções profundas. Assim como também o revela o número, assombrosamente elevado, de beatificações e canonizações — quarenta daquelas, dezessete destas últimas — e a escolha das figuras exemplares por ele propostas à veneração dos fiéis. Não é de módico significado que o papa dos anátemas fulminados contra todas as formas de materialismo tenha sido um devoto dessa maravilhosa jovem carmelita, modelo de todas as renúncias, a quem elevou aos altares: Teresa do Menino Jesus. A mesma que, embora jamais tivesse saído do claustro, ele constituiu padroeira das missões, com um propósito que só se pode compreender misticamente, à luz da comunhão dos santos.

Os últimos anos de Pio XI foram entenebrecidos pelas opacas e angustiosas nuvens que qualquer pessoa, por menos lúcida que fosse, via acumularem-se no horizonte a partir de 1934. Desse ano em diante, até ao fim, misturaram-se incessantemente dolorosas advertências em tudo o que o papa disse. À vista do cataclismo que se preparava, queria avisar povos e governos. Por vezes, a sua voz era veemente. Em várias ocasiões, ameaçou os fautores da guerra com o destino que a Providência lhes reservava: a aniquilação. Em todos os momentos, esforçou-se pelos canais diplomáticos por encontrar terrenos de entendimento entre os blocos prestes a defrontar-se. Não se omitiu até em circunstâncias como a da expedição italiana na Etiópia, em que a sua posição era particularmente melindrosa, e na qual não hesitou em intervir — de maneira nem sempre bem interpretada —, receoso de ver um conflito local degenerar em guerra europeia. A mensagem de Natal de 1936, que pronunciou pelo rádio, do leito a que o prendia uma doença que chegou a parecer mortal, foi um supremo apelo a favor, simultaneamente, da paz e de "essa justiça individual e coletiva sem a qual nenhuma ordem é possível".

Morreria a 10 de fevereiro de 1939, depois de vários dias de sofrimentos suportados com uma calma e uma coragem impressionantes. Tinha oitenta e dois anos. Tal como sucedera com o de Pio X, era um pontificado que se encerrava no limiar de uma guerra mundial; mas essa que ia estalar seis meses após a morte do grande papa Achille Ratti ia ser infinitamente mais trágica e mais grave pelas suas consequências do que a de 1914, que fizera morrer de dor o papa Sarto. Ia abrir-se um capítulo inteiramente novo na história do mundo e, consequentemente, na da Igreja — um capítulo que desde então se escreve com sangue e lágrimas. E a palavra pronunciada por Benito Mussolini, a seguir aos acordos da *Conciliazione*, seria bem mais profunda do que o seu autor podia imaginar: Pio XI, "o homem do destino".

Grandeza e poderio de Roma

A morte de Pio XI foi uma oportunidade para medir o prestígio que cercava a pessoa do papa e a Sé de Roma. Considerada um acontecimento mundial, foi noticiada por toda a imprensa juntamente com comentários que, mesmo nos países de regime totalitário, reconheciam o importante lugar que o desaparecido ocupara. Se nos lembrarmos da quase total indiferença que, sessenta anos antes, acolhera a morte de Pio IX, será difícil não nos impressionarmos com a mudança.

Pode-se dizer que, ao longo dos séculos, nunca o papado foi tão poderoso, tão respeitado, como no momento em que Pio XI foi repousar na cripta do Vaticano. Como também nunca a pessoa do sumo pontífice foi tão gloriosa, tão admirada e amada. Pela dignidade da sua vida, pelas suas virtudes, se não mesmo pela sua santidade, os quatro papas que se sucederam conquistaram o direito à veneração dos seus filhos. E ela não lhes foi regateada. Antes de ser oficialmente elevado à honra dos altares, Pio X foi canonizado pela voz do povo.

Quem os fiéis amam na pessoa do papa é o homem. Se é atingido por uma doença grave, o boletim médico vai para a primeira página dos jornais do mundo inteiro. A gente pensa nele, no Pai Comum, com sentimentos que certamente os bispos de Luís XIV nunca tiveram. Os Anos Santos — como, por exemplo, aquele que Pio XI proclamou em 1925 — atraem a Roma centenas de milhares de peregrinos. Não há noite em que, na Praça de São Pedro, não se vejam pessoas fervorosas olhando, na vasta fachada sombria do palácio, a janela iluminada do gabinete onde trabalha até muito tarde o homem que está sozinho no vértice do mundo e sobre o qual pousou o Espírito de Deus.

Agora, nenhum congresso científico ou profissional reúne católicos sem que o soberano pontífice seja solicitado a enviar uma mensagem; e, na maior parte dos casos, ele corresponde a esse desejo fazendo chegar conselhos precisos, indicações sobre o caminho a seguir. Nos Congressos Eucarísticos Internacionais, é representado por um legado que os preside em seu nome e cuja presença mobiliza os protocolos oficiais. O mesmo se pode dizer das grandes cerimônias de caráter universal. A legação do cardeal Pacelli, Secretário de Estado de Pio XI, ao Congresso Eucarístico de Buenos Aires, e a que o leva a seguir à França, por ocasião das festas em honra de Santa Teresa de Lisieux, tomam as dimensões de viagens triunfais. Em Notre-Dame de Paris, quando o legado desce do púlpito depois de pronunciar um vibrante discurso sobre a "vocação cristã da França", a multidão apinhada na catedral, rompendo com todos os usos, gritou: "Viva o papa! Viva Pio XI!"

E, no entanto, o papa já não é senão o soberano de um território mais pequeno que esse Bois de Boulogne tão caro aos parisienses, e que, a bem dizer, não passa de uma amálgama de palácios, igrejas e jardins. Mas quem se lembraria de colocar o senhor desse domínio irrisório no mesmo plano que o príncipe de Liechtenstein, e de assimilar o seu governo aos de Andorra ou San Marino?... Se é livre e soberano na Cidade do Vaticano, a verdadeira cidade que governa é a das almas. E se exerce tal ascendente, é porque, durante os últimos sessenta anos, extraindo as consequências da situação criada em 1870, foi compreendendo pouco a pouco que o seu papel é exclusivamente espiritual.

Observa-se aqui um fato muito singular, como que uma contradição histórica: quanto mais o mundo se materializa, tanto mais parece crescer a única potência exclusivamente espiritual. No meio do caos que se generaliza, a Igreja, que o papa encarna aos olhos das massas, surge cada vez mais como um dos raros fatores de ordem no seio de um ciclone que vai crescendo — como um dos raros fatores de estabilidade e de esperança. No processo de desumanização que parece arrastar irresistivelmente a sociedade do século XX, o papa é cada vez mais aquele que recorda os princípios superiores, sem os quais o homem deixaria de ser homem. Quantos — até entre os agnósticos — não verão nos princípios que ele proclama a última oportunidade de salvação para a humanidade!

Mas esse aumento de poder espiritual não deixa de se traduzir no plano político e diplomático. Uma encíclica como a *Mit Brennender Sorge* mina o edifício do III° Reich muito mais do que Hitler imagina. Paralisando a política da "mão estendida", a *Divini Redemptoris* corta cerce a manobra comunista. Os governos reconhecem a importância mundial da Sé Apostólica. Em 1870, havia em Roma dois embaixadores, dez ministros plenipotenciários e três encarregados de negócios: ao todo, quinze representantes diplomáticos, acreditados junto do papa. Em 1939, há trinta e oito chefes de missão, dos quais treze são embaixadores e vinte e cinco ministros. Paralelamente, em 1870, a representação diplomática da Santa Sé incluía apenas nove núncios ou internúncios, um encarregado de negócios e cinco delegados apostólicos: ao todo, quinze chefes diplomáticos. Em 1939, são trinta e oito as nunciaturas, acrescidas de vinte e três delegações apostólicas.

Esse prestígio externo vai a par de um reforço considerável da autoridade do papa sobre a Igreja. A Infabilidade pontifícia em matéria de dogma e de moral já não é discutida por qualquer pessoa de peso. Ninguém fala de reabrir as sessões do Concílio Vaticano, suspenso mas não encerrado. Pio XI declara que pensou nisso, mas que espera que

Deus "lhe manifeste mais claramente a sua vontade"[82]. Com as suas Congregações Romanas, reorganizadas e aumentadas por Pio X e Bento XV e que dispõem de um palácio para a maior parte dos seus serviços; com um Santo Ofício também reorganizado; com uma Secretaria de Estado cujas tarefas estão já bem repartidas entre "negócios habituais" e "negócios extraordinários", o governo da Igreja possui uma organização que muitos governos civis lhe poderiam invejar.

O episcopado é dirigido como nunca: nomeações dos titulares das dioceses feitas unicamente pelo papa[83]; visitas *ad limina* obrigatórias; um relatório quinquenal, igualmente obrigatório, sobre as atividades do período. Tudo são vínculos firmes entre os bispos e Roma.

As ordens religiosas, as congregações e os institutos, todos com um cardeal-protetor nomeado pelo papa, ganham cada vez mais o hábito de instalar em Roma a sua casa generalícia. As maiores obras missionárias têm também a sede na Cidade Eterna, como, por exemplo, a Propagação da Fé, nascida na França.

A autoridade do pontífice cresce visivelmente em todos os domínios, não só, logicamente, na ordem doutrinal — como ficou bem claro na questão do modernismo, em que a condenação pontifícia foi seguida de uma submissão quase unânime —, mas também em matéria de disciplina. E não foi por acaso que a incipiente Ação Católica teve o apoio decisivo de Pio XI: ao assumirem como coisa sua esse imenso movimento, os papas passarão a agir mais diretamente sobre a massa dos fiéis e poderão guiá-la melhor, mesmo que o grande público só leia as encíclicas com olhos negligentes.

Talvez esse reforço da autoridade pontifícia sobre toda a Igreja provoque reservas, resistências... Há talvez quem julgue exagerada uma "romanização" que se manifesta, quer na obrigação de todos os padres pronunciarem o latim à italiana, quer pela proibição de usar o peitilho eclesiástico. Alguns países, até os mais católicos, como a Irlanda, rebelam-se contra o uso da batina — o *abito piano* — pela rua. Há mesmo alguma oposição a que se estenda o canto gregoriano.

Mais sérias são as observações de alguns sobre o perigo de uma centralização excessiva, de uma uniformização que poderia diminuir as forças vivas da Igreja e torná-la menos ágil para se adaptar às circunstâncias, e que até poderia afastar uma ou outra minoria. Observações a que Pio XI não é insensível; prova-o a sua atitude para com as igrejas orientais, feita de benevolência. Mas que peso têm essas críticas mínimas perante o enorme aumento de prestígio e de poder que cerca o sucessor de São Pedro? Tudo o que a palavra "cabeça" significa de mais forte aplica-se plenamente ao papa, Cabeça da Igreja. Dir-se-ia que, em vinte séculos de história, jamais a Igreja esteve tão alto.

Mas esse reforço do poder pontifício não teria sentido se não fosse o corolário e a consequência de uma evolução ainda mais importante e significativa: a da situação da própria Igreja[84]. Também ela, durante esses quatro pontificados, viu imensamente engrandecido o seu poder, e mais firmes as suas posições.

Em sessenta anos, libertou-se definitivamente da tutela dos Estados, sabendo ao mesmo tempo restabelecer a sua presença junto deles. Firmou-se em bases doutrinais mais sólidas, sem no entanto negligenciar as de ordem propriamente intelectual, que sabia serem indispensáveis. Reforçou a sua organização interna. Alargou incessantemente o seu campo de ação, adaptando-se às dimensões do mundo. Tomou mais clara consciência dos perigos que a ameaçavam, e criou órgãos capazes de lutar contra a crescente irreligião. Ao mesmo tempo, fiel ao que é sempre a mais imperiosa das suas vocações, fez surgir no seu seio, para levar as almas a um bem que ultrapassa todos os bens da terra, uma coorte de santidade, tão abundante e forte como nos melhores tempos do seu passado.

Foi a toda essa empresa múltipla, cujos resultados aí estão diante dos nossos olhos, que ficaram associados os quatro homens de Branco do Vaticano, aqueles que Cristo constituiu como guias da sua Igreja. As suas figuras nunca poderão ser esquecidas por quem quiser acompanhar, em todos os terrenos, esse combate por Deus que a Igreja travou sob a direção deles.

Notas

[1] Vejam-se as judiciosas observações de Maurice Baumont em Halphen e Sagnac, *Peuples et Civilisations*, vol. XVIII, p. 505.

[2] Baumont associa, no plural, a Igreja Católica e as igrejas protestantes. O esforço destas últimas será estudado no vol. X desta obra.

[3] Este volume começa em 1870 e vai até 1939.

[4] Cf. neste vol. o cap. III, par. *Na França, o "Ralliement"*.

[5] Cf. neste vol. o cap. VI, par. *Pio X condena*.

[6] Cf. neste vol. o cap. IX, par. *Pio XI contra o racismo nacional-socialista*.

[7] Por exemplo, a de Pio X na questão da separação, na França, e especialmente na das associações culturais (cf. neste vol. o cap. V, par. *Na França, a separação da Igreja e do Estado*).

[8] Cf. neste vol. o cap. II, par. *Santidade de Pio X*. [O "exclusivo" era o direito que tinham os grandes Estados católicos — Espanha, França e Áustria — de vetarem previamente a eleição de um cardeal que lhes desagradasse (N. do T.).].

[9] Deu-se, contudo, um incidente divertido. No último escrutínio, em que já não havia dúvida de que ia ser eleito D. Pecci, um opositor brincalhão escreveu no seu boletim que votava no "Cardeal Nemo": em ninguém...

[10] Em Capineto, em 1810.

[11] Cf. vol. VIII, cap. V, par. *Gaeta e Antonelli*.

[12] O cardeal Antonelli, cujo primeiro nome era *Giacomo*, Tiago (N. do T.).

[13] Cf. o vol. VIII, cap. V, par. *Grandeza de Pio IX*, e no presente volume, cap. III, par. *Tiros de pelotão da Revolução.*

[14] Cf. vol. VIII, cap. V, par. *A grande divisão dos católicos.*

[15] Sobre a política de Leão XIII, veja-se o cap. III, par. *A política cristã de Leão XIII.*

[16] G. Goyau, *Le Vatican, les Papes et la Civilisation*, Firmin-Dodot, Paris, 1895, p. 247.

[17] Cf. neste vol. o cap. III, par. *Na França, o "Ralliement".*

[18] Cf. neste vol. o cap. IV, par. *Gioachino Pecci, "social".*

[19] Cf. neste volume o cap. IV, par. *"Rerum novarum".*

[20] Cf. neste volume o cap. XII, par. *Uma situação mudada ponto por ponto.*

[21] Cf. neste vol. o cap. XI, par. *Roma, capital das missões.*

[22] Cf. *Rosmini*, no *Índice Analítico* do vol VIII.

[23] Cf. vol. VIII, cap. I, n. 116. A *Profecia de Malaquias* tem o mérito de, vez por outra, acertar no ponto. Assim ocorreu no caso de Pio VI, definido como *Peregrinus apostolicus* ["peregrino apostólico"; com efeito, Pio VI foi levado para o cativeiro na França (N. do T.)], ou de Pio IX, que tanto sofreu por causa da cruz [da bandeira] da Savóia, e que é designado *Crux de cruce* ["cruz sobre cruz"].

[24] Cf. neste vol. o cap. IV, par. *A obra social na França antes da encíclica.*

[25] Cf. neste vol. o cap. III, par. *O árbitro das nações.*

[26] Sendo italiano, o papa pronunciava errado o nome ("Combés"); em francês, pronuncia-se "Cômbe" (N. do T.).

[27] Se a imensa maioria dos testemunhos acerca de Leão XIII exprimiam admiração, houve, no entanto, algumas vozes discordantes, particularmente entre aqueles que mais tarde seriam designados por "integristas". O famoso pe. Barbier, autor de um verdadeiro panfleto, *Les progrès du libéralisme catholique sous Léon XIII*, ousou atribuir a Pio IX moribundo estas palavras: "Morrer pouco importa, mas o que me faz sofrer é que vou ter por sucessor o cardeal Pecci, que deitaria a perder a Igreja, se isso fosse possível, com a sua política e a sua diplomacia". Um certo mons. Fèvre ia mais longe: "Esperar vencer pela inércia e pela mansidão é uma frivolidade de espírito indigna de qualquer respeito [...], uma confiança tão louca que significa não tanto ignorância como traição".

[28] *"Positio" da causa de beatificação*, Roma, 1927, p. 654.

[29] *Revue des Deux-Mondes*, 15.03.1904. O artigo era assinado por *Un témoin*, mas o anonimato caiu tanto mais depressa quanto nada foi feito para mantê-lo.

[30] Cit. por L. Ferrari, *Vida de Pio* X, Turim, 1924, pp. 145-46.

[31] Cf. no vol. V o cap. II, par. *São Pio V põe em prática o Concílio.*

[32] Além do artigo citado da *Revue des Deux-Monds*, a narrativa do Conclave aparece nas *Memórias* de mons. Landrieux, conclavista do cardeal Langénieux.

[33] Um dos primeiros atos de Pio X foi suprimir o "exclusivo".

[34] Trinta e oito italianos, vinte e seis estrangeiros.

[35] Nomeadamente na questão do modernismo; cf. neste volume o cap. VI, par. *Pródromo da crise: o americanismo.*

[36] Palavras de um prelado italiano referidas pelo pe. Desgranges nos seus *Carnets intimes* (I, 103), que são uma mina de pormenores acerca deste período.

[37] Na encíclica *Il fermo proposito*, de 1905.

[38] Cf. neste vol. o cap. V, par. *A política de um santo.*

[39] Sobre o fim da Obra dos Congressos e do Sillon, cf. neste vol. o cap. V, par. *Os católicos na política e a questão da democracia.*

[40] Sobre a questão modernista, veja-se todo o cap. VI.

[41] Atualmente, além da Secretaria de Estado, a Santa Sé conta nove Congregações e três tribunais, além de diversos organismos acessórios (N. do T.).

[42] Essa dupla e imensa obra administrativa do papa santo completou-se ainda com providências anexas, algumas das quais seriam importantes. Por mais estranho que possa parecer, não havia nenhum meio oficial de promulgar uma decisão papal. Uma encíclica, depois de assinada pelo papa, era muito simplesmente enviada aos bispos, que mandavam lê-la do púlpito — se assim o quisessem —, mas não se fazia qualquer publicação que lhe desse força de lei. É certo que um sacerdote, Pietro Avanzini, publicava, havia alguns anos, umas *Acta Sanctae Sedis;* mas era um órgão privado, quando muito oficioso. Quando Patriarca de Veneza, D. Giuseppe Sarto exprimira já o desejo de que essa publicação se tornasse oficial, a fim de desempenhar o papel do Diário oficial que existia na França e alhures. Eleito papa, mandou estudar o problema e, em 1908, decidiu fundar os *Acta Apostolicae Sedis*, onde apareceriam “as Constituições pontifícias, as leis, decretos e todas as ordenações dos Pontífices Romanos, assim como as decisões das Sagradas Congregações e Dicastérios”. Sob a forma majestosa de grandes *in-quarto* que então lhe foi dada, este órgão oficial da Santa Sé continua a ser publicado até hoje.

[43] Cf. neste vol. o cap. XIII, par. *Padres que dão o exemplo.*

[44] Cf. neste vol. o cap. XIII, par. *A caminho da Igreja dos Novos Apóstolos.*

[45] A ação de Pio X no campo missionário é menos original do que em outros domínios: o seu predecessor dera-lhe um impulso suficientemente vigoroso para garantir a sua sobrevivência. Mas manifestou uma ativa simpatia pelas congregações missionárias, beatificou vários dos seus mártires, criou quarenta vicariatos apostólicos e trinta e oito prefeituras.

[46] Sobre as decisões de Pio X acerca da comunhão, cf. neste vol. o cap. XIII, par. *Multidões de joelhos diante da Hóstia.*

[47] Cf. vol. VIII, cap. VIII, par. *Rezar com a Igreja: Dom Guéranger restaura a liturgia.*

[48] Cf. neste vol. o cap. XIII, par. *No fundo das almas.*

[49] Cf. neste vol. o cap. XII, par. *A música regressa ao sagrado.*

[50] Ferdinand Renaud, *Ecclesia*, Paris, mar. 1951.

[51] No começo órgão oficioso do partido socialista, passou depois de 1920 para o partido comunista (N. do T.).

[52] Estava dotado de uma fina ironia. Ao receber um prelado que outrora o denunciara como modernista, disse: "Espero que agora esteja tranquilo quanto à nossa ortodoxia: como somos Infalível..."

[53] Cf. neste vol. o cap. III, par. *O árbitro das nações.*

[54] O seu primeiro Secretário de Estado, o cardeal Ferrata, morreu ao fim de um mês, embora tenha deixado umas *Memórias* do mais vivo interesse.

[55] Sobre a ação de Bento XV durante a Primeira Grande Guerra, cf. neste vol. o cap. VII, par. *Bento XV e a Guerra Mundial.*

[56] *Ibid.*

[57] *Ibid.*

[58] Sobre Bento XV e os partidos democráticos, cf. neste vol. o cap. VII, par. *Ausência ou presença do papa na paz.*

[59] Cf. neste vol. o cap. VI, par. *Uma reação excessiva: o "integrismo".*

[60] Acerca do pe. Anizan, cf. neste vol. o cap. XIII, par. *Dois precursores: o pe. Anizan e o pe. Rémillieux.*

[61] Por exemplo, durante o Primeiro Concílio Vaticano. Cf. vol. VIII, cap. V, par. *O Concílio Vaticano.*

[62] Cf. neste vol. o cap. XII, par. *O renascimento do tomismo e a renovação teológica.*

[63] O conde Dalla Torre foi nomeado diretor do *Osservatore Romano.*

[64] Sobre as igrejas nativas, cf. neste vol. o cap. XI, par. *Bento XV e Pio XI instauram as "igrejas de cor".*

[65] *III Sent.*, disp. 23, q. 1; *Summa Theologiae*, 1, 2, q. 59, 60.

[66] Nasceu em 1857.

[67] Cf. neste vol. o cap. VIII, par. *Pio XI e a JOC.*

[68] Cf. neste vol. o cap. XIII, par. *Grandes devoções e peregrinações.*

[69] Escrita a propósito de Maurras. Cf. neste vol. o cap. IX, par. *A condenação da "Action Française".*

[70] Citado por Marc-Bonnet, *La Papauté contemporaine*, PUF, Paris, 1946, p. 110.

[71] Veja-se adiante o cap. VII, par. *Pio XI, papa dos acordos.*

[72] Sobre os *Acordos do Latrão*, veja-se adiante o cap. VII, par. "*Conciliazione*".

[73] Sobre o papel social de Pio XI, cf. o cap. VIII, par. *Pio XI e a encíclica "Quadragesimo anno".*

[74] Cf. neste vol. o cap. XII.

[75] Sobre Pio XI e o cinema, cf. neste vol. o cap. XII, par. *Agir sobre a opinião pública.*

[76] Cf. neste vol. o cap. VIII, par. *A experiência do pe. Cardijn.*

[77] Cf. vol. VII, cap. II, par. *A deplorável querela dos ritos chineses* e par. *Na Índia de Nobili e de João de Brito.*

[78] Cf. neste volume o cap. XI, par. *Bento XV e Pio XI instauram as "igrejas de cor".*

[79] O problema da unidade será estudado no vol. X desta obra.

[80] Cf. o cap. IX.

[81] Cf. neste vol. o cap. I, par. *Uma imensa deriva.*

[82] Veja-se Daniel-Rops, *Vatican II, le concile de S.S. Jean XXIII*, Fayard, Paris, p. 60.

[83] Salvo quanto aos estados concordatários, em que a Secretaria de Estado negocia com os governos.

[84] Cf. neste vol. o cap. XIII, par. *"Palavra viva de Deus".*

III. As opções de Leão XIII a respeito do futuro

Tiros de pelotão da Revolução

Na quinta-feira, 24 de maio de 1871, por volta das sete da tarde, na prisão parisiense de La Roquette, seis homens foram tirados das suas celas, conduzidos à extremidade do segundo caminho de ronda, alinhados contra o muro e fuzilados. Havia entre eles um leigo, Bonjean, presidente do Tribunal de Apelação, e cinco padres: os jesuítas Clerc e Decoudray, o antigo capelão militar Allard, o pároco da Madeleine, Degerry, e o arcebispo de Paris, mons. Darboy. Todos eles deram provas de firmeza sem quebra. Diante do pelotão de execução, o arcebispo ainda abençoou os carrascos e as vítimas. Foi necessária uma segunda salva para fazer cair o braço de onde saía o perdão.

Estava-se em plena "Semana Sangrenta", com que se concluía a breve e trágica aventura da Comuna de Paris. Regados com petróleo, as Tulherias, o palácio do Tribunal de Contas e outros monumentos ardiam em chamas. O rio Sena corria entre duas cortinas de fogo. Havia quatro dias que as tropas governamentais, vindas de Versalhes, tinham penetrado na capital, por uma brecha da muralha que os defensores tinham esquecido. Mas, em vez de varrerem em vinte e quatro horas todos os ninhos de insurreição, os "versalhenses" avançavam muito lentamente, com ameaçadora prudência — como se Thiers, executando o plano que em 1848 aconselhara a Luís Filipe, deixasse cometer excessos para justificar uma repressão mais dura. Assim se concedeu tempo aos *communards* para se vingarem dos inimigos nos inocentes que retinham como reféns.

A decisão de fazer reféns fora tomada pelo comitê insurrecional seis semanas antes, como resposta à execução de alguns dos seus combatentes, capturados no decurso de uma investida fracassada. A 5 de abril, fora assinado um decreto estipulando que, por cada *communard* supliciado, três amigos da gente de Versalhes seriam passados pelas armas. Em vista disso, várias centenas de infelizes tinham sido lançados na prisão: gendarmes e burgueses, oficiais e magistrados e cento e vinte padres, tudo à mistura. Em vão se tinham iniciado negociações para troca de prisioneiros entre os dois campos. As hesitações, talvez calculadas, de Thiers, não tinham permitido que a proposta tivesse êxito. No dia do assalto das tropas de Versalhes, as prisões de Paris transbordavam de reféns. As seis vítimas de La Roquette pertenciam a esse conjunto. O pretexto invocado para a execução foi que havia prisioneiros *communards* fuzilados na Praça da Madeleine, às ordens do general Galiffet.

A presença dos sacerdotes entre os reféns corresponderia a uma intenção precisa? Ou apenas figurariam no lote de vítimas destinadas às balas como presumíveis partidários do governo? A questão é melindrosa. Foi formulada por um dos seus companheiros de cativeiro a mons. Darboy, que respondeu: "Não nos matam por eu ser *monsieur* Darboy e você *monsieur* qualquer-coisa, mas por eu ser arcebispo de Paris e você, padre. É por causa do nosso caráter religioso que nos vão imolar. A nossa morte é, portanto, um martírio"[1]. Na verdade, a política religiosa da Comuna, como toda a sua ação, foi incoerente. Se é certo que numerosas igrejas continuaram abertas e que até se viu um chefe da Comuna levar os filhos à catequese, no conjunto a insurreição teve, desde as origens, um caráter antirreligioso que se foi acentuando à medida que o perigo crescente exasperava os ânimos.

Dir-se-ia que se tinha voltado aos dias da Convenção. Nos clubes, que pululavam, ouviam-se oradores dizer que "o verdadeiro progresso humano só começaria no dia em que já não houvesse nenhum padre vivo, nenhuma igreja de pé". Não demorara a decretar-se a separação entre a Igreja e o Estado, depois a ordenar-se a requisição de igrejas, capelas e conventos para armazéns ou oficinas de munições. Indulgente, a polícia e as forças de segurança tinham deixado desenrolar-se em vários lugares uma "saturnal de impiedade"[2], com saques e profanações de igrejas. Na Praça do Carrousel, em 29 de abril, tinham-se concentrado 10 mil maçons, de avental, para aclamar a Comuna e encorajá-la a "esmagar a Infame", no melhor estilo de Voltaire. E houve ainda coisa mais grave e decisiva: ao pe. Amodru, que declinava assim a sua identidade: "Padre, vigário de Nossa Senhora das Vitórias", um escrivão, certamente lembrando-se de Fouquier-Tinville, tinha respondido: "É esse o crime".

Esse ódio que ressurgia subitamente não deixava de ter causas, ou pelo menos desculpas. "A religião — observa o cardeal Ferrata nas suas *Memórias* — apresentava-se aos olhos das massas populares como instrumento de política, monopólio da aristocracia, feudo dos mantenedores do Antigo Regime". Pagavam-se dois erros: o acordo demasiado estreito entre o Império e o clero, e a indiferença da maioria dos católicos pelo doloroso problema social[3]. Mas nem por isso era menos trágico que, na primeira oportunidade que se lhe oferecia, o povo de Paris, confundindo a Igreja com os que considerava responsáveis pelas suas desgraças, atacasse o clero. Porque a verdade é que, à volta das prisões onde estavam detidos os reféns, os gritos da turba continuavam a reclamar a morte dos padres, enquanto os tiros de Versalhes iam dominando a insurreição bairro a bairro.

Em 25 de maio, caíam os dominicanos da Escola de Santo Alberto de Arcueil: depois de os terem deixado fugir, dispararam sobre eles como coelhos, na avenida da Itália. No dia seguinte, dez padres, dos quais três jesuítas e dois picpucianos, eram chacinados na rua Haxo. O pe. Planchat, apesar de apóstolo dos mais pobres dos operários, era igualmente abatido sob as balas. Ao todo, cinquenta e quatro membros do clero morreram durante essas jornadas trágicas. E a última imagem que a história registra desse drama atroz é a de Notre-Dame de Paris, a própria Notre-Dame, à qual puseram fogo, embora tenha sido salva à última hora, como por milagre.

Tal foi, no limiar de um novo capítulo da história aberto com o fim da guerra franco-prussiana, o primeiro acontecimento que a Igreja teve de enfrentar. À sua luz sangrenta, aparecia uma verdade que talvez os católicos tivessem esquecido após mais de vinte anos de calma burguesa: a era das revoluções não estava encerrada; as forças *laicas*, empenhadas havia mais de um século em deitar abaixo a Igreja, continuavam intactas e temíveis. Com efeito, ao longo de setenta anos a fio, ora com violência igual à da Comuna, ora sob aparências mais contidas, elas iriam agir até aos nossos dias.

Fim de uma grandeza

Os últimos anos do pontificado de Pio IX ofereceram a essas forças inimigas circunstâncias singularmente favoráveis aos seus assaltos. O papa octogenário parecia gasto, tanto física como moralmente. Desde que, em 20 de setembro de 1870, o canhão dos "piemonteses" abrira uma brecha nas muralhas da Cidade, estava convencido de que toda a sua obra fracassara. A ocupação de Roma parecia-lhe coroar a vitória do Adversário, desse monstro de mil faces que em tantos momentos ele combatera. Era o mundo moderno, o mundo ateu, que entrava na Cidade Eterna, com os soldados de Vittorio Emmanuele. Era o mundo que ele denunciara no *Syllabus* e na *Quanta cura*; o mundo de Renan e dos socialistas ímpios; o mundo da grande traição. Encerrado no Palácio do Vaticano, de que quisera fazer a sua prisão, rejeitando com desprezo a oferta de um acordo que lhe oferecia a "Lei das Garantias", Pio IX não cessava de remoer a amargura do ultraje infligido, não apenas à sua pessoa e aos seus direitos, mas, segundo ele julgava, à própria Igreja de Cristo e à sua mensagem. Nada o consolava, nem mesmo as demonstrações de tocante veneração que multiplicavam à sua volta os inúmeros peregrinos cujas imensas vagas se espraiavam diante dele.

É certo que, da sua passada energia, lhe restava uma alacridade de espírito, uma prontidão na resposta, que o levavam a achar com frequência as palavras necessárias para denunciar os Átilas, os Gensericos, esses novos bárbaros instalados nas ruínas da Europa fiel. Mas de que serviam tais anátemas? Cada vez mais persuadido de que não lhe restava outro recurso senão o Céu, rezando constantemente e com toda a alma à Santíssima Virgem[4], oferecendo a Deus com sublime firmeza os sofrimentos físicos causados pela velhice, o papa não opunha a tudo o que o ameaçava senão recusas, nunca um contra-ataque calculado, nunca um argumento positivo. Dir-se-ia que as suas decisões eram guiadas apenas por uma vontade pertinaz de reagir. E nem sequer poupava os mais fiéis amigos, se se afastassem dessa atitude. Tal foi o caso do pe. Curci, fundador da célebre revista dos jesuítas, *Civiltà cattolica*; ou do cônego Audisio, professor da Sapientia. Junto dele, o cardeal Bilio, o seu melhor amigo, partilhava do seu modo de ver. A política pontifícia parecia estar toda ela numa palavra: um *non possumus* carregado de nostalgia. Era bem pouco para fazer frente às iras que Pio IX suscitara no tempo da sua grandeza.

Porque não se pode esquecer que, no combate que a Igreja travava há muito tempo, o pontificado que acabava tão tristemente marcara tempos de vitória. E os adversários bem o sabiam. As grandes condenações doutrinais de *Quanta cura* e do *Syllabus* tinham mostrado que não era possível nenhuma conciliação entre o cristianismo e os princípios sobre os quais se pretendia edificar uma sociedade sem Deus. Todos os diversos defensores do humanismo ateu tinham acusado o golpe, e os indignados protestos contra o magistério papal valiam por confissões. Mais tarde, em 1870, outra realização de Pio IX — a proclamação do dogma da Infalibilidade pontifícia — viera completar a sua obra e provocar também ainda maior fúria. Ao reforçar a sua autoridade, o Vigário de Cristo não dava novas oportunidades à Igreja? Mais ainda: os princípios que proclamava não eram diametralmente opostos aos dos seus adversários? "Se uma comunidade — escrevia um destes — viesse a constituir-se de acordo com os princípios que a Igreja Católica estabeleceu como dogmas desde o Concílio Vaticano, não há dúvida de que compreenderíamos que o Estado considerasse como uma obrigação suprimi-la, aniquilá-la, esmagá-la pela força"[5]. De fato, tornara-se impossível qualquer equívoco. Longe de ter fracassado na sua tarefa, Pio IX fizera a Igreja mais consciente dos perigos que corria e mais bem armada para a defesa. Era normal que o adversário reagisse.

Foi assim que os últimos oito anos do grande pontificado foram marcados por numerosas manifestações desse ódio cuja expressão mais violenta foram os fuzilamentos da Comuna. A angústia do pontífice envelhecido era plenamente justificada[6].

"*Kulturkampf*"

O autor das palavras que acabamos de ler, acerca do dever dos Estados ateus de se oporem ao dogma da Infabilidade pontifícia e às suas consequências, era o professor Friedberg, alta personagem no ministério prussiano dos cultos. E foi, efetivamente, na *Alemanha* que o conflito rebentou, pondo em causa a própria existência da Igreja, o seu direito de cumprir a missão que lhe cabia. O nome sob o qual essa crise ficaria célebre é significativo: *Kulturkampf*, "combate pela civilização". Para aqueles que iam entrar nesse combate, era bem claro que se tratava do choque entre duas concepções de civilização: a verdadeira, a civilização do futuro, inspirada simultaneamente nos temas da revolução protestante e nos do livre-pensamento, e que teria por modelo o germanismo, e a outra, a retrógrada, a do passado obscurantista e tirânico.

É por isso que se iria ver unirem esforços para o ataque os filósofos ateus, os exegetas racionalistas à maneira de David Strauss, os políticos liberais, os defensores da preeminência da Prússia e os franco-maçons. Num jornal maçônico, o filósofo Von Hartmann definia em termos claros o sentido da batalha: "Trata-se da luta decisiva e desesperada da ideia cristã antes de desaparecer definitivamente da cena da história; da luta de morte que sustenta contra ela a civilização moderna na defesa das grandes conquistas do nosso século".

Como é que Bismarck, político prudente e hábil, se lançou, quando ainda estavam frescos os túmulos da campanha de França, numa aventura em que arriscava a unidade moral da Alemanha?

Por muito estranho que pareça, a mais profunda das suas razões foi o receio de ver o papa, desde então senhor "mais absoluto do que qualquer monarca do mundo", pretender reger as sociedades civis. Um dos seus conselheiros, o jurista Bluntschli, tinha escrito: "Esta proclamação da Infalibilidade é também a proclamação do domínio do mundo pelo papa". O chanceler acreditava que diante dele se erguia o espectro da teocracia! Mas outros motivos de receio, mais imediatos, o terão conduzido. Não ignorava ele que muitos católicos, por mais patriotas que fossem e partidários da unidade alemã, teriam preferido que ela se fizesse em torno da Áustria. D. von Ketteler, o célebre arcebispo de Mogúncia, não o escondera, e fora até ao ponto de dizer em público que Sedan, a vitória prussiana, era uma derrota alemã. Ora os católicos tinham-se organizado, havia dez anos, em um partido, o *Zentrum*, dirigido por três chefes vigorosos: Windthorst, Savigny e Mallinckrodt. Contava apenas com uns sessenta deputados no Reichstag e no Landstag prussiano; mas estava muito solidamente estabelecido na Renânia, tirava vantagem da antipatia que os alemães do sul tinham habitualmente pelos prussianos, aglutinava à sua volta os contestadores de toda a espécie, quer os do antigo reino de Hannover, quer os da Polônia, e pouco depois também os da Alsácia-Lorena.

Se a isto acrescentarmos que Bismarck, conservador decidido, desaprovava as tendências sociais que se desenvolviam no catolicismo alemão[7], e que, no plano internacional, queria impedir a Itália de se aproximar da França, o que necessariamente o forçava a fazer suas as querelas italianas com o papado, podemos ver que as razões que tinha o chanceler para empreender o *Kulturkampf* eram numerosas. Sem falar das mais secretas que, como protestante sincero, casado com uma luterana fervorosa, lhe assistiam para detestar o catolicismo e o seu chefe.

O conflito começou logo em dezembro de 1870, quando o governo prussiano, seguido de alguns outros, pretendeu proibir os padres de anunciar do alto do púlpito as decisões do Concílio Vaticano. Ora, como toda a gente as lera na imprensa, tal proibição ficou em letra morta. A questão dos Velhos Católicos "deitou fogo às sacristias". Lembremos[8] que, após a proclamação do dogma da Infalibilidade pontifícia, um dos mais vigorosos opositores, o teólogo de Munique Döllinger, se recusou a submeter-se e acusou Pio IX de ter fabricado uma "nova Igreja". Indo mais longe ainda que ele, alguns pequenos grupos constituíram uma outra Igreja, que se considerou a única fiel à verdadeira tradição. Na realidade, o movimento chamado dos "Velhos Católicos" não se difundiu muito, mesmo quando passou a ter um bispo, Reinkens, sagrado por um bispo jansenista da Holanda. Mas Bismarck, para irritar Roma, apoiou-o com todas as forças. Como os bispos proibiram aos Velhos Católicos o ensino da teologia nas universidades, o governo prussiano tomou ostensivamente o partido dos excomungados. Roma protestou, e daí seguiu-se o corte de relações.

A nomeação do Dr. Falk como ministro dos cultos, em janeiro de 1872, marcou o princípio da "guerra". Falk conseguiu que se aprovassem leis nitidamente anticatólicas tanto para a Prússia como para todo o Reich. Uma delas ameaçava com sanções penais qualquer padre que, do púlpito, pusesse "em perigo a ordem pública"; outra proibia o ensino aos membros das congregações religiosas; elaborou-se um projeto de lei que expulsaria da Alemanha os jesuítas e todas as ordens religiosas com eles aparentadas. "O Império está agora em guerra com Roma, como no tempo das lutas entre o sacerdócio e o Império!", exclamava o deputado pomerano Wagner. "Mas nós não iremos a Canossa!", ripostou Bismarck. E criou-se imediatamente um comitê para erguer uma estela de granito onde foi gravada essa palavra imperecível.

Os católicos aceitaram o repto. Tinham a comandá-lo um grande chefe: *Ludwig Windthorst* (1812-91). De origem saxônica, mas desde 1848 deputado no Parlamento de

Hannover e depois ministro deste reino, esse homenzinho disforme, de crânio enorme, olhos negros penetrantes, boca tão larga que o menor sorriso parecia cortar-lhe o rosto em dois, verdadeiro personagem à maneira de Callot, parecia bem fraco ao lado de Bismarck, o encouraçado branco. Na realidade, porém, a "Pequena Excelência", que logo a seguir à guerra franco-prussiana se tornou verdadeiro chefe do *Zentrum*, iria fazer frente tão bem à "Grande Excelência" que acabaria por levá-la a morder o pó. Às iniciativas legislativas do chanceler, Windthorst respondia sempre com discursos guarnecidos de palavras e saídas que punham do seu lado os que gostam de rir. Era tão hábil em encontrar as "juntas da couraça" que, várias vezes, Bismarck, ao replicar, perdia o domínio de si e se deixava arrebatar por fúrias bastante grotescas.

A crise aguda abriu-se em 1873. Durou três anos. Em cada ano, em maio, nova rajada legislativa era lançada contra os católicos; daí o nome de *Leis de Maio* que passaria a designar essas armas persecutórias. Já em maio de 1872 fora votado o projeto de lei contra os jesuítas: era um simples aperitivo, pois em toda a Alemanha não havia nem duzentos jesuítas. As "leis de maio" de 1873 visavam ir mais longe: pretendiam subtrair todo o clero às influências romanas e impregná-lo de "boas convicções"... Supressão dos seminários menores, obrigação de os futuros padres seguirem os cursos dos colégios estatais durante seis semestres, fazerem os estudos de teologia nas universidades e sujeitarem-se a um exame de cultura germânica. Ao mesmo tempo, os bispos recebiam ordem de apresentar todos os candidatos a qualquer função sacerdotal ao *Oberpraesident*, ou seja, ao governador da província, que podia rejeitá-los por "hostilidade contra o Estado". Finalmente, todos os padres ficavam com o direito de apelar para um tribunal do Estado das penas disciplinares infligidas pelo seu bispo. As "leis de maio" de 1874 trataram sobretudo do registro civil, que foi laicizado, e declararam o casamento civil como o único legal. Mas, como a resistência do clero às leis do ano anterior se avolumasse, não se esqueceram de votar uma lei que condenava ao banimento e perda da nacionalidade alemã os padres que não obedecessem. Por fim, as "leis de maio" de 1875 decretaram a expulsão de todas as congregações religiosas, exceto as que se dedicavam aos doentes, e atribuíram a administração dos bens da Igreja a um conselho de leigos. Com tal arsenal, Bismarck julgava dispor de todos os meios para quebrar "a vasta organização constituída pelo Vaticano na Alemanha".

Mas, aos ataques, sucediam as réplicas. Uma após outra, as "leis de maio" eram declaradas inaceitáveis pelos bispos e condenadas pelo Vaticano. Os bispos preferiram deixar-se levar aos tribunais e arriscar-se à prisão ou ao exílio a vê-las aplicadas nas suas dioceses. E, de fato, o arcebispo de Posen, mons. Ledochowsky, foi preso e depois expulso da Alemanha; refugiado em Roma, foi imediatamente feito cardeal por Pio IX. O de Paderborn foi metido na cadeia, assim como o de Münster. O de Colônia, D. Melchers, conseguiu fugir quando ia ser preso pelos esbirros do chanceler. De doze bispos, seis foram depostos segundo a lei. Quatrocentas paróquias foram privadas de pároco. Em vão o governo tentava colocar lá Velhos Católicos. Em 1875, uma encíclica encorajava os fiéis à luta.

Embora alguns outros governos do Império, designadamente os da Baviera, Baden e Hessen, tivessem seguido o movimento, os Estados do Sul denotavam uma repugnância crescente. Em toda a parte se falava da organização de uma "Igreja do Deserto". Os *Katholikentage* (Congressos Católicos), modestamente fundados em 1848, tomavam proporções de movimentos de massa contra a perseguição. Chegou a haver um atentado contra Bismarck, quando este passeava de caleche pelas alamedas de Bad Kissingen — o que permitiu às autoridades intensificar a repressão, mas também não facilitou a posição governamental. Por toda a parte se repetiam palavras de Pio IX sobre a "serpente destruidora", o "grande feiticeiro", o "Satã de capacete". De dia para dia, tornava-se mais claro que Bismarck não conseguiria levar de vencida a resistência dos católicos. E poderia ele mesmo conservar algumas dúvidas, depois das eleições de 1877? Nesse ano, o partido do *Zentrum* conquistou muitos lugares, não apenas no conjunto do Reich, mas até na Prússia. Estaria a desenhar-se no horizonte a sombra de Canossa?... Percorreria o chanceler o caminho de Henrique IV e iria pedir perdão a Pio IX, o novo Gregório VII?...

Entrementes, os seus embaixadores tinham atuado em todas as chancelarias, propondo aos governos um entendimento em vista de uma próxima vacância da Sé de Pedro, a fim de colocar em Roma um papa mais acomodatício, ou então sugerindo a convocação de um novo Concílio que anulasse a obra do Vaticano. Essas propostas encontraram alguns ouvidos complacentes, porque era grande o prestígio do invencível chanceler. Assim, durante os últimos sete anos do pontificado de Pio IX, meia dúzia de Estados alinharam com Bismarck, incluída a França, sua inimiga da véspera! De assunto alemão, que opunha o partido católico ao Estado prussiano centralizador, o *Kulturkampf* transformava-se, pois, em conflito de ideias em que todos os povos, todos os governos podiam vir a estar implicados.

Assaltos e rupturas

A *Itália* era, evidentemente, a primeira das potências a sentir-se tentada a juntar-se aos "combatentes da civilização". Após a tomada de Roma e o fim do poder temporal, Pio IX endurecera a sua atitude de dolorosa recusa, cheia de brio.

A 15 de maio de 1871, declarara que "não admitia e jamais admitiria" as imunidades e indenizações "que governo subalpino" lhe oferecera pela *Lei das Garantias*: reconhecimento da sua soberania, afirmação dos seus direitos sobre o Vaticano, Latrão e Castelgandolfo, compromisso de respeitar a liberdade das suas relações com todos os bispos, pagamento de uma renda anual[9]... Tudo isso parecera-lhe miserável e levara-o a consumar a ruptura com a nova Itália, excomungando os espoliadores.

Foi, pois, muito fácil aos inimigos da Igreja lançar os seus assaltos. Um vento de anticlericalismo varreu a Itália. Tudo o que lá havia de restos do gibelinismo, do jansenismo, do jacobinismo, entrou em ação, agrupado em torno da franco-maçonaria. Ainda antes de o Parlamento ter votado uma lei contra as congregações, o Colégio Romano era tirado aos jesuítas, oito grandes conventos eram *incamerati*, ou seja, expropriados. Em 1873, havia em Roma mais de setenta casas religiosas cujas comunidades tinham sido dispersadas. Em 1877, chegou-se a propor um projeto de lei, decalcado nas "leis de maio" alemãs, que previa punições aos padres que "ofendessem as instituições do Estado". Em contrapartida, os protestantes passaram a ter o direito de construir templos na Cidade Eterna. Encorajou-se mesmo o irrisório movimentinho de Velhos Católicos que se formara em Nápoles e em Girgenti, e ainda a "Sociedade Emancipadora do Clero", que reclamava a eleição dos párocos pelos fiéis, como nos tempos da Revolução Francesa! Contra todas essas coisas, Pio IX protestava incansavelmente, mas em vão.

Ao mesmo tempo, sob o pretexto de que o conde de Chambord, pretendente ao trono da França e que muitos esperavam que regressaria em breve, tinha deixado dizer que restabeleceria o papa nos seus direitos, Vittorio Emmanuele aproximou-se da Alemanha. Enviou mensageiros secretos a Bismarck, e, em seguida, recebeu em Roma, com aparente amizade, o príncipe herdeiro, Frederico Carlos. "Pois não é verdade que nós estamos por trás de vós? — dizia o príncipe alemão —. Se a Itália fosse atacada pela França, a Alemanha viria imediatamente socorrê-la". Estava colocada a primeira pedra da Tríplice Aliança.

Perante essa ofensiva, que atitude podiam tomar os católicos? Iriam travar a luta no plano parlamentar, como os alemães? Pio IX não o permitiu. Fiel ao seu princípio de ignorar radicalmente a monarquia espoliadora, o papa mandou responder, pela Sagrada Penitenciaria, aos fiéis que perguntavam que fazer nas eleições, que "não convinha" participar nelas. A fórmula *non expedit* impôs, portanto, aos católicos, uma regra de conduta: não votar nas eleições políticas, a fim de sublinhar claramente a ilegitimidade do regime. E, de fato, nas eleições de 1871, mais de metade da população italiana absteve-se. Ao invés, era-lhes aconselhado agir no plano local, sobretudo comunal, para ter nas mãos a opinião pública. O *non expedit* ficaria como regra — ao menos, em princípio — por mais de meio século, encerrando os católicos numa oposição amuada a tudo o que o governo do seu país pudesse fazer.

Mas essa recusa categórica de participar oficialmente na política teve um resultado feliz. Para poderem atuar, os católicos organizaram-se. O que não podiam dizer em voz alta na tribuna das câmaras parlamentares, haviam de gritá-lo em outros lugares. Assim, à imitação dos congressos que os católicos belgas tinham reunido em Malines, um jovem publicista, Carlo Cazzani, lançou em 1871 a ideia de organizar *Congressos Católicos*. Efetivamente, houve congressos em Veneza (1874), em Florença (1875), em Bolonha (1876). Pio IX aprovou-os calorosamente, embora tivessem provocado contramanifestações da esquerda. Assim começou a *Obra dos Congressos*, estrutura da resistência católica, que iria desempenhar no pontificado seguinte um papel de primeiro plano.

Nas vésperas da morte de Pio IX, a situação na Itália era, portanto, singularmente tensa. O governo Minghetti, "conservador esclarecido", fora substituído pelo cínico Depretis. É certo que, ao saber que o seu adversário, o rei Vittorio Emmanuele, estava agonizante, o papa, que sempre conservara sentimentos de ternura por ele e não quisera que o decreto de excomunhão o designasse pessoalmente, tendo chegado a corresponder-se com ele secretamente por meio de Dom Bosco, enviou-lhe o capelão-mor de São Pedro com uma última absolvição: gesto caridoso mas também hábil, porque forçou Crispi a anunciar, como ministro, que o seu rei morrera confortado com os sacramentos da Igreja. Mas nem por isso era menos total a oposição entre as duas potências, e não se via como é que o Vaticano e o Quirinal poderiam deixar de se olhar como inimigos por cima dos telhados de Roma.

A Itália não foi o único país católico cujos governos se voltaram contra a Igreja: a *Áustria*, a catolicíssima Áustria, fez o mesmo. O governo de Francisco José estava em relações melindrosas com Roma desde 1869, a propósito de uma lei escolar que submetia ao controle oficial as escolas católicas, incluídos os seminários menores. A proclamação da Infalibilidade pontifícia veio agravar o conflito. O chanceler Von Beust, amigo de Bismarck, partilhava das opiniões do seu colega prussiano sobre o perigo papista. Em pleno Concílio Vaticano, o imperador protestara violentamente contra a futura definição dogmática e felicitara os bispos austríacos que se lhe opunham. Uma vez promulgado o dogma, o governo de Viena não se limitou a proibir que fosse lido nos púlpitos: declarou que o soberano pontífice, tal como o definia o Concílio, deixara de ser o mesmo que assinara a Concordata em 1855 e que por isso esse texto era, em seu entender, caduco. Foi o sinal para uma guerrazinha em que o Imperador-Rei Apostólico, que fora campeão de todas as lutas contra a heresia, retomou as armas envelhecidas do josefismo e passou a incomodar a Igreja. O movimento dos Velhos Católicos foi encorajado, a ponto de se pensar em oferecer-lhe lugares de culto. Tentou-se suprimir alguns bispados na Dalmácia, sob o pretexto de reorganizar a administração eclesiástica. Todas as universidades foram secularizadas. Uma série de leis, ditas "leis confessionais", imitadas das "leis de maio", remanejou a legislação civil para suprimir dela a influência religiosa. Na Boêmia, a polícia chegou a consentir que o papa fosse queimado em efígie. Reconhecendo oficialmente o governo da nova Itália, Francisco José designava junto de Vittorio Emmanuele um embaixador, a quem encarregava de entregar no Quirinal uma oferta tão suntuosa como inesperada, a fim de assinalar bem que estava de coração com ele.

Nos casos da Itália e da Áustria, ainda se podia pensar que, ao tomarem posição contra a Igreja, os governos obedeciam a imperativos circunstanciais, e, ao alinharem com a Alemanha, a motivos de natureza diplomática. Em certo sentido, a explosão de anticlericalismo que se deu na *Suíça* foi mais grave. Aí, foi possível ver em ação o antigo ódio dos reformados contra os papistas, atiçado pelos "radicais" da maçonaria. Desenvolveu-se em vários cantões um verdadeiro "pequeno *Kulturkampf*", com uma violência digna da operação de Bismarck.

A questão começou na diocese de Basileia, que se estendia por doze dos cantões helvéticos. Em sete desses cantões, manifestou-se uma corrente contrária ao dogma da Infalibilidade pontifícia e os radicais aproveitaram-se disso para exercer influência no *Vorort*, "conferência intradiocesana" que, segundo a Concordata, participava da administração da Igreja local. O bispo, mons. Lachat, foi intimado a proibir a promulgação do dogma. Depois, como ele não obedecesse ao ultimato e até suspendesse dois padres anti-infalibilistas, foi declarado demitido e expulso de Soleure, onde residia. Os recursos que interpôs junto do Conselho Federal e das Câmaras não foram atendidos.

A resistência católica organizou-se. Foi particularmente forte em Berna, onde, convidados a suspender todas as relações com mons. Lachat, os padres ripostaram por meio de um protesto solene, ao mesmo tempo que algumas cidades davam ao bispo perseguido a cidadania honorífica. Em vista disso, os governantes de Berna proibiram aos signatários do protesto o exercício de qualquer atividade sacerdotal; estes apelaram, mas o tribunal decidiu que os mais comprometidos fossem expulsos das suas paróquias. Foi votada uma lei que confiava a escolha dos párocos às autoridades civis, e a primeira aplicação dessa lei levou à supressão de três quartos das paróquias. Explodiu o furor popular, tão grande que o governo de Berna se viu forçado a mandar ocupar militarmente a região. Viu-se então, como nos tempos do Terror na França, o clero exercer clandestinamente o seu ministério, celebrar Missas pelas granjas, enquanto as igrejas onde tinham sido instalados padres franceses ou belgas, mais acomodatícios, permaneciam vazias. A situação tornou-se tão grave que o governo federal chamou a si o caso para tratar de pôr-lhe fim.

Em Genebra, o assalto conduzido contra o catolicismo foi ainda mais violento. Não se deve esquecer que já em 1848 a cidade de Calvino se distinguira pelo tratamento dado a mons. Marilley, que fora mantido na prisão durante oito anos[10]. A atmosfera continuava carregada. Fez-se ainda mais pesada quando entrou em cena um jovem empreendedor que Pio IX nomeou bispo auxiliar de mons. Marilley: mons. *Gaspard Mermillod* (1824-1892), com residência oficial em Genebra. Sacerdote muito zeloso, que, como pároco de Notre-Dame de Genebra, conquistara a estima de toda a gente humilde, era um orador admirável, um pensador profundo — iria estar no primeiro plano do movimento católico social[11] —, mas também um realizador infatigável: construiu igrejas, fundou o diário *Courrier de Genève*, abriu escolas. Para conseguir fundos para tudo isso, percorreu a Europa. Soube-se em Genebra que, ao confiar-lhe o episcopado, o papa lhe dissera: "É o senhor que vai converter a Roma protestante". A poderosa personalidade de mons. Mermillod atraiu todos os ódios calvinistas e maçônicos. O presidente cantonal Carteret, resoluto antipapista, aproveitou a primeira ocasião para provocar celeuma.

Como Mermillod nomeara um pároco de aldeia, as autoridades genebrinas comunicaram-lhe que se recusavam a reconhecer essa escolha, visto que, para elas, o único bispo era mons. Marilley, e não o auxiliar. Quando este replicou que o papa lhe confiara expressamente Genebra, parte da diocese de mons. Marilley, foi-lhe dito que tinha de renunciar a qualquer função episcopal; ao mesmo tempo, uma decisão do Conselho proibia aos padres toda e qualquer relação hierárquica com ele (agosto de 1872). A resposta de mons. Mermillod foi corajosa e bem-humorada: sugeriu a Roma que o nomeasse vigário apostólico, como se estivesse num posto missionário, entre peles-vermelhas ou cafres (janeiro de 1873). Nessa altura, o presidente Carteret reiterou-lhe a ordem de cessar em todas as funções. Como o bispo se recusasse, Carteret expulsou-o, apesar de ser um autêntico cidadão genebrino, pois era natural de Carouge. Passando a residir em território francês, em Ferney, como outrora Voltaire, mons. Mermillod não deixou de governar a sua diocese, recebendo todos os dias centenas de fiéis que cruzavam a fronteira, enganando os agentes de Carteret.

Era a guerra aberta. O Grande Conselho de Genebra apressou-se a aprovar, à imitação do Parlamento germânico, uma "lei de reorganização da Igreja Católica", segundo a qual, como na Constituição Civil do Clero, os párocos seriam eleitos pelos fiéis, a criação e supressão das paróquias dependeriam apenas das autoridades cantonais, e os textos do papa ou dos bispos não seriam publicados se não tivessem o *placet* oficial. Era pretender criar uma "Igreja Católica nacional"... O único resultado foi provocar uma tal agitação que foi preciso prender ou exilar cerca de trinta padres.

Para os substituir, Carteret teve a ideia de lançar mão dos Velhos Católicos, cujo movimento tinha alguns pontos de apoio em diversos cantões suíços e ao qual acabava de aderir o célebre pe. Hyacinthe Loison, antigo conferencista de Notre-Dame de Paris, ex-carmelita, casado e veemente adversário da Infalibilidade[12]. A tentativa foi longe, até à nomeação de um bispo Velho Católico, um certo E. Herzog, que foi ser sagrado na Alemanha pelo "bispo" Reinkens. E Genebra entregou edifícios a essa nova igreja, tirando-os aos católicos (1876).

Na realidade, semelhante tentativa não tinha hipóteses. Os católicos resistiram com todas as forças. Não tardou a entrar cizânia no campo dos Velhos Católicos. Depois de ter feito de pároco durante três anos, Loison abandonou a "Igreja Católica Liberal", declarando que ela não era nem liberal nem católica. E o governo cantonal mostrava-se cada vez mais embaraçado.

Portanto, esse *Kulturkampf* suíço não tinha atingido os seus objetivos ainda em 1878. Teve duas consequências. Uma delas, feliz: o desenvolvimento do *Piusverein*, ou seja, a Liga de Ação dos católicos, animada pelo fogoso cônego Schorderet. A outra, desagradável: a introdução no texto constitucional da Federação, votado em 1874, de artigos de exceção contra as congregações — as próprias Irmãs de Caridade e as Irmãzinhas dos Pobres! — e contra o estabelecimento na Suíça de qualquer novo convento. Foi por esse lado que o "pequeno *Kulturkampf*" iria deixar um rastro duradouro na vida dos cantões.

Sem ter o caráter de uma campanha tão sistemática, a luta contra a Igreja rebentou também na mesma época em outros lugares. Na *Espanha*, a ocasião foi-lhe fornecida pelos abalos políticos sofridos pelo reino. Após a revolução de 1868, que tirara o trono a Isabel II[13], as Cortes tinham votado uma lei de liberdade dos cultos — era a primeira desse gênero na Espanha —, que instituía o casamento civil e tomava outras medidas que foram muito mal recebidas pelo clero. Daí resultaram prisões de padres, suspensão de vencimentos... Depois de, em vão, terem procurado um soberano na família Hohenzollern[14], os espanhóis foram buscar o segundo filho do rei de Itália, Amadeu I, que não tardou a deixar-se manobrar por um pequeno grupo de liberais ateus, a que pertencia o ministro Martos. E foram tomadas medidas hostis à Igreja: proibição de publicar as encíclicas sem o *placet* real, obrigatoriedade do casamento civil, revisão dos vencimentos eclesiásticos. A abdicação do pequeno príncipe italiano, ao cabo de dois anos, e a instalação de uma República de forte tendência esquerdista (1873) vieram agravar ainda mais a situação. Nas Cortes, eram violentas as polêmicas entre católicos e democratas-voltairianos. Foi pior quando a República caiu. Rebentou a guerra civil entre partidários de D. Carlos, herdeiro considerado legítimo[15], e defensores de D. Afonso, filho de Isabel II, do que resultou uma violenta perseguição religiosa. Em Barcelona, Valladolid, Madri, houve sacerdotes molestados, insultados, presos. Na Andaluzia, incendiaram-se conventos. A Restauração de 1876 e a subida ao trono de Afonso II permitiram o regresso à calma. Muito inteligentemente, o jovem rei, esquecendo o seu rancor contra o clero, que fora quase todo ele carlista, prestou ouvidos aos católicos mais sensatos que, abandonando o campo de D. Carlos, o reconheceram como soberano: mandou devolver ao clero o que a República lhe tirara, reabrir as escolas católicas, reatar as relações diplomáticas com a Santa Sé. A Constituição de 1876, embora reconhecesse "a existência dos cultos não católicos", proclamou o catolicismo como religião oficial da Espanha.

Mas a paz religiosa não era muito sólida. Continuava a haver uma oposição de esquerda bastante ativa e muito hostil à Igreja. Essa oposição só esperava uma ocasião para fazer aprovar leis que restabelecessem o *placet* governamental para a publicação dos textos pontifícios, que obrigassem os padres ao serviço militar, que dispensassem os estabelecimentos de ensino da obrigação de levar os alunos à Missa. A tensão entre católicos intransigentes e liberais mais ou menos maçons estava longe de ter desaparecido.

"O clericalismo, eis o inimigo!"

Na *França*, essa tensão aumentava de dia para dia. Também nesse país, que chegara a ser tido como fortaleza avançada do catolicismo, as condições políticas explicam a evolução. Reunida em Bordeaux (fevereiro de 1871), a Assembleia Nacional confiou o poder a Thiers, para que fizesse a paz com a Prússia vitoriosa, mantivesse a ordem contra a Comuna de Paris e reorganizasse o Estado. Mas, quando ele se inclinou para a República, a maioria parlamentar, que era monárquica, afastou-o (maio de 1873) e substituiu-o pelo marechal Mac-Mahon, à cabeça de um "governo de ordem moral", encarregado de preparar a restauração da monarquia. Como essa restauração não se pôde efetuar, foi decidido estabelecer uma "República sem republicanos", cujo presidente, eleito por sete anos, poderia facilmente ceder o lugar a um rei. De resto, as leis constitucionais de 1875 só foram aprovadas por uma pequeníssima diferença de votos. Mas a esquerda, que fora desmantelada pela queda da Comuna, reorganizou-se. As eleições de 1876 e 1877 trouxeram para o Parlamento um número crescente de gente sua. A crise do 16 de maio, que desembocou em eleições nitidamente esquerdizantes e na demissão de Mac-Mahon em 1879, iam acabar por dar a República aos republicanos.

A Igreja achou-se implicada, quer quisesse ou não, nesse conflito de natureza política. Aterrorizados pelos acontecimentos sangrentos da Comuna, os católicos cerraram fileiras sob a bandeira do partido da ordem, sem se aperceberem do risco que representava para o catolicismo parecer vinculado a um regime que assegurava os seus poderes por uma repressão terrível que o povo não aceitava: 20 mil fuzilados ou chacinados, 13.450 condenações, 7.500 deportações para a Nova Caledônia[16]. Os "governos de ordem moral", muito naturalmente, foram bastante favoráveis à Igreja. Para dar cumprimento ao voto feito durante o cerco, ergueu-se no alto de Paris a basílica do Sagrado Coração, que ficaria a testemunhar a gratidão "da França penitente e piedosa". A própria Assembleia Nacional declarou a iniciativa de utilidade pública.

Foi aprovada uma lei que dava plena liberdade ao ensino superior. Os estudantes das universidades católicas seriam examinados por júris mistos, compostos meio a meio por professores do Estado e professores católicos. As peregrinações desenvolveram-se prodigiosamente. Conduzidos ao mesmo tempo por bispos e parlamentares, multidões imensas se reuniam em Chartres, em Paray-le-Monial, em Lourdes, em Saint-Martin de Tours. De todos os corações saía o célebre cântico: "Salvai Roma e a França, em nome do Sagrado Coração!"[17] Eram muito evidentes as intenções políticas; em Chartres, diante de 40 mil peregrinos, o bispo de Poitiers, mons. Pie, exclamou do alto do púlpito: "A França espera um chefe; a França clama por um senhor". É claro que, como é próprio de épocas de conformismo oficial, multiplicavam-se a espionagem e a denúncia, demitiam-se funcionários, oficiais, presidentes municipais suspeitos de irreligião. E, como nos belos tempos do Segundo Império, voltou-se a ver a tropa, companhia por companhia, a caminho da igreja, em fileiras de quatro e passo cadenciado...[18]

Essa aliança entre a imensa maioria dos católicos e os partidos de direita não podia deixar de provocar uma contraofensiva. Era fácil aos republicanos denunciar as intervenções políticas do clero e mostrar que as campanhas a favor do poder temporal do papa tendiam necessariamente para a guerra contra a Itália, apoiada pela Alemanha. Os bispos mais lúcidos, como mons. Dupanloup, inquietavam-se com a reação anticatólica que se anunciava: os ataques contra os católicos políticos não podiam converter-se em ataques contra a própria religião? De fato, a imprensa republicana dava o sinal de partida para uma campanha anticlerical virulenta: a *République française*, o *Dix-neuvième siècle* ou o *Rappel* denunciavam os pretensos abusos de poder por parte dos sacerdotes, enquanto a Liga do Ensino, de Jean Macé, reunia os professores de instrução primária num amplo movimento irreligioso. E, partindo para o assalto do poder, Gambetta lançava o grito de guerra: "Não faço mais que traduzir os sentimentos íntimos do povo francês quando digo: o clericalismo, eis o inimigo".

Após as eleições que assinalaram os primeiros triunfos republicanos, tornou-se bem claro que, se voltassem a ser senhores da França, fariam pagar caro ao catolicismo as imprudências dos católicos. Apresentaram-se projetos de lei que suprimiam os júris mistos nos exames, que autorizavam o divórcio, que suprimiam o orçamento dos cultos ou estabeleciam a separação da Igreja e do Estado. Os comitês católicos constituídos para organizar petições a favor do papa foram declarados ilegais e dissolvidos. Em 30 de maio de 1878, por proposta dos irmãos do Grande Oriente, foi celebrado o centenário de Voltaire com subscrição nacional e publicação das suas obras mais ímpias, em milhares de exemplares. Tudo estava preparado para que estalasse uma grave crise na França. E o representante de Bismarck em Paris anunciava ao seu chefe que os republicanos dariam o seu decidido apoio a "uma política comum da Alemanha e da França contra Roma".

A situação era, portanto, alarmante ou dolorosa para a Igreja em grande número de países. O *Kulturkampf* continuava a prosperar na Alemanha, na Suíça, na Itália, e anunciava-se na França. O anticlericalismo parecia triunfar também na América Latina: no *México*, onde, após a execução de Maximiliano, os democratas tinham proclamado a separação da Igreja e do Estado; na *Colômbia* e na *Venezuela*, onde ocorriam movimentos extremamente violentos contra os padres; no *Chile*, onde a hierarquia teve de excomungar os membros do governo; no *Brasil*, onde o primeiro-ministro, o Barão do Rio Branco, alto dignitário da maçonaria, conseguira o apoio do imperador D. Pedro II para a sua atitude anticlerical[19]. Só dois países permaneciam fiéis à Igreja: o *Peru* e o *Equador*. Mas García Moreno — o único chefe de Estado que protestara contra a tomada de Roma por Vittorio Emmanuele, o homem de fé viva que consagrara o seu povo ao Sagrado Coração — tinha caído, em 1875, sob os golpes dos assassinos.

Só nos países onde a heresia dominava é que eram boas as relações entre a Igreja Católica e os governos. Por exemplo, na *Inglaterra*, onde, apesar da agitação dos católicos irlandeses, o Parlamento votava pela manutenção de um representante diplomático junto da Santa Sé; ou na *Holanda*, onde o partido católico ganhava terreno; ou nos *Estados*

Unidos, cujo presidente Grant agradecia oficialmente ao papa Pio IX a honra que dera ao seu país ao criar o primeiro cardeal americano. Mas essas exceções, devidas, sobretudo, à neutralidade dos poderes para com a Igreja, apenas confirmavam o que tinha toda a aparência de ser a regra: a hostilidade dos governos para com o catolicismo, o avanço do anticlericalismo.

Em 1878, quando desapareceu o grande papa do *Syllabus* e da Infalibilidade, a posição da Igreja parecia estar abalada. Os consideráveis resultados desse longo pontificado eclipsavam-se diante de derrotas espetaculares. Não se via como se poderia reconquistar terreno, ou pelo menos fazer cessar os assaltos. Mais tarde, um príncipe da Igreja traduziria a tristeza da situação nestes termos melancólicos: "Quando morreu Pio IX, o papado parecia um nobre vencido. Dir-se-ia estar tudo perdido, exceto a honra da bandeira da Cruz"[20].

A política cristã de Leão XIII

Avancemos vinte anos: tudo mudou. Novamente Roma fala alto, e a sua voz é ouvida. O catolicismo, cuja influência se diria esgotada, voltou a ser uma força no campo político. Os governos sabem que é assim, e têm-no em conta. Em todos os terrenos, a Igreja está de novo presente. As posições que assume mudam os dados de muitos problemas. Certamente nem todos os conflitos estão apaziguados: subsistem dificuldades graves, e até surgem algumas novas, enquanto outras despontam. Mas já ninguém pensa em dizer que o papado é um vencido. Bem ao contrário: o Prisioneiro Branco do Vaticano surge como guia da humanidade, como árbitro das suas querelas. A reviravolta da situação é impressionante.

A quem se deve? A um homem, a um ancião que, durante vinte e cinco anos, teve nas mãos os remos da barca de Pedro:

o papa Leão XIII. Raras vezes tanto como no seu caso se verificou até que ponto a história é feita pelos homens, e não apenas pelo jogo das forças econômicas ou pelo capricho de um destino cego. A presença no sólio pontifício de uma personalidade excepcional, aberta ao sopro da vida, capaz de acolher sem preconceito as ideias novas, bastou para transformar as condições em que se encontrava a Igreja e restituir-lhe possibilidades que se julgavam perdidas.

A seguir à eleição, Gioachino Pecci, ao receber o cardeal Franchi, que ia ser o seu primeiro Secretário de Estado, disse-lhe: "Quero fazer uma grande política"[21]. É evidente que a expressão deve ser entendida no seu sentido mais amplo: define todo o programa que o antigo arcebispo de Perúgia concebera para tentar resolver de maneira nova o difícil problema das relações da Igreja com o mundo moderno[22]. Mas é indubitável que a palavra "política" deve ser tomada, antes de tudo, na sua acepção estrita, ou seja, no que diz respeito às relações do papado com os poderes civis e com os Estados. E é difícil recusar-lhe o epíteto de "grande". Foi mesmo nesse campo que o gênio de Leão XIII se manifestou de maneira mais evidente e obteve os resultados mais espetaculares, os que mais impressionaram os contemporâneos. A eles aplicou com grande felicidade as qualidades de inteligência e de caráter que já conhecemos. Assim conseguiu sair de impasses em que a Igreja parecia encerrada. Tudo isso sem abrir mão de nenhum dos princípios que o papado sempre teve como axiomas da sua ação.

Importa insistir neste ponto: a fidelidade de Leão XIII aos princípios e a rigorosa relação desses princípios com a Tradição. Nada seria mais falso do que imaginar o papa Gioachino Pecci como um "político" no sentido vulgar do termo, ou mesmo como um "politiqueiro", isto é, como um homem hábil, capaz de ganhar um jogo sem ter nenhum trunfo e de sair de uma má situação à força de astúcia. Leão XIII não é um Mazarino nem um Talleyrand; menos ainda um Maquiavel. A sua "política" é bem diferente de um jogo de combinações: é a aplicação prática de princípios que têm por base uma visão teológica profunda, bem antiga na Igreja. Aliás, foi ele, sem dúvida, quem a formulou em termos tão completos. E era o oposto do oportunismo.

A encíclica *Immortale Dei*, de 1885, constitui a mais minuciosa exposição das ideias políticas do grande papa[23]. Escrito quando se desenrolava na Itália e na França uma violenta ofensiva anticristã, esse texto tem incontestável caráter polêmico. Toda a sua primeira parte é uma análise da situação em que se encontra a Igreja em consequência das agressões de que é vítima. É, ao mesmo tempo, a crítica penetrante do perigo que faz correr aos homens o monismo totalitário do Estado, que se autoidentifica com a sociedade e pretende ser a forma social mais perfeita, da qual devem depender todas as outras. É, finalmente, um requisitório contra o Estado moderno, que apostatou quase por todo o lado e que procura substituir a religião pela "filosofia, esse parasita". Páginas de uma acuidade surpreendente e de uma visão verdadeiramente profética, quando as lemos após três quartos de século, nos dias dos totalitarismos triunfantes...

A segunda parte da encíclica é ainda mais importante. Leão XIII expõe aí "a constituição cristã da sociedade". É preciso sublinhá-lo: no essencial, o pontífice não inova. O que diz é, substancialmente, o que já no século V dizia o grande papa *Gelásio I*[24]. Com efeito, quando do conflito que o opôs ao patriarca de Constantinopla, Gelásio escreveu ao imperador Anastácio: "Dois são os poderes que governam o mundo a título de príncipes: a sagrada autoridade dos pontífices e o poder real". E acrescentava que o primeiro era superior ao segundo, por depender direta e unicamente de Deus. É, quase palavra por palavra, o que escreve Leão XIII: "Deus dividiu o governo do gênero humano entre duas potências: a civil e a eclesiástica, esta última para dirigir as coisas divinas, aquela as coisas humanas".

Mas, desenvolvendo esse pensamento, Leão XIII acrescenta, a propósito desses dois poderes: "Cada um deles é soberano na sua ordem. Cada um deles está encerrado em limites perfeitamente determinados e traçados de acordo com a sua natureza e o seu fim próprio. Há, por conseguinte, como que uma esfera circunscrita na qual cada um exerce a sua ação *jure proprio*". É justamente a doutrina gelasiana, apenas precisada pela encíclica em dois pontos importantes: a diferença entre o Estado e a sociedade, e a coexistência, no homem, do cristão e do cidadão. Mas não falta aí a recordação dessa outra verdade que fora proclamada pelo pontífice do século V: "Como o fim da Igreja é de longe o mais nobre de todos, o seu poder está acima de todos os outros e não pode de modo algum estar sujeito ao poder civil nem ser considerado inferior".

Tais frases, em que se exprime uma concepção teocrática das relações entre a Igreja e a sociedade civil, hão de parecer sem dúvida bem surpreendentes àqueles que têm de Leão XIII a ideia de um papa "político" ou mesmo "liberal". Para ele, exatamente como para Pio IX, é Deus quem é a fonte de todo o direito e de todo o poder. Não o reconhecer é terminar numa subversão dos princípios que necessariamente trará consigo outra subversão: a das instituições. Nesta perspectiva, a teoria que serve de fundamento à democracia — a da soberania do povo — pareceria absurda e quase blasfematória. Mas, se passarmos do terreno dos princípios para o da prática, a doutrina de Leão XIII permitia uma política maleável e conciliatória. "É bem evidente que os governantes são livres no exercício dos poderes que lhes são próprios. Não apenas não repugna à Igreja reconhecer essa liberdade; ela confirma-a com todas as forças". Com uma condição, porém: falando como fala em nome de

Deus, "a Igreja tem o direito de pedir aos Estados que não combatam a religião".

Essas eram as grandes ideias que iriam orientar a política de Leão XIII. Jamais interviria nos negócios dos Estados, enquanto estes não saíssem do seu papel e não se fizessem usurpadores nem perseguidores. Em todos os momentos o papa repetiria que a Igreja ensina o respeito pelo poder estabelecido, que os católicos devem submissão a César, se César não ultrapassa os direitos que lhe são próprios. Será sempre possível um entendimento com os governos, desde que estes não ponham obstáculos a esse entendimento atacando a religião, as suas instituições e os seus direitos. E os católicos teriam toda a liberdade de escolher o regime político que quisessem, com a única condição de introduzirem na sua atividade política a solicitude pelo bem comum e a vontade de viver a sua fé.

Era uma atitude nova, por mais antigos que fossem, na verdade, os princípios de que ela decorria. Pela voz do papa, a Igreja aceitava as situações de fato, declarava-se pronta a colaborar com os regimes saídos da Revolução, opondo-se no entanto, como guardiã das verdades eternas, a todas as doutrinas subversivas[25]. Durante o quarto de século que o seu reinado ocupou, Leão XIII não iria fazer outra "política" que não fosse a que decorria desta doutrina, por ele exercida com tanta firmeza de princípios como flexibilidade na aplicação.

A pacificação dos conflitos

Foi na *Alemanha* que se deu a vitória mais retumbante. Ao começar o novo pontificado, o *Kulturkampf* já perdera um pouco da sua violência, e, por diversos indícios, podia-se pensar que Bismarck perdera a esperança de triunfar. Mas a situação não deixava de ser má: numerosos eclesiásticos ou mesmo bispos estavam na cadeia; muitos párocos, afastados das paróquias; as ordens religiosas, banidas; e o arsenal das "leis de maio" oferecia ao governo armas bem lustradas contra os católicos. A situação era tão explosiva que o mais pequeno incidente podia provocar um drama.

O primeiro gesto de Leão XIII, logo que eleito, foi enviar ao imperador Guilherme, apesar da interrupção das relações diplomáticas entre o Vaticano e Berlim, uma mensagem pessoal, em que o informava da sua eleição para a Sé Apostólica, tal como fez com os chefes dos países amigos. Aproveitava, no entanto, a ocasião para dar a entender que o conflito em curso lhe inspirava cuidados. Fazia "um apelo à magnanimidade do seu coração, a fim de que sejam restituídas aos católicos a paz e a tranquilidade das consciências", com o que — acrescentava o papa — "eles não deixarão, como lhes prescreve a fé que professam, de mostrar-se, com o mais conscienciosO devotamento, súditos respeitosos e fiéis de Vossa Majestade". Carta hábil, a que o imperador respondeu com prudência, mas no tom mais deferente. O contato estava restabelecido.

Bismarck compreendeu perfeitamente a necessidade de pôr fim ao conflito, mas hesitava. Houve negociações ao longo de dezoito meses, mediante intermediários. O chanceler procurava limitar-se a concessões meramente formais, como, por exemplo, pôr em hibernação as "leis de maio", mas sem se comprometer claramente a suprimi-las. E o papa pedia garantias. Mas o clima político da Alemanha evoluía rapidamente. O partido social-democrata ganhava terreno nos centros industriais, o que inquietava Bismarck, e o partido liberal-nacional rompia com o governo por causa da política aduaneira. O chanceler tinha, pois, de achar apoio no partido mais bem organizado, que era o católico, o *Zentrum*. Duas tentativas de assassinato do imperador — cujos responsáveis eram socialistas — aceleraram a conversão de Bismarck à ideia de uma *détente*. "Estou inteiramente disposto a fazer uma pequena Canossa!" — dizia ele, rindo, ao núncio em Munique. E encontrou-se com Windhorst para conhecer as condições que este poria para que o *Zentrum* entrasse na política governamental. Em julho de 1879, o primeiro gesto de apaziguamento: Falk, o homem do *Kulturkampf*, que se gabava de ter laicizado e racionalizado o ensino, foi convidado a demitir-se.

A partir daí, as duas potências convergiram para uma reconciliação. A passo lento: Bismarck tentava pagar o menor preço possível, tanto mais que era forçado a ter em conta as furiosas reações daqueles que mobilizara para implantar o *Kulturkampf*; Leão XIII estava decidido a não sacrificar levianamente os resultados conseguidos pela corajosa atitude dos bispos e pela força política do *Zentrum*. Os próprios católicos alemães se mostravam muito reservados, a tal ponto que se ouviu Bismarck censurá-los por não obedecerem prontamente ao papa... Mas o certo é que, um após outro, foram sendo dados os passos decisivos. Em 1881, o chanceler anunciou no Reichstag que, não só ia restabelecer um posto diplomático junto da Santa Sé, como propunha que esse posto fosse em nome do Império, e não da Prússia. Em 1882, foi dada ordem de recomeçar a pagar vencimentos aos eclesiásticos na Prússia, e os exames de Estado foram suprimidos. Em 1883, foi decidido que os bispos já não teriam de submeter às autoridades civis as nomeações de párocos. Era todo o instrumental da guerra das "leis de maio" que se desmantelava, peça por peça. Entretanto, o príncipe imperial Frederico, ao passar por Roma, solicitava de Leão XIII uma audiência, que lhe foi concedida imediatamente com todo o gosto.

O papa continha a sua vitória. Era demasiado prudente para levá-la a um ponto tal que o chanceler pudesse ter um acesso de cólera e desfazer tudo. O essencial fora obtido. As "leis de maio" iam ser "revistas", e assim se fez, efetivamente, a partir da primavera de 1886. Os 1.500 sacerdotes que estavam afastados das suas paróquias regressaram. As ordens religiosas voltaram a instalar-se, com exceção dos jesuítas, que só em 1903 haveriam de ter autorização legal para regressar. E, a fim de frisar a sua vontade de reconciliação, Guilherme I nomeou para a Câmara dos Senhores (equivalente a um senado) mons. Kopf, bispo de Fulda, futuro cardeal. Restavam, no entanto, alguns casos pessoais muito embaraçosos. Eram os bispos que mais violentamente haviam resistido a Bismarck, muitas vezes em termos tais que não permitiam que se passasse sobre eles uma esponja. Tratava-se, nomeadamente, de mons. Ledochowsky, de Posen, e de mons. Melchers, de Colônia. Leão XIII renunciou a exigir que eles fossem pura e simplesmente readmitidos, e, em nome dos interesses superiores da Igreja, pediu-lhes que resignassem.

Em 1888, o *Kulturkampf* estava verdadeiramente acabado. De resto, uma nova página se abria na história da Alemanha, com a morte do velho imperador Guilherme I, seguida, três meses depois, da morte do seu filho Frederico III e do advento do seu neto, Guilherme II; e ainda, três anos mais tarde, da demissão brutal do ilustre chanceler pelo jovem imperador. O novo senhor do Reich não iria romper com a política de reconciliação. Por três vezes (1888, 1893 e 1903), visitou o papa, sem contudo deixar de cometer nessas ocasiões algumas das singularidades que eram do seu estilo. O *Zentrum*, transformado em partido-charneira de qualquer governo — circunstância bem extraordinária, num país onde os católicos não passavam de uma quarta parte do corpo eleitoral —, iria associar-se cada vez mais à política oficial, o que permitiria levar a bom termo grandes realizações sociais[26], mas traria futuros perigos.

A Alemanha de Bismarck não era o único país em que, no advento de Leão XIII, a situação da Igreja era má. Na

Suíça, era talvez ainda mais dolorosa. Mons. Lachat e mons. Mermillod estavam expulsos das suas dioceses; dezenas de párocos tinham sido afastados das suas paróquias; em Berna, chegava a haver confrontos e escaramuças: os católicos eram senhores das florestas e estavam dispostos a lutar. Os padres Velhos Católicos instalados em diversos postos pelas autoridades conseguiam pouquíssima audiência, e o governo federal dava mostras crescentes de embaraço.

Leão XIII resolveu pôr fim ao "pequeno *Kulturkampf*", como fizera com o grande. E foi o Conselho Federal que lhe forneceu a ocasião para intervir, ao propor uma lei que imporia a todos os cantões a "escola neutra". Grande número de protestantes se insurgiu contra esse projeto, com tanto vigor como a totalidade dos católicos. Houve um plebiscito, que rejeitou o projeto. Logo o papa fez saber ao governo do cantão de Basileia que estava disposto a procurar juntamente com ele uma solução para o conflito de Berna. O venerável mons. Lachat concordou em não voltar para a sua diocese e ir para Lugano, como administrador apostólico do Tessin, que se desmembrou da diocese italiana de Como, satisfazendo assim um antigo desejo da população. Em seguida, voltando-se para Genebra, e aproveitando a vacância da sé de Lausanne, Leão XIII propôs a supressão do famoso "vicariato apostólico" que tanto vexara os genebrinos, desde que se aceitasse a nomeação de mons. Mermillod como bispo da diocese reconstituída de Friburgo, Lausanne e Genebra; em 1883, Carteret concordou, não sem uma certa resistência final.

Tinham, pois, desaparecido as causas de fricção entre a Igreja e as autoridades helvéticas. Os católicos passaram a desempenhar um papel importante na vida dos Cantões, com o seu Partido Católico Conservador, que o papa, depois de algumas hesitações, aprovou, e que em 1891 conseguiu eleger um dos seus para o Conselho Federal, que até então tinha estado inteiramente nas mãos dos protestantes e dos radicais. Nesse ínterim, a criação da Universidade de Friburgo por Georg Python denotava sem sombra de dúvida a nova autoridade de que gozavam os católicos[27].

A *Bélgica*, onde Gioachino Pecci fora núncio, conservava no coração de Leão XIII um lugar privilegiado. "Também eu sou belga! Vou convosco!", exclamara ele a um grupo de peregrinos que se dirigiam à audiência de Pio IX. Mas o jovem reino causou-lhe bastantes preocupações. O liberal Frère Orban, que chefiava muito autoritariamente o governo em 1878, era alto dignitário da maçonaria. Em 1879, fazia aprovar uma lei escolar que criava escolas "neutras", no confessado intuito de acabar com a influência católica; a instrução religiosa devia ser dada em lugar à parte. Os bispos belgas protestaram. Frère Orban comunicou ao papa que, se os apoiasse, romperia as relações diplomáticas com o Vaticano. Leão XIII, que se batia pela paz religiosa, deu ao episcopado conselhos de moderação. Mas, quando o primeiro-ministro se gabou na tribuna parlamentar de ter conseguido da Santa Sé a formal desaprovação da atitude dos bispos sobre o fundo do problema, a réplica não se fez esperar: um breve pontifício felicitou o cardeal Deschamps pela "perfeita união que reina no seio do clero e de todo o catolicismo belga". Frère Orban acusou o golpe: mandou confiscar o passaporte do núncio. Por conseguinte, no terreno dos princípios, neste caso o da neutralidade escolar, Leão XIII não cedia. O conflito parecia insolúvel.

Mas a coragem do papa foi recompensada. Unidos na *Fédération des cercles* e orientados por um *Comité Central Catholique*, os católicos belgas formaram uma frente e, nas eleições de 1884, obtiveram a vitória: ganharam setenta lugares na Câmara, contra cinquenta e dois liberais; iriam ficar no poder durante mais de trinta anos. Reataram-se imediatamente as relações diplomáticas com a Santa Sé e foi votada uma nova lei escolar. Também aí se viu como Leão XIII combinava a firmeza com a moderação: como certos católicos procuraram alterar a Constituição, sob o pretexto de que o seu liberalismo era contrário ao *Syllabus*, o papa desaprovou publicamente esses ataques e convidou bispos e fiéis "a uma justa apreciação dos tempos e das coisas".

Em toda a parte encontramos essa mesma harmonia entre energia e flexibilidade. Na católica *Espanha*, onde a questão religiosa continuava a apaixonar os espíritos, as relações do Vaticano com a Coroa eram excelentes — o papa era padrinho do futuro Afonso XIII —, mas os liberais, sempre que podiam, tentavam cortar as asas à Igreja. Depois de diversas medidas de menor importância, uma lei de 1887 sobre as associações só isentou das formalidades ordinárias três congregações concretamente referidas na Concordata de 1851; as outras ficavam obrigadas a apresentar os seus estatutos e a deixar-se fiscalizar por funcionários públicos. Essas disposições permaneceram sem efeito durante muito tempo. Mas depois dos reveses sofridos na América, os republicanos utilizaram a questão religiosa como arma contra a Coroa. Canalejas lançou uma violenta campanha laicista e, em 1901, o ministro liberal Sagasta decidiu aplicar estritamente a lei de 1887. A resposta do velho pontífice foi vigorosa. O protesto papal, reforçado pela ameaça de retirar o núncio, criou tal celeuma na Espanha que o governo preferiu ceder e conferir existência legal a todas as congregações.

Em *Portugal*, foi também a diplomacia de Leão XIII que triunfou. A melindrosa questão, meio-política, meio-religiosa, conhecida sob o nome de "Cisma de Goa"[28] foi solucionada em 1886: o rei D. Luís renunciou ao antigo privilégio do padroado sobre todas as dioceses da Índia. Assim terminou um conflito que se arrastava havia meio século.

Os êxitos diplomáticos de Leão XIII não se limitaram aos países católicos. Houve aproximações mesmo com países onde predominava uma religião que desconfiava de Roma. Com a *Rússia*, que restabeleceu as relações diplomáticas com o Vaticano. Com a *Noruega*, onde, graças à ação de um prefeito apostólico deveras notável, mons. Fallize, a Igreja Católica conseguiu a liberdade. Com a *Inglaterra* de Gladstone, que, grata aos conselhos de moderação dados aos irlandeses, e satisfeita com os cumprimentos oficiais dirigidos por Leão XIII quando do jubileu da Rainha Vitória, nomeou um representante oficioso junto da Santa Sé. Com os *Estados Unidos*, onde, ao recusar aos imigrantes bispos da nacionalidade de cada grupo, ou seja, contribuindo para a fusão dos católicos na população homogênea, Leão XIII assumiu como suas as posições do governo federal e obteve a possibilidade de enviar para Washington um delegado apostólico. Em toda a parte, a estrada do futuro ia sendo desenhada por esses e outros marcos.

Na França, o "Ralliement"

A decisão política mais assombrosa do pontificado, aquela cuja audácia desconcertou muitos espíritos, foi a que Leão XIII tomou em relação à *França*. O papa tinha por esse país um interesse especial. A sua cultura era francesa. Admirava os pensadores católicos franceses. Quando ascendeu ao sólio apostólico, estava agradecido ao governo francês por ter defendido o melhor que pudera os direitos do papado sobre Roma. Não esquecia que um navio francês estacionara em Civittavecchia para, em caso de necessidade, assegurar a partida do soberano pontífice. Por isso o marechal Mac-Mahon fora, juntamente com o imperador da Áustria e o rei da Espanha, um dos primeiros chefes de

Estado a quem Leão XIII anunciara a sua eleição. Durante o seu pontificado, manifestou para com "a nobre nação francesa" uma paciência e uma generosidade invulgares. Mas não se pode dizer que os dirigentes da IIa. República lhe tenham correspondido.

Ao começar o seu pontificado, Leão XIII encontrou a situação religiosa na França em vias de rápida deterioração. A culpa era tanto dos fiéis católicos como dos seus adversários. Na sua imensa maioria, os católicos, com os bispos à frente, tinham dado provas de forte repugnância pelo novo regime, se é que não imitavam o cardeal Pie nos seus sentimentos agressivamente monárquicos. Chegara a haver episódios do melhor estilo do "pequeno Terror branco": professores primários denunciados pelos padres por terem cantado a *Marselhesa*; comerciantes apontados do púlpito como republicanos e punidos com um severo boicote[29]. Tudo isso era, afinal, fornecer pretextos a uma hostilidade que estava ansiosa por manifestar-se...

Porque não se pode esquecer que essa hostilidade era real. Como mais tarde notará o cardeal Matthieu, um dos prelados que "alinharam" mais sinceramente com a República, as violências contra a Igreja "não tiveram por causa única as atitudes desastradas dos católicos, por muito numerosas e deploráveis que tenham sido: importa remontar mais alto e ver nelas um ódio de fundo [...]". Por mais diferentes que fossem uns dos outros — radicais à maneira de Clemenceau, oportunistas como Gambetta ou como Jules Ferry —, os republicanos consideravam-se todos eles herdeiros espirituais da Revolução Francesa, laicista e anticlerical. Muitos eram maçons ou simpatizantes das lojas... O anticlericalismo era um artigo de base da *Ligue de l'Enseignement* ["Liga do Ensino"], à qual aderiam todos os professores primários republicanos. Não é, portanto, a motivos episódicos que se deve atribuir a crise que ia explodir. Quando, em 1871, Gambetta foi recebido em Tours no paço arquiepiscopal, com a delegação do governo, e se recusou a apertar a mão do arcebispo, seu anfitrião, ainda não tinha havido o 16 de maio...

Foi, contudo, a assim chamada prova de força o que deu o sinal para acontecimentos desagradáveis. Quando Mac-Mahon, com o seu "ministério de 16 de maio" (1877), fracassou na tentativa de conservar uma maioria conservadora e monarquizante, e o "partido republicano" alcançou o poder, era de prever que a Igreja arcasse com os custos... Apesar da instabilidade ministerial que caracterizou o novo regime, a orientação de conjunto da política republicana permaneceu sempre a mesma, sempre tendeu para o anticlericalismo. Foi no terreno escolar que se lançou a primeira ofensiva; e dali passou, por via de consequência, para o das congregações religiosas. Quem a conduziu foi *Jules Ferry* (1832-1893), ministro da Instrução Pública, doutrinário frio, maçom e ateu, que pedira à Loja que suprimisse dos estatutos a homenagem ao "Grande Arquiteto do Universo". De resto, mostrou-se excelente administrador, e não se lhe pode negar o mérito de ter dotado a França de um vasto sistema escolar. Foi ele que organizou o ensino primário obrigatório e que estabeleceu o ensino secundário para meninas.

Essas medidas não eram de molde a agradar à Igreja, que nelas viu uma concorrência grave com as suas escolas, em especial com aquelas em que "as moças eram educadas em cima dos seus joelhos". Por outro lado, a Igreja também não estava satisfeita com a aplicação das medidas que, no ensino superior, reservavam a colação de grau unicamente aos professores oficiais; o mesmo se diga de uma lei que afastava os bispos do Conselho Superior da Instrução Pública. É certo que esses atos não eram ainda de declarada hostilidade. Mas acrescentou-se à lei sobre o ensino superior um certo artigo 7º que retirava a direção de qualquer estabelecimento de ensino, público ou privado, aos membros de uma congregação não autorizada.

Estavam nesse caso as congregações mais poderosas, entre elas a Companhia de Jesus. E era precisamente esta última que Jules Ferry visava. Pretendendo ser fiel à Concordata e até "reatar uma tradição", Ferry proclamava que queria "arrancar a alma da juventude francesa" à Companhia de Jesus, "proibida por toda a nossa história".

Depois de uma rude batalha, o Senado suprimiu o artigo 7º. O governo ripostou com dois decretos, um dos quais dissolvia a Companhia de Jesus e o outro concedia um prazo de três meses a qualquer congregação não autorizada para regularizar a sua situação. Era ressuscitar leis que datavam da Monarquia de Julho! Atingiam-se oito mil religiosos e perto de cem mil religiosas. Houve muitos protestos: do núncio, dos bispos, de 400 magistrados, que pediram a demissão para não terem de aplicar os decretos. Tudo em vão. Os primeiros a serem expulsos foram os jesuítas. Alguns superiores de congregações tentaram evitar o pior, assinando uma declaração de lealdade à República, o que não impediu a dispersão de cinco mil religiosos.

Em seguida, foi aprovada uma série de "leis republicanas": a lei que laicizava todo o pessoal do ensino; a lei que sujeitava os seminaristas ao serviço militar; a lei que vedava aos padres o acesso às comissões escolares municipais; a lei Naquet, que restabelecia o divórcio. Sem falar de medidas de menor alcance, mas direcionadas no mesmo sentido: supressão das faculdades de teologia, dos capelães nas escolas normais, das religiosas que cuidavam dos enfermos em certos hospitais; diminuição das verbas orçamentárias destinadas aos cultos...

Como era de esperar, semelhantes medidas provocaram bastante agitação. Na sua maioria, os católicos consideraram-nas como perseguição pura e simples, e reagiram, entrincheirando-se num decidido antirrepublicanismo. Num congresso em Versalhes, mons. Freppel chamou à República "Rainha Canalha", enquanto o jornalista Paul de Cassagnac a designava por um termo que ia ter longa vida: *la Gueuse* ["a Meretriz"]. O *Univers* de L. Veuillot dizia: "A França católica há de vencer a França republicana". E o pe. Kernaerec fundava a *Ligue de la Contre-Révolution*. Quando, em plena crise, morreu o conde Chambord, pretendente ao trono, o jornal *La Croix* saiu tarjado de negro. Era verdadeiramente tornar total e definitiva a ruptura. Foram raríssimos os bispos que, como mons. Guibert, desaprovaram a "louca empresa de enfeudar a religião a um partido político", ou como mons. Besson, que exclamava: "Nós não somos homens de partido; somos ministros de Jesus Cristo".

Além do mais, essa atitude de rejeição seria hábil? Não seria melhor negociar? Era evidente que os republicanos, divididos como estavam, não procuravam levar a sua ofensiva até às últimas consequências; que os religiosos expulsos, incluindo os jesuítas, não eram muito ferozmente impedidos de permanecer clandestinamente na França; que se iam abrindo escolas livres — 193, de 1880 a 1885 —. Ou seja: não tinham sido cortadas todas as pontes.

À vista desse panorama, Leão XIII adotou uma atitude mais moderada, apesar dos católicos ultras, e especialmente de Veuillot, que o censurava "por poupar o governo violador dos direitos da Igreja". No meio da crise, mantinha contatos com os chefes republicanos através do núncio, mons. Czacki, persuadia Gambetta de que, para a vasta política mundial que desejava para a França, lhe seria útil o apoio da Igreja, e até escrevia ao presidente Grévy uma carta pessoal para lhe assegurar que, embora graves razões doutrinais impusessem à Igreja a defesa dos seus direitos, nenhuma delas o impedia de reconhecer a República.

Foi mais longe. Em 8 de fevereiro de 1884, publicou a encíclica *Nobilissima Gallorum gens*, na qual, embora registrasse com dor que a França, velho país católico, se afastava da Igreja e que a paz religiosa estava ameaçada, pedia ao clero e aos fiéis que obedecessem aos "superiores legítimos". Depois, no ano seguinte, lançava a encíclica *Immortale Dei*, exposição completa do seu pensamento político, que, como vimos, abria as portas a um entendimento com o regime republicano. Foram dois documentos que a imprensa de esquerda, quase sem exceção, acolheu respeitosamente, e que o protestante Pressensé louvou em pleno Senado, mas que numerosos católicos criticaram sem indulgência.

Os acontecimentos não tardaram a dar razão a Leão XIII. A *Gueuse*, cuja morte era anunciada sem cessar, não somente durou, mas reforçou-se de ano para ano. Os republicanos reorganizavam a Justiça e a administração municipal, reviam a Constituição, diminuindo os direitos do Senado, declaravam inelegíveis os membros das famílias que tinham reinado na França. Apesar da instabilidade ministerial persistente e de escândalos como o do genro do presidente da República, Jules Grévy, que foi condenado por tráfico de condecorações, ou o do canal do Panamá, que, abafado em 1888, rebentou em 1892, o regime parecia consolidado. Até o movimento faccioso que teve no general Boulanger a sua ocasião e instrumento (1887-89), desfez-se, e a única coisa que conseguiu foi estreitar os laços entre os republicanos. Não seria, pois, prudente tirar as conclusões que se impunham e pôr termo à estéril oposição dos católicos ao regime?[30] Grande número deles se lançara loucamente na aventura boulangista. *La Croix* lutava a favor do "bravo general" e alguns bispos tinham apoiado o jornal; aqueles que, como mons. Juteau, bispo de Poitiers, lhe faziam reservas, eram arrastados na lama. Era muito de temer que a esquerda vitoriosa fizesse a Igreja pagar o erro de tantos dos seus fiéis.

A chamada política do *Ralliement*[31] correspondeu, pois, para Leão XIII, simultaneamente a uma concepção doutrinal muito fundamentada e a preocupações legítimas de tática. Resume-se numa só máxima: "levar os católicos a aceitar o regime republicano para atuar no seu seio e conseguir mudar as leis antirreligiosas". Em 1890, a situação pareceu favorável ao êxito da operação. Inquietos com a ascensão do socialismo, os republicanos oportunistas mostravam-se conciliadores. Méline chamava à união "todos os bons franceses", e Ribot, deplorando "como uma desgraça a hostilidade que se erguia contra a religião", exclamava: "Eu quero ver o padre livre e respeitado na sua igreja; mas quero o pároco fora da política!" O papa aproveitou a ocasião.

Em janeiro de 1890, na encíclica *Sapientiae christianae*, pôde ler-se esta frase: "Atrair a Igreja a um partido ou querê-la como auxiliar para vencer aqueles que combatemos é abusar da religião". Durante todo esse ano, espalhou-se o rumor de que se preparava em Roma uma iniciativa surpreendente. Um dos homens mais famosos da Igreja de então, o *cardeal Lavigerie*, fundador dos Padres Brancos[32], teve várias entrevistas secretas com Leão XIII. Vinte anos antes, tinha sido monárquico; mas o fracasso da causa real parecia-lhe definitivo. A pedido do papa, aceitou atrair sobre si as iras. Quando, em novembro de 1890, a frota francesa fez escala em Argel, o arcebispo recepcionou os oficiais, os representantes das Forças Armadas e da administração. No final do banquete, levantou-se para o brinde tradicional. E os convivas, extremamente surpreendidos, ouviram-no dizer: "Quando a vontade de um povo se manifestou nitidamente; quando, para arrancar um país aos abismos que o ameaçam, não resta senão a adesão sem reservas à forma de governo, chegou o momento de declarar, finalmente, que a prova está feita... É o que eu ensino à minha volta; é o que desejo ver imitado por todo o clero na França. E, ao falar assim, estou certo de não vir a ser desmentido por nenhuma voz autorizada". Depois, cantou-se a *Marselhesa*.

Os católicos hostis à República ripostaram. A imprensa de direita atirou-se ao "africano", que recebeu dezenas de cartas insultuosas, algumas delas sujadas com excrementos. Garantiu-se que o papa nada tinha a ver com essas "fantasias cartaginesas". Mons. Freppel, o buliçoso alsaciano Keller, mons. d'Hulst (reitor do Instituto Católico de Paris), foram a Roma protestar; o conde de Paris, novo chefe da Casa de França, mandou lá um emissário. Chegou-se, mesmo, apressadamente, a tentar pôr de pé o Partido Católico em que pensara Albert de Mun. E é claro que os raros bispos que, como mons. Fuzet, bispo das Ilhas Reunião, felicitaram o cardeal de Argel, foram publicamente votados à execração...

Leão XIII seguiu o tumulto com atenção. Não lhe pareceu que este fosse de tal ordem nem a oposição tão grave que devesse renunciar ao seu plano. Em junho de 1891, nomeara núncio em Paris um prelado de rara sagacidade, um dos homens que melhor conheciam o seu pensamento íntimo, mons. *Domenico Ferrata*; tinha sido auditor do núncio Czacki e era muito conhecido na capital. Fez contatos com os dirigentes republicanos. Sabendo disso, os cinco cardeais da França publicaram uma carta coletiva em que, embora proclamassem que "era dever dos católicos dar tréguas às divergências políticas, situando-se decididamente no terreno constitucional", expunham a atividade antirreligiosa dos últimos dez anos da República num balanço com ar de requisitório que levava a perguntar se a intenção era unicamente prevenir o futuro.

O papa prosseguiu o seu caminho. Uma entrevista que concedeu a Ernest Judet, redator principal do *Petit Journal*, o diário francês mais lido, fez parte do seu plano. E, a 20 de fevereiro de 1892, a encíclica *Au milieu des solicitudes*, redigida em francês, dizia: "Aceitar os novos poderes não é simplesmente permitido, mas reclamado ou mesmo imposto pela necessidade do vínculo social que os estabeleceu e os mantém. É a atitude mais segura e a linha de conduta mais salutar para todos os franceses nas suas relações civis com a República, que é o governo atual da sua nação".

Como é óbvio, a encíclica foi acolhida de modos muito diversos. Os católicos verdadeiramente fiéis, aqueles que punham no primeiro plano das virtudes a obediência ao sucessor de Pedro, inclinaram-se, embora, por vezes, com a consciência dilacerada, como foi o caso de Eugène Veuillot, de Paul de Cassagnac, de Albert de Mun, que sacrificou ao dever os seus sentimentos monárquicos e a amizade que o ligava a René de la Tour du Pin. Os bispos, na sua grande maioria, submeteram-se, mas, manifestamente, sem entusiasmo[33]. *La Croix* usou uma fórmula pelo menos estranha: "O papa disse de si para si que a política não passava de um enorme embuste, e, como chefe do catolicismo, decidiu que, na França, só se podia ser católico e francês".

Na direita, desencadeou-se uma onda de furor. A *Gazette de France* falou de "coalizão entre Roma e o Grande-Oriente". Na *Libre Parole*, Drumont perguntava qual seria o cavaleiro francês que "ainda guardasse a luva de ferro com que Nogaret esbofeteou Bonifácio VIII". E, sem se permitirem, é claro, tais violências, muitos padres e fiéis leigos continuaram a ser contrários à nova política e não fizeram mistério disso. Nas eleições de 1893, houve uma palavra de ordem para os católicos: votar contra os *ralliés*, mesmo que tivessem de preferir um radical maçom! Passados dez anos, Leão XIII diria ao pe. Frémont: "O clero francês, pela sua desobediência ao meu programa de 1892, torna-me impotente para o salvar".

No campo oposto, a audaciosa opção de Leão XIII nem sempre foi melhor compreendida. Se é certo que alguns republicanos, como Eugène Spuller, preconizaram um "espírito novo" inspirado na tolerância, muitos outros não tiveram a menor vontade de trabalhar por uma reconciliação. Clemenceau atirava aos partidários do "espírito novo": "Vocês não conseguirão trazer a Igreja para o nosso lado, porque a Igreja quer precisamente o contrário do que vocês querem". Léon Bourgeois declarou ser necessário "permanecer fiel ao velho espírito republicano", e que lhe parecia indispensável uma nova lei das associações; para a preparar, nomeou ministro dos Cultos um antigo seminarista que abandonara a Igreja: Émile Combes. Por toda a parte, um movimento de opinião, por trás do qual se encontrava a maçonaria, trabalhava para impedir a reconciliação querida por Leão XIII.

E, dentro em pouco, foram tomadas medidas desastradas ou intencionalmente hostis: imposição de uma "taxa" para substituir o imposto sobre o aumento dos bens das congregações; supressão do luto da Sexta-feira Santa na Marinha francesa... Albert de Mun, *rallié* como ninguém, confessaria que o governo republicano "tinha repelido as adesões dos adversários".

E assim, num plano imediato, a audaciosa decisão de Leão XIII de pôr fim ao antagonismo de princípio entre a República Francesa e a Igreja não deu os resultados com que o papa contara. Por culpa de uns e de outros, dos católicos e dos anticlericais, o *ralliement* não impediu que rebentasse a grave crise religiosa que se seguiu ao caso Dreyfus e que levou à separação da Igreja e do Estado. Se não é verdade, como muito injustamente declarou Étienne Lamy[34], que "o zelo de Leão XIII pela Aliança precipitou a ruptura", há que reconhecer que não a impediu. Só mais tarde se virá a compreender a fecundidade da sua ideia: quando as circunstâncias permitirem estabelecer relações honestas entre a República e a Igreja, para bem das duas potências. Neste, como em tantos outros pontos, o que o papa Pecci fez foi abrir uma opção para o futuro.

Sob a águia bicéfala

Outra opção foi a que se tomou no caso da *Áustria-Hungria*: tão audaciosa, olhando para tão longe, que até hoje parece não ter sido compreendida por nenhum historiador.

O Império Habsburgo, dirigido por "Sua Majestade apostólica" Francisco José, gabava-se de ser um dos bastiões do catolicismo na Europa. Os seus ministros aludiam de bom grado à situação do papa em Roma e à necessidade de lhe garantir plena independência. Na realidade, porém, a Corte de Viena estava minada por influências anticristãs ou, pelo menos, antirromanas: o josefismo ainda tinha partidários; a maçonaria, lá como em toda a parte, ganhava influência; a banca e os grandes negócios estavam nas mãos de judeus hostis à Igreja; os admiradores de Bismarck eram muitos. Por isso Leão XIII fracassou nos esforços feitos para fazer reviver a Concordata. E não pôde impedir, em 1894, a aprovação de uma lei que tornava o casamento civil necessário e suficiente — quando até então só existia o casamento religioso —, e multava os padres que abençoassem os futuros esposos sem que a união tivesse sido registrada pelo Estado.

A essa guerrinha feita ao catolicismo sob a águia bicéfala, Leão XIII replicou com apelos à consciência católica, pedindo aos fiéis que fossem homens de fé autêntica, que não se contentassem com uma religião de fachada — o que era demasiado frequente no catolicismo austríaco — e lutassem para que os seus direitos fossem respeitados. Com alguma hesitação, acabou por encorajar a formação de um Partido Social-Cristão, que foi fundado pelo príncipe Aloísio de Lichtenstein e pelo médico Lueger, burgomestre de Viena. Esse partido batia-se pelas ideias de Vogelsang, e o papa chegou a defendê-lo quando alguns aristocratas conservadores foram a Roma queixar-se das tendências demasiado ousadas do movimento[35].

Mas Leão XIII fez ainda outra coisa: jogando uma carta audaciosa, manifestou publicamente um interesse muito particular pelos elementos étnicos do Império que não pertenciam ao mundo germânico. Em todo o seu reinado praticou uma política eslava e uma política húngara, que, evidentemente, correspondiam nele a uma visão profunda. Conduzidos pelo fogoso mons. Strossmayer[36], os eslavos do Sul, croatas e eslovenos, organizaram-se e fortaleceram-se. Foram algumas vezes em peregrinação a Roma, para aclamar o papa e agradecer-lhe por ter estendido à Igreja universal a celebração da festa dos santos Cirilo e Metódio, evangelizadores dos eslavos. E houve outra decisão do papa que causou grande impressão: a ordem dada aos sacerdotes eslavos de ensinarem o catecismo em língua eslava.

Atitude análoga foi tomada na *Hungria*, que Leão XIII rodeou de cuidados e conselhos, recordando-lhe, nomeadamente em 1886, por ocasião do segundo centenário da libertação de Buda, o papel que os húngaros sempre tinham desempenhado na defesa da cristandade contra os turcos. Deu as mesmas instruções que dera aos eslavos: contrariamente a um uso antigo, o catecismo ia passar a ser ministrado em língua húngara, e não em alemão. Dir-se-ia que Leão XIII adivinhava, genialmente, que havia de vir um dia em que, abatida a águia bicéfala, as nacionalidades reunidas sob a autoridade dos Habsburgos se tornariam independentes e que, nessa eventualidade, a Igreja teria de ser nacional para cada uma.

Vaticano e Quirinal

Há, no entanto, um setor em que a largueza de espírito de que sempre e em tudo Leão XIII deu provas parece ter faltado. É aquele em que, segundo pensamos hoje, parecia mais necessária, mais indispensável uma política flexível: o *setor italiano*. Fica-se com a impressão de que toda a política italiana do grande diplomata foi dominada pela *Questão Romana*. E ele não quis — talvez não tenha ousado — abordá-la com a ousadia que lhe era familiar. A situação em que a encontrou era bem clara: tão clara como insolúvel.

O papado continuava a considerar-se vítima de uma espoliação inadmissível: o poder que ocupava Roma era ilegítimo. Não era possível entrar em nenhuma negociação com ele, porque negociar seria reconhecer de fato a sua existência. Fora por isso que Pio IX repelira a "lei das garantias" oferecida pelo governo italiano: aos seus olhos, não havia nenhum governo italiano, mas um governo "piemontês" ou "cisalpino", que usurpava em Roma os direitos do soberano pontífice. Prisioneiro voluntário no palácio do Vaticano, o Vigário de Cristo nunca poderia ter relações com esse poder. E os próprios católicos italianos, para manifestarem a recusa a submeter-se a um governo usurpador, não deviam exercer nenhuma atividade política.

Iria Leão XIII manter essa atitude rígida? Durante o Conclave, a pergunta estivera em todos os lábios; pretendera-se até que a sorte da eleição dependesse desse problema. Também no Conselho de ministros se falara do assunto e se decidira que, se o eleito saísse à *loggia* exterior de São Pedro para abençoar a multidão — o que significaria que deixara de se considerar prisioneiro no Vaticano —, as tropas apresentariam armas. Mas o que se viu foi que Gioachino Pecci não apareceu e deu a sua primeira bênção apostólica do balcão interior da Basílica. Os dados estavam lançados: na Questão Romana, Leão XIII iria continuar a posição de Pio IX.

Efetivamente, durante todo o pontificado, a regra foi a intransigência, pelo menos oficialmente. A primeira encíclica — de abril de 1878 — "renovou e confirmou" as declarações e os protestos de Pio IX contra a violação dos direitos da Igreja, quer em matéria de poder temporal, quer quanto à ocupação de Roma. Nove anos depois, a retumbante carta ao cardeal Rampolla, novo Secretário de Estado, reivindicava nos mesmos termos uma "soberania efetiva" como garantia de independência. Ainda em 1902, o velho pontífice mantinha as mesmas exigências. No entanto, junto dele, e lado a lado com os intransigentes, algumas personalidades bem próximas do papa procuravam levar para a frente uma política de acomodação. A verdade, porém, é que todos aqueles que tentaram tomar posição pública foram imediatamente censurados: não apenas o pe. Curci, antigo jesuíta e fundador da *Civiltà cattolica*, cujas brochuras sobre o *Vaticano Real* tinham ar de panfletos, mas sacerdotes muito razoáveis e moderados, como o beneditino Dom Torti, segundo-arquivista da Santa Sé, autor de um opúsculo cujo título lançou a palavra que havia de correr mundo — *Conciliação* —, e mons. Bonomelli, célebre bispo de Cremona, cujo artigo, publicado na *Rassegna nazionale*, em que dizia ser preciso "ter em conta por fim a realidade das coisas", foi pura e simplesmente incluído no *Índex*.

De modo que, durante o quarto de século em que Leão XIII dirigiu a Igreja, as únicas relações entre o Vaticano e o Quirinal foram as de um antagonismo estéril. Coexistiam na Cidade Eterna duas sociedades: o "mundo negro", dedicado ao papa, e o "mundo branco", fiel à Coroa — o que não impedia que a habilidade romana se esforçasse por estabelecer laços oficiosos entre os dois campos... A verdade é que a situação era penosa para todos, tanto para Leão XIII, que constantemente se sentia entravado pelo "cativeiro" vaticano, como para a nova Itália, que, segundo uma palavra muito curiosa de Ernest Lavisse, "não se sentia perfeitamente em casa na sua capital, como as outras nações"[37], ou, ainda, para os italianos, que queriam ser, ao mesmo tempo, fiéis ao papa e patriotas. Muitas vezes se tem perguntado como se explica que uma inteligência tão lúcida e tão aberta como Leão XIII pôde encerrar-se em posições tão estreitas.

Por força da sua formação pessoal? É verdade que nascera em terra dos Estados Pontifícios e que crescera a serviço do papa que recusara todo e qualquer compromisso. Mas talvez também porque, por mais enérgico que fosse, tinha de ter em conta a opinião dos intransigentes — do gênero do cardeal Pitra, ou do político espanhol Nocedal, que o censurava pelo seu "liberalismo" e que teve de ser chamado várias vezes à ordem —, os quais não deixariam de acusá-lo de perdoar os espoliadores de Roma. Seja como for, a intransigência de que o papa deu provas, conjugada com as intenções abertamente agressivas dos italianos anticlericais, e muito especialmente da municipalidade de Roma, prolongou ao longo de todo ou quase todo o seu pontificado um desagradável estado de tensão.

Os atritos começaram logo após a eleição do pontífice. Tendo o município romano decidido que o ensino do catecismo deixaria de ser obrigatório nas escolas comunais, Leão XIII protestou contra essa atitude e ainda contra o apoio, de ar provocador, dado à propaganda protestante na Cidade Eterna. Por seu lado, os liberais, na imprensa e nos congressos, lançaram-se contra o Vaticano: numa reunião organizada pela maçonaria, um orador exclamou: "Eu cuspo no cadáver putrefato que é o papado". Dois outros incidentes provocaram ainda mais barulho. Em julho de 1881, o traslado dos restos mortais de Pio IX para São Lourenço extramuros foi ocasião para cenas que se aproximaram do motim. Embora o ato se tivesse efetuado de noite, de acordo com o governo, como o segredo foi mal guardado, uma multidão de cem mil fiéis seguiu o féretro, e foi atacada por contra-manifestantes, que se atiraram ao cortejo gritando: "Ao Tibre a carcaça!"; só ao cabo de três horas é que, com pouca energia, a guarnição do Castelo de Sant'Angelo restabeleceu a ordem. No ano seguinte, foi o caso da celebração do sexto centenário das Vésperas Sicilianas[38] que, por uma interpretação acrobática da história, deu pé a manifestações anti-pontifícias[39]; o brilho dessas manifestações foi realçado pela publicação de duas cartas bastante ignóbeis do velho Garibaldi.

Todos os pretextos serviam para lançar óleo na fogueira. Quando um arquiteto do Vaticano, de nome Martinucci, teve um contencioso com os patrões, os tribunais laicos da monarquia italiana ficaram felizes de se declarar competentes. Os bens de raiz da Congregação *da Propaganda Fide* foram confiscados e pagos em títulos da dívida pública. Recusava--se o *exequatur* aos bispos, o que deixava sem prelado vinte dioceses. Sob o pretexto de que o rei da Itália era herdeiro do das Duas Sicílias, o qual, segundo uma Concordata, designava os bispos do seu reino, o arcebispo de Chiesi, nomeado pela Santa Sé, foi impedido pelos *carabinieri* de entrar na sua diocese.

A verdade é que bastantes governantes italianos consideravam absurda essa guerrilha e se mostravam preocupados com a agitação socialista. O próprio Leão XIII aproveitava todas as ocasiões para lamentar "o funesto desacordo". Por volta de 1887, deu-se uma tentativa de aproximação, sob o ministério Depretis. Foram consideradas diversas soluções: transferência provisória da capital italiana para Florença, reconhecimento da plena soberania do papa sobre a Città Leonina... A tentativa não foi muito longe: os anticlericais torpedearam-na, gritando que o papa ia, finalmente, renunciar ao poder temporal, o que levou Leão XIII a escrever a retumbante carta ao cardeal Rampolla, em que mantinha todos os seus direitos.

A entrada na Presidência do Conselho de *Francesco Crispi*, um veterano dos "mil" garibaldinos, o "Gambetta italiano", reacendeu a luta. O novo código estabeleceu fortes penalidades para os padres "que atacassem publicamente as instituições do Estado ou as decisões da autoridade". Um decreto suprimiu o catecismo em todas as escolas primárias. E recomeçaram os incidentes absurdos ou odiosos. No próprio ano em que o jubileu sacerdotal de Leão XIII fazia afluir peregrinos a Roma, 1888, entendeu-se que era boa altura para erguer no Campo dei Fiori um monumento a Giordano Bruno, esse dominicano saído da ordem, professor de ateísmo e de imoralidade, que tinha sido queimado nesse lugar no ano de 1600 por mandado da Inquisição. Houve muitas adesões: Renan enviou um telegrama caloroso e um jornal romano anunciou que, com esse gesto, a Igreja estava bem morta.

De ano para ano, iam continuando os vexames: requisição da maior parte dos bens das confrarias religiosas, em benefício dos órgãos laicos de beneficência; celebração grandiosa, em Roma, do 25º aniversário da tomada da cidade e proclamação da data de 20 de setembro como feriado nacional; ereção, no cume do Janículo, ou seja exatamente diante do Vaticano, de uma estátua equestre de Garibaldi. A querela com a Igreja tornara-se tão habitual que, mesmo quando Crispi se afundou por causa do desprestigioso desastre de Aduá, o moderado marquês Di Rudini não renunciou à política anticlerical, não fosse a esquerda ultrapassá-lo. Em 1888, após as greves de cunho revolucionário que sacudiram o país — em Milão, foi preciso recorrer ao canhão —, centenas de obras católicas de caráter social e econômico, mutualidades e outras, foram suprimidas de uma só vez, a pretexto de serem socialistas. Até ao fim do pontificado, alguns incidentes, menos violentos mas repetidos, evidenciaram a permanente tensão entre o Quirinal e o Vaticano.

Apesar de tudo, Leão XIII nunca se conformou com essa situação deplorável. De todas as vezes que os direitos da Igreja eram violados; de cada vez que a religião era insultada, o papa erguia a voz, serena e forte, para protestar. Nos piores momentos de tensão, chegava até a dizer que poderia deixar Roma, refugiar-se na Espanha — foi mesmo previsto um palácio de Granada —, ou em Malta, ou na Áustria, embora não se pudesse saber muito bem se se tratava de uma intenção séria ou de uma ameaça diplomática. O que não o impedia de estar pronto a acolher qualquer tentativa de aproximação, e até de manifestar uma mansidão que alguns católicos tinham por excessiva. Assim, quando o rei

Humberto I foi assassinado por um socialista anarquizante, o papa autorizou exéquias religiosas e sepultura no Panteão, ou seja, na igreja de Santa Maria dos Mártires.

Compreendia perfeitamente os perigos que a situação fazia correr à Igreja e as dificuldades de toda a espécie que suscitava. E, quando um chefe de Estado estrangeiro ia a Roma, o soberano pontífice via-se forçado a recusar-se a recebê-lo se ele começasse por visitar o usurpador — donde se seguiam inúmeras complicações diplomáticas. Pior ainda, a manutenção da hostilidade entre a Santa Sé e o reino da Itália contribuía para empurrar este para os caminhos da Tríplice Aliança, com a Alemanha protestante e a Áustria mais ou menos antirromana. Essa manobra inquietava de tal maneira Leão XIII, que o fazia desejar a reaproximação entre a França e a Rússia para contrabalançar o seu efeito.

Era evidente que teria sido de bom alvitre sair desse impasse, encontrar um *modus vivendi*. E, de fato, nunca deixou de haver negociações secretas, por intermédio do cardeal Hohenlode, de um franciscano amigo da família real, do deputado calabrês Fazzari, dos salesianos de Dom Bosco. Só quando forem abertos os arquivos do Vaticano relativos a este período é que se poderão conhecer os pormenores e o alcance dessas negociações. Mas nada teve êxito. As posições de ambos os campos tinham-se endurecido demais. Foi possível dar soluções a problemas menores, como o do *exequatur* dos bispos — o que permitiu ao cardeal Sarto ir tomar posse da sua sé patriarcal de Veneza[40] —; no essencial porém, que era a Questão Romana, nada se conseguiu. Talvez pela simples razão de que ainda não chegara o tempo oportuno.

Essa atitude de intransigência — que, de resto, a grande maioria dos católicos do mundo inteiro aprovava — teve uma consequência feliz quanto à vitalidade do catolicismo italiano. O *non expedit* que Pio IX tinha tomado como regra da sua atitude política e que Leão XIII manteve — talvez sem aprovar totalmente... — afastou-os da política ativa. E é certo que isso diminuiu grandemente a força dos partidos conservadores. Mas, não podendo ser, na célebre fórmula[41], *ne eletti ne elettori*, os católicos procuraram outros meios de ação. Estimulados pelo papa, deram grande atenção às questões municipais: a *Unione romana* passou até a ser, sob a direção de D. Jacobini, um organismo central destinado a animar e dirigir esse tipo de ação. Formações a que poderemos chamar parapolíticas adquiriram grande importância, como, por exemplo, a *Federazione piana*, criada sob Pio IX para defender os direitos do papa, ou a *Sociedade da Juventude Católica Italiana*, que permaneceria ativa até à Grande Guerra, ou ainda a *Pia União das Mulheres Católicas*. Ao mesmo tempo, os católicos dedicavam-se a obras sociais, mutualidades, cooperativas[42].

Mas houve uma obra que em breve eclipsou todas as outras criações e, desde o início do pontificado de Leão XIII, ofereceu à atividade dos católicos um quadro único e geral: a *Obra dos Congressos e dos Comitês Católicos*, que vimos aparecer sob Pio IX[43]. Aprovada oficialmente logo em 1876, encorajada por Leão XIII, essa obra tinha por fim "reunir todas as associações católicas da Itália, em vista de uma ação comum e concertada para a defesa dos direitos da Santa Sé e dos valores religiosos e sociais de todos os italianos, sob o impulso do sumo pontífice e a direção dos bispos e do clero". Assim, ela tendeu a organizar-se de tal modo que nada daquilo que interessava ao catolicismo na Itália lhe fosse alheio.

Os Congressos dividiam-se em cinco secções: a primeira dizia respeito à ação geral, a segunda à ação social, a terceira à instrução e educação, a quarta à imprensa, a quinta à arte cristã. O conjunto era dirigido por um Comitê central, eleito pelos comitês provinciais, tendo à frente um presidente geral. A este empreendimento se consagraram homens de primeiro plano, como o marquês Salviati, o barão Vito d'Ondes, o prof. Toniolo, o grande orador Paganuzzi, o futuro estadista Filippo Meda e um padre de temperamento de fogo, Romolo Murri, que não tardaria a ser a figura central.

Seria certamente demasiado ingênuo acreditar que a Obra dos Congressos foi verdadeiramente eficaz em todos os campos. Houve muito mais palavras que ações. Mas havemos de ver[44] como foi eficaz em matéria social, sob a direção de um mestre eminente, Giuseppe Toniolo. Em política, foi ela que ensinou aos católicos a não se deixarem adormecer na tranquilidade do "nem eleitos nem eleitores", fórmula que aliás Filippo Meda queria substituir por outra: "preparação na abstenção".

A rígida política de Leão XIII terá sido, no fim das contas, prejudicial aos interesses católicos na Itália? Não se fica com essa impressão quando se vê como a ação dos católicos, preparada pelo longo retiro longe das urnas, viria a ser fecunda até aos nossos dias. Quanto ao mais, o grande papa, que sabia juntar tanta prudência a modos de ver tão audaciosos para o futuro, considerou sem dúvida que, para virar a página da Questão Romana, ainda não estavam maduros os tempos em que a autoridade espiritual do papa bastaria para garantir a sua independência e poder — esses tempos que ele próprio lutara tanto por fazer nascer.

O árbitro das nações

Dessa autoridade espiritual, o seu próprio pontificado deu provas inequívocas. Já vimos que a "política cristã" de Leão XIII, tal como a definira na *Immortale Dei*, não consistia apenas em fazer a Igreja viver em paz com os poderes seculares. O papa lembrara que, pela natureza superior do seu poder, o Vigário de Cristo tem o direito de dar diretrizes às sociedades humanas, de recordar-lhes as exigências da fé cristã — numa palavra, de afirmar-se como seu guia e árbitro. Foi esta influência da Igreja e do seu chefe que Leão XIII se dedicou a restabelecer. E, na manifestação desse desígnio, alcançou grandes resultados.

É evidente que o papel do papa como árbitro entre os homens não podia ser senão o de pacificar os espíritos e trabalhar por estabelecer o reinado da justiça. Leão XIII assumiu esse papel em dois planos. Num, que foi o plano social, a sua intervenção foi tão nova, tão audaciosa, que abriu uma nova página na história do cristianismo e importa considerá-la à parte, no contexto de ideias e acontecimentos em que se deu[45]. Mas o apelo imperioso aos cristãos feito na *Rerum novarum* para que trabalhassem pela instauração de um mundo mais justo e mais fraterno não contribuiu pouco para restituir ao Sucessor de Pedro todo o seu prestígio e para alicerçar a sua influência. Apresentando-se como árbitro entre as classes sociais, o que Leão XIII realizou foi, afinal, no sentido mais exato do termo, um ato de "grande política".

No plano diplomático, a situação da Igreja era medíocre. Havia mais de cento e cinquenta anos, ou pelo menos desde o Congresso de Viena, que o papado se via excluído dos debates internacionais em que se decidia da sorte do mundo. O próprio Consalvi, apesar da amizade e admiração que os estadistas europeus lhe tinham, não conseguira que se reconhecesse que a Santa Sé tinha o direito de tomar parte nos conselhos das nações. Parecia ter passado para sempre o tempo em que o papa definia a regra de conduta dos governos e punha fim às querelas entre eles. Pois esse tempo reabriu-se com Leão XIII, que, para trabalhar em prol de uma verdadeira pacificação, não hesitou, quando foi necessário, em assumir as responsabilidades de uma arbitragem internacional.

A ocasião mais surpreendente que teve de manifestar essa intenção foi-lhe dada, em 1885, pelo seu inimigo da véspera,

Bismarck. A Alemanha e a Espanha disputavam a posse das Ilhas Carolinas, no Pacífico. Os alemães puseram pé nessas ilhas, e os espanhóis diziam que o arquipélago lhes pertencia exclusivamente a eles. A temperatura subiu... Numa praça de Madri, a multidão ateou fogo aos escudos de armas arrancados da fachada da embaixada alemã. As chancelarias já esperavam a guerra.

Foi então que se deu o golpe de teatro. Em nome do seu imperador, Bismarck declarou estar pronto a submeter o diferendo à arbitragem de uma autoridade moral incontestada, e que, a seus olhos, um só homem tinha essa autoridade: o papa. E escreveu a Leão XIII, dando-lhe o tratamento de *Sire*[46], o que era certamente um modo de fugir às fórmulas "Santíssimo Padre" ou "Santidade", mas era também uma alusão delicada à soberania do pontífice. É claro que o governo espanhol não podia recusar a proposta. Em Berlim, o jornal oficioso, *Die Post*, precisou que se esperava que o papa não se limitasse ao papel de conciliador, mas "que, fazendo conhecer ao mundo as razões do seu julgamento", estabelecesse "as bases do Direito das gentes". E o diário alemão acrescentava que o mundo "espera uma sentença que estabeleça as bases da harmonia entre a civilização moderna e as leis do cristianismo". Seria possível expressar-se melhor? Quem poderia imaginar que o *Kulturkampf* não estava oficialmente encerrado?... Claro que os jornalistas protestantes acusaram o chanceler de fazer regressar o mundo à teocracia medieval. E Crispi exclamou: "Se alguém dissesse, há quinze anos, que o papa podia ser convidado a desempenhar o ofício de mediador internacional, seria imediatamente internado num hospital de doidos!"

Aliás, Leão XIII, com a prudência que lhe conhecemos, não procurou de modo nenhum erigir-se em legislador internacional. Limitou-se a sugerir um acordo em que se afirmassem os direitos anteriores da Espanha, mas se concedessem vantagens especiais à Alemanha. Os dois governos aceitaram o compromisso. Leão XIII escreveu a Bismarck, felicitando-o pela sua moderação, e conferiu-lhe a Ordem de Cristo. O episódio, que teve enorme repercussão, mostra a autoridade de que já gozava, apenas sete anos após a eleição, o sucessor do "Nobre Vencido" que fora Pio IX.

Surgiram outras ocasiões — e foram prontamente aproveitadas — de provar que o papa estava disposto a intervir sempre que a justiça, a caridade e a paz entre os povos se encontrassem ameaçadas. Assim, apoiou energicamente as campanhas então em curso contra a manutenção da escravidão na África[47]. Depois da derrota que o corpo expedicionário enviado por Crispi à Etiópia sofreu em Aduá, foi o papa que cuidou dos prisioneiros italianos e escreveu ao Negus para conseguir que fossem libertados. Por várias vezes, o governo inglês, quer sob a direção de Gladstone, quer de *Lord* Salisbury, lhe mandou pedir que interviesse na Irlanda para acalmar os espíritos e impedir a explosão. Quando Guilherme II decidiu convocar para Berlim uma conferência internacional destinada a estudar os meios próprios para "melhorar a condição operária", comunicou o programa ao papa, pediu-lhe o seu "benéfico apoio" e sondou-o no sentido de a Santa Sé se fazer representar, proposta que Leão XIII eludiu, por perceber bem as intenções políticas que estavam por detrás dos generosos sentimentos patenteados pelo Kaiser.

Ainda em 1889, quando se preparava a primeira Conferência Internacional da Paz, que se ia reunir em Haia, a rainha dos Países Baixos avisou oficialmente o papa e pediu-lhe "apoio moral". Ao que Leão XIII respondeu: "Faz parte muito especial do nosso papel, não apenas prestar apoio moral à obra da pacificação, mas ainda oferecer-lhe uma ação eficaz". E o cardeal Rampolla deu a conhecer que, se a Santa Sé fosse convidada, certamente se faria representar. Ouvindo isso, o governo italiano teve medo: não iria o representante do papa levantar nessa Conferência a questão de Roma? E o Quirinal opôs a esse convite um veto formal, que as outras potências não ousaram desconsiderar. Leão XIII sentiu uma vivíssima amargura por ser assim arredado, ele, o pacificador por excelência, das sessões em que se ia trabalhar pela paz no mundo. Sabe-se, de resto, como iam ser magros os resultados da Conferência, de que a paz não saiu mais garantida. Mas, de certa maneira, o ostracismo em que o mantinha o ódio sectário do governo italiano não era, afinal, mais uma prova da autoridade e da influência que o papado reconquistara?

Na França: do caso Dreyfus à perseguição

Os últimos anos do pontificado de Leão XIII foram ensombrados por graves preocupações. A mais séria veio-lhe da França, onde rebentou uma crise de extrema violência, da qual o papa logo receou, e com razão, que tivesse para os católicos consequências dolorosas. E não foi dos menores desgostos do fim da sua vida ver os seus conselhos ficarem inoperantes, e os seus filhos, os católicos franceses, entrarem por um caminho que necessariamente levaria a Igreja a um drama.

Em 1898, rebentou o "*affaire* Dreyfus". Os fatos são conhecidos. A princípio, uma banal questão de espionagem. Quatro anos antes, no outono de 1894, um oficial de artilharia em serviço no Estado-Maior, o capitão Alfred Dreyfus, tinha sido acusado de vender à Alemanha segredos militares. Levado a um conselho de guerra, fora condenado ao degredo e à prisão perpétua, embora não tivesse cessado de se declarar inocente. Os juízes tinham recebido um documento que, contrariamente à lei, não fora levado ao conhecimento do acusado nem do defensor. Enquanto o condenado sofria a pesada punição na Ilha do Diabo, ao largo da costa da Guiana, o seu irmão Mathieu e o seu amigo, o escritor Bernard Lazare, fizeram investigações para provar a sua inocência.

O *affaire* começou, propriamente, quando o novo chefe da "Segunda Repartição" — o serviço de informações da França —, que era o coronel Picquart, tendo chegado à convicção de que o culpado não era Dreyfus, mas outro oficial de reputação duvidosa, foi convidado pelo major Esterhazy e seus chefes, incluindo o ministro da Guerra, a calar-se e a não levantar a questão. Mas alguns homens públicos tinham sido avisados: o senador Scheurer-Kestner e o grande polemista radical Clemenceau. E intervieram: Clemenceau, no seu jornal *L'Aurore*, com a sua habitual violência. E as paixões começaram a aquecer.

O bom senso e a equidade diziam: "Se Dreyfus é verdadeiramente culpado, merece o castigo; porém, se existe suspeita de erro judiciário, é preciso rever o processo". Mas Dreyfus era judeu, e, para alguns, isso era uma presunção de culpa tão forte que se transformava em convicção. Pouco importava que o meio utilizado para o condenar fosse ilegal: o judeu Dreyfus não podia deixar de ser culpado, e não se devia desautorizar um tribunal militar voltando a discutir o seu caso. Ao invés, para aqueles que dentro em pouco seriam chamados *dreyfusards*, a iniquidade cometida contra o capitão pelo conselho de guerra pesava sobre todo o Estado-Maior, sobre todo o Exército e sobre o Governo, então constituído por republicanos moderados. As duas posições eram igualmente inadmissíveis. "*L'affaire*" passava para o plano político.

Sucederam-se os episódios sensacionais: absolvição do major Esterhazy; processo instaurado contra o famoso romancista Zola por difamação do Exército, devido ao seu bombástico artigo "*J'accuse!*"; suicídio do coronel Henri, por se ter provado que introduzira um documento falso no *dossier* Dreyfus; anulação da primeira sentença e veredito de um segundo conselho de guerra, mais indulgente, mas absurdo, concedendo ao acusado circunstâncias atenuantes. Nesse ínterim, a França estava dividida ao meio. Quer na imprensa, quer no Parlamento, nos salões ou nas famílias, *dreyfusards* e *antidreyfusards* entravam em confronto. A violência atingiu um nível pasmoso: o advogado de Dreyfus esteve prestes a ser assassinado; um *antidreyfusard* esbofeteou o presidente da República. A bem dizer, já nem se falava de Dreyfus, personalidade que parecia bem pálida para tão grande papel. Era-se, sim, por ou contra o Exército, por ou contra a razão de Estado, por ou contra o regime. O *affaire* provocou crises de consciência patéticas, de mistura com manobras sórdidas. Não foi só o governo dos moderados que foi pelos ares: a própria França se arriscava a perder a unidade nacional, quase a sua existência.

Nesse drama, qual foi a atitude dos católicos? Temos de confessar que bem poucos encararam a questão pelo lado da justiça, poucos raciocinaram serenamente. É certo que se formou um *Comitê católico para a defesa do Direito*, com Paul Violet, os padres Maumus, Frémont, Vignot, Brugerette, e leigos como Hervé de Kerohant e Léon Chaine. Mas não passavam de um punhado de gente, aliás coberto de insultos. A imensa maioria dos católicos estava habituada a admirar e venerar o Exército. Na sua maioria, os oficiais eram católicos. Que certos chefes militares tivessem cometido ou encoberto uma injustiça, como os acusavam os *dreyfusards*, era algo de inadmissível, blasfematório. “O livre-exame não é permitido em tais questões”, escrevia o pe. Vincent de Paul Bailly, em *La Croix*. Solicitado a receber Mathieu Dreyfus, Albert de Mun — esse coração cheio de generosidade — recusava com altivez. O cardeal Richard, arcebispo de Paris, respondia ao irmão do condenado: “A Igreja não tem obrigação de intervir”. Na massa da população, em que se escondia um antissemitismo larvado, agora reacendido pelas campanhas abjectas de Drumond e do seu *Libre parole*, a paixão foi bem mais longe. A imprensa católica, com *La Croix* à frente, servia aos leitores um antidreyfusismo inflamado. "Cristão e antijudeu, eis dois termos inseparáveis", chegou-se a escrever no jornal que ornamentava a primeira página com a figura do Judeu Crucificado! Milhares de católicos inscreveram-se na antidreyfusarde *Ligue des Patriotes*. Milhares, também, contribuíram para levantar um monumento ao coronel Henri, suicidado... E, como para dar a esse movimento uma caução inatacável, a *Civiltà cattolica*, a revista dos jesuítas de Roma, publicou um artigo sobre a questão, em que se lia: "O judeu foi criado por Deus para servir de traidor em toda a parte".

Nesse meio tempo, Leão XIII olhava com infinita tristeza esse desencadeamento de paixões entre os seus filhos. Em 1899, comunicou aos diretores de *La Croix* que reprovava "o espírito e o tom do jornal"; no ano seguinte, convidou os assuncionistas a abandonar o diário parisiense. Não se enganava sobre o verdadeiro sentido que alguns davam à questão: "Não será a República que está a ser acusada?" E, numa entrevista a um correspondente do *Figaro*, exclamava: "Feliz a vítima que Deus reconhece tão justa que assimila a sua causa à do seu próprio Filho sacrificado!"[48] — frase que levou senhoras pacatas do bairro de Saint-Germain a fazer novenas... para que Deus não demorasse a chamar a Si esse papa herético! Ele, o político sutil, percebia perfeitamente que o contragolpe ia ser fatal, e que a Igreja ia sofrê-lo em pleno rosto.

Porque a verdade é que, também entre os *dreyfusards*, a paixão era violenta. Se o Estado-Maior era antissemita — diziam —, era porque os oficiais saíam das escolas dos jesuítas, e designadamente da escola da rue des Postes, dirigida pelo pe. Du Lac. Eram, pois, os jesuítas que deviam pagar o *affaire* — e, é claro, não apenas eles nem os assuncionistas, mas todas as congregações religiosas, todos os padres. *La lanterne* abriu uma secção: "Monstros de batina". "Contra o padre — escrevia *La raison* —, tudo é permitido. É um cão atacado de raiva que qualquer transeunte tem o direito de abater".

Sem chegar a tais extremos, os republicanos de esquerda viram aí a ocasião para uma nova ofensiva contra o "clericalismo" e, através deste, contra a Igreja. No campo dos *dreyfusards*, havia consciências retas, corações sinceramente apaixonados pela justiça, como um Charles Péguy, que iria evocar o *affaire* nas páginas pungentes de *Notre jeunesse*. Mas, como ele dizia, "tudo começa em mística e tudo acaba em política", e a luta pela verdade depressa tomou o ar de uma campanha radical e socialista contra Cristo e os seus fiéis. Os mais clarividentes dos anticlericais sabiam perfeitamente o que pretendiam com esse jogo. Suscitando a questão de princípio, Clemenceau escrevia que não seria possível nenhuma conciliação entre a República e a Igreja enquanto o papa não suprimisse o *Syllabus*. Os católicos tinham fornecido aos seus adversários uma excelente oportunidade para os ferir[49].

A queda dos moderados deixou o campo aberto a um ministério dito "de defesa republicana", presidido por *Waldeck-Rousseau*. Esse homem de aparência gelada, cujo olhar glauco "paralisava qualquer impulso", era um membro da alta burguesia de Nantes que não pertencia à maçonaria e não estava nada disposto a fazer o jogo da extrema esquerda. Tipo perfeito do político, que conseguira pôr lado a lado no seu gabinete o general Gallifet, vencedor da Comuna, e o ex-socialista Millerand, tinha como plano satisfazer os anticlericais batendo nos "monges da Liga e nos padres políticos", mas sem romper com a Igreja, e sobretudo sem pôr em causa a Concordata, que lhe parecia "o único meio prático e eficaz de conter o clericalismo".

Depois de ter atacado os nacionalistas e os antissemitas[50], instaurou um processo contra "os assuncionistas", mais propriamente "agostinianos da Assunção", congregação fundada em 1850 pelo pe. d'Alzon com a finalidade expressa de dedicar-se ao apostolado através da imprensa, e cuja editora *Bonne presse* e o diário *La Croix* exerciam considerável influência nos leitores católicos. Ora, essa congregação não estava autorizada. Foram processados doze dos seus chefes, entre eles o superior geral, pe. Picard, e o diretor de *La Croix*, pe. Vincent de Paul Bailly, com base no artigo 291 do Código Penal, que visava as associações ilícitas[51]. Foram, pois, multados, e a congregação dissolvida. O cardeal Richard visitou-os na sua casa da rua François-Ier, para lhes manifestar a sua simpatia; mas, como já sabemos, Leão XIII convidou-os a deixar o jornal, que passou para as mãos de um grande industrial do Norte, Paul Féron-Vrau.

Atirar à matilha os assuncionistas e, como é óbvio, os jesuítas (embora Albert de Mun tivesse demonstrado que nenhum dos acusadores de Dreyfus saíra das escolas destes), e, para mais, os Irmãos das Escolas Cristãs, a propósito de um deles, o irmão Flaminien, acusado de assassinato em condições ainda mais revoltantes que as do processo Dreyfus — tudo isso seria suficiente para acalmar os lobos uivantes?... Tendo entrado na via do anticlericalismo, Waldeck-Rousseau foi arrastado a posições que não desejara. As medidas que acabara de tomar tinham-lhe trazido um aumento da sua maioria parlamentar: como poderia ele hesitar em dar-lhes prosseguimento e mesmo em agravá-las? "A Revolução é um bloco!" — exclamara Clemenceau. Pois bem: estava constituído o "bloco das esquerdas" e o muito burguês Waldeck-Rousseau era seu prisioneiro.

Foi, pois, contra todas as congregações religiosas que ele empreendeu a luta. O ponto de ataque contra a Igreja estava bem escolhido. Porque as grandes congregações têm por função essencial velar pela unidade católica a partir do próprio centro dessa unidade e sob a direta orientação da Santa

Sé, lutando contra tudo o que a possa comprometer. Feri-las, era, portanto, atingir a catolicidade num centro vital. Foi esse precisamente o desígnio da lei de 2 de julho de 1901 sobre as Associações. Dava-se completa liberdade a todas elas, exceto às associações religiosas ou congregações. Para estas, estabelecia-se um regime de exceção: nenhuma podia ser fundada sem uma lei, e mesmo as já autorizadas só podiam abrir um novo estabelecimento mediante decreto. Além disso, todas as congregações deviam estar em condições de poder apresentar às autoridades civis a lista completa dos seus membros e um inventário minucioso dos seus bens. Esta última medida correspondia a uma segunda intenção bem precisa, que mais tarde se tornaria clara: é que se tinha dito no Parlamento e repetido na imprensa que as 3.216 congregações arroladas na França possuíam uma fortuna superior a um bilhão de francos.

Waldeck-Rousseau já achava que o Parlamento e as suas comissões tinham ido um pouco longe demais; mas passara a ser o chefe dos anticlericais e não podia deixar de seguir o seu bando... Ao menos, pretendia que a lei de 1901 fosse aplicada com moderação, que se tivesse em conta os serviços prestados pelas congregações, que se "excluísse a intriga, mas não a caridade". E chegou a escrever ao papa para o tranquilizar. Mas já tinha sido ultrapassado. As eleições de 1902 realizaram-se num clima passional incrível. Foram mobilizadas todas as primeiras e segundas linhas do anticlericalismo maçônico. No campo oposto, um pregador exclamava que só havia dois candidatos: Jesus e Barrabás... E numerosos bispos publicaram cartas pastorais com ordens de combater. O bloco das esquerdas ganhou, com 368 deputados, entre os quais os mais radicais constituíam maioria. Envelhecido, cansado, Waldeck-Rousseau pediu demissão, aconselhando o Presidente da República a dar-lhe por sucessor *Émile Combes*.

Foi assim que começou o reinado político daquele que, historicamente, encarnaria o anticlericalismo mais sectário. "Velho pároco desviado do caminho", na palavra pitoresca de Clemenceau, Combes tinha-se doutorado em Letras com teses muito ponderadas sobre São Bernardo e São Tomás de Aquino, ensinara no seminário menor de Albi, mas depois, tendo perdido a fé cristã — embora continuando a ser, ostensivamente, deísta e espiritualista —, fizera estudos de medicina e entrara simultaneamente na maçonaria e na política, em que fizera alarde da sua hostilidade para com a Igreja que lhe acalentara a juventude. Espécie de pedagogo autoritário e mal-humorado, com uma sobrecasaca conformista a cobrir-lhe a reduzida estatura, o *petit père Combes*, logo que tomou o poder, lançou-se na luta contra a Igreja. Durante bastantes anos, ia-se ter de contar com esse Homais[52] raivoso.

A sua política imediata consistiu em aplicar, em todo o rigor da letra, a lei de 1901. Algumas congregações perfeitamente legais tinham aberto estabelecimentos de ensino sem pedir autorização: foram encerrados; eram 125 escolas, que se tinham criado desde 1º de julho de 1901. Três mil tinham sido abertas antes dessa data: receberam ordem de fechar no prazo de oito dias, por não terem pedido autorização a tempo. Houve bispos que se indignaram: o seu protesto foi levado ao Conselho de Estado. Depois, o governo estudou os pedidos de autorização apresentados pelas congregações masculinas. Só cinco foram aceitos: os dos trapistas, dos Irmãos de São João de Deus, dos cistercienses de Lérins, das missões africanas e dos Padres Brancos. Todos os outros requerimentos foram indeferidos. Encerraram-se 1.500 estabelecimentos, não sem múltiplos incidentes, manifestações, desfiles, resistências, que, na Bretanha, foram até à violência e ao sangue. As congregações femininas tiveram a mesma sorte. O quadro foi completado com decisões de menor relevo: supressão do crucifixo nos tribunais, proibição de os sacerdotes se apresentarem a concurso de professor titular. O ministro das Colônias, Doumergue, foi ao ponto de expulsar dos hospitais da Indochina, do Senegal e de Madagascar as religiosas que neles trabalhavam. Quando Leão XIII morreu, a 20 de julho de 1903, o *petit père* Combes preparava um assalto contra as congregações autorizadas, a fim de "quebrar a temível máquina de educação instaurada em nome de uma liberdade inimiga da liberdade", e chicanava com o Vaticano a propósito das nomeações de bispos.

Leão XIII seguira os acontecimentos com o coração apertado. Depois de ler o texto da lei de 1901, tentara tirar dela o melhor partido possível. Por ordem sua, 60 congregações masculinas e 410 femininas tinham pedido autorização. Mas essa derradeira atitude de apaziguamento embatera contra a férrea vontade do pequeno Homais. Uma após outra, as notícias que chegavam ao papa pareciam-lhe ser os pródromos de uma perseguição. Em privado, vituperava esse satânico "Monsieur Combès". E repetia aos seus auxiliares mais próximos: "Eles enganaram-me quando me disseram que a lei sobre as associações não passava de uma formalidade sem importância; enganaram-me quando me disseram que seria aplicada com largueza e benevolência; enganaram-me ainda quando me disseram que o sacrifício dos assuncionistas salvaria as outras congregações". E, nove dias antes de morrer, quando o cardeal Mathieu lhe dizia: "A França não é hostil à religião; há só um número limitado de homens que a perseguem", Leão XIII respondia: "Certamente; mas são eles que mandam, e os outros deixam-nos mandar".

Aos olhos humanos, parecia, pois, que a política do *ralliement* tinha fracassado. Longe de se mostrar agradecida pela confiança que o papa lhe manifestara, a República colocava-se como adversária, não apenas da Igreja, mas da própria fé cristã. Leão XIII tinha todos os motivos para estar triste.

E, no entanto, não foi ele que, afinal de contas, viu claro? A crise que começava no momento em que ia fechar os olhos iria ainda passar por fases dramáticas. Mas lá viria o tempo em que se veria na França o regime republicano reconciliado com a Igreja. E também essa opção, assumida pelo grande pontífice, triunfaria.

Os católicos e a política: o problema da democracia cristã

As graves dificuldades que Leão XIII encontrou na França não foram certamente alheias à atitude que, perto do fim da vida, tomou numa questão delicada — a do papel que os católicos deviam e podiam desempenhar na política. Tem-se falado, a este respeito, de mudança radical na linha até então seguida pelo pontífice, ou mesmo de desmentido de antigas decisões. É um exagero manifesto. Mas diversos casos concretos — como, por exemplo, o dos católicos franceses por ocasião da crise boulangista, ou o do *affaire* Dreyfus, ou o dos católicos italianos — levaram o papa a precisar sobre esse ponto o pensamento que expusera no início do pontificado.

É claro que, salvo no caso particularíssimo da Itália, ninguém pensava em proibir aos católicos que interviessem na política. A *Immortale Dei* era formal nesse ponto, e muitos outros textos a precediam e continuavam. Desde que o regime "não violasse os direitos de ninguém e deixasse intactos os da Igreja", qualquer católico podia participar no seu funcionamento. Mas um cidadão católico que faz política atua como cidadão ou como católico? Era difícil fazer a distinção — continua a sê-lo — entre a política dos católicos e a política "católica": Leão XIII pôde verificá-lo em diversas ocasiões.

Parece que o fundo do pensamento do papa era que os católicos, como tais, não deviam assumir nenhum compromisso político, a fim de não pôr em risco a própria Igreja, com a qual a opinião pública podia confundi-los. Na Itália, embora a rigorosa manutenção do *non expedit* simplificasse a questão, Leão XIII, ao encorajar os fiéis a participar nos assuntos municipais, dava claramente a entender que aceitava que eles tivessem uma atuação pública, mas não política. Na França, quando Albert de Mun, muito apreciado pelo papa por causa da sua ação social, tomou abertamente posição em favor da causa monárquica, num discurso pronunciado num congresso católico, foi chamado à ordem. E mesmo quando, em 1885, tentou fundar um "partido católico" que inscrevia no programa as próprias ideias sociais que Leão XIII iria exprimir mais tarde, o papa, que no entanto acabara de dar provas da sua estima por ele, conferindo-lhe a Grã-Cruz de Santo Alberto Magno, mandou formalmente reprovar a iniciativa, dando como razão que ela corria o risco de dividir os católicos franceses.

Houve, no entanto, países onde Leão XIII aceitou a existência de partidos que se proclamavam católicos: muito precisamente, aqueles em que o regime não estava em causa. Na Alemanha, o papa encontrou o *Zentrum* já poderosamente organizado, e o apoio decisivo que recebeu do "partido católico" na sua luta com Bismarck não pôde deixar de o incitar a mostrar-se benévolo. Na Suíça, depois do "pequeno *Kulturkampf*", não se opôs à fundação de um partido católico (que, aliás, esteve longe de conseguir a adesão de todos os católicos). O mesmo aconteceu na Bélgica, onde a união dos católicos no quadro de um grande partido político lhes permitiu tirar os liberais do poder, e portanto seria loucura não manter essa formação. E, na Áustria, na altura das leis "anticristãs", nomeadamente da do divórcio, quando Leão XIII, numa mensagem pública, dirigiu um apelo aos católicos para que se unissem na luta contra essa legislação, e alguns discípulos de Vogelsang, como vimos, criaram um partido "católico social", destinado ao mesmo tempo a conduzir essa luta e a promover as ideias da *Rerum novarum*, o papa não os desaprovou.

No entanto, esse compromisso dos católicos na política não deixou de provocar numerosas dificuldades. Na Alemanha, o *Zentrum*, que passou a ser partido do governo após o término do *Kulturkampf*, é visível que se preocupou cada vez menos com a defesa dos interesses da Igreja e cada vez mais com os interesses políticos do Império. Lieber, seu novo chefe depois da morte de Windthorst, chegou a usar, em plena Câmara, palavras ameaçadoras acerca da "francofilia e russofilia da Cúria romana". Houve órgãos centristas que fizeram campanha aberta contra a imprensa católica italiana porque esta não incitava à conciliação com o governo real. Aplaudiram os esforços de Guilherme II para aumentar a influência alemã no Oriente, em detrimento, não só de interesses franceses, mas ainda de tratados assinados pela Santa Sé. E aprovaram a fundação, em Estrasburgo, de uma faculdade de teologia do Estado, que o Vaticano, a pedido do clero alsaciano, não encorajara.

Em outros lugares, a intervenção dos católicos na política teve como resultado imediato dividi-los profundamente. Foi o que se viu na França, onde o relativo fracasso do *ralliement* se deveu a essa divisão.

Na Espanha, apesar da vitória de Afonso XII, católicos "afonsistas" e "carlistas" continuavam a ser irmãos-inimigos, a ponto de Leão XIII ter tido que dirigir a todos eles a encíclica *Cum multa*, em que declarava que, "se é um erro separar completamente a religião das coisas temporais, outro erro é confundir a religião com um partido político" e outro, ainda pior, "dizer que os que pertencem a outro partido quase renegaram o nome de católicos". Essas palavras de sabedoria, acompanhadas de um firme convite aos jornalistas católicos para que evitassem "a violência da linguagem e os juízos temerários", provocou, aliás, as reações do mais fogoso polemista de extrema direita, Ramón Nocedal, diretor de *El siglo futuro*, que atacou o núncio, mons. Rampolla, com argumentos do melhor estilo galicano e febroniano, pelo que foi chamado à ordem, em termos vigorosos, pela Santa Sé.

Na Áustria, o aparecimento do partido católico-social teve consequências perfeitamente análogas, por um lado por causa dos ataques dos seus oradores contra os católicos — incluindo padres e bispos —, que julgavam demasiado tíbios; mas também por força da violência das suas campanhas contra os judeus; por outro lado, por causa dos protestos dos conservadores contra uma política social considerada demasiado audaciosa. O próprio Leão XIII teve de arbitrar o conflito, o que fez com a sua costumada sabedoria, apoiando os "católicos sociais" na sua ação a favor dos humildes, mas convidando-os a abster-se de toda e qualquer violência[53].

Mas a questão que bem cedo mais preocupou Leão XIII, no que diz respeito à atitude política dos católicos, foi a da *democracia cristã*. Que se deve entender por isso? No seu sentido mais nobre, a democracia cristã é, segundo a definição dada por um dos seus melhores historiadores[54], uma "tentativa de inserção na vida pública do espírito do Evangelho e dos princípios morais propagados pela Igreja Católica". São conhecidas as suas origens: prendem-se a Lamennais, ao grupo de *L'Avenir*, a Lacordaire, a Ozanam e à equipe da *Ère nouvelle*[55], todos eles corações cheios de entusiasmo que, de fato, sonharam e tentaram refazer a sociedade sobre bases autenticamente cristãs. Mas a fórmula "democracia cristã" pretende não se limitar a intenções generosas; refere-se a um sistema político preciso. A democracia, diz Littré, é um "governo em que o povo exerce a soberania", ou uma "sociedade livre e sobretudo igualitária, em que o elemento popular tem a influência predominante", ou ainda um "regime político no qual se favorece ou se pretende favorecer os interesses das massas". Em que medida podia a Igreja admitir semelhante regime, semelhante forma de governo, semelhante sociedade?

Leão XIII não era de modo algum, por princípio, contrário à democracia, como aliás a qualquer outro regime. "A participação mais ou menos grande do povo não tem em si mesma nada de censurável — diz a *Immortale Dei* —. E até, em certas épocas e em subordinação a certas leis, essa participação pode ser não apenas uma vantagem, mas um dever para os cidadãos". Mais tarde, a encíclica *Sapientiae christianae* repetia que a Igreja de modo algum rejeitava uma Constituição "assente no elemento popular". Mas não havia nos próprios princípios da democracia alguma coisa que causaria sofrimento à Igreja? Fazer assentar toda a autoridade no povo não seria pôr em causa o sistema hierárquico da Igreja, no qual a autoridade se fundamenta em Deus e vem do alto, não de baixo? A plena liberdade que os democratas reivindicavam seria porventura compatível com a disciplina eclesiástica? E o igualitarismo, que para Littré era a principal nota da sociedade democrática, seria harmonizável com a aceitação cristã das desigualdades naturais queridas por Deus? A democracia era filha da Revolução: admiti-la ou rejeitá-la era, pois, para os católicos, tomar uma posição sobre o melindroso problema das relações entre a Igreja — o cristianismo — e a Revolução.

Foi sobretudo depois de 1891 que o movimento da democracia cristã ganhou um impulso até então desconhecido. A dizer a verdade, se esse movimento foi profundo e generoso, não deixou de ser compósito e confuso. Encorajado pela carta do papa aos franceses acerca do *ralliement* e pela encíclica social *Rerum novarum*, nem sempre distinguiu entre o que pertencia ao âmbito da política e o que incumbia à ação social. Durante muito tempo ia ser total a confusão entre os "democratas cristãos" e os "católicos sociais". Para "favorecer os interesses das massas", seria preciso agir no plano político? Seria a democracia política a condição *sine qua non* da instauração de um regime social mais justo, mais cristão? A pergunta não era formulada com franqueza; mas seria possível deixá-la sem resposta?

Nesse ínterim, multiplicavam-se as formações católicas que se batiam pela democracia. Na Bélgica, o "movimento democrata cristão", lançado já em 1871 por Gustave de Jaer, e a Federação das Sociedades Operárias Católicas, davam origem à *Liga Democrática Belga*, fundada por Verhaegen e pelo pe. Poltier. Começou por ser um agrupamento social, mas não tardou a encarnar a tendência para a democracia política dentro do partido católico belga. Na França, as *Uniões Democráticas*, que surgiam nas Ardennes, no Norte, depois em Paris, procuravam ser, antes de tudo, sociais, tal como pretendia sê-lo o "democrata" Léon Harmel[56]. Mas a tendência era bem mais política nas obras do pe. Maumus (por exemplo, *L'Église et la démocratie)* ou do pe. Calippe, ou no jornal *La démocratie chrétienne* do pe. Six, e principalmente na ação da equipe de padres entusiastas mas excessivos a que, um tanto pejorativamente, se chamou "os padres democratas". Na Itália, os jovens da *Obra dos Congressos* proclamavam-se democratas. Por toda a parte, em todo o mundo católico onde havia a preocupação "de inserir na vida pública o espírito do Evangelho", surgia essa inflexão para a ação política, trazendo consequências já conhecidas: indisciplina e demagogia.

Leão XIII não demorou muito a dar-se conta do perigo. Em vários pontos, teve de intervir em incidentes sérios. Na Bélgica, o impetuoso *pe. Daens*, deputado por Alost, julgando insuficientemente democrática e social a ação do partido católico, lançou-se numa desenfreada propaganda demagógica em que utilizava abundantemente o vocabulário socialista da luta de classes; em seguida, criou um "partido democrático cristão flamengo", que se caracterizou pela violência da linguagem e pela indisciplina para com toda a autoridade episcopal e até pontifícia. Excluído da Liga Democrática, ferido de censuras eclesiásticas, abandonou a Igreja e aliou-se aos liberais e aos socialistas. Episódio em tudo análogo se deu na Áustria, onde o pe. Stojalowski, da diocese de Lemberg (Lwow), na Galítzia polonesa, democrata cristão sincero mas demagogo intemperante, teve de ser, depois de os superiores terem tentado contê-lo, excomungado por rebelião; este, porém, ao invés do pe. Daens, acabou por retratar-se e submeter-se.

O perigo de desvio estava em toda a parte. Na Itália, dentro da Obra dos Congressos, se é certo que o jovem Filippo Meda preconizava uma ação política respeitadora das decisões papais, já nas publicações e discursos de *D.* Romolo Murri, um dos chefes do movimento, democrata fervoroso, notava-se um tom de independência em face das autoridades religiosas e de temeridade em matéria de doutrina que inquietava alguns setores e desencadeava contra ele, segundo a expressão da Secretaria de Estado, "uma maré de protestos e denúncias", até que a sua atitude acabou por arrastá-lo à ruptura com a Igreja[57].

Na França, o grupo dos "padres democratas" também causava alguma inquietação aos dirigentes eclesiásticos. É verdade que jornalistas, conferencistas, oradores em reuniões públicas, quando não deputados, se entregavam com ardor e devotamento extraordinários ao serviço da causa da doutrina cristã e da justiça social — chegou-se a dizer que, depois do seu duro trabalho, o anticlericalismo perdera muito das suas armas —. Mas, no conjunto, o estilo com que agiam combinava pouco com a imagem que se tem de um padre. Na polêmica, a maioria deles ia longe demais, servindo-se de meios grosseiramente demagógicos; e a obediência não era virtude que se destacasse em todos eles. Alguns caíram nos mais lamentáveis excessos, entre eles o pe. Dabry, de Avinhão, fundador da *Vie catholique*, cujas ideias extremistas e violência verbal contra outros padres ou mesmo contra os bispos iriam provocar, mais tarde, uma condenação romana, a que ele recusou submissão, preferindo fechar-se numa revolta sem esperança. Na maioria, não foram tão longe. Eram o pe. Naudet, diretor do *Le Monde*, o pe. Fesch, excelente jornalista, o pe. Gayraud, autor de obras doutrinais sobre a democracia cristã, o *pe. Lamire* (1853-1928), o mais célebre de todos, que iria fazer uma longa e difícil carreira política, suspenso por vários anos, embora forçasse a Assembleia a respeitar-lhe a batina; e, um pouco à parte, por não se querer confundir com os outros, o pe. Theodore Garnier, fundador do jornal *Le peuple français*, notável propagandista e temível polemista. Todos esses padres democratas realizaram uma obra social incontestável[58], mas é compreensível a preocupação dos chefes responsáveis ao ouvi-los falar da "consagração do Povo-Rei" ou da "sagração da democracia". Era impossível misturar melhor o religioso e o político, com grande dano para o primeiro.

Foi para pôr cobro a esses desvios que, a 18 de janeiro de 1901, Leão XIII publicou uma encíclica em que se propunha definir o que se devia entender por democracia cristã. Foi a *Graves de communire*. "A expressão — dizia o papa — fere muitas pessoas dignas que veem nela um sentido equívoco e perigoso. Receiam que a palavra assinale a favor do governo popular uma preferência sobre outras formas de governo, que restrinja unicamente aos interesses do povo a virtude da religião cristã, e, por último, oculte a intenção de desacreditar qualquer autoridade legítima, quer civil, quer religiosa". A crítica não carecia de fundamento. Em que sentido se deveria compreender o termo? "A expressão *democracia cristã* não deve ser entendida num sentido político — continuava Leão XIII —. Segundo a etimologia, o termo democracia designa sem dúvida o regime popular; mas, nas circunstâncias atuais, não devemos usá-lo sem lhe retirar todo e qualquer sentido político e sem lhe atribuir exclusivamente o significado de ação cristã a favor do povo". Ao que o prof. Giuseppe Toniolo, comentador autorizado do pensamento pontifício, acrescentava que se devia definir a democracia cristã como "esse ordenamento da sociedade civil em que todas as forças sociais, jurídicas e econômicas, na plenitude do seu desenvolvimento hierárquico, cooperem proporcionalmente para o bem comum, alcançando por fim um acréscimo de vantagens para as classes inferiores". O que, de fato, incluía a democracia cristã no catolicismo social e submetia a ordem da política à ordem da caridade.

Importa sublinhar a importância desta conclusão. No final do seu longo pontificado, o papa que é tido como o mais "político" de todos os da sua época afastava os católicos da política para os comprometer numa ação propriamente religiosa, apostólica e caritativa. Prova, se ainda faltasse prová-lo, de que toda a sua política tinha sido exclusivamente cristã. Pelos canais diplomáticos, como por quaisquer outros, Leão XIII, o papa das opções audaciosas, não fizera mais do que estar a serviço daquilo que o seu sucessor, Pio X, iria chamar "os interesses de Deus".

Notas

[1] Émile Ollivier, *L'Église et l'État au Concile du Vatican*, vol. I, pp. 416-22. Foi introduzida em Roma a causa de canonização de mons. Darboy.

[2] Expressão do pe. Lecanuet.

[3] Cf. neste vol. o cap. IV.

[4] Foi então, em 1875, que, por sua ordem, se construiu nos jardins do Vaticano a representação da Gruta de Lourdes que ainda hoje lá se encontra.

[5] Cf. J. Rovan, *Le catholicisme politique en Allemagne*, Éds. du Seuil, Paris, 1956, p. 91.

[6] Sobre a parte final do pontificado de Pio IX, cf. o vol. VIII, cap. V, par. *Grandeza de Pio IX.*

[7] Cf. vol. VIII, cap. VI, par. *A Alemanha desperta para as preocupações sociais.*

[8] Cf. vol. VIII, cap. V, par. *O Concílio Vaticano.*

[9] Cf. vol. VIII, cap. V, par. *Da Porta Pia à Porta de bronze.*

[10] Cf. vol. VIII, cap. V, par. *Assaltos contra a Igreja.*

[11] Cf. neste vol. o cap. IV, par. *De D. Von Ketteler a Mons. Doutreloux.*

[12] Cf. vol. VIII, cap. V, par. *O Concílio Vaticano.*

[13] Cf. vol. VIII, cap. V, par. *Assaltos contra a Igreja.*

[14] Como se sabe, foi esta uma das causas da guerra franco-prussiana de 1870.

[15] Pela Lei Sálica, introduzida na Espanha pelos Bourbons, o trono pertencia a Carlos, e não à sua sobrinha Isabel.

[16] Convém recordar que essa violência se deveu essencialmente a Thiers, que foi afastado precisamente pelos católicos monarquistas (N. do T.).

[17] Sobre o culto ao Sagrado Coração, cf. neste vol. o cap. XIII, par. *Grandes devoções e peregrinações.*

[18] Só um bispo, mons. Guilbert, então da diocese de Gap, ousou dizer: "Querer ligar, identificar a religião com qualquer forma de governo não será comprometer indignamente a Igreja e o clero, e ao mesmo tempo cometer um erro flagrante?"

[19] Não quer isto dizer que Pedro II tenha sido de modo geral hostil à Igreja (N. do T.).

[20] Cardeal Baudrillart, prefácio ao livro de Fernand Hayward, *Léon XIII*, Grasset, Paris, 1937.

[21] Frase referida pelo conde Conestabile, familiar de D. Pecci, no artigo que lhe consagrou após a eleição pontifícia (*Correspondant*, 25.10.1878).

[22] Cf. neste vol. o cap. II, par. *O gênio de Leão XIII.*

[23] Não, porém, apenas nesse texto. Existem sete documentos em que Leão XIII anuncia verdades idênticas: *Arcanum Dei* (1880), *Nobilissima galliorum gens* (1884), *Immortale Dei* (1885), *Officio Sanctissimo* (1887), *Sapientiae christianae* (1890), *Praeclara gratulationis* (1894) e *Pervenuti* (1902). Além disso, encontram-se em toda a sua obra inúmeras alusões à mesma doutrina.

[24] Cf. vol. II, cap. V, par. *O fim do Ocidente romano*, e cap. III, par. *Constantinopla ou Roma?*

[25] Sobre as ideias políticas de Leão XIII, vejam-se as páginas profundas de J.C. Murray, "L'Église et la démocratie totalitaire", em *La vie intellectuelle*, abr. 1953.

[26] Cf. neste vol. o cap. IV, par. *O catolicismo social depois da encíclica.*

[27] Cf. neste vol. o cap. XII, par. *Os quadros intelectuais superiores: as universidades católicas.*

[28] Cf. vol. VIII, cap. VII, par. *A Índia e mons. Bonnand.*

[29] Veja-se a resposta de Charles le Goffic a Charles Maurras, em *Enquête sur la Monarchie*, 1924, p. 192. Le Goffic diz com graça: "Eu não sou um devorador de padres. Católico, respeito profundamente a religião".

[30] Em 1885, Albert de Mun tentou lançar um partido político católico de orientação nitidamente social. O fracasso foi completo. Cf. Henri Rollet, *Albert de Mun et le parti catholique*, Paris, 1947.

[31] A palavra não é de Leão XIII, mas do pe. Garnier. Houve quem a julgasse pouco feliz.

[32] Sobre Lavigerie, cf. no vol. VIII o cap. VII, par. *Os difíceis começos da Argélia cristã* e, neste vol, sobretudo o cap. XI.

[33] O pe. Landrieux, futuro bispo de Dijon, então secretário do cardeal Langénieux, anotou: "A recente encíclica não tem por que espantar mais do que a Concordata" (*Memórias* inéditas).

[34] Discurso de resposta a mons. Duchesne para a recepção na Academia Francesa, 26 de janeiro de 1911.

[35] Cf. neste vol. o cap. V, par. *Os católicos na política e a questão da democracia.*

[36] Que assim tornou útil o seu papel de *enfant terrible* do Concílio Vaticano: cf. vol. VIII, cap. V, par. *O Concílio Vaticano.*

[37] Ernest Lavisse, *Vue générale de l'Histoire politique*, A. Colin, Paris, 1890, pp. 210-12.

[38] Cf. vol. III, cap. XI, par. *Balanço da cruzada.*

[39] Porque o papa Martinho IV tomara partido por Carlos de Anjou e pelos franceses.

[40] O que ele aguardava havia longos meses.

[41] A fórmula pertence a D. Margotti, e surge nas *Armonie* de Turim já em 1860.

[42] Cf. neste vol. o cap. IV, par. *"Sociais porque católicos"*.

[43] Cf. vol. VIII, cap. VIII, par. *Opções para o amanhã.*

[44] Cf. neste vol. o cap. IV, par. *O catolicismo social depois da encíclica.*

[45] Cf. neste vol. o cap. IV.

[46] "Senhor", no tempo em que esta palavra só era usada para os soberanos; a língua diplomática internacional da época era o francês (N. do T.).

[47] Cf. neste vol. o cap. X, par. *A marcha para o coração da África.*

[48] Entrevista a Boyer d'Agen no *Figaro*, 15.03.1899.

[49] "Não há dúvida" — escreve o historiador "laico" Debidour — "que o *affaire* Dreyfus foi a causa determinante do movimento anticlerical que deu origem às leis de 1901 sobre as associações e de 1905 sobre a separação". Cf. *L'Église et l'État en France*, vol. II, p. 169.

[50] Cujo chefe, Jules Guérin, se encerrou com alguns amigos na sede da Liga Antissemita, na rua Chabrol, e resistiu durante vinte e oito dias à polícia; donde a expressão "forte Chabrol".

[51] Revogado em 1901.

[52] Personagem do romance *Madame Bovary*, de Gustave Flaubert (1821-1880): pequeno farmacêutico do interior que simboliza a estupidez de um certo tipo de burguesia do século XIX (N. do T.).

[53] Cf. neste vol. o cap. IV, par. *De D. Von Ketteler a Mons. Doutreloux.*

[54] Maurice Vaussard.

[55] Cf. vol. VIII, cap. IV, par. *O drama de Lammenais* e cap. V, par. *Um arcebispo morto nas barricadas.*

[56] Cf. neste vol. o cap. IV, par. *O triunvirato dos católicos sociais da França.*

[57] Cf. neste vol. o cap. V, par. *Na Itália, o termo da Obra dos Congressos.*

[58] Cf. neste vol. o cap. IV, par. *Um novo clima.*

IV. A GRANDE JORNADA DO CATOLICISMO SOCIAL

A data decisiva

“Então, a 15 de maio de 1891, ressoou a voz por tanto tempo esperada, voz que nem as dificuldades tinham amedrontado, nem a idade enfraquecido, mas que, com vigorosa audácia, orientava a humanidade por uma nova via no campo social”. Assim celebrava Pio XI, na *Quadragesimo anno*, a encíclica *Rerum novarum*, de Leão XIII, publicada quarenta anos antes. Em 1961, outra voz pontifícia se ergueria para assinalar a importância desse mesmo documento. “Raramente como então — diria João XXIII na *Mater et Magistra* — a palavra de um papa teve uma ressonância tão universal, pela profundidade e amplitude das matérias tratadas, pela força do impacto. Uma nova via se abriu à ação da Igreja. O Pastor supremo, fazendo seus os sofrimentos, as lamentações e aspirações dos humildes e dos oprimidos, mais uma vez se levantou como protetor dos seus direitos”.

Essa dupla homenagem prestada ao primeiro “papa social” por dois dos seus sucessores é daquelas que a história ratifica. De todas as opções que o seu lúcido gênio soube tomar, foi essa a mais rica do ponto de vista do futuro. É certo que os princípios já existiam: a Escritura e a Tradição continham-nos, e numerosos cristãos lhes tinham submetido os seus atos. Mas tais princípios esperavam o momento de serem aplicados às circunstâncias e expostos num todo doutrinal. Em 1891, isso foi feito.

Não que a *Rerum novarum* signifique o início histórico desse grande movimento que mais tarde será designado por "catolicismo social". Havia mais de meio século, alguns cristãos sem mandato tinham tido a coragem de equacionar alguns problemas e até formular algumas soluções. A questão estava em saber se o Magistério pontifício os perfilharia. Porque, contrariamente à ideia geralmente aceita, e como o notava perfeitamente, a propósito da publicação da encíclica, um redator da *Revue des Deux-Mondes*[1], "Roma nem sempre é o motor de onde tudo parte; é, antes, o centro para onde tudo converge e que coordena todos os movimentos". Fazendo seu o trabalho preparatório, adotando também os resultados obtidos, Leão XIII deu ao que era ainda apenas aspiração mais ou menos clara e tema de discussão, o significado de um ensinamento supremo. É bem por isto que 1891 surge como data decisiva e a *Rerum novarum* como documento capital.

O problema social tinha sido formulado, logo no primeiro terço do século XIX[2], pelos dois escritores cujos gênios consanguíneos e contraditórios tinham animado todo o pensamento católico da época: Chateaubriand e Lamennais — ambos de maneira sentimental. Na sequência deles, alguns homens generosos tinham erguido protestos indignados contra a condição criada aos trabalhadores pela indústria então em crescimento, e sublinhado o perigo que corria a fé das massas proletárias. O Evangelho e os ensinamentos da Igreja tinham-lhes parecido adequados para oferecer soluções a esses dolorosos problemas.

Foi na França que primeiro se viu trabalhar os precursores do catolicismo social. Alguns deles eram aristocratas de espírito aberto, desejosos de opor barreiras às vagas da

Revolução, como o visconde Alban de Villeneuve-Bargemont e o conde Armand de Melun. Outros eram discípulos de Lamennais — como Charles de Coux e o pe. Gerbet —, ou revolucionários cristãos, entre eles o curiosíssimo Buchez, que, em numerosos pontos, se antecipou a Karl Marx. E Frédéric Ozanam, um santo leigo, fazia a ligação.

Esse primeiro catolicismo social francês fora destroçado pelas tristes "Jornadas de Junho" que se seguiram à Revolução de 1848. A tendência de "esquerda" tinha sido aniquilada e a outra orientara-se para o "paternalismo" estimulado pelos subsídios de Napoleão III e pelas teorias de Le Play; só tinham ficado de pé as realizações de Maurice Maignen a favor da juventude operária. Mas a chama fora reacendida em outros lugares: na Catalunha, por Jaume Balmes; na Itália, pelo pe. Taparelli d'Azeglio, genial pioneiro; e, sobretudo, na Alemanha: enquanto se erguia a grande voz de mons. Von Ketteler, arcebispo de Mogúncia, o antigo sapateiro Kolping, ordenado presbítero, multiplicara as obras sociais; Schorlemer unira os camponeses; o barão Vogelsang fizera progredir seriamente a ciência social cristã; e, nos *Katholikentage*, o dever social passara a ter primazia.

No entanto, os católicos em geral tinham permanecido indiferentes a esses esforços. Os melhores dentre eles limitavam-se às formas clássicas da caridade. Quanto aos demais, eram, no dizer de Albert de Mun, "um pouco piores que nulos" em matéria social[3]. Quando, em 1868, um eminente sacerdote suíço, mons. Mermillod, pronunciara em Paris, no púlpito de Sainte-Clotilde, um vigoroso sermão sobre o dever social, o nobre bairro de Saint-Germain reagira aos berros. No conjunto, o clero pensava, com mons. Pie, que a única solução para o problema social era apelar para as virtudes cristãs de resignação e de esperança sobrenatural. Por volta de 1870, contavam-se pelos dedos os bispos "sociais". Ao condenar o liberalismo, Pio IX nada dissera do liberalismo econômico, que levava à exploração do homem pelo homem, e Émile Keller tivera de usar de muita habilidade para tirar do *Syllabus* elementos de pensamento social. No Concílio Vaticano, houve um esquema que opôs ao socialismo o ideal cristão de justiça, o que era bem pouco no momento em que Karl Marx escrevia *O Capital*.

Os fundadores

Os vinte anos que se seguiram à guerra franco-prussiana foram de capital importância. O movimento ganhou força e impulso. Houve homens em número crescente, vindos dos mais diversos horizontes, que despertaram para essas preocupações. Alguns deles consagraram-lhes a vida. Os princípios de uma doutrina social cristã foram discutidos de tal maneira que pareceu indispensável que a Igreja se pronunciasse oficialmente.

A que atribuir esses fatos? Ao progresso das ideias de justiça nas consciências? Ao resultado de tantos esforços generosos? Não apenas a isso. Houve também fatores externos. Em primeiro lugar, o agravamento da situação social. Por muitos sinais se pôde adivinhar que a classe operária se aproximava do ponto em que a sua cólera já não poderia ser contida. As violências da Comuna tinham tido ineludivelmente características de revolução social. A crise econômica, que fez sentir os seus efeitos a partir de 1884, trouxe consigo reações proletárias. Multiplicaram-se as greves: em 1886, nos Estados Unidos, onde degeneraram em batalhas; na Bélgica, em Liège e no Hainaut; em 1889, em Londres, onde a imensa greve dos estivadores obrigou a Companhia a capitular. E o mesmo se passou na Alemanha, onde a primeira greve geral dos mineiros foi tão séria que o próprio Kaiser recebeu os delegados dos grevistas. E finalmente na França, onde o trágico

1º de maio de 1891 viu os operários entrarem em choque com as forças da ordem em vários lugares; em Fourmies, apesar do gesto heroico do pároco, que se lançou entre os dois campos, um pelotão disparou sobre homens e crianças, e naquela tarde alinharam-se na igreja dez caixões.

Esses acontecimentos dolorosos revelaram o problema social à gente bem. Certas posições ainda na véspera tidas por escandalosas começaram a parecer aceitáveis. Assim, quando em 1872 mons. Mermillod, no púlpito de Sainte-Clotilde, fez um novo sermão "social", nem mais nem menos violento que o de 1868, foi ouvido em recolhido silêncio. O jornalista Léon Gautier anotou: "Há uma grande diferença entre um discurso antes e um discurso depois do petróleo"[4].

Nos católicos mais profundos, não se tratou somente de um reflexo de medo. Para os melhores, os acontecimentos foram motivo de uma crise de consciência honesta. Concluíram que era preciso lutar ao mesmo tempo contra as forças revolucionárias, que provocavam tais dramas, e contra outras potências da iniquidade, que forneciam a ocasião para eles. Tanto mais que essas forças estavam em plena dinâmica. O período de 1871-1891 é aquele em que o socialismo se expande decididamente. Não o velho socialismo francês, à maneira de Fourier ou de Proudhon — o qual, abstraindo das tiradas anticlericais, não tinha na sua concepção social nada que contradissesse a fé —, mas o marxismo, ateu e materialista. É o período em que aparece o *Capital* de Marx[5], em que a Segunda Internacional convida os proletários a unir-se, em que Jules Guesde aclimata na França as teses comunistas.

Foi, em larga medida, para ripostar a esses ataques que os católicos sociais desenvolveram a sua ação. Em numerosos textos se encontra expressa esta ideia: se não formos nós a conquistar a classe operária, será o nosso adversário. Bastante antes da *Rerum novarum*, em 1878, Leão XIII, perturbado com os atentados cometidos contra os soberanos da

Alemanha, da Espanha e da Itália, condenou, na encíclica *Quod apostolici muneris*, "a seita dos homens que se designam com uns ou outros desses nomes quase bárbaros de socialistas, comunistas e niilistas, e se esforçam por arrancar os alicerces da sociedade civil". Mas não bastava condenar homens e doutrinas: era necessário opôr-lhes barreiras capazes de os conter.

Tais foram as condições em que, durante esses vinte anos, o catolicismo social ganhou um impulso decisivo. Na intensa atividade que se ia desenvolver, são três os dados fundamentais que importa reter. Em primeiro lugar, os católicos tomaram mais consciência de um dever social que não se confundia com a obrigação da caridade, antes lhe era anterior. Por outro lado, compreenderam que havia na mensagem de Cristo e na Tradição da Igreja os dados de uma moral social ou mesmo de uma "doutrina" no sentido teológico da palavra, ou seja, de um objeto de ensino. Finalmente, julgaram que, "se era aos teólogos qualificados que cabia recordar os novos princípios em matéria social, a aplicação desses princípios incumbia aos leigos, envolvidos no temporal, responsáveis pelo temporal diante de Deus"[6].

O triunvirato dos católicos sociais da França

Nessa tarefa, a França reencontrou o seu lugar. Foi no seu seio que se elaboraram as doutrinas e se tomaram as iniciativas que iriam servir de exemplo. Enquanto os representantes dos antigos grupos continuavam os seus esforços — Armand de Melun fundou por essa altura os *Orphelins de la Commune*, para os filhos dos insurretos, e os *Fourneaux Économiques* —, uma nova geração entrou em cena. Três homens ocuparam aí lugares tão importantes que ainda em nossos dias o catolicismo social se lembra do que lhes deve.

Em maio de 1871, enquanto as tropas "de Versalhes" cercavam Paris, onde reinava a Comuna, houve um episódio patético em Courbevoie, vilarejo dos arrabaldes. O general Ladmirault inspecionava os pontos da linha de frente, acompanhado por um dos seus oficiais às ordens, o tenente Albert de Mun. Passou um grupo de soldados que levavam um homem ensanguentado. O general informou-se. Responderam-lhe: "É um insurreto". Então, soerguendo-se num derradeiro esforço e levantando para os dois oficiais um punho acusador, o moribundo atirou-lhes, com voz desfalecida: "Os insurretos sois vós!"

As palavras do *communard* cravaram-se como uma flecha na consciência do jovem tenente. "Entre esses revoltados e a sociedade de que nós éramos os defensores — havia ele de anotar nas suas memórias[7] —, surgiu um abismo". E, no entanto, nessa altura, Albert de Mun não desconhecia por inteiro o problema social. Oficial do exército de Metz, prisioneiro dos prussianos depois de se ter coberto de glória na famosa carga de cavalaria de Rezonville, tinha começado a interessar-se, durante o cativeiro, por questões que anteriormente estavam longe das suas preocupações. E não fora ele sozinho, mas também um dos seus companheiros de cativeiro, o capitão René de la Tour du Pin. Durante quatro meses, esses jovens oficiais tinham partilhado as suas meditações. O livro de Ernest Keller, *A encíclica de 3 de dezembro e os princípios de 1789*, persuadira-os de que "a Revolução francesa, substituindo a sociedade cristã por uma ordem nova, baseada em princípios meramente humanos, foi a causa e a origem de todos os males que a partir daí esmagaram a França e a Europa". Um jesuíta, o pe. Eck, e um deputado católico, Lingens (um médico), tinham-lhes falado de D. Von Ketteler e dos seus sermões, do pe. Kolping e das suas obras sociais. E o drama da Comuna veio rematar essas inquietações. Não foi só o episódio de Courbevoie; foi também o espetáculo dessa igreja de Belleville que viram saqueada, profanada, com os vasos sagrados lançados ao chão. "Um apelo secreto — escreveu Albert de Mun — nos advertia da finalidade que tais acontecimentos iam dar à nossa vida". Para ele como para La Tour du Pin, esse apelo secreto foi uma vocação.

Houve um homem que deu a essa vocação a oportunidade de se manifestar. Após a Comuna, La Tour du Pin e Albert de Mun foram encarregados pelo general Ladmirault, agora governador de Paris, de fazer um inquérito sobre as origens da rebelião. No Louvre, no gabinete que fora do escudeiro-mor de Napoleão III — das janelas, podiam ver as arcadas arruinadas e as pilastras calcinadas das Tulherias, incendiadas pelas *pétroleuses*[8] —, eles recebiam muita gente que lhes podia dar informações. Um dia, apresentou-se um homenzinho, um quinquagenário de aspecto vulgar, cabelo e barba grisalhos, de compostura vagamente congreganista, mas cujo rosto respirava nobreza e generosidade. Era Maurice Maignen[9], fundador dos *Filhos de São Vicente de Paulo* — religiosos que conservavam as vestes de leigos para se misturarem com o povo — e que criara o jornal *L'ouvrier*. Maignen tivera a ideia de sair do quadro da corporação de aprendizes a fim de criar uma associação em que os operários adultos trabalhassem para a promoção e recristianização do proletariado. A sua primeira obra era o *Cercle de Montparnasse*.

O encontro entre esses três homens foi decisivo. De pé junto da janela, indicando as paredes enegrecidas, Maignen exclamou: "Pois sim: isto é horroroso! Mas quem é responsável? Não é o povo, o verdadeiro povo, aquele que trabalha e que sofre! Os criminosos que incendiaram Paris não são desse povo... Os verdadeiros responsáveis sois vós, os ricos, os grandes, os felizes desta vida que tanto se divertiram entre estas paredes destruídas, que passam ao lado do povo sem o ver, sem o conhecer, que nada sabem da sua alma, das suas necessidades, das suas dores. Por mim, vivo com ele, e quero dizer-vos em seu nome que ele não vos odeia, mas vos desconhece, como vós o desconheceis. Ide ter com ele, de coração aberto, de mão estendida — e vereis que vos compreenderá"[10]. E prosseguiu. A sua obra existia; era obra de salvação. Não pedia dinheiro. O que pedia aos seus interlocutores era muito mais: o dom das suas pessoas. "Estou sozinho. Que posso eu fazer? Se vierdes comigo, conquistaremos a França e a lançaremos aos pés do nosso Deus". No domingo seguinte, Albert de Mun, no uniforme de gala azul-claro dos caçadores de Cavalaria, com as *aiguillettes* de prata no ombro, ia visitar os membros do Cercle Montparnasse.

Assim nasceu a "vocação social" que iria guiar a existência inteira desses dois homens. Durante muitos anos os veremos ao trabalho. Um, *Albert de Mun* (1841-1914), orador magnífico, servido por uma aparência imponente que o impunha às multidões, seria o porta-voz do movimento perante os congressos e no Parlamento. O outro, *René de la Tour du Pin* (1834-1925), com ar mais reservado, mas mais bem equipado para o jogo de ideias, seria o pensador, o doutrinário. Unidos por uma longa amizade que o cativeiro selara, apenas iriam divergir num ponto grave: o do *ralliement* à República, que Mun aceitou, seguindo a ordem de Leão XIII, mas La Tour du Pin recusou, por fidelidade monárquica. As origens, temperamentos e também leituras dos dois explicam o sentido que deram à sua ação social, bem como os seus limites. Maignen dissera-lhes que tinham de reconciliar as classes dirigentes com o povo, tornando aquelas sensíveis aos sofrimentos populares, em espírito fraterno. Mas esse desígnio generoso seria suficiente?

Pela mesma altura, em outro meio, um terceiro homem nascera para uma vocação social igualmente exigente, mas que seria compreendida de modo completamente diverso. Chamava-se *Léon Harmel* (1829-1915). Era dono de uma empresa de tecelagem, que seu pai instalara nas proximidades de Reims, no vale do Suippe, num lugar que devia ao seu encanto agreste o nome de Val-des-Bois. Embora fosse o quarto filho de uma família de oito, uma série de mortes levara-o a ficar à frente da fábrica quando tinha vinte e cinco anos. Mostrara-se industrial competente e patrão generoso. No Val-des-Bois, era de tradição: o pai de Léon vivera no meio dos operários, instituíra, já em 1840, o "salário coletivo" — por família —, criara uma caixa de poupança e, em 1846, outra de socorros mútuos. No momento crítico de 1870, Léon, por sua vez, fundava obras sociais e meditava nos elementos da sua "corporação cristã". Nenhum dos problemas suscitados pela técnica o deixava indiferente ou ignorante. Além disso, a fim de estreitar os laços cristãos entre os seus operários, erguera uma capela na fábrica e organizara retiros. E em 1869 fundara no Val-des-Bois a *Association Intime*, fraternidade de homens e mulheres que faziam o voto de se oferecer para a recristianização da classe operária. Era um pensamento místico. De fato, Léon Harmel era um místico.

Esse homem maciço, entroncado, que, pelos seus traços vigorosos, nariz forte de largas narinas, crânio calvo e longas suíças, podia perfeitamente ser tomado por um tabelião de aldeia, aliava em si as duas virtudes que Bergson vê nos místicos: o sentido do concreto e o imperioso impulso para o alto. Admirável cristão, fervoroso terciário franciscano, até um verdadeiro asceta, que se entregava a sessões de disciplinas que não eram nenhuma brincadeira, esse estranho industrial era também um extraordinário realizador. Emanava dele um encanto esfuziante. Era de uma bondade visível, ainda que de uma franqueza por vezes ríspida. Estará na brecha durante meio século, lutando com toda a sua vasta energia pela instauração de uma "ordem social cristã" com a qual sonhava, tal como os seus amigos De Mun e La Tour du Pin.

No entanto, entre esses dois e ele, havia uma diferença importante: neto de operário, Léon Harmel não pensava ter necessidade de "ir ao povo". Não achava bastante comover os felizardos deste mundo. O que ele queria era suscitar a promoção social das massas. O mais distanciado possível do paternalismo de que frequentemente o acusam — e como induz a crer o epíteto de *"Bon Père"* que lhe davam os seus operários —, Harmel imporá ao catolicismo social francês uma orientação que será a que o futuro há de escolher. Uma frase condensa a sua atitude: "O bem do operário pelo operário e com o operário; nunca sem ele, e, com mais razão ainda, nunca apesar dele".

A obra social na França antes da encíclica

A mais notável realização dos católicos sociais da França, aquela que a princípio pareceu polarizar todas as energias, foi a *Obra dos Círculos*. Na origem, era um prolongamento do *Cercle Montparnasse* que Maurice Maignen fundara para estender aos adultos os benefícios do *patronato* de aprendizes, e a favor do qual o vimos solicitar o interesse de La Tour du Pin e de Albert de Mun. Respondendo a esse apelo, os dois oficiais levaram a obra a ultrapassar os modestos limites em que se confinava. Albert de Mun não teve nenhuma dificuldade em convencer várias dezenas de amigos. Brissac, La Bégassière, Récamier, Marolles, Benoit d'Azy, Clermont-Tonnerre: sobrenomes ilustres que figuraram nas comissões da *Obra dos Círculos Católicos de Operários*[11].

Não tardou que outros círculos se fundassem em diversos bairros de Paris: em Montmartre, sob a presidência do vigário-geral Langénieux; em Vaugirard, com o general Sonis; em La Villette, onde Keller agrupou sobretudo os da Alsácia-Lorena; depois, em Passy, nos Batignolles, nos Gros-Caillou. Em vinte e cinco anos, mais de vinte. Numerosos oficiais da ativa participaram do movimento, e o governo, então nas mãos dos "duques", não via inconveniente em que eles fossem às reuniões de uniforme. Albert de Mun — que se demitiu do exército em 1875 — matava-se de trabalhar, falando em todo o lado, sempre com imenso êxito.

Ganharam-se as cidades do interior: Lyon, onde o primeiro Círculo foi o dos *canuts* [operários de fábricas de seda] da Cruz Vermelha; Poitiers, onde o cardeal Pie aprovou calorosamente a fundação; Bordeaux, Tours, Marselha e sobretudo as cidades do Norte: Lille, Roubaix, Tourcoing. Na Champagne, onde Léon Harmel se apaixonou pela obra, nasceram vários Círculos, entre Reims e Bar-le-Duc. De modo geral, o episcopado acompanhava com simpatia o movimento. Em 1884, chegara-se ao número de 400 Círculos, com 50 mil membros. Criou-se uma organização: cada Círculo era dirigido por um comitê, com representação num Comitê Regional, enquanto um Comitê Central conduzia o conjunto.

Compreendendo que, para vencer, não bastava erguer o estandarte da Cruz e mandar cantar o cântico *"Espérance de la France, ouvrier, sois chrétien!"* ["Esperança da França, operário, sê cristão!"], os dirigentes, com a ajuda do pe. Monsabré e de Léon Gautier, constituíram um *Conselho de Estudos*. Criaram um jornal, *Association catholique*, onde se liam veementes artigos contra "a pretensa produtividade do capital, que não é mais que a apropriação dos frutos do trabalho de outrem", e contra "a liberdade do trabalho, que não é senão a liberdade dada aos capitalistas para explorar os operários e enriquecer-se com o trabalho destes". Na obra dos Círculos, ficou-se com a impressão de que se ia conseguir transpor o fosso que separava as classes. Na realidade, não haveria aí muito de ilusão?

Se bem que o esforço de Léon Harmel, nomeado secretário geral do empreendimento, houvesse contribuído para orientá-lo para a verdadeira classe operária, que era a dos trabalhadores da indústria, não eram muitos os proletários que participavam dos Círculos, onde se viam sobretudo artesãos e empregados de escritório. E embora o pe. Forbes, mons. Freppel, Henri Joly e Claudio Jannet olhassem a obra como empresa de subversão, na realidade, não representaria ela, pura e simplesmente, um paternalismo? E o corporativismo que apregoava não estaria falseado pelo desejo dos dirigentes nobres e burgueses de "controlar" os operários, para bem deles próprios?

Outras razões podiam fazer pensar que a obra não iria ter uma grande expansão. Albert de Mun e os seus amigos apresentavam o movimento como organismo da "Contrarrevolução" — o que inquietava Léon Harmel — e chegavam a situá-lo na obediência monárquica, o que não era especialmente apropriado para conquistar os operários. Assim o notou com ironia o velho M. de Falloux, num artigo do *Correspondant*. Por outro lado, as classes dirigentes, que se queria "tocar", continuavam muito pouco atuantes; quanto ao clero, nem todo ele se interessava; e a aprovação de numerosos bispos era puramente verbal. É verdade que, até 1891, a obra dos Círculos continuou a manifestar progressos. Mas durariam? Teve, pelo menos, o mérito de levar numerosos católicos a descobrir o problema social. Deixou de ser possível ignorar a miséria dos operários desde que a poderosa voz de Albert de Mun ressoou em todos os tons.

Associado aos Círculos por desejo de colaborar num empreendimento cujos propósitos admirava sem aprovar todos os seus meios, Léon Harmel, ao mesmo tempo que tentava insuflar à obra um espírito novo, pregava pelo exemplo. Uma após outra, foram-se multiplicando no Val-de-Bois iniciativas que, então, pareciam assombrosas novidades. O princípio era aquele que o *Bon Père* repetia: "Os benefícios que os patrões oferecem são ineficazes quando não se apoiam na associação operária". Criou-se, pois, uma densa rede de instituições que, do berço ao túmulo, envolviam a vida dos operários. A rede era dupla. Por um lado, as formações religiosas destinadas àqueles e àquelas que desejassem participar: sob a proteção de Nossa Senhora da Fábrica, constituíram-se os Filhos de Maria, a Associação dos Santos Anjos para as crianças, a Sociedade de São José para os pais de família, a Conferência de São Vicente de Paulo, o Círculo Católico. Das 1.200 pessoas que povoavam o Val-des-Bois, muito poucas ficaram de fora dessas confrarias.

Mas, a par destas, havia as instituições propriamente sociais: sociedade de socorros mútuos, cooperativa de compras, dispensários médicos, caixas de poupança, mutualidade escolar, mutualidade de dotes — sem falar dos coros, orfeões e companhia de bombeiros. Em todo o lado, eram os operários que assumiam as responsabilidades. Antepassado dos atuais conselhos de fábrica, um conselho composto pelo patrão e por delegados operários eleitos reunia-se quinzenalmente com o fim de controlar o andamento do conjunto. Experiência prodigiosa em si mesma, cujo êxito se deveu inegavelmente à inteligente caridade de Léon Harmel. Durante toda a vida do *Bon Père*, o Val-de-Bois foi como um paraíso em que reinava a justiça social.

Léon Harmel quis que a luz que brilhava na sua fábrica não ficasse debaixo do alqueire. Expôs os seus princípios num *Manual da corporação*, que a definia como "sociedade religiosa e econômica, fundada livremente por chefes de família industriais, patrões e operários, de um mesmo estamento e profissão análoga, e cujos membros se encontram todos eles agrupados em diversas associações de piedade" — o que, havemos de convir, era talvez um meio um pouco estreito de ver as coisas... Mas, quando, em 1884, a lei autorizou os sindicatos, Harmel procurou que se fundassem sindicatos operários autônomos.

Ao mesmo tempo, fundou em Reims — juntamente com o antigo socialista e operário Robert e com o pároco de

Saint-Rémy — o primeiro "Círculo de Estudos Sociais" e os "Secretariados Sociais". Voltando-se para os patrões, seus colegas, dirigiu-lhes um apelo para que se unissem na obra social e deixassem de se considerar como "pequenos Luís XIV nas suas fábricas", palavras que, seja dito, tiveram pouca repercussão. Infatigável, percorreu a França para espalhar as suas ideias. Começou por levar a Roma cerca de cem patrões cristãos. Depois, a partir de 1887, operários: da primeira vez, mil e oitocentos; da segunda (1889), dez mil; e ainda mais uma terceira vez, em 1891. É difícil calcular o impulso que, só por si, o santo patrão do Val-des-Bois deu ao catolicismo social neste período de elaboração.

Nesse ínterim, num plano diferente daqueles em que se situavam tanto os dirigentes da Obra dos Círculos como Léon Harmel, o catolicismo social venceu nessa época uma outra jornada. Foi no plano legislativo. E aqui tornamos a encontrar o grande animador que foi Albert de Mun. Eleito deputado de Pontivy em 1877, teve o mandato invalidado em condições iníquas, mas reelegeu-se em 1881 e, desde então e até à morte, exerceu no Parlamento um papel de importância sempre crescente. Capaz de tomar atitudes muito audaciosas — de apoiar o socialista Millerand numa interpelação acerca da dissolução ilegal de um sindicato ou num projeto de lei, igualmente socialista, que visava proibir a dispensa de um operário apenas por ser sindicalista —, fez por muito tempo na Câmara a figura de um corredor de vanguarda. Foi apoiado por alguns deputados católicos, embora nem todos partilhassem de todas as suas ideias: mons. Freppel, Thellier de Poncheville, Keller, Le Cour, Grandmaison, Montalembert.

Fez-se um duplo esforço. Por um lado, aproveitando a audiência da tribuna parlamentar, Mun expôs os princípios, então desconhecidos, do catolicismo social, e refutou as objeções dos conservadores e liberais. Por outro lado, propôs ou apoiou leis que poderiam tornar menos penosa a condição dos operários e mais fácil a sua promoção social. Foi assim que os católicos tiveram grande parte na aprovação das leis sociais que, de 1884 a 1898, honraram o parlamento francês: lei sobre os sindicatos, sobre os acidentes de trabalho, sobre o trabalho das mulheres e das crianças; lei que limitava a jornada de trabalho a onze horas; lei sobre a arbitragem nos conflitos de trabalho, que Albert de Mun propôs tornar obrigatória. Quando a Suíça lançou a ideia de estabelecer uma legislação internacional do trabalho, os católicos, com Albert de Mun à cabeça, apoiaram fortemente o projeto. E quando se abriu em 1890 a Conferência em Berlim sobre os problemas trabalhistas, foi ainda Albert de Mun que interveio, com toda a sua autoridade, para que a França estivesse representada.

Dessa ação, vieram frutos. Novas iniciativas nasceram dela. Na região do Norte, houve patrões que se associaram para melhorar a existência dos seus operários; a primeira coisa que decidiram foi estabelecer nas empresas o descanso dominical. Uma congregação diocesana, as *Petites Soeurs de l'Ouvrier*, teve acesso às oficinas, e muitas fábricas passaram a ter capelão. Em 1884, era criada a *Association Catholique des Patrons du Nord*, e, em 1887, tal como no Val-de-Bois, a *Confrérie Notre-Dame de l'Usine*, que atingiu perto de dois mil membros. Em outros lugares, os *Cercles Chrétiens d'Études Sociales*, à imitação dos de Reims, começaram a diferenciar-se muito da Obra dos Círculos: em vez de serem simples ouvintes, os operários eram chamados a apresentar os resultados das suas experiências. Em certos círculos, só eles deliberavam e votavam.

O sindicalismo cristão propriamente dito lançou as primeiras tentativas no mundo agrícola com um militante da Obra dos Círculos, *Hyacinthe de Gaillard-Bancel*, proprietário fundiário de Allex (Baixo-Dauphiné). Inspirando-se nas uniões de camponeses na Alemanha, criadas por Schorlemer, Gaillard-Bancel já em 1883 federou uns trinta lavradores — o que era ilegal, pois a lei proibia uniões de mais de vinte membros —; depois, quando a lei de 1884 autorizou os sindicatos, juntamente com Fontgalland (em Die) e com Louis Milcent (em Poligny, no Jura), criou os primeiros sindicatos agrícolas, que eram de tipo "misto", ou seja, de patrões e trabalhadores.

Não menos que as realizações concretas, o resultado mais importante desses esforços esteve em terem constituído, dentro do catolicismo, uma ala "em marcha", decidida a agir. Forjaram-se laços de amizade entre todos os que tinham a paixão pelo "social". As visitas eram frequentes: quantas não recebeu o Val-de-Bois! Celebravam-se congressos, em que se reuniam os elementos ativos, vindos também do estrangeiro: belgas, italianos, alemães. Essas relações pessoais foram fecundas. Por vezes, tiveram um caráter comovente: assim as de Léon Harmel com o serralheiro Robert, que veio a ser um dos seus maiores amigos; ou as do pe. Six, sacerdote eminente de Lille, com o operário metalúrgico Decoopman, a quem, noites e noites a fio, o padre formou pacientemente para ser condutor de homens.

O tempo estava aberto ao "social", e a palavra saía constantemente da pena ou dos lábios. O conde Chambord[12] publicara uma vibrante *Carta aos operários*. No Parlamento, os socialistas aplaudiam Albert de Mun. E, em 15 de abril de 1891, na *Revue des Deux-Mondes*, aparecia um artigo notável, *Du rôle social de l'officier*; publicado anonimamente, era seu autor um jovem capitão da guarnição de Saint-Germain, onde ele próprio fizera a experiência de um novo gênero de relações sociais com os soldados: Lyautey[13].

Um movimento como esse não podia deixar de suscitar críticas. A própria Obra dos Círculos, tão paternalista, foi violentamente atacada. Numa série de artigos do *Correspondant*, Henri Joly assimilava Albert de Mun e seus amigos aos socialistas. Na *Revue des Deux-Mondes* (em 1885), o conde d'Haussonville exclamava: "Por que procurar comprometer a Igreja em questões com que ela nada tem a ver?"[14] O pe. Forbes tinha Léon Harmel na conta de "utopista". Os liberais, como Théry (de Lille), repetiam: "O salário não está em correspondência com as necessidades, mas com o trabalho". Um outro professor, Jannet, garantia que a crítica socialista não tinha fundamento. Personalidades ilustres entre o clero tomavam posição contra o catolicismo social, mesmo homens audaciosos, como mons. Dupanloup: que não fariam conservadores como mons. Freppel, que tinha perfeita consciência do problema e subscrevia com De Mun projetos de leis sociais, mas receava que se fosse longe demais? Seriam os socialistas ou antes os católicos sociais que o bispo de Angers visava, num sermão na Madeleine, ao atacar "os demagogos que exploram o terrível problema do sofrimento?" Pelo menos é certo que, pouco antes da publicação da encíclica, o prelado foi a Roma para "suplicar a Leão XIII que não falasse da questão social"[15]. Mas a própria vivacidade da reação não era uma prova da importância que ganhava o movimento católico social na França?

De D. Von Ketteler a Mons. Doutreloux

Na Alemanha, o impulso tinha sido tão vigoroso que continuava a fazer sentir os seus efeitos. D. Von Ketteler morreu em 1877, mas deixou discípulos. O seu programa foi seguido: reorganização da associação profissional, reivindicação do "salário justo"; esforço por reduzir a jornada de trabalho e excluir mulheres e crianças dos trabalhos penosos. Quando, a partir de 1878, o Parlamento aprovou leis sociais que eram pioneiras em toda a Europa, uma voz unânime as designou por "leis Ketteler". Discípulo do grande arcebispo, o cônego Christopher von Moufang criou a Associação para o Bem-Estar dos Trabalhadores; e o pe. Hitze, chefe das obras sociais de Mönchengladbach, ajudado por Wambold, Loë e Huene, preparou o grande ajuntamento que iria ser, em 1890, patrocinado por Windthorst, o *Volksverein*, a Associação Popular da Alemanha católica. As obras de Kolping, as *Gesellenvereine*, eram tão sólidas — com as suas casas bem-postas, as suas reuniões disciplinadas, os seus centros de juventude, os seus jornais — que o próprio Hitler não conseguirá destruí-las.

Entrementes, as "uniões de camponeses", as *Bauernvereine* de Schorlemer (que só desapareceriam em 1895), também elas modelos de organização — com os seus bancos, as suas cooperativas de compra, os seus laboratórios, as suas caixas de socorros mútuos —, contavam os adeptos por dezenas de milhares. E havia outros homens em ação, como Brandt, que reunia os patrões católicos, ou o pe. Darbach, de Tréveris, que, para acabar com a usura (que emprestava a 130%!), organizou o primeiro "banco social". Esses esforços acharam apoio no partido do *Zentrum*[16]. Saindo vitorioso do *Kulturkampf*, o *Zentrum* orientou-se para a ação social. Os seus chefes — Windthorst, Reichensperger, Ballemstrem — eram "sociais" convictos. Foi grande a influência que exerceram na aprovação das leis sociais e nos famosos "rescritos imperiais" de 1880, assim como na Conferência Internacional do Trabalho, reunida por Guilherme II em Berlim em 1890.

Esses católicos sociais alemães eram mais realizadores que teóricos. Entretanto, instalado na Áustria, Karl von Vogelsang — que só viria a morrer em 1890 — continuava o seu trabalho doutrinário. Hostil ao liberalismo econômico, contrário ao "rendimento que se obtém sem trabalho, pela exploração do trabalho alheio", desenvolvia as teses do seu corporativismo, reclamando que os direitos dos operários fossem salvaguardados por uma organização que o Estado controlasse. Como tinha o dom das fórmulas, lançou algumas que viriam a fazer fortuna: por exemplo, o termo "plutocracia", para designar o regime do dinheiro-rei, ou o axioma que alguns papas haviam de retomar: "a propriedade tem uma função social". Os seus discípulos iam ainda mais longe: Belcrede queria que a corporação fosse obrigatória; Kufstein pedia que se aplicasse "o socialismo em sentido cristão". La Tour du Pin mantinha relações de amizade com todo esse grupo. E o conde Von Blöme abria às doutrinas do pensador de Viena a tribuna da sua *Correspondance de Genève*.

Na Suíça, em todos os cantões católicos, essas ideias tinham muito eco. Embora extremamente desconfiado de ideias revolucionárias, o calmo e pequeno país era ponto de encontro de liberais, radicais, socialistas expulsos dos Estados vizinhos. Aí nascera a Internacional operária. Em 1888, constituiu-se um partido socialista suíço. Antes, porém, de ele surgir, houve três movimentos "católicos sociais" que se opuseram às forças revolucionárias: o *Piusverein* (Associação Pio IX), a *Federação Operária Romanda*, do pe. Deruaz, pároco de Lausanne, e a *Federação Alemã*, de mons. Burtcher. Um pouco mais tarde, a autoridade do deputado dos Grisões, o médico Gaspard Decurtins, conseguiu fundi-los na *Federação Geral Operária*.

Desse catolicismo social helvético emergiram duas personalidades. Uma foi *Gaspard Decurtins* (1855-1916), que animou o movimento operário suíço durante longos anos: desde o momento em que se impôs no Congresso de Aarau até ao dia em que os conservadores conseguiram afastá-lo. Era um homem de grande estatura e raro vigor, simultaneamente erudito e condutor de massas, eloquente nas quatro línguas da Federação, e tinha chegado ao cristianismo social passando pelo socialismo, que abandonara ao ler São Tomás. Tradutor de Ketteler, aliou-se a Python, Amman, De la Rive, Montenach, para constituir um grupo decidido a despertar a boa consciência social dos católicos. Graças a ele, o sindicalismo helvético nascente teve perfil cristão. E foi também ele que pediu ao Conselho Nacional de Berna que tomasse a iniciativa de propor a todos os países uma regulamentação internacional do trabalho.

O outro chefe — cuja influência iria ultrapassar em muito os limites dos Cantões — foi esse pe. *Mermillod*, filho de um simples padeiro que depois seria bispo e, em 1890, cardeal, e que já vimos em luta com as autoridades cantonais[17] aquando do "pequeno *Kulturkampf*", desterrado por dez anos da sua cidade e finalmente instalado na tríplice sé episcopal de Friburgo, Lausanne e Genebra. Homem de realizações práticas, foi ele que fundou o *Courrier de Genève*. Tão audacioso como Ketteler, formulava as suas ideias com certa rudeza — precisamente aquela que o auditório de Sainte-Clotilde de Paris apreciara tão pouco... Havia algo de tribuno popular nesse homem de Deus, de socialista nesse místico. Com o inglês Manning, o francês Langénieux, o norte-americano Gibbons, Mermillod forma o quarteto dos primeiros "cardeais sociais". Foi sob a influência de Decurtins e de Mermillod que, enquanto a Suíça alemã seguia Kolping, Friburgo se tornava centro de reflexões doutrinais, aberto desde 1885 aos encontros internacionais do catolicismo social que a história conhece sob o título de *União de Friburgo*.

A Bélgica não esperara por 1871 para se interessar pela questão social. Tradicionalmente ligada aos movimentos da França, participara no catolicismo social nascente. *L'Avenir* e depois *L'Ère nouvelle* tinham lá bastante leitores. A Universidade de Lovaina tinha sido a primeira a fundar uma cadeira de estudos sociais. Mostrara-se audaciosa ao confiar esse ensino a Charles de Coux, amigo de Lamennais, analista profundo dos mecanismos da economia, que, quinze anos antes de Marx, se atrevera a dizer: "O capital não é senão trabalho acumulado". Também Édouard Ducpétiaux, um dos fundadores da sociologia, realizara a partir de 1843 os seus vastos inquéritos sobre o pauperismo.

Por volta de 1870, o movimento católico social belga parecia dividido entre duas tendências: um corporativismo autoritário, com Charles Périn, sucessor de Charles de Goux na cadeira, não tanto no pensamento, e uma tendência democrática, com o filósofo François Huet e o jornalista Adolphe Bartels, fundador do *Débat social*. Nos Congressos reunidos em Malines a partir de 1863, as duas tendências enfrentaram-se. Lá se ouviu Augustin Cochin fazer o elogio das grandes fortunas "que pressupõem grandes virtudes", e numerosos oradores repetirem que o principal remédio para a questão social era o regresso dos operários aos seus deveres cristãos. Mas Ducpétiaux e um pequeno grupo de liberais, apoiados por Alphonse Nothomb, reclamavam cuidado pelos interesses materiais dos operários.

A partir de 1871, o catolicismo social passou na Bélgica por um período de extraordinária animação. Nesse pequeno país em que a vida econômica era intensa, o socialismo fazia progressos. A Internacional contava muitos seguidores. Os opúsculos de César Paepe tinham grande difusão e, em Gand, o *Vooruit* erguia-se como fortaleza do socialismo anticristão. Alguns jovens burgueses lúcidos interessavam-se pela questão social: Verhaegen, Carton de Wiart, Mabille, Helleputte. O clero belga, que continuava a ser muito influente, entrou na liça. No terreno escolar, acabara de conseguir vitória, em 1879 e 1884. O movimento social aproveitou esse impulso. No seu passado, a Bélgica tinha o exemplo das corporações de ofícios que conhecera bons resultados: eram as *Ghilden*, de Flandres. Nelas se inspiravam agora.

Um pouco por toda a parte, surgiram Sociedades de socorros mútuos e "casas católicas de operários". O movimento era de natureza corporativa, mais ou menos paternalista. Mas, no seio da *Federação das Obras Católicas*, fundada em 1868, e de direção burguesa, aparecia uma tendência favorável a confiar aos operários a maior parte da ação. E essa tendência, logo após 1891, iria afirmar-se na *Liga Democrática Belga*, de Helleputte e Verhaegen. Na mesma altura (1890), nascia o *Boerenbund*, liga dos camponeses, que se propunha "trabalhar pelo progresso religioso, intelectual e social dos seus membros", dois organismos que os Países Baixos imitaram. Uma iniciativa cheia de êxito mostrou o lugar que o catolicismo social conquistara no Reino. Foi a dos *Congressos das Obras Sociais*, a que afluíam representantes de todas as tendências. O seu grande animador foi o bispo de Liège, mons. Doutreloux, um robusto valão de falar pitoresco, e, acima de tudo, amigo dos mineiros e dos operários — uma das personalidades mais atraentes da época e do movimento.

Novos despertares: o "Cardeal dos Pobres" e os seus "Cavaleiros do Trabalho"

Nos vinte anos que precederam a *Rerum novarum*, o catolicismo social experimentou, pois, um esplêndido desenvolvimento. Mais ainda: foi descoberto por países que o tinham ignorado. A única das grandes nações cristãs que ficou para trás foi a Espanha. Não é que o problema não surgisse nesse país, e dramaticamente, entre os camponeses e os mineiros. Mas tudo o que se parecesse com a Revolução era lá detestado. O levante operário de 1873 acabou por amedrontar a opinião pública e veio a dar na ditadura de Serrano. Daí que tenham sido raras as iniciativas dos católicos sociais: alguns "círculos agrários" no país basco e nos arredores de Valência. O senador Cepeda e o jesuíta pe. Antonio Vicent, fundador do Círculo Operário de Monserrat, ambos amigos de Vogelsang e de La Tour du Pin, falavam no deserto.

As coisas foram diferentes na Itália. Até então, muitos poucos católicos se tinham preocupado com o problema social: alguns raros bispos, como Gioachino Pecci, e a minúscula equipe que rodeava o pe. Taparelli d'Azeglio, falecido em 1862. Se a caridade tinha um lugar de honra — com um Dom Bosco ou um Cottolengo —, as obras sociais eram a bem dizer inexistentes. As que funcionavam alguns anos atrás tinham desaparecido. Por exemplo, os famosos "Bancos Populares", que, do século XV ao XVIII, tanto bem tinham feito aos agricultores e aos pequenos comerciantes. A partir de 1871, a situação mudou. Em muitos lugares, passou a haver grupos que se entregaram a estudar esses problemas — que, devemos notá-lo, tinham na Península Itálica modalidades peculiares, visto que a industrialização era aí ainda incipiente. Foi como reação contra o socialismo que o catolicismo social se afirmou.

Costa e Berni, antigos garibaldinos, que tinham tido o batismo de fogo nas fileiras dos *communards* de Paris — eram da Romagna, como gostará de recordar o também *romagnolo* Mussolini —, promoveram uma agitação popular, especialmente entre os trabalhadores do campo, a quem prometiam a partilha das terras. A fórmula da Comuna — "Nem Deus nem senhor!" — era também a deles. A resposta católica veio de *D. Bonomelli*, bispo de Cremona. Numa famosa carta pastoral, intitulada *Propriedade e socialismo*, o corajoso prelado denunciou os verdadeiros responsáveis dos progressos obtidos pela propaganda Costa-Berni: eram os grandes proprietários, que ignoravam por completo as necessidades dos seus assalariados, que lhes impunham contratos agrícolas iníquos e, ainda por cima, eram completamente incapazes de lhes dar o exemplo de cristãos autênticos. Essa filípica episcopal assinalou a entrada em cena do catolicismo social italiano.

O movimento iria conservar, até à encíclica, um caráter bastante especulativo. Pensava-se, sobretudo, em refletir sobre os problemas, em achar-lhes soluções doutrinais, mais do que em resolvê-los no plano dos fatos. No entanto, se é certo que mesmo esse esforço foi, em conjunto, um tanto confuso, não o devemos subestimar: contribuiu para preparar o material para a *Rerum novarum*. Os discípulos do pe. Taparelli, pes. Liberatore e Zigliara, Nicolo Rezzara, professor em Bérgamo, e, em Roma, o futuro cardeal Jacobini, desempenharam um papel de primeira ordem. Acima de todos, porém, esteve *Giuseppe Toniolo*, que até à morte (1918) aparecerá como chefe de fila[18]. A *Obra dos Congressos*[19] — cuja importância para a renovação católica, de 1874 a 91, já conhecemos — dedicou uma das suas cinco secções ao estudo dos problemas sociais: lá se discutia, quer o trabalho de mulheres e crianças, quer as cozinhas econômicas ou o salário dos operários de Roma. O *Círculo de São Pedro*, também chamado *Círculo Romano de Estudos Sociais*, que era encorajado pelo papa e dirigido por D. Jacobini, agrupou aristocratas e intelectuais: o duque de Sora, que morreria sacerdote, o príncipe del Drago e o conde Santucci, ao lado do arqueólogo Malatesta e do historiador Cesare Cantú. Dois anos antes da encíclica, Toniolo, preocupado em pôr ordem em todos esses esforços, reuniu em Bolonha uma dezena de personalidades, a fim de lançar as bases de um programa. Daí saiu a *União Católica de Estudos Sociais*, que viria a desempenhar um papel importante na difusão da doutrina da *Rerum novarum*. Dois futuros santos aderiram a esse movimento: Contardo Ferrini e Giuseppe Sarto.

Quanto às realizações práticas, embora não tenham sido nem muito originais nem muito numerosas, a verdade é que foram alguma coisa. Os católicos sociais cuidaram sobretudo de aliviar a miséria das populações rurais, para o que criaram uniões agrícolas, caixas de socorros mútuos, bancos populares de pequenos empréstimos, cozinhas econômicas. Em Roma, o Círculo de São Pedro fundou asilos para passar a noite e organizou sociedades de socorros mútuos. Destas, a mais importante, que teve como animador o generoso conde Vespignani, tomou o nome curioso de *Associação Primária Artística e Operária de Caridade Recíproca*, mas era conhecida pelos romanos como "Obra de Testa Spaccata", por causa da rua onde funcionava. Agrupou quatro mil membros: pintores, escultores, ouvires, tipógrafos, alfaiates... Nesse ínterim, em Schio, "a Manchester da Itália", o dono de uma importante tecelagem de lã, *Alessandro Rossi*, êmulo de Léon Harmel, fazia da sua empresa uma "corporação cristã". Não se pode, pois, dizer, como diz o pe. Veggian, que só se fizeram "conferências, excelentes sob o ponto de vista doutrinário, mas de onde não saía qualquer resultado prático"[20]. O problema social, quase desconhecido dos católicos italianos em 1871, surgia em 1891 na sua verdadeira dimensão e exigências, pelo menos aos olhos dos melhores[21].

Também surgia como urgente perante outras igrejas que, minoritárias, porventura poderiam ter renunciado a assumir um papel condutor. Era o caso da igreja de Inglaterra e da igreja dos Estados Unidos. Em ambos os países, foi por ocasião de uma crise violenta que os católicos intervieram no campo social.

A 13 de agosto de 1889, rebentou uma greve entre os estivadores de Londres, motivada pelo excesso de trabalho e pela insuficiência dos salários. Em breve se alastrou: todos os ofícios conexos aderiram; 250 mil operários cessaram todo o trabalho. Elevou-se então uma voz: a do arcebispo de Westminster, *Henry Manning*, o convertido do Movimento de Oxford[22], cuja autoridade acabava de ser reforçada pela púrpura romana. O cardeal já protestara nas suas cartas pastorais contra a miséria dos camponeses da Irlanda, condenara o regime de trabalho das mulheres e crianças nas manufaturas e chegara a criticar a onipotência do capitalismo, "perante o qual o salário está desarmado". Nenhum ministro de qualquer Igreja falara tão alto e tão claro. "O objetivo da vida — dizia

Manning — não é aumentar o número de pilhas de algodão"; e "a liberdade do lar doméstico é mais importante do que a liberdade das trocas".

Quando a greve dos estivadores paralisou o porto de Londres, Manning entrou em ação. Conhecia o meio. Seu pai e um de seus irmãos tinham sido presidentes de uma associação desses operários. Convocou os patrões e os delegados operários. Como estes últimos hesitassem, julgando insuficientes as concessões patronais, o cardeal exclamou: "Irei eu próprio falar aos grevistas! 25 mil são meus filhos: hão de escutar-me". E foi pela arbitragem do "Cardeal dos Pobres" que a greve terminou. O que lhe mereceu críticas azedas do burguês *Times*. "Eminência — gritou-lhe um patrão —, o que está a fazer é socialismo!" Ao que Manning respondeu: "Talvez para o senhor. Para mim, é pura e simplesmente cristianismo..."

Atitude análoga foi a dos chefes do episcopado norte-americano. Também eles assumiram a liderança do movimento social, até então a bem dizer inexistente nos Estados Unidos. Dois nomes se impuseram: o do cardeal Gibbons, arcebispo de Baltimore, e o de mons. Ireland, arcebispo de Saint-Paul (Minnesota). O primeiro conhecia por experiência direta o mundo do trabalho, por ter pertencido a ele; o segundo tinha formação mais intelectual, mas um temperamento de fogo. Com eles se forjou o tipo do bispo americano que ainda é o dos nossos dias: mais condutor de homens que administrador.

Um caso curioso revelou aos Estados Unidos que a Igreja Católica, ainda bastante desdenhada, era capaz de intervir com vigor no plano social. Quando por volta de 1885 a situação econômica se deteriorou, o problema operário colocou-se em termos de grande premência: os salários diminuíam e o custo de vida aumentava, enquanto a formação rápida de enormes fortunas alargava a distância entre as classes. Ao apelo de *Powderly*, foi criada uma associação operária que cedo se tornou considerável: perto de 750 mil adeptos. Tomou por nome *Knigths of Labor* ["Cavaleiros do trabalho"] e, de acordo com uma certa tendência que os americanos ainda não perderam de todo (segundo dizem), rodeava-se de um inocente mistério, à maneira das sociedades secretas. Quando os *Knigths* tentaram penetrar no Canadá, o episcopado denunciou-os a Roma como maçons. Mas o episcopado dos Estados Unidos não tinha a mesma opinião. Powderly era católico. Na maior parte, os "oficiais" também o eram, assim como mais de metade dos "cavaleiros". Não seria esse um extraordinário meio de estabelecer o contato entre o catolicismo e a classe operária? Os dez principais arcebispos pronunciaram-se a favor da associação, e o cardeal Gibbons enviou a Roma um memorial circunstanciado.

Nem tudo, no movimento, estava acima de toda a crítica; mas os dirigentes aceitavam corrigir o que parecesse condenável, "desde que os deixassem lutar contra a avareza e a opressão". "Que a Igreja — concluía o cardeal — tenha o cuidado de não repelir as classes operárias, quando elas procuram melhorar a sua sorte. Que nunca a Igreja deixe que a acusem de indiferença pelos seus progressos, que desconfiem dos seus sentimentos de justiça, de rigor e severidade para com os seus trabalhos! Perder a influência sobre o povo seria perder o futuro"[23]. E ganhou. As suas frases pertinentes eram decerto o resumo das intenções que animavam o catolicismo social — aquelas que, amanhã, Leão XIII iria formular alto e bom som.

La Tour du Pin e a União de Friburgo

Como acabamos de ver, em muitos países os católicos tinham passado a estar atentos ao fato social. Quereria isso dizer que tinham uma doutrina comum? Certamente que todos tinham idênticas intenções: fazer reinar a justiça, dar ao trabalhador aquilo a que tem direito, impedir o antagonismo de classes. Quando se tratava de melhorar a sorte dos proletários, conseguia-se pôr de acordo homens muito diferentes uns dos outros. Assim, no parlamento francês, mons. Freppel e Albert de Mun propuseram juntos, em 1886, a criação de caixas de seguro social. Mas, quando se tratava de ligar os postulados às realizações, ou seja, quando se queria definir uma concepção da ordem social, as divergências eram consideráveis.

No entanto, havia uma influência que se exercia a bem dizer sobre todos: a de *Fréderic Le Play*[24]. O seu método, que consistia em estudar os casos sociais particulares por meio de monografias, a fim de extrair delas regras de conduta, tivera grande êxito nos últimos anos do reinado de Napoleão III. Mas, de Le Play, podiam tirar-se muitas coisas — e coisas muito diferentes[25]. Violentamente hostil ao "falso dogma da igualdade providencial" nascido da Revolução, era também severo com "os ricos que não cumprem os seus deveres para com os pobres, os manufatureiros que, numa pavorosa depravação, acumulam massas degradadas". Para ele, a sociedade devia ser concebida como uma ampla família à maneira antiga, cujo *paterfamilias* seria representado pelas "classes dirigentes", conscientes das suas obrigações e resolvidas a tornar felizes as "classes inferiores". Tal era o princípio do *paternalismo*, que não era necessariamente cristão, mas ao qual muitos patrões cristãos se mostraram sensíveis. Efetivamente, o paternalismo inspirou certo número de chefes de empresa que realizaram interessantes obras sociais: por exemplo, na França, Cheysson, diretor das fábricas da Schneider (Creusot); Alfred Mame, impressor de missais em Tours; ou, em Marselha, Eugène Rostand[26], grande pioneiro dos alojamentos operários e do crédito popular.

Mas muitos católicos sociais achavam o paternalismo insuficiente. Ao invés de confiar o problema à boa vontade das classes dirigentes, não seria preferível estabelecer a ordem social com base numa colaboração entre as classes, criando ou recriando instituições que a tornassem obrigatória? Já Buchez o pensara. Por volta de 1880, a ideia de *Associação* era a mais comumente aceita, e uma palavra estava em voga para designar o sistema que garantisse a colaboração orgânica das classes: *Corporação*. De resto, a palavra cobria realidades diferentes. Tratava-se da corporação do *Ancien Régime*? Ou do organismo de Estado preconizado por Vogelsang? Ou dessa grande família, simultaneamente confraria, que Léon Harmel realizara? Desses debates confusos, emergiu, porém, um homem que se impôs pela força do seu pensamento: *René de la Tour du Pin*, aquele que já vimos descobrir — ao mesmo tempo que o irmão de armas, Albert de Mun — a sua vocação social.

Esse fidalgo, de velho tronco do Dauphiné, era profundamente cristão. Passara a juventude sob o arnês de soldado. Na idade madura, permaneceu sempre na sua própria terra, no meio dos aldeões de Arrancy, que se julgava obrigado a ajudar e a guiar em virtude de um contrato tácito feito entre a sua linhagem e as famílias daqueles. Espírito poderosamente sintético, foi o único entre os cristãos do seu tempo a formular o problema social em toda a sua dimensão. Por isso mesmo iria exercer até aos nossos dias uma grande influência, e muitos homens, movimentos, até regimes, iriam escutar os seus ensinamentos. Logo depois da Comuna, estudara Le Play. Em seguida, nomeado adido militar na Embaixada da França em Viena, convivera com Vogelsang. Por fim, Léon Harmel, a quem encontrara na *Obra dos Círculos*, dera-lhe a conhecer a sua experiência do Val-des-Bois. Foi precisamente nos artigos doutrinários, modestamente intitulados *Avis* ["Opiniões"], que publicava no jornal dessa obra,

L'Association catholique, que La Tour du Pin expôs, a princípio, a sua doutrina, antes de a formular completamente, bem mais tarde, em dois livros: *Vers un ordre social chrétien* (1907) e *Aphorismes de politique sociale* (1909).

Na crítica, La Tour du Pin era de uma audácia que Karl Marx teria apreciado. Qualificava de "bárbara" a lei da oferta e da procura em matéria de trabalho. Do capitalismo, dizia: "É a exploração do trabalho de todos em proveito apenas de alguns". Anunciava que "a classe patronal veria arrancada pouco a pouco pela vaga popular tudo aquilo que não queria conceder". Para o operário, reivindicava não somente o salário vital, mas o "salário natural", que cobrisse os riscos de acidente e de doença, bem como a velhice. E acrescentava que essas medidas, de estrita justiça, não lhe pareciam suficientes, uma vez que não permitiam "nem o progresso econômico nem a ascensão social" dos trabalhadores.

O que ele queria era uma refundição da sociedade no quadro do *regime corporativo*. Este devia pôr fim simultaneamente à "liberdade anárquica", que entrega ao patrão o operário indefeso, e à ideia revolucionária de que autoridade e liberdade são antagônicas. A ordem social cristã devia assentar em instituições em que a autoridade fosse expressão da livre vontade de todos.

Como é que o regime corporativo funcionaria na prática? Todos os que, numa mesma localidade, pertencessem à mesma profissão, tanto patrões como operários, formariam um "corpo de Estado"; poderiam, se quisessem, agrupar-se numa "Associação profissional", equivalente a um sindicato. Em nível superior, provincial e por fim nacional, a "corporação" reuniria, sem os confundir, todos os elementos que concorressem para o exercício da profissão. Organizaria as condições de trabalho, fixaria as remunerações, controlaria a contratação e as dispensas. Teria tribunais próprios, conselhos corporativos, destinados a evitar os conflitos entre empregadores e assalariados, e um conselho de disciplina para solucionar litígios individuais.

Possuiria patrimônio próprio, alimentado pelas contribuições de todos, que financiaria um sistema de seguros e de escolas profissionais. Os patrões permaneceriam à cabeça das empresas (La Tour du Pin pensava que a melhor gestão era a pessoal), mas estariam enquadrados e controlados pelo mundo do trabalho. Como a corporação gozaria de prerrogativas jurídicas e as suas decisões seriam obrigatórias, qualquer abuso de poder se tornaria impossível. E, para fazer aplicar as decisões das corporações, lá estaria o "Estado corporativo", autoridade suprema, emanação da vontade das corporações.

La Tour du Pin estava convencido de que esse sistema, que visava pôr fim às injustiças sociais por meio da colaboração obrigatória das classes, triunfaria pela "evolução histórica": exatamente como Karl Marx pensava do seu. Em que medida é que o princípio diretor, que consistia em substituir a associação dos detentores do capital pela associação das pessoas, tinha em conta o fenômeno típico do capitalismo — que a crítica marxista apresentava como inelutável — da concentração do capital e das empresas, tendendo a pôr nas mãos de alguns toda a responsabilidade de uma profissão? Quando La Tour du Pin escrevia, o fenômeno estava longe de ser tão claro como no nosso tempo. Fortemente estruturada, orientada para uma autoridade suprema — que La Tour du Pin pensava dever ser monárquica, mas que também podia ser concebida sob qualquer forma de um Estado forte —, a Corporação pareceu oferecer, no entender de numerosos católicos, a oportunidade de uma reconstituição da sociedade de acordo com os princípios da justiça cristã. Chegou a haver, em Romans, nos anos de 1888 e 91, esboços de Estados provinciais, os "Estados livres do Dauphiné", onde representantes dos ofícios discutiram os meios adequados para realizar "a Corporação livre no Estado organizado".

Nos anos que precederam a *Rerum novarum*, a Corporação teve grande êxito. Foi o *leitmotiv* de todos os congressos. O que não quer dizer que se tivesse chegado a acordo entre os católicos sociais. Havia divergências acerca dos meios. A *Escola de Angers* opunha-se à *Escola de Liège*. Em substância, reaparecia aí a velha oposição entre católicos de direita e católicos de esquerda.

A Escola de Angers — assim chamada porque o bispo de Angers, mons. Freppel, congregava na cidade os que estavam de acordo com ele — era hostil a qualquer intervenção do Estado: este devia limitar-se a fazer respeitar a livre vontade de cada classe de se organizar no quadro da profissão. Pensava também que a Igreja não devia intervir, como tal, nos problemas sociais, mas simplesmente lembrar aos seus filhos as exigências da justiça. Os principais "angevinos" eram o jesuíta pe. Forbes, o conde d'Haussonville, os professores Henri Joly e Claude Jannet, o capuchinho Ludovic de Besse, mons. d'Hulst, juntamente com os discípulos belgas de Charles Périn.

Também a Escola de Liège recebia o nome da cidade de que era bispo outro grande prelado, mons. Doutreloux, que lá organizava famosos congressos. A fim de promover as indispensáveis reformas, os "liegenses" não hesitavam em preconizar o apelo aos poderes públicos, e, para eles, era dever urgente da Igreja formular soluções para o problema social, propondo instituições cristãs. Albert de Mun e a Obra dos Círculos, Giuseppe Toniolo, Gaspar Decurtins, ao mesmo tempo que os animadores do movimento de Mönchengladbach e o cardeal Manning, ligavam-se a esta escola. Entre as duas, as relações nem sempre eram muito pacíficas. Foi o que se pôde ver no Congresso de Malines (1890), em que os representantes de Angers arremeteram a fundo contra Albert de Mun e os seus amigos.

Foi La Tour du Pin que, preocupado com essas oposições doutrinais, e convencido de que a sua teoria corporativista permitiria um acordo, lançou a ideia de reuniões de debate; e a ideia concretizou-se nos encontros da *União de Friburgo*[27]. Várias pessoas falaram do assunto com mons. Mermillod, que se mostrou interessadíssimo. Na fascinante cidade do vale do Sarine — onde as velhas casas amontoadas nos flancos abruptos das colinas parecem ajoelhadas aos pés da catedral de São Nicolau —, nessa capital do catolicismo suíço, realizaram-se, durante sete anos consecutivos, sessões de estudos em que se fez um imenso trabalho doutrinal. Participaram delas homens de todos os países e de todas as proveniências: aristocratas como o duque de Urssel (belga), o conde Esterhazy (húngaro), Loewenstein, príncipe do Santo Império, o conde Medolago-Albani (italiano); intelectuais e políticos como Toniolo, Decurtins, Helleputte; teólogos como os jesuítas Pascal, Liberatore e Lehmkuhl ou o dominicano Weiss; industriais e homens de negócios como Léon Harmel e Henri Lorin; ao todo, um pouco mais de sessenta pessoas.

Montou-se uma organização, com um conselho central e secções nacionais. Loewenstein foi nomeado presidente de honra; mons. Mermillod, presidente; Blöhme, diretor dos debates; Kufstein, secretário dos estudos; La Tour du Pin, secretário geral; Python, arquivista. Fez-se um regulamento. Em cada ano, antes de se separarem, os membros da União distribuíam entre si os problemas a estudar, e, no ano seguinte, cada relator apresentava o fruto dos seus estudos, numa memória que a assembleia discutia e da qual mais tarde se extraíam fórmulas breves e densas[28].

Do outono de 1884 ao de 1891, as sessões acumularam uma massa enorme de relatórios sobre todos os temas relativos ao problema social e, em muitas delas, propuseram-se soluções que iriam ser as soluções da Igreja. O eixo do pensamento era a doutrina da Corporação: "O regime corporativo — declarava a conclusão de 1891 — é o único em que pode ser assegurada a representação de todos os interesses; é igualmente o mais beneficioso para o conhecimento de todos os direitos e o cumprimento de todos os deveres sociais". Era visível a influência direta de La Tour du Pin. Nesse meio tempo, outros membros da União de Friburgo, menos teóricos, tentavam decisões práticas. Assim, o barão de Ottenfels propunha a regulamentação internacional da produção, para prevenir as crises; Henri Lorin lia um relatório sobre a necessidade dos seguros sociais. Assumiram-se algumas posições revolucionárias, não apenas contra o capitalismo liberal — "é essa a cidadela", dizia mons. Mermillod —, mas também a favor da posse pela Corporação dos meios de produção, a favor da entrega da propriedade rural aos que a cultivavam, a favor do reconhecimento do direito sindical dos trabalhadores, direito que tinha em Gaspard Decurtins o grande defensor.

A União de Friburgo iria desempenhar um quádruplo papel. As suas sessões puseram os homens em contato. Foram a encruzilhada em que se uniram as diferentes teses. Contribuíram enormemente para difundir as ideias sociais: o que era elaborado em Friburgo dava, depois, a volta à Europa. Finalmente, exerceram considerável influência no pensamento de Leão XIII.

Já em 1881, uma delegação do grupo francês de estudos sociais tinha ido entrevistar-se com o papa para lhe dar a conhecer as suas preocupações. Em 1888, nove membros da União entregaram-lhe uma memória. Logicamente, o papa não aproveitou todas as conclusões dos trabalhos de Friburgo. Árbitro supremo, tinha de ter em conta as diversas tendências que surgiam entre os seus filhos. Mas os homens de Friburgo viram na *Rerum novarum* o coroamento dos seus esforços. Por isso, uma vez publicada — e, de resto, com a morte do seu chefe, o cardeal Mermillod —, deixaram de se reunir, tendo o sentimento de que a sua missão estava concluída e de que se abria uma nova etapa na história do catolicismo social.

Gioachino Pecci, "social"

Quando, em 15 de maio de 1891, Leão XIII lançou a sua retumbante mensagem acerca da condição dos operários, a Igreja estava, portanto, preparada para ouvi-la. E é fora de dúvida que, para redigir a encíclica, o papa e os colaboradores por ele escolhidos se serviram do material ajuntado, cuidando de encontrar o denominador comum entre teorias muitas vezes divergentes.

Havia já muito tempo que se sabia que mons. Pecci, arcebispo de Perúgia, podia ser contado entre os prelados mais "sociais". Donde tinha vindo tal preocupação a esse aristocrata, que praticamente nunca tivera contatos com a classe operária? Talvez tivesse feito as suas primeiras descobertas sociais na Bélgica, quando, jovem núncio apostólico em Bruxelas, de 1843 a 46, pudera ver a penosa condição do proletariado, tal como o inquérito de Ducpétiaux a iria revelar. Mais ainda, porém, o que o levara a interessar-se por esses problemas fora a leitura de numerosos pensadores cujas obras estudara durante o seu longo episcopado na Úmbria: tanto Lamennais como Ozanam, Balmes como Ketteler.

A essas preocupações de justiça social fora também levado pela constante leitura de São Tomás de Aquino. No círculo de estudos tomistas que fundara sob a direção do irmão[29], esse gênero de questões era bastante debatido. Um padre de grande prestígio, mons. Satolli, originário de Perúgia e tomista eminente[30], abordava-as frequentemente. Ora, estava escrito na *Suma* que "o trabalho dos operários é a única fonte de toda a riqueza dos Estados", ou que "o uso dos bens materiais deve ser ordenado para o bem comum". Fazer do "social" matéria de ensino doutrinal era, pois, mostrar-se bom tomista.

Em 1877, um ano antes de subir à Sé Apostólica, o arcebispo de Perúgia publicara no início da Quaresma uma carta pastoral que provocara uma certa agitação na Itália. Nela, condenara "o abuso indigno dos pobres e dos fracos por parte daqueles que querem explorá-los em proveito próprio" e denunciara "o número exagerado das horas de trabalho". E, utilizando o próprio vocabulário do socialismo, falara da "lei de bronze" em virtude da qual o empregador, que alugava as forças físicas de um homem, ignorava o homem e as suas reais necessidades. E chegara a concluir que a crise religiosa e moral que contristava tantos bons católicos não tinha outra causa senão a miséria imerecida. Crítica lúcida e corajosa na pena de um bispo nesse tempo. As conclusões da carta pastoral talvez, porém, parecessem curtas. Embora reclamasse, numa breve frase, uma legislação que "pusesse um freio a esse tráfico desumano", mons. Pecci insistira na necessidade de voltar aos princípios do cristianismo, "que temperam a dura lei do trabalho", e de confiar na Igreja, que "tornando a dar ao trabalho a sua dignidade, concilia a sua rude obrigação com a liberdade do homem".

Depois de eleito papa, Leão XIII continuou a apaixonar-se pela questão operária. Os que o cercavam puderam ver que, reticente em conceder audiências, jamais as recusava quando se tratava de uma delegação de camponeses ou de operários. Continuando a manter-se informado, lia os artigos de La Tour du Pin e mandava que lhe traduzissem Vogelsang. Entre os visitantes que recebia com evidente prazer, contava-se Léon Harmel, a quem pedia que lhe explicasse pormenorizadamente o funcionamento da pequena corporação do Val-des-Bois, e a quem condecorou com a Ordem de São Gregório Magno, juntamente com mons. Mermillod, que, expulso de Genebra, vivia em Roma. Entre 1878 e 91, deu-se nele uma evolução, assinalada por várias tomadas de posição: por exemplo, os agradecimentos dirigidos ao cardeal Manning pelo papel de árbitro na greve dos trabalhadores das docas, ou a recusa em condenar os *Knights of Labor* americanos. O relatório enviado pela União de Friburgo, conversas com Giuseppe Toniolo e com outros — tudo acabou de convencê-lo de que, para estabelecer uma ordem social cristã, eram indispensáveis reformas institucionais, e de que a Igreja não tinha nenhum dever mais imperioso do que preparar essas reformas.

Por que foi que se decidiu a publicar uma encíclica em 1891? Diversas razões podem tê-lo animado a isso. O ano de 1891 ocupa um lugar singular no movimento econômico do século. Situa-se no termo de uma fase de queda dos preços, que durava havia mais de sete anos. Nesse ínterim, estava à espreita uma nova crise cíclica. Socialmente, portanto, a situação era má[31]. As greves dos mineiros alemães e dos *dockers* ingleses ainda eram recentes, e, em Fourmies, acabara de correr sangue. Leão XIII receava que os progressos das teses socialistas, essas "modernas escolas de economia política", tirassem partido das circunstâncias. Para refrear o avanço socialista, o jovem Kaiser, Guilherme II, retomando a ideia de Gaspard Decurtins, convocara para Berlim, em 1890, uma Conferência Internacional do Trabalho. Na Itália, dentro da Obra dos Congressos, parecera indispensável criar a *União Católica de Estudos Sociais* e Toniolo e os seus amigos fundavam-na e convocavam o primeiro congresso. A convergência de tantas intenções e de tantos projetos não deixou de impressionar o papa.

Por outro lado, e precisamente por estar bem informado do que se passava no seio dos movimentos católicos sociais, Leão XIII conhecia com certeza as divergências que os separavam, nem que fosse apenas pelas sucessivas — e contraditórias — visitas dos cardeais Mermillod e Langénieux e de mons. Freppel. Era tempo de oferecer a todos um corpo doutrinário indiscutível. Quando Toniolo e La Tour du Pin lhe disseram: "Acusam-nos de sermos socialistas", o papa respondeu: "Estais no verdadeiro cristianismo. A nossa próxima encíclica há de mostrá-lo claramente". Por último, e no plano dos sentimentos, a peregrinação operária organizada por León Harmel em 1887 causou-lhe grande impressão. Diante desses dez mil trabalhadores reunidos na nave de São Pedro, muitos dos quais choravam de alegria, Leão XIII comoveu-se. Tendo descido às oito horas, para celebrar a Missa, ficou no meio dos peregrinos até à uma da tarde, interrogando-os e abençoando-os, chegando a tomar entre as suas mãos esguias um ou outro rosto. Não seria, pois, possível a reconciliação da Igreja com o mundo operário?

No seio do *Círculo Romano de Estudos Sociais*, de mons. Jacobini, tinha sido criada uma comissão para estudar os problemas. Participavam dela tomistas como mons. Talamo e militantes da ação social, como Kufstein, Decurtins, mons. Mermillod. Ao que parece, foi depois de ter recebido o relatório preparado pela União de Friburgo (princípios de 1889) que o papa decidiu publicar uma encíclica. A preparação foi confiada ao cardeal Zigliara e a mons. Boccali; depois, o binômio estendeu-se ao pe. Matteo Liberatore, redator da *Civiltà cattolica*, e ao cardeal Mazzella, secretário da Academia de São Tomás. A partir de julho de 1890, o papa foi recebendo "esquemas", que ia estudando pessoalmente. Uma análise exaustiva[32] mostra que, entre o relatório da União de Friburgo, a primeira redação do "esquema" e o texto da encíclica, as diferenças são frequentemente consideráveis. É de pensar que foi sob a influência direta do papa que todas essas diferenças foram ultrapassadas. E isso, tanto por ter tido o cuidado de não comprometer a Igreja em controvérsias teóricas, em que podia parecer que saía do seu papel — por exemplo, na apreciação do capitalismo como sistema econômico —, como por ter querido declarar melhor os direitos dos trabalhadores.

Assim, uma das frases mais importantes da encíclica, em que se aprova a constituição de grupos quer *compostos apenas de operários*, quer mistos, ou seja, de operários e patrões, não figurava no ante-projeto[33]. Parece certo que foi o próprio Leão XIII quem a escreveu, depois de conhecer o caso dos *Knights of Labor*, que o fez compreender a importância da associação operária para o futuro. Frase capital, porque vinha legitimar antecipadamente o movimento sindicalista e mostrava que a doutrina social da Igreja não era necessariamente a dos defensores da associação corporativa[34].

"Rerum novarum"

Tal como saiu da tipografia em maio de 1891, a encíclica *Rerum novarum* é um documento admirável, de uma unidade de pensamento e de expressão que impressiona. Dá uma sensação surpreendente de largueza de vistas e de audácia, mas ao mesmo tempo de medida e sabedoria. Aborda o problema social com tanta força como serenidade.

Compõe-se de um preâmbulo e duas partes. Por que esta publicação?, pergunta a breve introdução. Porque a febre de inovação — *rerum novarum* — que agita as sociedades passou do plano político para o social, por efeito do desenvolvimento da indústria. "As relações entre patrões e operários modificaram-se. A riqueza afluiu às mãos de um pequeno número, e a multidão foi deixada na indigência". Isso criou as condições para um angustioso conflito. O papa considera, pois, de seu dever tratar desse problema, que não abrange — precisa ele — o conjunto da questão social, tudo o que diz respeito à organização cristã das sociedades. O que vai ser tratado é simplesmente "a condição dos operários". Embora assim restringido, "o problema não é fácil de resolver nem isento de perigos".

O documento formula-o na sua primeira parte, em termos vigorosos. Existe um mal social: "Os homens das classes inferiores encontram-se, na sua maioria, numa situação de infortúnio e de miséria imerecida. Destruíram-se as corporações, que eram uma proteção para os pequenos; a religião foi banida das instituições e das leis. Assim, os trabalhadores, isolados e indefesos, viram-se pouco a pouco, com o correr do tempo, entregues à mercê de senhores desumanos e à cupidez de uma concorrência terrível. Uma usura devoradora veio agravar o mal. A concentração da indústria e do comércio nas mãos de uns poucos impõe um jugo quase servil à infinita multidão dos proletários". O som destas frases percucientes não é muito diverso do usado pelos socialistas.

Mas devemos aceitar as soluções socialistas? Não. A encíclica prossegue, com a condenação dessas teses. "Elas arrastam ao ódio invejoso dos pobres contra os que possuem", o que é contrário à caridade. "Pretendem que toda a propriedade de bens privados deve ser suprimida" e convertida em propriedade coletiva, quando a verdade é que "a propriedade privada e pessoal é, para o homem, de direito natural", base legítima e desejável da família. Podemos até dizer que, ao trabalhar a terra, "o homem deixa nela uma certa marca da sua pessoa, a tal ponto que, em perfeita justiça, esse bem será doravante possuído como seu"[35]. Finalmente, os socialistas atribuem ao Estado um papel excessivo, quando o certo é que a sociedade doméstica tem prioridade lógica e primazia real sobre a sociedade civil. Logo, o socialismo é funesto. O seu triunfo seria prejudicial, mesmo para os operários.

Depois de rejeitar o liberalismo econômico e o socialismo, o papa, na segunda parte da encíclica, pede a três ordens de poderes a transformação da situação social.

Em primeiro lugar, à lei moral, porque há aí um problema de justiça que pertence à teologia moral. Na natureza ou entre os homens há diferenças múltiplas, que condicionam desigualdades sociais: seria vão negá-lo. Mas essas desigualdades devem estar a serviço do bem da sociedade. É um erro capital pensar que as classes são "inimigas natas", como se a natureza houvesse armado pobres e ricos para um duelo obstinado. Importa, pelo contrário, uni-los, equilibrá-los. É dever dos operários executar lealmente o contrato de trabalho, respeitar a pessoa e os bens do patrão, repudiar a violência. É dever do patrão não tratar o operário como escravo, não lhe impor tarefas acima das suas forças, dar-lhe um salário justo, cuidar de não cometer nenhuma deslealdade. Explanação aparentemente teórica, mas que abre perspectivas decisivas quanto ao salário justo e ao uso legítimo da propriedade.

O segundo poder para o qual Leão XIII apela é o Estado. É dever do Estado concorrer para a prosperidade comum. É a ele que incumbe, em primeiro plano, a obrigação de fazer reinar a ordem — por exemplo, impedindo que as greves se transformem em desordem —, mas também de velar pela justiça distributiva. De modo especial, deve proteger os mais fracos, "salvaguardar a vida e os interesses da classe operária" e, se faltar a esse dever, "viola a estrita justiça". Entrando nos pormenores, a encíclica precisa que o Estado deve intervir para controlar as condições de trabalho — condições morais e materiais — e para garantir o "salário justo". Rejeita a teoria liberal segundo a qual "o patrão cumpre todos os seus compromissos quando paga o salário livremente consentido", e proclama o direito do trabalhador de receber uma remuneração "com que conseguir as coisas necessárias", o que define o salário em função das necessidades do homem, e não já de um cálculo econômico.

Finalmente, um terceiro poder é chamado a intervir na questão social: o dos próprios interessados — patrões e operários. Devem eles unir-se para resolver esses difíceis problemas. As associações profissionais são legítimas. São de direito natural. Devem ser privadas, ou seja, não obrigatórias, mas protegidas e fiscalizadas pelo Estado. Já muitos católicos, aos quais Leão XIII presta homenagem, têm trabalhado para organizar essas associações. Os resultados obtidos pelas sociedades de socorros mútuos e pelas caixas de seguros são importantes. Mas essas associações devem ir mais longe: devem animar a vida profissional, controlá-la, eliminar os riscos de conflito. É aqui que figura a frase atrás citada, que admite que nem todas essas associações sejam do tipo "corporação", com patrões e operários juntos, mas que sejam — sem que se pronuncie a palavra — sindicatos. Profeticamente, como se pressentisse o desenvolvimento do apostolado operário e do sindicalismo cristão, Leão XIII, ao verificar que as associações operárias são frequentemente hostis à religião, lança um apelo aos operários cristãos para que "se organizem a si mesmos e juntem as suas forças para conseguirem sacudir corajosamente um jugo tão injusto e tão intolerável".

A conclusão do documento é um apelo a todos os católicos, padres e leigos, patrões e operários, para que se esforcem por fazer triunfar os princípios aí expostos e promovam as providências desejáveis. "É de uma abundante efusão de caridade que devemos esperar a salvação".

Assim a *Rerum novarum* situava a posição social da Igreja acima das escolas que se defrontavam. Pedia aos católicos que travassem um duplo combate: contra a injustiça social e contra as doutrinas perniciosas que preconizavam o ódio entre as classes. Desde então, a Igreja manterá sempre essa atitude. O texto pontifício não se limitava, como outrora a carta pastoral do arcebispo de Perúgia, a erguer um protesto contra um regime econômico cuja injustiça só era percebida por um pequeno número. Fazia obra de construção. Trazia à crise social, que parecia determinada por antinomias irredutíveis, uma solução de princípio, humana e sábia. E sobre pontos concretos — como a noção do salário justo, a liberdade de associação reconhecida ao operário, o direito do camponês à terra — revelava-se de uma tal audácia que cem anos não bastaram para traduzir em fatos os princípios por ela afirmados. No essencial, é dela que procede a grande ideia do nosso século: a economia deve estar ao serviço do homem.

É óbvio que a encíclica leonina formulava o problema social nos termos em que então se apresentava, e não pretendia oferecer soluções completas para conflitos que só muito tempo depois haviam de surgir: por exemplo, os da "segunda Revolução Industrial", os do desemprego "tecnológico" ou da submissão do homem à máquina. O texto de uma encíclica nunca é um documento definitivo, irreformável. Bem o sabem os papas; por isso fizeram seguir-se à *Rerum novarum*, primeiro a *Quadragesimo anno*, depois a *Mater et Magistra*, a fim de adaptar às circunstâncias históricas um pensamento em progresso. Em alguns pontos, pode-se até dizer que houve esquecimento — porventura intencional —; sobre outros, as posições já estavam ultrapassadas. Por exemplo, a encíclica nada diz acerca da regulamentação internacional do trabalho, quando, no mesmo dia em que deu o resumo oficial do documento, o *Osservatore Romano* publicava um longo artigo sobre o assunto; é verossímil que, tendo visto que no Congresso de Berlim a questão suscitara alguma polêmica, Leão XIII tenha preferido deixá-la de parte. Por outro lado, a crítica ao socialismo que aparece no texto dirige-se mais aos socialismos franceses do que ao marxismo, doutrina então desconhecida dos católicos e cuja importância apenas muito raros espíritos compreendiam, entre eles um pároco alemão: Kohoff.

Seja como for, é indiscutível que foi dado um grande passo, cujo alcance talvez não possamos avaliar, agora que as ideias da *Rerum novarum* passaram a fazer parte da carne e do sangue do catolicismo. A Igreja ia ter por muito tempo a sua "Carta Social".

O acolhimento dado à encíclica

Como é que a encíclica foi acolhida pela opinião pública? Seria exagerado dizer que ela foi unanimemente considerada como um texto capital. No entanto, homens que não compartilhavam as convicções do papa compreenderam que se tratava sem sombra de dúvida de um ato de "grande política" e que o Vigário de Cristo surgia como árbitro entre as classes sociais, depois de o ter sido entre as nações.

Na Alemanha, o jornal socialista *Vorwaerts* felicitou Leão XIII "por se ter antecipado aos governos". Na Inglaterra, o *Guardian*, que tinha conhecidos vínculos com a *High Church*, escrevia: "É obra de um sábio". Na França, Émile Spueller, colaborador de Gambetta, anotava: "É um grande acontecimento na história das sociedades modernas". Anatole Leroy-Beulieu, eminente defensor do liberalismo, no já citado artigo da *Revue des Deux-Mondes*, declarou a sua profunda admiração pela audácia do Pontífice, e concluiu: "Trata-se de um sinal dos tempos que vêm". Émile Ollivier exclamou: "O papa ultrapassou-se!" E Maurice Barrès, talvez com algum exagero: "Após a encíclica, é inconcebível que continue a existir um anticlericalismo".

Esses testemunhos não nos devem iludir. Não devemos pensar que, de um dia para o outro, a palavra do papa bastasse para levar todos os católicos a comprometer-se no campo social. É muito comum que as encíclicas sejam mal conhecidas entre os católicos. A *Rerum novarum* não foi exceção. Se os católicos sociais procuraram difundir o documento sob a forma de extratos, a grande imprensa ignorou-o, ou quase. Na Itália, os jornais monárquicos fizeram silêncio. Na França, os únicos diários católicos — o *Univers*, de Veuillot, e o jovem *La Croix*, então de oito anos —, desconfiados da política do *ralliement*, mostraram-se discretos, e a imprensa neutra ainda mais. "Mas, afinal, onde é que a Igreja hoje se vem meter? A que propósito a questão social tem a ver com o papa e os párocos?" Este parecer de um velho, referido pela *Revue des Deux-Mondes*, estava muito espalhado.

Até entre o clero — e no episcopado —, a adesão esteve longe de ser unânime. É certo que houve entusiastas, como os cardeais Langénieux, Lécot, Manning, o fervilhante bispo americano Ireland ou o Primaz da Espanha, cardeal Monescillo. Tocados pela graça social, alguns bispos chegarão até a ter gestos de grande audácia, como mons. Cabrière, que abrirá a catedral e as igrejas de Montpellier para abrigarem os vinhateiros durante as greves revolucionárias de 1907. No conjunto, o episcopado ficou numa atitude de reserva. Catorze anos depois da encíclica, um bispo do Oeste da França, solicitado a autorizar a reunião de uma Semana Social na sua diocese, responderá: "Sim, com a condição de que tirem a palavra 'social'". Conservador na sua grande maioria, o clero reagiu da mesma forma. Em 1897, falando ao Congresso sacerdotal de Fiesole, um confidente do papa, mons. Radini-Tedeschi, era levado a lançar este aviso solene: "Se os padres não assumirem a sua função social, é inevitável uma catástrofe"[36].

Foi nos meios católicos sociais, como era de prever, que o acolhimento à encíclica foi mais caloroso. Albert de Mun, Toniolo, Decurtins multiplicaram artigos e conferências. Este último conseguiu até que um congresso operário de maioria protestante e socialista enviasse uma mensagem de felicitações a Leão XIII. Não houve círculo operário, grupo de estudos, em que não se consagrassem sessões ao texto papal. Um opúsculo, intitulado *Le Pape, les catholiques et les questions sociales*, causou forte impressão, embora assinado por um pseudônimo desconhecido — Léon Grégoire[37]. Um amigo de Léon Harmel, o cônego Perriot, chegou a escrever um livro[38] para provar que a *Rerum novarum* era propriamente um documento *ex cathedra*, ou seja, que se impunha a todos "pelo caráter de universalidade do seu ensino doutrinal".

Um novo clima

No entanto, por limitada que tenha sido a sua influência imediata, a *Rerum novarum* criou um novo clima. Os elementos mais ardentes da Igreja mostraram-se conquistados e abalados. Numerosos testemunhos provam a emoção sentida por muitos jovens sacerdotes. O pe. Calippe observava que "tinha passado uma corrente nova"[39]. E os leitores do *Diário de um pároco da aldeia*, de Bernanos, recordam as frases do sábio pároco de Torcy: "Parecia que a terra tremia debaixo dos nossos pés... Essa ideia tão simples de que o trabalho não é uma mercadoria submetida à lei da oferta e da procura, de que não se pode especular com os salários, com a vida dos homens, como se fossem trigo, açúcar ou café — era algo que nos sacudia as consciências".

Nos anos que se seguiram, houve uma extraordinária fermentação de generosidade social. O problema operário, ainda ontem desconhecido, passou para o primeiro plano das preocupações daqueles que procuravam viver a sua religião. Os institutos que cuidavam principalmente do apostolado operário experimentaram um forte impulso: os Padres do Prado, em Lyon, discípulos do pe. Chevrier; os Irmãos de São Vicente de Paulo, em que então se formou um dos mais generosos apóstolos do proletariado, o pe. Anizan; na Itália, a obra de Dom Bosco. Surgiram ideias surpreendentes, que o nosso tempo erradamente julga ter descoberto. Por exemplo, falou-se em constituir "padres operários", que ganhassem a vida com as suas mãos, para assim estarem mais perto dos proletários. No *Gaulois*, o acadêmico Costa de Beauregard falou com admiração de um pároco da Savoia que encontrou trabalhando na sua oficina de marceneiro; criou-se até uma "Associação de padres operários", que chegou a ter 400 membros na França. Na Itália, o fogoso napolitano Avolio pediu "um clero proletário que vivesse em inteira comunidade de bens". Na Bélgica, houve padres que passaram a viver no meio dos mineiros e dos operários de fábricas, dormindo nos dormitórios comuns. E o pe. Rutten, dominicano, trabalhou em minas profundas. Foram incontáveis as iniciativas de "Missionários do trabalho" ou de "Capelães do trabalho" que se lançaram nessa época[40].

A partir desse momento, pode-se dizer que a ala dinâmica da Igreja ia ser "social". Na Obra dos Congressos, da Itália, a secção social ganhou tal desenvolvimento — para dizer a verdade, foi a única que se organizou com solidez —, que Pio X a deixaria intacta ao sentir-se obrigado a suprimir a Obra. Na Alemanha, o *Volksverein*, nascido como simples agrupamento dos católicos para a eventual defesa dos seus direitos, tornou-se um movimento social. Nada mais significativo do que a evolução da *Associação Católica da Juventude Francesa*, fundada em 1886 por Albert de Mun como viveiro aristocrático donde sairiam os líderes do Partido Católico com que sonhava. A partir de 1892, a Associação estende-se aos meios populares, sobretudo aos jovens camponeses, e interessa-se pelo problema social. O seu novo presidente, Henri Bazire, irá fazer dela, cada vez mais, um centro de formação social, tal como se vê pela escolha dos temas propostos para os congressos: sindicalismo, condições de trabalho dos jovens operários, questão agrária. Foi num desses congressos que Albert de Mun lançou a célebre fórmula: "A Igreja não é um corpo de polícia ao serviço da sociedade burguesa!" Os "padres democratas", os partidários da "democracia cristã", serão sinceramente democratas, ainda que neles a ação social pareça por vezes servir a ação política. E, quando Marc Sangnier fundar *Le Sillon*, o primeiro órgão do movimento intitular-se-á *Revue des catholiques d'action sociale*.

Um clima novo: mesmo que a sua influência seja limitada, é muito importante que tenha sido criado. Pouco a pouco, a preocupação social ganhará mais vastas camadas de opinião.

Os leitores do *Gaulois* e do *Écho de Paris* ouvirão Albert de Mun, Maurice Barrès, Georges Goyau, Costa de Beauregard falarem desses problemas. No *Ouest-Éclair*, grande diário bretão, um jornalista com alma de cruzado, Emmanuel Desgreés du Lou, manterá por vários anos a luta pelo ideal da *Rerum novarum*. Vem depois a literatura: são sociais os livros de Jacques Debout (pe. Rollot), ou os de Yves de Querdec (Georges Fonsegrive). A preocupação social surge até nos romancistas de sucesso, como Foggazzaro ou René Bazin, ou mesmo Paul Bourget e o jovem Henri Bordeaux. Pouco a pouco, o abalo provocado pela encíclica há de fazer-se sentir por toda a parte.

"Sociais porque católicos"

O catolicismo social lucrou muito com a iniciativa de Leão XIII. Albert de Mun sublinhou-o imediatamente: alguma coisa mudara radicalmente na Igreja; a mais alta autoridade sancionava ideias e doutrinas ainda ontem julgadas subversivas. As pequenas equipes de católicos sociais, que ainda na véspera eram tidas por franco-atiradores em risco de serem desautorizadas por quem de direito em qualquer momento, eis que ganhavam a garantia de estar no caminho que a Igreja fazia seu e a ele podiam entregar-se de alma e coração[41].

Mais ainda: os católicos sociais sabiam doravante que eram depositários de uma mensagem. Consideravam que o combate que travavam era o único que podia salvar a Igreja dos perigos que a ameaçavam. Chegaram até a convencer-se de que o único cristianismo verdadeiro era o deles: o cristianismo social. Foi isso que exprimiu um dos seus melhores porta-vozes, Henri Bazire, numa fórmula que iria ser famosa: "Se os católicos sociais têm essas ideias sociais, é por serem católicos. São sociais, não ao mesmo tempo que católicos: são sociais por serem católicos; porque é da própria essência do dogma e da Igreja, sua guardiã, que deriva a ideia social na sua plenitude. Não se trata, como alguém disse, de uma excrescência da doutrina: é, sim, a floração natural da doutrina".

Ao serviço desse ideal, algumas equipes iam continuar o trabalho empreendido, e as suas fileiras iam engrossar. Não quer isto dizer que os católicos sociais tenham sido alguma vez muito numerosos. Sofriam desde sempre — e continuariam a sofrer — uma dupla desconfiança. Aos olhos daqueles que eram seus companheiros no terreno humano, daqueles que, sendo descrentes, tinham em comum com eles ideais de justiça social, a sua fé tornava-os suspeitos. Mas a sua exigente caridade não inquietava menos certos dos seus correligionários, talvez porque era uma censura: daí, pois, a violência das críticas. Apesar dessas dificuldades, eles iriam progredir de ano para ano, até constituírem, nas vésperas da Primeira Guerra Mundial, um movimento de peso dentro e fora da Igreja.

Os elementos que constituíam essas equipes eram extremamente diversos. Havia, por um lado, os "antigos" — os La Tour du Pin, os Albert de Mun, os Harmel, muitos dos quais continuariam a atuar no decurso de existências extraordinariamente longas. Que tinham esses de comum com os militantes da ACJF ou com os "padres democratas", que utilizavam para a propaganda métodos parecidos aos dos socialistas? Entre os católicos sociais, havia industriais como Émile Dognin e Romanet, proprietários de terras como Gaillard-Bancel e Clermont-Tonnerre, homens de negócios como Henri Lorin, juristas, funcionários, professores como Toniolo, Rezzara, Boissard, Duthoit, jornalistas como Desgrées du Lou, François Veuillot e Marius Gonin. Mas, entre homens tão diferentes, a comunidade de ideal criava laços sólidos. Quase se poderia falar, se a expressão não tivesse uma ressonância desagradável, de uma "maçonaria" católica social. Quando vierem as Semanas Sociais, contribuirão muito para multiplicar contatos.

O catolicismo social teve os seus centros. Neles se elaborava a doutrina e se preparavam as iniciativas. Na França, não era só Paris; talvez mais que Paris, eram Lyon e Lile. Na Itália, eram Milão, Bréscia e Veneza. Na Alemanha, a Baixa Renânia. E nasce uma imprensa católica social, constituída sobretudo por revistas, como a *Chronique sociale* (na França), a *Cultura sociale* (em Itália), a *Paz social* (na Espanha). Aí se trabalhava a sério na aplicação dos ensinamentos pontifícios aos casos concretos. Foram muitos os esforços, muita a generosidade.

Porventura mais a generosidade... Porque a verdade é que, entre esses homens que se pretendiam "sociais por serem católicos", emergiram algumas figuras tão exemplares que nos levam a perguntar se não estariam a mostrar o que poderia ser um ideal de santidade para o nosso tempo. No período precedente, fora Ozanam. Outros vinham agora — homens que, na ação social, não viam senão um meio de servir eficazmente a caridade de Cristo e que consagraram a vida inteira a essa tarefa. Vimos já como Léon Harmel poderia figurar nessa lista. Vamos ver outros dois que deveriam ser inscritos nela.

Era um intelectual puro, um verdadeiro professor, esse *Giuseppe Toniolo* (1845-1918) que encontramos tão à vontade no mundo da erudição como nos amplos trabalhos de síntese, do gênero do seu *Tratado de Economia Política*. Tinha origem aristocrática: era bisneto de Joseph de Maistre. A sua carreira é a carreira normal de um universitário: aluno brilhante da Universidade de Pádua, torna-se professor de Módena aos vinte e dois anos e depois é nomeado para a Universidade de Pisa, onde ficará até à morte. Nada parecia destiná-lo a ser homem de ação. Mas há nele uma fome de devotamento que não se satisfaz com a honesta submissão ao dever de estado. As palavras do Pai-Nosso "venha a nós o vosso Reino!" assaltam-no, inquietam-no. Como trabalhar para fazer vir o Reino de Deus? Parece-lhe que o meio apropriado é o catolicismo social. Ao estudar a vida econômica da Florença medieval e, depois, lendo São Tomás, evoluiu: acreditava no liberalismo econômico — rejeita-o. Com o seu amigo, o conde Medolago-Albani, descobre os trabalhos dos católicos sociais franceses e alemães e entra em contato com a União de Friburgo.

A partir daí, faz-se campeão dessa causa, quer nos empreendimentos pessoais — a *Unione cattolica di studi sociali* e a *Rivista internazionale di science sociale* —, quer na Obra dos Congressos, em que vai ser a cabeça pensante. E o seu pensamento alarga-se. Troca o paternalismo por posições mais audaciosas, que o levam a reclamar para o operário a participação, não apenas no lucro, mas no capital. Daí em diante, a sua vida é devorada pelo apostolado em que se empenhou. Não sem saudades, abandona todos os seus trabalhos de erudição para se consagrar plenamente a transmitir a mensagem.

Logo a seguir à encíclica, que contribuiu para fazer surgir, multiplica conferências e artigos para difundir a doutrina do papa. Começa por pensar que o meio de promover o catolicismo social seria a democracia cristã; mas, quando Leão XIII e depois Pio X advertem contra certos equívocos, orienta-se para novas fórmulas: a *União Católica Italiana*, mais tarde a *União Popular*. Em 1910, aos sessenta e cinco anos, ainda funda uma *Escola Católica Social*, para formar jovens que assegurem a continuidade. E toda essa ação está ligada a uma bondade cujas expressões são inúmeras, a uma dedicação às pessoas que não conhece limites — numa palavra, a uma convicção cristã plenamente vivida. Um homem como o pe. Romolo Murri[42], agora seu adversário, há de louvar nele "uma fé ingênua e sincera no povo, nas classes trabalhadoras", qualificando-o de "místico da fraternidade humana", na linha de São Francisco[43].

Bem diferente do prof. Toniolo, surge-nos um homem simplicíssimo, filho de um cocheiro lionês e de uma costureira: *Marius Gonin* (1873-1937). Não tem boa cara para santo esse homenzinho de cabeça grande, aparentemente débil, calado e tímido. Mas, nos olhos com que fita o interlocutor, há muita inteligência e até um pouco de malícia, a malícia desse gênero de garoto a quem, em Lyon, se chama *gone*. É uma inteligência talvez mais voltada para as pessoas e as coisas do que para as grandes especulações. Mas que chama a ilumina! É a chama da alma, alma cristalina, atraída para as vias místicas por força do exemplo de Santa Teresa de Lisieux, e de uma maravilhosa generosidade.

Marius Gonin não precisa que lhe revelem o problema social: tocou-o com as mãos durante os anos moços, quando o patrão do pai lhe recusou a dispensa pedida para assistir à primeira comunhão do menino, ou quando se apercebeu da condição dos *canuts* seus vizinhos. Autodidata, escalando os degraus que o levarão a redator-chefe de um diário, descobre os trabalhos dos católicos sociais, lê Lacordaire, Albert de Mun, La Tour du Pin. Ajuda-o nessa descoberta um filho dos grandes burgueses da Praça Bellecour, Victor Berne, que ele encontra num círculo de estudos. Tem dezoito anos quando aparece a *Rerum novarum*: fica conquistado, entusiasmado. Reconhece nas palavras do papa, magnificamente expresso, o ideal da sua vida, e, efetivamente, toda a sua vida vai ser votada ao serviço desse ideal.

Representante típico da nova geração que, tendo atingido a idade adulta no clima criado pela encíclica, vai fazer o catolicismo social vencer uma nova etapa, entrega-se por inteiro a essa tarefa. O que vai surgir das mãos desse homenzinho franzino será prodigioso: a *Chronique sociale*, o Secretariado

Social, as Semanas Sociais, a Escola Normal Operária, as Obras das Empregadinhas Domésticas, a Federação Agrícola do Sudeste. Não há para ele dias de descanso. Acolhe toda a gente, trata de tudo, multiplica conferências, artigos, contatos. Evita cuidadosamente os primeiros papéis, mas é admiravelmente eficaz. Se a palavra vocação tem algum sentido, é mesmo a ele que se deve aplicar: vocação social, vocação fraternal. "Só aquele que ama pode fundar o futuro", repetia. À hora da morte, na sua face esmaecida o espiritual terá exaurido tão visivelmente o sensível que nada há de parecer vivo nesse rosto senão a flama das pupilas ardentes. "Um gênio e um santo", dirá dele o historiador Lucien Romier[44].

Novas equipes, novos problemas

O desenvolvimento do catolicismo social, que, com tais homens, dispunha de tão grandes trunfos, viu-se, porém, enredado em dificuldades. Todas elas resultaram da evolução das ideias, do aparecimento de novas equipes e de certas interferências com a política que os guias do movimento não souberam evitar. A *Rerum novarum* fixara os princípios da ação social, mas não indicara de que modo alcançar os objetivos propostos. Era, pois, normal que, partindo das diretrizes pontifícias, os católicos se lançassem a obras de justiça social de acordo com os meios que os seus gostos e os seus temperamentos lhes ditavam.

Desde meados do século XIX, os homens que queriam sinceramente melhorar a condição dos trabalhadores dividiam-se em geral, como vimos, em duas tendências: o paternalismo, que queria fazer das classes dirigentes os guias generosos, mas firmes, de um proletariado dócil; e o corporativismo, que pretendia estabelecer entre patrões e assalariados uma colaboração obrigatória. Raros eram aqueles que, como Léon Harmel, pensavam que importava "favorecer a ascensão popular por meio da restauração da iniciativa e da responsabilidade".

A partir de 1891, desenvolveu-se outra tendência, no sentido de promover o ressurgimento do catolicismo social de esquerda que, eclipsado depois de 1848, procurava transformar a classe operária, agora responsável pelo seu destino, em motor da evolução social. Não é verdade que algumas frases da encíclica permitiam essa interpretação? Tratava-se, à letra, de uma ideia democrática. Mas desse modo não se juntava ela, automaticamente, aos movimentos políticos que, em nome dos princípios cristãos, preconizavam o governo do povo pelo povo, ou seja, a democracia cristã? Já sabemos[45] que esta, a partir de 1895, ganhou importância em alguns países. A confusão do vocabulário aumentou o embaraço. E agravou-o o fato de a encíclica *Au milieu des sollicitudes*, que convidava os católicos da França a aceitar a República democrática, ter sido publicada alguns meses apenas após a *Rerum novarum*. Ora, em toda a parte, os democratas cristãos declaravam-se sociais e apoiavam-se na encíclica — o que mantinha a confusão.

A situação evoluiu rapidamente com a entrada em cena de novas equipes, esses jovens que, como Marius Gonin, tinham vinte anos quando da encíclica e não encaravam os problemas da mesma forma que os seus antecessores. Não tinham sido educados à sombra do *Syllabus* e no ódio a tudo o que, de perto ou de longe, lembrasse a Revolução. O regime democrático parecia-lhes adequado para pôr em prática as reformas sociais. Os mais velhos pareciam-lhes demasiado prudentes, teóricos, paternalistas. Quer nos princípios de ação, quer na escolha dos meios, estabeleceu-se uma diferença entre as gerações.

A Igreja não podia deixar que se identificasse o catolicismo social com um movimento político. Tanto mais que, vendo como agiam alguns democratas cristãos, podia-se perguntar se as preocupações sociais proclamadas em alto e bom som não seriam simplesmente argumentos para seduzir as massas. O problema, que se situava no plano político, repercutia no plano social. Assim como, sob o pretexto de não se solidarizar com o *Ancien Régime*, a Igreja não podia deixar-se prender ao sistema democrático, também não podia permitir que se associasse o seu destino ao de uma só classe.

O próprio Leão XIII se deu conta do perigo, ao ver como as suas teses sociais eram exploradas por certos democratas cristãos da França, da Itália, da Bélgica ou da Áustria. Foi essa a causa da reação que manifestou, em 1901, por meio da encíclica *Graves de communi*. Dizia o papa: "Como os preceitos da natureza e do Evangelho estão acima de todas as vicissitudes humanas, é necessário que não dependam de nenhuma forma de governo civil". E retomava, precisando-as, indicações que dera na *Rerum novarum* sobre o papel providencial das classes elevadas. Alerta necessário, mas talvez insuficientemente explícito. Porque, em vez de pôr fim à anfibologia dos termos — o que, de fato, só virá a acontecer a partir de 1918 —, o papa continuava a falar de "democracia", tentando esvaziar o termo da sua substância política para reduzi-lo ao significado de "uma benéfica ação cristã no meio do povo".

A situação, equívoca e incômoda, não pôde deixar de persistir sob Pio X, papa menos voltado para a paixão dos problemas temporais do que para os grandes interesses espirituais. Já em 1902 o então cardeal Sarto manifestara, em carta pastoral, a ideia de que "era muito condenável desviar num sentido político o impulso generoso dos católicos". Pouco depois de ser eleito, em fins de 1903, definiu em dezenove artigos um "regulamento fundamental da ação popular cristã", em que desenvolvia essa reserva. Será isto bastante para falar de um "pontificado de reação social", ou do "conservadorismo" de Pio X, citando como fundamento algum sermão em que o papa aconselhava os ricos a dar esmolas e os pobres a rejubilar-se por serem daqueles a quem o Divino Mestre prometeu as Bem-aventuranças? O papa que encorajou as duas maiores iniciativas sociais do princípio do século XX — as Semanas Sociais e o sindicalismo cristão — dificilmente pode ser classificado como pontífice reacionário. E, se é verdade que as condenações da Obra dos Congressos na Itália e do *Sillon* na França atingiram movimentos que tinham trabalhado no terreno social, não foi na qualidade de sociais que foram feridos, mas sim por razões muito diferentes, sobretudo políticas[46].

As lições de Pio X contribuíram para fixar em termos claros a posição dos verdadeiros católicos sociais. Entre o caminho arriscado seguido pelos elementos mais avançados da democracia cristã e a rota tradicional do paternalismo mais ou menos corporativista, era preciso traçar, embora com dificuldade, um itinerário que era o único que podia conduzir ao objetivo designado pela Igreja. Foi essa *via media* que iria ser seguida pelas jovens equipes da ACJF, pelos jesuítas que fundaram a Ação Popular, pelos iniciadores das Semanas Sociais. Foi ela, no fim das contas, que conduziu o catolicismo social ao plano em que depois o vimos.

O catolicismo social depois da encíclica

O quarto de século que vai decorrer entre a publicação da encíclica e a Primeira Guerra Mundial modificará profundamente as condições da vida social. Foram anos fecundos. Nenhum grande país cristão deixou de ter importantes realizações. Nessa marcha para a frente, claro que pode ter havido recuos, como também houve mudanças bem profundas. Mas não há dúvida de que se deram progressos, tanto na elaboração das bases doutrinais como no aproveitamento dos meios de ação.

Na França, onde a animação social continuou a ter primazia, a corrente paternalista desaparece. A Obra dos Círculos, que polarizara as boas-vontades durante vinte anos, vai morrer. O Conselho de Estudos e a revista *L'Association catholique* separam-se. Os Círculos deixam de progredir. Nem mesmo no Comitê se está de acordo sobre a interpretação da encíclica, nomeadamente quanto à sua doutrina sobre a propriedade. Por outro lado, a política de *ralliement* à República cava um fosso entre os antigos amigos. A partir de 1895, pode-se perguntar se a Obra que despertou as classes dirigentes para a inquietação social é algo mais que uma fachada vetusta. Afinal, de que morre ela? Dos ataques dos adversários liberais, democratas, de gente da extrema-direita à maneira de Drumond? Da apatia egoísta da burguesia? Do atraso por parte do clero em compreender a sua utilidade? Mais que tudo isso, morre da incapacidade de associar à sua ação a autêntica classe operária. A Obra teve um papel útil. Esse papel acabou.

O corporativismo, esse não desaparece: vai durar até aos nossos dias. Se deixa de ser considerado como a solução única, alimenta um catolicismo social de direita, que dispõe dos sólidos trabalhos de La Tour du Pin. Corporativismo na fábrica, com patrões cristãos, como os Mame, os Baillencourt, os Cosserat, os André, os Marcillot, os Fournier. Corporativismo na profissão, especialmente no Norte, entre os industriais de têxteis reunidos na Corporation Saint-Nicolas por iniciativa de Camille Féron, que foi um verdadeiro apóstolo, seguido por seu filho, Paul Féron-Vrau. Corporativismo na agricultura, sob a ação de Gailhard-Bancel e sobretudo de Milcent, graças ao qual surgem a assistência agrícola, o ensino agrícola. As Caixas Rurais, do pe. Aurensan e do pe. Thomaks, pertencem a essa linha, assim como a obra dirigida pelo pe.

Stanislas du Lac, na indústria costureira, para aproximar patroas e operárias, e ainda a do pe. Ludovic de Besse, com os seus Bancos Populares. O catolicismo social corporativista está longe de ser ineficaz; são numerosas as suas realizações. É também a ele que a *Action Française* irá buscar os elementos da sua doutrina.

Mas a corrente que ganha importância é o catolicismo social de esquerda. Não quer isto dizer que tenha havido ruptura entre os defensores das duas tendências: Albert de Mun irá encorajar os "padres democratas"; La Tour du Pin será muito favorável aos inícios do *Sillon*, e todos se encontrarão nas Semanas Sociais. Mas o acento tônico difere, é com frequência um acento político, o que não deixará de provocar alguma tensão.

O movimento começa por surgir nos *Círculos Operários de Estudos Sociais*, nascidos daquele que Harmel e o operário Robert tinham fundado em Reims: neles, os operários trabalham com operários. A fórmula, aprovada pelo cardeal Langénieux, tem algum êxito. Emmanuel Desgrées du Lou e o operário Justin introduzem-na em Brest. Marius Gonin e Victor Berne, em Lyon. Desses círculos de estudos saem *Congressos Operários* em que se reúnem representantes de todos eles. Já em 1896 o de Reims agrupa seiscentos delegados de cento e trinta e três associações. É nos Círculos e nos Congressos que se recrutam os militantes do catolicismo social democrático.

São diversas as equipes que sucessivamente assumem a chefia do movimento. Começa por ser o grupo daqueles a quem os adversários chamam "os padres democráticos"[47]. Jovens, empreendedores, esses padres, que veem na adesão franca à democracia a melhor hipótese para a Igreja, são todos eles "sociais" convictos. Seguem com entusiasmo o conselho que Leão XIII deu ao clero: "não se encerrarem entre as paredes do presbitério, mas irem ter com o povo e de todo o coração defenderem o operário". Os jornais que publicam — *Justice sociale*, *Le Monde* — são combatentes vigorosos. A *Union générale*, do pe. Théodore Garnier, trata especialmente da difusão das ideias da *Rerum novarum*. Alguns chegam a dedicar-se a ações práticas, como o pe. Lamire, que lança os "Jardins Operários" a fim de facilitar aos proletários o acesso à propriedade. Homens com o pe. Six são verdadeiros guias do mundo operário, e irão continuar a sê-lo, mesmo depois de a encíclica *Graves de communi* ter manifestado a preocupação do papa, não pela ação social desses jovens sacerdotes, mas pela ambiguidade da atitude política de alguns deles.

Uma nova vaga arrasta agora o catolicismo social: a da geração cuja vida cívica começa por volta de 1901. A princípio, parece que um grupo vai monopolizar todas as energias: o do *Sillon*. Nos seus luminosos inícios, a formação de Marc Sangnier trabalha magnificamente no terreno social. O próprio Pio X, na Carta em que o condenará, há de apresentá-lo, nos seus começos, "erguendo entre as classes operárias o estandarte de Jesus Cristo, alimentando a sua ação social nas fontes da graça". Os seus Círculos de estudos, os seus institutos populares, a sua imprensa, os seus livros, fazem penetrar as ideias sociais numa juventude ardente. Uma certa "exposição da miséria" causa sensação. Tira da doutrina da *Rerum novarum* concepções audaciosas acerca do papel do capital e dos direitos dos trabalhadores à posse das empresas. A sua condenação por Pio X, em 1910[48] porá termo à sua ação social como a qualquer outra.

Nesse meio tempo, porém, outros elementos estarão já em ação: juventude da ACJF, Juventude sindicalista cristã, participantes das Semanas Sociais. Quando rebentar, a Grande Guerra encontrará o catolicismo social francês em plena atividade, apoiado por organismos sólidos que souberam firmar-se na *via media*, alheios às controvérsias a que a política levou os "padres democratas" e os sillonistas. Na tribuna parlamentar, Millerand, deputado socialista, há de propor esse movimento cristão como exemplo de eficácia e prudência, que os homens de esquerda devem imitar, ao invés de "só pensarem em lutar contra as congregações religiosas".

Na Itália, onde os católicos, até então, pareciam não ter muito pressa de avançar na ação social, a encíclica dá o impulso a uma intensa atividade. De todos os lados se vê surgirem caixas rurais, sociedades de cooperação, uniões profissionais. Para só falarmos das primeiras, serão um milhar em 1898. Belo resultado, devido à ação de um prático experimentado em matéria social, o zelosíssimo pe. Cerutti. De resto, os progressos do socialismo, assinalados pela multiplicação das "câmaras dc trabalho", tornam esse esforço indispensável. Assim o reconhecem honestamente os católicos reunidos em congresso em Gênova, em 1892. Vale-lhes terem à cabeça um Giuseppe Toniolo, que inspira o movimento e forma uma plêiade de discípulos, como Antonio Boggiano ou o pe. Pavissich. A *União Católica para os Estados Sociais* e a *Rivista internazionale di scienze sociale* contribuem eficazmente para a doutrina. A partir de 1895, ano em que a Obra dos Congressos atinge o apogeu, é no seu quadro, ou seja, na secção IIa., que se organiza essa atividade católica social: Nicolo Rezzara é o secretário geral da Obra. O dinamismo é tal que o governo se inquieta e aproveita as agitações causadas em 1898 pela miséria para prender católicos misturados com socialistas, suspender os jornais e dissolver as associações dos católicos sociais. Vã reação, que não quebra o impulso.

Como na França, o aparecimento de uma nova geração suscita problemas. As ideias e o vocabulário de Toniolo e seus amigos serão ainda válidos para o pe. Romolo Murri? A Obra dos Congressos vai evoluir, tomar posições cada vez mais políticas, até o momento em que a crise rebentar e Pio X puser fim ao empreendimento[49]. Mas, nos últimos dez anos de vida, ela prossegue vigorosamente no seu trabalho social. O Congresso de Milão de 1897, em que Toniolo expõe um programa audacioso, tem notável repercussão. A revista *Cultura sociale* responde vigorosamente à *Critica sociale* dos socialistas. É então que estreia no combate a equipe dos jovens católicos sociais que, até às vésperas da Guerra de 1914, dará prosseguimento ao trabalho, quando já estiver extinta a Obra dos Congressos e dela apenas sobreviver — saída da IIIa. secção, a *União econômica-social*, dependência da *União Popular* criada por Pio X — a equipe de Ivrea, de Meda, de Angelo Mauri, de Mattei Gentili, de *D*. Sturzo. A animação continua intensa. O movimento cooperativo e o mutualismo avançam sempre. Em 1907, agrupam-se numa Federação todas as associações dos dois tipos, com setecentos e noventa e nove grupos aderentes. Continuam a implantar-se em todo o país as caixas agrícolas católicas, e também elas, em 1909, se constituem em Federação. Nesse ínterim, prosseguindo o esforço doutrinário, à semelhança da França, os intelectuais criam em 1907 as Semanas Sociais, e organiza-se o sindicalismo cristão.

Na Alemanha, o catolicismo social dispõe de bases sólidas. Os líderes são os homens de *Mönchengladbach*, centro industrial da Baixa Renânia onde, desde há muito tempo, as ideias de D. Von Ketteler suscitaram realizações. A "Associação Popular para a Alemanha Católica", esboçada em 1890 e constituída em 1892, vai contar, em 1910, mais de um milhão de sócios. O *Volkswerein* entrega-se a uma viva atividade por meio de reuniões, publicações de toda a espécie, eruditas ou populares; a sua biblioteca social é a mais rica da Alemanha. Tem um anexo social, o *Arbeiterwohl* ["Bem do operário"], que dá continuidade à Associação para o Bem-estar dos Operários, do cônego Von Moufang, e ajuda os operários a elevar o nível de vida. O jovem clero difunde as ideias de Leão XIII pelas paróquias. Criam-se por toda a parte círculos católicos. Os pioneiros dessa marcha para diante são sacerdotes, como Franz Hitze e August Pieper, ou ainda Karl Sonnenchein, futuro apóstolo de Berlim, que convoca os estudantes universitários para a ação social, e também alguns industriais generosos, como Brandt.

Esse catolicismo social alemão, tão vigoroso, tem alguns problemas sérios pela frente. Um é idêntico ao que se encontra na França e em outros lugares: há desacordo, no movimento, quanto aos meios de ação. Ao grupo chamado "de Mönchengladbach", e considerado demasiado democrático, opõem-se os "corporativistas". Estes são secundados pelas associações rurais, então dirigidas pelo barão Von Loë. Um jornalista, uma espécie de Drumont alemão, Franz von Savigny, conduz furiosamente a luta contra o "vírus ocidental". Chega-se a levantar contra a associação de Mönchengladbach uma *Associação Católica Operária*, com sede em Berlim, conservadora. A crise vai estalar a propósito do problema da confessionalidade dos sindicatos[50]. De fato, porém, será apenas o pretexto que revelará o antagonismo doutrinal.

Outro problema se põe, também, este especificamente alemão. Tem a ver com as condições em que se desenvolveu a vida política no Reich[51]. O partido católico do *Zentrum*, vitorioso no Kulturkampf, passou a fazer parte dos conselhos de Governo e aí vai ficar — salvo uma interrupção de dois anos, 1907-1909 — até à Primeira Guerra Mundial inclusive. Isso permite-lhe exercer considerável influência em matéria de legislação social, em que a Alemanha toma a dianteira de todas as nações. Mas dessa situação resulta uma tendência para o estatismo que não se encontra tão desenvolvida em nenhuma outra parte. Em 1893, a pretexto de preparar a aplicação da *Rerum novarum*, alguns teólogos, agrupados em Colônia à volta do vigário-geral Oberdörffer, estabelecem um *Programa social* que conseguem ver vagamente aprovado pelo cardeal Rampolla. Nesse documento, pede-se ao Estado "que proteja e favoreça todos os esforços tendentes à organização corporativa das profissões". Os deputados do *Zentrum* adotam-no como seu. É preciso então contar só com o Estado para fazer progredir as ideias sociais cristãs? Na realidade, o governo imperial apoia as obras sociais, designadamente as caixas agrícolas e as cooperativas de compra, e não incomoda o sindicalismo. Mas não haverá um perigo nesse estatismo declarado? Sob a República de Weimar, ver-se-á que sim...

A situação é completamente diferente na Bélgica, onde, no entanto, os católicos estão no poder quase sem interrupção. Isso porque, embora o partido católico seja de tendências conservadoras e os seus chefes, Beernaert e Voeste, pertençam à alta burguesia flamenga e sejam paternalistas, é outra a orientação da *Liga Democrática Belga*, que surge em 1891 com os restos da velha *Federação das Obras Católicas*, dirigida por Helleputte e Verhaegen. É certo que o partido lhe limita a atividade e a impede de ser demasiado independente; mas a sua influência é inegável e o programa social que apresenta para as eleições de 1894 é respeitado. Até se pode dizer que se torna a própria carta do partido no poder.

Tanto é assim que grande número de leis aprovadas se inspiram no ideal de justiça cristã. Leis sobre a proteção dos operários, sobre o repouso semanal, sobre os acidentes de trabalho, sobre o contrato de trabalho, sobre a previdência, e ainda para a defesa dos pequenos camponeses e a reconstrução dos pequenos ofícios: a lista é impressionante. E, fato importante a sublinhar, o Estado católico belga não procura impor a unificação por meio de uma disciplina autoritária. A lei sobre os Conselhos Operários é significativa: o que pretende sobretudo é estimular, ajudar a viver as células sociais, e associá-las livremente, o que, para mais, está em harmonia com a maneira de ser nacional do país em que nasceram as *Guildas*[52].

O impulso dado pela encíclica faz-se, pois, sentir em todos os países onde surgiu o catolicismo social. Só a Suíça — que, com a União de Friburgo, estivera na vanguarda — dá a impressão de marcar passo. No entanto, logo a seguir à *Rerum novarum*, as Associações católicas operárias, lançadas por Decurtins, elaboram um programa social muito interessante, que o cardeal Rampolla aprova. Mas os católicos conservadores conseguem afastar de cena o grande líder, o que dá como resultado deixar a iniciativa social aos socialistas durante cinquenta anos. Apesar de tudo, em 1910 reúne-se em Friburgo uma Semana Social.

Em contrapartida, alguns países que tinham ignorado a corrente católica social descobrem-na agora. Na Holanda, uma "Liga Democrática Católica" lança um manifesto em que adota como programa os ensinamentos de Leão XIII. Na Espanha, o cardeal-primaz, Monescillo, arcebispo de Toledo, assume a chefia do movimento e, em 1895, numa carta pastoral de ampla repercussão, denuncia a tirania do dinheiro. Surge em Madri uma revista, a *Paz social*. Entre os mineiros das Astúrias, o deão da catedral, Arboleya Martínez, empreende uma ação generosa, e, entre os ciganos, o pe. Andrés Manjón, professor de Direito Canônico na Universidade de Granada, realiza maravilhas. Em Tarragona, um congresso católico faz de porta-voz das queixas dos operários: insuficiência dos salários, excesso de trabalho, moradia lamentável; e reclama a fixação de um salário justo, assim como, para o camponês, o direito de adquirir a terra que cultiva.

Fora da Europa, é sobretudo nos Estados Unidos que se vê desabrochar o catolicismo social. A influência de D. Ireland é notável. Em inúmeros discursos, reclama para a classe operária não tanto obras de assistência como o direito de tomar nas mãos os seus destinos e "sacudir o jugo das forças econômicas desumanas". A Federação Americana das Sociedades Católicas, criada em 1901, sob a direção de

D. McFaul, bispo de Trenton, e de D. Messmer, arcebispo de Milwaukee, e que terá, em 1912, três milhões de aderentes, promove nos seus congressos anuais o estudo das diretrizes de Leão XIII. Sob a influência do pe. John Ryan, autor de um livro acerca do "salário vital", e do pe. Dielz, apóstolo da classe operária, é criado um "Comitê do Serviço Social". A Federação exprime a sua simpatia pelos trabalhadores sindicalizados que lutam por melhorar a sua sorte. Defende o princípio das contratações coletivas, reclama a supressão do trabalho dominical, a limitação da jornada de trabalho, salários suficientes, condições higiênicas, indenizações em caso de acidente. A partir de 1910, a "Conferência Nacional das Obras de Assistência" põe em funcionamento um verdadeiro serviço social nos meios cristãos, e, em 1917, o "Comitê Católico para o tempo de guerra" irá publicar um programa de reconstrução social que incluirá grande número de providências da mais alta importância: seguros contra a doença e o desemprego, reconhecimento do direito sindical, ação do Estado contra os monopólios capitalistas, participação dos operários nas empresas — programa que a embriaguez da prosperidade a seguir à guerra fará entrar em sonolência, mas que terá reflexos na política do *New Deal* de Roosevelt.

De toda essa fermentação, que resultados devemos reter? Podemos classificá-los em três rubricas. Antes de tudo, o período é, nas palavras de Henri Rollet, "excepcionalmente criativo em obras sociais, engenhosas e variadas". Em segundo lugar, a "ciência social católica" de que Pio XI falará na *Quadragesimo anno*, progride. Finalmente, há uma inegável influência sobre a evolução das leis e dos costumes em matéria social. Não são resultados insignificantes.

Obras sociais. São demasiado numerosas para que possamos tentar enumerá-las, tanto mais que muitas delas se distinguem mal das obras caritativas ou delas procedem diretamente, tais como as obras de Dom Bosco na Itália ou a do "Moulin vert" do pe. Viollet, no bairro popular de Plaisance (Paris). Consoante os países, variam as modalidades; mas, em linhas gerais, são de três tipos. As que ajudam o trabalhador no seu ofício e, se necessário, o protegem: vão das caixas agrícolas alemãs e italianas, ou das caixas de empréstimo gratuito francesas, até à "Obra da Agulha" para os trabalhadores a domicílio e para os lares para empregadas domésticas de casas burguesas. Em segundo lugar, as que melhoram as condições de vida material dos trabalhadores: alojamentos operários, "fornos econômicos", cooperativas de consumo. Por último, as que intervêm quando as dificuldades da existência tornam mais difícil a condição do trabalhador: filhos numerosos, acidentes, doenças, velhice — e é aqui que a mutualidade presta grandes serviços.

Em todos os países em que o catolicismo social se enraizou, esses três tipos de obras desenvolvem-se. Devemos considerar à parte uma obra de tipo muito original, nascida simultaneamente na Bélgica e na França, proveniente dos "secretariados do povo", tão caros a Léon Harmel, desenvolvidos por Marius Gonin, Maurice Eblé e Victor Bettencourt: são os *Secretariados sociais*, centros de informação à disposição dos católicos desejosos de "dedicar-se ao social" e dos usuários das obras, "entroncamentos" das atividades sociais.

Ciência social. Realiza-se um trabalho de elaboração doutrinal. Desenvolvem-se os dados da encíclica e trabalha-se por extrair dela aplicações concretas. É um esforço que se observa tanto entre os católicos franceses dos Círculos ou, mais tarde, do *Sillon*, como na Obra dos Congressos italiana ou nos congressos alemães e nas publicações de Mönchengladbach. Esse trabalho manifesta-se de muitas maneiras: publicação de livros sobre a "doutrina social" da Igreja, como são os do pe. Rutten (dominicano belga), de Toniolo e muitos outros; lançamento em quase todos os países de revistas e círculos de estudos; em numerosas universidades católicas, em Lille e em Friburgo, na Universidade do Sagrado Coração (Milão) e na de Washington, criação de cadeiras de economia social e fundação de escolas sociais. Um empreendimento original, para coordenar a difusão do catolicismo social, é o da *Ação Popular*, fundada em 1902 por dois jesuítas franceses, os pes. Leroy e Desbuquois; as suas inúmeras brochuras e o seu *Guide social* prestam imensos serviços. Por fim, uma outra iniciativa francesa, imitada por todo o lado, destina-se simultaneamente a fazer progredir a doutrina e a torná-la conhecida: são as *Semanas Sociais*, que merecem um estudo à parte.

Influência social dos católicos inspirados por Leão XIII. Dá-se primeiro no plano parlamentar. Vimos já como se exerceu na Bélgica e na Alemanha. Na França, Albert de Mun desempenha um papel decisivo na aprovação da lei de 1884 sobre os sindicatos e, na Câmara dos Deputados, Raoul Jay é o grande defensor do descanso semanal e da organização social do trabalho. Para se calcular a importância desta ação, bastará citar estas frases de um historiador pouco suspeito de simpatias clericais, Charles Seignobos[53]: "Padres e escritores católicos invocavam os deveres dos patrões e das autoridades para com as classes operárias. Leão XIII consagra oficialmente o movimento com a encíclica de 1891 [...]. O governo, cedendo a essa corrente de opinião, insere no seu programa as leis sobre o trabalho, e a Câmara decide dedicar uma sessão semanal às questões sociais".

Mas essa influência não se exerce apenas na tribuna das Assembleias. Leva os patrões, principalmente os que se reúnem na União Internacional das Associações Patronais Católicas, a melhorar a condição dos seus operários. Traduz-se mesmo no plano da organização sindical dos trabalhadores, logo que se constitui um sindicalismo cristão[54]. "Nesta parte da ordem social que está relacionada com a moral — dirá Pio XI —, alguma coisa mudou".

As Semanas Sociais

A semente de que iria sair a árvore de numerosos ramos, que é a *Semana Social*, formou-se na Alemanha. Já em 1892, o pe. Hitze e o industrial Brandt, animadores do *Volkswerein*, tiveram a ideia de instituir "cursos sociais práticos". Seriam ministrados todos os anos numa nova cidade. Compareceriam as personalidades marcantes do movimento e dariam lições teóricas e práticas. Entre os assistentes das primeiras sessões, figuraram um pároco de Mulhouse, o cônego Cetty, e um publicista, Max Turmann, ambos amigos de Marius Gonin, a quem contaram o êxito dos cursos de Mönchengladbach e perguntaram se não seria bom imitá-los na França.

Passado algum tempo, em 1901, M. Savatier, diretor da *Association catholique*, revista da *Obra dos Círculos*, que sobrevivera ao declínio desta, fundava, por sua vez, a *União dos Católicos Sociais*, centro simultaneamente de estudos e de propaganda. A União contou entre os seus primeiros membros com um professor da Faculdade Livre de Direito de Lille, Adéodat Boissard, e um homem de negócios, Henri Lorin, que viera das doutrinas de Le Play para o catolicismo social e participara dos encontros de Friburgo. Em 1902, tratou-se de organizar uma sessão de quinze dias em que os dirigentes da União viriam confrontar os seus pontos de vista. Achou-se até um título: "Escola Prática de Ciências Sociais". O projeto não avançou.

Mas Marius Gonin tinha sido informado da iniciativa. Durante os longos serões em que, deixando as suas poltronas para irem fumar no cais Tilsitt, os membros do pequeno grupo lionês da *Chronique* conversaram sobre a obra alemã e o projeto francês, nasceu a ideia de unir os dois. Alugariam uma casa nas margens do lago de Annecy. Os membros do catolicismo social viriam dar as suas aulas e discutir com quem quer que se interessasse pelo problema. Na primavera de 1901, Gonin escreveu a Boissard para lhe dar essa sugestão. Em nome da União de Estudos, Boissard aceitou. A reunião teria lugar em Lyon, no princípio de agosto, e duraria oito dias. Tinham nascido as *Semanas Sociais*.

Os augúrios não eram favoráveis. "Vai estar muito calor: não vão ter ninguém", dizia um. "Que trabalho sério se poderá fazer em oito dias?", opinava outro. "Vocês, leigos, em que querem meter-se?", observava um terceiro. Ora, a verdade é que essa primeira Semana foi um êxito. Esperavam-se 200 ouvintes: estiveram 458. A pedido do reitor das Faculdades Livres, mons. Dadolle, o cardeal Coullié aceitou abrir a sessão. Vieram falar homens de primeira plana: o pe. Pascal e o pe. Antoine, afamados teólogos; Max Turmann e Martin Saint-León, diretor do Museu Social; agrários como Louis Durand, inventor das caixas de crédito do seu nome; o cônego Cetty e o próprio León Harmel. E logo se encontrou a fórmula: "Nada de discussões, nem de debates, nem de votos, nem de votações". Um ensino sólido e claro, dado sob a forma de lições e de conferências para o grande público. Não houve a princípio a ideia de centrar cada Semana à volta de um tema único no sentido de melhor o aprofundar, decisão que só se tomou a partir de 1913. A repercussão foi modesta: no seu conjunto, a imprensa calou-se ou fez uma crítica sumária. Mas o cardeal Merry del Val, em nome de Pio X, enviou um telegrama de bênção.

A iniciativa das Semanas Sociais deve-se, pois, a dois homens: Marius Gonin e Adéodat Boissard. Mas talvez a instituição não tivesse triunfado se, logo no ano seguinte, na Semana Social de Orléans, não tivesse entrado em cena um terceiro homem, *Henri Lorin* (1869-1915), que assumiu a presidência e a conservou até à Grande Guerra. Personalidade admirável a desse gigante barbudo, transbordante de vitalidade, que já se pôde comparar ao personagem central do *Manalive* de Chesterton; desse *grand bourgeois* parisiense que se interessava por tudo, que recebia todos os homens célebres da Europa, como por exemplo o filósofo russo Vladimir Soloviev; desse politécnico em quem o homem de números não incomodava o homem de ação. Amigo de La Tour du Pin e de Albert de Mun, iniciara-se na Obra dos Círculos, mas tinha-se também impregnado dos métodos científicos de Le Play. As lições com que abriu as nove Semanas a que presidiu são tão claras na exposição como ricas de substância. Foi ele que achou a fórmula do "salário vital". O papel desse membro da alta burguesia na confiança que os católicos depositaram no sindicalismo operário foi considerável. Na prática, ele ia ser de 1905 a 1914 o doutrinador das Semanas Sociais e, através delas, de uma vastíssima parte do catolicismo social francês.

O êxito da Semana de Lyon foi decisivo. Desde então, fora as duas interrupções provocadas pelas guerras mundiais, os católicos sociais franceses nunca mais deixaram de ter uma *Semana* em cada ano, pelo verão. "Universidades ambulantes", as Semanas realizaram-se sucessivamente em Orléans, Dijon, Amiens, Marselha, Bordéus, Rouen, Saint-Etienne, Limoges, Versailles. "Escolas normais superiores" do catolicismo social, contribuíram enormemente para fazer avançar a ciência social. "Escola de ação moral" em matéria social, ajudaram a semear no público católico as preocupações sociais e as ideias da *Rerum novarum*.

Os bispos, a bem dizer sem exceção (porventura com alguma reticência íntima), apoiaram o movimento: o prelado da cidade onde se reunia a Semana assumia a presidência de honra. E estabeleceu-se o hábito de Roma enviar uma mensagem pontifícia em que se fixavam as perspectivas segundo as quais se deviam realizar os trabalhos. Os "professores" foram tão numerosos que seria impossível enumerá-los: filósofos como Maurice Blondel, geógrafos como Jean Brunnes, escritores como Brunetière e René Pinon, historiadores como Goyau, Kurth, Madelin, juristas como Boissard, Eugène Duthoit ou Raoul Jay, técnicos das questões sindicais ou da agricultura. Quanto aos teólogos, participaram em sólidos grupos. Entre eles, ocuparam um lugar proeminente o pe. Thellier de Poncheville e o pe. Sertillanges, dominicano. Quanto aos assistentes, a progressão do seu número é impressionante: de 458 em 1904 passaram para 1433 em 1910 (Rouen); só uma das Semanas, a de Marselha em 1908, registrou uma quebra. E, fato notável, o clero forneceu uma parte significativa da assistência — mais de metade na maior parte do tempo —, como se esses 600 ou 700 padres que compareciam às Semanas lá fossem buscar uma provisão de temas de pensamento e ação, para utilizarem durante o ano junto dos fiéis.

Essas Semanas anteriores a 1914 parecem ter tido por desígnio precisar a doutrina da Igreja, razão pela qual nela predominaram os teólogos e os filósofos. Os assuntos tratados eram de ordem geral: propriedade, profissão, família, trabalho; por vezes, altamente abstratos, como a ideia de responsabilidade; mais raramente práticos, como por exemplo os sindicatos, os contratos de trabalho... O método encontrado desde o começo permaneceu o mesmo: lições magistrais, não seguidas de discussão, conferências para o grande público. Mas é claro que, nessa massa de homens, a discussão seria normal; assim, à noite os grupos debatiam.

Quando, após 1907, a organização ficou completa, a tradição marcou o ritmo da Semana; desde a Missa de abertura e a lição inaugural, até à leitura das conclusões, seguidas do ofício da tarde. Cada dia começava pela Missa, seguida de duas aulas magistrais e a previsão de uma terceira para o fim da tarde (o princípio desta era reservado à leitura dos documentos, às reuniões privadas, às visitas coletivas); a noite era consagrada aos grandes encontros e às assembleias litúrgicas. Essa vida em comum era animada por uma espiritualidade fervorosa. O clima era de amizade. Ainda mais que pelo trabalho tangível — de que dão testemunho as lições publicadas e as "conclusões" —, foi talvez como ponto de encontro — em que se confrontavam pessoas e ideias —, que as Semanas tiveram um papel de primeiro plano no desenvolvimento do catolicismo social.

Seria surpreendente que uma tal iniciativa não tivesse sofrido as dificuldades que todas as obras humanas encontram. Aqueles que, entre os católicos, punham certas reservas à orientação social da Igreja, não poupavam as suas críticas às Semanas, e alguns deles não deixavam de ter audiência em Roma. Esses homens que falavam tão livremente de tantos assuntos graves não seriam suspeitos de modernismo? Em 1909, um certo pe. Fontaine, que a Companhia de Jesus afastara, formulava a questão em termos brutais. Por outro lado, é muito difícil, em reuniões desse gênero, impedir um ou outro orador de tomar posições aventurosas. Assim, em Dijon, Imbart de la Tour provocou escândalo ao atacar violentamente o ensino livre. Alguns textos do próprio Henri Lorin, que induziam a pensar que o direito de propriedade cessa quando a propriedade falta à sua função social, provocaram um esclarecimento do cardeal Merry del Val. A verdade é que essas tempestades não foram muito graves. Numa série de sete artigos publicados em 1909 pelos *Annales de philosophie chrétienne*, Maurice Blondel justificou com excepcional penetração a "via media" seguida pelas Semanas. Em 1914, os corajosos dirigentes das Semanas tinham triunfado, quer daqueles que os consideravam excessivamente audazes, quer daqueles que os acusavam de não visarem nenhuma utilidade política.

O exemplo francês foi seguido. Em 1906, abriu-se em Madri um "Curso breve de questões sociais", do qual Severino Aznar tirou a Semana Social. Em Lovaina, por iniciativa do *Boerenbund* (a Associação de Camponeses), efetuava-se uma semana social agrícola. No ano seguinte, reunia-se em Utrecht (Holanda) uma Semana em que se estudavam temas diversos: papel da burguesia no comércio e na indústria, política social das comunas, reformas sociais. Na Itália, uma primeira tentativa foi feita em fevereiro de 1907 (Milão), durante quatro dias sociais. A ruína da Obra dos Congressos estava ainda muito perto, e não se fazia ideia do futuro da União Popular querida por Pio X. Em setembro, porém, Toniolo, assumia a arriscada responsabilidade de convocar, para Pistoia, a primeira Semana Social italiana, que Pio X aprovou oficialmente, falando de uma "nova instituição"; o cardeal Maffi, arcebispo de Pisa, presidiu-a pessoalmente. Em 1908, as Semanas começavam na Bélgica: uma em língua flamenga em Lovaina, outra em língua francesa em Fayt-les-Manage. A Suíça, retomando o impulso de Friburgo, criava a sua em 1910. E até houve tentativas de Semanas Sociais femininas: em Bruxelas (1911) e em Turim (1913).

A maior parte dos oradores de todas essas Semanas, tal como os das francesas, tratavam de assuntos gerais e só abordavam por alto os problemas de estrutura, como por exemplo de organização profissional ou de ação direta, que mais tarde viriam a ser importantes. Muito especialmente na Itália, onde o esforço doutrinário tinha sido, como sabemos, bastante limitado, foi no quadro das Semanas Sociais, e sobretudo por influência de Toniolo, que esse esforço veio a ser seriamente empreendido.

Nas vésperas da Guerra de 1914, as Semanas Sociais tinham-se, pois, tornado, segundo as palavras de Pio X, "uma instituição". Aquilo que nenhuma obra de sociologia católica nem nenhum congresso de "democratas" ou de movimentos juvenis poderia ter feito, as Semanas o realizavam: eram elas que faziam amadurecer os frutos da *Rerum novarum*; eram elas que davam à Igreja quadros qualificados para conduzir o combate social.

Nasce o sindicalismo cristão

Definir a doutrina, formar quadros sociais, criar obras para melhorar a sorte dos trabalhadores — tais pareciam ser os três objetivos visados durante os anos que se seguiram à *Rerum novarum*. Paralelamente a esse tríplice esforço, e numa linha bem diferente, tomaram-se algumas iniciativas que viriam a dar resultados consideráveis. Assim como tinham participado no movimento mutualista que se desenvolvera durante o período anterior, os católicos iam agora encontrar-se associados ao poderoso movimento que ergueu a classe operária e se traduziu no surgimento do sindicalismo.

A verdade é que muitos católicos, mesmo sociais, iriam permanecer alheios a esse movimento, e até desconfiados. De acordo com a doutrina corporativista, os agrupamentos operários tinham o direito de existir, mas no âmbito da corporação. Esta concepção estava tão implantada na mentalidade que só em 1912 é que Albert de Mun abandonou a ideia de que o sindicalismo misto seria a única solução cristã para a organização do trabalho[55].

No mundo rural, foi essa a fórmula que prevaleceu até 1914. As circunstâncias não eram idênticas na agricultura e na indústria; o problema dos trabalhadores agrícolas das regiões de latifúndio ainda não tinha despertado as atenções. Ao contrário, a agricultura estava ameaçada pelas crises, pela concorrência, pelos desastres naturais. Proprietários, técnicos e trabalhadores assalariados, todos tinham o mesmo interesse em defender o seu ganha-pão. O sindicalismo agrícola foi, portanto, muito naturalmente "corporativo" e mais preocupado com o preço dos adubos e da venda dos produtos do que com a defesa social. Quer isto dizer que se deva deixar esse sindicalismo agrícola, ou, mais rigorosamente, esse corporativismo agrícola, fora do catolicismo social? Dentro desse quadro, alguns homens generosos conseguiram desenvolver uma ação autenticamente social, realizar obras sociais de grande interesse, o que, no fim das contas, faz desse movimento um dos exemplos mais concludentes daquilo que o corporativismo pode originar.

Na França, o sindicalismo agrícola teve o seu surto depois de 1884, ou seja, a seguir à aprovação da lei que autorizava os sindicatos. Como nos lembraremos[56], tinham-se feito certas tentativas isoladas, conduzidas principalmente por H. de Gaillard-Bancel no Sudeste, por Louis Milcent em Poligny e por M. de Fontgalland em Die. Esses mesmos homens aproveitaram a ocasião oferecida pela lei para desenvolverem o movimento: *A Cruz e o arado*, tal foi a divisa lançada por Gaillard-Bancel. Constituíram-se setenta e quatro sindicatos, que depois se federaram em uma União Central. Neles conviviam os membros da aristocracia e os pequenos proprietários. As categorias "meeiros" e "trabalhadores rurais" estavam menos representadas. No entanto, o movimento estava lançado e expandiu-se. Constituíram-se espontaneamente agrupamentos provinciais, tendo em conta as condições próprias de cada região: o da Mancha, patrocinado por Garnot; o da Champagne, ao qual Léon Harmel deu o seu apoio entusiástico; o de Anjou, dirigido pelo conde Henri de la Boillerie e pelo abade da Trapa de Belefontaine; a Federação do Sudeste, avançada em todos os aspectos, e, um pouco à margem, os sindicatos do Gers, animados por um pároco de Auch, o pe. Farel.

A evolução do sindicalismo agrícola para preocupações mais humanas que econômicas foi obra de homens conquistados pelas ideias sociais cristãs, como o pe. Farel ou esses dois grandes chefes que foram Gaillard-Bancel e Louis Milcent — o primeiro, proprietário fundiário no Baixo Dauphiné, católico militante; o segundo, antigo soldado papal, depois conselheiro de Estado, por fim retirado nos seus campos natais do Jura. Por iniciativa deles e depois à sua imitação, constituíram-se caixas de socorros, de crédito mútuo, de reformas e até de autênticos seguros agrícolas. A Federação do Sudeste realizou tarefa análoga, tendo, ao lado do seu primeiro presidente, que foi Émile Duport, Louis Durand e Marius Gonin; deve-se-lhes em especial a criação de escolas agrárias.

As características do sindicalismo agrícola francês reproduziram-se de modo bastante análogo em outros países. Na Alemanha, o muito corporativista *Bauernverein* ["União dos camponeses"], que existia havia meio século[57], sem deixar de cuidar da defesa dos interesses profissionais, desenvolveu as obras sociais. Na Bélgica, o *Boerenbund*, onde patrões e operários também se misturavam, multiplicou cooperativas e sociedades mútuas. Na Itália, onde o movimento rural foi, essencialmente, obra dos pequenos proprietários, as "caixas rurais" foram o melhor meio de entreajuda.

Mas desse modo ficavam resolvidos todos os problemas do mundo agrícola? Na teoria, sim; na prática, nem tanto. Havia problemas para além dos da compra e venda, do crédito e da mutualidade. Rendeiros, meeiros, jornaleiros teriam os mesmos interesses que os proprietários? A questão foi levantada no Congresso operário de Lyon, de 1897, por um jovem coadjutor bretão, o *pe. Trochu*, a quem se devia já, sob pseudônimo, um excelente manual de questões rurais. "O arrendamento ainda será justo?", perguntava ele. Não seria bom reconhecer aos trabalhadores rurais o direito de defenderem os seus interesses constituindo grupos distintos? E não tardou que se percebesse a necessidade de sindicatos agrícolas dos assalariados e dos meeiros.

Na indústria, essa evolução foi muito mais rápida. Entre o proletariado, cujos efetivos aumentavam constantemente, o movimento sindical tomou no decurso do último quartel do século XIX um impulso que nunca mais perderia força. Mas tinha a oposição das leis. Na França, a lei Le Chapelier (1791) fizera da "coligação" um delito; a lei de 1864 suprimira essa qualificação, mas mantivera a proibição de associação para defesa dos interesses comuns. Só em 1884 é que a lei Waldeck-Rousseau permitiu a formação dos sindicatos. A verdade, porém, é que, violando a lei anterior, já estavam constituídos alguns. A França seguia exemplos estrangeiros. Em 1871, as associações operárias inglesas, as *Trade Unions*, eram legalmente reconhecidas e teriam 1.500.000 membros em 1895. Na Alemanha, sob a direção do operário torneiro Karl Legien, o sindicalismo estava em franco progresso, tal como na Bélgica, nos Países Baixos e na Suíça. Nos Estados Unidos, a Federação do Trabalho reclamava "o salário justo para uma jornada justa". Por toda a parte se estabeleciam Bolsas de Trabalho, como outras tantas fortalezas para a defesa do operário.

Entre os católicos sociais, havia uma corrente favorável ao sindicalismo operário. Por muito "corporativista" que se julgasse, Léon Harmel não parava de lutar pelo que chamava "a ascensão popular pela restauração da iniciativa e da responsabilidade", mostrando muito claramente que, num sindicato misto, o operário sofria sempre uma certa pressão, ainda que inconsciente, por parte do patrão. Seria a Igreja docente contrária às associações de operários? Não parecia, visto que a *Rerum novarum* lhes reconhecia o direito à existência[58]. E o próprio Pio X, na *Singulari quadam* (1912), não só não as desaprovava como até encorajava vivamente aquelas "que tivessem por base da sua ação a religião católica e seguissem as diretrizes da Igreja". Parecia, pois, que, sob a condição de conservarem um caráter católico muito nítido, os sindicatos de trabalhadores podiam perfeitamente ser aceitos.

O primeiro sindicato cristão francês parece ter sido fundado em Lyon (1864) por alguns *canuts*, que responderam à chamada do voluntarioso saboiano Auguste Gruffaz. Situava-se, teoricamente, no quadro de uma Corporação dos Empregados da seda, em que patrões e empregados de escritório deviam ter também os seus sindicatos. Depois, no Norte, vieram, em 1885 e 1886, outros pequenos agrupamentos, uns constituídos pelo operário Decoopman ajudado pelo pe. Six, os outros por Fernand Declercq e o seu jornal *Le Peuple*. Mas a primeira realização de certa amplitude foi, em 1887, o parisiense "Sindicato dos Empregados do Comércio e da Indústria". Surgiu por iniciativa dos Irmãos das Escolas Cristãs, que, tendo perdido o direito de ensinar nas escolas municipais, passaram a dar atenção à organização de escolas técnicas e obras pós-escolares. O *Irmão Hiéron* compreendeu a importância de haver sindicatos cristãos. Alugou uma sede, na rua des Petits-Carreaux. Sob a presidência de Zirnheld, o sindicato teve um desenvolvimento rápido. Em 1896, no Congresso operário de Reims, chamou a atenção por um relatório que constituía um verdadeiro programa sindical, com dez anos de avanço sobre a célebre "Carta de Amiens" da CGT [*Conféderation Génerale du Travail*, organização sindical de tendência socialista].

O movimento assim lançado prosseguiu. De ano para ano, foram-se criando sindicatos cristãos em todos os ofícios. Com o apoio do pe. Anizan, então superior dos Irmãos de São Vicente de Paulo, um terciário, o infatigável Vinot, fundou os sindicatos da construção civil, do mobiliário, da joalheria, do vestuário, da metalurgia, da imprensa. Os professores do Ensino Livre fundaram, por seu lado, os seus próprios sindicatos, e o mesmo chegaram a fazer os párocos, em 1907, por iniciativa do pe. Soulange-Bodin. Fato bem curioso: as mulheres entraram em cheio nessa corrente sindical. A existência de sindicatos especificamente femininos foi até uma das particularidades, hoje desaparecida, do sindicalismo francês. Em 1899, uma lionesa admirável — Mlle. Rochebillard — criava os sindicatos das empregadas do comércio, das operárias costureiras, depois das operárias da seda. Em Paris, uma religiosa de São Vicente de Paulo, a Irmã Milcent, irmã de sangue do animador do sindicalismo rural, lançava as bases dos sindicatos da Rua da Abadia, onde se foram reunindo sucessivamente professoras primárias, empregadas de comércio, operárias do ramo de confecção, acompanhantes de pessoas doentes e muitas outras. Pouco depois, na rua Vercingetorix, uma discípula de Mlle. Rochebillard, Mlle. Butillard, criava o sindicato das empregadas domésticas e o das empregadas bancárias, prelúdio este da criação da poderosa *Union Féminine Civique et Sociale*. Depois de Paris, veio a província. No Isère, entre as operárias de luvaria, que viviam muito mal, Mlle. Poncet constituiu sindicatos que obtiveram resultados apreciáveis.

Nascidos de forma espontânea, segundo as necessidades da vida, os sindicatos tendiam a agrupar-se. Em todos eles, a primeira finalidade era certamente a defesa dos direitos dos seus membros; mas não eram menos claros os intuitos religiosos, marcados pela presença de um capelão. Os mais lúcidos dos católicos sociais aprovavam o movimento. Foi o caso de Henri Lorin, que, na lição inaugural da Semana de 1908, declarou que a verdadeira expressão da ideia de fraternidade devia ser o laço sindical.

Mas os adversários do sindicalismo cristão eram muitos. Havia patrões que se indignavam porque a Igreja aprovava as reivindicações operárias. Alguns deles tentaram impor aos sindicatos conselhos de vigilância. Outros, nomeadamente em Cresot e Montceau-les-Mines, financiaram sindicatos "independentes", patrocinados por Biétry: seriam chamados, dentro em pouco, "sindicatos amarelos"[59]. Numerosas denúncias foram enviadas a Roma contra os dirigentes sindicais. Entre os próprios católicos sociais, os membros do *Sillon* eram contrários ao sindicalismo cristão; prefeririam ver os católicos entrar na CGT e agir por dentro. Finalmente, é óbvio que os trabalhadores não cristãos facilmente acusavam os católicos de dividir as forças proletárias.

Apesar de tantas resistências, nas vésperas da Guerra de 1914 o sindicalismo cristão era uma realidade na França. Contava cerca de 120 mil adeptos, entre os quais a Federação dos Empregados constituía o grupo mais forte, com 18 mil membros, seguido de perto pela dos ferroviários. Números bem modestos, em face da massa operária francesa; mas considerável se pensarmos que a CGT tinha, no máximo, 350 mil membros[60].

A França esteve longe de ser o único país em que se constituiu o sindicalismo cristão. Este nasceu em todos os países onde havia tensão religiosa, ou seja, onde os católicos podiam hesitar em aderir às organizações sindicais não cristãs. Na Bélgica, surgiu, tal como na França, nos meios de empregados e artesãos, e teve o apoio da Liga Democrática. Na Holanda, a primeira associação sindical foi fundada em 1889, por mons. Ariens, e dela se serviu mons. Shaepman para organizar o partido católico.

Na Alemanha, país das grandes uniões operárias, o movimento sindical foi iniciado em 1875 e depressa tomou força, sobretudo quando o *Volksverein* se pronunciou a seu favor. Mas não tardou a ser ocasião para uma grave querela em que se manifestou claramente a oposição entre as duas tendências do catolicismo cristão[61]. O pretexto foi o da confessionalidade. Mönchengladbach inclinava-se para um sindicato único, onde se admitissem protestantes e católicos. Na Renânia, a ideia era aceitável, visto serem muitos os católicos. Em Berlim, porém, era muito perigosa, por estes estarem em minoria.

Aqueles que, com Oberdörffer e Franz von Savigny, queriam uma organização corporativa, bastante feudal, como base da ordem da sociedade, gritaram contra o perigo do interconfessionalismo. A questão foi submetida a Roma, em 1906, e os adversários de Mönchengladbach acusaram o movimento de desvio doutrinal. Sucederam-se incidentes confusos. Pio X declarou a sindicalistas que aprovava a colaboração com os protestantes; mas depois deixou desmentir as suas palavras. O cônego Pieper publicou no *Osservatore Romano* um artigo favorável a Mönchengladbach; mas veio a ser desautorizado, embora distinguido com uma prelatura. A tensão aumentou. Finalmente, em 1912, foram os próprios sindicalistas que, com Adam Stegerwald, tiveram a prudência de arranjar as coisas, declarando que todos eles se submeteriam sem reservas à autoridade dos seus bispos, o que era uma forma de resolver o problema confessional. No mesmo ano, a encíclica *Singulari quadam* aprovava o sindicalismo com a condição de que fosse católico. Aliás, não tinha parado de crescer, a despeito da crise, e contava perto de 400 mil membros.

Na Itália, a ideia sindical foi lançada pela Obra dos Congressos, nomeadamente por um dos seus oradores mais escutados, o professor Rezzara, no Congresso de Pavia de 1899. A agitação sangrenta que então provocavam na Sicília os *Fasci dei Lavoratori* ["feixes de trabalhadores"] tornava urgente que os católicos assumissem as reivindicações operárias. Começou, pois, o movimento dos "sindicatos brancos", com grande número de pequenas "ligas" locais, que, pouco a pouco, se foram congregando. O seu caráter católico era muito acentuado. Cremona, depois Milão, depois Bréscia, depois Bérgamo e muitas outras cidades tiveram as suas uniões sindicais. Mas, tal como na França, esses organismos continuavam a ser, numericamente, fracos. Em 1914, a totalidade dos sindicalizados cristãos da indústria e da agricultura da Itália atingia a cifra de 104 mil.

Enfim, até alguns países que quase tinham ignorado a ação social antes da *Rerum novarum* viram nascer o sindicalismo cristão. O exemplo mais curioso é o da Espanha. Sob o estímulo de sacerdotes empreendedores, os camponeses de Castela e de Leão agruparam-se no seio da *Confederação Nacional Católico-Agrária*. Um jesuíta, pe. Antonio Vicent, e um dominicano, pe. Gerardo, trabalhavam nos meios operários. O sindicalismo operário cristão desenvolveu-se sobretudo em Barcelona, com o pe. Gabriel Palau, e entre os mineiros das Astúrias, onde o cônego Artoleya Martínez continuava o seu apostolado. Nas vésperas da Primeira Guerra Mundial, o movimento era bastante forte para suscitar a desconfiança dos anarco-sindicalistas, então muito poderosos.

Assim, inexistente no momento da publicação da encíclica, o movimento sindicalista cristão aparecia, um quarto de século mais tarde, como força em pleno desenvolvimento. Nas novas condições criadas pela guerra mundial, ia estar apto, como todos os elementos do movimento católico social, para desempenhar um papel importante.

Nas vésperas da Primeira Guerra Mundial

É conveniente fazer um balanço do catolicismo social no momento em que rebentou o conflito que ia transformar a velha Europa. Em menos de meio século, ele galgou uma etapa decisiva, e os progressos que fez desde 1871 são impressionantes. Em tempos escola de vanguarda, mais ou menos suspeita à maioria dos católicos, o catolicismo social passou a beneficiar-se da autoridade que conferiu às suas teses a aprovação do Magistério eclesiástico. Em todos os países da cristandade, grupos de homens, em número crescente, passaram a reclamá-lo. O clero figurou entre esses grupos, pelo menos quanto aos seus elementos mais ativos. Fez-se um esforço doutrinário a fim de melhor assentar o movimento nos fundamentos necessários e alargar-lhe o campo de ação. Não se tratava, desse momento em diante, apenas de uma reação sentimental diante da miséria proletária, mas sim de uma vontade clara de pensar a sociedade em termos cristãos. Finalmente, no plano prático, as obras sociais animadas pelos católicos foram inumeráveis, e os progressos feitos pela legislação em diversos países traziam a sua marca.

Diremos que o quadro estava isento de sombras?[62] Há três observações que se impõem. Apesar do aparecimento e desenvolvimento do sindicalismo cristão, o catolicismo social continuou a ser um movimento de intelectuais e de burgueses, ao qual aderiram poucos operários. No próprio plano em que se situou, sofria de uma falta indiscutível: se o catolicismo social "de direita" se apoiava nos sólidos fundamentos do pensamento de La Tour du Pin, o "de esquerda" tinha pouca estrutura: as suas tomadas de posição resultavam mais de uma moral que de uma reflexão teológica; não se baseavam numa análise econômica e sociológica da situação análoga àquela de que dispunha o marxismo. Finalmente, ainda que apoiado pela suprema autoridade, o catolicismo social esteve longe de conseguir a adesão de todos os fiéis da Igreja: as críticas que lhe eram feitas continuaram a ser abundantes, e foi ainda maior a indiferença com que era olhado. Pode-se perguntar se, de acordo com uma expressão mordaz[63], o sumo pontífice não teria sido seguido apenas "por aqueles que já marchavam nesse sentido".

Seria para vencer essas dificuldades que os católicos sociais haveriam de trabalhar depois do conflito. As condições criadas pelo grande terremoto, ao modificarem as relações entre as classes, tornariam os católicos mais atentos a essas questões. À luz de uma outra grande encíclica, far-se-iam esforços para dar ao pensamento católico social bases mais sólidas. Ao mesmo tempo, a descoberta de novos métodos de apostolado, designadamente entre os operários, ia oferecer à Igreja a esperança de restabelecer o contato com o proletariado. Mas esta nova fase não teria sido possível se não tivesse sido percorrida a outra — se, em condições frequentemente ingratas, alguns homens de fé não houvessem lutado para que a justiça social fosse cristã, e se não tivesse soado a grande voz de Leão XIII.

Notas

[1] Anatole Leroy-Beaulieu, que observou com muita felicidade que, a despeito da centralização crescente, a Igreja, "Corpo vivo", tinha necessidade da ação de todos os seus membros para conservar "a espontaneidade da vida". *La Papauté, le socialisme et la démocratie*, em *Revue des Deux-Mondes*, 15.12.1891 e 15.01.1892.

[2] Cf. o vol. VIII, cap. VI, do par. *Um "bispo socialista": Von Ketteler* ao par. *Após cinquenta anos de esforços*.

[3] No que, de resto, se igualavam aos elementos menos cristãos das classes dirigentes, discípulos de Renan e de Taine, anticlericais à maneira de Gambetta. Este último declararia em 1872: "Não existe uma questão social". E, quando, nesse ano, a Câmara francesa encarregar uma comissão de fazer um levantamento sobre a situação social, o relator, duque de Audiffret-Pasquier, concluirá que tudo está perfeitamente normal, que a classe operária não tem nenhuma razão para se queixar da sua sorte — e, de resto, não se queixava.

[4] Referência aos incêndios ateados com petróleo durante a insurreição popular da Comuna de Paris (N. do T.).

[5] Cf. neste vol. o cap. I, par. *A ascensão do marxismo*.

[6] Cf. Joseph Folliet, art. sobre "Catholicisme social" na enciclopédia *Catholicisme*, Letouzey & Ané, Paris, 1963.

[7] Albert de Mun, *Ma vocation sociale*, Lethielleux, Paris, 1937, p. 22.

[8] Mulheres do povo que atearam incêndios com petróleo (N. do T.).

[9] Cf. o *Índice Analítico* do vol. VIII.

[10] De Mun, *Ma vocation sociale*, p. 62.

[11] O mais ilustre representante da geração precedente, Armand de Melun, se bem que julgasse Albert de Mun demasiado antirrevolucionário por sistema e não suficientemente liberal, dispôs-se a encorajar a nova obra.

[12] Chefe da Casa Real francesa (N. do T.).

[13] Na adolescência, Lyautey fora um cristão fervoroso, a ponto de ter feito retiro na Grande Cartuxa em dois anos seguidos, mas nesse momento estava afastado da fé.

[14] Entre 1885 e 1891, a Revista mudou de atitude quanto à questão social, por influência de Ferdinand Brunetière.

[15] F. Hayward, *Léon XIII*, p. 229.

[16] Cf. neste vol. o cap. III, par. *A pacificação dos conflitos*.

[17] Cf. neste vol. o cap. III, par. *Assaltos e rupturas*.

[18] Cf. neste cap. o par. *"Sociais porque católicos"*.

[19] Acerca da Obra dos Congressos, cf. neste vol. o cap. III, par. *Vaticano e Quirinal*.

[20] Cit. por Maurice Vaussard na sua *Histoire de la démocratie chrétienne*, p. 225.

[21] Em todo esse esforço social dos católicos, convém acentuar a importância do movimento mutualista. Acabamos de ver que em vários países — França, Bélgica, Alemanha, Itália — se criaram caixas de socorros mútuos, bancos de empréstimo mútuo e outras entidades. O papel desse mutualismo católico foi muito bem captado, no que respeita à Bélgica, por R. Rezsohazy, na sua *Histoire du mouvement mutualiste chrétien en Belgique*, Paris-Bruxelas, 1957. Esse autor mostra como, já antes de 1890, as mutualidades foram as únicas sociedades autenticamente populares que, no âmbito do catolicismo social, ensinaram os camponeses e os operários a cuidar dos seus próprios interesses e prepararam o caminho para as associações operárias de tipo sindical. Seria bom fazer estudos análogos em relação a outros países.

[22] Cf. no vol. VIII, cap. VIII, par. *Na Inglaterra: Newman e o Movimento de Oxford*.

[23] Foi nesta ocasião que o cardeal Gibbons pronunciou a frase frequentemente citada: "Ontem, era com dinastias que a Igreja tinha de tratar; hoje, é com o povo".

[24] Cf. vol. VIII, cap. *A caminho do corporativismo e do paternalismo*.

[25] O método de Fréderic Le Play inspirou também um grupo de católicos, dos quais o pe. Henri de Tourville era o líder, que se dedicaram ao estudo dos fatos sociais mais do que à procura de soluções para o problema social. Tinham como órgão *La science sociale*. Iriam estar na origem da sociologia cristã. De Le Play conservavam, aliás, as posições violentamente contrarrevolucionárias, ao mesmo tempo que a severidade para com os excessos de ricos e patrões.

[26] Pai de Edmond Rostand e avô de Maurice e de Jean Rostand.

[27] Este ponto tem sido controverso. Mas o conde Von Blöme, diretor da *Correspondance de Genève*, em discurso proferido em 1891, dizia: "O verdadeiro fundador da nossa União é o Marquês de La Tour du Pin. Foi ele que concebeu a ideia, ele que a organizou, ele ainda que, sem estar presente, sustenta e mantém o que criou. É a alma da União, pela simpatia geral que inspira e como traço de ligação entre os diversos grupos nacionais de que esta sociedade se compõe".

[28] Do que foi a ação da União de Friburgo, dá-nos uma ideia o livro exaustivo que lhe consagrou Cyrille Massard, *L'Ouevre sociale du cardinal Mermillod: l'Union de Fribourg*, Lovaina, 1914. Nessa obra, é especialmente estudado o seu chefe.

[29] Cf. neste vol. o cap. II, par. *O gênio de Leão XIII*.

[30] Leão XIII fará dele o primeiro delegado apostólico nos Estados Unidos.

[31] Observação de Henri Guitton, no prefácio a *Encycliques et messages sociaux: Léon XIII, Pie XI, Pie XII. Textes choisis*, Dalloz, Paris, 1948, p. 16.

[32] Cf. Mario Romani, *La preparazione della Rerum novarum*, em *Vita e pensiero*, mar. 1961.

[33] O fato foi assinalado por G. Jarlot, num artigo sobre os *Avant-projets de l'encyclique*, publicado na *Nouvelle revue théologique*, Lovaina, jan. 1959. Refere-se aí uma descoberta feita por mons. Tardini, futuro Secretário de Estado de João XXIII.

[34] É nestes "retoques" que se pode supor a influência de mons. Satolli, que o papa conhecera em Perúgia e de quem continuava amigo.

[35] Observação de longo alcance, designadamente quanto ao direito do camponês de possuir a terra.

[36] A propósito deste notável prelado, é fácil perceber a filiação comum aos três papas "sociais". Radini-Tedeschi teve por amigo e colaborador por algum tempo Achille Ratti, que seria Pio XI; e, quando foi nomeado bispo de Bérgamo, teve entre os seus seminaristas o pe. Roncalli, futuro João XXIII, que lhe dedicou importantes estudos.

[37] Foram esses os primeiros passos de Georges Goyau, então jovem professor agregado que Brunetière traria para a *Revue des Deux-Mondes*.

[38] *L'Encyclique Rerum novarum et son enseignement*, Paris, 1898.

[39] O *Journal d'un prêtre d'après-demain*, do pe. Calippe, publicado em 1893, foi reeditado em 1961 por Émile Poulat, com um notável prefácio que mostra com perfeita clareza o clima dominante no jovem clero francês a seguir à encíclica.

[40] É também como indício do novo clima que importa registrar os progressos de uma devoção nova, a de "Jesus-Operário". Já em 1872, Maurice Maignen lhe dedicara uma capela, e a comissão que, na Obra dos Círculos, tinha o encargo da direção intelectual era designada por "Conselho de Jesus Operário". A expressão difundiu-se. Surgiu em cânticos; exaltou-se "o ideal de Nazaré". E dentro em pouco um padre alemão, o *pe. Julius Maximilian Schuh*, também diretor espiritual do Círculo de Montparnasse, iria dedicar a vida à "Obra Apostólica de Jesus Operário" e ao Instituto das "Pequenas Servas de Jesus Operário", por ele fundadas.

[41] Foi então que a fórmula "catolicismo social" entrou em uso. Durante os anos que precederam a *Rerum novarum*, falava-se muito de "socialismo cristão". Por exemplo, a expressão fora utilizada por Émile de Laveleye em 1878, e Charles Périn respondera-lhe com um opúsculo que tinha por título *Para nós, o socialismo é o inimigo*. Reapareceu, em 1890, sob a pena do conde D'Haussonville e, no mesmo ano, em Paul Bourget, *Un coeur de femme*, em que Albert de Mun é evocado sob o nome de Poyanne. O próprio La Tour du Pin estivera prestes a adotá-la, e só desistira a pedido dos seus amigos de Friburgo. Isso provocava uma certa confusão. Depois da *Rerum novarum*, percebeu-se melhor a ambiguidade da expressão. É certo que Henri Jol, Nitti, Courté ainda se serviam dela em 1892-93. Mas um publicista então notório, Paul Lapeyre, que publicara *Socialisme catholique* (Lethielleux, 1893), depressa retificou o título, que, na reedição, já era *Catholicisme social*. Os alemães, que havia muito também hesitavam entre as duas fórmulas, adotavam definitivamente a segunda. Georges Goyau, grande conhecedor das crises da Alemanha, adotou-a por sua vez e acabou por impô--la depois de a ter usado em numerosos livros e artigos. A partir de 1900, a expressão triunfou definitivamente.

[42] Sobre Romolo Murri, cf. neste vol. o cap. III, par. *Vaticano e Quirinal* e o cap. V, par. *Na Itália, o termo da Obra dos Congressos*.

[43] Sobre Toniolo, veja-se o excelente capítulo que lhe consagrou Maurice Vaussard no seu livro *L'intelligence catholique dans l'Italie du XXe siècle*, Paris, 1921. [Foi declarado Venerável em 14.07.1971 (N. do T)].

[44] Foram consagradas a Marius Gonin duas obras muito comoventes, uma do seu amigo Augustin Crétinon, Lyon, 1938, e a outra do seu discípulo e sucessor na direção da *Chronique sociale*, Joseph Folliet, Lyon, 1960.

[45] Cf. neste vol. o cap. III, par. *Os católicos e a política: o problema da democracia cristã.*

[46] Tem-se dito, por vezes, que Pio X visou um "modernismo social". A expressão é talvez exagerada; pelo menos, não foi utilizada durante a crise modernista. Temos, porém, de reconhecer que os princípios de certos elementos da democracia cristã, nomeadamente o da soberania do povo, se aproximavam ou identificavam com certas teses modernistas. E que, além disso, numerosos democratas cristãos, socialmente avançados, se mostraram imprudentes em relação às teses teológicas e exegéticas dos modernistas. Cf. adiante, sobre o modernismo o cap. VI.

[47] Cf. neste vol. o cap. III, par. *Os católicos e a política: o problema da democracia cristã* e o cap. III, par. *Na França: os "padres democratas" e o "Sillon".*

[48] Cf. neste vol. o cap. V, par. *Na França: os "padres democratas" e o "Sillon".*

[49] Cf. neste vol. o cap. V, par. *Na Itália, o termo da Obra dos Congressos.*

[50] Cf. neste vol. o cap. V, par. *Partidos católicos*. Sobre este aspecto do problema alemão, veja--se o art. de mons. Grossche em *Documents*, jul. 1956.

[51] Cf. neste vol. o cap. III, par. *A pacificação dos conflitos.*

[52] Veja-se "La politique sociale de l'État belge", em Georges Goyau, *Le Catholicisme, doctrine d'action*, Paris, 1922.

[53] Charles Seignobos, *Histoire de la France contemporaine*, em Ernest Lavisse, *Histoire...*, vol. VIII, p. 154.

[54] Veja-se o estudo de Vicenzo Saba acerca desta influência, em *Vita e pensiero*, mar. 1961.

[55] Jules Zirnheld, *Cinquante années de syndicalisme chrétien*, Spes, Paris, 1937, p. 26.

[56] Cf. neste cap. o par. *A obra social na França antes da encíclica.*

[57] Cf. neste cap. o par. *A data decisiva.*

[58] Cf. neste cap. o par. *"Rerum novarum".*

[59] Porque, tendo os filiados da CGT quebrado os vidros da sua sede, eles os substituíram por papel amarelo.

[60] A forma sindical do grupo foi igualmente adotada por outros além dos operários e empregados. Os patrões, a começar pelos do Norte, utilizaram-na para se associar. Muito interessante foi a *União Social dos Engenheiros Católicos* (USIC), criada em 1904 pelo engenheiro Potron. Era simultaneamente um sindicato, defensor dos direitos dos seus membros, e uma obra de formação social.

[61] Cf. neste cap. o par. *Partidos católicos*.

[62] Alguns acusaram o movimento católico social de acentuar demasiado os propósitos temporais, em detrimento dos valores propriamente espirituais. Causou estranheza ver padres, como o cônego Cetty, de Mulhouse, abrir padarias e mesmo cafés. Alguns padres "sociais", como o pe. Soulange-Bodin, pároco de Notre-Dame-de-Plaisance, em Paris, depois de longa experiência, recordaram que a ação social devia ir em paralelo com o apostolado propriamente espiritual. E Dom Chautard, célebre trapista, no seu livro *A alma de todo o apostolado*, obra muito difundida, sublinhou o primado do espiritual. Mais adiante, no cap. VIII, veremos como os dirigentes da Ação Católica especializada, concretamente o pe. Cardijn, vão insistir na necessidade de harmonizar as duas ordens de valores.

[63] Jacques Leclerq, *Les droits et les devoirs individuels*, Namur, 1937, p. 369.

V. Pio X e "os interesses de Deus"

A política de um santo

Atribui-se ao papa Pio X certa máxima bem cunhada, nesse estilo rotundo de que se servia com frequência, mas cujos termos parecem exigir uma exegese: "A política da Igreja é não fazer política". Por mais clara que seja a intenção destas palavras, é difícil tomá-las à letra. Além de que "não fazer política" é já seguir uma política, a natureza da Igreja, simultaneamente humana e sobre-humana, necessariamente a compromete na política. Mesmo quando as circunstâncias não a forçam, por uma questão de sobrevivência, a vigiar as intenções dos Estados e dos partidos, são muitos os legítimos interesses dos cristãos que se encontram em jogo na política, e também muitos os perigos que os esperam, para que o Pai Comum possa desinteressar-se deles sem atraiçoar os deveres do seu cargo.

Para dizer a verdade, dos onze anos que durou o seu pontificado, o papa — "pároco de aldeia" a que a imaginação popular se afeiçoou, não passou um só sem ter de resolver problemas propriamente políticos, vários deles extremamente difíceis, e a nenhum desses problemas deixou ele de prestar tanta atenção e tantos cuidados como aos da vida das almas — que eram os que o seu coração e o seu espírito preferiam naturalmente. E numerosas decisões que tomou tiveram importantes consequências políticas, fazendo inflectir visivelmente o curso dos acontecimentos. Neste ponto como em todos os outros, a oposição, sempre afirmada, entre Leão XIII e o seu sucessor precisa ser matizada.

De resto, os princípios que Pio X proclamou são exatamente os mesmos que os do antecessor. Tal como este, Pio X pensava que o pontífice supremo tinha de intervir na política e até desempenhar nesse campo um papel determinante: basta ler a sua primeira encíclica, aquela que, tradicionalmente, anuncia as intenções de um novo papa e indica a orientação do pontificado. "O soberano pontífice não pode separar a política do Magistério que exerce sobre a fé e os costumes", lê-se em *E supremi apostolatus*. É justamente a doutrina de Leão XIII, aquela que este fora buscar a Gelásio, o papa dos tempos bárbaros[1]. E, sempre que tiver ocasião de fazê-lo, Pio X nunca deixará de se referir à *Immortale Dei*, a grande encíclica em que o seu predecessor mostrara por que o Vigário de Cristo tem o direito, e mesmo o dever, de exercer uma certa autoridade sobre a política. Um e outro se propuseram servir aquilo que o papa Sarto gostava de chamar "os interesses de Deus", ainda que, para esse objetivo, não tenham sido idênticos os meios a que recorreram.

Em que consiste a originalidade da "política" de Pio X? O que a tornou diferente da de Leão XIII? Para apreciá-la bem, temos de situá-la no quadro geral dos propósitos do seu pontificado — *omnia instaurare in Christo* —, e também referir-nos àquilo que se conhece da maneira de ser de Giuseppe Sarto[2]. Para Pio X, a ação política não é, evidentemente, senão um elemento de um conjunto infinitamente mais vasto. Situa-se num imenso empreendimento que tem por fim restaurar e reforçar os fundamentos da Igreja, para que ela possa resistir melhor aos assaltos do adversário. Procurará sempre, em todas as ocasiões, assegurar a disciplina, a autoridade, a intervenção da Sé Apostólica, única responsável perante Deus do depósito sagrado: há de quebrar toda e qualquer veleidade de desobediência ou de desvio doutrinário.

É de acordo com este mesmo desígnio que realizará a reforma administrativa da Cúria ou tomará medidas destinadas a submeter mais eficazmente o episcopado. Para fixar a sua atitude quanto à intervenção dos católicos na política de cada país e nos partidos, Pio X vai ter, antes de tudo, um critério: é lícito aquilo que está submetido à hierarquia; é ilícito o que corre o risco de diminuir o poder desta. E mesmo nas suas relações com os Estados — por exemplo, com a França —, não é de excluir que uma das causas profundas daquilo que vai parecer intransigência cerril fosse o desejo de tornar mais fortes os laços entre uma Igreja nacional e a Sé Apostólica.

E ainda não é tudo: a obra de restauração a que Pio X se dedica deve operar-se *in Christo*, ou seja, as bases sobre as quais a Igreja deve ser estabelecida são, em primeiro lugar e acima de tudo, bases espirituais. Desta convicção, revelada em todas as atitudes de Pio X, resultam várias consequências. Em primeiro lugar, a ação política é secundária a seus olhos. Parece-lhe bem mais essencial trabalhar pela formação de um clero zeloso, ou reconduzir as almas à prática dos sacramentos, do que concluir com êxito uma negociação com qualquer governo; é por isso que em várias ocasiões o veremos mostrar que atribui muito mais importância a um Congresso Eucarístico do que a um fato político. Daí um certo desdém pela "coisa política" — que o papa-diplomata Leão XIII não teve em nenhum grau —; um desdém que não é, em Pio X, senão o sentido profundo das verdadeiras hierarquias. Os "interesses de Deus" passam por cima dos interesses dos homens — é algo evidente.

E ainda outra consequência: não se pode deixar que os confundam, por exemplo permitindo aos católicos que comprometam a Igreja quando se envolvem, como católicos, nas combinações da política. E, se acontecer que esses interesses de Deus estejam em contradição com os dos cristãos — ou mesmo com os interesses temporais da Igreja —, Pio X não terá a menor hesitação: sacrificará estes àqueles, por mais pesada que possa vir a ser a perda material. Assim se explicam certas atitudes abruptas, certas decisões que, à primeira vista, parecem desastrosas. É que elas transcendem os interesses a cujo serviço se encontra geralmente a política. Não são da mesma ordem, como diria Pascal.

Esta concepção tão específica da política está de pleno acordo com o modo de ser profundo do homem que a põe em prática. Padre e pastor, o antigo pároco Giuseppe Sarto, agora sob a tiara, continuará a cuidar até à angústia do bem das almas. Místico, vive naturalmente no sobrenatural, o que não o impede, aliás, de ter um sentido agudo do real; mas faz do seu realismo exatamente o contrário do que faz um Maquiavel. Impregnado, até às suas fibras mais íntimas, da ânsia de estar incessantemente na presença de Deus e de nada fazer senão a vontade divina, é incapaz, não de ser flexível ou mesmo hábil — como se verá nas questões da Itália ou da Alemanha —, mas de se desviar e de parecer que esquece o essencial.

Quando pensa que "os interesses de Deus" estão ameaçados, esse homem maravilhosamente bom e benevolente torna-se de uma dureza de pedra. Então — diz o cardeal Merry del Val nas suas *Memórias*[3] —, "depois de alguns dias de reflexão ansiosa e de muitas noites de insônia, pousa o braço na mesa de trabalho, fecha lentamente o punho, cerra-o com força e, em seguida, levantando a cabeça, com o olhar — habitualmente doce e calmo — revestido agora de severidade, pronuncia em meia dúzia de palavras bem medidas o seu juízo, após o qual nada há a dizer nem a fazer". Os santos que intervieram na política porventura terão tido alguma vez outros modos, outras atitudes? Pensemos num São Bernardo, num São Gregório Magno, num São Luís, numa Santa Joana d'Arc, num São Pio V... São Pio X pertence à mesma raça, tal como eles inexplicável para a sabedoria humana, tal como eles místico até no plano político, tal como eles rigoroso por amor e belicoso por fidelidade.

Na França, a separação da Igreja e do Estado

Nenhum capítulo da história do pontificado de Pio X faz sentir o caráter quase sobrenatural — e por isso mesmo desconcertante — da sua "política" como o das suas relações com a República francesa, durante a violenta crise que então se desenrolou. Ao aceder ao sólio pontifício, Pio X encontrou a Igreja da França seriamente ameaçada. Sob pretexto de "defesa republicana", as decisões anticlericais, ou mesmo anticristãs, surgiam uma após outra: proibição aos soldados de frequentarem os círculos católicos, instituição de um "direito dos pobres" sobre as cerimônias religiosas, assim assimiladas às representações teatrais, perseguições contra os religiosos que continuavam "secularizados" no país, suspensão de vencimentos aos bispos que os tinham defendido e aos párocos que os convidavam a pregar. O *petit-père* Combes e o seu governo incitavam abertamente às piores atitudes, davam cobertura aos manifestantes que invadiam as igrejas, preparavam medidas legislativas contra as próprias congregações religiosas autorizadas. E muitos deputados de esquerda iam repetindo que a Concordata napoleônica tivera a sua época.

A primeira reação de Pio X não foi, de modo algum, um corte radical; antes pelo contrário. O papa tentou atenuar a violência do conflito, escrevendo pessoalmente ao presidente da República francesa uma carta firme, mas muito cortês, em que lhe manifestava a sua inquietação perante o plano de descristianização que o governo parecia seguir e perante as perturbações que daí podiam resultar. Ao que Émile Loubet respondeu, com a sua moderação natural: sendo "constitucionalmente irresponsável", não podia agir; mas aproveitava a ocasião para lamentar a violência injuriosa de alguns católicos, coisa em que não deixava de ter razão[4]. Como essa primeira intervenção não teve efeito, e eram iminentes novas medidas contra as congregações dedicadas ao ensino, Pio X elevou o tom de voz, protestando antecipadamente. Isso não impediu que, após violentas discussões, a Câmara dos Deputados aprovasse a lei de 7 de julho de 1904, que proibia a atividade docente a todos os religiosos e com isso fechava, de um dia para o outro, duas mil escolas.

É certo que ainda se estava no plano da legislação, e, intervindo nela, o papa arriscava-se a ser acusado de se imiscuir nos assuntos internos de um Estado. Mas os adversários da Igreja que detinham o poder em Paris trabalhavam num plano mais vasto, e estavam decididos a provocar um conflito com o próprio papado. Três incidentes, cuja gravidade parece desproporcionada para as decisões que provocaram, foram sistematicamente exploradas por Combes tendo em vista uma ruptura.

O primeiro diferendo, que começara no tempo de Leão XIII, foi o do *nobis nominavit*: era a fórmula tradicionalmente usada pela Cúria romana, desde 1804, para confirmar um candidato a um bispado proposto pelo governo francês. Esse latim sutil subentendia que o bispo não era *nomeado* pelo poder secular, mas *indicado*, "*nomeado* ao" papa, o único a quem cabia a verdadeira nomeação. Como Combes fazia da fórmula um novo campo de querela, Pio X — e o fato também não pode deixar de espantar os que não veem nele senão um rigor abrupto — cedeu quanto às palavras e abandonou o *nobis*.

Quanto ao fundo, porém, não cedeu. Combes pretendia que o governo devia escolher os bispos sozinho. Tal como

Leão XIII, Pio X reclamou a manutenção do "acordo prévio". Ao que o presidente respondeu comunicando à Santa Sé várias nomeações sobre as quais esta não fora consultada. O papa recusou aos prelados assim designados a confirmação canônica. Combes ripostou anunciando que deixaria sem pastor as dioceses vacantes, no que seguia o exemplo de Luís XIV na questão da *Régale*[5]. Estava-se nesse pé — era março de 1904 — quando rebentou com grande estardalhaço uma questão mais grave.

Após a visita do rei Eduardo VII da Inglaterra a Paris, pensara-se numa troca de visitas oficiais entre o presidente da República francesa e o jovem rei da Itália Vittorio Emmanuele III. Ao saber disso, o Secretário de Estado de Leão XIII, Rampolla, mandara prevenir o ministro das Relações Exteriores, Delcassé, das graves consequências que teria a vinda do Sr. Loubet a Roma, em visita a um soberano que a Sé Apostólica considerava espoliador: essa visita seria tida por ofensa, quer aos direitos da Santa Sé, quer à augusta pessoa do papa. Nem por isso o projeto deixou de ser executado, em abril de 1904. Paris considerava a aproximação com a Itália como útil por motivos internacionais, a fim de evitar que se aliasse com a Alemanha. Era a primeira vez que um chefe de Estado de um país católico transpunha o limiar do Quirinal.

Ferido — não tanto pelo fato em si como pelo sentido insultuoso para a sua pessoa que lhe deram a maçonaria, a imprensa anticlerical e mesmo o governo italiano —, podia o "rigoroso" Pio X fazer menos que o "diplomata" Leão XIII? Recusou-se a receber o presidente francês e enviou a todos os chefes de Estado das nações católicas uma nota de protesto contra essa ofensa. A nota era, em princípio, secreta; mas o jornal socialista de Paris, *L'Humanité*, soube dela pelo príncipe de Mônaco, anticlerical convicto, e publicou-a. O texto publicado continha uma frase que não se encontrava na nota enviada à França: "Se o núncio pontifício permaneceu em Paris, deve-se unicamente a motivos muito graves, de ordem e de natureza especiais sob todos os aspectos", o que, em termos claros, significava: "porque toda a gente sabe que o governo Combes vai cair". Combes reagiu: chamou a Paris o embaixador, deixando junto da Santa Sé um simples encarregado de negócios. "Quisemos acabar — declarou ele — com a ficção anacrônica de um poder temporal que desapareceu há trinta e quatro anos".

Só faltava um último passo para a ruptura total das relações diplomáticas. E esse passo foi dado, na sequência de um terceiro incidente, a 30 de julho de 1904. A Santa Sé convocara a Roma dois bispos: o de Dijon, mons. Le Nordez, e o de Laval, mons. Geay, conhecidos pelas suas simpatias "republicanas" mas, mais ainda, pelos atritos que tinham com os seus diocesanos. O segundo, neurastênico impulsivo, mandara encerrar a capela do colégio livre e proibira os jesuítas de pregar. Por outro lado, as suas relações com a superiora do Carmelo davam azo a mexericos. Quanto a mons. Le Nordez, prelado ambicioso que aspirava à Sé de Paris, era tido por tão enfeudado ao poder que o arcipreste da sua catedral o denunciara a Roma como membro da maçonaria; os seminaristas não queriam ser ordenados por ele e as famílias opunham-se a que fosse ele a crismar os filhos. O governo francês protestou: essas convocações, feitas sem passar por ele, constituíam — dizia — uma violação da Concordata; de fato, desobedeciam aos "Artigos Orgânicos". Pio X não recuou. Ameaçados de suspensão, os dois prelados foram a Roma, onde se submeteram. Bela ocasião para os "legistas" de Combes ripostarem! "A vontade da Santa Sé — disseram eles — torna inúteis as relações diplomáticas entre o Vaticano e a França". O encarregado de negócios francês deixou Roma e o núncio saiu de Paris. Essa situação, tão prejudicial para as duas partes, iria durar dezessete anos.

Combes, que no entanto teria preferido manter a Concordata como meio de vigiar a Igreja, viu-se pois forçado a apresentar um projeto de lei que a derrogava. A bem dizer, estabelecia uma espécie de Igreja nacional, estritamente controlada. O projeto de lei — a propósito do qual o zombador Clemenceau troçou do "velho cura que saiu das normas" — ainda não começara a ser discutido na Câmara quando, como se previa, o governo caiu. Havia muito tempo que "trotava vagarosamente pelo seu caminhozinho", segundo as palavras de Caillaux: conservava a maioria nas questões religiosas, mas, em tudo o mais, estava muito enfraquecido. Atacado de um lado pelos socialistas, que o acusavam de não promover nenhuma reforma social, e do outro pelos moderados e por aqueles que, mesmo na esquerda, o censuravam por ter traído o pensamento de Waldeck-Rousseau, o governo foi varrido na sequência de dois escândalos. Um foi o escândalo da Marinha, cujo ministro, Pelletan, teve de aceitar uma comissão de inquérito; outro foi o do Exército, em que o ministro, general André — provou-se depois que permitira à maçonaria estabelecer um sistema de delações (mantinha-se uma ficha de informações sobre as convicções religiosas de cada oficial) —, foi esbofeteado em pleno Parlamento pelo deputado Syveton[6].

Que iria fazer o novo ministério? Nem Rouvier, que presidia, nem Bienvenu-Martin, que conservou a pasta dos Cultos, tinham para com a Igreja a raiva de Combes. Ambos deixaram o Parlamento resolver as questões religiosas. Para isso foi designada uma Comissão, com *Aristide Briand* (1862-1932) como relator.

Esse militante socialista, jornalista de extrema esquerda, advogado dos grevistas e dos anarquistas, era suficientemente inteligente para não cair num anticlericalismo tolo. Diplomata, inclinado por natureza mais para as soluções de compromisso que para as rupturas (os seus colegas de classe já lhe chamavam "o arranjador"), querendo além disso preparar-se para a brilhante carreira que ia ter, o deputado por Saint-Étienne percebeu que a maioria considerava a separação como inevitável; julgou-se, pois, no dever de pô-la em prática. Mas, segundo declarava, queria uma lei "franca, leal, honesta", que não fosse "uma pistola apontada contra a Igreja" e lhe garantisse "aquilo que ela tinha direito a exigir, isto é, a liberdade plena de se organizar, viver, desenvolver-se segundo as suas próprias regras e pelos seus próprios meios, sem outra restrição que não fosse o respeito das leis e da ordem pública". Informou-se junto de alguns bispos, nomeadamente mons. Fuzet, arcebispo de Rouen; desejaria mesmo negociar com Roma. Mas os espíritos estavam demasiado inquietos para que essa política de flexibilidade triunfasse. Chamado "socialista papalino" por Clemenceau e a extrema esquerda, atacado a fundo pela maior parte dos católicos, Briand esbarrou também com a intransigência do papa — uma intransigência cujas razões só mais tarde viria a compreender.

A discussão do projeto de lei foi viva. Principalmente a propósito do artigo IV, que instituía "Associações Cultuais", para as quais, segundo o projeto governamental, seriam transferidos os bens da Igreja. Que aconteceria se tais associações se constituíssem contra o bispo ou o pároco? A questão era melindrosa. Briand tentou fazer triunfar a solução da prudência: essas associações deviam conformar-se "com as regras de organização geral do culto cujo exercício elas se propunham assegurar". Mas logo a esquerda conseguiu um artigo VIII, que deferia os eventuais conflitos ao Conselho de Estado, então claramente de orientação esquerdista e mais dependente do poder que os tribunais.

Finalmente, a *lei de separação das igrejas e do Estado* foi aprovada em julho de 1905 e promulgada em dezembro. As suas três principais decisões eram: abrogaram-se a Concordata napoleônica e os Artigos Orgânicos; a República deixava de reconhecer ou de pagar qualquer culto; os bens da Igreja eram e continuavam a ser propriedade do Estado, mas os edifícios do culto seriam gratuitamente confiados a Associações Cultuais eleitas pelos fiéis, ao passo que os outros edifícios, tais como paços episcopais e seminários, só ficariam à disposição do clero por alguns anos. Numerosos artigos de menor importância previam outras medidas destinadas a sustentar os padres idosos, a assegurar o policiamento das reuniões religiosas, e mesmo a controlar o repique dos sinos...

Em si mesma, tal lei seria aceitável pela Igreja? Era um assunto passível de discussão. Alguns homens audaciosos, como mons. d'Hulst, já diziam havia vários anos que a separação da Igreja e do Estado podia prestar grandes serviços. Se tivesse sido votada serenamente, poderia ter sido utilizada pelos católicos em benefício dos seus interesses. O regime desejado por Briand não era muito diferente daquele que existia *de facto* nos países anglo-saxões, baseado numa larga tolerância e sem outros limites legais além dos do Direito comum. Nos Estados Unidos, esse sistema não dava maus resultados. Mas os anticlericais atribuíram-lhe um sentido inteiramente diverso: era a ruptura entre o Estado francês e a Igreja, o fim das relações milenares entre os dois poderes. Para alguns, era muito mais que isso: uma vitória decisiva do livre-pensamento e do laicismo, o prelúdio de outras vitórias. "O que é preciso que se saiba — escrevia o maçom Ranc — é que a Separação não é para nós senão um meio, e que o fim a atingir é a completa secularização do Estado, é o fim do poder da Igreja". E, com entusiasmo, Ferdinand Buisson carregava ainda mais as tintas: "Separar da Igreja a nação, as famílias, os indivíduos: para isso se prepara a democracia, levada por um maravilhoso instinto das suas necessidades e dos seus deveres próximos". Tais intenções, claramente percebidas por Pio X, explicam a firmeza com que reagiu. Quanto aos católicos franceses, muito magoados com as atitudes anticlericais de Combes, como poderiam ver na Lei de Separação coisa diferente de um instrumento de guerra contra eles?

Fosse como fosse, para que a lei viesse a ser aceita pelos católicos era preciso que a Santa Sé, mesmo sem a reconhecer, tolerasse a sua aplicação. Não tardou que se soubesse o que pensava o papa. Em fevereiro de 1906, apareceu uma encíclica cujo título já dava o tom: *Vehementer nos*. Apoiando-se no texto da *Immortale Dei* de Leão XIII, Pio X declarava que o próprio princípio da Separação constituía uma "injúria a Deus", que a sua aplicação seria uma "iniquidade para com a Igreja", uma vez que não lhe deixava a sua plena e inteira liberdade, antes a submetia à vigilância do poder civil, e também um atentado contra as suas leis canônicas, visto que a administração do culto seria, no fim das contas, confiada aos "cidadãos" e não à hierarquia, única responsável por ele. Era, pois, a rejeição pura e simples da lei, conforme precisava Pio X, alguns dias depois, em Consistório: "Lei iníqua, urdida para ruína do catolicismo" e que todo o católico tinha o dever de combater.

Pouco depois, usando da liberdade que a denúncia da Concordata acabava de lhe dar, o papa nomeava, *motu proprio*, bispos para as catorze dioceses então vagas, dando a essas nomeações o caráter de uma manifestação. Os novos bispos foram sagrados solenemente pelo papa na Basílica de São Pedro. A cada um Pio X ofereceu, pessoalmente, a cruz e o anel que iriam usar. Depois, ao recebê-los em audiência no dia seguinte, declarou-lhes com emoção que "considerava no seu justo valor o sacrifício que faziam expondo-se à pobreza, às privações, talvez à perseguição" e acrescentou que gostaria de "partir com eles, para partilhar dos sofrimentos e das privações que iam ser o quinhão da Igreja na França". Ao mesmo tempo, exprimindo perfeitamente desse modo o seu pensar mais íntimo, anunciava que ia beatificar o Cura d'Ars...

A verdade é que a aplicação da lei pareceu abrir caminho a uma autêntica perseguição. O artigo 3º prescrevia o *inventário* dos bens da Igreja, que deviam ser entregues às Associações Cultuais. No pensamento dos legisladores, não se tratava senão de uma providência destinada à conservação (muitos deputados católicos tinham votado favoravelmente), mas, no clima de paixão do momento, foi apresentada pela esquerda anticlerical como um meio de tornar patentes as escandalosas riquezas da Igreja, e, por numerosos católicos, como verdadeira profanação. Viu-se nesse ato uma tomada de posse dos edifícios religiosos, prelúdio de uma nacionalização semelhante à de 1790. Dizia-se que os agentes da República profanariam as hóstias consagradas e beberiam o vinho de missa nos cibórios. Constituiu-se, pois, um movimento de resistência, não isento de intenções políticas, e formaram-se batalhões de voluntários, geralmente muito jovens, para resistirem pela força aos inventários.

Multiplicaram-se os incidentes, deplorados por numerosos párocos. Tentou-se receber com fumo de enxofre os funcionários que penetravam nas igrejas; armaram-se-lhes ciladas; por vezes, houve mesmo cenas de pugilato. Em Paris, os motins foram bastante longe em Saint-Étienne-du-Mont, em Saint-Roch, em Saint-François-Xavier, em Saint-Pierre-du-Gros-Caillou. Na Bretanha, os camponeses foram buscar as espingardas-caçadeiras e fortificaram as igrejas. O comissário de política de Sables-d'Olonne foi espancado. Em algumas aldeias dos Pireneus, prenderam-se ursos à porta dos lugares-santos... Enfim, no Norte, em Boeschepe, um manifestante foi morto pelo filho de um inspector do Registro civil que julgara que o pai estava ameaçado. Incidente trágico, que teve uma consequência política inesperada: atacado por uma coalizão de católicos e de extrema esquerda, o ministério de

Rouvier foi substituído pelo ministério Sarrien, em que Clemenceau recebeu a pasta do Interior, mas em que Aristide Briand sobraçava a dos Cultos.

Estava por resolver uma questão melindrosa: seria preciso aceitar as Associações Cultuais na forma estabelecida pela lei; ou, antes, rejeitando-as, condenar à indigência não apenas o clero, mas todas as obras religiosas? A questão de princípio estava encerrada, pois Pio X condenara a totalidade da lei. Mas, no plano dos fatos, não seria possível encontrar um compromisso? O próprio papa se debatia certamente com o dilema, pois convidou os bispos da França a reunir-se em assembleia plenária, para lhe darem o seu parecer. Na sua grande maioria, o episcopado francês era desfavorável às "cultuais", mas não desejava a ruptura completa. Mons. Fuzet, arcebispo de Rouen, amigo pessoal de Briand, procurava uma solução de compromisso.

Foi o arcebispo de Besançon, mons. Fulbert-Peti, que a encontrou, sob a forma de "Associações Canônico-Legais", que se constituiriam no âmbito da lei, mas sob a autoridade da hierarquia. Um grupo de leigos muito influentes — entre os quais, Ferdinand Brunetière, Georges Goyau, Denys Cochin, o conde de Haussonville —, na maior parte membros da Academia Francesa ou de outra das classes do Instituto de França, publicaram um manifesto aconselhando moderação. Isso valeu-lhes, da parte daqueles que os consideravam "capitulantes", o risonho epíteto de "cardeais verdes", por serem verdes as vestes da Academia.

Nesse ínterim, em Roma, os gabinetes dos Assuntos Eclesiásticos Extraordinários estudavam a questão. Vários cardeais, e sobretudo o cardeal Rampolla, pediam que se aceitasse a proposta de Fulbert-Petit. Mas, como as eleições que então se fizeram pareceram confirmar a vitória do bloco das esquerdas, a corrente inclinou-se pelo rigor oficial. A violência de certa imprensa anticlerical, a afinidade que a direita católica estabelecia entre os radicais da IIIa. República e os seus "grandes antepassados" do Terror, o receio de ver as posições francesas influenciarem outros Estados, alguns relatórios muito pessimistas dos diplomatas que continuavam na nunciatura de Paris, assim como a atitude dos superiores de congregações refugiados em Roma, que, já não tendo nada a perder, incitavam à intransigência — tudo isso contribuiu para endurecer as posições.

A decisão última cabia a Pio X. Só depois de dolorosos debates de consciência e de longas orações na Confissão de São Pedro é que o papa a tomou. Tinha a certeza de que, repelindo as "cultuais", lançava a Igreja da França em dificuldades materiais extremas e a atirava para a pobreza ou mesmo para a miséria. O seu Secretário de Estado fornecia-lhe números que mostravam de quantos milhões ia privar o clero francês. Mas o papa respondia-lhe, com palavras sublimes: "Não são os bens da Igreja que tenho de defender: é o bem". E, quando um cardeal lhe perguntou como é que o arcebispo de Paris poderia exercer as suas funções sem palácio, sem verbas orçamentárias, sem meios materiais, replicou energicamente: "Se ele não for capaz, nomearei para o substituir um franciscano; esse terá feito voto de pobreza".

A 10 de agosto de 1906, a encíclica *Gravissimi officii* manifestou a decisão papal. Proibiam-se as Associações Cultuais, mesmo sob a forma das Canônico-Legais. E todas elas eram declaradas inadmissíveis "enquanto a divina constituição da Igreja, os direitos imutáveis do Pontífice Romano e dos bispos, assim como a sua autoridade sobre os bens e os edifícios sagrados, não forem irrevogavelmente garantidos". Era lançar a Igreja da França rumo ao desconhecido.

A verdade é que a situação não se agravou. Enquanto, por unanimidade, os bispos da França declaravam solenemente aceitar a decisão do soberano pontífice, dando assim um exemplo de disciplina e de abnegação igualmente admiráveis, os políticos que tiveram de aplicar a nova lei procuraram visivelmente não utilizar os seus poderes até ao ponto de que se pudessem recear perturbações graves. Clemenceau, que sucedera a Sarrien em outubro de 1906, manteve Briand no ministério dos Cultos, e este continuou a sua política de conciliação. Os inventários foram suspensos: "Não se vai fazer com que se matem homens para contar candelabros de igreja", gracejava Clemenceau. Diversos decretos e circulares deixaram aos católicos o direito e os meios de praticarem o culto sem terem de constituir as "cultuais" condenadas, que, por seu lado, protestantes e israelitas se tinham apressado a formar. Os edifícios destinados ao culto seriam postos gratuitamente à disposição dos padres, pelas comunas, proprietárias legais.

Não há dúvida de que essas decisões não foram tomadas sem abalos e choques. As repetidas propostas feitas por Briand à Santa Sé não foram bem compreendidas; parece até que o cardeal Merry del Val compreendeu muito mal as intenções de Briand, pensando estar ainda a tratar com um Combes. Por seu lado, na sequência de uma questiúncula, Clemenceau, num acesso de furor, tomou uma medida escandalosa — "um soco no queixo", como confessaria mais tarde —: expulsou de Paris o secretário da nunciatura, D. Montagnini, que ficara provisoriamente no posto, e, desprezando todos os costumes diplomáticos, mandou apreender os arquivos do núncio, para assim alimentar as campanhas da imprensa esquerdista. Apesar desse incidente e de outros ainda — evacuação pela força dos paços episcopais e dos seminários, convocacão para o serviço militar dos jovens eclesiásticos —, pode-se dizer que, em 1909, se estabelecera um *modus vivendi* que permitia aos católicos franceses praticarem a sua religião. Briand quereria ter ido mais longe. Chegou a propor uma lei que atribuía a eventuais "sociedades mútuas eclesiásticas" as caixas de aposentadoria do clero e os bens dos antigos estabelecimentos de culto que tivessem de cumprir obrigações piedosas. Mas essa solução, que não tinha em conta a hierarquia, foi também rejeitada pela Santa Sé.

Assim, ao cabo dessa grave crise, a Igreja da França estava despojada de todos os bens, sem contrapartida nem indenizações. Ficava espoliada de todos os edifícios dependentes do clero — paços, escolas, sedes das suas obras — e de todos os fundos, incluindo as caixas de aposentadoria para as quais os padres tinham contribuído tostão a tostão e ainda os capitais destinados às fundações de Missas pelos defuntos. Para viverem, os sacerdotes tinham, pois, de se abandonar à Providência e confiar na generosidade dos fiéis. Ameaçados a todo o momento pelo capricho de algum funcionário, pelo mau humor de algum prefeito, podiam ser expulsos da casa paroquial, tal como o arcebispo de Paris fora expulso do seu paço.

E, no entanto, por mais penosa que parecesse a situação, não teria aspectos favoráveis? Pelo menos tinha um, de ordem geral, para a Igreja. Era verdadeiramente o fim das tendências galicanas, ou seja, um contributo considerável para o trabalho de fortalecimento hierárquico conduzido por Pio X. Daí em diante, já não haveria intermediário algum entre o papa, por um lado, e, por outro, o clero com o povo cristão da França. Os bispos iam ser escolhidos exclusivamente pela Santa Sé: as propostas de candidatos seriam feitas pelo núncio e, em seguida, examinadas pela Congregação Consistorial. Estava virada uma página, e nunca mais se voltaria a ela. E há quem ache que, para o rigor de que a Cúria romana deu mostras, não contribuiu pouco a consideração deste benefício.

Mas, mesmo para a Igreja da França, a situação não deixava de trazer vantagens, que se iriam revelar no decorrer dos anos. O clero francês, submetido à rude escola da pobreza, atravessou uma severa crise de vocações[7]. Mas assim arredou do seu seio aqueles que se faziam padres por motivos bem diferentes dos espirituais. A partir daí, ia passar por um surto que faria dele um dos menos enfeudados aos interesses materiais e ao poder. Mais unido, mais homogêneo, mais disciplinado e mais heroico, ia revelar-se cada vez mais apostólico. E os próprios fiéis compreenderiam melhor os laços que os prendiam aos seus padres, que deixavam de ser apenas os do indispensável "dinheiro para o culto". A Separação, que, na mente dos anticlericais fanáticos, havia de consagrar a definitiva ruína do catolicismo na França, foi, pelo contrário, para a Igreja, ocasião de um extraordinário revigoramento.

Assim, a intransigência de que Pio X dera provas, e que nem sempre fora compreendida, ia revelar-se vantajosa, vantajosa para os "interesses de Deus". Sem a menor sombra de dúvida, houve nesse pontífice inspirado um ditame do Espírito Santo. O próprio homem que, nesses dolorosos debates, se defrontou com ele, e cujas intenções exatas o papa não tinha adivinhado — Aristide Briand —, havia de prestar-lhe esta homenagem: "Pio X irá ganhar em todos os tabuleiros. Mereceu-o bem... Foi maravilhoso, esse papa! Eu nem sempre o compreendi. Tive de esperar pelo recuo do tempo, que tudo se decantasse. Só ele viu claro. Quantas vezes, na tribuna da Câmara, quando tinha de me bater em duas frentes, à esquerda e à direita, não tentei eu dizer aos parlamentares que todos eles eram uns pobres-diabos, que um só homem via claro, tinha uma política coerente e trabalhava para o futuro: o papa! Ele não queria morrer lentamente, tranquilamente. Queria que a Igreja vivesse; e a vida é a aventura... O seu sacrifício era necessário: e deu frutos"[8].

A causa da justiça e da fé

O mesmo propósito de servir "os interesses de Deus" sem olhar para as consequências que certas decisões pudessem provocar de imediato volta a encontrar-se claramente em muitas outras circunstâncias. Foi o caso dos povos católicos submetidos ao jugo de grandes Estados estrangeiros, em que Pio X lhes manifestou de todas as maneiras, de forma mais ativa que Leão XIII, a sua afeição paternal e o seu apoio. Fê-lo sem cuidar de saber se o interesse da Sé Apostólica não teria sido, antes, continuar em boas relações com essas potências; e foi até à ruptura quando a julgou necessária para servir a causa da justiça.

Sabemos qual era a situação dos *poloneses*, dilacerados, desde as partilhas, entre três senhores, e submetidos, sobretudo na zona russa, ao terror que Wladyslaw Reymont iria designar por "apostolado do *knut*" [cassetete]. Aliás, as outras comunidades católicas do Império czarista — rutenos, uniatas — não eram mais felizes. Leão XIII fizera algumas tentativas para lhes melhorar a sorte. Em vão: Alexandre III tinha continuado a política de russificação, e o legado pontifício Vicente Vannutelli, enviado à coroação do czar, nada conseguira. A guerra russo-japonesa, de 1904-1905, e a esmagadora derrota do imperador pareceram levar, no entanto, a uma mudança na política religiosa, tal como em todas as outras. Os católicos tiveram reconhecida a liberdade religiosa, o que trouxe como consequência um movimento de conversões que alcançou cerca de 200 mil pessoas.

Não tardou que a Igreja Ortodoxa reagisse, apoiada pelas autoridades imperiais, que viam aí um perigo para a Santa Rússia. E deflagrou-se contra Roma uma campanha sistemática de difamação — o próprio Dostoievski fornecia argumentos —, ao mesmo tempo que, especialmente na Polônia, se voltava aos tempos da perseguição. Pio X encolerizou-se. Sem se preocupar com a possibilidade de criar graves dificuldades com o governo de São Petersburgo, denunciou com veemência a falta de palavra do czar. Ao mesmo tempo, o imperador da Alemanha pareceu imitar o colega russo. Pio X apoiou fortemente o arcebispo de Posen, que protestava contra a "prussificação dos poloneses".

Tudo se passou como se o papa pressentisse que a partilha da Polônia era provisória e que, um dia, a heroica nação católica voltaria a ser livre e una. Nessa política de Deus, foi muito longe; chegou a provocar um escândalo público. Pelo Ano Novo de 1911, durante a audiência dos embaixadores que lhe vinham apresentar cumprimentos protocolares, ao chegar a vez do embaixador do czar, Pio X declarou-lhe que não podia aceitar as homenagens de um perjuro e de um perseguidor; e, sem dar tempo para explicações, indicou-lhe a porta, para onde o diplomata se dirigiu, pálido como um morto.

Outro povo católico infeliz: os *irlandeses*. Leão XIII não fora insensível aos seus protestos contra o domínio inglês, mas, tendo estabelecido boas relações com o governo de Londres, procurara principalmente desempenhar o papel de medianeiro, cujos bons ofícios impediram a situação de se tornar explosiva. Aprovara, até, em 1881, uma carta assinada pelos bispos irlandeses — com exceção de três — na qual se condenavam as violências dos revolucionários fenianos. Mas o movimento de independência ganhava terreno de ano para ano. C.G. Parnell criava uma nova técnica de resistência aos ingleses — aquela cuja primeira e simbólica vítima ia ser o capitão Boycott[9]. A temperatura subia. Os fenianos assassinaram o Secretário de Estado para a Irlanda, Lord Cavendish. Apesar do princípio de solução que a questão agrária teve com o "*Bill* de resgate" de 1903, não havia dúvida de que a "ilha irmã" não aceitaria por muito mais tempo a tutela da sua irmã mais velha.

Pio X entendeu que devia tomar partido nitidamente: tratando a Irlanda livre como a livre Polônia, manifestou em todos os momentos aos irlandeses a sua ativa simpatia. Sem se associar oficialmente à campanha do *Home Rule*, deixou ver que era seu desejo que fosse reconhecida em data próxima a independência da Irlanda. Aproveitando a ocasião de um

Congresso Eucarístico, chegou a enviar um legado pontifício (o mesmo D. Vicente Vannutelli que já fora encarregado de uma missão difícil na Rússia), o que levou S.M. Britânica a mostrar-se descontente. Aliás, na mesma altura, Pio X encorajava os católicos a opor-se às novas leis escolares que o Parlamento ia votar e que transfeririam para as municipalidades as "escolas destinadas a uma função religiosa", o que permitiria às autoridades intervirem na educação que os pais queriam dar aos filhos. O episcopado inglês insurgiu-se, conduzido pelo arcebispo de Westminster, D. Bourne. Pio X apoiou os protestos. Se não fossem as amizades pessoais que o cardeal Merry del Val tinha entre a aristocracia inglesa, ter-se-ia chegado sem dúvida a uma ruptura, como acontecera com a Rússia.

Num outro caso, não foi já a justiça — posta em jogo a propósito dos poloneses e dos irlandeses — que Pio X quis defender: foi a causa da catolicidade, diante da agressividade do protestantismo nessa época. Por ocasião da visita que Theodore Roosevelt fez a Roma, ocorreu um incidente cuja importância nem sempre tem sido bem avaliada. Tendo vindo à Cidade Eterna em 1910, o antigo presidente dos Estados Unidos exprimiu o desejo de visitar o papa, assim como o rei da Itália. Uma vez que não se tratava de um país oficialmente católico e que, por outro lado, Roosevelt já não estava em funções, a questão não se punha como quando se tratara de Émile Loubet, presidente da República francesa; e a Secretaria de Estado respondeu que a audiência seria concedida. Mas a imprensa de esquerda anunciou com grande estrondo uma conferência do ilustre visitante no templo metodista. O cardeal Merry del Val fez saber imediatamente que, se o antigo presidente pronunciasse efetivamente a conferência, a audiência papal seria cancelada. Ao que Roosevelt respondeu que, se tinha de escolher, manteria a sua visita aos metodistas e renunciaria, não sem grande pena, à honra de ver o papa.

A imprensa romana gritou contra o "sectarismo", o "fanatismo". Ora, Pio X tinha razões muito sérias para não se mostrar liberal numa questão que parecia mínima, mas cujas repercussões podiam ser consideráveis. Nesse momento, na própria Roma, as diversas seitas protestantes, e especialmente os metodistas, encorajadas pelo prefeito Ernesto Nathan, que era maçom, entregavam-se a uma propaganda bem montada: abriam templos e multiplicavam reuniões espetaculares. Além disso, os metodistas estendiam os braços aos católicos, mesmo aos sacerdotes que abandonavam a Igreja Romana por causa do modernismo[10].

Finalmente — e não há dúvida de que foi a razão principal —, os católicos norte-americanos estavam então numa situação de guerra larvada com os protestantes: o Klu-Klux-Klan tinha no primeiro plano do seu programa a luta contra os católicos, paralela à que haviam declarado contra os negros. Os católicos americanos dificilmente compreenderiam que o soberano pontífice desse a impressão de cobrir com a sua autoridade a operação de propaganda protestante que era a conferência de Theodore Roosevelt aos metodistas. Não eram somente o legítimo orgulho do papa e o seu desejo de fazer respeitar a Sé Apostólica que se opunham a um gesto de indulgente cortesia: era, no fim das contas, o interesse superior da Igreja.

Dramas em Portugal e na Espanha

Devemos, no entanto, observar que, em numerosas circunstâncias, os conflitos que se deram durante o pontificado de Pio X não podem, em justiça, ser relacionados com o modo brusco das suas determinações. Houve ataques que se desencadearam com tão odiosa violência que não deixam dúvida sobre as intenções profundas dos que os ordenaram.

Vimos já, na França, qual o desígnio que animava os mais lúcidos e decididos "laicos". Mas "organizar a sociedade sem Deus" não foi o objetivo apenas de Jules Ferry; também fora da França a Igreja esteve ameaçada na sua própria existência. E, se Pio X foi levado a desfechar muitas vezes protestos indignados e condenações, foi porque não lhe tinham deixado nenhum outro meio de defender a religião.

O exemplo mais impressionante é o de Portugal. Deu-se aí uma Separação da Igreja e do Estado, mas em condições bem piores do que na França, pois o papa nem teve qualquer possibilidade de intervir senão protestando. As medidas tomadas pelo governo de Lisboa, à imitação das da França, nos últimos tempos de Leão XIII, não tinham tido grandes consequências. E, durante os primeiros anos de Pio X, chegou a haver uma aproximação muito clara entre a monarquia e a Igreja, sob a influência da rainha Dona Amélia de Orleáns. O que teve o resultado de exasperar o anticlericalismo dos republicanos portugueses, apoiados por revolucionários brasileiros refugiados em Portugal. A situação agravou-se rapidamente quando, a fevereiro de 1908, o rei D. Carlos e o seu filho mais velho D. Luís Filipe foram assassinados a tiros de espingarda em pleno coração da capital; quando ruiu a ditadura "progressista" de João Franco; quando, dois anos mais tarde, o jovem D. Manuel, que sucedera ao pai no trono, foi ele próprio deposto por uma revolução militar, que estabeleceu a República.

Imediatamente os republicanos se julgaram no dever de deitar abaixo a Igreja. Os maçons eram numerosos entre eles, e vincadamente sectários. As leis anticlericais sucederam-se em rápida cadência. É óbvio que as congregações foram expulsas e o ensino laicizado, mas também foram tomadas decisões menos "clássicas": os republicanos portugueses deram provas de um espírito muito inventivo. Por exemplo, de todas as verbas recebidas para as despesas de culto, uma terça parte seria destinada a obras laicais de assistência; o uso da batina na rua seria considerado crime; nas Associações Cultuais — também aí previstas na lei —, encarregadas da administração do culto, seria proibido admitir qualquer padre; os edifícios religiosos, não apenas os existentes, mas os futuros, seriam todos eles secularizados; os seminaristas passariam obrigatoriamente pelos colégios do Estado, e — o que era o cúmulo —, nos seminários, quer os professores, quer os compêndios, quer as matérias do currículo dependeriam da escolha do governo. Mais ainda: seriam dadas garantias legais e subvenções às famílias dos padres casados! O próprio *petit-père* Combes não tinha ido tão longe.

Como é natural, a aplicação dessas medidas provocou incidentes violentos. Enquanto manifestantes bem preparados atacavam igrejas e conventos, e a polícia se apoderava dos arquivos das dioceses e até da nunciatura, os católicos, sob a direção do cardeal Mendes Belo, patriarca de Lisboa, reagiam. Deram-se confrontos em diversos pontos do país. Seis mil padres e leigos foram presos. Perante essa situação, que podia fazer Pio X? Nada mais que clamar a sua indignação. Foi o que fez, em maio de 1911, pela encíclica *Iamdudum in Lusitania*, na qual, indo ao fundo do problema, mostrava que, na lei portuguesa de Separação, havia a vontade "de desprezar a Deus, repudiar a fé católica, injuriar o Pontificado romano e desmantelar a Igreja". Por mais duas vezes, repetiu esses protestos. Sem nenhum resultado, é claro. Seria preciso esperar por 1917, com a queda dos sectários por meio de um novo golpe de Estado e a chegada ao poder do liberal Machado Santos e do católico Feliciano da Costa, para que cessasse esse *Kulturkampf* da Lusitânia. Mas essa obra de descristianização iria ter graves consequências no país que seria o das aparições de Fátima.

Na Espanha, as coisas não foram tão longe. Mas a Igreja também aí passou por dificuldades muito sérias. A firmeza de Leão XIII permitira aos católicos reencontrarem a calma e poderem consagrar-se às obras sociais, então nascentes. Mas os movimentos de esquerda, em que socialistas e anarquistas, chefiados por Pablo Iglesias, viam crescer a sua influência, eram violentamente anticlericais, enquanto os liberais, conduzidos por Canalejas, não lhes ficavam muito atrás. Apoiado pelo jovem rei Afonso XIII, o ministério moderado de Maura tentou resolver da melhor maneira a questão das congregações. A sua substituição pelos liberais determinou a aprovação de uma lei contra elas, mas não se ousou pô-la em prática.

Os verdadeiros sobressaltos começaram em 1909. Durante o verão, em Barcelona, uma greve geral depressa se transformou em motim provocado pelos anarco-sindicalistas, muito ativos entre os operários. Não tardou que toda a Catalunha sofresse um autêntico Terror vermelho, que canalizou contra a Igreja a sua fúria. Cento e trinta e oito padres ou religiosos foram chacinados. Vinte conventos e outras tantas igrejas, incendiados. Um homem era tido por inspirador de todo o movimento: *Francisco Ferrer*, maçom ateu e anarquista, fundador da sociedade laicista "Escola Moderna". Ferrer foi preso e, na sequência de um processo em que inegavelmente as formalidades jurídicas foram pouco respeitadas, fuzilado junto com seis dos seus partidários. Uma vaga de cólera percorreu a classe operária da Espanha. Foi ela que levou ao poder Canalejas e um grupo de liberais hostis à Igreja. E logo se deu o ataque. Foi apresentada nas Cortes uma lei que despojava as congregações não reconhecidas do direito de associação. Lei que ficou chamada "do cadeado", por levar ao encerramento de muitos conventos e estabelecimentos religiosos.

Pio X chamou a Roma o núncio; mas — e devemos sublinhar o fato — evitou qualquer declaração oficial violenta, que poderia criar uma situação irreparável. É que, no preciso momento em que era votada a lei anticlerical, se reunia em Madri um Congresso Eucarístico de dimensões gigantescas, extraordinário testemunho de fé. Para o santo pontífice, esse era um acontecimento bem mais importante e determinante do que as medidas sectárias. Usando então da palavra, Pio X proclamou que "a Espanha inquebrantavelmente católica jamais aceitará ser separada da Igreja". Na realidade, a situação estava longe de se clarificar. O próprio assassinato de Canalejas (1912) e a sua substituição por um conservador deixou a questão em aberto. As modalidades das relações da Igreja com o Estado na católica Espanha não estavam definidas de maneira estável. Ocorreram ainda bastantes conflitos, até se chegar ao mais grave de todos — o da guerra civil, vinte e cinco anos mais tarde[11].

Quirinal e Vaticano: anúncio de uma nova política

Por mais categórica que tenha sido a atitude de Pio X para com numerosos Estados, seria, no entanto, ver as coisas superficialmente classificá-la como "inflexível", "desastrada", "brutal", como fazem tantos historiadores, incluindo alguns católicos. A "fecunda intransigência" que Albert de Mun admirava não foi o único meio de que o santo papa usou. Quando lhe pareceu que os interesses de Deus seriam mais bem servidos por métodos mais suaves, soube recorrer perfeitamente a eles, sem deixar de assinalar que, na ocorrência, esses interesses não se confundiam com outros marcadamente temporais. E houve pelo menos um ponto em que este pontífice, tantas vezes apresentado num estreito e pétreo conservantismo, se revelou muito avançado em relação ao seu tempo.

Queremos referir-nos às relações entre a Sé Apostólica e a nova Itália. A situação que encontrou à subida ao trono pontifício era tão clara como rigorosa. Recusando-se a reconhecer a tomada de Roma pela monarquia "piemontesa", o papa continuava a ignorar o novo regime, considerava-se prisioneiro no Vaticano, repelia com desprezo as ofertas que a Lei das Garantias lhe tinha feito, proibia aos católicos italianos, segundo a célebre fórmula do *non expedit*, a participação na vida política da Itália. Essa atitude, que o diplomata Leão XIII mantivera estritamente, tinha tudo para agradar a Pio X. Ora, a verdade é que a atitude de Pio X foi bem mais matizada.

Pessoalmente, Giuseppe Sarto tinha motivos para julgar a nova Itália de modo diferente do dos seus dois predecessores. Como todos os jovens do seu tempo, tinha-se entusiasmado, aos vinte anos, pela causa da unidade italiana. Filho amantíssimo das terras venezianas, jamais esqueceria que fora por ação da monarquia piemontesa que a sua pequena pátria se desembaraçara do jugo austríaco. Sentia simpatia pela família real e dar-lhe-ia mostras disso muitas vezes. Como tantos italianos, simultaneamente católicos e patriotas, sofria com a ruptura entre os dois poderes.

Havia outra razão para que os seus sentimentos não fossem exatamente como os dos seus predecessores. Gioachinno Pecci, formado pela cultura francesa, leitor dos escritores católicos liberais da França, alimentara sempre a esperança de contar com o apoio da França para fazer face à Itália espoliadora, mas essa esperança tinha-se frustrado; no momento da sua morte, era patente que a República se orientava para um anticlericalismo virulento. Giuseppe Sarto, que falava um francês rudimentar e conhecia mal o pensamento francês, não tinha ilusões acerca da França republicana e, durante o seu episcopado, falara dela várias vezes com inquietação. Estava, pois, inclinado a proceder a uma "substituição das alianças".

Mal acabou de ser eleito, uma palavra sua deu a entender quais eram os seus sentimentos mais fundos. Tratava-se de saber onde e de que modo daria a bênção *Urbi et Orbi*. Se aparecesse na *loggia* exterior, seria sinal de que rompia com o rigor dos antecessores. Perguntou, pois, ao mestre de cerimônias o que seria mais conveniente fazer; depois, perante a incerteza deste, quis saber do Secretário do Conclave qual seria a opinião do Sacro Colégio. E só depois de o cardeal Merry del Val lhe ter dito que o colégio dos cardeais fora de parecer que a bênção devia ser dada no interior da Basílica é que o papa abandonou a hipótese, que no entanto encarara, de se apresentar no alto da Praça de São Pedro.

Oficialmente, Pio X não rompeu, portanto, na Questão Romana, com a tradição fixada pelos predecessores. Não saiu do Vaticano — embora essa semi-clausura fosse desagradável ao camponês que era —, recusou-se sempre a beneficiar das vantagens da Lei das Garantias e continuou a reivindicar os seus direitos, por uma questão de princípio. Mas, neste último ponto, fica-se com a impressão de que os seus protestos não manifestavam uma convicção muito forte. Não se conhece um só caso em que empregasse a expressão "poder temporal", nenhum em que falasse de "Estados Pontifícios" ou de "Domínio de São Pedro". Assim como se mostrava intransigente nas ocasiões em que lhe parecia estar em causa o prestígio da Sé Apostólica (por exemplo, como vimos, a propósito da visita do presidente da República francesa, Émile Loubet), assim também esse "pobre em espírito" segundo o Evangelho mostrou pouca obstinação em reclamar territórios. De resto, quando o presidente da União Católica Italiana, conde Della Torre, escreveu "que a posse territorial não é o único meio de salvaguardar a independência espiritual da Santa Sé", essa frase audaciosa não sofreu nenhum desmentido.

A mudança de atitude foi ainda mais nítida quanto à participação dos católicos na política do seu país. Com o advento de Pio X, a validade do *non expedit* era virtualmente posta em causa. As jovens gerações compreendiam cada vez menos os motivos dessa medida. Por outro lado, os socialistas progrediam, sobretudo na Itália do Norte, e a forçada abstenção dos católicos trazia o risco de selar a queda definitiva dos moderados. Como ia haver eleições legislativas em 1904, algumas importantes personalidades católicas, como D. Bonomelli, bispo bem conhecido de Cremona, ou o professor Nicolò Rezzara, que era um dos chefes do movimento social, perguntaram ao papa qual seria a palavra de ordem. A resposta foi significativa, ou melhor, as respostas. Ao bispo, Pio X declarou oficialmente que a proibição tradicional não sofrera nenhuma alteração. Mas, ao advogado Bonomi, que viera em audiência privada expor-lhe os votos formulados pelos católicos de Bérgamo, disse por duas vezes: "Fazei o que vos ditar a vossa consciência". E acrescentou: "Transmiti esta resposta a Rezzara, e garanti-lhe que o papa se calará". Era entreabrir a porta. Bérgamo elegeu um deputado católico. No conjunto da Itália, a participação dos católicos na eleições fez cair de 50% para 37% o número de abstenções.

No ano seguinte, foi dado um novo passo com a encíclica *Il fermo proposito*, a mesma que reorganizou o movimento católico após a supressão da Obra dos Congressos[12]. Depois de prevenir qualquer perigo de desvio, e de ter derrotado os extremistas da democracia cristã e posto sob a exclusiva autoridade da hierarquia todo o movimento católico, Pio X julgou que era do interesse de Deus não deixar o socialismo anticlerical invadir a Itália. E que convinha, pois, lançar na balança política o peso dos católicos. Os bispos ficavam autorizados, sempre que houvesse "razões especialmente graves", a pedir dispensa do *non expedit* para os seus fiéis. Nas eleições de 1909, muitos prelados conseguiram levantar a proibição. Foram eleitos uns vinte deputados que se declaravam católicos. Mais importante ainda: dando os seus votos aos moderados, os católicos contribuíram para a vitória destes sobre a esquerda revolucionária: a eles se deveu, em larga medida, o ministério Giolitti. Constituiu-se uma União Eleitoral Católica, cujo presidente, o conde Gentiloni, dentro em pouco passava a ser uma destacada personalidade política. Nas vésperas das eleições de 1913, o êxito da nova atitude foi confirmado pela assinatura de um verdadeiro acordo entre o governo e os católicos — o "Pacto Gentiloni" — com o fim de estabelecer garantias religiosas. Era nesta salvaguarda dos "interesses de Deus" que desembocava a política flexível de Pio X.

Não devemos, porém, exagerar a importância da mudança que se operou. Sempre desconfiado do que pudesse comprometer a Igreja no terreno político, receando que um partido fugisse à autoridade hierárquica, Pio X tinha o cuidado de repetir que não havia "candidatos católicos" nem "deputados católicos", mas simplesmente católicos que participavam na política do seu país e que eram eleitos para o Parlamento. No entanto, os adversários não se iludiam sobre o alcance do acontecimento. Não admitiam o *distinguo* entre católicos deputados e deputados católicos e irritavam-se com o que lhes parecia ser uma intervenção da Igreja na política. Diversos incidentes traduziram a cólera de que estavam possuídos, nomeadamente em Roma, onde o quadragésimo aniversário da tomada da Cidade foi ocasião para manifestações anticlericais, no decorrer das quais o prefeito, Ernesto Nathan, pronunciou um discurso de rara violência. Mas nem por isso era menos claro que as relações entre o Vaticano e o Quirinal, entre a Igreja e a nova Itália, assumiam uma nova feição e que a solução da Questão Romana não parecia estar para lá dos horizontes. Não foi este um dos mais surpreendentes aspectos do pontificado do "rígido" Pio X, em que ele nos surge como precursor da *Conciliazione* de Pio XI.

Os católicos na política e a questão da democracia

As palavras que acabamos de ler sobre os "candidatos católicos" e os "deputados católicos" é reveladora de uma das posições mais marcantes de Pio X: a sua desconfiança em relação a qualquer compromisso dos católicos, enquanto tais, na política e, sobretudo, nas organizações políticas. É aqui que ganha todo o verdadeiro sentido a sua declaração de que a política da Igreja consistia em "não fazer política". Vimos que essa atitude resultava da altíssima concepção que tinha da função que lhe incumbia, da sua intenção bem firme de servir em tudo "os interesses de Deus" sem deixar que se confundissem com os dos homens, da sua vontade de reforçar a Igreja fortalecendo os laços hierárquicos. Mas isto não quer dizer que também neste ponto se tenha mostrado monolítico e que se tenha lançado a condenações sumárias.

É fora de dúvida que tinha horror pelo que se pudesse chamar um "partido católico". Opôs-se radicalmente à constituição de semelhante organismo na Itália. Na França, nada fez para estimular os católicos a unirem-se dessa maneira para lutar, politicamente, contra os adversários. Acerca do *Zentrum* — o célebre partido alemão que se afirmava expressamente católico e que, de resto, tinha excelentes razões para reivindicar esse título, porque fora como partido católico que empurrara Bismarck até "Canossa" —, chegou a dizer: "Não gosto dele, porque é um partido católico". No entanto, podemos encontrar casos — Bélgica, Áustria — em que o papa não somente nunca manifestou qualquer acrimônia contra partidos oficialmente denominados católicos, mas até aprovou a sua ação.

A explicação para essas diferenças de atitude é simples, se nos recordarmos dos princípios que Pio X tinha como referência: princípios de ordem e disciplina. Por muito pouco favorável que fosse à existência de um partido católico em determinado país, não quis condená-los nem sequer contrariá-los quando lhe pareceu evidente que a sua desaparição ou o seu enfraquecimento aproveitariam ao adversário. Mas, em todos os casos, exigia que o partido aceitasse um controle, mais ou menos direto, da hierarquia e se inspirasse nas diretrizes pontifícias para orientar a sua conduta. A grande censura que fez ao *Zentrum* foi precisamente que fazia as coisas a seu modo, algumas vezes em pontos graves.

É por este ângulo que temos de considerar os acontecimentos, se quisermos apreciar com exatidão a atitude de Pio X para com a democracia e os partidos que, mesmo entre os católicos, a proclamavam. É frequente considerar este papa como inimigo nato de todos os regimes democráticos e da própria ideia de democracia. Devemos no entanto observar que, nos casos em que se deram conflitos entre a Santa Sé e regimes democráticos — na França, por exemplo, ou em Portugal —, a iniciativa não partiu de modo nenhum de Roma, e que, se Pio X se mostrou severo para com os governos desses dois países, tinha razões mais que suficientes... Isso não significa que fosse adversário dos regimes em si.

Afirmou muitas vezes que "a Igreja pode e deve adaptar-se a todos os regimes", com a condição de que respeitassem os direitos de Deus e trabalhassem pelo bem comum. "A profissão do cristinianismo pode combinar-se amigavelmente com a forma republicana do Estado" — declarou no Consistório de novembro de 1904, onde, no entanto, acabava de denunciar vigorosamente a atuação anticlerical do ministério Combes. "Em parte alguma — escreverá o cardeal Gasparri — Pio X sugeriu a ideia de que a defesa da religião devesse fazer-se num terreno que não fosse o das instituições existentes". E, em 1907, após a dura provação que a democracia francesa acabava de infligir à Igreja, o papa continuava a manter a mesma doutrina: "Os governantes franceses — dizia ele na sua mensagem de Páscoa — esperam conseguir persuadir o povo de que, quando defendemos os direitos da Igreja, nos opomos ao regime republicano. Mas nós sempre aceitamos esse regime, sempre o respeitamos".

Quer isto dizer que Pio X tenha aprovado esse regime? Um dito irônico assegura que Leão XIII "corria ao encontro da democracia, ao passo que Pio X a via vir". O próprio princípio da democracia não podia ser do seu agrado. Fazer proceder do povo todos os poderes é exatamente o oposto da concepção cristã, que os faz proceder unicamente de Deus. E Pio X não estava nada inclinado a admitir que a *vox populi* fosse a *vox Dei*. A oposição das teses não podia deixar de ser flagrante, e levava a uma verdadeira antinomia nas formações políticas católicas que faziam seus os princípios democráticos. Se elas pretendessem introduzir na própria Igreja as ideias democráticas ou pautar por elas o seu comportamento, sem ter em conta as instruções e os interesses da Igreja, a ruptura seria fatal, pois Pio X não era pessoa que aceitasse tais violações aos seus princípios de ordem e disciplina. É aqui, e não numa intenção política de impor aos católicos um regime de preferência a outro, que temos de ver a causa da severidade de que deu provas em várias questões ruidosas.

Na Itália, o termo da Obra dos Congressos

A primeira questão rebentou na Itália, a propósito da *Obra dos Congressos*. Sob o pontificado de Leão XIII, esse movimento católico não cessara de crescer, a ponto de parecer polarizar tudo o que havia de ativo na igreja da Itália[13]. Mas o seu caráter mudara pouco a pouco. Nascida como grupo de pensamento religioso, bastante restrita, controlada pela Santa Sé e pelos bispos, tornara-se uma organização imensa, que pretendia estender-se a todo o campo das atividades em que os católicos podiam afirmar-se — atividades políticas ou religiosas, sociais ou econômicas, ou ainda culturais. Fundada num tempo em que os católicos, afastados da política, tinham em vista conviverem, encontrava-se agora em relações com todas as forças vivas da nação, e, consequentemente, levada a agir em todos os planos. Finalmente, pelo próprio fato de já existir desde longa data, uma nova geração aparecera no seu seio, extremamente empreendedora e de influência crescente. Ao contrário dos "velhos", politicamente conservadores e socialmente paternalistas, os "jovens" eram de opiniões avançadas.

Sem se dever admitir que toda essa nova geração aderia às teses da "democracia cristã" — que já vimos[14] estarem em plena expansão a partir de 1896 —, a verdade é que a ala dinâmica da Obra dos Congressos caminhava nesse sentido. Os "jovens" tinham um jornal, *Il domani d'Italia* ["O amanhã da Itália"], com uma tiragem de 40 mil exemplares, número enorme num país em que dois quintos da população não sabia ler. Agrupavam-se numa "sociedade cultural" que se declarava democrata cristã e não tinha menos de 300 secções.

O homem que encarnava essa tendência e a quem a maior parte dos jovens tinha por chefe era D. *Romolo Murri* (1870-1943). Figura ao mesmo tempo sedutora e de difícil aceitação, era um sacerdote entusiasta, enérgico, que iria deixar rastro até aos nossos dias e que de certo modo nos faz pensar em Lamennais, a quem ele próprio certa vez se comparou. Inteligência brilhante, orador de dotes poderosos e sobretudo extraordinário animador, incessantemente empenhado em despertar homens e ideias, esse jovem clérigo de rosto atormentado e olhar cintilante não tardou a conquistar na Obra dos Congressos um prestígio fora de proporção com o peso da sua idade. Aos vinte e três anos, já lançara as bases da Federação Universitária Católica, que dotara de uma revista, *Vita nuova*. Aos vinte e seis, apaixonadamente dedicado aos propósitos sociais da *Rerum novarum*, lançara *Cultura sociale*, destinada a pôr em prática os ensinamentos de Leão XIII.

Tal como Lamennais quando jovem, proclamava um indefectível devotamento à Igreja, à Sé de Roma, a ponto de protestar em 1898 contra a participação dos católicos nas cerimônias do cinquentenário do "Estatuto constitucional" concedido por Carlos Alberto, e mesmo em 1900 contra as homenagens por eles prestadas ao rei Humberto assassinado. Apoiando-se no *Syllabus*, proclamava em todos os momentos que os católicos nunca poderiam aceitar a concepção materialista e pagã da sociedade moderna. E, quando diante dele se falava em buscar uma solução conciliatória para a questão do poder temporal do papa, explodia. Que a Igreja se unisse, cerrasse fileiras à volta do seu Chefe, ostentasse o rosto que a humanidade esperava — e a vitória seria certa. É claro que esse novo rosto, como fora para Lamennais ou para Gioberti, devia ser exatamente como ele mesmo o concebia. O orgulho, que sempre fez os heresiarcas e os cismáticos, não estava ausente dessa alma de fogo.

Nos últimos cinco anos do pontificado de Leão XIII, a propensão do fogoso sacerdote para agir a seu modo acentuara-se com uma nitidez cada vez maior, sobretudo a seguir às posições tomadas em 1898 pelo governo "laico" de Roma contra um certo número de obras econômicas e sociais dependentes da Obra dos Congressos. Murri e os seus amigos queriam opor a força à força e, para tanto, organizar politicamente os católicos. A fórmula da "democracia cristã" passou a ser o *leitmotiv* dessa orientação. Assumindo abertamente a direção da Obra, os "jovens" iam ao ponto de denunciar como vício congênito do empreendimento o fato de ser um organismo religioso, dependente da hierarquia e repressor dos leigos. O esclarecimento feito por Leão XIII sobre o sentido exato das palavras "democracia cristã", em *Graves de communi*[15], não atrapalhou Murri e os seus camaradas. Se os "velhos" gritaram vitória, os "jovens" asseguraram que, identificando a democracia com uma "ação social benéfica", a encíclica lhes deixava o campo livre. E a nomeação para presidente da organização de um homem prudente, respeitado pelos dois campos, o conde Grosoli, pareceu que iria apaziguar o conflito entre os dois partidos.

Leão XIII adivinhara o perigo? Recearia que as tendências anti-hierárquicas de Romolo Murri progredissem demasiado? Seja como for, pouco antes de morrer, o Secretário de Estado publicara um novo regulamento em que se estipulava que todas as secções dos "jovens democratas" deviam continuar filiadas na Obra dos Congressos, e portanto submetidas ao *controle* dos dirigentes, e ter obrigatoriamente pelo menos um administrador nomeado pelo bispo de cada diocese. Era uma resposta às tendências autonomistas de Murri. Este insurgira-se instantaneamente. O *Domani d'Italia* respondera às instruções com um "*non possumus*" que já cheirava a rebelião. E, em abril de 1902, ao falar na República de San Marino sobre o tema *Liberdade e cristianismo*, o efervescente tribuno proclamara a necessidade de sacudir o jugo da hierarquia e retomara o tema — muitas vezes utilizado na Itália, o mesmo de que se servirá Fogazzaro no romance *Il Santo*[16] — da necessidade de reformar a Igreja, de desembaraçá-la das suas manchas e rotinas, a fim de a reconduzir à pureza das origens; e fazia alusões, tão deslocadas quão desastradas, aos trabalhos críticos de certos exegetas e filósofos, como Loisy e Tyrrell, cujos escritos inquietavam gravemente o Santo Ofício. Censurado por uma nota muito firme do cardeal-vigário [o vigário do papa como bispo da diocese de Roma], Romolo Murri submetera-se, retirara de circulação o seu discurso inflamado e tinha até pedido e obtido do papa uma audiência em que implorara a sua bênção.

Pio X encontrou, portanto, uma situação que, apesar das aparências, era explosiva. É óbvio que as posições de D. Murri tinham tudo para desgostá-lo. Que valia a submissão do jovem empreendedor? No Congresso de Bolonha (novembro de 1902), dos 1.800 assistentes a enorme maioria pronunciava-se por ele, como provaram as aclamações. Os "velhos", que ainda mantinham a Comissão diretiva, ripostaram dirigindo ao papa uma declaração vigorosa, que conseguiram aprovar por vinte votos contra dezesseis. Nela se pediam providências para "separar nitidamente a Obra dos Congressos da agitação democrática reprovada em muitas ocasiões pela Santa Sé".

Pio X não reagiu no sentido que os "velhos" teriam desejado. Respondeu com um apelo à reconciliação e à união de todos os católicos, apelo que praticamente não foi ouvido. Em seguida, publicou uma Instrução em que recordava a definição de democracia cristã dada pela *Graves de communi*, reiterava aos católicos italianos a proibição de fazer política, "por motivos de ordem superior", e novamente concluía que todas as atividades católicas deviam ser controladas pela hierarquia. Esse novo apelo também não teve nenhum resultado. Murri e os seus amigos, considerando que em Bolonha tinham ganho a partida, conseguiram mesmo pressionar o conde Grosoli — até então tido por árbitro entre as facções — para que concordasse em redigir um novo programa, inspirado, ao que assegurava, nas diretrizes papais, mas em que era bem visível a influência da ala avançada. Desautorizado pelo Secretário de Estado, o presidente da Obra dos Congressos demitiu-se.

Pio X percebeu então que era impossível manter a Obra sob a autoridade hierárquica e que, mesmo mudando a Diretoria, esta ficaria dividida entre as duas tendências. Era preciso voltar a uma obra propriamente religiosa, católica no sentido estrito do termo e integralmente obediente. Para isso, impunha-se uma decisão preliminar. E o papa tomou essa decisão, não sem grandes dilaceramentos interiores, pois sabia o que a Obra dos Congressos tinha dado à Igreja na Itália: a 20 de julho de 1904, suprimiu-a.

Romolo Murri e os seus adeptos ainda não se deram por vencidos. Fundaram uma *Liga Democrática Italiana*, destinada a agrupar todos os "homens livres" e os "verdadeiros democratas". O papa proibiu os membros do clero de fazerem parte dessa Liga, e, ao fim de quatro anos, esta morria por consumpção. A *Rivista di cultura*, órgão do movimento, que, aliás, se mostrava extremamente favorável às doutrinas modernistas, foi inscrita no Índex, juntamente com diversas obras de Murri. Quanto a este, foi primeiro suspenso *a divinis* e depois excomungado, em 1909, precisamente quando acabava de ser eleito deputado e ia sentar-se no Parlamento como radical — "o capelão da esquerda", disse, rindo, Giolitti[17].

Nesse ínterim, Pio X compreendia perfeitamente que a supressão da Obra dos Congressos ia abrir um enorme vazio. A 11 de junho de 1905, a encíclica *Il fermo proposito* vinha dar solução ao problema, pelo estabelecimento de uma nova organização do movimento católico italiano. Trazia a marca dos homens prudentes da obra desaparecida — o professor Toniolo, o conde Medolago-Albani e o presidente da Juventude universitária, Pericoli. As forças católicas eram agrupadas em quatro formações: uma *União Popular*, mais ou menos inspirada no *Volksverein*, uma *União Econômica e Social*, que prolongaria diretamente a segunda secção da Obra dos Congressos — aquela que, na sua ação social, não dera azo a nenhuma crítica[18] —, uma *Sociedade da Juventude Italiana* (mais tarde, em paralelo com esta, uma *União Feminina Católica*) e, por último, a *União Eleitoral Católica*, que já conhecemos. A constituição desta última era especialmente importante e significativa; coincidindo com a licença dada desde então aos católicos para atuarem no campo político[19], era encarregada de orientar essa ação. Ao lado do conde Gentiloni, ficaria pouco depois à frente dessa União um homem de alto valor, um jornalista que fora diretor do *Cittadino* de Brescia: *Giorgio Montini*, pai do futuro papa Paulo VI.

Todas essas formações eram colocadas sob a autoridade imediata da hierarquia: dos bispos em nível diocesano, da Santa Sé em nível nacional. A democracia cristã à maneira de Romolo Murri, autônoma, mais ou menos *frondeuse* — rebelde — e anárquica, desaparecia. Em contrapartida, via-se aflorar numa nova perspectiva, talvez próxima da anterior, uma outra democracia cristã, que se edificava sob o olhar do próprio papa e que resolveria a contradição entre a submissão à disciplina hierárquica e a necessária independência dos católicos na política. E, de resto, não se via surgir, no Secretariado Geral da Junta Diretiva dos cinco grupos do movimento, o homem que, depois da Primeira Grande Guerra, iria ser o fundador do Partido Popular Italiano, o partido da democracia cristã, admitido e encorajado pela Santa Sé: *D. Luigi Sturzo*?

Na França: os "padres democratas" e o "Sillon"

A situação na França não era, evidentemente, a mesma que na Itália. Nenhum *non expedit* proibia os católicos de intervirem na política, coisa de que eles não se privavam. Desde cerca de 1895, desenvolvia-se entre eles um movimento que proclamava os princípios da democracia. Beneficiava do novo clima criado pela política de *ralliement*, de Leão XIII, e pela doutrina social da *Rerum novarum*. Era dirigido por alguns membros do jovem clero que tinham visto nesses dois acontecimentos o anúncio de uma nova orientação da Igreja; os adversários chamavam-lhes "os padres democratas"[20].

Nunca ninguém se negara a reconhecer nesses jovens padres a generosidade, o devotamento e a coragem. As suas campanhas de imprensa e de reuniões públicas tinham contribuído para a difusão das teses sociais da encíclica, e, quando a Igreja da França fora atacada, eles tinham aparecido na primeira linha de defesa. A própria Roma lhes fizera chegar o seu agradecimento. Mas era evidente que tendiam a confundir a ordem religiosa e a ordem política, e a ver no regime democrático o instrumento necessário de qualquer ação católica. "Religião, ciência e democracia são as três bases da ordem social moderna", proclamava um dos seus jornais, *La Concorde*. Tinham sido as posições aventurosas dos "padres democratas" que, em grande medida, haviam levado Leão XIII a publicar a encíclica moderadora *Graves de communi*.

Não se pode dizer que essa encíclica tenha tido grande efeito naqueles que visava. A definição da ação democrática cristã proposta por Leão XIII — "uma benéfica ação social" — parecia-lhes, de longe, insuficiente. Continuavam a proclamar a necessidade de fazer prevalecer a democracia política, único meio, a seus olhos, de estabelecer a justiça social. "O advento da democracia — diria um deles, o pe. Gayraud — é o termo de uma evolução social iniciada no mundo com a proclamação do dogma da divina fraternidade". Noutro lugar, lia-se que "nenhuma figura encarnou melhor a ideia republicana de maneira tão perfeita como Cristo Jesus". E, noutro lugar ainda, que "a Igreja é essencialmente democrática", o que trazia como corolário que as suas instituições deviam ser reformadas em sentido democrático.

A tensão entre os "padres democratas" e a Igreja da França não cessava de crescer. Demasiado sensíveis aos apelos das bases e aos aplausos da esquerda radical e socialista, esses padres tomavam em todas as questões a atitude mais audaciosa, mais próxima da dos adversários. Em matéria social, eram contra o corporativismo; em matéria sindical, contra os sindicatos "mistos". Arrastados pelo fogo da ação, chegavam a apelidar de "execráveis" os católicos que não partilhavam das suas ideias, e a lamentar-se publicamente quando algum deles vencia uma eleicão. Mais grave ainda: por desejo de estar na vanguarda, deixaram-se envolver na questão do modernismo[21], como fizera o seu êmulo italiano Romolo Murri. Embora proclamassem que "nada tinham a ver com o modernismo", deram apoio nos seus jornais a teses suspeitas, nomeadamente às do pe. Loisy. Um jornal democrata-cristão imprimiu: "Aqueles que o condenaram não o compreenderam". Era como que preparar as varas para ser açoitado... É claro que os bispos multiplicavam as chamadas à ordem e as advertências a esses imprudentes que trabalhavam nas suas dioceses; mas os "padres democratas" tratavam a seu gosto com os superiores, escrevendo por exemplo em letra de fôrma: "A hierarquia não é toda a Igreja"; e chegavam a sugerir uma reforma democrática da Igreja que permitisse "ao povo fiel fazer ouvir a sua voz".

Se nos lembrarmos dos princípios que guiavam Pio X, compreenderemos facilmente que tais atitudes não lhe podiam agradar. A única surpresa é que ele tenha esperado tanto tempo para intervir. É indubitável que lhe repugnava condenar padres que, por ocasião dos dolorosos acontecimentos da Separação, tinham combatido corajosamente, ainda que, por outro lado, censurassem com alguma frequência os seus irmãos católicos por aquilo que julgavam erros políticos. Mas, na pesada atmosfera em que se ia desenrolar violentamente a crise modernista — a encíclica *Pascendi* é de setembro de 1907 —, já não era tolerável nenhum equívoco, em nenhuma matéria, e Pio X decidiu usar de rigor.

A 13 de fevereiro de 1908, um decreto do Santo Ofício condenou os dois jornais democratas cristãos mais conhecidos, a *Justice sociale* do pe. Naudet e a *Vie catholique* do pe. Dabry. Ambos os sacerdotes eram "formalmente intimados a deixar de publicar esses jornais ou outros escritos dessa natureza, sob pena de suspensão *a divinis*". O pe. Naudet submeteu-se, sem hesitação. Acabava de celebrar Missa quando viu num jornal o decreto que o condenava: "Ajoelhemo-nos e recitemos uma oração", murmurou; e teve um fim de vida admirável. Mais apaixonado, o pe. Dabry, avinhonês fremente, começou por submeter-se, mas, dois anos depois, sem prevenir sequer os amigos, abandonou a Igreja, mergulhando cada vez mais no isolamento, no desespero e na miséria, até à morte[22], que o surpreendeu em Marselha, em 1916.

Todos os "padres democratas" acusaram o golpe. Na sua maior parte, inclinaram-se perante a vontade do papa. Uma questão ficou pendente: a dos padres deputados, nomeadamente a do pe. Lemire, deputado e prefeito de Hazebrouck. As suas atitudes políticas levariam a violentas discussões entre ele e o prelado de Cambrai, e mais tarde o de Lille. Em 1913, um decreto da Congregação Consistorial proibiu os membros do clero de se candidatarem a cargos eletivos sem licença do respectivo bispo. O pe. Lamire recusou-se a obedecer, o que lhe valeu ser suspenso. Só a Primeira Guerra Mundial pôs fim a esse doloroso conflito.

A questão do *Sillon* foi ainda mais ruidosa que a dos "padres democratas", porque a Santa Sé tinha esperado mais desse movimento e dera mostras de maior simpatia por ele quando do seu início. A condenação teve, portanto, maior repercussão. O *Sillon* nascera e crescera nos últimos dez anos do pontificado de Leão XIII. Pio X encontrou-o já constituído, em pleno *élan* e, no entanto, já fortemente criticado.

Em Paris, 1894, três jovens — Marc Sangnier, Paul Renaudin e Étienne Isabelle —, todos eles católicos ardorosos, tinham criado o hábito de se reunir todas as sextas-feiras, na cripta do Colégio Stanislas, com colegas da mesma fé, para discutirem o futuro do cristianismo e os problemas que se apresentavam à Igreja. Tinham visto os religiosos expulsos dos conventos, as escolas cristãs fechadas, os pais desanimados diante da coalizão de forças hostis. Desesperados, cansados de lutar, isso é que por certo não estavam. Mas por que razão tinha Cristo tantos inimigos? Porque a sua mensagem era traída e mal conhecida. Viver integralmente o Evangelho e, ao mesmo tempo, levá-lo àqueles que o ignoravam — operários, proletários —, tal era a solução única e a única possibilidade de vitória.

Da cripta de Stanislas saíra, pois, um movimento imperiosamente cristão, formado por grupos de jovens que queriam ser crentes autênticos, livres de quaisquer preconceitos e de todas as ideias feitas, e decididos a fazer penetrar a sua fé nos meios indiferentes e hostis. Como Paul Renaudin fundara, para veicular essas ideias, uma pequena revista intitulada *Le Sillon* ["O sulco"], o movimento adotara esse nome, achando-o excelente.

Em breve um dos três fundadores se destacara, a ponto de figurar como chefe único: *Marc Sangnier* (1873-1950). Era um homem baixo, de aparência insignificante, mas de quem emanava uma estranha irradiação. O calor do coração, os dons de orador, a intuição infalível quanto às aspirações da juventude tinham-lhe assegurado em pouco tempo um extraordinário prestígio junto dos companheiros. Quando falava diante de um público numeroso, uma força misteriosa o elevava acima de si mesmo. Tudo se misturava nos seus lábios: a Igreja e a República, os cânticos religiosos e a *Marselhesa*, Ibsen e o Evangelho. Mas o tom com que acompanhava as suas palavras era único: ao cabo de uma tirada sobre Cristo eternamente perseguido, chorava verdadeiras lágrimas, os soluços embargavam-lhe a voz e todo o auditório ficava angustiado. Maravilhoso, além disso, nos contatos individuais, sabendo conquistar as pessoas — embora por vezes se separasse delas de modo igualmente rápido —, "Marc" transformara-se em guia, inspirador, amigo supremo de todos aqueles que descobriam no *Sillon* o sentido da vida. Para conservar sem desfalecimentos um papel tão difícil, apenas faltava a esse espírito de grande abertura um sentido mais seguro do possível e do impossível; e a esse grande cristão, apenas a humildade de coração à qual foi prometido o Reino dos Céus.

Em pouco tempo, o *Sillon* experimentara um grande êxito. Muitos jovens da elite católica francesa tinham entrado nas suas fileiras. Tinham-se multiplicado os círculos de estudos. Aos que lá se formavam, Marc Sangnier indicava o verdadeiro meio de servir a Cristo: ir até ao povo, aprender a conhecê-lo e a amá-lo, a fim de ensiná-lo a conhecer e amar Jesus. Para isso tinham-se formado Institutos Populares onde se devia operar a fusão fraterna. Constituíra-se uma jovem guarda, milícia mística e tropa de choque ao mesmo tempo, verdadeira cavalaria moderna, que usava uniforme branco e negro e cuidava de vender as publicações sillonistas à porta das igrejas, e de assegurar a ordem nas reuniões.

Tudo isso era bem visto pela Igreja. Oratorianos, marianistas, Irmãos das Escolas Cristãs apoiavam o movimento. Jovens operários começavam a juntar-se aos estudantes burgueses nos círculos de estudos. Normalistas, politécnicos, alunos da Escola Central alinhavam-se em grande número nas fileiras desses grupos cheios de fervor. Alguns bispos declaravam-lhes publicamente a sua estima e confiança. O próprio Leão XIII manifestara a sua benévola atenção, e o núncio condecorara Marc Sangnier com a cruz de cavaleiro de São Gregório Magno. Por acaso não fora graças a esses jovens que a grande intenção da *Rerum novarum* se tornara uma realidade viva? Muito pouco depois da sua subida ao trono pontifício, Pio X, em setembro de 1903, recebeu em audiência solene os peregrinos do *Sillon*, abençoando-os, encorajando-os carinhosamente, enquanto, numa insigne prova de simpatia, os "jovens guardas" vestidos de branco e negro substituíam os Guardas Suíços do serviço de ordem. O movimento atingira o seu apogeu.

Entretanto, alguns observadores clarividentes formulavam acerca do *Sillon* questões inquietantes. Dir-se-ia que o jovem chefe cedia demasiado a um egocentrismo e a um espírito de domínio que cada vez mais tornavam impossível a colaboração confiante com os melhores dos seus companheiros. Lançados num empreendimento que tinha por meta a reconstrução da cristandade, possuiriam eles suficientes noções de teologia, de sociologia e de economia política para firmarem as suas bases? Enfim, parecia evidente que, quanto mais avançavam, mais se notava um desvio nas intenções do movimento: a política conquistava nele um lugar crescente e as características religiosas do primitivo *Sillon* cediam cada vez mais o lugar a um ativismo democrático nem sempre prudente. De ano para ano, essas perguntas foram crescendo, e em ambientes mais numerosos. Hostis ao predomínio total de "Marc", homens de grande valor e influência se separaram dele: Marius Gonin e o seu grupo da *Chronique sociale*, o pe. Desgranges e os seus amigos do *Petit Démocrate*. Nesse ínterim, trinta e um bispos proibiam os seus padres e seminaristas de participar no movimento.

Sete anos se passaram, e a inquietante evolução do *Sillon* foi-se acelerando. E, quase contados dia após dia, sete anos depois da faustosa audiência em que abençoara os sillonistas, Pio X, a 25 de agosto de 1910, dirigiu a todo o episcopado francês uma Carta, de tom pastoral, mas com uma condenação sem apelo. Que erros de princípio e que desvios denunciava o papa? As suas críticas incidiam sobre quatro pontos.

Embora continuasse a recrutar os seus adeptos entre os patrões, os grupos de ação católica e os seminários, o *Sillon* tinha cessado praticamente de ser um movimento religioso para se converter num movimento político; ou pelo menos confundia de maneira inaceitável a ação religiosa com a ação política. Essa evolução levava-o a escapar à direção da autoridade eclesiástica e a não se deixar guiar pela Igreja num terreno em que, no entanto, ela tinha o direito de aconselhar os seus filhos.

A política preconizada pelo *Sillon* era a da democracia, expressamente entendida a palavra, não no sentido que para ela queria a *Graves de communi*, mas sim num sentido político. "O *Sillon* tem por fim realizar na França a República democrática", escrevia Marc Sangnier. A democracia política era proclamada como "a única que torna possível a implantação do reino da perfeita justiça", como "a forma de governo mais favorável à Igreja". Era a confusão do político com o religioso, que Pio X estava decidido a evitar a todo o custo. Pode-se acrescentar que essa adulação do sistema democrático se traduzia, por vezes, em fórmulas insólitas: a Santíssima Trindade era proposta como o arquétipo da igualdade democrática, e o mistério eucarístico surgia como a imagem do mistério da fraternidade democrática!

As ideias sociais do *Sillon*, isto é, aquelas que, nos começos, tinham lançado à ação os seus jovens adeptos fervorosos, tinham tomado assim um rumo que Pio X não podia deixar de deplorar. Em nome da igualdade das criaturas de Deus, o *Sillon* pretendia levar a um nivelamento social, "abre caminho ao socialismo, de olhos fitos numa quimera", separando-se da doutrina de Leão XIII quanto à legitimidade da propriedade, às hierarquias sociais, às naturais desigualdades, como dizia formalmente Marc Sangnier.

Finalmente, o *Sillon*, que se transformara em "o maior dos sulcos", tendia a incluir no seu seio, em nome da fraternidade, toda a espécie de elementos não católicos nem mesmo necessariamente cristãos, uma vez que, para ele, a fraternidade consistia em respeitar as opiniões de outrem, ainda que errôneas, e assentava as suas bases, para além de todas as religiões, na mera noção de humanidade. Era o que Pio X apelidava, talvez com algum exagero, "o novo Evangelho" sillonista. Também neste ponto, as fórmulas usadas pelo movimento eram estranhas. Ensinava-se lá que as doutrinas revolucionárias de Danton e Robespierre eram feitas "da substância do Evangelho", que todos os democratas deviam reconhecer "os grandes antepassados da Revolução", que "os anarquistas russos de alma mística" eram outras tantas testemunhas de Cristo. Essa maneira de resolver sumariamente a questão das relações entre a Igreja e a Revolução tinha, com certeza, poucas hipóteses de ser bem vista em Roma.

A essas razões profundas da condenação, minuciosamente expostas pelo papa na Carta aos bispos, juntavam-se causas menores, mas que não deixavam de produzir os seus efeitos. Como acontece com todos os grandes oradores, Marc Sangnier pronunciava vez por outra frases imprudentes: por exemplo, declarar que "o *Sillon* não é, própria e diretamente, uma obra católica", ou que este ou aquele bispo, com nome e sobrenome, "cometeu uma *gaffe* e nada entende das questões políticas e sociais". Cada vez mais desejoso de não ser enfeudado à hierarquia, negligenciou com muita frequência a defesa da Igreja, naquela altura tão atacada. Por exemplo, quando da lei da Separação, a sua atitude pareceu pouco firme, e, por outro lado, recusou-se a apoiar os sindicatos cristãos, preferindo agir, segundo declarava, no interior da CGT, então anarquizante. Por último, sem chegar a ter com os modernistas as relações que tinham os padres democratas, fazia coro com eles em alguns assuntos. Para mais, tendia a criticar radicalmente as instituições eclesiásticas e a trazer para o primeiro plano os valores da ação, o que o tornava mais ou menos suspeito de americanismo e de modernismo.

É claro que tudo isso oferecia o flanco aos adversários, que não faltavam... Houve bispos que tentaram defender o *Sillon*, denunciando nos ataques de que era alvo certas intenções políticas, o desejo secreto de atingir a República, o seu regime e o *ralliement* querido por Leão XIII. Mas Pio X achou que os erros do movimento eram demasiado graves e flagrantes. E atacou.

A reação de Marc Sangnier foi a de um verdadeiro católico: escreveu ao papa uma nobilíssima carta de submissão. Todos os seus amigos se submeteram como ele. Pio X sugeria que fossem criados nas dioceses "*Sillons* católicos", sem laços de conjunto, sem intenções políticas, como outros tantos órgãos da ação católica orientados pelos bispos. Esta fórmula de boas obras não era de molde a seduzir os jovens entusiastas que tinham seguido "Marc". Ele próprio tentou desenvolver uma ação estritamente política, num movimento novo, a *Jeune République*, sem que os eleitores lhe dessem atenção. Só muito mais tarde, após a Segunda Guerra Mundial, é que as ideias mais sensatas e mais sólidas lançadas pelo *Sillon* irão reencontrar a sua verdadeira eficácia, com o *Mouvement Républicain Populaire* (MRP), num contexto religioso, político e social bem diferente do de 1910. O próprio Sangnier, convertido em "patriarca" da democracia cristã, tomará assento discretamente nas primeiras assembleias da Quarta República. Mas qual seria o movimento capaz de reacender a chama do primeiro *Sillon*?[23]

Partidos católicos

A intransigência de que Pio X deu provas para com movimentos católicos como a Obra dos Congressos e o *Sillon*, suspeitos, para ele, de se comprometerem demasiado no terreno político e de manifestarem demasiada independência, esteve longe, no entanto, de ser a única atitude que assumiu. Noutros casos, não apenas se mostrou conciliador, mas foi favorável a formações propriamente políticas, que por vezes defendiam os princípios democráticos e que nem sempre tiveram a docilidade como sua principal virtude... Sucede que as situações lhe pareceram exigir decisões que, permitindo pensar que lhe desmentiam os princípios, na verdade apenas procediam do sentido profundo que tinha dos autênticos "interesses de Deus".

O exemplo mais impressionante foi o da Bélgica. Não é que esse país desse então grandes preocupações à Igreja, antes pelo contrário; era até a única nação católica do Ocidente em que Pio X não encontrou nenhuma dificuldade. Mas, à primeira vista, a situação podia ser preocupante para o pontífice que vimos ser hostil aos "partidos católicos" e desconfiado quanto à penetração das ideias democráticas. Ora, desde que tinham conseguido a vitória no campo escolar, os católicos belgas estavam firmemente constituídos em partido, e, não menos firmemente, esse partido estava instalado no poder. Seria partido do governo até à Guerra Mundial, uma vez que o "cartel liberal-socialista" não conseguira afastá-lo em 1912. Um dos seus mais notáveis homens de Estado, Auguste Beernaert, permanecera como primeiro-ministro durante dez anos. No seu conjunto, o partido era burguês e moderado, se bem que tivesse conseguido a aprovação de numerosas leis sociais[24].

No entanto, crescia cada vez mais a influência da Liga Democrática Belga, de Verhaegen e Helleputte, e os elementos conservadores iam cedendo pouco a pouco o lugar a gente mais audaciosa. Em 1911, a entrada no governo de Michel Levic, advogado e presidente dos Operários Reunidos de Charleroi, considerado como perigoso revolucionário pelos bem-pensantes, veio a coroar essa evolução. Finalmente, não havia dúvida de que os elementos democráticos do partido católico belga se inclinavam a acolher favoravelmente os não católicos que partilhassem dos ideais de justiça social. Dir-se-ia que nada disso era do agrado de Pio X, ao menos de um Pio X tal como o representa uma corrente de opinião um tanto simplista.

Na realidade, não houve durante todo o pontificado nenhum incidente sério ou sequer um momento de tensão entre a Santa Sé e os católicos belgas. Isto porque Pio X compreendeu perfeitamente que o partido católico desempenhava um papel insubstituível, e que, se viesse a debilitar-se ou a desfazer-se, os únicos beneficiários seriam os anticlericais. Por outro lado, o partido, sem estar enfeudado à hierarquia, como lhe censuravam os seus adversários, estava em contato com ela. Na sua maior parte, os seus dirigentes tinham-se formado pela Universidade de Lovaina, cujo lugar na vida da nação não cessava de crescer. Havia padres, como o dominicano "social" pe. Rutten, que exerciam nela uma grande influência. O partido católico belga beneficiava, pois, da plena confiança do Sumo Pontífice.

Por outro lado, aos olhos de Pio X, a Bélgica católica tinha um chefe indiscutível, cuja presença só por si era garantia de prudência, mas também de largueza de espírito e de audácia criativa: um dos homens mais estimados pelo papa e a quem a Universidade de Lovaina devia grande parte do seu prestígio. Era *mons. Mercier* (1851-1926), arcebispo de Malines, que Pio X elevou a cardeal em 1907 e que a Grande Guerra iria consagrar como uma das mais nobres figuras da história belga.

Na Áustria, a situação foi certamente menos pacífica, mas a atitude de Pio X foi ainda mais clara. Apesar da ruptura *de facto* da Concordata, consagrada pelas "leis confessionais" de 1867-68, e da orientação anticristã que se manifestara fortemente durante o pontificado de Leão XIII, o imperador Francisco José, como fiel Habsburgo, insistia em arvorar oficialmente a bandeira católica. Mau grado uma campanha *Los von Rom!* ["Livres de Roma!"], periodicamente lançada pelos liberais e os maçons, poderosos mesmo na Corte, as relações entre Viena e o Vaticano continuaram boas durante o reinado de Pio X. Para mais, o papa bem sabia que, na Áustria, podia apoiar-se num episcopado extremamente dócil, em congregações religiosas que eram muitas e fiéis, em associações católicas de imenso poder (*Piusverein* e *Leogesellschaft*), e, mais ainda, na fé tradicional das massas. Desta fé deu testemunho, em 1912, o Congresso Eucarístico, com os seus 85 mil participantes, com Viena inteira enfeitada com as cores papais, com a gigantesca procissão, seguida pelo próprio imperador e todos os arquiduques. Tão peremptória foi essa manifestação de fé que o papa declarou ver nela um sinal do Céu.

Sendo assim, o papa olhou com benevolência o organismo político pelo qual os católicos austríacos atuavam no quadro do Estado. Era o *Partido Social Cristão*, fundado pelo príncipe de Liechtenstein e pelo Dr. Karl Lueger, a princípio para pôr em prática as ideias de Vogelsang[25] e que, de ano para ano, fora sempre crescendo. No plano social, os seus adeptos tinham assumido posições audaciosas: hostilidade vigilante à concentração financeira, aos monopólios, aos abusos do capitalismo, quase ao capitalismo em si; reivindicação para os operários de direitos mais amplos sobre a empresa. A situação muito especial da Áustria levara o partido a acrescentar a essas palavras de ordem outras mais discutíveis. Efetivamente, os judeus eram extremamente numerosos e poderosos no Império da Águia Bicéfala: ocupavam três quartas partes das profissões liberais e, sobretudo, dominavam os bancos e, por meio destes, os grandes negócios. Quando teve início a luta contra o capitalismo judaico, os sociais-cristãos foram deslizando para um certo antissemitismo genérico, análogo ao de Drumont na França. As violências verbais dessa atitude agradavam às massas; delas se recordará, por as ter conhecido na sua juventude, Adolf Hitler.

Não tardaram as reações. Já Leão XIII fora prevenido. Pio X recebeu denúncias formais. Os adversários dos sociais-cristãos facilmente convenceram o papa de que o antissemitismo do partido era algo inadmissível. O próprio governo interveio. Mas o núncio, D. Agliardi, atuou em Roma a favor de Lueger e dos seus companheiros. É evidente que havia excessos na campanha antissemita desencadeada pelo partido; mas, seria que os que procuravam desembaraçar-se dos sociais-cristãos o faziam mesmo por causa do seu anti-semitismo, ou antes por eles incomodarem a alta concentração judaica nos meios bancários? Não havia dúvida de que os elementos israelitas que se encontravam perto do poder tinham estado por detrás das campanhas "*Los von Rom!*" e das leis laicistas. Sacrificar os sociais-cristãos seria entregar a praça aos adversários.

Pio X compreendeu perfeitamente o argumento. Se é verdade que o antissemitismo era inadmissível para a caridade cristã, acaso devia ser proibida a luta contra a influência judaica no terreno político? Aconselhou os chefes do partido a serem mais moderados na linguagem, mas cobriu inteiramente a sua ação. Apoiados pela grande maioria dos bispos, os sociais-cristãos tornaram-se o partido mais forte do Parlamento austríaco, vitorioso em Viena, na Alta e Baixa Áustria, e com 80% dos votos no Tirol. O seu maior triunfo consistiu na eleição do seu grande líder, Lueger, para burgomestre de Viena: por três vezes invalidado, por três vezes reeleito. Dedicado ao magistério pontifício, esse partido iria ser, após a Grande Guerra e até à invasão hitlerista, a armadura do país.

Na Alemanha, a situação não era tão simples e os acontecimentos foram bastante complicados. Mas também aí houve, da parte de Pio X, um sentido de moderação, de contemporização diplomática que se diria quadrar dificilmente com o caráter demasiado radical que geralmente se lhe atribuiu. Pio X tinha pela frente um grande fato político: a existência de um partido do *Zentrum* que, desde a vitória no *Kulturkampf*, nunca deixara de desempenhar um papel considerável. Por que dizia então que não gostava do *Zentrum*? Por se tratar de um partido político? Acabamos de ver que, em outros países, ele os aprovava.

Mas, no seu conjunto, o catolicismo alemão, por força da coexistência e concorrência protestantes, mostrava-se mais reticente às diretrizes papais do que os da Bélgica ou da França. Era o que já se pudera ver na oposição que se fizera no país à Infalibilidade pontifícia. Desde que nascera, a grande associação católica do *Volksverein* dera provas de propensão para a independência. Mais tarde, na questão do modernismo, o próprio Pio X seria obrigado a ter em conta esse sentimento, bastante comum entre o clero e nas universidades germânicas, e renunciaria a aplicar as medidas draconianas que iria impor na França e na Itália[26]. O partido do *Zentrum* não escapava a essa tendência, e, por muito respeitosos que fossem, na aparência, para com o papa e a Sé Apostólica, na prática os seus chefes agiam, de certo modo, conforme lhes apetecia.

Em dois pontos importantes o partido tomou posições que iriam preocupar Pio X. O sucessor de Windthorst, Ernst Lieber, morrera em 1902, e os que o substituíram, Peter Spahn e Georg Graf von Hertling, personalidades menos fortes, abandonaram pouco a pouco a tradição muito equilibrada do *Zentrum*, simultaneamente grande-alemã e democrata, para dele fazer, cada vez mais, um partido de governo. Isso o levou, pouco a pouco, a ligar-se à *Weltpolitik* ["política mundial"] de Guilherme II, que ingenuamente julgava defensiva e cujas trágicas consequências na ordem internacional não media, à semelhança dos demais alemães. Essa orientação nacionalista do partido católico inquietava Pio X, que, por várias vezes, o fez saber aos seus chefes. Mas, receoso de parecer *undeutsch* ["não-alemão"], o *Zentrum* não deixava de continuar a deslizar por essa encosta. Talvez a contra-gosto, ia aprovando as verbas militares e não se dessolidarizava das atitudes menos admissíveis do Kaiser.

Por outro lado, havia no partido uma tendência crescente a alargar o seu âmbito, a não se limitar a um recrutamento exclusivamente católico (pois o *Kulturkampf* não era já uma história antiga?) e a admitir no seu seio elementos não católicos, protestantes por exemplo, ou a estabelecer entendimentos com os partidos liberais ou mesmo com os socialistas. "Temos de sair do nosso gueto!" — repetia o jornalista Julius Bachem, porta-voz dessa tendência. De resto, o problema punha-se em todos os planos. Por exemplo, a propósito do sindicalismo[27], em que se discutia fortemente a confessionalidade obrigatória ou a interconfessionalidade. Era visível a tensão entre os "berlinenses" — liderados pelo cardeal Kopp e associados aos de Tréveris, do bispo Korum — e "o pessoal de Colônia", patrocinado pelo cardeal Fischer. Uns e outros se queixavam a Roma: o papa era convidado a escolher.

É fora de dúvida que os sentimentos pessoais de Pio X o levavam a repelir uma política por demais aberta aos não católicos. Tanto mais que os elementos ativos do protestantismo se mostravam novamente agressivos, provocando nos meios universitários uma ofensiva em massa contra os católicos e comandando, com o *Evangelischer Bund* ["Liga evangélica"], uma furiosa campanha para quebrar "a influência do Vaticano sobre a Alemanha". Mas podia-se não levar em conta o fato protestante e manter os católicos encerrados na "sua torre"? Pio X compreendeu que isso seria impossível por ocasião de um curioso incidente que se deu nessa altura.

Em 1910, para comemorar o tricentenário da canonização de São Carlos Borromeu, o papa promulgou uma encíclica em que traçava sem indulgência o quadro da Reforma e o retrato dos reformadores na Alemanha. Isso provocou uma reação extremamente viva por parte dos jornais protestantes. Era o patriotismo alemão que o papa insultava! *Katholisch, undeutsch!* ["católico = não-alemão"]. Os católicos sentiram-se pouco à vontade. Houve bispos que impediram a difusão da encíclica, jornais católicos que falaram de "inoportunidade da publicação". Pio X apaziguou essa reação emotiva declarando oficialmente que de modo algum quisera ofender a Alemanha, pela qual tinha sentimentos de grande benevolência. Mas tirou a conclusão do incidente. Se com a encíclica sobre São Carlos Borromeu parecia ter dado razão aos "integrais"[28], aproveitou a ocasião que lhe ofereciam os meios sindicais para dar mostras de uma orientação muito diferente.

O breve *Singulari quadam*, de 1912, que autorizava o interconfessionalismo nos sindicatos, tinha um alcance mais geral. Uma vez que a imensa maioria dos católicos do *Zentrum* era favorável a uma política mais aberta — Roeren, chefe dos "integrais" tivera que demitir-se —, o papa aderia a essa tendência moderada, sabendo bem o que o grande partido católico representava como força organizada na Alemanha. E, de resto, essa política do *Zentrum* como "partido governamental" não seria vantajosa? Era o que se podia julgar, tendo em conta o apoio que dava às obras sociais católicas, e também a ajuda concedida pelo governo imperial às missões alemãs. Mais tarde se perceberia que havia aí um perigo. Mas, ao aceitar que o partido se unificasse à volta da tendência moderada, Pio X reforçava-o. Quatro anos depois, o papel que o antigo *Zentrum* desempenhará na crise revolucionária do pós-guerra dará amplamente razão a Pio X.

Isolamento? Eclipse?

Se seguirmos de perto a ação política de Pio X, veremos como é inexata a imagem convencional que dele se traçou: um pontífice piedoso, mais preocupado em aperfeiçoar o canto litúrgico e em regulamentar a primeira comunhão das crianças do que em assegurar a presença da Igreja entre as nações, um Santo incompetente, incapaz de conduzir uma ação diplomática com um mínimo de habilidade... A verdade é bem diferente. Se nos apercebermos claramente do objetivo que ele se impusera, quais os princípios segundo os quais pretendia agir, veremos que, através de numerosas crises e rupturas fatais, mas também à custa de delicadas negociações, Pio X nunca deixou de avançar firmemente em direção a esse objetivo, e em larga medida o alcançou. "A política coerente" que Aristide Briand louvou nele surge em todas as circunstâncias em que o podemos observar.

Será que se deve aceitar mesmo o juízo, tantas vezes emitido, de que Pio X deixou "a Santa Sé num isolamento e num eclipse que a impediriam de desempenhar qualquer função séria no conflito mundial"?[29] Comecemos por notar que é estranho que se fale de "eclipse" da Cabeça da Igreja precisamente num momento em que essa Igreja dava tantas provas de presença, de ação em tão numerosos terrenos, quer na vida intelectual, quer na vida social; num momento, ainda, em que as missões se expandiam e nos Estados Unidos se experimentava uma prodigiosa ascensão. Não se entende bem como é que esses progressos da catolicidade podiam ser compatíveis com uma diminuição de força na sua própria cabeça.

Quererão falar do plano internacional? Aí o "isolamento" é muito relativo. Se é certo que o santo papa Giuseppe Sarto não tinha nos meios diplomáticos, políticos e jornalísticos a popularidade que tivera o hábil manobrador que fora o seu antecessor imediato — aliás, Pio X nunca fez nada por seduzir os meios de opinião pública —, muitos fatos mostram bastante claramente a autoridade moral de que gozava e até onde ia a sua irradiação pessoal. O papel de árbitro entre os Estados que Leão XIII desempenhara, desempenhou-o também Pio X, pelo menos uma vez.

O Brasil, a Bolívia e o Peru estavam em desacordo sobre o território do Acre, região especialmente propícia à cultura da seringueira, e, como dois tratados não tivessem conseguido pôr fim ao litígio, os governos dos três países, como católicos que eram, recorreram à arbitragem do papa. E a decisão papal foi aplicada. Em 1911, quando se criou a *Fundação Carnegie para a Paz entre as Nações*, os seus promotores, embora majoritariamente protestantes, pediram a Pio X que participasse dela, o que ele aceitou calorosamente — apesar de habitualmente ser contrário à colaboração interconfessional —, fazendo-se representar nas cerimônias da inauguração e publicando por essa ocasião uma importante Carta acerca do problema da guerra e da paz. Nada disto combina com um homem politicamente insignificante ou que o mundo considere como tal. O cardeal Merry del Val conta, no seu pequeno livro de memórias, que, quando Pio X morreu, vários embaixadores declararam que iam pedir para ser substituídos, tão poderosa era a impressão que guardavam do pontífice junto do qual estavam credenciados.

Será preciso ir mais longe e perguntar se, sob as aparências de uma "anti-diplomacia", Pio X não pretendia estar a serviço de um desígnio muito alto? Alguns historiadores, os mesmos que falam do "isolamento", do "eclipse" em que este papa teria colocado a Igreja, associam ao seu nome — o que parece bastante contraditório — um singular qualificativo: "o Papa da Tríplice Aliança". Segundo eles, Pio X teria sido o artífice, ou pelo menos um dos inspiradores, da grande formação diplomática que uniu os impérios centrais e a Itália, em face da *entente* da França, da Inglaterra e da Rússia, num confronto prenhe de pesadas consequências. Devemos reconhecer honestamente que a hipótese assenta em aparências que não a tornam inaceitável.

As três potências da Entente estavam todas elas em más relações com a Sé Apostólica. A França e a Rússia tinham rompido com ela; a Inglaterra mantinha uma gelada reserva. Já os dois impérios da Alemanha e da Áustria-Hungria manifestavam constantemente uma atitude respeitosa para com o pontífice, e, por outro lado, as relações entre a Itália e o Vaticano iam melhorando. Não se pode excluir, e é até provável, que no fundo do coração Pio X considerasse a Áustria e a Alemanha como fatores de ordem e de equilíbrio. Mas que tenha ajudado a constituir a Tríplice Aliança não passa de uma hipótese, cujos fundamentos só se poderão apurar no dia — que esperamos esteja próximo — em que os historiadores tenham acesso aos arquivos do Vaticano relativos a este período.

Mas, mesmo no caso de a hipótese vir a ser confirmada, o que é certo é que Pio X não teve qualquer responsabilidade, nem de perto nem de longe, no processo que iria levar à deflagração da Guerra Mundial: confirma-o sem a menor sombra de dúvida a sua atitude no momento em que o conflito se mostrou próximo, e em especial a desaprovação que manifestou ante as decisões agressivas dos impérios centrais[30]. É estranho que o censurem por não ter evitado a explosão da guerra. Que homem o poderia fazer, numa Europa em que, provavelmente, não havia um só governo que não considerasse a guerra como a única saída possível para uma situação internacional cada vez mais inextricável? É de duvidar que o próprio Leão XIII tivesse podido fazer melhor, e, vinte e cinco anos mais tarde, ao aproximar-se a Segunda Guerra Mundial, Pio XI há de encontrar-se desesperadamente impotente perante a loucura dos homens. Ora, nunca os historiadores disseram, de Leão XIII ou de Pio XI, que houvessem "isolado" a Santa Sé do concerto das nações.

Mas é principalmente quando se consideram os resultados da política "interior" de Pio X que se pode dizer que ele alcançou a sua meta. Em quase todos os países católicos, o Sumo Pontífice via aumentada a sua autoridade, mais firmemente alicerçada a sua influência, reforçada a disciplina, vencidas as desobediências. Tinha sido para o regresso à ordem que o papa místico quisera trabalhar. Em larga medida, tinha-o conseguido. Na história da Igreja, o seu pontificado há de assinalar um desses patamares indispensáveis para ir mais longe na obra construtiva: outro Pio o fará, após o drama da Segunda Grande Guerra. É nesta perspectiva que devemos situar-nos para julgar com equilíbrio a obra política do papa Sarto. Como também para medir a importância das decisões que tomou num outro campo — intelectual e espiritual —, a respeito do problema mais grave do seu pontificado, do qual já vimos algumas implicações políticas: o problema do modernismo.

Notas

[1] Cf. neste vol. o cap. III, par. *A política cristã de Leão XIII.*

[2] Cf. neste vol. o cap. II, par. *Santidade de Pio X*, o que ficou dito sobre os objetivos de Pio X.

[3] Merry del Val, *Pie X, impressions et souvenirs*, trad. fr., Saint, Suíça, 1951, pp. 44-45.

[4] Durante uma recepção, Mme. Loubet lamentou, em conversa com o núncio, o injurioso epíteto de "Panamá I" que certos jornalistas católicos davam ao seu marido [Émile Loubet tivera de renunciar ao cargo de Presidente do Conselho em 1889, quando estourou o escândalo do Canal do Panamá; o que aliás não obstou que mais tarde, de 1899 a 1906, viesse a ser presidente da República (N. do T.).].

[5] Cf. vol. VI, cap. IV, par. *O rei cristianíssimo contra Roma.*

[6] Que morreu misteriosamente antes de comparecer em tribunal; segundo uns, foi suicídio; segundo outros, foi assassinado por ordem da maçonaria.

[7] Antes da Separação, em dez mil jovens, contavam-se 49,5 seminaristas da mesma idade; em 1913, eram apenas 30. É um dado significativo...

[8] Ferdinand Renaud, *Ecclesia*, Paris, mar. 1951. O pe. Renaud esteve intimamente ligado aos acontecimentos que levaram à reabertura das relações entre a França e a Santa Sé depois da Primeira Guerra Mundial (cf. neste vol. o cap. VII, par. *Bento XV e as questões italianas.*); por essa ocasião, encontrou-se frequentemente com Aristide Briand e recebeu dele interessantes confidências. Cf. no cap. II deste vol., no par. *Santidade de Pio X*, o vigoroso retrato que Briand fazia de Pio X.

[9] Charles Cunningham Boycott (1832-1897) era administrador das terras de certo conde inglês na Irlanda e sofreu sanções comerciais por se se ter recusado a baixar o arrendamento das terras. Do seu nome vem o termo "boicote" (N. do T.).

[10] Cf. o capítulo seguinte, dedicado ao modernismo.

[11] Nas vésperas da Primeira Guerra Mundial, de 1914, começou-se a perseguir a igreja do México. As notícias que chegaram a Pio X a esse respeito aumentaram-lhe consideravelmente a tristeza e a angústia que lhe causava a situação internacional.

[12] Cf. neste cap. o par. *Na Itália, o termo da Obra dos Congressos.*

[13] Cf. neste vol. o cap. III, par. *Vaticano e Quirinal.*

[14] Cf. *ibid.*

[15] Cf. neste vol. o cap. III, par. *Os católicos e a política: o problema da democracia cristã.*

[16] Cf. neste vol. o cap. VI, par. *Três aspectos do modernismo.*

[17] Casou-se civilmente, continuou por mais de trinta anos a sua carreira de escritor político e jornalista, mas, à hora da morte, pediu o perdão da Igreja, que Pio XII lhe concedeu.

[18] Cf. neste vol. o cap. III, par. *Vaticano e Quirinal.*

[19] Sob controle da hierarquia; cf. neste cap. o par. *Quirinal e Vaticano: anúncio de uma nova política.*

[20] Cf. neste vol. o cap. III, par. *Os católicos e a política: o problema da democracia cristã.*

[21] Cf. neste vol. o cap. VI.

[22] "Parece-nos — escreve o pe. Brugerette — que, antes da morte, Pierre Dabry se pôs em contato com o seu antigo superior, M. Debildos, e outros sacerdotes amigos, para se reconciliar com a Igreja".

[23] Com muita frequência, tem-se oposto o rigor de Pio X para com os padres democratas e o *Sillon* à indulgência de que deu provas para com Charles Maurras e o movimento monárquico *Action française*. Tendo o Santo Ofício condenado quatro obras do escritor — por motivos que nada tinham de político —, além da revista quinzenal do movimento, Pio X, embora afirmasse que essas obras deviam ser tidas por proibidas, reservou-se o direito "de indicar o momento em que o decreto devia ser publicado". Morreu sem o ter feito (a publicação só teve lugar em 1926, sob Pio XI). Esta atitude explica-se por muitas razões. A mais importante foi certamente que os monárquicos sempre tinham dado o seu apoio à Igreja contra as medidas republicanas de perseguição, assim como, na questão do modernismo, foram na sua quase totalidade hostis aos pensadores que Pio X teve de condenar. Por outro lado, os membros da *Action Française* (que, como é sabido, iriam comportar-se como rebeldes após serem condenados) apresentavam-se como defensores da ordem e da disciplina, insistindo

com enorme denodo no aspecto "potência de ordem e de tradição" da Igreja, o que com certeza agradava ao papa. E nenhum deles falava de reformar a Igreja. Finalmente, devemos notar que o nacionalismo, cujos resultados nocivos se mediriam melhor em 1926, não se apresentava em 1914 nos mesmos termos que depois da Primeira Guerra Mundial.

[24] Cf. neste vol. o cap. IV, par. *O catolicismo social depois da encíclica.*

[25] Cf. neste vol. o cap. IV, par. *De D. Ketteler a mons. Doutreloux.*

[26] Cf. neste vol. o cap. VI, par. *Pio X condena.*

[27] Cf. neste vol. o cap. IV, par. *Nasce o sindicalismo cristão.*

[28] Hoje diríamos, provavelmente, "integristas" (N. do T.).

[29] Marc-Bonnet, *La Papauté contemporaine*, p. 91.

[30] Cf. neste vol. o cap. VII, par. *"Il guerrone"*.

VI. UMA CRISE ESPIRITUAL: O MODERNISMO

Um perigo interno

No preciso momento em que Pio X fazia frente aos ataques do laicismo e em que, calmo e tenaz, trabalhava pela restauração das bases ameaçadas da catolicidade, um outro perigo se manifestava para a Igreja, pondo em causa o depósito sagrado de que ela tem a guarda. Efetivamente, rebentou uma crise interna, em relação mais ou menos direta com as terríveis perturbações que o cristianismo sofria por parte das filosofias ateias e das críticas racionalistas. Seria também a Pio X que caberia vencer essa crise.

A sua origem deve ser procurada num estado de espírito que, em si, nada tinha de censurável, bem ao contrário. Alguns cristãos, frequentemente entre os melhores, tinham tomado consciência da situação em que se achava a sua fé no plano intelectual, e por causa disso estavam ansiosos. "Então, todo o saber moderno estará em contradição com a nossa fé?" — pergunta, dolorosamente, o jovem Jean Barois no romance de Roger Martin du Gard[1]. Tal era, sem dúvida, a convicção que todos os defensores do humanismo ateu se esforçavam por implantar nos espíritos. E não era somente a ciência que parecia em contradição com a fé: era a visão do mundo que ela propunha e à qual um número crescente de homens parecia aderir. Ia-se alargando o fosso entre o pensamento moderno e o cristão, a ponto de se tornar intransponível.

A essa situação, os cristãos lúcidos que a comprovavam perguntavam-se se lhe estaria sendo dada a resposta apropriada. É preciso reconhecer — e, hoje, todos os historiadores o reconhecem — que na primeira parte do século XIX a Igreja se atrasara consideravelmente em todas as disciplinas do pensamento, mesmo naquelas que lhe importavam em primeiro plano. Era um atraso que provinha de causas múltiplas. Logo a seguir à Revolução, parecera mais necessário formar bem, quer moralmente, quer espiritualmente, os padres que iam ter de repor nos seus alicerces uma sociedade cristã, mais necessário do que prepará-los para as lutas da inteligência. Prevalecia o ideal do padre identificado com Cristo — *sacerdos alter Christus*... [“o sacerdote, outro Cristo”] —, profundamente piedoso e afastado do mundo. O “método de oração” e o “exame particular”, de Tronson, valiam por todos os estudos. E, afinal, as teorias que então corriam não eram hostis à fé? Erguer uma barreira entre elas e as almas parecia a tarefa mais indispensável. A ciência estava tão cheia de ciladas e tentações! Aliás, faltavam nesse tempo os meios adequados para preparar os católicos para a luta. Antes de 1870, eram raros os que compreendiam a necessidade de um ensino superior católico. Para resolver os novos problemas, parecia bastar o argumento de autoridade. A *Quanta cura* e o *Syllabus*, nem sempre bem entendidos, forneciam copioso material de apoio...

Por isso, ainda muito tempo após 1871, não se ia além de uma apologética militante, de desoladora fraqueza. Demasiadas vezes associada, abertamente ou não, a posições políticas, essa apologética acreditava que os anátemas eram suficientes para esmagar o adversário, como São Miguel fizera ao Dragão. Quando se lê um livro como o do pe. Portmans, dominicano belga, *La divinité de Jésus-Christ vengée des attaques du rationalisme* (1888), fica-se incomodado com a fraqueza da argumentação. O mesmo acontece quando se abrem as obras de mons. Bougaud, repletas de sensibilidade romântica; ou a do pe. Picard (1896), *Chrétien ou agnostique*, em que a violência do tom vai a par de uma aflitiva ignorância dos verdadeiros problemas. A insuficiência intelectual era evidente nas próprias ciências que hoje nos parecem fundamentais na formação dos sacerdotes. A exegese era a parente pobre dos seminários. Num deles, podia-se ler, gravado na madeira de uma mesa, este dístico inequívoco:

> *C'est ici que l'on fait la classe d'exégèse*
> *où chacun rit et cause et n'en prend qu'à son aise*[2]...

Esse humor folgazão é desculpável se pensarmos na incrível fraqueza daquilo que então se chamava exegese. A maior parte dos manuais inspirava-se no "concordismo": concordismo científico, que procurava ver nas épocas geológicas os "dias" da Criação, ou explicava a cosmogonia dos hebreus em função das teorias na moda, embora se mudasse de interpretação quando mudavam as teorias; concordismo histórico ou etnográfico, que descobria nos primeiros capítulos do *Gênesis* o equivalente do paleolítico ou do neolítico... Teremos uma ideia da insuficiência, para não dizer mais, da pretensa ciência exegética, abrindo o livro, muito espalhado então nos seminários, dos padres Dessailly e Moigno: *Les livres saints et la science: leur accord parfait.* Aí se pretendia explicar cientificamente (*sic!*) "o fato de Jonas ter orado e vivido no ventre da baleia", comparando a sua situação "à de uma criança que vive no seio da mãe", ou ainda à dos "sapos que ficaram entalados entre pedras muito duras e acabaram por sair vivos depois de centenas ou milhares de anos". O que permitia a muita gente boa repetir a linda frase de mons. Gousset: "O que é que nos opõem? Dentre os sistemas lançados contra a Bíblia, qual é aquele que não tenha sido vitoriosamente refutado?"

O mesmo se passava com todas as ciências sagradas. Pode-se dizer que, antes da década de 1880, a história da Igreja não era ensinada nos seminários maiores. Os livros que pretendiam narrar essa história eram frequentemente tão fracos que até *La Croix* reconhecia que o do pe. Marion não apresentava "a sã imparcialidade que se impõe nesta matéria". Para mais, estava cheio de erros. O mesmo se diga da *Histoire* de Darras, que infelizmente teve ampla difusão, ou do estudo de Charles Barthelemy — aliás um êxito de livraria —, *Erreurs et mensonges historiques*, que pretendia compensar pela ironia e pelos ditos espirituosos a sua grave falta de seriedade. "Era — escreve o bolandista pe. Smedt — um escândalo e um perigo para a ciência católica; e era imperioso que se combatessem o escândalo e o perigo".

As próprias disciplinas sem as quais parece impossível firmar solidamente um pensamento religioso se encontravam numa situação igualmente ruinosa. É certo que se atacavam os "ateus" e os "ímpios", mas de modo vago. Não sem razão, choca verificar que o perigo do hegelianismo — tão bem denunciado pelo protestante Kierkegaard e tão bem captado por Rosmini na Itália e por Staudenmaier na Alemanha — foi praticamente ignorado por todos os escritores católicos ortodoxos até bastante entrado o século XX. *A fortiori*, aquele que Marx e Nietzsche faziam correr à fé. Nenhuma filosofia verdadeiramente católica se oferecia às inteligências. Sob uma forma escolástica degradada, arrastava-se por toda a parte um vago ecletismo, que ora se inclinava para um espiritualismo de inspiração cartesiana, ora se filiava a um idealismo mais ou menos bebido de Kant, mas muito abastardado, "quase tão ruinoso para o dogma — disse alguém[3] — como o podiam ser as negações materialistas, e talvez mais perigoso porque mais sutil, mais sedutor". As próprias tentativas que se tinham feito durante os primeiros três quartos do século no sentido de estabelecer uma filosofia cristã em consonância com as exigências modernas, quase sempre tinham desembocado na pretensão de impor teorias audaciosas: o tradicionalismo fideísta de um Bonald ou de um Lamennais, o ontologismo de um Ubaghs ou de um Rosmini, o criticismo de um Gunther ou de um Hermes[4]. E as reações das autoridades romanas a esses desvios contribuíam para persuadir os espíritos prudentes a não abandonar posições inteiramente seguras.

O resultado era que a própria teologia estava privada de bases sólidas. "A teologia é uma resultante. Para que se desenvolva, precisa de técnicas seguras que a ajudem a ler com frescor as suas fontes inspiradas. Precisa também de um sistema geral de pensamento que lhe permita descobrir o resplendor dos dados da Revelação"[5]. Não era assim que a concebiam desde há muito tempo. Mas, na sua forma mais externa, que era a da apologética, se é certo que tinha havido um Frayssinous, um Gratry, um cardeal Deschamps, generosos trabalhadores, a verdade é que se limitava por demais aos aspectos secundários da fé — a sua beleza, o seu valor social —, quando não cedia, dominada pelas preocupações imediatas, à tentação de pôr o acento nas ideias de ordem e de paz social, no papel da religião como cidadela contra a Revolução.

Não quer isto dizer que tudo, na vida intelectual católica, tenha sido insignificante ou vão. Em todas as disciplinas, alguns homens tinham salvado a inteligência e, permanecendo no âmbito da ortodoxia, tinham lançado os marcos de novos caminhos. Assim acontecera no campo da exegese, com o *pe. Maignon*, futuro cardeal, ou o grande sulpiciano *Le Hir*, que o seu discípulo Renan gostava de elogiar; no da história religiosa, em que os jesuítas bolandistas, instalados em Bruxelas, tinham sido precursores, e em que as obras de *Hergenröther*, de *Stolberg* ou de *Hefele* constituíam mais do que promessas; no da filosofia, em que *Ravaisson*, cuja sábia carreira se prolongaria até 1900, criava um método que Bergson não ignoraria; no da apologética, em que o grande cardeal *Newman* tinha aberto vias novas. E, se a teologia especulativa era muito mal conhecida nos seminários, não se esqueça que se iniciara em meados do século XIX um renascimento do tomismo, por obra do papa Leão XIII[6]. Mas, bem vistas as coisas, eram raros os homens que compreendiam a importância do problema, e mais raros ainda aqueles que queriam trabalhar para resolvê-lo. Em 1891, no Congresso de Malines, mons. Mercier, o futuro cardeal, lamentava publicamente que os católicos se tivessem dedicado "muito pouco a preparar e reunir os materiais que têm de servir para formar a síntese rejuvenescida da ciência e da fé".

Mas talvez se deva ir mais longe. Era só no plano estritamente intelectual que os católicos pareciam impotentes para preparar essa síntese? O fosso que se abria não se dava apenas entre o pensamento cristão e o pensamento moderno: observava-se também nos costumes, nas leis, nos modos de vida. Era todo o mundo moderno que parecia querer ser o "assassino de Deus".

Seria necessário resignar-se a essa situação? Havia homens de fé que pensavam que não, que não admitiam que se tivesse selado definitivamente o divórcio entre o mundo moderno e a sua religião. Não seria, pelo contrário, dever do cristianismo restabelecer o contato com aqueles que o combatiam? Era uma pergunta que não datava de ontem: apresentava-se à consciência cristã desde que a cristandade se cindira e a fé vira desfazer-se o quadro sólido em que se situava toda a sua existência. Mas formulava-se de modo mais premente desde que a explosão revolucionária soltara definitivamente as forças hostis. Na primeira parte do século XIX, muitos cristãos se tinham preocupado com ela; com ela se tinham inquietado um Lamennais, um Balmes, um Rosmini, um Gioberti e muitos outros. Já que era evidente que não se podia deter a marcha do pensamento moderno, importava reconciliar com ele o cristianismo, para que este não fosse destruído por aquele.

Reconciliar: como? Vincenzo Gioberti tinha-o dito sem subterfúgios: "É preciso fazer no cristianismo de hoje o que os profetas fizeram no judaísmo, cerca de seis séculos antes da nossa era: reformar a religião positiva e pô-la de acordo com a ciência e a civilização". Esta opinião ia ser partilhada por um número crescente de católicos cultos. Para que a religião fosse novamente associada ao avanço da humanidade e voltasse a inserir-se na corrente viva da história, era preciso pôr os cristãos em condições de se baterem com armas iguais com aqueles que os atacavam, tirar aos positivistas e aos racionalistas os seus argumentos, desembaraçando o cristianismo de tudo o que estava esclerosado, envelhecido, e ao mesmo tempo ir buscar aos adversários o que o seu pensamento e os seus métodos pudessem ter de aceitável e de útil. Tal como o diria um dos chefes mais lúcidos deste movimento, era necessário "adaptar a religião católica às necessidades intelectuais, sociais e morais do tempo presente"[7].

Em si mesma, a intenção era louvável; de certa maneira, podia apoiar-se nos objetivos de Leão XIII. Era um desejo de apologética e de apostolado que a ditava. Reconduzir a elite pensante ao redil de Cristo era um desígnio que não se podia deixar de aprovar. E o método proposto também não, por princípio: várias vezes na história o cristianismo tinha estabelecido a sua defesa no terreno do adversário — não absorvera a cultura pagã? —, e nunca ninguém dissera que os quadros intelectuais, sociais e morais em que vivem os cristãos deviam ser imutáveis para todo o sempre. Mas... com uma condição.

Essa condição era que não se pusessem em causa os dados fundamentais da fé. E porventura não o seriam se se inovasse, se se renovasse sem prudência, se, a pretexto de chegar à fala com o adversário, se deixasse que este os contaminasse? Já se vira o que acontecera à fidelidade de Lamennais à Igreja — essa fidelidade que ele tanto proclamara, até o instante em que escorregara pela encosta dos compromissos com o pensamento moderno. E também se vira como a fé do seminarista Ernest Renan resistira mal ao uso constante da crítica racionalista. Em 1887, o bispo (então desconhecido) de Mântua, que, sendo D. Sarto, um dia viria a ser Pio X, denunciara com espantosa precisão profética certo "cristianismo moderno", que "pretende adaptar os dogmas da fé às exigências da nova filosofia". Adaptar os dogmas: isso significava que fazer vergar as verdades imutáveis ante o pensamento moderno, quer este se traduzisse numa metafísica, numa moral ou numa crítica, seria um erro imperdoável. Se a Igreja o tolerasse, entregaria a todas as aventuras o depósito sagrado.

Foi exatamente nisso que consistiu a ameaça interior que a Igreja sofreu nos dez últimos anos do século XIX e nos primeiros dez do século XX. Uma corrente de pensamento que era apologética e apostólica na sua primeira intenção, mas depressa se viciou na escolha dos meios, acabou por preconizar, ou pelo menos admitir, que os dogmas mudassem, que se pudesse interpretar de maneira humana os mistérios da fé, que se tivesse o direito de não considerar verdadeiro tudo o que se lê nas Escrituras, ou, ainda, de esvaziar a vida religiosa das suas exigências espirituais, para reduzi-la a um simples código de moral prática. Foi essa corrente, esse conjunto de desvios doutrinários, que a história veio a conhecer sob o nome de *modernismo*, vocábulo a princípio pouco usado, mas que foi imposto pela encíclica de Pio X *Pascendi Dominici gregis*.

A crise que agitou a Igreja durante vinte anos foi uma das mais graves que ela atravessou no decurso da sua história. Pela sua intensidade, a batalha teológica que o modernismo provocou tem sido comparada à do jansenismo. Em muitos aspectos, foi mais séria, porque comprometeu mais diretamente o essencial da fé. Mais séria, certamente, do que os conflitos políticos, mesmo quando estes levaram a perseguições. É mais grave para a Igreja ver alguns dos seus filhos despojarem Cristo da sua divindade, ou negarem a Deus os seus atributos, do que sofrer contra as suas estruturas humanas os ataques de um chefe de governo maçom. A crise do modernismo deu, por um momento, a impressão de abalar as próprias bases do catolicismo. É ela que está no centro do drama da época que viu o desenrolar dos seus episódios. E não é seguro que não continue a pesar ainda sobre nós[8].

Pródromo da crise: o americanismo

O católico médio começou a dar-se conta de que uma estranha agitação minava a Igreja quando, por volta de 1893, se começou a falar muito na Europa do catolicismo americano e das teorias que lá se aventavam. Sabemos já que, nos Estados Unidos[9], a Igreja estava, havia um século, em pleno desenvolvimento. Passaram de uma minoria desdenhada e humilhada para uma potência influente na vida da União. Os 30 mil católicos de 1789 eram já 4.500.000 em 1870, e não paravam de aumentar. Orestes Brownson tinha-os ensinado a tomar consciência da sua força e a proclamar que, diante do pulular das seitas protestantes, eram eles que representavam a esperança da jovem América. Em 1875, Pio IX consagrara essa ascensão prodigiosa da comunidade católica dando o chapéu cardinalício e a capa purpúrea ao arcebispo de Nova York, D. Mac Closkey.

Mas a Igreja Católica americana não se desenvolvera no estilo das velhas igrejas da Europa, e os problemas não se lhe apresentavam de modo semelhante ao dos que surgiam em Roma ou em Paris. O apostolado que fazia com tanto êxito, concebia-o segundo os métodos da democracia. Associados, desde as suas origens, a uma revolução, os católicos não viam nenhuma razão para desconfiar dela e combatê-la. Sentiam-se filhos dessa liberdade pela qual os seus avós tinham derramado o sangue. Teorias que escandalizavam na França ou na Itália — como a da necessária separação entre a Igreja e o Estado — eram na América a coisa mais natural deste mundo, pela simples razão de que uma Igreja de Estado seria aí, forçosamente, protestante. Não existia, pois, na América do Norte, a menor oposição entre o mundo moderno e a religião, e, muito espontaneamente, os católicos norte-americanos tendiam a procurar manter-se em contato com esse mundo. Em 1888, num discurso de grande ressonância, D. Spalding, bispo de Peoria, exaltava "os maravilhosos resultados políticos, sociais, morais e intelectuais que dão ao século XIX o seu caráter". A grande maioria dos bispos partilhava desse modo de ver, particularmente Gibbons, Ireland e Keane. De fato, era um catolicismo liberal, jovem, empreendedor, que assim se desenvolvia, perfeitamente adaptado a uma raça de pioneiros.

Não iria ele longe demais na sua vontade generosa de apostolado, nesse desejo juvenil de pertencer à corrente da história? Era uma pergunta que bem se podia fazer ao escutar o que lá se dizia e ao ver como lá se atuava. "A religião de que hoje temos necessidade — exclamava D. Ireland, arcebispo de Saint-Paul — não consiste em cantar belas antífonas nos coros das catedrais, em vestir paramentos bordados a ouro, enquanto não há nenhuma multidão na nave nem nas laterais e, lá fora, o mundo morre de inanição espiritual". E D. Spalding continuava: "Jesus Cristo não ensinou ao mundo a filosofia: não fundou uma Academia; fundou uma Igreja". Levadas ao limite, essas ideias porventura não chegariam a lançar pela borda fora a liturgia e também a filosofia cristã?

Certas iniciativas tomadas pelo episcopado norte-americano, com a mesma intenção generosa de promover o apostolado, eram também susceptíveis de ser tidas por bastante imprudentes. Em 1893, por ocasião da Exposição Universal realizada em Chicago, alguns dirigentes tiveram a ideia de convocar para essa cidade um Congresso Internacional das Religiões, em que representantes de cada uma viessem expor o que a sua Igreja fazia em prol da felicidade dos homens. O cardeal Gibbons, arcebispo de Baltimore, aceitou o convite dirigido à Igreja Católica, e, durante dezessete dias, ali estiveram reunidos sacerdotes com pastores de todas as formas de protestantismo, alguns arquimandritas e até delegados do bramanismo e do budismo. Todos com o fim de "se porem de acordo sobre certos princípios morais e religiosos comuns, em vista de uma ação de conjunto contra adversários comuns".

Todo esse movimento encontrou um herói e um pensador na pessoa de um homem bastante fora do comum, falecido em 1888, cuja memória se conservou famosíssima nos Estados Unidos — o *pe. Isaac Hecker*[10]. Antigo padeiro, convertido aos vinte anos, fizera-se redentorista, porém saíra dessa ordem para fundar uma nova congregação, sem votos, análoga à dos oratorianos e sulpicianos, mas orientada unicamente para o apostolado, sobretudo para o apostolado entre os protestantes: eram os missionários de Saint-Paul — os *paulistas*.

Personalidade poderosa, que alguns, mesmo em vida, consideravam um super-homem e um santo, o pe. Hecker era refratário a toda e qualquer ciência livresca, pouco sensível aos argumentos lógicos, mas de uma atividade e de uma generosidade raras. Era, por outro lado, um místico e sentia-se diretamente guiado pelo Espírito Santo, o que, evidentemente, não o levava a dar grande importância à Tradição e às instituições hierárquicas. "Ele sabia — escreverá o seu primeiro biógrafo — que o americano não católico aspira a relacionar-se com Deus apoiando-se o menos possível em ajudas exteriores. Gostava imenso de dizer aos seus compatriotas que a Igreja Católica consegue um voo até Deus mil vezes mais direto do que tudo o que se possa sonhar". Favorável às conversões, essa espiritualidade propunha-se fazer surgir uma raça de apóstolos, ricos de virtudes ativas, bem adaptados à conquista do mundo moderno. Mas, nessa perspectiva, que ficava das virtudes cristãs da obediência, do sacrifício e da humildade?

Enquanto essas ideias permaneceram acantonadas para lá do Atlântico, Roma não reagiu. Compreendia-se que correspondiam ao temperamento americano, e o prodigioso surto da Igreja mostrava quanto eram eficazes nesse país. Tudo mudou quando foram importadas pela Europa. Já em 1892, D. Ireland, de passagem por Paris, pronunciou, a convite de católicos franceses, várias conferências em que exprimiu em linguagem claríssima as linhas-mestras do pensamento católico norte-americano. "A união íntima entre a Igreja e o mundo secular é tão desejável para uma como para o outro. Vale mais estudar as obras de economia social do que as Bourdaloue". As palavras desse bispo vestido de sobrecasaca, de figura tão pouco episcopal, caíram imperiosamente sobre auditórios a princípio surpresos, pouco depois entusiasmados. Alguns jovens padres pensaram achar nelas respostas para as questões que formulavam: "As palavras de vida e de futuro vêm-nos, hoje, dos Estados Unidos!", exclamava um deles, o pe. Félix Klein.

Em Saint-Sulpice, as novas turmas de sacerdotes ficaram fascinadas por esse catecismo de novo estilo. E, entre os leigos, houve alguns, como Henry Béranger, Paul Desjardins — que acabara de fundar a "União para a Ação Moral" — e até Paul Bourget, que pensaram ter aí as bases de um neo-catolicismo, que corresponderia perfeitamente às exigências da época.

Podia a Igreja deixar-se arrastar para esse caminho? Certas fórmulas de D. Ireland prestavam-se à crítica; as dos neo-católicos, ainda mais. Já se lia, na pena de Eugène Melchior de Vogué, personalidade notável, colaborador da *Revue des Deux Mondes* e futuro membro da Academia, frases que asseguravam que, com o catolicismo de além-Atlântico, era a Reforma protestante, "no que tem de legítimo e de necessário", que triunfava após três séculos. Iria Roma deixar difundir-se essa espécie de doutrina, bastante equívoca, que os seus próprios partidários designavam por *Americanismo*?

A situação agravou-se quando o pe. Félix Klein publicou em 1897 a tradução que fez da *Vida do Padre Hecker*, do pe. Elliot, detalhadamente prefaciada por ele. Nesse prefácio, o jovem professor do Instituto Católico apresentava o pe. Hecker como o apóstolo dos tempos novos, "por ter encontrado e realizado em si próprio o ideal do padre para o futuro da Igreja".

Mas o que podia ser tolerado na América, porque tudo lá permanecia como que em forma de nuvem arrastada na corrente da ação apostólica, em que as ideias tinham muito menos importância do que as realizações práticas, parecia infinitamente mais grave quando repensado por um cérebro francês e exposto de modo claro e sistemático. Louvado por numerosos membros da hierarquia, com o cardeal Richard, arcebispo de Paris, à cabeça, a obra suscitou violentas reações. Mons. Turinaz, bispo de Nancy, o cônego Delassus, de

Cambrai, e o grupo de *La vérité française* resolveram demolir o pretenso santo americano. A ofensiva mais violenta foi conduzida por um jovem sacerdote, o pe. Charles Meignen, sobrinho do fundador dos Irmãos de São Vicente de Paulo, que escreveu um autêntico panfleto contra o americano: *Le Père Hecker est-il un saint*? Como o arcebispo de Paris lhe recusou o *imprimatur*, principalmente porque punha em causa vários bispos norte-americanos, o autor pediu-o a Roma e obteve-o do pe. Lepidi, mestre do sacro palácio[11]. Em vão o episcopado americano protestou junto do Secretário de Estado.

Na mesma ocasião, outro caso acabou por inquietar Roma: alguns grupos de leigos "neo-católicos" e de padres de tendência "americanista" lançaram a ideia de retomar em Paris, em 1900, por altura da Exposição Universal, o Congresso das Religiões; chegou-se a falar até de um "Parlamento das Religiões". A *Revue de Paris* publicou um artigo-programa, do pe. Charbonnel. A hierarquia francesa manifestou-se imediatamente em termos desfavoráveis. Alertado, Leão XIII, para não dar a impressão de desaprovar o que os bispos americanos tinham feito em Chicago, limitou-se a escrever uma Carta ao seu delegado apostólico em Washington, D. Sartoli, em que aconselhava os católicos a "reunir o seu congresso à parte". O "Parlamento das religiões" nascia morto.

Pouco depois, soube-se que a Congregação do Índex condenara a *Vida do Padre Hecker*. Ficaria assim condenado todo o americanismo? E, no fim das contas, em que consistia exatamente o americanismo, e quais os seus erros condenáveis? Pressionado pelos muitos dos seus colaboradores mais próximos, Leão XIII decidiu falar. Mas, com o mesmo desejo de não magoar o valoroso episcopado americano, não recorreu ao grande instrumento de uma encíclica, e apenas enviou ao cardeal Gibbons (1899) uma Carta —

Testem benevolentiae —, de tom muito comedido, embora firme.

Segundo o papa, era preciso distinguir dois "americanismos". Se a palavra designava "os dons do espírito que honram o povo americano" — as virtudes apostólicas dos católicos, a sua generosidade e coragem —, o termo nada tinha de censurável. Mas cobria também alguns erros, que a Carta enumerava: a vontade de mudar tudo no catolicismo — "Cristo não muda com o século", dizia o papa —, o desejo de "deixar na sombra certos elementos de doutrina, tidos por pouco importantes", o excessivo amor à liberdade, que se arrisca a comprometer a autoridade da Igreja, a exaltação das virtudes puramente naturais e ativas, em detrimento das virtudes passivas, puramente espirituais, que são fundamentais no cristianismo, o desdém com que se olham os votos monásticos, considerados como inaceitáveis para o homem moderno.

Era evidente que a Carta de Leão XIII visava os "americanistas", mas não os católicos americanos no seu todo. Estes, pela pena de D. Ireland, responderam que eles condenavam todos esses erros, como o papa, mas que nunca os tinham acolhido. Seria o americanismo uma heresia-fantasma, que só existia nos textos do pe. Maignen? O certo é que o documento pontifício não levou a qualquer mudança visível no comportamento dos católicos da América, que mais tarde vieram a descobrir a importância das virtudes passivas e dos valores da contemplação. Ao condenar o americanismo, talvez Leão XIII quisesse ao mesmo tempo pôr de sobreaviso certos católicos europeus cujas tendências lhe pareciam preocupantes. Não estaria ele a discernir, na corrente de pensamento que condenava, os pródromos do que iria ser o modernismo? O episódio americano surge na história como um prelúdio prático da crise modernista.

Primeiros sinais na França

No momento em que a advertência papal revelava o perigo do americanismo, já havia muito que, no catolicismo europeu, um observador sagaz podia notar os indícios de uma crise ainda mais grave. Nos primeiros anos do pontificado de Leão XIII, tinham sido observadas, nos meios intelectuais católicos, e especialmente no corpo docente dos recentes institutos católicos, algumas atitudes novas, que não deixavam de surpreender; em particular na Igreja da França, que, em toda esta questão, iria atuar como flecha. Essas atitudes eram assumidas por homens de fé sincera, frequentemente sacerdotes dignos de estima. Nem todas elas iriam levar esses homens ao erro a que mais tarde se chamará "modernismo". Anunciavam-no, porém, e, de diferentes maneiras, preparavam-lhe o caminho.

Em 1877, um jovem padre bretão, de espírito vivo, que gostava de ditos maliciosos, o *pe. Louis Duchesne* (1843-1922), fizera-se notar por uma tese de doutoramento em Letras sobre o *Liber Pontificalis*. Nessa tese, Duchesne aplicava os métodos mais estritos da ciência histórica, e assim abria caminho a um renascimento da história cristã. Mas as suas audácias tinham causado escândalo. Tinham perturbado mons. Freppel, que falara em incluir o trabalho no Índex. Depois, o seu ensino, os artigos que escrevia para o *Bulletin critique*, por ele dirigido, e sobretudo o livro sobre *Les Fastes épiscopaux dans l'ancienne Gaule*, tinham provocado ainda maior alvoroço e inquietação. Que iria acontecer, às mãos desse demolidor de santos, com as veneráveis tradições de tantas igrejas? Nem Arles fora evangelizada por São Trófimo, nem Clermont por Santo Austremônio, nem Limoges por São Marcial, nem Toulouse por São Saturnino... E era agora impossível admitir que esses bons santos, que se pensava haverem sido os primeiros bispos das respectivas dioceses, pudessem ter a mais remota hipótese de serem considerados, conforme se afirmava, discípulos diretos dos Apóstolos.

Essa crítica, bem fundamentada, mas formulada num tom brincalhão, escandalizara tanto que o pe. Duschesne tivera de deixar por algum tempo o ensino no Instituto Católico, até que o reitor, mons. d'Hulst, o reintegrara na cadeira. Em 1895, o governo nomeara-o diretor da Escola Francesa de Roma, função que iria conservar até à morte, continuando a sua obra de sábio, divertindo o mundo clerical romano e as embaixadas com as suas "saídas", mantendo muitas amizades nos meios modernistas, mas cuidando com toda a cautela de não se deixar incluir nessa tropa... Nem por isso é menos certo que Duchesne contribuiu para empurrar as primeiras pedras da avalanche.

Bem mais grave foi o caso de um outro padre, jovem e muito dotado, que, por seu lado, tentara "modernizar" o cristianismo, reconciliando-o com a filosofia. Era *Marcel Hébert* (1851-1916), encarregado de curso e depois diretor na École Fénelon. Literalmente impregnado de Kant e de Hegel, não achara melhor maneira de estabelecer um laço entre o idealismo e a fé do que interpretando os dogmas como símbolos. As suas recensões literárias no *Bulletin critique* do pe. Duchesne, as suas comunicações científicas, as suas obras sobre a *Profissão de fé do vigário saboiardo* ou sobre *Wagner*, não cessavam de explicar tudo pelo simbolismo. Para ele, Deus era simplesmente "a grande lei idealizadora da atividade universal"; Cristo, uma imagem da perfeição com que o homem pode sonhar; a fé, uma representação da consciência. Em 1899, numas *Recordações de Assis*, exprimia essas ideias com uma clareza e uma violência que não permitiam qualquer equívoco. A obra, impressa apenas para os amigos do autor, caíra porém nas mãos do arcebispo de Paris, após um incidente que faz lembrar um romance policial.

O cardeal obrigara então o pe. Hébert a escolher entre rejeitar os seus erros ou demitir-se. O sacerdote optara por esta última solução. Pouco depois, num ruidoso artigo da *Revue de métaphysique et de morale*, iria confirmar a sua ruptura com a Igreja, usando, para qualificar o Deus da fé, a expressão blasfematória de "o último ídolo".

É evidente que tais incidentes revelavam uma profunda perturbação nos espíritos. Dir-se-ia que, de todos os lados, se formavam correntes que confluíam para o rio do modernismo. Em 1893, um jovem universitário de renome, *Maurice Blondel* (1861-1949), defendia na Sorbonne uma tese sobre um tema inesperado, *A ação*. Entendia ele por esse termo o movimento que leva o homem inteiro — inteligência, vontade, sensibilidade — a realizar-se espiritualmente. Para ele, esse movimento conduzia necessariamente a Deus. Tratava-se do ponto de partida de uma nova filosofia cristã, capaz de responder às interrogações ansiosas do homem moderno: era o fundamento de uma nova apologética. Uma vez que o homem moderno, formado pelo positivismo e pelo racionalismo, tem repugnância em aceitar a religião revelada, já que esta transcende o que os sentidos alcançam, por que não colocar-se no imanente, naquilo que é tangível e apreensível, para mostrar que mesmo isso postula Deus, o espiritual, o sobrenatural? Era o "método da imanência", que não deve de modo algum ser confundido com o "imanentismo"[12].

A tese surpreendeu bastante os mestres da Sorbonne e as autoridades laicas, que fizeram o jovem mestre esperar muito tempo antes de conceder-lhe a cadeira de Filosofia que o seu talento merecia. Mas também não chocou muito menos as autoridades religiosas, sobretudo quando o jovem professor expôs o seu método numa *Carta sobre as exigências do pensamento contemporâneo em matéria de Apologética* (1896), em que precisava que as raízes do sobrenatural devem ser procuradas nas tendências profundas do homem, na sua necessidade de crer.

Maurice Blondel de modo nenhum se apresentou como "modernizador" do cristianismo. Este homem de fé admirável, da raça dos grandes místicos, nada tinha de um espírito "modernista". Aliás, jamais ingressaria na hoste dos modernistas, onde, no entanto, teria muitos amigos; e até se mostraria de uma extrema severidade na crítica a alguns dos modernistas mais marcantes — um Édouard Le Roy, por exemplo[13]. Mas, da sua filosofia, compreendida sem muita precisão, era possível extrair teses mais inquietantes, subjetivistas e fideístas, que ele próprio nunca teria subscrito: entre outras, aquela segundo a qual a Verdade não existiria em si, fora do homem, antes seria obra sua. Sem querer, sem dar por isso, também Blondel preparou os caminhos do modernismo.

Alfred Loisy e a crítica bíblica

De todos os sinais que faziam adivinhar a crise, os mais flagrantes eram, todavia, aqueles que surgiam num setor em que a Igreja sempre estivera alerta — o da Sagrada Escritura. O leitor recordar-se-á[14] de que, em meados do século XIX, fora o ataque de Baur, de Strauss e de Renan contra a figura de Jesus, tal como aparece no Evangelho, que tornara os católicos atentos às ameaças que pesavam sobre a sua fé e lhes "tirara o sono". Desde então, o ataque não cessara mais, antes se tornara mais amplo e mais rico de meios.

Renan morrera em 1892, cumulado de honrarias e de glória, reintegrado desde 1870 na sua cadeira do Colégio de França de onde Napoleão III o afastara pela sua *Vida de Jesus*. Fora eleito para a Academia Francesa, incensado como árbitro das elegâncias do espírito e considerado personagem oficial prometido antecipadamente ao Panteón. "É qualquer coisa de grande; é qualquer coisa de nós mesmos que rui" — exclamou Anatole France, junto à sepultura. A influência de Ernest Renan era enorme. Toda a crítica "livre" seguia os passos daquele que se gabara de ter "feito Jesus demitir-se de Deus". Trocava-se em miúdos o seu pensamento em artigos, em manuais escolares. Os trabalhos da sua velhice sobre a História de Israel ou sobre a das origens da Igreja não eram muito menos perturbadores: também eles esvaziavam a história do sobrenatural e da finalidade que os homens de fé lhe reconheciam. O renanismo ficaria até ao nosso tempo como uma das constantes da crítica racionalista.

Mas não era a única. Mais radical ainda, desenvolvera-se uma *escola liberal*, nascida no protestantismo, onde iria exercer uma ação profunda, até à reação teológica de Karl Barth, mas que contaminara também outros ambientes. Para ela, Jesus não era evidentemente Deus, mas apenas um homem, nem sequer cercado dessa aura que Renan de certa maneira Lhe deixava. Consentia-se que Ele fora um "homem genial", segundo dizia Middleton Murry. Insistia-se, aliás utilmente, nos aspectos humanos da sua natureza. Mas rejeitava-se categoricamente tudo o que, aos olhos dos cristãos, o garante como Deus: os milagres, a Ressurreição. A Alemanha não tardara a dar o seu acordo a essas teses, com Bernard Weiss, Beyschlag, mas sobretudo com *Adolf von Harnack* (1851-1930), professor ilustre da Universidade germânica, nobilitado por Guilherme II e cujo livro *A essência do cristianismo*[15] aplicava à crítica bíblica as análises à moda hegeliana. O próprio Renan achara que a escola liberal ia longe demais: "Fazem de Cristo um professor de moral laica!", dizia ele.

Uma outra escola iria ainda mais longe: a chamada *Formgeschichtliche Methode* ["método da história das formas"], que teria como mestres Bertram, Bultmann, Dibelius, K.L.

Schmidt. Apoiando-se na crítica formal dos textos — campo em que prestou serviços que ainda nos nossos dias podemos reconhecer —, não deixava subsistir grande coisa da existência objetivamente demonstrada de Jesus Cristo. No Novo Testamento, pretendia essa escola ver uma obra das primeiras comunidades cristãs, no seio das quais se teriam formado tradições, histórias mais ou menos lendárias, lições doutrinais, conjunto complexo ao qual os Evangelhos só teriam oferecido um quadro histórico. A Pessoa e a doutrina de Jesus surgiam, assim, totalmente desfeitas, a ponto de que se podia perguntar se Jesus realmente existira. E, logicamente, nada ficava da crença cristã na inspiração da Escritura.

Alguns católicos cultos e padres seguiam os trabalhos dessas diversas escolas, com a intenção de lhes responder, mas também de utilizar para os seus próprios fins os métodos científicos de que a exegese e a crítica "livres" pretendiam ter o monopólio. Entre eles, emergindo dentre eles por muitos aspectos, uma figura excepcional: *Alfred Loisy* (1857-1949).

Aquele que iria aparecer como chefe de fila do modernismo, um dos adversários mais sérios que a fé alguma vez encontrou, era um padre, infinitamente respeitável na sua vida privada, que os amigos facilmente evocavam com gosto pelos seus tesouros de sensibilidade piedosa e de impulso místico, aliás refletidos na sua compostura cheia de gravidade sacerdotal, e pelas suas fervorosas ações de graças. No seminário de Châlons, guardava-se a memória da sua piedade exemplar e de uma associação que fundara entre os colegas para conservar viva no meio deles, quando estivessem envolvidos nas tarefas do sacerdócio, a chama do zelo apostólico. Mas travava-se nele o drama do *homo duplex* ["homem dividido" ou "dúplice"]. Aos trinta anos, Alfred Loisy pertenceria ainda a essa religião a que se mantinha exteriormente fiel?

Espírito agudo e simultaneamente profundo, capaz de explorar um assunto com toda a erudição e também de o expor com vivacidade, o jovem Loisy tinha sido descoberto pelo seu bispo, que o enviara para o seminário dos Carmelitas — o seminário do Instituto Católico — a fim de aí concluir a sua formação. Padre aos vinte e três anos, mons. d'Hulst confiara-lhe um ciclo de conferências e depois uma cadeira de Hebraico e de Sagrada Escritura. As suas aulas tinham sido brilhantes, eloquentes, de uma eloquência mordaz e sarcástica, que tinha prazer em apanhar o adversário em falta; uma eloquência de uma verve irreverente que atingia os exegetas tradicionalistas, e, por vezes, os próprios Livros Sagrados. "Dir-se-ia — afirma mons. Baudrillart — que experimentava uma espécie de alegria em descobrir falhas no texto sagrado. Em tudo o que dizia, sentia-se paixão e coragem. Estava persuadido de que era necessário renovar a qualquer preço a crítica bíblica"[16].

Renovar a crítica bíblica tinha sido, desde muito cedo, o seu desígnio. Desígnio bem justificado, como vimos, e de resto perfeitamente leal. Não havia a menor dúvida de que renovar a exegese e a crítica escriturística era uma necessidade imperiosa. Mas era preciso evitar cair em dois erros: a rotina que se confunde com a tradição, e a novidade a todo o custo que se confunde com a verdade. "Ó meu Deus — exclamava ele —, dai-me vinte anos de saúde, de paciência e de trabalho, com o espírito de discernimento, de sinceridade e de humildade que permita à ciência cristã contribuir, sem perigo para o cientista, para a edificação da Igreja e a confusão dos seus inimigos!" E acrescentava: "Era minha ambição vir a derrotar Renan com os seus próprios instrumentos, por meio da crítica que eu aprendia na sua escola". Tal era, afinal, a atitude típica de todos os futuros "modernistas": servir a Igreja e a sua verdade; vencer os inimigos da Igreja. Não eram outras as suas intenções.

No entanto, esses perigos que corre o cientista, e de que Alfred Loisy falava na sua oração, eram, afinal, flagrantes em si próprio. Já em 1885, ou seja, aos vinte e oito anos, sentira que lhe fugia "o caráter sobrenatural da religião". Apoderara-se da sua inteligência um certo sentimento de "relatividade" que questionava tudo. Esmagado por essa evidência, não podia dissimular que se encontrava "fora de toda a corrente do pensamento católico". Essa corrente do pensamento católico seria a da verdade? Não se impunha "desembaraçar a Igreja dessa gnose estreita e envelhecida que Roma candidamente opõe a um mundo em constante progresso?"

Em 1890, defendera no Instituto Católico uma tese acerca da *História do cânon do Antigo Testamento*, em que punha de parte as doutrinas tradicionais sobre a inspiração das Escrituras. Muitos teólogos e exegetas se tinham sobressaltado. Mas, impávido, o pe. Loisy continuara o seu caminho, fundando uma revista, *L'enseignement biblique*, destinada aos jovens sacerdotes que quisessem "completar neste ponto a iniciação necessariamente imperfeita que receberam nos seminários". Nessa publicação, concentrara-se na parte de mais difícil interpretação do Antigo Testamento, nomeadamente na narrativa da Criação e do Dilúvio, que ele aproximava dos mitos caldaicos, e propusera que se considerassem essas "histórias grandiosas como altas lições teológicas e morais", mas não como documentos históricos acerca de "fatos particulares, precisos, rigorosamente exatos no mais pequeno pormenor". Se pensarmos no que hoje se lê correntemente, não nos parecerá que essa opinião devesse ter desencadeado uma tempestade. Em 1892, porém, era verdadeiramente escandalosa, e provocara um escândalo.

No princípio do ano escolar de 1892, em outubro, o superior geral de Saint-Sulpice, o pe. Icard, proibiu os seus seminaristas de assistirem às aulas do pe. Loisy. Ofendido, este ripostou, na lição de abertura, proclamando os direitos do pensamento crítico. A questão agitara os meios intelectuais católicos. O professor atacado buscara apoios. O velho cardeal Meignan, seu antigo bispo, esquivara-se de tomar partido; embora lhe desse razão no problema de fundo, aconselhava-lhe prudência. "A crítica nunca existiu na Igreja — escrevera-lhe, resignado —. Todo o clero católico está numa profunda ignorância. [...] Querer arrancá-lo dela é correr graves riscos. Tenha cuidado!" Mas o reitor do Instituto Católico, mons. d'Hulst, mais diretamente implicado na questão, decidira apoiar o professor da sua escola. Pregador de Notre-Dame, deputado pelo Finistère, era um homem importante, um autêntico aristocrata eclesiástico, mas também sacerdote zeloso e de fé, que, em plena Comuna, ia visitar os pobres e os moribundos dos bairros miseráveis. Com certo ar desdenhoso nos lábios, olhar altivo, d'Hulst enfrentara os críticos. Talvez com mais ardor que habilidade...

Já no *Correspondant* de 25 de outubro, um artigo por ele dedicado a Renan, que acabara de morrer, espantara pela sua indulgência e provocara violenta irritação no campo dos intransigentes. Bem pior foi o que se passou três meses mais tarde, em 25 de janeiro de 1893, quando publicou na mesma revista outro artigo, desta vez dedicado à *Question biblique*. Esse estudo continha numerosas opiniões justas, mas, escrito às pressas, por um homem que nada tinha de especialista, e publicado sem que o principal interessado fosse consultado a tempo, o reitor do Instituto precisava desastradamente as teses do que chamava "escola larga", e chegava a escrever frases do gênero desta: "Há sérias dificuldades em manter a inerrância absoluta como exigência necessária da inspiração". Esse texto, subscrito por tal nome, provocara polêmicas de que participara a grande imprensa laica — *Le Matin*, *Le Figaro*, *L'Univers*. Em Roma, aonde se apressou a ir, mons. d'Hulst ganhara a dupla convicção de que nem ele nem qualquer outro seria condenado por então, mas que convinha aliviar a carga. E tirara a Loisy todo e qualquer ensino de exegese, acantonando-o no do hebraico, do caldaico e do assírio.

O padre, cujo temperamento nada tinha de flexível, não era homem para se dobrar aos pequenos arranjos administrativos. E respondera com um artigo explosivo no *Enseignement biblique*: "A presença de erros nos Livros sagrados é evidente", mas é compatível "com a inspiração total e com uma teologia verdadeiramente católica". Num tal momento, esse texto parecera um desafio. Convidado a demitir-se, o audacioso aceitara de boa vontade e, ao deixar o Instituto Católico, assumira um lugar humilde de capelão numa instituição para moças, mantida pelos dominicanos em Neuilly.

Na mesma altura, surgira a encíclica *Providentissimus Deus* (10 de novembro de 1893), resposta oficial da Igreja. Com cuidado, mas também com grande firmeza, Leão XIII, ao denunciar o perigo racionalista, estabelecia uma relação muito clara com certas teses acerca da Bíblia, condenando aqueles que, "para fugir às dificuldades científicas e históricas, não receiam admitir que a inspiração divina se aplica às coisas da fé e dos costumes, mas nada mais". Imediatamente o pe. Loisy procedera a uma submissão formal e chegara ao ponto de suprimir a sua revista, a fim de "se recolher por algum tempo num trabalho silencioso".

Infelizmente, esse "trabalho silencioso" terminara por afastá-lo do quadro católico. A partir de 1898, tinham começado a aparecer, aqui e acolá, artigos de estranha semelhança de pensamento e de estilo, assinados, ora por Isidore Desprez, ora por A. Firmin, ora por Jacques Simon e por mais meia dúzia de nomes, manifestamente pseudônimos. Depressa se soube quem se ocultava sob esses nomes falsos. Todo o Antigo Testamento era posto em questão: o Pentateuco não era obra de Moisés; a inspiração é incompreensível e indefinível, visto não ser matéria de experiência; o pensamento dos redatores da Bíblia evoluiu e a expressão que os autores lhe dão traz a marca do tempo, um tempo em que não existia o conhecimento científico.

Tais ideias tinham começado a espalhar-se no meio do jovem clero, o que provocara a inquietação dos bispos. O próprio papa se sentiu perturbado, e decidiu pôr termo a essa situação. Por muito "liberal" que fosse, Leão XIII era extremamente cuidadoso quanto à integridade doutrinal e à fidelidade à Tradição para poder tolerar certas audácias. Os seus avisos tomaram a forma de uma Carta ao ministro-geral dos franciscanos, e em seguida de uma encíclica dirigida ao clero da França — *Depuis le jour* (1899) —, ambas em tom muito firme[17].

Sabe-se, pelas suas *Memórias*, que, sem o confidenciar a ninguém, Loisy tinha perdido havia vários anos todas as convicções católicas. Por que continuava então na Igreja? Seria por ver nela "uma grande força espiritual, a única que seria capaz de se impor ao mundo"? Ou por fidelidade suprema ao compromisso do seu sacerdócio? Por que razão pretendeu, nesse tempo, o bispado do Mônaco e depois o de Mauriana? Seria apenas para poder trabalhar melhor pela "renovação da Igreja"? Nessa alma complexa, discernem-se mal os motivos das decisões.

Em outubro de 1900, na *Revue du clergé français*, Loisy expunha as linhas-mestras da sua exegese e da sua apologética, e, para fazer frente às objeções da crítica moderna, deitava pela borda fora o livro do *Gênesis* e diversos outros dados da Bíblia. Era demais. "Mesmo entre os padres — escrevia uma testemunha[18] —, a fé na autoridade divina da Bíblia está abalada; em muitos deles, vacila". A crise passara a ser patente.

O cardeal Richard, arcebispo de Paris, proibiu, portanto, a *Revue du clergé français* de continuar a publicar os artigos sobre a *Religion d'Israel*. E, numa audiência dramática, preveniu mais uma vez o padre imprudente sobre o perigo que corria. A resposta não tardou: Alfred Loisy solicitou do ministro da Instrução Pública uma cadeira na Escola Prática de Altos Estudos, anexa à Sorbonne, para aí continuar a difundir as suas ideias sobre exegese; graças ao célebre erudito Gaston Paris, conseguiu-a. Tomou para tema do seu primeiro curso "O Gênesis e os mitos babilônicos"[19].

"A encruzilhada de todas as heresias"

No momento, pois, em que entrava o novo século, a crise que há tanto tempo estava em gestação explodiu. Ia durar dez anos. É-nos difícil imaginar a animação quase frenética que essas teses "modernistas", já espalhadas fora dos institutos católicos e dos seminários maiores, causaram no clero e nos meios intelectuais que se interessavam pelas questões de fé. Nasciam revistas para difundi-las, enquanto outras, estranhamente, as acolhiam.

Liam-se essas teses em *La quinzaine*, publicação de alto nível dirigida por Georges Fonsegrive; depois, no *Bulletin de la semaine*, que a substituiu, e também no Demain, exaltado periódico criado por católicos lioneses; ou nos *Annales de philosophie chrétienne*, a mais antiga das revistas católicas, em que o pe. Denis e depois o pe. Laberthonière sucederam ao fundador, Bonnety; ou ainda na *Revue du clergé français*, que no entanto se dizia prudente e equilibrada. A *Revue d'histoire et de littérature religieuse*, essa era inteiramente devotada ao pe. Loisy. Uma casa editora, a de Émile Nourry, especializava-se nas obras dessa corrente, multiplicando as coleções para levar as novas ideias ao grande público. De ano para ano, sucediam-se os golpes de teatro: lançamento do "livro vermelho" de Loisy; publicação do artigo de Édouard Le Roy ("Qu'est ce qu'un dogme?"); conferência de Fogazzaro em Paris, promovida pelo *Bulletin de la semaine*.

Às doutrinas modernistas respondiam com a mesma violência as revistas e jornais tradicionalistas, desde a romana *Civiltà cattolica até à La vérité française*. As Semanas religiosas das diversas dioceses estavam cheias de advertências, de cartas episcopais com ar de anátemas, ou de artigos sutilmente orientados. Anos a fio, foi o entrechocar constante de proposições audaciosas e de réplicas, de acusações de imperícia rotineira e de denúncias por heresia. Era uma agitação a que não faltava grandeza, visto que, afinal, o que estava em jogo em tão violentos debates era o que mais importa neste mundo. Mas nem por isso abalava menos rudemente os alicerces da Igreja e comprometia a unidade dos católicos, o que iria justificar amplamente a severa intervenção do Magistério supremo.

É possível dar uma ideia da importância numérica do movimento? Teríamos de começar por poder definir exatamente o que se deve entender por "modernismo", circunscrever com precisão o erro. Como no caso do jansenismo no século XVII, não devemos imaginar o modernismo como uma espécie de seita, em cujas fileiras se entrasse de maneira explícita e formal. Entre a adesão total às teses de um Loisy e a moderada aprovação de certas tendências renovadoras, a gama das convicções comportava muitos matizes. De modo que não vale muito a pena propor números, sobre os quais os próprios modernistas nunca estiveram de acordo. Tyrrell viria a dizer que, em sua opinião, houve 40 mil padres modernistas no conjunto da Igreja, e Houtin informava Salomon Reinach de que só na França se podiam contar 15 mil. Mas Loisy, dando uma gargalhada, replicava: "Bah! Quando muito, 1.500!"

A verdade é que o movimento foi dirigido por um pequeníssimo número de homens, que surgem, sempre os mesmos, nos índices dos jornais e das revistas; até menos numerosos do que a multiplicidade de assinaturas faria pensar, porque todos usaram e abusaram dos pseudônimos, tendo alguns chegado a utilizar treze ou catorze...[20]

Em relação direta uns com os outros, confrontavam ideias e teses, e também — é preciso dizê-lo — combinavam os ataques contra os adversários, conservadores e rigoristas, ou então a defesa das suas posições. Formariam eles, literalmente falando, essa "sociedade secreta" de que falará Pio X na *Pascendi*, e da qual dirá, ainda em 1914, que não cessava "de recrutar novos adeptos"? Formalmente, nunca foi provado que os modernistas tivessem constituído uma organização de quadros rígidos, no gênero da maçonaria. Mas não há dúvida de que cerravam fileiras e agiam de comum acordo. Por isso, a influência dessas pequeníssimas equipes fez-se sentir em camadas bastante vastas do clero e dos meios cultos, tanto mais que, no seu ponto de partida, o modernismo correspondia a uma expectativa das inteligências. Devemos, contudo, abster-nos de incluir nas suas linhas homens que, embora sentissem vivamente a necessidade de "renovar" a Igreja, jamais professaram o erro fundamental de querer modificar os dogmas, ou aqueles que, ligados a modernistas por amizade, ou tendo mesmo partilhado das suas posições a princípio, foram assimilados a eles por adversários mais vigilantes do que equitativos e bem informados.

Na França, o grupo condutor do modernismo contava uma meia dúzia de homens, ou pouco mais. O primeiro foi sempre, incontestavelmente, o pe. Loisy, quer pela audácia do pensamento e pela energia na refrega, quer pela fama que obteve. Para muita boa gente, encarnava por si só todo o modernismo. Lutando como ele na crítica bíblica e na história eclesiástica, sobressaía o pe. Albert Houtin, de Angers, que se gabava de formar "depósitos de munições" para a batalha, mas que bem cedo se separou dos modernistas reformadores, por ser sua convicção "que não havia nem nunca houvera religião revelada"; seria ele o primeiro historiador da questão.

No plano filosófico e dogmático, além de Marcel Hébert, que já saíra da Igreja e fora chamado a ensinar na Universidade maçônica de Bruxelas, devemos referir duas personalidades marcantes: o *pe. Laberthonnière* e *Édouard Le Roy*. O primeiro (1860-1932) era oratoriano, sacerdote de piedade e de ciência igualmente notáveis; discípulo e amigo de Maurice Blondel, aplicou sem comedimento o método da imanência nos seus *Annales de philosophie chrétienne*; o segundo (1870-1954), espírito de grande altura e alma transparente como de criança, matemático genial convertido em filósofo, sucessor de Bergson no Collège de France e mais tarde na Academia Francesa[21], tentou uma audaciosa síntese da fé cristã com o idealismo, o bergsonismo e o evolucionismo. À parte, via-se um franco-atirador — no fim das contas, nada franco, a bem dizer —, o pe. Joseph Turmel, do qual desde cedo se suspeitou que "jogava um duplo jogo, pois escrevia simultaneamente como ortodoxo com o verdadeiro nome, e descrente sob nomes falsos": assinava Coulange em libelos contra a divindade de Cristo, Herzog num livro contra a dogmática mariana, Dupin em artigos contra a Trindade, e Dulac, Gallerand, Lagarde, Delafosse ou Lenain em numerosos textos cada vez mais ímpios, em que já não procurava renovar a religião, mas destruí-la.

Além desses seis, outros nomes se poderiam citar, como o pe. Margival, professor agregado da Universidade, autor de um ensaio sobre *Richard Simon et la critique biblique*; ou o pe. Henri Bremond, ilustre historiador do sentimento religioso, considerado do grupo mais por força da sua fidelidade por vezes imprudente a certos amigos do que por defender audácias. E seria perfeitamente injusto acrescentar à lista certos homens que os maníacos da caça às heresias lá quiseram incluir: mons. Duchesne, apesar das suas incontinências de linguagem; mons. Mignod, arcebispo de Albi, cujas posições foram uma ou outra vez ousadas, mas sem quebra na fidelidade à Igreja; ou mons. Batiffol, que, antigo discípulo de Loisy e de Hébert, deles se separou de modo espetacular, sem conseguir convencer os seus adversários de que não os seguia, e que, apanhado entre dois fogos, iria ser vítima do seu ardor em denunciar os hereges.

De tanta importância como os modernistas franceses, *George Tyrrell* (1861-1909) representou, na Inglaterra, uma variedade do movimento que não deixa de ter analogias com a de Édouard Le Roy. Protestante convertido ao catolicismo por volta dos dezoito anos, ingressou na Companhia de Jesus e sonhou também com a reconciliação entre a ciência e a fé, insistindo na devoção interior, no sentimento, na intuição do coração, como justificação dos dogmas. Obrigado a abandonar a Companhia, refugiou-se num priorado beneditino, onde depressa veio a morrer, mas não sem ter tido tempo de insurgir-se contra Pio X, a quem acusava de ter "condenado impiedosamente as necessidades da alma moderna". Pelo *charme* de um pensamento flexível e de um estilo acessível a toda a gente, pelas relações que manteve cuidadosamente com todos os condutores do movimento, George Tyrrell exerceu uma influência incontestável. A seu lado, seu amigo e admirador, o barão Von Hügel, filho de um nobre austríaco e de uma escocesa que vivia em Londres, autêntico místico, igualmente versado em todas as ciências religiosas, foi como que um agente de ligação entre os grandes modernistas, a quem conheceu um por um, pondo a sua influência ao serviço daquilo que denominava "o catolicismo progressista", mas permanecendo inabalavelmente vinculado à Igreja Romana.

Também a Itália teve a sua equipe, aliás mínima, de modernistas. Dois padres ocuparam nela o primeiro plano:

Salvatore Minocchi, diretor dos *Studi religiosi*, e *Ernesto Buonaiuti*, que viria ser o doutrinário do movimento, o primeiro a definir-lhe as tendências comuns. A influência de ambos exercia-se sobre homens que trabalhavam com o propósito de renovar a Igreja em outros domínios, tal como o pe. Romolo Murri, cujo papel político e social já conhecemos[22]. Mas o mais célebre era *Antonio Fogazzaro* (1842-1911), grande romancista, alma de ideal, cuja obra exaltou toda ela as virtudes cristãs, a pureza do coração, o espírito de sacrifício, mas que acabou por desviar-se arrastado pelo seu veemente desejo de desembaraçar o catolicismo de todas as rotinas e de conciliar o darwinismo com os dogmas.

Quanto à Alemanha, se é certo que foi menos atingida pela crise, teve, no entanto, os seus modernistas, a maior parte dos quais se preocupou sobretudo com a "renovação" da Igreja no aspecto político, mais do que no dogmático. Alguns deles, contudo, como Hermann Schell, professor em Würzburg, e o dr. Joseph Müller, aventuraram-se no campo da teologia; aquele, para tratar dos mistérios mais importantes: os da Encarnação, do pecado original ou da Santíssima Trindade; este, para edificar um *Reformkatholizismus*, todo encouraçado de argumentos pesados. Todos os países em que o catolicismo tinha alguma importância tiveram o seu pequeno núcleo de condutores modernistas. Houve-o mesmo em Portugal. Só a Espanha e a América espanhola parecem ter estado à margem.

Esses homens que foram responsáveis pela crise não eram gente isolada. Estavam constantemente em relação uns com os outros. Tal como sucedera no tempo do jansenismo, correspondiam-se sem cessar, visitavam-se muito, utilizando por vezes alcunhas — como outrora Saint-Cyran... —, tanto para designarem os adversários como para se identificarem a si próprios. Apesar de toda essa multiplicidade de contatos, não devemos supor que houvesse acordo doutrinal entre eles. Dentro do clã modernista, as discussões eram muitas vezes ásperas, e alguns que arregimentamos debaixo da mesma bandeira ficariam bem surpreendidos se se vissem aí. Loisy era muito duro com os outros exegetas, e Laberthonnière abria os seus *Annales de philosophie chrétienne* a Maurice Blondel, para que este fizesse uma "execução em forma" do livro de Édouard Le Roy, *Dogme et critique*, do qual só ficavam, dizia ele, "uns retalhos esburacados como uma escumadeira"[23].

Cada um dos modernismos nacionais tinha características próprias, dependendo das circunstâncias em que se formara. Na França, a influência de um Lamennais, de um Gratry, de um Ollé-Laprune, completada pela de um Blondel, iria orientar o modernismo para a teologia do sensível, que terá como porta-voz Édouard Le Roy; mas, no campo dialético e no positivo, o que se fazia sentir entre os exegetas e os historiadores era a ação de Renan. Na Alemanha, onde Döllinger, o rebelde do Concílio Vaticano, era a grande figura, o modernismo — o de Friedrich Kraus, seguido pelo dr. Müller, especialmente —, todo impregnado de virulento antirromanismo, só tocou epidermicamente nos princípios fundamentais da fé. Na Itália, eram visíveis as duas influências, de Gioberti e de Rosmini: a primeira, mais voltada para iniciativas institucionais; a segunda, mais filosófica. A situação melindrosa em que os católicos italianos se encontravam, em matéria política, tinha muito que ver com o predomínio da exigência de reformas religiosas. Por seu lado, na Inglaterra, o modernismo de Tyrrell e de Von Hügel mostrava-se fortemente impregnado de misticismo e ligado por laços nem sempre inteiramente legítimos ao pensamento do cardeal Newman, à sua apologética do "assentimento".

Mas as diferenças não eram menores no interior dos próprios movimentos nacionais. Diferenças de temperamento, por vezes reforçadas por grandes diferenças de idade. Diferenças de atitude fundamental: homens de fé admirável, como o pe. Laberthonnière, Le Roy, Fogazzaro, nada tinham em comum com esses padres que, cumprindo todos os gestos exteriores da fé, tinham a alma minada por dúvidas, como Alfred Loisy.

Não devemos, porém, imaginar a grande crise modernista sob a forma de uma luta bem simples, bem nítida, em que a Igreja se enfrentasse com um adversário perfeitamente definido. O modernismo não pode ser considerado uma heresia, se entendemos por verdadeira heresia um desvio formal num ponto particular da doutrina ortodoxa, um modo errado de definir Deus ou de conceber a salvação. Pelo menos, não é uma heresia no sentido em que se diz que são heresias o arianismo ou o pelagianismo. Visto de fora, o modernismo apresenta-se como uma "espécie de bandeira variegada, a flutuar sobre uma falange de homens o mais dessemelhantes possível e quase incompatíveis pelas particularidades dos seus estudos e caracteres". Foi o próprio Pio X que, na sua encíclica *Pascendi dominici gregis*, fixou esse nome e lhe deu uma coerência doutrinal que não tinha.

Considerado por dentro, aparece como uma orientação geral do pensamento católico, uma corrente que, em todos os domínios, a fazia afastar-se para longe das posições tradicionais ou até das certezas basilares. É por isso que era grave. Porque, embora não atacasse especialmente determinado ponto da dogmática, submetia toda a dogmática a uma concepção puramente humana da história e da metafísica. É neste sentido que pode ser qualificado de "encruzilhada de todas as heresias", na célebre palavra de Pio X.

Três aspectos do modernismo

A crise modernista põe, portanto, em causa, na Igreja, tudo o que a constitui, tudo aquilo de que ela vive: tanto as suas instituições hierárquicas como a sua liturgia, tanto a sua moral como os seus dogmas. Provocou até consequências nas suas relações com a sociedade profana. Foi possível falar de um modernismo dogmático, de um modernismo bíblico, de um modernismo literário, de outros ainda. Alguns historiadores chegaram a utilizar a expressão "modernismo político" para caracterizar certos desvios que se deram em movimentos de finalidades apostólicas, tais como a Obra dos Congressos na Itália[24], ou, na França, os "padres democratas" ou o *Sillon*[25], quando pareceram preocupar-se mais com problemas humanos, econômicos, sociais, políticos, do que com a ação propriamente religiosa.

É uma assimilação que parece bastante excessiva: se é certo que os mentores da democracia cristã estavam animados, como os modernistas, pelo desejo de renovar a Igreja, de modo nenhum pensaram em subverter as hierarquias nem pretenderam, por exemplo, que o povo devia assumir todos os direitos de Deus, ao passo que o erro fundamental do modernismo foi querer alterar os dogmas. Assimilação ainda mais inadmissível se nos lembrarmos, de acordo com a observação irônica de Buonaiutti, de que os jovens que se lançavam à ação seguindo Romolo Murri, o pe. Naudet ou Marc Sangnier, eram totalmente incapazes de acompanhar as exegeses de Loisy ou os raciocínios filosóficos de Le Roy ou de Laberthonnière. Ainda com maior inexatidão se falou de "modernismo social" para estigmatizar as corajosas tentativas dos católicos sociais, no entanto, plenamente fiéis à Igreja, tais como as das "Semanas Sociais"[26]. Devemos reconhecer, porém, que a confusão foi facilitada, no que se refere aos partidários de uma renovação política, pelo fato de os órgãos da democracia cristã e do *Sillon*, levados pelo desejo de estar sempre na vanguarda, se terem mostrado muitas vezes extremamente indulgentes para com as teses modernistas mais aventurosas em matéria de dogma e de Sagrada Escritura.

Se quisermos captar nas suas grandes linhas a crise que sacudiu a Igreja durante os primeiros sete ou oito anos do século XX, temos de considerá-la sob três aspectos fundamentais. De início, aquilo que foi a primeira coisa a impressionar as inteligências e a atrair a atenção das autoridades religiosas sobre o perigo que se avizinhava: o *modernismo bíblico*. Em fins do ano de 1902, Alfred Loisy, cuja candidatura ao episcopado fora rejeitada pela Santa Sé, publicou um "livrinho vermelho" — assim passou a ser designado por toda a gente —, intitulado *L'Évangile et l'Église*. Nele respondia vigorosamente à obra de Adolf von Harnack, *A essência do cristianismo*, em que o mestre do neo-protestantismo se esforçava por provar que o Reino de Deus pregado por Jesus era todo interior e nada tinha a ver com uma Igreja que, embora o proclamasse, traía a sua mensagem. Loisy demonstrava vitoriosamente que a Igreja e os seus dogmas procedem diretamente da mensagem de Cristo, e que o catolicismo conserva com certeza "a essência do cristianismo". Era, pois, uma obra que devia ter merecido ao seu autor aprovações unânimes.

Mas Loisy, cujas convicções, como já vimos, estavam já muito afastadas da fé do carvoeiro, aproveitou a ocasião para diluir no livro, de maneira bastante maquiavélica, as teses a que se vinculara. Aplicando ao Evangelho os métodos da sua crítica, rejeitava a crença tradicional de que Cristo instituíra a Igreja e os sacramentos, e acrescentava que o próprio Jesus se enganara em relação aos acontecimentos posteriores à sua morte: a ideia principal da mensagem do Senhor seria o anúncio de um Reino de Deus terreno que se instauraria após o fim do mundo já próximo. Essa teoria "escatológica" levava a destruir radicalmente o cristianismo, uma vez que, se Jesus se enganara, não podia ser Deus, e era, portanto, necessário admitir que tinham sido as primeiras gerações cristãs quem o "deificara".

Os teólogos perspicazes não se deixaram levar por essa apologética antiprotestante. Rebentaram polêmicas. O pe. Gayraud, no *L'Univers*, depois a equipe do *La vérité française*, mais tarde exegetas como o pe. Lagrange e o pe. Grandmaison, refutaram as teses de Loisy. O cardeal Richard, logo em 19 de janeiro de 1903, condenou o "livro vermelho", como "próprio para perturbar gravemente a fé dos fiéis". Imediatamente o autor se submeteu, ao menos na aparência, enquanto mons. Mignot, num artigo no *Correspondant*, garantia que as intenções do sacerdote eram puras.

No mesmo momento, porém, Loisy publicava a sua defesa pessoal, na forma de um outro "livrinho vermelho", precisamente intitulado *Autour d'un petit livre*. Nessas páginas, não contente com fazer a apologia das suas teses, lançava outras ainda mais ousadas, sobre a crítica bíblica, a historicidade dos Evangelhos, a fundação da Igreja. E, numa fórmula que iria ficar célebre, opunha "o Cristo da história" ao "Cristo da fé", o que provocou nova contraofensiva mais vigorosa ainda, na qual tomaram parte *L'ami du clergé*, o Instituto Católico de Toulouse, o pe. Prat, o pe. Fontaine, mons. Legendre, mons. Le Camus. Simultaneamente, outra obra, de fôlego, sobre *Le quatrième Évangile*, propunha conclusões inauditas segundo o juízo dos exegetas ortodoxos. Esse Evangelho não seria do Apóstolo João; não seria de modo algum um testemunho verídico, mas mera especulação teológica, "produto da fé cristã", e não um dos fundamentos desta. Por aqui se vê como a renovação dos métodos pela crítica, louvada pelos modernistas, conduzia à destruição radical de todas as bases escriturísticas.

Ora, o pe. Loisy — ainda seria padre por mais três anos — não era o único. Sem sequer pensarmos nas fantasias simbolistas de Hébert, ou nas negações em bloco do "camaleão" Turmel, é evidente que esse modernismo escriturístico abalava gravemente as colunas do templo. O mal-estar causado pela crítica racionalista era trazido a plena luz pelo pe. Houtin, numa obra intitulada *La question biblique au XIXe siècle*, enquanto E. Lefranc, a pretexto de acalmar os *Conflits de la science et de la Bible*, os expunha com o maior gosto. Ouviam-se ecoar estranhas declarações até nos meios em que a solidez doutrinal parecia indiscutível. Mons. Mignot não hesitava em dizer: "A Escritura, tão admiravelmente divina do ponto de vista do sopro religioso que a inspira, contém certo número de fatos e relatos que, falando humanamente, são inverossímeis e seriam suficientes para fazer olhar como lendário um livro profano que os relatasse". Noutro lugar, confessava que "a inteligência moderna se sente pouco à vontade diante de um milagre. Mesmo naqueles a quem o sobrenatural não assusta, adivinha-se um certo embaraço, uma hesitação, um para quê, um talvez". E concluía com frases mais que prudentes, do gênero desta: "Se acreditamos na Bíblia, é porque cremos na Igreja" — o que, no fim das contas, deixava tudo em aberto.

Ameaçada nas suas bases escriturísticas, a fé cristã era-o ainda mais, nos seus fundamentos doutrinais, por um certo modernismo dogmático. Em 16 de abril de 1905, aparecia na *Quinzaine* um artigo sensacional, de Édouard Le Roy: *Qu'est-ce qu'un dogme?* Como crente convicto, decidido a satisfazer as exigências racionais do espírito moderno, positivista e cartesiano, Le Roy levantava o problema do valor filosófico dos dogmas e propunha uma solução. Se os sábios e os filósofos sentem repulsa pelos dogmas, não será porque o conteúdo destes é inverificável e a formulação imprecisa? Não será que, entre a verdade revelada e, consequentemente, irreformável, e a inteligência crítica, se interpõe uma expressão apenas humana — conceitos, abstrações? Para reencontrar a verdade viva do dogma, basta voltar a situá-lo na própria intenção de Deus, que é oferecê-lo ao homem como proteção contra concepções falsas, como uma fórmula de vida. E Édouard Le Roy insistia neste sentido "prático" do dogma: — Vivei o dogma para crer nele, e deixai o seu conteúdo intelectual em estado de problema! Ao recriardes o dogma na vossa vida, ao "inventá-lo"[27], prová-lo-eis. Por exemplo, se não *compreendeis* o dogma "Deus é uma Pessoa", por ser literalmente incompreensível, comportai-vos nas vossas relações com Deus como com uma Pessoa, e o dogma se tornará próximo de vós, experiência vital. E, se esbarrais com o dogma da Ressurreição, procurai ser, em face de Cristo ressuscitado, como seríeis com Ele vivo, como seríeis diante de um vosso contemporâneo.

Assim vemos como uma tal filosofia, derivada do método da imanência levado ao extremo, acabava por esvaziar o dogma da sua substância, por reduzir a fé a um puro e simples subjetivismo.

Posições semelhantes à de Édouard Le Roy surgiam também em outros modernistas. George Tyrrell escrevia: "Que são para nós os dogmas? Símbolos necessários, sem dúvida, mas inadequados, transitórios, único meio de nos aproximarmos de Deus e de Deus se aproximar de nós. Uma verdade é simplesmente e somente prática". Onde se ia parar com tais teorias? Mesmo um Laberthonnière — tão diferente de Le Roy, a quem criticou duramente, e cuja atitude espiritual era diametralmente oposta à do filósofo erudito[28] — não viria a chegar, à força de "realismo", a suprimir a distinção entre a natureza e a graça? Não se lera já, sob a sua pena, que "a verdade, a própria lei do nosso ser", é transportada por nós "no fundo de nós mesmos", que qualquer crença religiosa é "uma questão de alma", e que, por consequência, não se deve atribuir ao dogma "um caráter estático, puramente objetivo e extrínseco", menos ainda tê-lo "como norma doutrinal, definitiva e completa"? Os teólogos que respondiam aos modernistas não tinham que dar-se a grandes trabalhos para lhes mostrar que essa concepção pragmatista das crenças religiosas levava a abandonar a verdade objetiva dos dogmas. O próprio pe. Loisy escrevia a Édouard Le Roy: "Desconfiemos da pretensão de reconstituir, batizando-a como filosofia da ação, uma metafísica menos logicamente deduzida e mais absurda do que a antiga!"

A crise modernista teve, pois, dois polos essenciais de disputa: o problema das Escrituras e o do valor dos dogmas. No entanto, aquilo que iria determinar Pio X a falar *ex cathedra* e a lançar uma condenação sistemática e decisiva foi a ribombante publicação, em 1905, de um romance assinado por um nome muito conhecido e respeitado na Igreja: *Il Santo*, de Fogazzaro. Era a terceira parte de uma série de quatro volumes, dos quais os dois primeiros, escritos com grande perfeição, não tinham dado lugar a nenhuma crítica. O herói, Piero Mairani, apresentado em *Pequeno mundo de hoje* e que se fizera jardineiro do convento de Subiaco, vivia aí uma existência tão exemplar que a comunidade e até toda a vizinhança o tinham por santo. Mas, na boca da sua personagem, Fogazzaro punha declarações sobre toda a espécie de assuntos e que iam todas no mesmo sentido. Por exemplo, a personagem anunciava que o magistério eclesiástico devia adaptar-se às doutrinas da evolução, e em especial ao darwinismo, que os dogmas tinham de ser modificados para corresponder às exigências da época, que a fé só tem sentido se for uma fé vivida. Neste ponto, reconhecia-se a influência direta de Tyrrell, amigo do autor.

Mas o romancista acrescentara a essa espécie de suma dos erros em curso, a essa "Divina Comédia do Modernismo", como alguém disse, certos elementos novos, aliás bem conhecidos na Itália desde a Idade Média, desde os Espirituais à maneira de Joaquim de Fiore e dos fiéis de Savonarola: os de um requisitório a propósito da moral cristã e do comportamento da Igreja... Numa cena capital, Piero Mairani, que conseguira aproximar-se do papa por vias misteriosas, quase miraculosas, ergue-se diante dele e denuncia os quatro espíritos do Mal que invadiram a Igreja: o espírito de mentira, que fecha os olhos à luz das ciências modernas e acusa os melhores defensores da verdade; o espírito de domínio, que transforma a autoridade paternal em exercício de uma terrível ditadura; o espírito de avareza, que insulta a pobreza evangélica e inocula nos poderosos da Igreja a fome de ouro; e, por último, o espírito de imobilismo, o mesmo que levara os rabinos judeus — a comparação era de Tyrrell — a rejeitar Jesus e a condená-lo.

Era visível que esses pensamentos escandalosos correspondiam às ideias do próprio autor. No romance, outra personagem explicava que a ação social e a obra de apostolado valiam bem mais do que a fé nos dogmas e a obediência cega à disciplina. Nunca esse "anarquismo espontâneo", que mons. Baudrillart iria apontar como característica do modernismo, se manifestara de modo tão flagrante[29].

Pio X condena

A Igreja não podia, evidentemente, aceitar a difusão de tais teses sem reagir. "Não consigo acreditar — dizia o muito liberal mons. Duchesne — que a Igreja e o cristianismo possam aceitar certa exegese do Evangelho e da doutrina. Se se deixa dizer que Jesus Cristo é filho de José e não ressuscitou, é porque já não há ninguém que represente a tradição cristã". Mesmo homens alheios à Igreja julgavam inevitável uma reação. Era o caso de um Giovanni Gentile:

"O catolicismo — observava ele — nunca poderá tornar-se a negação de si mesmo, como o quereriam Tyrrell e Loisy".

Se ao menos essas doutrinas temerárias ficassem confinadas em certos meios intelectuais, se se tivesse limitado a discuti-las em círculos eclesiásticos... Mas a verdade é que elas penetravam em todos os meios. "Por toda a parte se formou — diz Pio X — uma atmosfera pestilenta". Os seminaristas ardiam em "fogo e flama por ou contra Loisy", observa mons. Cristiani nas suas *Memórias*[30]. Levavam-se os "livrinhos vermelhos" quando se saía de passeio; discutiam-nos frase por frase. A agitação era tão visível que repercutia na imprensa. Podia-se perceber o eco dos artigos da *Quinzaine* nos sermões dominicais ou nas conferências quaresmais. Era a própria massa dos fiéis que ia ser contaminada. "O dever da Igreja é proteger a fé dos simples — escrevia uma testemunha lúcida do drama que se desenrolava —. É necessário policiar as ideias dentro da Igreja, assim como é necessário vigiar a educação individual". Essa testemunha clarividente era Alfred Loisy.

De resto, à ofensiva modernista respondera um contra-ataque conduzido a partir de várias posições. Havia bispos que se tinham lançado ao combate, como era o caso de mons. Turinaz, bispo de Nancy, cujo habitual exagero nem sempre servia a boa causa; ou teólogos como o pe. Billot, futuro cardeal; ou exegetas e historiadores como o pe. Lagrange e mons. Battiffol; ou sobretudo polemistas como o ex-jesuíta Barbier e o veemente cônego Delassus. Em Roma, a *Civiltà cattolica* entrara a fundo na batalha — com mais violência do que a sua irmã francesa *Les études*, bastante reservada —, e, no Vaticano, crescia uma corrente que pedia uma claríssima condenação de todos os erros em voga. Enquanto Leão XIII fora vivo, não se tomara nenhuma atitude decisiva. É verdade que esse papa formulara advertências acerca dos perigos que ameaçavam a fé, e que as suas luminosas encíclicas tinham mostrado perfeitamente o caminho a tomar para evitar os obstáculos; mas talvez não tivesse cuidado atentamente de fazer com que as suas instruções fossem seguidas. "Nas mãos decadentes do velho Pontífice — escreveu o pe. Grandmaison —, as rédeas, lá para o fim, flutuavam algum tanto".

Tudo mudou quando, em 1903, se sentou na cátedra de Pedro o papa Pio X. Não era um intelectual, esse Giuseppe Sarto, e as discussões exegéticas ou filosóficas ultrapassavam-no um pouco; mas tinha um sentido inato da Igreja, da sua verdade, dos seus interesses. Como bispo de Mântua, ou, depois, como patriarca de Veneza, formulara advertências em várias ocasiões. Logo no início do pontificado, a sua primeira encíclica, *E supremi apostolatus cathedra*, anunciou que "velaria com o maior cuidado para que os membros do clero não se deixassem dominar pelas manobras de certa ciência nova que se esforça por dar passagem ao racionalismo". Estava dado o aviso. Não tardariam as providências efetivas.

Algumas semanas depois — a 4 de dezembro de 1904 —, um decreto do Santo Ofício inscrevia no catálogo do Índex os cinco principais livros do pe. Loisy e dois do pe. Houtin. Seguiu-se uma série de outros decretos, que atingiram o pe. Laberthonnière, Édouard Le Roy e Fogazzaro, bem como autores de menor importância, entre os quais o pe. Dimmet, que escrevera acerca da crítica de Loisy que ela era "tão útil para os que a compreendem, como perigosa para os que não a compreendem". Medidas a que a maior parte dos visados se submeteu, incluindo Alfred Loisy, que abandonou os cursos que dava nos Altos Estudos, e, após uma primeira carta de submissão, julgada insuficiente em Roma, escreveu outra, em que declarava "condenar os erros que o Santo Ofício tinha condenado nos seus escritos", fórmula bastante ambígua...

Não bastava essa censura dispersa. Se o modernismo era verdadeiramente esse amontoado de heresias de que se falava, era evidente que o papa, guardião da integridade da fé, tinha o dever de revelar o mal em toda a sua extensão. Foi a isso que se decidiu Pio X, que seguia os acontecimentos muito de perto, tendo como assessores o cardeal Merry del Val e o cardeal De Lai. E atuou sem perda de tempo. Mandou preparar dois documentos, por teólogos — o cardeal Billot e o pe. Mattiussi, segundo alguns, ou, segundo outros[31], o pe. Joseph Lemius, oblato de Maria Imaculada e amigo pessoal do Secretário de Estado. Adotando o mesmo sistema utilizado por Pio IX para a condenação do liberalismo, o papa Sarto publicou uma encíclica geral e um catálogo dos erros denunciados.

O catálogo foi o primeiro a vir a lume, a 3 de julho de 1907, sob a forma de um decreto do Santo Ofício, *Lamentabili sine exitu*, que respondia à tese dos modernistas segundo a qual a crítica devia ser autônoma em relação à teologia. Autônoma? — dizia em substância o texto romano —. Autônoma, sim, com a condição de que não caia em erros. Ora, eis alguns erros que se encontram nos escritos modernistas. E seguiam-se sessenta e cinco proposições que deviam ser rejeitadas. Não se citava nenhum autor nominalmente, mas era fácil reconhecer que a maior parte dessas proposições pertenciam a Loisy, algumas a Tyrrell, uma a Le Roy. Segundo o método utilizado frequentemente pela Igreja — nomeadamente quando das "cinco proposições" do jansenismo e do *Syllabus* de Pio IX —, para conhecer a verdade dogmática tal como o catolicismo a ensina, bastava considerar o oposto das fórmulas do decreto. Por exemplo, o artigo 4º condenava esta proposição: "A inspiração divina não se estende a toda a Sagrada Escritura de modo a preservar de qualquer erro todas e cada uma das suas partes". Portanto, é de fé crer que a inspiração divina se estende verdadeiramente a toda a Bíblia e que esta não pode errar nem no conjunto nem nos pormenores.

Dois meses depois, a *8 de setembro de 1907* — data capital que um biógrafo de São Pio X[32] aproximou da de 9 de junho de 325, em que o arianismo foi ferido de morte pelo Concílio de Niceia —, aparecia a encíclica que geralmente é designada apenas pela primeira palavra, *Pascendi*[33]: uma exposição completa, sistemática e, aliás, notável, de todos os erros susceptíveis de se integrarem sob o vocábulo *modernismo*, pela primeira vez usado oficialmente. Desenhava-se nas suas páginas um retrato-tipo do modernista, não só como teólogo e crente, mas como filósofo, historiador, crítico, apologeta, reformador.

O texto pontifício mostrava luminosamente que todas as atitudes modernistas procediam do mesmo erro, que consistia em fazer a verdade imutável dobrar-se ao pensamento moderno. Explicava como a hipercrítica e o imanentismo levavam necessariamente a esvaziar a fé, a destruir a Revelação. O quadro era tão completo, tão geral, que alguns, como mons. Dadolle, bispo de Dijon, foram da opinião de que essa "descrição enciclopédica do modernismo" ficava no campo da teoria, pois, na prática, nenhum modernista atingia "uma envergadura igual à do vasto quadro desenhado por Pio X". Mas a encíclica tinha precisamente por fim não deixar escapatória a nenhuma das numerosas correntes que traziam para os espíritos o erro modernista.

O documento incluía ainda um certo número de remédios próprios para erradicar o mal, designadamente proibições relativas ao ensino e à publicação de livros e revistas, e também a criação, em cada diocese, de um Conselho de vigilância. A publicação do decreto e da encíclica foi seguida, de 1908 a 1913, da inclusão no Índex de um grande número de obras modernistas de Loisy, Le Roy, Turmel, Saint-Yves (o editor Nourry), Laberthonnière e outros autores menos conhecidos. Sabendo-se visados, vários órgãos de imprensa desapareceram, como por exemplo *Demain*, *Annales de philosophie chrétienne*, *Revue d'histoire et de littérature religieuse* — esta última com uma declaração de que já não tinha razão de existir no "sistema de inquisição instaurado na Igreja".

As graves providências de Pio X caíram sobre o movimento modernista como um golpe de martelo. Na sua imensa maioria, os fiéis receberam as admonições do papa com rendida obediência. O grande público, na medida em que estava a par desses problemas, admitiu perfeitamente que o Magistério infalível usasse do seu direito e cumprisse o dever de denunciar erros. Jornais neutros, como *Le Temps*, de Paris, o *Giornale d'Italia* e o também italiano *Critica*, aprovaram-no. No campo modernista, as reações foram diversas: a atitude mais geral foi de submissão, por vezes admirável, sem a menor reticência, como nos casos do pe. Laberthonnière, de Édouard Le Roy e de Fogazzaro (que, por causa disso, esteve prestes a ser excluído do Conselho Superior da Instrução Pública por "laicos" militantes). Em alguns casos, a submissão fez-se acompanhar de um certo matiz de restrição mental e de subterfúgios. Alguns amigos dos modernistas condenados insinuaram que se tinha ido longe demais.

Foi então que correram em Roma dois ditos atribuídos a mons. Duchesne: que "a barca de São Pedro tinha cometido uma gafe" e que a encíclica era "*digitus in oculo*" ["um dedo no olho"]. Houve também reações muito vivas, sob a forma de libelos e de obras publicadas em diversos países: os mais bombásticos surgiram anonimamente em Paris, sob o título *Ce qu'on a fait de l'Église*, e em Roma: *Il programma dei modernisti*. Tal como tinham feito outrora os jansenistas, Loisy sustentou que nenhum modernista se reconheceria no retrato traçado pela encíclica; Buonaiutti escreveu que o papa "apenas ferira um manequim e um simulacro", o que não o impediu de, pouco coerentemente, acusar Pio X de ter "suprimido uma vida em germe". Tyrrell qualificou "o cruel documento, arrancado à ingenuidade cândida e desconfiada de Pio X por mãos ou demasiado receosas ou demasiado astuciosas", como "uma pedra atada ao pescoço da Igreja".

Na realidade, os revoltados não foram muitos: no máximo, saíram da Igreja uns trinta padres. Convidado a uma submissão plena e integral, o pe. Loisy recusou-se e foi excomungado; o governo fez então com que fosse eleito para o Collège de France. Tyrrell também se rebelou, mas pretendeu continuar na Igreja, sustentando a tese paradoxal de "excomunhão benéfica". Na Itália, Buonaiutti tomou uma atitude ainda mais sutil, o que lhe permitiu continuar na Igreja até 1921. Na Alemanha, Schnitzer, Wahrmund e Kraus romperam explicitamente. Em conjunto, as perdas foram mínimas para uma operação tão ampla.

Nem por isso se pode dizer que não fossem de recear sequelas do modernismo. O erro iria continuar a infiltrar-se lentamente nos espíritos, na medida em que alguns sacerdotes persistiriam nele em segredo. Esse receio não era ilusório porque, três anos após a condenação, Pio X sentiu a necessidade de tomar medidas cautelares. Acaso o *Giornale d'Italia* não acabara de escrever que "os teólogos críticos prosseguem nos seus estudos e Roma os ignora"? Um decreto do Santo Ofício pôs as coisas em ordem: os bispos receberam instruções para excluir do quadro docente dos seminários qualquer professor "notoriamente suspeito de aderir aos erros condenados", e para recusar a ordenação aos jovens que os aceitassem. A título de exemplo: o superior do seminário de Perúgia foi pura e simplesmente destituído por ter deixado os alunos lerem Loisy e Fogazzaro.

A 1º de setembro de 1910, um decreto emanado do próprio pontífice foi ainda mais longe: o *motu proprio Sacrarum antistitum* obrigava todos os padres a assinarem uma fórmula anti-modernista, extremamente minuciosa (compreendia 26 páginas em grande *in-octavo*); quem quer que violasse esse juramento seria imediatamente submetido ao Santo Ofício. A obrigação de prestar juramento provocou certa agitação. Na França, circulou um libelo — redigido, segundo se dizia, por um grupo de padres de diferentes dioceses — que recomendava "a submissão externa pelo silêncio". Na realidade, os que se recusaram a jurar não foram além de seis ou sete. A reação foi maior na Alemanha, especialmente nas universidades; tão viva, que Roma concordou em dispensar da assinatura os professores que não exercessem o ministério paroquial. Em definitivo, porém, Pio X triunfava.

Uma reação excessiva: o "integrismo"

Na ação tão enérgica que desencadeou para quebrar a espinha ao erro modernista, o santo papa, cuja bondade é bem conhecida, teve o cuidado de ser comedido, evitando toda e qualquer decisão que fosse ferir a justiça ou a caridade. Não desencadeou processos contra "tendências"; soube perfeitamente distinguir o joio do bom trigo: por isso Maurice Blondel não foi confundido com os modernistas perigosos e não sofreu nenhuma censura[34]. Usou de uma delicada mansidão para com os verdadeiros homens de fé que andavam fora do bom caminho. Por exemplo, assegurou a Fogazzaro a sua afeição paternal no preciso momento em que se vira obrigado a condenar a obra O *Santo*. "Se é certo que temos o dever — escrevia — de travar uma luta necessária pela verdade, abraçamos com amor os inimigos da verdade, porque temos por eles grande compaixão; é de lágrimas nos olhos que os recomendamos à Bondade divina". Quando o padre democrata Romolo Murri, que deixara a Igreja, se encontrou na miséria, concedeu-lhe uma pensão mensal. E, em 1908, quando Loisy formalizava a ruptura, escreveu ao bispo da diocese onde vivia o sacerdote rebelde: "Tratai-o com bondade e, se ele der um passo para ir até vós, dai vós dois passos para ir até ele!"

Infelizmente, este modo perfeitamente evangélico de compreender a luta era própria de um santo; não seria de esperar que fosse praticada pelo comum dos mortais. Todos os períodos da história da Igreja em que se desenrolaram grande debates doutrinais foram assinalados por incidentes sórdidos, por intrigas em que a perfídia tinha muitas vezes mais lugar que o zelo pela verdade. A raça dos catadores de heresias é de todas as épocas. Cinquenta anos atrás, católicos tão respeitados como Lacordaire e Ozanam tinham sido alvo das calúnias dos extremistas, e, mais tarde, o próprio Louis Veuillot. A crise modernista forneceu demasiadas ocasiões para que se desencadeassem os furores partidários. E a necessária ação das autoridades hierárquicas da Igreja fez-se acompanhar frequentemente de atitudes menos conciliadoras. Certas personagens sem qualquer autoridade para fazer esse jogo tomaram a peito a tarefa de seguir a pista dos "hereges" e de os denunciar às autoridades competentes. Foi ainda pior quando começaram a proferir-se as condenações: o espírito de delação correu à solta, revestindo muitas vezes de nobres intenções meros desejos de vingança pessoal. Imbricada com a crise modernista, mas sobrevivendo-lhe por muito tempo, houve outra crise que agitou as consciências cristãs e que viria a ser designada por crise do *integrismo*.

A crise manifestou-se, simultaneamente, pela palavra falada ou escrita e por denúncias feitas em Roma contra personalidades católicas mais ou menos importantes, acusadas de modernismo, mas, de fato, visadas por motivos bem diversos. O número de pessoas visadas foi enorme. Algumas tinham oferecido o flanco aos ataques, tais como o pe. Bremond, que fora assistir ao enterro de Tyrrell. Mas quantas outras foram denunciadas apesar da sua indiscutível fidelidade à Igreja e ao papa! Estavam neste caso sábios como o pe. Lagrange, o célebre dominicano que fundara a Escola Bíblica de Jerusalém, ou como o cônego Ulysse Chevalier, censurado principalmente por não acreditar na autenticidade do Santo Sudário nem no transporte pelos Anjos da Santa Casa de Loreto. E igualmente escritores, oradores, políticos, como Ferdinand Brunetière, que, após a conversão, empreendera um trabalho apologético cheio de fervor, ou como Georges Goyau, verdadeiro apóstolo, ou o próprio Albert de Mun. Foram também objeto dessas calúnias altos membros da hierarquia e até algumas figuras das mais admiráveis: mons. Mignot, mons. Chapon, mons. Gibier, o próprio cardeal Richard; na Itália, mons. Radini-Tedeschi e *D.* Orione, o santo fundador da Pequena Obra da Divina Providência, e muitos outros. Mons. Baudrillart, cuja corajosa resistência ao modernismo era, no entanto, bem conhecida, foi acusado por um qualquer diante do cardeal Merry del Val; mas este, a quem se pedia que destituísse o reitor do Instituto Católico de Paris, replicou: "Isso não. Nunca!" Menos feliz, mons. Batiffol sucumbiu.

Entre muitos outros, dois casos mostraram até onde ia o poder dos caçadores de heresias. Mons. Duchesne, então diretor da Escola Francesa de Roma e membro da Academia Francesa, a quem não se perdoavam os ditos de espírito, menos ainda que os estudos críticos e amizades arriscadas, viu inscrita no Índex a sua *Histoire ancienne de l'Église* — apesar de ter o *imprimatur* do Mestre do Sacro Palácio! —, sob o pretexto de que esse livro dava mostras de certa debilidade ao tratar da transcendência do cristianismo. E o pe. Anizan, alma de santo, teve de sair dos Irmãos de São Vicente de Paulo, dos quais era a figura mais nobre, em consequência de calúnias abjetas que lhe lançaram sobre as costas[35]. Foi-se tão longe que a alta memória do papa Leão XIII sofreu as mesmas difamações. Houve quem chegasse a apresentá-lo como um dos responsáveis pelo erro modernista, se não mesmo cúmplice!

Esses ataques emanavam de um pequeno grupo de homens, não mais numerosos do que os chefes do modernismo e de qualidade intelectual e moral muito diversa: o pe. Le Floch, da Congregação do Espírito Santo, por muito tempo superior do Seminário Francês de Roma; o cônego Delassus, de Cambrai; o pe. Charles Maignen; mons. Delmont, professor das Faculdades Católicas de Lyon; o pe. Emmanuel Barbier, ex-jesuíta, polemista de talento, que ficava vermelho e fora de si quando lhe falavam de liberalismo, de modernismo, e também de *ralliement* à democracia e de catolicismo social; o pe. Boulin, aliás Roger Dughet, personagem duvidosa, padre suspenso pelo seu bispo e que em tudo via a mão dos maçons.

Na França, o condutor do jogo parece ter sido um universitariozinho provinciano cujo nome, Rocafort, teria ficado ignorado se não se tivesse envolvido na questão. As revistas especializadas nessa operação eram *La vigie*, *La critique du liberalisme*, *La foi catholique*, *La revue internationale des Sociétés Secrètes*. A França teve o estranho privilégio de ser o país mais diretamente atingido por tanta agitação mórbida. É natural que assim fosse, visto que o modo de ser demasiado lógico dos seus habitantes leva facilmente aos extremismos. Mas nenhum país foi poupado à crise. Na Itália, algumas folhinhas destacaram-se até pela sua violência: a *Riscossa* e a *Liguria del popolo*, ambas de Milão, a *Difesa*, de Veneza, a *Unità cattolica*, de Florença.

A esse conjunto de partidários demasiado zelosos da integridade da fé, o uso atribuiu o epíteto de *integristas*, qualificando de *integrismo* o desvio que se pode encontrar na sua atitude. O termo é, aliás, ambíguo, vago à força de ser amplo, e podemos lamentar que não tenha tido um antônimo. Seja como for, esse uso é recente; naquela época, era ignorado. Ainda em 1910, o católico social Eugène Duthoit reivindicava o qualificativo de *integristas* para os cristãos que, "longe de reduzirem ao mínimo estrito as exigências da verdade religiosa, vão buscar nela os princípios de inspiração e de ação". Por volta de 1923, a revista *Le mouvement* utilizou-o frequentemente. Mas foi só em 1947, na célebre carta pastoral do cardeal Suhard, arcebispo de Paris — *Essor ou déclin de l'Église* —, que o termo surgiu num texto oficial da hierarquia. Desde então, tem tido largo uso na imprensa e em livros, relativamente pouco entre os bispos — com exceção de mons. Lefebvre, arcebispo de Bourges, futuro cardeal, que o empregou de modo rumoroso no seu *Relatório doutrinal* de 1957 —; nunca, até hoje, pelos papas.

Os extremistas que acabamos de ver em ação chamavam-se a si próprios "católicos integrais". A fórmula era reveladora: não eram simplesmente católicos intransigentes, em luta violenta em defesa da fé como um Louis Veuillot ou um Léon Bloy; consideravam que só eles estavam de posse da verdade, só eles eram fiéis tanto à letra como ao espírito da mensagem católica, e também ao ensino e às intenções do papa — numa palavra, que só era válida a sua concepção da religião. Alguém disse, numa palavra feliz, que eles estabeleciam "uma ortodoxia cujos limites se iam alargando tanto quanto os preconceitos dos seus criadores".

Essa nova ortodoxia comportava três dados fundamentais. Antes de tudo, o horror por toda e qualquer novidade ou modernidade, identificada, voluntariamente ou não, com o modernismo. O culto da integridade e pureza da fé conduziu, por meio de uma perpétua progressão, a confusões bastante graves entre as verdades reveladas e as teses de escola, entre os elementos constitutivos da Igreja e os usos ou tradições cujo valor consistia apenas em serem vetustos. E, em todos os terrenos, ao gosto por esgrimir os argumentos de autoridade e por lançar mão de métodos de força, o que explicava o frequente recurso ao Santo Ofício e a reprovação de toda e qualquer democracia.

O "integrismo" continha, incontestavelmente, erros muitos graves de atitude. Constituiria uma heresia, no sentido exato do termo? É discutível[36]. É certo que os seus defensores davam demasiada importância aos dados extrínsecos da fé, mas não atentavam contra o seu conteúdo intrínseco. Inchavam o sentido dos dogmas, mas não pretendiam que fossem modificados. Radicalmente oposta à dos modernistas, a sua atitude de espírito não levava, no plano da doutrina, a qualquer subversão. Mas nem por isso era menos perigosa para a Igreja — gravemente perigosa —, porque a cristalizava num imobilismo absoluto, tornando-a definitivamente incapaz de manter contato com o mundo dos homens, de per si mutável; e porque, com essas denúncias recíprocas e represálias, a condenava a um constante dilaceramento, violando o preceito que é o primeiro de todos os ensinamentos de Cristo — a caridade.

Os ataques dos "católicos integrais" sucederam-se sem interrupção desde o início da questão modernista até à morte de Pio X. Tiveram, por vezes, um caráter tão evidente de ação concertada, que desde cedo se pôde perguntar se não estariam a obedecer a um plano sistemático. As campanhas contra determinada pessoa eram lançadas de todos os lados simultaneamente; nos artigos e libelos anti-modernistas, encontravam-se as mesmas fórmulas. Já se verificara algo de semelhante com o modernismo, contra o qual certas campanhas tinham sido evidentemente orquestradas. Mas, desta vez, o processo foi muito mais nítido e acentuado.

As pessoas bem informadas estavam convencidas da existência de um chefe de orquestra oculto, que dirigiria todo o concerto do integrismo; mons. Mignot irá indicar o nome na *Memória* de que falaremos adiante. Um acaso durante a Primeira Guerra Mundial — talvez algum tanto provocado... — revelaria efetivamente a existência de uma organização clandestina dos "católicos integrais". No decurso de uma busca feita em Gand, no domicílio do advogado Jonckx, o pe. Höner, um religioso camiliano e oficial de reserva alemão, descobriu várias centenas de cartas, memórias e documentos que, na maioria dos casos, continham a indicação "confidencial, para queimar". Intimado pela autoridade alemã, Jonckx entregou uma lista das fórmulas em código e dos pseudônimos usados nesses documentos. Compreendendo o interesse do seu achado, o pe. Höner arranjou maneira de ficar com uma fotocópia. Embora os "papéis Jonckx" nunca tenham sido publicados na totalidade, os que se entregaram à imprensa a partir de 1920 foram suficientes para que se tornasse inteiramente público aquilo que só alguns iniciados conheciam.

Os ataques dos "católicos integrais" eram, de fato, dirigidos por uma sociedade secreta, ou antes, uma federação de sociedades secretas, que tinha o seu centro em Roma, na residência de um prelado, *mons. Umberto Benigni*. Este sacerdote, acerca do qual se formularam os juízos mais contraditórios — "personagem estranha e sem escrúpulos", para uns, ardente e sincero defensor da fé, para outros —, entrara, em 1906, na Secretaria de Estado, como sub-secretário para os Negócios Extraordinários, e, dois anos depois, fundara *La correspondance de Rome*, seguida de uma Agência geral de informações. Paralelamente, porém, a essa atividade de imprensa, Benigni criara uma organização de "defesa dos ensinamentos pontifícios", a *Liga de São Pio V* (em latim, *Sodalitium pianum*). Era este organismo que, funcionando à maneira das sociedades secretas, dispondo de meios peculiares de correspondência, de sinais de identificação, de um código secreto, agrupava e dirigia os "católicos integrais". Em código, o núcleo central era *la Sapienère*, conhecido apenas pelos principais iniciados. Era daí que emanavam as diretrizes. Os adeptos dividiam-se em três espécies de grupos: os clandestinos, os simplesmente secretos e os públicos (destinados a servir de biombo aos outros). Foi possível calcular que os membros ativos dessa liga secreta andava por um milhar. Mas a diversidade e a própria hierarquia dos seus quadros tornam, na verdade, bem aleatório esse cálculo.

Em que medida Pio X terá aprovado essa iniciativa? O relatório do processo de beatificação (1950) mostrou nitidamente que o papa soube da existência em diversos países de grupos de "católicos que partilhavam os mesmos sentimentos de fé integral e sem condições nas diretrizes da Santa Sé", e aprovou o *Sodalitium pianum* nos seus propósitos de defender os ensinamentos pontifícios e lutar contra o modernismo, ainda que as aprovações conhecidas pareçam bastante vagas. Apesar das instantes súplicas do cardeal De Lai, a entidade nunca obteve a aprovação canônica. E não é menos certo que Pio X desconheceu a rápida transformação dos objetivos originários numa tarefa de suspeição e delação, e mais ainda o pormenor das atividades do grupo. Certamente que o cardeal Merry del Val esteve muito mais ao corrente do assunto, visto que as suas relações com mons. Benigni eram frequentes e familiares, e é verossímil que tenha recebido da *Sapinière* informações que pôde considerar úteis[37]. Sabe-se, porém, por algumas cartas de mons. Benigni, e também pelo testemunho do pe. Antonelli no processo de beatificação de Pio X, que o Secretário de Estado muitas vezes refreou o excessivo zelo dos seus subordinados, antes mesmo de submeter a sua ação ao controle da Congregação Consistorial.

Seja como for, concertada ou não, a ação dos "católicos integrais" levou a resultados extremamente lamentáveis. Estabeleceu-se uma atmosfera pesada dentro da Igreja, cheia de suspeitas recíprocas e de ácidas polêmicas. As autoridades religiosas sentiam-se incomodadas, pressionadas por homens sem mandato que pretendiam forçar-lhes a mão e as impediam de tomar em plena liberdade as decisões de que deviam ser os únicos responsáveis. Os estudiosos e os pesquisadores eram desencorajados, perdiam a confiança em si mesmos e nos seus chefes; os descrentes divertiam-se com as disputas e difundiam com satisfação essa singular imagem da "caridade cristã". Se o modernismo estivera a ponto de comprometer a inteligência católica, agora o próprio "ar" que os católicos respiravam estava poluído.

E não faltaram protestos. Alguns bispos italianos e franceses comunicaram a Roma que esse sistema de vigilância miudinha e malévola era mais que reprovável. Já em 1908 o cardeal Ferrari, de Milão, o indicava na sua carta pastoral da Quaresma. D. Cazzani, bispo de Cesana, fez algo de idêntico. Quando Bento XV subiu ao trono pontifício, soube-se que o novo papa tinha dado a entender ao cardeal Billot, amigo ou talvez protetor dos "católicos integrais", que a ação destes lhe inspirava desconfiança. Em janeiro de 1914, um artigo dos *Études* fizera grande ruído. Um bispo francês decidiu agir: mons. Mignot, arcebispo de Albi, cuja simpatia pelo progresso das ideias era conhecida desde longa data, redigiu uma *Memória* sobre a questão e remeteu-a ao cardeal Ferrata, novo Secretário de Estado, em outubro de 1914. (Foi publicada, em março de 1923, pela revista *Le mouvement*.) Nesse escrito, o arcebispo de Albi traçava um quadro completo, muito vivo — embora um tanto ou quanto demasiado polêmico —, do movimento que tinha por alvo. Falava com ironia dessas folhas sem leitores que tinham surgido simultaneamente em Paris, Viena, Bruxelas, Milão, Colônia, e que pareciam todas elas obedecer à mesma inspiração. Denunciava esses "*condottieri* da pena" que, "a coberto de uma intransigente e feroz ortodoxia, apenas satisfazem rancores pessoais e dão a impressão de ter escolhido por tarefa desacreditar os melhores obreiros, os mais sérios e os mais ativos". Evocava "o desencorajamento dos pesquisadores intelectuais, acusados, perseguidos ou vilipendiados pela imprensa do poder oculto", e aludia ao "mal-estar" que se adivinhava "em muitos seminários maiores, em escolasticados religiosos e em círculos universitários". Tinha mesmo a coragem de dizer: "A Igreja perdeu um pouco do prestígio de que gozava sob Leão XIII".

Bento XV só esperava por esse sinal para agir e pôr termo a uma situação cujos perigos bem conhecia. Era indispensável que os católicos se reconciliassem, tanto mais que acabava de eclodir a Grande Guerra, alterando o sentido de todos os problemas. No dia 1º de novembro de 1914, apareceu uma encíclica, *Ad beatissimi*, dedicada à questão. "Que nenhum particular, por meio da publicação de livros ou em jornais e discursos, se erija em mestre na Igreja. A ninguém é proibido emitir a sua opinião e defendê-la a respeito de questões sobre as quais a Santa Sé ainda não se tenha pronunciado, desde que se discuta a favor ou contra sem detrimento para a fé e para a disciplina. Mas que, nessas discussões, todos se abstenham de qualquer excesso de linguagem que possa ofender gravemente a caridade". Era um apelo formal à caridade, e de tal ordem que nenhum católico podia recusar-se a ouvi-lo. E Bento XV acrescentava: "Queremos que se abstenham de certas designações que recentemente começaram a ser usadas para distinguir uns católicos de outros": fórmula sem equívoco, que o pe. Yves de la Brière podia, sem risco de erro, interpretar como condenação do termo "adotado por muitos como símbolo de uma ortodoxia mais rigorosa: *católico integral*"[38].

É óbvio que nada, nas advertências de Bento XV, voltava atrás no que se referia à condenação do modernismo pelo seu predecessor. Pelo contrário, renovou-a, de modo solene, denunciando "os erros monstruosos". Mas chamava a Igreja à *via media* que é de sempre e tão afastada de ambos os extremos. A reação ao modernismo tinha ido longe demais. O Magistério infalível vinha reduzi-la à justa medida. A crise aberta pelas doutrinas aventurosas de Loisy e seus êmulos estava verdadeiramente encerrada[39].

Balanço de uma crise

O balanço da crise modernista terá sido unicamente negativo? É indiscutível que, agindo com vigor, Pio X tinha livrado a Igreja de um grande perigo, "o mais grave que ela correu depois do protestantismo", como disse mons. Baudrillart, à semelhança do pe. Rouquette, que escreveu que "nunca um perigo mais radical e uma catástrofe mais total" ameaçaram, de dentro, o cristianismo[40]. Pio X assumira plenamente esse papel de defensor da fé que, diga-se o que se disser, é certamente o primeiro que incumbe ao Vigário de Cristo. Ainda que a sua intervenção tenha tido por consequência provocar a excessiva reação do integrismo, não se pode, em justiça, colocar no mesmo plano os resultados felizes e os inconvenientes que as paixões, nobres ou mesquinhas, de alguns lhes acrescentaram.

A própria facilidade com que Roma foi obedecida é um índice da indiscutível autoridade de que o papa já gozava e que aumentou com esse êxito. O modernismo "em plena derrota" — diz Loisy — opôs uma resistência mínima. Se nos lembrarmos da vaga de fundo que abalou as consciências quando a bula *Unigenitus* feriu o jansenismo, podemos medir os progressos conseguidos, e pensar que nem Pio IX nem Leão XIII tinham trabalhado em vão.

Poder-se-á dizer que nada restou da experiência modernista? Vimos que, no ponto de partida, as intenções dos modernistas eram justas. Foi o modo como eles as puseram em prática que foi condenável. "Creio — dizia mons. Lacroix, bispo de Tarentaise — que, por quererem ir depressa demais e longe demais, os modernistas comprometeram o que havia de muito legítimo nas suas aspirações"[41]. É evidente que esse erro de tática, que degenerou em erro doutrinal, não autoriza a rejeitar o que havia de útil, de necessário, no desejo de pôr o cristianismo em condições de resistir aos seus adversários, tomando-lhes as armas e os métodos. A Igreja, com a sua condenação, fixou os limites que um católico não podia ultrapassar sem cair no erro, mas não proibiu os católicos de avançarem na via em que os modernistas tinham ido demasiado longe. Tanto é assim que seria fácil mostrar como algumas correntes de pensamento, que é razoável pensar e dizer que em maior ou menor grau saíram do modernismo, são hoje admitidas pela Igreja, depois de desembaraçadas dos seus erros e expressas numa linguagem menos ruidosa e mais precisa. Assim, seria importante dizer em que medida o "personalismo" de Emmanuel Mounier prolonga ou não o do pe. Laberthonnière, e determinar em que aspectos o pe. Teillard de Chardin, amigo e, em certo sentido, continuador de Édouard Le Roy, se separa dele e até o contradiz.

Um dos resultados positivos da crise do modernismo, continuada pela do integrismo, e das decisões pontifícias que quiseram pôr fim a uma ou a outra, terá sido a de mostrar aos católicos a necessidade e a fecundidade do diálogo. As duas atitudes de espírito que estão na origem de ambos os erros são de tal modo fundamentais que não poderiam desaparecer: hoje como ontem, voltam a encontrar-se em homens e grupos que seria fácil indicar. A conclusão que se impõe é que, se são de rejeitar tanto o modernismo como o integrismo — ou, se quisermos, tanto o progressismo como o "veterismo" —, a tensão que resulta da sua oposição mútua é criadora e leva a Igreja a ser fiel à sua vocação.

Oportet haereses esse... Ultrapassada que foi a crise aguda, a Igreja percebeu melhor que estava perante um problema fundamental que os modernistas tinham em vão tentado resolver, mas para o qual, apesar da resistência dos extremistas do outro lado, ela iria achar solução. Charles Guignebert era da opinião de que a encíclica *Pascendi* estabeleceu no catolicismo um regime de inércia intelectual. Passados cinquenta anos, este juízo parece tão injusto que chega a ser absurdo. Não há dúvida de que o sistema de delação que vimos funcionar teve efeitos lamentáveis e levou, por vezes, a resultados que parecem confirmar a opinião de Guignebert. Por exemplo, o fato de o pe. Lagrange ter sido afastado da sua Escola Bíblica de Jerusalém — aliás, apenas por um ano — é algo que representa um erro de grande porte, tal como as medidas que atingiram, com igual injustiça, o pe. Semeria, apóstolo do *Mezzogiorno* italiano. Foi precisamente a excessos desse gênero que Bento XV quis pôr cobro.

Mas tais erros não impediram que a Igreja extraísse da crise a conclusão que se impunha: "A desaprovação oficial de soluções funestas exige por si mesma a obrigação de as substituir por uma solução mais adequada. Isto é, para combater eficazmente o modernismo, não existe outro meio senão retomar em melhor sentido a tarefa na qual ele fracassou". Esta observação de Jean Rivière, o melhor historiador da crise[42], é pertinente. E foi precisamente a essa exigência que a Igreja não demorou a fazer face.

A resposta decisiva viria a ser dada por Pio XI, o papa sábio. Nascida das cinzas do modernismo, uma elite de sábios e de filósofos católicos ia pôr-se a trabalhar, agora animada de um espírito de absoluta fidelidade à Igreja e decidida a executar a sua tarefa dentro desta e segundo as suas instruções. E o esforço desse pensamento renovado seria tão fecundo que, atualmente, mais de meio século após o termo da crise, se pode considerar o modernismo como "um fenômeno inteiramente ultrapassado"[43].

Notas

[1] Roger Martin du Gard, *Le drame de Jean Barois*, 1913 (N. do T.).

[2] J. Hérbert, *Sous le joug des Césars*, Paris, 1924, p. 184. ["É aqui que temos as aulas de exegese, / em que todos riem, conversam e fazem o que bem entendem" (N. do T.)].

[3] G. Fonsegrive.

[4] Cf. no vol. VIII o cap. V, par. *A grande divisão dos católicos* e o cap. IV, par. *A defesa dos princípios*.

[5] Pe. Vicaire, em *Histoire illustrée de l'Église*, II, 313.

[6] Cf. neste vol. o cap. XII, par. *O renascimento do tomismo e a renovação teológica.*

[7] Alfred Loisy.

[8] O modernismo não foi um fenômeno exclusivamente católico. Nas Igrejas provenientes da Reforma, vemos, como seu análogo, o "cristianismo sem dogmas" de que fala Dreyer, que teve Ritschl como teólogo e Harnack como protagonista. No anglicanismo, inspirou o reformismo da *Churchmen's union for the advancement of liberal though* ["União dos homens de Igreja para o progresso do pensamento livre"] e os escritos do revdo. Reginald John Campbell. Na Igreja Ortodoxa russa, pode-se considerar como uma forma de modernismo o "cristianismo humanitário" de Tolstoi. Chegou-se até a falar de um modernismo judaico, de um modernismo no islã, de um modernismo budista. Sob formas diversas, foi um fenômeno universal. Cf. a questão dos modernismos protestantes, anglicano e ortodoxo, no vol. X.

[9] Cf. vol. VIII, cap. VII, par. *O prodigioso surto da igreja norte-americana.*

[10] Cf. *ibidem.*

[11] Atualmente, esse cargo chama-se teólogo da casa pontifícia (N. do T.).

[12] O imanentismo é uma doutrina panteísta que considera Deus como imanente ao mundo, isto é, confundindo-se com a substância do mundo. Ao contrário, na doutrina cristã, Deus criador é transcendente ao mundo e por conseguinte distinto deste. Blondel repetiu muitas vezes que o seu "*método* da imanência" excluía "toda e qualquer *doutrina* da imanência".

[13] Em 1945, Pio XII prestou oficialmente homenagem a Maurice Blondel, à sua perfeita boa-fé e ortodoxia, numa carta da Secretaria de Estado.

[14] Cf. vol VIII, cap. VI, par. *A crítica contra a fé: de Strauss a Renan.*

[15] Que não se deve confundir com o livro de Feuerbach, do mesmo título.

[16] A. Baudrillart, *Vie de Mgr. d'Hulst*, t. I, Gigord, Paris, 1914, p. 475.

[17] Note-se, pois, que a crise modernista e as reações pontifícias datam de Leão XIII, e que Pio X, ao condenar o modernismo, estava na mesma linha do seu predecessor. Já se tinha visto igual atitude em face dos movimentos de democracia cristã. Cf. neste vol. o cap. III, par. *Os católicos e a política: o problema da democracia cristã.*

[18] J. Gayraud, *La crise de la foi.*

[19] A influência de Alfred Loisy continuou a exercer-se depois de ele ter saído da Igreja. Reconhecido como um dos seus chefes pela crítica racionalista, teve discípulos, dos quais o mais conhecido viria a ser *Charles Guignebert*. Daí saiu uma escola, chamada *escatológica* porque via na ideia do regresso glorioso de Cristo o elemento fundamental do cristianismo original: por acreditarem nesse regresso, os cristãos teriam organizado em função dessa crença tudo o que sabiam acerca de Jesus. Logicamente, Guignebert consagrou dois volumes — um a *Jésus*, outro a *Le Christ*; neste último, pretendia expor a "deificação" do homem-Jesus. — Indo muito mais longe, levando ao extremo as teses de Loisy e da sua escola, P.-L. Couchoud irá sustentar que a própria existência histórica de Jesus não passa de uma fábula e que foi a fé ingênua das primeiras comunidades cristãs que a "inventou".

[20] Cf. a curiosa lista elaborada por Émile Poulat, *Histoire, dogme et critique dans la crise moderniste*, Paris, 1962.

[21] Cf. *Édouard le Roy et son fauteuil*, discurso de recepção de Daniel-Rops na Academia Francesa, e resposta de André Siegfried, a 22 de março de 1956.

[22] Cf. neste vol. o cap. V, par. *Na Itália, o termo da Obra dos Congressos.*

[23] Cf. *Correspondance philosophique* de Blondel e Laberthonnière, apresentada por Claude Tresmontant, Paris, 1961, p. 211.

[24] Sobre a Obra dos Congressos, cf. neste vol. o cap. V, par. *Na Itália, o termo da Obra dos Congressos.*

[25] Sobre o *Sillon*, cf. neste vol. o cap. V, par. *Na França: os "padres democratas" e o "Sillon".*

[26] Sobre as Semanas Sociais, cf. neste vol. o cap. IV, par. *As Semanas Sociais.*

[27] O tema da *invenção*, definida num sentido muito próprio, está na base de todo o pensamento filosófico de Édouard Le Roy. Cf. Daniel-Rops, *Édouard le Roy et son fauteuil*, n. 12.

[28] Para Laberthonnière, como notou Maurice-Gustave Nédoncelle, "a natureza exterior não tinha interesse fora do destino espiritual", ao passo que, para Le Roy, "o cristianismo não tinha sentido se perdesse o contato com a evolução do mundo e da humanidade" (*Cinquante ans de pensée catholique française*, Paris, 1959, p. 87).

[29] A propósito do romance de Fogazzaro, podemos lembrar que o modernismo forneceu matéria a bom número de romances: por ex., ao *Jean Barois*, de Roger Martin du Gard, ao *Démon de Midi*, de Paul Bourget, em que, aliás, as novas teses são muito mal entendidas e apresentadas de maneira sumária. Mas, sobretudo, ao *Augustin ou le maître est là*, em que J. Malègue analisou com rara lucidez a crise intelectual desencadeada pelo modernismo em numerosa gente de fé até então segura, e ao *L'homme qui ressuscite d'entre les vivants*, em que Joseph Willois utilizou preciosas recordações.

[30] Louis Cristiani, *Soixante ans de sacerdoce*, p. 54. Mons. Cristiani estava então no Seminário Francês de Roma.

[31] J. Rivière, "Qui rédigea l'encyclique 'Pascendi'?", em *Bulletin de litterature ecclésiastique de Toulouse*, ns. 2 e 3, 1946.

[32] Dal Gal.

[33] Oficialmente, *Pascendi Dominici gregis.*

[34] A sua correspondência, publicada em 1960 sob o título de *Au coeur de la crise moderniste: le dossier d'une controverse* (Aubier, Paris, 1960), revelou com que lucidez Blondel discernira, desde a primeira hora, os graves erros filosóficos e teológicos de um Loisy.

[35] Sobre o pe. Anizan, cf. neste vol. o cap. XIII, par. *Dois precursores: o pe. Anizan e o pe. Rémillieux*. Uma outra questão, a do pe. Lemire, teve características bastante diferentes, mas foi movida pelos mesmos homens. Cf. neste vol. o cap. V, par. *Na França: os "padres democratas" e o "Sillon"*.

[36] Alguns fecham o debate com fórmulas deste gênero: "Em face do modernismo, erguera-se como seu adversário a heresia contrária, o integrismo" (pe. Auguste Valensin, *La vie intérieure d'un jésuite. Journal spirituel du P. Albert Valensin, 1873-1944*, Ed. Montaigne, Paris, 1953, p. 25.). Tanto quanto sabemos, não foi feito nenhum estudo teológico do integrismo que permita aprovar ou desaprovar tais juízos.

[37] A publicação dos documentos da nunciatura de Paris, por Clemenceau (cf. neste vol. o cap. V, par. *Na França, a separação da Igreja e do Estado*), mostrou-o claramente.

[38] Yves de la Brière, *Lettres de l'Église et de la patrie*, Paris, 1916, p. 100.

[39] O *Sodalitium* que mons. Benigni suprimira quando morreu Pio X, reconstituiu-se em 1915, sob condições menos livres que antes. Quando, em 1921, foram enviados a Roma certos documentos, o cardeal Jonckx, Prefeito da Congregação do Concílio, dirigiu a mons. Benigni um pedido de explicação e a organização foi suprimida.

[40] R. Rouquette, "Bilan du modernisme", em *Études*, jun. 1956.

[41] É quase a frase do velho Chateaubriand ao jovem padre Félicité de La Mennais: "Não vá longe demais; não vá depressa demais!"

[42] J. Rivière, *Le modernisme dans l'Église*, Paris, 1929, p. 559.

[43] R. Rouquette, "Bilan du modernisme". Hoje, com certa frequência, identifica-se o "progressismo" atual com o modernismo. Trata-se de uma aproximação que exige algum matiz. O assunto será estudado em *A Igreja dos novos apóstolos*. O mesmo se pode dizer de certos ataques às teses do pe. Teilhard de Chardin. Não é preciso ser "integrista" para não admitir todo o "teilhardismo"; pode-se ser "teilhardista" sem ser nem modernista nem progressista.

VII. A GUERRA E A PAZ

"Il guerrone"

A 2 de agosto de 1914 — que era, em Assis, o dia do "Grande Perdão", festa da misericórdia de Cristo —, lia-se na primeira página do *Osservatore Romano* um texto pontifício cujos termos nunca deixam de impressionar profundamente aqueles que o leem. Sob o título de *Exortação aos católicos do mundo inteiro*, o velho pontífice Pio X, que só iria viver mais dezoito dias, lançava um grito supremo de apelo ao mundo varrido por uma loucura assassina. Nesse texto, Pio X suplicava aos seus filhos que fizessem tudo para aplacar a cólera divina, rezando, continuando a lutar pela paz. E liam-se nele umas palavras que, vistas sob a perspectiva do tempo, tomam o valor de uma profecia: "A Europa vem sendo arrastada, quase toda ela, para uma guerra funesta, cujos perigos, carnificinas e consequências não se pode antever sem que se fique penetrado de dor e de espanto. É-nos impossível deixar de ter a alma dilacerada".

De fato, ninguém podia adivinhar aonde levaria o mundo a sanguinária máquina que os Senhores da Guerra estavam a ponto de pôr em marcha. Por quatro anos, a Europa ia viver mergulhada num banho de sangue. Depois, por mais anos, teria na sua carne viva as feridas recebidas. Da crise trágica, sairia abalada, esgotada, diminuída, ameaçada de novos perigos. Compreende-se que o Pai Comum não pudesse contemplar esse futuro sem terror. Também a Igreja ia ser abalada pela Guerra Mundial e Pio X sabia-o.

O papa previra essa guerra. Com os seus misteriosos dons de visionário, vira-a desenhar-se no futuro, quando os políticos ainda não acreditavam que eclodiria. Já em 1906, conforme nos refere o cardeal Luçon, o papa, ao transferi-lo da sé de Belley para a de Reims, aludira formalmente à cruz de sangue que iria ter de carregar na sua nova diocese: profecia que, dez anos depois, viria a revelar-se singularmente fundada. A partir de 1911 ou 1912, esse pensamento passara a ser como uma ideia fixa na mente do papa. Aos seus íntimos, dizia com frequência: "Vejo aproximar-se a grande guerra!" *Il guerrone*: a palavra viera muitas vezes aos seus lábios. E o cardeal Merry del Val conta que, muitas vezes, ao chegar para a audiência matinal, o papa o recebia com estas palavras: "As coisas vão muito mal". E acrescenta que, quando certa vez lhe replicou que não achava que o conflito ítalo-turco da Tripolitânia nem as guerras balcânicas fossem capazes de provocar uma conflagração geral, o papa o olhou longamente em silêncio e, depois, levantando a mão em sinal de aviso, respondeu com extrema gravidade: "Eminência, estais enganado: o ano de 1914 não terminará em paz".

À medida que os dias tinham ido passando e que os acontecimentos se sucediam, Pio X deixara de disfarçar a sua angústia. Ao embaixador brasileiro que lhe fazia a visita de despedida, em maio de 1913, declarou: "Vossa Excelência tem a felicidade de voltar para casa; assim não verá a guerra mundial que se aproxima". Um dia em que passeava com o seu capelão, mons. Bressan, pelos jardins do Vaticano, deteve-se diante da reprodução da gruta de Lourdes e disse em voz muito baixa: "O meu sucessor terá muito de que lamentar-se". Depois, aludindo à famosa máxima da profecia de Malaquias *Religio depopulata*, murmurou: "É verdade que a cristandade se vai despovoar"[1].

A sua tristeza e angústia tinham-se tornado de tal maneira grandes que lhe era impossível dissimulá-las. Algumas testemunhas que o haviam visto entrar em São Pedro para uma cerimônia tinham ficado impressionadíssimas: levado na *sedia gestatoria*, o papa parecia perdido num sonho, abençoando para a direita e para a esquerda num gesto maquinal, sem que nenhum sorriso lhe iluminasse os traços do rosto, imóveis e suaves. E, ainda em 25 de maio, presidindo a um Consistório, que seria o último do seu pontificado, pronunciara diante do Sacro Colégio uma alocução pungente, cujo tema fora o "*O crux ave, spes unica*" ["Salve, ó cruz, única esperança"] que os homens murmuram em horas trágicas.

Tinha-se limitado a sofrer na alma esse tremor? Interviera para tentar deter a marcha dos cavaleiros do Apocalipse? É muito mal conhecida esta derradeira ação de Pio X nas vésperas da Guerra, já que ainda não se abriram os arquivos do seu pontificado. No entanto, há indícios dos seus sentimentos mais profundos. Um dos mais impressionantes, que no entanto não parece ter chamado a atenção de qualquer historiador, é a decisão que tomou de apressar as negociações então em curso para uma Concordata com a Sérvia. O papa fez com que o cardeal Merry del Val assinasse o respectivo protocolo a 24 de junho de 1914, ou seja, num momento em que era flagrante que o reino sérvio — vitorioso nas duas guerras balcânicas, promotor mal escondido de um irredentismo que minava as províncias croata e eslovena do Império austríaco — se tornara o inimigo número um das potências centro-europeias. Ao estabelecer um acordo com ele, quereria Pio X manifestar que não se desinteressava do seu futuro? Quatro dias depois, era o crime de Sarajevo, pouco depois seguido do ultimato de Viena a Belgrado.

Fizeram-se outras diligências mais secretas? Diversas testemunhas afirmam que sim. O papa teria enviado uma carta pessoal a Francisco José, sem obter qualquer resposta.

O embaixador da Áustria teria sido convocado ao Vaticano para ouvir uma mensagem: "O Imperador está perto do seu derradeiro dia. Que não manche o fim da sua vida com um florão de sangue!" Como este novo apelo também teria ficado sem resposta, o núncio em Viena teria, por fim, no dia seguinte à declaração de guerra à Sérvia, solicitado uma audiência com o velho monarca para lhe fazer uma última súplica — mas a audiência teria sido negada. Diligências pungentes, derradeiras e vãs tentativas, acerca das quais não existem documentos, mas que estão de tal modo na linha de Pio X que parecem mais que verossímeis[2]. Ao embaixador da Áustria, que comparecera de novo no Vaticano para pedir ao santo pontífice que abençoasse as armas da águia bicéfala, a resposta viera, cortante: "Não abençoo as armas, mas a paz!"

Tudo isso era inútil. E Pio X bem o sabia, com toda a certeza, ele que, tendo perdido a confiança nas coisas da terra, repetia aos seus próximos: "Ofereço a minha pobre vida ao Senhor, para que se suspenda o flagelo..." E, como testamento, redigiu uma *Exortação* para todos os seus filhos, sem nenhuma exceção. O seu último ato público foi receber em audiência os alunos dos seminários estrangeiros em Roma, que regressavam aos seus países para se baterem uns contra os outros: franceses, alemães, belgas, austríacos, ingleses, eslavos. A Igreja despedaçava-se visivelmente sob os seus olhos... E pediu-lhes que nunca esquecessem a grande lei da misericórdia, mesmo no furor da guerra. E, ao abençoá-los, chorava[3].

Bento XV e a Guerra Mundial

O drama planetário que fez morrer de dor e de angústia Pio X pesou fortemente sobre o pontificado do seu sucessor.

Durante quatro anos, enquanto a Europa ardia, e os homens morriam aos milhões, e países de velha civilização se transformavam em campo de ruínas, o Vigário de Cristo teve de fazer face a problemas cuja gravidade e complexidade parecia ultrapassar as forças humanas. Mas o homem baixo e débil que era Bento XV enfrentou a Esfinge da História com uma profundidade de visão, uma energia e uma coragem admiráveis, que nem o injusto silêncio que rodeia a sua memória poderá fazer esquecer. Ignorado, caluniado, tomou o caminho que a consciência lhe ditava, sabendo muito bem que os interesses de Deus não podiam conciliar-se com os horrores da guerra, antes se identificavam com os anelos de paz.

Recém-eleito, elevou um protesto solene, em que se declarava "tomado de horror e angústia inexprimíveis diante do *espectáculo monstruoso* desta guerra em que corre sangue cristão". Enquanto durou "a horrível carnificina", a sua voz gritou muitas vezes que "a Europa se suicidava", "se desonrava"; que essa era "a mais sombria tragédia da demência humana".

Mas não se limitou a esses gritos de indignação. Quis atuar. Uma palavra sua define exatamente a atitude que decidiu tomar: "O papa não é neutral: é imparcial". Não pretendia situar-se, como certo escritor ilustre, "acima da refrega"[4], isto é, considerar-se como simples espectador desolado. E, de fato, não foi neutro; procurou até intervir diretamente no conflito. Por quê? Sem sombra de dúvida, acima de tudo por caridade, porque sofria no mais profundo da alma ser ele o papa da *religio depopulata*; sonhou, antes, ser aquele que pusesse fim às grandes chacinas e fizesse voltar a paz a uma terra restituída aos homens de boa vontade. E não se percebe em que é que este papel de pacificador houvesse de ser recusado pelo representante de Cristo. Nada mais legítimo também que tenha querido aumentar o prestígio da Santa Sé, levando-a a desempenhar um papel no drama histórico que se desenrolava. E os próprios beligerantes, que solicitavam sem discrição a autoridade espiritual do papa para o levar a servir os seus interesses, trabalhavam, afinal, no sentido de lhe atribuir uma posição moral de primeiro plano.

Mas, ao mesmo tempo que a intenção caritativa, uma outra razão obrigava Bento XV a tentar a favor da paz uma ação precisa: a preocupação clarividente pelos interesses da Igreja. Mesmo no plano prático, o conflito perturbava notavelmente o funcionamento da máquina eclesiástica, a ponto de o tornar impossível. Quando a Itália entrou na guerra contra os impérios centrais, os embaixadores desses países junto da Santa Sé tiveram de se retirar para a Suíça (Lugano), e ficaram rompidas as comunicações entre os seus bispos e os dicastérios romanos.

Muito mais grave ainda: a guerra punha em causa a unidade do mundo católico. Os fiéis defrontavam-se no campo de batalha tanto como no terreno das propagandas mentirosas. Porque, nos dois campos, os católicos adotaram quase unanimemente as posições do mais exaltado nacionalismo.

Na França, perante o perigo, a "União Sagrada" reconciliou os católicos e os seus adversários: 25 mil padres serviram nas forças armadas, dos quais 12 mil como combatentes, e 4.608 caíram no campo de batalha. Sacrifício em si mesmo admirável e que, como veremos, viria a ter consequências fecundas para a situação religiosa do pós-guerra. Mas quantos padres, quantos católicos não aceitaram sem discussão as teses das piores propagandas, espalharam calúnias pavorosas, pregaram o ódio, reclamaram vinganças impiedosas! É sabido que foi amplamente difundida a lenda de que os alemães cortavam as mãos às crianças, quando nenhum caso de semelhante atrocidade pôde ser provado de maneira positiva. (Sabe-se, isso sim, que houve padres tomados como reféns pelos alemães, e alguns fuzilados.).

O mesmo se diga da Alemanha, onde o partido do *Zentrum*, fazendo bloco com o governo, serviu sem reticências o pior imperialismo, o pior pangermanismo — pois "toda e qualquer crítica é, nesta altura, descabida", dizia Julius Bachem. O manifesto dos setenta e seis católicos mais representativos desse partido aderiu àquele que os noventa e três intelectuais lançaram para exaltar "a nova primavera religiosa" que era a guerra. Tudo isso, dadas as circunstâncias, era explicável, até desculpável. Mas compreende-se bem que um papa quisesse pôr fim a uma situação tão incompatível com o espírito católico, e em que, para mais — a experiência o provou superabundantemente —, estava em jogo o caráter supranacional do papado.

Tais foram os motivos que levaram Bento XV, logo nos primeiros meses do conflito, não só a multiplicar os apelos e os pedidos de orações pela paz — que o governo francês esteve a ponto de proibir que se publicassem —, mas até a propor meios de a restaurar. O que ele queria, o que procurava restabelecer, era uma paz "estável e equitativa", realizada através da negociação, "avaliando os direitos e as justas aspirações dos povos", e não uma dessas pazes de vingança, impostas pelos vencedores aos vencidos, que "preparam a desforra e transmitem o ódio de geração em geração". Essa intenção, cuja nobreza e pertinência é impossível negar, traduziu-se num grande número de declarações públicas e de iniciativas mais ou menos secretas, cujos pormenores a história está longe de conhecer.

A encíclica inaugural do pontificado (setembro de 1914), depois a encíclica *Ad beatissimi* (em novembro) e o decreto de janeiro de 1915 ordenando orações pela paz, representavam bem as intenções do papa. Logo em setembro de 1915, começou a funcionar em Roma uma comissão especial para as pôr em prática e preparar o fim da guerra. Iniciaram-se imediatamente negociações, em que o papa usava de todos os meios de que podia dispor para defender a causa da paz.

O reitor do Instituto Católico de Paris, mons. Baudrillart, foi sondado pelo Secretário de Estado, cardeal Gasparri, para oferecer à França e seus aliados "condições honrosas" de paz, que o Vaticano pensava que a Alemanha estaria pronta a aceitar e que comportavam como cláusulas a evacuação da Bélgica e do Norte da França, e a restituição da Alsácia-Lorena em troca de "uma bela colônia"; o estado-maior alemão, porém, tinha intuitos bem mais ambiciosos. Depois, quando o imperador Carlos sucedeu ao velho Francisco José, Bento XV e o núncio enviado a Munique, *D. Eugenio Pacelli*, futuro papa Pio XII, apoiaram o melhor que puderam a tentativa de negociação feita pelo jovem Habsburgo e seu ministro Czernin, por intermédio do príncipe Sixto de Bourbon-Parma, cunhado do soberano. Lançaram-se outros balões de ensaio: carta ao cardeal Pompili, mensagens a diversos bispos franceses. Nenhuma dessas diligências teve efeito.

A tentativa mais forte foi feita em 1917 — "1917, o ano conturbado", na expressão de Poincaré. A situação parecia favorável à negociação de uma paz de compromisso: nos dois campos, eram sensíveis os sintomas de cansaço. Nos impérios centrais, 120 milhões de seres humanos estavam ameaçados de fome iminente, provocada pelo bloqueio marítimo, mas, entre os Aliados, a campanha submarina fazia grandes estragos. A Rússia sofria a Revolução, o próprio Exército francês atravessava uma grave crise, e, apesar da intervenção dos Estados Unidos, havia muita gente inquieta quanto ao futuro. A 14 de agosto de 1917, todos os governos beligerantes receberam uma Nota pontifícia, datada de 1º do mês, convidando-os a assinar a paz e propondo bases de negociação. A Nota continha propostas de duas ordens. Para restabelecer a paz, sugeria a evacuação de todos os territórios ocupados, o regresso imediato à liberdade dos mares, o abandono recíproco de qualquer reclamação em matéria de indenizações de guerra, salvo em casos bem definidos de devastação, a abertura de negociações acerca das questões litigiosas. Mas, além disso, não se limitando ao imediato, o papa enunciava as bases sobre as quais se devia edificar a paz, para que fosse justa e estável: obrigação jurídica de recorrer à arbitragem para resolver os conflitos entre as nações; redução geral e proporcional dos armamentos; sanções internacionais contra qualquer potência agressora. Os famosos "Catorze pontos" de Wilson não iriam dizer muito mais.

Fosse qual fosse o rumo dos acontecimentos, a iniciativa papal honrava quem a assumia. E a verdade é que nenhum dos governos que receberam a Nota discutiu o direito do papa de fazer esse apelo. Na prática, porém, as respostas foram decepcionantes. Os imperadores do Centro europeu agradeceram a Bento XV a sua iniciativa e formularam votos de que os seus conselhos fossem seguidos, mas nada fizeram ou sequer anunciaram que permitisse pensar que o plano de paz seria posto em prática. Os Aliados, a quem a Nota fora transmitida por meio do único ministro inglês acreditado junto da Santa Sé, mandaram dizer que não responderiam de modo oficial. Conclusão: o insucesso da diligência foi completo.

Esse fracasso teve até uma consequência singular e iníqua: suscitou contra Bento XV rancores e furores que nem meio século bastou para acalmar. Cada um dos campos considerou que, não denunciando o outro, o papa violava a equidade. Com uma ingenuidade que confinava com o absurdo, cada nação exigia que Roma se imiscuísse nas questões entre os Estados e adotasse, quanto às origens da guerra, os seus pontos de vista. Ao que o papa respondia: "Nós reprovamos todas as violações do direito, onde quer que tenham sido cometidas; mas não seria próprio nem útil envolver a autoridade pontifícia nas disputas entre os beligerantes". Ao jornalista francês Latapie, Bento XV acrescentava: "Cada uma das vossas acusações provoca uma réplica por parte dos alemães, e eu não quero instaurar um debate permanente nem fazer inquéritos neste momento. Ainda não chegou a hora de procurar a verdade no meio de todas as acusações contraditórias: o Vaticano não é um tribunal".

Provoca verdadeiro pasmo ver até que ponto essas palavras de sabedoria foram mal interpretadas. O estudo feito desde então pelos historiadores acerca das origens da guerra leva a uma atitude mais prudente na apreciação das responsabilidades. Se estas não foram tão pesadas num campo como no outro, nenhum deles sai ileso. Alfred Fabre-Luce resumiu-as numa fórmula verdadeiramente lapidar: "A Alemanha e a Áustria deram os passos que tornavam a guerra possível. A Tríplice Entente deu os passos que a tornavam certa". Mas, em 1914 e 1918, estava-se bem longe de admitir estas coisas...

O resultado mais flagrante foi desencadear contra Bento XV verdadeiras tempestades de imprecações. A França teve o triste privilégio de pôr-se à cabeça da campanha de insultos que então se desencadeou. Atribuiu-se a Clemenceau a expressão "o Papa boche"[5]. Léon Bloy chamou-lhe "Pilatos"[6]. Altos prelados e até bispos declararam desaprovar a política romana de paz, e, do alto do púlpito da Madeleine, o pe. Sertillanges, ilustre orador dominicano, formulou, em termos aliás respeitosos, um *non possumus* categórico ao plano de paz do papa[7].

É certo que, na Alemanha, não estavam muito mais satisfeitos: a criação de um oitavo cardeal francês, as comemorações em Roma pela tomada de Jerusalém pelos Aliados, a condenação de certos crimes como o torpedeamento do *Lusitania*[8] pareciam outros tantos indícios de revoltante parcialidade. E, a propósito das ofertas de paz, o general

Ludendorff[9] exprimiu-se em termos igualmente violentos a respeito de Bento XV.

No entanto, a questão deve voltar a ser posta. A imparcialidade do papa não escondia secretas preferências? A proposta de "paz branca" não teria por desígnio estender aos impérios centrais uma mão salvadora? Afirmou-se muitas vezes que sim, e frequentemente com veemência. O pe. Brugerette, que é um historiador honesto, chegou ao ponto de escrever de modo bem sumário: "Bento XV serviu, contra os nossos, os interesses dos inimigos da França". Quanto a este segundo ponto, tudo o que se sabe acerca do estado de espírito que reinava no Vaticano em 1917 prova que lá se acreditava na vitória da Alemanha e da Áustria; assim o assegura o cardeal Baudrillart. Portanto, não foi para evitar a derrota desses impérios que Bento XV tomou a iniciativa de propor negociações.

Mais difícil é averiguar se, no papa e no círculo que o rodeava, havia simpatias por um dos campos — neste caso, pelos impérios centrais. Mas não devemos esquecer que a França estava com todas as relações diplomáticas cortadas com o Vaticano e, por conseguinte, não tinha embaixador junto da Santa Sé; que à Carta em que Bento XV lhe participara a sua eleição, Poincaré respondera em termos corretos, mas mais nada; e que o embaixador junto do Quirinal, Barrère, se tinha oposto habilmente a que lhe fosse dado um colega junto ao Vaticano, para não ofender a Itália... A Inglaterra tinha no Vaticano um simples ministro, aliás pouco influente. A Rússia, a mesma coisa. O da Bélgica só tinha competência para receber boas palavras de consolação.

O campo estava livre, pois, para os diplomatas adversos. Seria bem ingênuo pensar que eles não se tivessem aproveitado disso, e que alguém se admirasse de que assim fosse. No entanto, um incidente que teve grande repercussão revelou atitudes inadmissíveis no círculo próximo do Santo Padre.

Um prelado alemão, Camareiro-mor, mons. Von Gerlach[10], esteve ligado muito de perto a um grave caso de espionagem, e provou-se que pertencia a uma rede de agentes secretos cuja atividade provocou a explosão do couraçado italiano *Leonardo da Vinci*.

Por outro lado, se considerarmos objetivamente a situação, podemos perguntar-nos se a Santa Sé não teria razões muito sérias para não desejar a vitória dos Aliados. Que significaria essa vitória? O triunfo de uma França agnóstica e de uma Inglaterra protestante, o avanço da Rússia até aos Estreitos e a sua definitiva soberania sobre a católica Polônia. Mais tarde, quando teve início a reviravolta decisiva, a paz que se perfilava no horizonte seria própria para entusiasmar o papa? Todas as informações que se tinham no Vaticano diziam que a católica Áustria-Hungria, a pedido formal da maçonaria checa, seria desmembrada, e que a Itália pusera como condição para a sua entrada na guerra (art. 15º do Acordo de Londres) que o papa fosse excluído das negociações do Tratado de Paz.

Todos estes dados devem ser considerados para julgar a diplomacia vaticana. Seria só o desejo de impedir a extensão do conflito o que inspirou as diligências da Secretaria de Estado no sentido de evitar que a Itália entrasse em guerra ao lado dos Aliados? E essas outras — mais discretas — que, com o mesmo propósito, foram feitas junto dos Estados Unidos? Quem o poderá dizer? O que, de qualquer modo, importa sublinhar é que os planos de paz de Bento XV continham uma cláusula de restituição à França da Alsácia-Lorena; que o papa manifestou várias vezes uma particular simpatia pela Bélgica mártir; que, apesar da pressão dos irlandeses no Vaticano, se recusou a patrocinar a sua luta pela independência (o que, em plena guerra, iria enfraquecer a Inglaterra); e que em diversas ocasiões dirigiu severas censuras à Alemanha, pessoalmente a Guilherme II, sobretudo a propósito do uso de gases venenosos. Nada, efetivamente, nos permite hoje duvidar de que a declaração de imparcialidade feita por Bento XV era sincera e foi mantida.

O que é certo é que, se não tivesse proclamado e praticado essa imparcialidade, o papa não teria podido levar adiante a imensa e admirável obra que cumpriu para humanizar a guerra e suavizar os seus cruéis efeitos. As iniciativas que tomou nesse sentido foram inumeráveis: "trégua de Deus" reclamada por ele para a noite de Natal; troca universal dos feridos mais graves, proposta em janeiro de 1915, aceita por todos os beligerantes, e que funcionou até ao fim do conflito; libertação de grande número de prisioneiros civis: mulheres, crianças, doentes; internamento em país neutro dos prisioneiros de guerra inutilizados para o combate; regulamentação das represálias mediante a comunicação prévia dos motivos. É claro que nunca foi esquecido o aspecto propriamente religioso. Assim, foram assinados acordos para assegurar os serviços religiosos nos campos de prisioneiros. A estes foram enviados visitadores apostólicos, escolhidos entre os países neutros, para fiscalizar o cumprimento desses acordos e velar pelas condições materiais dos cativos.

Duas das obras criadas pelo Vaticano durante a guerra foram ainda mais extraordinárias: uma delas, a organização de coletas a favor das regiões devastadas pela guerra, em todos os países dos dois campos, incluindo os Balcãs (e o papa conseguiu que o dinheiro arrecadado fosse de fato entregue — o que, no nosso tempo, parece inconcebível); a outra, uma campanha, bem cedo em combinação com a Cruz Vermelha internacional, para procurar os desaparecidos, localizar os prisioneiros e fazer-lhes chegar o correio. Calcula-se em 82 milhões de liras-ouro as somas despendidas pelo papa para pôr a funcionar todos esses empreendimentos, ou para acudir imediatamente a grandes misérias.

A essa imensa ação de caridade, que, só por si, devia ser bastante para fazer respeitar o nome de Bento XV, houve, afinal, um governo que lhe prestou homenagem. Numa praça da sua capital, mandou erguer uma estátua "ao grande Pontífice da tragédia mundial, benfeitor dos povos sem distinção de nacionalidade nem de religião". Mas é um pouco penoso dizer que a capital em que se ergue a estátua de Bento XV é *Constantinopla!* [Istambul], e que o Soberano que com essas justas palavras saudou essa nobre presença foi o Sultão...[11]

Ausência ou presença do papa na paz

"Ganhamos a guerra — dizia Clemenceau em 11 de novembro de 1918 —. Agora, vai ser preciso ganhar a paz, e talvez seja ainda mais difícil". É sabido que foi tão difícil, que essa "vitória do direito e da civilização" não tardou a consagrar o recuo dos valores tradicionais do Ocidente, aqueles que séculos de cristianismo e de humanismo tinham afirmado, e a abrir caminho aos sistemas mais contrários a essas tradições: aos totalitarismos comunista, fascista, nacional-socialista. Vitória, de resto, tão pouco sólida que a paz em breve se viu condenada e o espectro de uma nova guerra passou a agigantar-se no horizonte.

A Santa Sé não teve qualquer participação nos Tratados que começaram a ser elaborados logo que se assinou o armistício. Vimos já que, para a entrada da Itália na guerra ao lado dos Aliados, Giorgio Sonnino pusera como condição que o Vaticano não estivesse representado nas negociações: receava que o papa aproveitasse a ocasião para suscitar a Questão Romana. O Sumo Pontífice não pôde, portanto, fazer ouvir a sua voz em Versalhes, no Trianon, em Neuilly, em Sèvres, em todos os arredores de Paris onde se elaborou a paz. Excluído das comissões que preparavam os instrumentos diplomáticos, teve, porém, em Paris um representante oficioso, extremamente hábil: mons. Cerretti; este futuro núncio conseguiu manter numerosos contatos, e a sua ação de bastidores esteve longe de ser negligenciável.

Essa exclusão teve ao menos uma faceta positiva: a Santa Sé não teve nenhuma responsabilidade na redação dos Tratados; ficou fora dos regateios e das combinações, por vezes sórdidos, que inspiraram muitas das cláusulas. Mas é fora de dúvida, por outro lado, que esses tratados se fizeram contra os interesses católicos, contra a Igreja, contra o que parecia capaz de assegurar-lhe influência. Para seguir essa orientação, houve um acordo pelo menos tácito entre os que conduziam o jogo, os quais, em muitos outros pontos, mostravam pouca harmonia: eram eles o chefe do governo italiano, Giorgio Sonnino, anticlerical assanhado; o velho jacobino Georges Clemenceau; o presbiteriano Lloyd George, e o puritano Woodrow Wilson. A "eminência parda" de tudo era o presidente da jovem República checoslovaca, que os Tratados iam erigir em potência: Masaryk, alto dignitário da maçonaria, temivelmente hábil.

Claro que seria um tanto sumário explicar só pela vontade de alguns homens os deploráveis resultados dos acordos de 1919. Por exemplo, não há dúvida de que era inelutável a demolição e o desmembramento do frágil edifício que era o Império austro-húngaro, desde que Francisco José cometera a loucura de o comprometer na trágica aventura. Mas não deixa de ser verdade que essa paz bem singular — que manteve quase intacta a Alemanha, dominada pela Prússia, mas destruiu o Império católico dos Habsburgos, deixou da Áustria "um miserável caroço" e fez da Hungria um Estado sem possibilidade de respirar — trazia uma marca protestante e maçônica, como se reconheceu. "A paz imbecil de Clemenceau — dizia Aristide Briand a um confidente — é uma paz protestante, voltada contra Roma [...]. Você nunca poderá suspeitar até que ponto o ódio ao papa inspira toda essa gente"[12].

A situação mundial, tal como saía dos tratados de paz, não parecia, pois, muito favorável à Igreja. A isso devemos acrescentar as perdas dolorosas que o catolicismo sofria em diversos pontos. No México, a perseguição tomara um curso trágico: dava a impressão de que o inimigo queria arrancar a própria raiz do cristianismo. No Oriente Médio, desabava sobre todas as comunidades cristãs uma vaga de atrocidade tão terrível que, quando foi possível avaliar as vítimas, se calculou em mais de três milhões o número de cristãos desaparecidos nas chacinas e na deportação.

Em face dessa situação, Bento XV ia fazer o máximo para que a Igreja retomasse o seu lugar em toda a parte. De resto, nas cláusulas dos tratados assinados em Versalhes e outros lugares, nem tudo era motivo de tristeza para a Santa Sé. O catolicismo podia regozijar-se com um grande acontecimento histórico consagrado pelos tratados: a ressurreição da católica *Polônia*, que Bento XV, em nota diplomática que contribuíra para dar coragem aos poloneses, já em 1º de agosto de 1917 declarara desejar. A 14 de novembro de 1918, o marechal Pilsudski podia proclamar a ressurreição da sua pátria, reconstituída pela junção dos três pedaços que a Prússia, a Rússia e a Áustria tinham anexado no século XVIII. O papa reconheceu imediatamente o novo Estado e enviou-lhe um visitador apostólico, um dos homens mais eminentes da Santa Sé, o conservador da Biblioteca Vaticana, *D. Achille Ratti*[13].

Aliás, a missão do novo diplomata não foi das mais tranquilas. Teve de entabular negociações delicadas com os poloneses, a propósito dos bispados alemães da Silésia, que o Vaticano se recusava a deixar polonizar. E, sobretudo, encontrava-se em Varsóvia quando a contraofensiva vermelha dirigida por um "Napoleão" soviético de vinte e oito anos, Tukhatchevsky, alcançou a capital, que conseguiu salvar-se no último instante graças a uma hábil manobra de Pilsudski, a que não foi alheio um dos grandes chefes franceses, então emprestado à Polônia, o general Weygand. Mas Achille Ratti contribuiu bastante para reerguer a Igreja polonesa, à qual a comovedora fidelidade do povo deu grande força. Preconizado oficialmente núncio apostólico em 1919, o futuro papa Pio XI iria deixar a sua marca, como organizador prudente, na católica Polônia ressuscitada.

Outra nação católica alcançou também a independência, pela mesma altura, mas fora do quadro dos Tratados: a *Irlanda*. Após anos de luta conduzida pelos dois campos de maneira por vezes selvagem, e durante a qual Cork ardeu, os "Sinn-Feiners" levaram os ingleses a admitir que a Ilha Verde poderia livrar-se do seu destino. Lloyd George conseguiu a aprovação da *Home Rule* (autonomia) e negociou pacientemente com os mais moderados dos chefes irlandeses, Michael Collins e Arthur Griffith. A 6 de dezembro de 1921, foi firmado em Londres um tratado que reconhecia a independência da Irlanda, num quadro territorial infelizmente incompleto, visto que o Ulster, com Belfast, permanecia inglês. Combatido por *Eamon de Valera*, o tratado só viria a ser aplicado dez meses após a morte de Bento XV. Mas ninguém duvidava da vitória dos católicos irlandeses.

Chegou até a haver um ponto, na construção diplomática dos Tratados, que consagrou de modo bem surpreendente a presença da Santa Sé e a sua autoridade. Quando os negociadores trataram da sorte das antigas colônias alemãs, pôs-se a questão de saber a quem caberia a propriedade das missões católicas que se encontravam nesses territórios. Havia quem falasse em entregá-las às missões protestantes. Por fim, essa propriedade foi atribuída à Santa Sé, pelo artigo 438 do Tratado de Versalhes, e essa atribuição foi confirmada por uma carta de Lord Balfour. Era o mesmo que reconhecer a autoridade supranacional do papa em todas as obras missionárias;

é um fato bastante importante, que raramente tem sido sublinhado. No entanto, uma grande desilusão para Bento XV assinalou este período em que a nova Europa tentou organizar-se de maneira estável.

Apesar de todos os defeitos que legitimamente se lhe reconhecem, o tratado de Versalhes não deixou de ser, em palavras de Clemenceau, "uma tentativa de pacificação duradoura", que, pela primeira vez na história, procurava "bases sólidas sobre as quais construir a justiça entre os povos". "Valia mais do que aqueles que o tinham concebido", mas faltava aplicar as suas cláusulas, e sobretudo fazer triunfar o espírito de equidade em que os seus redatores tinham pretendido inspirar-se. Seria necessária — dizia Poincaré — uma "criação contínua", e, para consegui-lo, os vencedores decidiram criar um organismo supra-nacional.

Ora, antecipando-se a todas as potências, já em 1917 — talvez cedo demais —, Bento XV preconizara a criação de uma autoridade que se encarregasse de prevenir os conflitos, que obrigasse todas as nações a submeter os seus litígios à arbitragem e impusesse, sob controle, um desarmamento progressivo, e até, eventualmente, a punição dos que violassem esse pacto. Esse projeto chegara a ser elaborado até ao pormenor pela *União Católica de Estudos Internacionais*, que, durante a guerra, tivera sessões de trabalho na Suíça. Acaso os "catorze pontos" propostos um pouco mais tarde pelo presidente Wilson inspiravam-se em outros princípios? E especialmente o 14º, que previa a criação de um organismo internacional perfeitamente análogo à fundação sugerida pelo papa? Naquele momento, foram bem poucos os que fizeram a comparação e reconheceram os méritos do pontífice. Mas, ao falar diante da Assembleia da Sociedade das Nações em 3 de outubro de 1924, o presidente da Confederação Helvética, Joseph Motta, prestava esta homenagem ao papa desaparecido: "Se a humanidade chegar algum dia a suprimir a guerra — o que talvez ainda esteja longe —, é ao princípio de arbitragem, tal como foi proposto por Bento XV, que ficará a dever essa conquista, de valor inestimável".

Em Versalhes, apesar de diversas resistências — entre as quais a zombeteira de Clemenceau —, Wilson conseguiu que fosse admitido o princípio de uma *Sociedade das Nações* à qual pudessem aderir todos os Estados livres. Teria por finalidade impor a todos o respeito pelo direito dos outros, o recurso à conciliação e à arbitragem em caso de disputa, a renúncia aos armamentos excessivos e à diplomacia secreta. Previam-se sanções contra os agressores: econômicas e, eventualmente, militares. Com a sua Assembleia, em que cada Estado, pequeno ou grande, seria representado por um delegado, com o seu Conselho que se reuniria três vezes por ano, com o seu secretariado permanente, o seu tribunal permanente de Justiça internacional, os seus organismos internacionais para as questões do trabalho e outras, a construção wilsoniana tinha uma grande estrutura, e ia dispor, bem depressa, de um Palácio impressionante nas margens do Lago Leman, em Genebra. Mas, na prática, que força poderia ter essa organização, uma vez que não dispunha de um exército de policiamento internacional e que os Estados Unidos, pelo voto do Congresso, se dessolidarizavam do presidente Wilson, recusando-se a assinar os Tratados e a pertencer à Sociedade das Nações?

De qualquer modo, deveria ter parecido normal que a um tal empreendimento, baseado na reconhecida prioridade dos valores da justiça, ficasse associada a mais alta potência espiritual. Mas foi cuidadosamente excluída, por força da mesma hostilidade que se manifestara contra ela logo no princípio das negociações. Vendo agora as coisas à distância, pode-se perguntar se teria sido desejável que, tornando-se membro da Sociedade das Nações, a Santa Sé se envolvesse em questões meramente temporais, cercada de intrigas em que — o futuro não tardaria a mostrá-lo — as leis morais iam ser tratadas de maneira bem estranha. No momento, porém, os católicos julgaram com severidade essa exclusão e, concomitantemente, inclinaram-se a manifestar uma desconfiança sistemática pela instituição genebrina, "protestante e maçônica". Quanto a Bento XV, inicialmente afetado pelo ostracismo a que o lançavam, bem depressa adotou uma atitude aberta. Não só declarou aprovar e abençoar a Sociedade das Nações, como encarregou a União Católica dos Estudos Internacionais de estabelecer uma ligação permanente com a organização de Genebra, e, em pontos concretos, conseguiu até assentar as bases de uma colaboração entre a Igreja e a nova instituição.

Assim, foi com prazer que a Santa Sé viu alguns católicos ocuparem postos importantes na Organização Internacional do Trabalho, enquanto outros acompanhavam os esforços do organismo de cooperação intelectual. O Vaticano foi consultado quando se tratou de definir a sorte das missões nos territórios colocados sob mandato e quando se discutiu a situação jurídica dos Lugares Santos. Participou igualmente dos estudos sobre a reforma do calendário, que foi objeto de muita discussão após a guerra. E, em pontos de grande importância, chegou a tomar a iniciativa. Foi Bento XV quem denunciou a persistência da escravidão em diversas regiões da África e do mundo muçulmano, e quem lançou — foi um dos seus últimos atos — um apelo comovente a favor da ajuda à Rússia Soviética, então vítima de uma fome pavorosa[14].

Apesar de excluída das negociações oficiais, a Igreja encontrou-se, pois, graças à habilidade de Bento XV, oficialmente presente na paz que se elaborava. Uma paz que, por outro lado, o papa Della Chiesa julgou com uma lucidez que contrasta com o entusiasmo um tanto ingênuo a que tantos homens de Estado se deixaram arrastar. Ao passo que, seguindo Wilson, muitas vozes enfáticas anunciavam que acabava de se abrir uma era de paz eterna sob a égide da Sociedade das Nações, o Pai Comum, atento aos protestos que se erguiam contra o que os alemães chamaram o *Diktat* de Versalhes, levava o problema ao seu verdadeiro terreno. A uns jornalistas franceses que acabavam de visitá-lo, recordou, com aquela voz suave e baixa cuja firmeza impressionava todos os que a ouviam, que o seu mais imperioso dever era trabalhar pela reconciliação dos corações, evitando tudo aquilo que pudesse manter o ódio e alimentar o espírito de vingança. E, em 1920, dedicando a esse tema uma encíclica de admirável lucidez, *Pacem Dei munus*, fazia esta observação melancólica: "Se foram assinados alguns tratados de paz, a verdade é que não se suprimiu o germe das antigas discórdias". Tal como a águia que figurava nas suas armas de família, Giacomo della Chiesa via claro. Infelizmente, o futuro ia dar-lhe razão.

Uma política aberta: o restabelecimento das relações com a França

Quando os tratados foram rubricados, restavam a Bento XV menos de três anos de vida. Esse tempo tão curto, utilizou-o ele da melhor maneira, simultaneamente para trabalhar pela reconciliação geral e para firmar novamente a presença da Igreja onde quer que fosse possível. Iniciou-se uma política nova, que seria a dos pontificados seguintes: política de abertura, que visava alargar as perspectivas e iria conseguir resultados importantes.

Um primeiro gesto, espetacular e significativo, teve lugar logo nos começos de 1919. O presidente Wilson viajou à Europa e visitou todas as capitais, entre as quais Roma. Houve quem perguntasse se o papa manteria o princípio estabelecido por Pio X, isto é, se o ilustre visitante veria fecharem-se para ele as portas do Vaticano no caso de ser recebido pelo rei da Itália[15]. Muito prudentemente, Bento XV decidiu que não haveria nenhum problema. Recebeu Wilson na sua biblioteca privada e conversou com ele cerca de vinte minutos. O gesto pareceu tanto mais admirável quanto é certo que, na tarde do mesmo dia, uma assembleia em que havia representantes de todas as seitas protestantes na Itália recebia igualmente o presidente norte-americano. Essa magnanimidade papal foi até interpretada por diversos jornais como prova de que vinham sendo entabuladas negociações secretas para que os Estados Unidos assumissem ou fizessem internacionalizar a "Lei das Garantias", boato que o Secretário de Estado desmentiu. No ano seguinte, foi oficialmente anunciado que, sem renunciar aos direitos históricos que herdara, o papa abrogava o protocolo do seu antecessor a fim de que, "ao proibir as visitas dos soberanos católicos a Roma, não se tornem impossíveis encontros tão úteis à paz". Decisão inteligente e generosa, à qual se seguiu pouco depois o anúncio da próxima vinda à Cidade Eterna do rei dos belgas, Alberto, com a rainha, visita que só a morte impediu Bento XV de acolher.

Este alargamento de perspectivas, tão de admirar em toda a atitude do papa, em nenhum caso teve prova tão clara como no que toca à espetacular reconciliação com a França. A situação no país tinha mudado muito. O virulento anticlericalismo dera lugar, na opinião pública, a sentimentos bem diferentes. A "união sagrada" do tempo da guerra permitira aos adversários conhecerem-se melhor. Nas trincheiras, católicos e anticlericais tinham chegado frequentemente a formar amizades. Parecia difícil tratar como cidadãos de segunda classe esses padres e religiosos que unanimemente tinham dado provas do seu patriotismo, e dos quais mais de cinco mil tinham morrido pela França, enquanto tantos outros — como o cardeal Amette ou mons. Baudrillart à cabeça — tinham ajudado os poderes públicos em campanhas de opinião ou mesmo em missões delicadas. Políticos conhecidos por "laicos" convictos, especialmente Aristide Briand e Anatole de Monzie, faziam campanha em prol do reatamento das relações diplomáticas com o Vaticano e do abrandamento da Lei de Separação.

Essa alteração do estado de espírito dos dirigentes da IIIa. República foi levada ao conhecimento de Bento XV pelo discreto enviado que tinha em Paris durante as negociações de paz: mons. Cerretti. O papa viu imediatamente a importância do fato e as consequências que daí podia tirar. O afundamento da Austro-Hungria católica tornava indispensável que a França voltasse a desempenhar o seu antigo papel de grande potência católica. Só ela podia agora ajudar seriamente as missões e proteger os católicos no Oriente Médio. Mons. Cerretti cuidou, pois, de manter contatos com diferentes políticos franceses. Frequentou bastante o palacete da rua Férou, onde vivia Monzie.

O Vaticano deu ao governo francês sinais inequívocos de boa vontade, principalmente a propósito da Alsácia-Lorena, onde o clero foi aconselhado a não levantar dificuldades a propósito da manutenção da Concordata, e onde a nomeação dos bispos de Estrasburgo e de Metz foi feita de acordo com Paris. Também em Marrocos a boa vontade romana se manifestou pela designação de um vigário apostólico francês. Finalmente, dois sinais de benevolência do papa foram particularmente sensíveis aos corações franceses: Bento XV canonizou, uma após outra, duas das mais santas figuras da história da França: *Margarida Maria Alacoque*, a mística que foi uma das iniciadoras do culto ao Sagrado Coração, e *Joana d'Arc*, que tantas vozes, durante aqueles quatro anos, invocaram como a santa da Pátria. A cerimônia de 16 de maio de 1920 revestiu-se de uma solenidade muito especial. O Governo da República decidiu fazer-se representar por um delegado oficial que teria categoria de embaixador — um membro eminente da Academia Francesa, o historiador Gabriel Hanotaux. Quarenta e três cardeais e trezentos bispos tomaram lugar no coro de São Pedro, para ouvirem o Santo Padre proclamar a vítima da fogueira de Rouen "autêntica mensageira dAquele que criou o mundo, santa de Deus"[16].

A reconciliação estava à vista. As primeiras bases de um acordo tinham sido lançadas por mons. Touchet, bispo de Orleáns, grande promotor da canonização de Joana d'Arc. O prelado aproveitou todas as ocasiões para explicar a Roma que Paris estava cheia de boa vontade e, na França, que Bento XV não era o "Papa *boche*" que se dissera. Abriram-se negociações, conduzidas do lado francês pelo encarregado de negócios Doulcet e, em representação do Vaticano, por D. Eugenio Pacelli. O restabelecimento das relações diplomáticas foi decidido sem dificuldade, embora tenha havido algumas resistências na Câmara dos Deputados e no Senado, que foram vencidas por Aristide Briand. E, enquanto o embaixador Jonnart retornava a Roma, onde se instalou no Palácio Taverna, D. Maglione voltava a ocupar, em 1922, o palacete parisiense da nunciatura.

Dado esse primeiro passo, seguiu-se outro. Era preciso dotar a Igreja da França de um estatuto legal. Como Pio X rejeitara as Associações Cultuais, a situação dos edifícios do culto era bastante incerta. Por outro lado, um certo movimento de opinião, apoiado pela Associação dos Religiosos Antigos Combatentes, queria que fosse revisto o estatuto das congregações religiosas. Um padre que era bom diplomata, Ferdinand Renaud[17], foi encarregado por Bento XV de preparar novos acordos e entrou em contato com os principais homens públicos franceses, designadamente Aristide Briand, que era ajudado por grandes juristas, como Henri Barthélemy. E estabeleceu-se um acordo, cujo texto foi examinado e corrigido pelo próprio papa.

Seria mantida a legislação republicana — "de modo nenhum quero fazer vir a Canossa a República francesa", disse prudentemente Bento XV —, e o papa reconheceria graciosamente ao governo francês o direito de *"regard"*[18] sobre as nomeações episcopais, como se existisse um acordo. Do lado francês, fechar-se-iam os olhos ao retorno dos religiosos e religiosas de diversos hábitos e à reabertura de numerosas escolas congreganistas. No que diz respeito às "cultuais", não eram mais reconhecidas do que no tempo de Pio X, mas, graças à hábil obstinação de mons. Cerretti, chegou-se a uma fórmula análoga à das "cultuais canônico-legais", outrora consideradas aceitáveis pelo episcopado francês: foram as Associações Diocesanas, às quais o Conselho de Estado concedeu um estatuto legal.

Criava-se assim na França um novo regime, que punha termo a uma situação ambígua. (Bento XV não chegaria a vê-lo funcionar, pois a sua morte se deu por ocasião da assinatura definitiva dos documentos). Alguns católicos consideraram o acordo insuficiente e manifestaram o desejo de que se preparasse uma verdadeira Concordata. Mas a prova de que não faltavam aspectos positivos a esse regime é que, apesar dos abalos da política francesa e das operações anticlericais do Bloco das Esquerdas e da Frente Popular, ele ainda perdura[19].

Bento XV e as questões italianas

Também na Itália Bento XV quis aproveitar a ocasião do grande movimento renovador que se dava em todos os campos, como consequência da guerra, para reforçar a autoridade da Santa Sé e aumentar a influência da Igreja. Duas questões estavam por resolver: a das relações do papado com o Estado italiano, e a da participação dos católicos na vida política do país. Em ambos os casos, as decisões e as indicações de Bento XV prepararam o futuro.

Quando fora eleito para o trono pontifício, a sua atitude para com os "espoliadores" não diferira da dos seus predecessores. Não tinha dado a bênção *Urbi et Orbi* do alto da *loggia* exterior da Basílica e, desde esse dia, não saíra uma única vez do Vaticano, manifestando assim que ainda continuava a considerar-se prisioneiro, embora quase sempre evitasse aludir a essa situação. Mas as dificuldades que a guerra lhe tinham causado nas suas relações com os Estados católicos tinham-no persuadido das vantagens que a sua missão espiritual tiraria, no seu exercício, de uma reconciliação com o Quirinal.

Já durante as hostilidades, uma comissão de cardeais examinara a questão de saber sob que condições seria possível um *modus vivendi*. No próprio momento em que o governo italiano, como vimos, punha o veto a qualquer intervenção da Santa Sé nos tratados de paz, tinham-se feito alguns contatos secretos entre emissários das duas potências. A seguir à guerra, esses contatos prosseguiram: em Paris, onde mons. Cerretti tratou dessa matéria com diplomatas italianos, e em seguida em Roma, onde o advogado consistorial Pacelli (irmão do núncio na Alemanha), futuro negociador dos acordos de Latrão, efetuou conversações cujos detalhes ainda se desconhecem. Em 1921, o *Messagero*, então o grande jornal da esquerda, aludiu ao assunto, fazendo votos para que em breve se entabulassem negociações, e o *Tempo*, jornal liberal que apoiava o governo, escrevia: "É preciso encontrar uma solução para esta velha e incômoda questão romana".

Ao menos na outra questão, o papa pôde resolver alguma coisa. O *non expedit* que, desde Pio IX, proibia os católicos italianos de participarem na vida política a não ser no âmbito municipal, já tinha sido muito atenuado por Pio X[20]. Os bispos não se privavam de usar da permissão que lhes fora dada de autorizar católicos a candidatarem-se às eleições, e os eleitores a votarem neles. O "Pacto Gentinoli" permitira até que entrassem no Parlamento numerosos "católicos deputados". Também neste ponto, a experiência da guerra mostrou a Bento XV que era impossível permanecer para sempre numa situação ambígua: quando se tratou da entrada da Itália na guerra ao lado dos Aliados, os católicos, pouco favoráveis à intervenção — como, aliás, o papa —, não conseguiram fazer triunfar a sua opinião. Por isso, quando houve novas eleições após a assinatura do armistício, a Sagrada Penitenciaria anunciou oficialmente que ficava abrogada a norma do *non expedit*. Daí em diante, os católicos italianos, cujos votos podiam ser decisivos, passariam a participar na política.

Lançou-se imediatamente a ideia de os agrupar num partido sólido, para que fossem plenamente eficazes. Recordemos a desconfiança com que Leão XIII e Pio X tinham encarado os partidos católicos, especialmente os que arvoravam a bandeira da democracia cristã[21]. Bento XV deixou de lado essa desconfiança. Era no quadro de um regime democrático que os católicos teriam de agir: proibi-los de falar em nome de princípios democráticos seria paralisá-los.

Nos últimos tempos da guerra, considerando como coisa certa o feliz desfecho do conflito, alguns homens, na maioria antigos membros da Obra dos Congressos, resolveram preparar a criação de um partido democrata-cristão destinado a reunir os católicos, não já num plano apenas religioso e apostólico, tal como na União Popular, mas no de uma ação política. Os promotores eram o conde Grosoli, que fora presidente da Obra dos Congressos, o jornalista Montini, que estava à frente da União Eleitoral, o conde Santucci e, sobretudo, *D. Sturzo*, que, depois que a Obra terminara, ocupava um posto-chave no secretariado geral de uma das grandes centrais católicas[22]. A bem dizer, foi este sacerdote de grande finura, prudente, modelo do que Montaigne designa por "cabeça bem feita", o verdadeiro animador do empreendimento. Pelas suas virtudes e pelos seus talentos de orador, de escritor e ao mesmo tempo de organizador, Sturzo conquistou imediatamente uma autoridade moral considerável no movimento em vias de nascer. A Itália ia habituar-se a contar com esse homem de ação e místico, franzino, a face sulcada de rugas e os olhos faiscantes de coragem e talvez de gênio.

A questão foi exposta por D. Sturzo e os seus amigos ao Secretário de Estado do Vaticano e depois ao próprio papa: o projeto de um tal partido seria bem visto nas mais altas esferas? A resposta foi favorável. Em 17 de novembro de 1918, treze dias após o armistício austro-italiano, D. Sturzo anunciava em Milão o nascimento do *Partido Popular Italiano* (PPI); e, a 18 de janeiro de 1919, era proclamada oficialmente a sua constituição. O novo partido inspirar-se-ia nos princípios da doutrina católica e especialmente, em matéria social, na *Rerum novarum*; mas não seria confessional.

Pouco depois, publicava-se um programa em doze pontos, talvez demasiado amplo, mas que logo de entrada propunha ao novo grupo os ideais mais nobres em matéria de justiça social, de moral internacional, de organização administrativa. Em certos pontos, assumia até posições tão audaciosas que, quarenta anos passados, a realidade ainda não conseguiu realizá-los todos, por exemplo quanto à reforma agrária e à partilha dos grandes latifúndios. Vitorioso nas eleições de novembro de 1919, em que obteve cem lugares, o Partido Popular ia passar, até 1922, pelo período mais brilhante da sua existência. Em abril de 21, obteve mais sete lugares. Conseguiu a aprovação — nem sempre a aplicação — dos projetos de lei que mais prezava e participou de alguns governos... Mas estava secretamente ameaçado por divergências entre os dois grupos que o constituíam: cristãos democratas avançados e burgueses conservadores. E os reacionários acusavam-no de promover um "bolchevismo branco".

A atitude de Bento XV em face do novo agrupamento foi de grande habilidade. Conhecia a fé e a fidelidade sincera dos dirigentes do PPI, mas não ignorava que, na Questão Romana, muitos se sentiam extremamente embaraçados, porque, não querendo condenar o regime que fizera a unidade italiana, receavam ter de desaprovar a atitude oficial do papado. Por outro lado, com extrema finura, o papa percebeu que o Partido Popular não devia de modo algum ser olhado como se estivesse submetido às diretrizes da Santa Sé. Era por isso que, quando lhe perguntavam o que pensava dos membros do novo partido, respondia simplesmente: "Nunca entraram no Vaticano; nunca entrarão". O que era da sua parte a constatação de um fato, mas não uma desautorização. De resto, ainda que o fosse, não seria tomado a sério, dadas as relações pessoais que mantinha com alguns chefes do PPI, nomeadamente Santucci e Grosoli.

Essa atitude prudente ia ter felizes consequências mais tarde, quando o regime democrático italiano, dividido contra si próprio, caminhasse para a ruína, deixando pela sua fraqueza que um grupo mais vigoroso, mais duro, ultrapassasse todos os partidos de tipo clássico: o partido dos "*fasci* ['feixes'] de combatentes", em que se juntavam os elementos mais ardentes dos antigos soldados da Grande Guerra, entre os quais as decepções da paz faziam crescer o rancor. Bento XV já não veria a chegada ao poder do fascismo, mas é indubitável que o observador penetrante da política que ele era não teria deixado de prever essa peripécia da história. Prova-o um pormenor factual[23].

No verão de 1921, no momento em que a situação degenerava rapidamente em toda a Itália, em que a moeda se afundava, o custo de vida subia, os operários em greve ocupavam as fábricas e os bandos de comunistas atacavam oficiais; no momento em que a propaganda bolchevista anunciava a iminente sovietização do país — o chefe dos *fasci*, *Benito Mussolini*, pronunciava um discurso em que convocava os italianos a regressarem à sua grandeza e declarava que a universalidade de Roma se devia, em grande parte, à irradiação do papado. Era um claro apelo que dirigia a Roma, à Santa Sé, e correu o boato de que tinha sido aconselhado por um eminente jesuíta, seu amigo, o pe. Tacchi-Venturi.

Pouco depois, Mussolini pedia ao conde Santucci — que começava a sentir-se inquieto com a orientação esquerdista de uma parte do PPI — que marcasse um encontro com alguma personalidade qualificada do Vaticano. Envolto em grande segredo, o encontro deu-se no Hotel Santucci, situado na Piazza della Pigna: entrevistaram-se o cardeal Gasparri e o futuro Duce. Este perguntou àquele que condições a Santa Sé imporia para solucionar a Questão Romana, se, um dia, o movimento dos *fasci* chegasse a dirigir a política italiana. Foi o primeiro passo para a *Conciliazione*, que, oito anos mais tarde, o mesmo cardeal iria estabelecer com o novo regime, dirigido pelo antigo deputado da Romagna. É de justiça prestar homenagem àquele que deu esse passo: Bento XV.

A Igreja, presente em toda a parte

A hábil eficácia demonstrada por Bento XV nas questões da França e da Itália revelou-se em todos os setores em que interveio, ou seja, praticamente em toda a parte. Com efeito, não houve país em que não se assistisse, durante os breves anos em que Bento XV pôde agir, a intervenções felizes do papa Della Chiesa, todas visando reintroduzir a Igreja no grande cenário político e a tornar sensível a sua presença, mesmo onde parecia ter sido definitivamente barrada. No limiar dos anos vinte, a nova Europa, cujas estruturas iriam mostrar-se tão frágeis, estava ainda aureolada de promessas. Nela se firmavam jovens forças católicas, dispostas a participar na construção do que se desenhava como um fascinante futuro. Bento XV viu perfeitamente que a situação oferecia boas hipóteses à catolicidade, e, para as explorar, empreendeu uma ação cuja amplitude e multiplicidade seriam suficientes para situar essa esguia e frágil figura num lugar de primeiro plano na história do papado contemporâneo.

Em vários países, essa afirmação da presença católica não suscitou grandes dificuldades. A Bélgica, cuja sorte trágica enchera de angústia o coração do papa durante a guerra, não tardou a reerguer-se das ruínas. A Igreja, que, sob a prestigiosa influência do cardeal Mercier, fora um dos bastiões da resistência ao invasor, encontrou-se naturalmente associada a esse renascimento e o partido católico belga, embora tivesse perdido a maioria absoluta no Parlamento, conseguiu conservar um católico à frente do governo. De 1919 a 1922, foram aprovadas leis sociais e financeiras que se situavam na linha da *Rerum novarum*. Ainda não eram visíveis os problemas que iam agitar o reino daí a pouco: a formação de uma esquerda democrática e a progressiva "flamenguização".

A Suíça, onde, durante a guerra, Bento XV encontrara numerosos apoios para as suas ações de caridade, designadamente por meio da Missão Católica Suíça dos Prisioneiros, de Friburgo, viu o catolicismo iniciar progressos constantes que continuariam até nós; pouco a pouco, ganharia mais força do que o protestantismo. A nomeação de um bispo notável, mons. Besson, para a sé de Lausanne e de Genebra, feita pelo próprio papa em 1920, não foi alheia a essa progressão.

Na Espanha, onde a situação política era, no entanto, tudo menos pacífica, e onde os vermelhos retomavam contra o clero uma ação terrorista, de que foi vítima o arcebispo de Barcelona, o rei Afonso XIII quis proclamar com brilho que o seu país voltara verdadeiramente a ser o reino católico de outros tempos: para agradecer a Deus ter preservado o seu país dos sofrimentos da guerra, consagrou a Espanha ao Sagrado Coração.

A mesma política de reconciliação foi levada a cabo em Portugal — esse Portugal que acabava de receber do céu, a 13 de maio de 1917, a misteriosa mensagem de Fátima[24] —, onde as eleições deram lugar a uma expressiva representação católica e a presidência de Sidónio Pais abriu uma nova era. Bento XV aproveitou a oportunidade para restabelecer relações diplomáticas com Lisboa, enquanto se "punha na gaveta" a Lei de Separação, se libertavam os padres presos e se normalizava o exercício do culto. Breve clareira, infelizmente, pois as desordens logo voltaram a sacudir a frágil República quando, passado apenas um ano no cargo, o presidente Sidónio Pais caiu assassinado e os repetidos golpes de Estado estabeleceram de novo na vida política uma insegurança da qual o país só viria a sair em 1926.

A Alemanha começou por suscitar inquietações análogas, ou ainda piores. A derrota militar foi seguida de um movimento revolucionário que parecia submergir todo o país. Conduzido por Liebknecht e Rosa Luxemburgo, o movimento *Spartakus* levantou os marinheiros do Báltico e os operários de Berlim; parecia estar próxima a bolchevização. Mas, em meados de janeiro de 1919, o Exército, que permanecia forte, e um homem de ferro, Noske, aniquilaram os revolucionários, que não tinham sabido explorar as suas oportunidades. Uma Assembleia nacional, reunida em Weimar, estabeleceu uma República democrática liberal. Bento XV apoiou o máximo possível essa República de Weimar. Foi tomada uma decisão significativa: a transferência da nunciatura apostólica de Munique para Berlim, capital imperial. Essa nunciatura continuou confiada ao grande diplomata que a ocupava desde 1917 e que iria continuar lá durante doze anos — D. Eugênio Pacelli. A diplomacia vaticana atuou no sentido de impedir que os vencedores esmagassem a Alemanha e esta fosse readmitida no concerto das potências.

Aliás, nessa nova Alemanha, o partido católico parecia ter grandes possibilidades. O *Zentrum* tinha noventa deputados, que representavam um quinto dos membros da Constituinte. O seu líder, *Erzberger*, simples professor de instrução primária da Floresta Negra, clarividente e dedicado, era uma das personalidades mais brilhantes da vida política alemã. Na Constituição aprovada em 11 de abril de 1919, os católicos conseguiram que lhes fossem reconhecidos, sob a rubrica "direitos fundamentais", a liberdade e a paridade totais que reclamavam havia mais de um século. Aprovaram-se as leis em que era clara a influência do catolicismo social. E os *Katholikentage* alcançaram nas suas reuniões anuais cifras prodigiosas — mais de 500 mil —, sob a presidência do prefeito de Colônia, *Konrad Adenauer*. Na realidade, porém, a situação não era tão favorável como parecia.

Humilhados pela derrota, os alemães suportavam mal ter à sua frente um burguês de cartola em vez de um general de capacete pontudo, e faziam de Erzberger um bode expiatório, por ter assinado pessoalmente o armistício de Rethondes (em vez de impor aos generais vencidos que o fizessem); o ódio contra ele atingiu tal violência que acabaram por assassiná-lo. Quem o substituiu foi também um católico, Wirth, mas o aviso fora sério. Outro aviso veio da católica Baviera. Sob o pretexto de que, para fazerem crescer o partido, os chefes do *Zentrum* aceitavam protestantes e, associando-se aos socialistas, abriam as portas à revolução, os deputados bávaros fizeram uma dissidência e fundaram o Partido Popular Bávaro, *Bayerische Volkspartei*, que bem depressa se mostrou singularmente aberto às mais violentas teses nacionalistas. Com isso, surgiam graves ameaças para o futuro. Mas, quando Bento XV morreu, essas ameaças estavam bem longe de se meter pelos olhos dentro.

O interesse do papa não podia deixar de se fixar na Europa central, onde o desaparecimento do Império dos Habsburgos deixava espaço livre para um mosaico de Estados cujo futuro muita gente achava grandemente incerto. Logo que foram assinados os tratados de Saint-Germain e do Trianon entre os Aliados e a Áustria e a Hungria, desde então separadas, Bento XV não ocultou aos colaboradores mais chegados o que pensava da balcanização do mundo danubiano. As relações entre a Santa Sé e a dúplice Coroa nem sempre tinham sido boas; mas essa destruição de uma grande potência católica constituía um recuo para o catolicismo. A Áustria, convertida agora numa "anã disforme", de oitenta mil quilômetros quadrados e menos de sete milhões de habitantes, foi objeto de diversos gestos de simpatia por parte do papa: recebeu o chanceler Renner com uma solenidade e uma benevolência intencionais, entregou-lhe uma soma importante para aliviar as misérias do seu povo, que eram grandes, e evocou num discurso o burgomestre Lueger e a obra realizada pelo Partido Social Cristão por este fundado[25] e que continuava a deter o primeiro lugar na política do país.

Na Hungria, os acontecimentos tomaram a princípio uma feição mais terrível. Exasperada pela miséria, ferida no seu orgulho pela situação que lhe era imposta, a ela, velha nação histórica, abandonada às arrogâncias e ao domínio dos próprios povos que lhe tinham estado submetidos, a nação magiar deixou-se embalar pelo sonho de que o comunismo poderia salvar a integridade territorial do país de Santo Estevão. Cento e trinta e três dias de ditadura vermelha, sob a férula de Béla Khun, e o terror que esmagou numerosos padres, abriram-lhe os olhos. Quando as tropas romenas, que avançaram até Budapest, varreram o regime comunista e o arquiduque José, afastado pelos Aliados, foi substituído pelo almirante Horthy, que assumiu o poder, a Hungria sentiu-se ainda mais magoada, ainda mais mortificada. Bento XV enviou-lhe então, como núncio, um homem notável, D. Schioffa, ao mesmo tempo diplomata, organizador e apóstolo infatigável da caridade. Foi ele que ajudou poderosamente a constituir um partido social-cristão húngaro que, até à Segunda Guerra Mundial, iria desempenhar um grande papel na vida política do país.

Mas, ao mesmo tempo que se mostrava ativamente benevolente para com os vencidos, Bento XV soube também estabelecer em bases sólidas as relações da Igreja com os jovens Estados que acabavam de se formar. A Checoslováquia foi reconhecida oficialmente pela Santa Sé, e desde muito cedo; o arcebispo de Praga passou a ter autoridade de Primaz. Nasceu um partido popular católico, ao qual se filiaram numerosas associações em que militava uma juventude entusiasta. Apesar da presença no governo de vários maçons, como Benès, a ascensão do catolicismo nesse novo Estado parecia irresistível. As campanhas *Los von Rom* e a propaganda a favor de uma "Igreja nacional", que afirmava estar ligada aos antigos hussitas, tiveram pouco êxito. Estabeleceram-se relações diplomáticas com a Romênia e o núncio assistiu à coroação do rei Carol. O governo de Belgrado, por sua vez, manifestou-se desejoso de chegar a um perfeito entendimento com a Sé Apostólica; a nova Iugoslávia possuía agora no seu seio amplas massas católicas, croatas e eslovenos, e o Vaticano enviou uma missão para estudar os problemas suscitados pela nova situação.

Até com a Rússia soviética Bento XV não desesperou de estabelecer relações. A calorosa participação do Vaticano na campanha internacional de combate à fome que aí grassava, assim como o envio de uma missão oficial de assistência foram apenas um aspecto de uma política de visão mais profunda. Fez-se no Vaticano um esforço de estudo e prospecção, prolongado por observadores enviados à Rússia, a fim de preparar um possível reatamento das relações diplomáticas. Ao mesmo tempo, trabalhava-se na reorganização da Igreja Católica russa. O campo estava agora mais aberto, uma vez que a Ortodoxia deixara de ter o título de religião oficial. Aliás,

Bento XV atendeu ao apelo de altos dignitários da Igreja russa, que o informavam da pavorosa perseguição de que era vítima a religião ortodoxa e lhe pediam que interviesse. Efetivamente, a Secretaria de Estado fez uma diligência junto de Lênin, à qual o comissário do povo para as Relações Exteriores, Tchitcherin, respondeu com um longo memorial, que o Vaticano teve a elegância de publicar no *Osservatore Romano*.

Quer dizer: nos três anos que se seguiram ao restabelecimento da paz, a Igreja manifestou a sua presença em toda a Europa. Se pensarmos que, nesse momento, Bento XV, ao criar a Congregação para as Igrejas Orientais e o Instituto dos Estudos Orientais[26], dava um novo impulso à ação da Igreja em todo o Oriente Médio; que, com a *Maximum illud*, abria um novo campo às missões[27]; que intervinha nos Estados Unidos, nomeadamente patrocinando e recebendo pessoalmente os Cavaleiros de Colombo, que estavam prestes a tornar-se a ala avançada do catolicismo americano[28] — é difícil não reconhecer no frágil papa Della Chiesa o herdeiro de Leão XIII e o anunciador de Pio XI, do papa que, em tão ampla medida, iria seguir-lhe as pisadas.

O prestígio da Sé Apostólica saiu mais forte desse pontificado que alguns pretendem ter sido mortiço. Ao anunciar a criação de uma embaixada holandesa junto do papa, o presidente do Conselho, o protestante Van der Linden, declarava perante o Parlamento da Haia: "Não existe hoje nenhum centro político mais importante que o Vaticano para exercer influência no interesse da paz. O papado faz verdadeiramente parte das grandes potências".

Pio XI, papa dos acordos

O caminho indicado por Bento XV iria ser seguido pelo seu sucessor com toda a energia de uma personalidade excepcionalmente forte. Política "aberta", decidida a restabelecer contato com os homens do seu tempo — eis o que anunciava o primeiro gesto público que Pio XI realizou: a bênção *Urbi et Orbi* que, a 6 de fevereiro de 1922, no princípio da tarde, logo a seguir à eleição, deu à multidão, do alto da *loggia* exterior da Basílica de São Pedro, e não da galeria interior, como tinham feito os seus três predecessores. O gesto causou em todo o mundo uma enorme sensação.

Como Bento XV, Pio XI procuraria restabelecer em toda a parte a presença da Igreja, tirando partido da situação do pós-guerra; mas, a essa intenção, inspirada por um empirismo clarividente, o novo papa acrescentaria uma outra, bem mais vasta, que lhe era imposta pela concepção grandiosa que tinha da missão da Igreja, essa que o seu núncio na França, mons. Cerretti, formulava ao falar de "soberania espiritual"[29]. Ao mesmo tempo, portanto, em que ia fechar, com brio, o período de estabilização e de reordenação que fora o dos anos imediatos à guerra, o papa prepararia o terreno sobre o qual a Igreja, como ele pressentira, teria de travar outras lutas, nas quais seria posta em causa precisamente a soberania do espiritual.

Nada mais significativo desse duplo desígnio do que a política de acordos diplomáticos que Pio XI levou a cabo durante a primeira metade do seu pontificado. Talvez essa política tenha sido sugerida por um precedente histórico. A seguir à crise da Revolução e do Império francês, um grande homem de Igreja, que era também grande homem de Estado, o cardeal Consalvi, tinha utilizado de modo sistemático um instrumento diplomático fácil para restaurar os direitos e a autoridade da Santa Sé: a Concordata[30]. Tanto Pio XI como o prudente conselheiro que manteve ao seu lado como Secretário de Estado, o cardeal Gasparri, compreenderam bem a lição.

O estado da Europa não deixava de ser análogo àquele por que passara cem anos antes. Tal como a seguir ao tratado de

Viena, procurava-se chegar a um novo equilíbrio, e os Estados tinham interesse em assegurar o apoio do Vaticano. Para mais, bom número deles, criados havia pouco ou pelo menos ressuscitados, preocupavam-se em organizar as suas igrejas, para o que precisavam de Roma. A ocasião era boa para o papado pôr em prática certos propósitos que trazia no coração. Já Bento XV obtivera resultados prometedores em diversos pontos da Europa. Pio XI iria mais longe.

Iniciou-se, pois, uma política sistemática de concordatas, coroada de grandes êxitos. Durante os dezessete anos do pontificado, foram assinados quinze acordos, entre convenções solenes ou *modi vivendi*, aos quais devemos acrescentar a Concordata com Portugal, preparada por Pio XI, mas assinada imediatamente após a sua morte. Nenhum Sumo Pontífice concluíra tantos desses tratados: Letônia, Baviera, Polônia, Lituânia, Checoslováquia, Itália, Romênia, Prússia, Baden, Áustria, o *Reich* alemão... Só esta lista dá uma ideia do esforço realizado. E ainda falta acrescentar países não europeus, como o Equador. Cada um desses tratados suscitou problemas particulares, exigiu soluções diferentes. Todos foram relativamente satisfatórios — uns mais, outros menos. O melhor foi o que se assinou com a Áustria. Alguns deixaram subsistir algumas dificuldades, como a Concordata polonesa de 1925, que não acabou completamente com a tensão causada pela questão dos uniatas da Rutênia e da Ucrânia. E houve um fracasso: o da Concordata com a Iugoslávia, assinada em 1935, que não pôde ser ratificada porque a Igreja ortodoxa excomungou os que a tinham preparado.

Um dos êxitos mais assombrosos foi o que se obteve na Checoslováquia. A nova República era fortemente "laica" e os seus dirigentes, maçons e anticlericais, eram, no conjunto, hostis a qualquer concordata com a Santa Sé. Mas, como Praga tinha necessidade do Vaticano para resolver diversos problemas relacionados com o antigo regime administrativo da Igreja na Boêmia e na Eslováquia, acabou-se por assinar, em 1928, um *modus vivendi*: nele se formulavam os princípios para a delimitação das dioceses, para o funcionamento das ordens religiosas com sede em Viena e para a escolha dos bispos. A aplicação do acordo não foi nada fácil. Mas Pio XI iria manter, até à Segunda Guerra Mundial, boas relações com o governo de Praga, concordando, no ano de 1931, em substituir o arcebispo, notoriamente germanófilo, e proibindo os padres eslovacos de apoiar os autonomistas. Em troca, o governo pôs termo ao movimento de confisco dos bens eclesiásticos, que já tinha começado, abandonou *de facto* a Igreja hussita e até encorajou a celebração em Praga do primeiro Congresso Católico Internacional (1935). Belo exemplo da habilidade de que Pio XI deu provas em todas essas negociações.

A política de Concordatas não foi apenas notável pela audácia, flexibilidade e amplitude dos seus resultados. Foi-o, ainda mais, pelas novas características desses acordos, pois revelavam preocupações que Pio VII e Consalvi não haviam tido e mostravam como a autoridade da Santa Sé tinha crescido e como se precavia contra possíveis perigos. Os novos acordos não se limitaram a estipular o absoluto reconhecimento da liberdade de culto, o direito exclusivo da Santa Sé de nomear os bispos, salvo objeção política dos governos, e o reconhecimento legal das congregações religiosas. A Santa Sé foi mais longe e procurou constantemente impor aos governos regras muito estritas acerca das obras de Ação Católica, das escolas confessionais e dos seminários, bem como da legislação sobre o casamento. Em diversos países, foram até concedidas imunidades aos membros do clero quanto ao serviço militar ou mesmo em matéria judicial. Não se tratava somente de regular as relações de potência para potência, entre o Vaticano e os Estados, mas também de dotar a Igreja de meios próprios para barrar o caminho às forças adversas, quer nas instituições, quer nos costumes — numa palavra, de confirmar a sua "soberania espiritual".

Essa firmeza do desígnio foi, aliás, acompanhada por parte de Pio XI de uma grande compreensão dos desejos dos Estados com os quais negociou. Desde que ganhasse no essencial, não se importava de remanejar as circunscrições eclesiásticas para fazê-las coincidir com as novas fronteiras, de permitir ao clero que prestasse juramento de fidelidade aos governantes que o reclamassem, de aceitar, como na Polônia, a partilha das terras da Igreja, ou até de proibir os padres de militarem num partido político, ou de conceder, como na Romênia, que toda a hierarquia fosse nacional. Decisões a que não faltava audácia e que, de momento, nem sempre foram compreendidas. Todas elas traziam a marca de um grande espírito.

Três desses acordos pareceram suscitar reservas por parte dos "liberais", nomeadamente daqueles que admiravam em Pio XI sobretudo o fato de ter denunciado tão vigorosamente os erros dos diversos totalitarismos: por que fora ele aceitar entender-se com Estados cujos princípios eram tudo menos democráticos? A questão foi formulada a propósito da Concordata italiana que se seguiu aos Acordos de Latrão que puseram fim à Questão Romana, bem como da Concordata concluída com o "III° Reich" hitlerista, e mesmo daquela que, preparada pelos acordos de 1928 e 29, depois negociada durante os sete últimos anos de vida por Pio XI, foi assinada pelo seu sucessor, a 7 de maio de 1940, com o Portugal de Salazar.

Neste último caso, a maneira como o acordo foi estabelecido e, desde então, aplicado, revela de um modo muito significativo as intenções profundas do grande papa. É, sem dúvida, inteiramente falso assimilar aos regimes totalitários aquele que um golpe de estado militar instaurou em Lisboa, em 1926, após uma agitação sangrenta em que o parlamentarismo se afundara. O *Estado Novo*, animado desde 1928 por um grande estadista, o professor *Oliveira Salazar*, que em julho de 1932 se tornou presidente do Conselho, opunha-se formalmente às ideologias democráticas e parlamentares, mas não aceitava nenhum dos princípios do fascismo nem do nazismo. Dirigido por um católico fervoroso, discípulo de La Tour du Pin e dos católicos sociais franceses, instalado no poder quando se dava um verdadeiro renascimento do catolicismo, a que não eram alheias as aparições de Fátima (1917), o regime salazarista perfilhava os preceitos cristãos e visava restaurar as instituições que o cristianismo sempre defendeu: a família, a profissão, a pátria. A Concordata bem poderia, pois, consagrar uma espécie de união íntima entre os dois poderes.

Nada disso. De pleno acordo, Pio XI e o presidente Salazar mantiveram a separação da Igreja e do Estado e proclamaram a total independência mútua. Haveria cooperação entre os dois poderes — aliás, nem sempre sem dificuldades —, mas nenhuma submissão de um para com o outro. A soberania espiritual não se comprometeria com o temporal. E o cardeal *Manuel Gonçalves Cerejeira*, que assumiu o patriarcado de Lisboa no preciso momento em que entrava no governo o seu antigo colega da Universidade de Coimbra, o seu amigo Salazar, nunca deixaria de lembrar a tese da Igreja, base da Concordata, nem de a encarnar efetivamente na sua atitude: "separação e liberdade"[31].

O acordo concluído pelo papa da *Mit brennender Sorge* com o governo de Hitler parece mais surpreendente. Terá sido resultado de um erro? De modo algum. Teremos de considerá-lo como uma aprovação do regime hitlerista? Também não. Sob a República de Weimar, a influência dos católicos fora considerável. Por várias vezes, o *Zentrum* fornecera os chanceleres — Fehrenbach, Wirth, Brünning, Wilhelm Marx —, e o pe. Heinrich Brauns exercera por muito tempo o cargo de ministro do Trabalho; além disso, os "prelados políticos" Lauscher e Kaas exerciam grande influência, nem sempre de acordo com os modos de ver da hierarquia. Era normal que a Santa Sé aproveitasse essa situação favorável para negociar acordos, o que fizera com diversos dos *Länder* que constituíam a Alemanha: Baviera, Baden-Baden e, sobretudo, a Prússia — o que lhe tinha permitido criar o bispado de Berlim.

No entanto, quando o regime republicano, minado por dentro, ruiu sob os golpes de Hitler (janeiro de 1933), Pio XI, que sabia bem os perigos que a doutrina nacional-socialista fazia correr ao catolicismo (tinha até excomungado aqueles que a proclamavam), não afastou, logo à primeira, as ofertas de negociação que em nome do novo regime lhe fez o vice-chanceler Von Papen, aliás católico muito conhecido. Tal como escreveu D. Gröber, bispo de Friburgo, muitos católicos alemães desejavam um *modus vivendi* com o nacional-socialismo a fim de refrear a ação dos elementos hostis à Igreja, talvez sem compreenderem de todo que isso era capaz de levar a massa dos católicos, já inclinados ao nacionalismo e ao militarismo, a aderir ainda mais aos camisas-marrons. Quanto a Pio XI, estava perfeitamente consciente do perigo de tal operação, mas, dizia ele, "quando se trata de salvar as almas, sentimo-nos com coragem para negociar nem que seja com o Diabo". As negociações iniciadas com a República de Weimar, mas que a oposição conjunta da esquerda e dos protestantes fizera com que se arrastassem, ganharam um bom ritmo: em julho de 1933, estavam concluídas. No papel, a Concordata alemã era uma das mais satisfatórias do Pontificado: não só proclamava a total liberdade da Igreja, mas reconhecia os seus direitos e prerrogativas, tais como o ensino da religião católica nas escolas públicas e a admissão das congregações.

Com esse acordo, é evidente que o regime nacional-socialista ganhava prestígio internacional: passava a ser reconhecido pela mais alta potência espiritual. Mas a Igreja ganhava muito mais: a Concordata podia ser violada — neste ponto, Pio XI não tinha ilusões —, mas permitia aos católicos baterem-se apoiados em posições incontestáveis. No momento mais dramático da luta que em breve se travaria entre o III° Reich e a Igreja, o cardeal Faulhaber exclamava: "A Concordata assinada em 1937 é um tratado livremente assinado e de pleno acordo. Portanto, não é possível rasgá-lo nem violar as suas convenções sem faltar à honra". Foi por isso que Hitler veio a confessar um dia que estava arrependido de ter assinado o pacto. Mas o cardeal Pacelli, um dos que elaboraram a Concordata, declarava ao embaixador da França, Charles-Roux, que, quanto a ele, nunca lamentara que ela tivesse sido feita. E dizia: "Sem ela, não teríamos tido nenhum instrumento jurídico para os nossos protestos".

"Conciliazione"

De todos os acordos que Pio IX assinou, os mais importantes, aqueles que com maior fulgor consagraram a sua política, foram os que concluiu a 11 de fevereiro de 1929 com a Itália. A questão que havia sessenta anos pesava tanto sobre a atividade da Santa Sé — a questão de Roma e da soberania temporal do Papa —, recebeu com eles uma solução de singular audácia. Ao mesmo tempo, uma Concordata fixou a modalidade da vida da Igreja na Itália.

Embora tivesse aparecido no balcão exterior da Basílica de São Pedro para abençoar a multidão após ser eleito, Pio XI, nos primeiros dias de pontificado, não deu sinais de querer abandonar a atitude rigorosa dos seus antecessores. Chegou mesmo a afirmar que também ele defenderia "as prerrogativas invioláveis da Igreja e da Santa Sé", e não saiu do Vaticano senão para ir ao palácio pontifício de Castelgandolfo. Mas não era sua intenção ficar por aí. Generalizara-se no mundo inteiro uma corrente de opinião no sentido de que se extraísse esse espinho da nova Europa. Ao felicitar o cardeal Ratti pela sua elevação à tiara, Aristide Briand formulou claramente o voto de que fosse encontrada uma solução para o problema de Roma. Para mais, Pio XI, nascido na Itália do Norte, não nutria os mesmos sentimentos de apego pelos territórios pontifícios que os seus predecessores, que tinham nascido nesses territórios. Por sua vez, o cardeal Gasparri, que o novo papa manteve a seu lado como Secretário de Estado do Vaticano, aderira à ideia de que a autoridade e o prestígio da Santa Sé não dependiam das dimensões maiores ou menores do domínio territorial em que estivessem assentados.

Retomaram-se, pois, os contatos discretos feitos anteriormente com políticos italianos: foi assim que o chefe de governo, Nitti, se encontrou com o cardeal Gasparri. Mas o advento de Pio XI coincidiu exatamente com os gravíssimos acontecimentos que puseram fim ao regime democrático. Em consequência da interminável crise ministerial de fevereiro de 1922, o poder foi exercido — se se pode falar assim — pelo bonacheirão Facta, "que só contava com uma polícia ridícula e um soberbo par de bigodes brancos" e não acreditava no perigo fascista. Os socialistas, que, esses sim, acreditavam nele, aumentaram a desordem, desencadeando uma greve geral. Quanto ao Partido Popular, o seu declínio já começara. Não parava de crescer a tensão entre a ala esquerda, dirigida por D. Sturzo, e a ala direita, de Santucci e Grosoli. E, embora tivesse simpatia pessoal por Sturzo, Pio XI sentia-se inquieto com certas das suas atitudes, vendo-o desejoso de se entender com os socialistas e de estabelecer relações normais com os sovietes — esses sovietes que, desde a experiência de Varsóvia, o antigo núncio olhava com horror. Nessas condições, o papa não incentivou as negociações sobre a Questão Romana com quadros políticos que, de resto, não seriam capazes de levar a opinião pública a admitir uma solução razoável.

A situação mudou quando, a 30 de outubro de 1922, as colunas de camisas-negras entraram em Roma, martelando o pavimento das ruas com as botas ferradas, e Mussolini, chamado ao poder pelo rei Vittorio Emmanuele, pareceu ser bem acolhido pela grande maioria dos cidadãos, incluída uma parte dos "Populares", que tiveram algumas pastas no novo governo. Aquele que assim se tornava senhor dos destinos da Itália não esquecera o encontro discreto que tivera com o cardeal Gasparri. E repetia frequentemente a palavra de Crispi: "O maior homem político será aquele que resolver a Questão Romana". Iniciaram-se conversações secretas, das quais participou o pe. Tacchi-Venturi. E prosseguiram mesmo depois de, a seguir ao assassinato do deputado socialista Matteoti, Mussolini ter estabelecido a ditadura e varrido da cena política todos os democratas, entre os quais os do Partido Popular. Don Sturzo teve de fugir para Londres.

O próprio Duce não perdia de vista a Questão Romana. Em fevereiro de 1926, publicava no seu jornal, *Il popolo d'Italia*, um artigo em que anunciava a sua intenção de fazer tudo para solucioná-la. Se queria reorganizar a Itália, tinha absoluta necessidade de que a velha nação católica contasse com um estatuto religioso, o que o Vaticano jamais aceitaria sem ter previamente reconhecida a sua soberania. Além do mais, Mussolini era um político demasiado sagaz para não medir o prestígio internacional que lhe viria de uma reconciliação com a Santa Sé. Havia, pois, boa vontade da sua parte. Quanto a Pio XI, também, visto que percebeu estar perante uma oportunidade única de negociar com um homem que podia tomar sozinho as decisões e impô-las a toda a opinião pública, sem ser preciso admitir — com o conde Sforza, anti-fascista declarado — que, com esse passo, o papa queria garantir "os meios de controlar um regime que nascera criminoso".

Logo que ficou só no comando, Mussolini tomou decisões que agradaram à Igreja[32]. Num clima novo, abriram-se negociações oficiais. Iram durar três anos. Do lado italiano, foram conduzidas pelo conselheiro de Estado *Barone*; do lado pontifício, pelo advogado consistorial *Francesco Pacelli*, irmão mais velho do núncio na Alemanha, tão eminente jurista como bom diplomata, cuja firme flexibilidade soube adaptar-se quer às tempestades mussolinianas, quer aos puxões de orelhas de Pio XI... Foram necessárias duzentas conferências de três a quatro horas, após as quais o advogado Pacelli ia dar contas ao papa, em conversas que, por sua vez, também duravam de três a quatro horas! Poucos tratados terão sido tão minuciosamente preparados[33].

Os *Acordos de Latrão*, que consagraram oficialmente a *Conciliazione* entre as duas Romas, compuseram-se de dois instrumentos diplomáticos: o Tratado, em 27 artigos e quatro peças anexas, e a Concordata, em quarenta e cinco artigos. Pio XI exigira que a assinatura dos dois documentos fosse simultânea. O Tratado regulava a Questão Romana e do poder temporal do papa. Regulava-a só por entendimento bilateral entre as duas potências, sem qualquer alusão a essa garantia internacional que Pio IX e Leão XIII tinham reclamado, mas que Bento XV se recusara categoricamente a admitir. O papa reconhecia a Casa de Saboia como soberana da Itália e renunciava à reivindicação de qualquer território do reino. Por seu lado, o governo italiano reconhecia ao papa os direitos e prerrogativas de soberano, com tudo o que é expressão de soberania: governo autônomo, poder legislativo, polícia, selos postais, emissões radiofônicas, e até estrada de ferro. Certas cláusulas financeiras garantiam à Santa Sé a entrega imediata de uma soma de 750 milhões de liras e a atribuição de um bilhão em renda consolidada do Estado italiano. O direito de "legação ativa e passiva" era bem precisado: o papa enviaria livremente os seus núncios a qualquer país, e os diplomatas acreditados junto dele atravessariam livremente o território italiano.

Como é evidente, uma soberania sem base territorial teria sido demasiado teórica. Por isso o Tratado de Latrão previa a constituição de um Estado pontifício. Tateou-se algum tanto para lhe dar nome. Estado da Santa Sé? Cidade Livre do Papa? Prevaleceu a fórmula *Cidade do Vaticano*. Na verdade, era bem pequeno, esse Estado do Papa! Compreendia a Basílica e a Praça de São Pedro, os museus, a biblioteca, o palácio, os jardins e as dependências do Vaticano. Ao todo, cento e quarenta e quatro hectares. Mesmo acrescentando-lhes os palácios apostólicos do Latrão, do Santo Ofício, da Chancelaria, da Dataria Apostólica, da *Propaganda Fide*, do Vicariato, da Congregação Oriental, o domínio de Castelgandolfo, as quatro grandes basílicas romanas e os santuários de Assis, de Loreto e de Pádua, imóveis que recebiam os privilégios da extraterritorialidade, era bem pouco ao lado do que a Santa Sé possuía ainda um século antes...

A Cidade do Vaticano nem sequer era suficiente para abrigar os serviços de uma administração mundial. As embaixadas acreditadas junto do papa não poderiam instalar-se nela. Não se previa nenhum "corredor" para dar livre acesso ao mar. E era a polícia italiana que ficava com o encargo de assegurar a ordem na Praça de São Pedro, terra pontifícia, até às portas de bronze da Basílica e do Palácio, junto das quais os Suíços de alabarda montariam uma guarda inofensiva.

Os sacrifícios que Pio XI fazia para chegar à *conciliazione* eram, pois, consideráveis. Foi preciso um papa de uma energia tão grande como a de Achille Ratti para aceitar "o mínimo de corpo para conter o máximo de espírito: um território de proporções tão ínfimas que podia e devia ser como que espiritualizado pela potência espiritual imensa, sublime, verdadeiramente divina que era destinado a sustentar e a servir".

Nenhuma afirmação mais peremptória da Soberania espiritual da Igreja poderia ter sido feita que não essa.

Se o Tratado consagrava sacrifícios sérios, por parte do papa, para salvaguardar o essencial — "essa ficção envelhecida do poder espiritual", como dizia o pe. Combes —, a Concordata vinha satisfazer a Igreja em todos os pontos[34]. Não apenas declarava o catolicismo religião oficial do Estado e da nação, mas estabelecia como princípio que todas as questões em que estivessem implicadas a política e a religião seriam resolvidas de acordo com as leis da Igreja. As dioceses eram remanejadas para se adaptarem à nova Itália. Só o papa nomeava os bispos, exceto em caso de objeção política por parte do governo. As congregações religiosas passavam a ter personalidade jurídica. Prometiam-se facilidades à Ação Católica. O casamento eclesiástico obtinha total eficácia jurídica, e o divórcio tornava-se quase impossível. Os dias santos de guarda eram proclamados feriados oficiais. Declarava-se obrigatório o ensino católico em todos os graus. Colocada sob a invocação da Santíssima Trindade, essa convenção solene restituía verdadeiramente, segundo a palavra de Pio XI, "Deus à Itália e a Itália a Deus".

A conclusão dos acordos de Latrão teve notável repercussão. Na Itália, especialmente em Roma, suscitou um entusiasmo prodigioso. Quando, pela primeira vez, a 25 de julho de 1929, Pio XI saiu sobre a *Sedia*, de tiara na cabeça e ostensório nas mãos, para fazer a volta à Praça de São Pedro, precedido de uma procissão de vários milhares de dignitários, padres e seminaristas, todas as tropas pontifícias e 15 mil soldados italianos foram insuficientes para conter a multidão que enchia completamente, não só a imensa esplanada, mas todo o bairro dos Borghi até ao Tibre (até onde dentro em pouco seria rasgada a monumental avenida a que seria dado o nome de "Via della Conciliazione"). Pouco depois, a visita oficial dos soberanos italianos ao Vaticano consagrava o triunfo de Pio XI. No mundo inteiro, foram muitos os que calcularam a importância do êxito diplomático e compreenderam que, contentando-se para garantir a sua independência com um território tão minúsculo que podia ser considerado simbólico, o papa optara definitivamente pela "soberania espiritual" do Vigário de Cristo e contribuíra poderosamente para assentá-la.

Em certos meios políticos, porém, e em certos círculos católicos, houve quem se mostrasse mais reservado. Os democratas indignaram-se por Pio XI nada ter feito para salvar o partido católico, esse PPI que dera tantas esperanças e que fora varrido da cena política, com parte dos seus membros reduzidos ao exílio ou à clandestinidade, outra parte aderida ao regime, a ponto de aceitar nele alguns papéis decorativos. Houve quem perguntasse se Pio XI, ganhando como chefe da Igreja italiana, não perdia como chefe da Igreja universal. Certos polemistas de esquerda escreveram que "o Vaticano se tornou uma simples organização de propaganda fascista". Uma declaração do papa a respeito da guerra da Etiópia[35], certa decisão a propósito do semanário francês *Sept*[36], foram interpretadas tendenciosamente como provas do enfeudamento de Pio XI ao fascismo.

Na realidade, porém, o conflito que estalou entre o Vaticano e o Palácio de Veneza[37] pouco depois dos Acordos de Latrão veio mostrar peremptoriamente que, quando se tratava do essencial, dos verdadeiros interesses espirituais, Pio XI, o papa dos acordos, sabia ser um combatente temível, e que a independência da Igreja em nada fora alienada. E a provação da Segunda Guerra Mundial, com o desmoronamento do regime fascista que dela resultou, provaria até que ponto Pio XI fizera a opção certa ao ter em vista um único objetivo: restituir totalmente o papado à espiritualidade da sua missão.

Pio XI e a França

Assim, mediante essa hábil política de acordos, Pio XI trabalhava eficazmente para reforçar a posição da Igreja em muitos países. E devemos acrescentar que, mesmo onde pareceu inútil ou impossível negociar um acordo, a situação nunca foi má.

Alguns países não criaram nenhum problema à Igreja. Foi o caso da *Bélgica*, onde acabava de nascer a Ação Católica especializada, com a JOC do pe. Cardijn[38]. O partido católico era ainda o inspirador dos gabinetes: o primeiro-ministro saía dele, a não ser que fosse um técnico em finanças, que aliás se ligava a esse partido pelas suas crenças religiosas. Talvez excessivamente inclinado a confundir os interesses políticos dos católicos com os da fé, a verdade é que esse partido exerceu uma influência cristã na vida pública, especialmente no plano social. Depois evoluiu, sob a dupla pressão do movimento "flamenguizante" e dos seus elementos mais avançados, até que se cindiu em 1937 em duas partes: o *Katholieke Vlaamsche Volspartij* e o *Parti catholique social*, unidos no "Bloco Católico". Solidamente apoiado em bases bem estruturadas — Liga Nacional dos Trabalhadores, *Boerenbund*, Confederação dos Sindicatos Cristãos, Federação Cristã das Classes Médias —, esse bloco continuou a representar uma força. Muito devotada à Santa Sé, a Bélgica parecia uma das muralhas do catolicismo. Alguns elementos católicos de direita fundaram um Partido de Cristo-Rei, que preconizava métodos autoritários ao serviço das ideias cristãs. Sob a direção de León Degrelle, o *Rexismo* não tardou, porém, a alinhar-se de um modo inquietante com a ideologia hitlerista.

A posição da Igreja viu-se reforçada até mesmo nos dois grandes países que a vitória fizera cabeças da Europa: a *França* e a *Inglaterra*.

A tensão provocada entre Londres e o Vaticano pela questão irlandesa deixou de ter razão de ser no momento em que a Irlanda se tornou um Estado independente. Quando os soberanos britânicos foram a Roma, em 1923, o papa quis recebê-los, e o gesto foi muito comentado. A partir daí, os ingleses não fizeram nenhuma objeção à benevolência muito especial que o Sumo Pontífice demonstrava pela nação católica cuja existência eles próprios acabavam de reconhecer. O bom entendimento restabelecido permitiu superar todas as dificuldades que se manifestaram a propósito da guerra greco-turca da Anatólia, em que o Vaticano julgou a Inglaterra demasiado islamófila. O mesmo se diga a propósito de Malta, em que Londres suspeitou que o Secretário de Estado do Vaticano sustentava secretamente o irredentismo italiano[39]. Também surgiram divergências quanto à Palestina: a instalação do "Lar Nacional Judaico"[40] inquietou Roma por causa do destino dos Lugares Santos. Mas foram incidentes menores. A Inglaterra, onde o catolicismo ia crescendo em número e influência, manteve para com o papa uma atitude de deferente estima, traduzida pela elevação ao plano de Embaixada da sua representação diplomática. Por seu lado, Pio XI manifestou a sua benevolência confiando a um prelado britânico uma nova delegação apostólica que ia ter autoridade sobre quase todo o Leste do continente africano.

Com a França, as coisas correram ainda melhor. No entanto, não houve Concordata. Quando se reataram as relações diplomáticas, pareceu que a assinatura de um tratado desse gênero estaria na lógica das coisas. E, de fato, várias vezes se pensou nisso, mas o projeto não ultrapassou a fase das conversações preliminares. Talvez o episcopado francês, que já se habituara a uma total liberdade perante os poderes públicos, receasse novos entraves. Ou talvez os próprios governantes, mesmo os mais moderados — como Poincaré, Barthou, Laval —, tivessem medo de ver destruída a laicidade. Portanto, nenhum instrumento jurídico veio modificar o estatuto da Igreja na França. O que não quer dizer que as relações entre os dois poderes não tenham sido boas — à exceção de uma breve crise —, e que a obra de apaziguamento e de aproximação começada por Bento XV não tenha prosseguido.

A única crise que pareceu comprometer as relações entre Paris e o Vaticano deu-se pouco depois do restabelecimento oficial das relações diplomáticas. O Parlamento que o aprovara fora o do Bloco Nacional, eleito em 1920, quando se temia "o homem da faca entre os dentes"[41]. Num total de 613, o Bloco tinha 433 deputados. Mas, ao fim de apenas quatro anos, os moderados, exauridos pelos imensos esforços e decisões impopulares que lhes eram impostos pelo regresso do país à ordem, foram afastados e substituídos pelo "Cartel das Esquerdas", e o poder passou para o radical *Édouard Herriot*. No programa eleitoral do Cartel, a defesa da laicidade tinha um lugar importante. Alguns dos seus chefes, como François-Albert, grão-mestre da Universidade, eram perfeitos discípulos de Combes. O próprio Herriot, que declarava querer "dar paz ao país" e se proclamava tão admirador do "catolicismo das Catacumbas" e da "Igreja das batinas desbotadas" como inimigo do "catolicismo dos banqueiros", viu-se compelido a regressar ao anticlericalismo estilo 1900.

Começou-se por anunciar medidas para acabar com o regime concordatário na Alsácia e na Lorena.Que aconteceu? Rebentou um violento conflito com os católicos das duas províncias, tão bem organizados, tão resolutos, que o governo teve de recuar. Veio depois o problema da estrita aplicação da lei de 1901 sobre as congregações religiosas, o que levava a expulsar novamente aquelas que, no clima de apaziguamento do pós-guerra, tinham voltado a trabalhar. Que aconteceu? Originou-se uma enérgica reação, conduzida pela "Liga de Defesa dos Religiosos Antigos Combatentes", do pe. Doncoeur, que organizou manifestações com dezenas de milhares de homens: uma reação tão violenta que Herriot julgou necessário desmentir os projetos, numa carta aberta aos cardeais franceses. O único resultado desse movimento anticlerical renascente foi fazer surgir a *Federação Nacional Católica*, que, sob a direção do general Castelnau, agrupou 1.800.000 franceses decididos a defender a Igreja[42].

Deu-se, em seguida, um episódio mais grave. Contra a vontade de Herriot, que no entanto foi obrigado a segui-los, os mais violentos condutores do Cartel fizeram uma campanha para a supressão da Embaixada francesa no Vaticano. Diziam que ela era inútil, uma vez que não impedira a transferência, de Lyon para Roma, da Obra da Propagação da Fé[43] nem a nomeação de um delegado apostólico para a China, em detrimento — asseguravam — dos direitos reconhecidos à França. Em 1925, foi decidida a supressão, por 314 votos contra 230; mas a vontade da Câmara dos Deputados ficou sem efeito, pois o Senado recusou, e dezoito meses depois o Cartel das Esquerdas foi desfeito, varrido pelo ciclone de uma crise financeira, aliás sabiamente preparada.

Assim, a crise francesa foi breve. A Igreja não a achou muito grave. Nos piores momentos do Cartel, o cardeal Dubois, arcebispo de Paris, conseguiu manter boas relações com o pessoal político francês. E Pio XI considerou os acontecimentos com muita calma. Não só nada se fez para consumar a ruptura, como a ação do Vaticano se exerceu no sentido mais irênico. Em 1924, foi enviado a todos os bispos um "memorial confidencial", que se dizia ter sido patrocinado pelo cardeal Dubois e pelo núncio. Nele se recomendava formalmente aos católicos que admitissem *de facto* as leis laicizantes[44]. Deu-se, pois, um "novo *ralliement*" para o qual trabalharam o núncio, D. Maglione, e o jornal *La Croix* dirigido pelos assuncionistas — e bem diferente do *La Croix* dos tempos do *affaire* Dreyfus. Embora motivada por questões doutrinais, a condenação da *Action Française*, que teve lugar nessa altura, certamente não era alheia a essa perspectiva. Em 1928, uma declaração do cardeal Gasparri convidou formalmente os católicos a "pôr de parte as suas preferências pessoais por tal ou qual forma de governo, a fim de melhor defenderem os interesses da Igreja".

Não quer isto dizer, no entanto, que Pio XI, por mais desejoso que estivesse de se manter em boas relações com os democratas franceses, forçasse os católicos a comprometer-se, como tais, nas fileiras de um partido democrático. Na realidade, logo a seguir à guerra, pensou-se na França em fundar um partido de democracia cristã, análogo ao Partido Popular Italiano. Marc Sangnier foi sondado. O próprio cardeal Gasparri o encorajou. Mas Sangnier furtou-se ao convite. Depois, foi criada uma união entre a Liga da Jovem República e a Federação dos Cristãos Democratas. Em 1924, diversos elementos de grupos vindos da Juventude Católica, das Semanas Sociais, da Confederação dos Trabalhadores Cristãos, fundaram o Partido Democrata Popular, sob a direção de Charpentier de Ribes, enquanto a Jovem República, com Marc Sangnier, mais voltada para a esquerda, se afastava. Esta nova formação teve um êxito relativo: o seu semanário, *Le petit démocrate*, não foi além de 20 mil exemplares. Mais tarde, o quotidiano *L'Âube*, que lhe estava aparentado, apesar do talento do seu editorialista Georges Bidault, teve também tiragens modestas. Politicamente, o papel do PDP ficou limitado: só o chefe, Charpentier de Ribes, foi chamado a participar nos Conselhos do Governo, e a influência do partido na opinião pública foi restrita. A França estava demasiado dividida em dois blocos e o sistema eleitoral acentuava ainda mais essa separação. Era muito difícil que uma corrente de pensamento político se desenvolvesse sem ser atraída pela direita ou pela esquerda. Terá Pio XI compreendido exatamente essa situação? Terá pensado que um partido abertamente declarado católico traria o risco de dificultar as relações com os governos?

A verdade é que, embora não tenha nunca desautorizado os democratas populares, também não os apoiou.

Mas, fosse qual fosse o bloco no poder, as relações com a Igreja continuaram a ser boas. O governo de União Nacional presidido por Poincaré — e em que figurava Herriot — pôs fim à crise e restabeleceu contatos bastante cordiais com Roma. Até à Segunda Guerra, nada iria perturbar essa atmosfera, mesmo quando o Bloco das Esquerdas voltou ao governo, sucessivamente com Herriot, Daladier e Blum. Em 1935, a visita ao Vaticano do presidente do Conselho Pierre Laval provou a excelência das relações. Depois, em 1937, sob um ministério de "Frente Popular", o cardeal Pacelli, legado do papa para as festas de Lisieux, foi recebido com notável deferência e pronunciou, do alto do púlpito de Notre-Dame, um sermão sobre "a vocação cristã da França". Estava assegurado, ao menos oficialmente, o entendimento entre a República e a Igreja da França, aliás em plena expansão e cheia de esplêndida vitalidade.

No fim do "pós-guerra"

Por volta de 1930, dir-se-ia que chegava ao termo esse período agitado e confuso que se passara a designar por "pós-guerra". Os costumes e os modos espalhafatosos que se tinham estendido nesse período deslizavam para o esquecimento. Já não se fazia subir a vaca ao telhado; já não se escreviam poemas *Dada*[45]... Dos problemas ocasionados pelo grande conflito, uns estavam, bem ou mal, resolvidos; outros aprestavam-se para assumir aspectos diferentes. Por muitos sinais, podia-se pressentir que os destinos do mundo iam tomar mais uma vez outro rumo.

Parecia que a Igreja ia entrar com grandes possibilidades nesse outro período, nesse segundo ante-guerra. A sua posição era sólida em muitos países, como se notava pela grande atividade que desenvolvia. As suas relações oficiais com a quase totalidade dos Estados eram boas. O prestígio do Sumo Pontífice era considerável: provava-o o número crescente de embaixadores acreditados junto da Santa Sé[46]. Havia, no entanto, sérios motivos de inquietação. Pio XI sabia-o melhor que ninguém. O embaixador Charles-Roux referia que, muito antes de parecer inelutável a corrida para o abismo, já o papa, fitando-o com o seu olhar agudo, bem direto através do espesso vidro dos óculos, lha tinha anunciado com uma precisão impressionante: "Estão desatadas as potências do mal".

Eram três as graves razões da sua inquietação. A primeira era a paz, ou, mais exatamente, a ameaça de guerra, que ele sentia crescer. Logo que fora eleito, procurara que ela fosse sólida, ou seja, humana e justa. Na melindrosíssima questão das reparações impostas à Alemanha, apoiara aqueles que, como Lloyd George ou Bonar Law, consideravam que o país derrotado não estava em condições de pagar os milhões de marcos que dele se exigiam. Quando Poincaré ocupara o Ruhr, dirigira ao cardeal Gasparri uma carta destinada a ser publicada e que desaprovava a operação militar; em seguida, enviara para lá um prelado encarregado de apurar a situação e distribuir socorros. Quando da discussão sobre a Alta Silésia, dissera a um diplomata polonês: "Acredite-me: continuais a querer absorver demasiados alemães". Atitude corajosa em favor dos vencidos, que nem sempre foi bem vista e lhe provocou muitas críticas acerbas[47].

Também interviera a favor da paz em outros campos, junto dos delegados à Conferência de Gênova, onde se tratara da questão da Rússia, ou junto do ditador turco Mustafá Kemal, para que restituísse a paz à Ásia Menor. De todos os modos, em todas as ocasiões, apoiara a ação da Sociedade das Nações e também das instituições internacionais a ela vinculadas. Tinha enviado calorosas felicitações aos promotores da aproximação de vencedores e vencidos, em Locarno, e aprovara publicamente o pacto Briand-Kellog, assinado por sessenta nações em 1928, para "pôr a guerra fora da lei". Chegara até a correr o boato de que era seu desejo que o peregrino da paz, Aristide Briand, fosse eleito presidente da República Francesa.

No entanto, e apesar dos sinais que pareciam indicar um clima favorável à paz — a evacuação da Renânia, por exemplo, em 1930 —, Pio XI sentia que a paz era frágil e estava ameaçada. Na véspera do Natal desse ano, pronunciou diante do Sacro Colégio um discurso que teve por tema a paz. E bem se via que vinha a propósito. Contrastando o "pacificismo sentimental, confuso e sem discernimento" de alguns com "a paz de Cristo, a verdadeira paz que vem de Deus", o papa recordava que não bastavam instrumentos diplomáticos para estabelecer essa paz, pois era preciso gravá-la nos corações, eliminando deles as paixões que se lhe opunham. E condenava "o nacionalismo desregrado, que esquece que as outras nações têm o direito de viver e prosperar". Tais palavras, na euforia da paz, soaram como estranhos avisos.

Essa euforia era, aliás, relativa. Ou, melhor, estava a ponto de cessar. Após três anos de inédita prosperidade, o mundo ocidental foi todo ele sacudido pela crise econômica que, depois de ter explodido nos Estados Unidos, fazia sentir duramente os seus efeitos na Europa. "Cíclica", segundo o termo dos economistas, a crise assumiu uma amplitude e uma gravidade até então desconhecidas. Falências, desemprego — o mundo inteiro parecia afundar-se ou, pelo menos, os países do sistema liberal-capitalista. Foram oficialmente contados trinta milhões de desempregados.

Diante do doloroso espetáculo que se lhe oferecia, Pio XI não ocultou a sua angústia. Metade da encíclica *Nova impendet*, publicada em 2 de outubro de 1931, tratou da "duríssima crise econômica" e da "lamentável situação de uma multidão de trabalhadores desempregados". Sem tentar de modo algum propor soluções técnicas, também nesse campo o papa se referia aos valores da equidade e da caridade, insistindo na prevalência dos direitos do homem sobre as exigências da economia. Também neste ponto Pio XI assumia posições proféticas.

Mas a mais grave causa da sua angústia tinha a ver com as consequências que via definirem-se a partir dos erros que denunciava. Exaltadas pelo "nacionalismo desregrado", desenvolviam-se ideologias que o papa bem percebia serem contrárias à fé, à Igreja, a Deus: o surto de fúria e ira provocado pela crise econômica não iria imprimir-lhes ainda maior virulência?

Na Itália, o regime estabelecido por Mussolini evoluía rapidamente para formas e métodos que um cristão já não poderia aceitar. Na Alemanha, a dissolução do Parlamento, imprudentemente decidida pelo católico Brüning, então chanceler, acabava de revelar ao mundo estupefacto a potência de um movimento filosoficamente pagão — o nacional-socialismo. Enquanto, na Rússia, o regime marxista, desembaraçado dos vãos contra-ataques dos "Brancos", indiferente ao "cordão sanitário" com o qual tinham pretendido isolá-lo do mundo, depois de liquidar em 1929 a oposição extremista de Trotski, parecia resolvido a impor a sua doutrina materialista e ateia, sob o punho de ferro de Stalin.

A essas três ameaças, Pio XI ia responder na segunda parte do seu pontificado. Apóstolo da paz, perante as ameaças de guerra cada vez mais fortes; advogado da justiça social, perante as iniquidades de um regime descontrolado; defensor da fé, em face das heresias totalitárias — tal ia ser o tríplice papel cujo ônus assumiria.

Notas

[1] Cf. neste vol. o cap. II, n. 23.

[2] O dr. Marchiafava, médico de Pio X, contou que o papa lhe falou delas.

[3] Terá feito mais do que isso? O jornalista Jean de Bonnefon assegurou que o papa tinha morrido de desgosto por não ter podido publicar uma carta, preparada por ele, para protestar contra a violação da neutralidade belga, documento que os seus assessores retiveram para não comprometer a Igreja em favor de um dos campos. E um prelado romano, D. De Lucca, disse-me em 1947 que sabia de fonte segura que Pio X tinha atuado por interpostas pessoas para impedir a Itália de entrar na guerra ao lado dos impérios centrais, de quem era aliada.

[4] A referência deve ser a Romain Rolland (N. do T.).

[5] *Boche* era o termo depreciativo com que os franceses e os seus aliados designavam os alemães (N. do T.).

[6] Devemos notar que Charles Maurras, em *Le Pape, la guerre et la paix*, se mostrou muito compreensivo.

[7] Cf. A.D. Sertillanges, "*La paix française*, discurso pronunciado na igreja de Santa Maria Madalena a 10 de dezembro de 1917, na cerimônia religiosa e patriótica presidida por S.R. o cardeal-arcebispo de Paris", Bloud & Gay, Paris, 1917. A frase capital desse discurso (pronunciado para incitar os franceses a doar ouro para a defesa nacional) era: "Santíssimo Padre, não nos é possível, por agora, atender aos vossos apelos de paz". Correu então o boato, que parece confirmado por testemunhas dignas de fé, de que, embora tenha sido o pe. Sertillanges quem *pronunciou* esse discurso, quem diretamente o *inspirou* foi o cardeal Amette. Pelo menos, o texto impresso traz o *Imprimatur* do arcebispado de Paris, datado de 5 de dezembro de 1917. O cardeal teria acedido a um desejo formal do presidente Poincaré. Foi só quando o cardeal Amette morreu que o pe. Sertillanges partiu para o exílio, que duraria até 1939, ano em que Pio XII lhe restituiu todos os direitos. O dominicano encerrou-se num silêncio cheio de dignidade. A questão foi, contudo, extremamente dolorosa para ele, tanto mais que, em *La vie héroique*, 1916, 3ª série, p. 166, tinha justificado em termos perfeitos a posição de Bento XV.

[8] Paquete inglês cujo afundamento suscitou entre os neutros uma grande indignação.

[9] Chefe do estado-maior do Exército alemão, que viria a apoiar os primeiros passos políticos de Hitler (N. do T.).

[10] O nome de mons. Von Gerlach reaparece nas ofertas de paz separada feitas pelos Impérios centrais ao rei Alberto da Bélgica, que as rejeitou nobremente.

[11] De 7 a 9 de setembro de 1962, reuniu-se em Spoleto um congresso que estudou a política de Bento XV durante a Grande Guerra e a atitude dos católicos. As comunicações mais importantes foram as de Maurice Vaussard, que presidia, de mons. Leflon e do pe. Angelo Martini, SJ, futuro cardeal. O Congresso, no seu conjunto, prestou justiça ao papa da *Religio depopulata*.

[12] Ferdinand Renaud, *Ecclesia*, Paris, mar. 1951.

[13] O cardeal Tisserant contou que D. Ratti o levara à audiência com o papa estando ele de uniforme de alferes de atiradores argelinos, e dissera, rindo, a Bento XV: "Santíssimo Padre, aqui está o meu adido militar!" Ao que o papa respondera, rindo também com gosto: "Então é verdade que quereis entrar para a diplomacia: até já tendes um adido militar!..." O episódio

é narrado por Michel de Kerdreux, *Dans l'intimité d'un grand Pape*, Salvator Mulhouse, 1963, p. 261.

[14] Cf. Yves de la Brière, *L'organisation internationale du monde contemporain et la Papauté*, Paris, 1924. Cf. também o artigo de D. Bertoli, "Le Saint-Siège et l'organisation internationale", *Revue des Deux-Mondes*, 15.05.1961.

[15] Cf. neste vol. o cap. V, par. *Na França, a separação da Igreja e do Estado*, sobre o incidente provocado pela visita a Roma do presidente Loubé.

[16] O papa também mandou apressar o processo de beatificação de Teresa de Lisieux. Cf. neste vol. o cap. XIV, par. *Uma santa no meio de nós.*

[17] Cf. neste vol. o cap. V, par. *Na França, a separação da Igreja e do Estado, in fine.*

[18] Aprovação oficiosa mas não oficial (N. do T.).

[19] Entendeu-se que, nas dioceses de Estrasburgo e de Metz, a Concordata continuava em vigor.

[20] Cf. neste vol. o cap. V, par. *Quirinal e Vaticano: anúncio de uma nova política.*

[21] Cf. neste vol. o cap. V, par. *Os católicos na política e a questão da democracia.*

[22] Cf. neste vol. o cap. V, par. *Na França: os "padres democratas" e o "Sillon".*

[23] Referido por Fernand Hayward no seu *Un pape méconnu: Benoît XV*, Paris, 1955, p. 133.

[24] Cf. neste vol. o cap. XIII, par. *O trabalho do Espírito Santo.*

[25] Cf. neste vol. o cap. V, par. *Partidos católicos.*

[26] Cf. neste vol. o cap. X, par. *Um olhar sobre o Oriente.*

[27] Cf. neste vol. o cap. XI, par. *Bento XV e Pio XI instauram as "igrejas de cor".*

[28] Cf. neste vol. o cap. X, par. *Estados Unidos: uma Igreja que sobe em flecha.*

[29] Cf. neste vol. o cap. II, par. *A fortaleza de Pio XI.*

[30] Cf. vol. VIII, cap. III, par. *A política das concordatas.*

[31] O cuidado com que se respeitou este princípio foi tal que o chefe do governo Salazar e o patriarca Cerejeira, embora companheiros de estudos em Coimbra, nunca se encontraram senão em público e oficialmente, a fim de evitar que relações amigáveis oferecessem o flanco aos críticos do clericalismo (N. do T.).

[32] Cf. os pormenores adiante, no cap. IX, par. *Pio XI contra a "estatolatria" fascista.*

[33] O advogado Pacelli soube impor-se tão bem às duas partes que, após a conclusão dos acordos, o papa lhe outorgou o título de marquês e Vittorio Emmanuele III lhe concedeu um principado hereditário. O Conselheiro de Estado Barone morreu pouco antes da conclusão dos acordos; nos últimos meses, foi o próprio Mussolini que conduziu as negociações. O advogado Pacelli manteve um *Diario della Conciliazione* do mais alto interesse (publicado em Roma em 1959). As negociações desenrolaram-se no mais absoluto segredo. Mussolini declarara que qualquer indiscrição seria considerada um atentado à segurança do Estado e o seu autor mandado para as ilhas Lipari.

[34] Foi por isso que Pio XI, a um visitante que o felicitava pelo êxito desse "grande ato diplomático", replicou vivamente: "Não se trata de um ato diplomático, mas sim de um ato do nosso magistério sacerdotal!"

[35] Cf. neste vol. o cap. IX, par. *Pio XI contra a "estatolatria" fascista.*

[36] Cf. neste vol. o cap. IX, par. *A condenação da "Action Française"*, *in fine.*

[37] Onde Musolini tinha o seu gabinete de trabalho.

[38] Cf. neste vol. o cap. VIII, par. *A experiência do pe. Cardijn.*

[39] O "irredentismo" foi o movimento italiano de reivindicação dos territórios que tinham sido possessões austríacas. Recorde-se que a Inglaterra foi senhora da ilha de Malta de 1800 a 1964, ano em que esta ilha se tornou um Estado independente (N. do T.).

[40] O atual Estado de Israel; a ideia começou a ser perfilhada nessa época pelo governo inglês (N. do T.).

[41] O comunismo (N. do T.).

[42] Cf. Georges Viance, *La Fédération Nationale Catholique*, Flammarion, Paris, 1930 [O general Édouard de Curières de Castelnau (1851-1944) seria um dos mais prestigiosos chefes militares da Primeira Guerra, quase no nível dos marechais (N. do T.).].

[43] Cf. vol. VIII, cap. VII, par. *Nascimento das obras missionárias*, e não confundir, é claro, com a Congregação romana *de Propaganda Fide.*

[44] Mas Pio XI recordou muitas vezes que "cada qual conserva a justa e honesta liberdade de preferir tal ou qual forma de governo que não esteja em desacordo com a ordem de coisas estabelecida por Deus".

[45] Pronuncia-se "dadá". Movimento irreverente e lúdico que surgiu nos meios intelectuais e artísticos, durante a Primeira Guerra Mundial, contra as concepções e modos de expressão tradicionais (N. do T.).

[46] Cf. neste vol. o cap. II, par. *Grandeza e poderio de Roma.*

[47] Uma frase inábil da *Kölnische Gazette* piorara as coisas. Para agradecer a Pio XI o que tinha feito pelos vencidos, o jornal escreveu: "É o papa mais alemão da história"...

VIII. DA AÇÃO SOCIAL À AÇÃO CATÓLICA

O catolicismo social depois da Guerra

O "catolicismo social", que víramos crescer antes da Guerra Mundial[1], alcançou nas condições mais favoráveis a nova situação estabelecida pela paz. Nas trincheiras de Verdun ou do Chemin des Dames, as classes sociais tinham-se encontrado próximas umas das outras, e muitas vezes fraternalmente unidas. Havia burgueses que tinham descoberto os problemas e as inquietações do proletariado, compreendendo como era necessário fazer reformas profundas. Na outra ponta, a classe operária tinha conseguido subir de nível, graças aos altos salários de guerra, e as suas exigências aumentavam; logo se viu que era assim, com a multiplicação das greves. A vitória do bolchevismo na Rússia, a fundação, em 1919, da Terceira Internacional[2], o nascimento de partidos marxistas quase por toda a parte — tudo isso valia como advertência. Mas não bastava tremer diante dos cartazes que mostravam terrificamente "o homem com a faca entre os dentes". Importava opor ao comunismo alguma coisa diferente do capitalismo liberal. Tanto mais que, a partir de 1929, muito boa gente achava que esse regime, abalado pela crise, estava gravemente ameaçado.

Todos estes fatores explicam que, durante os vinte anos que transcorreram entre as duas guerras, o movimento católico social estivesse em plena ascensão. Não era para ele um período em que tivesse de criar, de fazer surgir do chão, mas sim de expandir-se, de organizar. As iniciativas são, agora, menos numerosas e menos originais. Mas as realizações são mais sólidas. Já não aparecem personalidades excepcionais, salvo D. Sturzo (na Itália), cuja ação, de resto, será sobretudo política. Albert de Mun, La Tour du Pin, Harmel, Toniolo, Verhaegen — todos morreram. Só Marius Gonin continua bem vivo. Em contrapartida, são muitos os homens capazes de fazer progredir o catolicismo social no duplo terreno do pensamento e da prática; basta ler os relatórios apresentados às Semanas Sociais para perceber que é assim. O movimento precisa menos de chefes prestigiosos que de quadros sólidos, pois já os tem.

Observa-se a sua influência em inúmeros setores. Em 1919, no momento em que já estava redigido o Tratado de Versalhes, a sua Parte XIII, consagrada a estabelecer os fundamentos de uma paz social autêntica, parecia toda ela extraída de um manifesto católico-social. Não se devia "considerar o trabalho como mercadoria". Importava reconhecer "o direito de associação para os assalariados tanto como para os empregadores". O operário tinha direito a um "salário vital". Tudo isso era de Leão XIII, bem como a semana de quarenta e oito horas, o repouso semanal, a supressão do trabalho infantil, a criação de uma inspetoria do trabalho[3] — outras tantas ideias que os católicos sociais tinham tornado familiares, e cuja origem se pode encontrar na encíclica leonina.

Essa presença do catolicismo social manifestou-se de um outro modo, também oficial: no papel desempenhado pelos católicos nas instituições internacionais de objetivo social que então nasceram. Na *Organização Internacional do Trabalho* (OIT), instalada em Genebra junto da Sociedade das Nações, os sindicalistas cristãos franceses Zirnheld e Gaston Teyssier, o senador holandês Serrarens, o ministro belga Pauwels — todos eles trabalharam ao lado do socialista

Albert Thomas, primeiro diretor da Organização. Era o mesmo Albert Thomas que, ao surgir a encíclica *Quadragesimo anno*, havia de dizer, em mensagem ao papa: "Ao iniciar a sua imensa tarefa com um ardor cheio de segurança, a Organização Internacional do Trabalho está consciente de que não nasceu por geração espontânea, mas é a conclusão de antigas iniciativas. A semente foi lançada numa terra fecunda, cuidadosamente preparada há anos por operários tenazes, entre os quais aqueles que proclamam a encíclica *Rerum novarum*"[4]. Já em 1926, um sacerdote era admitido como funcionário da OIT e, no salão das sessões plenárias, o afresco que exaltava "a dignidade do trabalho" representava Jesus-Operário; era obra de um pintor católico, Maurice Denis.

Mas temos de ir mais longe e registrar a influência crescente do catolicismo social sobre os partidos, e mesmo sobre os regimes. Por caminhos diferentes, às vezes contraditórios, o catolicismo social desemboca na política. Tanto à cabeça da pequena Áustria como da República alemã de Weimar, há homens que o proclamam: no primeiro caso, D. Seipel, Schuschnigg, Dollfuss; no segundo, Brünning ou o pe. Brauns, que detém a pasta do Trabalho. Mas também em Portugal, Oliveira Salazar inspira-se oficialmente na doutrina social de Leão XIII e cita La Tour du Pin. Na França, há católicos sociais fora do pequeno Partido Democrata Popular, tal como na Itália os há fora do Partido Popular de D. Sturzo. Os dissidentes deste fundam o Partido Cristão do Trabalho. Na Bélgica, o poderoso partido católico é tão social que os adversários o acusam de não passar de uma camuflagem do socialismo. Esta intervenção de ordem política, que Roma aceita por causa da crescente ameaça das ditaduras[5], não deixa de oferecer perigo: levando demasiadas vezes a confundir o catolicismo social com a democracia cristã, vai provocar o eclipse daquele quando

Mussolini e Hitler tiverem destruído a segunda. Ao menos, o fato demonstra o poder de irradiação do catolicismo social e contém aspectos positivos.

Efetivamente, nota-se a sua influência na legislação, tal como ontem e ainda mais. Na França, encontram-se católicos sociais na origem das leis que estabelecem a jornada de trabalho de oito horas, as férias pagas, as primeiras medidas de seguridade social. Em 1920, um colaborador da revista da CGT *L'atelier* escreve: "Quase me envergonho de confessar que a Confederação dos Trabalhadores Cristãos influi mais do que a CGT no debate travado acerca das oito horas". A lei que, em 1932, institui o auxílio-família não faz mais do que tornar oficiais as realizações dos dois empresários "sociais", Romanet (em Grenoble) e Deschamps (em Rouen). Ambos tinham, já em 1917, posto em prática aquilo que Leroy-Beaulieu designara por "uma tolice socialista". Em 1936, quando, para sair da crise das greves, patrões e sindicalistas se reúnem no Hotel Matignon, procurando um terreno de entendimento, é o catolicismo social que lhes fornece a solução: convênios coletivos e comissões paritárias. Na Alemanha, sob o governo de Brüning e por instigação do pe. Brauns, são aprovadas seis leis sociais. Na Itália, é D. Sturzo que faz aprovar a lei sobre a divisão dos latifúndios da Sicília e que apresenta o projeto de outra lei que imponha na agricultura o contrato-tipo obrigatório, com garantia de estabilidade. Por isso foi gratificado com o apelido de "bolchevista branco".

Também no plano intelectual se manifesta a presença do catolicismo social. A imprensa já começa a dar atenção às suas iniciativas. As primeiras Semanas Sociais só tinham a honra de relatos breves e desdenhosos; as de entre as duas guerras são extensamente comentadas. Em todos os países, multiplicam-se os jornais e revistas favoráveis ao movimento: na França, vão desde a *Chronique sociale* e os *Dossiers de l'Action populaire* até órgãos como *La Croix*, dos assuncionistas,

La vie catholique e *Études*, dos jesuítas, *La vie intellectuelle* e *Sept*, dos dominicanos. Na encruzilhada das ideias católicas e sociais encontram-se grandes nomes das letras: Blondel, Maritain, Gilson, Chevalier, tanto como Chesterton ou Papini. Podemos até notar que o "personalismo" proclamado a partir da década de 1930 por movimentos de jovens, com *L'ordre nouveau* e *Esprit*, devem mais do que pensam à doutrina social da Igreja.

Finalmente, e talvez acima de tudo, este breve quadro da atividade do catolicismo social entre as duas guerras devia, para ser ao menos exato (já que não pode ser completo), dar uma ideia das realizações práticas que então aparecem. Mas, mais ainda que no período precedente, a sua multiplicidade desencoraja qualquer desejo de enumerá-las. No erudito livrinho que Henri Rollet consagrou a esta matéria, *Sur le chantier social* (só a respeito da França), a simples leitura do índice de matérias dá uma espantosa impressão de multiplicidade. Quer se trate de obras destinadas a lutar contra a miséria, quer de instituições de ensino popular, ou de grupos de assistência social, ou de instituições de crédito, não há setor em que não se encontrem católicos, homens e mulheres, de mangas arregaçadas e com uma generosidade sem limites.

Figuras como Marie-Jeanne Bassot, diretora da Residência social de Levallois, ou o pe. Hardeman, fundador dos Missionários do Trabalho, para apenas citar dois nomes, estão no limiar da santidade. Quando, retomando a velha ideia sillonista das universidades populares, Robert Garric funda em 1919 as suas *Équipes sociales*, em que os estudantes vão ajudar jovens operários a desenvolver-se culturalmente; quando, na sua esteira, se constituem equipes especializadas de moças, de imigrantes, de doentes, de anciãos em sanatórios, é o ideal do catolicismo social que anima Garric e os seus companheiros, entre os quais Louis Charvet e Edmond

Michelet. E quando, em 1934, o cardeal Verdier, arcebispo de Paris, lança a sua campanha pela construção de novas igrejas nos arrabaldes de Paris, a essa intenção puramente apostólica outra se junta, expressamente de ordem social: construindo casas de Deus, os católicos vão ajudar a dar trabalho aos 500 mil desempregados que vivem ameaçados pela miséria.

E o que se diz dos católicos da França poder-se-ia dizer dos de outros países: da Bélgica, onde a Universidade de Lovaina se torna cada vez mais o grande centro da Ação Católica social; da Itália, onde D. Orione, um coração de apóstolo[6], não apenas manda os seus filhos levar aos reprovados deste mundo a caridade de Cristo, mas se esforça por constituir quadros de proletários. Também na Itália, criada pelo cardeal Ferrari, a Companhia de São Paulo organiza os leigos para uma ação caritativa de visão social ampla e firme; um dos seus membros, Memi Vian, morrerá como autêntico santo no "cinturão vermelho" de Paris[7].

Quanto aos Estados Unidos, a evolução das tendências sociais dos católicos é muito curiosa. O programa elaborado durante a Primeira Guerra Mundial pelo Comitê Católico Nacional[8] é defendido e difundido, uma vez feita a paz, pela National Catholic Welfare Conference; mas, no meio da prosperidade em que a América faz gala das suas delícias, o seu apelo à solidariedade é considerado absurdo, e os católicos instalam-se na tranquilidade de um liberalismo integral. Só um pequeno grupo anuncia que, mais cedo ou mais tarde, essas reformas hão de ser indispensáveis: é o *Catholic Worker*, fundado por uma mulher extraordinária, de temperamento de fogo, que passa do anarquismo para a fé católica, sem renunciar às suas santas indignações contra as iniquidades: *Dorothy Day*. Ajudada pelo francês Pierre Maurin, empreende nos Estados Unidos uma campanha de conferências sociais, que os seus dons de uma oratória pitoresca e o exemplo de uma vida inteiramente franciscana tornam eficaz. Graças a essa mulher, os americanos tranquilos descobrem que existe entre eles a miséria.

A influência do *Catholic Worker* debilita-se porque prega como panaceia o regresso à terra, mas é entre os seus amigos que nasce o sindicalismo católico. E, quando vier a crise de 1929, quando doze milhões de desempregados reclamarem o direito de viver, as críticas do pequeno grupo avançado de Dorothy Day parecerão mais justificadas. O *New Deal* de Roosevelt tem muitas afinidades com o programa social dos católicos. Quando os católicos burgueses criticarem as iniciativas corajosas do presidente, o pe. Ryan, agora bispo, e o seu amigo, D. Haas, hão de repetir-lhes com energia: "O que os senhores recusam são as ideias dos papas!"

Desenvolvimento da ciência social cristã

Nesta história complexa, um aspecto deve ser sublinhado: a ciência social cristã desenvolve-se e firma melhor as suas bases. Faz-se um esforço sério no sentido de organizar os operários católicos. Não se trata de uma inovação, pois procede do que tinha sido empreendido antes da guerra. Mas não apenas se cumprem as promessas como se assumem novas orientações.

"Cursos de doutrina e de prática sociais", as *Semanas Sociais* — que vimos surgirem na França no princípio do século, e que foram interrompidas pela guerra — reaparecem a partir de 1919. Daí em diante, sucedem-se regularmente em cada ano, indo de cidade em cidade, conforme a tradição. Têm êxito: o número de assistentes passa de dois mil. Têm por animador *Eugène Duthoit* (1869-1944), professor da Faculdade Livre de Direito, de Lille, fundador do Instituto de ciências sociais e políticas anexo a essa Faculdade, membro da alta burguesia, e cujo porte nobre, alta estatura e natural gravidade no falar impressionam, mas que é também mestre muito estimado pelos seus alunos, a quem recebe para almoçar, um amigo que todos os dirigentes do catolicismo social consultam, além de ser terciário franciscano e devotado confrade vicentino. Reatando o hábito de Henri Lorin, é ele que pronuncia a lição de abertura de cada Semana, traçando um "pórtico intelectual" no limiar de cada uma, e exercendo assim um verdadeiro magistério sobre o pensamento social católico. Algumas das suas lições serão de grande importância: a primeira, dada em Metz (1919), que reafirma todos os princípios; a de Paris (1928), que estabelece admiravelmente as relações entre a ação social e a caridade; e a de Clermont-Ferrand (1937), sobre "a pessoa humana em perigo", vigoroso requisitório contra os totalitarismos.

As Semanas, que se tinham iniciado antes de 1914, continuam em todos os países onde é possível. Na Itália, ganham amplitude e abordam os grandes problemas: a de Roma (1922), que estuda o problema do Estado no exato momento em que este vai ser posto em causa pela revolução fascista, tem a ressonância de um acontecimento político; Mussolini, uma vez vitorioso, pôr-lhes-á fim. Na Espanha, apesar das dificuldades da situação, desenvolvem-se, animadas por Severino Aznar. Na Bélgica, continua a dupla série: Semanas valonas e flamengas. Outros países as iniciam. Os *Social Courses* do pe. O'Hea, na Inglaterra, cuja primeira série tem lugar em 1920, entram em acordo com a organização sindical e com o movimento operário, a fim de formar os dirigentes de um e outro. O Canadá, ao apelo do pe. Archambault, prefere o modelo francês, no mesmo ano, com a Semana de Montréal.

A expansão é contínua: Chile em 1924, com o pe. Hurtado; Checoslováquia em 1932; Iugoslávia (1933) em Zagreb. No mesmo ano, um grupo de católicos franceses, dirigido por Pasquier-Gronde, organiza uma Semana em Argel, especialmente dedicada aos problemas do Magreb. E, dois anos depois, em 1935, são os católicos da Rodésia que consagram uma Semana aos problemas da África do Sul. Na América Latina, se, por um lado, são suspensas as do México, prosseguem as do Uruguai e, em 1937, reúne-se uma em Buenos Aires, com notável sucesso. No momento em que rebenta a Segunda Guerra Mundial, há Semanas Sociais em vinte e um países, e Portugal e o Líbano anunciam que vão ter também as suas, as quais começam em 1940.

Tanto como a expansão da fórmula das Semanas Sociais, é interessante notar a evolução dos temas tratados. Recorde-se que, até 1913, cada uma das Semanas não tinha unidade temática. Os oradores abordavam vários temas, um pouco ao sabor das preocupações de cada qual. Depois de 1918, todas as Semanas, em qualquer país em que se reúnam, concentram a atenção num só grande tema, ao qual se prendem todas as palestras, segundo um plano cuidadosamente estabelecido. Daí resulta um aprofundamento incontestável, e uma evolução. A primeira fase das Semanas tinha sido consagrada a uma clara exposição dos grandes princípios da doutrina social cristã, uma espécie de educação de base. Na segunda, procura-se, de preferência, embora recordando necessariamente os princípios, encarná-los nas instituições: isso explica que sejam numerosos os juristas entre os oradores. Estuda-se, por exemplo, o papel do Estado na vida econômica e social, as novas condições da atividade industrial, o modo como se põe o problema social nas colônias. Em Angers (1935), faz-se uma atualização da ideia corporativa, ou seja, expõe-se aquilo que dela retêm os católicos sociais. Assiste-se, pois, a uma elaboração contínua da doutrina social da Igreja nas suas aplicações às realidades concretas. As "Conclusões oficiais" publicadas após cada Semana constituem documentos de base, nos quais será possível seguir uma pista até se chegar aos ensinamentos pontifícios.

Esta evolução das Semanas é importante; assinala um progresso indiscutível. Já não se consideram apenas os pontos em que a doutrina social se liga à moral relativa à justiça e à caridade; pretende-se analisar a sério os dados de todos os problemas sociais. Intenção que, aliás, não se manifesta somente nas palestras das Semanas. Retomando a ideia da União de Friburgo, os principais responsáveis do movimento constituem em 1920 uma *União Internacional dos Estudos Sociais*, com sede em Malines. Os trabalhos dos padres jesuítas Desbuquois, Cavallera e Yves de la Brière, bem como os dos padres dominicanos Rutten (que foi o primeiro) e Lebret, vão no mesmo sentido. Don Sturzo, por muito breve que seja o tempo que lhe deixa a ação política, aproveita todas as ocasiões para mostrar que a doutrina social da Igreja deve ser aplicada em todos os casos concretos, como, por exemplo, nos assuntos comunais, aos quais ele próprio se dedicou com extremo interesse.

É nesta época que começam a estabelecer-se relações entre a doutrina social e a sociologia. Anteriormente, eram quase inexistentes. Limitavam-se, quando muito, a algumas relações mantidas por Henri Loran, pelo pe. Schwalm e por Paul Bureau com os discípulos da *Science sociale* do pe. de Tourville[9], de quem, aliás, os católicos sociais democratas desconfiavam, por causa das suas ideias "contrarrevolucionárias" e do antiestatismo doentio e algo simplista dessa escola. Por outro lado, se as teses sociológicas de Émile Durkheim, declaradamente a-religiosas, tinham aumentado a desconfiança dos católicos, a verdade é que os métodos dessa ciência podiam prestar-lhes um grande serviço. É durante o período que vai entre as duas guerras que os católicos sociais descobrem a sua importância. Nos seus *Fragmentos de sociologia cristã*, um pensador brasileiro, *Tristão de Athayde*[10], faz-lhes notar que não basta ter uma "filosofia social", que é preciso ter também um "conhecimento empírico" e uma "arte social".

Os católicos sociais aceitarão o argumento? Irão entregar-se à indispensável pesquisa positiva? Todos eles? Não tanto. Pelo menos, um dos mestres dessa pesquisa trabalha na França: Gabriel Le Bras, que lhes vai mostrar que a sociologia cristã está na base de todo e qualquer trabalho social construtivo, assim como de todo o apostolado. Mas deve-se lamentar que os *Secretariados Sociais* — que já existiam antes mesmo das Semanas e que, em 1922, só na França, chegavam a trinta e dois — não tenham tido o mesmo sucesso que as Semanas[11], e que, mesmo onde existiam, os católicos não lhes tivessem concedido os meios necessários para se tornarem o grande instrumento de documentação e de realização que poderiam ter sido, em vez de se limitarem a continuar o seu trabalho útil, mas obscuro.

Afirmação do sindicalismo cristão

Nos começos do ano de 1919, a Federação dos Sindicatos Femininos, que agrupava a grande maioria dos organismos das trabalhadoras da França, propôs ao poderoso Sindicato parisiense dos Empregados de Comércio e da Indústria que tomasse a iniciativa de reunir numa entidade nacional todas as forças sindicais católicas do país. A ideia pareceu oportuna aos dirigentes do SECI, Zirnheld e Gaston Teyssier, que meteram mãos à obra. A primavera e o verão passaram-se em numerosos contatos, em discussões preparatórias. E, em 1º de novembro, reuniam-se em Paris os representantes de 350 sindicatos, entre os quais os dos sindicatos da Alsácia-Lorena, dirigidos por Ernest Dhiele, que a CGT resolveu ligar a si.

Depois de dois dias dedicados a debates, foi constituído um organismo nacional, que tomou o nome de *Confederação Francesa dos Trabalhadores Cristãos*, CFTC, para a qual foram nomeados, respectivamente como presidente e secretário, Zirnheld e Teyssier. A denominação de *cristãos*, escolhida de preferência a *católicos*, era intencional; o primeiro termo era considerado menos confessional que o segundo. Mas nem por isso o art. 1º dos Estatutos deixava de proclamar: "A Confederação quer inspirar-se, para a sua ação, na doutrina social definida pela encíclica *Rerum novarum*. Considera que a paz social necessária à prosperidade da Pátria, e a organização profissional, fundamento indispensável dessa paz, só podem ser asseguradas mediante a aplicação dos princípios de justiça e de caridade cristãs".

Assim nascia uma força poderosa, sem precedentes na história social dos católicos da França. Passado um ano, tinham dado a sua adesão 578 sindicatos, que representavam 156 mil membros. Os empregados constituíam mais de um quarto (43 mil); mas os ferroviários seguiam-nos de perto, com 36 mil. É de sublinhar que havia dez mil mineiros e oito mil metalúrgicos. A estrutura do movimento assentava nos sindicatos locais, que se agrupavam, profissionalmente, em federações, e, geograficamente, em uniões federais. O Congresso elegia o Secretariado (*Bureau*) da Confederação, junto do qual, de trimestre em trimestre, funcionava um Comitê nacional, formado pelos delegados das Federações e das Uniões.

O êxito foi considerável. Logo em 1924, nas eleições dos *prudhommes*[12], a CFTC ganhou quarenta lugares. Pouco depois, entrava no Conselho Superior do Trabalho, e no das Estradas de Ferro. As adesões anuais beiravam os 15 mil novos membros. Coisa que não agradava nem aos sindicalistas da CGT, incomodados com essa concorrência, nem aos patrões, descontentes, e a seguir furiosos, de ver operários católicos reivindicarem os seus direitos com tanto vigor e, por vezes, com os mesmos meios que os da CGT. E foi com os patrões que a crise começou.

Já em 1920 a novíssima CFTC intervinha na greve dos bancos. Houve cartas de protesto enviadas a Roma, mas tanto Bento XV como depois Pio XI se recusaram a tê-las em conta e, pelo contrário, em diversas ocasiões aprovaram a ação sindical francesa. A *questão Halluin* ia tomar outra feição. Com efeito, fez surgir a divergência fundamental entre as duas correntes que desde há muito tempo existiam no catolicismo social: a do paternalismo mais ou menos corporativista, e a do movimento operário.

Em 1920, fora reconstituída a Associação Católica dos Patrões do Norte, fundada em 1884 e que tinha claramente por objetivo o cumprimento da doutrina social da Igreja, especialmente no que dizia respeito à situação dos sindicatos operários católicos e à colaboração com estes para estabelecer condições de trabalho justas. De fato, a associação praticou uma política social inegavelmente generosa: construção de moradias e centros comunitários, restaurantes populares e até caixas de crédito familiar. A essa política só se podia fazer um reparo: era praticada sem que os operários tivessem uma simples palavra a dizer.

A fundação de um organismo patronal mais especialmente concebido para a defesa dos interesses dos industriais, o Consórcio Têxtil de Roubaix-Tourcoing, veio provocar uma certa tensão. O presidente do Consórcio, Mathon, e o diretor, Désiré Ley, desconfiavam muito dos sindicalistas cristãos: assimilavam-nos sumariamente aos democratas populares e censuravam-nos porque, em certos casos, se uniam ao CGT, principalmente quando se tratava de reivindicar o direito legal ao auxílio-família e a férias pagas. Em 1924, apresentaram queixa a Roma contra a CFTC, acusando-a de estar ligada ao marxismo.

Enquanto Pio XI ordenava um inquérito extremamente minucioso — que durou cinco anos —, estalaram greves nas indústrias têxteis. Halluin, onde o militante Arthus Houlée exercia uma autoridade considerável sobre os seus camaradas, tornou-se, em linguagem patronal, "a cidadela vermelha". Entrementes, a CFTC, que não aprovava os métodos violentos da CGT, recusava-se a fazer uma "frente comum" com ela. Para apaziguar o conflito, propunha que se recorresse à arbitragem do Representante do Governo, ao que tanto patrões como a CGT se opunham vivamente. Como a greve se prolongasse, os sindicalistas católicos abriram uma subscrição para dar que comer aos operários e suas famílias.

Ora, nessa altura, o bispo de Lille, *mons. Achille Liénard*, resolveu intervir, e fê-lo de uma forma que iria dar brado: participou da subscrição. E precisou assim o sentido do seu gesto: "Em favor daqueles que manifestaram o seu espírito cristão pedindo a arbitragem e indo em socorro dos operários". Houve uma explosão de fúria. O "bispo vermelho" foi insultado pela imprensa de direita e denunciado a Roma sob a acusação de também ele se ter feito marxista. A essa fúria, Pio XI respondeu com um gesto espetacular: concedeu o chapéu cardinalício ao corajoso prelado. Enquanto o novo cardeal, muito calmo, mantinha contato com os elementos mais moderados do organismo patronal, e, passados sete meses de greve, conseguia restabelecer relações entre eles e os operários, o papa dirigia-lhe uma Carta em que punha fim ao inquérito aberto havia cinco anos. Nessa Carta, afirmava o direito, tanto para os operários como para os patrões, de constituírem sindicatos, e aconselhava a criação de comissões mistas para prevenir conflitos. Chegava mesmo a admitir que, onde não fosse possível formar sindicatos estritamente cristãos, os católicos participassem da ação sindical em outros agrupamentos.

Esse reconhecimento oficial dos direitos sindicais dos católicos teve consequências consideráveis. A CFTC ganhou um grande impulso. Como a crise mundial tinha suscitado novos problemas, a Confederação propôs, em 1936, um plano de reforma da economia, baseado na renovação da empresa e na criação de um Conselho Nacional Econômico com competência para controlar o crédito. Os dois principais redatores do plano foram dois ilustres católicos sociais: *Alfred Michelin* e *Louis Blain*, e a sua influência iria exercer-se mesmo depois da Segunda Guerra Mundial. O desenvolvimento do sindicalismo cristão na França foi de tal ordem que a CGT se sentiu tomada de inveja e, aproveitando a subida ao poder da Frente Popular, procurou esmagá-lo. Não só conseguiu afastar a CFTC da negociação dos "Acordos Matignon", que acabaram com a agitação social — e que, no entanto, se inspiraram tão claramente, como vimos, nos princípios católicos sociais —, mas provocou até em diversos pontos da França, entre cristãos e membros da CGT, uma verdadeira prova de força que chegou aos apupos, às vias de fato, à proibição de acesso aos poços das minas. A verdade é que essas violências não tiveram qualquer resultado, antes pelo contrário, serviram para reforçar o sindicalismo cristão, cuja combatividade causou grande impacto.

Nas vésperas de 1939, a CFTC contava 500 mil membros, repartidos por 2.384 sindicatos. Tinha mesmo filiais na África do Norte, em Madagascar e até na Nova-Caledônia. Tinha ministrado cerca de novecentos cursos profissionais, criado centenas de caixas de desemprego, de socorros mútuos, de secretariados populares. Pode-se calcular que a ela se filiava a quarta parte dos operários e empregados franceses.

Também os camponeses, cujas organizações sindicais mais importantes mantinham o caráter corporativo que lhe conhecemos[13], começavam a mover-se no sentido de um sindicalismo cristão puramente operário. Na Bretanha, onde as lições do pe. Trochu não tinham caído no esquecimento, o pe. Mancel constituía a Liga Camponesa, cujos sindicatos estavam abertos apenas aos trabalhadores do campo, apesar da desconfiança do episcopado, manifestada oficialmente, em face desse "movimento de divisão e de antagonismo entre as classes". Em Mayenne, o sindicato agrícola de Château-Gontier empreendia uma campanha pela revisão dos arrendamentos rurais, e, a seguir, exigia que os trabalhadores agrícolas tivessem o mesmo número de lugares que os proprietários nas Câmaras de agricultores, estabelecidas pela lei de 1924. Em 1932, Isidore Pasquier fundava a Federação Francesa dos Trabalhadores da Terra, que, aliás, até 1939, não sairia de uma existência obscura e precária. Ao menos, era um sinal para o futuro.

Esta história do crescimento do sindicalismo cristão na França, e da sua luta em duas frentes, contra os patrões e contra a CGT, é reveladora da atitude da Igreja. Não se pode dizer que tomasse partido contra os patrões, mas manifestava uma clara solicitude e simpatia pelas classes trabalhadoras. Foi por isso que o movimento sindical cristão conseguiu atingir, em todos os países onde lhe foi possível, e durante o tempo que pôde, uma expansão análoga à que teve na França.

Na Bélgica, a antiga *Liga Democrática*, que em 1919 passara a ter o nome de *Liga Nacional dos Trabalhadores Cristãos*, teve como vanguarda a Confederação dos Sindicatos Cristãos, que, animada pelo pe. Rutten, contava em 1939 com 450 mil membros. Em 1921, a proporção era de dez sindicalistas socialistas para um cristão; em 1929, era de dois para um. Na Holanda, o *Movimento Operário Católico*, simultaneamente religioso e social, e os herdeiros dos primeiros sindicatos (de mons. Ariens) beneficiaram largamente do desenvolvimento do catolicismo nesse país; mas trabalharam em ligação com a Confederação Nacional dos Sindicatos Cristãos, que incluía também protestantes. No Luxemburgo, um quinto dos sindicatos estavam inscritos nos sindicatos cristãos. Na Espanha, o sindicalismo católico começava a ganhar corpo quando a revolução franquista impôs o sindicato único, que aliás denotaria a influência daquele.

Na Itália, o Partido Popular agrupou as organizações sindicais "brancas" que tinham feito parte da *União Econômico-Social*, numa Confederação Italiana dos Trabalhadores, que, em pouco tempo, atingiu 600 mil membros e foi completada por Federações de pequenos proprietários, rendeiros e trabalhadores agrícolas. Por outro lado, houve também uma Confederação de Cooperativas, um empreendimento gigantesco pelo qual D. Sturzo manifestou particular apreço, mas que, por ser demasiado ambicioso nos seus projetos e excessivamente zeloso em defender apenas os interesses do proletariado, em detrimento das classes médias, iria, sem dar por isso, preparar o caminho ao fascismo, que em breve liquidaria o sindicalismo cristão.

Quanto à Alemanha, o sindicalismo cristão teve em 1919 um êxito ainda maior: 1.250.000 membros contribuíam para as caixas dos organismos. O sindicalista Segerward e o pe. Hitze, chefe espiritual do *Volksverein*, exerceram uma ação eficaz na redação da Constituição de Weimar. Na realidade, porém, essa força era mais aparente que real. Enquanto alguns homens corajosos, como o pe. jesuíta Pesch, aconselhavam o sindicalismo a reclamar medidas radicais, de caráter "socialista-cristão", a fim de tirar o tapete ao mesmo tempo aos marxistas e aos nacionalistas, a maior parte da classe operária distribuía-se entre movimentos que não tinham de modo nenhum por finalidade a defesa da classe operária. Em face do hitlerismo crescente, o sindicalismo cristão alemão estava dividido e incapaz de congregar a massa.

Apesar destes ou daqueles erros, destas ou daquelas insuficiências, o sindicalismo cristão não deixou de representar uma força. Em 1920, todos os movimentos dos diferentes países tinham decidido agrupar-se e, em Haia, um Congresso (a que tinham assistido delegados de catorze países), fundara a *Confederação Internacional dos Sindicatos Cristãos*, oposta à *Federação Sindical Internacional* e à *Internacional*

Sindicalista Vermelha. Se bem que não tivesse apenas católicos, proclamava a doutrina pontifícia, rejeitando a luta de classes, apelando para a colaboração e a arbitragem. Mas o aparecimento dos regimes totalitários e ditatoriais em diversos países não ia permitir-lhe o desenvolvimento que lhe parecia prometer o entusiasmo que acolhera os seus primeiros passos.

Importa considerar à parte o caso do sindicalismo cristão nos Estados Unidos. Na América, como aliás na Inglaterra, os católicos não julgavam necessário agrupar-se em organizações sindicais particulares, visto que as questões políticas e religiosas não eram debatidas nos sindicatos. Aderiam, pois, às grandes centrais sindicais, a *American Federation of Labor* (AFL) e o *Congress of Industrial Organization* (CIO), das quais a primeira era formada sobretudo por operários qualificados e a segunda por não-especializados. Durante a crise, porém, e ante o progresso das teses marxistas, alguns entenderam que era útil reunir os operários católicos numa associação própria, onde estudassem os problemas doutrinais e de ordem prática decorrentes da sua fé. A princípio, tiveram o apoio do *Catholic Worker*, mas depois afastaram-se, porque lhes pareceu mais útil e mais prático transformar por dentro a civilização industrial do que regressar à terra. Assim nasceu a *Associação dos Sindicatos Católicos* (ACTO), cujo jornal, *Labor Leader*, publicou um programa de reformas inspirado nas encíclicas; foi essa associação que reclamou pela primeira vez o "salário anual garantido"[14].

Assim, mediante o sindicalismo cristão, a Igreja conseguiu, em certa medida, restabelecer o contato com a classe operária. Não foi este, aliás, o único meio de que dispôs. Num plano muito diferente do social e profissional, vamos vê-la criar organismos cujo papel será o de reimplantar a Cruz no coração das massas descristianizadas. Mas devemos afirmar que há um vínculo entre essas novas iniciativas e o movimento sindicalista, o qual permanecerá como peça-mestra na construção de uma cristandade renovada. Antes de fundar a Juventude Operária Cristã, o pe. Cardijn será capelão dos sindicatos, e o primeiro nome que dará ao seu movimento será Juventude Sindicalista. Prova suplementar, se precisássemos dela, da importância que o sindicalismo cristão teve na vida da Igreja e da sociedade civil, quer para a difusão da doutrina social dos católicos, quer para a formação dos homens e a evolução das instituições.

Pio XI e a encíclica "Quadragesimo anno"

É evidente que o poderoso movimento que levou tantos católicos a empenhar-se no campo social não se desenvolveria como se desenvolveu se não tivesse contado com a aprovação da Igreja docente. Ora, foi esse precisamente o caso. Os tempos tinham mudado muito desde a época em que se podiam contar pelos dedos das mãos os bispos interessados nesse gênero de problemas. A partir da *Rerum novarum*, deu-se uma evolução, e não há, a bem dizer, um só membro da hierarquia que resista à corrente. Pelo contrário: muitos deles são "sociais" convictos.

O exemplo da França é, a este respeito, significativo. Em 1919, mons. Germain, arcebispo de Toulouse, afirma numa importante carta pastoral que o catolicismo social é a estrada do futuro. Mons. Gibier, que fora proclamado pelos seus confrades "primeiro pároco da França" pela sua ação na paróquia de São Paterno de Orléans, prossegue essa obra à frente da diocese de Versalhes. Os arcebispos de Paris vão-se empenhando no mesmo objetivo: assim o cardeal Amette, que alguns acusam de "cobrir com a sua púrpura os cristãos vermelhos", e o cardeal Verdier, iniciador dos *Chantiers*, cujo papel no campo social já conhecemos. Vimos o trabalho realizado em Lille por mons. Liénart, que será o mais novo dos cardeais e junto de quem o pe. Six, que viria a ser sagrado bispo, se dedica à formação social dos jovens e dos padres. E, em 1937, é nomeado para a sé primacial de Lyon um militante social, já conhecido como presidente da ACJF, depois ordenado sacerdote, diretor das Obras no arcebispado de Paris e que, a esse título, esteve intimamente ligado ao aparecimento da CFTC e da JOC: *Pierre Gerlier*[15].

E os papas? Diz-se que Bento XV ainda estava na fase do paternalismo ultrapassado. E, de fato, um texto dele, de março de 1920, em que se fala da "desigualdade que obedece à ordem estabelecida por Deus", da resignação com que se devem suportar "males inevitáveis", parece um pouco embaraçador. Deve-se, porém, recordar que, nessa época, o perigo de ver "as massas atiradas para a subversão da sociedade" não era pura hipótese. A advertência do papa é perfeitamente compreensível. Como também a do Secretário de Estado, Merry del Val, acerca do caráter nitidamente católico que as obras deviam manter, e também sobre o perigo de confusão que podia provir de certas tendências interconfessionais. Mas Bento XV assiste ao nascimento da CFTC e da Federação Italiana dos Trabalhadores, apoiado pelo Partido Popular de D. Sturzo — e é-lhes favorável. Retoma o hábito de enviar mensagens aos presidentes de cada Semana Social. Ao receber o Secretariado Internacional do Sindicalismo cristão, aprova-o e dá-lhe este conselho: "Tendes razão: basta de discussões. Realizações!"

Com Pio XI, o tom torna-se ainda mais energicamente encorajante. D. Achille Ratti tinha uma experiência pessoal no terreno social. Jovem padre, em Milão, fora aos bairros miseráveis ensinar catequese. Cuidara dos pequenos limpa-chaminés que desciam do Tirol e muitas vezes viviam em condições lastimáveis. Correra perigo físico, envolvendo-se com a sua presença na dramática greve de 1898, que degenerara em batalhas de rua, tão violentas que o cardeal-arcebispo tivera de afastar-se[16]. Nas suas conversas, na sua correspondência, mostrava com frequência a admiração que tinha por Leão XIII e a *Rerum novarum*.

Eleito papa, responde às felicitações da CFTC com uma Carta calorosa em que louva o jovem agrupamento por trabalhar no sentido de "obter a melhoria de vida das classes laboriosas, mediante a prática dos princípios do Evangelho, tais como a Igreja sempre os aplicou na solução das questões sociais". E, quando os patrões do Norte, três anos depois, elevam uma queixa a Roma contra o sindicalismo cristão, já conhecemos a prudente atitude de expectativa em que se manteve e as conclusões a que chegou. A D. Sturzo, que o procurara para falar-lhe da Confederação Italiana dos Operários, também ela muito criticada, respondeu: "Sabemos que a obra a que se dedica é útil".

Essas tendências veem-se confirmadas e reforçadas nele pelo dom que possui, como possuía Leão XIII, de estar atento aos sinais dos tempos e "de compreender as necessidades da ordem futura"[17]. Esse intelectual sabe observar de um modo admirável o que se passa. Dá-se perfeitamente conta de que o velho liberalismo morreu e — tendo perdido o seu caráter pessoal para dar lugar, em ritmo crescente, a grandes empresas econômicas — desenvolveu os seus aspectos mais deploráveis. Está também inteiramente informado sobre a evolução da técnica industrial que, mediante a "racionalização" de Taylor e de Ford, por força do trabalho em cadeia, leva a uma autêntica desumanização do trabalhador.

Em 1929, estala a crise econômica, com o craque de 24 de outubro em Nova York: o regime capitalista parece ameaçado. O consumo e a produção deixam de se equilibrar, e há milhões de desempregados que se concentram junto dos portões fechados das fábricas falidas. O sistema monetário internacional desagrega-se, os países fecham-se dentro de barreiras alfandegárias intransponíveis. A crise alimenta a crise e o panorama econômico torna-se trágico: a indústria está parada, a agricultura na miséria, o comércio paralisado, os bancos em perigo. E, enquanto se queima trigo no *Middle West* e se aquecem com café as locomotivas do Brasil, milhões de seres humanos afundam-se na miséria e na fome. Toda essa desgraça, Pio XI sente-a vivamente. Esse homem que dizem frio, insensível, confessa aos seus íntimos que a situação o impede de dormir. E é então, no ponto mais agudo da crise, que fala.

A ocasião escolhida é o quadragésimo aniversário da *Rerum novarum*, a 15 de maio de 1931. A nova encíclica começa precisamente com essas palavras: *Quadragesimo anno*. O que Leão XIII fizera no seu tempo — lançar um grito de alarme e fixar posições novas —, vai fazê-lo Pio XI com a mesma firmeza e a mesma audácia. O tom é ainda mais rude que no documento leonino. Certas fórmulas fazem carreira. Aquela, por exemplo, que denuncia as aberrações do regime de trabalho: "A matéria inerte sai enobrecida da oficina, ao passo que os homens lá se degradam". Ou a que proclama: "O trabalho não é mercadoria". Ou, ainda, a que observa: "Toda a vida econômica se tornou implacavelmente dura e cruel". Finalmente, citemos esta, cujas poucas palavras acabam com a consciência tranquila de demasiados cristãos: "O operário não deve receber como caridade o que lhe cabe como justiça".

A encíclica compreende três elementos. Em primeiro lugar, Pio XI traça o quadro dos resultados felizes obtidos pela *Rerum novarum*. No plano da doutrina, constituiu-se uma "ciência social católica", que se enriquece de dia para dia. No campo das aplicações, "os homens de Estado, tomando mais claramente consciência da sua missão, cuidaram de pôr em prática uma vasta política social". Assim "nasceu um Direito novo, ignorado do século anterior, e que garante aos trabalhadores o respeito pelos direitos sagrados que lhes advêm da sua dignidade de homens e de cristãos". É o mesmo que aprovar os esforços dos católicos sociais; é o reconhecimento da influência que exerceram em numerosos países sobre o legislador. As próprias associações operárias recebem um encorajamento formal; é certo que o papa prefere que se formem "sindicatos nitidamente católicos"; mas, se as circunstâncias não o permitirem, aceita que os operários católicos adiram a organismos neutros, com a condição de que estes "respeitem a justiça e a equidade" e deixem "plena liberdade aos fiéis para obedecerem à sua consciência e à voz da Igreja".

Outros elementos da *Quadragesimo anno* constituem reafirmação dos princípios que estão na base de toda e qualquer ação social católica. Por exemplo, a encíclica retoma aquilo que Leão XIII ensinou sobre o direito de propriedade e o seu duplo caráter individual e social: "Foi da natureza, e portanto do Criador, que os homens receberam o direito de propriedade privada". Repete que os frutos da produção devem ser partilhados segundo as exigências do bem comum, e de tal maneira que qualquer trabalhador possa ter acesso à propriedade. Tal como a *Rerum novarum*, também esta encíclica não declara ilegítimo o regime de salariado, desde que o contrato de trabalho seja estabelecido segundo a equidade, isto é, desde que o salário seja justo. Como o seu grande antecessor, e até mais claramente do que ele, Pio XI condena simultaneamente o liberalismo econômico, responsável pela desagregação da sociedade e pelo aumento da miséria, e o socialismo, "remédio pior que o mal". Quanto ao socialismo, os católicos não devem aceitar nenhum compromisso, nem sequer com os seus elementos mais moderados, porque a sua concepção da sociedade e do caráter social do homem é contrária à verdade cristã[18].

Nem as reafirmações doutrinais nem a evocação histórica dos frutos da *Rerum novarum* constituem as partes verdadeiramente novas da *Quadragesimo anno*, que, no entanto, tem bastantes. Sem cessar de pôr no primeiro plano as preocupações morais, Pio XI vai bem mais longe que Leão XIII na denúncia do sistema reinante. A sua crítica passa do plano social para o econômico.

Talvez as exposições mais notáveis de toda a encíclica sejam aquelas em que se denuncia a iniquidade da distribuição dos bens deste mundo: "De um lado, uma imensa multidão de proletários; do outro, um pequeno número de ricos na posse de enormes fortunas"; e também aquelas em que são condenados, não os princípios do capitalismo em si, enquanto sistema, mas os resultados do seu abuso: "a concentração das riquezas, a acumulação de um poder econômico discricionário nas mãos de um pequeno número de homens"; ou, ainda, aquelas em que o papa mostra que essa ditadura econômica submete aos seus fins o poder político; finalmente, aquelas em que assegura que o capital "não contrata a classe dos proletários senão para explorar a indústria e o sistema econômico em seu exclusivo proveito, sem ter em conta nem a dignidade humana dos operários, nem o caráter social da atividade econômica, nem sequer a justiça social e o bem comum". É uma análise crítica altamente significativa.

Para substituir, ou pelo menos reformar o que há de inadmissível no sistema, Pio XI oferece soluções. Soluções que se situam no quadro de uma organização profissional que, sob certos aspectos, faz pensar na Corporação tal como La Tour du Pin a concebera, com os seus grupos, os seus "Estados" coordenados, disciplinados, submetidos aos imperativos do bem comum, mas com mais larga autonomia para os trabalhadores, que se poderão organizar e defender os seus direitos. Em suma, a fórmula é: "O sindicato livre na profissão organizada".

A essa organização, o Estado deve dar garantia e proteção, para que tudo funcione em boa ordem, mas deve abster-se "de retirar aos grupos inferiores as funções que eles próprios são capazes de executar". No momento em que o estatismo totalitário aumenta as ameaças sobre a Europa, *Quadragesimo anno* é resolutamente anti-estatista. É também anti-burocrática, pois a burocracia triunfante lhe parecia ser uma das formas mais perigosas do domínio do coletivo.

No quadro dessa organização harmoniosa da sociedade, fundada na reconstrução "dos corpos profissionais" e no reconhecimento das realidades imediatas do homem — família, comuna, profissão —, Pio XI vai muito longe, por mais comedida que, em conjunto, seja a sua linguagem. Vemo-lo preconizar o salário familiar, a participação dos trabalhadores no controle das empresas, o seu acesso à propriedade do capital. E o papa insiste na necessidade, se se quer pôr fim à desordem mortal da sociedade, de sair do âmbito egoísta das nações, de reconhecer que elas são "estreitamente solidárias e interdependentes". É também necessário estabelecer "compromissos e instituições" no plano internacional.

Ao resumir a *Quadragesimo anno* na sua grande encíclica *Mater et Magistra*, João XXIII dirá, com toda a propriedade, que os dois temas fundamentais desse documento de Pio XI são: primeiro, "proibir em absoluto ter o interesse como regra suprema das atividades e das instituições do mundo econômico", quer seja o interesse de um indivíduo, quer de um grupo ou de uma nação em demanda de prestígio e de poderio; segundo, recomendar "a criação de uma ordem jurídica, nacional e internacional, dotada de instituições estáveis, quer públicas, quer privadas". Na verdade, é a essas duas ordens de preocupações que se ligam as explanações da *Quadragesimo anno*. Mas, pela maneira como Pio XI fornece exemplos, propõe soluções, é claro que sai da esfera puramente doutrinária. A encíclica é um ato; deve levar à ação.

E foi bem assim que os católicos sociais a entenderam e comentaram amplamente nos seus círculos de estudos, na sua imprensa; a partir desse momento, o texto pontifício será para eles uma referência constante. É esse texto que lhes dá um novo impulso — esse que se vê não somente durante os sete anos que precederam a Segunda Guerra Mundial, mas também depois desta. Podemos dizer que, até 1961, ano em que se dará um terceiro impulso mediante uma nova encíclica "social", o catolicismo social viveu da *Quadragesimo anno*.

E, fora dos meios favoráveis às suas teses, terá tido alguma influência de peso? Seria exagerado dizer que sim. Quando lemos a imprensa burguesa da época, é fácil perceber que a encíclica foi recebida com certo mal-estar. Na França, o diário mais lido limitou-se a resumi-la em trinta linhas, em que se focava principalmente a passagem acerca do direito natural do homem à propriedade. Só *La Croix* publicou o texto integral.

Catolicismo social: resultados e problemas

Nas vésperas da Segunda Guerra Mundial, quando os dados do problema social iam passar por uma nova transformação profunda, o balanço dos resultados obtidos pelo catolicismo social é largamente positivo. No quadro que podemos esboçar, vemos sem dúvida vastas manchas de sombras. A Itália fascista e a Alemanha de Hitler eliminaram todas as obras sociais católicas — movimentos e sindicatos —, em benefício das suas próprias organizações totalitárias. Na Áustria, o católico social Dollfuss foi abatido pelas balas dos nazistas. Na Espanha, os católicos sociais estão cindidos: uns aceitam o regime do general Franco, outros preferem o exílio, como Gil Robles e Mendizábal-Villalba. Na América Latina, o movimento continua a engatinhar: palavras, sim, mas poucas realizações. Até nos países em que manifesta maior vigor, está bem longe de arrastar gente de todos os meios. A enorme maioria do proletariado ignora-o ou desconfia dele, cada vez mais conquistado pela ideia da luta de classes. E entre os burgueses há numerosos refratários às teses sociais cristãs, há patrões que se irritam por ouvir censurar os seus privilégios, há pensadores para quem a Igreja sai das suas funções quando se ocupa com esses problemas.

No entanto, apesar dessas falhas evidentes, os resultados conseguidos são impressionantes. Antes de mais, e malgrado as incompreensões e as resistências, opera-se uma profunda mudança na consciência dos católicos: ainda ontem tão pouco interessados no fato social, passam a dedicar-lhe atenção. Já não confundem — ou confundem muito menos — o dever de justiça com o dever de caridade. Compreendem melhor que têm a sua parte de responsabilidade na desordem e na iniquidade do mundo. Deixa-se de contar pelos dedos da mão as vozes e as penas sacerdotais ou leigas que repetem tais verdades. São mudanças decisivas.

O próprio caráter do que se passou a chamar correntemente "catolicismo social" já não é o mesmo. Aquilo que, cem anos atrás e até muito mais tarde, apenas existia como aspiração vaga, intenção generosa, tornou-se doutrina, nos dois sentidos da palavra: como objeto de ensino do Magistério, que nenhum católico pode recusar-se a ouvir, e como sistema de pensamento que leva imperiosamente à ação. Deste ponto de vista, a encíclica de Pio XI marcou uma data decisiva. Doutrina, aliás, muito flexível, que se podia aplicar a todas as condições de vida e cujas aplicações são, efetivamente, inumeráveis, quer na obra legislativa, quer na ação sindical, ou na criação de caixas de socorros mútuos e de cooperativas. A sua ação fez-se sentir claramente, tanto na ordem das ideias como na das realizações legislativas. Foram os católicos sociais que impuseram a noção de "salário vital"; foram os seus nomes que ficaram estreitamente associados aos esforços feitos para limitar a jornada de trabalho, proibir tarefas pesadas a mulheres e crianças, dar aos trabalhadores garantias contra as dificuldades da vida e garantir-lhes o indispensável descanso.

Mas o catolicismo social tornou-se algo bem diferente de um método para melhorar as condições de vida do proletariado. É já uma concepção da sociedade, que aspira a ser total e orgânica. A grande ideia do "bem comum", inseparável e complementar da ideia de dignidade da pessoa humana, foi o catolicismo social que a difundiu. E o sistema econômico e social a que levou está tão distante do liberalismo desumano como do estatismo totalitário, ainda mais desumano. Por último, ao separar-se radicalmente de todos os socialismos, deu testemunho de uma constante preocupação pela reforma moral, ao mesmo tempo que com a reforma das instituições. Eis por que os católicos sociais estiveram na primeira linha da luta contra o alcoolismo, a prostituição e a pornografia. Também por isso deram tanta importância às obras de educação, para as quais as *Équipes sociales* forneceram uma espécie de modelo.

Quererá isto dizer que o balanço foi inteiramente satisfatório? Entre os mais declarados partidários do catolicismo social, fizeram-se duas censuras ao movimento, tal como se apresentava em 1939.

Uma, de ordem teórica. Por maior que tenha sido o esforço para fundamentar bem a doutrina, não se pode dizer que esta alcançasse a amplitude e o rigor de certas doutrinas adversas, especialmente o marxismo. O catolicismo social — diz Joseph Folliet — "refletiu mais sobre a aplicação dos seus princípios do que sobre os próprios princípios: partindo de postulados iniciais, nem sempre os submeteu a uma crítica prévia". Faltava construir uma teologia do social, uma teologia da propriedade e do dinheiro. E o cônego Leclercq observa honestamente: "O movimento social cristão possuía os princípios necessários para corrigir os abusos do liberalismo econômico e sanear a vida social. Mas não soube destacá-los, no seu conjunto, com uma firmeza e precisão que os impusessem: faltou-lhe um grande teórico". Ficou por fazer um novo esforço para tomar plena consciência da realidade a que os princípios cristãos tinham de ser aplicados, tendo em conta os ensinamentos das ciências econômicas e da sociologia.

A outra crítica que se pôde formular era de ordem prática. Maravilhosamente criativo, sabendo adaptar a ação a todas as circunstâncias, o catolicismo social deu mais provas de espírito de empreendimento do que de organização. Henri Rollet observou, com ironia, que as palavras "abundância", "proliferação", que facilmente se empregam quando se fala das obras sociais católicas, não são inteiramente laudatórias. Para ser franco, tem-se muita vez a impressão de que se tratou de uma ação desordenada e caótica. "Independência quase feudal das ordens religiosas, das dioceses, das paróquias, dos movimentos; rivalidades de tendências, de políticas; pequenos conflitos pessoais, ou de grupos, ou de tradições; oposição dos Cenáculos intelectuais..." — erros prejudiciais à eficácia. E nada se fez para acabar com eles.

Feitas estas reservas, nunca será demais afirmar a importância do papel do catolicismo social na vida da Igreja. Surge como elemento capital dessa vida, um daqueles que condicionam o futuro. No momento em que o marxismo revolucionário queria impor-se como concepção total do homem e da sociedade, uma doutrina inseparavelmente unida a uma ação, os cristãos podiam, por seu lado, reivindicar uma e outra, e dizer que também eles trabalhavam para promover o mundo de amanhã. O problema da atitude do cristianismo em face da sociedade moderna encontrava aqui a sua solução. Às massas humanas que sofriam e se sentiam irritadas com as iniquidades e as desigualdades, o cristianismo apresentava-se movido por um desejo tão veemente de justiça, e tão decidido a pôr fim às desigualdades escandalosas e às opressões, que acabou por arrancar aos adversários algumas das suas melhores armas.

Finalmente, e talvez sobretudo, o catolicismo social — nascido na consciência de leigos, tendo como chave do seu desenvolvimento, teórico e prático, homens que, em geral, não pertenciam ao clero — trabalhou no sentido de estabelecer a cooperação do laicato na realização da Mensagem e associou mais fortemente os simples fiéis à responsabilidade pelo futuro cristão. Não foi por acaso que, na *Quadragesimo anno*, encíclica social, Pio XI falou com ardor de certos métodos de apostolado, surgidos sob o seu pontificado, que eram um apelo aos leigos para que fizessem avançar a causa da Igreja. Não terá sido por uma dolorosa tomada de consciência do problema social que nasceu a vocação do grande iniciador dessa nova cruzada? Não foi no quadro do sindicalismo cristão, expressão eminente do catolicismo social, que o pe. Cardijn concebeu uma fórmula que ia levar a cabo uma verdadeira revolução na vida da Igreja?

A experiência do pe. Cardijn

Em 10 de julho de 1924, um sacerdote belga que fora encarregado pelo cardeal Mercier de gerir as obras sociais da diocese — Malines —, convocava para a capital cerca de uma centena de padres da Valônia, sobretudo dirigentes de obras e párocos de centros industriais. Recebeu-os ladeado por três leigos: Fernand Tonnet, seu secretário, membro de uma família extremamente modesta, o próprio tipo do autodidata inteligente; Paul Garcet, filho de um operário e empregado bancário; e um serralheiro de Bruxelas, Jacques Meert. Durante longas horas, Cardijn traçou perante o seu auditório um programa que parecia ter sido minuciosamente pensado e baseado na experiência pessoal. O calor com que expôs os seus pontos de vista, com que citou testemunhos e respondeu às objeções causou forte impressão. De resto, a presença dos três leigos provava que os projetos por ele formulados eram o contrário de simples quimeras. Tratava-se, essencialmente, de confiar aos leigos a tarefa de reimplantar a Igreja nos meios onde a fé parecia mais desenraizada, e especialmente de atribuir aos operários a responsabilidade da recristianização do proletariado.

Era uma ideia que parecia radicalmente nova — embora toda ela decorresse da doutrina de São Paulo — e própria para espantar um auditório de padres. No entanto, ao acabar a reunião, o programa proposto era adotado entusiasticamente, e estava tomada a decisão de organizar um movimento de envergadura nacional destinado a pôr em prática essa nova ação. A *Juventude Operária Cristã*, cujos começos extremamente humildes eram de doze anos atrás, ia passar a ter existência nacional, oficial. Daí a pouco, já se diria: a *JOC*.

O *pe. Joseph Cardijn* (1882-1967), iniciador desse empreendimento, era então um homem de quarenta e dois anos, alto e de compleição proeminente, sólido, cujo corpo um tanto desengonçado impunha logo à primeira vista uma ideia de vigor e de empuxo. Os olhos cintilavam por trás das lentes do *lorgnon*, debaixo da fronte larga e dos cabelos cortados à escovinha. Os traços do rosto, sulcados por muitas rugas profundas, pareciam cortados à faca, mas havia um sorriso a iluminá-los. O aspecto era evidentemente o de um homem do povo, até nessa dignidade simples que se encontra nos que se dedicam a ofícios manuais e que têm amor e respeito pelo trabalho — esses devotos da "obra bem feita", caros a Péguy.

Efetivamente, Jos Cardijn vinha de uma família operária modelo: o pai, antigo cocheiro, bastante mais tarde pequeno comerciante de carvão na vila industrial de Hal, era quase analfabeto, mas cheio de boa sabedoria e de fé cristã. A mãe, simples empregada doméstica numa família burguesa, tinha uma inteligência que a vida aguçara extraordinariamente e soubera adquirir uma admirável cultura. A existência não fora fácil nessa família de cinco filhos. Aos doze anos, o pequeno José ia começar a estudar. Mas, quando deu a conhecer aos pais o projeto que amadurecera havia alguns meses — ser sacerdote —, os pais, com uma abnegação cheia de grande simplicidade, aceitaram a ideia e mandaram-no para o seminário menor de Malines. Já que Deus assim o queria, os dois iriam trabalhar um pouco mais, e durante vários anos, para que o pequeno seguisse a sua vocação.

Era dessa experiência direta, pessoal, que Joseph Cardijn extraíra a resolução, antes ainda de ser padre, de se consagrar por inteiro à classe operária. Tinha partilhado com ela o peso da vida, a angústia — mas, também desde muito novo, descobrira que ela apostatara. Ele próprio virá a contar como, ainda seminarista menor, voltando para férias e retomando contato com os antigos companheiros de jogos, os encontrara estranhamente distantes, "considerando-o como inimigo", só por ele estudar para padre; esses rapazes tinham abandonado qualquer prática religiosa e estavam perdidos para a Igreja, ao que parece para sempre.

Havia então, na Bélgica, 600 mil jovens trabalhadores, muitos dos quais, ao saírem da escola, caíam num meio de trabalho frequentemente muito corrompido, onde, na maior parte dos casos, se tornavam inimigos do cristianismo. E duas conclusões evidentes se tinham imposto a Jos Cardijn: era o próprio meio operário que afastava os jovens da sua fé, e, por conseguinte, era sobre ele que importava agir: ora os padres não tinham acesso a esse meio. Em 1903, ao acompanhar o pai no seu leito de morte, o jovem aluno de teologia do seminário maior de Malines jurara que havia de encontrar solução para esse problema. Assim nasceu a JOC — como que de um juramento que, vinte e dois anos antes de a fundar, fizera um filho de operário, ao tomar a "mão envelhecida, enrugada, gasta pelo intenso trabalho manual" de um pobre operário que a morte acabava de gelar.

Esses vinte e dois anos tinham sido, para o pe. Cardijn, anos de utilíssima formação, por vias muito diversas. Todas as circunstâncias em que se encontrara tinham contribuído para amadurecer a sua vocação de apóstolo social e prepará-lo para concretizá-la. Professor no seminário menor de Basse-Wavre, encontrara um método pedagógico cordial, de que se irá lembrar quando tiver de falar a adolescentes; como se lembrará também das suas conversas, na Inglaterra, com Baden Powell, fundador do escotismo, e do estilo tão peculiar desse movimento de juventude. Estudara cuidadosamente o espírito e o funcionamento das *Trade-Unions*. Nomeado, em 1910, pároco de Laeken, subúrbio operário da capital, tinha, como realista que era, observado muita coisa, compreendido muita coisa, com a ajuda da sua admirável mãe, que cuidou da sua casa até morrer. Tinham-no visto frequentemente nos lares dos trabalhadores, falando a linguagem deles, chegando mesmo a atrair aos seus sermões gente batizada mas tíbia e fria, ou, ainda, arranjando as coisas para aparecer, como por acaso, à porta das fábricas, quando chegavam os operários, para que eles o vissem, para os ir conhecendo, para se apresentar e tornar-se para eles um amigo.

Foi em Laeken que surgiu a sua primeira realização. Impressionado por ver em que abandono se encontravam as mocinhas operárias, atiradas para o trabalho aos doze anos, muitas delas sem sequer saber ler e escrever, e de quem ninguém cuidava a não ser as obras de beneficência e de piedade, fundou uma espécie de círculo de estudos e ao mesmo tempo de sindicato, para as reunir e as ajudar a não sucumbir no meio degradante das oficinas. Certamente que não pensava em lançar um "movimento"; mas, a esse grupinho de meninas, logo propôs ações e métodos que, mais tarde, seriam as da JOC. A essas pequenas empregadas de lavandarias, de tabacarias, de oficinas de plumas, ou que cuidavam de crianças, Cardijn explicou, em termos evidentemente nada abstratos, que era preciso realizar "a verdade da sua fé na verdade das suas vidas". E inventou para elas o que ele chamava "o inquérito", ou seja, uma prospeção do meio em que trabalhavam, das condições de existência que aí tinham as suas companheiras, dos problemas que aí se apresentavam para a religião. As mocinhas tomaram tudo isso muito a sério, e não tardou que aumentasse o seu número; o quarto da boa Mme. Doucet, onde se acotovelavam para as reuniões de grupo, passou a ser pequeno. E as ideias do pe. Cardijn iam-se difundindo mesmo fora da paróquia de Notre-Dame de Laeken.

Não sem provocar reações diversas... Ele próprio há de contar, com humor, que, tendo convidado algumas ricas burguesas a ajudar financeiramente essa obra, feita "para as mocinhas da classe operária, que têm alma como as vossas filhas, minhas senhoras", algumas saíram da sala, incomodadas. Nas oficinas, as pequenas foram muitas vezes espancadas, arrastadas pelos cabelos ou, pelo menos, insultadas e repreendidas. "Boa parte da Igreja tinha o pe. Cardijn na conta de um iluminado, um louco, um homem perigoso, bom para ir para o manicômio, como Dom Bosco"[19].

Mas nada pôde impedir a obra de crescer. Semanas depois, em abril de 1912, um jovem trabalhador de dezessete anos, procurou o pároco para se mostrar estranhado de que nada fizesse pelos rapazes; e ofereceu-lhe os seus serviços: era Fernand Tonnet. Pouco depois, outro rapaz, Paul Garcet, se juntou a Tonnet. Finalmente, em 1919, um terceiro — Jacques Meert — aderiu aos pioneiros, constituindo com eles o trio do primeiro Secretariado Nacional, que iria ser famoso.

A entrada em cena desses três rapazes foi importante. Aconteceu que Fernand Tonnet, apesar da idade, já tinha refletido sobre o problema social e as dificuldades do operário cristão. Na rude região carbonífera do Borinage em que passara a infância, observara muitas coisas. Assistira, em Quiévrain, a uma grande manifestação em que um representante da Associação Católica da Juventude Francesa expusera os princípios do catolicismo social, e logo passara a ler regularmente *La vie nouvelle*, órgão da ACJF, onde encontrara, com entusiasmo, a célebre divisa de Henri Bazire: "Sociais, porque católicos"[20]. O que ele levou ao pe. Cardijn não foi só boa vontade generosa: foram conhecimentos doutrinais e aspirações que, vinculando o movimento tateante ao grande rio do catolicismo social e ao pensamento pontifício, iriam contribuir para fazer a sua força[21].

Nas vésperas da guerra de 1914, estava lançada a corrente de onde, dez anos mais tarde, brotaria oficialmente a JOC. O pe. Cardijn, não sem dificuldades de toda a ordem, não sem fracassos que muitas vezes o levaram à beira do desânimo, realizara o embrião da grande estrutura que começava a entrever. Nomeado, em 1915 — em plena ocupação alemã —, diretor das obras sociais de Bruxelas e capelão dos sindicatos cristãos, ganhava nessas duas funções novos conhecimentos acerca dos problemas que mais prezava, quando foi metido por duas vezes na cadeia pelos ocupantes: da primeira vez, por ter protestado contra a prisão de jovens trabalhadores; da segunda, acusado de espionagem. Cardijn aproveitou esses meses de solidão para passar a escrito o essencial do que pensara durante os anos anteriores, redigindo ordens do dia para os Círculos de Estudos, formulários de inquérito, artigos sobre os métodos de apostolado aconselháveis para chegar à mocidade operária — tudo o que, mais tarde, viria a ser o famoso manual da JOC. Porque estava inteiramente seguro de que a obra esboçada desabrocharia depois que terminasse a guerra.

Quando, finalmente, veio a paz, Cardijn estava pronto para realizar o programa que amadurecera durante os prolongados silêncios do cativeiro. Em 1919, agrupava os jovens operários de Bruxelas numa associação dita *Juventude Sindicalista*, que se expressava por um jornal do mesmo nome. Os seus membros multiplicavam os inquéritos e afligiam-se ao verem que a miséria da juventude operária não tinha mudado. Já antes da guerra, o próprio Cardijn estudara as obras sociais na Alemanha, na Inglaterra e na Holanda. Em 1924, sentia-se preparado para lançar uma campanha de envergadura nacional, com um título menos restritivo que o de "Juventude Sindicalista", que parecia confinar a ação na defesa dos interesses materiais.

O grande pensamento que pressentira tornara-se uma certeza, uma ideia-força. Os operários deviam ser apóstolos dos operários. Reconquistariam para Cristo o seu meio social, voltando a impregná-lo de espírito cristão. O seu trabalho seria uma missão; a sua existência familiar, um exemplo: unidade de vida, único meio de recuperar uma sociedade para o cristianismo. Tratava-se de uma concepção inteiramente nova do apostolado, uma orientação quase revolucionária dada ao que já ia sendo chamado "Ação Católica". Segundo a fórmula pitoresca de um dos primeiros amigos da JOC[22], o que se propunha era: nem pesca com linha, nem pesca com rede: mudar a água do viveiro". E a partir de então, no campo do apostolado, "nada do que fosse vivo escaparia ao contágio dessa chama acesa pelo Espírito"[23].

"Ação Católica"

Não que fosse nova a ideia de que partira o pe. Cardijn; nem que se ignorasse até aí o nome "Ação Católica", esse nome que ia ser tão conhecido. Já em 1903, escrevera Pio X: "Para obter o regresso e o reforço da vida cristã, não dispomos, nesta época, de meio mais oportuno do que favorecer a ação católica"[24]. Já havia muito tempo que existia a "ação católica" — com minúsculas, pois as maiúsculas só entrarão em uso quando for constituído o organismo da Igreja com esse nome —, entendida, não apenas no sentido literal de "comportamento cristão", mas como o conjunto das obras apostólicas distintas das obras de espiritualidade, e das associações constituídas para esse fim.

A bem dizer, se a ação católica é, nas palavras de Pio XI, "um testemunho de caridade, que visa comunicar a outras almas os tesouros da Redenção", ela é tão antiga como a Igreja. É a todos os batizados, e não somente aos herdeiros dos Apóstolos, que se dirigem as palavras de ordem de Cristo: "Sereis minhas testemunhas [...]. Ide e evangelizai!" O apostolado — diz ainda Pio XI — "não é senão o exercício da caridade cristã, que obriga todos os cristãos". Em sentido lato, o bom exemplo, a oração e o sacrifício constituem formas eminentes de apostolado, "ações católicas". No sentido estrito, porém, trata-se de outra coisa: de um esforço especial no sentido de fazer penetrar a verdade cristã onde quer que seja ignorada. E, neste esforço, sempre, desde que a Igreja existe, houve leigos que nele se empenharam[25].

Sem remontar à cristandade medieval, em que os leigos desempenhavam um lugar considerável — lembremo-nos do papel das Confrarias —, podemos encontrar numerosos antecedentes da Ação Católica nos três últimos séculos. Por exemplo, na França do século XVII, a *Companhia do Santíssimo Sacramento*; na Itália, também nesse século, a *Compagnia della Dottrina Cristiana*. Ou, já nos começos do século XIX, as *Conferências de São Vicente de Paulo*, de Ozanam, em que o intuito propriamente caritativo não se distinguia do apostolado; ou as *Amicizie Cattolice* do pe. Diesbach e de Bruno Lanteri. Mais tarde ainda, nos movimentos que, sob o impulso de Pio IX, se organizaram em defesa da religião e, ao mesmo tempo, na promoção da fé:

na França, a *Liga Católica para Defesa da Igreja*; na Bélgica, a *União Católica*; na Alemanha, o *Katholischer Verein*; na Suíça, o *Piusverein*; na Inglaterra, a *Catholic Union*; na Espanha, a *Asociación de Católicos*. Os diversos movimentos estabeleceram entre si relações internacionais, que teve no famoso Congresso de Malines (1863) uma das manifestações mais impressionantes.

O pontificado de Leão XIII, que assistiu à multiplicação das obras de toda a espécie, acabou de preparar o desabrochar da ação católica. Se é certo que o grande papa insistiu sobretudo no dever que se impunha aos leigos "de defender a sua fé, de manifestá-la publicamente", por outro lado compreendeu perfeitamente que, para ser eficaz, essa ação dos católicos precisava de ser "posta sob uma só e única direção, que comunicaria o primeiro impulso a todo o movimento"[26]. Era como dizer que a própria Igreja, por intermédio da hierarquia, teria de tomar em mãos a iniciativa: era a primeira ideia de um apostolado leigo organizado.

Mas o verdadeiro iniciador da Ação Católica, no sentido moderno do termo, foi Pio X. Em inúmeras ocasiões declarou ver na ação católica dos leigos "um empreendimento muito louvável e até necessário na atual situação da Igreja e da sociedade". A sua encíclica *Il fermo proposito* pode ser considerada como a primeira carta da Ação Católica, que nela foi designada assim pela primeira vez e exposta com clarividência quanto aos fins a atingir. Nela, Pio X falava de "esses grupos escolhidos de católicos que se propõem juntar todas as forças vivas para combater por todos os meios legais e justos a civilização anticristã, corrigir as desordens tão graves que daí derivam, recolocar Jesus Cristo na família, na escola e na sociedade [...], tomar soberanamente a peito os interesses do povo e particularmente da classe operária e agrícola". O que era o mesmo que indicar à ação dos católicos um tríplice fim, o polêmico, o social e o apostólico, dos quais este último ocupava evidentemente o lugar mais importante para um papa cuja divisa era *Omnia instaurare in Christo*.

Já sob o pontificado de Pio X se criaram, pois, grandes movimentos de ação católica, ou se desenvolveram alguns anteriormente fundados. Na Alemanha, o *Volksverein*, constituído sobretudo para unir os católicos que tinham resistido aos ataques de Bismarck[27], uma vez esquecido o *Kulturkampf* e assegurada a participação dos católicos no jogo parlamentar, evoluiu ao mesmo tempo no sentido social e no apostólico. Na Itália, após a dissolução da Obra dos Congressos, a *União Popular*, um dos organismos que recolheram a herança daquela, foi expressamente encarregada de agrupar e incentivar todos os movimentos de ação católica, que tiveram em Giuseppe Toniolo o seu grande animador[28].

Na França, organismos de diversos tipos assumiram as rédeas da ação católica: as Uniões ou Associações Diocesanas, onde quer que se constituíram; obras de caráter social muito pronunciado, como a Obra dos Círculos, os empreendimentos de Léon Harmel e os Círculos Operários. Acima de tudo, destacou-se a ACJF, *Association Catholique de la Jeunesse Française*, fundada em 1886 por Robert de Roquefeuil e cinco companheiros seus, com o apoio de Albert de Mun, e cuja ação social fora considerável[29], mas que, ao mesmo tempo, e cada vez mais fiel à palavra de ordem de Jean Lerolle — "trabalhar em profundidade" —, aumentara os esforços no sentido do apostolado e da formação religiosa. No pontificado de Bento XV, apesar das circunstâncias, esse movimento multiforme continuou a progredir, e o próprio papa se interessou vivamente por ele, mantendo os mais estreitos vínculos com os leigos que o dirigiam e criando até, em plena guerra (1915), a *Giunta Diretiva dell'Azione Cattolica Italiana*, encarregada de orientar todas as obras de ação católica, e as Uniões Paroquiais, que iriam promover o movimento por toda a parte.

Ao subir ao sólio de São Pedro, Pio XI encontrou, pois, um terreno já bem preparado, mas onde — temos de confessá-lo — reinava bastante anarquia... Quando arcebispo de Milão, D. Achille Ratti interessara-se muito pela Ação Católica, recebendo regularmente os diretores do movimento e chegando a presidir a algumas reuniões. Em novembro de 1921, pouco antes de ser eleito papa, publicava uma "Carta acerca das regras a seguir na Ação Católica", cujos elementos vão reaparecer nos *cento e vinte* documentos que, durante o pontificado, explicitaram o seu modo de pensar sobre a matéria. Logo na sua primeira encíclica, *Ubi Arcano*, Pio XI falou da Ação Católica, "que tanto prezava"; e, de ano para ano, em numerosas ocasiões, até à morte, nunca deixou de insistir na necessidade de desenvolver o movimento, de fazer participar nele todos os fiéis, de organizar o seu funcionamento para torná-lo eficaz, merecendo assim o cognome de "Papa da Ação Católica" que os seus biógrafos lhe deram.

Para ele, três razões impunham a necessidade de desenvolver a Ação Católica e de a conduzir pessoalmente. A insuficiência numérica do clero, cada vez mais evidente; a crescente paganização da sociedade, manifestada sobretudo a partir do pós-guerra; a proliferação de obras e associações com objetivos análogos e meios parecidos, mas que, concorrendo umas com as outras, se enfraqueciam. Ia, pois, impor-se a ideia de que era necessário confiar aos leigos uma parte da tarefa de apostolado reservada até então aos padres — "fazer com que tomem essa tarefa como coisa própria", como dizia um dos porta-vozes do papa, o futuro cardeal Pizzardo. Era necessário passar a considerar essa intervenção dos leigos como algo normal, ou melhor, como peça essencial da Constituição da Igreja, criando organismos centralizados, que a consolidariam. Sob a pena do papa, sucediam-se as fórmulas incisivas, das quais várias se tornariam célebres: "A Ação Católica é a participação dos leigos organizados no apostolado hierárquico da Igreja, fora e acima dos partidos políticos, para o estabelecimento do reinado universal de Jesus Cristo"; ou "a Ação Católica, no fim das contas, não é senão o apostolado dos fiéis que, sob a orientação dos bispos, se põem ao serviço da Igreja e a ajudam a cumprir integralmente o seu ministério pastoral".

Assim se constituía, segundo o espírito do papa, um verdadeiro exército de militantes leigos, cujo fim não seria lutar no plano político contra os adversários — como sucedia na França com a Federação Nacional Católica, fundada em 1924, ou com a Liga Patriótica das Francesas —, nem agir no terreno social, nem sequer, como as associações pias, ajudar os seus membros a melhor praticarem a religião, mas ter como desígnio máximo fazer com que a fé penetrasse em todos os ambientes. "Mobilização dos leigos" que Pio XI declarava ter-se tornado "a necessidade mais imperiosa e mais imediata, dadas as circunstâncias". A importância que lhe atribuía manifestou-se, não apenas pelo número impressionante dos escritos e discursos em que tratou do assunto (cento e vinte, lembremo-nos!), mas também pelo modo como amparou a Ação Católica em circunstâncias difíceis. Escreveu, por exemplo, ao episcopado mexicano que as perseguições, longe de tornarem inúteis os esforços apostólicos, deviam, ao invés, levar a aumentá-los. Ou lutou contra o regime mussoliniano[30] logo que teve motivos para recear que o fascismo tinha a tentação de aniquilar esse movimento apostólico.

Em 1925, quando o pe. Cardijn entrava em cena, a Ação Católica já existia, pois, em substância. Mas existia enquanto movimento geral, admitia nas suas diferentes obras leigos de todas as classes sociais e de todas as condições, agia no quadro da organização hierárquica da Igreja, nas dioceses, nas paróquias, e, consequentemente, era incapaz de adaptar os seus métodos de apostolado às diversas circunstâncias das classes e dos meios. A grande novidade do jovem movimento do pe.

Cardijn era, precisamente, tomar consciência da realidade dos diversos ambientes e impor essa noção ao apostolado, a fim de o diversificar e adaptar às condições particulares de cada categoria social. Era uma outra modalidade de ação católica que nascia: a "Ação Católica especializada".

Pio XI e a JOC

Mal acabada de fundar, a JOC de pe. Cardijn alcançou um êxito inegável. Em seis meses, foram fundadas cento e cinquenta secções locais, quer na Valônia quer em Flandres, e houve mais de seiscentas reuniões. Foi instituído um Secretariado Nacional, ao qual os sindicatos cristãos emprestaram alguns escritórios de mansardas, a dois passos do Männeken-Pis. Não demoraram a surgir também as primeiras oposições sérias. Vieram sobretudo da Associação Católica da Juventude Belga, homóloga da ACJF e, como esta, essencialmente burguesa e estudantil. Depois de ter admitido a existência no seu seio de uma secção de juventude operária, preocupou-se com o aparecimento da JOC e mostrou-lhe má cara. Acusado de dividir os católicos e de levar à luta de classes, o pe. Cardijn foi falar com o cardeal Mercier, que sempre o apreciara. "Eu não compreendo muito bem o seu ponto de vista — disse-lhe o santo arcebispo —, mas vá ter com o papa, e ele o esclarecerá".

Essa visita ao papa ia marcar na história da Igreja uma data cuja importância é difícil sobrestimar. O próprio Cardijn contou, com algum bom humor, como, tendo chegado a Roma no princípio de 1925, ano do Jubileu, caiu num Vaticano repleto de peregrinos e de curiosos, e, apesar da carta do cardeal que levava, correu o risco de ser encaminhado para as audiências solenes, onde nada poderia dizer ao Santo Padre; e como, por meios que não declara, conseguiu "resvalar de sala em sala" até se encontrar no gabinete-biblioteca, onde subitamente se viu sozinho diante de Pio XI — feliz, comovido, aturdido. Mas quando, à pergunta seca: "Que deseja?", respondeu, tão sincero no sentimento como grandiloquente na expressão: "Santo Padre, quero matar-me para salvar a massa operária", viu de repente o papa mudar de semblante.

Com uma atenção apaixonada no olhar, antes quase severo, com que recebera o inesperado visitante, Pio XI exclamou: "Até que enfim alguém vem falar-me da massa, de salvar a massa! Vêm-me sempre falar de uma elite; mas o que é preciso é uma elite na massa, fermento na massa. O maior serviço que o senhor pode prestar à Igreja é restituir-lhe a classe operária que perdeu. A massa tem necessidade da Igreja e a Igreja tem necessidade da massa. Sim: para cumprir a sua missão, a Igreja tem uma necessidade imensa da classe operária. Uma Igreja formada apenas por ricos já não é a Igreja de Nosso Senhor. Foi sobretudo para os pobres que Ele fundou a sua Igreja. É por isso que urge trazer-lhe a massa operária".

Sem o saber, o fundador da JOC ia ao encontro de uma das maiores preocupações de Pio XI, aquela que ia levá-lo, dez anos depois, a promulgar a encíclica *Quadragesimo anno*: a vontade de restabelecer a presença da Igreja nas classes sociais mais pobres. Foi diante do pe. Cardijn que o papa pronunciou a fórmula que ia utilizar para exprimir a sua angústia, e que ficaria célebre: "O grande escândalo do nosso tempo é que a Igreja perdeu a classe operária". A sintonia entre esses dois homens não podia, pois, deixar de ser total. A primeira audiência — a que se seguiriam muitas outras, pelo menos uma por ano — durou uma hora e terminou com estas palavras: "Não apenas abençoo, mas quero o seu movimento, faço-o meu".

Pio XI cumpriu a palavra: fez seu o movimento que acabava de nascer. Essa nova forma de ação católica passou, pois, a estar diretamente ligada à Santa Sé, e o seu desenvolvimento ia ser seguido de perto pelo próprio papa. Daí em diante, todos os documentos pontifícios em que se tratou da Ação Católica falavam da nova orientação que ela recebera. *Quadragesimo anno*, a encíclica mais "social" do pontificado, expôs com perfeita clareza as próprias intenções do pe. Cardijn: "Para trazer de novo a Cristo as diversas classes de homens que o renegaram, importa, antes de mais, recrutar e formar, no seu próprio seio, auxiliares da Igreja que compreendam a mentalidade dessas classes, as suas aspirações, que saibam falar-lhes ao coração num espírito de fraternidade. Os primeiros apóstolos dos operários serão os operários".

Em outra ocasião, dirigindo-se aos representantes da ACJF, elogiava o novo método de apostolado e comparava-o ao que preconizava para as missões: constituir um clero indígena capaz de penetrar nas massas indígenas. "Operários apóstolos dos operários, agricultores apóstolos dos agricultores, marinheiros apóstolos dos marinheiros, estudantes apóstolos dos estudantes": assim ficava formulado todo o programa daquilo que dentro em pouco se chamaria "Ação Católica especializada". E também sucedeu a Pio XI dizer muitas vezes que, "entre os sinais de renovação" que o faziam otimista quanto ao futuro da Igreja, o mais notável era, "para a maior alegria da sua alma", a formação "dessas falanges cerradas de jovens trabalhadores cristãos, animadas da nobre ambição de reconquistar a alma dos seus irmãos".

Assim, com a cobertura do papa, e, mais do que isso, com o patrocínio oficial do papa, o modesto movimento do pe. Cardijn depressa conquistou um lugar de primeiro plano na Igreja da Bélgica. O cardeal Mercier fez saber que o aprovava e todos os bispos o seguiram. Na Páscoa de 1925, um mês após o regresso de Roma de Jos Cardijn, reuniu-se em Bruxelas, com quinhentos delegados, o primeiro Congresso nacional, que deu estrutura ao movimento. Desenhou-se uma insígnia, publicou-se um manual. Ao mesmo tempo, constituía-se o ramo feminino. Passado um ano, formavam-se as secções flamengas das duas JOC, para ter em conta a diferença de línguas, sem no entanto cortar o movimento em dois; o assistente-geral e o secretariado geral eram um só para a Valônia e para Flandres. De ano para ano, o recrutamento crescia.

Mas algumas resistências continuavam. Em 1928, o pe. Cardijn deu-as a conhecer a Pio XI, durante uma audiência, e o papa respondeu: "Venha a Roma com os seus militantes. O papa mostrará ao mundo inteiro e a todos os padres o que pensa do seu movimento!" E, em setembro de 1929, sob a direção do novo arcebispo de Malines, monsenhor Van Roey, 1.200 jocistas chegaram a Roma, em três trens lotados. Foram recebidos no Vaticano, de bandeiras desfraldadas e ao canto, incessantemente repetido, do hino da JOC composto pouco tempo antes. Iam todos em traje de trabalho: os mineiros com o capacete e a picareta, os metalúrgicos de avental de couro, os pintores de avental branco. A audiência durou perto de três horas. Contrariamente ao protocolo, um dos fundadores, Fernand Tonnet, leu uma mensagem ao papa, e o papa respondeu num discurso caloroso, em que os jovens operários ouviram, por exemplo, estas palavras que resumiam toda a sua intenção: "Vós é que sois a Igreja nas vossas fábricas, no vosso meio de trabalho". Não se podia sonhar com uma aprovação mais completa. A partir desse momento, o apostolado "do semelhante pelo semelhante" concretizava "um tipo acabado dessa Ação Católica que era uma das ideias-mestras do pontificado"[31].

Do pe. Guérin à JOC mundial

No entanto, não era só na Bélgica que o jovem movimento triunfava. Outros países depressa lhe seguiram o exemplo; e, antes de mais nada, aquele que, adotando essa forma de apostolado, lhe podia assegurar uma ampla audiência: a França.

Durante a primavera de 1922, um jovem padre que acabava de ser nomeado coadjutor de uma paróquia dos subúrbios de Paris, Saint-Vincent-de-Paul de Clichy, achou por bem falar do novo movimento belga numa visita que fez ao seu antigo capelão da Frente, o pe. Danset, jesuíta da Ação Popular. Ele próprio antigo operário, ficara extremamente interessado pelo que lera sobre o pe. Cardijn e os seus jovens. Nesse arrabalde meio industrial, meio burguês, não precisou de muitas semanas para descobrir que, entre os numerosos adolescentes da sua paróquia, havia muita miséria física e moral. Leu o manual jocista belga, estudou-o com um jovem operário, e veio-lhe a ideia de tentar a experiência de trabalhar na formação cristã da juventude operária. Reuniu os textos que conseguiu achar, os primeiros prospectos e alguns números do jornal do movimento.

No outono, sem ter tido ainda a intenção de se lançar na aventura de uma fundação, ele e o amigo foram chamando, um a um, jovens cujo caráter conheciam bem: um caminhoneiro, um mecânico, um empregado de escritório e um aprendiz de catorze anos, e expuseram-lhes as novas ideias. Os quatro ouvintes sentiram-se conquistados e resolveram imediatamente tentar fazer o que faziam os belgas: criar uma juventude operária cristã. Enviaram setecentos convites a simpatizantes ou possíveis simpatizantes, para se reunirem numa pequena casa da rua Landy num sábado de outubro; apareceram setenta. A princípio curiosos e inseguros, foram sendo conquistados pouco a pouco pelo tom de convicção do sacerdote e dos quatro jovens apóstolos. Seis deles aderiram imediatamente e prometeram trazer mais colegas de oficina. Foi assim que o *pe. Georges Guérin* fundou na França a primeira secção da JOC.

Nesse momento, um padre admirável, cuja alma santa ardia no desejo de recristianizar o mundo operário, o pe. Anizan[32], fundador e superior dos Filhos da Caridade, era informado do que se passava em Bruxelas por um dos seus religiosos que vinha de lá. A ideia pareceu-lhe corresponder tão inteiramente àquilo que sempre sonhara, que decidiu dedicar-se, juntamente com a congregação[33] e os patrocinadores de que dispunha, a implantá-la na França. Falou com o pe. Guérin e animou um dos seus filhos, coadjutor de Notre-Dame d'Espérance, a fazer uma tentativa do mesmo gênero. Depois, ao saber que o pe. Cardijn vinha a Paris, convidou-o a ficar em sua casa, ouviu-o falar durante três dias, comovido até às lágrimas. Precisamente, a União das Obras, que os Filhos da Caridade acabavam de tomar a seu cargo, estava para reunir o seu congresso anual em Rennes, no mês de julho. O pe. Anizan convidou o fundador a ir lá falar.

A eloquência do pe. Cardijn maravilhou a todos. Os trezentos diretores de obras presentes ficaram impressionados. O venerando cardeal Luçon abraçou e abençoou o orador, chorando de alegria. A JOC francesa recebera o seu "batismo de Reims"[34]. Oito dias depois, em Paris, o diretor das obras para a diocese presidia a um dia de estudos com trezentos militantes jocistas e alguns padres, a fim de dar a conhecer a estes últimos o novo método. O que, para o pe. Guérin, não passara, modestamente, de uma experiência, era agora assumido pela Igreja. O diretor das obras era precisamente o antigo presidente da ACJF, que já vimos profundamente interessado na ação social — o futuro cardeal Gerlier, primaz das Gálias.

Bem depressa, o pequeno núcleo de Clichy cresceu como uma bola de neve. O seu jornal, *Jeunesse ouvrière*, com o formato de uma folha de papel de carta, que os primeiros jocistas redigiam, imprimiam e distribuíam, começou a ser conhecido. Em julho de 1927, alcançava três mil exemplares mimeografados. Foram-se formando outros grupos, em diversos pontos de Paris e arredores, e depois nas províncias — Norte, Lyon, Marselha, Bretanha, Anjou. Em meados de novembro de 1928, foi possível reunir na cripta do Sacré-Coeur, em Montmartre, 3.500 jocistas franceses. De ano para ano, ou, mais precisamente, de mês para mês, foram-se formando grupos por todo o lado, e até Federações regionais. Em 1931, uma peregrinação levava à audiência com o papa 1.200 jovens. Constituiu-se um ramo feminino, tal como na Bélgica, criado por quatro operárias de fábrica, duas empregadas, uma costureira, uma modista, uma tapeteira: a mais velha tinha dezoito anos. Em 1933, a JOC dos rapazes contava 19 mil aderentes e 20 mil simpatizantes, e a das moças cerca de 15 mil. Pela França além, o movimento estava dividido em quinhentas secções e, em cada semana, funcionavam mais de mil círculos de estudos.

Logo de início, o jocismo francês manifestou um caráter realista e organizador, que iria continuar a ser próprio dele. Pôs em prática com entusiasmo o método do "inquérito", de que tanto gostava o pe. Cardijn. Desenvolveu também serviços de atendimento aos desempregados e de busca de colocação, cursos profissionalizantes, caixas de socorros mútuos, sem esquecer um serviço de imprensa e de livraria, especialmente empreendedor. Uma das formas de atividade mais originais foi o apoio aos jovens soldados, tantas vezes isolados na caserna. Toda essa atividade era dirigida e coordenada por um secretariado geral, junto do qual o assistente-geral desempenhava um papel discreto de mentor.

Não devemos, no entanto, exagerar nem a importância do movimento nem a rapidez com que se desenvolveu. Modestamente, o pe. Guérin gostava de repetir que não se devia falar nem de "rastilho" nem de "partida fulminante", e que quinhentas secções fundadas em sete anos não eram nada de extraordinário. Era bem evidente que esses milhares de rapazes e moças entusiastas pesavam pouco na massa operária. Mas eram pelo menos mais que um sinal, eram um fermento capaz de fazer levedar a massa. Seria isto compreendido por todos, mesmo na Igreja? Não se pode garantir.

É certo que a JOC contava com muitos amigos entre a elite do clero: além do pe. Anizan e do cônego Gerlier, tinha do seu lado mons. P. Glorieux, reitor das Faculdades Católicas de Lille, o cônego Tiberghien, veterano do catolicismo social, o pe. Desbuquois, jesuíta, que fundara a Ação Popular, o pe. Merklen, diretor do *La Croix*, o ilustre orador pe. Thellier de Poncheville, o pe. Bernadot, OP, fundador da *Vie spirituelle* e, mais tarde, de *Sept*, e sobretudo o cardeal Verdier, novo arcebispo de Paris, de quem se dizia que fora nomeado pelo papa precisamente para lançar a estrutura desse apostolado de novo estilo.

Mas não faltavam as resistências. Vinham, sobretudo, de certos meios católicos conservadores, os mesmos que se opunham ao catolicismo social e ao sindicalismo cristão. Tal como na Bélgica, as relações com a ACJF burguesa levantaram problemas; porque, dependendo da hierarquia para a evangelização da juventude operária, a JOC não podia estar subordinada a nenhum super-movimento. Embora tivesse entrado a fazer parte da ACJF, achava que devia gozar de autonomia. Quando, em setembro de 1927, se encontrou solução para o problema, as desconfianças foram caindo pouco a pouco. Estabeleceu-se uma colaboração. As equipes operárias da ACJF entraram na JOC, o que favoreceu a fundação de outros movimentos especializados.

Outro problema não tardou a pôr-se a essas equipes de jovens, aquele em que se debate todo o jovem com o passar do tempo. Quando os primeiros jocistas chegaram à idade adulta, os dirigentes do movimento perguntaram-se que viriam eles a ser uma vez separados do jocismo, se permaneceriam fiéis. Veio, pois, muito naturalmente, a ideia de constituir movimentos de adultos — em 1933, a Liga Operária Cristã Feminina; em 1935, a Liga Operária Cristã —, que orientaram a sua ação no sentido familiar, procurando fazer de cada lar "uma célula de vida social que irradiasse o Amor de Cristo". O jornal desses movimentos — o *Monde ouvrier* — atingiu ao fim de um ano uma tiragem de 90 mil exemplares.

Nesse ínterim, o movimento transbordara da Bélgica e da França. O prestígio do pe. Cardijn, aumentado pela confiança total que lhe dava Pio XI em discursos e escritos, e dentro em pouco o êxito das manifestações de massa de que os jocistas foram excelentes organizadores — tudo os levou a estender-se por numerosos países. A Holanda e a Suíça deram o exemplo, seguidas por vários Estados da América Latina. No Canadá, o iniciador foi o *pe. Henri Roy*, oblato de Maria Imaculada, perfeito êmulo de Cardijn e de Guérin, que foi formar-se na Bélgica antes de voltar para o seu país e lançar em 1932 o movimento, que teve grande sucesso e atingiu os Estados Unidos. Por toda a parte o episcopado se interessava por fazer nascer a JOC. Em Lisboa, era o cardeal-patriarca Cerejeira que convidava o pe. Cardijn a ir explicar aos membros da Ação Católica a profunda mudança que a sua iniciativa conseguira introduzir nos métodos de apostolado.

Pio XI ajudava a essa expansão. A quantos bispos não perguntava ele: "Tem a JOC na sua diocese?" Ao de Nimègue, fazia o Secretário de Estado escrever-lhe que pensava que o êxito da JOC era "uma compensação sobrenatural para os cuidados e angústias que o assaltam". Em 1932, celebrou-se em Bruxelas a primeira reunião de assistentes eclesiásticos. Em 1935, quando a JOC festejou o seu décimo aniversário, compareceram delegações de dez países, entre os quais o Congo, a Síria e a Iugoslávia. Em 1939, quando a Guerra Mundial parecia cada vez mais próxima, o pe. Cardijn, já cônego, convocou para Roma, à volta do papa, os jocistas do mundo inteiro: se esse congresso tivesse podido reunir-se, teria congregado delegações de vinte e nove países, incluída a China! Mas o conflito rebentou no próprio dia marcado para a imensa reunião, e — fato quase simbólico — o primeiro soldado francês a morrer foi um jocista[35]...

Ao fim de catorze anos, portanto, o grão de mostarda lançado à terra pelo pe. Cardijn era uma árvore de grande porte... Internacional, mundial, já com organismos próprios e as suas manifestações públicas, a JOC tinha peso na Igreja. No Ocidente, só escapavam à sua irradiação os países totalitários, onde o Estado queria ter nas mãos toda a juventude. Discutida por todo o lado, amada por uns, acusada por outros, quer de pregar a luta de classes, quer de dividir o proletariado e levar ao clericalismo, estava pronta, passados os anos de provação heroicamente sofridos, para retomar a caminhada. Mas o que fizera tinha sido mais que desenvolver-se: os jovens operários tinham dado o exemplo a outras classes sociais. A palavra de ordem, plasmada por René Debauche e que o hino jocista repetia — *"Nous referons chrétiens nos frères"* ["Nós consideramos cristãos os nossos irmãos"] —, já outros a tinham feito sua.

"Nous referons chrétiens nos frères"

As siglas *JAC*, *JEC*, *JMC*, *JIC*, que desde então passaram a ser muito usadas, foram aparecendo todas elas durante os anos que se seguiram à fundação da JOC, cujo papel de pioneira não se pode pôr em dúvida. O apostolado do semelhante pelo semelhante revelara-se tão eficaz que o método foi adotado pouco a pouco por todas as categorias sociais, depois de ter sofrido em certos casos algumas adaptações, consoante as condições sociológicas e as mentalidades.

"A *JAC* (Juventude Agrária Cristã) começou por ser uma confluência, à maneira de um regato que nasce do encontro de vários veios de água". A anotação é do pe. Foreau, que, na França, foi o primeiro assistente geral do movimento. Com efeito, já existiam vários organismos ou obras que, por vezes desde longa data, se interessavam pelos jovens do campo. A ACJF, que penetrara muito pouco na classe operária, contava numerosos membros no campo, e tinha uma "Comissão Rural": era a União Católica da França Agrícola, que visava reanimar o espírito cristão no meio rural e dispunha de secções de jovens. Os católicos sociais que se tinham preocupado com o mundo rural haviam pensado na juventude — designadamente Marius Gonin, iniciador das Semanas Sociais, que concebera numerosas obras para a formação dos jovens do campo[36]. Em diversas regiões da França, tinha havido realizações várias, e com êxito. No oeste, à volta da Escola Agrícola de Angers, surgira um verdadeiro movimento, e começava a funcionar o ensino agrícola por correspondência. Sob o nome de "Beauce et Perche"[37], o pe. Gaudron, futuro bispo, agrupara solidamente, mediante jornadas de estudos, os jovens camponeses da diocese de Chartres, enquanto, em Nancy, o pe. Jacques, filho de camponeses, e o seu amigo Robert Gravier, também ele autêntico homem do campo, tinham lançado um Movimento de Juventude que possuía já as características da JAC.

Foi de todos esses elementos que veio a nascer, em março de 1929, sob o impulso de François de Menthon, presidente da ACJF, e do principal responsável da secção rural, Jacques Ferté, a Juventude Agrícola Cristã, no quadro da Ação Católica especializada a que a JOC dera origem. Não se tratava, no entanto, de constituir uma réplica pura e simples do jovem movimento operário. Na JAC, o ambiente não ia ser nunca o da JOC. Menos entusiasmo exterior, talvez, menos manifestações; mas um esforço sério por conduzir os jovens do meio rural a tomar consciência dos seus problemas, a atingir a maioridade social, a escolher chefes entre a gente do campo, e também a lutar contra os perigos que ameaçavam o mundo rural: empobrecimento dos campos, despovoamento. Uma das características impressionantes da JAC, já desde o início, foi a de associar à preocupação apostólica intenções de ordem prática quanto à formação profissional, à utilização dos tempos livres, às condições de vida. Outra característica foi reunir nas suas fileiras elementos de condição social diversa, desde proprietários de terras até simples jornaleiros.

Rapidamente, a JAC implantou-se em grande número de dioceses francesas. O Congresso de Tours, organizado em 1935 junto do túmulo de São Martinho, congregou 2.500 delegados; e o que se celebrou em Paris por ocasião do X°. aniversário, na primavera de 1939, reuniu 17 mil, além de uma delegação de duas mil moças. Porque a Juventude Agrícola Cristã Feminina (JACF) tinha vindo a seguir, em 1933: tal como a JAC, nascera da junção de diversos movimentos e tentativas, nomeadamente das *Semeuses* ["semeadoras"] fundadas na Lorena pelo pe. Jacques, das jovens militantes formadas pela Escola Doméstica Agrícola de Anchin (Norte), das alunas vindas dos cursos abertos pelas Semanas Agrícolas de Toulouse, e da secção de juventude agrícola da Liga Feminina. Também aqui, os resultados foram encorajadores: em 1938, o movimento contava 12 mil associadas. Mais ainda que o ramo masculino, o feminino trabalhava eficazmente pela união das classes sociais: eram numerosas as meninas da nobreza e da burguesia proprietárias de terras. Nas vésperas da guerra, os dois movimentos juvenis, cujos jornais tiravam cem mil exemplares e que acabavam de se prolongar numa LAC (Liga Agrícola Cristã), embora estivessem longe de atingir o seu pleno desenvolvimento, tinham já estabelecido bases sólidas em todo o país. De resto, já transbordavam das fronteiras, difundindo-se pela Holanda, Bélgica, Suíça, América Latina. Ao todo, funcionavam numa dúzia de países.

Não menos que a JAC, também a *JEC*[38] não nasceu *ex nihilo*, como fora o caso da JOC. Na Bélgica, onde surgiu em

1928 com o nome de Juventude Estudantil Católica Belga, começou por ser um prolongamento dos diversos organismos que, no âmbito das instituições de ensino católico, ofereciam aos seus membros círculos de estudos, retiros espirituais, casas de hospedagem e a inscrição na Associação Católica da Juventude Belga. Na França, a data oficial de fundação é 1930; mas já tivera como antecessoras as numerosas formações, frequentemente antigas (algumas remontavam ao século XIX), em que os universitários católicos se agrupavam para meditar sobre a sua religião. Tal era o caso das *Conférences Laënec*, dos estudantes de Medicina, ou dos pequenos grupos, sem título, dos *talas*[39], dos *khagnes*, dos *taupes* e da Escola Normal Superior[40]. Estes elementos faziam parte, ao menos na maioria, da ACJF, em que muitos estudantes ocupavam lugares de direção. Em 1922, a Federação Francesa dos Estudantes Católicos criou laços entre os grupos universitários e os dos alunos das *Grandes Écoles*.

Mas o espírito em que nasceu a JEC foi totalmente diferente do espírito, bastante burguês, que reinava nos meios da juventude intelectual. Sob a influência direta da JOC, cuja experiência estudaram, rapazes inscritos nas universidades ou nas "Grandes Escolas" [Faculdades de Ensino Superior], ou ainda no Ensino Normal Superior, resolveram fazer pelos seus colegas o que os jocistas faziam na classe operária. Conduzido por Louis Chaudron e Marc Schérer, o movimento foi criado em instalações emprestadas pela ACJF e tinha representantes de Paris e de várias províncias. Como jovens intelectuais mais habituados à reflexão do que os seus colegas operários ou rurais, decidiram "formular os problemas que geralmente passam despercebidos", o que os levou a assumir posições um tanto avançadas em diversos assuntos. Para eles, a recristianização dos seus meios só se poderia fazer se se dessem transformações profundas na sociedade. Praticando rigorosamente o método do "inquérito" inventado pelo pe. Cardijn, os seus círculos de estudos debruçaram-se sobre questões tão escaldantes como a paz e a guerra, ou o advento de uma civilização proletária. Esses jovens audazes provocaram reações, nomeadamente por parte do general Castelnau, presidente da Federação Católica, enquanto a Federação Francesa dos Estudantes Católicos se mostrava preocupada.

Apesar de tudo, o movimento alastrou-se. Os acampamentos que organizava para o verão, especialmente em Barèges (Pireneus) e em Tamié (Savoia), tiveram grande êxito. Após uma crise, por volta de 1933, o recrutamento ganhou maior força, e podemos dizer que o espírito jecista ou jucista penetrou em todas as antigas formações. Por força das próprias diferenças de origem dos seus membros, o movimento adotou uma organização muito flexível, deixando muita autonomia aos diversos ramos. Simultaneamente, nasceu a JEC feminina, que teve o seu primeiro grande impulso nas Escolas Normais Superiores, onde o pe. Dutil fez maravilhas.

A organização definitiva acabou por plasmar-se em quatro movimentos paralelos (universidades, liceus, escolas normais superiores e ensino livre), unidos no vértice. Com delegados e delegadas ativíssimos, mil secções, círculos de estudos regulares, acampamentos de verão, congressos, a JEC e a JECF eram, nas vésperas da Segunda Guerra Mundial, tão importantes que provocaram a raiva da "Ação Laica", a qual, ao mesmo tempo que admirava a energia e o impulso criador daqueles jovens católicos, via neles um perigo grave. Em diferentes condições, adaptado aos temperamentos nacionais, o movimento existia assim numa dezena de países, nomeadamente na Suíça, na Espanha, em Portugal e no Canadá.

A ideia genial nascida da experiência do pe. Cardijn parecia, pois, poder estender-se a todos os meios. Um, no entanto, era especialmente difícil de alcançar — o dos homens do mar, meio disperso e heterogêneo, em que não parecia fácil juntar as pessoas em círculos de estudos e em sessões.

Um capelão da Marinha, pe. Havard, e um antigo oficial da Marinha que se fizera dominicano, o pe. Lebret[41], resolveram meter ombros à tarefa. Em 1930, lançaram a Juventude Marítima Cristã (JMC), que começou a publicar um jornal para os seus futuros membros. Os resultados não tardaram a ser felizes. Formaram-se pequenos grupos, quer entre os pescadores, quer entre as tripulações da Marinha Mercante, enquanto não vinham os da Marinha de Guerra. Já em 1931 se puderam reunir Jornadas Marítimas, que se iriam repetir de ano em ano. Punha-se o acento principalmente na formação moral dos marinheiros, na luta contra o alcoolismo e os desregramentos, e também na necessidade de vencer a solidão. Muito inteligentemente, foi instituída uma "Pré-JMC" para agrupar os muito jovens que sentissem o *Appel de la mer*, título do jornal fundado pelo movimento. E, tal como na JAC, foram numerosos e fraternos os contatos sociais na JMC. Bastantes oficiais, especialmente da Marinha Mercante, aderiram ao movimento e cuidaram de que o espírito cristão reinasse a bordo dos seus navios.

Ficava ainda de fora um meio que a Ação Católica especializada parecia ignorar: o da burguesia. Por uma lógica elementar, era imprescindível uma "Juventude Burguesa Cristã". No entanto, só em 1935 é que se constituiu na França. Eram muitas as dificuldades a vencer. Como se situaria o novo movimento em relação aos antigos agrupamentos, do tipo da ACJF, em que os burgueses estavam em maioria, e, por outro lado, em face das recentes JAC e JEC? Além disso, era evidente que não existia uma burguesia única: pela sua formação e modo de vida, os filhos dos pequenos lojistas, os jovens funcionários e os filhos ou filhas dos grandes industriais eram muito diversos uns dos outros. No entanto, a Liga Feminina de Ação Católica tinha fundado uma secção de *Jeunes Urbaines*, e as dioceses tinham federações de moças. E foram, precisamente, as moças que tomaram a iniciativa de lançar uma "Juventude Cristã" sem especificação, que daí a pouco se chamava Juventude Independente Cristã. Não houve dificuldade em absorver nela os elementos anteriores. Vieram em seguida os rapazes, e a JIC fez mais do que recolher os grupos da ACJF ainda não integrados na JEC. Assim começou e se implantou em vários pontos do país um apostolado dirigido a esses meios heterogêneos.

Mas havia certos problemas que continuava a ser difícil resolver. Como assegurar a coesão entre elementos tão diferentes? Como juntar, a não ser em alguns círculos no decorrer do ano, rapazes ou moças habituados ao individualismo e que, por exemplo, não gostavam de sacrificar parte das férias para ir a acampamentos? Nas vésperas da Segunda Guerra Mundial, a JIC ainda não tinha dado resposta a essas perguntas nem encontrara o seu verdadeiro clima. Entrementes, em 1938, estava já criado um prolongamento da JIC: a *Ação Católica Independente*, rica de futuro, que se constituiu na França para atender ao apelo de um grupo lionês de antigas jecistas e também do infatigável cônego Dutoo; e já na primavera de 1939 revelava um impulso suficiente para ter o seu primeiro congresso. Durante a própria guerra, esse organismo, oficialmente reconhecido, ia preparar-se para um esforço cujos resultados se fariam sentir durante muito tempo.

A Ação Católica organizada

A multiplicação dos movimentos "especializados" deu novo vigor à Ação Católica. O proselitismo leigo assumiu a forma de uma verdadeira instituição, mediante a participação, já não ocasional e benévola, mas permanente e oficial, que os fiéis tinham na tarefa de apostolado até então a cargo somente do clero. O impulso dado por Pio XI desde o início do seu pontificado achou-se, portanto, imensamente acrescido, a tal ponto que, aos olhos de muitos, a Igreja parecia acabar de proceder a uma inovação. A concentração das forças católicas aperfeiçoava-se; os quadros de ação alargavam-se; as grandes linhas de um programa estavam perfeitamente fixadas. Mas ainda faltava fazer um esforço para que a Ação Católica se tornasse, de fato, o organismo supremo que animasse, dirigisse e coordenasse todas as formas do apostolado.

Quem assistiu ao nascimento dos movimentos especializados deu-se conta de certos problemas bastante difíceis. Como iriam essas jovens formações colaborar com as antigas, que tinham legitimamente o direito de recordar que também elas se tinham empenhado na ação católica, antes mesmo de estas palavras terem recebido iniciais maiúsculas? Como se conciliariam estados de espírito que, a despeito de um acordo profundo na intenção de alargar o campo do Senhor, pareciam ser tão diferentes? Eram problemas que se apresentavam, tanto na Alemanha, a propósito do *Volksverein*, como na Bélgica, com o Partido Católico e suas dependências, ou na França, onde depressa se percebeu que era urgente encontrar uma solução.

A solução foi procurada em dois sentidos. Era viável pensar na integração das formas novas de Ação Católica nos organismos já existentes. Assim se fez quanto aos movimentos juvenis. A ACJF, que de resto contribuíra em certa medida para o aparecimento dos movimentos especializados, foi considerada o organismo que englobaria tudo. Os jocistas, os jecistas e os outros tomavam parte no seu Conselho Federal, e mesmo nos seus comitês diocesanos. Mas, em princípio, conservava a sua originalidade. Foi assim que os *Annales de l'ACJF* continuaram a sair até 1940, ao lado dos numerosos órgãos de imprensa criados pelos movimentos especializados. Seria uma situação para durar indefinidamente? A ACJF conseguiria manter atividades suficientes para reter no seu seio os jovens? E que jovens? Que temas podia ela explorar para os interessar? Em 1939, essas questões ainda mal se formulavam. Só vinte anos mais tarde é que viriam a aparecer pública e brutalmente.

A outra solução consistiu em renovar por dentro as antigas formações, impregnando-as do espírito novo da Ação Católica. Foi, em especial, o caso das duas associações femininas: a Liga Patriótica das Francesas e a Liga das Mulheres Francesas, que, em 1933, se fundiram para formar a Liga Feminina de Ação Católica. Ao passo que a sua homóloga masculina, a Federação Nacional Católica, embora nominalmente ligada à Ação Católica, continuasse preocupada sobretudo com a defesa dos interesses da religião[42], a Liga Feminina orientou o ardor dos seus milhões de militantes no sentido desejado pela hierarquia, que era o de um apostolado sistemático.

No entanto, não se deu fusão nem assimilação total. O êxito dos movimentos especializados dependia, em larga medida, da liberdade que lhes tinha sido deixada. Teria sido um erro encerrá-los em quadros demasiado rígidos. Mas, como sempre era bom harmonizar todos esses esforços, Pio XI pediu ao cardeal Verdier, em 1931, que propusesse aos cardeais e arcebispos da França a criação de um organismo central, diretamente emanado da hierarquia, que exercesse a mais alta autoridade tanto sobre as obras e agrupamentos de "Ação Católica geral", que trabalhavam no plano geral sem distinção de meios, quanto sobre os movimentos da "Ação Católica especializada". E assim surgiu a *Ação Católica Francesa*, dirigida por um Conselho Central, formado por um presidente, um secretário geral e um assessor leigo, e tendo ao lado uma comissão arquiepiscopal encarregada de dar parecer sobre as questões importantes e os projetos a longo prazo. Daí em diante, pois, dependeria da mesma autoridade geral tudo o que tivesse a ver com o apostolado, quer nos meios de expressão — livros, cinema, rádio —, quer nas manifestações coletivas — congressos, peregrinações —, quer nos objetivos sociais ou familiares. Sob o seu primeiro responsável — mons. Courbe, prelado tão generoso como eficaz —, esse "Secretariado da ACF" revelou-se um fator extremamente útil de união, coordenação e irradiação.

O sistema francês estava destinado a ser imitado em numerosos países. Fez-se uma primeira tentativa de organização no centro da cristandade, em Roma (1935). Foi a *Actio Catholica*, cuja atividade foi modesta até 1939, em parte por força dos limites que o fascismo impunha à AC italiana[43]. E começavam a manifestar-se diversas formas de organizações internacionais da AC, como foi a *Internazionale delle Leghe Femminili Cattoliche* e a *Pax Romana* (para intelectuais).

Em termos jurídicos, porém, a AC não existia como instituição da Igreja, uma vez que o seu aparecimento era posterior à publicação, em 1917, do *Código de Direito Canônico*. Efetivamente, este não conhecia, como Associações de Fiéis (câns. 684 e 725), senão as ordens terceiras e as confrarias. Mas a posição canônica da AC apoiava-se solidamente nos Atos do Magistério, e especialmente da Santa Sé, os quais tinham sido tão precisos quão numerosos. Desses atos, devem-se reter duas grandes ideias: por um lado, os leigos passavam a ter a obrigação de participar do apostolado com todas as forças; por outro, recebiam da hierarquia um mandato.

Apostolado e mandato eram noções estreitamente solidárias, inseparáveis. A fórmula de Pio XI, ao definir a Ação Católica como "a participação dos leigos no apostolado hierárquico" (Pio XII preferirá dizer "a colaboração"), assumia o verdadeiro sentido se se punha o acento no último aspecto. Tal como os bispos alemães recordavam em 1933, quando das suas conferências de Fulda, os leigos eram chamados a participar do "apostolado hierárquico", não da "hierarquia em si". "O que caracteriza a Ação Católica — disse um arcebispo francês[44] — e a diferencia de qualquer outra atividade apostólica, mesmo propriamente espiritual e coletiva, é que ela é *ao mesmo tempo organizada e depositária de um mandato*".

Tal foi, neste terreno, a obra do grande papa Pio XI. Ao compreender simultaneamente a importância do empreendimento e a utilidade dos novos meios; ao conceder à AC uma confiança total, mais de cem vezes expressa oficialmente, o papa levou a Igreja a dar um passo decisivo. Declarado por ele como "de todas as formas de apostolado, a mais adequada às necessidades do nosso tempo", o novo organismo estava habilitado a mobilizar todos os fiéis e a fazê-los mais eficazes no combate por Deus.

"Nós é que somos a Revolução!"

A entrada em cena da Ação Católica sob a forma que lhe foi dada na década de 30 marcou para a Igreja uma data capital. O acontecimento está ainda próximo demais para podermos avaliar todas as consequências que teve na época. Mas não se vê nenhum outro que lhe seja comparável na história recente. Algo de radicalmente novo apareceu na catolicidade: no rosto tradicional da Igreja, surgiram traços novos. E não haverá senão uma pontinha de exagero lírico na frase que um dia lançou o pe. Cardijn: "Nós é que somos a Revolução!"

Esta importância do acontecimento só pode ser compreendida se tivermos bem presente que a AC não foi simplesmente uma forma, entre outras, da ação da Igreja, no sentido em que se pode dizer que as "obras de caridade", por exemplo, pertencem a essa ação. A AC não foi apenas um conjunto de organismos novos; não se limitou a descobrir métodos. Procedia de um espírito novo. "De certa maneira — declarou Pio XI —, tudo entra na Ação Católica".

E, quando Mussolini ameaçou a AC italiana, o papa foi ainda mais categórico e exclamou: "A Ação Católica é a Igreja". Assim manifestou ao ditador que não se podia tocar na primeira sem romper com a segunda. A breve fórmula tinha um significado profundo: a Ação Católica era mesmo a Igreja, no que esta tem de vivo, de criativo.

Não há dúvida de que a Ação Católica modificou as relações da Igreja com a sociedade. Antes de mais, forneceu à Igreja novos meios de agir no plano social. Com a JOC à cabeça, restabeleceu em certa medida o contato da Igreja com o proletariado. Graças a ela, os padres começaram a poder reaparecer em meios que lhes estavam fechados. Tomando embora muito cuidado em não se deixar confundir com empreendimentos propriamente sociais — por exemplo, o sindicalismo cristão —, contribuiu para os seus progressos. Os grandes temas do catolicismo social, tais como a dignidade do trabalho, a liberdade do trabalhador, o salário vital, o direito aos tempos livres, foram por ela retomados, e penetraram mais fundo nas massas. No conjunto dos movimentos da AC, estabeleceu-se um clima de fraternidade que contribuiu para apagar ou atenuar as dissenções entre as classes.

Certamente que não devemos exagerar a importância desses resultados, e, numericamente falando, talvez seja verdade dizer que, na França, "a Ação Católica só em pequena medida melhorou a situação que provocou a sua criação"[45], ou seja, a situação criada pela apostasia das massas proletárias. Mas se, antecipando um pouco, olhamos para os números da JOC francesa em 1957, isto é, trinta anos depois da sua criação, podemos pensar que 500 mil jovens de ambos os sexos em movimento, 15 mil militantes nos cursos de formação, jornais com 60 mil exemplares... não são sinais de um êxito duvidoso. E ainda seria preciso apurar — o que é propriamente impossível — a ação indireta desses jocistas, mesmo já adultos, nos meios em que viviam; por exemplo, a influência que exerceram nos sindicatos. Foi bem mais do que como "fermento na massa", uma massa que só lentamente se deixa levedar, que a Ação Católica se comportou: já estava na fase dos frutos[46].

Se a Ação Católica serviu para estabelecer contatos sociais, teve outro resultado feliz: o de afrouxar os laços demasiado frequentes que existiam entre os católicos e a política. Em inumeráveis ocasiões, o papa e os bispos pediram que "a Ação Católica se mantivesse fora dos partidos políticos"[47], e chegaram até a aconselhar aos dirigentes da AC que evitassem assumir a menor atitude política pública. É claro que não se tratava de proibir aos católicos o uso dos seus direitos cívicos nem o cumprimento dos seus deveres nesse campo. Mas, à medida que se desenvolvia, a AC contribuiu grandemente para fazer desaparecer a noção de uma "defesa da Igreja" por meios políticos, ou seja, em ligação com este ou aquele partido. Os católicos passaram a sentir melhor as exigências do "bem comum", em nome do qual se deve avaliar qualquer política. O clima político do pós-guerra, no que vai ter de melhor, traduzirá essas influências indiretas.

No interior da própria Igreja, o aparecimento da Ação Católica trouxe consequências ainda mais importantes. Indicá-las equivale a focar os próprios aspectos do catolicismo durante os últimos vinte anos, que se traduzem no vocabulário de que se servem os católicos e que até ultrapassou os limites da Igreja[48]. Foi efetivamente a Ação Católica que, por volta de 1936, impôs o uso de termos como *ambientes de vida*, *conquista*, *revisão de vida*, *presença*[49], *testemunho*, *encarnação dos valores*, *compromisso nos assuntos temporais*, *militante*, cujo êxito — assim como de outros que ela vai utilizar depois da guerra — é também prova da sua eficácia.

A primeira e mais evidente consequência dessa eficácia foi a modificação total da atitude e do papel dos leigos na

Igreja, isto é, em substância, o equilíbrio das funções. Se Santo Avito, bispo de Vienne nos tempos bárbaros, proclamara que "os leigos são a Igreja", esta verdade evidente tinha sido um pouco posta de lado desde o Concílio de Trento, em que, para responder aos ataques dos protestantes contra o clero, a Igreja tinha concentrado as suas forças em torno dos seus padres... Começava agora uma "desclericalização" da Igreja. "Para muitos cristãos, se não para todos, acabava o tempo em que era costume recorrerem 'ao pároco' para saber o que é que cada um tinha de crer e como devia comportar-se externamente na sua vida cristã"[50]. De acordo com o Magistério pontifício, o laicato era "chamado, por uma singular graça de Deus, a um ministério pouco diferente do ministério sacerdotal"[51]. São palavras que teriam surpreendido muito aquele bispo que, um século antes, gritava a Montalembert, defensor da escola cristã: "Essa defesa não cabe aos leigos!" A ideia do laicato associado ao clero na tarefa apostólica não cessará de se desenvolver e vai até estender-se a um campo muito mais vasto. E hão de se ver instruções oficiais aos sacerdotes para que respeitem a vocação dos leigos e evitem as concepções "mais ou menos tingidas de clericalismo"[52].

Desse laicato comprometido saem, a partir deste momento, elites católicas muito mais empreendedoras, muito mais bem formadas que as do passado. Será este um dos pontos em que Pio XII gostará de insistir: "A Ação Católica — repetia ele com frequência — pode e deve dar aos católicos guias católicos". E, efetivamente, é impressionante ver que os dirigentes da Ação Católica vão fornecer líderes a todas as grandes organizações sindicais, intelectuais e mesmo políticas, em que haverá uma intervenção de católicos. Após a Segunda Guerra Mundial, a maior parte dos ministros democratas-populares da França, Alemanha e Itália procederão desses meios.

Mas os movimentos da AC não se limitaram a trazer para o primeiro plano algumas dezenas de individualidades marcantes: é o conjunto dos católicos que, graças a eles, evolui e, moralmente, progride. Todos os membros da AC vão fazer suas a ideia em que o pe. Cardijn tanto insistira: *unidade de vida, revisão de vida*. Desse modo, reagem contra essa espécie de dicotomia, tão cara a uma certa burguesia católica, que fazia da religião um compartimento à parte, sem qualquer nexo com a existência diária. Também a atenção com que os fiéis leigos se debruçam sobre a moral dos negócios, a moral social e a moral do dinheiro é um dos resultados mais felizes dos progressos da Ação Católica. É por aí que ela ultrapassa em importância e eficácia o catolicismo social, que foi sobretudo uma escola de pensamento. "Lembrai-vos — dizia o pe. Cardijn — de que nenhum regime, nenhuma legislação puramente econômica pode salvar a sociedade se não houver um projeto de mudança dos homens"[53].

De resto, todo esse esforço teve raízes espirituais muito profundas: o impulso apostólico exigido pela AC é paralelo ao daquele que leva os teólogos a insistir na ideia da Igreja "Corpo Místico de Cristo", do qual cada um dos membros — cada uma das células mais humildes — se sente ligado ao mistério sobrenatural da coletividade cristã, ligado ao mistério de Cristo glorioso. Na prática, esta ideia grandiosa traduz-se num sentimento *comunitário* — outro nome que entra na moda. Os verdadeiros militantes da AC sabem que são complementares uns dos outros, e todos eles associados no mesmo esforço. É um dos pontos sobre os quais os movimentos mais insistem: "Todos nós somos irmãos em Cristo. Estamos ligados aos outros, somos responsáveis por eles, para os trazermos ao conhecimento de Cristo e fazê-los entrar na grande unidade do Corpo Místico". Estas palavras de um prospecto da JOC exprimem bem uma das aspirações mais fortes e mais nobres do catolicismo tal como passou a ser conhecido. Judiciosamente, um dos melhores comentadores das origens da AC, o entusiasta pe. Félix Klein, anota que, "às místicas racistas e comunistas, formidáveis místicas de conquista", importa opor a mística cristã[54], a fim de "reconstruir uma sociedade verdadeiramente cristã, em que todos vivam para todos, como membros que são de um mesmo corpo, o Corpo Místico de Cristo"[55].

E é também essa "mística cristã", comunitária, apostólica, que anima os movimentos da AC e lhes dá um ar novo. É bem possível que o serviço mais eficaz que a AC prestou à Igreja tenha sido modificar o estado de espírito dos católicos, restituir-lhes valores talvez demasiado perdidos entre eles, os valores do entusiasmo, da audácia, do espírito de iniciativa e de conquista. Até então, quantos católicos, dando certamente provas de coragem ou mesmo de heroísmo, pareciam estar sempre seguros de só conseguirem a vitória no Juízo Final!... Com os jovens movimentos da AC, tudo isso mudou. Inúmeros testemunhos nos mostram o clima de fervor e de alegria que se instaurou na Igreja, por volta da década de 30, onde quer que a Ação Católica pôde atingir as suas verdadeiras dimensões. "Sentimo-nos elevados pelo sopro das primeiras idades" — escrevia o pe. Avril[56]. E acrescentava: "Digamos antes, do cristianismo autêntico, na sua eterna juventude". E o pe. Boisselot observava: "Conheço bispos que, da primeira vez que lhes foi dado ouvirem militantes, ficaram abalados"[57]. Tanto é verdade que só o cristianismo remodelado, renovado pela Ação Católica, parecia estar à altura de fazer face às grandes ameaças totalitárias.

Em 17 de julho de 1937, em Paris, no mais gigantesco recinto da capital, o estádio do Parc aux Princes, reuniam-se 80 mil jocistas para uma velada noturna preparatória da cerimônia que, no dia seguinte, comemoraria o décimo aniversário da JOC francesa. O imenso anfiteatro transbordava de gente amontoada. Nas bancadas, a multidão era, sob a sombra que se alargava, uma poeira de areia cinzenta e negra. Havia cânticos, apelos, ordens dadas com precisão e alegria. À chamada de um invisível mestre de cerimônias, cujas palavras eram espalhadas pelos alto-falantes e ao qual respondiam as vozes de um coro logo acompanhado pela assistência, viu-se surgir, de vários pontos da elipse, um longo cortejo a passo rítmico. Eram jovens operários vindos dos quatro cantos da França — e também de outras vinte nações —, que iam ser, nos trajes próprios do seu ofício, os atores, ou melhor, os artesãos, de um dos mais impressionantes espetáculos que foi dado ver a um homem do nosso tempo.

O cortejo avançou para o pódio que ocupava o centro do gramado. Pousaram as enormes vigas e cepos que tinham transportado, dispuseram-nos convenientemente, para com eles montarem um altar. Quando esse trabalho acabou, veio um outro cortejo, mais lento. E a assistência percebeu que eram jocistas doentes, que traziam juntos sobre os ombros uma enorme cruz. Pouco depois, sob o céu parisiense negro e malva, a cruz ergueu-se lentamente e, já no alto, dominou tudo com a sua massa, iluminada por um projetor. No mesmo instante, todos os jocistas dos cortejos, todos os que se acotovelavam formando uma sebe à volta do gramado, acenderam as tochas. E nada mais se via senão esses milhares de chamas rasgando a noite, frementes, ondulantes, vivas como almas. Por dez vezes o coro e a assistência, respondendo à voz anônima, lançaram as quatro palavras de uma oração essencial: "Nós Vos louvamos, Senhor!" Para todos, não havia dúvida de que se abria para a Igreja, com esse testemunho público de uma fé imensa, um tempo novo. E quando, no meio de um silêncio absoluto, uma voz de criança — tão sozinha, tão pura no grande céu da noite — salmodiou a *Salve-Rainha*, quantos, dentre os 200 mil cristãos que participavam dessa epifania, quantos não teriam a garganta apertada?

Notas

[1] Cf. neste vol. o cap. IV.

[2] Separada da IIa., que fora fundada em 1884.

[3] Criada na França em 1892 (um ano após a *Rerum novarum*), alargou o seu campo de ação depois de 1918.

[4] Cit. por D. Bertoli, núncio apostólico em Paris, no seu art. sobre "Le Saint-Siège et les relations internationales", *Revue des Deux-Mondes*, 15 de maio de 1961. Cf. também Yves de la Brière, *L'Organisation internationale du monde contemporain et la Papauté*, Paris, 1924, e Albert Le Roy, *Catholicisme social et organisation internacionale du travail*, Paris, 1937.

[5] Cf. o próximo capítulo.

[6] Cf. neste vol. o cap. XIII, par. *Conquistar o mundo pelo amor: Dom Orione.*

[7] Cf. neste vol. o cap. XIII, par. *Do hábito ao jaquetão.*

[8] Cf. neste vol. o cap. X, par. *A primeira "denominação".*

[9] Sobre o pe. de Tourville, cf. cap. VIII, par. *Desenvolvimento da ciência social cristã.*

[10] Alceu Amoroso Lima (N. do T.).

[11] Exceto nos EUA, onde alguns organismos análogos tiveram considerável influência.

[12] Membros eletivos dos Tribunais do Trabalho (N. do T.).

[13] Cf. neste vol. o cap. IV, par. *Nasce o sindicalismo cristão.*

[14] Cf. *Les Catholiques américains et le syndicalisme*, dossier da *Informations catholiques internationales*, n. 3.

[15] Cf. "Mes souvenirs de jeune militant social", do cardeal Gerlier, in *Ecclesia*, Paris, fev. 1957.

[16] Deu-se então um incidente pitoresco que esteve a ponto de acabar mal. Os grevistas insurgidos invadiram o convento dos capuchinhos, vestiram-se de hábitos castanhos e, assim disfarçados, disparavam sobre os carabineiros. Os pobres dos padres, embora escondidos no fundo das suas celas, nem por isso deixaram de ser detidos como amotinados. Foi D. Ratti quem denunciou o ardil. Cf. R. Fontenelle, *Sa Sainteté Pie XI*, Paris, 1937, p. 35, e neste vol. o cap. II, par. *A fortaleza de Pio XI.*

[17] Henri Guitton, Prefácio a *Encycliques et messages sociaux*, p. 16.

[18] A encíclica *Divini Redemptoris*, acerca do comunismo, retoma e desenvolve os mesmos temas: cf. neste vol. o cap. IX, par. *A condenação doutrinal do comunismo: a "Divini Redemptoris".*

[19] Maxence Van der Meersch, no comovente romance *Pêcheurs d'hommes*, Albin Michel, Paris, 1940, em que narrou os começos da JOC.

[20] Cf. neste vol. o cap. IV, par. *"Sociais porque católicos".*

[21] Cf. F. Tonnet, *Les sources boraines de la JOC*, Lovaina, 1947. Fernand Tonnet e Paul Garcet morreram no campo de extermínio de Dachau durante a Segunda Guerra Mundial.

[22] O cônego Tiberghien.

[23] Mons. Garrone, *L'action catholique: son histoire, sa doctrine, son panorama, son destin*, Fayard, Paris, 1958.

[24] Breve dirigido ao conde Grosoli, a 6 de novembro de 1903; sobre o conde, cf. neste vol. o cap. V, par. *Na Itália, o termo da Obra dos Congressos*.

[25] Cf. mons. Guerry, *L'A.C.*, Paris, 1936.

[26] Encíclica *Graves de communi*.

[27] Cf. neste vol. o cap. III, par. *A pacificação dos conflitos*.

[28] Cf. neste vol. o cap. IV, par. *"Sociais porque católicos"*.

[29] Cf. neste vol. o cap. IV, par. *O catolicismo social depois da encíclica*.

[30] Cf. neste vol. o cap. IX, par. *Pio XI contra a "estatolatria" fascista*.

[31] Carta do cardeal Pacelli ao pe. Cardijn, pelo décimo aniversário da JOC.

[32] Sobre o pe. Anizan, cf. neste vol. o cap. XIII, par. *Dois precursores: o pe. Anizan e o pe. Rémillieux*.

[33] Que tinha nascido havia apenas três anos.

[34] Alusão ao batismo de Clóvis, primeiro rei da França, e trocadilho com o nome de Rennes (N. do T.).

[35] Em 1939, a JOC existia nos seguintes países: Bélgica, França, Canadá, Suíça, Hungria, Iugoslávia, Espanha, Portugal, Checoslováquia, Síria, Colômbia, Inglaterra, Irlanda, Polônia, Ucrânia, África do Norte, Indochina (atual Vietnã, então colônia francesa), Luxemburgo, China. Em 1953, existia em 65 países.

[36] Cf. neste vol. o cap. IV, par. *Novas equipes, novos problemas*.

[37] Nome de duas regiões francesas (N. do T.).

[38] Em Portugal e no Brasil, a JEC — Juventude Estudantil Cristã — abrangia também a JUC — Juventude Universitária Cristã (N. do T.).

[39] Que "va-*t-à-la* messe" [que "vai à Missa"].

[40] *Khagnes*, alunos dos cursos preparatórios para a Escola Normal Superior (Letras); *taupes*, alunos dos cursos preparatórios para as grandes Escolas de Ciências.

[41] O mesmo cujo papel social foi registrado neste cap., par. *Desenvolvimento da ciência social cristã*. [Depois da Segunda Guerra, o pe. Lebret dirigiu uma revista-movimento, *Économie et Humanisme*, com grande êxito científico e apostólico (N. do T.)].

[42] As perspectivas iriam mudar após a Segunda Guerra Mundial.

[43] Cf. neste vol. o cap. VIII, par. *Pio XI contra a "estatolatria" fascista*.

[44] Mons. de Bazelaire, *Les laîques aussi sont l'Église*, Paris, 1958.

[45] Adrien Dansette, *Destin du Catholicisme français*, Paris, 1957, p. 116.

[46] Cf. o art. de resposta a Adrien Dansette in *Masses ouvrières* de maio de 1957.

[47] Cf., por exemplo, o livrinho do cardeal Richaud, *Dans les chaînes du Christ*, Bonne Presse, Paris, 1959.

[48] No fascículo 10 de *Parole et Mission*, o pe. Gérauld, professor do seminário maior de Poitiers, fez a história da evangelização recente na França mediante a análise das palavras novas e dos *slogans*.

[49] A palavra *"présence"* já fora utilizada em 1932 pelo autor deste livro (cf. *Le Monde sans âme*); em 1936, intitulava *Présences* uma coleção que dirigia, e, no primeiro volume dessa coleção, editado em 1937, *Ce qui meurt et ce qui naît*, empregava a fórmula "Présence à soi, présence au monde".

[50] A.-M. Henry, OP, "Les mouvements du laïcat et notre rattachement à l'Église", in *Vie spirituelle*, out. 1961. Sobre o papel do laicato na Igreja, cf. neste vol. o cap. XIII.

[51] Carta de Pio XI ao cardeal-arcebispo de Toledo, de 6 de novembro de 1935.

[52] Gustave Thils, *Nature et spiritualité du clergé diocésain*, Desclée de Brouwer, Bruxelas, 1946.

[53] Cf. *Revue des Jeunes*, 25.06.1934.

[54] É evidente que a palavra "mística" não tem aqui o sentido que lhe dá a teologia, aquele a que nos referimos ao falar da "mística de São João da Cruz"; mas sim o sentido que Péguy fez entrar na moda e que quer dizer, mais ou menos, "impulso do espírito", "impulso espiritual", "ideal concreto".

[55] Félix Klein, *Nouvelles croisades de jeunes travailleurs*, Paris, 1934, p. 97.

[56] *Sept*, 20.09.1934.

[57] *Revue des jeunes*, 15.11.1934.

IX. Os grandes combates de Pio XI

"Defensor fidei"

Se a Providência tivesse conservado Achille Ratti na Sé Apostólica o mesmo número de anos que o seu predecessor — oito anos —, isto é, se Pio XI tivesse morrido em 1930 e não em 1939, a sua presença na história seria bem diversa daquela que ficou. Certamente que ele não figuraria apenas como o sucessor de Bento XV na política de aproximação com os Estados, sucessor, aliás, singularmente ativo e eficaz. Seria também o papa da Ação Católica, o papa do catolicismo social, o papa da renovação intelectual, o papa das "igrejas de cor", o papa do primeiro esforço em direção ao ecumenismo. Mas não se lhe conheceriam esses outros traços que tanto impressionaram os seus contemporâneos e nos parecem os mais importantes do seu caráter: a serena violência e a intrepidez. Pelo menos, não teria merecido esse título que foi dado a um outro Pio e que lhe convém tanto como a esse: o "papa dos grandes combates"[1].

O temperamento de Achille Ratti não está em causa. Não foi ele que mudou depois de 1930. Todos os que o conheceram nas diversas fases da sua vida são unânimes em representá-lo sempre tal como a história o descreve: rigoroso nos princípios, imperioso, muitas vezes abrupto, mas friamente resoluto e sem nunca hesitar diante de uma responsabilidade ou de um risco, logo que julgasse necessário assumi-los. Antes de 1930, só tivera poucas ocasiões de dar provas desses dons.

Depois, teve-as numerosas, e muito graves. Em pontos fundamentais, pareceu-lhe que o essencial do depósito sagrado de que tinha a guarda estava ameaçado. Já não era a hora das contemporizações, das acomodações diplomáticas. Tudo estava em jogo. E o papa desferiu o golpe.

A defesa da fé: tal foi a intenção profunda das suas decisões. E é ela, sem sombra de dúvida, o primeiro dever que incumbe ao Vigário de Cristo. Sobre este ponto, Pio XI não pensava de modo diferente de outros Pios — o da condenação do modernismo[2] ou o do *Syllabus*[3]. Não se devem procurar outras causas para todas essas decisões, mesmo quando elas se situaram num clima político que pareceu explicá-las, ou quando, ao assumi-las, defendeu concomitantemente os valores do homem e da civilização. É como *defensor fidei* que temos de contemplar Achille Ratti nos grandes acontecimentos que deram pleno sentido ao seu pontificado, nesses conflitos que ele travou com algumas das grandes potências e que iam assegurar ao papado uma enorme autoridade moral e à sua memória um brilho irradiante.

A condenação da "Action Française"

Houve, no entanto, uma questão anterior a 1930. Menor em comparação com as que rebentaram mais tarde, no sentido de não ter posto em causa nenhum Estado, e também porque os erros que determinaram a intervenção do papa estavam longe de ter a gravidade e a extensão daqueles contra os quais iria lançar as suas retumbantes condenações. Também por isso Pio XI não utilizou, nessa ocasião, os grandes meios de uma encíclica. As censuras pontifícias foram formuladas de modo mais discreto e após diversas provas de paciência, mas sem por isso revelarem menos a firmeza doutrinal e o rigor com que o papa julgava dever ferir aqueles que atentavam contra a verdade ou comprometiam a Igreja. Foi o caso da *Action Française*.

Quando Pio XI ascendeu ao sólio pontifício, em 1922, o título *Action Française* designava, ao mesmo tempo, uma publicação que, depois de ter sido um periódico quinzenal, se tornara, em 1908, um diário, e o movimento de ideias políticas de que o jornal era órgão. O animador do movimento e diretor do jornal, *Charles Maurras* (1868-1952), era um homem baixo, magro, barbudo, cujo olhar faiscante e eloquência envolvente faziam esquecer a surdez compacta em que estava encerrado. Pensador profundo, escritor de grande classe, dialético de potência temível, Maurras sustentava, havia mais de vinte anos, uma doutrina política diretamente ligada às de Bonald e Joseph de Maistre — a do monarquismo tradicionalista, à qual associava um nacionalismo intransigente. Servido por talentos prestigiosos, a começar pelo seu diretor, mas também por polemistas como Léon Daudet[4] ou jornalistas[5], o jornal impusera-se bem para além dos meios monárquicos. De resto, a violência da sua linguagem contribuía para que o lessem e respeitassem.

Quanto ao movimento, surgido em 1908, vira confluir para as suas fileiras, ao lado dos monárquicos conscientes, numerosos inimigos da República, nostálgicos do Antigo Regime, patriotas que, desde o caso Dreyfus, nunca tinham deixado de caminhar no sentido do nacionalismo, "integristas" que Bento XV desautorizara, e uma boa parte desses conservadores que, em todas as circunstâncias, são partidários dos métodos autoritários. Entre eles, contavam-se numerosos católicos.

Havia muito tempo que se ouviam críticas contra a *Action Française*, ou melhor, contra os princípios sobre os quais Charles Maurras declarava apoiar a sua doutrina política. Em 1908, o *Correspondant*, pela pena de Étienne Lamy, e dois anos depois o bem conhecido oratoriano pe.

Laberthonnière, num volume intitulado *Positivisme et catholicisme*, tinham mostrado que dificilmente o maurrassismo era conciliável com a fé cristã. Alguns bispos, alertados, tinham pedido nessa altura que as obras de Maurras fossem incluídas no Índex. Em 26 de janeiro de 1914, os consultores tinham concluído pela condenação de sete dessas obras. A decisão fora confirmada pela Sagrada Congregação para a Doutrina da Fé, que também pusera no Índex o periódico *Action Française*, revista bimensal[6]. Interrogado por um jornalista francês, o cardeal Merry del Val declarara: "É incontestável que existem em Maurras asserções condenáveis, e, quando vêm perguntar a Roma, e perguntar-lhe claramente: isso é condenável?, Roma não pode deixar de responder".

No entanto, Pio X, que hesitara em deixar incluir Maurras no Índex, estabelecera expressamente que o veredito só seria publicado no momento em que o papa achasse oportuno. A 29 de janeiro, quando o Secretário da Congregação lhe comunicara esse veredito, dissera que "essas obras estavam mesmo proibidas e deviam ser consideradas desde então como tais", que a condenação teria esse dia como data de promulgação, mas que o decreto de proibição não seria publicado. As razões que o levaram a suspender assim a condenação podiam resumir-se nesta frase que pronunciou: "Maurras é um belo defensor da Igreja e da Santa Sé"[7].

Com efeito, quer no conflito com o governo republicano, quer na batalha contra o Modernismo, Pio X tivera sempre a *Action Française* do seu lado. O desejo de não conturbar o catolicismo francês nas vésperas da guerra que tinha como certa, assim como o de não chocar as numerosas e altas personalidades da França, religiosas e leigas, que lhe tinham suplicado que não se mostrasse severo, tinham acabado de decidi-lo à clemência. Bento XV não mudara de atitude: quando examinara pessoalmente a questão, em 1915, concluíra que, se se publicasse o decreto durante a guerra, "as paixões políticas impediriam de emitir um juízo equitativo acerca desse ato da Santa Sé". Atitude prudente e louvável num papa que a *Action Française* acusava de estar vendido aos alemães... As coisas tinham ficado, portanto, na fórmula usada por Pio X: "*Damnabilis, non damnandus*": condenável, mas não de condenar.

A questão tomou novo rumo após a guerra, e sobretudo em 1922, após o advento de Pio XI. Este não tinha as mesmas razões que Pio X para se mostrar indulgente com Charles Maurras e os seus partidários. Pelo contrário. Não podia deixá-lo muito satisfeito ver a *Action Française* opor-se à sua política de "novo *ralliement*", denunciar o restabelecimento das relações diplomáticas entre o Vaticano e Paris como aceitação pela Igreja de um papel de verdadeira escravidão, insultar o embaixador junto da Santa Sé — que se permitira candidatar-se contra Maurras à Academia Francesa e conseguira vencê-lo —, criticar as Associações Diocesanas, fazer uma campanha violenta contra as instituições internacionais e contra os homens que preconizavam a reconciliação franco-alemã, e insinuar que o núncio apostólico tinha costumes duvidosos. No entanto, seria falso acreditar que foram razões políticas as que pesaram decisivamente no ânimo do papa. Se é certo que os inimigos políticos da *Action Française* — católicos liberais, democratas cristãos, defensores da Sociedade das Nações — gritaram de entusiasmo, como, por exemplo, o pe. Trochu em *L'Ouest-Éclair*, ainda é mais certo que Pio XI não era pessoa para deixar que fosse quem fosse lhe forçasse a mão. "Atribuíram-se a Pio XI motivos políticos — escreve honestamente o historiador monárquico Robert Havard de la Montagne —; mas pensamos com toda a franqueza que ele cedeu a considerações religiosas"[8].

Um incidente muito curioso, que ainda está longe de se ter esclarecido, ia ter grande importância, porque levou Pio XI a interessar-se pessoalmente pelo problema. Quando, durante o ano de 1923, o pontífice pediu que lhe passassem o processo da condenação pelo Índex, responderam-lhe que era impossível: o processo tinha desaparecido! Houve quem garantisse que o único motivo da estranha desaparição era a transferência dos arquivos do Índex para a Congregação do Santo Ofício, sob Bento XV. Outros murmuraram que os amigos romanos de Maurras não eram alheios ao acontecido, e chegou-se a pronunciar nomes, como o do pe. Le Foch, superior do seminário francês. Seja como for, a manobra, se é que houve manobra, virou-se exatamente contra o que a *Action Française* podia desejar. Pio XI retomou pessoalmente o estudo da questão, na sua condição de arquivista habituado durante trinta anos a perscrutar os textos. Como viria a declarar mais tarde, conduziu o inquérito minuciosamente, "mesmo com risco de chegar tarde", e imparcialmente, "com a única preocupação de encontrar a verdade", levado apenas pelo desejo de "impedir o mal e promover o bem, fora e acima de qualquer posição política".

Ainda estava em curso o estudo das obras de Maurras, Daudet e Bainville, assim como da coleção da *Action Française*, quando começaram a chegar ao Vaticano relatórios cada vez mais alarmantes acerca dos progressos do movimento na juventude católica. Nos seminários maiores, eram maurrassianos um quarto ou até um terço dos alunos. A ACJF queixava-se de que a *Action Française* captava para si os elementos mais ativos da juventude católica de direita. Os *camelots du Roi* [lit. "caixeiros viajantes" ou "jornaleiros" do rei], jovem guarda da *Action Française*, utilizada para as manifestações de rua e os atos de violência, eram recrutados cada vez mais entre os católicos. Houve especialmente um dado que chocou Pio XI. Em maio de 1925, os *Cahiers de la jeunesse catholique belge* organizaram uma pesquisa de opinião sobre a pergunta: "Entre os escritores dos últimos vinte e cinco anos, quais os que considera seus mestres?", e o resultado foi que Maurras vinha à cabeça, com 174 votos, e o último era o cardeal Mercier, com 6. O episcopado belga intranquilizou-se. Um grupo de personalidades católicas do país publicou um alerta. Pio XI decidiu usar de rigor.

Que podia ele censurar a Maurras e à *Action Française*? Em que é que a sua doutrina podia ser tida pela Igreja como condenável? A crítica incidia em dois pontos: o "naturalismo positivista" e o "nacionalismo exagerado". Positivista, era-o Maurras, e não o escondia. Não eram poucas as vezes em que se reportava a Auguste Comte, autor do *Catéchisme positiviste*, um dos mestres do humanismo ateu[9], do qual têm procedido tantas das piores heresias do mundo contemporâneo. Para Comte e a sua escola, o homem, enquanto animal político, é determinado, como todos os seres, pelas condições físicas e biológicas em que se encontra, e a moral nada tem a dizer sobre a questão: é exatamente o oposto da tese cristã de que a ordem política tem de subordinar-se à ordem moral. Então a religião deve ser eliminada? De modo nenhum. Ela faz parte das realidades que enquadram o homem e o ajudam a viver. Assim, ao mesmo tempo que pensava que a religião cristã estava "irrevogavelmente ultrapassada" e tinha de ser substituída pela religião do homem, Comte declarara com muita frequência a sua admiração pela Igreja Católica como instituição, designadamente pela lógica e solidez da sua organização.

Charles Maurras não pensava outra coisa. Para ele, a Igreja não devia intervir na vida social, em que o homem é regido por uma "física dos costumes" e por leis políticas infrangíveis. Mas, como princípio de autoridade, organismo de disciplina social, ela era admirável e importava defendê-la. Ao serviço desta defesa feita com base em aspectos externos, Maurras dirigia os seus convites tanto aos católicos como aos descrentes. Era exatamente o mesmo que esvaziar a Igreja da sua substância espiritual, tirar-lhe a sua verdadeira razão de ser, que não consiste em organizar a sociedade, mas em salvar as almas. Na palavra profunda de mons. Ricard, bispo de Nice, era "descristianizar o catolicismo".

Essa autêntica heresia, Maurras já não a professava em 1925 sob a forma violenta que lhe dera na sua mocidade pagã, quando opunha ao "Cristo hebreu", semeador de anarquia, a tradição da Igreja, que, dizia ele, tinha sabido "truncar, refundir, transformar as turbulentas escrituras orientais", para delas fazer um sistema de ordem, capaz de atravessar os séculos. Mas esse erro estava subjacente a tudo o que ele escrevia, e a tudo o que escreviam os seus discípulos. A isso se juntavam outros erros consequentes. Nomeadamente, o de submeter o homem à sociedade, o francês à França, a "França real". E, em nome dos interesses do grupo, o de exaltar os valores nacionais em detrimento de todos os outros valores. A noção cristã de "bem comum" era radicalmente negada pelo "nacionalismo integral", que colocava "a pátria acima de tudo" e não podia admitir que, na ordem internacional, pudessem existir, aos olhos de um cristão, interesses superiores aos da pátria. Tanto como a verdade da Igreja, era a caridade de Cristo que Maurras e os seus recusavam.

Esses grandes erros da *Action Française* — primado do político sobre o moral, esvaziamento espiritual do cristianismo, exaltação do egoísmo nacional —, Pio XI descobriu-os sem dificuldade nas obras de Maurras e na coleção da *Action Française*, que estudou de perto. É fácil imaginar o que o papa sentiria ao ler um artigo em que Maurras, na altura do *affaire* Dreyfus, aprovava que o coronel Henry tivesse falsificado um documento, outro em que o jornal aconselhava, para levar a sua política à vitória: "Compremos as mulheres, compremos as consciências, compremos as traições"; ou quando ouvia Léon Daudet exclamar, em 1923: "Eu aplaudo a fome alemã!" A Igreja de Cristo dificilmente podia admitir tais aliados. Menos ainda que houvesse católicos associados a um movimento tão formalmente contrário aos seus princípios.

No entanto, Pio XI não usou imediatamente de severidade. Havia na *Action Française* muitos católicos excelentes, que não compartilhavam todas as ideias filosóficas de Maurras, embora estivessem impregnados, em maior ou menor grau, da "atmosfera perniciosa" de naturalismo positivista de que o papa falava. E isso bastou-lhe para que julgasse melhor esclarecê-los em vez de os condenar. Após várias tentativas infrutuosas junto de membros da hierarquia francesa, confiou esse cuidado ao velho cardeal Andrieu, arcebispo de Bordeaux. Em 27 de agosto de 1926, o *Aquitaine*, boletim da diocese, publicava uma declaração do prelado.

Tendo de responder a um grupo de jovens católicos, "a propósito da *Action Française* e da atitude que deviam tomar em face dela", o cardeal aconselhava-os a afastar-se o mais depressa possível. Os termos da declaração episcopal eram extremamente duros para os dirigentes do movimento, que em poucas palavras eram qualificados como "ateus ou agnósticos", "católicos por cálculo e não por convicção", "amoralistas" e outros termos por igual depreciativos. Quanto ao fundo do problema, o documento exprimia-o com exatidão, denunciando lucidamente os elementos da heresia maurrassiana. Só fazia mal em perder a serenidade, em atribuir a toda a *Action Française* as ideias filosóficas de Maurras, e até em atribuir a este opiniões que ele jamais professara, como, por exemplo, a necessidade de restabelecer a escravidão. Quer dizer: o golpe era excessivo e pouco hábil. Na opinião do cardeal Dubois, arcebispo de Paris, "aquilo não tinha as distinções necessárias". Mas era uma advertência importante — e até ultrapassava em importância a personalidade do velho cardeal fatigado que a emitira. Ninguém duvidou mais disso, quando, a 5 de setembro, foi publicada uma Carta de Pio XI ao cardeal, felicitando-o por ter denunciado "um renascimento do paganismo", sem, aliás, repor as coisas no seu devido pé nem dar precisão às críticas. Depois, quando em várias ocasiões recebeu peregrinos franceses, o papa insistiu nos termos da condenação.

Pensaria ele que isso seria suficiente, que os católicos franceses ouviriam o seu apelo e abandonariam o movimento? Talvez. Houve quem pensasse que a escolha do velho cardeal Andrieu tivera um significado preciso: quando morresse, poderia reabrir-se o debate. Parece ter havido nas fileiras da *Action Française* alguma hesitação quanto à atitude a tomar. Uns, como Jacques Maritain[10] na sua brochura *Une opinion sur Charles Maurras et le devoir des catholiques*, acreditaram que seria possível aos fiéis permanecer no movimento político rejeitando os seus erros doutrinais, para o que contariam com a ajuda dos professores da cadeira do *Syllabus* do *Institut d'Action Française*, e, eventualmente, com a intervenção de teólogos que a hierarquia designasse como assistentes dos grupos da *Action Française*. Outros gritaram que a condenação pontifícia não passava de um ato político, ou mesmo policial, inspirado pelos Briand e outros politiqueiros, e que, se fosse preciso escolher entre as duas fidelidades, permaneceriam vinculados à *Action Française*. Numerosas autoridades eclesiásticas, tendo à frente o cardeal Maurin, arcebispo de Lyon, desejavam que se ficasse numa prudente expectativa.

Por que razão os dirigentes do movimento monárquico optaram subitamente por uma atitude mais dura? Em resposta a diversas notas do *Osservatore Romano*, o jornal de Charles Maurras publicou, a 15 de dezembro, sob o título *Rome et la France*, um artigo de uma veemência pasmosa. Nele se acusava, entre outras gentilezas, um "pequeno bando de agentes simoníacos" de insultarem bons franceses "na sua consciência de crentes e na sua honra de homens". Cinco dias depois, a 20, durante um Consistório, Pio XI ripostou com uma proibição formal a todos os católicos de aderirem ao movimento, de continuarem nessa escola, de lerem o diário "de homens cujos escritos se afastam do nosso dogma e da nossa moral".

Nesse exato momento, deu-se um fato que ia ter por imediata consequência endurecer ainda mais a atitude de Pio XI: o processo do Índex foi providencialmente encontrado; o próprio papa, como antigo arquivista, dera indicações precisas para a procura. Para mais, as coisas tornavam-se tão graves que a inclinação para a tolerância começava a flectir. A condenação de 1914 passara a ser conhecida e já não era possível à *Action Française* entregar-se ao joguinho de opor o santo e prudente Pio X ao seu deplorável sucessor... Quando, em resposta à alocução consistorial, o jornal maurrassiano publicou, em 24 de dezembro, um *Non possumus*, que explicava dizendo que não se tratava "nem de moral nem de fé, mas de política" e que era "a própria França, a verdadeira França" que a censura romana atingia, a réplica de Roma foi impiedosa. A 29 de dezembro de 1926 foi publicado o decreto do Santo Ofício tal como tinha sido redigido em 1914. Acrescentava-se uma condenação explícita do diário *L'Action Française*, por causa dos artigos que continha, em especial os de Charles Maurras e de Léon Daudet, "que qualquer pessoa sensata forçosamente reconhecerá serem escritos contra a Sé Apostólica e o próprio Pontífice Romano".

O golpe era terrível. No entanto, a *Action Française* não cedeu. É certo que encontrou apoios, ou pelo menos encorajamentos tácitos, em muita gente, até em personalidades de quem seria de esperar outra atitude. Padres, religiosos, bispos, arcebispos (onze em dezessete) e até um cardeal da Cúria, Billot, não esconderam a sua simpatia pelo movimento condenado. A imprensa anticlerical aproveitou jubilosamente a ocasião para acusar o papa de atentar contra a liberdade, e a própria imprensa católica — exceto a *Vie catholique* de Francisque Gay — não mostrou grande zelo na defesa da posição papal. Houve, apesar de tudo, grande número de submissões, marcadas pela desistência de assinatura do jornal de Maurras. Algumas delas deram que falar, como a de Jacques Maritain, que, leal e definitivamente, abandonou o campo maurrassiano. Maritain explicou a sua atitude num livro admirável — *Primauté du spirituel* — e inspirou duas obras coletivas, *Pourquoi Rome a parlé* e *Clairvoyance de Rome*.

Mas Pio XI estava friamente decidido a impor-se. A seu pedido, 116 bispos franceses assinaram uma declaração que aprovava e comentava a condenação. Aqueles que julgaram não dever assinar pagaram caro a recusa. O cardeal Billot foi forçado a pedir demissão e retirou-se, como simples jesuíta, para uma casa da Companhia. Vários religiosos, alguns bem conhecidos, como o pe. Le Floch, foram penalizados. Entrementes, a Sagrada Penitenciaria determinou por um edito que qualquer padre que desse a absolvição a partidários da *Action Française* perderia o poder de confessar, que os seminaristas fiéis ao movimento seriam expulsos, que os fiéis que insistissem na rebelião seriam considerados pecadores públicos e teriam recusados os sacramentos.

Toda a França foi sacudida por um verdadeiro drama, que desfez famílias e amizades, como no tempo do *affaire* Dreyfus. Viram-se católicos exemplares terem enterro civil por não se haverem desligado da Liga da *Action Française*; padres censurados por terem ido dar os últimos sacramentos ao pai, condenado; casamentos e batismos celebrados clandestinamente como em pleno Terror revolucionário... Devemos acrescentar que certos prelados usaram na repressão de uma energia tanto maior quanto maior fora a demora a entrarem em liça... A sua severidade chegou a espantar os próprios meios romanos, que achavam muito natural que o rei da Itália, excomungado, fizesse a sua desobriga pascal e tivesse capelão!

Agora, Charles Maurras e os amigos estavam lançados em plena rebelião. Os insultos no seu jornal atingiram uma violência nunca igualada. Durante meses a fio, foi uma fúria inconcebível contra "o mentiroso" — leia-se "o papa" —, contra os núncios Cerretti e Maglione, contra todos aqueles que falavam em submeter-se. Chegou-se ao ponto de ler, num jornal que se gabava de exprimir a mais alta inteligência da França, artigos sobre a Noite de São Bartolomeu, sobre o bispo Cauchon que condenou Joana d'Arc, sobre a questão de Galileu ou sobre os Bórgias que o maçom mais empedernido não desaprovaria. Mons. Ruch, bispo de Estrasburgo, pôde dizer que a *Action Française* era "o jornal mais anticlerical da França".

Aonde é que isso tudo levava? "Não se diz *Non possumus* ao Papa!" — exclamava, rindo, Mussolini, em conversa com um jornalista francês amigo de Maurras. Muitos católicos condenaram a revolta. Os próprios chefes da Casa Real da França, o duque de Guise e seu filho o conde de Paris, não ocultavam a sua desaprovação; dariam a conhecê-la em novembro de 1937, por meio de um manifesto em que rejeitariam categoricamente o "nacionalismo integral". Dez anos depois da condenação, parecia cada vez mais evidente que essa deplorável situação não podia eternizar-se. Sentia-se vir a guerra. Muitos católicos lamentavam o despedaçamento da Igreja da França. E resolveram fazer qualquer coisa. Assim, intervieram o cardeal Pacelli, Secretário de Estado, o cardeal Verdier, mons. Grente, bispo de Mans e membro da Academia Francesa, as carmelitas de Lisieux, o pe. Gillet, mestre-geral dos dominicanos, o cardeal canadense Villeneuve, e o próprio Georges Goyau, a quem, no entanto, a *Action Française* chamava com frequência "macaquinho verde"...

Prepararam-se os caminhos para a submissão e o perdão. Em 1937, Maurras escreveu a Pio XI uma carta nobilíssima, em que prestava homenagem à "maternidade da

Igreja". Recebeu em resposta uma carta autógrafa de três páginas, cheia de bondade[11]. Durante dois anos, fizeram-se numerosíssimas diligências. Houve mesmo uma intervenção sobrenatural bem extraordinária: uma carmelita de Lisieux ofereceu a vida pela reconciliação de Maurras, e de fato morreu; a irmã dela repetiu o voto. Acabou por ser fixado um texto, que o Comitê diretivo da *Action Française* enviou a Roma. As negociações estavam já muito avançadas quando Pio XI morreu.

Concluíram-se pouco depois, sob o seu sucessor, Pio XII. Após uma visita a Paris de D. Ottaviani, assessor do Santo Ofício, outra carta partiu para o Vaticano. O Comitê diretivo da *Action Française* exprimia "sincera tristeza" pelo que tinha havido de "irrespeitoso, injurioso e mesmo injusto" na sua atitude e rejeitava "todo e qualquer princípio e toda e qualquer teoria contrária aos ensinamentos da Igreja"[12]. O Santo Ofício respondeu, a 5 de julho, levantando a condenação do movimento da *Action Française*, mas sem nada dizer da condenação do tempo de Pio X contra a filosofia maurrassiana. Pio XI impusera-se[13].

"Defensor hominis"

A questão da *Action Française* surge, no pontificado de Pio XI, como um exórdio, um combate de vanguarda, um prelúdio dos grandes combates decisivos. Por mais graves que fossem os erros doutrinais de um movimento ao qual, afinal de contas, apenas aderia uma pequena minoria de franceses, esses erros nada eram ao lado daqueles que alguns Estados, regimes e povos inteiros pretendiam arvorar como verdade. O Vigário de Cristo via-os com angústia ganhar terreno. Era impossível continuar a usar de indulgência ou mostrar-se fraco. Duras batalhas o esperavam, e ele as aceitou sem hesitar.

A partir, pois, de 1930, Pio XI entra em luta com os sistemas em que se encarnaram as maiores heresias da época: os *totalitarismos*. Vimos já[14] que todos eles foram a conclusão levada ao extremo e de algum modo a soma das correntes que, havia séculos, vinham levantando o homem contra Deus. O papa assume a luta, não por motivos políticos, como os adversários o acusarão de fazer — pois não o viram entrar em relações com o fascismo e o hitlerismo, e até tentar negociar com os sovietes? —, mas por motivos estritamente religiosos: quer defender o depósito sagrado da fé e a Igreja. É, verdadeiramente, um combate por Deus.

O radical antagonismo do cristianismo com os novos regimes é flagrante em certos casos, visto que esses regimes o proclamam. No que diz respeito ao comunismo russo, quem tenha lido Marx não pode ter dúvidas: o materialismo dialético é incompatível com a fé cristã. O mesmo se passará quando o nacional-socialismo alemão perfilhar uma espécie de paganismo nietzscheano: ficará claro que ele será de igual modo inaceitável. Mas será assim em toda a parte? O fascismo italiano, ao menos a princípio, não parece prestar-se tão nitidamente à crítica: respeita a Igreja e cuida muito de não se alhear da força moral que ela representa. Mais ainda: invoca os princípios da ordem, da hierarquia, que são caros à Igreja, e o corporativismo que declara instituir para resolver o problema social é, à primeira vista, simpático. Pareceria normal que a Igreja se aliasse a esses regimes autoritários que, como ela, combatem o comunismo ateu.

E, no entanto, nada disso acontece. E, dentro em pouco, Pio XI dá mostras de ir lutar nas duas frentes. Isto porque, para lá do interesse político aparente, está em causa o interesse religioso, o interesse dos valores cristãos que importa defender. E é neste ponto que a lucidez do papa se revela sem falhas. Em todos os novos regimes que o mundo viu nascer após a guerra, o papa reconhece certos erros fundamentais que o obrigam a condená-los.

Entre esses erros, há, em primeiro lugar, o nacionalismo intolerante que Pio XI denunciou nos homens da *Action Française*. Esse erro não é menos virulento na Itália, na Alemanha e até na Rússia soviética, onde assume outras formas. A uns e a outros, o papa vai dizer o que já dissera muitas vezes: "A oposição entre o nacionalismo exagerado e a doutrina católica é evidente".

Mas há coisas bem mais graves. Qualquer que seja a ideologia que proclamem, todos esses novos regimes são *totalitários*. Para eles, o Estado, a coletividade, é a única realidade legítima. Todas as forças vivas devem ser unificadas sob a direção do Estado, para assegurar o desenvolvimento da sociedade. O Estado tem, pois, o direito de submeter a si o homem, desde o nascimento até à morte; tem o direito de lhe impor os princípios, as atividades, os modos de vida, mesmo as opiniões que julgar úteis. Em tal sistema, o homem não é nada: em tal sistema, só o Estado é que conta. Esta doutrina é tanto a dos sovietes como a do nacional-socialismo ou a do fascismo mussoliniano, cujos doutrinadores são, precisamente, os autores do termo "totalitário".

É contra essa subversão dos valores que Pio XI se levanta. Rigorosamente fiel à doutrina da Igreja — o *Syllabus* já tinha condenado o culto do Estado[15] —, o papa denuncia a "estatolatria" totalitária. Essa atitude de absoluta firmeza, que envolverá a Igreja em conflitos tão dramáticos que correrá sangue, terá consequências muito sérias. Assumindo-a em nome da fé — porque se trata de uma concepção inadmissível para o cristianismo, que só conhece o homem livre e responsável perante Deus —, Pio XI surge como adversário da pior tirania que ameaça o mundo do século XX: a tirania do coletivo. "A Igreja recusa — exclama o papa — a tese, hoje tão frequente, segundo a qual a coletividade é tudo, e o indivíduo nada. Não aceita a divinização do coletivo, essa espécie de panteísmo social". E acrescenta estas palavras que fundamentam doutrinariamente a sua atitude combativa: "O homem, enquanto pessoa, possui direitos que lhe vêm de Deus e que devem permanecer livres de qualquer ataque. A sociedade é feita para o homem, não o homem para a sociedade".

Há aqui uma reviravolta — aparente — da situação, que não pode deixar de impressionar. Pio IX não tinha sido compreendido ao condenar o "liberalismo", que causara no seu tempo demasiados erros, desordens e violências. Pio XI, porque os termos do problema mudaram, traz essa palavra para uma outra luz. Retomando, um dia, uma frase de Lactâncio — "a liberdade escolheu a religião como seu único domicílio" —, o papa exclama: "A Igreja foi sempre e continua a ser a defensora da verdadeira liberdade". Pois não é certo que ela se opõe aos poderes e aos regimes que negam essa liberdade? É para uma defesa da pessoa humana, ameaçada por todos os "monstros frios" de que falava Nietzsche, que Pio XI apela. As condenações que pronuncia não têm já, como tinham as do século passado, a aparência de se oporem aos valores do homem: defendem aquilo que faz a grandeza do ser humano e certamente a sua última oportunidade. Como é que, com essa atitude, o papa não ganharia, para si e para a Igreja, um imenso prestígio, uma inigualável autoridade moral?

Pio XI contra a "estatolatria" fascista

Logo a seguir ao anúncio dos acordos que estabeleceram a *Conciliazione* entre as duas Romas, correu pela cidade uma historieta que fez rir muita gente. Ao voltar do Latrão após a assinatura do Tratado, o cardeal Gasparri ficou com o carro paralisado por um magote de gente: dois vagabundos batiam-se como cães, em plena rua. Virando-se para o colaborador que o acompanhava, o Secretário de Estado murmurou: "Gostaria de saber há quanto tempo esses dois assinaram a Concordata..." *Se non è vero, è bene trovato*. Porque ainda mal tinha secado a tinta das rubricas nos pergaminhos diplomáticos, e já estalava um conflito entre o Vaticano e o Estado fascista. E parecia que tudo voltava ao princípio.

Durante as negociações que tinham levado aos acordos de 1929, houvera o cuidado de evitar o problema doutrinal, ou seja, o de saber se o sistema fascista era ou não conciliável com os princípios cristãos. De resto, a resposta talvez tivesse sido duvidosa. Que, pessoalmente, Mussolini fosse muito pouco crente, parece indiscutível. As suas convicções mais profundas ligavam-se a um nietzscheanismo bastante simplificado: "Nietzsche foi um dos meus mestres", disse ele a Daniel Halévy; era aquele nietzscheanismo que ele exprimia, em 1919, num discurso aos garibaldinos que regressavam da Argonne: "Gostaria de um povo pagão, que quisesse a luta, a vida, o progresso, sem crer cegamente nas verdades reveladas, e que desprezasse até as panaceias milagrosas". E nada permite pensar que, até à morte, não tenha permanecido preso a esses sentimentos[16]. A leitura de Maquiavel e de Georges Sorel não pode ter deixado de contribuir para isso.

Isto não quer dizer que, uma vez embrenhado na ação, tenha norteado a sua atitude por esses princípios. E, afinal, teria ele uma verdadeira filosofia política? Quando, por volta de 1921, alguém lhe perguntou qual o fim que visava com os seus camisas-negras, respondera: "O que é que nós queremos? Governar a Itália". Ao passo que o bolchevismo tinha a sua "doutrina para a ação", desenvolvida nas obras de Karl Marx e de Lênin, e o nacional-socialismo iria possuir o seu Alcorão, o *Mein Kampf*, e a sua Suma Teológica, *O mito do século XX*, de Rosemberg, o fascismo italiano nunca teria nada de semelhante. Nessas condições, o pensamento religioso do regime não podia deixar de ser vago. Mussolini dava mostras de simpatia pelo filósofo Giovanni Gentile, a quem nomeou, em 1922, ministro da Educação Pública; mas não aceitava que o idealismo hegeliano[17] fosse a única filosofia do regime. Encorajava de igual modo alguns anti-idealistas confessos, quer espiritualistas, quer materialistas. Permitia até aos extremistas do partido declarar, como o fez Evola na *Critica fascista*: "O fascismo surge necessariamente como adversário do cristianismo... O novo Império romano não poderá nascer se não rejeitar a religião da paternidade divina e da fraternidade humana, se não proclamar o homem como Deus e se não assegurar em toda a parte o domínio dos fortes e dos iniciados. O nosso Deus é o herói dos mitos gregos, ou Mitra, ou Shiva!" O que não o impediu de escrever, na *Enciclopédia Italiana*: "O Estado fascista não se mostra indiferente para com a Igreja. Não cria para si um 'deus' particular, como fez Robespierre no ápice da Convenção. Não procura tampouco apagá-lo das almas, como faz o bolchevismo. Respeita o Deus dos ascetas, dos santos, dos heróis, e mesmo o próprio Deus a quem reza o coração ingênuo e primitivo do povo". Como tudo o mais, a atitude religiosa do regime fascista era e continuaria a ser ditada até o fim unicamente pela consideração dos seus interesses imediatos.

Não há dúvida de que Pio XI olhara com simpatia a ascensão de Mussolini e dos seus *fasci*. Era absolutamente evidente que a Itália, ameaçada pela anarquia e pelo bolchevismo, precisava de ordem, e os partidos democráticos pareciam completamente incapazes de consegui-lo. No momento da Marcha sobre Roma, o papa declarara ao conde Dominioni, presidente da Ação Católica de Milão: "Penso que se poderá fazer muito com Mussolini". Com efeito, Mussolini dissera pouco antes: "Afirmo que a tradição latina e imperial de

Roma é hoje representada pelo catolicismo. Se, como dizia Mommsen, não se pode estar em Roma sem uma ideia universal, eu penso e afirmo que a única ideia universal que hoje existe em Roma é aquela que irradia do Vaticano". Um ano depois de assumir o poder, exclamara: "Tínhamos prometido não tocar num dos pilares da sociedade, que é a Igreja. Pois bem: a Igreja não foi tocada nem rebaixada. Melhor: aumentamos o seu prestígio". E, efetivamente, o crucifixo reaparecera nas escolas e nos tribunais; o ensino religioso fora declarado obrigatório; o Exército voltara a ter capelães; boa parte dos bens eclesiásticos tinham sido restituídos; as lojas maçônicas, encerradas; a Universidade milanesa do Sagrado Coração, reconhecida oficialmente; a magnífica biblioteca Chigi, oferecida ao Vaticano; e a lei sobre o divórcio, objeto de tantas discussões havia sessenta anos, definitivamente rejeitada. Era bem evidente que tudo isso fazia jus à gratidão da Igreja pelo novo regime.

No entanto, essa lua-de-mel tinha sido perturbada pouco depois. As violências cometidas pelos camisas-negras não tinham deixado Pio XI indiferente, sobretudo quando as vítimas eram padres, como Minzoni, assassinado em Argenta. Os fascistas confundiam sistematicamente as organizações católicas e as do Partido Popular, cujo espírito democrático detestavam. Por diversas vezes, o papa protestou contra as "expedições punitivas", chegando mesmo ao ponto de falar, no seu discurso de 20 de dezembro de 1920, de "perseguições tão ousadas, tão maliciosas, que não respeitam, nem a santidade dos templos, nem a dignidade dos bispos, nem o caráter sacerdotal". Outros incidentes menos graves tinham também provocado censuras: a publicação de um "catecismo do Partido Nacional Fascista", a construção de "altares" dedicados a esse estranho ídolo, a edição à custa do Estado das obras completas de Gabriele d'Annunzio, muito imorais e todas inscritas no Índex.

Mas, sobretudo, à medida que se instalou o regime fascista, o seu caráter estatista, totalitário, foi-se afirmando e acentuando. Logo em 1925, o próprio Mussolini lançava em Milão a fórmula destinada a ganhar celebridade: "Tudo no Estado, nada fora do Estado, nada contra o Estado". Uma após outra, as medidas tomadas pelo regime iam aumentando a pressão do Estado e, bem cedo, a tirania. O sindicalismo independente e mesmo o sindicalismo cristão eram varridos pela lei Rocco, substituídos por um sindicalismo fascista controlado pelo Estado. O "corporativismo" que o regime proclamava oficialmente, embora utilizasse o vocabulário de Vogelsang ou de La Tour du Pin[18], não era senão um vasto sistema estatista, em que o verdadeiro comando cabia ao ministro. Um decreto de 1927 suprimia, praticamente, o escotismo católico, substituído pela "Organização Balilla"[19].

Esse estatismo devorador não podia ser admitido pela Igreja. Era cada mais evidente o antagonismo dos princípios. "Ao recusar o Estado-Deus — dizia o fascista Evola —, o cristianismo declara-se nosso inimigo". Noutro campo, um oratoriano bem conhecido, o pe. Bevilacqua, escrevia já em 1926: "Há um abismo entre a finalidade que o Estado fascista se propõe e o fim sobre-humano que o cristianismo indica ao homem. Podemos dizer que se trata de duas religiões". E o próprio Pio XI exclamava, por exemplo em 1926: "A noção de Cidade ou Estado que se vem popularizando está em contradição formal com a doutrina católica: uma Cidade ou Estado que seja fim de si próprio, um cidadão que só se ordene para a Cidade, uma Cidade à qual tudo se tenha de referir, que tudo deva absorver — não, isso não é católico".

Nessas condições, seríamos tentados a perguntar por que razão o papa aceitou aproximar-se do regime fascista, a ponto de assinar com ele o Tratado de Latrão e a Concordata. "É uma ilusão demasiado frequente — escreve um grande historiador — pensar que a Igreja Católica, ao assinar uma

Concordata com um governo, manifesta uma certa simpatia por esse governo ou pelos seus chefes, e só aceita o acordo porque tem uma certa identidade de princípios com o regime que com ela pactua. Na verdade, a Igreja, quer por desejo de paz, quer por prudência, esforça-se por estabelecer contatos políticos com todos os governos, quaisquer que sejam os princípios ideológicos do regime, não sem saber que, na maior parte dos casos, as cláusulas subscritas só muito incompletamente a garantem contra as dificuldades"[20].

Neste caso concreto, Pio XI considerou que era tão importante para a Igreja resolver a Questão Romana, que teve de abstrair do juízo de princípio que fazia sobre o seu interlocutor. Enquanto, no plano dos fatos, se tratou de divergências menores, a propósito dos deputados *popolari* ou dos escoteiros, o papa admitiu que, "para evitar males maiores", era preferível calar-se. Mas quando viu que o regime fascista atacava aquilo que considerava capital para a Igreja, reagiu, e com tanta energia e violência quanta a paciência e calma que mostrara até esse momento.

Os primeiros incidentes deram-se antes ainda de os Tratados terem sido ratificados. Querendo explicar à Câmara as razões que o tinham levado a negociar com o Vaticano, Mussolini sublinhou fortemente que a Igreja era uma potência de ordem. No melhor estilo maurrassiano[21], opôs "a pequena seita judaica, nascida como tantas outras naquele clima ardente, análoga à dos essênios", à poderosa organização da Igreja, que só conseguira organizar-se depois de o Sermão da Montanha ter sido repensado por Roma. Passados quinze dias, o cardeal Gasparri, numa carta pública, qualificava essas expressões de "heréticas e piores que heréticas", por desconhecerem a essência do cristianismo. Acrescentava-se em Roma que Pio XI também não gostara muito de que Mussolini o tivesse elogiado como "papa verdadeiramente italiano", nem da observação que fizera sob os aplausos dos deputados: "Nós não ressuscitamos o poder temporal dos papas: enterramo-lo".

Mas a verdadeira guerra começou quando os fascistas atacaram a Ação Católica, e em especial as suas obras no campo da juventude. Segundo os métodos praticados por todos os Estados totalitários, promoveu-se uma sistemática campanha de imprensa contra as obras católicas, ao mesmo tempo que as suas sedes eram saqueadas em diversos lugares. A imprensa fascista escreveu que, se o tratado político de Latrão era definitivo, a Concordata podia ser revogada. Os jornais católicos que protestaram foram suprimidos. Ao tomar essa atitude, quereria Mussolini mostrar simplesmente que não estava enfeudado à Igreja, como insinuava a ala anticlerical do fascismo? Não era só isso, pois não apenas a sua imprensa, mas ele próprio, insistiam no direito do Estado de encarregar-se da educação da juventude.

A esses diversos ataques, Pio XI respondeu. Em primeiro lugar, mandando inscrever no Índex o livro de um doutrinário do regime, Misseroli, *Date a Caesar* ["Dai a César"]. Depois, declarando que o Tratado e a Concordata eram um todo uno: "perdurarão ou desaparecerão um com o outro". Finalmente, pela publicação de uma importante encíclica, *Divini illius magistri*, em que, reivindicando "a independência da Igreja em face do poder terrestre", condenava formalmente "todo e qualquer monopólio do ensino e da educação". E, para que ninguém duvidasse do destinatário da advertência, o texto apareceu primeiro em italiano.

Durante o inverno de 1930-31, a situação tornou-se tensa. A imprensa fascista, designadamente o *Lavoro fascista*, retomou e ampliou os ataques em regra contra as organizações da Ação Católica, acusando-as de serem centros de oposição ao regime e de terem como dirigentes antigos membros do Partido Popular. Isso não era inteiramente falso quanto ao espírito, mas, formalmente, só era verdade num pequeno número de casos. A seguir às acusações, vieram as injúrias, as decisões arbitrárias, finalmente a violência. Houve círculos católicos encerrados pela polícia e associações juvenis dissolvidas, apesar de a lei as autorizar. O Secretariado do Partido Fascista cometeu a imprudência de dizer alto e bom som que, ao assinar a Concordata, o papa sabia perfeitamente que o seu interlocutor era um Estado totalitário, e que o fascismo, eliminando aqueles que lhe desagradavam, cumpria as suas funções normais! Pio XI ripostou com uma Carta pública ao cardeal Schuster, arcebispo de Milão (a Lombardia era especialmente visada pelos fascistas e o cardeal passava, com razão ou sem ela, por não ser muito combativo). Nessa Carta, o papa começava por declarar que nunca abandonaria a Ação Católica, e, em seguida, entrando no plano dos princípios, dizia que "um regime totalitário que pretendesse estender-se à vida espiritual seria um absurdo na ordem do espírito e uma verdadeira monstruosidade na ordem prática".

Desencadeou-se então uma tempestade de difamações e terrorismos contra a Ação Católica. Não apenas em Roma, mas em toda a Itália, rapazes e moças foram atacados, espancados. Saquearam-se edifícios pertencentes a obras católicas e até paços episcopais, como os de Verona e de Priverno, e mesmo igrejas, como San Lorenzo in Damaso, em Roma. Bandos de fascistas foram queimar os números do *Osservatore Romano* nas bancas de jornais; outros saquearam os escritórios da *Civiltà cattolica*, a grande revista dos jesuítas. A *bête noire* dos fascistas era D. Pizzardo, o futuro cardeal, então assistente geral da Ação Católica. Mas também não faltaram cortejos com cartazes ou palavras de ordem: "Abaixo o papa! Abaixo Ratti!"

A princípio, Pio XI reagiu com moderação. Por mais graves que fossem os acontecimentos, repugnava-lhe romper com o homem que assinara com ele o Tratado de Latrão.

No entanto, exprimiu em vários discursos os seus receios e a sua indignação. Comparou as perseguições que campeavam no México e na Rússia bolchevista a essa de que era objeto "a parte mais preciosa da Igreja". Tornou a dizer que tocar na Ação Católica ou na Juventude Católica era tocar na própria Igreja, no papa. Ainda não era a verdadeira batalha; mas Mussolini, intervindo pessoalmente, em entrevista a um jornal estrangeiro, recordava a sua famosa fórmula: "Tudo no Estado..." e concluía: "A criança, desde que está em idade de aprender, pertence ao Estado, só ao Estado, sem partilha possível". Desta vez, o papa decidiu bater forte.

Em julho de 1931, o mundo foi surpreendido pela publicação de uma encíclica sobre o fascismo, e mais surpreendido ficou com as circunstâncias em que se deu a publicação. Não foi de Roma, mas do estrangeiro, e especialmente da França, que o texto foi distribuído aos católicos italianos, mesmo aos bispos. Preparada em grande segredo pelo próprio papa, *proprio pugno* — uma testemunha afirmou a D. Fontenelle ter visto as setenta e cinco folhas do texto cobertas pela própria letra de Pio XI —, estava datada de 29 de junho, mas foi só em 5 de julho que o *Osservatore Romano* a publicou. Redigida em italiano, intitulava-se *Non abbiamo bisogno*.

Partindo do conflito desencadeado pelo regime contra a Ação Católica, registrando os atos de violência, respondendo ponto por ponto às acusações caluniosas, reivindicando mais uma vez o direito da Igreja de formar a juventude, o documento pontifício atacava frontalmente o estatismo fascista, "essa estatolatria pagã", declarando inadmissível a sua doutrina e ilícito o juramento que o Partido impunha aos seus aderentes. Sem condenar expressamente o regime, Pio XI punha em guarda contra tudo o que, na ideologia do fascismo e no comportamento dos seus adeptos, era inaceitável para os católicos.

O aviso era grave. Mussolini acusou o golpe. Tanto mais que a opinião pública italiana — e mesmo a mundial — se divertia imenso ao ver o *Duce*, "que tinha sempre razão", segundo a fórmula incessantemente repetida, ser chamado à ordem pelo Velho do Vaticano, como um colegial apanhado em falta. Em Roma, atribuíram-se a Trilussa, fabulista popular de talento pitoresco, epigramas no melhor estilo das "pasquinadas". A venda do *Osservatore Romano* passou de quatro mil para cem mil exemplares! A resposta da imprensa fascista foi muito débil. Publicou uma declaração furibunda do Partido, "repelindo com indignação as afirmações de uma recente encíclica", protestando contra "as suas mentiras". E o *Osservatore* contra-atacou reproduzindo alguns textos que não careciam de exegese. Um certo *Theologus* estudou a questão do juramento fascista e assegurou que Sua Santidade estava em absoluto desacordo com tudo o que afirmavam os mestres incontestados da casuística e da teologia moral católica. Em diversos lugares, exigiu-se a renovação desse juramento aos católicos, conhecidos como tais, que pertenciam ao Partido.

Mas não se foi mais longe. E, com espanto geral, não se viu desatar com mais violência a vaga do anterior terrorismo. Era evidente que Mussolini compreendia o enorme prejuízo que causava ao seu prestígio esse conflito com o papa. De toda a parte lhe chegavam apelos à moderação — sobretudo dos Estados Unidos, onde vinte milhões de católicos poderiam influenciar desfavoravelmente as negociações econômicas então em curso entre Roma e Washington. Por seu lado, o papa não desejava levar as coisas demasiado longe, quer por motivos pessoais — conservava gratidão e até uma certa simpatia por Mussolini —, quer porque, nesse momento, a Alemanha estava prestes a cair no nacional-socialismo, e não seria bom exasperar o ditador italiano, a ponto de levá-lo a aproximar-se do seu êmulo alemão, com quem estava em más relações nessa altura.

Entabularam-se, pois, negociações secretas, conduzidas em parte pelo influente jesuíta pe. Tacchi-Venturi, amigo de Mussolini. Em agosto de 1931, uma decisão governamental anunciou uma aberta: os círculos católicos ilegalmente encerrados foram reabertos. E, a 2 de setembro, foi publicado o texto de um compromisso, semelhante a um tratado de paz. Tinha três artigos essenciais. O primeiro declarava que, "em conformidade com os seus fins de ordem religiosa e sobrenatural, a Ação Católica não trata de modo algum de política": sob a vigilância direta dos bispos, esses organismos limitar-se-iam estritamente a obras de natureza espiritual. O segundo dizia respeito às associações profissionais e aos sindicatos, aos quais os membros da Ação Católica poderiam pertencer sem nenhum empecilho. Finalmente, as associações da Juventude Católica "abster-se-iam de toda e qualquer atividade de ordem atlética ou desportiva, limitando-se a exercer uma atividade recreativa e educativa, de finalidade religiosa". Tirando com alguma ironia a lição da crise, Pio XI, na sua mensagem de Natal, observou que ela tinha feito "uma incrível propaganda, uma propaganda mundial" da Ação Católica. O ponto final foi posto pelo próprio Mussolini, que, a 11 de fevereiro de 1932, aniversário da assinatura dos Acordos de Latrão, foi visitar o papa, com grande solenidade.

O compromisso a que se chegou, após os termos categóricos da *Non abbiamo bisogno*, foi julgado de modos diversos. A imprensa esquerdista — e mesmo alguns escritores católicos — opinaram que, reconciliando-se tão facilmente com o *Duce*, Pio XI tinha sujeitado a Itália ao fascismo. Certas aparências podem ter dado razão às críticas. Começou a haver assistentes eclesiásticos nas "balillas", os agrupamentos de jovens, e a imensa maioria dos católicos italianos aderiu ao regime. Será que Pio XI achou que o passo que dera correspondia à política do mal menor? Sem dúvida. Como o Estado fascista estava em condições de combater eficazmente o cristianismo, era preferível evitar que chegasse a esse ponto. Mas deve-se também ter em conta o temperamento italiano, que sabe pôr um matiz de ironia nas atitudes aparentemente mais claras. Assim, numerosos católicos, se lhes perguntavam por que pertenciam ao Partido Nacional Fascista, respondiam, com um sorriso, apontando para o emblema PNF: "P*er* n*ecessità* f*amiliale*"...

Seja como for, os sentimentos do papa não tinham mudado. Regularmente, apareciam no *Osservatore Romano* advertências contra estes ou aqueles artigos de jornais fascistas, esta ou aquela obra que caía nos excessos da "estatolatria pagã". Em 1934, todas as obras de Giovanni Gentile foram inscritas no Índex. E o papa nunca perdia uma ocasião para repetir que a Ação Católica era "a menina dos seus olhos". Chegou a lamentar diante de testemunhas o desaparecimento dos "seus queridos escoteiros" e a impossibilidade em que estava de fazer nascer na Itália uma JOC semelhante às da Bélgica e da França. Sem criticar abertamente a política hiper-nacionalista e militarista de Mussolini, não deixou de dar a conhecer a sua reprovação, ordenando uma enorme peregrinação pela paz a Lourdes, em agosto de 1935, no momento em que estava para rebentar a guerra da Etiópia.

Quando, nesse agosto de 1935, Mussolini se atirou a essa guerra, apoiado por uma opinião pública que não esquecera o desastre de Aduá e considerava, não sem razão, que os Aliados tinham cometido uma grave injustiça negando-se a dar à Itália territórios coloniais, Pio XI interveio. Temos de reconhecer que não chegou a protestar com a veemência de outras ocasiões contra essa agressão que violava as regras de humanidade para com os fracos e vibrava um golpe mortal no ideal de cooperação entre as nações. Mas o *Osservatore Romano* de 22 de agosto de 1935 publicou um breve comunicado rejeitando a tese oficial italiana do "espaço vital"; e, em setembro, ao receber os membros do Congresso dos Enfermeiros Católicos, o papa manifestou-lhes a "sua indizível tristeza": "Uma guerra que fosse apenas de conquista seria uma guerra injusta: não queremos acreditar em semelhante hipótese". E acrescentou: "Só nos resta fazer votos para que se chegue a resolver as dificuldades por outros meios que não a guerra". Uma frase, infeliz, sobre a alegria do povo italiano com a fulminante vitória de Badoglio, não poderia apagar essas advertências bem claras.

Mais tarde, quando, em fevereiro de 1938, a pequena Áustria, a católica Áustria, foi diretamente ameaçada por Hitler, a Santa Sé apoiou com toda a sua autoridade o desventurado chanceler Schuschnigg — sucessor do chanceler Dolfuss, tão pequeno de estatura como grande em heroísmo, assassinado quatro anos antes. Ao embaixador da França, Pio XI anunciou as terríveis consequências que ia ter a abstenção das grandes potências e sugeriu-lhe que se mobilizassem imediatamente 200 mil homens. O núncio junto do Quirinal perguntou ao governo fascista que tencionava fazer, e foram mobilizados os círculos mais influentes para pressionar Mussolini. O *Osservatore* publicou artigos categóricos. Mas, nesse momento, os dados já estavam lançados. O Pacto de Aço Berlim-Roma fora assinado havia dois anos, e o *Duce*, que, em 1934, impedira a invasão da Áustria pelos nazistas, enviando tropas para a fronteira, estava agora no outro campo.

Essa reviravolta na política internacional assinalou a retomada do conflito entre a Igreja e o fascismo. A influência hitlerista sobre o fascismo era cada vez mais forte. Por mais que se defendesse, Mussolini via-se forçado a alinhar o seu regime pelo do seu aliado alemão. Em particular, não tardou a ser-lhe impossível impedir a penetração das doutrinas racistas na Itália. Três anos antes, ainda declarava a quem quisesse ouvi-lo que essas doutrinas eram "absurdas, monstruosas, estúpidas, como só um alemão o pode ser"[22]... Ou "boas somente para essa parte da Europa onde não havia um só homem que soubesse ler e escrever no tempo em que Roma já tinha um César"[23]... Apareciam na imprensa italiana e nas livrarias italianas artigos e livros que preconizavam o racismo. A Congregação do Índex condenou as mais perigosas dessas publicações. Mas dir-se-ia que a campanha já estava lançada e que os elementos hostis à Igreja a aproveitavam para retomar as atitudes violentas. A Ação Católica era novamente alvo de calúnias, acusada de estudar e condenar as ideias racistas nos seus grupos de trabalho. Pior ainda, anunciaram-se leis sobre o casamento que, visivelmente inspiradas nas leis alemãs, se destinavam a salvaguardar na Itália "a pureza da raça"!

Atacava-se o essencial. Velho, doente, mas sempre de um vigor moral extraordinário, Pio XI retomou o combate. O seu primeiro gesto teve o valor de um símbolo. Quando, a 3 de maio de 1938, Hitler foi em visita oficial a Roma, o papa saiu da cidade, para não assistir — disse — à apoteose "de uma cruz inimiga da Cruz de Cristo". "O ar daqui faz-me mal" — declarou aos que o viam partir para Castelgandolfo. E, durante todo o tempo em que o ditador alemão permaneceu na Itália, passou longas horas em oração.

Depois, quando o *Giornale d'Italia* publicou um "credo racista" em dez pontos, e a *Difesa della razza* convocou os italianos para um antissemitismo que nunca tivera raízes entre eles, Pio XI comentou: "Trata-se de uma verdadeira apostasia. É todo o espírito da doutrina racista que é contrário à fé de Cristo". E quando o Grande Conselho Fascista admitiu o princípio das novas leis matrimoniais, escreveu pessoalmente a Mussolini e a Vittorio Emmanuele III. Este respondeu logo, prometendo atuar "para conciliar os dois pontos de vista"; aquele nada respondeu. A última mensagem de Natal pronunciada por Pio XI foi ainda consagrada em parte a denunciar o novo perigo, a exaltar a concepção cristã do casamento, a condenar as violências, quaisquer que fossem.

Esperava-se o pior. Mussolini, que, desde o início do novo conflito, pouco interviera, a não ser para afirmar que o racismo italiano não se pareceria com o alemão, acaso não iria sentir-se ofendido e empreender contra a Igreja Católica uma perseguição semelhante à que sofria a Alemanha católica? Não foi o que se viu. As agressões contra os católicos não prosseguiram. O *Osservatore Romano* já não era queimado nas bancas de jornais, como tantas vezes acontecera nos meses anteriores. Durante o inverno de 1938-39, pareceu que se entrava num período de apaziguamento. A guerra aproximava-se, e Mussolini não pretendia entrar nela tendo de suportar o espinho de uma resistência católica. E, depois, também a morte se aproximava do velho pontífice. Caberia ao seu sucessor aplacar o conflito.

Pio XI contra o racismo nacional-socialista

Através do fascismo dos últimos tempos — cada vez mais arrastado pela lógica da aliança política "Roma-Berlim" para uma adesão à ideologia alemã —, aquilo que os derradeiros esforços do heroico Velho Branco combateram foi o nacional-socialismo hitlerista, com o qual estava em guerra aberta havia já longos meses. Conflito bem mais grave e mais violento do que o que opunha o Vaticano ao Palácio de Veneza. Líder de um povo quase totalmente católico, o *Duce* conhecia muito bem os limites que não podia ultrapassar; já os senhores da nova Alemanha não tinham as mesmas razões para serem prudentes, visto que lá o catolicismo era minoritário. Além de que o temperamento germânico é inteiramente diverso do italiano: a bi-milenar sabedoria do povo italiano aprendeu há muito a gastar em palavras as suas reservas de violência, antes de as traduzir em fatos.

A primeira metade do pontificado de Pio XI coincidira exatamente com a ascensão do "nacional-socialismo" rumo ao poder, inicialmente com altos e baixos, mas por fim irresistível. Esse termo designava um movimento que, fundado em 1918 pelo mecânico Anton Drexler sob o nome de Partido Nacional-Socialista Operário, começara modestamente a dar que falar, até que entrara nas suas fileiras, como sétimo aderente, um antigo cabo da infantaria que então ganhava a vida como pintor de rua: *Adolf Hitler*. No momento em que o cardeal Ratti recebera a tiara, esse movimento era quase nada; tão pouco expressivo que, em 1923, quando Hitler, eletrizado pelo exemplo da Marcha sobre Roma mussoliniana, tentara um golpe, parecera suficiente pôr à sombra numa fortaleza, por menos de um ano, esse conspirador irrisório. Mas o número dos nacional-socialistas não tardara em aumentar; já em 1925, não eram despiciendos como partido. Nessa altura, Hitler impusera-se aos companheiros, e, a partir daí, a aventura dos camisas-marrons identificara-se com o destino desse homem singular. O seu olhar "dava arrepios"; a sua eloquência era áspera, mas exercia sobre as multidões uma espécie de feitiço magnético; sabia "traduzir às mil maravilhas, em fórmulas lapidares, aquilo que o povo alemão desejava ouvir". Mas ninguém era capaz de dizer — nem provavelmente jamais alguém será capaz de dizer — se esse homem era um gênio ou um louco, um autêntico homem de Estado ou um sonâmbulo da ação.

"Prometendo o pão e a grandeza aos alemães humilhados pela derrota, azedados pela miséria"[25], Hitler surgira perante milhões deles como o homem do destino. A partir de 1929, a crise econômica trabalhara eficazmente em seu favor. A vertiginosa queda da produção industrial e o aterrador aumento do número de desempregados — milhões — contribuíram grandemente para engrossar os efetivos do seu partido. Em face da Frente Vermelha dos comunistas, da Frente de Ferro dos democratas, da Frente Cinzenta dos conservadores e militaristas, a sua Frente Marrom era a mais ativa, a mais eficaz, aberta aos descontentes de todas as espécies, mas admiravelmente organizada... Embora numerosos políticos experimentados, como Léon Blum, preferissem diagnosticar periodicamente a ruína do "nazismo", era claro para quem soubesse ver que Hitler e os seus se aproximavam do poder.

Essa arrancada fora seguida com inquieta atenção por Pio XI e, talvez ainda mais, pelo homem que melhor conhecia a Alemanha, o cardeal Pacelli, núncio em Munique desde 1917, depois em Berlim, e a partir de 1930 Secretário de Estado do Vaticano. Sem poderem opor-se ao movimento, o papa e o seu adjunto tinham visto os católicos alemães — apesar de ainda estarem agrupados no poderoso partido do *Zentrum* — deslizarem pouco a pouco por uma vertente fatal, praticando uma política internacional impopular, revelando-se incapazes de resolver os graves problemas econômicos que afligiam a nação, e nem sequer sabendo tirar vantagem da milagrosa recuperação financeira operada pelo Dr. Schacht. A verdade é que, repuxado entre os seus membros de direita, seduzidos pelo nacionalismo, e os de esquerda, inclinados a limitar-se à ação social, o *Zentrum* perdera, em dez anos, muito da sua força real. O seu chefe, o chanceler Brüning, "santo laico", mas governante sem envergadura, tinha quase sempre jogado em face de Hitler sem nenhum sentido da oportunidade.

Em setembro de 1930, a dissolução do Parlamento abrira as comportas à maré nacional-socialista. Apoiado agora pelo Exército, pela grande indústria, pelos bancos, que esperavam servir-se dele até que dele pudessem desembaraçar-se, Hitler, no limiar da década de 30, estava em vésperas de dominar a Alemanha. O próprio marechal Hindenburg, embora reeleito presidente da República em 1932, graças aos votos católicos oferecidos por Brüning, afastou o chanceler centrista, olhado pelos *junkers* [grandes proprietários] como "vermelho". Em 30 de janeiro de 1933, Hitler formava o governo com alguns dos seus homens, mas também com liberais e católicos, enquanto o seu companheiro Göering se tornava presidente do *Reichstag* [Parlamento]. Um mês depois, já tinha os seus homens em todos os postos, quebrara a oposição comunista depois do incêndio do palácio do *Reichstag*, a eles atribuído, e conseguira a maioria com 17 milhões de votos para a sua Frente Marrom. Do modo mais legal do mundo, obtivera plenos poderes para ser ditador da Alemanha.

Já desde o início, o nacional-socialismo entrara em choque com as igrejas cristãs. As primeiras publicações do movimento e as suas manifestações públicas tinham revelado no seu seio um anticristianismo de fundo. Arthur Dinter, um dos membros do triunvirato que dirigira o Partido enquanto Hitler estava na prisão, lançara as ruidosas *Cento e noventa e sete teses para o cumprimento da Reforma*, e a obra de Rosenberg, *O mito do século XX*, integralmente pagã, aparecera nas edições Hoheneighen, de que Hitler era proprietário. No *Deutscher Tag* [comício de massas], de 1922, um apóstolo da "Liga para uma Igreja alemã" celebrara um "culto neo-germânico", *Deutsche Andacht mit Trostmesse* ["Culto alemão com missa de defuntos"]. O primeiro biógrafo de Hitler, Schott, mostrara-o como "autêntico inimigo do papado e dos jesuítas". De ano para ano, liam-se na imprensa nazista artigos que exigiam, em nome da unidade nacional, a supressão de todas as escolas cristãs.

A Igreja não estivera desatenta nem indiferente a esses ataques. Logo em 1923, o *cardeal Michael von Faulhaber*, arcebispo de Munique (que iria ocupar um lugar de primeiríssimo plano na resistência ao nacional-socialismo), pusera em guarda os seus diocesanos contra os perigos que lhes podia fazer correr esse movimento ainda obscuro, quase só conhecido na Baviera, mas em que o grande prelado detectara desde cedo um adversário temível. Em 1925, 26 e 27, vários bispos e publicistas católicos tinham formulado avisos análogos. Em 1930, quando o NSDAP [Partido Nacional-Socialista dos Operários Alemães] passara a ser o segundo partido alemão, tinham surgido advertências formais em numerosas dioceses. Por exemplo, a do bispo de Münster, que ousara dizer que havia no programa do partido ideias "que nenhum católico pode aceitar sem renegar a sua fé em pontos capitais". A conclusão de D. Von Galen reboara por toda a Alemanha: "Pode um católico inscrever-se no partido de Hitler? Pode um sacerdote admitir os membros desse Partido, enquanto tais, em cerimônias religiosas? Respondemos que não". Em fevereiro de 1931, o episcopado bávaro, numa Carta coletiva, repetira a condenação, pronunciando até a palavra "heresia". E, quando morrera o *gauleiter* nazista de Hesse, fora recusado o enterro católico aos seus restos mortais. Todas essas declarações e atitudes tinham sido aprovadas pelo papa.

Quando, porém, Hitler se tornou legalmente senhor da Alemanha, a Igreja teve de enfrentar um problema jurídico. É sabido que ela recomenda aos fiéis a obediência às autoridades legais, enquanto estas não violarem abertamente os direitos da Igreja e os preceitos da religião. Um mês após a tomada do poder absoluto, Hitler pronunciou perante o novo *Reichstag*, quase inteiramente nacional-socialista, um discurso tranquilizador: "O governo nacional-socialista considera as duas confissões cristãs como os fatores mais importantes para a conservação moral da nossa personalidade étnica. Respeitará os contratos estabelecidos entre elas e os diversos Estados alemães. Em caso algum os seus direitos serão atacados". Ao que o episcopado alemão, reunido em Fulda, respondeu por uma declaração muito benévola, talvez um pouco demais, na qual se dizia que, "sem recordar as condenações anteriores", julgava "poder pensar confiadamente que já não havia motivo para considerar necessárias as medidas gerais de proibição". Por outras palavras, deixava de ser proibido aos católicos inscreverem-se no partido nazista.

Foi nesse clima novo, passageiramente clemente, que se negociou a Concordata[26], desejada pelo governo alemão e admitida pelo papa "apesar de numerosas e graves preocupações", na esperança de "poupar aos católicos alemães as tensões e as atribulações que são de esperar", e para "demonstrar a todos que não recusa a ninguém a mão da *Mater Ecclesia*". Neste caso, mais ainda que no do fascismo italiano, convém repetir que a Igreja, ao assinar um acordo com um governo, não quer significar que lhe tenha especial simpatia, e menos ainda que aprova os princípios pelos quais se rege. Na prática, essa Concordata alemã era muito favorável à Igreja. Se é certo que esta aceitava que um dos artigos proibisse os membros do clero diocesano ou regular de fazerem parte de qualquer partido político — leia-se: o *Zentrum* —, o que, de resto, estava na sua linha habitual, em contrapartida, obtinha garantias para o casamento cristão, para o ensino, para as obras católicas. Mais ainda: pela primeira vez desde a Reforma, a Igreja podia estar presente sem restrições em toda a Alemanha, e, em particular, podia penetrar em regiões muito protestantes, tais como a Saxônia e o Würtemberg. A criação do bispado de Berlim foi uma das consequências mais notáveis desse acordo diplomático, que, sob o ponto de vista jurídico, constituiria um êxito para a Igreja... se viesse a ser aplicado.

Nem as palavras apaziguadoras do *Führer* e dos bispos, nem as fórmulas do tratado assinado em julho de 1933 por Von Papen e o cardeal Pacelli — muito gerais, propositadamente situadas na região serena dos princípios — alteraram fosse o que fosse na oposição doutrinal absoluta entre o nacional-socialismo e o cristianismo. Essa oposição era até mais evidente porque nesse momento a doutrina se apresentava sob a forma simplificada de máximas de ação para um povo inteiro, ensinadas à maneira de um catecismo. A exposição completa achava-se no volume compacto que o próprio Hitler escrevera na prisão para onde o tinha levado o golpe de Munique — livro que todos os nacional-socialistas olhavam como bíblia, que se oferecia aos noivos no dia do casamento, e cuja difusão foi de tal ordem e tão rápida, tanto na Alemanha como no estrangeiro, que Hitler renunciou aos seus vencimentos de chanceler para viver apenas dos direitos de autor: era o *Mein Kampf* ["O meu combate"]. Ao lado desse evangelho da violência, outros textos completavam as bases ideológicas do nazismo, designadamente o *Mito do século XX* de Rosemberg e diversas obras de Ley, Baldur von Schirach e outros.

Havia um ponto em que a oposição entre cristianismo e nacional-socialismo era idêntica à que existia entre cristianismo e fascismo: a "estatolatria". Para Hitler como para Mussolini, cada homem existia apenas pelo Estado e para o Estado, ainda que com uma diferença: para o nacional-socialismo, o Estado totalitário não era senão um instrumento do poder que — tal como no sistema comunista-marxista — pertencia ao povo, o qual exprimia a sua vontade por meio do Partido que, por sua vez, "comanda o Estado": *"Die Partei befehlt dem Staat"*.

Mas em muitos outros pontos o nacional-socialismo, mais ideológico, menos pragmático e oportunista que o fascismo, se opunha aos princípios do cristianismo de modo ainda mais flagrante. Impregnados do pensamento de Nietzsche[27], que pouco tinham lido, mas que, como muitos alemães, respiravam no ar do seu país, os doutrinadores do nacional-socialismo eram todos eles adeptos do humanismo ateu levado ao cúmulo, que fora ensinado em fórmulas penetrantes pelo "profeta" do *Zaratustra*. Era-lhes especialmente familiar a ideia do super-homem. Com ela se misturavam temas de inspiração mais ou menos oriental e schopenhaueriana acerca do Cosmos, único ser vivo, do qual tudo o que existe, incluído o homem, não seria mais que expressão formal. Esse panteísmo conjugava-se naturalmente com o nacionalismo exasperado que dera a Hitler e aos seus as primeiras oportunidades e que, arrastado pelo sopro tempestuoso dos grandes mitos wagnerianos, se exprimia num neopaganismo alemão: ressuscitavam os velhos deuses teutônicos, Wotan, Odin, Baldur, adaptados pelo professor Ernst Bergmann às exigências científicas da época.

A ponta extrema dessa "filosofia" nacional-socialista era o *racismo*. Tratava-se de uma doutrina que vinha das ideias do romancista francês Gobineau e fora desenvolvida por Houston Stewart Chamberlain, filho de um almirante inglês, casado com a filha de Wagner e autor de *A concepção ariana do mundo*. A expressão do universo mediante a qual o homem participa dele é "o povo saído do sangue". O indivíduo não existe em si, mas como produto e elemento da raça, quer dizer, do grupo étnico no qual nasceu. É do sangue, sede das características da raça, que derivam todas as qualidades intelectuais e morais do homem. A fonte primária e a regra suprema de toda a organização social, de toda a ordem jurídica, é o instinto social. O único pecado irremissível é trair a raça, abastardá-la. "O Estado deve, pois, intervir — dizia Hitler —, pela lei e por todos os recursos da medicina moderna", para proteger a raça.

As raças existentes na terra não são todas iguais, e a inferior está mais próxima da espécie animal mais desenvolvida do que da raça superior. De todas, a mais elevada é a raça ariana, cujo tipo físico é o dolicocéfalo alto, louro, de olhos azuis — o herói wagneriano Percival. "Só o ariano foi o criador da mais alta civilização humana". Onde quer que os arianos se tenham cruzado com raças inferiores, "perderam a sua faculdade de civilizadores". Essa raça, que os nacional-socialistas asseguram ser especificamente alemã — coisa que surpreende quando se considera o próprio Hitler ou alguns dos seus companheiros, como Goebbels... — deve dominar o mundo, por força do seu direito de preexcelência. "A solução de todos os problemas está na vocação de uma raça suprema, de um povo de senhores que disponha dos recursos e das possibilidades do globo inteiro".

Para Pio XI, para a Igreja, bastava ler essas teses, profusamente formuladas nas publicações nacional-socialistas, para perceber como eram totalmente opostas à doutrina cristã. A ideologia racista pervertia até os elementos válidos que era possível encontrar no movimento nazista, como o sentido da comunidade, o apelo ao esforço, à coragem, ao sacrifício. Hostil ao individualismo, o nazismo desembocava na destruição da pessoa humana, sacrificada ao Moloch da raça, à semelhança do que, em outros lugares, acontecia com o Moloch do Estado ou da sociedade. Mais visivelmente ainda, o racismo, com o seu desprezo pelas raças inferiores, era a própria negação do grande preceito que fundamenta toda a religião cristã, a caridade. Em lugar desta, o que se propunha a milhões de homens era o ódio, porque Hitler e os seus doutrinários não deixavam de indicar os inimigos que se devia abater: todos os que "sujavam a raça", que "propagavam ideias dissolventes", quer fossem os capitalistas ou os intelectuais, os comunistas ou os internacionalistas.

Uma categoria de seres era especialmente votada à abjeção: os judeus, por serem favoráveis ao espírito crítico, à liberdade anárquica, ao capitalismo, ao internacionalismo. Hitler e Rosenberg tinham-lhes dedicado inúmeras páginas de extrema veemência. Unindo-se a mulheres alemãs, os judeus manchavam irremediavelmente a raça ariana. Como é que a Igreja podia admitir semelhante doutrina? Em 1928, um decreto do Santo Ofício recordava que a Igreja Católica "condena da maneira mais clara o ódio contra o povo que foi o Povo eleito de Deus, esse ódio que se designa sob o nome de antissemitismo".

Ninguém podia, pois, iludir-se sobre a irredutível oposição entre a religião da Cruz de Cristo e essa verdadeira religião que era o racismo, com o seu símbolo pretensamente tirado das tradições arianas: a cruz gamada, a *suástica*. Os doutrinadores nazistas certamente não se iludiam. Rosenberg — mais ainda que Hitler, que se lembrava de ter sido batizado catolicamente — atacava o cristianismo e em especial o catolicismo "judaizado e asiatizado". Mas o próprio Hitler exclamava: "Uma Igreja alemã é uma brincadeira. Ou se é cristão ou se é alemão — não as duas coisas ao mesmo tempo". E Rosenberg denunciava São Bonifácio como criminoso contra a raça germânica, pois trouxera-lhe o Evangelho. Um dos cânticos da juventude hitlerista tinha entre as suas estrofes: "O vento do outono varre a palha; o tempo da Cruz já passou. Que terá de comum com o papa e os ratos de sacristia um filho de mãe alemã?"

Nessas condições, era evidente que, para os nacional-socialistas, a Concordata ia ser papel molhado... Ainda Von Papen mal acabara de se felicitar publicamente pela assinatura do documento, declarando — o que era inteiramente inexato — que "o papa está pronto a apoiar o nacional-socialismo, tendo em consideração a luta que trava contra o bolchevismo", e já os incidentes se multiplicavam, semelhantes àqueles que tinham precedido a Concordata, mas agora em ultrajante violação dos seus termos. A Associação da Juventude Alemã foi dissolvida. A União dos Católicos teve os seus congressistas maltratados pelas tropas de assalto nazistas. O *Katholikentag* — ao qual o próprio Von Papen prometera comparecer para falar da Concordata — nem se pôde realizar. Enquanto se abria o primeiro "campo de concentração" — o de Dachau — para judeus, católicos e comunistas, os fiéis católicos eram escarnecidos por toda a

Alemanha, os membros da Ação Católica atacados, as sedes de obras católicas invadidas, sem que a polícia interviesse. Assim começava uma verdadeira perseguição, que iria durar até à Guerra Mundial e prosseguir, muda e terrível, até à queda do regime. Menos sangrenta e grosseira que as da Rússia, do México ou da Espanha, seria bem mais hábil; a longo prazo, teria podido ser mais perigosa. Depois da anexação dos Sudetos, da Boêmia e da Áustria, seriam vítimas dela perto de 38 milhões de católicos.

Assumiu duas formas. A primeira foi a da "desconfessionalização", termo usado por Wilhelm Frick, ministro do Interior. As escolas católicas foram encerradas ou transformadas em "escolas comuns" (15 mil no conjunto do território). As secções da Associação da Juventude Católica que tinham sobrevivido foram dissolvidas, apesar dos compromissos formais da Concordata; até os Sodalícios de Nossa Senhora sofreram igual sorte. Os jornais católicos foram ou suprimidos ou transformados em jornais hitleristas por católicos que aderiram ao regime e em alguns casos desonraram a sua fé. Nos hospitais, as religiosas foram substituídas por "Irmãs Marrons". Ao mesmo tempo, todo o aparelho do Estado nacional-socialista tratou de difundir nos meios cristãos a propaganda do movimento neo-pagão A Fé Alemã, bem como o livro *Reich und Kirche* lançado por um católico adesista, Michael Schnauss, com a finalidade de conquistar os católicos para o nazismo.

A segunda forma foram as violências propriamente ditas, que chegaram até ao sangue. Na primavera de 1934, Hitler teve de lutar contra uma dupla oposição. Uma dentro do seu próprio Partido, fomentada por elementos avançados que o achavam demasiado lento em realizar a autêntica revolução; a outra, dos elementos reacionários, que tiveram como porta-voz o católico adesista Von Papen. Mas o ditador fez face a ambos os adversários. Na "Noite Sangrenta" de 30 de junho de 1934, abateu pessoalmente Roehm, chefe das SA [secções de assalto], enquanto setenta e sete chefes militares nazistas eram fuzilados. Simultaneamente, eram abatidos os colaboradores de Von Papen. E o ditador aproveitou ainda a ocasião para dar vazão aos velhos rancores que guardava contra militares como o general Von Schleicher, contra o teórico nazista Gregor Strasser e contra os chefes católicos cujos sentimentos bem conhecia. O presidente da Ação Católica de Berlim, Erich Klausener, foi fuzilado. Adalbert Probst, presidente da Associação Desportista dos Católicos Alemães, foi chamado a Berlim sob qualquer pretexto, e, uns dias depois, a esposa recebia as suas cinzas por encomenda postal. Em Munique, Friedrich Beck, líder universitário, foi abatido "por engano", e Fritz Gerlich, diretor do maior jornal católico, foi encontrado morto na prisão.

Dado o sinal, veio o assalto em forma. Mais de quinhentos padres e religiosos foram presos; vários deles morreram na prisão. Multiplicaram-se os atos de violência contra as obras e os edifícios da Igreja, e, frequentemente, também contra membros da hierarquia. Houve paços episcopais invadidos e pilhados — em Würtzburg, Rottenburg, Mogúncia... Em Paderborn, o carro do bispo foi virado, e o prelado coberto de escarros. Sob pretexto de infração aos regulamentos sobre câmbio, levaram-se padres a tribunal. Também se procurou armar escândalo no campo dos costumes, com processos espetaculares. De ano para ano, quase de mês para mês, o regime hitlerista tornava-se mais pesado, opressivo, anticristão.

Em 1935, retomando e desenvolvendo uma lei "de eugenismo" já de 1933, todo um sistema legislativo organizou, em nome da pureza da raça, a esterilização dos doentes físicos e mentais. Multiplicaram-se as medidas antissemitas. Uma delas, especialmente sensível e odiosa, foi a obrigação de os judeus usarem como sinal distintivo uma estrela amarela.

Em dezembro de 1936, um decreto tornou obrigatória a adesão à Juventude Hitlerista tanto dos rapazes como das moças. O novo *Kulturkampf* a que a Igreja se via submetida, infinitamente mais grave que o de Bismarck, surgia como um dos elementos da imensa rede de escravidão que o nazismo lançava sobre a Alemanha.

A Igreja teve a honra de estar na primeira fila da luta contra a tirania, e de aí continuar quase sozinha durante vários anos. Ao passo que, nas igrejas protestantes, a resistência ao hitlerismo se limitou a algumas personalidades como o admirável pastor Niemöller, os membros do clero e da hierarquia católicos entraram em luta, se não unanimemente, sim na imensa maioria dos casos. Conduzido pelo cardeal Faulhaber de Munique, pelos bispos Von Preising, Von Galen, Frings, todos eles amigos do cardeal Pacelli (que os iria elevar a cardeais quando ele próprio fosse Pio XII), o episcopado dirigiu uma contraofensiva de impressionante coragem. Por exemplo, D. Von Galen, bispo de Münster, exclamou, contra a tese oficial da obediência incondicional ao Estado: "Uma obediência que escraviza a alma, que viola o santuário mais íntimo da liberdade, a consciência, é uma escravidão, a mais degradante das escravidões. É pior que o assassínio, porque esmaga a própria pessoa do homem: tenta destruir a sua semelhança com Deus". De Fulda partiram incessantemente, dirigidos ao governo, veementes protestos contra a violação da Concordata, contra as violências feitas à Igreja. Em janeiro de 1937, todos os bispos alemães assinaram uma Carta coletiva em que afirmavam estar todos eles "prontos a dar ao Estado o que a ele pertence e a apoiar o *Führer* na sua luta", mas exigiam o respeito dos direitos da Igreja. A resistência foi conduzida, igualmente, pelas principais ordens religiosas — jesuítas, dominicanos, beneditinos, alguns dos quais foram presos ou tiveram de exilar-se —, assim como pelos simples sacerdotes. Numerosos dentre eles mostraram admirável coragem ao denunciarem do púlpito a heresia racista ou ao recordarem que Cristo era judeu e a Bíblia um livro judaico. O pároco de Rostock, pe. Laffen, notabilizou-se pela audácia das suas atitudes, até que foi preso.

É óbvio que o heroico movimento foi apoiado de todas as maneiras por Pio XI. Calcula-se que, só de 25 de setembro de 1933 a 26 de junho de 1936, a Santa Sé enviou ao governo do Reich trinta e quatro notas, três estudos, três memoriais, seis comunicações, seis observações, para protestar contra as violações da Concordata. Pode-se dizer que não houve dia em que o *Osservatore Romano* e a estação da Rádio Vaticana deixassem de denunciar as doutrinas do nazismo e as suas violências, o que levou a Gestapo a apreender o jornal romano e a proibir as emissões de rádio. As principais obras nacional-socialistas, nomeadamente as de Rosenberg e de Bergmann, foram condenadas pelo Santo Ofício. Nessa luta, Pio XI tomou parte pessoalmente. Aproveitou todas as ocasiões — um discurso de canonização, uma mensagem enviada ao cardeal Schulte, de Colônia, audiências concedidas a peregrinos alemães — para retomar incansavelmente os seus protestos. "Querem descristianizar a Alemanha e fazê-la regressar a um paganismo bárbaro!", exclamava. Ao inaugurar, na primavera de 1936, a exposição mundial da Imprensa Católica, o papa foi ainda mais longe: equiparou o nacional-socialismo ao bolchevismo, um e outro "inimigos de toda a verdade e de toda a justiça" — identificação que Hitler recebeu como uma bofetada. No discurso do Natal daquele mesmo ano, pronunciado no seu leito de doente, ainda voltou ao mesmo tema, indignando-se porque "os que se proclamam testemunhas da civilização contra o bolchevismo usam dos mesmos meios que os seus adversários".

Essa atitude tão firme fez sensação. No momento em que o embaixador da França, André François-Poncet, notava com sutil ironia que "o mundo se extasia" perante os êxitos de Hitler, e que "a força de atração do seu regime se exerce para além dos limites do seu país", o Velho desarmado do Vaticano, esse, sim, resistia. A resistência católica ao nazismo foi o primeiro testemunho dado pelo mundo livre contra o ditador marrom. Fazendo-se eco das palavras do papa, o episcopado norte-americano tomou posição com vigor: o cardeal Mundelein, arcebispo de Chicago, falou claramente de "perseguições" nazistas, de "violação escandalosa da justiça", espantando-se por ver "que uma nação inteira aceite curvar-se diante de um punhado de patifes". Em Carta coletiva, o mesmo episcopado denunciava o neopaganismo hitlerista, "empreendimento que visa desonrar a Igreja". Em vão o embaixador da Alemanha protestou oficialmente contra essa "filípica" junto do cardeal Pacelli: este respondeu-lhe tirando da gaveta o dossier cuidadosamente atualizado das violências nazistas. E certamente esse incidente não foi estranho à tomada de posição do presidente Roosevelt, que, pouco depois, declarava, também em Chicago, que era bom "pôr de quarentena o regime de terror e de desigualdade a que os ditadores querem submeter o mundo".

Mas Pio XI estava decidido a ir mais longe. Depois de ter chamado a Roma, para consultas, os cardeais alemães, decidiu lançar contra o nacional-socialismo uma condenação formal. Preparou-a em segredo e pessoalmente, tal como fizera, pouco antes, com a encíclica sobre o fascismo *Non abbiamo bisogno*. O modo como a publicou não foi isento de ironia nem de habilidade política. Ao mesmo tempo, preparara outra grande encíclica consagrada ao comunismo, a *Divini Redemptoris,* com o que queria tornar bem claro que a Igreja era igualmente hostil a ambos os totalitarismos. Mas publicou primeiro a encíclica antimarxista (19 de março de 1937), embora ela fosse quatro dias posterior à outra. De modo que a imprensa alemã teve tempo para se regozijar ruidosamente: o papa tinha, por fim, compreendido!, tinha-se aliado à luta da Alemanha contra o bolchevismo! Mas, no Domingo de Ramos (21 de março), os párocos alemães leram do púlpito o texto da *Mit brennender Sorge*, redigido em alemão — pela primeira vez na história —, que mensageiros secretos lhes tinham trazido, mimeografado, enganando Himmler e toda a Gestapo.

O documento pontifício, longo e minucioso, escrito para evitar qualquer evasão tática, enumerava todos os erros doutrinários do nacional-socialismo: estatismo, racismo, nietzcheanismo, paganismo. Recordava que a Igreja "nunca teve de receber lições de heroísmo de ninguém" e que estava bem decidida a não se deixar intimidar. Uma passagem do texto visava o "Deus nacional", caricatura do Deus verdadeiro, "diante de quem as nações, como diz Isaías (40, 15), são como gotas de água suspensas do bico de uma vasilha", profética advertência da sorte que esperava a Alemanha... Terminava com um resumo, magistral, da doutrina da Igreja em face de todas as opressões coletivas: "O homem, enquanto pessoa, possui direitos que recebe unicamente de Deus e que devem permanecer inalienáveis". E, a fim de tornar o seu pensamento ainda mais preciso, Pio XI mandou publicar, no ano seguinte, a 13 de abril de 1938, um verdadeiro *Syllabus* da heresia nacional-socialista, resumindo em oito pontos "as doutrinas perniciosas, falsamente coloridas com o nome de ciência, que não têm outro fim senão perverter os espíritos e arrancar deles a verdadeira religião".

Hitler acusou o golpe, sentindo bem que não estava por cima. Nova onda de violências se seguiu contra a Igreja, a hierarquia, o clero em geral, os edifícios religiosos. O cardeal Faulhaber foi insultado em público. Acentuou-se a campanha de difamação contra os padres e religiosos: a imprensa nazista tornou a montar à força processos de costumes contra eles. Centenas de fiéis foram enviados para campos de concentração. Do que restava dos edifícios católicos, muitos foram requisitados: assim, o grande edifício do célebre *Volksverein* de Mönchengladbach passou a ser sede de uma organização hitlerista. O bispo de Rottenburgo teve o paço pilhado; o arcebispo de Friburgo, a capela invadida e conspurcada. A Gestapo apreendeu as bandeiras dos grupos católicos com representações de Cristo e da Virgem, e, em Frankfurt, quatro militantes rasgaram uma em quatro pedaços, que guardaram durante toda a perseguição e a guerra. Enquanto a imprensa hitlerista se entregava desbragadamente a insultos e calúnias, o *Das Schwarze Korps*, jornal das SS nazistas, publicava uma caricatura: Pio XI entre duas moças nuas, uma branca, outra negra, e a legenda: "A raça católica". E Rosenberg, na presença de Hitler, respondeu à encíclica e ao *Syllabus* com um discurso de inexcedível violência[28].

No entanto, o velho pontífice não se deixou impressionar. Durante os vinte e três meses que decorreram desde a publicação da *Mit brennender Sorge* até à sua morte, proferiu vinte alocuções em que repetiu as mesmas advertências, as mesmas condenações. Voltava a propósito de tudo à sua maior preocupação: a de ver o grande povo alemão ameaçado de cair no paganismo. Ao receber peregrinos alemães, mal continha as lágrimas, e encorajava-os "como um pai faz com os seus filhos que sofrem muito". Quando, em Nuremberg, Hitler parecia triunfar, o papa exclamava, desolado: "A hora é terrível para a religião, para o mundo!"

A sua angústia aumentava ainda mais ao ver a heresia nacional-socialista e até o racismo contagiarem pouco a pouco a Itália, conquistarem chefes fascistas, com a complacência do próprio Mussolini; e quando falava aos italianos, era também aos hitleristas que se dirigia: "Trata-se de uma verdadeira apostasia. Semelhante doutrina é contrária à fé cristã". Durante o ano de 1938, três grandes discursos deram-lhe ocasião para subir o tom e ampliar o debate, lembrando que a Igreja de Cristo está aberta a todos os homens sem exceção, sem distinção de raças, pois "a raça católica é única e universal". Foi então que pronunciou uma palavra que repercutiu pelo mundo inteiro e ficou célebre: "Não é possível aos cristãos participar do antissemitismo: *espiritualmente, nós somos semitas*". A sua partida de Roma para Castelgandolfo no dia em que Hitler visitou oficialmente a Itália, teve o valor de um protesto, que o mundo inteiro pôde entender. O seu último discurso de Natal, pronunciado poucas semanas antes da morte, renovou mais uma vez os mesmos protestos, com uma voz que a doença não enfraquecera: comparou Hitler a Nero[29].

Quando Pio XI morreu, a imprensa nazista insultou a sua figura até fartar-se. Nem por isso o corajoso papa Ratti deixou de ter aos olhos da história o mérito de haver recordado, contra a heresia racista, que "a dignidade humana consiste em que todos os homens constituem uma só grande família, o gênero humano".

O "Triângulo Vermelho": I. Na Rússia Soviética

Por mais dolorosos que fossem os choques com os totalitarismos da Itália e da Alemanha, Pio XI bem sabia que "o primeiro perigo, o mais grave, o mais geral" continuava a ser o do totalitarismo comunista, tal como triunfara na Rússia em 1917. Quem conhece o marxismo não precisa que lhe digam que era fatal o conflito entre ele e a Igreja. Mesmo muito antes de se lerem no Ocidente as teses do *Capital*, os papas tinham denunciado o comunismo, um comunismo que ainda não era marxista. Assim o fizera Pio IX já em 1846, embora ignorasse que, dois anos antes, Marx escrevera a sua célebre frase: "a religião, ópio do povo". Trinta anos depois,

Leão XIII condenara “essa peste mortal que ataca a medula da sociedade humana e pode aniquilá-la”, também sem ter tido, ao que parece, um conhecimento preciso do materialismo dialético e das suas consequências.

Depois de 1917, a situação mudou, pois o marxismo eliminou, na prática, todas as outras formas ideológicas do socialismo, do coletivismo, do comunismo, e se encarnou num regime que procurava aplicá-lo por todos os meios, um regime cujo caráter totalitário se iria acentuando de ano para ano. Seria, pois, perfeitamente lógico que houvesse uma condenação formal da heresia marxista tão logo se tornou claro que o comunismo triunfara na Santa Rússia e que a sua propaganda ameaçava o mundo. No entanto, essa condenação só veio no fim do pontificado de Pio XI, ao cabo de numerosos acontecimentos dramáticos que se deram sobretudo em três países: a própria URSS, o México e a Espanha. “Triângulo vermelho do terror e do sangue”, dizia Pio XI.

Ao subir à Sé de Pedro, Pio XI encontrou uma situação à primeira vista estranha, mas afinal explicável pela vocação da Igreja para a caridade e pelo desejo que Bento XV tinha de assegurar em toda a parte a presença da Igreja na nova Europa. Sem ter reconhecido *de jure* o regime comunista, o Vaticano tinha, no entanto, estabelecido relações com o governo de Moscou, com o fim de oferecer-lhe a sua ajuda na luta contra a fome atroz que então campeava. Bento XV decidira enviar uma Missão de doze padres, encarregada de organizar os socorros. O próprio Achille Ratti tivera, nessa ocasião, algo que ver com a Rússia: durante a sua estadia na Polônia, uma das suas tarefas fora a de apoiar os católicos que viviam em território soviético. Tinha mantido então alguns contatos que lhe iriam permitir, em 1919, intervir diplomaticamente a favor de D. Eduard von der Ropp, arcebispo católico de Mohylev, condenado à morte pelos bolchevistas, e que fora libertado. Uma vez eleito papa, continuou a obra generosa decidida pelo seu antecessor. Assinou-se um acordo segundo o qual os membros da Missão de caridade se absteriam de toda e qualquer manifestação de fé cristã, de todo e qualquer apostolado, e só celebrariam Missa de portas fechadas.

Chegada à Rússia em fins de setembro de 1922, a Missão desempenhou durante vinte e três meses uma obra admirável: criou dez postos de distribuição de alimentos, quinhentas cozinhas públicas, quinhentos centros de socorros a crianças; chegou a alimentar diariamente 158 mil esfomeados. As perseguições contra os católicos russos, então iniciadas, não a impediram de continuar o seu trabalho, "pois essas iniquidades — dizia Pio XI — não podem de maneira nenhuma deter uma obra de beneficência". Só quando as autoridades soviéticas o exigiram é que foi decidido que a Missão deixaria o país. "Preferiu-se — disse ainda o papa — entregar à morte milhares de inocentes a vê-los alimentados pela caridade cristã".

Pio XI quereria muito mais. Fiel à sua política de manter relações com todos os Estados, decidido a "não recusar a ninguém a mão da *Mater Ecclesia*" e até, conforme vimos, a negociar "com o diabo em pessoa", se os interesses de Deus o exigissem, tinha certamente em vista um acordo formal com os soviéticos. Esse acordo parecia tanto mais desejável quanto o certo é que, como a Ortodoxia deixara de ser religião de Estado, seria *a priori* possível que o catolicismo tivesse algumas hipóteses. Em abril de 1922, reuniu-se em Gênova uma conferência internacional destinada a reorganizar a economia mundial e a pôr termo ao isolamento diplomático da Alemanha e da Rússia. Os sovietes fizeram-se representar, designadamente pelo excelente diplomata Tchitcherin. Pio XI apoiou logo de entrada os esforços da Conferência, mediante uma Carta pública em que declarava, entre outras coisas: "A melhor garantia da tranquilidade não é uma floresta de baionetas, mas a confiança mútua e a amizade". Em outra mensagem, falou da Rússia, sem ignorar as perseguições antirreligiosas que lá se desenrolavam, mas num tom de grande benevolência.

Houve contatos entre a Secretaria de Estado e a delegação russa. A Santa Sé dispôs-se a comprar os ícones e objetos sagrados confiscados pelos sovietes, se se destinasse o ouro à aquisição de víveres. Alguns negociadores romanos foram mais longe: talvez longe demais, no entender de certas pessoas, entre elas o papa... Na realidade, nada se conseguiu. O único resultado tangível desses contatos foi a intervenção papal em favor do patriarca ortodoxo Tykhon, que estava preso, mas que, graças ao acordo com Moscou, não chegou a ser julgado[30]. Mas tal como o esforço caritativo realizado pela Missão, essas negociações feitas no plano diplomático não significavam que o papa quisesse manifestar simpatia ou indulgência pelo regime comunista. Em dezembro de 1924, durante um Consistório, Pio XI assim o recordou, em termos categóricos.

Efetivamente, mal instalados no poder, os bolchevistas tinham começado a pôr em prática os pontos antirreligiosos do seu programa. Sem ficar à espera de que o estabelecimento definitivo da sociedade marxista eliminasse a religião, tinham tomado posições no campo legislativo para levá-la à ruína enquanto instituição e apagá-la das consciências. A Separação da Igreja e do Estado fora proclamada logo em janeiro de 1918. Tinham-se seguido numerosos decretos de toda a espécie, por exemplo suprimindo as funções de professor de religião, submetendo qualquer sermão à censura, confiscando e vendendo os vasos sagrados e os ícones, proibindo as associações religiosas para jovens. Ao mesmo tempo, iniciara-se uma campanha ideológica para espalhar os princípios do ateísmo e destruir a religião de todos os modos: começava a nascer o movimento dos "sem-Deus", apoiado pelas autoridades. Como essas leis e essa propaganda tinham provocado resistências — o patriarca Tykhon foi um dos seus heróis —, já em 1918 os sovietes tinham desencadeado uma perseguição que atingira toda a Igreja ortodoxa[31].

Como é natural, a Igreja Católica viu-se incluída na operação, embora tivesse pouca expressão na Rússia soviética. Ao passo que o Império dos Czares contava treze milhões de católicos, após a separação da Polônia, da Lituânia e da Letônia não passavam de 1.600.000, incluídos 900 mil poloneses e 400 mil russos brancos. Estavam repartidos em nove circunscrições, das quais a arquidiocese de Mohylev era, de longe, a mais importante; havia ainda um exarcado para os católicos de rito bizantino. De resto, a situação legal do catolicismo era singular: admitido de fato, mas ignorado de direito. Não representava, pois, nenhum perigo para o regime soviético. Nem por isso foi menos vítima que a Igreja ortodoxa das mesmas perseguições: uma perseguição desigualmente sistemática, com algumas pausas, mas no fim das contas extremamente prejudicial para o pequeno rebanho.

Os atos de hostilidade começaram em 1923. O administrador apostólico de Mohylev, D. Cieplak, foi preso, juntamente com o vigário-geral, D. Budkiewiecz, mais treze padres e um leigo, "por terem apoiado a contrarrevolução por meios perniciosos". Todos eles deram provas de admirável coragem: asseguraram que nunca lhes passara pela cabeça a ideia de uma contrarrevolução, mas que, "se lhes era pedido que traíssem a sua fé, nada os faria ceder". O processo terminou com as condenações previstas. D. Budkievicz foi executado na Sexta-Feira Santa de 1923, em condições horrorosas: torturado a ponto de não poder andar, com uma orelha arrancada, espancado, verdadeiro farrapo humano. Quanto a D. Cieplak, embora também condenado à morte, foi agraciado por intervenção do papa e de vários governos estrangeiros. Pouco depois, D. Feodorof, exarca dos católicos bizantinos, que se mostrara especialmente firme durante as sessões do julgamento, foi condenado a uma pena de prisão que o levaria à morte. Foi este o sinal de uma série de ataques contra a hierarquia, o clero e os fiéis leigos, muitos dos quais foram mandados para trabalhos forçados nos gelos de Solowki, no Mar Branco, onde se instalou um campo de concentração especialmente reservado aos cristãos. Outros morreram na cadeia, em alguns casos enlouquecidos com os suplícios que sofreram.

Apesar de tudo, Pio XI não desesperava do destino do catolicismo na Rússia. Para remediar o desaparecimento da hierarquia, enviou mons. d'Herbigny, jesuíta, com a missão de conferir a sagração episcopal a um certo número de padres. Ao mesmo tempo, reorganizou a Igreja Russa para adaptá-la à nova situação: as dioceses foram redivididas e nomearam-se administradores apostólicos. Na realidade, a maior parte foi novamente vítima da perseguição: presos, depois libertados, novamente detidos. Em 1932, não havia na Rússia Soviética senão trezentos padres, dos quais cem estavam presos, ao passo que em 1921 eram 963. Na província de Zytomir, dos setenta iniciais, só restava um. O administrador apostólico de Moscou, um francês, mons. Neveu, estava impedido de exercer as suas funções. E mesmo depois que passou o paroxismo da violência e a Constituição de 1936 reconheceu — em princípio! — o direito ao exercício dos cultos, e, ao aproximar-se a Guerra Mundial, o regime evitou fazer mártires, ainda se deram vários atentados: em 1937, uma onda de perseguições percorreu a Rússia, e o administrador apostólico de Odessa, D. Aleksander Frison, foi fuzilado.

Pio XI não se calou perante esses fatos. Só dispunha de uma arma para lutar: a palavra. Dela se serviu muitas vezes, denunciando as violências de que eram vítimas os cristãos de todas as confissões, pondo os pingos nos is para designar os responsáveis, denunciando "os crimes vergonhosos e ímpios" do governo de Moscou. A manifestação mais solene de protesto contra as perseguições russas foi a cerimônia expiatória presidida pelo próprio papa em 19 de março de 1930. Na Basílica de São Pedro, sem tapeçarias, sem aparato, mas repleta de uma multidão em que eram numerosos os emigrados russos, uma liturgia especial entrelaçou os cânticos eslavos e latinos, invocou nas ladainhas os grandes santos da Rússia e terminou num *De profundis* salmodiado em memória de todas as vítimas do comunismo. Essa manifestação provocou em Moscou uma explosão de fúria contra o papa, que o *Pravda* representou numa caricatura tocando um sino em forma de capacete alemão com a cruz gamada. Ao mesmo tempo, difundiu-se em milhões de exemplares um panfleto destinado a convencer o povo simples de que a Santa Sé era governada por "falsários georgianos, generais de todos os Estados-Maiores, senadores de Washington, duques suecos, professores, prostitutas e carrascos de polícia — todos unidos para pregar a cruzada da pretensa civilização".

Mas Pio XI não se limitou a protestar contra as violências e a pedir orações pela Rússia. Aproveitou todas as ocasiões para opor ao comunismo uma crítica positiva. Assim, em 1931, na *Quadragesimo anno*, dedicou-lhe um longo parágrafo, em que criticava o marxismo, mas também falava da responsabilidade daqueles que lhe abriam os caminhos mantendo a injustiça social. Várias mensagens de Natal, discursos como o de 1936 ao Congresso Internacional da Imprensa Católica, retomaram e desenvolveram a crítica a "essa negação de todos os direitos do homem e de Deus que se encontra no comunismo". Eram as primícias da severa condenação que, em 1938, ia assestar no comunismo o golpe mais duro que a Igreja já lhe lançou.

O "Triângulo Vermelho": II. O México

No outro extremo do mundo, uma provação semelhante à que sofreu a cristandade russa enlutou a Igreja: foi no México. A bem dizer, o país da serpente emplumada nunca tinha deixado de ser objeto de perseguição religiosa desde que, em 1821, se separara da Espanha. Essa perseguição tinha até assumido uma feição muito violenta após a subida ao poder, em 1857, dos índios Comonfort e Benito Juárez, e a queda do império de Maximiliano e de Carlota, em 1867. O regime de Porfírio Díaz permitira à Igreja respirar; mas o advento do ditador Carranza, apoiado secretamente pelo presidente Wilson, inaugurou uma nova era de perseguição. Numerosíssimos padres e religiosos foram expulsos; alguns torturados até à morte. Perseguiam-se bispos como animais selvagens pelos desertos povoados de cactos. Um padre foi encerrado vivo num caixão e enterrado. Houve múltiplas profanações: hóstias consagradas atiradas aos cães e aos cavalos, crucifixos usados como alvo. Centenas de religiosas foram violadas. A Igreja teve de viver uma vida clandestina. "Estamos a pagar os pecados dos nossos pais" — dizia o arcebispo de Guadalajara a Bento XV em 1915. "As crueldades dos conquistadores?", perguntou o papa. "Menos isso" — respondeu o prelado —, "do que o erro de afastar os indígenas do sacerdócio".

No entanto, essa vaga de anticristianismo das forças revolucionárias conservava um certo caráter tradicional. Era, afinal, a herança do jacobinismo francês de 1793. A partir de 1917 e da vitória do comunismo marxista, o próprio estilo da perseguição mudou pouco a pouco: os senhores do México decalcavam cada vez mais os métodos de Moscou. Começou-se por expulsar os padres estrangeiros. Seguiu-se a supressão das ordens religiosas, a proibição dos votos. Veio depois a limitação a um mínimo irrisório do número de padres nacionais.

Organizou-se uma resistência católica: greve das compras, retirada do dinheiro dos bancos, paralisia sistemática da vida social. No princípio de 1920, o esmagamento de Carranza pelo índio puro-sangue Obregón agravou ainda mais a crise: foram dinamitados paços episcopais e até houve um atentado a bomba contra o santuário mais venerado do país, Nossa Senhora de Guadalupe. Como os católicos ripostassem erguendo uma estátua gigantesca de Cristo-Rei no alto de um monte, Obregón vingou-se expulsando o núncio apostólico.

Mas nada disso passava de prenúncio da perseguição verdadeiramente radical desencadeada em 1924 pelo novo presidente Calles, mestiço e antigo professor de instrução primária. Vieram as prisões, as expulsões, as execuções de padres e de notáveis leigos; e também a expulsão dos religiosos e religiosas dos hospitais e até dos manicômios, cujos pensionistas foram postos na rua. Nas escolas, estabeleceram-se cursos de ateísmo, bem como lições de educação sexual, com "trabalhos práticos" sob a forma de visitas dos alunos às salas de parto das maternidades. A parte mais curiosa dessa campanha antirreligiosa, a primeira que se iniciou, foi a instituição em 1925 — na manhã da Terça-feira Gorda, coincidência involuntária —, por um padre apóstata de nome Pérez, de uma "Igreja Nacional" separada de Roma e ligada ao regime. Essa Igreja pretendeu adotar a liturgia ao modo de ser mexicano, "celebrando" a missa com bolos de milho e sumo de figos fermentados, e traduzindo as orações para as línguas indígenas. Na realidade, Pérez não conseguiu mais de dois padres e poucas centenas de leigos para a apoiarem. Foi necessária a intervenção da polícia para que pudessem realizar as suas cerimônias, e mesmo assim acabavam na maioria das vezes por investidas dos católicos fiéis, solidamente armados de porretes.

A perseguição teve resultados dramáticos para a Igreja mexicana. Os bispos e os padres que não eram postos atrás das grades para lá morrerem "de acidentes cardíacos", eram perseguidos. A sua simples presença no país era crime punido de morte. Como se sabe, é esse o tema do famoso romance de Graham Greene, *O poder e a glória*. A Igreja foi literalmente obrigada a descer às catacumbas. Centenas de padres e de religiosos desafiaram a morte: disfarçados de operários, de vendedores ambulantes e até de guardas civis, circularam por todo o país para celebrarem Missa nos celeiros ou nos estábulos. O mais célebre desses padres clandestinos foi o jesuíta *Miguel Pro*[32], que, ordenado na Bélgica, voltou para o México poucos dias após o édito que proibia a presença dos padres. Durante vários meses, como autêntico Fregoli[33], mudando constantemente de disfarce, iludiu todas as polícias. Chegou a celebrar Missa em casas guardadas por agentes do governo e mesmo a visitar prisões para prestar assistência aos condenados. Preso depois de mais de um ano, foi, por sua vez, levado ao *patio de la muerte* e fuzilado juntamente com um irmão. Exigiu que o deixassem morrer com as mãos livres, os braços estendidos em cruz, com um crucifixo numa das mãos e na outra o terço, e gritando no instante derradeiro: "Viva Cristo-Rei!" Quando Calles deixou o poder [em 1928], calculava-se em 5.300 o número das suas vítimas.

Nem é preciso dizer que Pio XI ergueu protestos indignados contra tais violências. "No México — dizia o papa em 1926 —, tudo o que se chama Deus, tudo o que se parece com um culto, é proscrito e calcado aos pés". Retomou os mesmos termos na encíclica *Iniquus afflictusque*, em que recapitulava, num quadro de vivas cores, tudo o que a Igreja mexicana vinha sofrendo. Pareceu seguir-se uma calmaria na sequência do interdito lançado sobre o país inteiro pelo episcopado e dos protestos vindos de toda a parte pela supressão total das cerimônias religiosas. O governo temeu uma sublevação em massa. Pio XI aproveitou essa ocasião para negociar um *modus vivendi* — outro "pacto com o Diabo". Mas a perseguição reavivou-se sob uma forma mais hábil e insidiosa. Como a Constituição autorizava cada Estado da federação mexicana a fixar o número de padres que poderiam exercer o ministério, na maior parte dos casos isso levou a uma situação absurda: para 17 milhões de habitantes, foram "reconhecidos" 293 sacerdotes! Nas regiões mais favorecidas, havia um padre para cem mil habitantes... A encíclica *Acerbo nimis* condenou essa manobra.

No entanto, Pio XI não queria a ruptura. Considerava que o México era um país católico demasiado antigo para que fosse possível extirpar dele a religião. A resistência ganhou mais força. Entre a juventude, a perseguição galvanizou as energias. Em 1934, as moças de um colégio interno defenderam tão vigorosamente a sua casa, que as autoridades queriam encerrar, que a polícia teve de recorrer aos gases lacrimogêneos. Abriam-se escolas clandestinas por toda a parte. E, sobretudo, cresceu o movimento operário católico, que se foi organizando, conquistando lugares nos sindicatos, desalojando muitas vezes os comunistas... Não era raro saber que se celebrava Missa nas oficinas! As peregrinações a Nossa Senhora de Guadalupe provaram, se é que eram necessárias provas, que a fé católica não estava morta.

Nas vésperas da Segunda Guerra Mundial, esboçou-se uma evolução: gente muito menos marcada pelo marxismo chegava ao poder e as leis religiosas passaram a ser aplicadas com menos rigor. Pôde voltar a haver no México um delegado apostólico. E a encíclica (em castelhano) *Nos es muy conocida* pôde preparar o terreno para uma reorganização da Igreja mexicana. Estava dada a prova de que os cristãos podiam fazer frente ao marxismo, desde que não lhes faltasse resolução e coragem. E essa lição não ia ser esquecida por Pio XI.

O "Triângulo Vermelho": III. A Guerra de Espanha

O terceiro lado do "Triângulo Vermelho" foi talvez aquele que mais assinalou, aos olhos do mundo, o caráter sangrento da luta travada pelo marxismo e seus aliados contra a Igreja. Desde a queda da ditadura do general Berenguer, sucessor de Primo de Rivera, a 14 de abril de 1931, e a partida do rei Afonso XIII para o exílio[34], pareceu abrir-se na história da Espanha uma nova página, que nada fazia augurar que fosse trágica. A transição fizera-se sem maiores sobressaltos. Os ventos corriam sob o signo do otimismo, a tal ponto que a jovem República que substituiu a monarquia recebeu o amável epíteto de *Niña bonita*.

Mas não o mereceria por muito tempo... Os católicos começaram por acolher o novo regime com clara simpatia. Alguns até pareceram esquecer um tanto depressa demais o papel histórico que a monarquia tivera na defesa da fé. Entre os novos senhores, havia católicos bem conhecidos, como Alcalá Zamora. Cantou-se o *Te Deum* em diversas igrejas para celebrar a vitória da República. Houve bispos e movimentos da Ação Católica que saudaram o novo regime. De resto, a princípio a República multiplicou as provas de respeito para com a Igreja. O núncio, D. Tedeschini, manteve conversações cordiais com os governantes.

Não tardou muito a vir o desencanto. Nas fileiras republicanas, misturavam-se todas as tendências, desde os conservadores até os partidários declarados de um regime comunista, os quais obteriam 400 mil votos nas eleições de 1933, sob o comando de Largo Caballero, o "Lênin espanhol". Eram muitos os anticlericais. Não lhes foi difícil explorar as velhas paixões de certos elementos populares contra a Igreja e o clero, acusados de serem aliados da monarquia, de insultar com as suas riquezas a miséria proletária e de opor obstáculos ao progresso social. Ainda a República não fizera um mês, e já havia bandos que se lançavam ao assalto dos conventos e das igrejas, e as pilhavam e incendiavam, com a abstenção total das autoridades. Em Madri, Múrcia, Málaga, Granada, Barcelona, Sevilha..., pelos quatro cantos da Espanha, com uma simultaneidade impossível de ser fortuita, subiu aos ares a chama antirreligiosa. Em três dias, arderam cinquenta e cinco igrejas ou conventos. Nesse ínterim, do alto da tribuna das Cortes, Manuel Azaña, presidente do Conselho, lançava esta frase terrível e absurda: "A Espanha deixou de ser cristã!"

Em vão os católicos liberais tentaram conter a maré anticlerical: a esquerda ateia dominava, e a nova Constituição consagrou, não só a separação da Igreja e do Estado, mas uma verdadeira obra de descristianização, que levou os republicanos católicos a demitir-se do governo. Laicismo absoluto, proibição às ordens religiosas de se dedicarem a "qualquer comércio, indústria ou atividade de ensino", supressão do crucifixo nas escolas, dissolução da Companhia de Jesus e confisco dos seus bens, introdução do divórcio na lei, perante a qual só existiria o casamento civil. Foi contra esse conjunto de medidas que Pio XI protestou, em 3 de julho de 1933, por meio da encíclica *Dilectissima nobis*, que causou grande impressão pelo seu tom doloroso. Que a católica Espanha pretendesse expulsar Deus não seria o escândalo dos escândalos?

As esquerdas tinham calculado mal o alcance do seu golpe. Era preciso conhecer pouco o povo espanhol para pensar que ele aceitaria essa semiapostasia sem reagir. E a reação foi nítida: o fervor religioso ganhou novo vigor e dele beneficiaram os movimentos da Ação Católica, enquanto à volta da ideia de defesa da religião se agrupavam todos os elementos hostis ao comunismo, cujos progressos pareciam inquietantes. Em consequência, as eleições de 1933 (dezembro) levaram ao poder uma maioria de direita, que tinha como base a *Ação Popular Católica*, fundada por um professor da Universidade de Salamanca, Gil Robles, e a *Ação Nacional*, monárquica, fundada por Calvo Sotelo. Talvez a crise tivesse podido terminar nesse momento, se tivessem sido postas em prática soluções inspiradas no catolicismo social. Infelizmente, nada disso aconteceu. Os conservadores paralisaram as veleidades de Gil Robles e o seu plano de reforma; as compensações obtidas pela Igreja foram apenas de pormenor. Quando, durante o verão de 1934, rebentou nas Astúrias uma insurreição sangrenta — em Oviedo, a "Milícia Operária" assassinou padres e religiosos, em condições frequentemente atrozes —, tornou-se claro que a Espanha ia entrar numa provação bem pior do que todas as que conhecera até então.

A esquerda tinha-se refeito. Todos os partidos que arvoravam essa bandeira uniram-se, em vista das eleições de 1936, numa *Frente Popular* onde não tardaram a dominar as influências, aliás contraditórias, do comunismo e do anarquismo. Todos os elementos hostis a essas ideologias, incluídas as velhas formações monárquicas e o partido republicano de Gil Robles, aglutinaram-se em torno da *Falange*, fundada três anos antes por José Antônio, filho de Primo de Rivera. Daí em diante, a Espanha estava cortada ao meio, prestes a tornar-se uma arena em que iriam defrontar-se duas concepções totalitárias inimigas entre si[35]. E a Igreja, que de modo algum quisera tal ruptura, encontrava-se, por trágica fatalidade, exposta às piores consequências do conflito.

Efetivamente, a vitória da Frente Popular deu o sinal para que se desencadeasse um anticlericalismo de violência inimaginável. Não só se tomaram medidas legislativas imediatas para expulsar as congregações, proibir o exercício público do culto e fechar as escolas católicas, como se desatou uma onda de crueldade. Queimaram-se totalmente cento e sessenta igrejas e conventos — o jornal *El liberal* escreveu que tinham sido os próprios frades a atear-lhes fogo! —, padres e religiosos foram perseguidos através das cidades como bestas, cinco religiosas foram linchadas em Madri. Largo Caballero anunciou "a vitória dentro em pouco total da bandeira vermelha". Os manifestantes que desfilavam, de camisa vermelha, estandartes vermelhos ao vento, alternavam os gritos de "Viva a Rússia!" ou "Viva Thälmann!"[36], com vociferações contra os padres. Em poucas semanas, contaram-se 269 mortos e 1.287 feridos, todos católicos. "Nós resolvemos o problema religioso radicalmente, suprimindo tudo: padres, igrejas e cultos", exclamava o chefe catalão Andreu Mini. E, quando o deputado monárquico Calvo Sotelo protestou, nas Cortes, contra a impunidade dos incendiários e dos assassinos, a comunista Dolores Ibarruri, a quem chamavam *la Pasionaria*, gritou-lhe: "Este será o seu último discurso!"

O assassinato de Calvo Sotelo, logo na noite seguinte (14 de julho de 1936), desencadeou a guerra civil. O *general Franco*, partindo de Tetuán com regimentos hispano-marroquinos, desembarcou na Andaluzia. A maior parte do Exército associou-se ao seu gesto[37]. Durante trinta meses, a desventurada Espanha sofreu os horrores de uma guerra atroz, com o território e a alma divididos ao meio, ao longo de numerosas peripécias que fizeram a vitória balançar entre os dois campos. Voltando a usar as insígnias dos reis católicos, a águia de São João, o jugo e as flechas, o general Franco, reconhecido como *caudillo* do Movimento, queria juntar à sua volta toda a Espanha fiel; mas, para travar a sua luta, tinha de aceitar a ajuda militar do fascismo e do nacional-socialismo anticristãos. Por seu lado, os combatentes das mal-chamadas "fileiras republicanas", entre os quais havia muitos homens generosos que apenas desejavam a renovação social do seu país, eram controlados por anarquistas sem fé nem lei ou por comissários do povo comunistas, dirigidos pelo embaixador de Moscou[38].

O que foi a cadeia de horrores que a "Guerra de Espanha" provocou é coisa que se torna difícil escrever[39]. Forçados à alternativa que mostramos, os católicos viram-se vítimas, nas províncias dominadas pelas tropas republicanas, de uma perseguição tão cruel e tão abjeta que igualou e por vezes ultrapassou os piores episódios do Terror na França. Incêndios e saques de edifícios religiosos — em que foram destruídas incalculáveis riquezas do patrimônio artístico espanhol —, chacinas de padres, de religiosos, de religiosas — esse lúgubre cortejo das manifestações do anticlericalismo nada foi, ainda, ao lado do que se pôde ver em diversos pontos da Espanha: padres pendurados nos ganchos dos açougues, cadáveres de religiosas desenterrados e entregues a toda a espécie de profanações. A mais moderada das estatísticas daria, como número dos sacerdotes e religiosos mortos, 7.534. Mas outras indicaram 16.750, entre eles doze bispos.

Tais números, e a mera alusão aos horrores cometidos, bastam para compreender por que Pio XI tomou nesse drama uma atitude que por vezes lhe tem sido censurada. Certamente que o papa não ignorava que também do lado franquista se cometiam violências, em concreto no País Basco (onde uma parte do clero era terrivelmente maltratada por causa dos seus sentimentos autonomistas e da sua aliança com os republicanos, e onde depois a chamada "cidade santa" de Guernica foi arrasada por aviões alemães). Certamente que o papa compreendia o perigo que havia para o Movimento nacional em ligar-se às potências do Eixo. E, de resto, em diversos lugares da cristandade, designadamente na França, erguiam-se vozes, como a do romancista Bernanos, que reprovavam em Franco e nos seus aliados o emprego de meios tão evidentemente contrários aos princípios cristãos. Mas, se era necessário optar, a opção do papa não podia ser objeto de dúvida: num lado, queimavam-se igrejas e matavam-se padres; no outro, não só se respeitavam os católicos, mas o Caudilho exclamava: "A Espanha será um império voltado para Deus", e os ministros que nomeava prestavam juramento de joelhos sobre o Evangelho.

Logo em setembro de 1936, ao receber um grupo de refugiados espanhóis, Pio XI denunciara "a empresa satânica" que acendera o fogo do ódio, e abençoara os que defendiam "os direitos e a honra de Deus contra uma irrupção desordenada de forças tão selvagens e tão cruéis que é difícil imaginar que sejam possíveis". Em agosto de 1938, foram estabelecidas relações diplomáticas entre o Vaticano e a Espanha do general Franco. Sem deixar de chamar os vencedores à moderação e à justiça, o papa não se afastava da sua linha habitual ao fazer votos para que se voltasse a instituir na católica Espanha um regime alicerçado no catolicismo. No entanto, a Santa Sé exerceu a sua influência para impedir o governo espanhol de ligar a sua sorte à dos totalitarismos alemão e italiano, passo que, como se sabe, o general Franco se recusou firmemente a dar durante a Segunda Guerra Mundial. E também para preservar a Igreja espanhola de ligar o seu destino ao do regime. Seria este o verdadeiro problema no futuro. Voltando a ser instituição do Estado, associada aos governantes — o cardeal-primaz teria assento no Conselho Superior do Estado —, vendo-lhe confiadas todas as chaves da cultura e da moral, saberia a Igreja espanhola resistir à tentação do poder? Saberia sobretudo lutar para que a doutrina social não fosse esquecida por aqueles que iam conduzir o país a novos destinos? A atitude de alguns membros da hierarquia, designadamente o cardeal Segura, e a dos movimentos da Ação Católica, iriam mostrar que as lições de Pio XI não seriam esquecidas.

A condenação doutrinal do comunismo: a "Divini Redemptoris"

Os acontecimentos da Rússia, do México e da Espanha tiveram uma consequência idêntica à que tinham tido as agitações fascistas na Itália e a perseguição hitlerista na Alemanha: Pio XI reagiu, com o vigor que lhe era habitual. Em 1936-37, o evoluir da situação nos países do "Triângulo Vermelho" persuadiu-o de que era tempo de agir. E também foi levado a isso pelo que via em outros lugares, nomeadamente na França.

As eleições de maio de 1936 consagravam neste último país a vitória de outra Frente Popular, em que era grande a influência dos comunistas; embora não participassem do governo, pesavam sobre a sua política. Com a força que lhe davam os seus cinco milhões de membros, a CGT passava por ser dominada por eles. Cortejos, cantos revolucionários, saudação com o punho erguido, greves com ocupação de fábricas — tudo eram sinais bem ameaçadores. Mas havia algo ainda mais grave. Alguns católicos "de esquerda", impressionados com a ascensão do nacional-socialismo e do fascismo, e preocupados em promover o mais depressa possível uma ordem social mais justa do que a do capitalismo liberal, preconizavam uma colaboração com os comunistas. Estes incentivavam a manobra; nos muros de Paris, podiam-se ver cartazes comunistas: "Católico, nós te estendemos a mão", e muitos discursos dos líderes do partido desenvolviam esse tema. Tratava-se, evidentemente, de um grave perigo: até onde iria essa colaboração? A Igreja não podia admitir que, para se oporem ao paganismo hitlerista, os seus fiéis fizessem a cama ao ateísmo marxista. Já em 1936 Pio XI denunciara essa manobra, que, dizia ele, só tinha por fim "provocar conivências incríveis, e, pelo menos, um silêncio e uma tolerância que constituiriam uma inapreciável vantagem para a causa do mal". Era preciso cortar radicalmente a campanha da mão estendida. E Pio XI falou[40].

A verdade é que Pio XI já formulara em diversas ocasiões a condenação do comunismo. Das trinta encíclicas do seu pontificado, talvez não tenha havido uma só em que o perigo comunista não tenha sido evocado: e não apenas na *Quadragesimo anno* ou na *Caritate Christi*, nas quais, ao falar de questões sociais, seria natural que refutasse as teses marxistas, mas mesmo em documentos cuja matéria parecia bem distante desses problemas, como por exemplo *Rite expiatis*, sobre São Francisco de Assis, ou *Divini illius Magistri*, sobre a educação da juventude. No entanto, nenhum desses textos constituía uma refutação completa, sistemática, da doutrina marxista, nem uma análise cerrada do perigo que acarretava para a religião.

No final do inverno de 1936-37, o papa octogenário acabava de sair de uma longa e dura doença, da qual se tinha chegado a pensar que não escaparia com vida. Essas dolorosas semanas de febre e de insônia foram para ele ocasião de longas meditações sobre a situação mundial e as decisões que se impunham ao Vigário de Cristo. O resultado foi a publicação quase simultânea de três encíclicas: *Mit brennender Sorge*, a 14 de março, acerca da situação religiosa na Alemanha; *Nos es muy conocida*, de 28 de março, e *Divini Redemptoris*, a 19 de março, "sobre o comunismo ateu". Simultaneidade — nunca será exagerado dizê-lo — intencional e significativa. No momento em que a ruptura provocada pela Guerra Civil espanhola ameaçava estender-se a toda a Europa, Pio XI queria manifestar que a Igreja não se deixava arregimentar por nenhum dos blocos prestes a defrontar-se.

Mas a encíclica contra o comunismo teve um significado mais amplo do que a que condenou o nazismo. Tratando de uma doutrina infinitamente mais bem arquitetada do que a do *Mein Kampf*, o documento respondia por meio de uma crítica também mais forte. Referia-se menos às circunstâncias. É claro que aludia às perseguições religiosas na Rússia e estigmatizava os "horrores do comunismo" na Espanha, considerados por Pio XI como resultado de um plano sistemático de revolução. Porém, o seu verdadeiro objetivo não era pregar uma cruzada, mas esclarecer os espíritos e, em especial, mostrar aos católicos que, entre comunismo e cristianismo, não era admissível nenhum acordo, nem sequer de ordem tática.

Pela primeira vez na sua história, a Igreja, pela voz do Magistério infalível, respondia ao temível aparelho de guerra que era o marxismo. Na plenitude da sua autoridade espiritual, Pio XI abordava o mais grave e mais importante problema do seu tempo. Admiravelmente construída, manifestando uma firmeza na exposição em que é fácil reconhecer a marca do rigoroso lógico que era Achille Ratti, a *Divini Redemptoris* constitui uma verdadeira *carta* da atitude quer ideológica quer prática que os católicos devem assumir em face do comunismo; e os anos não enfraqueceram os termos em que a vaza[41].

Depois de um exórdio, em que o papa evoca "a pavorosa barbárie" em que povos inteiros estão expostos a cair, e em que aponta o adversário — "o comunismo ateu que mina nos seus fundamentos a civilização cristã" — e recorda as condenações anteriormente feitas pelos seus antecessores e por ele próprio, toda a primeira parte do documento é dedicada a uma exposição completa e lúcida do marxismo. É óbvio que a crítica feita pelo papa não tem nada a ver com a argumentação dos políticos ou dos economistas. Se Pio XI declara o comunismo *intrinsecamente perverso* — a fórmula ficará célebre —, é porque este assenta numa concepção falsa do homem, do mundo e da vida. O materialismo dialético, designado com precisão pela encíclica, é inaceitável para um cristão, visto que para aquele só existe uma realidade, a matéria, com as suas forças cegas, da qual o homem não passa de um dos resultados, tal como a planta e o animal. A concepção marxista da sociedade, regida na sua evolução pelo mesmo determinismo materialista, é também inadmissível. É, pois, a própria essência do marxismo que Pio XI condena.

A essa condenação acrescenta uma outra: reprova o método que o comunismo utiliza para se impor, isto é, o método totalitário, o qual "despoja o homem da sua liberdade" e "não reconhece ao indivíduo, em face da coletividade, nenhum dos direitos naturais da pessoa humana", reduzindo-o a ser "apenas uma roda do sistema". Mostra, finalmente, por que o comunismo é "antirreligioso por natureza", recordando as análises marxistas da religião, concretamente a famosa fórmula "o ópio do povo".

A segunda parte constitui uma síntese simples e vigorosa da concepção cristã do homem e da sociedade. Também aqui se encontram fórmulas impressionantes pela sua nitidez e densidade. "Este pequeno mundo que é o homem vale por si só mais que o imenso universo inanimado". "A sociedade é feita para o homem, e não o homem para a sociedade". "A sociedade não pode roubar ao homem direitos que o Criador lhe concedeu enquanto pessoa". Frases capitais que se opõem, não apenas ao comunismo, mas a todos esses "monstros frios" que ameaçam o homem na sua liberdade, no seu ser. É todo um programa — que alguém chamou com toda a propriedade "personalismo cristão" — que aí se encontra exposto, com as suas consequências, especialmente quanto à organização cristã da sociedade, à justiça social, ao sistema da verdadeira caridade de Cristo.

Mais limitada no seu desígnio, destinada sobretudo a indicar aos católicos qual deve ser a sua conduta prática, nem por isso a terceira parte da *Divini Redemptoris* deixa de conter máximas de singular importância, por vezes percucientes. "Os meios de salvar o mundo da ruína em que o liberalismo amoral nos mergulhou não consistem, nem na luta de classes, nem no terror, muito menos ainda no abuso autocrático do poder do Estado, mas sim na instauração de uma ordem econômica inspirada na justiça social e nos sentimentos da caridade cristã [...]. Não haveria nem socialismo nem comunismo se os chefes dos povos não tivessem desprezado as advertências e as lições da Igreja"... E, pondo os pingos nos is, Pio XI chega a denunciar "esses industriais católicos que não cessam de se opor ao movimento operário por Nós recomendado", e deplora que se tenha "por vezes abusado do direito de propriedade para subtrair ao operário o seu justo salário e os seus direitos sociais legítimos".

Desse modo, ultrapassando de longe os limites de uma simples crítica do comunismo, a *Divini Redemptoris* — com o seu tom tantas vezes patético, em que se sente ressoar a voz das justas cóleras — surge no pontificado de Pio XI, e até na história recente da Igreja, como um dos textos mais importantes que os homens do nosso tempo têm podido ler. Verdadeiras "palavras para a ação", segundo a expressão que Marx gostava de usar, essas frases propunham aos católicos uma atitude construtiva e situava o debate entre comunismo e cristianismo na sua verdadeira luz.

O grande texto pontifício terá sido entendido como devia? Quando se lê a imprensa do tempo, vê-se que a pergunta se justifica. Os seus trechos anticomunistas ou fascistas foram amplamente citados pelos jornais burgueses, e mesmo pelos jornais nacional-socialistas e fascistas; o resto, porém, caiu a bem dizer no silêncio. Na França, só *La Croix* deu o texto integral[42].

O último combate de Pio XI

Tais foram os últimos oito anos do pontificado de Pio XI: anos de luta. "Havia muito tempo que a voz do papa não se erguia com tanta firmeza; muito tempo, sobretudo, que ela não encontrava tão vasta audiência"[43]. Tomando assim uma posição vigorosa contra os ídolos monstruosos da época, constituindo-se defensor da pessoa humana, ameaçada de aniquilamento, o corajoso Achille Ratti restituíra à Igreja o seu papel secular de consciência viva dos povos, guardiã dos autênticos valores da civilização. Não dependia dele que exercesse esse papel até à máxima expressão, como árbitro dos conflitos entre os povos. Também neste terreno Pio XI travou o combate por Deus — mas perdeu-o.

O período que o mundo acabava de viver, e que é objeto do presente volume, iniciara-se com uma guerra e, quanto à Igreja, com uma onda de perseguições de tipo revolucionário. Concluía com outra onda de perseguições revolucionárias, piores que as da Comuna. E essa perseguição iria ser, em breve, seguida por outra guerra, infinitamente maior em extensão e mais terrível nos meios e nos efeitos do que aquela que ficara ilustrada pela carga da cavalaria de Reichshoffen e pela capitulação de Sedan. No decorrer dos últimos setenta anos, o mundo tinha mergulhado profundamente nas trevas.

A ameaça da guerra nunca tinha verdadeiramente deixado de afligir a alma de Pio XI desde que subira à Cátedra de Pedro. Vimos quão poucas ilusões ele tinha sobre o valor de uma "paz artificial, estabelecida apenas no papel!"[44] Sabe-se com que pertinência anotara, já em 1923: "O espírito de vingança e de rancor foi atiçado e quase legitimado". A partir de 1930, a evolução do fascismo, a ascensão nacional-socialista, a constante expansão do comunismo, como também a fraqueza e incoerência da política das democracias, não lhe deixavam qualquer esperança de paz. Passou, então, a falar frequentemente de paz, em inúmeras ocasiões. Fora esse o objeto de uma das suas primeiras encíclicas, *Pax Christi in regno Christi*, e a ele voltou durante os oito últimos anos do seu reinado, em mais de trinta declarações. Apoiou e felicitou Aristide Briand na sua ação pacificadora, sustentou com todas as forças essa Sociedade das Nações que, oficialmente, o ignorava... Dez ou doze vezes, aludiu à necessidade de um desarmamento geral — "uma floresta de baionetas não é, com certeza, o melhor meio de garantir a paz!" — e censurou as enormes despesas subtraídas ao bem-estar geral pela corrida aos armamentos. Repetia os seus conselhos a todos os chefes de Estado, a todos os políticos e diplomatas que recebia. Dominado pelo espectro da guerra, aproveitava todas as circunstâncias para gritar ao mundo os seus temores.

Em diversos momentos, chegou a agir de modo bem concreto. Assim como o víramos intervir no início do pontificado para moderar a jovem Polônia nas suas reivindicações territoriais com relação à Alemanha, e para tentar deter Mustafá Kemal na sua grande operação anti-helênica, assim o vimos, em 1937, apoiar a China contra o Japão agressor, a China cuja causa o jovem bispo de Nanquim, D. Yu-Pin, viera defender na Europa. Ou encorajar o governo francês de Pierre Laval nos seus esforços por achar um terreno de entendimento com a Itália de Mussolini. Sucedeu-lhe mesmo ter de desempenhar o papel de árbitro, como Leão XIII fizera entre a Alemanha e a Espanha[45]: quando rebentou um conflito entre duas nações-irmãs, o Haiti e São Domingos, o acordo que evitou o pior foi assinado em janeiro de 1938 no salão da nunciatura de Port-au-Prince. Não foi culpa do papa que o único homem sobre a terra que estava acima dos cálculos interesseiros — esses cálculos interesseiros que iriam paralisar definitivamente a Sociedade das Nações — não fosse chamado a assumir as funções de juiz supremo para as quais o qualificava o seu caráter espiritual.

À medida que as nuvens se acumulavam no horizonte da humanidade, a voz de Pio XI tornava-se cada vez mais forte e dramática. Já em 1934 — no momento em que a paz parecia ameaçada tanto pelas consequências da crise econômica como pela ressurreição do militarismo germânico, pelos clamores que se erguiam a propósito do Sarre e pelas ambições de Mussolini —, um discurso veemente que o papa pronunciou perante o Consistório denunciou uma vez mais a criminosa loucura da corrida aos armamentos, e profetizou que aqueles que desencadeassem a guerra entregariam "à chacina, à miséria, à morte, não somente a sua própria nação, mas toda a sociedade humana" — profecia que hoje não podemos ler sem angústia. E o anátema ressoou. Um anátema que, depois, Pio XI ainda formulou seis ou sete vezes: "Se alguém tomasse sobre si a responsabilidade de desencadear tal flagelo, então Nós seríamos obrigados a dirigir a Deus esta oração: *Destruí, Senhor, os povos que querem a guerra!*"[46]

Mas a terrível mecânica posta em movimento pelos homens não podia ser detida com palavras, embora fossem palavras de Deus. Pio XI bem o compreendeu. Um dia, em que um membro do seu círculo próximo lhe sugeria que erguesse mais uma vez a voz para denunciar uma nova ameaça para a paz, o papa respondeu: "Em vez de falar de paz e de boa vontade aos homens que não estão dispostos a ouvi-lo, o Santo Padre já só quer falar de paz com Deus". Quando, em 1936, caiu gravemente doente, declarou aos seus íntimos que oferecia a vida pela preservação da paz.

As potências da iniquidade pareciam triunfar por toda a parte. Após a Áustria, eram os alemães dos Sudetos que Hitler pretendia anexar ao III° Reich. Em Munique, as democracias ocidentais capitulavam. Toda a Checoslováquia estava ameaçada. Já a imprensa alemã falava de arrancar à Polônia o absurdo "Corredor de Dantzig". E a Itália fascista estava fremente de impaciência, pronta a rivalizar em violência com o seu aliado do Pacto de Aço.

Embora já só tivesse a esperança sobrenatural de evitar ao mundo a catástrofe que previa, Pio XI continuou tenazmente a sua luta por deter os Cavaleiros do Apocalipse. No final de setembro de 1938, no pior momento da crise de Munique, apesar de muito doente, lançou pelo rádio o mais patético apelo a favor da paz. Em meados de janeiro de 1939, recebeu Chamberlain e Halifax. Ao contrário do que afirmou o *Times*, o velho papa, longe de deitar água na fervura, advertiu os dois estadistas sobre as consequências trágicas das hesitações inglesas. E, angustiado muito especialmente com o espetáculo de demência que Mussolini mostrava ao lançar cada vez mais a Itália no rastro da Alemanha, convocou toda a hierarquia episcopal italiana para o dia 11 de fevereiro de 1939, aniversário dos Acordos de Latrão, a fim de pronunciar perante essa assembleia um discurso cujo texto preparara pessoalmente. "Faça-me chegar até o dia 12 de fevereiro..." — dizia o papa ao seu médico-chefe. Esse teria sido o seu derradeiro aviso[47].

Morreu no dia 10. Não viu cumprir-se o que previra: a desenfreada largada da humanidade rumo ao abismo que foi o espetáculo pavoroso da primavera de 1939. Não assistiu a esse episódio que ficaria para sempre como a mancha mais inapagável no rosto de Mussolini: a invasão da Albânia em plena paz, pelas tropas da católica Itália, *na Sexta-Feira-Santa*. Pelo menos, a sua voz tinha soado e ressoado com força suficiente para que, no meio do espantoso tumulto em que as potências da violência se iriam envolver durante anos, ficasse aos homens a certeza de que, conforme a promessa, a Palavra de Cristo não passaria.

Notas

[1] São Pio V. É o título que foi dado ao livro que lhe dedicou o cardeal Grente, ao menos na reedição de 1956.

[2] São Pio X, como vimos no cap. VI deste volume (N. do T.).

[3] Pio IX (N. do T.).

[4] Também romancista e contra-utopista, cujas *Memórias* (1925) são uma obra capital (N. do T.).

[5] No sentido antigo da palavra: Jacques Bainville, por exemplo, foi historiador e guia político de muita gente, com influência na política oficial (N. do T.).

[6] Ou seja, o conjunto dos números da revista, antes de esta ter dado lugar ao diário do mesmo nome. As obras condenadas eram das menos políticas; algumas eram romances, considerados demasiado pagãos (N. do T.).

[7] O próprio Maurras escreveu sobre esta questão um livro muito documentado, *Le Bienhereux Pie X, sauveur de la France*, em que julga encontrar em São Pio X uma espécie de esteio espiritual da França, nas vésperas da Guerra Mundial de 1914-18. E a frase que, cheio de espanto e comoção, atribui ao papa é essa: "*C'est um beau défenseur de la foi*" (N. do T.).

[8] *Histoire de l'Action Française*, Amiot-Dumont, Paris, 1950, p. 124.

[9] Cf. vol. VIII, cap. IV, par. *Perante as "vicissitudes dos estados"*.

[10] Que aderira ao movimento mais ou menos no momento em que se convertera ao catolicismo (N. do T.).

[11] Charles Maurras, que perdera a fé aos dezoito anos, só regressou à Igreja nos últimos anos de existência. Como vimos, foi durante a maior parte da sua vida discípulo de Augusto Comte, professando um classicismo muito helênico, com evidentes vestígios do antigo paganismo, o que o levou a rejeitar "o que havia de hebraico" na mensagem cristã. Mas sempre manifestou, ao mesmo tempo, grandes simpatias pelo catolicismo, como se pode ver por algumas páginas admiráveis, em especial o discurso de ingresso na Academia Francesa. Durante a sua vida política, sempre defendeu a Igreja — afirmava que nenhuma metafísica era defensável, a não ser o que chamava a metafísica do catolicismo —, embora a considerasse mais propriamente como instituição do que como doutrina e caminho de salvação, mas precisando que não falava senão como pensador e cidadão da França. É preciso dizer que teve o cuidado de esclarecer diversas vezes que o seu famoso lema "*politique d'abord*" ["primeiro, a política"] se referia à ordem cronológica, não à ordem dos valores; e também que defendeu algumas posições da doutrina social da Igreja, como o direito à greve (geralmente considerado o mais ilustre representante da direita, gostava de repetir que pertencia à "esquerda" da sua *Action Française*...). Parece justo recordar também que, apesar do seu nacionalismo, sempre defendeu Bento XV das acusações de pró-germanismo.

[12] No seu livro sobre Pio X, Maurras reconheceu formalmente que *a insubordinação tinha sido um grave erro* (p. 218). [Talvez valha a pena registrar que essa submissão à doutrina católica foi declarada pelos membros católicos, como Daudet; Maurras, nesse momento, continuava a ser agnóstico (N. do T.)].

[13] Uma outra questão, muito menos importante, tem sido por vezes posta em paralelo com a da *Action Française*, como que para provar que Pio XI soube condenar os erros doutrinais tanto da direita como da esquerda. Depois que foi estudada em detalhe, apareceu sob uma luz inteiramente distinta. Um hebdomadário de tiragem modesta, *Sept*, fundado em 1934 por um grupo de dominicanos e de leigos dirigidos pelo pe. Bernadot, a pedido expresso de Roma, e que, durante três anos, tinha procurado corajosamente formular juízos cristãos sobre os acontecimentos, sem nunca incorrer em censuras oficiais da Santa Sé, foi subitamente suprimido por ordem do superior geral dos dominicanos, o pe. Gillet. Neste caso, tal como no da *Action Française* em 1926, foram invocadas razões políticas para explicar a decisão. A imprensa católica de direita acusara *Sept* de ser um jornal "vermelho cristão", acusação a que não foi insensível o general Castelnau, presidente da Federação Nacional Católica, e à qual a publicação de uma entrevista, aliás bastante anódina, com Léon Blum, tinha parecido fornecer argumentos. As posições tomadas pelo jornal contra a Itália fascista e a

operação desencadeada na Etiópia, embora fossem matizadas por artigos muito prudentes, tinham, ao que se dizia, irritado o *Duce*, de quem o pe. Gillet acabara de conseguir certos privilégios para o célebre convento romano de Santa Sabina. Seria vão negar que estes fatos contribuíram para criar o clima em que se deu essa supressão. Mas sabemos agora, por um documento que relata uma conversa entre o superior geral dos dominicanos e o embaixador da França Charles-Roux, que a supressão não teve de modo algum o caráter de uma condenação doutrinária e que, no pensamento do papa, e também no do pe. Gillet, ela não se relacionava nem com a política interna francesa nem com as questões sociais então discutidas, nem sequer com a política italiana dos dominicanos, mas resultava, sim, de uma medida disciplinar interna da ordem, ameaçada de divisões pela atitude assumida pelo jornal a respeito da guerra da Espanha, designadamente criticando o cardeal-primaz de Toledo, e pelos protestos que originou por parte dos dominicanos espanhóis e ingleses. Resolvida diretamente pelo papa e pelo pe. Gillet, sem passar sequer pelo cardeal-secretário de Estado, Pacelli, a decisão apresentava-se, pois, do ponto de vista de Roma (se não mesmo de toda a hierarquia católica), como tomada apenas em vista dos interesses da Igreja. Cf. a notável tese de doutoramento de Aline Coutrot, *Un courant de la pensée catholique, l'hébdomadaire "Sept"*, Paris, 1961. O documento Charles-Roux figura na p. 290. — Após a supressão de *Sept*, um grupo de leigos criou um jornal de tendências análogas, embora de tom mais prudente, sob o título *Temps présent*.

[14] Cf. neste vol. o cap. I, par. *A ameaça totalitária*. É bom notar que todos os totalitarismos tomaram o aspecto de ditaduras pessoais. Um teórico nacional-socialista, Hans Hesse, explicou perfeitamente a razão, a propósito do *Führerprinzip* ["princípio do guia"]: "A idade das massas em que vivemos reclama imperiosamente homens que domem e dirijam essas massas. Os líderes que nascem no seu seio encarnam a vontade delas".

[15] Cf. neste vol. o cap. I, par. *A ameaça totalitária*, especialmente a n. 40.

[16] Há, no entanto, alguns indícios contrários. Cf. a biografia do *Duce* por Charles-Roux, Aster, Lisboa, s.d. (N. do T.).

[17] De que Gentile constitui uma das mais altas expressões (N. do T.).

[18] Cf. neste vol. o cap. IV, par. *La Tour du Pin e a União de Friburgo*.

[19] Semelhante à *Hitlerjugend* e à futura "Mocidade Portuguesa" (N. do T.).

[20] André Latreille, em Latreille e Siegfried, *Les Forces religieuses et la vie politique*, Paris, 1951, p. 136.

[21] O autor desta obra, que se encontrava em Roma na Páscoa de 1929, entrevistou-se com Giuseppe Bottai, personalidade fascista de primeiro plano, sucessivamente ministro das Corporações, governador de Roma e ministro da Educação Pública. Disse-lhe Bottai: "O *Duce* seguiu com muita atenção a questão da *Action Française*. Leu Maurras".

[22] O autor ouviu essas palavras dos próprios lábios do *Duce*.

[23] Discurso de Mussolini, de 17 de agosto de 1934.

[25] As passagens entre aspas são extraídas dos textos do embaixador da França André François-Poncet e constituem as mais lúcidas análises que se podem ler acerca do fenômeno hitlerista. Veja-se especialmente *La doctrine d'Adolf Hitler* (Arthème Fayard, Paris, 1946), bem como a sua correspondência diplomática, publicada no *Livre jaune* [coletânea de documentos diplomáticos 1938-1939].

[26] Cf. neste vol. o cap. VII, par. *Pio XI, papa dos acordos*.

[27] Cf. neste vol. o cap. I, par. *Nietzsche, profeta das trevas.*

[28] Deu-se nessa ocasião um episódio risível. Rosenberg citou, enganando-se acerca do sentido, o provérbio francês, "*qui mange du pape en meurt*" ["Quem come a carne do papa, morre"]. Uma parte do auditório aplaudiu...

[29] Um episódio significativo demonstra a firmeza com que Pio XI resistiu sempre à tirania nazista. Logo a seguir ao *Anschluss* e à ocupação de Viena pelas tropas de Hitler (13 de março de 1938), o cardeal Innitzer concordou em entender-se com o vencedor, e o episcopado austríaco publicou um manifesto de adesão ao novo regime. Pio XI mandou imediatamente chamar a Roma o cardeal, que foi recebido pelo cardeal Pacelli, Secretário de Estado, com palavras de uma veemência cujo eco foi recolhido pelo embaixador francês, Charles-Roux. O cardeal Innitzer compreendeu o erro e, regressando a Viena, assumiu a atitude que se impunha. Isso valeu-lhe uma manifestação "espontânea" de 200 mil nazistas e um ataque em regra ao seu paço, que foi pilhado e parcialmente incendiado, enquanto o seu secretário era atirado pela janela e ficava com as pernas fraturadas. Chegou-se a erguer uma forca na praça, com o cartaz: "Aqui estará Innitzer". "Foi então que a púrpura do cardeal ganhou a sua verdadeira cor", escreve Nazareno Padellaro, que conta o episódio no seu *Pie XII.*

[30] Um ano depois, o patriarca fez uma declaração de inteira submissão ao regime soviético e foi autorizado a reassumir as funções patriarcais, em condições evidentemente muito penosas.

[31] Será estudada no vol. X desta obra (N. do T.).

[32] Beatificado por João Paulo II a 23 de novembro de 1988 (N. do T.).

[33] Referência a Leopoldo Fregoli (1867-1936), ator italiano famoso pela sua extraordinária habilidade em encarnar personagens diversos e pela rapidez em mudar de papéis (N. do T.).

[34] Cf. neste vol. o cap. VII, par. *A Igreja, presente em toda a parte.*

[35] Parece necessário recordar alguns elementos para que o leitor possa formar um juízo equânime nesse tema, muito distorcido tanto pela direita como pelas esquerdas: a violência com que o governo conservador dominou a grande crise operária nas Astúrias pareceu desproporcionada na ocasião, como parece hoje, e nesse sentido é compreensível que tenha aberto o caminho para a Frente Popular esquerdista. Quanto às tendências totalitárias presentes na Falange, convém ter presente que esse movimento, e muito em especial o seu fundador, insistia constantemente na necessidade de destruir o espírito burguês e instaurar um sistema de justiça social. Por outro lado, como os dois grupos eram extremamente heterogêneos na sua composição — grande parte da Falange era formada por republicanos —, em ambos os lados eram muitos tanto os fanáticos como os adversários do totalitarismo (N. do T.).

[36] Herói comunista da resistência a Hitler.

[37] Lembremos que o chefe militar do movimento era o famoso general monárquico Sanjurjo, então refugiado em Portugal, e cujo avião caiu mal levantou voo, em circunstâncias mal esclarecidas. No plano militar, o primeiro posto pertenceu, a princípio, ao general Mola, e no plano civil ao general Cabanillas. Só mais tarde é que Franco assumiu todos os poderes (N. do T.).

[38] Pouco a pouco os anarquistas foram sendo dominados ou mortos pelos comunistas de obediência russa (N. do T.).

[39] Em espanhol, o livro mais completo é a *Historia de la persecución religiosa en España*, Madri, 1961, de Antonio Montero Moreno [atualmente, podem-se ver: Miguel Alonso Baquer, ed., *La Guerra Civil Española*, Madri, 1988, e Stanley G. Payne e Javier Tussel, eds., *La Guerra Civil. Uma nueva visión del conflicto que dividió Espana*, Madri, 1996

(N. do T.)]; em francês, há uma coleção de documentos, *L'Espagne sanglante*, Paris, 1937, e Francisque Gay, *Dans les flammes et dans le sang*, Paris, 1936. O testemunho de Gay é tanto mais interessante quanto é certo que o seu autor, democrata-cristão, era considerado homem de esquerda.

[40] A prova de que essa campanha da "mão estendida" foi certamente uma das principais razões que levaram o papa a pronunciar uma condenação doutrinal completa do comunismo, é que voltou ao assunto ainda na sua Mensagem de Natal de 1937, e que, alguns dias antes, ao receber em audiência o cardeal Verdier, lhe falou com tal insistência que o arcebispo de Paris, ao voltar de Roma, publicou uma declaração categórica.

[41] Hoje, depois de um certo esquecimento da grande encíclica, a leitura que dela se fizer terá atualidade acrescida: aí estão os acontecimentos de 1989-92 a demonstrar objetivamente a razão que tinha Pio XI (N. do T.).

[42] Deve-se observar que, em Paris, só o *La Croix* era um diário ao menos oficiosamente católico, e não era nem é habitual que a imprensa, mesmo simpatizante, publique as encíclicas na íntegra. Em contrapartida, é de lamentar que as análises recentes da doutrina social da Igreja tendam a esquecer a *Divini Redemptoris* (N. do T.).

[43] Marc-Bonnet, *La Papauté contemporaine*, p. 119.

[44] Cf. neste vol. o cap. VII, par. *No fim do "pós-guerra"*.

[45] Cf. neste vol. o cap. III, par. *O árbitro das nações*.

[46] Importa notar que Pio XI não tinha mais ilusões acerca das causas profundas das ameaças de guerra do que sobre tudo o mais. Assim como denunciara o egoísmo dos indivíduos, causa do desequilíbrio social, assim também, por várias vezes, pôs em guarda as nações ricas contra "o egoísmo desenfreado, a cobiça insaciável, de onde nascem a desordem e o desequilíbrio injusto".

[47] O texto veio a ser publicado por João XXIII. É, simultaneamente, um apelo pela paz e uma crítica severa ao regime fascista. O melhor biógrafo de Pio XII, Nazareno Padellaro, conta, baseado em informações de primeira mão, que, na angústia dos seus últimos dias, Pio XI teria gozado de dons autenticamente proféticos. Ao receber dois políticos italianos, ter-lhes-ia anunciado que a Itália cometeria a loucura de entrar na guerra ao lado da Alemanha, e seria derrotada. Teria mesmo indicado com precisão que a Itália seria invadida a partir da Sicília e do Sul, que o regime fascista cairia e muitos dos seus chefes morreriam de morte violenta.

X. A IGREJA À DIMENSÃO DO MUNDO

1. EM TERRAS BATIZADAS

"À dimensão do mundo"

A impressão de coragem e vigor que a Igreja nos dá ao considerarmos a história recente das suas lutas contra os Estados hostis e as ideologias ateias corresponde apenas a alguns aspectos da tarefa a que a sua vocação a chama. Há muitos outros setores em que podemos vê-la em ação, não menos firme, não menos eficaz. Aí, não se trata apenas de defender o depósito sagrado, mas, para conservar a terminologia militar, de lançar ofensivas, obter conquistas ou reconquistas. O trabalho realizado pelos promotores do catolicismo social e pelos militantes da Ação Católica correspondia a essa intenção, uma vez que o objetivo em vista era reconduzir a Cristo as classes que dEle se tinham afastado. Durante o período de que tratamos, empreendeu-se o mesmo esforço, embora de outra maneira, a fim de alargar o campo em que se semeava o grão da verdade. E também aí os resultados foram grandes.

É essa uma das provas menos duvidosas da vitalidade da Igreja que podemos observar. No próprio momento em que poderíamos supô-la inteiramente absorvida pela preocupação de combater nas muralhas da velha fortaleza tão duramente assaltada, ou angustiada por ver uma parte do rebanho fiel ceder às tentações da apostasia, vemo-la em toda a parte ao trabalho, procurando reconquistar as posições perdidas, recuperando terreno de um modo espetacular em regiões onde a sua situação parecia muito enfraquecida, expandindo-se por países novos com impressionante rapidez, ao mesmo tempo que, noutros lugares ainda, preparava dispositivos que lhe viriam a ser úteis mais tarde, ou aproveitava a oportunidade da abertura do mundo à penetração ocidental (a que se chamou o surto colonial) para acrescentar aos desígnios dos colonizadores os que eram próprios de uma obra de fé e de caridade. Tudo isto forma um outro capítulo da história da Igreja — e não dos menos importantes.

Um bispo francês[1] passava um dia pela galeria do palácio do Vaticano que leva aos gabinetes da Secretaria de Estado. Ia com o cardeal Pacelli, então Secretário de Estado de Pio XI, quando o viu deter-se subitamente diante do mapa-múndi que Pio IV encomendara por volta de 1560 a Giovanni da Udine. Ergueu o braço esguio para essa imagem do globo, e aquele que havia de ser o papa das "igrejas de cor" disse, com voz forte: "Monsenhor, temos de colocar-nos à dimensão de tudo isto..." Colocar a Igreja à dimensão do mundo — tal era, entre outros, o dever que incumbia aos que a tinham a seu cargo. E eles não faltaram a esse dever.

Na Europa da Reforma

Reconquistar o terreno perdido: essa preocupação nunca abandonara o espírito dos chefes da Igreja desde que a Reforma protestante a tinha feito perder tantas parcelas da antiga catolicidade do Ocidente. Mas, até à Revolução Francesa, esse cuidado não se traduzira muito em fatos: não seria possível assinalar setores em que a fé católica tivesse voltado seriamente a pôr o pé, dentre aqueles em que a Reforma triunfara. No século XIX, as coisas tinham sido outras. À medida que a evolução das mentalidades ia levando os governos de diversos países a baixar as barreiras legislativas diante dos católicos, estes tinham dado provas de mais vitalidade e iniciativa, fazendo face aos protestantes e conseguindo até reerguer a sua Igreja em países onde parecera destruída para sempre. Foi este renascimento que prosseguiu, de modo ainda mais claro, nos anos que se seguiram a 1870 e até ao nosso tempo. Em certos pontos, houve resultados significativos.

Não há dúvida de que foi a *Inglaterra* o país em que essa renovação do catolicismo se mostrou mais impressionante. É até caso único: uma comunidade católica situada no seio de uma população inteiramente protestante, que não contava, no início do século XIX, mais que umas tantas dezenas de milhares de fiéis, e que, cento e cinquenta anos depois, constituía a décima parte da nação. Mudança tão espantosa operou-se simultaneamente com a evolução da situação legal daqueles que, por tanto tempo, não tinham passado de uns "papistas" desprezíveis. A emancipação dos católicos, conquistada no início do século XIX, sobretudo através da luta dos tenazes irlandeses, e votada em 1829, marcou o princípio da ascensão católica[2]. Mas, à medida que esta cresceu, trouxe consigo novas modificações no sistema legislativo que, havia três séculos, visava conservar os católicos numa situação vexatória.

As funções públicas, as universidades foram-se reabrindo pouco a pouco aos "romanos". Em 1910, o Parlamento dispensou George V e os seus sucessores de, no momento da coroação, prestarem o juramento, injurioso para os católicos, que todos os soberanos tinham prestado desde 1678: "rejeitar a transubstanciação eucarística, condenar toda e qualquer adoração ou invocação da Virgem Maria e todas as outras práticas de superstição e idolatria, tais como existem na Igreja de Roma". Em 1914, o restabelecimento das relações diplomáticas com o Vaticano não foi somente um gesto diplomático hábil, mas uma satisfação dada aos leais súditos católicos de Sua Majestade. Finalmente, em 1927, o Parlamento aprovava o *Catholic Relief Act*, que abrogava todas as leis ainda subsistentes contra os católicos e lhes concedia plena paridade jurídica com os fiéis das outras confissões. Com exceção da Coroa — o soberano continuava a jurar que seria *a loyal protestant*[3] —, os católicos podiam concorrer aos mais altos cargos e funções do reino.

A que se deveu o notório crescimento de peso dos católicos na balança da política britânica, que essa evolução traduzia? Por volta de 1850, o catolicismo na Inglaterra limitava-se a umas poucas centenas de velhas famílias que descendiam dos nobres Pares da antiga religião e continuavam a ser muito ricas; a uma pequeníssima classe média, concentrada sobretudo nas regiões portuárias e frequentemente composta por negociantes de vinhos e produtos alimentícios que, pelo seu comércio, mantinham relações com a Europa continental; e principalmente a camponeses pobres, especialmente do norte da ilha, reforçados por gente vinda da Irlanda. No conjunto, não era uma comunidade especialmente vigorosa. Newman pôde escrever: "Não havia Igreja Católica; nem sequer comunidade católica".

O grande renascimento católico deveu-se precisamente ao papel histórico desempenhado por Newman, Manning e o "Movimento de Oxford", que, a princípio, se propunham despertar o anglicanismo da sua letargia. Ao converterem-se à fé romana, traziam-lhe sangue novo. Intelectuais, teólogos, clérigos da Igreja anglicana reencontravam o caminho do velho redil católico: trocavam-se as perspectivas. O exemplo desses homens foi contagioso. Continuaram a dar-se conversões nas universidades e nas classes sociais de onde provinham os alunos. No entanto, não houve regressos em massa, contrariamente às esperanças que se tinham alimentado quando da conversão de Newman.

A verdade, porém, é que, se não se produziu uma vaga de fundo, a corrente foi contínua e não viria a cessar até à nossa época. As tentativas de "reunião num só corpo" da Igreja anglicana e da Igreja romana, que tiveram lugar, primeiro a partir de 1889, com os encontros entre Lord Halifax e o pe. Portal, e, mais tarde, a partir de 1920, com as conferências de Lambeth e de Malines, sob a égide do cardeal Mercier, contribuíram, malgrado o seu fracasso[4], para alimentar essa corrente. O número de conversões chegou até a crescer: passou de 6.500 em 1900 para 7.500 em 1910, e atingiu 121.793 no período que vai de 1920 a 1930 (12 mil por ano). Estabilizou-se nessa cifra até às vésperas da Guerra Mundial.

Só por si, no entanto, o movimento das conversões, por mais impressionante que seja, não reflete por inteiro o progresso da população católica. Outro fenômeno se verificou que, como veremos, também foi determinante para a vida da Igreja dos Estados Unidos, e importante na do Canadá: a imigração irlandesa. Fica-se com a impressão de que, em todos os países anglo-saxônicos, a fervorosa Ilha de São Patrício, retomando de algum modo, mas em termos diferentes, o papel que desempenhara no Ocidente na época de São Columbano, constituiu um reservatório de católicos. A maré irlandesa começara a invadir a Inglaterra por volta de 1850, após a "fome da batata". Em dez anos, chegaram 800 mil irlandeses, que se fizeram operários têxteis ou mineiros. Depois, a vaga voltou-se para os Estados Unidos, de tal maneira que, por volta de 1910, havia mais irlandeses na América do Norte do que na Inglaterra. Mas retomou o sentido do Leste depois da crise mundial de 1929. Em outros dez anos, desembarcaram na Inglaterra mais de 200 mil, sem falar de uma imigração temporária, sobretudo feminina, de enfermeiras, amas ou empregadas domésticas. Este afluxo serviu grandemente a causa do catolicismo na Inglaterra, fornecendo-lhe efetivos. A mistura dos recém-vindos com os antigos elementos deu-se cada vez mais rapidamente à medida que engrossava a massa católica.

Os números a que se chega, portanto, somando os três fatores, são impressionantes. Na Inglaterra e no País de Gales, os católicos eram cerca de 1.300.000 em 1870, 1.800.000 em 1900, 2.375.000 em 1939. A estes temos de acrescentar os da Escócia, onde o progresso foi mais rápido: de 300 mil em 1870, passaram para 700 mil em 1939. E, ainda, se seguirmos a opinião autorizada do *Newman Demographic Survey*, observaremos que muitos católicos nada faziam para se distinguir dos seus concidadãos anglicanos ou protestantes, de modo que o número dos "católicos batizados" devia orçar por 4.500.000.

Por outro lado, para compreender a importância do renascimento católico inglês durante os setenta anos do nosso período, importa pensar, pelo menos tanto como nas informações de ordem estatística, nos múltiplos sinais que mostram o catolicismo retomando o seu lugar a céu aberto na nação. É a catedral de Westminster que se constrói, logo nos começos do século XX, sob o episcopado do cardeal Vaughan. É o Congresso Eucarístico de 1908, reunido em Londres, para o espanto admirado ou inquieto das multidões. São os estudantes católicos que, logo que a hierarquia (a princípio desconfiada) os autoriza a matricular-se nas universidades, nelas entram em número crescente. Em Oxford, eram 150 entre cinco mil, em 1914; mas, em 1939, são setecentos. São as embaixadas que passam a ter católicos a ocupar postos em número três vezes maior do que seria de esperar pela proporção com os outros. São os escritores católicos: Gerard Hopkins, G.K. Chesterton, Hilaire Belloc, T.S. Eliot — que conquistam a celebridade mesmo afirmando-se católicos. É até, em 1913, a conversão coletiva de uma comunidade anglicana, a dos beneditinos de Caldey, que causa pasmo entre anglicanos e puritanos.

Essa Igreja em pleno crescimento dava diversas provas de grande vitalidade espiritual. O clero, que não dispunha de cem membros para a Inglaterra e a Escócia em meados do século XIX, contava 2.900 em 1900, quatro mil em 1911, 5.600 em 1939. Os lugares de culto — igrejas e capelas — passavam de 780 para 2.500. Em 1939, estavam em funcionamento seis seminários maiores. Retomavam as atividades setenta e três congregações masculinas, com dois mil membros sacerdotes — desde os beneditinos, cistercienses ou cartuxos até os salesianos de Dom Bosco ou os Padres do Verbo Divino (irlandeses). Os próprios jesuítas tinham recuperado o prestígio de antes da ruptura, e a sua *public school* de Stonyhurst era considerada do mesmo nível de Eton. Estavam espalhados pelo país 1.300 conventos de religiosas, pertencentes a cento e cinquenta ordens ou congregações. Aparecera uma imprensa católica, com *The Tablet*, *The Catholic Times*, o *Univers* e a grande revista *The Month*, sem esquecer a *Dublin Review*, que tinha metade dos leitores na Inglaterra.

Como todas as comunidades que se sentem minoritárias, os católicos ingleses eram, no seu conjunto, bem mais praticantes que os de um país como a França. O zelo apostólico era aí alimentado pelos Knights of Saint Columba, pela Arquiconfraria de Nossa Senhora da Compaixão, fundada em 1897 pelos sulpicianos, e pela Sociedade do Cardeal Vaughan, fundada em 1903; as três instituições tinham por finalidade converter os protestantes. O Colégio Beda, em Roma, acolhia os convertidos que desejassem fazer-se sacerdotes. A Sociedade dos Jovens Católicos (CYMS) era extremamente ativa.

Enfim, era uma Igreja que, desde a época das perseguições, estava ligada a Roma por laços muito fortes. O ensino dos papas quanto à questão social estava bastante difundido. Constituíra-se uma Associação dos Sindicatos Católicos, se bem que a gente simples de origem irlandesa não gostasse lá muito da solução sindicalista. Também se organizaram as Semanas Sociais, e o movimento da JOC teve um feliz começo.

Sem sobrestimar, portanto, a importância do catolicismo na Inglaterra, era evidente, nas vésperas da Segunda Guerra Mundial, que a presença católica era agora tomada em consideração; e, mais que isso, em face da "religião estabelecida" — muitas vezes pobre de substância, composta de protestantismos divergentes, demasiadas vezes esvaziada de qualquer teologia pelo modernismo e reduzida a uma espécie de moralismo prático —, o catolicismo surgia como bastião de uma vida espiritual autêntica. Foi esta extraordinária reviravolta que Roma consagrou ao restituir à Inglaterra, em 1850, depois à Escócia, em 1878, o caráter de Igreja organizada, com uma hierarquia normalmente constituída, seis províncias eclesiásticas e vinte e cinco dioceses. E, além disso, estabeleceu-se o costume de que essa Igreja tivesse direito a pelo menos uma púrpura cardinalícia[5].

É também de um progresso no plano moral — o plano em que se exercem as influências — que se tem de falar a propósito da *Alemanha*. Citá-la aqui não significa assimilar esse velho e grande país católico àqueles em que a Reforma tudo submergira. Em 1871, de 41 milhões de habitantes, 14.800.000 eram católicos: representavam 36,2% da população, o que era muito, embora fosse uma posição minoritária. A situação não iria mudar até à Segunda Guerra Mundial. Pelo contrário, se acreditarmos nas estatísticas, foi-se deteriorando, chegando a cair para 22 milhões num total de 68 milhões: 32,8%. Aqui, porém, não são os números que contam, nem sequer o das conversões, que oscilam anualmente entre sete mil e dez mil. Este número de entradas na Igreja Católica é amplamente ultrapassado pelo das "saídas", que nunca foram menos de 34 mil e que, em 1937, quando Hitler triunfou, chegaram a 108 mil. Mas essas "saídas" tinham um sentido muito peculiar, e podiam ser explicadas por motivos econômicos e políticos. Deviam-se a um ato legal que levava à isenção do "imposto eclesiástico" estabelecido pelo Estado alemão para as despesas com os cultos.

Apesar de tudo, pode-se dizer que, durante esse período, que acabou para ela de modo trágico, a Igreja Católica da Alemanha nunca deixou de progredir. Uma expressão, frequentemente utilizada nas reflexões dos católicos alemães acerca de si próprios, serve para nos orientar: os católicos alemães tiveram a impressão de "sair do gueto". Incorporados na Prússia protestante pelos tratados de 1815, os territórios de maioria católica tinham tido de início uma única ideia: antes de tudo, ser fiéis, impor a sua personalidade confessional, conquistar a liberdade. Daí o caráter político do seu catolicismo, ao qual, já antes de 1870, por influência de D. Von Ketteler, se tinham associado traços "sociais" bem marcados. O *Kulturkampf*, que terminara pela vitória dos católicos, favorecera-lhes essa tomada de consciência: tinham passado a sofrer menos do complexo de inferioridade que os dominava. E tinham prosseguido nessa dupla ação política e social, de que um clero jovem e fervoroso tirara proveito para iniciar um autêntico renascimento. Entre 1900 e 1914, essa abertura social fora acompanhada de tentativas de dar à vida intelectual católica um nível mais alto. Também aí fora preciso "sair do gueto". O que, aliás, não se levara a cabo sem dor, pois os "católicos integrais" tinham feito a vida dura a um Karl Muth, um Herman Schell, um Albert Ehrard, que viam claro e reclamavam abertura.

Foi precisamente na ordem intelectual que se deu o renascimento católico a seguir à Primeira Guerra Mundial. Enquanto o partido do *Zentrum* se engolfava nas tarefas de governo, quase só preocupado com a defesa do federalismo, e os movimentos católicos de massa se limitavam a um trabalho, útil mas insuficiente, de educação e socorros mútuos, a obra de Romano Guardini e de Theodor Haecker suscitava o entusiasmo de uma grande parte da mocidade, enquanto a influência de Dom Münch, da abadia beneditina de Maria-Laach, e da revista *Hochland* provocavam uma renovação espiritual que se exprimia, por exemplo, na liturgia e na arquitetura.

Após 1933, foi já de outra maneira que a Igreja Católica, definitivamente saída do gueto, mas pronta a reentrar nele para salvar a sua existência, acabou de afirmar a sua autoridade. A firmíssima resistência dos seus bispos à ditadura totalitária e ao racismo[6] fez dela um símbolo de coragem e de liberdade. Depois da expansão, veio o período de aprofundamento. O apostolado dos anos 1925 dava os seus frutos; estava formada uma elite católica que soube permanecer firme no meio das perseguições. E os bispos, deixando de ser os príncipes temporais das suas dioceses, tornaram-se plenamente pastores. No momento em que, em 1945, o esmagamento do nacional-socialismo ia abrir à Alemanha novos destinos, a Igreja Católica, que, na Alemanha ocidental, contaria mais de 45% de fiéis, estaria preparada para desempenhar o papel considerável que tem nos nossos dias.

Os exemplos da Inglaterra e da Alemanha provam igualmente, embora de modos diferentes, que o catolicismo conservava grande potencial perante as forças saídas da Reforma. De fato, em nenhum país protestante deixou de se ver uma renovação, ou pelo menos indícios de renovação.

Na *Holanda*, bastião histórico do protestantismo, a situação apresentava-se muito diversa da da Inglaterra, pois os católicos tinham continuado a ser numerosos após a crise do século XVI. Nas vésperas da Revolução Francesa, representavam 38% da população, mas tendiam a diminuir, de tal modo que, em 1870, não seriam mais de 36,5%. E, sobretudo, ocupavam uma posição secundária, eram desdenhados pelos altivos e poderosos calvinistas das ilhas e da costa. As suas igrejas, especialmente as catedrais, tinham sido confiscadas pelos protestantes. Só com grandes dificuldades é que mantinham escolas e seminários. Sentiam-se humilhados. É nesta perspectiva que devemos considerar a evolução que se deu, para podermos medir a importância da ascensão do catolicismo na terra dos batavos.

Tendo obtido em 1880 a igualdade jurídica, os católicos levaram muito tempo a levantar cabeça. A partir, porém, de 1870, cada década assinalou um certo progresso. O aumento numérico não foi espetacular. Em 1939, tinham apenas reconquistado os 38% de outrora, o que mostrava, no entanto, que cresciam a um ritmo um pouco mais rápido que o conjunto da população. As famílias católicas tinham, aliás, mais filhos que as protestantes.

Mas o que principalmente mudou foi a sua atitude, como também o lugar que ocupavam na comunidade nacional. A Igreja holandesa, cuja hierarquia fora restaurada em 1853, com grande fúria dos protestantes, desenvolveu uma enorme atividade para firmar a sua situação no país. A fundação de uma associação sindical católica em 1889[7] e a de um partido católico, em 1896, por D. Schaepmann, no qual votavam disciplinadamente quase todos os católicos, contribuíram muito para operar essa renovação. A partir da Primeira Guerra Mundial, os católicos holandeses libertaram-se do complexo de inferioridade que pesava sobre eles, e a sua elite foi ocupando cada vez mais os altos postos da nação. Assim, conseguiram em 1920 uma lei escolar de tipo pluralista, bastante notável: as subvenções do Estado passavam a ser repartidas consoante a vontade das famílias. Em consequência, as escolas católicas tinham, em 1939, 41% da população escolar. Desde 1923, os católicos possuíam a sua Universidade em Nimega. Fato ainda mais assombroso: conseguiram ficar associados à administração da Rádio do Estado. Em conjunto extremamente praticantes, conservando certa semelhança exterior com a gravidade protestante, podiam orgulhar-se de ser a região do mundo — ao lado dos cantões católicos da Suíça — com maior número de sacerdotes: nove mil, metade dos quais diocesanos e os outros regulares, sem falar de mil a 1.500 frades e de 25 mil freiras. Um padre por cada 485 habitantes! E três mil religiosos holandeses em missão fora da pátria! Bastam estes números para mostrar a importância da renovação.

Na *Suíça*, não é lendo estatísticas que se pode ter uma ideia da importância crescente dos católicos. Com efeito, os recenseamentos mostram que a sua progressão acompanhou exatamente o crescimento demográfico geral. Se, de 1.084.000 em 1870, passaram para 1.629.000 em 1930 e para 1.700.000 em 1939, esses números correspondem sempre à mesma proporção do conjunto da Confederação: um pouco mais de 40%. Mas aquilo que os números não revelam é a posição psicológica assumida pelos católicos durante esse período. E ela nunca deixou de melhorar. Em 1870, a luta armada entre protestantes e católicos, que no tempo do *Sonderbund* (1847) levara à derrota do general Salis-Soglio pelo general Dufour[8], já não passava de uma velha recordação. Recomeçara, porém, de maneira diferente no interior de vários cantões — Berna, Zurique, Saint-Gall, Turgau, Tessin e sobretudo Genebra, onde o partido radical do maçom Carteret se empenhava no que ia receber o nome de *Pequeno Kulturkampf*[9]. Foi precisamente a indomável resistência de mons. Mermillod, em Genebra, e dos montanheses do Jura em Berna, que deu aos católicos consciência da sua força e os fez merecedores do respeito dos seus compatriotas protestantes.

A autoridade de mons. Mermillod, reforçada em 1890 pela púrpura cardinalícia — que nenhum suíço vestira desde o valaisino Schinner em meados do século XVI — consagrou o prestígio dos católicos. A fundação, em 1889, da Universidade de Friburgo, que Georg Python inteligentemente fez Universidade do Estado, como as de Berna e Zurique (protestantes), e não um Instituto católico dependente dos bispos, e a celebridade que ela ganhou imediatamente pela excelência dos seus mestres[10], contribuiu muito para firmar a autoridade dos católicos. O prestígio assim alcançado pôde medir-se quando os chefes do catolicismo social decidiram reunir-se em Friburgo para confrontar as suas teses e procurar definir uma doutrina comum[11]. Pode-se dizer que, no século XX, os católicos suíços tinham ganho a partida. Os seus estadistas alcançavam os postos federais mais elevados. Os seus jornais eram muito lidos: *Liberté*, de Friburgo, *Courier*, de Genebra. Instituições por eles criadas, como a Missão Católica dos Prisioneiros de Guerra, desempenharam um papel internacional durante o conflito da primeira Grande Guerra. Disputando à Holanda o primeiro lugar quanto ao número de sacerdotes — um para 477 habitantes —, a Igreja Católica suíça estava em pleno surto.

Ainda mais admirável é a história do catolicismo nos *países escandinavos*. A revolução que foi a Reforma tinha-o praticamente eliminado. Nos princípios do século XIX, não subsistia mais que uma dezena de "romanos" obstinados, dispersos na massa protestante, privados de todos os direitos legais. Eram tão poucos que nem se pensava em persegui-los.

A *Dinamarca* tinha sido o primeiro dos países escandinavos a mostrar-se equitativo, concedendo a liberdade de culto em 1849. A Igreja Católica passara a ter personalidade jurídica e até a organizar o registro civil dos seus fiéis. Eram nessa época 500; em 1895, quatro mil; em 1914, 12 mil; em 1939, muito perto de 20 mil. O número de conversões, conhecido com precisão desde 1908, mantinha-se anualmente em duzentas; a do grande escritor Joergensen, em 1896, causou sensação. Desde 1868, destacada da diocese de Osnabrück, a Dinamarca constituía uma circunscrição eclesiástica à parte, inicialmente erigida em Prefeitura apostólica, depois em Vicariato apostólico (1892). A Igreja dinamarquesa demonstrou extraordinária vitalidade. Devia-a, em larga medida, a um homem que foi o seu primeiro bispo dos tempos hodiernos, *D. Johannes von Euch* (1834-1922).

Nascido em Hannover, descoberto, quando era um jovem padre, pelo empreendedor apóstolo que foi Leopold von Stolberg[12], apoiado desde então pela Sociedade de São Bonifácio, dirigida por Stolberg, enviado como pároco para Fridericia, paróquia desmedida que abarcava toda a Jutlândia e a Fiônia, passou a ser prefeito apostólico em 1882 e, durante quarenta anos, não deixou de dar provas de extraordinária atividade. Tratava muito habilmente com as autoridades; praticava sistematicamente uma política de prestígio. Multiplicou peregrinações e procissões; acrescentou dez paróquias às que encontrara; fez passar o número dos seus sacerdotes de dezoito para sessenta e sete, dos quais doze dinamarqueses; mandou vir religiosos e religiosas de dezesseis ordens; fundou vinte e uma escolas, quinze hospitais; deu, enfim, à Igreja católica do pequeno reino um lugar muito acima daquele que a sua importância numérica poderia fazer esperar.

Nessa grande tarefa, foram seus principais auxiliares, por um lado, os jesuítas, expulsos da Alemanha pelo *Kulturkampf* e cujo Colégio de Copenhague exerceu uma profunda influência na juventude; e por outro, uma congregação feminina — francesa, mas mal conhecida na França —, cujo trabalho em todos os países escandinavos foi assombrosamente fecundo — as *Irmãs de São José de Chambéry*: instaladas já em 1856 como professoras e enfermeiras, constituíam em 1939 metade das religiosas da Dinamarca. Nessa data, era sagrado o primeiro bispo de nacionalidade dinamarquesa: D. Suhr, beneditino.

A *Noruega* passou por uma evolução análoga, embora menos rápida e menos acentuada. Uma das primeiras decisões do novo rei, Oskar I, fora, em 1845, conceder a liberdade a todas as igrejas cristãs. Desde então, a Igreja Católica gozava do estatuto das "igrejas não conformistas reconhecidas pelo Estado". Os casamentos católicos eram válidos sem prévio casamento civil. Como a escola continuava a ser confessional — luterana —, as crianças católicas eram dispensadas da cadeira de religião. Só uma restrição continuava imposta ao catolicismo: um parágrafo da Constituição proibia aos jesuítas a entrada no reino; só seria abolido em 1956.

Nesse novo quadro legal, a Igreja Católica pôde voltar a pôr o pé no solo norueguês. Em 1871, não havia mais de 350 católicos, muitos dos quais estrangeiros. Em 1939, já eram pelo menos três mil, ao serviço dos quais estavam quarenta e cinco padres, seis deles noruegueses. O movimento de conversões mantinha-se com regularidade em torno de sessenta por ano; algumas deram que falar, como a do célebre Dr. Crogh-Conning, pároco luterano de Christiana. O enérgico trabalho de mons. Fallize, francês, à cabeça da Igreja norueguesa desde 1887, não foi alheio a esses resultados. Em 1931, o vicariato apostólico da Noruega foi dividido em três partes. Oslo (Christiana) continuava a ser vicariato, mas eram instituídas duas Prefeituras apostólicas — uma para o Norte, outra para o Sul. Estavam em atividade cerca de vinte ordens e congregações, entre as quais se encontrava na primeira linha a das Irmãs de São José de Chambéry, que, desde 1869, se ocupavam dos hospitais. Calculava-se em 460 o número de religiosas, 25 das quais eram norueguesas.

A própria *Suécia*, havia quatro séculos fortaleza bem guardada do mais sólido espírito protestante, abriu-se ao regresso do catolicismo, mas em circunstâncias bem mais difíceis. Se bem que a fé romana tivesse reconquistado algum terreno nos começos do século XIX, por ação da princesa Josefina de Beauharnais-Leuchtenberg, enteada do marechal Bernadotte (feito rei Carlos XIV), e do seu guia espiritual, um suíço, D. Studach, o luteranismo opunha poderosas barreiras a qualquer expansão. Nenhum cidadão sueco podia converter-se; os filhos de católicos tinham de receber educação luterana. Em 1858, no entanto, quando seis mulheres tinham sido obrigadas a exilar-se por se terem convertido, o caso provocara tal celeuma por toda a Europa que, em 1860, fora promulgada uma "lei sobre os dissidentes", que abolia as sanções contra os "papistas". Em 1870 e 1873, alguns decretos reais melhoraram a situação dos católicos, mas a liberdade religiosa continuava muito limitada.

Deu-se a seguir uma reviravolta, por obra de vigários apostólicos que deram provas de notável zelo: depois do suíço D. Studach, o bávaro D. Huber, o hanoveriano D. Bitter, novamente um bávaro, D. Johann Evangelist Müller, que foi escolhido e sagrado pelo núncio em Munique, o futuro Pio XII. Todos eles despenderam tanta coragem como paciência em fazer crescer o pequeno rebanho e em implantar a Igreja por todo o vasto território sueco. É difícil registrar o ritmo desses progressos, porque os dados estatísticos são muito vagos até cerca de 1910. Consoante os autores, o número de católicos em 1870 oscila entre 300, mil ou mesmo dois mil (o que não pode ser verdade). Ao menos em 1939 era de 3.750. Durante esse período, o número de sacerdotes subiu de oito para vinte e nove (dos quais cinco suecos). Em 1893, Estocolmo passou a ter uma catedral católica. Upsala, a velha diocese luterana, tinha culto católico desde 1923. As "estações" (paróquias) estavam espalhadas por toda a parte, mesmo no Norte, onde, desde 1924, a de Sörforsa cobria metade do reino!

Tudo isso exigia muito esforço. Assim, D. Bitter teve de lutar com veemência para tentar obter que o ensino oficial deixasse de caluniar o catolicismo. Como as congregações masculinas continuavam a ser proibidas, de direito mas sobretudo de fato, vieram as femininas: religiosas alemãs de Santa Isabel, Filhas de Maria, Irmãs da Escola; polonesas (Irmãs de Santa Maria); francesas (dominicanas dedicadas ao ensino, e sobretudo as Irmãs de São José de Chambéry, também aqui na primeira linha da aventura católica). Nasceu também uma congregação sueca: a das brigitidinas (de Santa Brígida). A fundação de uma "Escola francesa" pelas Irmãs de São José (1862) marcou o início de uma assombrosa e admirável história: nascida na maior humildade, essa escola, dirigida sucessivamente por mulheres de grande talento, progrediu a tal ponto que chegou a ter perto de quinhentas alunas e ganhou tal prestígio que, em 1950, a família real lhe iria confiar as suas próprias filhas.

A despeito desses resultados felizes, ainda em 1939 o Vicariato apostólico da Suécia encontrava grandes obstáculos. Alguns de ordem natural, como a imensidade das distâncias, peso excessivo para um clero tão exíguo; outras de ordem econômica, porque esse punhado de padres dispunha de poucos recursos e meios materiais. Mas houve também dificuldades mais surpreendentes num país que passava por ser a pátria da liberdade democrática: dificuldades de ordem legal. Assim, continuavam proibidos os conventos contemplativos; um protestante que quisesse converter-se tinha de avisar por duas vezes o seu pastor, que o visitaria para tentar dissuadi-lo; os conselheiros de Estado, como também os professores primários, eram obrigados a prestar juramento de professar a "pura doutrina" evangélica de Lutero. E o registro civil cabia à Igreja do Estado, de modo que era aos párocos luteranos que os católicos tinham que dirigir-se para obter uma certidão de nascimento[13].

Se considerarmos apenas estes números — e, mais ainda, a percentagem na população respectiva —, a ascensão do catolicismo nos países escandinavos pode parecer bem modesta. E é claro que nada tem de comparável ao que vimos na Inglaterra; menos ainda, ao que observaremos a seguir nos Estados Unidos. Mas não deixa de ser verdade que o que vimos na Escandinávia dava testemunho de um espírito de iniciativa, de uma energia e de uma tenacidade que era muito frequente não se reconhecer aos católicos. Em 1923, a visita do cardeal Van Rossum, Prefeito da Congregação *de Propaganda Fide*, aos católicos escandinavos foi a consagração oficial dos esforços realizados. Nesse campo estreito, era o combate pela fé que se travava — o mesmo combate que vimos travar-se em cenários mais vastos[14].

Estados Unidos: uma igreja que sobe em flecha

No dia 1º de janeiro de 1888, Leão XIII, ao celebrar o quinquagésimo aniversário da sua Primeira Missa, recebeu, entre muitos testemunhos de simpatia vindos das Potências, um presente inesperado: um exemplar suntuosamente encardenado da Constituição norte-americana. A essa prenda, o presidente dos Estados Unidos, Cleveland, juntara uma mensagem pessoal de felicitações. E o papa respondeu em termos calorosos: "No seu país, a religião tem liberdade para estender cada vez mais a presença do cristianismo, e a Igreja pode desenvolver a sua benéfica ação. Um grande futuro vos espera".

Essa troca de cumprimentos diplomáticos traduzia uma situação de fato: a posição de primeiríssimo plano que o catolicismo ocupava já então nos Estados Unidos da América. Onde estava o tempo em que 30 mil miseráveis "papistas", na sua maior parte agrupados no Maryland, mal conseguiam ser tolerados pela orgulhosa massa dos colonos protestantes? E, no entanto, isso tinha sido exatamente cem anos antes — e esses 30 mil eram agora 7.500.000! A sua influência, sensível no plano político, tornava-os de ano para ano cada vez mais respeitados. A era das brutais tentativas de esmagá-los parecia ter acabado. Graças à coragem dos seus fiéis, à energia e inteligência dos seus líderes, graças também às circunstâncias favoráveis criadas pelo afluxo dos imigrantes europeus, a Igreja Católica dos Estados Unidos surgia como uma flecha lançada à conquista de um futuro dos mais prestigiosos[15].

Essa prodigiosa ascensão, que fora um dos fatos mais importantes do período precedente, não perdera demasiada força com a Guerra Civil entre os Estados do Norte e os do Sul, e continuaria no mesmo ritmo ainda por muito tempo, ajudada pelo mesmo fenômeno que a desencadeara: a imigração em massa de católicos europeus. A situação só se alteraria depois de 1917 e das leis que iriam limitar a entrada de gente nova. Nesse momento, porém, a posição da Igreja Católica seria tal que o seu bom nome e a sua influência seriam inatacáveis, e, em alguns planos, ela podia continuar a progredir.

O fato traduziu-se, antes de mais, nos números, que são eloquentes. Em 1870, os católicos eram 3.500.000; em 1880, 6.260.000; em 1890, aproximavam-se dos 9 milhões; em 1900, passavam dos 12 milhões; nas vésperas da Primeira Guerra, atingiam 16 milhões. Numa população global de 95 milhões, os católicos representavam já mais da sexta parte. Isso porque a imigração católica não parava. Aos irlandeses — cuja vinda na época precedente tomara as dimensões de verdadeira maré —, juntaram-se alemães, em parte católicos. Vieram depois súditos da Áustria-Hungria, poloneses e um número crescente de italianos, os quais, só no ano de 1913, atingiram o número de 265 mil. Muitos destes imigrantes católicos amontoavam-se nas cidades, onde constituíam núcleos enormes. Nova York, com cerca de 2 milhões de habitantes em 1914, terá 200 mil irlandeses, 150 mil poloneses e mais de 350 mil italianos. Isto quer dizer que uma terça parte da população era católica. Boston, outrora exclusivamente protestante, será católica na proporção de 75%.

Mas não foi apenas nas cidades da costa oriental que se deu o afluxo: os colonos católicos alemães e também numerosos poloneses instalaram-se no Middle West como agricultores. Esse avanço católico manifestou-se pela multiplicação dos vicariatos apostólicos que a Igreja foi levada a constituir para governar o seu crescente rebanho, distribuído por parcelas cada vez mais numerosas e mais distantes, espalhadas pelo território nacional. Pio IX criara trinta e cinco; Leão XIII, trinta; Pio X, quinze. Às seis arquidioceses já existentes, acrescentaram-se Boston, Chicago, Dubuque (Iowa), Milwaukee, Filadélfia, Saint-Louis, Saint-Paul e o vicariato de Santa Fé. Nas vésperas da Guerra de 1914, a Igreja Católica estará presente em todos os Estados da União.

Imensa pelo número e expansão dos seus fiéis, a Igreja Católica nos Estados Unidos é forte e poderosamente estruturada. O seu clero progride no mesmo ritmo da população, e até mais depressa: de 3.780 a seguir à Guerra Civil, o número de padres passa sucessivamente para seis mil em 1880, 9.168 em 1890, 11.987 em 1900, 17.084 em 1910 e perto de 19 mil em 1914. O fenômeno já anteriormente assinalado continua: crescem, proliferam ordens e congregações. Não somente se desenvolvem as já existentes, como nascem outras. Espantosa germinação!

Os golpes sofridos pela Igreja na Europa beneficiam a Igreja na América. Numerosos religiosos e religiosas — fugindo da Alemanha bismarckiana do *Kulturkampf*, da Polônia em transe de russificação, da França anticlerical — desembarcam na terra da liberdade e criam raízes. Tomemos um só exemplo: pode-se calcular em 44 os institutos religiosos femininos de origem francesa que, entre 1870 e 1914, estabelecem fundações nos Estados Unidos. Um por ano! Beneditinas, Damas do Cenáculo, dominicanas de quatro obediências, franciscanas e clarissas, Filhas do Espírito Santo, Auxiliadoras do Purgatório, cinco variedades de Irmãs de São José — e quantas mais! Algumas dessas fundações conseguem resultados prodigiosos, como é o caso das Irmãs de São José "du Puy", que, sob o nome da aldeiazinha de Carondelet (na margem do Mississipi), onde se fixaram, chegam a ser, em um século, 16 mil! Mas as italianas não ficam atrás; nem as polonesas. Quanto aos homens, são menos numerosos, mas não menos ativos, não menos empreendedores. Não há uma só das grandes ordens ou institutos que, em 1914, não esteja solidamente assente em terra americana.

E, levadas pela emulação, multiplicam-se também as fundações propriamente americanas. Grande número delas são apenas diocesanas, mas várias cobrem toda a União. É o que acontece, entre as masculinas, com os paulistas, os josefitas, as franciscanas do *Atonement*, dedicadas, como os Irmãos, ao trabalho de aproximação com os protestantes. Ao todo, em 1914, existiam na União norte-americana cento e cinquenta congregações de homens e de mulheres, com 4.800 religiosos e 54 mil religiosas. É impossível citar todas elas, mas nunca será demais exaltar o apoio dado por essas diversas milícias ao catolicismo dos Estados Unidos.

Forte, essa Igreja não o é somente pelo número dos fiéis, pela abundância das vocações sacerdotais, pela abundância, também, dos seus frades e freiras. É-o ainda mais pela solidez da sua hierarquia. Os bispos, com efeito, nomeados segundo regras peculiares à União[16], fazem corpo com as suas ovelhas e desempenham junto delas um papel muito intencional de guias e animadores. Sucedendo aos bispos franceses, muitos são agora "irlandeses", quer nascidos na Ilha Verde, quer descendentes dos imigrantes. Têm o realismo tingido de misticismo, o vigor e a combatividade próprios da sua raça. Muitos deles são personalidades fora de série, lutadores firmemente decididos a levar avante a sua Igreja: é o cardeal Gibbons, é D. Ireland, é D. Corrigan, e muitos outros. Nem sempre estão de acordo entre si, mas todos deixam a sua marca nas dioceses que dirigem. Em 1852, tomaram a iniciativa — que Roma encorajou — de reunir-se num "Concílio Nacional", onde foram debatidos livremente, por vezes bastante rudemente, todas as questões que interessavam à Igreja do país. Dois outros se reuniram em 1866 e 1884, em Baltimore, e lá se tomaram deliberações capitais, sobretudo em matéria de ensino.

Um dos títulos de glória desta Igreja americana, e também um dos seus melhores trunfos, é, efetivamente, o sistema escolar que soube instituir. É um sistema notável, porventura o mais eficaz de todos os que o catolicismo possui em todo o mundo. As escolas paroquiais — "pequenas escolas" —, sistema importado pelos imigrantes católicos alemães, passam a constituir a base de toda a Igreja: em 1914, eram perto de 6 mil, com dois milhões de crianças. Acrescentam-se-lhes "seminários de professores", autênticas escolas normais em que se formam os futuros mestres. Depois, à medida que, graças a essas escolas, se vai elevando o nível do imigrante católico, faz-se um novo esforço, sobretudo a partir de 1885, para desenvolver o ensino "secundário"; o tipo deste ensino fora moldado pelos religiosos e religiosas vindos da Europa, mas, até 1870, tinha tido mais desaires que triunfos. Ao mesmo tempo, antigos colégios transformam-se em universidades, ou então criam-se algumas novas: a de Georgetown, a de Note-Dame (Indiana), e principalmente a de Washington, que uma mulher magnânima, Mary Caldwell, torna possível fundar em 1888; pela importância do seu desenvolvimento e qualidade dos seus mestres, bem merece o título de *University of America*[17]. São, aliás, universidades de um tipo bastante peculiar, que visa talvez não tanto promover estudos de altíssimo nível como formar uma elite católica capaz de tomar parte na vida ativa da nação. Nelas, os estudantes "preparam-se para ser dentistas ou comerciantes e, ao mesmo tempo, ter uma sólida base de lógica e de moral cristãs"[18].

É óbvio que o extraordinário e quase insolente progresso do catolicismo provocou reações. Certo historiador americano falou mesmo em *"Kulturkampf yankee"*; é um exagero. Depois de 1870, a oposição ao catolicismo nunca atingiu a violência que tivera na época anterior. Já ninguém incendiava escolas católicas nem perseguia as freiras. O antagonismo manifestou-se mais insidiosamente. Por exemplo, vê-lo-emos esforçar-se por barrar o caminho aos missionários católicos quando estes quiseram interessar-se pelos índios. A *American Protective Association*, descendente direta do Nativismo e do movimento *Know-Nothing*[19], associação fundada para defender os americanos anglo-saxões contra o perigo dos negros e dos "estrangeiros", bem procurou, na medida das suas forças, contrariar o catolicismo, tido por cúmplice da "invasão" italiana ou polonesa. O movimento ganhou notoriedade por ter posto em circulação, em 1893, nas vésperas do Congresso Católico de Chicago, uma falsa encíclica, em estilo horrífico, em que o "papa" ordenava a chacina de todos os hereges, no dia litúrgico de Santo Inácio de Loyola... Mas, quando, em diversos Estados, se fizeram tentativas para lutar por via legislativa contra a escola católica, tais tentativas fracassaram. Um dos resultados mais curiosos dessas ofensivas foi fazer surgir, em 1882, por iniciativa do pe. Michael McGivney, a Ordem dos Cavaleiros de Colombo, que foi buscar à maçonaria o gosto pelos segredos e pelas cerimônias iniciáticas, acrescentando-lhe o amor pelos belos uniformes. Os Cavaleiros de Colombo alcançaram bem depressa um número considerável de aderentes — 400 mil em 1914 —, para defesa da Igreja e, ao mesmo tempo, para a prática, muito generosa, da caridade.

Essa ascensão em flecha da Igreja norte-americana era, como é óbvio, seguida pela Santa Sé com a maior atenção.

Leão XIII queria estar sempre bem informado das questões americanas, e chegou a estudar pessoalmente os *dossiers* dos delicados problemas que pudesse suscitar, tais como o dos Cavaleiros do Trabalho[20] ou o do americanismo[21]. A partir de 1875, os Estados Unidos tinham já um cardeal. Após a morte de D. Mac Closkey, confirmou-se a prática de o episcopado americano ter direito a uma púrpura, até que passaram a ser dois, depois três e depois quatro, a partir de 1924.

Dois fatos consagraram o êxito da Igreja norte-americana. Um deles não lhe agradou muito: a instalação de um Delegado Apostólico nos Estados Unidos — o primeiro foi D. Satolli —, o que fez os bispos recearem que a presença de um representante do papa no seu país limitasse uma independência de que alguns tinham sabido tirar proveito. O outro, pelo contrário, atendeu aos desejos de todos: em 1908, a Igreja dos Estados Unidos foi subtraída por Pio X à autoridade da Congregação romana *da Propaganda Fide* e vinculada, tal como a velha cristandade da Europa, à autoridade da Congregação Consistorial. Era o mesmo que proclamar que ela tinha atingido uma indiscutível maioridade, e não havia necessidade de assimilar essa cristandade tão vigorosa a qualquer país de missão.

A grande ideia do cardeal Gibbons

No entanto, essa Igreja tão florescente deparava com dois problemas muito difíceis — e a solução que lhes foi dada contribuiu para aumentar ainda mais a sua grandeza.

Aos olhos do americano médio, o catolicismo apresentava-se como um agregado de comunidades religiosas soltas, depostas no solo da União pelas vagas sucessivas da imigração, sem relações umas com as outras e sem contato com a massa dos "verdadeiros americanos". Se essa situação tivesse perdurado, o catolicismo teria perdido todas as hipóteses de vir a ser uma força na sociedade americana e de passar a ser aquilo que realmente é — uma das "grandes religiões americanas", atualmente a mais poderosa. Essa dupla transformação de um grupo social e espiritualmente estranho ao corpo americano, grupo, para mais, dividido e desarmônico, deu-se precisamente dentro do período que nos interessa: entre 1870 e 1914.

Os irlandeses, cuja chegada em massa, em meados do século XIX, modificara inteiramente o aspecto e os destinos do catolicismo nos Estados Unidos, não se tinham disseminado por todo o território da União nem se tinham mesclado com os elementos de origem inglesa, holandesa e francesa já fixados. Não. Vindos da sua Ilha em grandes paquetes, conduzidos pelos seus padres — por vezes, eram paróquias inteiras —, tinham continuado estreitamente fechados, hostis em princípio aos ingleses e aos protestantes — para eles, eram a mesma coisa — e pouco inclinados a conviver com os católicos de velha cepa americana, socialmente mais evoluídos que eles. Tinham preferido, pois, acantonar-se numa atitude separatista, que já em 1869 se expressava pela fundação da *Irish Catholic Benevolent Union*, teoricamente simples associação de beneficência, na prática grupo de defesa ou mesmo de combate. Orientada pelo pe. John Hennessy, essa associação sonhou com uma total autonomia, que teria banco próprio e uma companhia de navegação só dela para trazer da Irlanda os imigrantes. Essa atitude separatista, aliás, não impedia que os irlandeses e filhos de irlandeses, saindo do seu gueto, fizessem sentir que o seu número lhes dava direitos, pretendendo, por exemplo, sés episcopais, e chegando, bem depressa, a ocupar as mais importantes. A atitude da comunidade irlandesa na questão do "trusteísmo"[22], diametralmente oposta às tendências laicizantes e mais ou menos autonomistas de certos meios católicos antigos, acabara por firmá-los na convicção de que eram eles que encarnavam na Igreja a fidelidade e a força[23].

Os outros grupos católicos olhavam sem prazer esse fenômeno. Assim se sentiam particularmente os alemães, que ocupavam o segundo lugar no rol da imigração. Salvo o fato de também pertencerem à Igreja Romana, tudo os separava dos irlandeses: a língua, o modo de vida, o nível social e cultural. Os seus grupos, instalados nas pradarias do Middle West, compunham, não menos que os irlandeses, uma comunidade fechada, com os seus próprios padres, bispos, escolas e língua. Desconfiavam dos irlandeses muito mais que dos outros imigrantes, poloneses ou húngaros, porque achavam os irlandeses semelhantes aos americanos de raiz, quer pela língua, quer porque os viam a caminho de assumir a primazia. Houve tensões, mesmo no interior dos Concílios provinciais e nacionais. A situação agravou-se com a chegada considerável de eslavos e de italianos, que se sentiam estrangeiros em relação à Igreja irlandesa, e tentavam, por sua vez, constituir-se em comunidade autônoma. Por volta de 1890, a tensão deu lugar a uma explosão.

Tinham-se formado na Europa, concretamente na Alemanha e na Itália, duas entidades paralelas, ambas intituladas *Sociedade de São Rafael*, que se propunham ajudar material e espiritualmente os emigrantes católicos que iam para os Estados Unidos. No Congresso conjunto de Lucerna (abril de 1891), o presidente, que era o marquês Volpe-Landi, e o secretário geral, o alemão Peter-Paul Cahensly, apresentaram a Roma um relatório em que avisavam a Santa Sé de que, em cada ano, um número importante de fiéis abandonavam o catolicismo por não encontrarem na Igreja irlando-americana o clima religioso que esperavam. A solução proposta era muito discutível: sem o dizerem expressamente (Cahensly negará sempre tê-lo dito), essa solução conduzia a dar uma espécie de autonomia a cada um dos grupos étnicos, de tal modo que cada qual teria o seu clero. Se o "cahenslysmo" fosse posto em prática, ficaria a haver, no mesmo território, uma diocese irlandesa, outra alemã, outra italiana... E a Igreja ter-se-ia infalivelmente cindido em quatro ou cinco igrejas nacionais, cuja influência seria bem limitada.

Alguns bispos perceberam o perigo: D. Ireland, de Saint-Paul, D. Spalding, de Peoria, e acima de todos aquele que iria ser, até à morte, autêntico guia da Igreja norte-americana — o cardeal *Gibbons* (1834-1921). Nascido em Baltimore, era um homem baixo e magro, de feições vincadas, e o chapéu cardinalício parecia grande demais para aquela cabeça. A sua silhueta evocava à maravilha, para os caricaturistas, o perfeito pároco. Mas a sua clarividência, a sua segurança de juízo, a sua energia impressionavam profundamente todos os que o viam. Além do mais, era um coração generoso, profundamente humano, com uma fé aberta ao mundo e a todos, e possuía os traços mais inconfundíveis e a chama do verdadeiro pastor. Vigário apostólico da Carolina do Norte na juventude, depois bispo de Richmond e, por último, arcebispo de Baltimore — onde permaneceria cinquenta e três anos — e cardeal, tinha um conhecimento certamente único do conjunto dos problemas americanos. Por isso, esse filho de irlandeses, depois de ter passado a infância na Irlanda, veio a revelar-se o mais determinado dos adversários do "separatismo" étnico, que só poderia levar ao "cahenslysmo". Assim conquistou o título de "cardeal dos americanos" com que ainda hoje o designam.

Impressionado com o relatório da Sociedade de São Rafael, Leão XIII, que conhecia bem o cardeal Gibbons, consultou-o. Enquanto nos Estados Unidos se desencadeava uma polêmica entre o setor americano do catolicismo e os defensores dos imigrantes, o cardeal Rampolla, Secretário de Estado do Vaticano, sem deixar de felicitar a Sociedade pelas suas boas intenções, respondeu que o plano concebido pelos alemães de "arranjar para cada grupo de imigrantes um bispo da sua nacionalidade não era oportuno nem necessário". Depois, como o conflito não se acalmava, o cardeal Ledochowsky, Prefeito da Congregação *de Propaganda Fide*, enviou ao episcopado americano uma circular imperativa, rejeitando o plano do Congresso de Lucerna. O presidente Harrison manifestou a Gibbons muita gratidão quando o cardeal o informou de que Roma não ia satisfazer o pedido de Cahensly.

Mas o cardeal Gibbons não ficou por aí. Tomando claramente posição contra certos bispos, como D. Corrigan, de Nova York, ou D. McQuaid, de Rochester, que continuavam partidários de certa compartimentação, para, pensavam eles, preservar melhor a fé das suas ovelhas, Gibbons concebeu o papel dos irlandeses no catolicismo norte-americano de modo inteiramente novo. Pois não eram eles os que, aos olhos dos seus concidadãos, passavam por menos estrangeiros? Em primeiro lugar, pela língua, mas também pelo caráter, ao mesmo tempo austero, popular e ativista da sua vida religiosa. Não deveriam eles formar como que uma ponte entre a massa americana e as diversas variedades de católicos vindos da Europa? A solução do problema aberto pela diferença de origem não podia ser achado num sistema pluralista, mas sim na adesão completa de todos os elementos à grande comunidade americana, por intermédio dos irlandeses e dos seus descendentes.

Tal foi, portanto, o papel que os antigos imigrantes vindos da verde Erin[24] assumiram sob o impulso do grande cardeal. No seu desempenho, deram provas de notável senso político, e assim conseguiram operar esse duplo trabalho de fusão e americanização dos diversos grupos católicos, sem deixarem de conservar na Igreja americana uma preeminência de fato que ainda hoje se reconhece. É fora de dúvida que, em conjunto, e mesmo nos nossos dias, o catolicismo americano traz a marca irlandesa. Deve-a, em larga medida, ao esforço e à habilidade do cardeal Gibbons e dos da sua geração.

Essa americanização do catolicismo fora reclamada e anunciada por dois homens — dois grandes homens: *Orestes Brownson*[25], o jornalista, o polemista, o doutrinador, que até à morte (1876) nunca cessara de chamar o povo americano a um papel de "povo providencial", de "povo do futuro", com a condição de se tornar católico; e *Isaac Hecker*[26], o fundador dos Paulistas, cuja irradiação fora tão grande que, mesmo depois da morte (1888), muita gente fervorosa o tinha ainda por vivo exemplo do americano modelo e do católico do futuro. A seguir ao Concílio plenário de 1884, o movimento de americanização começara por um apelo ao "americano de espírito reto" — formulado em Carta Pastoral coletiva — para que viesse respirar à vontade na Igreja Católica, mais que em qualquer outra, o ar puro da liberdade americana.

Com o cardeal Gibbons, esse movimento atingiu o cume. Foi um ato de adesão resoluto e entusiasta dos católicos à grande família americana. Adesão que chegou ao ponto de incluir uma incondicional aprovação política. "Dezesseis milhões de católicos — exclamava o cardeal Gibbons — preferem a forma americana de governo a qualquer outra. Admiram as suas instituições e as suas elites. Admitem a sua Constituição sem qualquer reserva". Uma declaração pastoral do quarto Concílio plenário foi ainda mais longe, proclamando que "as instituições políticas americanas podem — mais do que as da Europa — permitir ao homem atingir a salvação". E, em 1901, D. Ireland, retomando os temas de Brownson, afirmou acreditar que "foi confiada à República dos Estados Unidos uma missão divina", tal como acreditava no governo de Deus sobre a terra. Missão que definia como a de "preparar o mundo para o reino da liberdade humana e dos direitos do homem". Desse modo os católicos entravam plenamente na grande corrente que, com Wilson e os seus famosos Catorze Pontos, iria levar os Estados Unidos à liderança do mundo. Acabara a tentação do gueto! Ainda que persistissem algumas tendências larvadas para o separatismo — e mesmo agora subsistem —, já nada pesariam, quando comparadas com a mole imensa da Igreja oficial, unificada pela americanização de todos os seus elementos.

Problemas menos graves, mas não despiciendos, surgiram, no entanto, no seio do catolicismo. A Igreja tinha de integrar grupos étnicos diversos dos da imigração europeia, e, nesse ponto, encontrou sérias dificuldades. Prosseguindo a obra empreendida pelo pe. Smet[27], dedicou-se a organizar verdadeiras missões entre os índios que restavam, os antigos "peles-vermelhas". Os resultados foram curtos, por motivos que de modo nenhum põem em causa o devotamento e a generosidade dos missionários[28].

No que diz respeito ao elemento de cor dos EUA, os negros, as hipóteses do catolicismo não se afiguravam maiores. A verdade é que a Igreja Católica se ocupara muito pouco deles. No Sul da União, aos olhos dos grandes proprietários, mesmo católicos, cheios de preconceitos racistas, um batismo sumário era mais que suficiente para os seus escravos negros. No Norte, onde o problema tinha muito menor gravidade, os imigrantes davam-lhe pouca atenção. D. England criara uma escola para crianças negras. No Sul, a boa "mãe" Duchesne fora a única a abrir os seus centros de ensino às meninas de cor. Era bem pouco, comparado com o que tinham feito os diversos protestantismos, que haviam penetrado na massa negra, não a ponto de organizar sólidas igrejas, mas o bastante para criar nelas uma atmosfera protestante. Assim, quando, em 1886, após a Guerra Civil, a vitória do Norte sobre o Sul deu a liberdade aos escravos negros, não houve mais de 300 mil que se declarassem católicos, de um total de sete milhões.

A gravidade do problema não escapou à hierarquia americana. No Concílio plenário de 1884, D. Spalding lançou um apelo dramático a favor do apostolado entre os negros. E todos os Concílios plenários que se sucederam voltaram a levantar o problema; o comitê católico para as pessoas de cor foi especialmente encarregado de estudá-lo. Alguns institutos religiosos consagraram-se à tarefa de pregar entre os negros. Em primeiro lugar, os Padres do Espírito Santo, expulsos do seu país pelas "leis de maio". Em 1871, quatro padres da jovem Sociedade inglesa de São José de Mill-Hill tinham-se instalado no sul dos Estados Unidos; vinte anos depois, em 1892, a ordem constituía um instituto propriamente americano para os negros — os josefitas. Outras ordens entraram com mão forte nesse trabalho. Capuchinhos, Padres do Verbo Divino, espiritanos. E, do lado feminino, franciscanas de Baltimore, fundadas pelo cardeal Gibbons; Irmãs do Santíssimo Sacramento, criadas em 1891 graças à dedicação e generosidade da admirável Katherine Drexel; Auxiliadoras do Purgatório, vindas da França em 1892 e que, sob o nome de *Helpers* dado pela sua miserável clientela, desenvolveram uma ação de sublime caridade no Haarlem, o bairro negro de Nova York, em Saint Louis, em São Francisco, em Chicago. Mas esse esforço era ainda bem pouco. Nas vésperas da Guerra de 14-18, não havia muito mais de 400 mil católicos da raça negra, dos quais uns cinquenta sacerdotes. O problema continuava de pé.

Mais decepcionante ainda foi a situação no arquipélago das *Filipinas*, que se tornara americano depois da guerra de 1898 contra a Espanha e, quase ato contínuo, vira afundar-se a República independente então proclamada. Cristandade velha de quatro séculos, forte nos seus cerca de doze milhões de católicos, a Igreja filipina fora sacudida ao longo de todo o século XIX por movimentos em que se misturavam o político e o religioso. O clero autóctone lutara por dar fim à preeminência das ordens religiosas espanholas, e em seguida assumira a chefia das rebeliões contra a própria Espanha[29]. Numerosos padres tinham sido executados. A anexação norte-americana trouxe graves problemas. Tudo o que restava de espanhol no clero regular e diocesano saiu das ilhas, deixando vazios bem difíceis de preencher, enquanto se produzia uma verdadeira invasão de missionários protestantes. Pior ainda: em 1901, um padre autóctone, *Gregorio Aglipay*, promoveu um cisma, porque acusava a Igreja de se ter aliado aos ocupantes *yankees*. A sua pequena Igreja, em tudo semelhante à dos Velhos Católicos, voltada ao mesmo tempo contra Roma e contra Washington, aparecia aos olhos do vulgo como a encarnação da liberdade nacional e, em pouco tempo, reunia cerca de dois milhões de adeptos[30].

Perante essa situação difícil, o catolicismo norte-americano sentiu-se perplexo e desarmado; fora por isso que o cardeal Gibbons se mostrara hostil à anexação das Filipinas. Não se tratava de enviar padres americanos para as ilhas; seriam mal recebidos. Pequenos grupos de missionários resolveram correr o risco: alemães do Verbo Divino, franceses do Sagrado Coração de Jesus, de Issoudun, canadenses de Québec. Mas a falta de padres iria ser sensível até aos nossos dias. Em 1939, esse velho país católico, convertido em terra americana, não chegava a ter um sacerdote para cada dez mil habitantes.

A primeira "denominação"

Para a Igreja Católica da América do Norte, a Guerra Mundial foi ocasião de um novo impulso. Pouco favorável à entrada dos Estados Unidos no conflito, o episcopado, uma vez decidida a intervenção, tudo fez para garantir a perfeita lealdade dos seus fiéis. Com efeito, os germano-americanos, esquecendo os seus laços com a Alemanha, e os irlando-americanos, calando o seu velho rancor contra a Inglaterra, apenas se lembraram de que eram americanos. Na frente francesa, houve até, proporcionalmente, mais soldados católicos que protestantes. A sólida organização hierárquica permitiu unir os esforços dos católicos para a criação do *National Catholic War Council*, estreitamente submetido ao episcopado, e onde o pe. Burke, da ordem paulista, fez maravilhas. A ação educativa e caritativa dos Cavaleiros de Colombo junto dos soldados contrabalançou a da YMCA (*Young Men Christian Association*), de origem protestante. Cerca de mil capelães católicos acompanharam as unidades no *front*.

Entrementes, um fato novo pareceu vir refrear o espetacular avanço do catolicismo. Até então extraordinariamente acolhedores, os Estados Unidos fecharam-se quase totalmente à imigração europeia. Uma lei de 1917, que excluía os analfabetos, fez baixar imediatamente a entrada de italianos, espanhóis, orientais e eslavos. Depois, em 1921 e 1924, outras leis vieram limitar a cerca de 150 mil o número de estrangeiros admitidos anualmente na União, enquanto se fixavam quotas notoriamente favoráveis aos anglo-saxões. A fonte que alimentava o catolicismo passou, portanto, a estar fechada. Mas outro fenômeno interveio: os católicos, em especial irlandeses e italianos, tinham mais filhos que os protestantes, entre os quais a moral conjugal era menos estrita. Desse modo, o rebanho católico continuou a aumentar: 17.886.000 em 1920; 19.540.000 em 1930; perto de 22 milhões em 1939. Assim, a "Igreja Católica Romana", considerada oficialmente como uma "denominação" religiosa entre as cerca de 180[31] que as autoridades registravam, passou a ser, de longe, a primeira, ultrapassando as mais prósperas variedades do protestantismo, metodismo e batismo.

E isso, não somente pelo número de fiéis. No livro clássico que, em 1927, consagrou aos *Estados Unidos hoje*, o grande historiador — protestante — André Siegfried dedicou páginas objetivas a mostrar como e por que "o catolicismo americano possuía prestígio religioso". Mais acolhedor que qualquer outra confissão, dotado de mais liberdade de espírito que todos os puritanismos justamente por ter uma autoridade infalível que lhe marca o rumo, mais fortemente unido por laços fraternos, o catolicismo surgia-lhe também como um oásis de mistério em que os homens do século XX podiam respirar um ar diferente do que era próprio do racionalismo materialista.

As resistências ao catolicismo diminuíram ao longo de todo o período. Após a eleição do presidente Wilson, contava-se que ele recebera o cardeal Gibbons, então com oitenta e três anos, sem lhe pedir que se sentasse. É de duvidar. Mas, em 1919, ao partir para a Europa, o presidente decidiu, a conselho formal de D. Gibbons, visitar Bento XV[32]. Por duas ou três vezes, alguns Estados da União, especialmente o Oregon, tentaram modificar a legislação escolar com o fim de suprimir a escola católica: de cada vez, o Supremo Tribunal cassou essas leis.

A campanha mais virulenta foi a que conduziu o *Ku-Klux-Klan*, sociedade secreta modestamente fundada no Sul depois da Guerra de Secessão para barrar todos os caminhos aos negros. Proibida oficialmente desde 1877, ressuscitou em 1915, por ação do pastor metodista W.J. Simmons. Teve rápidos progressos, atingindo em 1922 um milhão de adeptos, conduzidos pelas suas "Águias" e "Dragões". Assumiu então um caráter violentamente anticatólico. Foi o *Klan* que inspirou as leis sobre a imigração e também certas leis sobre o controle da natalidade. Foi também ele que lançou campanhas antipapistas, em que se veiculavam as fábulas mais incríveis (e se acreditava nelas!): por exemplo, a de uma artilharia secreta apontada pelos católicos contra a Casa Branca, ou a de um palácio preparado para receber o papa quando ele viesse governar os Estados Unidos... A resistência ao catolicismo foi tão viva que impediu o católico Alfred Smith de concorrer à presidência da União. Mas ficou nisso.

Apesar dessa surda oposição, a Igreja Católica continuou a desenvolver entre as duas guerras mundiais o processo de americanização em que o cardeal Gibbons — que viveu até 1921 — a tinha empenhado. Americanização e, portanto, unificação. Enquanto se multiplicavam no seio do catolicismo os casamentos "mistos" (por exemplo, entre descendentes de irlandeses e descendentes de italianos), os bispos aproveitavam todas as ocasiões para afirmar o caráter autenticamente americano da Igreja Católica e a sua fidelidade total ao Estado e ao ideal da União, ainda que algumas parcelas do seu rebanho relutassem em segui-los nesse caminho — como o pôde sentir o presidente Roosevelt, cujo *New Deal*, suspeito de estatismo, foi pouco apreciado por alguns católicos. No conjunto, porém, a maioria deles adotaria cada vez mais o *american way of life*. Tornou-se corrente ouvir falar, como coisa natural, da existência nos Estados Unidos de "três religiões": catolicismo, protestantismo, judaísmo. Pouco antes de morrer, o cardeal Gibbons podia prestar à sua Igreja esta merecida homenagem: "Se tantos povos diversos se uniram para formar uma só e forte nação, isso se deve em grande parte à influência da nossa religião".

O fato mais importante do período e um dos mais sintomáticos do aumento de poder do catolicismo foi a criação do NCWC. O *National Catholic Welfare Council* nasceu diretamente da experiência do Gabinete Católico de Guerra. Tomou oficialmente forma em fevereiro de 1919, por ocasião das bodas de ouro episcopais do cardeal Gibbons, ocasião em que o Delegado apostólico deu a conhecer os encorajamentos de Bento XV. John Ryan e o pe. Coughlin estabeleceram o *Bishop's Reconstruction Program*. Depois de uma fase de definição prática, um tanto difícil, o NCWC organizou-se definitivamente em 1922, sob o nome de *National Catholic*

Welfare Conference. Expressão da vontade coletiva do episcopado americano, iria desempenhar o papel de um verdadeiro "ministério do catolicismo". Tinha oito grandes departamentos (por exemplo, Educação, Imigração, Imprensa, Ação Social, Juventude...), cada qual confiado a um bispo responsável e a um diretor permanente; algumas comissões anexas cuidavam de estudar diversos problemas. Um Secretariado Geral assegurava a ligação entre os distintos serviços e representava a Igreja perante as autoridades e perante o público; o pe. Burke esteve à frente desse Secretariado até à morte (1936). Essa centralização e essa harmonização de esforços foram eminentemente favoráveis à Igreja. Em Washington, o edifício onde o NCWC abriga os seus serviços transmite uma surpreendente impressão de poder e de ordem[33].

Esse episcopado norte-americano, muito mais unido e mais bem organizado do que os da Europa, não teve de enfrentar um problema que iria preocupar cada vez mais os do Velho Mundo: o da escassez do clero. As vocações entre os imigrantes irlandeses e italianos tinham sido sempre numerosas. Continuaram a sê-lo nos seus descendentes. O número de padres acompanhou e chegou a ultrapassar o aumento da população católica: atingiu 21.600 em 1920, 27.900 em 1930, perto de 36 mil em 1939, e, neste último ano, havia 17 mil seminaristas. O afluxo das ordens e congregações europeias também não diminuiu. No período compreendido entre as duas Guerras, surgiram sete novas variedades, e algumas que se haviam instalado muito tempo antes, como as Irmãs da Caridade e as Irmãs do Bom Pastor, tiveram um novo impulso.

Da Europa inteira desembarcaram pelo menos trinta e cinco comunidades de freiras, quer dedicadas ao ensino ou à assistência hospitalar, quer contemplativas. Todas elas, como também as fundações americanas, prosperaram significativamente, a tal ponto que, nas vésperas da Segunda Guerra, as religiosas eram mais de 140 mil. Embora com menos rapidez, os homens seguiram o mesmo caminho: assuncionistas, camilianos, oratorianos, franciscanos, Filhos da Divina Providência, picpucianos — todos alcançaram resultados extraordinários. O catolicismo americano acabou por assumir esse caráter que tanto impressiona na sua fisionomia: o de um mostruário quase completo de todos os hábitos e de todas as Regras que a Igreja viu aparecer no decorrer dos séculos da sua história.

Assumiu também outra característica que ainda hoje se lhe conhece e faz dele, neste campo, um exemplo para a Igreja inteira: para exercer o seu apostolado, recorreu, sistematicamente e em ponto muito grande, aos modernos meios de difusão do pensamento, em especial à imprensa e ao rádio. Já no século XIX a Igreja americana tinha dado atenção à imprensa, e muitos dos seus bispos tinham fundado jornais. Em 1889, fora criada a *Catholic Press Association*, e em 1900 a Igreja dos EUA dispunha de dez diários, 158 hebdomadários, 67 mensários e seis grandes revistas de alto nível cultural. Depois de 1918, deu-se uma espantosa emulação, uma proliferação de órgãos de imprensa: não havia nenhuma diocese, nenhuma ordem que não tivesse os seus, e o NCWC consagrou-lhe um dos seus oito departamentos. Em 1932, instalava-se nos Estados Unidos a Sociedade de São Paulo, italiana, fundada para o apostolado pela imprensa[34]. Em 1939, avaliavam-se em perto de seiscentos os diários ou outros periódicos católicos da União.

A partir de meados da década de 20, entrou nos costumes o rádio, e a Igreja considerou-o imediatamente como instrumento a serviço de um novo campo de ação. Dois homens se lhe entregaram, ganhando enorme celebridade: o *pe. Charles Edward Coughlin* (1891-1979), especialista em emissões sociais, e um jovem sacerdote do Illinois que, já em 1927, primeiro pelo rádio e depois pela televisão, iria ter tal sucesso na abordagem sóbria e comovente de temas de dogma e de moral, que viria a ser, sem sombra de dúvida, a personalidade católica mais popular no país. Foi o futuro bispo auxiliar de Nova York, *D. Fulton Sheen*.

Em dois setores vizinhos veio a dar-se uma notável evolução. O catolicismo americano do século XIX não estivera muito atento ao problema social. Com certeza não mais que o europeu, e talvez ainda menos. No seu conjunto, o episcopado mal se interessava por essas questões, absorvido como estava por outras. E o clero médio desconfiava bastante das ideias sociais, como aliás de tudo o que vinha da Europa. É certo que o Concílio plenário de 1884 reconhecera a existência do problema social; mas ficara em prudentes generalidades. Apenas alguns prelados clarividentes, como Gibbons, sublinhavam a urgência do problema — a situação dos imigrantes bem o provava! — e insistiam na necessidade de que o espírito da *Rerum novarum* penetrasse na Igreja. Tomando sob a sua proteção os Cavaleiros do Trabalho, movimento sindicalista de predominância católica[35], o grande arcebispo de Baltimore tinha indicado o caminho a seguir. Até 1914, porém, fora pouco escutado quando fazia ver às suas ovelhas que "o maior título de glória da Igreja é ser a alma do povo".

As coisas mudaram depois da Guerra Mundial, por força da mistura social provocada pelo conflito, e sobretudo quando explodiu a crise de 1929 que, lançando na miséria milhares de famílias ainda ontem em situação de fartura, abalou gravemente os egoísmos. Em razão das circunstâncias, a *Quadragesimo anno* teve muito mais repercussão que a *Rerum novarum*. Dois homens se dedicaram a difundir a doutrina social da Igreja com um devotamento ímpar. Foram os mesmos que já vimos na origem do NCWC — o pe. Coughlin, no rádio, e, no plano mais intelectual, o pe. John Ryan, futuro bispo. Um dos departamentos do NCWC foi consagrado ao problema social.

O desenvolvimento da Ação Católica achou nos Estados Unidos um terreno de eleição. Desde as origens — lembremo-nos do "trusteísmo" —, o católico americano sempre considerara seu dever ocupar-se das coisas da Igreja. O apelo do papa em prol de uma "participação do laicato no apostolado hierárquico" encontrou, pois, ouvintes muito favoráveis. Foi sob a forma de uma Ação Católica "geral", em ligação direta com o NCWC (onde funcionava uma direção especial da AC), que o movimento ganhou amplitude. Quanto à Ação Católica especializada, só veio a começar em 1939, mas alcançou rapidamente um grande êxito. Quer se tratasse de assegurar a decência no cinema, quer de recolher dinheiro para a Propaganda Fide, a Ação Católica foi-se afirmando cada vez mais como o elemento propulsor do catolicismo americano.

Nesse quadro luminoso, de resultados extraordinários, não eram muitas as sombras, mas não faltavam algumas. No período entre as duas Guerras, o problema dos negros continuou a ser preocupante para a Igreja. Houve esforços e realizações muito importantes: fundação, em Saint Louis, da primeira Universidade aberta igualmente a estudantes de cor; fundação da Xavier University, de New Orleans, pela madre Katherine Drexel; criação, em 1920, em Bay-Saint-Louis (Mississipi), do Seminário de Santo Agostinho para padres negros; intervenções indefinidamente reiteradas do Comitê Católico para o Sul contra os preconceitos raciais e a segregação. A grande revista *America*, do pe. Lafarge, não cessou de lutar pela justiça e pela fraternidade entre as raças. Nas vésperas da Segunda Guerra Mundial, eram 545 os padres e 1.600 as religiosas que se dedicavam ao apostolado entre os negros. Mas o atraso a vencer era tão grande que os resultados de tudo isso se revelaram fracos: em cerca de 13 milhões de pessoas "de cor", a Igreja Católica contava oficialmente 350 mil...

Outro ponto preocupava, em certa medida, os católicos: a situação diplomática entre o governo da União e a Santa Sé. Desde 1867, ano em que as relações tinham sido rompidas por um Congresso desejoso de mostrar simpatia pelo nacionalismo italiano, tratara-se muitas vezes, no campo católico, de reclamar o restabelecimento dessas relações. A verdade é que nada se conseguira da maioria do povo americano, já que, nesse ponto, estavam de acordo todos os protestantes, mais os judeus e os descrentes. É certo que houve contatos, troca de sinais de simpatia, como o do presidente Cleveland, conforme vimos. Durante a Guerra, quando das tentativas de paz por parte de Bento XV, estabeleceram-se contatos mais ou menos secretos. Em 1919, a visita do presidente Wilson a Bento XV pareceu abrir novas perspectivas, mas, na realidade, não teve sequência. Depois, nem os democratas nem os republicanos que se alternavam no poder ousaram tomar a iniciativa de mandar um embaixador para o Vaticano, apesar de muitos homens públicos a acharem desejável. A Segunda Guerra Mundial encontrou a questão formulada, mas sem resposta. E a verdade é que numerosos católicos americanos se mostravam bastante indiferentes.

Se a Igreja Católica não era suficientemente forte para impor o restabelecimento das relações diplomáticas com a Santa Sé, se parecia fracassar junto dos negros, nem por isso deixava de ser uma potência — uma potência que a Segunda Guerra e o pós-guerra veriam crescer. E não deixava de ter graça ler as palavras peremptórias com que o presidente Theodore Roosevelt, em 1900, pretendera fixar-lhe o futuro: "A Igreja Católica não vai conseguir triunfar neste país. Não lhe é adequada. Está em oposição radical com a própria ideia que domina nos Estados Unidos as nossas instituições, o temperamento do nosso povo". Em 1939, qualquer candidato à Presidência cuidaria muito de não usar tais expressões...

"American way of faith"

Não foi apenas no quadro nacional que a Igreja Católica dos Estados Unidos assumiu, nas décadas que estamos a considerar, um lugar importantíssimo: foi também na Igreja universal. O aumento do número dos seus cardeais serve de indício bem visível; mas muitos outros se descobrem: acesso de religiosos americanos ao generalato de diversas ordens; nomeação de padres americanos para nunciaturas; prestígio que Roma reconheceu a personalidades marcantes do episcopado, como fora o cardeal Gibbons e como seria em 1960 o cardeal Spellmann.

Esse lugar não era simplesmente importante: era muito especial. Seria por não proceder diretamente da velha cristandade do Ocidente que a sua liberdade era, em certo sentido, filha da Revolução? A Igreja dos Estados Unidos, centralizada (à volta do NCWC) como nenhuma outra Igreja do mundo, tomou características que a diferenciam de todas as outras. De certo modo, pode-se dizer que ela é a mais independente de toda a catolicidade. Por exemplo, em 1884 foi-lhe concedido o direito de participar diretamente da escolha dos bispos: Roma concordava em designar como titular de uma diocese um dos seis nomes eleitos pelo clero da respectiva província eclesiástica — três pelos bispos, três pelos párocos inamovíveis. Aliás, esse processo deixava muito mais liberdade à Santa Sé do que nos países de Concordata. Mas essa tendência para uma relativa autonomia corria paralelamente a uma ligação não menos evidente dos católicos americanos com a Santa Sé e a pessoa do papa. O número de peregrinos norte-americanos em Roma aumentava de ano para ano. Poderosos homens de negócios disputavam o título lisonjeiro de "Camareiro secreto de capa e espada". Outros sonhavam com a Ordem de São Gregório Magno. E eram incontáveis os padres americanos feitos Prelados Domésticos de Sua Santidade ou Protonários Apostólicos.

A própria religião dos católicos americanos tinha bastantes traços particulares. Quando se fala de "católicos americanos", é preciso tomar algumas precauções. Convém notar que havia diferenças, frequentemente mais que simples matizes, entre as diversas parcelas da comunidade católica. A feição não era a mesma nos Estados de velha estrutura católica — como o Maryland, a Louisiana, o Novo México (aliás, bem diferentes entre si) — e nas comunidades germano-americanas ou polono-americanas; a unificação não foi tão longe que tivesse reduzido tudo à uniformidade. E a preservação dessas peculiaridades regionais ou nacionais tinha um lado bom. Os católicos de cada um dos diversos grupos sentiam-se mais inclinados a auxiliar-se mutuamente e a lutar melhor pela preservação da fé entre os seus filhos. Mas não deixa de ser verdade que, tomado em conjunto, o catolicismo norte-americano oferecia uma fisionomia peculiar. Pode-se dizer que existia um *american way of faith*, que tinha alguma coisa a ver com o famoso *american way of life*.

No decorrer dos anos, muitos desses traços se foram acentuando. O mais surpreendente, para um católico francês, era o prestígio do clero. Os padres viviam em contato com a nação, "no meio do povo, que os reconhece como seus protetores e amigos", preocupados por "todos os interesses do país". O fato já despertara a atenção de Paul Bourget[36]. Essa a razão pela qual adquiriram grande autoridade. A disciplina que impunham era inteiramente análoga à que conhecemos na Irlanda, donde eram originários tantos padres americanos. O respeito que rodeava o sacerdote superava de longe aquele de que goza nos países mais católicos da Europa. Era corrente ver fiéis ajoelharem-se em plena rua à passagem de um cardeal ou mesmo de um bispo. Havia no catolicismo americano uma faceta "clerical", que, de resto, o bom-humor sorridente e a dedicação desse clero muito paternal tornavam muito grata.

Outra característica dos católicos dos EUA: a sua imensa caridade. É sabido que o americano gosta de fazer doações a obras que despertem a sua generosidade. Foi assim que os católicos multiplicaram os hospitais (600), os orfanatos (420), os sanatórios (85), as casas de assistência de toda a espécie[37]. Interessaram-se também, e apaixonadamente, pelas obras missionárias, sobretudo depois da transferência, de Lyon para Roma, da Obra da Propagação da Fé[38], cujo orçamento eles sustentavam pela metade[39].

Ainda outro traço nobre desse catolicismo americano, já bem acentuado antes de 1914 e consideravelmente reforçado em seguida, foi o eminente cuidado pela educação da juventude. Nas vésperas de 1939, a Igreja mantinha nos Estados Unidos nada menos que 7.500 escolas primárias, com 2.500.000 alunos, duas mil escolas secundárias, com 350 mil alunos, e 190 universidades, com cem mil estudantes. Ao mesmo tempo, firmava-se na vida da nação uma intelectualidade católica de peso, mas que, é bom dizê-lo, estava mais voltada para as ciências práticas e para a erudição do que para a especulação pura. Foi por isso que o modernismo[40] não perturbou os Estados Unidos, onde não houve nenhum Loisy, nenhum Tyrrell, e onde, após a encíclica *Pascendi*, nem sequer foi preciso prestar o juramento antimodernista, pois não havia um só suspeito.

Essas qualidades não terão tido como contrapartida o progresso simultâneo de sérios defeitos? Tem-se dito muito que os católicos americanos tendiam, como todos os compatriotas das outras confissões, para o ativismo e o pragmatismo, e que a sua Igreja, como todas as outras sociedades religiosas dos EUA, tinham por fim, em palavras de André Siegfried, muito menos "fazer viver misticamente os espíritos e as almas" do que "mobilizar, organizar as energias".

É incontestável que, no pontificado de Leão XIII, a crise do "americanismo"[41], provocada pelas ressonâncias francesas do movimento desencadeado pelo pe. Hecker e seus herdeiros espirituais, fizera surgir um perigo. Certas frases saídas de lábios eminentes tinham podido oferecer o flanco a críticas. Entre muitas outras, ouçamos esta de D. Ireland: "Um voto honesto e uma atitude social honrosa farão mais pela glória de Deus e a salvação das almas do que flagelações noturnas e peregrinações a Compostela". Mas a crise fora salutar. Se para alguns católicos americanos se tinha esboçado aí uma tentação, a Carta pontifícia constituíra um salutar aviso. E desde então pôde-se observar na Igreja americana um esforço sustentado, intencional, para lembrar a importância das virtudes passivas ao lado das virtudes ativas.

É este, aliás, um dos aspectos que, no intervalo das duas Guerras, mais impressionaram os observadores do catolicismo americano: o inegável progresso da vida espiritual profunda. Os visitantes europeus das universidades católicas deram muitas e muitas vezes testemunho do espanto que sentiram ao verem a quantidade de estudantes que se abeiravam da Sagrada Mesa todos os domingos. O Congresso Eucarístico de Chicago (1926) foi um triunfo. Multiplicaram-se as casas de retiros fechados. E de todos os sintomas deste aprofundamento espiritual no país que é chamado "o país da ação, do rendimento, da velocidade", foi com certeza o prodigioso desenvolvimento das ordens contemplativas[42]. A este respeito, é eminentemente reveladora a aventura cisterciense. Ao passo que, até 1914, os trapistas que, vindos da Europa, se tinham instalado nos Estados Unidos (Gethsemani abria em 1848; Spencer em 1868), tinham vivido no meio da indiferença geral — o primeiro noviço americano entrara em Gethsemani em 1894 —, a partir de 1918 as vocações tornaram-se numerosas. Começou então o movimento que, durante a Segunda Guerra Mundial e depois dela, fez proliferar as casas de Cister como nos dias felizes de São Bernardo.

O mesmo fenômeno se deu entre as mulheres. Os mosteiros contemplativos desenvolveram-se intensamente no período entre as duas guerras, quer nas congregações há muito implantadas em terra americana, quer nas mais recentes: visitandinas, dominicanas da Primeira Ordem, clarissas, carmelitas. E era tal o seu zelo que, em 1929, o superior geral dos carmelitas, depois de visitar as casas femininas da ordem, lhes determinou que mitigassem o jejum e outras observâncias rígidas[43].

Pode-se dizer que se desenvolvia uma reação natural da alma católica americana contra a crescente pressão da civilização da máquina e do culto do conforto e da velocidade, contra a moral do rendimento. No mais alto plano, há uma santidade americana. Desta, o exemplo mais impressionante continua a ser a admirável figura de apóstolo dos imigrantes italianos que foi a *Madre Cabrini*, chegada aos Estados Unidos em 1889 e falecida em 1917; mas o Delegado Apostólico D. Amleto Cicognani[44], no seu livro *Santidade na América*, pôde compor uma lista de trinta e cinco nomes. São pinceladas que importa introduzir na imagem, demasiado aceita na Europa, de um catolicismo norte-americano ativista, pragmático, de um "cristianismo sem cruz", como diz injustamente um historiador.

Mas nem por isso é menos verdade que, para o catolicismo dos Estados Unidos, como para o da Europa (e talvez mais para este que para aquele), havia em 1939 o perigo de se deixar cativar por tudo o que, no país mais rico do mundo, podia levar à facilidade. Não que o americano médio fosse mais "materialista" que o europeu médio: até havia nele um idealismo natural, que traduzia, nas suas ingenuidades, mas também na sua grandeza, a política da União. Mas era-lhe difícil resistir a uma tentação quase universal, a uma lenta perda de substância da sua fé. Tentação que não espreitava apenas os católicos, mas os crentes de todas as obediências: depois de Walt Whitman, quantos pensadores não denunciaram a tentação de "perder a alma enquanto o corpo cresce desmedidamente"! Foram inúmeras as vozes e as penas eclesiásticas que condenaram essa ameaça de decadência da fé e da prática, que no futuro levaria a um esfriamento, talvez a uma estagnação, na prodigiosa curva ascendente da igreja americana[45].

Mas também não deixa de ser verdade que, em 1939, esse esfriamento e mais ainda essa estagnação pareciam tudo menos ameaçadores. A Igreja Católica continuava a subir em flecha nesse país onde, um século e meio antes, tivera um início tão pobre. Uma frase de D. Ireland, repetida em toda a parte à saciedade, indicava-lhe o seu dever: "O passado, foram os nossos pais que o construíram; a nós, cabe-nos construir o futuro". Sem conhecer a palavra do grande cardeal inglês Manning — "o regresso da raça anglo-saxônica ao catolicismo será feito pela América" —, nem as ideias de Orestes Brownson, o catolicismo americano tinha a consciência de estar comprometido com um grande destino — alguma coisa como guiar o mundo. E assim mostrava ter-se tornado plenamente americano...

No Canadá, a etapa decisiva

Desde que a rainha Vitória, em 1º de julho de 1867, assinara o "Ato da América do Norte britânica", que unira numa federação apenas um décimo dos territórios americanos de Sua Majestade, mas a quase totalidade dos seus habitantes, os canadenses franceses, outros gloriosos campeões da causa católica, podiam considerar que o persistente combate que travavam havia um século terminava para eles numa vitória.

Na nova entidade assim constituída, eles não faziam figura de párias nem de parentes pobres. O "Federal" nada tinha a ver com a religião, nem com a educação, nem com a justiça provincial, nem sequer com o direito civil. Estava, pois, essencialmente garantida a livre existência dos indivíduos e, com ela, o seu pleno desenvolvimento.

Tal como o tinham estabelecido as províncias constituintes, o sistema federal reconhecia direitos iguais aos quatro territórios que formavam a União: Nova Brunswick, Nova Scotia, o Baixo Canadá (que retomava o antigo nome de Québec) e o Alto Canadá, que passava a chamar-se Ontário. As duas línguas — inglês e francês — eram igualmente admitidas, embora o inglês fosse a "oficial". Em certo sentido, os canadenses podiam considerar que tinham ultrapassado os ingleses, visto que era o venerado nome de Canadá que designava aquilo que os textos oficiais denominavam *Dominion* ou *la Puissance*. Quanto à religião, também ela beneficiava de garantias e direitos precisos, razão pela qual a Igreja apoiara o sistema federal, que julgava ser o único que podia prevenir o país contra as ambições americano-protestantes. Parecia, pois, abrir-se um largo futuro cheio de promessas aos descendentes de Champlain.

Se alguma vez na história houve promessas cumpridas, foram essas. Em setenta anos, o Domínio subia ao plano de potência mundial, e em 1931 era-lhe reconhecido um novo estatuto. O elemento francês conseguiu para si um tal lugar que o Canadá de amanhã seria inconcebível sem ele. E a Igreja Católica, de que esse elemento continuou a ser o modelo, foi crescendo em influência e prestígio de ano para ano. Como nos Estados Unidos, e até mais, os números são eloquentes. Em 1867, dos 3.500.000 habitantes das quatro províncias federadas, cerca de 1.250.000 eram católicos, dos quais um milhão francês. Em 1901, de 5.375.000, os católicos eram já 2.300.000, e os descendentes de franceses aproximavam-se de 1.700.000. Nas vésperas da Segunda Guerra Mundial, entre 10.375.000 cidadãos canadenses, havia 4.500.000 católicos, dos quais 3.200.000 franceses. Ou seja, a proporção dos católicos no conjunto dos territórios passara de 30% para 45%. E o surto não dava mostras de afrouxar!

Esses números impressionantes explicam-se pelo jogo combinado de dois fatores. O primeiro, a fecundidade demográfica dos canadenses franceses, que teve na moral católica a sua vigilante guardiã: com famílias de treze, quinze, quando não vinte filhos, a raça provinda dos colonos franceses preparou para si um belo futuro[46]. Mas interveio outro fenômeno: a imigração. Lenta a princípio, a corrente acelerou-se sobretudo a partir de 1900, quando a construção da estrada de ferro Canadian Pacific e os incentivos concedidos pelo governo federal para o transporte e instalação dos recém-vindos fizeram afluir não só ingleses, mas também alemães, irlandeses, ucranianos, muitos dos quais eram católicos.

Os canadenses franceses nunca deixaram de ocupar o primeiro lugar no conjunto da igreja canadense. Em 1939, eram 67%. Outros elementos étnicos, ainda que muito unidos, como os 300 mil ucranianos de rito oriental ruteno, não tinham grande influência entre os anglo-saxões. Eram os franceses que formavam, como ainda hoje, uma massa compacta que enchia quase por completo a província de Québec, transbordando largamente para Ontário, com ramificações na nova província constituída em 1870 — o Manitoba —, e progredindo em direção às Montanhas Rochosas. Até 1867, a história da resistência católica confundira-se com a deles. Depois, os outros elementos católicos tiveram problemas próprios e evoluíram de modo diferente: os irlandeses e os alemães, por exemplo, tinham muitos pontos de contato com os grupos de irmãos que eles viam desenvolver-se nos Estados Unidos. Mas os canadenses franceses, e especialmente os de Québec, constituíram sempre a mola real do catolicismo;

foram sempre conscientes de que lhes cabia a responsabilidade da fé católica nas margens do São Lourenço.

Também a política que seguiram continuou a ser dominada por esse imperativo de defenderem as suas próprias tradições nacionais, as suas liberdades, a sua originalidade e, simultaneamente, a sua fé. Todos os seus grandes homens lhe foram fiéis. As diferenças ou mesmo oposições entre eles, reconhecidas pelos historiadores canadenses, não passavam, para um observador objetivo, de simples matizes. Insistiam uns, sobretudo, na necessidade de resistir aos ingleses; outros preocupavam-se mais de assegurar aos canadenses franceses um lugar justo no quadro federal; todos, porém, estavam de acordo no essencial: permanecer franceses. Neste ponto, o "Conde romano" Honoré Mercier não pensava de modo diverso de Sir Wilfrid Laurier, feito baronete pela rainha, ou de Henri Bourasse, fundador da Liga Nacionalista, ou, nos nossos dias, do criador da União Nacional, Duplessis.

A essa atitude tradicional de fidelidade, a fé católica esteve muito naturalmente associada. Não fora ela o escudo da alma canadense ao longo dos séculos? Não tinham sido os padres os melhores guias da resistência aos ingleses? Houve, portanto, um acordo constante entre a Igreja e os estadistas que conduziam a política do Canadá francês, qualquer que fosse o partido. De resto, a hierarquia cuidava de que a Igreja não se comprometesse a favor de um ou outro partido. Por isso, no limiar do período que estudamos, quando o bispo de Trois-Rivières, mons. Laflèche, defendeu um "Programa Católico" ultraconservador, o arcebispo de Québec, mons. Taschereau, apressou-se a esclarecer que esse programa fora formulado "à margem de qualquer participação do episcopado". Em compensação, Wilfrid Laurier, ao proclamar-se "liberal", teve o cuidado de frisar que nada tinha de comum com os liberais "revolucionários" da Europa e que evitaria qualquer excesso social e qualquer fanatismo[47]. Quer dizer:

ao longo de todo este período, a Igreja conseguiu que todos os governos lhe garantissem a situação eminente e privilegiada que a história lhe criara.

Campeões da causa católica, os canadenses franceses esbarraram no quadro do Domínio com adversários decididos a fechar-lhes o caminho e refrear-lhes a expansão. Foram os *orangistas*, assim chamados em memória do príncipe de Orange, William III, cujo principal mérito a seus olhos era o de ter derrotado o rei católico Jaime II para assim restabelecer o protestantismo no trono da Inglaterra. Partidários de um Canadá unificado, inglês, e defensores de um protestantismo intransigente, celebrando como festa nacional o 12 de julho, aniversário da batalha da Boyne (1690), estavam organizados em Lojas, à maneira da maçonaria, e tinham o centro em Toronto. Eram agentes ativos da luta contra a *French and Catholic domination*.

Todos os acontecimentos, grandes ou pequenos, que marcaram a vida política do Canadá tiveram, pois, implicações religiosas. Em cada um deles, os católicos viam uma ocasião de manifestar a sua resistência aos ingleses. Foi primeiro a questão de *Louis Riel*, chefe dos mestiços da Pradaria, população à parte, mais evoluída que os índios e que, por duas vezes, se levantou para resistir à penetração dos colonos nas suas terras. Da primeira vez, em 1870, a crise pôde ser dominada graças a mons. Taché, o grande missionário[48]. Como, porém, a agitação voltou e chegou à violência e ao sangue, Riel foi capturado, julgado em dois tempos e enforcado (1885). Embora a insurreição mestiça tivesse feito duas vítimas entre os missionários, e Riel, no cúmulo da exaltação, se declarasse profeta de uma seita independente da Igreja, a população francesa católica ergueu-se num movimento uniforme de indignação. Rezaram por Riel, usaram sinais de luto e, por muito tempo, haveria de contar-se ao serão a morte exemplar do chefe barbudo, que a queda no cesto do carrasco interrompera quando rezava um último Pai-Nosso.

Em muitas outras circunstâncias, os canadenses franceses tiveram oportunidade de manifestar os seus sentimentos. Como a construção da Canadian Pacific, grande realização em si mesma, foi acompanhada da distribuição de subornos, o governo de MacDonald caiu. Depois, quando Ottawa iniciou a sua política de imigração para povoamento das Pradarias do Oeste, a imprensa de Québec indignou-se contra uma operação que lhe parecia destinada a afogar os canadenses franceses nas vagas humanas vindas da Europa; indignava-se de que ir para Winnipeg ou Edmonton ficasse muito menos caro a uma família de Londres do que a uma família de Québec ou de Montréal. Como era natural, a guerra dos boers forneceu aos canadenses franceses motivo para proclamarem simpatia pelo corajoso e pequeno povo que era também vítima da iniquidade do imperialismo inglês. A própria Primeira Guerra Mundial provocou graves reações: depois de terem mostrado pouco interesse em oferecer-se como voluntários, os canadenses franceses do Québec opuseram-se à conscrição imposta em 1917 pelo governo federal; foi preciso lançar a polícia militar à caça dos insubmissos e, mesmo em Québec, houve quatro mortos num embate com um regimento enviado de Toronto. Depois, terminada a Grande Guerra, a Liga Nacionalista de Québec exigiu e obteve que o tratado de paz fosse submetido ao Parlamento.

Mas foi no terreno escolar que os canadenses franceses se lançaram com todas as forças. Compreendiam perfeitamente que o seu futuro dependia da formação francesa dos seus filhos. E os seus bispos repetiam-lhes em inúmeras ocasiões que salvar as escolas era o mais imperioso dos seus deveres. Por isso, sempre que as viram ameaçadas, reagiram energicamente. É claro que o problema não se pôs em Québec, mas sim onde os canadenses franceses eram minoritários.

Um primeiro alerta ocorreu no Leste, entre os acadianos de Nova Brunswick. O Parlamento suprimiu todo e qualquer subsídio às escolas católicas, condenando-as praticamente a desaparecer. O protesto foi de tal ordem que se acabou por chegar a um *modus vivendi*, cuja aplicação foi confiada a duas comissões, uma inglesa, outra francesa. A cena deslocou-se, logo a seguir, para o Manitoba, a nova província, onde o conflito escolar rebentou em 1890. Sob o pretexto de que os canadenses franceses não eram mais de 14% da população, uma lei suprimiu os direitos escolares da minoria e impediu o ensino do francês. Apesar de uma campanha "orangista" veemente, a lei pareceu de tal maneira inadmissível que o Conselho Privado da Rainha, a quem o assunto foi submetido, deu um veredicto favorável às minorias francesas, que poderiam pedir ao Parlamento Federal que votasse a seu favor um "*Bill* remediador". Ao mesmo tempo, o episcopado pedia a Leão XIII que interviesse. O papa assim fez, depois de ter enviado lá, para se informar, o jovem mons. Merry del Val. O caso ficou resolvido assim-assim.

Quinze anos depois, reapareceu, da mesma forma, no Saskatchewan e no Alberta — tão violenta que Sir Wilfrid Laurier, então no poder em Ottawa, esteve a ponto de cair, e um dos ministros pediu demissão. Ainda cinco anos depois, em 1910, foi a vez do Ontário, onde os ingleses, apoiados, muito estranhamente, pelo alto clero católico de língua inglesa, queriam acabar com o bilinguismo escolar. A luta ia durar dezessete anos. Todos os católicos do Canadá francês, e sobretudo os de Québec, alertados pelo *Devoir* (fundado em 1917 por Bourassa), apaixonaram-se pela questão. Bem apoiados, os franco-ontarianos insistiram e triunfaram: em 1927, o bilinguismo passou a ser tolerado no Ontário. Mas o jornal criado para esse combate, *Le Droit*, de Ottawa, sobreviveu à conjuntura e continuou, até aos nossos dias, como o campeão da cultura francesa e do pensamento católico na província.

Essas lutas não foram a única prova que os canadenses franceses deram da sua energia e decisão. Compreendendo que a fecundidade demográfica da sua raça era o seu melhor apoio, tinham empreendido em meados do século XIX uma expansão para as terras ainda desabitadas. Assim tinham começado a povoar a região do Saguenay e do Lago de São João (futura pátria de Maria Chapdelaine), o *hinterland* de Nicolet e mesmo as laurencianas. A partir de cerca de 1885, quando se acelerou o êxodo para os Estados Unidos, desenvolveu-se um grande esforço sistemático para deter a corrente, e o clero teve nele um papel preponderante: havia padres que se prontificavam a partir com os colonos e construíam uma igreja de madeira em todo o lado em que se erguesse uma aldeola de desbravadores.

O homem representativo dessa empresa foi o *Curé* Francois Xavier Antoine-Labelle (que viria a ser bispo), gigante jovial de voz poderosa. Viam-no por toda a parte, de cachimbo na mão, pronunciar entre duas baforadas discursos pouco acadêmicos, mas fervorosos, a favor dos colonos. O governo de Mercier fez dele Comissário para a Agricultura e para a Colonização. Foi graças a ele que as famílias de pelo menos doze filhos receberam lotes gratuitos de terra: eram beneficiadas 1.500 famílias por ano, o que acabou por dar aos canadenses franceses o caráter solidamente rural que conservariam até à Segunda Guerra Mundial. E Québec não foi o único terreno dessa expansão. Nas novas províncias do Oeste, em todas as Pradarias e até ao sopé das Rochosas, constituíram-se grupos bem fortes. Ainda hoje o visitante os encontra, no meio do Canadá protestante e anglo-saxão, como ilhéus rochosos de fidelidade católica e francesa.

A essa expansão católica por todo o território canadense esteve associada a congregação que, a princípio missionária, pouco a pouco se tornou pastoral, à medida que chegavam os imigrantes e daí resultavam misturas étnicas. Foi a congregação dos Oblatos de Maria Imaculada, criada por mons. Mazenod[49]. Nela se associaram franceses da Europa e canadenses franceses. O trabalho iniciado por um Taché, um Grandin, prosseguiu com um Turquetil, um Gouard, um Breynat. Desde os montanhacos do Oeste até aos caiuses do Oregon, todas as tribos índias viram aproximar-se delas os religiosos brancos, cuja epopeia — "a epopeia branca" — constitui uma das páginas de glória das missões católicas. Mons. Grauard, fundador do Athabaska cristão, só veio a morrer em 1931, depois de ter dado o nome à província eclesiástica de que estava encarregado e à própria cidade onde estabelecera a sua sede. Outra figura lendária foi mons. Breynat, o primeiro missionário que usou o avião nessas paragens, e que ganhou, com as suas façanhas esportistas, o epíteto de "bispo voador". A penetração apostólica prosseguiu em todos os sentidos — para Oeste, mas também para a Baía de Hudson, o Keewatin, mesmo o Labrador, e continuou para o Grande Norte, com a missão entre os esquimós que, a partir de 1912, foi dirigida com grande pulso[50]. Em 1939, de 75 mil índios, dois terços eram católicos. E a sua integração no meio branco operou-se rapidamente.

Todos estes testemunhos ilustres de vitalidade dados pela Igreja do Canadá receberam de Roma um reconhecimento oficial. A primeira prova foi, em 1887, a criação, por Leão XIII, do primeiro cardeal canadense, mons. Taschereau. A partir dessa data, a Igreja canadense francesa teria sempre um dos seus chefes com a púrpura cardinalícia. Toronto teve também um cardeal, de língua inglesa. Depois, em 1899, foi a ereção de uma Delegação Apostólica permanente no Canadá, com residência em Ottawa. Por fim, em 1908, a Igreja canadense deixou de estar sob a jurisdição da Congregação romana da *Propaganda Fide* e passou para a da Consistorial, como todas as igrejas de velha cristandade. De resto, à medida que se fora operando a progressão católica, a Santa Sé tinha-a acompanhado erigindo novas circunscrições. Depois de Québec, erigida em metrópole por Gregório XVI em 1844, seis outras províncias eclesiásticas foram criadas por Pio IX e Leão XIII. Em 1900, o Canadá tinha sete, com vinte e uma dioceses, três vicariatos e uma prefeitura apostólica. Em 1939, as metrópoles eram doze, com quarenta e três dioceses e sete vicariatos apostólicos. Em cento e cinquenta anos, que caminho percorrido!

Terra de fidelidade

Para dar ideia da força da igreja canadense, não basta apresentá-la nas suas lutas e na sua expansão territorial. Mais impressionante ainda é a vitalidade propriamente religiosa de que sempre deu testemunho, e que, no fim das contas, constituiu a razão profunda de todos os resultados conseguidos. O clero, que, nas épocas anteriores, assegurara à comunidade católica uma tão forte armadura, não viu diminuir os seus efetivos. No próprio momento em que tantos países passavam por uma cruel crise de vocações, o número de padres canadenses aumentou regularmente, na mesma cadência que o povo fiel, ou mesmo um pouco mais depressa. Em 1867, para um milhão de católicos, o Canadá contava 2.200 sacerdotes; em 1901, para 2.300.000 fiéis, o clero tinha cerca de 4.600 membros; nas vésperas da Segunda Guerra Mundial, quando os católicos eram 4.500.000, os padres regulares e seculares atingiam uma cifra que beirava os dez mil[51]. Era raro encontrar uma família numerosa que não tivesse dado à Igreja ao menos um dos seus filhos. Todas as dioceses, mesmo as mais recentes, tinham o seu seminário, notavelmente bem instalado, quase sempre situado nas imediações do paço episcopal e, por vezes, unido a este e à Universidade, como em Québec. Os bispos davam a maior atenção aos seus jovens. Desde 1888, funcionava na própria Roma, para formação da elite do clero, um Colégio canadense, fundado pelos sulpicianos.

Nesse clero tão numeroso, os religiosos tinham lugar de destaque. Em 1939, eram 3.500 entre dez mil. O movimento, que tinha já levado tantas ordens e congregações da Europa a estabelecer-se no Canadá, prosseguiu com tanto vigor como nos Estados Unidos. Em 1939, todos os grandes institutos religiosos estavam lá representados: trapistas e beneditinos, estes até nas lonjuras do Saskatchewan; jesuítas, a quem foram restituídos os bens em 1888; franciscanos, que reapareceram nas margens do São Lourenço em 1890. O papel desempenhado pelos Oblatos de Maria Imaculada é bem conhecido, não apenas como missionários da "epopeia branca", mas como pregadores, educadores e administradores de paróquias. Até institutos que, no seu país de origem, tinham tido um desenvolvimento modesto, expandiram-se no Canadá de modo extraordinário: o exemplo mais impressionante é o dos Clérigos de Saint-Viator, que, fundados em 1831 pelo pe. Querbes para se dedicarem ao ensino, tinham dois terços dos seus membros em território canadense[52].

Quanto às religiosas, seguiram o mesmo caminho com igual entusiasmo, mas ultrapassaram de longe os seus confrades masculinos. Com efeito, em 1939 eram perto de 40 mil. Como, de resto, na Europa, manifestavam uma tendência evidente para multiplicar as fundações, frequentemente mínimas. Entre os núcleos mais sólidos contavam-se as ursulinas e as Damas do Sagrado Coração, e, especialmente quanto aos institutos de fundação canadense, as religiosas de Marguerite Bourgeoys e as admiráveis Irmãs Cinzentas da Santa d'Youville, que trabalhavam tanto em postos avançados da batalha da caridade como na Missão do Grande Norte.

Esse clero abundante não cessara de ter em mãos a imensa maioria da população católica, o que, em muitos lugares, significava toda a população. Em 1939, conservava uma autoridade e um prestígio praticamente intactos. Dispensado quase de todos os impostos, dispondo de meios materiais consideráveis, o padre era — e ainda é —, em toda a zona rural e nas pequenas cidades, o "notável" que todos respeitavam. Mas, no seu conjunto, era também — pela sua dedicação e pelo perfeito conhecimento do seu povo, de onde saíra — o conselheiro, o guia, o homem de Deus, a quem não se pedia apenas que administrasse os sacramentos, mas, mais ainda, que dirigisse as vidas. Para certos espíritos, a autoridade do padre podia parecer excessiva. Mas, justificada pela história, era geralmente indiscutida.

Com muita clarividência, a Igreja canadense soube manter sob seu controle o ensino em Québec. Era ela que orientava de perto as sete mil escolas primárias, como também as escolas normais, que formavam os mestres-escola. Dela dependiam os seminários menores — pelo menos um por diocese — e cinquenta colégios secundários, além das escolas de artes domésticas e de muitas outras. Em Québec, os bispos faziam parte por direito próprio do Conselho Provincial de Instrução Pública, assistidos por igual número de leigos, na prática designados por eles mesmos[53]. Ao lado da ilustre Universidade Laval, fundada em 1852 em Québec e canonicamente erigida em 1876, foram reconhecidas outras quatro. A de Montréal, criada em 1878, a princípio como filial da Laval, foi a partir de 1889 considerada como "segunda sede". Em Ottawa, o Colégio em que trabalhara o célebre oblato, pe. Tabaret, tornou-se Universidade em 1885, e o papa reconheceu-a como Universidade Católica em 1889, deixando-a confiada aos Oblatos. Seguiram-se as de Antigonish e de Meramcook. Todas elas tinham por chanceler o arcebispo da diocese, os reitores eram prelados, numerosos sacerdotes diocesanos ou religiosos eram professores. Por aqui se pode imaginar a influência que a Igreja exercia no meio estudantil.

Não é nada de estranhar que o povo canadense, dotado de uma tal armadura católica, tivesse permanecido fiel em pleno século XX. Essencialmente rural — no Québec, em 1901, as cidades representavam apenas 38% da população; fora de Québec e de Montréal, não eram, na maior parte dos casos, senão aldeias grandes —, essa população mantinha características camponesas. O viajante que desembarcava nas margens do São Lourenço via por todo o lado as marcas de uma fé sólida: igrejas em todas as aldeias, numerosos conventos, cruzes em inúmeras encruzilhadas. As excelentes famílias canadenses mantiveram intactos os hábitos cristãos ancestrais, orações antes e depois das refeições, preces em comum de manhã e à noite. Não se admitia o divórcio e, para se separarem legalmente, os esposos tinham de recorrer a uma decisão federal; em certos casos, só mediante uma lei. As manifestações populares de piedade, como as peregrinações a Nossa Senhora do Cabo ou a Santa Ana de Beaupré, eram numerosas e agrupavam massas consideráveis. A dois passos de Montréal, na própria encosta do Mont Royal, vinha-se desenvolvendo a todo o vapor um novo centro: o Oratório de São José, que o humilde *Frei André*, converso da Congregação da Santa Cruz, falecido em 1937, aos noventa e um anos, em odor de santidade, conseguira fazer surgir à força de fé paciente e de energia; durante quarenta anos, tinha desempenhado a modesta função de porteiro, sem nunca deixar de incitar todos aqueles que recebiam a sua irradiante e suave influência a venerar São José, Esposo de Maria, e a rezar-lhe devotamente[54].

Como é óbvio, essa Igreja, na sua maioria rural e tão firmemente dirigida pelos seus padres, não sofreu as violentas crises de inteligência que sacudiram as cristandades da Europa. Tal como não houvera tendências lamenaisianas claras, tampouco houve modernismo nas margens do São Lourenço. Se percorrermos os jornais e revistas da época, quase seremos levados a perguntar-nos se alguma vez foram pronunciados no Canadá os nomes de Loisy ou de Tyrrell. Nem sequer a tendência para o "americanismo" parece ter marcado muito os canadenses franceses.

Não quer isto dizer, porém, que a igreja canadense não tivesse tido nenhum problema. O aspecto clerical, ou, se quisermos, teocrático, do catolicismo canadense não deixou de suscitar críticas. Ao lado do liberalismo oficial e governamental de Wilfrid Laurier, subsistiam elementos do liberalismo crítico, por vezes agressivo, inspirado nas ideias europeias, restos daquele que, durante alguns anos, inspirara o *Institut Canadien*. Órgãos de imprensa como a *Canada revue* — condenada em 1892 —, ou, mais tarde, *Le Pays* — condenado em 1918 —, exprimiram essa corrente de opinião, que nunca foi importante. Não se pense, no entanto, que os audaciosos anticlericais fossem forçosamente irreligiosos. Alguns deles proclamavam-se crentes, embora criticassem a excessiva riqueza do clero e a sua estreiteza de espírito. Mas, nas vésperas da Segunda Guerra Mundial, as relações com a Europa e os Estados Unidos multiplicaram-se, o nível dos conhecimentos científicos tendeu a elevar-se na *intelligentsia*, de modo que começou a surgir o problema da fé. O conformismo oficial, que impunha a todos, *de facto*, a prática religiosa, tornava, aliás, muito difícil a exata apreciação dos limites dentro dos quais o problema se punha.

Não há dúvida de que não estavam ausentes da vida religiosa canadense os grandes fatores de renovação que tinham surgido no seio da Igreja havia três quartos de século: nem a doutrina social católica nem a Ação Católica eram ignoradas. Mas tinham sido entendidas no Canadá de modo muito especial. Os chefes do catolicismo canadense talvez não tivessem dado atenção bastante aos novos problemas suscitados cada vez mais pela crescente industrialização. A *Rerum novarum* e a *Quadragesimo anno* foram lidas, e fundaram-se as Semanas Sociais. Criou-se até um sindicalismo nacional e católico, por oposição ao sindicalismo neutro, de tipo americano, então em progresso; mas não se fica com a impressão de que a comunidade católica se tivesse tornado por isso mais "social". A verdade é que os grandes problemas sociais não a atormentavam[55]. Em todo o Canadá francês, estava muito ativo um movimento cooperativo, mas que conservava um caráter confessional bem acentuado. O esforço feito imediatamente antes da Segunda Guerra por um dominicano, o *pe. Georges-Henri Levesque*, para lhe tirar esse caráter, encontrou pela frente os jesuítas, fortemente apoiados no pensamento de Pio X.

Quanto à Ação Católica, existiu no Canadá desde a década de 20, sob a forma de uma réplica da ACJF, mas mais fortemente marcada por intenções patrióticas do que a sua irmã mais velha, francesa. O aparecimento dos movimentos especializados, a partir de 1935, reduziu a Associação Católica da Juventude Canadense a um movimento puramente patriótico e nacional, e levantou no Canadá, mais que em qualquer outra parte, o problema das relações entre o clero e os leigos. Os primeiros grandes congressos e as ações empreendidas nos anos que precederam a Grande Guerra deram provas de admirável fervor do laicato no serviço da Igreja; mas os hábitos adquiridos há tanto tempo não pareciam permitir que o clero deixasse aos leigos a liberdade de ação que Pio XI lhes queria conceder. Em 1939, a questão não se formulava ainda claramente, mas já se via que haveria de sê-lo algum dia.

A despeito das dificuldades, de resto ainda bem pouco graves, que encontrava no seu seio, a Igreja canadense surgia em 1939 como uma força muito grande no país. Em 1931, o Estatuto de Westminster, votado pelo Parlamento de Londres, pusera fim ao regime do *Dominion*. O Canadá passara a ser um Estado independente, cujo rei era o rei da Inglaterra, mas que deixava de depender do Parlamento inglês; tinha governo próprio, junto do qual o Governador britânico já só desempenharia um papel quase simbólico. Era uma das reivindicações dos canadenses franceses, tal como a formulara a Liga Nacionalista desde o início do século, que assim se via atendida. No quadro do Estado canadense, os canadenses franceses admitiam cada vez mais a fórmula criada por Bourassa: "Fidelidade intelectual e moral à França, fidelidade política à Inglaterra, e ambas subordinadas ao nosso patriotismo exclusivamente canadense". Quanto aos católicos, olhavam o futuro com confiança[56].

Oportunidades e perigos da América "Latina"

A acreditarmos apenas nos números, seríamos tentados a concluir que os progressos do catolicismo foram tão grandes nessa América que usualmente chamamos "latina"[57] como nos Estados Unidos e no Canadá — ou ainda maiores. Com efeito, nenhuma parte do mundo igualou em rapidez de crescimento populacional o conjunto dos países que se estendem por vinte e um milhões de quilômetros quadrados, desde a fronteira meridional dos EUA até à Terra do Fogo. Na época da independência, o seu conjunto não chegava a 18 milhões de habitantes; em 1900, com 72 milhões, tinha multiplicado esse número por quatro, e em 1939, com 144 milhões, por oito[58]. A partir de 1920, o ritmo não cessara de acelerar-se, de tal modo que, em 1939, era de prever que a América Latina dobraria de população a cada trinta anos, o que está a caminho de se realizar. Isso, por efeito quase apenas da fecundidade, visto que a imigração, sobretudo espanhola e italiana, que teve um grande papel até 1925 (em 1914, os estrangeiros eram um terço de um país como a Argentina), desde então estancou quase inteiramente. Ora as estatísticas provam que os católicos constituíam pelo menos 90% da população. Parecia, portanto, fácil admitir uma ascensão em flecha, ainda mais impressionante que a da Igreja Católica nos Estados Unidos.

A verdade não é tão simples e não se presta a tão grande otimismo. É certo que a Igreja viu crescer enormemente o número de batizados nesses países de velha cristandade, onde os conquistadores e os missionários da Espanha e de Portugal a tinham estabelecido havia cinco séculos. Mas talvez não se siga daí que ela se haja tornado mais sólida, que tivesse maior peso no equilíbrio de forças nesses países, e, sobretudo (já que, em matéria de religião, os números são, no fim das contas, de importância muito relativa), que, no combate por Deus, tenha aumentado as suas possibilidades.

A reviravolta que se deu em 1870 encontrou a América Latina muito mal refeita do abalo que lhe infligira a queda do domínio espanhol e português[59]. Salvo poucas exceções, a mais feliz das quais foi o Equador, onde o poder estava ainda — por pouco tempo — nas mãos do grande homem de fé que era García Moreno, a Igreja estava em dificuldades mais ou menos graves com os governos. Embora conseguisse manter-se em todas as regiões, tinha sido espoliada, molestada, ao menos temporariamente, em numerosos Estados. No México, podia-se falar de perseguição. No Paraguai, o bispo de Assunção acabava de ser fuzilado[60].

No conjunto, essa situação continuou instável, variando de país para país consoante as circunstâncias da política interna de cada um, abundante em crises, golpes de Estado, pronunciamentos. A ideologia "laica" exerceu quase por todo o lado uma forte influência, servida por uma numerosa maçonaria (em 1914, o Brasil contava mais de cem mil maçons, e, em 1939, 140 mil), cujo sectarismo anti-católico não desarmou mesmo quando, na Europa, após a Primeira Guerra Mundial, a atmosfera se tornou mais pacífica. No Brasil, no Uruguai, o positivismo de Auguste Comte adquiriu foros de autêntica religião. Depois, foi o marxismo que veio revezar essa corrente antirreligiosa e levou aos acontecimentos trágicos da nova perseguição mexicana[61]. Alguns episódios graves marcaram essa existência atribulada: o mais sensacional foi o assassínio de García Moreno em 1875, seguido do assassinato do arcebispo[62], D. Checa. Na maioria das repúblicas latino-americanas, decretou-se a separação da Igreja e do Estado, muitas vezes à custa de graves crises, como a que agitou a Argentina em 1884. Embora houvesse algumas exceções — como a Colômbia, onde o catolicismo voltou a ser religião oficial em 1886, uma lei consagrou a nação ao Sagrado Coração de Jesus em 1900 e, finalmente, em 1913, foi proibida a maçonaria —, no todo a situação era singularmente confusa e difícil, e, em 1939, estava longe de se ter clarificado e apaziguado. Assim, entre os Estados que constituíam a Federação do México, quatro continuavam a limitar estritamente o número de padres: no de Tabasco, seis para todo o território!

Esse estado de coisas não encontrou a Igreja nem desatenta nem ineficaz. Para lhe dar remédio, Roma agiu. Pio IX mostrara o caminho ao praticar uma política sistemática de Concordatas, e os seus sucessores imitaram-no, procurando aproveitar todas as ocasiões para negociar um acordo ou, pelo menos, entabular negociações. Assim, Leão XIII conseguiu renovar a Concordata com o Equador, mal decorridos seis anos após a morte de García Moreno, e na Colômbia obteve a de 1887, uma das mais felizes que a Santa Sé assinou. Nesse ínterim, estabeleciam-se acordos de *modus vivendi* com o Peru, o Chile e a Argentina. Pio XI fez ainda mais, pois chegou a assinar um *modus vivendi* com o México, entre duas perseguições![63]

Mas não foi só esforçando-se por fixar com os governos a situação oficial da Igreja que Roma demonstrou a sua vontade de restabelecê-la ou de estabelecê-la melhor. Uma das provas da sua atenta solicitude foi a multiplicação das circunscrições eclesiásticas. Para toda a América Latina, após a independência, elas não eram mais de 51 em 1830; em 1900, chegavam a 120, entre bispados ou vicariatos apostólicos; quando Pio XI morreu, eram 268. Ao mesmo tempo, o número de paróquias aumentava na mesma cadência. Na Argentina, por exemplo, passava de cerca de 300 em 1870 para 450 em 1914, 563 em 1929, 722 em 1939. Multiplicação ainda insuficiente, sem dúvida, pois, como veremos, deixava ao bispo e aos párocos territórios que iam além da capacidade de ação de um homem. Mas pelo menos indicava a rota que convinha seguir — e que, de fato, foi seguida a partir desse período com uma firmeza ainda maior.

Uma inovação assinalou bem a intenção da Igreja de participar na expansão da América Latina: foi devida à genial intuição de Leão XIII. Em 1889, convocados pelo papa, 13 arcebispos e 41 bispos reuniram-se em Roma para ter, à semelhança do que se fazia nos Estados Unidos, um Concílio plenário latino-americano. Seria o único concílio continental desses tempos. Sob a presidência do cardeal Di Pietro, os prelados estudaram, durante perto de dois meses, todos os problemas relativos às suas igrejas, e, inspirados nos cânones de Trento e do Vaticano I, e antecipando-se em muitos pontos ao *Código de Direito Canônico*, que seria publicado dezessete anos depois, elaboraram decretos que Leão XIII confirmou em janeiro de 1900. Prefiguração do famoso Conselho Episcopal Latino-Americano (CELAM) que o nosso tempo viu nascer em 1958. Simultaneamente, Leão XIII concedia ao conjunto das igrejas latino-americanas, em razão, precisamente, das grandes distâncias a percorrer, certas facilidades quanto à administração dos sacramentos: por exemplo, o direito de os bispos delegarem em simples sacerdotes o seu poder de conferir a Crisma.

Eram providências muito avançadas para o seu tempo, mas que corriam no sentido da história. Significavam reconhecer que, por diferentes que fossem as cristandades que se sucediam do Norte ao Sul, ao longo dos meridianos, havia entre elas laços profundos, essenciais: a expressão "América Latina", usual na língua da Igreja, ganhava todo o seu sentido. Essa tendência para a unidade moral, intelectual e econômica de todos esses países, que ia ser tão nítida na nossa época, foi a Igreja quem primeiro a adivinhou. E o seu significado era o de um todo único ligado pela fé.

De qualquer modo, não deixavam de ser graves os problemas que se apresentavam a essa entidade humana que o catolicismo podia legitimamente reivindicar por sua. Sem falar daqueles que derivavam da existência, em certos pontos do Continente, de grupos humanos ainda pagãos, e que importava tentar converter — tarefa, a rigor, das missões[64] —, qual seria o nível da fé nas próprias massas dos batizados, antigos ou recentes, onde se acotovelavam os descendentes dos antigos conquistadores e os dos aborígenes, sem esquecer os inúmeros mestiços de todas as mesclas? Essa religião que todos ou quase todos proclamavam — que valia, afinal?

Não se trata de retomar as críticas que é possível dirigir à Igreja latino-americana, e que, aliás, os seus chefes mais lúcidos não se inibiam de formular[65]. À mediocridade do clero correspondia com excessiva frequência a má conduta das ovelhas. O concubinato dos padres era paralelo, entre os fiéis, à prodigiosa multiplicação de nascimentos ilegítimos, que em certos setores chegavam a 60%! O alcoolismo estava espalhado por toda a parte. E, sobretudo, em certo sentido fato mais grave do que a degradação moral, a Igreja surgia demasiadas vezes como uma instituição estranha à vida real dos homens. A ela se iam buscar serviços bem definidos, mas não se participava da sua existência. O ritualismo e o formalismo não permitiam dar passagem à verdadeira vida da alma.

Esses defeitos evidentes do catolicismo latino-americano não devem, no entanto, fazer esquecer as qualidades profundas que nele se podiam observar. Se a fé parecia muitas vezes demasiado exterior e espetacular aos olhos de um católico francês ou alemão — não tanto aos de um espanhol ou um italiano —, em numerosíssimas almas ela era sincera, sólida, suficientemente inabalável para levar até ao sacrifício. O exemplo dos católicos mexicanos resistindo até ao martírio à tentativa de descristianização do país é, a este respeito, significativo[66]. Não foi por uma espécie de propaganda ou de lisonja que todos os papas, sucessivamente, prestaram homenagem à "América Latina, terra católica entre todas", numa palavra de Pio X ao receber os bispos do Continente que lhe vinham pedir a bênção para os seus escudos. Não é apenas pelas estátuas monumentais de Cristo-Rei e do Redentor erguidas na mais alta passagem dos Andes e no cume do Corcovado, na baía da Guanabara, nem sequer pelas imensas manifestações de massa, como aquela a que deu origem a coroação da Virgem de Guadalupe em 1895, que devemos julgar a religião latino-americana. É também pelas virtudes modestas que se encontravam numa grande parte do clero e em amplos setores da população fiel, uma "piedade fervorosa, cujo valor não diminui por exprimir-se sobretudo através de grandes práticas tradicionais, um sentido profundo do pecado, que pode aliar-se aos piores desregramentos, mas no meio destes sobrevive, uma obediência e devotamento indefectíveis à Santa Sé e ao papa, a recusa de qualquer compromisso com os adversários"[67]. Eram grandes virtudes, as menores das quais não eram a resignação ante as difíceis condições de vida e um grande espírito de caridade.

O nível da igreja latino-americana nunca cessou de crescer desde 1870. A fundação por Pio XI do *Collegio Pio* em Roma (1858) permitiu infundir nas cristandades da América latina um sangue novo, preparando uma elite de bispos e padres. As decisões tomadas no Concílio plenário de 1899 suscitaram um novo impulso. Houve um esforço sério por abrir seminários. Em 1939, eram 223. Se parecem poucos, dada a imensidade dos territórios (o Brasil, por exemplo, só tinha 27 para perto de 100 dioceses), esse número assinalava, porém, um grande progresso. Um pouco por toda a parte, abriam-se colégios (masculinos e femininos) e seminários menores. Dezessete universidades católicas, escalonadas do México ao Chile, desde a de Santiago do Chile, fundada em 1869, até à de Bogotá, erigida em 1937, formavam uma classe intelectual católica cuja influência se iria fazer sentir na vida pública. Católicos militantes ascendiam aos mais altos postos do ensino, como, no Brasil, Alceu Amoroso Lima — o escritor *Tristão de Athayde*. Houve uma clara evolução ao longo dos sessenta anos abrangidos por este volume, e já é possível ver os seus resultados.

Uma questão angustiante se apresentava, no entanto, a toda a Igreja latino-americana. Preencheu todo o nosso período, e continua a persistir: a falta de padres. Observava-se em todos os países, desde o México ao Chile, em consequência de diversas causas históricas e sociológicas, entre as quais não eram das menos graves a supressão das Reduções dos jesuítas, as leis persecutórias e laicizantes, o atraso na formação de um clero indígena. Em 1939, ou seja, no momento em que havia já um quarto de século que se iniciara uma escalada, as monótonas estatísticas mostravam números aflitivos: em média, a América Latina tinha um padre para cinco mil católicos, enquanto a França tinha um para 750 e o Canadá um para 480; e se tivermos em conta os padres metidos em tarefas administrativas, ou os muito velhos, a média verdadeira era de um para dez ou doze mil fiéis. E ainda assim esses números não dão a conhecer a realidade concreta, porque as imensas distâncias e a dispersão das populações tornavam o trabalho apostólico infinitamente mais difícil do que na Europa. "*Las distancias matan*": o ditado argentino tinha toda a validade quando aplicado à vida religiosa. E não era fácil encontrar saídas para essa ameaça terrível, que nas vésperas da guerra de 1939 o pe. Hurtado denunciava obstinadamente: o analfabetismo e a enorme proporção de nascimentos ilegítimos não ofereciam um clima favorável ao incremento do número de vocações.

Essa situação abria campos de ação aos leigos. Se é verdade que nada foi empreendido antes da Primeira Guerra, a partir de 1917 começou-se a fazer um esforço. Sob o patrocínio da Instituição Teresiana, Instituto Secular feminino de origem espanhola, constituíram-se grupos que anteciparam a Ação Católica, com o fim de promover a presença católica nos meios universitários. A Ação Católica propriamente dita foi criada na América Latina a partir de 1930, de maneira, aliás, muito desigual de país para país. A primazia pertenceu à Colômbia e à Argentina. A JOC contava agrupamentos em vários países. Mas ainda não existia a Ação Católica rural, indispensável em regiões onde dois terços da população eram camponeses.

Além do grave problema derivado da insuficiência numérica do clero, a Igreja Católica da América Latina debatia-se com outras questões novas e numerosas. Algumas destas tinham a ver com a evolução geral da sociedade. E, antes de mais, com a que ia resultar da passagem da estrutura rural para a estrutura urbana, que começou por volta de 1939 e se operaria desde então num ritmo cada vez mais rápido. Em 1925, 67% da população era agrícola; em 1950, 56%... Ora, lá, como em toda a parte, o afluxo em massa para as cidades trouxe consigo uma descristianização. Ao menos, a Igreja não tinha de tomar posição na questão racial, uma vez que esta não se apresentava na América Latina, pois a mistura dos elementos étnicos operara-se de tal modo que, em certos países, como no Brasil, os mestiços representavam metade da população. Mas a situação social era grave, frequentemente trágica. A excessiva desigualdade entre as classes, herdada do antigo estado de coisas colonial, atingia proporções espantosas. No Chile, por exemplo, 62% da população não se beneficiava de mais de 24% do produto interno bruto. Havia uma minoria de ricos, uma classe proletária subdesenvolvida e, entre elas, uma estreita franja de burguesia média sem grandes meios. Era uma situação susceptível de anunciar um futuro inquietante.

E a Igreja tinha a ver diretamente com isso. Em primeiro lugar, no plano material. Privada em muitos países dos seus antigos recursos, obrigada em larga medida a bastar-se a si mesma, não dispunha, como na França, de uma classe média abundante cujos donativos lhe permitissem viver. Via-se, pois, forçada, quer a cobrar pelos seus serviços, quer a conseguir subsídios das grandes fortunas, o que, em ambos os casos, a punha em risco de se afastar do povo. Que aconteceria quando os meios modernos de informação, que começavam a espalhar-se, despertassem o proletariado miserável para a injustiça da sua situação? Aliás, propagandas inimigas exploravam contra a Igreja os fáceis argumentos da sua ligação com gente de dinheiro. O marxismo passara a ter o seu centro no México, com Lombardo Toledano; mas já penetrava na Guatemala e no Brasil. E o protestantismo, sob as suas diversas formas, desde a "Conferência Missionária Internacional", de Edimburgo (1910), e sobretudo desde a de Nova York (1913), que instituiu um "Comitê Latino-Americano" permanente, desencadeara uma ofensiva de grande estilo contra o "catolicismo decadente". Já em 1924, seis países latino-americanos tinham seminários protestantes, e sete, secretariados de informação. Em 1938, em Madrasta, os representantes de todas as igrejas protestantes decidiam considerar a América Latina como "o setor de primeira importância". Nesse momento, dispunham lá de cerca de 13 mil lugares de culto e de 2.500.000 de adeptos.

Assim, pois, no momento em que a Igreja se preparava para classificar a América Latina como a terça parte do rebanho fiel, a situação que aí ocupava era contraditória. Por um lado, com palavras que Pio XII pronunciaria, "o formidável bloco edificado pelo zelo missionário das duas grandes mães ibéricas" representava certamente "na esfera religiosa, uma das grandes esperanças de amanhã". Por outro lado, porém, esse bloco tinha diante de si problemas tão grandes que, para os resolver, não seriam demais todos os apoios da Igreja universal. Esse apoio, já Pio XI o proclamara necessário. Vinte anos depois, começaria a concretizar-se.

Um olhar sobre o Oriente

Havia uma outra parcela da humanidade batizada que se erguia em face da Igreja Católica, dela separada, desconfiada, muitas vezes hostil: as cristandades do Oriente. Provenientes, quer das heresias dos primeiros séculos — nestorianismo, monofisismo: igrejas caldaica, siríaca ou jacobita, armênia e copta —, quer do cisma bizantino que se estendera pelo mundo russo e reivindicava para os seus fiéis, e só para eles, o título de "ortodoxos", quer ainda de rupturas mais recentes, como a de uma parte da Igreja siro-malabar no século XVII, essas igrejas representavam cerca de um quarto da cristandade. Será que o catolicismo, fora dessas terras tão ativo e decidido a retomar pé, obteve aí os resultados prometedores que lhe conhecemos na América do Norte ou na Inglaterra? A resposta tem de ser mais cautelosa.

A *Rússia*, de religião oficial ortodoxa, não permitia a existência do catolicismo (como aliás de qualquer outra crença) senão na medida em que o governo imperial o tolerasse.

Sem ser continuamente perseguida, a Igreja sofrera com a política de russificação praticada pelo regime czarista nos dois primeiros terços do século XIX, e essa fora uma das causas da ruptura de relações diplomáticas em 1866. A habilidade de Leão XIII permitira melhorar a situação, após as negociações dirigidas por D. Vanutelli, graças a um acordo assinado em 1882. O czar Nicolau II seguira o mesmo caminho de Alexandre III, mostrando-se mais compreensivo para com os católicos de rito oriental da Polônia, e depois, em 1903, outorgando uma Constituição com garantias de liberdade de consciência. Foram suprimidas as penas que ameaçavam aqueles que abandonassem o culto nacional e os padres que ministrassem os sacramentos aos convertidos a outras religiões.

Tornara-se assim possível que, imediatamente antes da revolução bolchevista, dentro da Rússia propriamente dita[68], 1.600.000 católicos vivessem sem demasiadas dificuldades. Formavam, aliás, grupos muito diversos: no Norte e Oeste, poloneses, bielo-russos, lituanos, alemães; no Centro e no Sul (80% desse total), poloneses e também rutenos, armênios e georgianos de ritos orientais. O clero contava 900 padres e dispunha de 1.200 lugares de culto. No todo, esses grupos eram sólidos, fervorosos, e não se deixavam infiltrar pela ortodoxia. Em contrapartida, porém, o catolicismo não parecia progredir no interior da Igreja ortodoxa. É certo que se davam conversões individuais, sobretudo na nobreza e nos meios cultos. A mais importante — embora secreta — foi a do grande filósofo *Wladimir Soloviev* (1850-1903), cujo pensamento acerca do lugar da ortodoxia no seio da Igreja universal iria marcar uma das linhas de força do ecumenismo[69]. Sob a dupla influência de D. Strossmayer[70] e do francês Anatole Leroy-Beaulieu, Soloviev abraçou o catolicismo em 1896. Mas o sonho de constituir como que uma guarda-avançada do catolicismo na Rússia, que acalentou juntamente com a sua amiga a princesa Volkonsky, não teve sequência.

Nos outros países onde dominava a ortodoxia, a situação era mais variável. Era bastante boa na *Romênia*, onde em 1939 os católicos — que em 1918 tinham aumentado com a incorporação das comunidades da Transilvânia e da Bukovina, isto é, de perto de 2.300.000 fiéis — tinham conseguido, mediante a Concordata de 1927, o reconhecimento dos seus direitos e até vencimentos para os seus padres; e várias congregações religiosas tinham aberto escolas.

No reino da *Iugoslávia*, cinco milhões de católicos formavam dois fortes grupos: o dos eslovenos e o dos croatas e dálmatas. A vitalidade da sua fé era notável. Deviam-na, em larga medida, à ação, durante mais de meio século (de 1849 a 1905), do admirável e célebre bispo de Djakovár, *D. Strossmayer*, que encarnara a resistência nacional dos croatas ao dominador húngaro, ao mesmo tempo que promovia a renovação intelectual e teológica da região, e ainda o desejo de união das igrejas. No resto do reino, os católicos não eram mais que umas dezenas de milhares. A antiga monarquia sérvia tinha-lhes sido hostil, multiplicando, desde 1904, obstáculos a propósito do ensino. No novo reino iugoslavo, não passou a ser mais favorável. Chegou até a promover na Croácia e na Dalmácia uma política de vexames que, por várias vezes, acabaram em recontros sangrentos, de que guardaram memória os vestígios de balas nas paredes da catedral de Split.

Na pequena *Bulgária*, reduzida pela guerra, sobreviviam modestamente 35 mil católicos, dos quais 5.600 de rito oriental, que constituíam a diocese de Nicópolis e o vicariato de Sófia. Na *Grécia*, a situação era melhor: se os católicos não eram mais de 40 mil, a maioria de rito latino, a verdade é que o trabalho feito pelos jesuítas, grandes missionários da Hélade desde 1661, dava os seus frutos. Syra, a ilha onde ficava a sua residência principal, tinha mais de dez mil católicos e possuía a sua catedral — Santa Sofia — no cume do Frontado. Depois de 1890, os jesuítas tinham também trabalhado sistematicamente por formar um clero nativo, que contava agora com uns cinquenta padres, poucos, é certo, mas preparados até para fornecer bispos. Atenas tinha uma catedral católica. E o prestígio do catolicismo estava em alta, graças ao trabalho realizado por religiosos e religiosas dedicados ao ensino — jesuítas, lazaristas, capuchinhos, Irmãs da Caridade —, a quem as famílias ortodoxas confiavam com todo o gosto os seus filhos.

Os fatos mais importantes da história do Oriente cristão não devem ser procurados nos grupos de católicos latinos, mas antes no âmbito dessas igrejas que tinham por característica mais visível ritos litúrgicos diferentes do rito latino[71]. No seu conjunto, constituíam um campo extremamente vasto, que se estendia da planície russa à ponta da Índia, dos campos da Abissínia ao Middle West americano; e também extremamente complexas, porque nelas se podiam distinguir dezesseis ou dezessete comunidades e a prática de pelo menos seis ritos[72].

Essas comunidades são hoje de importância numérica muito desigual, desde poucos milhares a vários milhões, e, além disso, de origens diversas. Formalmente, compõem-se de elementos provindos das igrejas separadas que regressaram à fé e à obediência romana, com exceção dos maronitas, que afirmam nunca se terem afastado. Mas as razões históricas que, no decorrer dos séculos, afastaram de Roma parcelas do rebanho são, como se sabe, complexas. Algumas igrejas pertenceram a uma ou outra das heresias dos primeiros séculos — nestoriana, monofisita[73], esta última frequentemente chamada "jacobita", do nome de Tiago Baradai, sua grande figura do século VI —; outras procedem do cisma grego, que se estendeu à Europa Oriental e ao território russo. E as tradições de séculos acabaram por dar a cada qual os seus usos, regulamentos e até características espirituais que as diferenciam umas das outras quase tanto como da igreja latina.

Em 1870, o conjunto das igrejas orientais católicas contava cerca de seis milhões de fiéis. Não podiam, portanto, aspirar a ter muito peso na Igreja universal. Sem que se possa dizer que a *Ecclesia Mater* se tenha desinteressado de cada uma dessas filhas particulares — Gregório XVI não as ignorava —, a verdade é que nem sempre tinha sido feliz o modo como manifestara esse interesse. Em princípio, a Propaganda Fide proclamava que cada Igreja tinha o direito de permanecer fiel às suas tradições. Mas veio a observar-se em relação a elas a mesma tendência que se observara quanto às missões: a tendência para a unificação, com o fim de estabelecer melhor a autoridade de Roma. Se bem que Pio IX, na sua bula *Amantissimus generis*, de 1862, tivesse chamado "caluniadores" àqueles que o acusavam de pretender romanizar o Oriente, a bula *Reversurus* (1867), escrita para pôr ordem na Igreja armênia, parecera uma intolerável intervenção romana nos assuntos das igrejas orientais. Rebentara um cisma, enquanto o patriarca Hassum estava no Concílio Vaticano, cisma que iria durar até 1887, encorajado pelo governo turco.

Depois, surgiram dificuldades com os caldeus da Mesopotâmia, a propósito dos direitos que o seu patriarca, D. Audu, reivindicava sobre os cristãos do Malabar. Daí resultara um incidente bastante sério durante o Vaticano I: o patriarca fora convocado por Pio IX, que lhe exigiu que se submetesse ou se demitisse. Provisoriamente submetido, o patriarca dos caldeus levantara cabeça logo que se vira entre os seus, e os anos de 1875-76 foram de ameaça de cisma, que só se evitou porque os dois protagonistas da questão resolveram suavizar as suas posições. Durante uma sessão do Concílio, também o patriarca melquita, Gregório Yussef, avisara a Igreja contra os perigos de querer reduzir à uniformidade as veneráveis igrejas do Oriente. Mas parecia que a tendência centralizadora era a mais forte. O restabelecimento do Patriarcado Latino de Jerusalém (1889) pareceu ser outro sintoma da mesma tendência.

Foi essa atitude para com as igrejas orientais que mudou em 1878, e essa mudança acarretou consequências felizes para o seu desenvolvimento. Logo que foi eleito, Leão XIII preocupou-se com a questão. Pediu dois relatórios, um a D. Vanutelli, então delegado apostólico em Constantinopla; outro, a um amigo do seu secretário, italiano de nacionalidade, mas cônsul da Turquia em Roma. Ambos concluíram que as igrejas católicas do Oriente podiam desempenhar um papel importante na penetração apostólica dos seus países, se se soubesse respeitá-las e utilizá-las. O grande papa decidiu, pois, promover em Jerusalém (1893) um Congresso Eucarístico que mostrasse ao Oriente a autêntica fé católica. Quem o organizou foi mons. Doutreloux, o famoso bispo de Liège. O cardeal Langénieux, legado pontifício no Congresso, trouxe deste uma documentação precisa acerca do estado de espírito dos católicos do Oriente, dos seus receios e das suas esperanças. Leão XIII deu-lhe sequência, em 1894, por meio de duas encíclicas — *Praeclara gratulationis* e *Orientali dignitas* —, que foram completados por decretos cuja aplicação estaria a cargo de uma comissão cardinalícia.

Louvando "a augusta antiguidade que enobrece os diversos ritos dessas igrejas", o papa observava judiciosamente que essa diversidade "afirma a divina unidade da fé católica e manifesta com esplendor uma origem apostólica". E mostrava — o que era uma profunda visão de futuro — que "as diversidades rituais e as autonomias eclesiásticas tradicionais" podiam preparar o caminho para uma aproximação com a ortodoxia cismática. Fixava também nesses textos a atitude de grande respeito que os delegados apostólicos deviam manter para com os patriarcas e proibia aos padres e missionários latinos que levassem um católico oriental a adotar o rito latino. Mais tarde, aboliu o título de prefeito apostólico nos territórios onde havia patriarcas, a fim de que só estes fossem os superiores das missões.

Essas intenções tão judiciosas traduziram-se em fatos de numerosas maneiras. Leão XIII não só pôs fim ao cisma armênio, mas ainda multiplicou as providências gratas aos orientais. Por exemplo, dotou várias comunidades de chefes oriundos delas, como foi o caso dos coptas, que tiveram a alegria de ver restaurado o seu patriarcado de Alexandria. E suprimiu aquilo que, em diversos ritos, como o ítalo-grego, tinha sido latinizado. Por outro lado, inaugurou Conferências patriarcais no Vaticano. Duas destas reuniram-se sob a efetiva presidência do papa, entre 24 de outubro de 1894 e 20 de julho de 1902. Nelas foram examinadas numerosas questões relativas ao Oriente e aos seus cristãos. Foi-se mesmo mais longe, e o papa autorizou os padres latinos que trabalhavam no Oriente — como os assuncionistas de Constantinopla — a adotar o rito bizantino. Estava dado o impulso a um movimento que até aos nossos dias não deixaria de avançar.

Pio X não acelerou esse movimento, mas também não o refreou. Em certo sentido, deu um passo na mesma direção ao fundar em 1909 o Instituto Bíblico de Roma. E tomou algumas providências inspiradas nos ensinamentos de Leão XIII, como foi a de conceder aos católicos rutenos do Canadá um bispo do seu rito. A celebração, em Roma, de uma Missa pontifical em rito bizantino, por ocasião do XV° centenário da morte de São João Crisóstomo, em 1908, mostrou que o caminho não estava abandonado, embora não denotasse o mesmo impulso.

A segunda etapa foi vencida por Bento XV, e é um dos pontos em que o caluniado pontífice melhor provou a lucidez da sua visão. Em plena Guerra Mundial, a 1° de maio de 1917, ou seja, no momento em que a situação ainda não evoluíra como aconteceria alguns meses depois, instituiu um novo dicastério: a *Congregação para a Igreja Oriental*. É certo que, para se ocupar das cristandades orientais, já existia uma secção da Congregação *da Propaganda Fide*, o que, porém, as assimilava às missões. Daí em diante, passava a haver um organismo autônomo, cuja presidência *de jure* o papa reservava para si, fazendo-se representar por um cardeal como secretário. A competência da nova Congregação estendia-se a todos os assuntos relativos às pessoas, à disciplina ou aos ritos das igrejas do Oriente unidas a Roma, mesmo que essas questões fossem mistas, isto é, interessassem também aos latinos. Era retirar definitivamente os católicos orientais do âmbito das missões e reconhecer a sua originalidade dentro da Igreja.

Uma segunda criação veio completar aquela. No outono do mesmo ano, abriu-se o *Pontifício Instituto de Estudos Orientais*, destinado a formar sacerdotes latinos desejosos de ir exercer o seu ministério no Oriente, e também aberto aos padres orientais que quisessem fazer altos estudos. Confiado aos jesuítas e primitivamente instalado na sede do Instituto Bíblico, não tardou a ter plena independência[74]. E a solicitude de Bento XV para com os orientais assinalou-se ainda pelo cuidado que teve de proclamar Doutor da Igreja o muito venerado místico Santo Efrém, "a Cítara do Espírito Santo", muito caro aos sírios. O impulso estava dado. As ideias e iniciativas de Bento XV tiveram larga audiência. O cardeal Mercier alargou essa influência e secundou o metropolita uniata de Lwow, D. Szceptyckij, que pedia aos religiosos ocidentais que fossem trabalhar nas igrejas uniatas. Os redentoristas organizaram uma vasta propaganda a favor dessa causa, e, dos seus duzentos professos, muitos adotaram o rito oriental. As próprias perturbações da Grande Guerra e das suas sequelas, pondo em causa a organização e por vezes até a existência das comunidades orientais, tornavam indispensável o esforço em seu favor.

Foi Pio XI quem cumpriu a etapa decisiva. Mal tinha sido coroado (logo em 12 de novembro de 1923), já falava aos católicos do dever de conhecerem os seus irmãos do Oriente. Iria repeti-lo frequentemente durante o seu pontificado. E deu às realizações do seu antecessor um impulso novo e tão vivo que chegou a parecer que se tratava de uma criação. O seu desígnio era claro: para além das comunidades unidas a Roma, visava nitidamente a massa incomparavelmente maior dos separados, que esperava ganhar. A encíclica preparada para o III° Congresso da morte de São Josafat, arcebispo de Polotsk, ou para a comemoração do Concílio de Niceia, e, depois, a Carta sobre os Santos Cirilo e Metódio — não deixaram nenhuma dúvida acerca das suas intenções profundas. A introdução do estudo dos ritos orientais no programa dos seminários foi ainda mais significativa. Em 1928, a encíclica *Rerum Orientalium* recapitulava tudo o que Roma fizera pelo Oriente cristão.

Sob Pio XI, a Congregação para a Igreja Oriental (usualmente designada em Roma por "a Oriental") teve os seus poderes aumentados. O papa colocou nela um homem segundo o seu coração, tão grande pela erudição como pela prudência, mons. Tisserant, futuro cardeal-Secretário dessa Congregação. A autoridade desta foi reforçada para todo o Próximo Oriente, a ponto de passar a ter jurisdição sobre os próprios católicos latinos dessas regiões. E, dadas as características particulares dos problemas suscitados pela Rússia, foi criada, em 1930, uma "Comissão para a Rússia".

Também o Instituto Oriental recebeu novo alento: instalado em 1925 no belo palácio onde ainda hoje se encontra, perto de Santa Maria Maior, foi-lhe dado o direito de conferir o grau de Doutor, alargou o campo de ensino e passou a ter uma biblioteca, enriquecida pela aquisição de livros que mons. Tisserant e o pe. Karakevski recolheram através de todo o Oriente. Junto ao Instituto, o *Russicum* formava sacerdotes especialistas em matérias relativas ao mundo eslavo. Dois dos atos mais significativos dessa política "oriental" de Pio XI iam ser a preparação de um "Direito canônico oriental" (parcialmente publicado em 1949-50) e a elevação ao cardinalato, em 1935, do patriarca dos sírios, D. Tappouni. Era uma nova época que se inaugurava nas relações entre a Santa Sé e as igrejas do Oriente[75].

Do esforço realizado nesses três pontificados, resultaram frutos que saltavam à vista em 1939. Sem querer entrar na complicada minúcia das decisões administrativas, podemos dizer que todas as comunidades orientais de alguma importância contavam nessa altura com a sua própria hierarquia, cada qual de acordo com as suas mais válidas tradições. Fizera-se um considerável trabalho para dotar essas igrejas orientais de seminários onde pudessem formar os seus sacerdotes e, com frequência, de escolas para a educação das crianças. Mesmo em Roma, vários colégios e seminários acolhiam os seus futuros padres, ou, juntamente com eles, as suas futuras elites leigas. Estavam nesse caso o Colégio grego de Santo Atanásio, fundado no século XVIII para os seminaristas de rito bizantino, e o Colégio etíope fundado por Bento XV em 1919, desenvolvido por Pio XI e confiado aos capuchinhos. Havia outros que funcionavam nos próprios países orientais, como o famoso Seminário de Santa Ana de Jerusalém, ou o Instituto de São Leão, em Atenas, ou ainda o Colégio de Andrinopla, para os búlgaros.

Assim começara uma renovação sacerdotal, que aliás correspondia em muitas dessas comunidades a uma tendência a adotar cada vez mais o celibato eclesiástico. Em vários pontos, tinham-se feito verdadeiras reformas, das quais a mais notável fora a que Leão XIII levara a cabo na igreja rutena, onde os monges basilianos — que outrora tinham sido elemento fundamental de união, mas tinham entrado em decadência — foram tão bem restaurados que, nas vésperas da Segunda Guerra Mundial, contavam para cima de mil membros. Também aí os estuditas, criados em 1901, encontraram a tradição contemplativa do Oriente. E importa sublinhar o apoio prestado a toda essa iniciativa pontifícia por numerosas congregações religiosas latinas, que, como vimos fazerem os assuncionistas e os redentoristas, especializaram certos dos seus membros e os levaram a adotar os ritos e costumes dos orientais, para participarem da sua vida. Foram jesuítas, lazaristas, e também as congregações femininas, como as Paulistas, as Religiosas da Cordiotissa ou as Irmãs da Caridade de Besançon, as quais tiveram um ramo melquita[76].

Não seria possível relatar os episódios, por vezes muito complicados, da história dessas diferentes igrejas. Várias delas passaram por provas terríveis. A igreja uniata da *Rutênia* e da *Bielo-Rússia*, desmantelada desde as partilhas da Polônia, fora especialmente maltratada pelos russos. Abatera-se sobre ela uma autêntica perseguição: a prisão, o *knut*, os campos siberianos tinham feito milhares de mártires entre eles; os seus ritos tinham sido igualados pelas autoridades aos da ortodoxia cismática; a última sé apostólica, a de Chelm, fora suprimida em 1875, e os fiéis incorporados à força na Igreja oficial. Mas era tão grande a sua fidelidade que, quando em 1905 se voltou, com o czar Nicolau II, a um período de certa tolerância, 500 mil rutenos pediram a comunhão com Roma; foram obrigados, porém, a adotar o rito latino, porque a lei russa proibia aos católicos o uso do rito bizantino. Durante a Primeira Guerra Mundial, mesmo os rutenos dependentes dos Habsburgos tiveram de padecer e ora foram internados pelos húngaros como russófilos, ora foram perseguidos pelos ocupantes russos, que procuravam formar uma Igreja separada. E, quando a guerra terminou, o conflito entre rutenos e poloneses e depois a perseguição policial conduzida por Varsóvia infligiram a esses desventurados novas provações. Compreende-se que muitos deles tivessem emigrado para os Estados Unidos e o Canadá. Mas são ainda mais admiráveis aqueles que resistiram e não se deixaram abalar: têm a sua mais alta figura em *Kyr Andreas Alexander Szeptyckyj* (1865--1894), arcebispo de Lwow durante quarenta anos, cuja causa de beatificação seria introduzida em Roma em 1955, ou seja, apenas onze anos após a sua morte.

Ainda piores foram os sofrimentos de várias comunidades do Próximo Oriente. Os armênios católicos sofreram a sorte comum a todos os seus compatriotas quando, em 1895, Abdul Hamid II, o "Sultão Vermelho", desencadeou os enormes massacres que provocaram 300 mil vítimas. Leão XIII foi o único soberano a protestar com verdadeira energia contra tais horrores. E, quando, durante a guerra, entre 1915 e 1922, o terror otomano se abateu de novo sobre os cristãos, armênios e caldeus do norte da Mesopotâmia sucumbiram em grande número. O mesmo aconteceu com os melquitas, cuja Igreja saiu do conflito, e depois da fome, exangue e desorganizada. E com os sírios católicos, que perderam três dioceses na tempestade. Ou com os maronitas, campeões seculares da causa católica no Próximo Oriente, que, em 1860, tinham sido vítimas do terror druso e que, novamente presos, assassinados ou vítimas da fome, morreram aos milhares por causa da sua fidelidade.

Apesar dessas provações — e de muitas outras —, as igrejas católicas do Oriente nunca cessaram de dar provas de uma assombrosa vitalidade. Muitas delas viram crescer o número dos seus fiéis de maneira impressionante. Tal foi o caso dos siro-malabares da Índia, descendentes dos famosos "cristãos de São Tomé"[77], que, agrupados em seis dioceses, passaram em setenta anos de 250 mil para 750 mil. Ou o dos coptas do Egito, que, em vinte e cinco anos, dobraram. Ou o dos maronitas, que em 1935 constituíam a comunidade religiosa mais importante do Líbano, com 355 mil membros, 600 padres e 700 monges; a glória do seu santo monge *Charbel Makhluf*, falecido em 1898, mas sempre presente pela auréola dos milagres que lhe atribuíam, atraía os olhares de todo o Oriente[78]; as suas congregações femininas estavam em pleno desenvolvimento.

Um dos exemplos mais impressionantes do fervor espiritual que animava essas comunidades foi dado pelos siro-malabares, que chegaram a ser 1.350.000 nas sete dioceses do seu rito e em grande número nas diferentes regiões da Índia (25 mil em Bombaim). Um grupo desses cristãos malabares pertencia à minoria de cerca de um terço que, em 1653, abandonara a Igreja Católica para formar uma seita jacobita, isto é, monofisita[79]. Por volta de 1913, um dos seus sacerdotes, o pe. Ghiverghis (Jorge), fundou duas congregações, uma masculina, outra feminina, que, sob o nome de Instituto da Imitação de Jesus Cristo, se aproximavam visivelmente de Roma. Nomeado bispo e depois (em 1928), metropolita, sob o nome de *Mar Ivanios*, persuadiu o seu clero e fiéis a reentrarem na Igreja Católica. Pio XI determinou que os novos católicos conservassem o seu rito e a sua hierarquia. Eram cerca de 60 mil. Com o nome de *malankars*, dado para os distinguir dos seus compatriotas de rito caldeu, são hoje 125 mil[80].

Assim essas vanguardas da catolicidade em países tão diversos e tão distantes surgiam — no momento em que a Segunda Guerra Mundial também lhes ia criar novos problemas — como exatamente o contrário de fósseis, meras recordações do passado. De resto, a sua vitalidade manifestava-se igualmente nos agrupamentos que algumas delas tinham constituído em terras de imigração. Eram os armênios da Europa ocidental e dos Estados Unidos, fiéis à sua fé. Eram sobretudo os rutenos vindos da Ucrânia e da Rússia Branca, que formavam nos Estados Unidos, no Canadá, no Brasil, na Argentina, núcleos consideráveis, bem unidos à volta dos seus padres, dispondo de ordens religiosas, imprensa, escolas e hospitais próprios.

O renascer das igrejas no Oriente, expressamente querido pelos papas, o interesse que Roma não cessava de lhes manifestar, marcaram os sintomas de uma evolução que a nossa época viu consagrada. No plano imediato, era entre muitas outras uma prova da vontade que a Igreja tem de se ajustar verdadeiramente à dimensão do mundo. E, olhando para o futuro, essas igrejas, situadas como pontes[81] entre o bastião romano e os diversos cismas e heresias, talvez pudessem desempenhar um papel na larga visão da unidade cujo desejo e esperança tantos homens de fé traziam dentro de si[82].

Notas

[1] Mons. Grente, bispo de Mans, futuro cardeal (as palavras foram transmitidas diretamente ao autor).

[2] Cf. no vol. VIII o cap. III, par. *Um êxito católico e liberal: a emancipação dos católicos ingleses.*

[3] Embora os anglicanos, ao menos em parte, afirmem ser católicos não romanos.

[4] Serão estudadas no vol. X desta obra, na parte dedicada à história da Unidade.

[5] Manning e Newman foram criados cardeais ao mesmo tempo.

[6] Cf. neste vol. o cap. IX, par. *Pio XI contra o racismo nacional-socialista.*

[7] Cf. neste vol. o cap. IV, par. *Nasce o sindicalismo cristão.*

[8] Cf. no vol. VIII o cap. V, par. *Assaltos contra a Igreja.*

[9] Cf. neste vol. o cap. III, par. *Vaticano e Quirinal.*

[10] Cf. neste vol. o cap. XII, par. *Os quadros intelectuais superiores: as universidades católicas.*

[11] Cf. neste vol. o cap. IV, par. *La Tour du Pin e a União de Friburgo.*

[12] Cf. no vol. VIII o cap. VIII, par. *Na Alemanha: de Münster a Munique.*

[13] A lei de 1951 suprimiu a maior parte desses constrangimentos. De resto, o clima espiritual mudou muito depois da Segunda Guerra Mundial. Para as festas do Centenário da Escola

Francesa (1962), o arcebispo católico de Chambéry, Mons. Bazelaire, subiu ao púlpito na igreja protestante de São João, na presença de D. Ljungberg, bispo luterano de Estocolmo.

[14] Na Islândia, o protestantismo imposto pela Dinamarca fizera desaparecer o catolicismo até que, em 1859, o pe. Baudoin, de Reims, convertera uma família e construíra uma capela. Retomada em 1892, a tentativa levou à criação de uma primeira paróquia, depois à abertura de uma escola e de um hospital pelas Irmãs de São José de Chambéry. Em 1939, a Igreja Católica contava 350 fiéis, e ia ser ordenado o terceiro sacerdote islandês.

[15] Cf. vol. VIII, cap. VII, par. *O prodigioso surto da igreja norte-americana.*

[16] Cf. neste cap. o par. *"American way of faith"*.

[17] Um professor dessa universidade teve a gentileza de ler estas páginas ainda em provas: o pe. John Tracy Ellis, a quem respeitosamente agradecemos.

[18] O funcionamento desse sistema levantou problemas e provocou discussões. Alguns bispos, como D. Ireland, que não tinham ou só tinham poucas escolas de ensino primário, autorizaram as crianças a frequentar a escola pública, seguindo os cursos de catecismo depois das aulas. Isso provocou complicações que nem Leão XIII conseguiu resolver totalmente.

[19] Cf. vol VIII, cap. VII, par. *O prodigioso surto da igreja norte-americana.*

[20] Cf. neste vol. o cap. IV, par. *Novos despertares: o "Cardeal dos Pobres" e os seus "Cavaleiros do Trabalho".*

[21] Cf. neste vol. o cap. VI, par. *Pródromo da crise: o americanismo.*

[22] Cf. vol. VIII, cap. VII, par. *O prodigioso surto da igreja norte-americana.*

[23] Cf. Gerald Shaughnessy, *Has the Immigrant Kept the Faith?*, Nova York, 1925.

[24] Nome da Irlanda em língua céltica.

[25] Cf. no vol. VIII o cap. VII, par. *O prodigioso surto da igreja norte-americana.*

[26] Cf. *ibidem.*

[27] Cf. no vol. VIII o cap. VII, par. *As missões em decadência.*

[28] Cf. neste vol. o cap. XI, par. *Dos esquimós aos índios.*

[29] Cf. vol VIII, cap. VII, par. *Nas Ilhas do Pacífico.*

[30] Em 1962, não contava mais de 7,5% da população. Estava, aliás, dividida em duas partes: uma, que se protestantizara nitidamente, aproximando-se dos episcopalianos; outra, fiel ao espírito do fundador, mas cujos elementos pensavam, em grande número, submeter-se a Roma.

[31] O número varia de ano para ano. Em 1950, era de 250.

[32] Cf. neste vol. o cap. VII, par. *Uma política aberta: o restabelecimento das relações com a França.*

[33] É sabido que, na França, depois da Segunda Guerra Mundial, existe um organismo análogo, muito mais modesto, o Secretariado Permanente do episcopado. Mas o sistema das Grandes Comissões Episcopais é diferente, no seu espírito, do sistema americano.

[34] Cf. neste vol. o cap. XII, par. *Agir sobre a opinião pública.*

[35] Cf. neste vol. o cap. IV, par. *Novos despertares: o "Cardeal dos Pobres" e os seus "Cavaleiros do Trabalho".*

[36] Paul Bourget, *Outremer* (1895) (N. do T.).

[37] A caridade dos católicos americanos encarnou, frequentemente, em personalidades fortes e irradiantes, como a de D. Edward Roberts Moore, pároco de São Pedro (Nova York), apóstolo dos sem-teto, visitador infatigável dos casebres, cuja vida foi contada por Roman Collas, *Un prêtre dans Broadway*, Paris, 1958.

[38] Não confundir com a Congregação *de Propaganda Fide.*

[39] Em 1957, sob a direção de D. Fulton Sheen, 66,5%.

[40] Cf. neste vol. o cap. VI.

[41] Cf. neste vol. o cap. VI, par. *Pródromo da crise: o americanismo.*

[42] É sabido que não se desacelerou desde 1945; pelo contrário.

[43] Cf. as obras de Thomas Merton, em especial *A vida silenciosa* [*The silent life*, Farrar, Straus & Cudahy, Nova York, 1957; há tradução brasileira: *A vida silenciosa*, 3ª ed., Vozes, Petrópolis, 2002.]; Daniel-Rops, *Saint Bernard et ses fils* (Mame, Paris, 1962); e Jacques Maritain, *Réflexions sur l'Amérique* (Librairie Arthème-Fayard, Paris, 1958), sobretudo o Anexo IV de L. d'Apollonia.

[44] Depois cardeal-secretário de Estado de João XXIII.

[45] Em 1962, a proporção de católicos no conjunto da população dos EUA mantinha-se quase estacionária.

[46] E ainda devemos notar que cerca de 500 mil canadenses franceses (alguns dizem que um milhão) emigraram para os Estados Unidos, sobretudo para a Nova Inglaterra, fundando aí cidades inteiras e constituindo sólidos bastiões católicos.

[47] Isso para não se solidarizar com o reduzido grupo dos "liberais" à moda europeia, que tinham provocado incidentes um pouco antes de 1870 (a questão do Instituto Canadense e dos ofícios fúnebres do tipógrafo Guibord: cf. vol. VIII, cap. VII, par. *Sobrevivência e renovação da igreja canadense*); continuou a haver uma corrente antirreligiosa, mas discreta e mínima.

[48] Cf. vol. VIII, cap. VI, par. *De Valparaíso ao Grande Norte canadense.*

[49] Cf. *ibid.*

[50] Cf. neste vol. o cap. XI, par. *Dos esquimós aos índios.*

[51] Sem falar de mais de 2.500 missionários em países distantes.

[52] Cf. L. Cristiani, *Le Père Louis Querbes*, Librairie Arthème Fayard, Paris, 1958.

[53] Para o ensino protestante, havia uma comissão análoga.

[54] Cf. Alden Hatch, *The Miracle of the Mountain: The Story of Brother Andre and the Shrine on Mount Royal*, Hawthorn, Nova York, 1959; em fr., *Le miracle de la montagne*, Paris, 1959.

[55] Entretanto, o episcopado canadense publicaria em 1937 uma interessante carta sobre o problema social no mundo rural.

[56] Mons. Albert Tessier, professor em Trois-Rivières (Québec), teve a gentileza de ler, em provas, as páginas precedentes. Os nossos cordiais e respeitosos agradecimentos.

[57] Robert Ricard observou judiciosamente que a expressão "América Latina", consagrada pelo uso, é duplamente inexata: não distingue entre o que nela está ligado aos espanhóis e o que procedeu do trabalho dos portugueses, e leva a pensar que é unicamente latina, quando a verdade é que, em muito larga medida, é de origem indígena e muitos dos seus traços são indígenas.

[58] Cf. vol. VIII, cap. VII, par. *Na América Latina: situação decepcionante, sementeiras de futuro.*

[59] Cf. *ibid.*

[60] O bispo fuzilado foi D. Manuel Antonio Palacios, que tinha tomado posse da diocese de Assunção em 1865. Embora fosse amigo de Francisco Solano López, o ditador ordenou a sua execução (precedida por tortura) pelo crime de traição à pátria, pois no meio dos insucessos da Guerra do Paraguai haviam surgido rumores — nunca confirmados — de que o bispo faria parte de uma conspiração antigovernista (N. do T.).

[61] Cf. neste vol. o cap. IX, par. *O "Triângulo Vermelho": II. O México.*

[62] O arcebispo de Quito, Dom José Ignacio Checa y Barba (1829-1877) faleceu enquanto celebrava a missa: o vinho usado na consagração havia sido envenenado com estricnina (N. do T.).

[63] Cf. neste vol. o cap. IX, par. *O "Triângulo Vermelho": II. O México.*

[64] Cf. neste vol. o cap. XI, par. *Dos esquimós aos índios.*

[65] Cf. vol. VIII, cap. VII, par. *Na América Latina: situação decepcionante, sementeiras de futuro.*

[66] O romance de Graham Greene, *O poder e a glória*, mostra admiravelmente como a fé levada até ao sacrifício pode coincidir com uma certa decadência moral.

[67] Robert Ricard, em *Rythmes du monde*, 1961, IX, 1.

[68] Ou seja, sem a parte russa da Polônia. O tratado de Riga, de 1921, entre a Rússia e a Polônia ressuscitada, fez cair o número de católicos de seis milhões para 1.600.000.

[69] Cf. o último cap. do vol. X desta obra, consagrado aos Irmãos Separados e à Unidade da Igreja.

[70] Para o papel de D. Strossmayer no Concílio Vaticano, cf. no vol. VIII o cap. V, par. *O Concílio Vaticano.*

[71] O termo *uniatas* aplica-se aos rutenos que se fizeram católicos em 1595, quando se deu o Pacto de União.

[72] À parte o rito *maronita*, as outras cinco conservam o nome dos ritos da igreja separada de que procedem: *bizantino*, *armênio*, *sírio*, *nestoriano* (ou sírio oriental) e *copta.*

[73] Cf. no vol. II o cap. III, par. *Os grandes debates sobre a natureza de Cristo.*

[74] Cf. sobre este instituto o art. de *Ecclesia*, Paris, nov. 1962.

[75] Leão XIII chamara para junto de si, como cardeal da Cúria, D. Hassun, patriarca dos armênios (1880); mas fora para pôr fim às dificuldades suscitadas pelo seu temperamento e substituí-lo por um homem mais flexível.

[76] As Irmãs da Caridade de Besançon foram convidadas pelo patriarca Gadi, em 1925, a organizar um ramo melquita. Mas elas só possuem duas casas de rito bizantino. As *besançons*, como lhes chamam no Oriente, são de rito latino, se bem que a maioria das Irmãs tenha nascido dentro de um ou outro dos ritos orientais.

[77] Cf. vol. I, cap. III, par. *A semeadura cristã*, e vol. V, cap. IV, par. *"Brâmane entre os brâmanes": o padre Nobili.*

[78] Michel Hayer, *Le Père Charbel ou la loi du silence*, Paris, 1956; Paul Daher, *Vie, survie et prodiges de l'ermite Charbel Makhlouf*, Paris, 1955; e Nasri Rizcallah e Gille Phabrey, Paris, 1950.

[79] Cf. no vol. V o cap. IV, par. *"Brâmane entre os brâmanes": o padre Nobili.*

[80] Em 1962, a Sagrada Congregação para a Igreja Oriental publicou, sob o título de *Oriente Cattolico*, um grosso volume de 812 pp. de estatísticas. Dispomos, pois, desde então, de informações precisas. Até uma época recente, muitos números eram tendenciosos.

[81] Pierre Rondot, no seu livro *Les chrétiens d'Orient* (J. Peyronnet, Paris, 1955), exprime a ideia de que essas cristandades, profundamente inseridas no meio político e cultural do mundo árabe, poderiam assim desempenhar um papel próprio nos contatos entre o catolicismo e o islã.

[82] O nosso ilustre confrade na Academia Francesa, o cardeal Tisserant, dignou-se ler, em provas, as páginas precedentes, consagradas às igrejas orientais. Aqui lhe manifestamos a nossa respeitosa gratidão por esse gesto.

XI. A Igreja à dimensão do mundo

2. Apogeu e reforma das missões

Um leproso entre os leprosos

Em maio de 1873, na ilha de Mauí, no centro do arquipélago do Havaí, estavam reunidos seis padres à volta de mons. Maigret, vigário apostólico, velho pioneiro da tarefa evangelizadora no Pacífico. Todos eles pertenciam à Congregação dos Sagrados Corações de Jesus e de Maria, fundada oitenta anos antes, em pleno terror revolucionário, pelo pe. Coudrin; eram habitualmente conhecidos por picpucianos, nome que lhes vinha da rua Picpus, em Paris, onde ficava a casa-mãe do Instituto[1]. Por exceção, envergavam, em lugar das suas roupas de trabalho, muito gastas, a batina branca ornada de dois corações bordados a vermelho, que só usavam em grandes cerimônias. Terminada a sagração da igreja, que foi o motivo que os tinha reunido, falaram durante a refeição do estado das missões do Pacífico. Pareciam estar bem. Passara já o tempo em que um padre era apunhalado nas Tuamotu, ou um bispo, sete missionários e dez religiosas morriam mártires nas Marshall, ou a perseguição tudo varria nas do Havaí. Nesse momento, quantas não seriam as ilhas dotadas de uma bela igreja! E como ia aumentando o número de batizados! O campo estava semeado, a seara crescia... Mas o mais velho dos missionários, abanando a cabeça, deixou escapar um só nome: *Molokai*...

E todos compreenderam o que ele queria dizer. Molokai era uma ilha como as outras, um paraíso como os outros quanto à doçura do clima, a beleza das paisagens, embora não quanto à vegetação, bastante pobre. Mas havia vinte e cinco anos que um terrível flagelo se abatera sobre o arquipélago e fazia razias entre a população canaca: a lepra. Espavoridos, derrotados, os administradores nada tinham podido fazer senão mandar juntar todos os leprosos para os colocar na península de Kalawao, no Norte de Molokai. Mais de um milhar de seres humanos ali estavam, sem contato com o mundo exterior, quase reduzidos à condição de animais e tratando-se uns aos outros como feras. A simples evocação do leprosário era suficiente para mergulhar na angústia a alma dos missionários. E o mesmo pensamento atravessou o espírito dos sete homens ali reunidos: seria preciso um padre naquele inferno. Mas quem? Há certas ordens que um chefe não ousa dar, nomeações que não pode fazer.

Fez-se silêncio, logo cortado por uma voz: "Eu". Havia um voluntário. Um jovem alto, louro, vigoroso, de cores saudáveis, fronte larga. Exprimia-se em francês, mas com um sotaque arrastado e cantante. Era um flamengo belga, filho de lavradores de Tremeloo, perto de Lovaina, que chegara à missão havia nove anos e já dera provas do que era capaz: simultaneamente *baptiseur* e *bâtisseur* ["batizador" e "construtor"], grande semeador de capelas, infatigável, e perfeito senhor da língua canaca. Chamava-se *Joseph de Veuster*, em religião *padre Damião*. Tinha trinta e três anos. "Como Jesus Cristo..." — murmurou mons. Maigret, ao ouvir o seu subordinado fazer-lhe a proposta heroica. Como Jesus Cristo... E o bispo aceitou.

Começou então uma das aventuras humanas mais extraordinárias de que se tem conhecimento. Desembarcando no outono de 1873 do pequeno vapor *Kilauea*, que fazia o serviço das ilhas, e no qual mons. Maigret decidira acompanhá-lo, o pe. Damião logo se viu atirado para o meio do que realmente lhe pareceu o inferno. Era pouco ver à sua volta essas faces leoninas, esses esqueletos ambulantes, esses corpos de extremidades purulentas, como era pouco respirar incessantemente esse odor pestilencial que flutuava no leprosário. Para um padre, muito mais penoso era ver a degradação moral daqueles infelizes, encontrar moribundos atirados para o monturo, ver as mães abandonarem os filhinhos, assistir a repugnantes bacanais, ouvir repetir por tantos e tantos: "Aqui, não há nem leis nem moral: para quê?" Nesse universo de todas as desolações, o pe. Damião achou-se só e despojado, tão só e tão despojado que, na primeira noite, como não lhe tinham destinado nenhuma morada, teve por leito a base de uma grande árvore (um pândano), e por refeição o pão que levara do navio. Estava só — e são — no meio de leprosos. Iria ficar com eles dezesseis anos — até morrer.

Diante de tal imensidade de misérias e horrores, outros se teriam desencorajado. Se o pe. Damião, no fundo de si mesmo, foi alguma vez assaltado pela tentação de perder a coragem, ninguém o soube. Com esses rebotalhos humanos, ele tinha de reconstruir homens. E lançou-se sem demora ao trabalho. O filho dos sólidos camponeses da Flandres não desconhecia nenhuma das tarefas da agricultura e tinha os braços preparados para tudo. Empreendeu-se um vasto plano de exploração do solo. Todos os leprosos com forças para isso foram postos a cultivar a terra. Da montanha veio a água. A princípio, por turnos de carregadores em fila, que o padre abria pessoalmente, com um balde em cada braço. Depois, instalou-se uma canalização. As velhas cabanas infectas foram queimadas e substituídas por outras: o missionário era bom carpinteiro. Limparam-se as entradas das aldeias. Fizeram-se cemitérios. E o mais belo dia foi aquele em que se abriu ao culto uma igreja nova em folha, numa cerimônia a que assistiram todos os leprosos que podiam andar.

Mais ainda que esse renascimento material, o que a presença do pe. Damião operou no inferno de Molokai foi a ressurreição moral. Onde reinava a violência, o ódio, as piores desordens, estabeleceu-se um clima novo, um clima de caridade. Os canacas eram gente simples, muito ingênua, certamente dominada pelos instintos, mas sensível à bondade. Nunca qualquer dos missionários protestantes que trabalhavam no arquipélago tinha vindo morar com eles. O pe. Damião fez-se um deles, a tal ponto que, quando pregava, dizia: "Nós, os leprosos". Bastava a sua presença para transmitir calor de amizade. Reconstituíram-se famílias normais. Cessaram as pilhagens e as agressões. As moças agruparam-se em sociedades marianas e aprenderam a cantar. Para os rapazes, o padre organizou competições esportivas. Até o setor dos leprosos loucos — lugar das piores abjecções — pouco a pouco se acalmou. Aliás, o pe. Damião não hesitava em usar de argumentos vigorosos para impor a ordem: o cassetete contribuiu para fazer desaparecer o alcoolismo e reprimir os violentos. Em cinco ou seis anos, Molokai mudou.

Pelas ilhas, começava-se a falar do assombroso missionário. Tornou-se raro que o *Kilauea* não trouxesse, em cada viagem, víveres, camas, cobertores, remédios. As religiosas de Honolulu não podiam ir ter com o padre, mas organizavam coletas. Até se conseguiu arranjar um sino para a igreja. O êxito despertou invejas. Inquietos com o número das conversões, os missionários protestantes trataram de pôr dificuldades ao processo. Foi sugerido ao pe. Damião que fosse descansar. Recusou. Tomou-se então uma decisão terrível: sob o pretexto de evitar o contágio, e embora ele próprio não estivesse ainda leproso, foi-lhe proibido sair do leprosário, condenando-o, pois, a ser também ele um morto-vivo. E, para se confessar, passou a ter de avançar sozinho na sua canoa até ao alcance da voz do barco de cabotagem, do alto do qual um dos seus colegas de sacerdócio escutava a sua confissão em latim e lhe dava a absolvição.

Essa prodigiosa experiência teve o fim que era de prever. O pe. Damião nunca tomara qualquer precaução contra a lepra. Comia o *poi*, a sopa indígena, com os seus leprosos de dedos purulentos. Um dia, ao tomar uma ducha demasiado quente, sofreu uma queimadura, mas não sentiu nada. Bem sabia ele o que isso queria dizer. Por doze anos, a sua robusta constituição resistira ao mal. Mas o bacilo tinha ganho a partida. Havia muito que o padre previra essa eventualidade, e aceitara-a. Doravante, seria inteiramente "leproso entre os leprosos".

Levou quatro anos a morrer. A doença foi-lhe clemente, no sentido de que só nos últimos dias lhe atacou os olhos, e quase o poupou à decomposição purulenta dos membros. Mas o seu rosto, esse belo rosto de bom camponês flamengo, inchou, deformou-se. Nessa máscara leonina em que tudo eram borbulhas, quem reconheceria o vigoroso jovem que, em 1877, ali desembarcara entre os mortos-vivos!

Enquanto se aproximava o termo da sua carreira, a celebridade foi-o envolvendo. Da Europa, da América, chegavam-lhe jornais e revistas em que se falava dele. Um jornal francês dizia em manchete: "O herói de Molokai". Outro, alemão, exclamava: "Vós que passais diante das falésias de Molokai, curvai-vos!" A regente das ilhas, uma princesa canaca de grande coração, decidiu ir visitá-lo, levando-lhe uma condecoração. O Japão mandou-lhe um médico e medicamentos. Os missionários protestantes inclinaram-se diante da sua figura.

Para ele, a suprema consolação foi ter a certeza de que a sua obra ia sobreviver-lhe. Fora-lhe enviado um auxiliar;

viera também um dos seus antigos colegas de colégio, e o seu próprio irmão falava de ir juntar-se a ele. Apresentaram--se religiosas voluntárias para cuidar dos órfãos. Morreu em 15 de abril de 1889, aos quarenta e nove anos. Segundo o seu desejo, foi enterrado debaixo do grande pândano onde passara a sua primeira noite na ilha. Ergueu-se ali uma cruz, e no pedestal foram gravadas as palavras do Evangelho: "Não há maior amor do que o daquele que dá a vida pelos que ama".

E a lição dessa vida, como de outras vidas bem análogas, iria tirá-la o Mahatma Gandhi numas poucas linhas que um católico não lê sem comovido orgulho: "Se a assistência aos leprosos é tão querida aos missionários, sobretudo aos missionários católicos, é porque nenhum outro serviço pede maior espírito de sacrifício do que esse. Um leprosário exige o mais alto ideal e a mais perfeita abnegação. O mundo da política e do jornalismo tem bem poucos heróis comparáveis ao pe. Damião de que se possa gloriar. Pelo contrário, a Igreja Católica possui aos milhares aqueles que, a exemplo do pe. Damião, se dedicaram ao serviço dos leprosos. Vale a pena procurar a fonte de semelhante heroísmo"[2].

Uma extraordinária época missionária

A figura trágica e irradiante do pe. Damião ilumina todo um capítulo da história: o da expansão do catolicismo, não somente nas terras já batizadas (onde pudemos vê-lo fazer frente às outras obediências cristãs), mas também nas regiões ainda não alcançadas pelo Evangelho, essas zonas que uma expressão usual — que, pouco a pouco, mudaria de sentido — designava por "terras de missão". De 1870 a 1939, efetivamente, assiste-se a um tal desdobrar de atividade neste setor que se pôde falar de "o maior século missionário" da Igreja, subestimando talvez a importância da obra apostólica realizada nos primeiros tempos cristãos e mesmo a seguir às grandes descobertas de espanhóis e portugueses. "A Igreja em marcha", diz Georges Goyau, como título de uma série de obras em que são evocadas numerosas grandes figuras desta história. Em toda a parte e de ano para ano, a catolicidade progride, ocupa terrenos novos, prepara alicerces para futuros avanços. Não será este um dos menos notáveis aspectos do combate por Deus travado em tantos campos.

Estaremos lembrados de que a primeira parte do século XIX tinha assistido ao ressurgir das missões. Quase aniquiladas a seguir à crise revolucionária — em 1820, não havia mais de quinhentos missionários para o mundo inteiro —, tinham passado por uma impressionante renovação. Patrocinadas por papas que haviam compreendido perfeitamente a exigência do apostolado — um Gregório XVI, um Pio IX —, apoiadas por uma opinião pública já atenta a esse problema, as missões tinham visto multiplicar-se as congregações que lhes davam homens e mulheres com essa vocação, enquanto se fundavam "Obras Missionárias" para lhes garantir recursos. Em 1870, já se registravam resultados belíssimos. Padres ou frades, os missionários chegavam a 18 mil, e as religiosas — que, em 1815, não seriam nem duzentas — ultrapassavam os homens. Praticamente, não havia lugar do mundo onde as missões católicas não estivessem implantadas.

O movimento prosseguiu, e até se foi acelerando. Por duas vezes, tomou o aspecto de verdadeira corrida: no último quartel do século XIX, em que o desenvolvimento das missões correspondeu à expansão colonial dos países europeus; e depois, logo a seguir à Primeira Guerra Mundial, quando, adaptando-se às novas condições, o apostolado católico obteve novos progressos, precisamente no momento em que a primazia europeia ia ser posta em causa. Não se pense, porém, que esses resultados foram alcançados sem dor. Tem-se dito com frequência que as facilidades da técnica moderna ajudaram muito os missionários na sua ação. Só em certa medida é verdade. Evidentemente, não se estava mais no tempo de São Francisco Xavier, em que embarcar para a Ásia ou a África era já em si uma perigosa aventura. Mas a quantos perigos não continuavam expostos os missionários?! Quantos não foram mortos pelas doenças chamadas "coloniais", então ainda tão mal conhecidas? Quantos não foram embater nas violências da xenofobia estimulada pelas correntes nacionalistas cada vez mais fortes nos povos colonizados? Em setenta anos, mais de duzentos e cinquenta missionários morreram de morte violenta.

E houve ainda outras dificuldades a somar-se a essas, que se podem ter por inerentes ao ofício de missionário. Uma das mais sérias foi, ao longo de todo o período, a concorrência das missões não católicas. Se a ação missionária da ortodoxia russa, organizada desde 1898 pelo Instituto Kazan, na Coreia, na China, no Japão, na Síria, na Abissínia, foi — até 1917, em que cessou por completo — de pouca importância, já as missões protestantes, a cujo despertar assistimos[3], não cessaram de progredir. Todas as igrejas saídas da Reforma se lançaram ao apostolado: só os Estados Unidos tiveram 300 sociedades missionárias protestantes; a Inglaterra, 160; a Alemanha, 45; sem falar das Sociedades Bíblicas, que traduziram a Bíblia em 380 línguas. Todas elas se federaram em 1920 num Conselho Internacional das Missões. Se não se chegou a uma oposição violenta, como a que se manifestara outrora em crises como a do "caso Pritchard"[4], a verdade é que muitas e muitas vezes os missionários católicos tiveram de enfrentar o obstáculo dos empreendimentos protestantes. Assim aconteceu no Cabo, em Madagascar, no Togo, em alguns arquipélagos do Pacífico, que durante um bom tempo foram absolutamente fechados ao catolicismo.

Com o decorrer dos anos, surgiram outros adversários mais temíveis. A partir de 1917, o comunismo marxista, em toda a parte onde lhe foi possível, fez uma campanha encarniçada contra as missões cristãs, que o próprio Lênin assimilava às empresas colonialistas do capitalismo. Na China, por exemplo, a partir de 1927, os "exércitos" comunistas, nas regiões que dominavam, aprisionaram numerosos missionários e fizeram a vida dura aos cristãos do país. Finalmente, nos anos que precederam a Segunda Guerra Mundial, assistiu-se a um novo surto, a princípio lento, depois cada vez mais rápido, do islã. Desde sempre este opusera à penetração cristã uma resistência a bem dizer invencível, a ponto de na África do Norte, por exemplo, só se contarem pelos dedos de uma mão as conversões conseguidas após a instalação francesa. A partir de então, já não seria uma espécie de massa inerte que se oporia aos missionários, mas um organismo renovado, consciente da sua força e das suas possibilidades e em plena expansão.

No entanto, apesar dessas dificuldades e dessas resistências crescentes, a catolicidade não deixou de progredir. Os resultados vão surgir de modo impressionante em 1939. Evocando este capítulo da história, Pio XII há de falar de uma "primavera missionária que, sem dúvida, nunca foi tão promissora". O juízo é exato, não apenas quanto ao que diz respeito ao nosso período, mas também quanto aos anos seguintes — os anos que vivemos ainda e em que, à brilhante floração, sucedeu o pleno desenvolvimento.

Roma, capital das missões

A primeira e mais certa das causas dessa admirável expansão é, não podemos duvidar, a ação do papado. Nenhum dos quatro papas que se sucederam na Sé de Pedro deixou de ser, segundo a fórmula geralmente aceita, um "papa missionário". Ou seja, nenhum deles deixou de sentir profundamente a exigência do apostolado; nenhum deixou de trabalhar, por textos doutrinais e atos de autoridade, para reforçar, encorajar, organizar ou mesmo reformar as missões.

Neste como em todos os outros campos, Leão XIII foi o homem das grandes instituições. Elevado ao sólio pontifício na altura da mais impressionante expansão colonial, Leão XIII compreendeu e repetiu mil vezes que "a Igreja, mãe da civilização", era a única que, segundo a sua fórmula[5], podia dar ao empreendimento colonial esse "suplemento de alma" que tão manifestamente lhe faltava. Foi, de resto, o que demonstrou ao pôr-se à frente da cruzada contra a escravidão, juntamente com o seu amigo o cardeal Lavigerie. O movimento missionário, já então em pleno surto, não teve protetor mais caloroso do que ele. Acompanhou pessoalmente esse trabalho, animou os institutos religiosos a tornar-se cada vez mais missionários, interessou-se de perto pelos progressos das Obras Missionárias já existentes e pela criação de uma terceira, a de São Pedro Apóstolo. Foi a um apelo seu que os Padres Brancos e os Padres do Espírito Santo deram início ao trabalho de penetração na África negra. Mais ainda: Leão XIII compreendeu perfeitamente a urgência que a Igreja tinha em desenvolver as cristandades autóctones da Ásia e da África, e, para isso, aumentar o clero nativo. A sua Carta apostólica *Ad extremas*, de 1893, acerca do clero das Índias Orientais, contém o essencial dos grandes planos que iriam ser postos em prática trinta anos depois por Bento XV e Pio XI. Quis mesmo mostrar formalmente a independência da Igreja em face das potências coloniais, dispondo-se a enviar à China um Delegado Apostólico que o representasse junto do Imperador, projeto que a hostilidade da França fez fracassar.

De Pio X, tem-se dito e repetido que, preocupado antes de tudo com a restauração da vida interior da Igreja, pouco cuidou da sua expansão. Já se viu quanto este juízo é discutível em relação ao papa que foi o primeiro a ter a intuição da Ação Católica. O mesmo se diga quanto ao apostolado missionário. Se o santo Giuseppe Sarto não tomou iniciativas comparáveis às dos seus sucessores, nem por isso temos o direito de dizer que se desinteressou do problema, ele que teve precisamente entre as suas maiores obras a reforma da Congregação *da Propaganda Fide*, para lhe dar mais liberdade de ação, mais mobilidade e eficácia, para concentrar os seus esforços na evangelização dos pagãos, ele que criou quarenta e uma circunscrições missionárias, ele que consagrou uma boa parte da sua ação diplomática a apoiar a obra das missões, como fez, por exemplo, numa carta ao *Mikado* Mutsuhito — carta que não deixou de ter eco.

Foi, porém, com Bento XV que verdadeiramente se abriu a série dos grandes "papas missionários", que prosseguiu com Pio XI, Pio XII, João XXIII e Paulo VI. E, ainda sobre este ponto, é bom acentuar como é injusta a imagem do papa Della Chiesa como pobre figura débil entre duas prestigiosas testemunhas de Cristo. Aquele que vimos tão eficazmente preocupado com as igrejas orientais[6] não podia deixar de se interessar pelas missões. Em plena Guerra Mundial, vemo-lo consagrar audiências e horas de trabalho a estabelecer solidamente e promover a *União Missionária do Clero*, cuja importância teremos de assinalar. Terminada a guerra, quando se negociaram os tratados, Bento XV, embora ausente dos trabalhos de Versalhes, achou maneira de intervir para que a herança das missões alemãs não fosse cair em mãos diferentes das missões católicas. A política de criação cada vez mais rápida de circunscrições eclesiásticas, empreendida pelos seus predecessores, foi por ele prosseguida intensamente: em oito anos, criou nada menos que quarenta e cinco Vicariatos e Prefeituras Apostólicas.

Em quantas circunstâncias o papa não marcou a sua simpatia pelas missões, ordenando um tríduo pelo aniversário da fundação da Propaganda (ao qual já não assistiria) ou canonizando santas figuras missionárias! Mas o ato maior do seu pontificado foi a publicação da encíclica *Maximum illud*, essa "Carta Magna" das missões em que, fixando os deveres da hierarquia, indicando aos missionários a atitude que tinham de assumir, Bento XV proclamava, sobre as ruínas acumuladas pelas loucuras do nacionalismo, o caráter supranacional da Igreja, e orientava o apostolado exatamente no sentido do futuro[7]. É impossível ter a menor dúvida a este respeito: a expansão da catolicidade não teria sido o que foi se não tivesse existido o frágil e firme pontífice cuja última palavra, na agonia, foi: "As missões..."

E toda essa obra, já tão bem preparada, veio a culminar e a cumprir-se com Pio XI. O papa Ratti confessou muitas vezes aos seus próximos: o pensamento de que havia na terra milhões de homens que desconheciam a Cristo impedia-o literalmente de dormir. Foi por isso que não houve um só mês do seu pontificado em que, de um modo ou de outro, não se tivesse ocupado das missões, não tivesse falado delas, não tivesse tomado alguma decisão acerca delas. Um notabilíssimo texto — a encíclica *Rerum Ecclesiae* —, na linha de todo o magistério papal anterior, fixou definitivamente o método que o apostolado católico devia seguir, levando assim a cabo uma verdadeira reforma das missões. O gesto ressonante que executou sagrando pessoalmente os seis primeiros bispos chineses mostrou a sua decisão de fazer traduzir rapidamente essa reforma em fatos.

Mas foi também Pio XI que constituiu o maior número de novas circunscrições apostólicas — 213 —, e que, a fim de suscitar vocações missionárias, resolveu confiar territórios de missão a todas as ordens e congregações (ou quase todas), até àquelas que nunca tinham sido missionárias. Foi ele também que aumentou enormemente o Colégio da Propaganda, agora instalado no Janículo, junto de São Pedro. Ainda ele que teve a ideia da Exposição Missionária de Roma em 1925, e que, na véspera da sua morte, programava outra para 1940... Em todo o imenso campo coberto pelas missões, não há o menor recanto onde não se encontre um sulco aberto pelo papa Ratti.

A ação direta, pessoal, dos papas a favor das missões foi, portanto, considerável. Serviu-a um instrumento de primeira ordem, o mesmo que, em 1622, Gregório XV criara para que a Santa Sé assumisse a direção suprema das missõe[s8]: a *Congregação de Propaganda Fide*. Reorganizada por Pio X, num sentido que lhe reforçava os poderes, a "Propaganda", segundo a expressão consagrada, desempenhou um papel de primeiro plano no desenvolvimento e organização do movimento missionário. Papel tão importante que chegou a provocar um certo clima de inveja em torno do cardeal prefeito, o "Papa Vermelho". De resto, a Propaganda teve a dirigi-la, sucessivamente, homens muito enérgicos e empreendedores: sob Leão XIII, o cardeal Ledochowsky, polonês de temperamento de fogo, que tinha todos os fios na mão; sob Pio X, o minucioso cardeal Gotti, organizador perfeito; e, sobretudo, nos pontificados de Bento XV e de Pio XI, *o cardeal Van Rossum*, holandês de aspecto frio, mas capaz de decisões audaciosas que depois executava metodicamente. O palácio da Piazza di Spagna foi o centro que animou, dirigiu e controlou toda a imensa obra missionária por toda a superfície da terra.

Como uma centralização muito inteligente de poderes permitia à Propaganda decidir sozinha em matéria de missões e mesmo arbitrar e julgar, a sua ação pôde ser mais rápida, mais imediata do que a de qualquer outro dicastério. Nomeava os vigários e os prefeitos apostólicos; decidia acerca das "comissões" (isto é, da atribuição dos territórios de missão às ordens religiosas); geria somas, frequentemente consideráveis, arrecadadas pelas Obras missionárias, e repartia-as;

supervisava a formação dos missionários, para a qual foi criado, em 1935, o *Instituto Científico das Missões*. Assim, a Propaganda Fide foi, durante quatro pontificados, a auxiliar insubstituível dos papas para tudo o que dizia respeito à grande obra da expansão católica.

Esta ação da Santa Sé na obra missionária é algo que, literalmente, podemos seguir no mapa, vendo como se multiplicaram as circunscrições confiadas às missões. Sabe-se que, no limiar do século XVII, para pôr fim a uma certa anarquia e aos excessos de poder das Potências colonizadoras, Roma criou vigários apostólicos[9], representantes diretos da autoridade pontifícia em determinado território bem definido. Desde então, o sistema completou-se e traduziu de forma precisa a progressão do cristianismo nas regiões por evangelizar.

Quando, uma vez ultrapassado o primeiro estádio da semeadura evangélica, uma região conta católicos em número suficiente para que se possa considerar que a Igreja já está estabelecida ali, Roma nomeia um "prefeito apostólico", prelado que não tem categoria de bispo. Depois, quando o desenvolvimento se consolida, o território torna-se "vicariato apostólico" e o seu titular possui caráter episcopal[10]. Finalmente, quando Roma entende que uma cristandade se tornou verdadeiramente adulta, capaz de assumir o seu próprio destino, institui aí a hierarquia regular, criando dioceses e arquidioceses como na Europa. A multiplicação de Prefeituras e Vicariatos Apostólicos e a instituição de dioceses, traduzem, pois, exatamente, a expansão missionária: seguem e consagram essa expansão. E mostram, por outro lado, com que precisão a Santa Sé a acompanha. Ora, um dos traços impressionantes da história das missões foi justamente essa criação contínua de novos territórios. À data do falecimento de Pio IX (1878), havia dez circunscrições missionárias; quando Pio XI subiu ao sólio pontifício (1922), eram 318; e no momento da sua morte (1939), 531[11].

Capital das missões, Roma não o foi apenas porque dela partiram as instruções doutrinais e as decisões administrativas. Daí em diante, assumiu a direção de todos os organismos que associavam o conjunto da Igreja ao esforço missionário. Na primeira metade do século XIX, tinham nascido duas "Obras missionárias" que haviam contribuído muito para a renovação das missões: a *Propagação da Fé*, a que ficou gloriosamente ligado o nome de Pauline Jaricot, e a *Obra da Santa Infância*, fundada por mons. Forbin-Janson[12]. Uma terceira obra nasceu em 1889, a de *São Pedro Apóstolo*. A finalidade que lhe fixou a sua fundadora, *Jeanne Bégard*, estava bem na linha que iria ser indicada pelos papas: a formação de um clero autóctone. Essa santa jovem, ajudada pela mãe, consagrou toda a sua fortuna e dedicou-se com um zelo sem limites a educar seminaristas de cor e a construir igrejas na Ásia — ela sozinha financiou metade da catedral de Kioto! Como a França estava então nas mãos do anticlericalismo, Jeanne receou pelo futuro da sua obra e foi viver na Suíça, onde Georg Python obteve do Conselho de Friburgo a concessão de personalidade jurídica para o empreendimento. Leão XIII abençoou-o. Pio X, medindo a importância da iniciativa e vendo Jeanne Bégard ficar gravemente enferma, confiou a obra ao jovem Instituto das Franciscanas Missionárias de Maria. Bento XV recomendou-a a toda a cristandade e fez com que tivesse uma organização nacional em todos os países. Finalmente, Pio XI, em 1929, deu-lhe estatutos definitivos. O primeiro bispo japonês que sagrou foi um "pupilo" de Jeanne Bégard.

Muitas outras obras prestavam apoio material às missões. O *Manuel des Missions catholiques*, do pe. Arens, virá a enumerar 228! Se o *Ludwigmissionsverein* ["Sociedade Missionária de São Luís"] e o *Afrikaverein* ["Sociedade da África"] da Alemanha tinham uma estrutura notável, a verdade é que nem todas possuíam meios nem tinham uma projeção à altura da sua generosidade. Essa dispersão de esforços não era boa para a causa comum e foi por isso que, desde o seu advento, Pio XI tomou providências para pôr fim a esse estado de coisas. Não suprimiu as obras existentes; deixou-as viver e desenvolver-se, mas impediu a criação de outras. A partir desse momento, a generosidade dos fiéis seria orientada pela Santa Sé, de acordo com "um plano racional e metódico". Em 1922, a obra da Propagação da Fé foi transferida da França para Roma, "a fim de melhor a adaptar e realçar com a autoridade pontifícia, e fazer dela o organismo centralizador de todas as dádivas dos fiéis a favor das missões". Os católicos da França não gostaram da transferência, mas aceitaram-na com generosidade: os seus donativos não diminuíram. Depois, de 1922 a 1929, uma série de *motu proprios* precisaram o sistema. Diretamente vinculada à Propaganda Fide, a Propagação da Fé passou a ser a obra principal. Os seus diretores eram-no ao mesmo tempo da Obra de São Pedro Apóstolo. A Santa Infância ficava de fora, encarregada de cuidar da formação da juventude em países de missão, mas também sob a supervisão dos serviços da Piazza di Spagna. Daí em diante, as três obras tiveram direito ao título de "Obras Pontifícias Missionárias".

A esse vasto movimento de ajuda material às missões veio juntar-se uma outra obra, de natureza inteiramente diversa: não se tratava, neste caso, de reunir fundos, mas de meter ombros a uma tarefa em certo sentido ainda mais importante. Em 1915, o pe. *Paolo Manna*, das Missões Estrangeiras de Milão, vendo com tristeza que, mesmo entre o clero, não se prestava a devida atenção ao problema missionário, decidiu lançar um movimento capaz de suscitar mais fervor. Foi a Pia Sociedade da União Missionária do Clero. Destinava-se a pedir aos padres que rezassem pelas missões e promovessem vocações missionárias entre eles próprios e no meio juvenil. O bispo de Parma, D. Conforti, levou a iniciativa ao conhecimento de Roma. O cardeal Van Rossum percebeu imediatamente a sua utilidade e, entusiasmado, chamou-lhe "providencial", recomendando-a à atenção de todo o episcopado italiano. Em 1919, conseguiu que, numa frase da *Maximum illud*, Bento XV lhe manifestasse a sua aprovação, o que lhe dava dimensões mundiais. Em dois anos, inscreveram-se nela 180 bispos. Por sua vez, Pio XI tomou-a sob a sua proteção, fê-la coisa sua. Em 1939, a União contava 160 mil padres. Ao lado dos organismos administrativos e financeiros, que belo meio de ação estava agora nas mãos do Pontífice romano!

A opinião pública e as missões

A ação pontifícia foi muito facilitada pelo interesse que a opinião pública cristã manifestou pelas missões. Desde o princípio do século XIX, e sobretudo desde *Le génie du christianisme* de Chateaubriand, a corrente hostil aos missionários, desencadeada por Voltaire e os Enciclopedistas, tomava o sentido contrário. Havia interesse pelos missionários, havia até paixão por eles. Essa popularidade não só não caiu como cresceu.

As revistas missionárias, cuja difusão estava já bem firmada, expandiram-se ainda mais. Os *Annales de la Propagation de la Foi* tinham dado a partida, e continuaram a sua brilhante carreira. Mas inúmeras outras folhas missionárias se criaram, destinadas a públicos de muito diversos níveis. Os *Annales de la Sainte-Enfance* comoveram leitores e leitoras ao relatarem, nas palavras do seu prospecto, "esses sacrifícios cheios de generosidade ou essas graciosas inspirações tão frequentes na infância". Fundado em 1868, o semanário *Les missions catholiques* "visava dar a conhecer, dia por dia, os trabalhos dos obreiros apostólicos", e constituíram, de fato, uma notável mina de documentação. Todos os países tiveram as suas revistas missionárias: na Espanha, por exemplo, *El siglo de las Misiones*, do pe. Gil; na Irlanda, *The World*. De caráter mais científico foram, na França, a *Revue d'histoire des Missions*, e, na Alemanha, a *Zeitschrift für Missionswissenschaft*. É claro que a Propaganda teve a sua própria revista. Todos os institutos religiosos missionários quiseram ter o seu próprio órgão de imprensa, entre os quais se destacaram a *Revue des Missions étrangères*, de Paris, e a dos Padres do Espírito Santo, especialmente bem cuidadas. A simples enumeração de todas essas publicações exigiria páginas: o pe. Arens contou, só na Europa, 411, e confessa não estar seguro de não ter esquecido alguma...

Toda uma imensa literatura missionária se fez famosa. Tinha um aspecto quase mítico: o missionário era esse homem de grandes barbas, que regressava por sorte de países "estranhos", escoltado pelos sortilégios da África, da Ásia, da Oceania, tam-tam e pirogas, tubarões e palanquins, corais e lagos segundo os casos, como o evocará com humor um antigo missionário[13]. O gosto pelo exotismo achou aqui de que se contentar. As famosas narrativas das expedições do pe. Huc à Tartária e ao Tibete, que Napoleão III mandou editar pela Imprensa Nacional, tiveram êxito extraordinário e duradouro[14]. As livrarias abundavam em biografias de heróis de Cristo, cuja influência se exercia em profundidade: foi ao ler a vida exemplar do pe. Perboyre, mártir, que o jovem Vincent Lebbe sentiu despertar a sua vocacão de apóstolo da China. Durante longos anos, um homem encarnou o que a literatura missionária tinha de mais qualificado: *Georges Goyau* (1869-1939). De aparência insignificante, ocultava uma inteligência e uma alma igualmente vivas. Já o tínhamos encontrado envolvido nas lutas políticas do *ralliement* e na Ação Social[15], mas foi ao estudo científico das missões e à difusão do seu conhecimento que ele dedicou uma parte muito grande da sua atividade.

Dar a conhecer as missões foi, de resto, daí em diante, um dos objetivos do papado, da Igreja. A Agência *Fides*, criada por Pio XI, difundiu na imprensa as notícias que lhes diziam respeito. Nas universidades católicas — Lovaina, Paris, Lille, Friburgo —, fundaram-se "cadeiras de missões", frequentemente associadas a outras de etnologia[16], em que os futuros missionários aprendiam muito. O catolicismo alemão contribuiu para a "missionologia" nascente, especialmente sob o impulso do prof. Schmidlin, alsaciano, iniciador de Círculos Missionários de Sacerdotes, que tinham feito um bom trabalho antes da guerra de 1914, e ainda do *Akademischer Missionsbund* ["União Acadêmica das Missões"], de Münster.

A fim de despertar no grande público curiosidade e simpatia pelas missões, utilizaram-se os meios modernos de publicidade. Seguindo o modelo das grandes Exposições Universais, a Igreja dedicou algumas à obra missionária, como aquela que, montada em 1925 nos jardins do Vaticano, mostrava, nas palavras de Pio XI, "como num livro imenso e surpreendente", tudo o que os missionários faziam pelo vasto mundo[17]. Em 1931, em Paris, a Exposição Colonial tinha um Pavilhão das Missões, ao qual afluíram verdadeiras multidões, meses a fio. Reuniram-se em museus missionários permanentes muitos documentos sobre a história das missões, que se revelaram infinitamente valiosos para a etnologia; o mais importante foi o do Latrão, confiado ao renomado etnólogo pe. W. Schmidt e dotado dos mais modernos equipamentos museográficos. O cinema veio desde o início em apoio da propaganda missionária. O filme de Léon Poirier, *L'appel du silence*, consagrado ao pe. Charles de Foucauld, e o do pe. Lhande acerca da Índia, iriam causar funda impressão.

Assim a Igreja inteira, em todos os níveis, se sentiu convidada a participar da obra missionária, e efetivamente a ela se associou. Nos EUA, a *Mission Crusade*, fundada em 1925, alcançaria, em vinte e cinco anos, um milhão de membros.

Em 1926, foi instituído o "domingo das missões", no qual os fiéis de todo o mundo católico seriam informados sobre os trabalhos que se levavam a cabo e sobre as necessidades em homens e em dinheiro. As numerosíssimas beatificações e canonizações de missionários mártires, frequentemente muito próximos no tempo, confirmaram junto do povo fiel a importância que a Igreja dava à obra pela qual esses santos tinham oferecido a vida. E foi um gesto de alto significado esse que Pio XI teve quando, em 1925, deu como padroeira celeste às missões a jovem santa mais célebre da época, Santa Teresa de Lisieux, que, durante toda a sua breve existência e recluída num pequeno convento, "marchara" para as missões, conforme ela mesma dizia — no sentido de que sofrera e rezara por elas.

Ao serviço das missões

Multiplicaram-se as dedicações ao serviço dessa causa, cuja importância os católicos mediam cada vez mais. Já a época precedente conhecera uma verdadeira proliferação de institutos missionários. O fenômeno não decaiu. As antigas congregações tiveram um progresso notável: Padres das Missões Estrangeiras (de Paris), lazaristas, redentoristas, jesuítas, franciscanos... Os institutos criados no século XIX seguiram-lhes os passos: Padres do Espírito Santo, aos quais o pe. Libermann dera uma organização definitiva, picpucianos, Padres da Santa Cruz, Oblatos de Maria Imaculada, maristas, marianistas, Congregação Belga do Coração Imaculado de Maria (Padres de Scheut), Sociedade de São José ("de Mill Hill", corajosa fundação do cardeal Gibbons), salesianos de Dom Bosco, Padres da Missões Estrangeiras de Milão, Filhos do Sagrado Coração (de Verona), palotinos e muitos outros. De todos eles, os mais originais eram talvez os célebres Padres

Brancos do cardeal Lavigerie, que a princípio se compunham apenas de franceses, mas em pouco tempo agruparam vinte nacionalidades, e usavam como hábito o vestuário dos árabes, o que traduzia bem uma vocação africana.

Mas tudo isso se mostrava ainda insuficiente: as searas esperavam outros trabalhadores. E foram surgindo novos institutos, praticamente em todos os países. Na Itália, foram os Padres da Consolata (de Turim); na Áustria, os beneditinos de Santa Odília; na Espanha, os Padres de Maria Imaculada, criados pelo santo arcebispo Antônio Maria Claret[18], também chamados Missionários de Vich; na Holanda, mas fundados por alemães exilados por força do *Kulturkampf* bismarckiano, os Padres do Verbo Divino; na Irlanda, a Sociedade de São Columbano, mais conhecida como Missões de Maynooth; na França, mais uma dezena de institutos: Padres de La Salette, Oblatos de São Francisco de Sales, Padres do Sagrado Coração (de Saint-Quentin), etc. Também a América não ficou atrás, com os seus Padres de Maryknoll, nos Estados Unidos, e os padres do Seminário de São Francisco Xavier, no Canadá. Temos que desistir de enumerar todos esses novos grupos, de dimensões, aliás, variáveis: em 1939, podemos ter por verdadeiramente importantes para cima de oitenta.

Deve-se sublinhar um aspecto: os franceses que, no período precedente, tinham sido, de longe, os mais numerosos a assegurar o recrutamento missionário, se é certo que, em números absolutos, continuaram a ocupar o primeiro lugar, a verdade é que, em números relativos, viram concorrer com eles — e mesmo ultrapassá-los — países muito menores que a França. Consequência das leis laicistas... Em 1939, se para trinta missionários franceses só havia doze italianos, sete alemães e oito americanos, já se contavam mais de vinte belgas, quase outros tantos holandeses e dezessete irlandeses. Por outro lado, não cessava de crescer e passava de sete mil o número de missionários provindos de povos ainda ontem evangelizados. O esforço apostólico era verdadeiramente o esforço coletivo da Igreja universal. A catolicidade inteira associava-se a ele.

As mulheres não se limitaram a seguir o movimento missionário. Precederam-no, a ponto de serem o dobro dos homens. Em numerosos setores, foram elas que prepararam o terreno aos evangelizadores. Se, pelo seu devotamento, as religiosas deram em toda a parte testemunho da verdadeira caridade de Cristo, houve regiões, como por exemplo os países islâmicos, em que foram elas que constituíram, pela sua ação entre as mulheres e as crianças, o único laço possível com as massas autóctones. Aqui, mais ainda que no caso dos homens, seria impossível pensar numa enumeração. Em 1939, havia pelo menos 180 institutos femininos com vocação missionária, sem contar os de caráter local ou de recrutamento nativo. O número total de religiosas missionárias aproximava-se dos 40 mil. Às antigas instituições que, como as Irmãs da Caridade de *Monsieur* Vincent, havia séculos que trabalhavam nos quatro cantos do mundo, o século XIX juntara muitas outras, quer associadas a institutos masculinos, como as Irmãs Brancas, quer autônomas, como as Irmãs Azuis, de Castres, ou as Irmãs de São Paulo, de Chartres. Algumas delas desempenharam desde o início um papel considerável. Foi o caso, no Canadá, das Irmãs Cinzentas da Santa Madre d'Youville.

A partir de 1870, não se passou talvez um único ano em que não se visse surgir em qualquer país um Instituto missionário feminino. Só na França, entre 1870 e 1939, nasceram doze. Um destes desenvolveu-se com espantosa rapidez: as *Franciscanas Missionárias de Maria*, que, fundadas em 1877 por uma mulher de gênio, Hélène de Chappotin, em sessenta anos ultrapassaram o número de cinco mil, depois de terem tido a honra de algumas das suas Irmãs terem sido pavorosamente supliciadas na China, durante a revolta dos *boxers*.

Também na Itália, ao lado das dominicanas de Mondovi, apareceram as canossianas, as Franciscanas do Coração Imaculado de Maria, as Irmãs da Consolata, as *Pie Madre della Nigrizia* de Verona, que desempenharam na África Negra um papel tão belo. E seria ainda preciso acrescentar a estas insuficientíssimas alusões as numerosas formações que, em território propriamente missionário, agruparam as mulheres indígenas e que, com frequência, constituíram um elemento fundamental do apostolado. Assim, outrora, na Indochina, as Amantes da Cruz tinham fornecido à resistência católica muitas almas de elite. A mais famosa destas instituições autóctones foi certamente a das *Ancillae* de Nosso Senhor ["escravas" ou "servas"], fundadas na Papuásia por mons. Boismenu.

Para preparar ou apoiar a sua tarefa apostólica, as missionárias e religiosas recorreram cada vez mais a dois grandes meios de ação — as escolas e os hospitais —, e foi na utilização de um ou outro deles que as mulheres se revelaram insubstituíveis. As obras de caridade — orfanatos, dispensários, asilos, hospitais, leprosários — foram-se multiplicando.

Desde as origens da missão moderna, sempre houvera missionários-médicos. À medida que a medicina progredia, todo o missionário se via obrigado a conhecer os seus rudimentos, a fim de tratar pelo menos os casos benignos ou de urgência. Alguns ficaram célebres e obtiveram também autênticos êxitos apostólicos, consagrando-se à tarefa médica. Assim o pe. Wieger, apóstolo da Mongólia, distribuiu milhares de pacotes de remédios. Na Índia, uma religiosa alemã, a Madre Leusche, criou já em 1883 um centro de formação médica, donde saiu, em 1890, a primeira médica-missionária, uma indiana. Se os protestantes, que dispunham de mais recursos financeiros, se sobrepuseram por algum tempo aos católicos em número de hospitais, a partir de 1920 foi feito um esforço muito sério do lado católico para os construir por todo o lado. Os padres americanos de Maryknoll contrataram médicos.

O Seminário Missionário de Galway, na Irlanda, e a Associação de Würtzburg, na Alemanha, dedicaram-se a formá-los sistematicamente. Duas mulheres admiráveis — escocesas puritanas convertidas à fé romana, ambas médicas na Índia, Agnes McLaren e Margaret Lamont — lançaram a ideia de uma ordem missionária de mulheres médicas, ideia que a tirolesa Anna Dangel concretizou, em 1925, nos Estados Unidos, com a sociedade das *Medical Mission Sisters*. Nas vésperas da Segunda Guerra, o pe. Gemelli, reitor da Universidade do Sagrado Coração (de Milão) e ele próprio biólogo, criou em Milão, Bolonha e Parma centros de formação médica para os missionários.

O outro meio de ação, tornado normal, foi cada vez mais a escola. O cardeal Lavigerie sublinhara a sua importância e o magistério pontifício insistiu nesse ponto. A escola passou a ser o anexo habitual, obrigatório, da Missão. Por esse meio, foi possível transformar as jovens gerações e batizar as crianças cujos pais eram ainda pagãos, mas depois lhes seguiam o exemplo. Sabemos já como a Obra da Santa Infância, fundada para arrancar à morte "os chinesinhos", se orientou cada vez mais para o apoio às escolas missionárias. As estatísticas mostram bem a importância que a escola alcançou. Na China, em 1890, cinco mil escolas instruíam cem mil crianças; em 1939, eram mais de nove mil e instruíam 300 mil. Também na África a escola foi um admirável meio de penetração: em 1939, havia de perto de 15 mil.

O esforço escolar não se limitava à instrução elementar. Várias ordens religiosas multiplicaram os colégios secundários, abertos frequentemente mesmo à juventude não cristã. Assim o fizeram os marianistas no Japão e os maristas na China, bem como, para as meninas, as Damas do Sagrado Coração, as ursulinas, as Damas de Saint Maur, as canossianas. É conhecido o esforço realizado pelos jesuítas no nível superior, e que se concretizou na abertura de seminários regionais, colégios, universidades, institutos científicos... A sua missão de Xangai adquiriu justa fama pelo trabalho de alta cultura que levou a cabo.

Essa dupla ação, caritativa e educativa, situou-se cada vez mais no quadro de uma ação social estreitamente associada à obra de apostolado. Em inúmeros setores, os missionários viram-se na obrigação de desempenhar o papel de guias, de conselheiros técnicos, quase de administradores dos seus batizados. Em nome da moral cristã, tiveram de lutar contra os flagelos sociais, como o alcoolismo. Opuseram-se a costumes degradantes para a pessoa humana, como, na África negra, o do "dote", que na prática levava a vender as filhas como se fossem gado. Nos Camarões, por exemplo, a obra do *Sixa*, fundada pelos Padres do Espírito Santo, constituiu uma verdadeira escola de salvaguarda do casamento. Na China e na Indochina, opuseram-se ao costume de instalar as concubinas no lar; na Índia, ao de queimar as viúvas.

No vasto capítulo da colonização branca, em que nem tudo é tão nobre, os missionários assumiram constantemente uma tarefa de progresso social e de aperfeiçoamento humano, de algum modo complementar da sua ação propriamente apostólica. E essa ação puramente humana, cumprida em nome de um ideal sobre-humano, não é um dos aspectos menos impressionantes desta história. Por isso lhe foram prestadas muitas homenagens, como a de Winston Churchill, que, depois de ver os Padres Brancos em Uganda, escrevia: "A sua ação civilizadora brilha por toda a parte, e de uma viagem por essas terras traz-se a convicção de que só eles são capazes de transformar selvagens toscos em homens". Ou o de Sir Bastlere Prere, na tribuna do Parlamento britânico: "A obra dos Padres do Espírito Santo constitui modelo para quem quer que pretenda civilizar e cristianizar a África".

Dois outros traços são ainda de salientar no movimento missionário. Primeiro, o papel crescente dos leigos. Não era, a rigor, uma novidade: na Índia, na China, na Indochina, havia muito que os missionários recrutavam auxiliares leigos. Mas esse recrutamento tornou-se sistemático, sobretudo depois da Primeira Guerra Mundial. Foi então que se modelou, especialmente na África, o sistema dos catequistas indígenas, escolhidos entre os cristãos mais formados e encarregados de formar os catecúmenos em paróquias frequentemente imensas. Ao mesmo tempo, instaurou-se uma outra forma de colaboração leiga, como manifestação da Ação Católica. Criaram-se na própria Europa organismos destinados a preparar homens e mulheres que fossem trabalhar ao lado dos missionários. Assim nasceram, na Bélgica, as Auxiliares Femininas Internacionais, que veremos criadas pelo pe. Lebbe, e, mais tarde, a *Formulac*, que preparava médicos católicos para o Congo Belga [hoje Zaire]; na Holanda, o *Graal* e a *Alma*; na Suíça, o Instituto Secular de Ajuda Missionária, de Friburgo. O mais importante foi sem dúvida o *Ad Lucem*, Instituto francês cujo êxito tem valor de exemplo.

Nascido em 1931, em Lille, pela união de sete estudantes que desejavam realizar na sua vida a síntese entre uma vocação missionária e o desejo de participar no esforço de apostolado leigo solicitado pelos papas, o movimento logo atraiu médicos, assistentes sociais, enfermeiras, todos eles resolvidos a ir exercer a sua profissão em terras de missão, para lá fazerem brilhar a fé. A primeira fundação *Ad Lucem* foi de 1936 e deveu-se ao Dr. Aujoulat, em Efok (Camarões). Não tardou a ter sucesso. A pobre aldeia foi reconstruída, graças a uma fábrica de tijolo montada com essa intenção. Aujoulat fez-se também marceneiro, serralheiro, agricultor e criador de gado, sem deixar, como é óbvio, de ser médico. Nem a Guerra Mundial faria parar o impulso desse empreendimento, que, uma vez acabado, teria um Centro Médico Policlínico com 170 camas e atenderia 150 mil consultas por ano.

Assim se configurou uma das orientações que norteariam a ação apostólica daí por diante.

A outra orientação não é menos clara. No quadro das missões, vemos surgir homens e mulheres cuja primeira vocação não era missionária, mas contemplativa. O seu propósito, ao irem viver na Ásia ou na África, não era, pois, fazer apostolado, tratar de converter os nativos, mas dar testemunho no meio deles do que há de mais puramente espiritual na fé cristã. Assim, já em 1883, foi fundada uma Trapa na China — Nossa Senhora da Consolação, não longe de Pequim. Outras se seguiram, em diferentes pontos do globo. E, como a encíclica *Rerum Ecclesiae* pediu formalmente às ordens contemplativas que fizessem fundações em países de missão, a voz do papa foi ouvida. Os beneditinos de Monte Cassino, os da Bélgica e os da Pierre-qui-Vire, enxamearam na África e também na Coreia ou no Camboja. As duas observâncias de Cister fizeram outro tanto, por exemplo na Indochina, onde Dom Henri Denis realizou um interessantíssimo esforço de adaptação às condições locais, ou na África do Sul, onde os cistercienses de Marianhill receberam o tributo de homenagem do jovem Gandhi. As mulheres não se deixaram ficar atrás: clarissas, carmelitas... O sucesso mais extraordinário foi o das trapistas no Japão: essa ordem, que segue a Regra mais severa — silêncio absoluto, abstinência total de carne, levantar às três da manhã —, fundou uma casa no país do Sol Nascente, em 1898. Pois bem, nas vésperas da Primeira Guerra Mundial, contava perto de duzentas trapistas japonesas!

Colonialismo e missões. Um problema difícil

O zelo apostólico dos papas, o entusiasmo dos fiéis, o aumento das vocações não foram as causas únicas da expansão missionária. Interveio uma outra, profana, que não se pode ignorar.

A última parte do século XIX e o começo do século XX corresponderam, efetivamente, a um fenômeno histórico fundamental: o apogeu do domínio do homem branco sobre o mundo. A exploração da terra, feita pelos Stantley, os Livingstone, os Savorgnan de Brazza[19], e não menos pelos Amundsen, os Scott, os Peary, reduziu as zonas de *terra incognita* a ponto de as fazer desaparecer. Atrás do explorador, avançavam os soldados; depois, os colonos e os mercadores. Assim se criaram novos "impérios coloniais": antes de todos, o da Inglaterra, colosso que chegou a ter trinta milhões de quilômetros quadrados e 430 milhões de habitantes. Depois, o da França, também ele espalhado por todos os continentes, com onze milhões de quilômetros quadrados e cinquenta milhões de almas; e aquele que Leopoldo II deu à Bélgica, ou aquele que Guilherme II constituiu para a Alemanha, e ainda os da Itália e da Holanda. Quanto à Espanha e a Portugal, conservavam restos dos imensos impérios do passado. Dir-se-ia, nesse momento, que o planeta iria ser partilhado entre os "brancos" dominadores, tal como no Congresso de Berlim de 1885 a África foi partilhada entre os senhores do dia[20].

A ambição dos "brancos" não parou sequer ao atingir as fronteiras dos velhos países que, no Extremo Oriente, tinham permanecido fechados à sua penetração e ao seu comércio. Se o Japão, governado pelo clarividente imperador Mutsuhito, soube entrar a tempo (1868) na era *meiji*, adaptando-se à civilização ocidental, já a China, enorme corpo débil, sofreu a lei dos conquistadores do Ocidente. Entreaberta após a escandalosa Guerra do Ópio (1842), a China não conseguiu modernizar-se o bastante para resistir às ambições alheias nem neutralizá-las, opondo-as umas às outras. Todas as circunstâncias serviram para aumentar a pressão dos "brancos". As chancelarias repartiram entre si as "zonas de influência". O impetuoso movimento xenófobo de 1900, a que se chamou Revolta dos Boxers, só levou a uma repressão severa e a um agravamento das leis coercitivas. Mesmo quando, em 1912, o velho Império Celeste foi derrubado por uma revolução, a China continuou a ser campo de exploração para os "brancos".

Não vem a propósito aqui submeter a julgamento o processo do "colonialismo" e do "imperialismo" do Ocidente, averiguar se eles trouxeram aos povos dominados mais felicidade do que sofrimento, mais progresso do que vícios[21]. Mas é incontestável que, em larga medida, as missões lhes estiveram associadas, como outrora tinham estado à colonização espanhola e portuguesa. Os missionários entraram nos países conquistados para os evangelizar. Sucedeu até, com frequência, que se puseram sob a proteção das armas. O caso nada tem de estranho. Em regiões bárbaras, onde se ignorava o mais elementar Direito das Gentes, era normal que o missionário aceitasse a proteção do soldado. Em sentido inverso, as potências colonizadoras sentiam-se no dever de se constituírem em protetoras das missões: um missionário branco assassinado era para os "brancos" em geral uma desonra que exigia vingança. Na China, o vínculo entre as potências ocidentais e as missões tinha chegado a institucionalizar-se. Todos os tratados impostos pelos vencedores tinham incluído cláusulas de proteção às missões[22], e, em 1862, Napoleão III conseguira que fosse reconhecido o protetorado geral da França sobre todas as missões católicas.

Essa situação — que a Santa Sé reconheceu pelo decreto *Acerbo nimis* (1888) — durou até perto do ano de 1922. E seria bem farisaico negar que ela foi favorável à causa das missões. Um grande missionário, mons. Guébriant, embora nada tivesse de explorador colonialista, escrevia: "A presença dos franceses deu aos missionários e à sua obra a segurança que lhes faltava, e, com a segurança, uma larga medida de liberdade". Mas o reverso da medalha seria tão satisfatório?

O laço assim estabelecido entre a expansão dos europeus e as missões era, evidentemente, fonte de confusões: entre o homem de Deus e o conquistador, entre os objetivos que um e outro se propunham, entre a civilização europeia e o cristianismo, por vezes mesmo entre os interesses da Igreja e os do país protetor... Não devemos generalizar, mas alguns missionários, em perfeita boa-fé, consideravam que servir a pátria terrestre e servir a Igreja eram a mesma coisa, e não viam mal nenhum em manter estreitas relações com as autoridades protetoras, em celebrar a respectiva festa nacional, em içar a bandeira nacional no alto do campanário. Aliás, toda uma literatura mais ou menos oficial os levava para esse caminho. Ferdinand Brunetière escrevia tranquilamente que "os missionários são os melhores informadores e os mais seguros agentes dos diplomatas", e eram incontáveis as declarações de embaixadores ou de cônsules felicitando missionários pela sua ação ao serviço dos seus países[23].

Assim, aos olhos dos não-cristãos, os missionários enfileiravam-se no campo do vencedor, eram obedecidos por serem os mais fortes, temidos e por vezes odiados. O que explica que, de cada vez que as potências europeias pareciam menos fortes, os cristãos pagassem a conta do furor popular, como aconteceu por ocasião da Revolta dos Boxers, em que numerosos missionários foram martirizados e houve uma autêntica hecatombe de batizados. Mesmo quando as coisas não chegavam a desembocar em tais dramas, as missões "protegidas" não podiam deixar de estar isoladas das massas por batizar. Às vezes, o isolamento era visível. Em Pequim, as missões possuíam um bairro à parte, rodeado de um muro de defesa — o Pe-Tang. Certas providências, sem dúvida explicáveis, mas pouco hábeis, acentuaram ainda mais esse isolamento. Em 1899, mons. Favier, bispo-auxiliar de Pequim, obteve a assinatura de um acordo que reconhecia aos missionários a dignidade chinesa de mandarins, aos bispos a de vice-reis, ou seja, *ipso facto*, o direito às prostrações rituais impostas pela etiqueta chinesa. É bem claro que não foi assim que se converteu o mundo pagão nos primeiros tempos, no tempo dos Apóstolos e dos seus discípulos. Nem São Pedro nem São Paulo entraram em Roma envergando a toga dos senadores ou precedidos de litores...

E era esse, decerto, o mais grave perigo de uma situação que, temos de repetir, parecia imposta pelas condições da época; ela impedia o progresso normal da conversão, como a história da Igreja nos dá a conhecer. Se remontarmos aos inícios do cristianismo, veremos os propagandistas do Evangelho, se queriam penetrar num povo, misturarem-se com ele, tornarem-se o mais possível próximos dele. "Grego para os gregos, gentio para os gentios", dizia o primeiro e o maior dos missionários (cf. 1 Cor 9, 19-22). E assim iam constituindo à sua volta pequenos grupos de cristãos que formavam na fé, que educavam. Depois de um tempo mais ou menos longo, escolhiam na jovem comunidade presbíteros e diáconos — foi essa a tarefa confiada por São Paulo ao seu discípulo Tito ao deixar a missão de Creta —, e só bastante mais tarde, quando a comunidade estava bastante desenvolvida e organizada, é que se lhe dava um chefe saído dela, um bispo autóctone. Assim aconteceu, por exemplo, na Igreja das Gálias e na da Inglaterra: a primeira, fundada por evangelizadores vindos da Ásia Menor; a segunda, mais tarde, por missionários romanos enviados por Gregório Magno, mas que pouco a pouco se tornaram nacionais e chegaram a reger sozinhos os respectivos países, sob a vigilância de Roma. O objetivo era sempre o mesmo: conseguir formar as igrejas nativas, partes integrantes da Igreja universal e absolutamente iguais às das velhas cristandades. Só quando se atingia este último estádio é que a Igreja era considerada verdadeiramente instaurada numa região.

Mutatis mutandis, não será de perguntar se a mediocridade dos resultados conseguidos pelas missões nos tempos modernos não se deveu ao fato de se ter esquecido o exemplo dos antepassados? E se não se devia ter, ao mesmo tempo, cortado o laço que parecia ligar a obra missionária ao colonialismo, e implantado solidamente a Igreja na própria massa dos povos colonizados, confiando-lhes a responsabilidade dos seus destinos espirituais, tratando-os como iguais aos "brancos"? A questão das "igrejas de cor" estava, portanto, formulada em conexão com a do colonialismo. Isto não quer dizer que a Igreja não a tivesse encarado havia muito.

No século XVI, o célebre pe. Matteo Ricci, que se fizera *Li Mateu*, e mais tarde as equipes de vigários apostólicos enviados pela Propaganda Fide (os Rhodes, os Pallu, os Lambert de la Motte), e, ainda mais tarde, o pe. Nobili na Índia — todos eles tinham sido campeões da causa do clero nativo nas igrejas autóctones. Até alguns papas tinham tomado posição sobre o problema, frequentemente com rara intuição do futuro: Paulo V em 1615, Gregório XV em 1622. Tinham-se fundado seminários indígenas, como o de Ajuthia e depois o de Penang na Indochina. Todas essas iniciativas, porém, tinham estado longe de atingir os resultados que se pretendiam, por força das discussões dogmatizantes, como a famosa Querela dos Ritos, e dos hábitos formados sob o regime do Padroado espanhol e português[24].

Soterrado sob as ruínas das missões, o clero "de cor" — que em 1820 não chegava a 275 padres — tinha, no entanto, aumentado em meados do século XIX. Por ele se tinham batido verdadeiros apóstolos — a Madre Javouhey, o pe. Libermann, depois Jeanne Bérgard. Os papas tinham falado: Gregório XVI[25], mais tarde Leão XIII. Fora feito um esforço sério para recrutar padres autóctones e, nomeadamente na

Índia e no Extremo Oriente, contavam-se por volta de 1900 cerca de sete mil padres oriundos dos próprios países. O que não era o mesmo que existirem igrejas autóctones preparadas para se governarem com autonomia: os sacerdotes indianos ou chineses eram considerados auxiliares dos missionários e, muitas vezes, mantidos na segunda linha. Não havia um só bispo nativo, nem um vigário apostólico, nem mesmo um prefeito apostólico. Não se chegara, pois, ao estádio em que a Igreja pudesse ser considerada como estabelecida, segundo o processo tradicional. Mas não seria tempo de agir para que o fosse? Tinham sido precisos três ou quatro séculos para que, no Ocidente, o cristianismo passasse da primeira sementeira à institucionalização da Igreja. Mas não tinham passado três ou quatro séculos desde que o pe. Ricci e o pe. Nobili tinham falado?

De resto, os acontecimentos iam tornar mais indispensável um supremo esforço para transformar a ação missionária e chegar a constituir, não já comunidades cristãs mais ou menos isoladas nas massas indígenas, mas igrejas autóctones. Não terminara ainda o século XIX, e já se notavam indícios do fenômeno que iria dominar o século XX: o despertar dos povos colonizados e das raças "de cor". Já em 1885 o Partido do Congresso, na Índia, militava a favor da independência. Na China, a Revolta dos Boxers, ocultamente encorajada pelo próprio imperador, foi mais que uma banal crise de xenofobia. A derrota dos russos, diante dos japoneses, em Mukden e Tsushima; a dos italianos, às mãos dos etíopes, em Aduá, mostraram aos povos submetidos que os "brancos" não eram invencíveis. A guerra de 1914-18 acelerou o processo. Para se baterem uns contra os outros, os europeus não tinham lançado mão de negros e amarelos?

Daí em diante, começaram a surgir, quase por toda a parte, movimentos contra os europeus: motins de Tientsin; revolta contra a França na Síria e no Rif marroquino; campanha anti-inglesa no Egito, e da "não-violência" de Gandhi na Índia; agitação anti-holandesa na Indonésia[26]. O "declínio do Ocidente" profetizado por Spengler não parecia uma simples hipótese de filosofia da história. E, se o sistema colonialista estava condenado, não era tempo de separar dele, radicalmente, a causa das missões?

O missionário que se fez chinês

No seio da Igreja, havia já homens que tinham perfeita consciência da necessidade de reformar os métodos. Já em 1850, mons. Mouly, vigário apostólico de Pequim, levantara a questão com uma segurança de intuição que o honrava; chegara mesmo a propor um candidato chinês para bispo. Mais tarde, na Índia, o pe. Luquet, depois sagrado bispo, batera-se firmemente para atrair a atenção sobre o problema. Em 1893, Leão XIII, sempre tão lúcido, publicara o decreto *Ad extremas*, em que se lia: "O progresso continuará incerto enquanto faltar um clero composto de nativos capazes, não só de ajudar os missionários, mas de gerir convenientemente, por si próprios, os interesses da religião no seu país". E lembrara que fora esse o método seguido pela Igreja desde os primeiros tempos.

Nesse momento, podia-se dizer que a cristandade começava a tomar consciência de que tinha diante de si um problema. Vindo a Roma para a celebração do quinquagésimo aniversário do dogma da Imaculada Conceição, e tendo diante dos olhos 30 mil representantes do mundo católico, mons. Leroy, missionário na África, exclamava com tristeza: "Onde estão os Amarelos, onde estão os peles-vermelhas, onde estão os negros? Também eles são filhos de Adão". E, em outubro de 1900, lia-se, em *Les missions catholiques*, esta declaração de mons. Chausse: "Se quisermos que os chineses não vejam nos missionários a vanguarda dos exércitos europeus, é preciso dotar a China de um clero inteiramente nacional"...

Chegou-se mesmo a travar uma verdadeira polêmica quando saíram à luz dois livros, tão pitorescos como cáusticos, do cônego Joly: *Le christianisme et l'Extrème-Orient* (1907), e *Les tribulations d'un vieux chanoine* (1908). A ruína da cristandade japonesa no século XVII, dizia o autor, tivera por causa a ausência de bispos capazes de ordenar padres do país. E recaímos agora no mesmo erro! Se amanhã os missionários brancos forem expulsos da China ou de outros lados, não haverá hierarquia autóctone para dar continuidade às ordenações. Por que se insiste nesta atitude? Porque todos, ou quase todos, dos vigários apostólicos ao último dos missionários, têm medo de confiar as rédeas ao clero indígena, considerando-o orgulhoso e ansioso de independência. Esse cônego "sem papas na língua" fazia mal em generalizar. Mas temos de reconhecer que, nessas críticas exageradas — aliás compartilhadas por certos missionários, como acabamos de ver —, nem tudo carecia de fundamento[27].

Houve, porém, um homem que não se limitou a apelos teóricos nem a polêmicas literárias, pois se tornou, na realidade mais concreta, o campeão da reforma das missões e da promoção das igrejas autóctones. Foi muito discutido, antes e depois da morte. À volta das suas biografias, estalaram ácidas querelas. Mas parece certo que a mudança de perspectiva que se deu na Missão no primeiro quartel do século XX não teria sido o que foi se o *pe. Vincent Lebbe* não tivesse sido o que foi: até ao excesso e ao absurdo, segundo uns; mas, segundo outros, até à santidade[28].

Tendo ingressado nos lazaristas, num grande impulso missionário que o levara a sonhar, desde a adolescência, em seguir os traços do pe. Perboyre, mártir na China[29], o pe. Lebbe conseguiu, aos vinte e quatro anos, e apesar de uma saúde frágil, que mons. Favier — o prelado que acabava de conseguir a assinatura do famoso acordo sobre as honras oficiais devidas aos missionários — o enviasse para Pequim. O que lá viu surpreendeu-o, depois inquietou-o e, por último, secretamente, indignou-o. Olhando a velha capital do alto do "Monte de Carvão", e vendo a estranha mancha que nela produzia o Pe-Tang — a concessão das missões, cingida por altas muralhas, erguendo, inesperada, a sua catedral de um falso gótico —, depressa teve a intuição de que se estava a caminhar em falso, de que o cristianismo não conquistaria a China segundo os métodos correntes.

Uma vez firmada dentro de si essa convicção, o pe. Lebbe decidiu consagrar a vida inteira a promover a indispensável transformação. Era um homem magro, ágil e de uma vitalidade extraordinária. No rosto róseo, marcado por traços ruivos, de bom campônio belga, os olhos tinham uma cor indefinível, entre o azul e o verde, e brilhavam com uma luz que prendia. Onde passar deixará a lembrança de um temperamento fora das medidas comuns. A prudência não era, certamente, uma das suas virtudes dominantes, mas tinha a capacidade de pôr ao serviço de uma causa um espírito de iniciativa, uma tenacidade e um ardor igualmente extraordinários, e as mais raras faculdades de devotamento, de entrega do coração.

"Se São Paulo tivesse continuado judeu, separado do mundo por uma muralha — dizia ele —, teria convertido os pagãos?" Quanto a ele, pois, saltaria a muralha e mergulharia de cabeça no povo que sonhava batizar. Nomeado para uma missão rural, passou a viver inteiramente à chinesa, vestindo-se e alimentando-se à chinesa, falando sempre em chinês. Essa experiência de adaptação completa, levou-a depois para um quadro mais vasto, o de Tientsin, a terceira cidade da China, onde conseguiu resultados assombrosos ao longo de dez anos: não só o número de conversões aumentou consideravelmente, como nasceu um organismo da Ação Católica e foi fundado um diário, que teve sucesso. O "Movimento de Tientsin" celebrizou-se em pouco tempo, quer pelas suas realizações, quer pelo estilo muito pessoal do seu impulsionador, fraternal para com o clero chinês, próximo de pequenos e humildes, mas respeitado pelos letrados. Não seria essa a primeira expressão de uma Igreja chinesa, igual a todas as outras, com chefes próprios, chefes a quem o pe. Lebbe se declarava pronto a transmitir o bastão? "O senhor acredita — atirava ele a um vigário apostólico — que, se na França todos os bispos e todo o alto clero fossem alemães, haveria muitas conversões?"

Tudo isso provocou resistências. O pe. Lebbe deitava abaixo muitos costumes, a sua linguagem não tinha unção... Sucedeu-lhe até entrar em conflito com autoridades europeias, por exemplo com o cônsul da França, a propósito de uma triste questão de terrenos, em que lhe pareceu que estava em jogo a independência moral dos seus cristãos. Uma ou outra das suas fórmulas prestava-se a equívoco: "A China para os chineses!" Eram palavras que podiam ter implicações políticas. E deve-se reconhecer que os métodos administrativos e financeiros do bom padre não estavam acima de qualquer suspeita... As críticas multiplicaram-se. Ele, no entanto, continuava teimosamente a sua obra, enviava a Roma relatórios com sugestões de reformas e chegou a ir à Europa para expor as suas ideias a numerosas personalidades, a quem convenceu — designadamente o cardeal Mercier.

A oposição cresceu. O seu amigo pe. Cotta foi a primeira vítima. E ele, voltando da Europa em 1914, percebeu que as suas ideias eram bloqueadas. Dois anos depois, viu-se afastado de Tientsin, reduzido à impotência. Após a Grande Guerra, mons. Guébriant, encarregado por Bento XV de apurar a situação da Igreja na China, persuadiu-o a regressar à Europa para se ocupar dos estudantes chineses. Mas esse aparente fracasso era, afinal, uma vitória. As suas ideias tinham aberto caminho. Expostas nas altas instâncias pelo cardeal Mercier e por um influente prelado francês, mons. Vanneufville, Bento XV estudou-as: casavam com as suas. E a resposta ao pe. Lebbe foi a encíclica *Maximum illud*, de 1919, que anunciava o grande movimento de adaptação.

Assim o pe. Lebbe desempenhou esse papel que, na história da Igreja, se vê com frequência ser exercido por homens fora de série: o de precipitar o movimento para as reformas necessárias, atropelando usos e interesses. Morreu vinte anos depois, tendo tido a alegria de ver triunfar as ideias pelas quais tanto combatera. Aliás, prosseguiu esse combate até ao seu último suspiro, ainda atacado e mesmo caluniado pelos adversários, mas satisfeito por ver nascer sob os seus olhos essa Igreja chinesa de que se fizera veemente campeão.

Um delegado apostólico iria para Pequim, representar o papa, apesar da oposição da França. Foi D. Costantini, e o seu primeiro gesto consistiu em instalar-se fora do Pe-tang, na cidade chinesa. Criaram-se seminários. O Colégio Romano da Propaganda Fide abriu-se aos estudantes asiáticos. As congregações autóctones fundadas por Lebbe estavam em plena expansão: eram os Irmãozinhos e as Irmãzinhas de São João Batista; os seus mosteiros das Bem-aventuranças estavam em seis dioceses e, mesmo na Europa, trabalhavam as suas Auxiliares das Missões. Mais ainda: falava-se de nomear bispos chineses. O delegado apostólico pedia candidatos ao velho missionário. E seria para ele um dia de formidável alegria aquele em que, em 1926, na Basílica de São Pedro, assistiu à sagração dos seis primeiros bispos chineses.

Um gesto definitivo completou esse testemunho: o pe. Lebbe abandonou a nacionalidade belga e naturalizou-se chinês, fato único na história das missões. Quando morreu, as exéquias foram celebradas por D. Yu-Pin, um dos bispos por ele indicados. E o marechal Chiang-Kai-Chek, chefe de Estado, quis assistir a elas pessoalmente, para prestar homenagem ao missionário branco que, para se fazer totalmente "chinês entre os chineses" a fim de os conquistar para Cristo, quisera passar a chamar-se Lei Ming Yuan.

Bento XV e Pio XI instauram as "igrejas de cor"

Em 30 de novembro de 1919, portanto, apareceu uma grande encíclica sobre o problema missionário: *Maximum illud*. O tom do documento era vivo, e a decidida nitidez dos termos contrastava com as fórmulas matizadas que geralmente caracterizam o pensamento pontifício. Após tantos séculos de esforços e sacrifícios, dizia o papa, temos de declarar que nem sempre os objetivos da Missão foram atingidos. Os pagãos são ainda um bilhão de homens — bem mais que os cristãos. Não será preciso rever os métodos e elaborar meios novos?

Sobre dois pontos essenciais o documento pontifício tomava posições categóricas. Denunciava o perigo do nacionalismo, que tanto mal fizera às missões durante o recente conflito. O missionário devia obedecer à ordem do Salmista: "Esquece o teu povo e a casa do teu pai!" "A missão que vos é confiada — dizia o papa — está muito acima de todos os interesses humanos. Lembrai-vos de que não trabalhais por uma pátria terrestre, mas pelo Reino de Cristo!" A advertência era clara e o tom tornava-se severo: "Que desgraça seria ver um missionário esquecer a sua dignidade a ponto de colocar os interesses do seu país acima dos interesses do céu! Seria uma perda horrorosa [...]. O missionário perderia assim toda a influência sobre as populações".

A essa parte crítica seguia-se outra, de caráter construtivo. "A Igreja de Deus é católica: em parte alguma, em nenhum povo, poderia ser estrangeira". Era, pois, indispensável que os missionários conhecessem profundamente a língua e os costumes dos países para onde eram enviados. Mais ainda: convinha que "todos os povos possam fornecer os seus ministros sagrados". Pondo os pingos nos is, Bento XV indignava-se de que "apesar da vontade dos Soberanos Pontífices, regiões nascidas para a fé há séculos estejam ainda desprovidas de clero do país, digno desse nome [...], mesmo quando se trata de povos de alto nível de cultura e com homens eminentes". Havia aí — dizia o papa rudemente — "uma engrenagem ausente ou falseada nos métodos até agora seguidos!" Situando-se na linha da mais pura tradição, a *Maximum illud* concluía com esta afirmação decisiva: "Só onde funcionar completamente um clero devidamente formado e digno da sua santa vocação é que o missionário terá coroado a sua obra".

Ainda mais claramente, pois, do que nas vezes anteriores, indicava-se o programa: era urgentíssimo desenvolver o clero nativo e preparar a instituição da hierarquia autóctone. Foi à realização desse programa que Bento XV dedicou os breves anos que lhe restaram de vida. As suas repetidas declarações, nomeadamente à União Missionária do Clero, as suas instruções aos vigários e prefeitos apostólicos acerca da formação do clero nacional, as negociações que entabulou com Pequim para o envio de um delegado apostólico — provaram-no superabundantemente. Se é certo que não teve tempo de criar um episcopado autóctone, é fora de dúvida que isso estava no seu pensamento.

As instruções da encíclica foram bem acolhidas em toda a parte? Relatando as impressões colhidas na sua visita de inspeção à China, mons. Guébriant escrevia: "É absoluta a unanimidade dos missionários quanto à sua filial e confiante submissão às diretrizes romanas. Que a Santa Sé decida o que é oportuno; pode mandar, que será obedecida". A essa incontestável submissão de princípio corresponderia igual acordo unânime dos espíritos? Surgiram resistências. Assim, no *Jornal de Pequim*, um anônimo escrevia: "A criação de um episcopado indígena e a instituição de um clero indígena são aberrações". E um religioso chegou ao ponto de declarar: "Em certos casos, é legítima e necessária a desobediência". De resto, nos oito anos que se seguiram à *Maximum illud*, a Propaganda Fide teve de intervir em cinco ocasiões para reagir contra alguns desvios.

Felizmente, o sucessor de Bento XV revelou-se logo de entrada partidário resoluto da reforma missionária. Quando cardeal de Milão, tinha-se manifestado claramente sobre o problema. Um dos seus primeiros atos como papa, a designação de D. Costantini para delegado apostólico na China, foi significativo. Coube, pois, a Pio XI promover as "igrejas de cor", conforme a expressão da época. Começou por tomar posição no plano doutrinal, confirmando e desenvolvendo as ideias do seu antecessor. Tinham-lhe chegado da Índia informações sobre um jesuíta belga, o pe. Gille, veemente defensor da promoção indígena, que fora chamado de volta para a Europa pelos superiores. A *Revue catholique des idées et des faits*, notoriamente patrocinada pelo cardeal Mercier, tomara partido por ele. Seguira-se uma polêmica na imprensa, durante a qual se tinham publicado, no *Bulletin catholique international*, estatísticas que mostravam que iam a par o aumento do clero nativo e o das vocações.

Pareceu indispensável uma nova encíclica. E foi, em 28 de fevereiro de 1926, a *Rerum Ecclesiae*. Achille Ratti, como sabemos, não tinha por hábito conter as palavras... "Por que razão — dizia o documento — o clero nativo há de ser impedido de cultivar o seu campo, o dos seus maiores, ou seja, de governar o seu próprio povo? Que outra coisa pretendem as missões senão estabelecer a Igreja de modo estável e regular? E como é que a Igreja pode implantar-se entre os pagãos se não é pelos mesmos meios que outrora a fizeram constituir-se entre nós?" Seguiam-se críticas pouco veladas, quase ameaças. Às congregações religiosas, que talvez se gloriassem um pouco demais dos resultados conseguidos pelas respectivas missões, lembrava-se que os territórios a elas confiados pela Santa Sé não o eram senão por "um ato sempre revogável". Entrando em detalhes, Pio XI deplorava que, em certas missões, os padres autóctones, ainda que com bastante idade e cheios de experiência, fossem confinados em tarefas subalternas, "colocados nos extremos da mesa", e que não se fizessem esforços para os elevar a uma alta cultura cristã, ao passo que, nas universidades romanas, homens das suas raças se revelavam cabeças de primeiro plano. Essas críticas — precisava a encíclica — não visavam senão certos desvios e não se sobrepunham à admiração devida ao conjunto dos missionários, pela sua dedicação, generosidade e espírito de sacrifício. De qualquer modo, era evidente que anunciavam mudanças.

Um primeiro gesto foi a nomeação para a diocese de Tuticorin de um padre nativo, ainda para mais de casta inferior: era o primeiro bispo de rito latino que, na Índia, não era europeu. Depois, a 28 de outubro de 1926, o ato solene, espetacular, bem à maneira do Pontífice dos grandes combates: na Basílica de São Pedro, ornamentada como para as mais faustosas circunstâncias, seis padres chineses prosternaram-se diante do Vigário de Cristo, para se tornarem a erguer já revestidos da dignidade episcopal. A lista tinha sido estabelecida por D. Costantini, de acordo com o pe. Lebbe. Na véspera, os sacerdotes chineses tinham comparecido à audiência papal humildemente vestidos à maneira chinesa. Em sua honra, a basílica da cristandade transbordava de gente: lá estavam todos os cardeais presentes em Roma, mais cinquenta bispos e todo o corpo diplomático. Tinham-se preparado seis altares diante do trono pontifício, e neles celebraram Missa os seis novos bispos, simultaneamente com a do próprio papa[30]. Raramente uma sagração episcopal fora rodeada de tal solenidade. A intenção de Pio XI era clara. E quando, uma vez feitas as unções, abençoados os báculos e os anéis, cada um dos eleitos recebeu do Pai Comum o ósculo ritual da paz, a imensa multidão que enchia a nave teve claramente a impressão de que esse abraço era dado à Igreja universal, na infinita variedade dos seus povos e raças.

Estava aberto um novo capítulo na história das missões. Se causou espanto em alguns, a verdade é que foi acolhido geralmente como consequência lógica da orientação fixada pelos últimos papas. Sem com isso desconhecer a obra secular realizada pelos missionários brancos — a quem os seus bispos chineses tiveram a delicadeza de prestar homenagem na noite do dia da sagração, em declaração pública —, o papa anunciava que uma nova fase tinha de ser vencida e que ao trabalho de semear tinha de suceder o da implantação. Nas próprias palavras de Pio XI, esse ato significava também que era preciso acabar com a opinião que "tende a conceber a pregação católica como mercadoria estrangeira ou instrumento de domínio ao serviço das Potências europeias". Vinte vezes, cem vezes, no decorrer dos treze anos que se seguiram à cerimônia de São Pedro, o papa voltou a insistir em ideias análogas. "Importa convencer o mundo pagão desta verdade: a Igreja é de todas as raças, de todas as nações".

Tinha sido dado o empurrão inicial para um movimento que nunca mais pararia. O próprio Pio XI continuou a nomear bispos autóctones: quando morreu, eram vinte e oito. Um dos primeiros atos do seu sucessor, Pio XII, seria conceder a mitra e o báculo a um padre de raça negra. Depois, admitiria no Sacro Colégio um cardeal chinês e outro indiano; à sua morte, as "igrejas de cor" teriam cento e dezesseis bispos. Tomando vigorosamente o seu lugar, João XXIII criaria um cardeal japonês e outro negro, e, em três anos, nomearia trinta e quatro bispos indígenas. Assim, quando a 11 de outubro de 1962 os espectadores vissem na TV o prodigioso desfile dos 2.500 padres conciliares do Vaticano II, não deixariam de ficar impressionados com a mancha escura que, no meio de tanta branquidão, produziam os bispos de pele negra vindos para participar da assembleia da Igreja universal.

A atitude de Pio XI fez muito mais do que provocar uma transformação no modo de repartir as dignidades e as funções: iniciou uma evolução que prossegue nos nossos dias. "É toda a psicologia missionária que vai mudar", anotava D. Costantini após a sagração dos bispos chineses. De fato, hoje não nos surpreende ver um missionário branco ajoelhar-se, pedindo a bênção, diante de um jovem bispo negro que fora catequizado e batizado por ele; nem saber que determinado bispo de raça branca renunciou para deixar o seu lugar a um sacerdote de cor; nem, ainda, tomar conhecimento de que, em Taiwan, o bispo chinês de Taipé tem como auxiliares um bispo e um arcebispo brancos, expulsos da China. Operou-se um retorno à tradição. No pensamento da Igreja, tinha acabado o tempo historicamente necessário para passar da evangelização à implantação. Retomou-se a teologia da Missão, mas apoiada agora numa concepção mais profunda da igualdade dos homens diante de Deus, ou seja, da universalidade da Redenção. Removeram-se certos obstáculos que tinham retardado bastante a necessária evolução, como, por exemplo, o dos ritos chineses e malabares; o concílio de Sinking, em 1925, pôs fim às antigas proibições relativas aos costumes confucionistas, e, em 1938, um decreto da Propaganda Fide generalizou as autorizações.

A perspectiva em que se concebia o apostolado mudou. Em vez de se encerrarem no "orgulho" de portadores da verdade junto de povos ignorantes, os missionários estariam cada vez mais atentos aos valores espirituais que pode haver nas religiões não cristãs, e — tal como São Gregório Magno aconselhava àqueles que enviava para a Inglaterra — procurariam "batizar" essas realidades de preferência a combatê-las.

A própria arte se orientaria no mesmo sentido: em lugar de igrejas em falso gótico ou em falso bizantino, erguer-se-iam edifícios cristãos no estilo dos edifícios sagrados autóctones, e a escultura e a pintura ofereceriam à piedade dos fiéis de raças de cor figuras cujos traços fossem os da sua raça[31]. Só mais tarde, após a Segunda Guerra Mundial, quando tiver rebentado por toda a parte o grande movimento anti-colonialista, quando a humanidade tiver tomado consciência do irresistível movimento de unidade e igualdade que a arrebatou, é que se compreenderá a sabedoria intuitiva dos papas promotores das igrejas autóctones. Graças a eles, a catolicidade estava preparada para trabalhar em âmbito "planetário".

A Ásia aberta a Cristo

Dentro dos limites do presente livro, seria impossível traçar o quadro histórico das missões desde o ano de 1870. São tantas as figuras que deveriam ser evocadas e tantos os acontecimentos de importância que mereceriam ser registrados, que mal se pode pensar em outra coisa que não um rápido sobrevoo. Mas aquilo que o mais superficial dos resumos faz surgir é a imensidade do esforço realizado (envolvendo efetivamente toda a terra), como também a relevância dos resultados obtidos.

O *Próximo Oriente* fora o lugar onde se manifestara em primeiro lugar, no século XIX, o renascimento missionário — com os Boré, os Cluzel e tantos outros apóstolos, e o trabalho da *Obra do Oriente* lançada pelo jovem Lavigerie[32]. As escolas tinham sido um dos meios mais felizes para assentar a presença católica em regiões que o islã tornara praticamente impenetráveis. O esforço prosseguiu. Os anos que vieram depois de 1878, em que a Conferência de Berlim reconheceu o protetorado da França sobre os católicos do Levante, assistiram à maravilhosa floração do ensino em que lazaristas, dominicanos, jesuítas e assuncionistas rivalizaram com os Irmãos Maristas e os de Ploërmel, sem falar das congregações femininas. O colégio de Anthurá, fundado pelo pe. Leroy, passou a ser o centro em que se formou a elite intelectual da Síria, do Líbano e do Egito: em 1931, o seu diretor observava que, dentre os 12 mil antigos alunos, havia sete ministros em exercício e quase todos os diretores de explorações arqueológicas. Em 1882, os jesuítas fundavam em Beirute a Universidade de São José, donde iriam sair tantos médicos, farmacêuticos, engenheiros. Os assuncionistas de Constantinopla, ali instalados desde 1881, estendiam a sua influência por toda a Ásia Menor e a Palestina. Foram eles que dirigiram o movimento das peregrinações, construindo a Hospedaria Notre-Dame de France. Até na Pérsia, a missão lazarista estava tão bem enraizada que pôde ser elevada a delegação apostólica.

Todo esse impulso veio a ser interrompido pelo terrível refluxo de paixões anticristãs desencadeado em 1914 e que ia durar mais de dez anos — um refluxo cuja obra de destruição já vimos entre os católicos das igrejas orientais[33]. Na Ásia Menor, enquanto se aniquilavam as velhas cristandades, as missões eram varridas. A dos capuchinhos, em Trebizonda, converteu-se, literalmente falando, num amontoado de cinzas. Na Pérsia, o Delegado Apostólico foi assassinado. Mesmo na Síria e na Palestina, a influência das missões foi atingida. Mas, mal passou o ciclone, empreenderam-se por toda a parte grandes esforços para restabelecer a situação. As congregações enviaram novas equipes. Em 1939, haveria na Síria e no Líbano nada menos que trinta e uma congregações latinas, além das quinze de rito oriental! No Egito, eram perto de vinte, e na Palestina, vinte e cinco. A Universidade de São José, onde ensinava o grande arqueólogo que foi o pe. Poidebard, e o colégio de Anthurá, dirigido pelo pe. Sarloutte, estavam mais florescentes que nunca. Os lazaristas voltaram a estabelecer-se na Pérsia e na Armênia. Os barnabitas partiram para o Afeganistão. Numericamente, os resultados pareciam fracos: os católicos latinos não passavam de umas centenas, de uns milhares ou, quando muito, de umas poucas dezenas de milhar. Mas a influência desses pequenos núcleos não era proporcional à modéstia dos números e não decairia nem mesmo nas novas condições criadas pela Segunda Guerra Mundial.

Na *Índia*, também fora impressionante a renovação no século XIX, tanto mais que se tinha partido de mais baixo. Mediante os limites impostos por Gregório XVI aos direitos do Padroado português e o envio sistemático de vigários apostólicos, Roma tinha conseguido dominar a situação. Vários desses vigários tinham-se revelado extraordinários animadores, como mons. Bonnand, que verdadeiramente infundira na Igreja da Índia um sangue novo[34]. Sérios problemas estavam ainda por resolver. O do padroado provocara o "cisma goês", visto que o arcebispo de Goa se recusava a renunciar ao primado sobre toda a Índia. Em 1886, Leão XIII conseguiu a paz, concedendo ao arcebispo de Goa o título honorífico de Patriarca das Índias, mas limitando a sua autoridade às possessões portuguesas; estabeleceu-se, pois, a hierarquia regular no resto do país, com vinte e nove dioceses. Esse sistema de dupla jurisdição durou até 1928, data em que um novo acordo lhe pôs cobro.

Vendo o campo livre, as missões lançaram-se ao trabalho, com novo zelo. Houve um afluxo de congregações religiosas: capuchinhos italianos e franceses, jesuítas alemães, belgas, portugueses, franceses, americanos, Missões Estrangeiras de Paris, de Milão e de Mill-Hill, salesianos, lazaristas espanhóis, premostratenses holandeses, carmelitas belgas, beneditinos, silvestrinos. Entre as mulheres, a mesma variedade e a mesma emulação: as Irmãs das Missões Estrangeiras ou as do Bom Pastor, as de Santa Cruz ou as da Caridade de Milão. Algumas dessas missões exerceram enorme influência na região em que se instalaram. Foi o caso da de Ranchi, entregue aos jesuítas belgas. O pe. Lievens, que se lançou numa luta social em defesa dos camponeses contra os usurários, conseguiu ter, no território de Chotanagpur, 200 mil católicos. O pe. Gruyse chegou a fazer face aos agentes do rajá de Jashpur, obtendo também bons resultados. A Missão do Maduré — a de pe. Nobili e de São João de Brito —, já muito vivas, desenvolveram-se ainda mais sob a direção do sólido camponês do Jura, mons. Aléxis Canoz, que permaneceu nessa função durante quarenta anos.

Um dos grandes meios utilizados para fazer penetrar no subcontinente indiano a influência católica foi, como no Levante, a fundação de escolas. Todas as ordens o utilizaram, procurando, por um lado, ministrar ensino prático à gente simples, e, por outro, abrir colégios, clássicos ou técnicos. Em 1900, o ensino católico tinha já doze colégios universitários, 128 *High Schools* e 1.247 escolas primárias. Em 1939, esses números tinham triplicado. Os resultados desse imenso esforço foram bem visíveis. Em 1871, os católicos não chegavam a 800 mil. Em 1891, eram 1.200.000; em 1920, 2.400.000; em 1939, 3.800.000. Estatística que, aliás, não deve criar ilusões: não representavam 1% da população total. Mas não deixam de testemunhar uma vitalidade notável.

Permaneciam algumas questões delicadas. A das relações entre os católicos de rito latino e os dos ritos orientais foi resolvida pela Santa Sé[35]. Mas havia também a que resultava das castas em que se dividia a sociedade hindu. Para lhe dar resposta, a Igreja assumiu uma atitude hostil ao sistema, criando, em 1893, o Pontíficio Seminário (intercastas) de Kandy, admitindo no seu clero elementos de todas as castas e nomeando, como vimos, bispos de castas inferiores. Em 1939, na Índia, como em toda a parte, os maiores motivos de preocupação continuavam a ser a insuficiência do número de padres, e também a muito desigual repartição do catolicismo: a metade setentrional do país tinha apenas 750 mil fiéis.

Nas proximidades da Índia, foi feito um esforço semelhante. *Ceilão*, onde, em 1870, graças aos oratorianos e aos Oblatos de Maria Imaculada, a Igreja estava em pleno crescimento, passou a ter hierarquia regular em 1886. Outras congregações foram fixar-se lá: jesuítas, beneditinos, silvestrinos; em 1939, os 800 mil católicos constituíam um décimo da população da ilha. O *Baluquistão*, no atual Paquistão, onde os missionários ainda não tinham penetrado, viu chegar, a partir de 1880, os de Mill-Hill, depois os jesuítas, em seguida os franciscanos holandeses. Na *Birmânia*, onde as perseguições de 1830 quase tinham feito morrer toda a esperança, as Missões Estrangeiras de Paris regressaram com mons. Bigandet, e depois vieram as de Milão; multiplicaram-se os vicariatos apostólicos: formou-se um rebanho fiel de cerca de 160 mil almas. Até no *Tibete*, onde o cristianismo conseguira tão poucos resultados, foram feitas tentativas intrépidas: as Missões Estrangeiras de Paris tiveram mártires, como o pe. Nussbaum, que foi morto em 1931[36]; os cônegos regrantes do Grande São Bernardo estabeleceram asilos nos colos das montanhas e as franciscanas missionárias de Maria abriram leprosários.

A *Indochina* — ou seja, todos os países entre a China e a Índia, com exceção da Birmânia, mas incluindo a península da Malásia, que lhe esteve ligada por muito tempo — tinha uma antiga história cristã. Até ao século XVIII, as missões tinham sido vigorosas; depois de passarem por certa desagregação, tinham voltado a florescer com brilho no início do século XIX. Mas dera-se uma reação e eclodira uma perseguição selvagem, que fizera mártires — entre os quais o célebre São Théophane Vénard — e destruíra três quartas partes das comunidades cristãs[37]. Em 1871, a perseguição continuava, e nem mesmo a intervenção da França a fez terminar imediatamente. Ainda em 1885, tiveram lugar hecatombes de cristãos na Cochinchina e no Tonquim.

Mas, temperada no sangue, essa cristandade indochinesa revelou-se imensamente mais forte e, com a paz francesa, desenvolveu-se em pouco tempo. Cada um dos dezesseis vicariatos apostólicos deu provas de magnífica vitalidade. O clero autóctone cresceu ao ritmo da própria Igreja. Também aí se viu afluírem missionários de todas as variedades, compreendendo os sulpicianos, cujo seminário (interracial) de Hanói foi um sucesso. Monges cistercienses, seguidos de beneditinos da Pierre-qui-Vire, fundaram conventos contemplativos, logo imitados pelas carmelitas (era no Carmelo de Hanói que Santa Teresa de Lisieux desejava morrer). As Amantes da Cruz[38], que no passado tinham sido verdadeiramente heroicas, tiveram um grande desenvolvimento. Em 1939, com 1.500.000 fiéis, o catolicismo não representava senão 8% da população, mas a sua influência e o prestígio de que gozava eram consideráveis; embora ameaçado pelo reaparecimento do budismo e pelos progressos do comunismo, conservava toda a capacidade de crescer.

Progredia mais lentamente no Camboja, grande foco budista; mas penetrara bem no Laos, mesmo entre os mais diversos grupos populacionais. No Sião, atual Tailândia, o país tão amado por mons. Lambert de La Motte e por D. Pallu, onde as perseguições tinham feito cessar a expansão cristã, esta já voltara, embora lentamente, sobretudo graças a uma política sistemática de fundação de escolas, ainda mínima, mas suficientemente forte para inquietar os budistas, que, em 1940, desencadearam subitamente uma violenta perseguição. Quanto à Malásia — que abrigava desde 1807 o famoso Seminário Central das Missões Estrangeiras, expulso do Sião —, as missões, por muito tempo limitadas às principais cidades e aos grupos de emigrados chineses e indianos, vieram depois a penetrar entre os autóctones, mais que entre os malaios, onde o islã levantava barreiras, como em toda a parte.

Mas foi talvez na *China* — essa China que hoje pesa tão duramente na alma cristã — que se obtiveram os progressos mais espetaculares. A tal ponto que, se pensarmos nos sacrifícios que por ela se fizeram, bem podemos perguntar-nos se não foi esse país a "menina dos olhos" das missões... Catastrófica por volta de 1800, a situação era bastante melhor em 1870; mas ainda estava longe de ser satisfatória[39]. A despeito do tratado de Tientsin, de 1818, e da convenção de Pequim que, em 1860, confiava à França a proteção das missões, eram ainda de temer novas violências. Em 1870, as abomináveis calúnias lançadas contra os católicos por ocasião do resgate de criancinhas abandonadas por parte da Obra de Santa Infância, provocaram em Tientsin um levantamento popular em que morreram algumas Irmãs da Caridade e dois missionários. Treze anos depois, no Szechuan, três outros missionários morriam, no meio de horríveis torturas. Em 1888, a Santa Sé confiava os missionários de todas as nacionalidades à proteção oficial francesa. Vendo multiplicarem-se os incidentes anticristãos, a França exerceu uma forte pressão para que os direitos dos missionários fossem reforçados, o que conseguiu pelo tratado de 1899, conhecido por "Tratado Favier".

Não quer isto dizer que a paz tivesse ficado assegurada. Um ano depois, encorajado pela imperatriz-viúva e dirigido pelo próprio neto do imperador, rebentava o mais violento movimento xenófobo que a China experimentou: a *Revolta dos Boxers*. Em Pequim, durante dois meses, os europeus viveram sob terror, encerrados nos recintos das legações e das missões, cercados por hordas furiosas. O fogo alastrou-se pelas províncias e assim pereceram cinco bispos, trinta padres europeus, dez religiosas, quatro irmãos leigos, cem padres chineses e 30 mil fiéis. Drama atroz, seguido de uma repressão igualmente horrível. A situação acalmou-se, mas a revolução de 1912, que derrubou o Império, não voltou atrás; continuaram a dar-se perturbações: caíram missionários e religiosas. Ainda em 1925, Fuchéu era teatro de bárbaras violências. Depois, o avanço dos bandos comunistas provocou novos desastres. Em 1939, uma estatística oficial avaliava em 162 o número de missionários da China mortos em cem anos.

O que é de admirar é que essa situação inquietante não tivesse enfraquecido a ação apostólica. Pelo contrário. O exemplo dos mártires — trinta e três já estavam canonizados em 1939 — parece ter exaltado o espírito de coragem. Depois de 1901, os mensageiros do Evangelho puderam ceifar as searas semeadas pelos mártires. Já no período precedente, congregações e ordens tinham rivalizado em zelo pela China; chegavam constantemente novos grupos, de todas as obediências, de todos os hábitos, de todos os países: religiosos e religiosas, irmãos e irmãs, também contemplativos e contemplativas. Em 1939, o pessoal missionário iria contar mais de 4.500 padres, pertencentes a dez institutos. E havia sessenta congregações nativas. Roma, que, como já vimos, seguia com imenso cuidado o problema da China, acompanhou os progressos territoriais, constituindo Vicariatos e Prefeituras Apostólicas logo que se via possível; em 1939, já eram mais de cem. A penetração missionária fazia-se em todas as direções, alcançava os territórios mais distantes, como a Mongólia Interior, onde a Missão dos Ordos, dirigida pelos Padres de Scheut, aplicou métodos bastante parecidos com os das célebres Reduções jesuítas do Paraguai[40].

No plano escolar, o trabalho foi extraordinário: em 1939, funcionavam mais de 16 mil escolas, com 500 mil alunos. O ensino superior tinha as suas instituições de alto nível: a Universidade *Aurora*, fundada em Xangai em 1903 pelos jesuítas; a Escola de Altos Estudos de Tientsin, aberta em 1922; a Universidade Católica de Pequim, criada em 1925 pelos beneditinos americanos e assumida em 1932 pelos Padres (alemães) do Verbo Divino. Fiéis às suas mais antigas tradições, os jesuítas ocupavam um lugar de destaque nas ciências, principalmente com o célebre Observatório de Zi-Ka-Wei. E quanto às obras de beneficência, atendidas pelas religiosas, compreendiam 700 dispensários, 250 orfanatos, mais de 200 hospitais. A caridade de Cristo continuava a ter os seus heróis, como foi o pe. Jacquinot de Bésange, que em 1937 organizou entre os beligerantes de Xangai uma zona neutra em que salvou 300 mil chineses.

Em conclusão, a Igreja da China parecia, nas vésperas da Segunda Guerra Mundial, fadada aos mais gloriosos destinos. O número de batizados passara de 370 mil em 1870 para 750 mil em 1900, 1.300.000 em 1910, e atingiria 3.200.000 em 1939, o que representava um católico para 165 chineses. Essa Igreja acabava de ter a honra de ser terreno de ensaio da reforma das missões, cuja importância vimos: tinha bispos chineses[41]. Foi este imenso capital de esperança que, dez anos mais tarde, a entrada em cena do comunismo pôs em risco, não se sabe por quanto tempo.

A prova do sangue fora ainda mais grave na *Coreia* do que na China, e também a renovação mais impressionante. Trata-se de uma verdadeira página da *Legenda aurea*, a que tinham escrito as missões do "País da Manhã Calma", com o martírio voluntário de mons. Imbert, mons. Devoluy e seus companheiros, e com a prodigiosa ação de André Kim, o seminarista de raça amarela. Em trinta anos, tinham sido mortos mais de 30 mil cristãos[42]. O caminho parecia totalmente bloqueado. Ainda em 1878, o vigário apostólico foi apenas expulso, mas não morto, graças a uma intervenção francesa. Mas todo esse sangue, todos esses sofrimentos tinham verdadeiramente semeado a fé nessa terra hostil. Logo que a

França conseguiu para os coreanos a liberdade religiosa, em 1885, iniciou-se um extraordinário movimento de conversões que atingiu as mais altas classes, até membros da família reinante. Em 1889, eram 17 mil os batizados; em 1900, 44 mil; em 1910, 77 mil. A anexação do país pelo Japão, que tentou propagar aí o xintoísmo, não desacelerou esse progresso. Às Missões Estrangeiras, juntaram-se sucessivamente beneditinos bávaros, Padres de Mary Knoll, Missionários de São Colombano e religiosas de dezenas de hábitos, entre as quais as carmelitas. Multiplicaram-se as circunscrições apostólicas: sete em 1939. Nessa data, a igreja coreana chegou a cerca de 150 mil almas. Era a única Igreja da Ásia em que o rebanho fiel aumentava mais depressa que a população.

As proximidades de 1870 assinalaram também no *Japão* uma mudança no clima em que se desenrolava a obra missionária. Em 1868, acabara de se dar a revolução *meiji*. O jovem imperador Mutsuhito lançara o seu país na via da europeização, mas as consequências agradáveis para os cristãos só se deram lentamente. Em 1873, o *mikado* prometeu a paz[43]. Pio IX aproveitou a ocasião para criar dois vicariatos apostólicos. Em 1889, a monarquia, que passara a ser constitucional, concedeu a liberdade de crença, e logo Leão XIII estabeleceu Tóquio como arcebispado, com três dioceses sufragâneas; finalmente, em 1899, os missionários receberam autorização para trabalhar sem restrições. O revigoramento do catolicismo foi proporcional a essas circunstâncias.

Nos tempos difíceis, o pequeno rebanho dera provas de admirável fidelidade. Durante dois séculos, tinham-se visto comunidades sobreviverem sem padres, batizando-se de pais a filhos, fazendo frente a todos os riscos. À medida que se foi estabelecendo a paz, começaram a crescer alguns pequenos núcleos. Em 1870, os católicos mal chegavam a 15 mil; em 1899, eram 50 mil. Às Missões Estrangeiras de Paris — esses padres da rue du Bac que encontramos na primeira linha do apostolado em toda a Ásia —, vieram reunir-se marianistas, dominicanos espanhóis, jesuítas alemães e uma dúzia de comunidades femininas. Fez-se um esforço especialíssimo para formar uma elite intelectual católica. Chegados em 1888, com a sobrecasaca e o chapéu alto que o seu fundador preferira ao vestuário religioso, cinco marianistas criaram colégios de nomes evocativos: Estrela da Manhã em Tóquio, Estrela do Mar em Nagasaki, Estrela Cintilante em Osaka. Em 1913, os jesuítas alemães fundaram a Alta Escola da Sabedoria, que seria conhecida por "Universidade Sofia". Nasceu uma revista católica. Os missionários organizaram congressos científicos, séries de conferências.

Paralelamente a esse esforço, levou-se a cabo um profundo trabalho propriamente espiritual. Um dos seus resultados foi o assombroso desenvolvimento das trapistas[44]. Beneficiando, como na China, da reforma dos métodos missionários empreendida por Bento XV e Pio XI, os católicos japoneses tiveram, logo em 1927, um bispo japonês, e, em 1941, todos os bispos seriam naturais do país. Se o aumento numérico foi menos rápido nos últimos anos, por força da reação nacionalista favorável ao xintoísmo, os cem mil católicos do Sol Nascente tinham, no entanto, um prestígio que a presença entre eles do grande poeta cristão Claudel, como embaixador da França, dera a conhecer ao mundo inteiro[45].

Grandezas e sofrimentos nas ilhas

Foi talvez na *Oceania* que a epopeia missionária conheceu os episódios mais dramáticos. Nesse conjunto de terras minúsculas que os geógrafos classificam como Melanésia, Polinésia e Micronésia, e cuja superfície total não ultrapassa a da Suíça — cabeças de alfinete semeadas no mais vasto dos oceanos, mas que eram disputadas pela cobiça dos europeus —, os dois primeiros terços do século XIX tinham visto a Igreja Católica tomar assento um pouco por toda a parte, embora à custa de inúmeras dificuldades. Sob os golpes mortais dos indígenas e das doenças exóticas, quantos missionários não tinham morrido no trabalho, como mons. Epalle, assassinado ao desembarcar nas Ilhas Salomão, ou o mártir São Pedro Chanel, em Futuna! Aconteceu mesmo que alguns padres foram devorados[46].

A essas dificuldades há que acrescentar as que não poucas vezes procediam dos missionários protestantes, como revelara o caso Pritchard[47]. E ainda as que provinham do clima que matava ou debilitava, da indolência ou da radical amoralidade de muitos indígenas, e do terrível isolamento. E é admirável que, para esses postos de abnegação, em que a vida era com demasiada frequência uma agonia entre flores, tenha havido sempre voluntários — sem esquecer aqueles que levavam ao extremo o espírito de sacrifício, como o pe. Damião, o leproso.

A mesma dedicação, a mesma coragem voltou a encontrar-se mais tarde, e o período que estudamos não foi menos abundante em figuras exemplares, nem menos fecundo em aventuras. Só por si, a penetração na Nova Guiné e a evangelização dos papuas, em que se celebrizaram os Padres do Sagrado Coração (de Issoudun), são um capítulo de um pitoresco assombroso, de episódios inesperados, de heróis insignes. As surpresas que esperavam os missionários nesses lugares tiveram, por vezes, um sabor singular. Assim, o pe. Verjus soube com aflito enjoo que o prato de boas-vindas que acabava de partilhar com uma tribo aparentemente pacífica era um guisado de carne humana!

Que homens não vemos atrelados a essa dificílima tarefa de evangelizar aqueles selvagens! É o padre e mais tarde bispo Verjus, e o seu amigo mons. Navarre, que literalmente se matam para construir casas para os seus fiéis, catequizar as crianças, cuidar dos doentes, fundar essas "aldeias da paz de Jesus" donde o Evangelho há de irradiar para um vasto setor. É, já bem perto de nós, o magro e ascético mons. Boismenu, que, passados os oitenta anos, dos quais cinquenta e dois nas missões, ainda continua a visitar as suas paróquias, até mesmo nas montanhas mais inacessíveis[48]. É, logo a seguir à Primeira Guerra Mundial, o pe. Bourjade, glória da aviação francesa, que, enviado para uma missão em ruínas trabalha com toda a alma, sem nenhuma consolação, na reconstrução da sua miserável cristandade, no meio de mosquitos negros, de aranhas vermelhas e de térmitas, e morre ao cabo de três anos, minado de febres. E é também essa *Marie-Thérèse Noblet*, animadora da congregação indígena das "Pequenas Ancilas", figura fascinante e inquietante ao mesmo tempo, a quem o apelo de Deus se manifestou por uma alternância misteriosa, talvez satânica, de graças extraordinárias e provas terríveis[49].

Personalidades atraentes como essas, podemos encontrá-las em todos os pontos das Ilhas e no meio de todas as congregações que as partilham entre si, quer sejam maristas, quer Irmãos de Issoudun, ou jesuítas, ou Padres de Steyl, ou capuchinhos, ou picpucianos. No entanto, as dificuldades não foram em toda a parte assim tão grandes, nem iguais os resultados.

Na Oceania Oriental, ou seja, nas ilhas Sandwich (ou Havaí), da Sociedade (Tahiti), das Gambier, das Marquesas, os picpucianos tiveram êxitos rápidos, que os levaram até às Tuamotu e à Ilha da Páscoa. Em 1939, partilhadas entre católicos e protestantes, todas essas populações estavam batizadas. Mais dura foi a penetração na Oceania Central — Wallis, Futuna, Nova Caledônia, Samoa, Fiji —, onde os maristas tiveram pela frente indígenas difíceis e uma resistência protestante tão forte que o reino de Tonga lhes ficou barrado por muito tempo. Houve, contudo, alguns progressos na Nova Caledônia.

Quanto à Oceania Ocidental, não foi apenas a Nova Guiné que reservou para os missionários de Picpus e de Milão os obstáculos que acabamos de ver. Nas Marianas, nas Carolinas, nas Salomão, nas Novas Hébridas, as dificuldades não foram menores. Apesar de tudo, a Igreja implantou-se em toda essa área, por vezes em condições emocionantes, como nas Ilhas Gilbert, onde foram indígenas que, convertidos numa passagem pelo Tahiti, levaram o catolicismo aos atóis e pediram missionários.

Em 1939, nenhuma ilha de certa importância estava sem católicos e Roma pudera estabelecer vinte vicariatos apostólicos. Lá como por toda a parte, a Igreja desempenhara o seu papel civilizador, abrindo escolas, asilos, leprosários, levando a dignidade humana aos antigos moradores que comiam carne humana. Na Nova Caledônia, nas Ilhas Salomão, ia haver sacerdotes oriundos dessas jovens igrejas. Em cem anos — que caminho andado!

É evidente que as circunstâncias foram bem outras nas grandes terras do extremo sul do Pacífico — Austrália e Nova Zelândia —, onde uma poderosa imigração branca ofereceu ao apostolado condições completamente diferentes. A Austrália, onde os missionários irlandeses tinham começado em 1820 um bom trabalho entre os deportados, vira chegar padres ingleses, maristas e beneditinos franceses. O movimento, que atingiu a Nova Zelândia, não parou de se estender: em 1928, ao abrir o Congresso Eucarístico de Sidney, o arcebispo da diocese podia frisar com orgulho que, sem a menor sombra de ajuda oficial, a Igreja Católica alcançara 1.200.000 almas. Embora minoritária, essa Igreja dava provas de um vigor pouco comum: multiplicava obras, desenvolvia a Ação Católica, financiava missões para conquistar os milhares de nativos manejadores de bumerangues que iam desaparecendo pelas montanhas. Seis arcebispados, sete simples bispados e dois vicariatos partilhavam a Austrália, e quatro a Nova Zelândia. Mas este rápido desenvolvimento não pertencia já, em rigor, ao quadro das missões.

Dos esquimós aos índios

Na América, tinham-se alcançado grandes resultados; mas, em 1870, havia ainda muito a fazer em múltiplos setores[50]. No Canadá, após as épicas arrancadas em direção ao Oeste e ao Norte, em que se tinham notabilizado os Oblatos de Maria Imaculada e as Irmãs Cinzentas de Montréal, era necessário um trabalho de ordenação e consolidação. E esse trabalho foi sendo feito. A Igreja estava já instalada entre os índios caçadores de peles; mas havia que organizá-la. Outros Oblatos se dedicaram a essa tarefa, talvez menos brilhante, mas não menos delicada.

Foi o caso de mons. Grouard, o apóstolo da Atabaska, falecido em 1931, aos noventa e um anos e após sessenta e nove de apostolado no Grande Norte, dos quais quarenta como vigário apostólico; não houve outro exemplo de nome de um missionário vivo que tivesse designado o da cidade criada à volta da sua missão e também o da respectiva circunscrição eclesiástica: mons. Grouard, vigário apostólico de Grouard e com residência em Grouard... Temos também mons. Breynat, conhecido como o "bispo voador", epíteto que devemos tomar à letra, pois durante vinte anos percorreu os quatro cantos do seu vicariato ao manche do seu pequeno hidroavião. Em sessenta anos, fez-se a instalação completa da Igreja, paralelamente à absorção progressiva dos antigos peles-vermelhas. Assim, Roma pôde estabelecer a hierarquia regular em cinco províncias eclesiásticas, divididas em quinze dioceses, enquanto as regiões do extremo norte continuavam confiadas a vigários apostólicos.

O trabalho de aprofundamento não impediu o esforço de penetração onde quer que este continuasse a ser necessário. No extremo norte do continente americano, viviam nos seus iglus de gelo alguns milhares de aborígenes de rosto achatado, que pescavam e caçavam, numa vida dura: os *esquimós*. Podia parecer absurdo consagrar homens à tarefa, aparentemente irrisória, de tentar converter aquele punhado de selvagens em terríveis condições de existência. Mas os missionários não pensaram assim. Também aquelas almas tinham direito à Redenção. E apareceram voluntários para esses postos perdidos — e decepcionantes...

A primeira missão entre os esquimós — aliás, associada a uma missão entre índios — foi estabelecida no Alaska, que os russos tinham vendido aos EUA em 1867. Um jovem jesuíta italiano, o pe. Tosi — que escapara milagrosamente à chacina durante uma expedição de reconhecimento feita juntamente com o bispo de Vancouver, mons. Seghers, que fora assassinado —, consagrou-se a esse apostolado com uma energia sobre-humana. Em quinze anos, conseguiu tais resultados que, em 1894, Roma podia nomeá-lo vigário apostólico. Entre os 15 mil esquimós do Alasca, os católicos não eram mais de dois mil; mas ao menos a Igreja estava implantada no que seria o quadragésimo nono Estado dos Estados Unidos.

As coisas foram mais difíceis no extremo norte canadense, ou seja, nos futuros vicariatos de Mackenzie, de Keewatin e da Baía de Hudson, regiões particularmente rudes, "terras pavorosas", segundo confessa um missionário, de populações ainda bárbaras. Foram os Oblatos de Maria Imaculada que se consagraram a elas. As primeiras tentativas, feitas na década de 1870-80, fracassaram. Só em 1912 é que o pe. Turquetil conseguiu fixar uma primeira missão. Teremos uma ideia do que custou isso se evocarmos o martírio, em 1913, dos pes. Le Roux e Rouvière, a quem os indígenas arrancaram o fígado e o comeram! Outros missionários morreram de frio, de doença, de acidente.

Os resultados eram tão decepcionantes — anos e anos sem nenhuma conversão — que já se pensava em desistir, em abandonar o terreno, quando subitamente a situação melhorou: o pe. Turquetil, que pedira a Santa Teresa de Lisieux que intercedesse junto de Deus pela sua missão, atribuiu a essa intervenção o milagre. Não tardou que uma "catedral" recebesse o nome da Santa. Em doze anos, de 1928 a 1939, fundaram-se cinco missões esquimós e, na própria Ilha Vitória, aos 92º de latitude, o pe. Roger Buliard erguia a sua. Em 1931, tinham chegado as Irmãs Cinzentas de Nicolet para criar um hospital em Chesterfield. Já podiam ser estabelecidos três vicariatos apostólicos esquimós. Compreende-se, pois, que, falando dessa missão, Pio XI tivesse dito a mons. Turquetil: "É a mais bela, a mais penosa, a mais meritória. Se nos fosse dado visitar uma só missão, escolheríamos a sua".

Nos EUA, as missões católicas tiveram menos aventuras, mas sentiram dificuldades de outro gênero. No *Indian Territory*, o grande jesuíta missionário pe. Smet conquistara tal prestígio para os "vestes-negras", que, em 1868, as autoridades federais o tinham encarregado de negociar a submissão dos sioux. Mas quando, em 1869-1870, o general Grant assinou a paz com o conjunto das tribos "peles-vermelhas" e foi decidido que as "agências" do Governo fossem substituídas por postos religiosos, de setenta e dois apenas oito foram concedidos aos católicos, que teriam direito a trinta e oito. Mesmo os protestos dos índios, que enviaram delegados a Washington, não conseguiram levar o presidente a voltar atrás.

A Igreja criou então o Secretariado Católico das Missões Indígenas e em seguida a Associação Católica das Missões dos Índios, que as financiava. A partir de 1886, estava de pé o dispositivo católico. Mas os resultados continuaram a ser fracos. Em 1907, os índios católicos eram pouco mais de 40 mil; a grande maioria pertencia a seitas protestantes. De resto, uma vez autorizados a tornar-se cidadãos norte-americanos e tendo alguns dentre eles enriquecido loucamente com a descoberta de petróleo nos seus territórios, os antigos peles-vermelhas passaram a deixar cada vez em maior número as suas reservas e a perder-se na massa da população americana.

Na América Latina, o problema missionário foi melindroso. Aí, os índios, os mestiços e também alguns negros descendentes de antigos escravos constituíam uma considerável massa heterogênea, a ponto de, como no Peru, serem metade da população. Em 1870, as "missões índias", arruinadas pela supressão das famosas Reduções jesuítas do Paraguai e em seguida pelas sequelas da Independência, iniciavam uma séria retomada[51]. Nelas trabalhavam algumas equipes de missionários vindos da Europa. O esforço prosseguiu e alargou-se ao longo de todo o período. Em 1888, Leão XIII, aproveitando o fato de ter sido decretada a abolição da escravatura no Brasil[52], pediu, na sua calorosa encíclica *In plurimis*, que todos se esforçassem por levar a fé e a civilização a essas massas atrasadas. Foram sobretudo religiosos europeus que exerceram esse esforço: franciscanos, eudistas (italianos e alemães), capuchinhos, dominicanos, salesianos de Dom Bosco, Missionários do Verbo Divino, beneditinos belgas, agostinianos recoletos, montfortenses, lazaristas franceses, claretianos, carmelitas, padres de Burgos... No entanto, depois da Primeira Guerra, os católicos dos outros países intervieram com menor intensidade, especialmente depois de, em 1920, ter sido criado, na Colômbia, o seminário dos Missionários xaverianos de Yarumal. Metade dos chefes de missão chegaram a ser latino-americanos. No conjunto, os Estados, mesmo quando tendiam para o anticlericalismo, ajudaram as missões, ou pelo menos deixaram-nas com liberdade de ação, por compreenderem que a evangelização constituía uma espécie de substituto para a integração dos não-civilizados na vida de cada nação.

Esta história missionária da América Latina teve insignes figuras e passou por severas dificuldades. Nessas missões trabalharam homens que facilmente podemos considerar santos: um D. Cagliero, o apóstolo da Terra do Fogo, que o papa fez cardeal; o humílimo pe. Chouvenc, redentorista francês, cuja energia indomável e ternura de coração fizeram maravilhas entre os índios dos Planaltos do Peru. Houve momentos trágicos, não apenas por força das perseguições oficiais que os missionários sofreram como todos os padres, mas também por causa de catástrofes e epidemias, como a tuberculose, que em dez anos matou 95% dos batizados da Terra do Fogo. Mas os êxitos foram também impressionantes. Na Colômbia, o catolicismo estendeu-se praticamente a toda a população. Na Patagônia, os salesianos, de 1875 a 1925, batizaram todos os índios.

Nas vésperas da Segunda Guerra Mundial, estavam conseguidos resultados importantes, mas eram precisos novos e grandes esforços. Havia ainda extensos territórios de Missão (ainda lá seriam criadas 45 prefeituras ou vicariatos!), em que a penetração católica estava por fazer. E muitas dessas zonas eram singularmente difíceis e perigosas. Por outro lado, porém, no seio das massas de antigos indígenas batizados pela Igreja, frequentemente enormes, continuava o problema que vimos ser tão grave em toda a América Latina: o de como conservar a presença católica, a prática religiosa, a própria fé, com tal insuficiência de sacerdotes. Assim, num outro sentido da palavra, o problema da Missão subsistiria de um modo cada vez mais imperioso.

A marcha para o coração da África

De todos os continentes, foi certamente o africano que maiores satisfações proporcionou às missões. Em 1870, estas ocupavam posições já sólidas na periferia continental, mas tinham penetrado pouco no interior[53]. De resto, as zonas de *terra incognita* ainda ocupavam grandes espaços. À medida que os exploradores as foram abrindo, os missionários seguiram-nos. Em 1876, a Associação Internacional para a Exploração da África, fundada em Bruxelas, declarou oficialmente que os missionários de todas as obediências teriam plena liberdade de ação nas regiões descobertas. Logo os protestantes se prepararam para utilizar essas novas possibilidades. Os católicos não podiam ficar atrás.

O homem que encarnou essa vontade de levar as missões católicas a entrar profundamente na África foi o cardeal Lavigerie, arcebispo de Argel e fundador dos Padres Brancos[54]. "Argel — gostava ele de repetir — é uma porta para um continente de duzentos milhões de almas, e é ao centro deste continente que é preciso levar a luz do Evangelho". Roma, naturalmente, concordava com ele. Começou por confiar-lhe um vicariato apostólico, que recobria o Saara e o Sudão; depois, uma delegação apostólica para a África Equatorial, o que lhe permitia agir pelo menos na quarta parte da África. E assim começou, logo em 1873, a epopeia dos Padres Brancos, lançados à conquista do continente.

De imediato, essa tarefa de penetração continental exigiu um primeiro esforço, imenso, ao serviço de uma causa humanitária: a supressão da escravatura. Proibido em princípio, o tráfico de negros prosseguia, de fato, com destino aos pequenos potentados africanos, aos déspotas da Arábia ou mesmo à América do Sul; e eram ainda as mesmas as condições abomináveis em que sempre se fizera a venda dessa "madeira de ébano". Alertado acerca da gravidade do flagelo pelos primeiros Padres Brancos que enviou para o centro do continente, Lavigerie tomou à sua conta a luta contra a escravidão com a energia que punha em tudo. Enquanto conduzia pessoalmente a campanha em todo o Ocidente e associava Leão XIII à sua cruzada, conseguindo de Roma a admirável Carta antiescravagista de 1890, verdadeira mobilização da consciência mundial[55], fazia dos seus Padres Brancos os mais ativos adversários da horrenda prática e dos negreiros. Libertação e evangelização deviam andar ao mesmo passo: era uma ideia profunda e de alto significado.

Em 1873, três Padres Brancos tomaram o caminho de Tombuctu, a fim de resgatar jovens escravos negros e educá-los como médicos. O objetivo não foi alcançado: os tuaregues chacinaram os três. Esse primeiro fracasso não desanimou o grande cardeal. Ao mesmo tempo que preparava novas expedições para o Saara, voltou-se para uma outra região, a dos Grandes Lagos, onde, com extraordinária intuição, adivinhou que se ia achar um campo fecundo para o apostolado. A Conferência de Bruxelas abrira a porta aos missionários. Sem perda de tempo, Lavigerie enviou ao papa um relatório acerca das razões e dos meios necessários para uma evangelização sistemática da África Negra, e lançou os seus filhos no empreendimento. Em 1878, os Padres Brancos partiram de Zanzibar para os Grandes Lagos, que eram uma das zonas de passagem do tráfico. Como era de esperar, não tardaram a surgir as dificuldades. Um grupo atingiu o Tanganica, à custa de dois mortos; outro avançou para o Lago Vitória, sofrendo três baixas. Penetração audaciosa, aventurosa. Foi preciso recuar. Recomeçou-se. A imaginação do cardeal trabalhava a todo o vapor. Uma vez que os missionários eram tão ameaçados, por que não haviam de ir acompanhados por guardas? E logo foi à Bélgica, persuadir alguns antigos zuavos pontifícios a dedicar-se a essa tarefa.

Uma missão subiu o Alto Nilo; outra partiu de Zanzibar; outras avançaram pelo Saara. E sempre perdas humanas, sempre sangue. De uma só vez, os tuaregues chacinaram três padres; oito morreram de febre; o zuavo pontifício d'Hoop foi assassinado ao tentar arrancar de um negreiro uma menininha escrava. Mesmo onde a situação parecia boa, bastava um golpe de vento para que se desencadeasse a violência. Assim foi em Uganda, onde a jovem Igreja recém-constituída logo teve os seus mártires. Mas todos esses esforços, todos esses sacrifícios deram fruto. Trinta anos depois da entrada em cena dos Padres Brancos, a África Negra contava sólidos agrupamentos católicos, prenúncio das vigorosas cristandades que lá conhecemos nos nossos dias.

E, nesse ínterim, o grande cardeal tinha-se preocupado também com uma outra África, a África do Norte, onde era preciso ressuscitar as antigas fidelidades cristãs que o islã submergira. Também aí os seus Padres Brancos foram admiráveis. Na venerável sede episcopal de Cartago, por ele recriada, Lavigerie usava o título de "Primaz da África". Nunca nenhum título foi mais merecido.

Os Padres Brancos não foram nem de longe os únicos missionários a consagrar-se heroicamente ao continente africano. A santa emulação que vimos irromper entre as diversas congregações missionárias continuou, enquanto Roma distribuía por elas setores bem definidos. Na África Ocidental, os Padres do Espírito Santo[56], que contaram numerosas figuras ilustres, tiveram como rivais os Padres das Missões Africanas, a quem a prodigiosa longevidade do seu segundo superior, o pe. Planque, garantiu uma notável estabilidade, em tempos em que a morte dizimava as suas fileiras. Acabados de criar, os Padres de Scheut, à custa de severas perdas (um terço dos pioneiros), lançaram no Kasai e no extremo norte da grande curva do rio Congo os alicerces de futuras cristandades. Os jesuítas fizeram outro tanto no Kuango e no Tchad. Noutros pontos, foram os Padres de Mill-Hill, os Padres italianos da Consolata, os Padres do Sagrado Coração (de Saint-Quentin), os capuchinhos, os Oblatos de São Francisco de Sales, e tantos mais! As mulheres não ficavam atrás: Irmãs Brancas, Irmãs Missionárias de Lyon, Irmãs da Caridade de Gand.... Em 1939, estavam radicadas na África vinte e oito congregações ou institutos de homens, e umas quarenta de mulheres. Nelas, os rostos negros começavam a multiplicar-se.

Esta implantação missionária na África foi espantosamente abundante em grandes figuras, não somente de pioneiros, mas de realizadores. Muitos deles "fizeram", à letra, uma região, imprimindo nela, frequentemente de modo original, a marca de Cristo, juntamente com a do seu temperamento. Foi mons. Augouard, "o bispo dos antropófagos", apóstolo do Gabão, depois do Congo, e ainda do Ubangui, que patrulhou anos a fio os diferentes postos, com os pequenos barcos a vapor que mandava vir da Europa; vemo-lo por muito tempo não conseguir a bem dizer nenhum resultado — até ao dia em que, por volta de 1900, a situação se transformou e se iniciou subitamente um gigantesco movimento de conversões[57]. Foi mons. Le Roy, que se lançou ao assalto do Kilimanjaro, celebrou Missa a 3600 m de altitude, lançou as bases do vicariato que receberia o nome desse famoso vulcão, e depois, tendo de abandonar a região por insistência dos administradores alemães, e enviado ao Gabão, se fez pioneiro da libertação da mulher negra, vendida nessa época como gado, lá e por toda a África. Foi, na África do Nordeste, mons. Jarosseau, capuchinho, vigário apostólico dos galas, cuja serena autoridade conseguiu impor-se ao futuro Negus e abriu a Etiópia ao catolicismo melhor do que o tinham feito todos os séculos de esforços anteriores. Foi o pe. Aupiais, provincial das Missões Africanas de Lyon[58], a quem o Daomé deveu, não apenas tornar-se um centro católico vivo, mas também desenvolver-se, conhecer melhor a sua própria língua, as suas tradições, e que conquistou entre os negros uma rara popularidade. Ou foi ainda — mas como encerrar sem injustiça uma lista destas? —, o pe. Shanatran, mais tarde bispo, que, enviado para a Nigéria, e vendo que a costa estava solidamente nas mãos dos protestantes, se lançou ao coração do país e se instalou entre os ibos, com tal sucesso que, em 1939, haveria ali perto de 400 mil católicos[59].

A penetração na África teve de enfrentar numerosos e difíceis obstáculos: o clima mortal, a hostilidade dos régulos, dos feiticeiros, dos traficantes de escravos, mas também a mentalidade indígena, com frequência instável, pronta, após uma rápida conversão, a recair nos velhos erros pagãos, e ainda os costumes, nomeadamente a poligamia, aos quais os africanos tinham relutância em renunciar. Finalmente, ao término deste período histórico, o islã, que aumentava de ano a ano. Mas, se os obstáculos eram muitos, a África ofereceu também ao apostolado cristão grandes possibilidades. A alma africana revelou-se com frequência mais aberta à fé que muitas almas europeias. A história da implantação do catolicismo no continente negro chegou a ter páginas tão belas como as dos primeiros cristãos.

A mais célebre foi a que escreveram com o seu sangue os *Mártires de Uganda*, hoje elevados aos altares, cuja história foi tão terrível como sublime. Em 1882, os Padres Brancos, que tinham constituído uma pequena cristandade, tiveram de abandonar o país sob a ameaça muçulmana. Quando regressaram, passados quatro anos, viram com emoção que os seus primeiros fiéis tinham batizado mais 177 e formavam seiscentos catecúmenos. Nesse momento, porém, o régulo, inquieto com os progressos dos "brancos" — pois o cristianismo penetrara até na sua corte —, desencadeou uma perseguição selvagem. Mandou executar o chefe dos seus pagens e matou pelas próprias mãos um cristão a quem surpreendeu catequizando um companheiro. Pereceram oitenta batizados, dos quais doze eram pagens reais, no meio de suplícios terríveis: muitos deles, queimados vivos. Diante dessa provação, porém, a novíssima Igreja mostrou-se igual à das Catacumbas. Nenhum dos condenados apostatou. Encorajaram-se uns aos outros a permanecer firmes. Se, pouco depois, Uganda passou a ser um dos focos mais vivos do catolicismo africano, deveu-o sem dúvida a essa semeadura sangrenta.

Realizou-se, pois, o sonho de Lavigerie: "transformar a África pelos africanos". E esse sonho realizou-se ainda de outra maneira, porque um dos mais ativos elementos de penetração católica foram os auxiliares indígenas que os missionários prepararam: os catequistas. Escolhidos dentre os melhores cristãos e enviados para as aldeias ainda pagãs, para aí abrirem uma pequena escola de rudimentos de instrução e de religião, esses homens, com grande frequência admiráveis pela sua dedicação, semearam o trigo do cristianismo em inumeráveis lugares. Ainda hoje constituem um dos elementos basilares da Igreja africana.

Em 1939, a situação era esta. Em três grandes setores, a Igreja podia rejubilar-se de ter conseguido resultados extraordinários: na região dos Grandes Lagos, no Congo Belga [atual Zaire] e nos Camarões. Nos Grandes Lagos, os Padres Brancos tinham continuado tão bem o trabalho dos primeiros tempos e as conversões multiplicavam-se tão depressa, que foi preciso multiplicar também as circunscrições missionárias: havia perto de 1.500.000 católicos em Uganda, 800 mil no Tanganica, 1.200.000 em Ruanda-Burundi; ao todo, eram 18% da população. No Congo Belga, o favor dos poderes públicos, no início intermitente mas depois firme, a emulação entre as congregações e o gênio organizador dos belgas tinham culminado na criação de uma espécie de Missão-modelo, onde escolas de novo tipo e "fazendas-capelas" formavam os indígenas. Inicialmente confiados aos Padres de Scheut, esses territórios tinham sido partilhados entre todas as congregações representadas na Bélgica. Os católicos do Congo tinham passado de alguns milhares em 1900 para 50 mil em 1910, 376 mil em 1921, e, finalmente, 800 mil em 1939. Quanto aos Camarões, onde, antes de 1914, os padres palotinos alemães e os do Sagrado Coração (de Saint-Quentin) mal tinham principiado a obra missionária, produziu-se a seguir à Grande Guerra um movimento de conversões tão explosivo que se chegou a dizer que "o Espírito Santo soprou como um tornado"... Sob o impulso de um grande realizador, D. Vogt, espiritanos, Padres de Saint-Quentin e Padres de Mill-Hill rivalizaram em zelo. Os 2.500 fiéis de 1900 já eram 500 mil, e não tardaria que os Oblatos de Maria Imaculada se instalassem no norte do país, para fazer face ao islã.

Mas, se nessas três regiões se tinham colhido frutos fora do comum, estavam bem longe de ser as únicas em que a Igreja se encontrava solidamente estabelecida. A África do Norte — Argélia, Tunísia, Marrocos — constituíam um caso à parte: eram países islamizados onde as conversões eram raras; mas o clero secular, muito devotado, e numerosas congregações masculinas e femininas multiplicavam escolas, orfanatos, obras de caridade, tinham muitos contatos e exerciam real influência. No Saara, os Padres Brancos tinham postos em numerosos oásis e Gardaia era o centro de um circunscrição missionária quatro vezes maior que a França. Na Líbia e na Cirenaica, as missões italianas vinham trabalhando bem. No Egito, a Igreja copta católica, restaurada a partir de 1895, reanimava-se: jesuítas, carmelitas, salesianos, lazaristas, Padres das Missões Africanas (de Lyon e de Verona) agrupavam à sua volta uns 80 mil fiéis.

Toda a costa do continente africano estava balizada por postos sucessivos, donde os missionários partiam para os da savana ou da floresta. A velha cristandade do Senegal, graças à energia e ao gênio organizador do pe. Brottier, erguera a catedral de Dakar: Notre-Dame-du-Souvenir (Nossa

Senhora da Saudade). No Sudão, apesar da oposição declarada de certos administradores franceses, a penetração era uma realidade, e no Alto Volta nascera uma cristandade bem ativa. O mesmo se dera na Guiné e na Serra Leoa, onde os missionários lioneses tinham pago um pesadíssimo tributo às condições climáticas, e na Libéria, onde a sua tenacidade conseguira constituir grupos católicos de milhares de almas. Os Camarões e os dois Congos, o belga e o de mons. Augouard [o atual Congo], justificavam grandes esperanças. Em Angola, após o período heroico do pe. Duparquet, os seus confrades do Espírito Santo e os padres portugueses do seminário de Cernache, depois ajudados pelos Padres de La Salette e as Franciscanas Missionárias de Maria, conseguiram agrupar à sua volta 40% da população.

A África do Sul e a Rodésia, onde os padres irlandeses e os Oblatos tinham tido fraco início, mas onde trabalhavam umas doze congregações, assistiam a uma séria penetração entre a população negra de várias regiões. O conjunto dos territórios contava um milhão de católicos. Em Madagascar, a instalação da França, pondo termo aos vexames que as autoridades de etnia hova infligiam aos missionários, e também à escravidão, tinha aberto ao apostolado um terreno fértil. Desde a administração do general Galliéni, os missionários tinham afluído e iniciado um movimento de conversões que, em 1939, dera como resultado a cifra de 700 mil cristãos. Na costa oriental africana, Bagamayo passara a ser o ponto de partida das missões para os Lagos, e, em Moçambique, o clero português dava provas de um zelo e de um espírito de iniciativa que produziam frutos.

Assim, em todo ou quase todo o continente, as missões católicas tinham já instaladas bases sólidas. Certamente, nem tudo era perfeito. Em alguns setores, só havia uns tantos milhares de batizados; em outros, os missionários morriam sob o peso do trabalho; o clero autóctone era ainda muito pouco numeroso — menos de 1.200 sacerdotes — e, dos 140 milhões de habitantes da África, a Igreja Católica não contaria com mais de 15 milhões. Mas estava dado o impulso que, depois da Segunda Guerra Mundial, iria trazer a África cristã a um nível tão alto[60].

Balanço provisório; perspectiva de futuro

Se considerarmos o conjunto dos resultados obtidos pelas missões durante o período que estudamos, é lícito tê-lo por satisfatório. Em 1870, alguns cálculos, aliás imprecisos, permitiam fixar em cerca de 7 milhões o número dos fiéis em países de missão, ou seja, dependentes da Congregação *da Propaganda Fide*. Em 1927, contavam-se 14.600.000; em 1939, perto de 23 milhões[61]. Quer dizer que nos últimos doze anos se tivera um acréscimo de 57%. A Igreja estava implantada em toda a face da terra e cobria o planeta com uma organização fortemente centralizada, com mais de quinhentas circunscrições apostólicas. Era considerável o número de pessoas dedicadas a esse trabalho: só nos territórios submetidos à Propaganda Fide, uma estatística precisa enumerava, a 30 de junho de 1939, 15.505 padres ocidentais e 6.406 autóctones, 6.456 frades ocidentais e 2.176 autóctones, 34.433 freiras ocidentais e 18.581 autóctones, 91.716 catequistas e 76.135 professores primários. Eram números impressionantes.

Autorizavam, porém, um otimismo sem reservas? Os especialistas em questões missionárias, quer se trate de mons. Olichon ou do pe. Naidenoff[62], muitas vezes pediram aos católicos que se mostrassem realistas e não se deixassem levar por um excessivo entusiasmo. O fato mais preocupante era, já em 1939, que o crescimento do rebanho católico não acompanhava, na quase totalidade das regiões, o ritmo de crescimento da população. Observando, em 1927, que tinha havido na diocese de Tóquio 254 conversões de adultos, o pe. Charles calculava com dolorosa ironia que, a esse ritmo, seriam precisos 60 mil anos para converter toda a diocese, ou melhor, para conseguir um número de batizados igual ao dos habitantes da diocese em 1927; mas, como, nesse intervalo, o número de habitantes se teria multiplicado por dez ou por cem... Em 1939, admitia-se que a população mundial aumentava dezesseis milhões de almas por ano. A Igreja Católica, tanto pelo crescimento natural como pelas conversões, não aumentava senão uns quatro milhões. Por conseguinte, já nessa altura a desproporção era grave, e não poderia deixar de se acentuar quando os progressos da medicina e os da ajuda internacional reduzissem, nas massas asiáticas e africanas, a mortalidade infantil, a fome, as epidemias.

Por outro lado, as cristandades dos territórios de missão precisavam muito da ajuda das velhas igrejas do Ocidente para sobreviver. Essa ajuda seria suficiente? Vimos que o aumento do pessoal missionário tinha sido notável. No entanto, havia regiões imensas que sofriam terrivelmente com a falta de padres. Na Índia ou na China, seriam pouco mais de um por 700 mil habitantes; na África, nos setores mais prósperos, os missionários estavam como que esmagados pelo afluxo das conversões, que lhes suscitavam problemas cada vez mais complexos; na América do Sul, podiam-se indicar regiões em que, por falta de padres, os fiéis quase só recebiam um sacramento — o do batismo. E quanto à ajuda financeira levada às missões, acaso cobriria as suas necessidades? Apesar do esforço feito por obras como a Propagação da Fé e a Santa Infância, ninguém ousaria responder pela afirmativa. A falar verdade, demasiadas vezes os recursos das missões católicas davam a impressão de serem miseráveis quando comparados com os das missões protestantes, financiadas com muito maior liberalidade pelos países anglo-saxões.

Outros motivos de inquietação podiam provir do fato cada vez mais acentuado de haver vastos setores da humanidade que surgiam como blocos impenetráveis a toda e qualquer expansão católica. Um desses setores era o mundo comunista, que, em 1939, parecia querer apoderar-se da China, onde uma parte das províncias já estava sob controle dos seus bandos. O outro era o mundo islâmico, que na altura representava 267 milhões de almas e se estendia da Malásia ao Marrocos, do Turquestão aos limites do Chad; mostrava-se mais radicalmente fechado que nunca à penetração cristã, a ponto de quase se poderem contar pelos dedos as conversões — um islã que despertava do seu longo letargo e voltava a ser proselitista, principalmente na África negra; os seus êxitos não se deviam apenas às facilidades morais que autoriza, mas também à simplicidade com que essa religião harmoniza elementos do velho fetichismo com uma forte consciência religiosa.

No entanto, esses motivos de preocupação não deviam conduzir a um pessimismo desencorajante. Repitamos que, em matéria religiosa, as estatísticas estão longe de oferecer os melhores meios de apreciar os resultados. Uma só conversão pode ter uma importância capital, como foi o caso de Lu Tseu Tiang, ministro das Relações Exteriores da China, que em 1926 não só se fez católico, mas monge beneditino, e terminou a sua vida como abade de São Pedro de Gand, na Bélgica. Tal como sempre sucedeu, as missões, em 1939, estendiam a sua influência bem para lá dos grupos mais ou menos densos dos batizados. Mais longe que os seus benefícios visíveis, irradiavam espiritualmente no meio pagão e lentamente o aproximavam do Evangelho. Mesmo continuando a ser muçulmanos, os alunos da Universidade de Beirute ou os do Colégio de Anthurá conheciam o cristianismo e o respeitavam. Testemunho esplêndido da profunda irradiação do cristianismo era o que dava o Mahatma Gandhi nas numerosas páginas em que falava de Jesus.

As perspectivas de futuro da expansão católica não eram de modo algum desfavoráveis. Não só porque tudo fazia prever, já não uma "primavera missionária", mas um verão de frutos abundantes, de colheitas fartas — tal como aconteceu logo a seguir à Segunda Guerra Mundial. Não só por isso, mas talvez ainda mais porque a Igreja, graças às medidas decretadas por Bento XV e Pio XI, retomara firmemente a sua mais antiga doutrina, adaptando-a às técnicas modernas, e realizara uma reforma decisiva nos métodos e nos próprios missionários. No momento em que as transformações provocadas pela Guerra Mundial e a ascensão dos povos de cor iam pôr em causa a supremacia dos "brancos", as missões estavam livres da tutela ocidental e prestes a continuar a sua tarefa numa conjuntura nova. O próprio conceito de missão "fundado na distinção entre países evangelizadores e países evangelizados" podia agora evoluir, transformar-se radicalmente, e chegar a "apagar-se cada dia mais e assinalar meramente uma fase na impregnação espiritual do universo"[63]. A Igreja, que ia começar a aplicá-lo a todo o esforço de cristianização de um setor já não só geográfico, mas sociológico[64], estava pronta a correr os riscos dessa mudança.

"Uma impregnação espiritual do universo"... Não era a isso que tendia o cardeal Lavigerie quando, perante o bloco refratário do islã, dava aos seus filhos e filhas a palavra de ordem de não procurarem obter conversões individuais entre os muçulmanos, mas sim agir sobre a massa inteira, sendo no meio dela educadores e hospitaleiros e dando simplesmente testemunho de caridade e de oração? Foi o testemunho que, pouco depois, daria até ao sacrifício da vida um homem de Deus que surgiria para o nosso tempo como um farol do apostolado: *Charles de Foucauld.*

Charles de Foucauld, "Irmão universal"

No final de outubro de 1901, os oficiais franceses que, com quatro companhias de atiradores, tinham a guarda do posto de Beni-Abbès, nos confins marroquinos da Argélia, ficaram muito surpreendidos ao verem surgir no oásis, vestido como o mais pobre dos beduínos, um homem que muitos deles tinham conhecido com o uniforme de capitão de Cavalaria — o visconde Charles de Foucauld. Mas o que mais os espantou foi o seu comportamento. Recusando o convite para alojar-se no forte e afastando-se até, deliberadamente, do palmeiral e dos jardins, foi fixar-se num pequeno vale isolado, relativamente perto do *erg*[65], onde logo construiu, com alguns troncos de tamareira, pedras amontoadas e terra misturada com palha e água, uma espécie de oratório, bastante semelhante às mais pobres *zauias* ["eremitérios"] dos marabus do islã.

Que vinha fazer esse padre quadragenário[66] que não pertencia aos Padres Brancos, que vivia mais duramente que um trapista e que parecia empenhado numa experiência inteiramente pessoal, orientada para uma grande intenção mística? À meia-noite, ouvia-se tanger a sua sineta; depois, numa voz desafinada mas fervorosa, salmodiava os ofícios. Sabia-se que se alimentava de tâmaras e grãos esmagados, que se deitava, vestido como de dia, numa grade feita de grandes canas. Quando certa vez um atirador lhe observou que a sua cela era tão exígua que nem sequer podia estender-se para dormir, o estranho monge respondeu, como se fosse a coisa mais natural do mundo: "E Jesus, na Cruz, estava estendido?"

O asceta vinha de longe. Se algum homem foi reconquistado pelo Senhor numa luta violenta, foi esse jovem vaidoso, preguiçoso, dissipado, que, alferes aos vinte e três anos nos hussardos de Pont-à-Mousson, espantara a guarnição com os seus gastos loucos e as suas extravagâncias. Órfão aos oito anos, mediocremente educado por um avô demasiado fraco, a idade adulta apanhara-o desenraizado de qualquer fé e quase de toda a moral. Contudo, o sentido do serviço e da grandeza militares, de que nunca se desprendera, tinha-o preservado das piores licenciosidades. Combatente corajoso no Orã do Sul, descobrira, em campanha militar, a África, e sentira o seu encantamento purificante. Dirigindo para a exploração geográfica o seu irresistível gosto pela aventura, percorrera o Marrocos, então vedado aos europeus, e alcançara por essa ocasião alguns êxitos notáveis em matéria científica. Mas, sobretudo, as suas demoradas meditações no deserto e ainda o contato com o islã, o sentimento de ser o *rumi*, o homem de Roma, o cristão — por muito pouco que ele o fosse —, levara-o a assumir posições menos simplistas no problema religioso. Um encontro providencial fizera o resto. Diante do pe. Huvelin, alma luminosa num corpo doentio, a quem fora visitar como que arrastado por uma força oculta, Charles de Foucauld sentira-se subitamente vencido, chamado. "Ajoelhe-se e confesse os seus pecados!", ordenara-lhe o sacerdote. Em vão balbuciara: "Não tenho fé..."; não pudera resistir à voz docemente imperiosa. Da sacristia da igreja de Santo Agostinho, saíra um homem novo.

Tinham vindo depois alguns anos de tenteios. Conhecia perfeitamente o fim a atingir: "Assim que acreditei na existência de Deus — diria ele —, compreendi que não podia fazer outra coisa senão viver para Ele". Mas a senda que o levaria a esse fim não se lhe mostrara clara de um dia para o outro. Fora trapista em Nossa Senhora das Neves, depois em Akbés, aceitando com profunda alegria as mais duras exigências da Regra, mas sem encontrar a realização do seu sonho na existência em comunidade. E, antes mesmo de ter tido tempo para se fazer sacerdote, partira de lá e fora à terra de Cristo, em busca de mais isolamento, de mais abjeção. As clarissas de Nazaré tinham conhecido então um jardineiro extremamente misterioso, com um ar de grande senhor debaixo dos farrapos que as deixava intrigadas; mas o que mais as enchia de espanto eram as longas horas de adoração que esse homem passava diante do Santíssimo, na capela. Até que um dia a abadessa do mosteiro, conseguindo sobrenaturalmente descortinar o fundo dessa alma, instara com ele para que fosse finalmente fiel ao seu verdadeiro destino: o de ser padre, para levar Cristo ao mundo.

Em outubro de 1901, ordenado havia quatro meses, Charles de Foucauld compreendeu que a sua vocação não era a de continuar como trapista. Iria ser missionário? A África atraía-o mais do que nunca, com as suas imensidades, com os seus povos que desconheciam Cristo. "Há dezenove séculos — dizia ele — que essa terra e essas almas esperam pelo Evangelho". Pois ele iria levá-lo até lá, mas de maneira nova, simplesmente manifestando Cristo, afirmando a presença de Cristo. Ao chegar a Beni-Abbés, sabia, pois, o caminho que ia seguir.

"Um pequeno mosteiro de monges fervorosos e caridosos, que amem a Deus de todo o coração e ao próximo como a si mesmos, uma *zauia* de oração e de hospitalidade, de tão grande piedade que toda a região seja alumiada e aquecida; uma pequena família, que imite tão perfeitamente as virtudes de Jesus que todos, à sua volta, passem a amar Jesus" — tal foi o grande desígnio que ele quereria realizar. Não era, no sentido usual do termo, apostolado. Foucauld não procurava convencer com argumentos, operar conversões. "Não sou um missionário; sou um eremita", repetia ele. Tornar Cristo presente e irradiante, a fim de que a sua graça penetrasse lentamente e sem que ninguém desse por isso, no meio daqueles que rodeavam o seu servo — nada mais desejava. O poder do exemplo valeria por todas as demonstrações.

Duas das partes do programa foram cumpridas. O eremitério no pequeno vale em breve se tornou um lugar de oração, como tal conhecido em todo aquele oásis e mesmo fora dele. A capela não era mais que "um simples corredor feito de estacas e coberto por canas", diz Lyautey[67], que a visitou. O altar era uma tábua, e os castiçais, de ferro branco; por única decoração, um Sagrado Coração de Jesus, de braços abertos, pintado pelo próprio padre num paninho. Mas todos os dias ali se vinham ajoelhar soldados e oficiais, e os muçulmanos, que são homens de oração, admiravam o "marabu" *rumi* que viam passar tantas horas, de dia e de noite, a adorar a Deus. Bastava a presença do oratório para reformar muitas ideias sobre a irreligião dos franceses, a impiedade desses cristãos que ninguém via rezar.

Quanto à segunda parte do programa — manifestar a caridade de Cristo —, o êxito foi retumbante. Em pouquíssimo tempo, o eremitério passou a ser o centro de uma espécie de "pátio dos milagres", onde todos os infelizes, doentes e indigentes vinham pedir socorro. E o pe. Foucauld ia dando, dando, inesgotavelmente, até para além das suas possibilidades, deixando o próprio alimento aos esfaimados, distribuindo sem contar o dinheiro que recebia da família, cedendo até a peça de bom tecido que uma parenta piedosamente lhe mandara para que trocasse a túnica esfarrapada. Nenhuma miséria física ou moral deixava de achar consolação junto dele. Subsistia a escravatura na região, e as autoridades militares francesas ainda não tinham decidido suprimi-la. O pe. Charles, esse, recebia os escravos — às vezes, vinte ao mesmo tempo — e resgatava alguns, na medida das suas posses, para os levar a um trabalho livre.

A nova dessa generosidade sem limites espalhou-se ao redor. De duna em duna, de oásis em oásis, falava-se do eremita branco de Beni-Abbés. Um nome se tornou usual para designar o seu ermitério: a *Khaúa*, a Fraternidade. E toda a gente lhe chamava "*khauía* Carlo", o Irmão Carlos. Era uma vitória. Com o seu hábito branco sobre o qual apusera um coração de tecido vermelho, encimado por uma cruz, o pe. Foucauld podia percorrer toda a região, até ao Tafilet, onde os marroquinos tinham sempre a mão no gatilho, que ninguém ousaria atacá-lo.

Só um ponto sombrio no seu horizonte: estava sozinho. Nenhum "irmão" viera associar-se ao seu trabalho no eremitério para que pudesse fundar verdadeiramente esse instituto de tipo especial com que sonhava. E, contudo, ele ia elaborando minuciosamente a Regra. Achara um nome: Irmãozinhos do Sagrado Coração de Jesus. E, no papel, até lhes juntara "Irmãzinhas", e mesmo uma associação mais vasta, em que poderiam entrar todos e todas que quisessem unir-se à grande obra de tornar Cristo presente no mundo. Concretamente, porém, os raríssimos postulantes que se apresentavam à porta do eremitério recuavam diante da austeridade e do despojamento da existência que lhes propunha. Uma existência que, no que lhe dizia respeito, achava ainda demasiado fácil, por demais protegida, insuficientemente abandonada aos altos riscos impostos pelo paradoxo da verdadeira vida de fé. "Quando eu sonho, os horizontes do deserto fazem-me sinal", murmurava. A visita do seu antigo camarada Laperrine, que se tornara senhor e profeta do deserto, "o saaríssimo", foi para ele um novo incitamento da Providência. Era para o Tuat, para o Guará, para o Tidikelt e, mais longe ainda, para o Hoggar, onde ficava o coração mais selvagem da África, lá onde o Exército francês ainda não estabelecera nenhuma base, era para essas terras da mais infinita solidão que o Senhor o chamava a dar pleno testemunho. Abandonando com tristeza os amigos e o eremitério, o Irmão Universal partiu para a sua última jornada, para a sua suprema realização.

As dificuldades eram imensas, e o vigário apostólico do Saara não lhas tinha ocultado. Ele, porém, declarara-se "pronto a ir até ao fim do mundo e a viver até ao Juízo Final", para "oferecer o amor" àqueles que nada sabiam do Deus do amor. O Hoggar era, nesse tempo, verdadeiramente o fim do mundo: país de Juízo Final... Os tuaregues, a quem pertencia o território, não eram homens que inspirassem tranquilidade. Que faria ali o eremita branco? "Vou rezar. Vou estudar a língua e traduzir o Santo Evangelho. Vou relacionar-me com os tuaregues". Nesse programa tão simples, encerrava-se toda uma concepção nova da expansão cristã, uma misteriosa renovação do apostolado.

Assim surgiu Tamanrasset, cujo nome é hoje o de um lugar santo da cristandade. Em pleno coração do maciço, a 1500 km de Beni-Abbés, levantou-se o eremitério, tão pobre como o outro, e o hóspede que aí se fixou começou a levar a mesma vida de renúncia e oração. Simplesmente, a solidão era muito maior, e não havia uma só espingarda francesa para o proteger. Seguiu com exatidão o plano traçado: estabelecer contatos com os tuaregues, ganhar-lhes a confiança, "cativá-los"[68], fazer reinar entre eles e ele a amizade. Não lhes falaria diretamente de Cristo ("seria afugentá-los"), mas levá-los-ia a compreender que uma religião que obriga um homem a fazer-se tão bondoso, tão fraterno, não pode deixar de ser uma religião boa. Era isso: semear o Evangelho, semear para que, depois, outros viessem ceifar.

E deu-se o milagre, como em Beni-Abbés, e ainda mais assombroso. Pouco a pouco, os tuaregues que o observavam aprenderam a amar esse estrangeiro que estava no meio deles como um irmão, que passava os dias a visitar os mais pobres e a cuidar dos doentes, que ajudava os agricultores e lhes ensinava técnicas novas, que até ensinava as mulheres a usar agulhas, a fazer malha, a fiar, e que, de noite, cantava orações que eles ouviam. Assim decorreram nove anos, durante os quais o Irmão Universal, aparentemente, não obteve outro resultado senão ser admitido como vizinho pelos tuaregues — sem operar nenhuma conversão entre eles. Mas nove anos prodigiosamente fecundos, visto que o fim por ele visado estava atingido, e ele provara que o seu método era bom.

Continuava só. Nenhum "irmãozinho" tinha vindo juntar-se a ele. Foi necessário que a hierarquia o autorizasse a celebrar Missa sem ajudante. Talvez esse fracasso lhe fosse penoso. Mas ele sabia que, segundo o Evangelho, se o grão de trigo não morre, nenhuma colheita é possível. Ele era esse grão de trigo lançado à terra, destinado a morrer para que, mais tarde, outros viessem e colhessem. "O nosso aniquilamento — escrevia ele — é o meio mais poderoso que temos para nos unirmos a Jesus e fazermos bem às almas". O nosso aniquilamento...

A 1º de dezembro de 1916, o pe. Foucauld estava sozinho no fortim que as tropas francesas tinham construído, logo depois de se terem instalado no Hoggar, e onde concordara em residir, visto que a eclosão da Guerra Mundial tornara a região claramente insegura e por lá circulavam bandos mais ou menos apoiados pelo inimigo. Algumas pancadas na porta arrancaram-no à meditação. O corredor fora habilmente preparado para só poder passar uma pessoa de cada vez. Do outro lado do tabique, a voz era familiar ao padre: era a de um mestiço do aduar que o eremita recebera várias vezes. Sem desconfiar, o padre abriu a porta, estendeu a mão. E foi o drama. Traído por um amigo, como Jesus, foi lançado por terra, manietado, e os felagas[69] que o aprisionaram interrogavam-no: "Quando chega o comboio? Há soldados franceses nas proximidades?"

Mas ele não respondia. Em silêncio, rezava. No alto de uma página da sua agenda pessoal, debaixo das duas palavras "*Jesus, Caritas*", e do Coração encimado pela Cruz, tinha escrito: "Quanto mais tudo nos falta na terra, mais encontramos o que a terra nos pode dar de melhor: a Cruz". Era a hora em que tudo faltava ao Irmão Universal, mas em que a Cruz estava perto. Um tiro disparado por um guarda demasiado nervoso, uma bala que entrou por detrás da orelha direita e saiu pelo olho esquerdo... O eremita branco de Tamanrasset estava morto, naquela terra aonde levara a mensagem do amor de Cristo. Era a primeira sexta-feira de dezembro, dia liturgicamente consagrado ao Coração de Jesus.

Doze anos mais tarde, em 1928, numa aldeia berbere do Alto Atlas marroquino, outro eremita branco se instalaria. Durante trinta anos, também ele não seria senão uma viva presença de fé e de caridade: Albert Peyriguère. Mais tarde ainda, um sacerdote de Versalhes, aprofundando a mensagem de Charles de Foucauld, iria consagrar-se a erguer a obra cujos fundamentos ele lançara: ao apelo do pe. Voillaume[70], iriam surgir os Irmãozinhos e as Irmãzinhas. E ainda mais tarde, também alguns padres ocidentais iriam levar à Índia o mesmo testemunho de renúncia, de oração e de amor. Quem sabe aonde conduzirá o caminho aberto pelo antigo capitão de cavalaria? Talvez a Igreja tenha recebido dele um novo horizonte, e um método que possa tornar fecundo no mundo inteiro o seu apostolado[71].

Notas

[1] Cf. vol. VIII, cap. II, par. *Um despertar da espiritualidade*, e cap. VIII, par. *Um pulular de congregações*.

[2] Discurso do Mahatma Gandhi aos estudantes universitários de Lahore (trad. fr. da *Union des Missionnaires du clergé de France*, mai. 1946). Entre os exemplos de missionários que morreram "leprosos entre os leprosos", podem-se citar dois maristas, o pe. Nicoulleau e o pe. Lejeune; o pe. Edmond, de Guadalupe; a madre Carolina, irmã-catequista alemã, verdadeira apóstola da Índia, falecida em 1934. E bastantes mais. Nas Ilhas Fidji, no grande leprosário de Maxogai, as Irmãs Missionárias da Sociedade de Maria estão ao serviço dos leprosos, tal como no Congo, em Madagascar, em Mantávia perto do Ceilão. Na Birmânia e no Japão, são as franciscanas missionárias de Maria. E em muitos outros lugares...

[3] Cf. vol. VIII, cap. VII, par. *Causas e dificuldades de uma renovação*. As missões protestantes serão estudadas no vol. X.

[4] Em 1836, dois sacerdotes católicos franceses da Congregação dos Sagrados Corações chegaram ao Tahiti provenientes das Ilhas Gambier. Os missionários protestantes da London Missionary Society, estabelecidos nas ilhas desde 1796 e chefiados na ocasião pelo Revdo. George Pritchard, que atuava também como cônsul britânico, usaram da sua influência junto à rainha Pomare IV para conseguir que fossem deportados. Até aqui o incidente a que se refere o autor; mas é de justiça ter em conta também os desenvolvimentos posteriores: os

missionários apresentaram queixa junto ao rei Luís Filipe, e em 1842 chegou a Papeete, capital do Tahiti, uma fragata comandada pelo almirante Dupetit-Thouars, oficialmente para exigir da rainha que se respeitassem os direitos dos cidadãos franceses que residiam nas ilhas, mas na verdade com a missão de anexar o Tahiti à França como protetorado. Formaram-se dois partidos, um pró-francês e outro pró-inglês, capitaneado por Pritchard; houve distúrbios, e Pritchard foi por sua vez preso e expulso (N. do T.).

[5] Cf. neste vol. o cap. III, par. *A política cristã de Leão XIII.*

[6] Cf. neste vol. o cap. X, par. *Um olhar sobre o Oriente.*

[7] Cf. neste cap. o par. *Bento XV e Pio XI instauram as "igrejas de cor".*

[8] Cf. vol. VII, cap. II, par. *"De propaganda fide".*

[9] *Ibid.*

[10] Há missões "*sui juris*", diretamente dependentes de Roma, e também territórios chamados "abadias *nullius*" [abadias que não dependem de nenhuma diocese (N. do T.)], confiadas a uma ordem religiosa cuja Regra proíbe aos seus membros receberem o título episcopal.

[11] Repartidas em cinco categorias: dioceses (29 em 1878 e 91 em 1939); vicariatos apostólicos (63 em 1878, 125 em 1939); prefeituras apostólicas (13 em 1878 e 125 em 1939); *missões sui generis* (0 em 1878 e 11 em 1939); e abadias *nullius* (1 em 1878 e 5 em 1939).

[12] Cf. vol. VIII, cap. VII, par. *Dois grandes "papas missionários".*

[13] Pe. Bonnichon, em *Études*, dez. 1955.

[14] Reed. em 1959 e em 1962 (livro de bolso).

[15] Cf. neste vol. o cap. III, par. *Na França, o "Ralliement".*

[16] Os missionários contribuíram muitíssimo para os progressos da etnologia. Uma das primeiras revistas consagradas a esta jovem ciência foi, a partir de 1905, *Anthropos*, revista missionária. Um dos mestres que a fizeram avançar mais foi o pe. W. Schmidt, conservador do Museu de Latrão.

[17] Um dos principais organizadores da Exposição Missionária foi o pe. Angelo Roncalli, futuro papa João XXIII.

[18] Santo Antônio Maria Claret foi canonizado em 7 de maio de 1950 por Pio XII (N. do T.).

[19] Na África [Faltam os nomes essenciais dos portugueses Serpa Pinto, Capelo e Ivens Silva, Cardoso, seguindo os pioneiros desde o século XV (N. do T.).].

[20] Essa partilha desfavoreceu Portugal, que no entanto manteve, até 1974, mais de dois milhões de quilômetros quadrados (N. do T.).

[21] Seria conveniente mão esquecer o "colonialismo" e o "imperialismo" dos chineses, dos russos, dos otomanos, etc., antecedentes e concomitantes. Nesta matéria, pode-se dizer que praticamente nenhum povo tem "mãos limpas" (N. do T.).

[22] Cf. vol. VIII, cap. VII, par. *Ásia amarela: cruel e santa.*

[23] O cardeal Constantini registra numerosos fatos deste gênero no seu livro *Reforme des Missions au XX siècle.* A opinião mais justa sobre esta questão foi a do pe. Legrand, missionário na China, na sua revista *Le Christ au monde*, de 1º de fevereiro de 1955: "É inegável que muitos deles, levados pela afeição natural que sentiam pelo seu país e pela

sua língua, foram excessivamente zelosos em fazê-los apreciar e amar. (Em nota, acrescenta: "Aliás, não eram só os missionários franceses que incorriam neste defeito"). Também é incontestável que alguns deles, muito menos numerosos que os precedentes, deram prioridade, por espírito de nacionalismo, ao ensino do francês sobre o do chinês, além de olharem frequentemente com desagrado a chegada de missionários de outras nacionalidades, sobretudo nos territórios que lhes estavam confiados, e de verem no protetorado francês um meio de realçar o prestígio e a influência, pelo menos cultural, do seu país na China. Mas não se deve exagerar. Esses abusos — que eram reais — não se verificavam em todos os missionários franceses. Havia muitos que sofriam com eles e quereriam tê-los suprimido. Para mais, eram, em conjunto, contrários às ideias expansionistas do seu país, sobretudo quando se exerciam em detrimento da China".

[24] Cf. no vol. V o cap. IV, pars. *"Brâmane entre os brâmanes": o padre Nobili* e *Cristo entra no "Catai" com "Li Mateu"*; e no vol. VII o cap. II, pars. *Na Índia de Nobili e de João de Brito* e *A deplorável querela dos ritos chineses.*

[25] Sobre Ana Maria Javouhey e Jacob Libermann, cf. respectivamente no vol. VIII, o capitão VII, parágrafos *Um "grande-homem" das missões: a Madre Javouhey*, *Um pulular de Congregações*; para o papa Gregório XVI, cf. no vol VIII o cap. IV, par. *Um frade no trono de Pedro.*

[26] Falta referir aqui as revoltas africanas contra Portugal, várias vezes provocadas pela Inglaterra. Recordem-se as campanhas que tiveram o seu ponto decisivo em 1895 (N. do T.).

[27] Durante a Primeira Guerra Mundial, um missionário alemão, o pe. Schwager, consagrou um longo estudo da *Zeitschrift für Missionswissenchaft* a retomar as críticas do cônego Joly, mas insistindo especialmente no "nacionalismo" de certos missionários, no caso, franceses. Nem tudo era falso nos textos e fatos a que se referia, mas a sua argumentação perdia muito da sua força por inspirar-se visivelmente num intuito de propaganda, também ela nacionalista... D. Schmidlin, professor em Münster, que, como vimos acima, foi um dos fundadores da "missionologia", adotou as mesmas posições, apesar de ser de origem alsaciana.

[28] Nas suas *Memórias*, o cardeal Costantini escreve: "Diz-se que os admiradores do pe. Lebbe querem introduzir o processo da sua beatificação. Quando isso acontecer, se acontecer, certamente que eu já não serei deste mundo. Por isso quis dar antecipadamente o meu testemunho a favor de um missionário que me pareceu dotado de virtudes extraordinárias e muitas vezes heroicas".

[29] Cf. no vol. VIII o cap. VII, par. *Três mártires.*

[30] Recorde-se que só depois do Concílio Vaticano II é que se introduziu o costume das concelebrações, e até se deixou de permitir a celebração simultânea de várias Missas na mesma igreja (N. do T.).

[31] Até o fim da vida, D. Costantini, já cardeal, trabalhou com toda a energia na promoção dessa "arte das missões".

[32] Cf. vol. VIII, cap. VII, par. *Escolas cristãs no Próximo Oriente.*

[33] Cf. neste vol. o cap. X, par. *Um olhar sobre o Oriente.*

[34] Cf. vol. VIII, cap. VII, par. *A Índia e mons. Bonnand.*

[35] Cf. neste vol. o cap. X, par. *Um olhar sobre o Oriente.*

[36] Cf. Daniel-Rops, *Les Aventuriers de Dieu*, Fayard, Paris, 1951.

[37] Cf. vol. VIII, cap. VII, par. *Ásia amarela: cruel e santa.* [Théophane Vénard foi canonizado por João Paulo II a 18.06.1988. N. do T.]

[38] Cf. neste cap. o par. *Ao serviço das missões.*

[39] Cf. vol. VIII, cap. VII, par. *Ásia amarela: cruel e santa.*

[40] Cf. no vol. VII o cap. II, par. *Nos padroados da América Latina.*

[41] Cf. neste cap. o par. *Bento XV e Pio XI instauram as "igrejas de cor".*

[42] Cf. vol. VIII, cap. VII, par. *Ásia amarela: cruel e santa.*

[43] Foi mais longe: prometeu a sua simpatia ativa, se se criasse imediatamente um episcopado nacional.

[44] Cf. neste cap. o par. *Ao serviço das missões, in fine.*

[45] A Segunda Guerra Mundial provou severamente a igreja nipônica. A bomba atômica de Nagasaki matou sete mil dos dez mil católicos da cidade. [Nagasaki, construída no séc. XVI segundo um plano dos jesuítas portugueses, foi sempre um centro importante do cristianismo japonês; quando da destruição pela bomba, apareceram relíquias dos mártires do tempo das perseguições (séc. XVI-XVII), entre elas uma bandeira portuguesa manchada de sangue (N. do T.).].

[46] Cf. vol VIII, cap. VII, par. *Nas Ilhas do Pacífico.*

[47] Cf. neste cap. a nota n. 4 (N. do T.).

[48] Sobre mons. Boismenu, cf. A Dupeyrat e F. de la Noé, *Sainteté au naturel*, Paris, 1958.

[49] Acerca de Marie-Thérèse Noblet, cf. Maria Winowska, *Malgré toi, Satan!*, Paris, 1955.

[50] Cf. vol. VIII, cap. VI, par. *De Valparaíso ao Grande Norte canadense.*

[51] *Ibid.*

[52] Em 1850, o imperador D. Pedro suprimira o tráfico de escravos. Em 1871, uma lei de emancipação — a "lei do ventre livre" — decidira que os filhos de escravos passariam a nascer livres. Em 1887, por ocasião do Jubileu de Leão XIII, foi-lhe notificada, a título de presente, a libertação de grande número de escravos. E, no final desse ano, a Regente Princesa Isabel, condessa d'Eu, princesa de grande piedade, fez voto durante uma epidemia de libertar imediatamente todos os escravos. A lei surpreendeu e lesou muitos interesses; o general Deodoro da Fonseca aproveitou para fomentar uma conspiração, e o regime imperial foi derrubado por um golpe, em 1889. [Filha e herdeira de D. Pedro II, e casada com um príncipe de Orléans, conde d'Eu, a princesa passou a ser chamada no Brasil "Isabel, a Redentora"; é dela que descende toda a família de Orleáns e Bragança (N. do T.)].

[53] Cf. vol. VIII, cap. VI, par. *Continente negro.*

[54] Cf. no vol. VIII o cap. VII, par. *Os difíceis começos da Argélia cristã.*

[55] A campanha antiescravagista do cardeal Lavigerie é das mais belas páginas de uma vida que tem tantas. "Que generosidade de alma o senhor põe nas coisas em que se trata da salvação dos homens!", disse-lhe um dia Leão XIII. Foi, de fato, com uma generosidade sem limites que esse homem de setenta e cinco anos percorreu a Europa para despertar as consciências para o drama do tráfico dos escravos, inflamando os auditórios com a evocação de fatos precisos, espantosos, enviando relatórios aos governos, à imprensa, ripostando com

veemência àqueles que suspeitavam das suas intenções e o acusavam de parcialidade anti-islâmica, impressionando Bismark — que aderiu à campanha —, intimando a terra inteira a tomar consciência das suas responsabilidades..., a terra e mesmo o céu, pois, do púlpito da sua catedral de Argel, interpelou a própria Virgem Maria: "Nossa Senhora da África, como podeis Vós consentir tais horrores?" É indubitável que as decisões tomadas a partir de 1885 no plano internacional, e aquelas que, uma após outra, as grandes potências foram tomando para pôr cobro ao flagelo, deveram muito à ação do grande cardeal.

[56] Sobre as origens deste Instituto, pela fusão da Sociedade do Espírito Santo e da Congregação do Coração Imaculado de Maria (1848), cf. no vol. VIII o cap. VII, par. *Um pulular de congregações*.

[57] Antoine Redier, *L'Évêque des Anthropophages*, Paris, 1933.

[58] Cf. o belo livro que lhe consagrou G. Hardy, Paris, 1949.

[59] Foi este um dos aspectos da horrível guerra que, entre 1967 e 1970, opôs a Biafra ao governo central da Nigéria (N. do T.).

[60] Na África, como por toda a parte, aos progressos das missões seguiu-se a organização administrativa. Em 1939, havia duas arquidioceses, dezessete dioceses, setenta e oito vicariatos apostólicos, trinta e três prefeituras apostólicas, uma missão e uma abadia *nullius*. Passados vinte e cinco anos, todo o continente africano estaria dividido em dioceses.

[61] Este número mais que dobrou, entre 1939 e 1962.

[62] O primeiro é autor de uma excelente História das Missões; o segundo dirige a revista *Missi* ["Enviados"].

[63] Palavras do pe. Naidenoff. É sabido que se tornou corrente opor "Igreja de missão" a "Igreja de cristandade". Ou seja, o termo "missão" mudou de sentido.

[64] *France, pays de mission?*, dirão os pes. Godin e Daniel, em 1942, no livro com esse título.

[65] A região de dunas do deserto do Saara (N. do T.).

[66] Nascera em 1858.

[67] O célebre marechal.

[68] "*Les aprivoiser*" no sentido superior, muito usado por Saint-Exupéry.

[69] Nome que se dava aos argelinos alistados na guerrilha contra a ocupação francesa (N. do T.).

[70] Acerca desta filiação, cf. o livro de Michel Carrouges, *Le Père de Foucauld et les Fraternités d'aujourd'hui*, Paris, 1963.

[71] O grande filósofo e político francês Jacques Maritain viveu os seus anos de viuvez e morreu entre os irmãozinhos do pe. Foucald.

XII. Uma renovação da inteligência

Uma situação mudada ponto por ponto

Num órgão de imprensa que, nessa altura, tinha a pretensão de reger a vida intelectual e que, de fato, exercia incontestável influência na França e até muito para além das fronteiras francesas, lia-se, em 1932, sob a pena de um cronista menor, estas asserções rotundas: "A grande literatura volta as costas ao catolicismo, a filosofia volta as costas ao catolicismo, a história volta as costas ao catolicismo". E o texto prosseguia no mesmo tom ao longo de dez linhas. "Fato formidável" — anotava o autor do artigo, numa linguagem pouco cuidada. Esse fato, segundo ele, traria o desaparecimento, quer da religião, quer de toda e qualquer disciplina intelectual. E certamente que tal fato seria "formidável" [isto é, terrífico], se a observação da realidade lhe tivesse dado força de evidência. Mas a própria revista em que apareciam tais frases lapidares lhes infligia um desmentido flagrante. Porque publicava, apresentados como eminentes representantes da "alta literatura", dois escritores que seria difícil não incluir entre os católicos, Charles Péguy e Paul Claudel. Pelo menos quanto a estes, a *Nouvelle Revue française*[1] não considerava que o catolicismo estivesse definitivamente banido das atividades superiores da inteligência: não lhe "voltava as costas"...

Com efeito, Denis Saurat estava atrasado coisa de meio século. Era por volta dos anos 70 do século XIX que as aparências teriam podido dar-lhe razão. Por então — é quase um truísmo recordá-lo —, "o estado de espírito positivista, ou mesmo cientificista, tomara a dianteira no mundo pensante"[2]. A ação perseverante das doutrinas e das ideologias que, havia mais de cento e cinquenta anos, punham Deus em causa[3] acabara por impor a irreligião, e muitas vezes o ateísmo, como pressuposto — uma espécie de *cela va sans dire* ["é óbvio", "é desnecessário dizê-lo"] — de qualquer atividade superior do espírito. O intelectual crente era "o persa" do tempo: "Como é que se pode ser persa?"[4] Em 1885, quando os católicos tinham começado a reunir congressos científicos, a imprensa liberal, do grave *Temps* ao irônico *Lanterne*, pusera-se a rir: "Sábios católicos? Que quererá dizer a junção desses nomes?" Todos os grandes romancistas do realismo e do naturalismo, desde Flaubert a Zola, tinham por absurda e irrisória a simples ideia de que um escritor sério concedesse ao fenômeno religioso outra atenção além da que se podia dar a costumes bizarros — por exemplo, aos dos insetos —, e, quando tinham visto converter-se algum dos seus confrades, como Barbey d'Aurevilly, tinham levado essa decisão à conta de uma espécie de distúrbio cerebral.

Um intelectual que se considerasse moderno tinha de admitir, com Auguste Comte, que "a teologia se extinguirá necessariamente perante a física", ou, com o químico Marcellin Berthelot, que "o cristianismo está morto e bem morto". Havia quem o deplorasse. Numa página célebre, Taine falara desse "grande par de asas que outrora a fé deu à humanidade para se elevar acima de si mesma, e sem as quais cairia nos *bas-fonds*". Mas concluíra que, sendo contrária à ciência, a religião cristã não poderia continuar a desempenhar esse papel e estava condenada a desaparecer. Dir-se-ia que todo o pensamento moderno se ordenava para a realidade profetizada por Nietzsche: a morte de Deus.

Uns sessenta anos depois, por exemplo no momento em que Denis Saurat publicava a sua peremptória crônica, a situação seria a mesma? Um exame dos fatos, por mais rápido que seja, mostra que a situação mudara radicalmente. Não era só por aparecerem cobertos pela capa branca da *N.R.F.* que os católicos haviam retomado posições na "alta literatura": tinham escritores de nome em todos os países do Ocidente. As artes plásticas e a música contavam também numerosos homens de fé entre os mestres de maior prestígio. Voltara a afirmar-se uma filosofia cristã, apoiada e prolongada por uma vasta filosofia de cunho espiritual que abrira brechas nas muralhas da fortaleza positivista e materialista.

Mais ainda: já não se resolvia o problema das relações entre a ciência e a fé como nos tempos de Berthelot, por uma certidão de óbito da religião, e o cientista católico deixara de ser aquele estranho animal, intelectualmente monstruoso, que bem pouco tempo atrás era ridicularizado pelo *Lanterne*. Na palavra judiciosa de mons. Nédoncelle, "nos meios intelectuais e oficiais que já nada esperavam da Igreja", os católicos faziam "respeitar a sua qualidade de católicos"[5]. Tal é o fato, realmente "formidável" — ou, melhor, prodigioso —, que domina a história das ideias durante o período que estudamos, e deve ser contado como um dos sinais mais impressionantes que a Igreja deu nessa época da sua vitalidade, da sua permanente juventude. Constitui um dos elementos decisivos desse combate por Deus que vimos desenrolar-se em todos os terrenos.

Essa reviravolta, ponto por ponto, de uma situação que parecia catastrófica deu-se em virtude de dois fatores. A Igreja percebera de que era indispensável um esforço intelectual, se queria lutar com armas iguais com os seus adversários.

Que no século XIX, em todas as grandes disciplinas do espírito, os católicos estavam num inquietante atraso, é um fato que nem vale a pena repetir: admitem-no os mais conformistas dos historiadores crentes[6]. Mas nunca deixara de haver, no seio da Igreja, homens capazes de denunciar o perigo dessa situação. Não se releem sem admiração as observações de um pe. Taparelli d'Azeglio ou de um cardeal Newman, de um Gioachino Pecci, futuro papa, ou de um Orestes Brownson, acerca da necessidade que os católicos tinham de reencontrar o caminho das disciplinas intelectuais, num momento em que ninguém sentia essa necessidade. Os apelos foram-se multiplicando. Eleito papa, Leão XIII dedicou inúmeros documentos — cartas, mensagens — a promover esse despertar intelectual, e veremos que, para o conseguir, tomou decisões capitais. Personalidades religiosas cada vez mais numerosas se consagraram a essa tarefa, entre outros o cardeal Mercier, o cardeal Zigliara, mons. d'Hulst, eminente animador do Instituto Católico de Paris, e um vasto escol de bispos. A própria opinião laica apoiou o movimento. É significativo que um dos escritores mais na moda, Paul Bourget, tenha escrito em 1894: "Chegou o tempo em que o cristianismo deve aceitar toda a ciência [...] sob pena de ver fugirem-lhe demasiadas almas"[7]. E era essa a opinião que agora prevalecia.

Não vamos pensar, todavia, que a transformação tenha sido imediata, nem sequer muito rápida. Houve que contar com os hábitos e as desconfianças. Uma brochura anônima que fez furor e foi escrita por um capelão da escola de Sainte-Barbe, o pe. Latty, *Le clergé français em 1890*, reconhecia sem ambages que, no seu conjunto, o clero tinha "deixado de ver na ciência um princípio do seu próprio desenvolvimento e uma razão da sua dignidade". Por ter dito, do alto do púlpito, que o pensamento católico devia entrar em entendimento com as ciências modernas, o pe. Didon, ilustre orador dominicano, foi relegado pelos superiores para o convento de Corbara, na Córsega. A fundação de universidades católicas provocou violentas discussões entre bispos, porque alguns se preocupavam com a descrença que podia penetrar no espírito dos futuros padres, ou com o "jurisdicismo" que podia secar-lhes a fé se tivessem acesso aos arcanos das ciências e do Direito. Desses bispos, dizia maliciosamente mons. Baudrillart que "tinham ficado algum tanto estranhos às preocupações da inteligência". Ainda em 1902, na revista *Études*, o pe. Prat denunciava os "teólogos demasiado alheios ao espírito e ao método científico [...], rebeldes a toda e qualquer expressão do verdadeiro que se afaste das fórmulas estereotipadas".

Para promover a renovação intelectual na Igreja, foi, pois, necessário vencer o obstáculo da rotina ignara. Mas foi também preciso evitar outro escolho, cuja existência parecia justificar as desconfianças dos conservadores e dos retrógrados. Já vimos[8] como o desejo legítimo de dotar a inteligência católica dos métodos modernos conduziu por vezes a desvios doutrinais, porque certos espíritos entenderam que era necessário adaptar as próprias verdades da fé aos elementos que caracterizavam o pensamento moderno — o que, na realidade, equivalia a subordiná-las a esses elementos. A crise do *modernismo*, que sacudiu duramente a Igreja no início do século XX, foi a consequência desse erro. Mas, quando o Magistério infalível se pronunciou e a encíclica *Pascendi* fixou com precisão os limites além dos quais não era permitido à inteligência católica adotar as atitudes dos adversários, um dado positivo permaneceu: a Igreja passou a dar-se conta da necessidade que se lhe impunha de possuir, no quadro da ortodoxia, um equipamento intelectual tão sólido como o dos seus agressores. E assim a crise modernista contribuiu para que se fizessem as necessárias reformas. A partir de 1910, pode-se dizer que, na sua grande maioria, as mentes foram conquistadas para esta exigência, e de ano para ano, os progressos não cessaram.

Outro fenômeno veio reforçar ainda mais a corrente que levava a uma renovação da inteligência católica. Eis como se exprime um historiador: "Os dogmas do cientificismo perdem algo da sua soberba. Há dúvidas crescentes que se formulam a respeito das construções rígidas que, edificando-se sobre os resultados gerais das ciências, pretenderiam solucionar de um só golpe todos os problemas. O século expirante combate o culto exclusivo do *fato*: ao lado das leis da matéria, deixa um espaço para a liberdade moral, a independência da consciência, o imprevisível"[9]. Era uma evolução cujas causas continuam misteriosas. Um hegeliano pode ver nela uma aplicação direta da lei dialética; um cristão, uma intervenção evidente da graça. E é bem sob esta última forma que ela se manifesta no caso desses homens de ciência e desses escritores que, cada vez mais numerosos, protagonizam regressos à fé, frequentemente espetaculares. À medida que passam os anos, desde o fim do século XIX aos começos do século XX, cresce o número de personalidades notáveis nos diversos quadrantes intelectuais que se proclamam, alto e bom som, católicas. O pressuposto da época precedente — o de que era preciso ser descrente para ser reconhecido como intelectual válido — cai por terra. Aos Berthelot, aos Renan, aos Zola, a Igreja tem doravante a opor os Branly, os Termier, os Huysmans, os Péguy.

Tal é, nos seus dois dados fundamentais, o fenômeno capital da história intelectual da Igreja durante a época estudada neste volume. A nossa época vai-lhe extraindo as consequências. Se o cristianismo pôde fazer frente aos assaltos do humanismo ateu, foi a essa renovação do espírito que o deveu.

Os quadros intelectuais superiores: as universidades católicas

A renovação intelectual da Igreja traduziu-se, pois, a princípio, por um esforço para reconstituir uma elite capaz de a dirigir. Enquanto os católicos não tivessem mestres capazes de se igualar aos adversários e de formar as novas gerações, nada de sério poderia ser empreendido. Por isso devemos sublinhar, como um dos indícios mais claros da vontade de repor o antigo estado de coisas, a fundação ou o desenvolvimento de centros de ensino superior — as *universidades católicas*.

Na sua origem, as universidades eram corporações internacionais religiosas. A Igreja tivera a parte principal na sua criação e organização; durante muito tempo, fora ela que lhes fornecera todos os seus mestres. A Reforma viera quebrar essa unidade e, daí por diante, só tinham usado o nome de "católicas" as universidades estabelecidas nos países que tinham permanecido em comunhão com Roma. A Revolução Francesa e as suas sequelas, o Consulado e o Império, estabelecendo o domínio do Estado sobre a instrução pública, tinham reservado o nome "universidade" para os organismos oficiais de ensino. Daí que o termo "universidade católica" só tenha sido atribuído, a partir de então, àquelas que eram reconhecidas pela Santa Sé, com exclusão das universidades estatais, mesmo que fossem de Estados católicos.

Por volta de 1870, podiam-se contar pelos dedos as universidades católicas. Na prática, apenas três de verdadeira importância correspondiam propriamente à definição. Em Roma, a Universidade Gregoriana, que Gregório XIII criara em 1582, a partir do Colégio Romano de Inácio de Loyola, sofrera um eclipse no século XVIII, por força da supressão da Companhia de Jesus; em 1824, os jesuítas tinham retomado o seu lugar, e pouco a pouco a velha instituição, refugiada por ocasião da queda de Roma no Palácio Borromeu, perto da Piazza Minerva, reconquistara todo o antigo prestígio. Um outro centro intelectual de importância era a Universidade de Lovaina, restabelecida pelo episcopado belga quatro anos antes da revolução de 1830. No Canadá, a Universidade Laval, fundada em 1852 em memória de mons. Montmorency-Laval, prometia um futuro brilhante, mas ainda era modesta.

Não se podiam contar como "universidades católicas", no sentido técnico do termo, as dos países católicos Alemanha e Áustria — Tübingen, Friburgo, Munique, Bonn, Viena —, que eram universidades do Estado, onde, aliás, ensinavam mestres sempre de prestígio mas nem sempre merecedores de toda a confiança, como Hermès, Gunther ou Döllinger. Na França, não existia nenhum estabelecimento católico de ensino propriamente superior e de pesquisa; as esperanças nascidas com a restauração do Oratório e com os belos projetos de Gratry tinham falhado[10].

O movimento de renovação iniciou-se logo após 1870, acelerou-se depois de 1878, data do advento de Leão XIII, e não cessou de se desenvolver até aos nossos dias. O exemplo veio de Lovaina: embora continuasse como universidade "livre" — não estatal —, quer nos programas, quer na escolha do corpo docente, obteve em 1876 o reconhecimento pelo Estado belga da maior parte dos títulos que outorgava, e, em consequência, o número dos seus estudantes aumentou muito rapidamente: seis mil em 1900, 15 mil em 1939. Por outro lado, além das suas cinco faculdades, agregou a si, segundo um método muito medieval, numerosos colégios e institutos, e criou um seminário de História (com Jungman e Cauchie), uma escola de Ciências Sociais (com mons. Abeloos), uma escola de cervejaria e um Instituto de Zoologia. O seu Instituto Superior de Filosofia, fundado em 1879 para satisfazer os desejos do papa expressos na *Aeterni Patris*, teve também grande êxito, graças ao talento de um jovem professor, o pe. Désiré Mercier, futuro cardeal. A *Nouvelle revue théologique*, publicada pela universidade, era uma autoridade no meio intelectual católico e até fora deste. Dentro em pouco, Lovaina estendia a sua influência a toda a Bélgica[11].

Em Roma, a Universidade Gregoriana, consagrada unicamente às ciências sagradas, passou a ter progressos sensíveis. Em 1876, enriqueceu-se com uma Faculdade de Direito Canônico; em 1922, com um Curso de Magistério destinado à preparação de professores para o ensino superior e de pesquisadores; em 1924, com uma Escola de Letras Latinas, para ensinar os futuros redatores das Congregações Romanas e das chancelarias episcopais a escrever com elegância a língua da Igreja; e ainda com cadeiras de História Eclesiástica, de Musicologia, e com institutos anexos de grande relevo — o Instituto Bíblico e o Instituto de Estudos Orientais. Instalada em 1930 num novo palácio, situado na Piazza della Pilotta, a Gregoriana tornou-se o primeiro dos focos de cultura em Roma.

Ao mesmo tempo, uma sã emulação levou outras grandes ordens a fazer todo o possível para imitar a Companhia de Jesus. O Ateneu ou Colégio Angélico — o *Angelicum* —, fundado em 1580 para os alunos da ordem dominicana, acrescentou à sua Faculdade de Teologia uma de Filosofia (1832) e uma de Direito Canônico (1896)[12]. Os beneditinos, por seu lado, desenvolveram o Colégio de Santo Anselmo, e os franciscanos o Colégio Antoniano. Começou a renascer mesmo à volta do Latrão um centro de vida intelectual.

Quanto à terceira das grandes universidades católicas já existentes antes de 1870, a de Laval, do Canadá, embora conservasse umas características quase medievais — teve uma "Faculdade de Artes" até 1919, data a partir da qual surgiram as Faculdades de Filosofia, de Letras e de Ciências —, desenvolveu-se de tal maneira por todo o Canadá francês que foi preciso desdobrá-la, criando em Montréal uma universidade anexa, mais tarde proclamada autônoma.

Também na França realizou-se um vigoroso esforço por dotar a Igreja de meios dignos de ação intelectual. Logo a seguir à lei de 1875, sobre a liberdade do ensino superior, a hierarquia cuidou de aproveitar a ocasião para criar verdadeiras universidades. Depois de ter discutido algum tempo se se devia estabelecer uma só para todo o país, ou várias, distribuídas pelo território, e depois de ter debatido — coisa que hoje nos parece surpreendente! — se conviria abrir um espaço para o ensino da Teologia, depressa se passou aos fatos, com a generosidade dos fiéis, que neste caso foi notável. Em Paris, sob o impulso do velho cardeal Guibert e sobretudo do jovem e ativíssimo vigário-geral mons. D'Hulst, com o acordo e apoio de onze bispos, a Universidade Católica nasceu em 1875. Os cursos de Direito começaram em 15 de novembro, no edifício do seminário dos Carmelitas, que era aquele que fora aberto por um grande precursor, mons. Affre. Em três meses, nasceram três Faculdades, e, passados três anos, a elas se juntou uma Escola Superior de Teologia. Lyon seguiu-se pouco depois, com uma pequena Faculdade de Direito. Depois, foram Lille e Angers, em 1876, e um ano mais tarde Toulouse.

Em toda a parte, a grande dificuldade foi arranjar professores verdadeiramente competentes, e nos primeiros tempos houve algum tatear. Mas as bases estavam lançadas, e tão solidamente que puderam defrontar a ameaça que as fundações recém-criadas tiveram de sofrer por parte da esquerda, logo que esta retomou o poder. A lei de 1880 proibiu ao ensino católico a colação de graus, e reservou aos estabelecimentos do Estado o direito de se chamarem "universidades". Nem por isso as cinco fundações deixaram de prosperar, agora com o título de "institutos católicos". Os seus alunos apresentavam-se aos exames perante júris oficiais, mas os professores eram contratados livremente, e, no conjunto, não valiam menos que os do Estado. O Instituto de Paris chegou mesmo a alcançar prestígio, por ter entre os seus mestres sábios ilustres como A. de Lapparent, um dos criadores da moderna geologia, e *Édouard Branly*, que, ao descobrir em 1890 que a eletricidade podia ser transmitida sem condutores, foi um dos promotores da "telegrafia sem fios", mais tarde o *rádio*. Cada um dos institutos católicos acrescentou às Faculdades de base institutos especializados em determinados campos de pesquisa ou na formação de certas profissões: em Paris, a Escola de Línguas Orientais, o Instituto Agrícola de Beauvais, a universidade feminina; em Lille, uma Escola de Jornalismo, quase única na França; em Angers e Toulouse, Escolas de Agricultura. Todos esses institutos, malgrado as dificuldades financeiras frequentemente graves, viriam a estar no primeiro plano de renovação da inteligência católica na França[13].

O exemplo da Bélgica e da França foi seguido, na Suíça, pelo cantão de Friburgo. A iniciativa pertenceu a mons. Mermillod, que se encontra em todas as realizações católicas da sua época; mas quem a concretizou foi o conselheiro de Estado Georg Python. Nomeado para o departamento da Instrução Pública, entendeu ser seu dever aproveitar a ocasião para criar uma Universidade. E conseguiu-o em 1889, dando à fundação duas características bastante singulares: a de ser Universidade do Estado, integrada no sistema universitário do cantão de Friburgo, e, ao mesmo tempo, oficialmente católica e até com uma Faculdade de Teologia "dominicana", diretamente vinculada à Sé Apostólica; e a de ser internacional no quadro dos professores.

O movimento estava lançado, e daí em diante não pararia. Na América, enquanto em Ottawa, capital do Canadá, os Oblatos de Maria Imaculada fundavam a sua universidade, os católicos dos Estados Unidos podiam regozijar-se com a fundação da Universidade de Notre Dame, perto de Chicago, e da de Washington. Na América do Sul, Santiago do Chile e Lima tiveram as suas universidades católicas[14]. Até na China, os jesuítas criaram a Universidade da Aurora. Nas Filipinas, a de Manila começou logo com grande vigor. A seguir à Grande Guerra, surgiram ainda outras: Lublin, na Polônia; Utrech e Nimega, na Holanda. A mais brilhante fundação foi a universidade milanesa do *Sacro Cuore*, que, reclamada desde 1909 por um franciscano, o pe. Gemelli, biólogo eminente, e encorajada por Contardo Ferrini e Giuseppe Toniolo, foi finalmente erigida em 1921, com o apoio do cardeal-arcebispo Achille Ratti, futuro Pio XI, e por ele instalada na Praça de Santo Ambrósio, numa localização magnífica; essa universidade iria contribuir bastante para a renovação intelectual do hodierno catolicismo italiano.

A criação das universidades católicas, importante em si, ganhou porventura ainda maior relevo pela irradiação que esses estabelecimentos exerceram e pela emulação que suscitaram. Não somente, conforme desejava o cardeal Newman, "velaram pela educação espiritual das elites e desenvolveram as ciências sagradas", mas também desempenharam "um papel de importância soberana para o equilíbrio das relações entre a ciência e a fé, orientando o exercício ordenado da inteligência cristã e a síntese necessária entre o trabalho científico de natureza profana e o desenvolvimento da teologia"[15]. Por vezes, aconteceu que esse papel complexo foi desempenhado com excessiva audácia por um ou outro dos seus mestres; na França, a corrente modernista penetrou por algumas das portas que os institutos católicos queriam abrir para o mundo. No conjunto, porém, é impossível exagerar a ação que todos eles tiveram no aprimoramento da formação do clero, e que se traduziu numa firme elevação do nível dos estudos nos seminários; viram-se os melhores alunos destinados ao ensino voltarem a defender teses de doutoramento em Teologia ou em Direito Canônico.

Quanto à importância que as universidades ou os institutos católicos tiveram como meio de restabelecer o contato entre o pensamento católico e as disciplinas científicas modernas, temos um exemplo na tão curiosa tentativa feita a partir de 1885: sob o impulso de um dos melhores professores do Instituto Católico de Toulouse, o cônego Duilhé de Saint-Projet, passaram a reunir-se periodicamente *Congressos Científicos Internacionais dos Católicos*. Até 1903, ano em que cessaram por força dos reflexos da crise modernista, esses congressos, realizados sucessivamente em Rouen, Paris, Bruxelas, Friburgo, Munique, tiveram um êxito crescente, a ponto de contarem 3.337 participantes e 267 conferencistas. A ideia viria a ser retomada sob outras modalidades, e daria origem aos grupos de intelectuais católicos que atualmente existem em todos os países, congregados em plano universal na *Pax Romana*.

Importa acrescentar que o papado deu um apoio decisivo a esse movimento de constituição dos quadros intelectuais. Viu-se a Gregoriana desenvolver-se no pontificado de Leão XIII e depois no de Pio XI; Lovaina gozar da predileção de Pio X e Bento XV, graças ao trabalho do cardeal Mercier; os institutos católicos franceses receberem numerosas provas evidentes de estima, a menor das quais não foi a púrpura que, em 1935, cobriu os ombros do reitor do de Paris, mons. Baudrillart.

Medidas como a de abrir aos pesquisadores os Arquivos do Vaticano, decidida por Leão XIII, não foram menos significativas quanto à vontade pontifícia de levar a Igreja a colaborar para o progresso das ciências. O mesmo se diga das transformações por que passou a Biblioteca Vaticana: por indicação de Leão XIII, abriram-se salas de leitura, cujo conjunto teve o nome de "Biblioteca Leonina"; sob Pio XI, instalaram-se prateleiras metálicas "Snead Standard" e ascensores, o que facilitou o acesso a um milhão de volumes, repartidos por seis andares. Esteve à frente desse trabalho um prelado francês, que com isso ganhou a púrpura: mons. Eugène Tisserant. Finalmente, a *Pontifícia Academia de Ciências*, herdeira da "mais velha Academia científica da História", ou seja, a dos *Lincei*, reconstituída em 1847, mas verdadeiramente colocada no lugar que lhe cabia por Leão XIII em 1887 e por Pio XI em 1926, instalada no centro dos Jardins do Vaticano, na encantadora *casina* de Pio IV, veio trazer o mais claro testemunho das relações de harmonia que passou a haver entre a alta cultura e a Igreja. A Academia acolheu no seu seio, não somente católicos, mas sábios de todos os países e de todas as disciplinas que tivessem prestado serviços à causa da inteligência[16].

O renascimento do tomismo e a renovação teológica

O trabalho que a inteligência católica ia empreender necessitava de sólidas bases doutrinais, ou seja, de uma teologia bem construída. Ora, como todas as ciências religiosas fundamentais[17], a Teologia, no último terço do século XIX, estava numa situação de ruína. "Perdera contato com as grandes fontes patrísticas e medievais; estava desconcertada ante as novas filosofias; acantonava-se em discussões de escola"[18]. Numerosas mentes claras julgavam indispensável uma renovação teológica.

O primeiro toque de clarim foi dado pelo Concílio Vaticano, embora pouco se fale disso. A constituição *Dei Filius*, votada pela Assembleia e promulgada por Pio IX na sessão solene de 14 de abril de 1870, afirmou nitidamente a necessidade de uma teologia sólida para armar "a doutrina cristã contra os erros múltiplos que derivam do racionalismo". E sobre numerosos pontos — como as bases racionais da fé, a definição do sobrenatural, as relações entre a teologia e a filosofia —, o esquema conciliar, sem se deter na discussão e refutação das doutrinas adversas, formulou preceitos que seria fácil mostrar que ainda hoje determinam as regras do pensamento católico.

Mas eram preceitos muito genéricos, e não um sistema teológico completo, que oferecesse um quadro ao pensamento. No entanto, esse sistema existia na tradição cristã; tinha sido a glória do pensamento medieval: era aquele que São Tomás de Aquino formulara na *Suma*[19]. Desde o século XVI, o tomismo caíra em grande descrédito. Tinham-no confundido com as especulações de alguns dos seus epígonos, por demais levados a raciocinar à maneira desses doutores *bombicinantes in vacuo* [algo como "que 'pedanteiam' no vazio"] de que fala Rabelais. Porém, no princípio do século XIX, alguns espíritos sagazes tinham sugerido que, contra as falsas doutrinas cujo contágio se propagava por todos os setores da vida humana, se recorresse ao sistema do genial Aquinate, que também cobria a totalidade dos problemas. E esboçara-se um movimento[20], que tivera por fonte o Colégio Alberone de Milão e depois se reacendera e se ampliara com a *Civiltà cattolica*, mercê do ilustre pe. Taparelli d'Azeglio, com o pe. Giuseppe Pecci, irmão do futuro Leão XIII, e sobretudo com os padres Sordi e Liberatore.

Em 1870, o renascimento do tomismo estava seriamente iniciado. Sucediam-se regularmente os enormes volumes do cônego napolitano Sanseverino. O cardeal Zigliara, que viveu até 1893, proclamava a necessidade de fazer reviver a "Áurea Sabedoria". Na Universidade Gregoriana, o jesuíta alemão Kleutgen ensinava a numerosos ouvintes que a *Suma* oferecia um arsenal de argumentos contra Kant ou Hegel. Balmes, Gratry, Lacordaire, Ventura tinham mostrado que, mesmo em matéria política e social, a visão de São Tomás de Aquino era admiravelmente adequada e fecunda. A partir de 1852, um editor de Parma publicava uma *Suma* integral, que só estaria concluída em 1880. Faltava apenas aguardar e esperar que o papa, a mais alta autoridade da Igreja, tomasse posição.

Quando era arcebispo de Perúgia, Gioachino Pecci interessara-se vivamente pelo movimento tomista. Sob a direção do seu irmão jesuíta, fora aberto na sua cidade um Centro de Estudos Tomistas, e o próprio arcebispo participara muitas vezes das discussões. A forma da sua mente levava-o a amar o sadio realismo do Aquinate, o seu propósito constante de ter em conta a realidade do homem, o exato equilíbrio que estabelece entre o subjetivo e o objetivo. Por isso, no seu magistério sobre a liberdade, a propriedade ou as relações sociais, os documentos do arcebispo continham frequentes referências às "questões" da *Suma*.

Precisamente um ano depois de ter sido eleito, em 1879, Leão XIII publicou uma encíclica, *Aeterni Patris*, que marcou a data oficial da ressurreição do tomismo. Mostrando em detalhe como São Tomás, utilizando os pensadores antigos, e sobretudo Aristóteles, edificara um sistema autenticamente cristão, o texto pontifício sublinhava que fora a partir da *Suma* que a teologia católica adquirira um estrito rigor, e que o depósito sagrado da fé se inscrevera no âmbito de uma ciência indiscutível. Sem pretender reservar para São Tomás nenhuma exclusividade (o "seráfico São Boaventura" era tão louvado como o "angélico São Tomás"), a encíclica propunha aos católicos do século XIX que adotassem "o espírito, os métodos, a sabedoria de São Tomás". Aqueles que tinham a missão de formar os jovens para o serviço da Igreja eram incitados a distribuir-lhes "o pão vivificante e sólido da doutrina tomista". Os trabalhadores e os cientistas eram convidados a tomar o tomismo por eixo do seu pensamento. Era verdadeiramente uma epifania do Doutor Angélico.

Daí por diante, o tomismo não deixaria de ver aumentar a sua influência. Todo o pontificado de Leão XIII contribuiu para isso. Proclamado "Padroeiro de todas as universidades", São Tomás teve uma Academia em Roma, dirigida pelo pe. Matteo Liberatore, e da qual um dos primeiros doutorados foi D. Achille Ratti, o futuro Pio XI. Empreendeu-se uma monumental edição crítica da *Suma Teológica*. Criaram-se cadeiras de tomismo nas universidades de Lovaina, Friburgo, Lille, Washington. Num breve de 1882, o papa explicava à Companhia de Jesus como o pensamento que os jesuítas perfilhavam era conciliável com o pensamento tomista[21]. Todas as grandes encíclicas se referiram formal ou implicitamente ao tomismo; por exemplo, a *Libertas praestantissimus*, sobre o verdadeiro sentido da liberdade, ou a *Rerum novarum*, sobre a questão social.

Todos os sucessores de Leão XIII seguiram pela via aberta por ele. Pio X exaltou muitas vezes "o valor nunca igualado" do tomismo, e, no seu *motu proprio* de 24 de junho de 1914, não hesitou em afirmar que só a filosofia de São Tomás expunha de maneira satisfatória o conjunto das verdades naturais sobre as quais assenta a religião cristã. Bento XV ordenou a todas as escolas católicas que, nos seus cursos de teologia e de filosofia, tivessem como ponto de referência o tomismo. Pio XI, cujos textos contiveram inumeráveis alusões ao tomismo, apoiou os dominicanos no notável esforço que fizeram por desenvolver o conhecimento do sistema tomista, quer no seu Colégio universitário, o *Angelicum*, quer mediante a publicação, a partir de 1924, de uma tradução completa em francês da obra do Aquinate, e ainda da glosa que dela fez o pe. Pègues. Sem se tornar a doutrina oficial da Igreja, o tomismo beneficiou, portanto, de uma primazia de fato. A inteligência católica tirou dessa renovação um imenso benefício, porque assim se libertou tanto da teologia bastarda e rotineira então em uso, como das tentações opostas, de um racionalismo seco e de um idealismo dissolvente.

Surgiu também, como era de prever, um movimento de renovação teológica. Em primeiro lugar, floresceu, na linha direta de São Tomás, um imenso número de obras — tratados ou comentários — inspiradas no Aquinate; recordem-se as de mons. Mercier, o professor de Lovaina, que tiveram grande influência. Depois, começaram a publicar-se revistas, como a *Revue thomiste*, na França, ou a *Revue de Néo-scolastique*, na Bélgica. De resto, o movimento não se desenvolveu apenas num sentido; uns, como o pe. Billot, futuro cardeal[22], indo buscar ao tomismo um método e preceitos rígidos; outros, procurando sobretudo captar-lhe o espírito e os princípios, e adaptá-los às circunstâncias, como o pe. Gardeil, cujo livro *Le donné révélé et la Théologie* orientou muitos espíritos para as pesquisas sobre a contemplação na sua relação com a vida do intelecto.

O tomismo chegou até a sair do âmbito eclesiástico e a ser adotado por pensadores leigos, o que sucedeu já antes da Guerra Mundial de 1914, mas depois se expandiu, dando lugar a um movimento neotomista que animou um vasto setor da intelectualidade católica. Dois mestres ocuparam o primeiro plano nesse terreno: *Jacques Maritain*, cujos cursos ministrados no Instituto Católico contribuíram poderosamente para difundir o tomismo entre as novas gerações, e cuja vasta obra aplicou os princípios tomistas à metafísica e à estética, e mesmo à poesia e à política; e *Étienne Gilson*, cujo livro *Le thomisme*, publicado em 1920, iria constituir a mais clara introdução ao sistema do Aquinate, e cuja influência se exerceu, mesmo na ordem dominicana, no sentido de orientar os estudos numa linha mais histórica do que especulativa. Pode-se até dizer que o próprio pensamento laico foi transformado pelo renascimento do tomismo, porque se viram universidades estatais introduzirem nos seus programas partes da *Suma Teológica*. O ressurgimento em glória de São Tomás contribuiu, em larga medida, para fazer cessar nos meios intelectuais, e sobretudo universitários, o ostracismo a que se votava todo o pensamento que concedesse algum lugar à fé.

Os estudos teológicos também lucraram. Depois de se ter trabalhado, num primeiro período, na redescoberta e aprofundamento da Suma, do seu corpo de doutrina, passou-se a confrontar com ela os dados do pensamento moderno, a fim de os assimilar ou rejeitar, e também os do pensamento medieval, tarefa esta última em que sobressaiu Étienne Gilson. Sistemas teológicos inteiramente diversos do tomismo ganharam com a renovação do prestígio deste: assim aconteceu com os de Santo Agostinho, Duns Escoto e São Boaventura; era um pluralismo que, afinal, estava bem na linha do próprio tomismo[23].

Foram surgindo por toda a parte teólogos de relevo. Seria impossível fazer uma lista. Na França, ela iria do cardeal Billot e do pe. Gardeil, passando pelo pe. Tanquerey, pelo pe. d'Alès e por mons. d'Herbigny, até à escola dominicana de Saulchoir. Na Alemanha, dos discípulos de Moehler e da Escola de Tübingen, de Hermann Schell e Josef Scheeben, até *Romano Guardini*, cujo espírito ao mesmo tempo enciclopédico e sensível tanto contribuiu para mostrar como o fenômeno cristão se insere no tempo e no mundo. Na Itália, Franzelin e Palmieri, promotores da teologia positiva e profundos analistas da Tradição e das relações desta com a Escritura. Na Suíça, em Friburgo, o pe. Marin-Sola. Na Bélgica, na linha do cardeal Mercier, toda uma escola que contou mestres como o cônego Cerfaux.

Monumentais empreendimentos editoriais visaram oferecer verdadeiras "sumas" dessa teologia renovada: o *Dictionnaire de Théologie catholique*, de Vacant e Mangenot, continuado por Amann; o *Handbuch der Katholischen dogmatik*, de Scheeben, e o *Nomenclator litterarius recentioris theologiae catholicae*. Multiplicaram-se as revistas de teologia em todos os países católicos. Se é verdade que todas as grandes épocas da Igreja foram épocas de florescimento teológico, temos de considerar que é este um dos sinais inequívocos da grandeza da época que analisamos.

Os estudos bíblicos e o pe. Lagrange

De São Tomás, dissera Lacordaire, com certa ironia: "É um farol; não é um limite". De uma outra forma, também Leão XIII pensou o mesmo. A luz do tomismo havia de iluminar uma pesquisa cada vez mais profunda dos fundamentos da fé, a começar por aquele em que o Aquinate se apoia constantemente — o da Sagrada Escritura.

Como se sabe, era esse um dos setores em que o edifício cristão mais se via atacado, e talvez aquele em que os crentes tinham mais rapidamente tomado consciência de que uma grave ameaça pesava sobre a sua fé[24]. Os livros ribombantes de Strauss e de Renan tinham contribuído muito mais do que as teorias filosóficas de Auguste Comte ou de Hegel para arrancar os católicos ao seu torpor. As críticas relativas à historicidade dos Livros Sagrados, aos seus supostos erros, à inverossimilhança dos milagres, forneciam armas para a indignação de polemistas e sermonários. Esses ataques não cessavam; as escolas racionalistas sucediam-se umas às outras, até chegarem a um Guignebert, inventor de um Cristo "deificado" pelos seus discípulos, e a um Couchoud, doutrinário do "Cristo mítico"[25]. Ao mesmo tempo, os promotores da história comparada das religiões e os especialistas das crenças primitivas pretendiam incluir os grandes dados da Revelação nos quadros do animismo e do totemismo, quando não os identificavam como tabus.

Vimos já[26] como os meios de defesa contra esses ataques da "crítica livre" foram por muito tempo insuficientes. Era derrisório opor a Strauss, Renan ou Wellhausen as "provas" peremptórias de Dessailly ou de Moigno. Só um esforço científico conduzido tão tenazmente como o dos adversários permitiria fazer-lhes face com armas iguais. Já tinham aparecido alguns iniciadores, antes de 1870: o pe. Meignan, mais tarde bispo, o pe. Vollot, o grande sulpiciano Le Hire, por quem o seu aluno Ernest Renan nutriu gratidão e respeito até à morte. A pedido de mons. Meignan, o Concílio Vaticano decidira dar diretrizes sobre a delicada questão da exegese bíblica, mas não tivera tempo de fazê-lo. Muitas inteligências preclaras viam que era urgente renovar os métodos, se não se quisesse ser definitivamente desclassificado pelos racionalistas, ou mesmo ultrapassado pelos protestantes, que, com Cuvier, Quatrefages, os pastores Pozzi e G. de Prenssensé — este último, pertinente refutador de Renan —, metiam ombros a um trabalho de porte.

O movimento pela renovação dos estudos bíblicos iniciou-se seriamente no princípio do pontificado de Leão XIII, na Alemanha e sobretudo na França, onde a criação das universidades católicas lhes ofereceu um quadro muito favorável. Alguns prelados o encorajaram: mons. Meignan, mons. d'Hulst, mais tarde mons. Mignot e mons. Le Camus. A Companhia de Jesus somou forças com os pes. Brucker, Prat, Hummelauer. O mesmo se diga dos sulpicianos. Começaram a aparecer trabalhos sérios, como, em 1878-79, o *Manuel biblique* dos sulpicianos Bacuez e Vigouroux e, dirigido por este último, o *Dictionnaire de la Bible*, iniciado em 1891. As posições estavam longe de ser demasiado audaciosas; ainda se estava na fase do "concordismo", que punha em paralelo os "dias" do *Gênesis* com os períodos geológicos. Mas não deixavam de ser sinais anunciadores.

A partir daí, um número crescente de vozes afirmava a necessidade de aplicar aos estudos bíblicos os métodos e critérios da ciência. A intenção não deixava de conter alguns riscos, como se percebeu quando surgiu a "crise modernista"[27]. Utilizando os métodos dos adversários, não se iria comprometer a verdade da Revelação? Foi precisamente sobre questões de exegese, a propósito dos trabalhos do pe. Loisy, que o modernismo se revelou como uma ameaça grave. Para dominar simultaneamente os dois perigos — o de cair em audácias exageradas e o de não sair da rotina —, eram precisos homens que tivessem verdadeira fé "na unidade da verdade", que estivessem convencidos de que "nenhuma ciência humana pode contradizer a Verdade divina", e que se tratava apenas de "a assimilar o bastante para pô-la ao serviço dessa Verdade"[28].

Houve um homem que encarnou plenamente essa convicção e que, ao assumir a chefia do movimento de renovação da crítica bíblica, foi o verdadeiro artesão da reviravolta que se operou e cujos resultados são tão importantes nos nossos dias: o *pe. Marie-Joseph Lagrange*, dominicano. Nascido em Bourg-en-Bresse a 7 de março de 1855 — no dia da festa de São Tomás de Aquino, como gostava de recordar, sorrindo —, tinha pertencido, como Lacordaire, ao corpo de advogados de Paris antes de vestir o hábito branco. Aos trinta e cinco anos, formado pela Universidade de Viena, era já eminente especialista das línguas antigas do Próximo Oriente quando o seu superior, o pe. Colchen, israelita convertido, grande leitor da Bíblia, o enviou à Terra Santa para realizar um projeto que o apaixonava.

Havia em Jerusalém um modestíssimo estabelecimento destinado a receber os sacerdotes de passagem. O fundador, que era dominicano, acabara de morrer. Lagrange iria substituí-lo, mas com propósitos bem diferentes. Essa casa, situada no lugar que a tradição diz ter sido o do martírio de Santo Estêvão, iria ser coisa bem diversa de uma simples hospedaria: seria um centro em que os pesquisadores pudessem trabalhar seriamente sobre as questões relativas à Sagrada Escritura e, ao mesmo tempo, formasse jovens nesses estudos. Desse projeto, pelo qual se interessaram Vigouroux, o pe. Orat, mons. Le Camus e outros, saiu um vasto leque de grandes realizações.

Em 1890, ou seja, dois anos depois de se ter instalado na Palestina, o pe. Lagrange fundou a *Escola Prática de Estudos Bíblicos*, aquela que viria a ser a famosa Escola Bíblica, da qual seria o verdadeiro chefe durante quarenta e seis anos, até à morte (em 1938). Os estudantes que a frequentassem adquiririam uma sólida erudição quanto às civilizações orientais e um conhecimento aprofundado das especialidades científicas que pudessem ajudar a renovar a história e a exegese — nomeadamente a linguística, a arqueologia e a epigrafia. Assim se criaria, nas palavras do fundador, "uma exegese mais ampla e de horizonte mais vasto".

Passados dois anos, nasceu a *Revue biblique*, que o editor parisiense Lethielleux teve o mérito de tomar a seu cargo, oferecendo aos pesquisadores e aos homens de ciência um órgão em que apareceriam os seus trabalhos. Todos os que, nessa altura, contavam em matéria de exegese foram convidados a colaborar, sem nenhum preconceito. A coleção *Études bibliques* veio pouco depois, como anexo da revista. Pouco a pouco, o edifício da pequena Escola de Santo Estêvão foi-se ampliando. Outros dominicanos se juntaram ao fundador: o pe. Abel, o pe. Vincent e outros, para correrem com ele essa bela aventura. Porque era mesmo uma aventura — e em vários sentidos. Em primeiro lugar, porque a Palestina dos começos do século XX estava longe de ser um país sossegado, e muitas vezes sucedeu que o pe. Lagrange e os seus companheiros foram atacados por beduínos, nos terrenos das escavações. E também porque era preciso desconfiar de outros ataques, mais pérfidos e mais temíveis que as razias do deserto.

É certo que os trabalhos do pe. Lagrange suscitavam muitas simpatias. No Congresso Científico Católico de Friburgo, em 1897, as suas teses sobre a utilização da crítica de textos no estudo da Bíblia e sobre a pluralidade de documentos do Pentateuco foram aclamadas. Em Toulouse, em 1902, as suas conferências sobre a concordância, possível e necessária, entre a utilização do método histórico e as exigências da inspiração e do Magistério da Igreja atraíram multidões. Mas nem todos os espíritos estavam preparados para admitir posições tão novas e surgiu uma oposição violenta. Se bem que a *Revue biblique* denunciasse muitas vezes os erros da exegese modernista, fez-se de conta que também ela se integrava no modernismo, e, quando este foi condenado, e especialmente quando se desencadeou o movimento de excessiva reação que ficaria conhecido por "integrismo"[29], o pe. Lagrange foi apanhado no redemoinho da tempestade e afastado da sua querida Escola Bíblica. Felizmente por pouco tempo — um ano —, porque Pio X compreendeu a injustiça da medida.

Terminada a crise modernista, pareceu mais evidente que nunca a necessidade de trabalhar no sentido indicado pelo ilustre dominicano. Desde então, ninguém que se interesse pelos estudos bíblicos ignora o que deve a esse sábio, às suas intuições profundas, a esse homem de fé que teve como regra de vida a plena concordância entre a ciência e a fé, a esse religioso rigoroso e piedoso, humilde e fiel, cujos olhos luminosos na face barbada revelavam uma alma de criança[30].

Os papas não ficaram indiferentes a essa corrente, cada vez mais forte, que ia levar a inteligência católica a estudar cientificamente a Bíblia. Leão XIII sempre se interessara pela questão, como bom tomista que era. Lera cuidadosamente Renan e as refutações feitas à sua *Vie de Jésus*, designadamente as do *Correspondant*. Seguiu de perto os trabalhos da Escola Francesa e manteve-se ao corrente das dificuldades que alguns deles suscitavam. A 18 de novembro de 1893, apareceu a encíclica *Providentissimus Deus*, uma das mais belas de um pontificado que teve tantas. Era um hino de glória à Sagrada Escritura, que o papa ia cantando em diversos tons, consoante a voz de todos os que, de São Clemente Romano a São Bernardo, de São Jerônimo a São Tomás de Aquino, tinham ido beber nos Livros Sagrados o melhor do seu alimento espiritual. Era também uma excelente demonstração dos erros cometidos pelos racionalistas da crítica chamada livre, que se recusavam a admitir que um texto escrito por mão humana pudesse ser também texto inspirado. E era ainda um conselho, imperiosamente dado aos professores das universidades católicas, para que conferissem à Sagrada Escritura um lugar eminente no currículo dos estudos. A encíclica contém páginas, como por exemplo a da inspiração e a da inerrância das Escrituras, que não foram ultrapassadas. "Esta encíclica — escreveu o pe. Brucker — dirige-nos com segurança por entre os dois escolhos que podem comprometer no mesmo grau a honra dos nossos Livros Sagrados: um conservadorismo excessivo e a temeridade".

Essa intenção de evitar ambos os escolhos reaparece na criação, em 1902, da *Comissão Bíblica*, destinada ao mesmo tempo a promover os estudos da Bíblia e a preservá-los de perigos então mais evidenciados. Pio X, continuando a obra do predecessor, aumentou os poderes da Comissão, autorizando-a (1904) a conferir graus acadêmicos de licenciatura e doutoramento, e, depois (1907), declarando que, sem serem infalíveis ou irreformáveis, as suas decisões teriam o mesmo valor que as das congregações romanas, isto é, os católicos deviam prestar-lhes um assentimento sincero. Leão XIII quisera ir ainda mais longe e fazer em Roma, para todo o mundo católico, aquilo que o pe. Lagrange fazia em Jerusalém. Nos últimos anos do seu pontificado, tratou-se muito da criação de um *Pontifício Instituto Bíblico*. Pio X retomou a ideia e, em 1909, concretizou-a, com a ajuda financeira de uma família bretã (os Coëtlosquet), que participou na compra de um *palazzo*, e com o apoio intelectual da Companhia de Jesus. Vinculado à Gregoriana, o Instituto tornou-se o centro de formação dos futuros professores de Sagrada Escritura e de Línguas Orientais das universidades e dos seminários.

A Igreja estava agora bem armada, e a crise do modernismo, que, como se chegou a temer em certo momento, poderia refrear a renovação dos estudos bíblicos, acabou, afinal, por reforçá-los: era preciso resistir aos ataques de um Loisy e de outros. Quando a crise passou, Bento XV reafirmou a necessidade da renovação, tanto por meio da encíclica *Spiritus Paraclitus*, escrita para o XV centenário da morte de São Jerônimo, como da Carta de 1918 ao Instituto Bíblico, ou ainda daquela que pouco depois dirigiu à Sociedade de São Jerônimo. Nesta última, pôde-se ler pela primeira vez um convite formal a *todos* os católicos para que lessem as Sagradas Escrituras, "que devem penetrar em todas as famílias". A corrente tornara-se, pois, irresistível. Começavam a surgir por toda a parte os centros de estudos escriturísticos, as revistas, as coleções bíblicas. Se é certo que as traduções destinadas ao grande público eram ainda pouco numerosas — na França, estava difundida uma só, a do cônego Crampon —, o número de leitores católicos aumentava.

Não seria o papa-historiador Pio XI que iria retardar o movimento. Ele que, por várias vezes, se interessara pelos trabalhos do Instituto Bíblico, tratou o pe. Lagrange com grande delicadeza. E sobretudo tomou uma iniciativa científica do mais alto interesse — a criação, em 1926, da *Comissão da Vulgata*, encarregada de rever a célebre tradução latina de São Jerônimo (o papa começou por encarregar da revisão o beneditino inglês dom Francis Aidan Gasquet, futuro cardeal; depois, chamou os beneditinos de Claraval no Luxemburgo, sob a direção de dom Quentin — inventor de um método matemático de classificação das referências — e, a seguir, de dom Salmon). Instalada num autêntico mosteiro, às portas de Roma, a antiga Comissão da Vulgata, tornada Abadia de São Jerônimo, realizou a gigantesca tarefa de lançar uma edição científica da versão latina dos Livros Sagrados[31].

Em 1939, pode-se dizer que os estudos bíblicos tinham reencontrado na Igreja Católica o lugar que lhes cabia e toda a sua dignidade. E bastaria o grande apelo de Pio XII, o seu iluminante *Divino afflante Spiritu* (1943), para explicar o prodigioso florescimento que deu ao catolicismo da nossa época uma das suas notas características mais impressionantes.

A caminho de uma nova apologética

Todas as ciências sagradas obtiveram benefícios desse restabelecimento das bases doutrinais. Em todas elas verificou-se uma evolução para concepções mais largas, mais abertas e, simultaneamente, mais bem fundamentadas quanto à doutrina e ao método. Neste campo, nada mais significativo que a transformação que se deu na *apologética*. Sabe-se que esta disciplina tem por fim afirmar as verdades cristãs em face das doutrinas e teorias adversas: o seu principal objetivo é provar ao homem que deve crer. Já nos começos do cristianismo teve um lugar importante na vida intelectual, desde os apologistas do século II — Quadrato, São Justino, Taciano, Minúcio Félix, Tertuliano — até aos grandes pensadores dos séculos IV e V, Santo Atanásio, os Capadócios, São João Crisóstomo e Santo Agostinho[32]. E os Padres da Igreja que se consagravam à apologética, se por um lado respondiam às críticas dos pagãos e dos hereges, por outro cuidavam de fazer obra construtiva, de conduzir à fé.

O século XIX foi, se o apreciarmos pelo número de livros, opúsculos e artigos que apareceram a partir de cerca de 1825, uma idade de ouro da apologética[33]. De resto, consagrando os esforços feitos, o Concílio Vaticano, na Constituição *Dei Filius*, proclamou a importância dessa ciência sagrada e a sua autonomia. Mas, na sua imensa maioria, os autores que a ela se dedicavam não saíam de uma atitude negativa, procurando ripostar aos adversários mais do que afirmar solidamente as verdades da fé. *Defesa da Igreja* — tal era o título da obra a que o pe. Gorini dedicou tantos esforços e tantos anos. Foi assim que Littré, no seu famoso Dicionário, se julgou no direito de propor uma definição que desde então seria adotada em toda a parte: "Apologética: a parte da teologia que tem por fim defender a religião contra os ataques" — o que é demasiado restritivo. Por outro lado, devemos confessar que, nessa apologética de combate, a escolha dos meios era frequentemente muito discutível e que numerosas dessas publicações e artigos pertenciam à categoria das "peças de defesa, em que a segurança do tom dissimula mal a fraqueza dos argumentos e a parcialidade com que se procura uma justificação a qualquer preço"[34].

Tudo isso foi mudando lentamente. Não que a "defesa", ou seja, a crítica dos argumentos dos adversários, fosse abandonada. Mesmo no Magistério pontifício, ficou-lhe sempre guardado algum lugar. Na sequência do ato solene pelo qual, em 1864, Pio IX, na *Quanta cura* e no *Syllabus*, enumerara os erros do mundo moderno, e também da encíclica *Gravissima*, em que condenara os excessos do racionalismo, todos os papas, sem exceção, julgaram útil levantar a voz. O "liberal" Leão XIII, de maneira mais matizada, menos contundente, nem por isso deixou de ser muito claro nas suas admoestações, nomeadamente na *Inscrutabili Dei*, em que analisou os males da sociedade e as suas causas, e mesmo na *Rerum novarum*, a sua encíclica social. Pio X, que, na sua primeira encíclica, escreveu que "a doença mortal da época é a negação dos direitos de Deus", não deixou escapar nenhuma ocasião para denunciar "a tentativa absurda e monstruosa de excluir Deus de toda a vida". As grandes encíclicas doutrinais de Pio XI estiveram na mesma linha: fazendo frente às diversas formas do ateísmo e do totalitarismo, caracterizaram-se por uma apologética de combate, singularmente eficaz e bem fundamentada.

Nessa linha do magistério pontifício, a apologética manteve, pois, o seu caráter defensivo, visando acima de tudo refutar os adversários; mas fez grandes progressos. É bem verdade que nem todos os que praticaram esse gênero tiveram o sentimento exato do equilíbrio que se devia conservar entre a proteção necessária do depósito sagrado e a profunda obrigação que incumbe à Igreja de não romper com o seu tempo. A corrente que mais tarde seria chamada "integrista"[35] cedeu demasiadas vezes à tendência de condenar sumariamente homens e doutrinas, em função de preconceitos estritamente conservadores. Também é verdade que, nos grandes combates travados em defesa da Igreja, nem todos guardaram o sentido da medida ou a prudência na escolha dos meios. Assim Ferdinand Brunetière, no ardor da sua conversão, chegou a falar, num impetuoso discurso de 1895, da "bancarrota da ciência", assegurando que as ciências naturais nada revelavam sobre a origem do homem, as ciências históricas nada que refletisse a importância do fato religioso, as filosóficas nada que permitisse afirmar ou negar a imortalidade da alma e a divindade de Cristo — asserções todas elas em si mesmas muito discutíveis. Retomada em inúmeros artigos e sermões, a fórmula ditirâmbica do diretor da *Revue des Deux Mondes* teve um imenso êxito. Mas os espíritos ponderados não se solidarizaram com ela, e mons. d'Hulst respondeu que, em vez de denegrir tão sumariamente a ciência, melhor seria empregá-la ao serviço da fé, e que o aforismo de Brunetière levaria ao "embrutecei-vos!" que a Igreja sempre recusou, bem como ao fideísmo, ainda menos aceitável.

Nem todos os apologistas foram assim. Entre aqueles que procuraram sobretudo refutar os adversários, desenhou-se uma corrente mais favorável a abandonar as invectivas e os anátemas, e a esforçar-se por analisar cuidadosamente os argumentos inimigos, a fim de melhor os refutar. Já em 1881 o pe. Paul de Broglie dava o exemplo, nos seus dois grossos volumes sobre *Le positivisme et la science expérimentale*. Mais tarde, Pierre Duhem, filósofo e físico, desmontando com precisão o materialismo mecanicista de Marcellin Berthelot, opunha-lhe o dualismo de matéria e forma, ensinado por São Tomás. Na Inglaterra, William George Ward atacava de igual modo o materialismo de Tyndall, em *Science, Prayer, Free Will and Miracles* [1867]. George Mivart pronunciava-se no mesmo sentido. Na América o pe. Zahm, na Itália o pe. Cornildi e depois o pe. Gemelli colocavam-se também no terreno da ciência a fim de lutar contra os adversários. Essa atitude tendeu a prevalecer em todas as disciplinas. Assim, para dar resposta aos historiadores das religiões, alguns sábios cristãos utilizaram os métodos deles, igualando-se a eles nessa disciplina. Exemplos: de novo o pe. de Broglie, um dos primeiros a perceber o perigo; depois, mons. Batiffol, que escreveu *Orpheus et l'Évangile* para trazer Salomon Reinach à justa medida; ou os colaboradores da excelente obra coletiva *Christus*.

No período entre as duas Grandes Guerras, essa evolução teve o seu ápice. As doutrinas da irreligião foram objeto de um número crescente de estudos elaborados com notável seriedade e imparcialidade. É o momento em que Max Scheler desmonta, peça por peça, Auguste Comte e Nietzsche, ou em que o pe. Fessard, jesuíta, e o pe. Ducattillon, dominicano, dedicam ao marxismo análises objetivas, ou em que Jacques Maritain mostra a responsabilidade do racionalismo cartesiano no desenvolvimento da irreligião, ou em que o pe. Henri de Lubac descobre, para caracterizar o conjunto das heresias do mundo moderno, a fórmula que o seu livro de 1941 tornará muito conhecido: o "humanismo ateu".

Mas esse movimento de apologética defensiva não foi o único. Numerosos teólogos ou filósofos empenharam-se num trabalho mais construtivo, propondo-se expor as verdades da fé e mostrar as razões que tinham para admiti-las. Sobretudo a partir dos começos do século XX, realizou-se um esforço destinado a precisar o objeto da apologética e os seus métodos. Assim, o pe. Gardeil, célebre tomista, num livro importante, *La crédibilité et l'Apologétique*, demonstrou que a principal finalidade não era tanto refutar os adversários como provar que os dados da Revelação são críveis, beneficiam de um "juízo de credibilidade". Qual o fundamento desse juízo? A maioria dos apologetas respondeu: o conhecimento que o homem tem de si próprio e do mundo. Queria isso dizer que tudo aquilo que, nos progressos científicos, permita conhecer melhor o homem e o mundo pode estar ao serviço dessa finalidade.

Já na época precedente, alguns apologistas tinham indicado essa via. Foi o caso do pe. Félix, orador de Notre-Dame de Paris, ou de mons. Victor Déchamps, arcebispo de Malines, que fundamentava a sua apologética na "necessidade da alma" e repetia que, nada havendo que interesse tanto ao homem como o próprio homem, era a partir do homem que se devia levar o espírito para Deus. Ainda mais original, *Newman* indicara aquilo que, no homem, permitia conduzir à fé. De resto, o ilustre cardeal só morreria em 1890 e só começaria a exercer verdadeira influência fora da Inglaterra depois da tradução da sua obra para o francês, em 1907. Tratando da questão capital de fornecer ao homem moderno os meios para pôr de harmonia a sua fé com os argumentos racionais, Newman apoiava-se na psicologia, na vida profunda, numa espiritualidade existencial: para ele, o "assentimento" que o crente dá à sua fé situava-se numa experiência vital, num face-a-face com Deus: "eu e o meu Criador". Todos os argumentos e demonstrações eram, portanto, aceitos, utilizados, mas transcendidos por uma força vinda do mais profundo do ser. Apologética que, em rigor, não fez escola, mas que penetrou em inúmeras almas e deu origem a uma corrente muito ampla.

Pelos finais do século XIX, um vasto movimento conduz a uma renovação, a um aprofundamento apologético. No púlpito de Notre-Dame, a evolução da arte oratória é impressionante: Lacordaire tinha apelado sobretudo para o sentimento; as exposições doutrinárias do pe. Monsabré ou as análises de teologia moral de mons. d'Hulst são coisa bem diferente. O *Dictionnaire d'Apologétique*, dirigido pelo pe. d'Alès expõe cientificamente os resultados obtidos por inumeráveis colaboradores. São muitos os sacerdotes que seguem a nova linha: na França, por exemplo, Guilbert, Fremont, Jaugey, mais tarde Sertillanges, cuja obra, animada por uma compreensão profunda da alma contemporânea, teve grande voga[36]. Fora da França, os alemães Hettinger, Schell, Ottiger, até virem Karl Adam e Guardini; o holandês De Groot; o belga Jungmann; os italianos Franzelin, Zigliara, Talama, e muitos outros.

Mais interessante é observar que numerosos leigos se entregam agora à apologética com um zelo que as gerações anteriores não conheciam. A lista seria muito longa. É Ferdinand Brunetière, autor de *Sur le chemin de la croyance*, que, tendo passado do positivismo para a fé, cuida de pôr elementos positivistas ao serviço da apologética e insiste na necessidade de o homem ter uma moral, que só se pode fundamentar em Deus, mas morre sem ter posto em prática o seu projeto de elucidar as "dificuldades de crer". É Ollé-Laprune, professor muito influente da École Normale Supérieure, que retoma e desenvolve temas correlatos em *Certitude morale* e mostra como se harmonizam a fé católica e as mais altas aspirações da natureza. É Maurice Blondel — cuja importância na filosofia iremos ver —, que pisa o caminho pressentido por Déchamps e Newman, quando propõe o "método da imanência", que consiste em reconhecer Deus na intimidade do homem. É ainda o anglicano Balfour, o célebre homem de Estado, cujo *Foundations of Belief* [1895] foi traduzido por iniciativa de Brunetière e que também insiste na "necessidade da alma". É, um pouco depois, G.K. Chesterton, que acrescenta outros argumentos, os que extrai do "bom senso", oposto aos desregramentos da razão humana, e os expõe com um humor muito britânico.

Em toda esta animação, há dois traços que se destacam particularmente. Por um lado, o aparecimento de uma apologética da Igreja, que, como se sabe, veio a ocupar um lugar considerável no nosso tempo. Já Moehler[37] tinha lançado as suas bases e o Concílio Vaticano a estimulara ao afirmar que "a Igreja é por si mesma um grande e perpétuo motivo de credibilidade". Na França, o sulpiciano Brugère consagrou-se a essa tarefa, que depois foi desenvolvida pelo padre e futuro bispo Brunhes e, na Alemanha, pelo dominicano Weiss, seguido de Romano Guardini.

Por outro lado, cresce também a importância do que podemos designar por "apologética científica", isto é, fundamentada nos conhecimentos adquiridos pela ciência moderna. Ainda em 1878, o pe. Cornildi, italiano, teve a ideia de que era esse o caminho do futuro. Mons. Duilhé de Saint-Projet, iniciador dos Congressos Científicos, avança por essa via com o livro *Apologie scientifique de la foi chrétienne*. Mais tarde, Édouard Le Roy, filósofo e sábio, empenha-se a fundo nesse sentido e dedica-se a mostrar — talvez sem bases teológicas suficientes — que o fato da evolução, afirmado pela ciência, não só é susceptível de uma interpretação cristã, mas permite resolver um grande número de problemas. E, na véspera da guerra de 1939-45, nos meios intelectuais católicos, passavam-se de mão em mão exemplares mimeografados de artigos e obras de um paleontólogo de renome que propunha uma visão nova do mundo, fundada na ideia de uma evolução ordenada pelo Espírito, "ponto ômega" para o qual o homem se dirigiria necessariamente. Era o pe. Teilhard de Chardin[38].

A História, uma apologética da Verdade

Semelhante evolução da apologética não teria sido possível sem os progressos realizados pelos católicos em todas as disciplinas intelectuais, em todas as ciências profanas. O setor em que esses progressos mais se fizeram notar foi certamente a História. No século XIX, Clio, a musa da História, renovara os seus métodos: afastara-se da velha concepção que praticamente só se interessava pelos acontecimentos para ilustrar teses, aderira mais aos fatos e dedicara-se à crítica das fontes; numa palavra, tornara-se científica. De Barante e Augustin Thierry a Hypollite Taine e Renan, o nível nunca deixara de se elevar. Mas essa evolução fora acompanhada por uma orientação em conjunto hostil a toda e qualquer interpretação espiritualista e, ao mesmo tempo, à Igreja, tanto nos seus dogmas como nas suas instituições. Antes mesmo de a influência de Marx ter difundido o "materialismo histórico", Taine reduzira a História a um problema de mecânica social. E, com raras exceções, os mestres da Universidade — os Thiers, os Mignet, os Duruy — não perdiam nenhuma ocasião para ir buscar à História argumentos próprios para mostrar que o passado católico fora um tecido de tolices, violências e horrores, na confessada intenção de "desonrar a Igreja".

No entanto, desde meados do século XIX tinha-se esboçado uma reação. Fora precisamente para responder aos adversários no terreno da História que o pe. Gorini empreendera a sua tenacíssima tarefa. E tinham aparecido dentro da Igreja historiadores de qualidade, como o ilustre descobridor da *Roma subterrânea*, Giovanni Battista Rossi, a equipe bruxelense dos jesuítas bolandistas e os professores de universidades alemãs com trabalhos de envergadura, desde o Stomberg da *História da religião de Jesus Cristo* até o Hefele da *História dos Concílios*. Esses exemplos foram largamente seguidos.

Neste como em todos os outros domínios, a influência dos papas foi sensível. Leão XIII interessou-se muito em particular pela renovação da História cristã. A já referida abertura dos Arquivos do Vaticano marcou claramente as suas intenções. Uma comissão pontifícia, em que tomaram parte três cardeais historiadores — De Luca, Pitra e Hergenröther —, foi encarregada de organizar os estudos históricos. E ainda outra comissão foi agregada à Congregação dos Ritos, a fim de fazer passar pelo crivo da crítica histórica as peças dos processos de canonização. Inaugurou-se no Vaticano uma Escola de paleografia e de crítica. E o breve *Saepenumero considerantes* constituiu uma exposição notável das vantagens e exigências da historiografia. Esforço análogo foi feito por Pio XI, que, pela sua formação de bibliotecário, estava preparado para ver na História uma ciência fundamental para a Apologética, e de quem se conhecem não menos de doze textos oficiais estimulando os historiadores.

Deu-se, pois, no catolicismo uma verdadeira florescência da História, que é um dos fatos mais impressionantes da renovação que estudamos. Teremos uma ideia da sua importância se citarmos dois números. Chamado em 1939 a escrever o capítulo consagrado à História no *Manuel de la littérature catholique en France de 1870 à nos jours*, o douto cônego Aigrain necessitou para isso de nada menos de 130 páginas de letra tipográfica bem apertada e citou mais de setecentos nomes! E tratava-se apenas da França. A Bélgica e a Alemanha, sem alcançarem tais números, poderiam ter fornecido importantes contingentes; e a Itália, a Inglaterra, a Holanda não teriam sido negligenciáveis. É o mesmo que dizer que não nos atreveríamos à mais pequena enumeração...

Nenhum dos grandes setores da História foi esquecido pelos católicos: desde a arqueologia oriental — em que se notabilizaram um pe. Schell, assiriólogo, e um cônego Drioton, egiptólogo — e a arqueologia cristã — em que, na sequência de Giovanni Battista Rossi (falecido em 1894), se fizeram grandes avanços com mons. Wilpert e os pes. Bruzzo e Saracci —, até à História Moderna, em que se ilustraram nomes tão diversos como Kraus, Knopgler, Zeibert, o pe. de La Gorce e Georges Goyau. Toda a série dos séculos suscitou trabalhos feitos por católicos. Constituíram-se verdadeiras "escolas" e revelaram-se fecundos os centros de estudos históricos, entre os quais, na primeira linha, como é óbvio, os bolandistas, que, sob a direção do pe. Smedt, autor de um notável manual de metodologia histórica, estenderam o seu trabalho de clarificação à hagiografia. Graças a Gottfried Kurt e A. Cauchie, o seminário histórico de Lovaina tornou-se um dos centros de maior vitalidade da Europa. A Escola francesa não foi menos brilhante, com mons. Duchesne, mons. Batiffol, Paul Allard, o cônego Ulysse Chevalier, autor de valiosos repertórios das ciências históricas, e o primeiro sacerdote admitido como professor na École des Hautes Études: o pe. Meissas.

Em numerosos pontos, importantes para o conhecimento do passado católico, alguns historiadores cristãos renovaram verdadeiramente os problemas. Por exemplo, sobre as Cruzadas, os trabalhos de René Grousset; sobre a Inquisição, os de Jean Guiraud; sobre as origens da Reforma protestante, os de Denifle e de Grissar; sobre a história do sentimento religioso nos tempos clássicos, os estudos, de grande novidade, de Henri Bremond.

Teríamos de citar também as grandes obras em vários volumes destinadas a dar a conhecer toda a história da Igreja: na França, a do pe. Mourret, a de Dom Poulet e, sobretudo, dominada pelo mais estrito critério de rigor científico, a que foi dirigida por Augustin Fliche e mons. Martin; na Alemanha, a do cardeal Hergenröther e a famosa *História dos papas* de Pastor. Com o fim de agrupar sinteticamente todos esses conhecimentos, publicaram-se dicionários tais como o *Dictionnaire d'Histoire et de Géographie ecclésiastique*, ou o *Kirchenlexicon*, de Wetzer e Wette. E daí em diante nenhum país do mundo católico deixou de ter alguma revista especializada de História, prosseguindo o caminho aberto pela *Revue d'Histoire ecclésiastique*, de Lovaina, e a *Revue d'Histoire de l'Église de France*.

Nunca será demais sublinhar a importância desta renovação dos estudos históricos no âmbito do catolicismo. Corresponde a uma radical mudança de atitude com relação aos acontecimentos referidos pela História. Demasiadas vezes, no período precedente, uma certa apologética tinha negligenciado as regras mais elementares de lealdade e de verdade: até se chegara a ler, no *La Croix*, protestos contra as fantasias "históricas" de alguns manuais de religião. Daí em diante, a regra absoluta foi a que Leão XIII fixou no seu breve dirigido à Comissão de História (dos Cardeais): "Que a História não ouse dizer nada que seja falso, nem silenciar nada que seja verdadeiro". Ideia que o papa precisava ainda mais numa Carta de 8 de setembro de 1899 ao clero francês: "O historiador da Igreja será tanto mais forte para fazer ressaltar a sua origem divina, superior a qualquer conceito de ordem meramente terrena e natural, quanto mais houver sido leal em nada dissimular das provações que os pecados dos seus filhos, e por vezes mesmo dos seus ministros, fizeram sofrer a esta Esposa de Cristo ao longo dos séculos".

Assim entendida, a História ia passar a ser, nas mãos de especialistas católicos, tão bem formados nos métodos científicos como os seus pares, a melhor aliada da Apologética. Melhor dizendo: ela própria é uma apologética eficaz, apologética da Verdade. Se Jean Guiraud, nos quatro volumes da sua *Histoire partiale, Histoire vraie*, pôde refutar as tolices anticlericais, por vezes ímpias, que se arrastavam em demasiados manuais escolares, foi antes de tudo porque, sendo ele próprio professor, estava de posse das armas necessárias para vencer os adversários; mas foi também porque nem ele nem os seus êmulos procuraram jogar com a verdade histórica, encobrindo os erros ou as taras de certos católicos, ainda que situados em altas esferas.

Assim se concretizou, pois, uma evolução — que hoje podemos ver concluída — no sentido de preferir aos argumentos discursivos uma exposição honesta e sincera da verdade, em matéria apologética. Sobre a história do papado, por exemplo, um livro tal como *Le Vatican, les Papes et la civilisation*, escrito por três antigos alunos da Escola Francesa de Roma — Georges Goyau, Paul Fabre e André Pératé —, pôs a claro as coisas. Mais ainda: essa atitude, aplicada aos temas mais sagrados que um historiador pode considerar, ou seja, a história da Revelação ou a vida de Cristo, conseguiu a adesão de muito mais inteligências do que aquelas que tinham conseguido os trechos de eloquência a que anteriormente se reduziam as obras consagradas a estes temas. Livros como o *Jésus-Christ* do pe. Grandmaison, e, mais ainda, o do pe. Jules Lebreton, de 1931, *La vie et l'enseignement de Jésus-Christ Notre-Seigneur*, os do pe. Prat e do pe. Huby, ou os de mons. Ricciotti sucessivamente dedicados à *História de Israel*, à *Vida de Cristo* e a *São Paulo*, surgem como eminentemente apologéticos quando se recusam a tudo "defender" ou mesmo a tudo "demonstrar e provar", limitando-se a expor aquilo que está cientificamente comprovado. E é este o sentido em que a Igreja do nosso tempo entende dever afirmar-se.

Uma filosofia do Espírito

Houve uma outra disciplina em que a retomada não foi menos impressionante: a filosofia. Talvez seja mesmo a ela que se aplica melhor a frase atrás citada de mons. Nédoncelle acerca dos católicos que "fizeram respeitar a sua qualidade de católicos". As tentativas feitas, desde meados do século XIX, para estabelecer sistemas de filosofia cristã em que o racionalismo e a fé se harmonizassem, ou tinham fracassado ou tinham usado de tantas liberdades para com a ortodoxia que a Igreja se vira obrigada a censurá-las: assim o tradicionalismo de Lamennais, o fideísmo de Bautain ou de Bonetti, o ontologismo de Ubaghs ou de Rosmini. Só *Ravaisson* (1813-1900), mestre demasiado ignorado nos nossos dias, que estudara cuidadosamente a metafísica de Aristóteles, tentou conciliar o determinismo da matéria e a liberdade espiritual, sem diminuir a parte que pertence à graça e à fé. Henri Bergson, que o considerava como uma etapa entre Maine de Biran e o seu próprio pensamento, iria prestar-lhe a homenagem de afirmar que "o ideal que ele propunha estava, em mais de um ponto, mais avançado que o nosso"[39].

O renascer do tomismo, depois que foi consagrado por Leão XIII, exerceu uma influência evidente na renovação filosófica. Se o objetivo do genial Aquinate foi realizar uma síntese teológica, o seu pensamento apresenta-se como uma *filosofia do ser*, baseada numa poderosa metafísica: é um realismo, mas imperiosamente ordenado para o Espírito. Não surpreende, pois, que dele hajam saído numerosas correntes tão opostas ao positivismo e ao materialismo, os quais recusam o primado do Espírito, como ao idealismo, que não respeita o real. Algumas dessas correntes vieram diretamente dele, tanto mais que vários dos protagonistas do renascimento tomista foram filósofos. Assim, *mons. Martin Grabmann* (1873-1949), professor em Viena e Munique, ao lado de numerosos trabalhos sobre a história da Escolástica, propôs, de acordo com São Tomás, uma filosofia do "sentido da vida" que faz pensar em Newman ou em Blondel. *Jacques Maritain* (1882-1973), numa obra filosófica notável que tem por cume um grande livro, *Les degrés du savoir*, mostrou como, partindo das certezas da razão, o Espírito atinge necessariamente as regiões do Ser enquanto tal, o mundo das essências e da transcendência; e, simultaneamente, considerando a vida inteira do homem e as suas realidades, designa o cristianismo como o único *humanismo integral*, resposta peremptória dos homens de fé ao humanismo ateu. *Étienne Gilson* (1884-1978), grande historiador do tomismo e da escolástica, não se limitou a demonstrar, pela história, que a revelação judaico-cristã acrescentou algo de essencial ao pensamento grego ("Só há um Deus — escrevia ele —, e esse Deus é o Ser; não foram nem Platão nem Aristóteles que o disseram: foi Moisés"[40]); num livro importante, *L'être et l'essence*, mostrou ser, simultaneamente, um psicólogo lúcido e um metafísico.

Outros filósofos, sem se ligarem tão diretamente a São Tomás, não opuseram menos, aos racionalistas e deterministas, sistemas que tinham por fundamento a fé. Entre eles, ocupa o primeiro lugar *Maurice Blondel* (1861-1949) — o filósofo que, ao defender a sua tese sobre *A ação*, ganhou enorme fama[41], e que, ao longo de toda a vida, em grandes trabalhos como *La pensée*, *L'Être et les êtres*, *La philosophie et l'esprit chrétien* visou o mesmo fim: mostrar aos homens que, se Deus os chama a Si, não é por coação, mas em função da realidade mais profunda do ser, e que qualquer pessoa pode descobrir em si mesma os sinais evidentes desse apelo: apaixonante busca de Deus, que Blondel empreendeu tanto na natureza do homem como na inconsciência do mundo; comovedora espera dessa "resposta implorante" que o ser criado deve dar ao seu Criador.

Menos seguros doutrinariamente, ambos apanhados na voragem do modernismo, o pe. Laberthonnière (1860-1932) e Édouard Le Roy (1870-1954) procuraram resolver o problema das relações entre o real e o sobrenatural por vias inteiramente diversas. O primeiro, tentando mostrar que a natureza exterior não tem sentido algum sem a perspectiva do destino espiritual. O segundo, fundando sobre o bergsonismo, o idealismo e uma interpretação geral dos resultados das ciências, uma filosofia "da invenção" que vincula as forças profundas que estão no homem à própria força de Deus Criador.

Temos de acrescentar que esta retomada de uma filosofia cristã beneficiou em larga medida do fenômeno já por nós assinalado: a reviravolta de uma ampla parcela do pensamento, especialmente da filosofia, a mudança da atitude fundamental que se observa em face das doutrinas muito espalhadas do humanismo ateu. A reaparição de um pensamento espiritualista na filosofia moderna, mesmo fora de quaisquer obediências, é um dos grandes fatos dos fins do século XIX e princípios do XX. Dizemos "fora de quaisquer obediências", mas não nos seria impossível seguir os caminhos que conduzem do despertar místico oitocentista a Bergson e da renovação tomista às filosofias do ser, aliás diferentes umas das outras, como as de Brentano, Meinong, Husserl e, já entre nós, Max Scheler!...

De todas essas testemunhas da grande corrente espiritualista, a mais considerável e, sem dúvida nenhuma, a mais determinante, foi *Henri Bergson* (1859-1940). Já se tem falado de "revolução bergsoniana", e a palavra não é demasiado forte para designar a reviravolta que provocou, a partir dos dois últimos anos do século e até nós, esse homem de aparência frágil que, durante toda a vida, com a "audaciosa tenacidade" de que falava Péguy, propôs ideias novas, capitais, revolucionárias, num estilo simples e puro, e sem nunca alardeá-las. Tendo partido do neo-positivismo de Spencer e do cientificismo, aos quais se opôs já na sua tese de doutoramento sobre *Les données immédiates de la conscience*, Bergson impôs à atenção de todos os que contavam no seu tempo uma filosofia sem programa, mas consagrada à profundidade, que exerceu sobre inúmeros espíritos uma influência luminosa.

A todos os que pretendiam aprisionar o homem na coleira de ferro de qualquer determinismo, ele opôs a corrente da vida, o *"élan vital"*, essa força misteriosa que o elevaria acima de si próprio, força "que vem de Deus — dizia —, se não é ela o próprio Deus". Aos excessos do racionalismo, opunha a *intuição*, a apreensão direta da realidade viva pelos próprios meios da vida do espírito. E em *Les deux sources de la morale et de la religion*, sua última obra-prima, fez ressoar o mais premonitório dos apelos à humanidade para que, ultrapassando a tentação da materialidade que lhe era oferecida pelos progressos técnicos, ganhasse um "suplemento de alma".

Sem nunca ter pertencido à obediência católica, cristão apenas à hora da morte, por um batismo de desejo talvez mais emocionante do que uma conversão, Henri Bergson trouxe à causa da verdade um apoio cuja importância ainda não acabamos de medir. O seu rastro está por todo o lado no meio de nós. Dos grandes místicos, cuja experiência o levou a alcançar a última etapa no caminho da identificação do homem com Deus, dizia ele que tinham sido os *"adjutores Dei"*. A palavra vale também para ele: no seu posto, ao seu modo, Bergson ajudou Deus a voltar a situar-se no espírito dos homens do seu tempo[42].

Bergson esteve longe de ser o único a promover a reviravolta da situação a que assistimos. Antes dele, Jules Lachelier

(1832-1918), autor de um estudo que teve muito eco, *Psychologie et métaphysique* (1885), menos construtor de um sistema que infatigável explorador de ideias novas, na linha de uma "aposta" pascaliana inteiramente racional, chegara a provar o finalismo e a justificar a fé. Boutroux (1845-1921), cuja obra *Science et religion dans la philosophie contemporaine* causou sensação, proclamara o primado do espiritualismo e do misticismo, num tom que, não muito antes, ninguém esperaria de um professor da Sorbonne. Ao mesmo tempo, *William James* (1842-1940), o mais notável dos pensadores americanos, teórico do "pragmatismo", analisava *A vontade de crer* e *As diversas formas da experiência religiosa*, para mostrar que só essa experiência é que conseguia apreender o homem e a realidade na sua plenitude. *Alfred North Whitehead* (1861-1947), o maior metafísico moderno da Inglaterra, partia dos conhecimentos matemáticos e físicos, que dominava em alto grau, para concluir pelo primado da contemplação.

E seria ainda necessário falar, sem a menor pretensão de sermos completos, da importância da corrente de pensamento que, numa linha singularmente próxima da de São Tomás, mais perfeitamente valorizou a noção do ser, o sentido da contingência, o caráter atual da existência, para chegar por fim a destacar o sentido definitivo do ser, do real e da existência. Iniciada por *Franz Brentano* (1838-1917) — antigo padre, que abandonou a Igreja após a proclamação da Infalibilidade pontifícia, e que, à imitação de São Tomás, era grande admirador de Aristóteles —, essa corrente passou por *Meinong von Handschuchsheim* (1853-1920), criador do primeiro "laboratório de psicologia", profundo analista da teoria do conhecimento, para chegar a *Edmund Husserl* (1859-1938), criador da "fenomenologia", que questionou todo o dogmatismo nas ciências e assim eliminou do espírito qualquer propensão para o cientificismo. Esta corrente confluía para outra, mais literária, mas tão imperiosamente espiritualista como ela: a de *Sören Kierkegaard* (1813-55), um "Pascal dinamarquês", "louco de Deus" que se declarara inimigo das igrejas[43], e terminaria numa concepção "existencial", susceptível de uma interpretação tanto espiritualista como materialista.

A seguir à Primeira Guerra Mundial, a renovação de uma filosofia cristã e, mais geralmente, a afirmação de uma filosofia do Espírito eram fatos assentes. Numerosos mestres de antes da guerra, ainda vivos ou recentemente falecidos, exerciam grande influência. Surgiam pensadores novos, nomeadamente na linha de Brentano e Husserl. *Max Scheler* (1874-1928), discípulo direto de Husserl, analista do ato religioso em *O Eterno no homem* [*Vom Ewigen im Menschen*, 1921], teórico profundo da "complementaridade" da vida e do espírito em *Formas do saber e sociedade* [*Die Wissensformen und die Gesellschaft*, 1926] e *Situação do homem no mundo* [*Die Stellung des Menschen im Kosmos, 1928]*, embora afastado da Igreja no fim da vida, não deixou de exercer sobre os católicos alemães do século XX uma influência decisiva[44]. *Gabriel Marcel*, com o seu *Journal métaphysique* (1927), abriu caminho, bem antes de Jean-Paul Sartre, para o "existencialismo" — um existencialismo por ele concebido como totalmente cristão —, e, em *Être et avoir*, lembrou aos homens do seu tempo que a realidade não é um simples fato, nem um simples problema, mas um mistério, no qual eles próprios se incluem como um dado, mas para o qual só Deus oferece a última explicação.

Considerando a situação criada em torno da religião e da fé no tempo da sua juventude, Jacques Maritain usara uma expressão que parecia pessimista: "A encosta para a qual se orienta a inteligência moderna é contra nós". Ao que logo acrescentara: "As encostas existem para que se suba por elas". Esse corajoso otimismo justificou-se plenamente. Nas vésperas da Segunda Guerra Mundial, já não era possível dizer que toda a filosofia dominante fosse anticristã. O cristianismo estava já armado para se opor às doutrinas do humanismo ateu.

Ciência e fé

E estava tão bem armado que, nos setores em que os assaltantes pareciam dispor das armas mais eficazes, nesse mesmo terreno a situação estava modificada: referimo-nos aos setores das ciências físicas e naturais. Era aí, com efeito, que os mais ilustres mestres das diversas disciplinas se tinham posicionado com maior veemência contra a religião ou mesmo contra toda e qualquer interpretação espiritualista do mundo. E também nesse ponto se deu uma reviravolta que originou atitudes muito diferentes.

A bem dizer, mesmo em pleno século XIX positivista e cientificista, poderiam citar-se diversos nomes de autênticos sábios que tinham pensado contra a corrente dominante. Se Pasteur só regressara à fé da sua infância no leito de morte, a verdade é que durante toda a vida fora espiritualista e fervoroso defensor da imortalidade da alma. Outros tinham sido mais claros no seu compromisso. Matemáticos como Cauchy, Gauss e Weierstrass, físicos como Fresnel e Biot, todos os iniciadores (à exceção de Maxwell) da ciência da eletricidade — Volta, Ampère, Faraday —, astrônomos como Le Verrier e Secchi, não tinham aderido às teses em voga. Quanto mais passavam os anos e diminuía a corrente cientificista, tanto mais os católicos se destacavam nessas disciplinas. A renovação teológica e filosófica favoreceu uma melhor compreensão das relações do pensamento religioso com a ciência. Assim se caminhou para o diálogo fundamental entre a ciência e a fé, que passou a ser um dos fatos primaciais da vida intelectual dos católicos do nosso tempo[45].

"Nesse clima, o catolicismo convergiu com a ciência num duplo esforço: de *presença* e de *pensamento*". Esforço de presença, porque passou a haver católicos em número crescente que se firmaram como mestres em todas as disciplinas científicas. Isto é tão verdade para a astronomia, com o pe. Pietro Maffi, que veio a ser cardeal, como para a física e a química, com Branly, Marconi, Fizeau, Duhem, ou para a geologia, em que se distinguiram Albert de Lapparent e Pierre Termier — este último, uma espécie de poeta místico do planeta Terra e simultaneamente grande sábio —, ou ainda para as ciências naturais e a medicina, em que, de Charles Nicole a Alexis Carrel, seria fácil ir enumerando nomes, uns de maior fama que outros, ou, finalmente, para a paleontologia e a pré-história, em que o pe. Teilhard de Chardin e o pe. Breuil ocuparam posições de primeiro plano. Esta breve enumeração não pretende ser um cortejo triunfal, mas o que fica bem claro é que deixou de ser de algum modo absurdo para um cientista dizer-se cristão.

Este esforço de presença dos católicos na ciência foi apoiado pelo mesmo fenômeno que já assinalamos atrás: o reaparecimento "dialético" de uma corrente de espiritualidade no pensamento moderno. Isso também se operou entre os cientistas, e de um modo impressionante. Em 1926, Robert de Flers fez para o *Figaro* um inquérito entre os membros da Academia de Ciências e outros cientistas, e obteve resultados que causaram sensação: de oitenta e oito a quem pediu a opinião, apenas quinze não responderam (voluntariamente ou por estarem ausentes ou doentes). Todos os que responderam, salvo cinco, declararam, com alguns matizes, não ver oposição entre o sentimento religioso e a ciência; quarenta disseram-se pessoas de fé, sem necessariamente se vincularem a uma obediência concreta.

Com efeito, independentemente de uma adesão formal, surgiu um vasto movimento que levou os homens da ciência ao reconhecimento do espiritual, depois ao da existência e direitos de Deus, e mesmo, frequentemente, ao da divindade de Cristo. De Faraday a Eddington, de Max Planck a James Jeans, são inumeráveis os autênticos sábios cujos testemunhos espiritualistas ou crentes constituíram as mais pertinentes respostas às negações que triunfavam à volta de 1870. Fizeram-se antologias, em que se reuniram essas declarações convergentes. Retenhamos duas, entre dezenas. "As teorias científicas modernas — diz James Jeans, um dos mestres da astronomia — levam-nos a conceber o Criador operando fora do tempo e do espaço, os quais fazem parte da sua criação"; ora, o Credo cristão não diz coisa diferente. Por sua vez, escreve Max Planck, o fundador da teoria dos quanta: "Nada nos impede — e a nossa tendência a considerar unitariamente o mundo leva-nos a isso — de identificar essas duas potências soberanamente eficazes e no entanto misteriosas: a ordem universal da Ciência e o Deus da Religião". Não se pode imaginar desmentido mais flagrante aos cientistas da época precedente, para quem a Ciência, ao impor a sua ordem universal, tinha inelutavelmente de matar Deus.

Ao mesmo tempo que marcavam a sua presença nas disciplinas científicas, os católicos foram levados a situar melhor o pensamento da sua fé em face da ciência. No início deste período, o sentimento que dominava era a desconfiança, o que não é de estranhar, pois havia mais de meio século que os adversários da Igreja apresentavam essa forma do saber como destinada a suplantar todas as crenças religiosas. Essa desconfiança provocou duas reações: por um lado, aquela que acabamos de ver, concentrada em refutar a incompatibilidade entre a ciência e a fé; por outro, aquela que, no quadro da apologética de combate que observamos, visou mostrar que a ciência tinha possibilidades bem menores do que pretendera o cientificismo. A fórmula de Brunetière sobre "a bancarrota da ciência" foi a expressão mais ruidosa; mas, na linha do grande sábio "laico" Henri Poincaré — que limitava prudentemente as possibilidades de a ciência ter uma explicação para tudo e reconhecia que "ao longo das suas fronteiras flutua o mistério" —, houve pensadores católicos que trabalharam a fundo. Édouard Le Roy fez ressaltar o que há de *a priori* e de racionalismo no fato científico; Pierre Duhem sublinhou que as teorias científicas são apenas "concepções cômodas", não podem pretender atingir a realidade profunda das coisas; Fonsagrive procurou resolver a oposição entre a mutabilidade das verdades científicas e a imutabilidade das verdades da fé. Esta tendência para diminuir o alcance da ciência foi perdendo importância, sem no entanto desaparecer: ainda hoje a encontramos entre nós.

Mas surgiu uma outra, sobretudo a partir do término da Primeira Guerra Mundial: a de tomar em consideração a atitude científica e incluir a visão científica do mundo na visão cristã. Foi o que se pôde perceber à vista da crescente importância dada à teoria da evolução e do esforço feito para inseri-la no contexto da Revelação. Sem deixar de admitir uma autonomia bastante grande da ciência em relação à fé, cada vez mais se foi sublinhando a ligação entre as duas ordens. Julgam alguns entendidos na matéria[46] que este movimento da inteligência católica no sentido de captar melhor o papel e o alcance da ciência foi conduzido com demasiada lentidão, com demasiada prudência, talvez com certa estreiteza. Mas, se pensarmos na situação em que se encontrava o pensamento católico meio século antes, pode-se dizer que a mudança foi notável. No final do nosso período, o terreno estava preparado para numerosos e decisivos progressos.

Os escritores dão testemunho

Contudo, o sintoma mais sensível do regresso da inteligência à fé, aquele que, pelo menos, mais impressionou, foi o comportamento dos escritores. "Desde Bossuet, já não há grande literatura católica", escrevia Denis Saurat no artigo atrás citado; e, com maior ou menor exatidão, isso era verdade por volta de 1870. Não se podiam ter por adesões à fé as declarações deístas do velho Victor Hugo ou os sonhos nostálgicos de Lamartine. Baudelaire parecia crer mais no Príncipe das Trevas do que no Deus Vivo. Barbey d'Aurevilly, Ernest Hello eram duas exceções, como o fora, na Itália, Manzoni, que, subitamente, durante uma visita à igreja parisiense de São Roque, passara do voltairianismo para um catolicismo rigoroso.

O movimento de conversões, que mal se esboçava no fim do segundo terço do século, ganhou pouco depois uma importância enorme, tão grande que se tornou uma das características da vida literária, sobretudo na França, a ponto de não poder ser ignorado pelos mais laicistas historiadores da literatura. É evidente que foram muito diferentes as razões da conversão: "caminho pessoal de uma alma em luta com o seu Deus e consigo mesma", na palavra do pe. Congar, a conversão é sempre um fato único, quer nas motivações profundas, quer no seu desenrolar. Algumas foram provocadas pelo desejo de reencontrar princípios de ordem, os que a Igreja propõe: foi o caso de Paul Bourget. Outras, como as de Péguy e Psichari, por uma exigência profunda de fidelidade. Numerosas foram devidas a causas subjetivas — o desgosto por si próprio e pela lama do pecado, tais como a de um Huysmans ou de um Verlaine. Muitas outras resultaram do violento desejo — de que fala Claudel — de escapar ao "cárcere materialista", ao universo sem horizontes do determinismo e do cientificismo. Todas elas se juntaram, todas confluíram numa só corrente, uma corrente que fez um vasto setor da literatura retornar à fé das suas origens.

Mais ainda que no caso dos homens de ciência, seria impossível fazer a lista destes convertidos; apesar da infinita variedade dos caminhos de Deus, essa lista arriscava-se a ser monótona. Limitamo-nos aqui a citar os principais nomes, nomes que balizam o trajeto das gerações que se sucederam desde há setenta anos, e que dizem respeito a todos os gêneros literários. É *Verlaine* (1844-96), que, passando da devassidão ao arrependimento, acha na confissão das suas misérias uma tonalidade singularíssima de ternura e pureza. É o naturalista *Joris-Karl Huysmans* (1848-1907), que, depois de ter engolfado as suas pesquisas estético-morais nas mais sulfurosas latrinas, sentindo-se forçado a escolher entre "a boca de uma pistola e o pé da cruz" (como lhe dissera Barbey d'Aurevilly), descobre dolorosamente a *crux, spes unica*, que o há de conduzir a uma morte sublime. É *François Coppé*, para quem o caminho que leva a Deus é "o bom sofrimento". É *Paul Bourget*, que escapa às lições de Taine ao meditar na experiência histórica e social da Igreja. É *Ferdinand Brunetière*, que, após uma audiência de Leão XIII, se transforma a tal ponto que irá ser, pelo resto da vida, um pugnaz paladino da causa católica. É o professor universitário *Georges Dumesnil*, antigo colaborador de Ferdinand Buisson, que se torna animador da jovem literatura católica, com o seu *Amitié de France*[47]. É *Adolphe Retté* (1863-1930), que, feroz adversário durante muito tempo dos escritores convertidos, abandona os paraísos artificiais e o anarquismo, passa *Du Diable au bon Dieu* aos quarenta e três anos e desde então consagra a pena a celebrar alegrias e figuras místicas. E é ainda esse bloco errante das letras, um furioso de coração terno, *Léon Bloy* (1846-1917), espécie de profeta inspirado, cujos vaticínios descem sobre a carne pálida e triste da humanidade pecadora como outros tantos golpes de chicote.

De ano para ano, a lista desses convertidos das letras foi-se estendendo. A tal ponto que, no limiar do século XX, se poderia falar de uma "escola católica" que cada vez mais contava esses homens como seus mestres. Assim *Paul Claudel* (1868-1955), o jovem convertido da noite de Natal de 1886 — "em Notre-Dame de Paris, junto do segundo pilar à entrada do coro, do lado direito" —, cuja obra, tida por difícil durante muito tempo e desdenhada, veio a impor-se, entre as duas Guerras Mundiais, como aquilo que de fato era: a expressão de um dos maiores gênios poéticos que a França já conhecera. Assim *Charles Péguy* (1873-1914), que passa do socialismo para a fé, retornando às suas raízes, cravadas no solo fiel da sua terra; Péguy, que, com as suas caudalosas estrofes e os seus altos acentos de cólera, marcou com um selo inapagável as gerações que se lhe seguiram.

E, por detrás desses dois mestres, quantas figuras diversas e diversamente significativas! *Jacques Maritain* e sua mulher *Raïssa*, que saem do racionalismo positivista para a luz do tomismo, e que se tornam faróis e guias de uma longa época. *Ernest Psichari*, neto de Renan, que encontra a fé no face-a-face com o deserto, para onde o conduzira a sua vocação de *Centurião*[48]; Psichari, que morre com o terço enrolado no pulso, no meio da sua bateria, aos trinta anos[49]. *Max Jacob*, judeu que Cristo vai procurar num impulso de amor. *Jacques Rivière*, que a "sinceridade para consigo mesmo" força a ajoelhar-se. Mais tarde, *Charles du Bos*, que "se enfronha na teologia" com o mesmo apetite com que devorara todas as literaturas. *Gabriel Marcel*, que a experiência metafísica situa no coração do mistério da Presença, na certeza da Comunhão dos Santos. *Jean-Jacques Bernard*, dramaturgo que vem de Israel para Deus com um coração de criança... São demasiados para que queiramos insistir!

Tanto mais que, se a França ocupou, neste campo, um lugar privilegiado, não foi a única terra cristã a dar testemunhos desses. Na Inglaterra, desde *Robert Hugh Benson*, filho do arcebispo anglicano de Cantuária e que veio a ser prelado doméstico de Sua Santidade, autor do admirável romance *O Senhor do Mundo*; ou desde *Gerard Manley Hopkins*, um dos convertidos de Newman, que se fez jesuíta e cujos raros e misteriosos poemas místicos só virão a ser conhecidos trinta anos depois da morte; ou ainda desde *G.K. Chesterton*, que se converteu ao catolicismo, segundo dizia, por força "do bom-senso"... até às gerações de entre as duas Guerras: a de *Maurice Baring*, depois a de *Graham Greene*, o rol seria tanto mais impressionante quanto é certo que se trata de uma comunidade católica pouco numerosa.

Na Itália, *Giovanni Papini*, evadido, como Claudel, do "cárcere materialista" quando compreendeu que não era mais que um "homem acabado"[50] e que então se dedicou a gritar a alegria do seu "segundo nascimento" e a certeza da sua fé com tal veemência que por vezes chegou a esquecer a virtude da prudência. Na história misticamente meditada, *Gertrud von Le Fort*, alemã, encontrou repetidas ocasiões de declarar uma fé de profundas bases teológicas e bem consciente da grandeza que significa pertencer à Igreja. Nem sequer nos países nórdicos, os mais submetidos a outras obediências, faltaram grandes vozes que lhes falassem de Roma e das fidelidades reencontradas: a voz de *Sigrid Undset*, comovedora contista das tradições da Noruega; a de *Johannes Joergensen*, dinamarquês, cuja veneração por São Francisco o levou, na suave colina de Assis, a empreender o caminho que o Poverello lhe mostrara. E, sobretudo, testemunha imperiosa de Cristo-Deus, farol vivo que mostrou que a ortodoxia russa pode achar de novo o caminho da unidade, *Vladimir Soloviev* (1853-1900), um dos mestres do pensamento russo, cujas lições o nosso tempo está longe de ter ouvido completamente[51].

Todos estes passos individuais caminhavam no mesmo sentido, desembocavam no mesmo fim. E, assim olhadas em conjunto, tiveram uma importância que ultrapassa de longe a de cada caso singular. Vários desses convertidos exerceram uma influência direta, tão evidente, que é possível discernir verdadeiras linhagens de conversões ou de fidelidades. Assim, Léon Bloy, que traz para a fé Pierre Termier e Jacques Maritain, os quais, por sua vez... Assim Claudel, que guia, ao longo de uma correspondência admirável, Jacques Rivière. Assim Bourget, por uma ação profunda que se exercerá na orientação dos seus camaradas mais novos, Henry Bordeaux e Henri Massis.

As conversões constituíram, em si mesmas, um elemento de apologética que é impossível sobrestimar. Tanto mais que, habituados a falar de si próprios, a maior parte desses escritores sentiu a necessidade de narrar as circunstâncias do seu regresso à fé, em obras de influência frequentemente muito grande. *Le voyage du Centurion*, de Ernest Psichari, por exemplo, agiu poderosamente sobre várias gerações de oficiais franceses. Se nos recusamos à tentação de "utilizar" estas conversões em vãs polêmicas, não podemos deixar de reconhecer que o feixe destes testemunhos pesou na evolução de toda a "inteligência" para a fé.

No momento em que saía a crônica que citamos no começo deste capítulo, estava-se, pois, bem longe da visão sumária de que "a grande literatura volta as costas ao catolicismo". Não somente alguns dos nomes mais importantes e mais prestigiosos das letras eram nomes de católicos, como a "grande literatura" fazia o que nunca fizera no decorrer dos séculos: tomava por temas de inspiração dados especificamente teológicos. Assim, vemos Péguy meditar sobre a virtude da esperança; *René Bazin* evocar o mistério do sacerdócio; Francis James dar graças ternamente ao Criador pelas belezas da Criação; Claudel construir o enredo de *L'Annonce faite à Marie*[52] e de *Le soulier de satin* sobre o dogma da Comunhão dos Santos; François Mauriac mostrar nos dramas secretos do coração a dialética do pecado e da graça; Georges Bernanos buscar até nos tenebrosos refolhos onde Satã se esconde a presença universal do Deus Salvador[53]. "A literatura mundial de hoje em dia seria bem pobre sem o contributo dos católicos declarados", dizia, em 1935, o crítico germânico Otto Forst von Battaglia[54]. A expressão não forçava muito a realidade, antes pelo contrário: sem os católicos, teria faltado à literatura do mundo inteiro um elemento essencial.

Agir sobre a opinião pública

Uma visão panorâmica, ainda que rápida, sobre a múltipla atividade dos católicos em todas as disciplinas intelectuais ficaria incompleta se não se considerasse um outro esforço feito por eles: o de pôr o grande público em contato com os ensinamentos da Igreja, o de lhe recordar as verdades da sua fé e levá-los a formular um juízo cristão sobre o mundo e os acontecimentos. Certamente que são úteis os grandes tratados de apologética, bem como os livros de filosofia e de ciências. Mas, para que as suas conclusões penetrem nas massas, importa ainda que elas sejam "convertidas em trocados", adaptadas aos diversos níveis da opinião pública.

A ideia desta necessidade tinha-se formado já no primeiro terço do século XIX. Contrariamente ao que muitas vezes se escreve, a Igreja compreendera perfeitamente que tinha a obrigação de difundir por todos os meios o depósito espiritual de que é guardiã. Uma das iniciativas mais marcantes fora a criação em 1835 das Conferências de Notre-Dame, concebidas por mons. Quélen e notabilizadas por Lacordaire. Substituindo o gênero "sermão" pelo de "conferência", sensibilizavam-se melhor os leigos, se não mesmo os indiferentes. O êxito da iniciativa fora imediato[55] e iria prolongar-se até aos nossos dias, com oradores tais como o pe. Ollivier, o pe. Monsabré, mons. d'Hulst, o pe. Étourneau, o pe. Janvier, que durante vinte e dois anos (1903-1924) pregou os sermões quaresmais, o pe. Sanson, oratoriano, que uma intriga afastou do púlpito sob a insinuação de modernismo, mons. Baudrillart, o pe. Pinard de La Boullaye, mons. Georges Chevrot. O exemplo foi seguido em numerosas dioceses, estendendo-se até ao Canadá, onde se recorreu também ao gênero "conferências" para renovar o ensino dogmático[56].

Outro meio a que os católicos recorreram, ainda bem mais poderoso do que conferências e sermões, foi a imprensa. Como se sabe, o jornal é, se não invenção, ao menos uma realização do século XIX. Aperfeiçoando a técnica, aumentando a tiragem, atingindo um número cada vez maior de leitores, o jornal entrou nos hábitos da gente civilizada, a ponto de se tornar indispensável. "O cidadão da nação moderna não se iria alimentar simplesmente de pão"[57], e os católicos não tinham ficado indiferentes a um fato social tão importante: desde 1814, havia na França jornais católicos. As tentativas de *L'Avenir* de Lamennais, depois de *L'Ère nouvelle*, ambos de grande repercussão, tinham mostrado o interesse que podia ter para a defesa de certas teses uma imprensa de opinião nas mãos de equipes ardorosas. Católicos militantes tinham-se servido do jornal como arma contra os adversários, como Veuillot no *L'Univers*. E não fora dos menores méritos do papa Pio IX ter pressentido o poder da imprensa.

Com efeito, o papa não somente encorajara, na Itália e em outros lugares, a criação de órgãos católicos — como o *Osservatore cattolico*, de Milão, a *Unità cattolica*, de Florença, *Der Katholik*, na Alemanha, *De Katholick*, em Flandres, o *Courier* de Genebra —, mas quisera dispor de um jornal que estivesse diretamente na sua dependência. Em 1861, nascera o *Osservatore Romano*, com Zanchini e Bastia, financiado por capitais privados, mas também subvencionado pelo governo pontifício. O *Osservatore* duraria até hoje como jornal oficioso, "cuja oficiosidade se esconde de tempos a tempos sob a aparência de um órgão das diversas instituições católicas", mas sempre controlado de perto pelos Soberanos Pontífices[58]. Em 1873, um grupo financeiro francês tentou assumir a sua administração, mas o Vaticano interveio vigorosamente para fazer fracassar a iniciativa. A autoridade que lhe é reconhecida pelo próprio fato do seu caráter dá-lhe uma influência internacional completamente fora de proporção com a sua tiragem, relativamente modesta.

A partir de 1870, o papel da imprensa não cessou de crescer, e, ao mesmo tempo, a imprensa católica também não cessou de se firmar progressivamente. A leitura dos capítulos precedentes deste volume já mostrou que houve jornais ligados a todos os grandes acontecimentos que contaram na história da Igreja. Quer se tratasse do *Kulturkampf*, do *affaire* Dreyfus, do modernismo ou dos progressos do catolicismo social, foram inúmeros os católicos que utilizaram o jornal como meio de ação. Uns, pelo prestígio do seu nome, foram lidos em jornais "neutros"; um dos exemplos mais impressionantes foi o de Albert de Mun, cujos artigos em *L'écho de Paris* exerceram uma ação constante sobre a opinião das classes burguesas. Outros quiseram ter órgãos verdadeiramente católicos: mons. Dupanloup, por exemplo, fez duas tentativas nesse sentido, com *Le Français* e com *Défense sociale et religieuse*, à qual ainda sucedeu *L'observateur français*. Os "padres democratas" tiveram a sua imprensa[59] e contaram nas suas fileiras um grande jornalista, o pe. Naudet.

Na Alemanha, a imprensa católica — *Germania* e *Kölnische Volkszeitung* — confundiu-se com a do partido do *Zentrum*, mas deveu precisamente ao sucesso desse partido a enorme audiência que ganhou, até que o regime hitlerista a liquidou. Coisa parecida aconteceu na Bélgica, onde

Le bien public, de Gand, e *La libre Belgique*, de Antuérpia, estavam mais ou menos ligados ao partido católico. Na Itália, nos bons tempos da Obra dos Congressos, desenvolveu-se uma imprensa católica de moldes muito especiais: cada cidade de certa importância tinha o seu órgão, e havia entre todos eles laços mais ou menos estreitos. Muitos desses jornais dependiam dos grupos políticos ou eram influenciados por correntes sociais: estavam neste caso o *Momento*, fundado em Turim por Angelo Mauri (1903), *L'Unione*, de Milão, depois substituído por *L'Italia*, ou ainda o *Avvenire d'Italia*, que representava a opinião média dos católicos do norte da península.

Em substância, podemos dizer que todos esses jornais procediam de uma ou outra de duas concepções. Ou se considerava o jornal como meio posto à disposição de uma equipe para dar testemunho e promover ideias — se se quiser, do tipo do *Avenir* de Lamennais —, e, nesse caso, os problemas de dinheiro não eram motivo de preocupação: apelava-se para dádivas, quotas, subvenções... Ou, então, concebia-se o jornal, ou, mais propriamente, "a empresa jornalística", como meio permanente de influir na opinião pública, estabelecendo-a sobre bases sólidas, comerciais, procurando dotá-la do equilíbrio financeiro necessário para lhe garantir a permanência. Pelos finais do século XIX, era claro que a imprensa "neutra" ou "laica" se orientava cada vez mais para a segunda fórmula. Os grandes quotidianos alcançavam tiragens consideráveis, e as empresas jornalísticas procuravam ter vários órgãos bem diferenciados, com clientelas situadas em níveis intelectuais diferentes. Não seria bom que os católicos seguissem este modelo? Alguns homens responderam à pergunta.

Foi, em primeiro lugar, na Suíça, o cônego Joseph Schorderet (1840-1893), cujo nome já conhecemos da história do catolicismo social. Em 1873, agrupou algumas jovens, mandou-as fazer uma rápida aprendizagem em Lyon e confiou-lhes, em Friburgo, a tipografia do diário católico *La Liberté*. Assim nasceu a *Obra de São Paulo*[60], inteiramente dedicada ao apostolado pela imprensa: os seus membros faziam-se operários por amor de Cristo. Após rudes inícios, em que a miséria e a fome se juntavam à chuva de críticas, essa obra criou raízes e constitui uma congregação "em blusa de trabalho". Continuou a desenvolver-se e é hoje bem conhecida: Edições de São Paulo e Obra das Tipografias Missionárias na África. Mas, pouco depois do cônego Schorderet, houve um impulso ainda maior, dado por um verdadeiro apóstolo, o pe. *Vincent de Paul Bailly* (1832-1912).

Em 1851, um apóstolo, o pe. d'Alzon, tinha dado forma definitiva a uma congregação que havia seis anos procurava levar avante: os Agostinianos da Assunção ou Assuncionistas. O objetivo era lutar contra a descristianização do mundo moderno, servindo-se dos meios utilizados pelo próprio mundo, e em primeiro lugar da imprensa sob todas as suas formas. Fora fundada uma sociedade para concretizar esse programa: a *Maison de la Bonne Presse*, que tinha um desenvolvimento modesto. Mas, em 1860, entrara para a nova congregação um jovem padre de ar decidido, olhos em chamas, animado pelo zelo imperioso de um polemista e talvez de um santo. Vinha-lhe do sangue: era filho desse Emmanuel Bailly, dono de um restaurante no *Quartier Latin*, que estivera ligado a quase todas as iniciativas mais ousadas do catolicismo francês, quer à Associação para a Defesa da Religião — a de Lamennais —, quer à criação do *Correspondant* e, em seguida, à de *L'Union*, e ainda à fundação, com Ozanam, das Conferências de São Vicente de Paulo[61].

Compreendendo a fundo as intenções do pe. d'Alzon, o jovem assuncionista passara a estar inteiramente dominado por uma ideia: voltar a ensinar a fé aos seus contemporâneos, por meio da imprensa. Logo a seguir à guerra de 1870, em que fora capelão voluntário dos prisioneiros do exército de Bazaine, pôs mãos à obra. Encarregado pelos superiores de cuidar das peregrinações, que estavam então cada vez mais na moda[62] — e que ele converteu em gigantescos movimentos, com multidões que se lançavam pelas estradas —, ficou à frente de um jornal modestíssimo, *Le Pèlerin*, boletim de ligação entre todos os peregrinos. Pouco depois, decidiu transformá-lo num órgão popular de grande tiragem, fácil leitura e muita ilustração. O êxito correspondeu à sua expectativa: o *Le Pèlerin* alcançou dentro em pouco uma tiragem de 200 mil exemplares.

Mas o pe. Bailly estava firmemente decidido a não ficar por aí. A *Maison de la Bonne Presse* devia desenvolver-se, multiplicar as edições, as publicações periódicas, com vários órgãos que se complementassem e se apoiassem uns aos outros. Assim apareceu em 1879 uma revista mensal intitulada *La Croix*. Mas não bastava. De barba em riste e os olhos mais faiscantes que nunca debaixo do capuz, o assuncionista, que era uma potência, queria uma arma para travar os grandes combates em que a Igreja estava empenhada. "O meu sonho é fundar um jornal para lutar contra os maus jornais — dizia —. Quereria inundar com ele a França. Já que se arrancam as cruzes de toda a parte, o que eu quereria era implantar cruzes por toda a parte". E foi, em 16 de junho de 1883, a transformação da revista em diário, no alto do qual se via um crucifixo e as duas palavras: *La Croix*.

Durante dezessete anos, o pe. Bailly, exatamente como tinha decidido, fez do seu jornal uma arma, arma vigorosamente ofensiva. Os seus artigos, assinados por *"Le Moine"*, exprimiam sem disfarces as suas indignações, as suas cóleras em todas as questões em que estavam em causa (ou ele julgava que estavam) os interesses da Igreja. As suas intervenções foram fulminantes. Nem todas foram hábeis nem prudentes, ou mesmo pertinentes. No *affaire* Dreyfus, foram de tal ordem que a Santa Sé lhe manifestou a sua desaprovação. Submeteu-se imediatamente, percorreu as oficinas da tipografia, ajoelhou-se junto da rotativa do *La Croix* e mergulhou num silêncio que nunca mais abandonaria, nunca mais. Aquele de quem se pôde dizer que foi "não um monge *ligueur* [da liga de defesa da Igreja], mas sim o último zuavo pontifício"[63], teve o mérito singular de dotar a França de um diário único no seu gênero em toda a cristandade, de um sistema de difusão que lhe permitia ser livre, de uma empresa jornalística susceptível de fazer face a todas aquelas que as finanças laicistas poderiam constituir.

Essa presença dos católicos na imprensa afirmou-se ainda mais no período que se seguiu à Primeira Guerra Mundial. Em 1914, um padre italiano, *D. Tiago Alberione* (1884-1971)[64], fundou um Instituto religioso com um único fim: o apostolado pela letra impressa. Foi a *Pia Sociedade de São Paulo*. O sucesso foi assombroso. Houve frades e freiras tipógrafos, livreiros, jornalistas. Mais ainda: adivinhando o futuro das novas técnicas de difusão da imprensa, o fundador quis especializar alguns e algumas dos seus colaboradores no apostolado pelo cinema, pelo rádio, pela televisão. Assim chegou a ter cinco congregações religiosas, pouco depois seguidas de três Institutos Seculares, adaptados a essas diferentes tarefas. Em 1963, ainda vigoroso, o pe. Alberione estava à cabeça de uma imensa formação de dez mil membros, repartidos pelas cinco partes do mundo.

Surgiram depois outros grandes homens no campo editorial, como o pe. Courtois, Filho da Caridade, que foi o primeiro a compreender a importância das publicações infantis, ou o pe. Bernadot, dominicano, fundador, sucessivamente, da *Vie spirituelle*, da *Vie intellectuelle* e do semanário *Sept*, a tentativa mais original feita até hoje para exprimir totalmente um pensamento católico livre[65]. O exemplo só em parte foi seguido noutros lugares, mas, quando, a partir dos anos vinte, se espalhou a moda dos semanários de opinião ou de informação, os católicos criaram bastantes em muitos países. Ao mesmo tempo, multiplicaram-se as revistas dirigidas a um público de nível mais alto. Os jesuítas, que tinham dado o exemplo com a *Civiltà cattolica* e os *Études*, lançaram-nas em todas as principais línguas: *Thought*, *America*, *Stimmen der Zeit*[66]... Algumas universidades tiveram também as suas, como *Vita e pensiero*, da Universidade do Sacro Cuore de Milão, e igualmente as tiveram diversos grupos católicos de vanguarda, das quais a mais conhecida foi *Esprit*. Se fosse possível fazer a lista completa, no mundo inteiro, das casas editoriais católicas, das publicações católicas, dos jornais católicos — que panorama imenso não se teria!

Em matéria de letra impressa, a Igreja seguiu, pois, o movimento do seu tempo e não se deixou distanciar. É interessante verificar que o seguiu também quanto aos meios mais modernos de expressão, aqueles que nasceram no século XX e que revolucionaram a técnica de informação e de propaganda: cinema, rádio, mais tarde televisão; acabamos de citar o exemplo de D. Tiago Alberione. Em 1900, a invenção maravilhosa dos irmãos Lumière tinha feito cinco anos e não demorou a ser "abocanhada pelos homens de negócios, que a puseram sob o signo do comércio e a orientaram para os *bas-fonds*"[67]. Teria sido, pois, natural que a Igreja desconfiasse dessas produções duvidosas, em que o mau gosto por vezes beirava o sacrilégio. No entanto, não se encastelou nessa atitude. Bem cedo mediu a importância do cinema — esse "teatro dos proletários", na palavra de Jaurès — como veículo do pensamento e meio de influir sobre as consciências. E bem cedo se interessou por ele a fim de o pôr ao serviço de finalidades apologéticas e, ao mesmo tempo, controlar e, se necessário, neutralizar a ação dos que pudessem utilizá-lo contra a fé ou a moral.

Mal ouviu falar da nova arte, Leão XIII mostrou por ela a curiosidade que sentia por tudo o que lhe parecesse conter sementes de futuro. Quis ver as primeiras fitas e, pouco antes da morte, aceitou ser ele próprio filmado. Fez-se uma curta sequência, que, inserida em 1961 no filme *Tu és Pedro*, é comovente. Pio X, que tantas vezes tem sido apresentado como fechado a todas as inovações, também quis ser filmado, nos jardins do Vaticano, em companhia do cardeal Merry del Val. Sob o seu pontificado, a Sagrada Congregação do Consistório publicou um documento que constitui um esboço da Carta do Cinema editada por Pio XI.

Foi depois da Primeira Guerra Mundial que o cinema entrou definitivamente nos hábitos do tempo. Foi também nesse momento que a Igreja manifestou oficialmente todo o interesse que tinha por ele. Alguns prelados, à frente dos quais o cardeal Dubois, arcebispo de Paris, trabalharam por estabelecer relações entre a Igreja e o mundo do cinema. Na França, nasceu uma Ação Católica do cinema, cuja missão específica foi definida com rara perspicácia por mons. Julien, bispo de Arras. Pio XI acompanhava esse trabalho com vivo interesse. Por duas vezes, em duas encíclicas, a propósito da educação da juventude e a propósito do casamento cristão, fez alusões precisas ao cinema. Depois, a 29 de janeiro de 1936, a primeira encíclica inteiramente dedicada à nova arte, *Vigilanti cura*, constituiu uma verdadeira carta magna. O papa pedia a todos os católicos que promovessem um vasto movimento de opinião a favor de um cinema nobre e digno, e dava indicações positivas e precisas para o que se poderia chamar "o bom uso do cinema".

Para aplicarem essas prescrições, surgiram então, na maior parte dos grandes países católicos, organismos oficiais ou oficiosos encarregados de apreciar os filmes do ponto de vista moral ou de apoiar a produção de obras cinematográficas cristãs. Na França, foi primeiro a *Centrale Catholique du Cinéma* e depois a *Union Catholique du Cinéma* e a *Agence de Diffusion et d'Information Cinématographique*. Nos

Estados Unidos, a *Decency League* não demorou a exercer uma influência considerável.

Mas essas providências de certa maneira profiláticas não foram as únicas que a Igreja tomou quanto à sétima arte. Desde o início, pensou em utilizar o cinema para o apostolado. Assim, já em 1895 — sublinhemos esta data —, os Padres Assuncionistas da Boa Imprensa tiveram a ideia de filmar uma *Paixão de Cristo*, bem como de fazer um documentário sobre as grandes peregrinações que o pe. Bailly organizava tão bem. A partir dessa época, as reconstituições históricas da Bíblia ou dos Evangelhos, ou dos primeiros tempos do cristianismo, ou das vidas de santos, multiplicaram-se a tal ponto que seria impossível organizar um catálogo completo dessas produções.

É óbvio que nem todas elas estavam animadas de grande preocupação apologética: na sua maioria, eram apenas uma ocasião para desfraldar de modo espetacular fastos bem pouco cristãos. No entanto, no meio dessa avalanche de fitas pretensamente religiosas, foi possível, entre as duas Guerras Mundiais, ver certo número de obras em que a fé se exprimia com autenticidade. Foi o caso de grandes documentários como *Monastères*, *Credo*, *La tragédie de Lourdes*, ou aquele que o pe. Lhande trouxe da Índia; ou os filmes *L'appel du silence* e *La route inconnue* que Léon Poirier dedicou à vida do pe. Foucauld; ou a adaptação do romance de Henry Bordeaux, *La neige sur les pas*, em que os cônegos regrantes do Grande São Bernardo interpretaram pessoalmente os papéis imaginados pelo romancista. E não foi pouco ter-se conseguido acostumar o imenso público das salas escuras a interessar-se por obras de temas essencialmente religiosos.

Por volta de 1910, um outro meio de expressão entrou modestamente nos hábitos: aquele que se começou por chamar T.S.F. ["transmissão sem fios"]. Nas suas origens, estão presentes dois sábios católicos: Branly e Marconi. Isso levou os católicos a interessar-se desde o princípio por essa nova técnica. Uma das primeiras estações de T.S.F. do mundo foi a que um jesuíta, o pe. Rueppel, instalou em 1910 na Universidade americana de Saint Louis. As emissões susceptíveis de atingir o público foram realizadas mais ou menos a partir de 1920. Os católicos americanos apaixonaram-se imediatamente por essa nova forma de propaganda. O pe. Kremer instalou na Universidade Marquette uma emissora potente, que transmitia regularmente palestras religiosas seguidas de concertos; outras universidades americanas seguiram-lhe o exemplo. Pio XI foi informado dessas iniciativas e, desde o princípio do seu pontificado, declarou aos que o rodeavam que o novo invento lhe parecia de capital importância para a difusão dos ideais cristãos.

Em 1929, na sua encíclica sobre a educação da juventude, o papa associava o rádio ao cinema como um desses "poderosos meios de divulgação que, quando bem norteados por uma sã doutrina, podem ser de grande utilidade para a instrução e a educação, mas que, desgraçadamente, com demasiada frequência se subordinam à excitação das paixões e à avidez do lucro". Dois anos depois (1931), nos jardins do Vaticano, inaugurava a estação emissora da Igreja, montada sob a supervisão de Marconi, e pronunciava um discurso que foi um hino de esperança na fecundidade das ideias de paz, fraternidade e justiça. Até à morte, não haveria nenhuma mensagem importante, nenhum apelo *Urbi et Orbi*, que "o papa do microfone" não pronunciasse diante do aparelho que levaria a sua voz ao mundo inteiro[68].

Os católicos tiveram menos motivos para desconfiar do rádio que do cinema, visto que as palavras são sempre menos sugestivas que as imagens. Se é certo que constituíram grupos destinados a orientar os programas — como, na França, a *Fédération des Antennes Familiales* —, e órgãos para aconselhar os ouvintes, como por exemplo a revista *Choisir*, não foi tanto neste sentido que se dirigiu o seu principal esforço, mas antes no de exercer uma ação direta, utilizando as ondas para levar até longe uma mensagem. Assim, na Holanda, foi criado o Instituto Católico de Radiofonia e, na Espanha, a *Radio España*, católica; também na Bélgica montou-se uma estação de rádio católica. Na França, procurou-se utilizar todos os postos emissores "laicos" para introduzir emissões religiosas nos seus programas. Uma das primeiras e mais famosas foi a do pe. Lhande, *L'Évangile par-dessus les toits*. Muitas outras se seguiram, de variada natureza, quer reportagens (por exemplo, as do pe. Lelong sobre a Terra Santa), quer instruções dogmáticas (como as do pe. Parvillez sobre os Sacramentos). A partir de 1927, as conferências de Notre-Dame passaram a ser transmitidas pelo rádio, como também a Missa dominical. Comentando essas manifestações de interesse da Igreja por um meio que estava então longe de ter a popularidade que tem hoje, o jornalista Auguste Prénat escrevia, muito justamente: "Se São Paulo voltasse, havia de fazer-se sem-filista"[69].

Sem-filista... sim; e não se interessaria apenas pelo rádio. Utilizaria também a sua herdeira, a televisão. Já em 1936, Pio XI pedia a Marconi que lhe explicasse a nova invenção e estudasse a instalação de um posto emissor no Vaticano. Ainda se estava no tempo dos ensaios e já os católicos tomavam posição para utilizar a técnica do futuro. Em 1938, numa salinha da subprefeitura do *VIIème. arrondissement* de Paris, na rua Grenelle, os parisienses puderam ver as primeiras "peças televisivas". Entre elas, obras católicas, nomeadamente as que realizaram duas artistas já conhecidas pelas suas emissões religiosas no rádio, Cita e Suzanne Malard. Na mesma altura, um jovem sacerdote americano inaugurava uma série de emissões religiosas que não tardariam a tornar ilustre o seu nome em toda a União: D. Fulton Sheen. Também neste terreno, a Igreja optara pelo futuro.

A ressurreição da Arte sacra

Se havia um terreno em que o século XIX vira os cristãos em grande atraso, era certamente o da arte. Não é que não se tivessem construído igrejas, esculpido, pintado santas figuras apropriadas à edificação dos fiéis; bem ao contrário. O Segundo Império francês, por exemplo, assistira à construção de numerosos edifícios sagrados. Mas que, de toda essa atividade, tivesse resultado a afirmação de uma verdadeira arte sacra, portanto em harmonia com as aspirações das almas desse tempo — já é outra coisa. Raramente se pudera ver semelhante abismo entre a boa e reta vontade dos artistas e os resultados dos seus esforços, estética e espiritualmente tão decepcionantes[70].

Por volta de 1870, o pastiche e o *Ersatz* pareciam há já muito tempo os únicos métodos que convinham ao artista que trabalhava para a Igreja. Como, desde os românticos, se descobrira a Idade Média, época de grande fé, começara-se por pensar que só a arte medieval era digna de albergar a fé. Se é certo que Viollet-le-Duc, falecido em 1879, oferecera à arte autêntica os mais eminentes serviços, ao salvar Vézelay, a Sainte-Chapelle, dez catedrais, não é menos verdade que contribuíra para dar crédito ao erro de julgar que o êxito artístico dependia do recurso às fórmulas. Assim, tinham proliferado igrejas neo-góticas de todos os formatos — Sainte-Clotilde, em Paris, fora uma das mais aceitáveis, se bem que fria —, às quais só faltava a alma para existirem verdadeiramente.

O mesmo método permaneceu vigente durante muito tempo, e o neo-gótico continuou a reinar, não apenas na França, mas, talvez ainda mais, na Inglaterra, onde August Welly Pugin o difundia como antídoto contra o espírito mercantil e corrompido do século (Bently utilizou-o para a catedral de Westminster), e na Alemanha, onde o faustoso acabamento da catedral de Colônia lhe forneceu bons argumentos para se impor. E de tal modo estava ancorado na mentalidade que só a imitação do passado parecia merecer admiração, de forma que até os que se opunham ao neo-gótico recorriam a outros pastiches — neorromano, neo-bizantino, neo-jesuítico —, não menos viciados quanto ao princípio; destas experiências, houve muitos exemplos na Itália. E havia ainda as tentativas de inovar, misturando arbitrariamente os estilos.

Há algo de penoso — que quase causa dor — no contraste entre os tesouros de generosidade, de dedicação, de fé, que se despenderam nos últimos trinta anos do século XIX e os primeiros vinte do século XX, para construir basílicas com a boa intenção de serem dignas do mais sublime passado, e os resultados obtidos. Assim, o *Sacré-Coeur de Paris*, erguido por voto nacional, concebido por *Abadie* em neo-bizantino inspirado em Saint-Front de Périgueux, e concluído por Magne em 1910, com o mesmo propósito de imitação — conjunto bastante desconexo, com elementos por vezes feios —, conseguiu, pela sua situação, no cume da mais alta colina parisiense, e também pela forma acentuadamente barroca das suas cúpulas, um encanto místico inegável. Em Portugal, o *Santuário de Nossa Senhora de Fátima*, tão banal, deve ao patético isolamento de que souberam rodeá-lo uma espécie de mistério litúrgico, semelhante ao que irradia de um círio solitário numa nave. Na Holanda, *São Baco de Haarlem*, edificada em neo-bizantino, defende-se graças ao equilíbrio dos volumes e dá uma impressão de solidez espiritual.

Mas quantas dessas construções não redundaram em penosos fracassos!: Fourvière, a norte de Lyon, obra de dois homens de grande fé — Bossan e Sainte-Marie-Perrin —, onde, da fachada aos mosaicos das paredes, tudo é tão tristemente desarmônico, cacofônico, lantejoulado... Lourdes, basílica das multidões orantes, tão pobre de concepcão que apetece esquecê-la, voltar-lhe as costas, para não ver senão erguer-se, na imensa esplanada, uma basílica de oração feita de milhões de pedras vivas e de luzes... Lisieux, tão arrasadora que é preferível nem falar dela... O *Ersatz*, o pastiche, o compósito atingem o cúmulo nessas vastas construções. Onde ficou o tempo em que os mesmos caudais de generosidade faziam surgir da terra as naves de Chartres ou de Reims?...

Os mesmos princípios regiam também os artistas que trabalhavam na decoração das igrejas. O neo-medieval reaparecia nos herdeiros dos "Nazarenos" de Overbeck e de Cornelius, cujas obras monumentais, de intenção pesadamente mística, enchiam tantas igrejas alemãs. A Inglaterra praticara o neo-primitivo, com os "pré-rafaelitas" e Burne-Jones. Por volta de 1870, a escola de Beuron preconizava uma arte decorativa cristã pretensamente nova, que, na realidade, misturava ao neo-bizantino o pseudoegípcio mais fantasioso.

Tudo desaguava num academismo pomposo, ao qual faltava por completo a seiva criadora: na França, são exemplos perfeitos disso o São Tarcísio de Falguière, a Joana d'Arc de Frémiet, ou, mais ainda, a de Paul Dubois; mas a Virgem do Rosário de Bellver y Ramón, na igreja de São José de Madri, iguala-os em falta de originalidade. Em pintura, o mesmo conformismo, oscilante entre o neo-clássico e o neo-medieval, ia da *Casta Susana* de Henner, a Luc-Olivier Merson, a Dagnan-Bouveret; na Itália, a Ciseri e Barabino; na Suíça, a Burnand; na Alemanha, a Menzel, Klinger e Ludwig Seitz — a quem, infelizmente, Leão XIII confiou a decoração da Galeria dos Candelabros, no Vaticano.

No entanto, nem tudo estava perdido, e poderiam citar-se alguns — raros — exemplos de artistas que recusavam o conformismo acadêmico e exprimiam em novas experiências aspirações religiosas autênticas. Assim, encontrava-se em *Puvis de Chavannes* (1824-1898) — autor de vastos afrescos decorativos, como os de Sainte-Geneviève no Panthéon — um esforço de estilização, uma espécie de ascese estética que reabria os caminhos da autenticidade. Grandes artistas, sem procurarem expressamente "fazer obra religiosa", davam testemunhos espontâneos tão profundamente cristãos que convidavam à meditação mística: foi o caso de *Gauguin* (1848-1903), que pintou na Bretanha Crucifixões e Pietás em que se manifestava verdadeiramente a alma dessa terra fiel; e foi sobretudo o caso de *Auguste Rodin* (1840-1917) — precisamente aquele que exclamava: "Se a religião não existisse, eu teria de inventá-la!" —, que submeteu a máteria a uma criativa disciplina de formas em que se fundiam numa só coisa o místico e o real: o Rodin do *São João Batista*, da *Ressurreição*, da *Porta do Inferno*. E em arquitetura, também foram raros, mais que os pintores e os escultores, os arquitetos que ousaram romper com os desafios oficiais. Mas houve pelo menos um, *Antoni Gaudí*, o arquiteto da Sagrada Família, de Barcelona, que, deixando explodir em formas delirantes o seu sonho solitário, elevou o mais extraordinário protesto contra a platitude de todos os fazedores de pastiches.

Eram, certamente, exceções, e não se tratava de uma arte da Igreja, para a Igreja. Pelos finais do século XIX, jovens artistas que eram também gente de fé começaram a compreender e a dizer que a renovação tinha de partir da própria consciência da Igreja, da Assembleia dos fiéis. Só assim a consciência católica despertaria de novo para uma arte autenticamente religiosa, como existira nos tempos de grande criatividade.

O condutor dessa admirável aventura foi *Maurice Denis* (1870-1943). No grupo dos "Nabis", pequeno cenáculo de esteticismo filosófico que aspirava a renovar a arte religiosa, viu-se aparecer, em 1890, esse jovem de vinte anos, "de olhos puros como os de uma virgem e amáveis como os de um menino" de que fala o monge-pintor Verkade. Meditara Gauguin e também Odilon Redon, mestre em simbolismo. Tinha "a imaginação rica, casta e cândida". Mas era antes de tudo um artista dotado do agudo sentido da realidade da sua arte e que gostava de recordar que um quadro começa por ser "essencialmente uma superfície plana coberta de cores reunidas numa certa ordem". Contra todos os pastiches, contra o gosto acadêmico pelo episódico, iniciou imediatamente — e continuou por toda a vida — uma ação da qual se pode dizer que iria sair toda a arte sacra do nosso tempo, incluindo a arte abstrata. Dessa ação, a sua obra pessoal foi decerto um dos elementos maiores: quadros de cavalete, ilustrações de livros, pinturas murais de igrejas (no Vésinet, em Genebra, em São Luís de Vincennes) — obra a que nem sempre se prestou homenagem, como se o simbolismo paridisíaco de Virgens em vestes brancas e de árvores em flor parecessem risíveis aos modernos amadores do infernal.

Mas, mais ainda que pela obra pessoal, o papel de Maurice Denis foi imenso como chefe de fila e animador. À sua volta, cedo se agruparam todos os que contavam em arte religiosa. Junto dele, Georges Desvallières, de pincel trágico, desempenhou um papel de primeiro plano. Ambos tiveram por amigos Rouault, Henri Charlier, Severini, Dom Bellot. A *Société Saint-Jean*, fundada em 1872, achou nele um animador, assim como, mais tarde, já depois da primeira Guerra Mundial, o *Groupement Catholique de Travail: L'Arche*. Das suas mãos viriam a sair numerosos alunos, que ainda hoje prolongam entre nós os seus ensinamentos. Em 1919, com Desvallières, fundava os *Ateliers d'Art Sacré*. Exposições periódicas iam mostrando ao público o caminho por onde avançava a passos largos a arte da Igreja. Era uma imensa atividade de ordem prática, à qual correspondia uma outra, considerada por Maurice Denis e seus amigos como essencial: uma atividade intelectual, religiosa e mesmo teológica, feita de reflexões profundas sobre a arte, o seu sentido, as suas raízes, os seus fins espirituais, e que se desenvolvia em ligação com o tomismo renascente, com os dominicanos do *faubourg* Saint-Honoré (Paris), e o Jacques Maritain de *Art et Scolastique*.

Foi sobretudo após a Primeira Guerra Mundial que o movimento pela ressurreição da arte sacra tomou maior impulso. Enquanto o *Salon d'Automne* de 1920 abria, pela primeira vez, uma secção de arte religiosa, a *Exposition d'Art Chrétien Moderne* impressionava o público pelo número e qualidade dos seus expositores. A imprensa pôs-se a discutir as ideias de Maritain, de Cingria, mais tarde do pe. Couturier. As revistas especializadas no estudo da arte sacra começaram a ter o seu público. A necessidade de reconstruir igrejas que a guerra arruinara oferecia inúmeras oportunidades aos artistas. Num tinido de argumentos cruzados — pois a eterna querela dos "Antigos e dos Modernos" achou aí, como era de prever, matéria para um novo episódio —, houve para o Ocidente católico uma verdadeira primavera da arte, estuante de seiva criadora.

Em arquitetura, um iniciador solitário, *Dom Bellot* — antigo aluno da Escola de Belas Artes, monge beneditino, arquiteto, mestre de obras, que se diria saído de um drama claudeliano — pensou que o material próprio para a grande renovação devia ser o tijolo, econômico, fácil de manejar, de onde tirou uma multidão de efeitos de desenho e cor. Desigual nos resultados (a sua obra-prima é o mosteiro dos beneditinos missionários em Vanves), Dom Bellot teve o duplo mérito de promover formas arquitetônicas novas, como o triângulo, de que se irá lembrar Le Corbusier, e de recordar aos construtores de edifícios religiosos os imperativos da liturgia.

Mas não seria o tijolo o material da arquitetura de amanhã. O concreto armado, inventado por volta de 1850 por um modesto jardineiro de Boulogne [parece que é isso mesmo, o cara que inventou é um francês chamado Jean-Louis Lambot], oferecia à técnica muito mais possibilidades. Simultaneamente rígido e infinitamente maleável, esse extraordinário material que aceitava todas as formas e autorizava todas as audácias ainda nunca tinha sido considerado com a atenção que merecia. Alguns o tinham utilizado, tateando, sem o compreenderem verdadeiramente. Mas houve um homem que não se limitou a julgá-lo econômico, rápido e cômodo, mas também procurou tirar as consequências das suas qualidades, ou seja, conceber uma arquitetura que lhe estivesse subordinada. Foi *Auguste Perret* (1871-1954), cuja primeira tentativa, logo coroada de êxito, foi a *igreja de Raincy*, nos arredores de Paris (1920).

Pela primeira vez, um santuário cristão era construído de acordo apenas com os recursos do cimento armado, sem nenhum revestimento, sem nenhuma decoração — e o resultado foi surpreendente. A fachada, sinfonia de colunas nuas, reencontrava a grande lei da verticalidade, que tão imperiosamente dirige para o céu o olhar de quem contempla as fachadas góticas; e o interior, graças à supressão (também ela gótica) das paredes secundárias, abria-se por inteiro aos jogos de luz que, do amarelo ao violeta sombrio, Maurice Denis ordenara misticamente. Essa igrejinha pobre, construída em treze meses, logo surgiu como cabeça de fila de uma longa coorte. Iria ser muitas vezes imitada; nunca igualada.

Estava dado o impulso. Podemos dizer que, a partir da década de vinte, a arquitetura cristã do século XX tomara já consciência de si própria, dos seus problemas, dos sentidos segundo os quais poderia achar as soluções. Não quer isto dizer que essa arquitetura não continuasse a seguir os velhos desvios, a tatear ou a cair em pastiches. igrejas bem mais ricas que a de Raincy continuaram a construir-se em neo-bizantino, como foi a de Henin-Liétard. O exemplo mais chamativo das incertezas em que continuava a arte sacra foi dado, na França, por um enorme empreendimento, admirável em si mesmo no plano espiritual e no plano humano, mas cujos resultados estéticos foram bem discutíveis: os *Chantiers du Cardinal* ["Canteiros de obras do cardeal"].

Preocupado por ver numerosos setores da sua imensa diocese sem locais de culto, ou com locais insuficientes, o cardeal Verdier lançou uma campanha gigantesca para a construção de cem igrejas ou capelas[71]. A resposta dos fiéis parisienses foi tal que se pôde imediatamente passar à concretização. Os primeiros canteiros de obras foram montados no Natal de 1931, e no Natal de 1938 já eram noventa e dois os que tinham entregue ao culto os novos espaços. É claro que nem todos podiam ter a mesma categoria: houve fracassos; mas não faltaram os êxitos ou pelo menos tentativas interessantes, como foram várias das capelas de Henri Vidal, a grande igreja do Espírito Santo de Paul Tournon, o imenso rendilhado em pedra de São Pedro de Chaillot. Mas numerosos críticos lamentaram que esse prodigioso empreendimento, por não ter contado à sua frente com um autêntico mestre, como Auguste Perret, não tivesse oferecido ao século XX o estilo que este, pela sua índole e aspirações, teria esperado.

A arquitetura não foi a única arte a beneficiar do grande impulso renovador. Os artistas que há trinta anos tinham preparado esse renascimento dedicaram-se a decorar as novas igrejas. Pintura mural, escultura, vitral, mobiliário litúrgico — tudo passou a ser objeto de pesquisas, nem sempre felizes, mas ardentes. Desenvolveram-se "ateliês de arte sacra". Os "artesãos do altar" chegaram a renovar as formas das vestes litúrgicas. De um modo geral, esse esforço tendeu a desembaraçar os edifícios e os objetos sagrados de todo o excesso de ornamentação que as anteriores gerações de párocos tinham consentido em demasia. Em 1939, o movimento — seguido de perto pelos comentários da jovem revista *Art Sacré* — estava bem orientado para a simplificação, a nitidez de linhas, a aceitação de materiais nobres e simples, tudo isso com o propósito de devolver o primeiro lugar no santuário ao que é o seu alfa e ômega — o culto litúrgico.

Esse movimento de renovação passou a ser apoiado por um número cada vez mais considerável de artistas que pelo seu talento, quando não pelo seu gênio, manifestavam a fé. Aos primeiros grupos do princípio do século, outros se juntaram. Georges Desvallières, pouco antes de morrer, concluía a sua obra-prima: a Via-sacra da igreja parisiense do Espírito Santo. Poderoso e solitário como um profeta bíblico, *Georges Rouault* (1871-1958), que desde o início do século meditava o drama do homem cristão da nossa época, impunha a um público angustiado as suas figuras terríveis e miserandas, que saíam como torrentes de luz para fora das trevas da existência. Bourdelle, talhando na pedra formas sobre-humanas, dava às suas figuras o impulso das grandes certezas: tal foi a sua "Virgem de Alsácia", elevando ao céu o Menino-Deus como uma promessa.

Quantos outros seria ainda preciso referir, no elenco da grande arte cristã renovada! Gino Severini, pintor e mosaísta, a quem Cingria e o seu grupo de "São Lucas" abriram caminho na Suíça. Henri Charlier, que, retirado em Mesnil Saint-Loup, vivendo uma vida quase monástica, queria fazer da escultura — e, subsidiariamente, da pintura e do vitral — um meio de apostolado. Gleizes, cujas curiosas tentativas, aplicando o cubismo à arte sacra, abriram a porta ao não-figurativo. Nas vésperas da Segunda Guerra Mundial, para decorar a igreja que acabara de mandar construir por Novarina no planalto de Assy (Alta Saboia), o capelão do sanatório de Sancellemoz teve a ideia de pedir a todos os grandes artistas de vanguarda, mesmo não-cristãos, indicados pelo pe. Couturier, que dessem alguma colaboração. Essa iniciativa ia marcar uma data decisiva na promoção da nova arte sacra no nosso século.

Mas a França não teve o monopólio desses esforços pela ressurreição da arte sacra. Nenhum país católico deixou de testemunhar, por esse tempo, uma vontade de trabalhar em experiências novas. Discutiu-se e polemizou-se por toda a parte: "nova querela das imagens" — pôde alguém dizer[72]. Por toda a parte, com diferentes resultados, nem sempre felizes, houve artistas que se empenharam em tentativas que hoje vemos concluídas. Numa anotação judiciosa, o professor holandês Wattjies ressaltava "o esforço por criar novos símbolos da vida religiosa em formas arquitetônicas vivas e logicamente nascidas da poderosa técnica contemporânea". Mas acrescentava, prudentemente: "No entanto, ainda se está longe de se ter atingido a unidade de tendências".

Na Holanda, foram as igrejas de tijolo, de Jean Stuyt. Na Checoslováquia, naves triangulares ou sem transepto, de Gocar. Na Alemanha, tentativas divergentes, do rigoroso Rudolph Schwartz, do meditativo Domenikus Böhm, do curiosíssimo Michael Kurz. Na Suíça romanda, igrejas de Ferdinand Dumas; na alamânica, igrejas de Fritz Metzger. Na Itália, realizações colossais, como o *Sacro Cuore* de Collamarini (em Bolonha), empreendimentos de calculadas audácias delirantes de Gio Fonti, sonhos místicos de Manfredo Nicoletti... Até nos Estados Unidos, onde o exemplo e as teorias de Frank Lloyd Wright — espécie de profeta que acusava a arquitetura moderna de ser "uma arquitetura orgânica privada de alma" — ultrapassaram os limites de qualquer crença e fizeram sentir a sua influência em todas as "denominações cristãs".

Decididamente, alguma coisa mudou. A Igreja reencontrou o caminho da grande criação artística. É verdade que não alcançou a meta última, porque não descobriu as formas capazes de exprimir na sua plenitude as aspirações e as angústias, as certezas e os impulsos dos homens do século XX. Passados vinte cinco anos, não nos parecerá que esse objetivo tenha sido atingido, e talvez seja preciso esperar muito tempo antes de que se realize uma nova síntese, semelhante à que presidiu aos grandes momentos de plenitude que a Idade Média e o Renascimento nos deram. Mas foi já de importância capital que os católicos houvessem descoberto a urgência do problema, e colocado significativos marcos ao longo da estrada que conduz ao fim.

A Música regressa ao sagrado

A efervescência criativa que se observou na arquitetura e em certas artes plásticas talvez não tenha tido o seu equivalente em música. Mas uma evolução análoga se deu neste campo, no sentido de uma depuração artística, de uma concepção mais autenticamente religiosa e de uma submissão aos imperativos profundos da liturgia.

De resto, esta evolução já se tinha iniciado bem antes de 1870, e os músicos até se haviam antecipado, de certo modo, aos arquitetos, escultores e pintores, no caminho da restauração da arte sacra. Por volta de 1840[73], produzira-se uma reação contra os deploráveis desvios que levavam a transformar as cerimônias religiosas em espetáculos de ópera ou em concertos. Os promotores desse movimento, na França, tinham sido Dom Guéranger e os beneditinos de Solesmes, e os seus esforços não tinham tardado a obter resultados, a favor do regresso à música propriamente eclesial, o canto gregoriano. Na Alemanha, o pe. Franz Witt e o Dr. Haberl, herdeiros dos grandes trabalhos do cônego Proske, tinham fundado, em 1868, a *Coecilienverein* ("Sociedade de Santa Cecília"), para lutar contra a má música de igreja. O editor Friedrich Pustet, de Ratisbona, tomara a iniciativa de reimprimir, com as necessárias correções, o *Gradual* de Palestrina, e a Congregação dos Ritos dera-lhe a exclusiva dessa edição por trinta anos. Tinham-se chegado a constituir escolas leigas para formar organistas e mestres de capela, desejosos de fazer ressoar sob as abóbadas sagradas coisas diferentes do *bel canto*: a escola de Niedermeyer tivera grande repercussão.

Não quer isto dizer que todas essas boas-vontades tivessem triunfado do mau gosto pelos fins do século XIX. Em 1900, o cronista musical da *Revue des Deux Mondes*, Camille Bellaigue, podia escrever estas linhas ácidas e rancorosas: "Nas igrejas, tudo se passa como na ópera: casamentos ou exéquias são acompanhados, quer nos estrados do palco, quer nas lajes do santuário, por cânticos análogos, quando não idênticos [...]. Da mesma forma, o *Agnus Dei* é cantado à maneira de uma ária amorosa na *Condenação de Fausto* ou de um intermezzo na *Cavalaria Rusticana* [...]. Uma 'absolvição' é apenas o derradeiro concerto ou a última das óperas a que assiste o moribundo". Nem mesmo os artistas autênticos dotados de verdadeira fé viam qualquer mal nessa confusão dos gêneros. As suas obras "religiosas" visavam, efetivamente, evocar grandes imagens teatrais que, segundo pensavam, criavam um ambiente piedoso. *Charles Gounod* (1818-93), ilustre compositor de óperas e alma crente, utilizava os mesmos registros do seu *Fausto* quando escrevia música sacra; e assim todas as suas obras religiosas, quer as mais longas, como a *Missa de Santa Cecília*, quer as mais curtas, como a *Ave Maria*, sofriam de um amor demasiado evidente pelo patético e pelo "efeito".

No entanto, havia compositores que se apercebiam do perigo e procuravam outras vias para a música sacra: *Anton Bruckner* (1824-96), "menestrel de Deus", wagneriano antes de Wagner, cujas quatro grandes Missas e o *Te Deum* tinham acordes tão autenticamente religiosos; *Johannes Brahms* (1833-97), que envolvia numa aura de certeza espiritual até a sua obra profana, imensa, e que, no seu *Requiem alemão* ou nos seus *Prelúdios para corais*, exprimia uma fé à sua imagem — sábia, prudente, um tanto pesada. Para que o movimento reformador vingasse, era preciso um artista genial que fosse também um cristão de alma superior: e é o que foi *César Franck* (1822-90).

Belga, nascido em Liège, estabelecido na França, aquele que os discípulos iriam chamar *pater seraphicus* era uma consciência tão naturalmente religiosa que tudo, ou quase tudo, o que escrevia era profundamente cristão. Depois de ter meditado longamente as lições da liturgia, e de ter adquirido, por meio do órgão, instrumento religioso entre todos, uma tal experiência que se lhe tornou conatural, César Franck nem teve de estudar a reforma gregoriana de Dom Guéranger ou as antigas polifonias, caras a Proske e a Niedermeyer, para que nascesse dele, espontaneamente, uma música admiravelmente adequada às igrejas. *Rédemption* e *Les béatitudes*, peças para órgão, corais, foram catedrais sonoras que reensinaram à alma cristã surpreendida o que talvez ela mais tivesse esquecido: a serena simplicidade.

Ao mesmo tempo, os beneditinos continuavam a trabalhar numa reforma da música de igreja. Vendo que, na edição de Ratisbona, Pustet alterara a escrita musical, sob o pretexto de encurtá-la, Dom Pothier e os monges de Solesmes empreenderam uma reconstituição integral do Ofício gregoriano. Em 1880, surgiam as *Mélodies grégoriennes*, em que Dom Pothier explicava o seu método, que consistia em estudar os mais antigos manuscritos; em 1883, editava o *Liber gradualis*, e, em seguida, a série dos outros livros corais. Estava-se nos começos do século XX e fervia a discussão, repleta de argumentos opostos, entre os defensores dos velhos desvios e os partidários da reforma. Foi então que ressoou a voz do papa, decidido a acabar de reconduzir a música religiosa à sua verdadeira via.

Efetivamente, poucas semanas após a eleição para a Sé de São Pedro, a 22 de novembro de 1903, Pio X assinou um *motu proprio* consagrado à liturgia e à música na Igreja: foi o *Tra le sollicitudine*. Havia já longo tempo que Giuseppe Sarto se interessava pelo problema. A sua alma piedosa só tolerava com dificuldade os *flonflons* [árias] de ópera sob as abóbadas das catedrais e, quando Patriarca de Veneza, oferecera a Leão XIII os préstimos do seu notável mestre de capela, mons. Perosi, para que fosse a Roma com a missão de reorganizar a Capela Sistina. O seu "código jurídico da música sacra", em vinte e nove artigos, obedeceu essencialmente, como tudo na vida e na obra do Santo, a intenções espirituais. "Como parte integrante da liturgia solene — dizia ele —, a música sagrada participa da sua finalidade geral, que é a glória de Deus, a edificação e santificação dos fiéis". Por isso, a música devia "ser santa, evitar todo e qualquer caráter profano, quer em si, quer por parte dos executantes".

Alguns desses artigos fixavam regras estritas para que se respeitasse o texto bíblico e o "canto tradicional" de várias partes da Missa, como os *Kyries*, o Glória, o Credo; mas havia outros que tomavam medidas no plano propriamente estético. Pio X não pretendia afastar da Igreja nem as antigas polifonias nem os trabalhos dos compositores modernos, mas desde que se respeitassem as regras litúrgicas e "as composições fossem, na medida do possível, um desenvolvimento do coral"[74]. Ficavam proibidos os instrumentos de percussão, o piano, as fanfarras. Deviam-se preferir os coros aos solos. O modelo proposto formalmente era o do canto gregoriano, qualificado como "canto próprio da Igreja Romana", tal como "recentes estudos o restauraram tão felizmente na sua integridade e na sua pureza".

A lição de Pio X — à qual voltaria em várias ocasiões no decurso do seu pontificado — foi, evidentemente, decisiva. Vinha dar completa razão ao movimento dos reformadores. Com uma intransigência que, por vezes, nem o papa desejaria, o regresso ao gregoriano deu-se quase por toda a parte, não sem provocar discussões violentas entre aqueles que só ao cantochão concediam o direito de exprimir as aspirações das almas, e aqueles que reclamavam uma música mais capaz de comover as sensibilidades. Finalmente, o mais claro resultado foi uma nítida separação, pelo menos de fato, entre a música sacra e a música religiosa, a primeira estritamente litúrgica, a segunda de caráter mais geral. Mesmo quanto a esta última, porém, a doutrina de Pio X, juntando-se às lições práticas de César Franck, não foi menos determinante.

Formaram-se grupos e instituições para a renovação da música de igreja, pensando sempre no seu caráter sagrado. A *Schola cantorum*, fundada na França em 1894 pelo mestre de capela de Saint-Gervais, Charles Bordes, sob o patrocínio de Vincent d'Indy, teve então um imenso prestígio; graças a ela, várias gerações aprenderam como os contributos gregorianos e polifônicos podiam dar vida e juventude à música sacra. Em Roma, a Escola Pontifícia, do pe. De Santi; na América, a Escola de Nova York, de Justine Ward; na Alemanha, a Sociedade de Santa Cecília, continuada pelo Dr. (depois bispo) Haberl, e a Escola de Ratisbona; mais tarde, na Inglaterra, a Sociedade de São Gregório, todas elas trabalharam de modo análogo. Ao mesmo tempo, houve artistas que quiseram refazer uma música verdadeiramente religiosa, que mantivesse a ligação com a música sacra, inspirando-se em lições de liturgia[75].

Em que medida essa orientação terá conseguido suscitar obras-primas? Da escola de César Franck saíram muitos alunos decididos a continuar a sua obra. O mais importante foi *Vincent d'Indy* (1851-1931), fidalgo das Cévennes em quem se encarnavam uma fé ardente e uma rudeza e intolerância de outros tempos, e que sustentou como um axioma que "o ato musical deve ser um ato cristão". Quer na sua música de câmara, quer nas sinfonias e até no teatro, a sua inspiração nunca deixou de ser cristã, e aconteceu-lhe muitas vezes parafrasear ou imitar o gregoriano. Os seus esforços leais terão sido coroados de êxito? Nem a *Légende de Saint Christophe* nem a *Queste de Dieu*, apesar de altos méritos, se impuseram como obras-primas, certamente por não ter valorizado suficientemente a espontaneidade e o dom natural.

De qualquer modo, estava dado o impulso. A partir daí, numerosos músicos iam, não apenas dar um lugar importante à criação da arte cristã nas suas obras, mas ainda submeter a sua inspiração a imperativos propriamente religiosos. Até alguns descrentes... Foi o caso de Saint-Saëns, que, depois de ter tateado no gracioso *Oratorio de Noël* e no fastidioso *Déluge*, escreveu, pensando na sua própria morte, sobre o tema do *Dies irae*, uma obra-prima mística, a *Troisième symphonie avec orgue*. Ou de Gabriel Fauré, cujo *Requiem* exprimiu de modo incomparável a angústia do homem diante do seu destino e o conforto que a religião lhe dá. Ou de Debussy, tão pouco cristão no seu d'annunziesco *Martyre de Saint-Sébastien*, e tão ternamente religioso em peças breves como a *Ballade que fit Villon* e o *Noël des enfants qui n'ont plus de maisons*.

Nas vésperas da Segunda Guerra Mundial, a renovação da música religiosa, conduzida paralelamente à música propriamente eclesial, era um fato indiscutível. Um protestante como Honegger, um israelita como Darius Milhaud, chegaram também a sugerir, pela potência do seu talento ou do seu gênio, o que a alma cristã pode ter de mais ardente. Manuel de Falla declarava que toda a sua obra se tinha alimentado da mesma seiva que fizera viver Teresa de Ávila e João da Cruz. A reforma da música, querida por Pio X, não iria parar no fácil pastiche, mas ascenderia a criações originais. Se, na palavra de Pio XI, "estava proibida uma música ultra-moderna, por ser muito afastada do tom da oração", a Igreja não se opunha a que se continuasse a pesquisar e a fazer novas experiências. Apenas pedia aos artistas, como Pio X o teria desejado, que "o povo cristão rezasse de acordo com a Beleza".

Notas

[1] Denis Saurat, "Bremond et l'avenir du catholicisme", na *Nouvelle Revue Française*, 01.02.1932.

[2] Mons. Baudrillart, *Vie de Mgr. d'Hulst*, II, 494.

[3] Cf. o cap. I deste vol. e o cap. VI do vol. VIII.

[4] Referência à famosa obra de Montesquieu, *Lettres persanes* (N. do T.).

[5] Na obra coletiva, *Cinquante ans de pensée catholique française* (Fayard, Paris, 1955), artigo de mons. Nédoncelle sobre a filosofia.

[6] Cf. vol. VIII, cap. VI, par. *Nova et vetera*, e o cap. VI deste vol.

[7] Paul Bourget, em *Outremer*, escrevia: "toda a ciência e toda a democracia"; mas o problema era diferente.

[8] Cf. neste vol. o cap. VI.

[9] Halphen e Sagnac, col. *Peuples et Civilisations*, vol. XIII, M. Baumont, *L'Essor industriel.*

[10] Cf. vol. VIII, cap. VI, par. *Nova et vetera*; a expressão "universidade católicas alemãs" deve aí ser entendida em sentido lato. Os bispos alemães chamavam às Faculdades de Teologia os seus *Schmerzkinder*, "filhos da dor". [Também a Universidade de Coimbra, única universidade portuguesa desde a extinção pelo Marquês de Pombal da que os jesuítas mantinham em Évora, estava longe de qualquer ideal católico no século XIX, embora mantivesse rituais estatutariamente impostos (N. do T.)].

[11] Atualmente há duas Universidades Católicas de Lovaina, uma para estudantes de língua francesa e outra para os flamengos.

[12] O *Angelicum* foi erigido em Universidade Pontifícia por João XXIII, em março de 1963.

[13] Em Estrasburgo, por força do estipulado na Concordata, que continuava vigente na Alsácia e na Lorena, foi mantida na Universidade Católica uma Faculdade de Teologia (1919).

[14] No Brasil, a PUC do Rio de Janeiro foi fundada somente em 1941 por D. Sebastião Leme e pelo pe. Leonel Franca; a de Campinas é do mesmo ano, e a de São Paulo de 1946. As outras são posteriores: Porto Alegre em 1948, Curitiba em 1959, Minas Gerais no mesmo ano, etc. Ainda é preciso ter em conta que aqui se dão as datas de fundação pelos respectivos ordinários; em geral, o reconhecimento pontifício e a outorga do título de Universidade Pontifícia são posteriores (N. do T.).

[15] Enciclopédia Casterman, vol. I, *Bilan du monde*, p. 233.

[16] De Portugal, o primeiro membro foi o prof. Antônio Mendes Correia, antropólogo, arqueólogo, historiador, que não era católico. O médico e cientista brasileiro Carlos Chagas foi presidente de 1973 a 1990, e o biólogo Crodowaldo Pavan é membro desde 1978 (N. do T.).

[17] Cf. o começo do cap. VI.

[18] Pe. Daniélou, *Cinquante ans de pensée catholique française.*

[19] Cf. vol. III, cap. VIII, par. *O apogeu da escolástica: São Tomás de Aquino.*

[20] Cf. vol. VIII, cap. VI, par. *Pedras de toque.*

[21] Trata-se da fidelidade tradicional dos jesuítas ao seu grande pensador Francisco Suárez, professor em Coimbra. Cf. sobre isto, por exemplo, o artigo "Suarezianismo", no *Dicionário de Filosofia*, Herder, dirigido por Brugger (N. do T.).

[22] O mesmo que a fidelidade a Charles Maurras levou a abandonar a púrpura (cf. neste vol. o cap. IX, par. *A condenação da "Action Française"*).

[23] Cf. as judiciosas observações de Olivier Lacombe, no caderno Philosophies chrétiennes de "Recherches et Documents".

[24] Cf. vol. VIII, cap. VI, par. *A crítica contra a fé: de Strauss a Renan.*

[25] Cf. neste vol. o cap. VI, par. *Alfred Loisy e a crítica bíblica*, n. 19.

[26] Cf. neste vol. o cap. VI, par. *Um perigo interno.*

[27] *Ibid.*

[28] Cf. *Les catholiques devant la Bible*, em *Informations catholiques internationales*, 15.06.56, p. 17.

[29] Cf. neste vol. o cap. VI, par. *Uma reação excessiva: o "integrismo".*

[30] Cf. pe. Braun, *L'oeuvre du P. Lagrange*, Friburgo, Suíça, 1943.

[31] Cf. J. Piguet, "Un travail de bénédictins au service de la Bible", em *Ecclesia*, Paris, set. 1962.

[32] Cf., respectivamente, no vol. I, os caps. VI, VII, X e XI, e no vol. II o cap. I.

[33] Cf. vol. VIII, cap. VI, par. *De Chateaubriand a Newman: fraqueza e força de uma apologética.*

[34] São palavras de mons. Brunhe, bispo de Montpellier, no prefácio que escreveu, em 1937, para um manual intitulado precisamente *Apologétique*, da Enciclopédia Bloud et Gay.

[35] Cf. neste vol. o cap. VI, par. *Uma reação excessiva: o "integrismo".*

[36] Designadamente o seu *Catéchisme des incroyants* (Flammarion, Paris, 1930).

[37] Cf. no vol. VIII o cap. VIII, par. *Opções para o amanhã.*

[38] Teilhard de Chardin (1881-1955) elaborou uma teoria que tentava combinar elementos da doutrina evolucionista com o cristianismo; concretamente, afirmava que a evolução conduziria a um "foco cósmico de unificação das consciências" para o qual tudo convergiria: o "ponto ômega", que se identificaria com Cristo. Em 1962, por meio de um *monitum*

["aviso"], a Congregação do Santo Ofício declarou que, "em matérias filosóficas e teológicas, as suas obras apresentam ambiguidades e, mais ainda, erros graves que prejudicam a doutrina católica" (N. do T.).

[39] O pensamento de Ravaisson foi em grande parte continuado e desenvolvido por Émile Boutroux, mestre intelectual e quase espiritual de Leonardo Coimbra (N. do T.).

[40] Étienne Gilson, *L'esprit de la philosophie médiévale*, vol. I, J. Vrin, Paris, 1944, p. 55.

[41] Cf. neste vol. o cap. VI, par. *Primeiros sinais na França*.

[42] No entanto, a influência benéfica de Bergson não foi imediatamente compreendida. Numerosos católicos se ergueram contra a sua doutrina do "movente", e alguns dos seus livros chegaram a ser incluídos no *Índex*.

[43] Cf. no vol. X o cap. III, par. *Um pascal dinamarquês*.

[44] Foi sobre Max Scheler que Karol Wojtyla, futuro papa João Paulo II, escreveu a sua tese de doutoramento (N. do T.).

[45] Cf. o notável capítulo do pe. Russo, dedicado à ciência, em *Cinquante ans de pensée catholique française*.

[46] Nomeadamente o pe. Russo, cujo artigo inspirou a página que se acaba de ler.

[47] Sobre Dumesnil, cf. o livro de L. A. Maugendre, *La renaissance catholique au début du XXe siécle*, Paris, 1962.

[48] Referência à sua obra mais conhecida (N. do T.).

[49] Na Primeira Grande Guerra, como Péguy (N. do T.).

[50] Alusão a um livro famoso. Edição brasileira: *Um homem acabado*, Clube do Livro, São Paulo, 1945 (N. do T.).

[51] Cf. no vol. X o cap. VI, par. *De Moehler a Leão XIII: teóricos da unidade*.

[52] Em edição portuguesa, O *Anúncio a Maria*, trad. de Sophia de Mello Breyner, Aster, Lisboa, s.d.; no Brasil, O *Anúncio feito a Maria*, trad. de D. Marcos barbosa O.S.B., Agir, Rio de Janeiro, 1968 (N. do T.).

[53] No artigo citado acima, Denis Saurat recusa estes testemunhos: para ele, Claudel pertenceria ao "primitivo cristão"; Mauriac e Bernanos seriam homens de fé "duvidosa". Lembremo-nos de que Claudel lia a Bíblia como qualquer simples fiel.

[54] *Katholische Leistung in der Weltlitteratur der Gegenwart*, Herder, Freiburg im Breisgau, 1934.

[55] Cf. vol. VIII, cap. VI, par. *E a Igreja reagiu?*, *in fine*.

[56] Em Portugal, foram célebres as conferências da Sé Nova de Coimbra, pelo cônego Trindade Salgueiro, futuro arcebispo de Évora (N. do T.).

[57] G. Hourdin, *La Presse catholique*, Paris, 1957.

[58] Os documentos pontifícios costumam ser publicados no *Osservatore* antes de o serem nas *Acta Apostolicae Sedis* (AAS), a publicação oficial da Santa Sé.

[59] Cf. neste vol. o cap. III, par. *Na França: os "padres democratas" e o "Sillon".*

[60] Não devemos confundir quatro entidades que usam o nome de São Paulo: 1. Os *Paulistas*, fundados em 1858, nos EUA, pelo pe. Isaac Hecker (1819-1888; cf. no vol. VIII o cap. VII, par. *O prodigioso surto da Igreja norte-americana.*) — 2. A *Obra São Paulo*, do côn. Joseph Schorderet. — 3. A *Companhia de São Paulo*, do cardeal Andrea Ferrari, cujo apostolado não se realiza especialmente através da imprensa (cf. neste vol. o cap. XIII, par. *Do hábito ao jaquetão*) — 4. A *Pia Sociedade de São Paulo*, fundada pelo bem-aventurado Tiago Alberione, da qual se tratará um pouco mais adiante.

[61] Cf. no vol. VIII o cap. VI, par. *O homem que despertou as almas para o problema social: Ozanam.*

[62] Cf. neste vol. o cap. XIII, par. *Grandes devoções e peregrinações.*

[63] Cônego Jarry.

[64] Foi beatificado a 27.04.2003 pelo papa João Paulo II (N. do T.).

[65] Sobre a revista *Sept*, cf. cap. IX, n. 13.

[66] Em português, a prestigiosa *Brotéria*, que começou por ser uma revista científica para ter depois duas edições paralelas: uma de alta cultura geral, outra especializada em Ciências Naturais. No Brasil, há por exemplo *Cultura e fé*, do Instituto de Desenvolvimento Cultural, fundado no Rio Grande do Sul por jesuítas (N. do T.).

[67] Charles Ford, *Le cinéma au service de la foi*, Paris, 1953.

[68] Em 1933, foi instalado em Castelgandolfo um emissor de ondas curtas.

[69] Da expressão usada na época para designar o rádio, "telegrafia *sem-fio*" (N. do T.).

[70] Cf. vol. VIII, cap. VIII, par. *As contradições da arte sacra.*

[71] Vimos já que na origem desse empreendimento havia também intenções sociais.

[72] Madeleine Ochsé, *La nouvelle querelle des images*, Paris, 1957.

[73] Cf. vol. VIII, cap. VIII, par. *Música na igreja ou música de Igreja.*

[74] Cardeal Merry del Val, *Pie X, souvenirs* [em francês] Fleurus, Paris, p. 81.

[75] A obra de Solesmes foi continuada por Dom Mocquereau, que fundou a *Paleographia musicale*, recolha fototípica dos principais manuscritos do canto gregoriano. Em 1904, Pio X confiou aos beneditinos de Solesmes a redação das partes melódicas da edição oficial; já pouco antes, em 1903, a Tipografia Vaticana tinha imprimido o *Graduale* e, em 1912 imprimiu o *Antiphonale*, que passou a ser obrigatório para todas as igrejas.

XIII. "A VITÓRIA QUE VENCE TUDO"

Multidões de joelhos diante da Hóstia

Era uma cruz, uma cruz sólida, de cinquenta metros de altura. Via-se de muito longe, branca, nacarada e como que imaterializada, destacando-se no azul sombrio da noite. Elevada num pódio de dois andares, ocupava o centro de uma estrela de alamedas, todas cheias, tão longe quanto o olhar abrangia, por uma multidão tão densa que se diria feita de grãos de chumbo... Quatro altares marcavam os ângulos da praça central, onde, simultaneamente, ao soar da meia-noite, os sacerdotes iniciaram a celebração da liturgia eucarística da Páscoa.

Um milhão de homens estavam ali: comprimidos, mudos, na noite quente do outono na Argentina. Dessa inumerável presença, subia o som surdo de uma espécie de misteriosa pulsação, que lembrava responsos murmurados. Ao *Credo*, tudo explodiu. Daquele milhão de peitos brotou a salmódia, que se ouvia a cinco léguas da cidade. Foi precisa mais de uma hora para que três mil padres distribuíssem as hóstias pelos participantes. E, quando a procissão final se pôs em marcha, pontilhada de tochas flamejantes, entre a profusão de flores e os mastros de auriflamas, estendeu-se por seis quilômetros. Era o dia de 10 de outubro de 1934. Em Buenos Aires, o mundo católico festejava Cristo realmente presente no sacramento do altar.

Fazia então meio século — mais exatamente, cinquenta e três anos — que se tinha organizado pela primeira vez, em Lille, essa manifestação de fé para a qual o cardeal Mermillod, o grande bispo de Friburgo, achara o nome de *Congresso Eucarístico*. E é bem assombrosa a história do nascimento desse costume, que vincou profundamente um dos traços espirituais do fim do século XIX e do primeiro terço do século XX. Porque a verdade é que não foi um papa, nem sequer foi a autoridade hierárquica, que tomou a iniciativa de convocar as multidões de fiéis para proclamar dessa maneira espetacular a fé em Jesus-Hóstia. Foi uma simples leiga que a promoveu — mais precisamente, uma velha solteira, sem mandato, sem grandes bens e, ao que parece, sem nenhuma chispa de gênio, mas na qual ardia essa chama da qual se disse que abrasaria o mundo: *Emilie Tamisier* (1834-1910).

Os anos de juventude dessa futura mística, em Tourange, corresponderam ao período em que ganhava impulso o movimento de devoção a Jesus Cristo, ao Sagrado Coração, ao Santíssimo Sacramento — esse movimento que paradoxalmente surgiu nos meados de um século a que se chamou estúpido e ateu[1]. Numerosas almas santas vinham contribuindo para isso: em primeiro lugar, o Cura d'Ars; mas também o pe. Eymard, fundador das Servas do Santíssimo Sacramento, e grupos de Padres Adoradores, e o pe. Colin, com os seus Maristas do Santíssimo Sacramento, e o pe. Chevrier, apóstolo do Prado, cuja vida seria toda ela dominada pela lembrança da misteriosa aparição eucarística que tivera em menino. E tantos outros. Emilie Tamisier crescera nessa piedade ardente das "Quarenta Horas", imitando o melhor que podia as freiras devotadas à Adoração noturna. Em 1873, tendo visto, por acaso, uma peregrinação masculina a Paray-le-Monial, tivera a ideia súbita de generalizar manifestações semelhantes, para que a Eucaristia fosse mais conhecida, mais venerada, e se tornasse, segundo as suas palavras, o "meio de salvação da sociedade".

Encorajada e aconselhada pelo pe. Chevrier, seu diretor espiritual, Emilie tratara, a partir de 1874, de reunir algumas centenas de almas piedosas em lugares a que a tradição atribuía milagres eucarísticos: Avinhão, Faverney, Douai. Alguns eclesiásticos interessaram-se pela ideia: em primeiro lugar, mons. Ségur, o místico cego; em seguida, o pe. Bridet e, por fim, mons. Mermillod, que sugerira que esses ajuntamentos fossem à escala mundial, internacionais. Informado pelo cardeal Deschamps, Leão XIII concordara, dizendo que esse projeto lhe trazia "bálsamo ao coração". Após alguns anos de diligências, que mons. Ségur, doente, não pudera levar a bom termo, Emilie Tamisier, que, infatigável, percorrera a França em visitas e tentativas, achara por fim o homem que iria concretizar a sua grande ideia: Philibert Vrau, empresário católico do departamento do Nord, que já se entregava a obras de ensino, às Conferências de São Vicente de Paulo, à ação social. Em 1881, realizara-se em Lille o primeiro Congresso Eucarístico, e o fato de quatro mil homens se terem incorporado na procissão atrás do pálio fora considerado um enorme êxito.

O extraordinário desenvolvimento que a iniciativa de Emilie Tamisier[2] experimentou em cinquenta anos é um dos sinais mais impressionantes que se podem registrar da vitalidade da fé nessa época em que alguns puderam ver "a idade da morte de Deus". De 1881 a 1939, celebraram-se trinta e quatro Congressos Eucarísticos, primeiro anualmente, depois de dois em dois anos, varrendo o planisfério com os seus fachos de luz. Sucessivamente, capitais e grandes cidades da Europa disputaram a honra de sediar uma dessas manifestações: Bruxelas e Barcelona, Dublin e Avinhão. Mas em breve a Igreja, como católica que é, quis dar-lhes caráter universal, e foi situando-as em Jerusalém, Montréal, Cartago, Chicago, Sidney, Manila.

De jornada em jornada, aumentou o número dos participantes e a importância reconhecida ao acontecimento. Desde o Congresso de 1893, reunido na Terra Santa, criou-se o hábito de o papa designar um legado *a latere*, que os governos recebiam com as honras devidas à dignidade soberana de que ia investido. Em 1934, em Buenos Aires, Pio XI fez-se representar pelo seu próprio Secretário de Estado, o cardeal Pacelli, que o Presidente da República foi em pessoa receber no porto. Nesse meio tempo, complementando ou reforçando o evento, várias das grandes nações católicas quiseram ter — além dos Congressos internacionais que, de tempos a tempos, poderiam realizar-se no seu território — Congressos nacionais, organizados de acordo com a mesma fórmula. Também nestes se juntavam massas humanas às dezenas, quando não às centenas de milhares. A Itália, a Espanha, os Estados Unidos tiveram os seus, como também a França, que reuniu catorze, dos quais o de Lisieux (1937) recebeu em triunfo a legação do cardeal Pacelli. Só a Segunda Guerra Mundial interrompeu o curso destas manifestações e impediu que se multiplicassem por outras regiões.

O maravilhoso espetáculo oferecido pelos Congressos Eucarísticos, com as suas gigantescas aglomerações de fiéis, o ar oficial das suas cerimônias, levava o espírito a sonhar... Dir-se-ia que se regressara aos dias da Cristandade, em que os reis e os príncipes, ao apelo dos papas, conduziam as multidões para a Cruzada; em que os canteiros de obras das catedrais e as peregrinações em marcha eram cenário de piedosas dedicações. Havia nessas solenes proclamações, sem respeitos humanos, qualquer coisa de insólito, de contraditório com o que parecia ser a corrente dominante do tempo. Mas, afinal, essas manifestações em que o homem individualmente parecia ficar absorvido, perdido na imensa esperança coletiva, não se casariam estranhamente com o estilo da época? Não foi com certeza obra do acaso que o grande momento dos Congressos Eucarísticos tivesse sido exatamente aquele em que, aos pés dos ditadores totalitários, outras multidões se amontoavam para aclamar símbolos que, segundo disse Pio XI, "insultavam a Cruz de Cristo". Não deixa de ter importância e significado históricos que, em resposta aos Congressos de Moscou, de Munique ou da Roma mussoliniana, outras massas humanas se tivessem reunido unicamente para adorar um pequeno disco de pão ázimo que um padre erguia nos braços.

Segundo São João

O historiador da Igreja que, sem se referir às realidades sobrenaturais da fé, considere o período estudado neste volume não pode, se for honesto, chegar ao final sem um grito de admiração. Esses cerca de setenta anos viram a Igreja travar um combate quase ininterrupto para salvaguardar o depósito sagrado a ela confiado. Atacada em todos os terrenos, a Igreja fez frente, lutou para defender, não tanto os seus interesses próprios, como esses "interesses de Deus" que eram tão caros ao coração de São Pio X. Mas, ao fazê-lo, obteve resultados impressionantes quanto à sua situação entre os homens. Basta comparar o estado de coisas nos últimos anos do grande e desventurado Pio IX, com aquele que deixou, ao morrer, o pugnaz Pio XI, para medir a diferença. Já só do ponto de vista profano, é impossível não considerar essas décadas como um tempo forte da história da Igreja, uma época-charneira[3].

E, no entanto, se se limitasse a essa visão das coisas, o historiador ignoraria uma parte imensa da vida da Igreja: a essencial. Por várias vezes fomos levados, no decurso destas páginas, a recordar que a Igreja, como sociedade humana (visto que é constituída por homens), não tem o direito de se afastar das grandes preocupações da época, que é convocada a resolver os problemas que se põem aos homens vivos do seu tempo. Mas seria falsear radicalmente as perspectivas que lhe são próprias ficar nesse plano. Sociedade sobrenatural antes de tudo, a Igreja só está comprometida na dialética da história por aquilo que, nela, é transitório e acidental: o que lhe interessa primordialmente é o dado eterno. O seu fim último não é governar os homens, mas salvá-los. Por isso, são realidades invisíveis as que sustentam e determinam o comportamento dos cristãos, até quando estes as esquecem e as atraiçoam. E não é pelo seu êxito temporal que se manifesta a única glória que, em última análise, lhe importa: o progresso do Reino de Deus. A história da Igreja é uma história religiosa, a não ser que se queira fazer dela um capítulo da luta monótona que, desde as origens da humanidade, travam entre si os interesses e as paixões. É o que dizia já há dezenove séculos, em fórmula inultrapassável, o Apóstolo São João, ao dirigir-se a cristãos empenhados em combates que, aos olhos humanos, pareciam estar antecipadamente perdidos: "A vitória que tudo vence é a nossa fé" (1 Jo 5, 4).

Esta grande verdade nunca foi posta de lado. Estaremos lembrados de que, por múltiplos sinais, se pôde concluir que o século XIX, nos seus dois primeiros terços, muito longe de ter sido unicamente a época de decadência religiosa, como geralmente o apresentam, foi, pelo contrário, um tempo de intensa vida espiritual[4], todo ele perpassado por poderosas correntes de piedade, se não de mística, admiravelmente rico em obras, em acontecimentos, em figuras igualmente exemplares: foi o tempo da renovação missionária, das Conferências de São Vicente de Paulo e do Movimento de Oxford, das aparições de Lourdes e de La Salette, do Cura d'Ars e de Dom Bosco. E o fato não é menos evidente durante o período que agora estudamos. Não somente o impulso dado prosseguiu, mas o movimento parece ter sido, sob diversos aspectos, ainda mais forte. Uma espécie de fermentação parece trabalhar as consciências, como reação contra as campanhas do positivismo e do materialismo ambientes. A espetacular vitória dos Congressos Eucarísticos é um sinal, entre muitos outros, desse renascimento, cujas razões têm de ser procuradas no mistério das almas. Lutando em todos os terrenos — político, social, intelectual —, a Igreja jamais esqueceu que a única batalha decisiva é a que se trava no mais secreto do coração do homem, a "guerra cruel" do *homo duplex* de que fala Racine, traduzindo Santo Agostinho.

Nesta perspectiva, há um fato impressionante: o lugar de destaque ocupado, no magistério dos quatro papas que vimos sucederem-se na cadeira de Pedro, pelos assuntos exclusivamente espirituais.

Em Leão XIII, demasiados historiadores só viram o homem político, hábil na resolução das questões difíceis, ou o iniciador da doutrina social, ou o promotor da renovação intelectual. É esquecer que esse pontífice, sacerdote exemplar, devoto da Virgem Maria, consagrou não menos de vinte encíclicas a temas estritamente religiosos, de teologia, de piedade, de liturgia, tais como o sentido da Redenção, os dons do Espírito Santo, a devoção ao Sagrado Coração de Jesus, à Santíssima Virgem[5], a São José, ou à prática eucarística. Não foi em vão que, em 1888, a *Exeunte anno*, escrita para o seu jubileu sacerdotal, recordou em termos vigorosos que "o único meio de curar as chagas de que sofre o mundo é regressar em tudo, na vida pública e na vida privada, a Jesus Cristo e à lei cristã da vida".

Foi também essa, quase palavra por palavra, a máxima de Pio X, o papa que a Igreja inscreveu entre os seus santos e que esteve dominado durante toda a vida pelo zelo por trazer os cristãos a uma vida espiritual mais intensa, mais bem associada à sua existência temporal. O cognome de "Papa da Eucaristia" que os seus biógrafos lhe deram corresponde a um dos aspectos mais vivos da sua ação nesse sentido. Mas, quer tomasse medidas para elevar o nível do clero, quer restaurasse a dignidade da música sacra, quer comentasse os méritos dos santos que canonizou, a intenção que o guiou foi sempre a mesma, aquela que se exprimia na sua célebre divisa: "Instaurar tudo em Cristo".

O pontificado demasiado curto de Bento XV, dominado pelo espectro da Grande Guerra, nem por isso faltou à tradição, e os ensinamentos de Giacomo della Chiesa sobre a formação sacerdotal, sobre a técnica do sermão, e, mais ainda, sobre a difusão da Sagrada Escritura iriam abrir caminhos que desde então foram seguidos.

E, se Pio XI passou à história sobretudo como o papa dos grandes combates contra os monstros totalitários, não se pode esquecer que foi de igual modo, e até mais, o Papa da Ação Católica, aquele que, ao convocar os católicos para a tarefa apostólica, preparou a renovação espiritual da nossa época, marcando-a fortemente com a encíclica *Casti connubii* sobre o matrimônio. Foi ele que proclamou a necessidade de pôr em prática os princípios cristãos em toda a existência. E alguns dos seus textos acerca da devoção segundo São Francisco de Sales, da pobreza segundo São Francisco de Assis, ou do significado profundo do Rosário, irradiam um esplendor espiritual que ousaríamos dizer inesperado.

A esses apelos dos papas respondeu um esforço igualmente claro dos fiéis. Não é exagerado dizer que, de década para década, se observam progressos na vida religiosa, tanto nas manifestações externas como nas realidades íntimas. Vai-se ver, por um lado, uma nova profundidade e extensão na prática pessoal, e, por outro, uma depuração progressiva da religião, que tenderá a desembaraçar-se das formas rotineiras e, simultaneamente, a lutar contra a dicotomia imposta pelos tempos modernos entre a vida religiosa privada e o comportamento público dos batizados. Há aqui, devemos reconhecê-lo, uma espécie de paradoxo, porque esses progressos de ordem sobrenatural são exatamente concomitantes com uma outra mudança não menos evidente — os progressos da irreligião. Será que Hegel tem razão, e devemos ver nisto uma fase do processo dialético? Tudo se passa como se o ateísmo, que impõe à fé uma "Paixão"[6] e é para ela um escândalo, lhe fosse útil, ao forçar os que creem a aprofundar e purificar a sua crença.

Por conseguinte, a mesma época que vimos[7] possuída pela vertigem da recusa e da negação, é também aquela em que se prepara, e em parte já se leva a cabo, uma revivescência espiritual que dificilmente encontra equivalente no decurso dos séculos. Mas o fato só aparece como espantoso e paradoxal aos que se enganam sobre o próprio significado da fé e da religião. Pois a fé é bem diferente dessa vontade de combater e de esmagar os adversários a que a reduzem demasiados cristãos. E a "vitória da Igreja não é a vitória do cristão — por muito que custe aos cristãos —, mas antes a vitória da fé". É por isso que, em matéria religiosa, "as estatísticas não têm a última palavra. Os números são indicativos; não são decisivos. O que conta é a densidade espiritual da fé"[8]. E foi precisamente essa densidade espiritual que, durante a época que estudamos, nunca deixou de aumentar.

Padres que dão o exemplo

O primeiro testemunho que se deve registrar é o do clero, porque, tal como for ele, tal será o rebanho fiel. Disseram-no São Vicente de Paulo e o Cura d'Ars, Joseph de Maistre e Blanc de Saint Bonnet, e ainda muitos outros, entre eles Pio X, e por várias vezes: "O padre é tal que não pode ser bom ou mau só para si. Quantas consequências para o povo não derivam da sua conduta, do seu modo de viver!" Ora, não há dúvida de que, nesta época e no seu conjunto, os padres são bons. O movimento de renovação sacerdotal que vimos operar-se[9] desde o início do século XIX, após a derrocada do período revolucionário, continua e até se acentua. O padre mundano do *Ancien Régime*, como também o padre-funcionário que proliferava nos Estados Pontifícios, pertencem definitivamente ao passado. Padres verdadeiramente padres: não vamos dizer que esta espécie se encontre por toda a parte e sem exceção; mas é incontestável o grande esforço feito para que se atingisse esse ideal.

O fato é tanto mais importante quanto se assiste, na maior parte dos países, a um decréscimo, muitas vezes impressionante, das vocações. Há casos excepcionais, como principalmente o da Irlanda, onde a proporção de um padre para cada 500 habitantes e de setenta e cinco seminaristas para cem mil permanecerão como regra até aos nossos dias. Fora da Irlanda, a queda é geral. Na França, os números caem de 56 mil em 1870 para 40 mil em 1939. Embora menos sabido, também na Itália se nota uma lenta perda cuja fase final se situará em 1950, com os efetivos reduzidos a menos de metade de cem anos atrás. Na Espanha, havia 55 mil padres em 1870 (eram 66 mil um século antes) e 27 mil em 1939; e 130 seminaristas para cem mil almas em 1870, e 3 em 1934! Em Portugal, a situação era pior ainda.

Em larga medida, as causas dessa diminuição foram as provações sofridas pela Igreja. Na França, por exemplo, a Separação provocou uma brusca queda das vocações[10]. Na Alemanha hitlerista, os seminários esvaziaram-se. Mas, como sempre aconteceu na história, as perseguições acabaram por servir a causa de Deus: a Igreja saiu delas depurada, renovada. O fato foi impressionante na França, onde, privados de todas as garantias materiais, condenados a uma pobreza que os obrigava a só contar com a caridade dos fiéis, os padres eram cada vez mais visivelmente homens de

Deus, homens de renúncia, heroicos, isto é, fiéis à sua mais autêntica vocação.

Formar o clero, torná-lo fiel a essa vocação, tal foi uma das maiores preocupações dos papas. Nenhum dos quatro que estudamos deixou de recordar os grandes princípios e de esforçar-se por aplicá-los. Uma das mais importantes encíclicas de Leão XIII, *Depuis le jour*, dirigida ao clero francês, expôs como é que os padres deviam ser formados para se mostrarem dignos da sua missão. Pio X, que já vimos como compreendia a santidade do padre[11] e cujo decreto *Maxima cura* estabeleceu com precisão as regras a seguir para remover do cargo os párocos incapazes ou indignos, foi também o papa que mandou refundir o Breviário e determinou como devia ser usado. De Bento XV, se apenas quiséssemos reter um texto, escolheríamos a Alocução consistorial de 22 de janeiro de 1915, na qual, em termos inspirados, pediu aos padres que dessem incessante exemplo de santidade de vida e de firmeza na doutrina. E Pio XI, que, ainda arcebispo de Milão, dirigira ao seu clero instruções excelentes, uma vez eleito papa tratou da matéria não menos de cinco vezes.

A essas intenções pontifícias correspondeu um esforço dos bispos e das dioceses por melhorar os seminários. A partir de Bento XV, a Congregação romana de Seminários e Universidades é especialmente encarregada de os dirigir e inspecionar. O nível dos estudos, ainda baixo por volta de 1890 — mons. Latty, bispo de Châlons, escrevia então: "Estudamos pouco e mal" —, eleva-se a partir de 1900 e sobretudo após a crise modernista, nomeadamente no que diz respeito aos estudos bíblicos e à teologia. Preocupados com a queda do número de vocações, numerosos bispos procuram criar escolas preparatórias que encaminhem a juventude para os seminários: quer escolas "mistas", que admitam lado a lado futuros padres e futuros leigos, quer escolas exclusivamente clericais, do tipo seminário menor. Foi por esta segunda fórmula que Pio XI se pronunciou nitidamente, em 1922.

Pelos finais do século XVIII, aparecera uma literatura de um gênero particular. Começara com o anônimo *Miroir du clergé* ["Espelho do clero"][12], e seria chamado gênero "pastoral". Tinha por fim expor ao clero temas relativos à prática do santo ministério e também às virtudes sacerdotais de que depende a sua fecundidade. Depois de 1850, surgiram várias obras desta inspiração, e foram muito lidas. A partir de 1880, multiplicam-se. O *Sacerdócio eterno* [*The Eternal Priesthood*, 1883], do cardeal Manning (1883), o *Embaixador de Cristo* [*The Ambassador of Christ*, 1896], do cardeal Gibbons (1890), e *A vida interior, apelo às almas sacerdotais* [*La Vie Intérieure. Appel aux âmes sacerdotales*, 1918], do cardeal Mercier, constituem uma brilhante trilogia. Mas não serão menos de trinta as obras análogas, teóricas ou práticas, que se publicam em diversas línguas e que vêm a ser resumidas, em 1929, pelo *Précis de théologie pastorale*, do pe. Lithard, espiritano, e, em 1937, pelo *Memento de pastorale*, de Mathyssek. Por sua vez, esses ensinamentos são recolhidos e difundidos em vários países por algumas revistas, designadamente *Prêtre et Apôtre*, fundada pelo pe. Bertoye a seguir à Primeira Guerra, e mais tarde *L'Union*, criada pelos Filhos da Caridade.

Para reforçar espiritualmente o clero, nasceu a ideia de unir entre si os seus membros, quer associando-os por um laço místico de oração, quer mesmo criando uma vida comunitária, inspirada naquela que os clérigos tinham no tempo de Santo Agostinho. A partir de 1870, a ideia teve grande êxito, e de tal ordem que é praticamente impossível citar todos os organismos — uniões, associações, confrarias — que se propuseram esses fins. Alguns deles deram origem a fundações, como foi o caso do verdadeiro mosteiro criado por Dom Gréa segundo uma Regra inspirada em Santo Agostinho e São Bento, donde saíram os *Cônegos Regrantes da Imaculada Conceição*; ou da *Communauté du Mesnil Saint-Loup*, fundada por Dom Emmanuel-André; e ainda dos *Missionaires de la Plaine*, criados por padres da Vendeia.

Mas surgiram muitas outras formas de associação: a *Union Apostolique*, de mons. Lebeurier; os *Clérigos Regulares*, de D. Von Ketteler, que assim retomava o método de São Bartolomeu Holzhauser; a *Union Sacerdotale*, de Nemours; os *Prêtres de Saint François de Sales*, do pe. Chaumont, que se submetiam a "provações" inspiradas simultaneamente no bispo de Annecy e nos *Exercícios* de Santo Inácio; os *Prêtres Adorateurs*, agrupados pelo santo pe. Eymard à volta do seu recém-criado Instituto dos Padres do Santíssimo Sacramento; a *Ligue de la Sainteté Sacerdotale*; a *Associatio Perseverantiae Sacerdotalis*, do padre austríaco Müller; o *Convict*, de Turim, que teve a sua origem em D. Cafasso. Nesse ínterim, um padre canadense, Eugène Prévost, fundava, em 1901, a *Fraternidade Sacerdotal*, para, nas suas próprias palavras, ensinar os sacerdotes a serem "hóstias vivas" e a "arder em amor". Por volta de 1918, aparecem simples padres diocesanos que se agrupam espontaneamente para viverem em comunidade, a exemplo da comunidade parisiense de Nossa Senhora do Rosário, fundada pelo pe. Soulange-Bodin. Assim se inicia um modo de vida chamado a ter ampla difusão[13].

Tais esforços revelam significativamente a evolução da própria psicologia clerical. O que todos os novos núcleos têm em vista não é só o aperfeiçoamento pessoal do padre, aliás assegurado também pelos retiros espirituais anuais, obrigatórios, ou pelos dias de recolhimento mensal. O que se procura tanto ou mais é fazer do sacerdote um verdadeiro apóstolo, preocupado antes de tudo em difundir a mensagem, em ser, na palavra do pe. Prévost, "uma hóstia viva". Assim fica sem razão de ser a censura que se tinha podido dirigir ao clero na primeira metade do século XIX — que era demasiado fechado sobre si mesmo, numa devoção estéril.

É o que Leão XIII formula admiravelmente quando diz aos padres que "não fiquem na sacristia" mas vão ao povo, vivam bem perto do povo. E recordemos a admirável *Exortação ao Clero* escrita por São Pio X em 4 de agosto de 1904, pelo quinquagésimo aniversário da sua ordenação sacerdotal, e dirigida a todos os sacerdotes da Igreja: pode-se afirmar que nunca se escreveu nada de mais seguro sobre o necessário equilíbrio entre a vida espiritual profunda e a vida apostólica; um padre deve ser interiormente santo e ao mesmo tempo inteiramente devotado ao cuidado das almas, sabendo levar a mensagem a todos e irradiar Cristo. "Conformai a vossa vida com os mistérios que celebrais!" — é o que a Igreja irá repetir sempre, falando aos jovens que vão receber o sacerdócio. Tal é o ideal que se passa a propor e a procurar atingir.

Padres que correspondam a esse ideal?... Quem poderia sequer pensar em enumerá-los? Os grandes modelos aí estão, datam de ontem, e são santos: o Cura d'Ars, Dom Bosco, São José Cottolengo, o beato pe. Crevrier, o santo pe. Eymard e esse "curazinho" de Viareggio, Antônio Maria Pucci, maravilhoso na sua bondade irradiante e eficaz, que João XXIII irá canonizar. E tantos outros... Para lhes seguir o exemplo — que emulação! Não é por acaso que a Igreja reconhecerá a santidade de um simples pároco que veio a ser papa — Giuseppe Sarto. Seria preciso recordar toda a existência de São Pio X para mostrar nela o desabrochar em plenitude de uma vocação sacerdotal. Sob a púrpura romana ou a mitra episcopal, podemos encontrar padres autênticos. Um cardeal Mercier ou um cardeal Ferrari são, entre outros, brilhantes exemplos. Nem as honrarias nem a glória os impedem de ser verdadeiros homens de Deus. As bibliotecas religiosas estão repletas de biografias de bispos, de simples prelados, de simples padres, e aí, sob o tom muitas vezes forçado do elogio, é fácil encontrar o rastro de virtudes profundas.

Cada um dos grandes países católicos conservará, pois, a memória de muitas figuras de sacerdotes que por vezes confinam com a santidade. Na França, um pe. Huvelin, discreto coadjutor de uma paróquia de Paris, que, com uma só palavra, mudou o destino de Charles de Foucauld; um pe. Thellier de Poncheville, apóstolo incansável em ação contínua; um mons. Ghika, príncipe pelo sangue, voluntariamente entregue à tarefa ingrata de paroquiar bairros vermelhos, e que acabará mártir na sua pátria, a Romênia: bastam estes exemplos para mostrar como é grande a variedade nesta coorte de nobres figuras. Mas, se quiséssemos escolher uma só, certamente seria de reter a de um padre cujo exemplo tem, por muitos títulos, o valor de um símbolo: o *pe. Lamy*.

O pároco de Courneuve

Ao começar o ano de 1900, o cardeal Richard, arcebispo de Paris, convocou um padre da sua diocese e falou-lhe assim: "Quer prometer-me que aceitará a paróquia que lhe desejo confiar? Só depois de a aceitar é que lhe direi de que paróquia se trata. Já foi recusada por dois padres; mas penso que posso contar consigo".

Aquele a quem se dirigiam essas palavras era um homem de estatura média, atarracado e de rosto pouco agradável. Na batina, por mais limpa que estivesse, havia marcas dos trabalhos que o dono tinha feito com ela. A face estava toda sulcada de rugas, e o nariz rotundo e as maçãs do rosto salientes davam-lhe um certo ar de chinês. Os óculos, de vidro muito espesso, não impediam que se visse que o padre era vesgo. Mas, desse rosto sem graça, irradiava uma luz extraordinária, que lhe iluminava o sorriso. "A sua vontade será a vontade de

Deus — respondeu o padre ao arcebispo —: aceito a paróquia que me vai propor". Era o *pe. Édouard Lamy* (1853-1931).

Filho de camponeses do Alto-Marne, entrara, muito jovem, no novo Instituto dos Oblatos de São Francisco de Sales, onde, ao que parece, não o tinham compreendido muito bem. Tinham-no feito esperar muito tempo até permitir-lhe chegar ao sacerdócio, que só obtivera aos trinta e três anos, e, quando manifestara um certo desejo de sair, não tinham feito grandes esforços para retê-lo. No entanto, em todos os lugares a que fora mandado, dera provas de qualidades e virtudes extraordinárias. Consagrara dias e noites à juventude do seu entorno, fizera-se advogado dos jovens delinquentes — a ponto de ganhar, em Troyes, a alcunha de "pároco dos vadios" —, dirigira-se aos piores locais, se necessário, para recuperar moças chamadas perdidas. Ao mesmo tempo, assumira as funções sacerdotais com um zelo tal que passava dez ou doze horas seguidas no confessionário, donde saía, de tempos a tempos, para mergulhar a cabeça num grande balde de água fria. Para quem o conhecesse bem, não podia haver dúvida de que esse padrezinho sem prestígio, com os tufos do cabelo escapando bizarramente do barrete, era uma espécie de santo.

Quando chegou a Courneuve, após uma breve passagem como coadjutor em Saint-Ouen, achou esse arrabalde de Paris em plena evolução, e num sentido pouco propício ao apostolado. Aos 1.800 habitantes do local, na sua maioria horticultores, acrescentava-se em ritmo que crescia de dia para dia — a ponto de chegar a perto de dez mil — uma população mais ou menos flutuante, do gênero daquelas que eram conhecidas no bairro, composta por trapeiros e operários sem qualificação. O pe. Lamy — a quem depressa chamariam "*Père* Lamy"[14] — iria permanecer ali vinte e três anos, sozinho, num posto que nenhum padre da diocese se lembraria de disputar-lhe.

Nem a fé nem a prática religiosa estavam muito difundidas entre essas ovelhas heteróclitas. A princípio, o pároco teve alguma dificuldade em conseguir que admitissem a sua presença. Pouco a pouco, porém, não somente foi aceito, mas rodeado de uma afeição calorosa. Durante vinte e três anos, viram-no — assim o surpreende uma fotografia extraordinária — calcorreando os caminhos enlameados e as ruas mal pavimentadas, num passo apressado, com um velho guarda-chuva pendurado do braço direito, na mão esquerda um grande bordão que lhe servia de bengala, um longo terço batendo-lhe na barriga, um curto cabeção ao vento, e o chapéu atirado para a nuca. "O pároco de Courneuve" — e ele não queria ser outra coisa, nada mais que isso, a ponto de recusar a murça de cônego que um vigário-geral lhe foi oferecer a casa. Afinal, não era por esse título que Jesus Cristo, a Virgem e os Santos o conheciam?

Porque — mas isso não o sabiam os seus fiéis, e bem poucos dos seus contemporâneos estavam por dentro do segredo — esse padre tão pouco fascinante, pároco de um bairro da periferia tão sórdido, tinha o privilégio de carismas extraordinários, que ele contava com uma bonomia, simplicidade e um altíssimo sentido do espiritual que aproximam os seus relatos das *Fioretti*. Vivendo literalmente em Deus, orando sem cessar, e sobretudo a Nossa Senhora, por quem tinha imensa veneração, esse solitário, esse taciturno (de quem a mãe dizia: "é um barril tapado"), tinha conversas quase familiares com as potências celestes. Ouvir Maria dialogar com os Anjos, receber a visita do próprio Cristo — eram para ele coisas tão naturais que já nem o admiravam. A sua humildade "um tanto ou quanto feroz" (como lhe disse a Virgem Santíssima em pessoa, durante uma visão), acostumara-se a essas graças insignes. Tal como o Cura d'Ars, vivia meio no real, meio no transcendente, inserido no diálogo eterno do Céu com a Terra —

e por vezes com o Inferno, tal como sucedia a João Maria Batista Vianney.

O que foram esses seus anos de apostolado paroquial, disseram-no as testemunhas, como disseram do seu zelo inesgotável em dar-se a todos, e das suas longuíssimas sessões de confessionário (como em Troyes), e da sua imensa caridade para com todas as desgraças, e da maravilhosa delicadeza com que tratava as almas — das quais dizia, em palavras profundas: "Não devemos acrescentar nada à cruz que carregam; não devemos levá-las ao matadouro..." A Primeira Guerra Mundial, que ele profetizara, aumentou ainda mais os seus trabalhos, porque eram inúmeros os soldados que passavam por aquele bairro, e a catástrofe de março de 1918 — a explosão de 15 mil granadas e 164 toneladas de pólvora — ainda exigiu mais da sua caridade. Uma vida assim tão oferecida irradiava. Da cidade de Paris, e de mais longe ainda, vinham penitentes ajoelhar-se diante dele: o grande geólogo Pierre Termier foi um deles. Entre os seus amigos contava-se Jacques Maritain, e o célebre músico Erik Satie, que agonizava num quarto do Hospital de São José, pedia a sua presença.

Gasto e quase cego, o pe. Lamy teve de deixar a Courneuve. Mas, do asilo onde o albergaram, continuou de outras maneiras o seu apostolado: lançou o Centro Mariano de Notre-Dame des Bois, tentou agrupar à sua volta alguns filhos espirituais que continuassem a sua obra, estabeleceu as bases de um novo Instituto consagrado de modo especial à educação da juventude infeliz, projeto que, tal como aconteceu com Charles de Foucauld, só vingaria depois da sua morte[15]. Perante o seu ataúde desfilaram cerca de cinco mil amigos, conhecidos e desconhecidos, incluindo muitos trapeiros de Courneuve. "Tenho na minha diocese um novo Cura d'Ars" — exclamara um dia o cardeal Amette, arcebispo de Paris. Irá a Igreja ratificar este juízo?[16]

Do hábito ao jaquetão

O variado mundo dos padres "regulares", variado como a gama dos temperamentos e das necessidades espirituais, não dá um testemunho menos impressionante que o dos padres "seculares"; de certa maneira, esse testemunho é ainda mais forte. Numa época em que a atividade dos homens se orienta cada vez mais para o rendimento e para a satisfação das necessidades e dos prazeres, "centenas de milhares de *Sísifos* consomem-se em empurrar para o Céu o rochedo do peso morto da humanidade, e o rochedo volta sempre ao ponto de partida... ou mais baixo ainda"[17]. E se novas e inesgotáveis vagas de voluntários procuram assumir, por amor de Deus, as tarefas mais penosas, mais arriscadas, mais repugnantes, o menos que se pode dizer é que isso não combina com a visão das coisas que predomina no ambiente. Mas é assim. Monges, monjas, frades, freiras, oblatos e irmãos-leigos, todos os que, de um modo ou outro, estão consagrados, ocupam na Igreja um lugar que não parece tender a diminuir. Pelo contrário: com o aparecimento de novas fórmulas, parece chamado a crescer.

A renovação do clero regular fora um dos traços mais sensíveis do renascimento espiritual nos dois primeiros terços do século XIX[18]. Tinham-se multiplicado os novos institutos, as congregações: nenhuma época, nem mesmo a Idade Média nos seus séculos de fé, oferecera um espetáculo semelhante. E esse impulso não decai; em certos setores, acelera-se. Se é certo que, durante os setenta anos que agora observamos, nascem menos congregações e institutos do que nos setenta anos anteriores, a estatística mostra que não foi por ter secado a seiva das vocações. Até as provações sofridas por monges e frades em diversos países, nomeadamente na Alemanha e na França, parecem ter provocado, após uma quebra passageira, um fervor mais alto. Só no final do nosso período, entre 1930 e 39, é que se dará uma baixa: quando chegarem à idade do noviciado as gerações demograficamente esvaziadas pela Primeira Guerra Mundial.

As antigas formações, reanimadas após a crise revolucionária, passam na maioria dos casos por um bom desenvolvimento. Os beneditinos, que não eram senão 1.600 por volta de 1850, são cinco mil em 1900 e perto de nove mil em 1939, repartidos por dez congregações, dentre as quais se destaca a do Monte Cassino, com dezenove casas. Cister, em ambas as observâncias, a Comum e a Estrita (chamada "Trapa"), separadas desde 1880, não fica atrás: cinquenta e oito mosteiros e cinco mil religiosos para a segunda, trinta e nove casas (em onze congregações) e 1.350 religiosos para a primeira. Os franciscanos, que, numericamente, são a primeira de todas as ordens, passam de 25 mil para perto de 40 mil. Os dominicanos, por seu lado, também duplicam: chegam a 7.500. O crescimento mais notável é o da Companhia de Jesus: atacada, vilipendiada, quase aniquilada em 1815, passa de 4.652 membros em 1852 para 12.070 em 1886 e 28 mil em 1929. Mas os Irmãos das Escolas Cristãs, os filhos de São João Batista de La Salle, seguem uma curva ascendente quase igualmente rápida: seis mil em 1854, 14.500 em 1939; só sob o governo do geral F. Philippe (†1874), fundaram mil escolas!

As múltiplas congregações ou institutos fundados no século XIX estão todos eles em progresso. O desenvolvimento mais admirável é o dos salesianos, filhos de São João Bosco: não datam senão de 1859, mas já à morte do fundador (1888) são novecentos e têm cerca de duzentas casas; pois bem, passados cinquenta anos, serão 15 mil, e terão uma expansão geográfica prodigiosa[19]. Os agostinianos da Assunção, cujo fundador, pe. d'Alzon, morre em 1880, são dois mil nas vésperas da Segunda Guerra Mundial. Padres do Prado, Padres do Santíssimo Sacramento, poderosas coortes de missionários..., qual será a instituição que não dê nesta época sinais análogos de vitalidade?

No que diz respeito às mulheres, os progressos são ainda mais impressionantes, quer se trate de antigas congregações, quer de institutos de recente fundação. Enquanto as ursulinas passam de quatro mil em 1870 para 11 mil em 1939, as Irmãs de São Vicente de Paulo, que eram 20 mil em 1877, são 50 mil sessenta anos mais tarde (e uma filial alsaciana conta 20 mil religiosas), e as carmelitas e as clarissas estão em pleno crescimento. As Damas do Sagrado Coração, as Irmãs do Bom Pastor, as Auxiliadoras do Purgatório, as Filhas de São João Bosco (religiosas de Maria Auxiliadora) e tantas, tantas outras — seguem caminhos quase igualmente gloriosos. E isto, em todos os países. A pequena Suíça, por exemplo, vê as Irmãs da Santa Cruz alcançarem, em cinquenta anos, o número de dez mil. Queremos estatísticas globais? Se contarmos as missões, há em 1939 300 mil religiosas de direito pontifício e cerca de um milhão de religiosas em total.

É óbvio que o papado não ficou indiferente a essa expansão. Todos os papas se interessaram pessoalmente pelas ordens e congregações, aproveitando todas as oportunidades, especialmente as das canonizações, para repisar a sua utilidade e recordar as suas virtudes. A *Congregação dos Religiosos*, um dos dicastérios romanos mais importantes, estabelecido em 1908, exerceu inegável influência nos progressos dos regulares, como também numa indispensável disciplina. Leão XIII preocupou-se com impedir a pulverização das forças monásticas, procedendo a fusões. Em 1895, levou as diversas congregações beneditinas a unir-se numa confederação presidida por um abade-primaz. Se é certo que não conseguiu agrupar todos os cistercienses, ao menos deu aos trapistas um superior geral romano. Em 1897, cuidou de fundir os múltiplos grupos de franciscanos, que a partir daí só tiveram três ramos: os Menores, os Capuchinhos e os Conventuais. Em 1900, convocou o capítulo das ursulinas, que elegeu uma prioresa geral e votou novas Constituições, implantando uma certa centralização, que Pio XI viria a reforçar em 1928. Pio X seguiu o caminho de Leão XIII, designadamente no caso dos Clérigos da Doutrina Cristã, que, a partir de 1904, tiveram um só superior geral. O *Código de Direito Canônico* de 1917 assentou os princípios de uma reordenação do mundo dos regulares — princípios que, devemos confessá-lo, nem sempre foram postos em prática, especialmente entre as religiosas, cujas tendências um pouco anárquicas prevaleceram demasiadas vezes até aos nossos dias.

Não é preciso dizer que este aspecto estatístico e administrativo só muito exteriormente nos faz conhecer a realidade espiritual. Se não há dúvida de que a abundância de vocações é um indício infalível da vitalidade espiritual de um país — e a França, a Alemanha, e a Irlanda vão à frente, seguidas pela Bélgica e pela Espanha —, deve-se admitir sem dificuldade que uma única e pequena instituição fervorosa pode aumentar a "densidade espiritual" da época mais do que um vasto agrupamento sem calor. No entanto, são numerosos os sintomas que provam um grande fervor em todas ou quase todas as instituições. De um modo geral, são as congregações e institutos votados à ação — apostólica ou caritativa — que alcançam o maior êxito. E a verdade é que Leão XIII e Pio X os encorajam particularmente. Com Pio XI, a necessidade da contemplação será de novo posta em foco como complemento e sustentáculo da ação. Era já nesta perspectiva que se situava o jovem cisterciense Bernard Durey, místico falecido em 1917, quando dizia, sorrindo: "Fiz-me contemplativo porque amava o apostolado". Ideia profunda, de que a própria Roma se fará eco no dia em que Teresa de Lisieux, reclusa no fundo de um claustro, for proclamada "Padroeira das Missões"[20].

Qualquer que seja a orientação da sua vida, são muitos e muitas aqueles que, nas múltiplas formações religiosas, revelam as mais altas qualidades espirituais — tão altas que a Igreja as reconheceu em numerosos deles. Sem sequer citar os fundadores e as fundadoras, a quem os seus filhos procuram com um zelo louvável elevar aos altares, seria longa a lista de todos aqueles e aquelas de quem se pode afirmar que a vida lhes correu sob o olhar de Deus. No primeiro plano, ou, melhor, numa altura tão grande que temos de dizer única, a mais célebre de todas as santas — e de todos os santos — da nossa época: Santa Teresa de Lisieux, cujo exemplo deve ser olhado com especialíssima atenção. Mas, atrás dela, que multidão, infinitamente diversa, de religiosos e religiosas, que renunciamos a nomear, na certeza de que esqueceríamos, pelo menos, aqueles que na sua santa humildade não quiseram ser conhecidos senão por Quem penetra no segredo das almas.

Um pe. Marie-Joseph Cassant, religioso na Trapa de Sainte-Marie-du-Désert... Um Dom Pollien, cartuxo, autor das admiráveis *Élevations monastiques*[21]... Uma Élisabeth Leseur, mulher de sociedade com alma de mística... Uma Josefa Menéndez, espanhola que foi viver e morrer entre as Damas do Sagrado Coração, de Poitiers... Ou Santa Bertilla Boscardin, a *gnocca*, a "louquinha de Deus", das doroteias da enfermaria de Treviso, cuja breve existência ficou como modelo de simplicidade... Ou o pe. Lodovico da Casoria, franciscano, tão fiel à mensagem de caridade e pobreza do Poverello... Ou o Beato Riccardi, monge perfeito segundo a Regra de São Bento... E tantos outros... Todos eles, todas elas bastam para afirmar que, num século tão pouco místico, a vida mística atrai as almas não menos do que nos dias de maior beleza espiritual.

Mas não são menos reveladoras das virtudes próprias do clero regular tantas e tantas outras figuras que se destacam nos campos da ação e da caridade. Delas voltaremos a falar. Refiramos neste momento o "bom padre Petit", o "Irmão

Alberto", a Irmã Léonide — sem esquecer os sacrificados voluntários da gesta missionária, como o pe. Damião. E, sem serem místicos contemplativos nem homens de ação, quantos desses religiosos dão um altíssimo testemunho, sendo apenas o que são — almas luminosas e irradiantes, como o admirável pe. Pouget, lazarista, de quem Jean Guitton foi o historiógrafo maravilhado...

Nesta história, por tantos títulos grandiosa, do mundo regular na época que precede imediatamente a nossa, dá-se uma evolução que irá revelar-se de grande importância. As fundações são, como dissemos, em menor número que anteriormente. Mas ainda assim são às dezenas, contando apenas as de homens, e as mais notáveis. Incluindo os institutos missionários, são vinte e quatro de 1870 a 1939: Sociedade de São José, Sociedade do Verbo Divino, Padres do Sagrado Coração, Salvatorianos, Padres da Pequena Obra, Missionários da Sagrada Família, da Consolata, de Marianhill, Pia Sociedade de São Paulo, Filhos da Caridade, Filhos da Divina Providência...

No campo feminino, são ainda mais numerosas, embora menos do que no período anterior. E isto sem falar das instituições de âmbito diocesano, que continuam a multiplicar-se, agrupando às vezes umas poucas dezenas de vocações. Mas o mais interessante é que muitas dessas formações novas não imitam pura e simplesmente as antigas, antes vêm dar resposta a exigências concretas do tempo, trazem um elemento novo nos métodos, quer de contemplação, quer de apostolado. Assim, quando, em 1907, Mme. Amiot teve a ideia das *Dominicanas dos Campos*, foi por ter sentido profundamente o drama da descristianização do mundo rural e da insuficiência numérica do clero. Assim também, quando o pe. Anizan fundou em 1918 os *Filhos da Caridade*, foi em obediência ao apelo da classe proletária, da qual Deus estava ausente[22]. Assim ainda, quando, em 1939, um jovem sacerdote de Versalhes, o *pe. René Voillaume*, decidiu cumprir o voto do pe. Foucauld e constituir, com grande simplicidade, os *Irmãozinhos de Jesus*, o que ele procurou foi promover a forma nova de contemplação imaginada e praticada pelo eremita de Tamanrasset — a presença da oração e do amor no seio das massas sem Deus[23].

É, aliás, também uma ideia cara ao pe. Foucauld que começa a concretizar-se com essas formações religiosas de novo tipo, intermediárias entre o simples agrupamento de leigos piedosos e o Instituto religioso, que irão multiplicar-se no nosso tempo e serão designadas pelo termo de *Institutos Seculares*. A "União dos Irmãos e Irmãs do Sagrado Coração de Jesus", cuja Regra foi redigida em 1909 pelo pe. Foucauld — e de que veio a sair, em 1949, a "Fraternidade" — é bem o modelo teórico dessas novas formações de vida religiosa, profundamente empenhadas no mundo, onde os seus membros procuram dar testemunho de valores cristãos sem se distinguirem exteriormente, sem se afastarem do ambiente dos homens que trabalham e que sofrem.

Em 1911, Pio X aprovara as Constituições de uma associação religiosa fundada trinta anos antes por *Caroline Carré de Malberg* (†1891) — as *Filhas de São Francisco de Sales*, que o papa definiu assim: "Esta associação inclui entre os seus membros, não somente donzelas e viúvas, mas também mulheres que vivem no estado matrimonial, pelo que se distingue absolutamente de todas as congregações religiosas. Propõe-se um duplo fim: a santificação de cada um dos seus membros e um constante apostolado". Aí está, com exatíssima definição, a vocação original dos institutos seculares que o nosso tempo viu multiplicarem-se[24].

Seria impossível enumerar todos os que surgiram durante a época que estudamos neste volume. São demasiadas para isso. Aliás, em 1939, muitas delas estavam ainda na fase do reconhecimento canônico diocesano, quando não da mera pia união. Filhas da Rainha dos Apóstolos, Missionárias dos Doentes, Instituição Teresiana, Nossa Senhora do Trabalho, Nossa Senhora da Estrada, Apóstolas do Sagrado Coração, *Caritas Christi* — todas estas formações existem em 1939, e ainda muitas outras. Espontaneamente, vai-se dando uma especialização. Vimos[25] como a vocação missionária de alguns corações generosos, agrupados à volta do Dr. Aujoulat, deu origem ao Instituto *Ad Lucem*. A vocação pedagógica suscita também institutos de docência cujos membros, sem nenhum sinal distintivo — a não ser, por vezes, o uso da mantilha na capela —, educam cristãmente a juventude. Tais são, por exemplo, as Filhas de São Francisco Xavier, comunidade apostólica fundada por Madeleine Daniélou e pelo pe. Grandmaison, segundo a espiritualidade inaciana. Duas destas formações devem ser destacadas mais particularmente.

Na Itália (Milão), o cardeal *Andrea Carlo Ferrari* (1850--1921)[26] pensou, em 1900, que era indispensável reunir, para uma ação apostólica completa, uma elite de jovens de ambos os sexos, ligados por um esforço comum de se entregarem inteiramente à ação; por volta de 1894, já se tinham reunido alguns elementos. Assim nasceu a *Companhia de São Paulo*[27], cujo chefe, homem de admirável atividade, foi nas vésperas da Primeira Grande Guerra o secretário daquele Cardeal, *D. Giovanni Rossi*. Vindos da Ação Católica e na maioria ocupados em profissões liberais, os seus membros continuavam a exercer a sua atividade profissional enquanto se dedicavam ao apostolado; faziam votos anuais. A Companhia de São Paulo teve um rápido crescimento em toda a Itália do Norte e depois em Roma. Em 1939, deu-se uma cisão, que levou D. Rossi e alguns dos primeiros membros a afastar-se e a criar, em Assis, um outro instituto, de fins inteiramente análogos, o *Pro Civitate christiana*.

Em 1928, numa perspectiva muito próxima e mais abrangente, nasceu na Espanha o *Opus Dei*, fundado por mons.

Josemaria Escrivá[28]. Incluindo leigos inteiramente dedicados a Deus no seu ambiente profissional e familiar, visava difundir por todas as classes sociais, e especialmente entre os intelectuais, o ideal da santidade evangélica e a vocação para o apostolado. Logo a seguir à Segunda Guerra Mundial, a instituição estava em pleno desenvolvimento e já era de direito pontifício. Iria desempenhar um papel de primeiro plano na renovação do catolicismo.

O reconhecimento oficial dos institutos seculares como "estados de perfeição", anunciado por Pio XII em 1947, iria trazer para a plena luz um número considerável dessas formações, das quais o papa diria que são "o sal, o fermento, a luz da fé" inseridos em todos os estratos sociais, desde os mais baixos até os mais altos, num esforço por neles penetrar a fim de que "a massa levedada e a sociedade inteira sejam iluminadas por Cristo". E já então se podia perguntar se essa nova forma de vida religiosa, de paletó ou vestido, não se adaptava às exigências do apostolado moderno bem melhor do que as antigas congregações de hábito e capuz. Talvez os institutos seculares fossem, para um século infiel e perturbado, para uma sociedade que se considerava "laica", uma resposta tão adequada como fora a de São Bento para o mundo antigo em decomposição, ou a de São Bernardo para o feudalismo brutal, ou a de São Domingos para o universo do pensamento desnorteado com a descoberta da liberdade...

Conquistar o mundo pelo amor: D. Orione

Em todos os tempos, uma das principais vocações dos homens e mulheres que dedicam a vida a Cristo foi a de servi-lo naqueles que são imagem sua na terra — os pobres, os doentes, os deserdados. O século XIX não faltou à regra: a renovação religiosa desse tempo traduziu-se num impressionante desabrochar da caridade. Entre muitos outros, brilha a puríssima figura de Ozanam. É o tempo de João Bosco, de José Cottolengo, de Joana Jugan, de Euphrosine Pelletier[29]. Que o movimento tivesse prosseguido e até se acelerasse e ganhasse em extensão, é coisa que, à primeira vista, parece natural. Mas, se refletirmos nisso, surpreende. Pois não é verdade que o Estado e a Sociedade vão pretender, cada vez mais, tomar sobre si o peso dos sofrimentos e das misérias humanas? Não se multiplicam os hospitais, os asilos, os orfanatos? E não vemos surgir a Previdência Social, com os seus escritórios e *dossiers*, aonde vão parar todas as desgraças dos homens? É de perguntar, portanto, se as obras cristãs propriamente caritativas terão ainda alguma utilidade, por menor que seja. E, no entanto, veremos as formações antigas desenvolverem-se como nunca e nascerem outras. Porque a Caridade de Cristo quer suprir as insuficiências da caridade administrativa, tão frequentes, ou, em qualquer caso, tornar menos anônimos, mais humanos, os incontestáveis serviços que o Estado vai prestando.

É impossível seguir minuciosamente a expansão dos institutos de caridade já existentes. O gigantesco desenvolvimento, já nosso conhecido, das Irmãs da Caridade é revelador. A célebre touca das Filhas de *Monsieur* Vincent encontra-se por todo o mundo e em todos os meios sociais, cuidando das crianças como dos velhos, dos leprosos como dos sinistrados. Mas os institutos nascidos de Dom Bosco não são menos prósperos nem menos eficazes. E os Irmãos de São João de Deus e as religiosas de São Tomás de Vila Nova e as Irmãzinhas dos Pobres e as Irmãzinhas da Assunção — e tantos, tantos! Um dos exemplos mais prodigiosos deste desabrochar é o da obra fundada em 1827, tão modestamente, em Turim, por *São José Cottolengo*[30], a *Piccola Casa*, que se tornou um mundo, uma cidade na grande cidade, abrigando por trás dos seus muros mais de oito mil doentes, deficientes, velhos e loucos, mil religiosas para os servir e duzentos padres, sem deixar de praticar o total desprezo pelo dinheiro, decidido pelo fundador (no Cottolengo, o livro de contas só tem uma coluna — a das dívidas), lugar terrível para quem o visita, mas sublime, lugar de todas as piores misérias, cidadela de delicada caridade[31] e de santidade.

Às obras já existentes, outras se vêm juntar, as mais célebres das quais serão, já muito perto de nós, as de D. Orione. Umas dependem de congregações ou institutos religiosos então fundados; outros, da ação dos leigos: Obra do Menino Jesus, Obra da Adoção, Obra Católica para a Proteção das Moças, fundada em Friburgo em 1897, União Familiar de Maria Gohéry, Obra das Damas de Caridade, que estende às mulheres o método das visitas a domicílio posto em relevo pelas Conferências de São Vicente de Paulo... Uma das obras mais comoventes, criada por Mme. Garnier-Chabod na época anterior, mas que tomou impulso depois de 1870, são as *Damas do Calvário*, que fazem jus ao título, pois só cuidam dos incuráveis, nomeadamente dos doentes atacados de cânceres externos especialmente aflitivos. Vocação admirável que, de resto, corresponde a uma orientação geral da caridade na época: devotar-se de preferência aos mais deserdados, àqueles que a "caridade administrativa" esquece e abandona. Tal como os leprosos, que recordam irresistivelmente o *pe. Damião*[32].

Mas, em vez de continuar uma enumeração de títulos e dados estatísticos, seria bom evocar algumas das grandes figuras que parecem emergir desde já dessa *turba magna* da caridade, embora a Igreja não se tenha ainda pronunciado oficialmente sobre a sua santidade. A escolha não é fácil; a variedade das vocações é imensa. Dir-se-ia que a caridade desses cristãos se esforça por cobrir todo o campo do sofrimento humano. E não há nenhum grande país católico que não possa propor mais de um.

Na França, são tantos os que acodem simultaneamente ao espírito, que se hesita em escolher. Eis um bem célebre, homem que a voz pública canoniza e inúmeras almas piedosas invocam: o *pe. Daniel Brottier*, Padre do Espírito Santo, falecido em 1936, aos cinquenta anos. Já o vimos no campo missionário[33]; mas a sua grande obra foi a dos "Órfãos de Auteuil", destinada não a recolher recém-nascidos ou bebês, mas a formar autenticamente, para a vida de homens, os adolescentes, ensinando-lhes uma boa profissão. E uma modestíssima desconhecida, a *Irmã Léonide*, religiosa das prisões, da Ordem de Maria e José, falecida em 1944 aos noventa e um anos, depois de ter consagrado literalmente toda a vida, dia após dia, aos presos, aos criminosos, com a vocação particularíssima de assistir até ao fim os condenados à morte[34].

Na Bélgica, temos uma figura toda feita de simplicidade e bondade, o *pe. Petit*[35], o "*Bon Père* Petit", como em vida foi chamado. Introduziu em Bruxelas as Damas do Calvário, promoveu "retiros fechados" em que tomavam parte pessoas de todas as condições sociais, e a ele afluíam, até à morte, todas as desgraças e todas as esperanças.

Em Portugal, é o *pe. Cruz*, de rosto luminoso, falecido em 1948, com perto de noventa anos. Verdadeiro São Vicente de Paulo lusitano, vemo-lo sempre na estrada, a caminho dos recantos mais pobres do país, para falar, socorrer[36].

Na Espanha, uma figura singular, que se vê trabalhar numa vocação também singular: o *pe. Andrés Manjón*, professor de Direito Canônico da Universidade de Granada. Profundamente comovido com a sorte miserável dos ciganos da Andaluzia, torna-se seu apóstolo, pedagogo, salvador: constrói as "escolas da Ave Maria" para as crianças, organiza um autêntico serviço social, e morre no meio dos seus protegidos[37].

Na Polônia, uma espécie de louco de Deus, Adam Chmielowski, conhecido por *Irmão Alberto* (1845-1916)[38]. Pintor de grande talento, entra num convento para melhor trabalhar junto de Deus, seguindo o exemplo de Fra Angélico. Mas, ao pintar um *Ecce Homo*, compreende até à angústia o sentido desses escarros e bofetões na divina Face e subitamente decide abandonar os pincéis e fazer-se mendigo entre mendigos. Funda duas congregações — os Albertinos e as Albertinas — para esse apostolado dos *bas-fonds*, e continua a sua obra até à morte, com uma alegria simples que o aproxima do Poverello de Assis[39].

Será de parar aqui a lista?... Ficaria de fora aquele que é certamente o maior desses gigantes do amor pelos homens, desses "santos" futuros, sobre o qual a Congregação dos Ritos já começou a reunir testemunhos com vistas ao processo de canonização, aquele que a Itália inteira considera merecidamente o terceiro homem do seu triunvirato da caridade, depois de São João Bosco e de São José Cottolengo: *D. Luigi Orione* (1872-1940)[40]. Se quisermos ter logo à primeira uma ideia da personagem fora de série que foi Luigi Orione, temos de o olhar em plena ação.

A 13 de janeiro de 1915, véspera da entrada da Itália na Primeira Grande Guerra, um sismo sacode a região de Roma, arrasa o burgo de Marsica, mata 30 mil pessoas: terrível repetição daquele que, sete anos antes, destruíra Messina. O rei, com todo o seu séquito, em seis carruagens, vai visitar os sinistrados. Chama-lhe a atenção uma altercação ruidosa. Parece que um padre está a discutir com os carabineiros para que deixem entrar numa das carruagens uns doze moleques esfarrapados que tiritam de frio. O monarca aproxima-se, interroga. Com firme doçura, o padre diz-lhe: "Estes órfãos morrem de frio, Majestade. É preciso que os levem a Roma o mais depressa possível". O rei acede, põe-lhe à disposição uma das carruagens, pergunta-lhe o nome: é D. Orione, que, logo que soube do terremoto, acorreu para ajudar as vítimas.

Essa espontaneidade, essa audácia, esse desprezo total pelas contingências e costumes quando está em causa a caridade de Cristo — isso é D. Orione. Da manhã à noite, constantemente na brecha, ele age, desloca-se, trabalha, fala — fala muito, com voz volúvel e persuasiva; fala muito bem. "Um vulcão!" — diz dele, sorrindo, o seu fleumático segundo, D. Sterpi. Sucede, por vezes, que o vulcão explode e o interlocutor apanha por tabela... A benignidade e a unção não fazem parte dos atributos manifestos desse santo. Mas o seu rosto redondo e rugoso de camponês do Piemonte fulgura de bondade, e os olhos riem. Basta vê-lo para sentir que nasceu para acolher todas as misérias humanas. A regra evidente da sua vida é uma palavra de Dante, que gosta de citar (sabe muito Dante, de cor): "O nosso amor não exclui ninguém".

A sua vocação para a caridade manifestou-se desde cedo, muito cedo, como também a sua singular autoridade e o seu poder de irradiação. Ainda no seminário, aos dezoito anos, meteu-se-lhe na cabeça fundar um orfanato-escola para abrigar e educar uma dúzia de garotos mais ou menos abandonados. E o mais espantoso é que o conseguiu: encontrou os locais necessários, arranjou dinheiro para os comprar, obteve a licença dos superiores, incluído o bispo, o que nem sempre é fácil. Duas grandes figuras o dominam e exaltam o seu zelo. São dois santos de Turim: Dom Bosco, a quem teve a felicidade de conhecer pouco antes da morte, e José Cottolengo, cuja obra cresce a olhos vistos na cidade e o impressiona de tal modo que vai seguir literalmente os seus passos e até utilizar o seu vocabulário. O que Cottolengo fez cem anos antes, irá ele fazê-lo agora, adaptando os métodos às condições do tempo. Tem vinte anos. Para começar pelo princípio, decide fundar uma ordem contemplativa que reze pelo êxito das obras futuras. São os Eremitas da Divina Providência, que se constituem ao ouvirem o apelo desse rapaz!

Ei-lo, pois, lançado. E, até à morte, nunca mais parará. O fato parece estupeficante, mas é incontestável: os contemporâneos de Luigi Orione — mestres, superiores, condiscípulos —, todos reconhecem nele uma tal superioridade que consideram impossível aplicar-lhe as regras normais. Mal recebe o diaconato, é autorizado a pregar, e o certo é que entusiasma os auditórios. Mas que ninguém lhe peça que aceite barreiras ou entraves! Nem a ordem franciscana nem o instituto salesiano do seu querido Dom Bosco conseguem enquadrá-lo. Realizará a sua obra bem só — como São Francisco de Assis, como São Domingos de Gusmão, como Santo Inácio de Loyola —, de acordo com concepções e métodos muito pessoais. E é claro que não serão as baixas preocupações de dinheiro que o hão de embaraçar. Imitando rigorosamente o caríssimo Cottolengo, atira-se aos seus empreendimentos sem jamais se perguntar se encontrará os fundos necessários, e o mais espantoso é que eles lhe chegam, regularmente, no momento justo. A sua maneira de convencer os ricos a desfazerem-se do fardo dos seus bens é mesmo tão persuasiva que certos maliciosos dizem dele: "É pior que um bandido..." Sim: um bandido por amor de Cristo.

A obra cuja primeira árvore humilde plantou não demora a expandir-se: é uma força que se anuncia. Como leu em qualquer parte que o jornal fundado por Lênin se chama *Iskra* ("Centelha"), D. Orione funda a sua *Scintilla*, que começa por ser uma simples folha-de-couve, mas há de crescer. Agrupam-se à sua volta amigos e discípulos, frequentemente mais velhos que ele. Assim nasce, no âmbito diocesano, um novo instituto, a que dá o nome, imitando Cottolengo, de "Pequena Obra da Divina Providência". Logo a obra vai sair dos seus estreitos limites. Certo bispo leu a *Scintilla* e pede a presença dos *Filhos da Divina Providência* na sua diocese; outro bispo o imita, e mais outro. Pio X, que ouviu falar desse novo movimento, quer conhecer o padre que o dinamiza. No primeiro golpe de vista, o santo que é o papa reconhece em Luigi Orione alguém da sua raça. Coincidência curiosa ou intenção da Providência: à cabeça dos estatutos do seu primeiro orfanato-escola, o jovem Orione inscreveu a mesma divisa que uma boa década depois Pio X faria sua: "Instaurar tudo em Cristo". É nas mãos do papa que D. Orione pronuncia os votos definitivos, e é Pio X quem concede o status de direito pontifício aos *Filhos da Divina Providência* e às *Irmãzinhas Missionárias da Caridade.*

Don Orione é agora um homem quase célebre; pelo menos, a Igreja conhece-o. A sua intervenção quando dos tremores de terra na Sicília e no Lácio, admirável pela generosidade e pelo espírito metódico que revela, traz a sua figura à plena luz. A sua obra desenvolve-se por uma espécie de lógica interna. A intenção é uma só — fazer triunfar a caridade de Cristo —, mas os meios de aplicação são extremamente variados: orfanatos, asilos, centros de beneficência, missões e visitas domiciliares, sem dúvida, mas também fazendas-modelo, explorações agrícolas, escolas técnicas onde se formam os quadros de uma nova juventude operária. Duas ideias-mestras orientam D. Orione: é preciso levar socorro àqueles que o mundo e elementos da própria Igreja rejeitam; e é preciso servir-se dos organismos de socorro e de previdência social estabelecidos pelo Estado para ir mais longe que eles, para os humanizar. É neste sentido que ele é maravilhosamente um homem do seu tempo: compreende as necessidades por que passa.

Essa multiplicidade na ação — diríamos até polivalência — não é de molde a agradar a todos. Don Orione e a sua congregação são tão empreendedores que as outras obras se inquietam. Em Gênova, em Milão, surgem dificuldades. Mas D. Orione prossegue, impávido; justifica-se, persuade. Em breve não haverá nenhuma grande cidade italiana onde não existam casas da "Pequena Obra", "Casas Cottolengo". Para lá afluem todas as misérias, não só físicas como morais. Assim — para escândalo dos fariseus —, essas casas estão abertas aos padres despadrados, especialmente numerosos após a crise modernista, e que D. Orione procura recuperar para a Igreja.

A obra já abrange o mundo inteiro. Recebe apelos de fora da Itália: da Palestina, da Polônia, da América do Sul... À América do Sul, D. Orione vai pessoalmente duas vezes — e dá-se uma assombrosa expansão. Há tanta miséria, tantas formas de miséria, na Argentina, no Brasil, em outros países, entre os imigrantes italianos, entre os índios! E organizam-se as missões de D. Orione.

Gasto, fisicamente alquebrado, conserva, espiritualmente, uma energia intacta. Inventa incessantemente meios novos de fazer penetrar a caridade autêntica. Uma das suas iniciativas mais comovedoras é a criação de um Instituto — o primeiro do gênero — de religiosas cegas. Quando se aproxima a morte, a palavra de ordem que dá aos seus filhos é "morrer de pé". A Douglas Hyde, que colhia informações sobre ele, o cardeal Angelo Roncalli, futuro papa João XXIII e então Patriarca de Veneza, respondeu com estas palavras que resumem todas as intenções do apóstolo, e também as de todos aqueles e aquelas que serviram a Cristo na miséria dos homens: "Ele estava convencido de que a conquista do mundo se faria pelo amor"[41].

O trabalho do Espírito Santo

Em que medida é que as massas humanas correspondem ao impulso dado por aqueles e aquelas que se consagram a salvar as almas? A resposta difere consoante o ponto de vista em que nos coloquemos, e é aqui que importa fazer intervir a noção de "densidade espiritual", essa da qual se disse, como vimos, ser a única que permite avaliar de maneira equitativa o nível religioso de uma época. Se nos ativermos a uma apreciação quantitativa, teremos de concluir que o período aqui estudado é de uma apostasia crescente[42]. Em demasiados países ditos cristãos, as igrejas esvaziam-se, a prática diminui e os costumes da velha Europa fiel se perdem. Demasiados homens e mesmo demasiados batizados regulam os passos da sua existência pela convicção, ao menos implícita, de que "Deus morreu". Mas bastará o declínio do número de presenças na Missa e das comunhões pascais para ajuizar da vitalidade religiosa de uma época?[43] De acordo com as próprias palavras do Mestre, o papel dos cristãos é serem sal da terra e fermento na massa. Não se trata, pois, de quantidade, mas de eficácia.

Finda a crise revolucionária, vira-se surgir ao longo do século XIX — e em seguida crescer, e de ano para ano alargar-se — uma corrente de vida espiritual que contrastava com o declive a que os Comte e os Renan arrastavam os seus contemporâneos[44]. A partir daí, essa corrente não vai ser menos viva nem menos forte. Tudo se passa como se os avanços da descrença provocassem um contragolpe, uma espécie de fermentação espiritual. As almas procuram saídas para o cárcere do materialismo ateu. E há aí uma exigência tão forte que aqueles que não encontram o caminho da Igreja vão pedir uma esperança às seitas, cujo número aumenta, aos diversos ocultismos, à teosofia, aos "apelos do Oriente", esses apelos que, sucessivamente, espíritos tão diferentes como Maurice Maeterlinck e René Guénon tentam traduzir para o Ocidente em termos sugestivos. Todo este período está repleto de manifestações que revelam a ansiosa procura de Deus.

Essa procura encontra no coração da Igreja o seu objetivo e o seu significado. A fermentação espiritual torna-se agora ainda mais visível; mas nota-se com toda a evidência que é o Espírito Santo que opera. A prova suprema vem, como veremos, da presença assombrosamente abundante de santos[45]. Mas há outras, muitas outras. Em primeiro lugar, talvez, o testemunho que dão os convertidos. Já os vimos, numerosos, na literatura — de Huysmans a Péguy, de Verlaine a Claudel. Mas os meios científicos não apresentam menos casos, e poderemos vê-los bem perto de nós: um Charles Nicolle, um Alexis Carrel. Certos regressos são surpreendentes. Há homens que passam das Lojas maçônicas para a Igreja, do comunismo para a fé cristã; outros, da vida dissoluta para a mais rude ascese, como um Charles de Foucauld. Das conversões de gente do teatro, podia-se fazer um livro, de tal modo são numerosas[46]. A de Éva Lavallière é uma das mais célebres, essa que levou a morrer santamente como terciária franciscana a inquietante beldade que tantas vezes alimentara a crônica parisiense. E devemos sublinhar que é frequentemente no seu próprio trabalho — por exemplo, em papéis que impõem gestos de fé — que comediantes de ambos os sexos ouvem o mesmo apelo misterioso que São Paulo recebeu no caminho de Damasco[47].

Como são múltiplos e diversos os sinais do Espírito! Houve manifestações carismáticas, das mais surpreendentes, e algumas delas com uma insistência que os séculos anteriores mal conheceram. Às três aparições de Nossa Senhora que tão profundamente impressionaram os homens anteriores a 1870, a da rue du Bac, Paris, a de Lourdes, a de La Salette[48], vieram juntar-se outras; a Igreja certamente não dá a mesma importância a todas, mas a sua repetição impressiona. Mais que Pontmain (1871), resposta às angústias da França invadida, mais que Pellevoisin (1876), é *Fátima* (1917) que atrai as atenções. Na *Cova da Iria*, Nossa Senhora aparece a três pastorinhos portugueses, e a aparição é marcada por sinais apocalípticos, rica de profecias que os homens do nosso tempo viram já parcialmente realizadas na Segunda Guerra Mundial, misteriosamente associada ao destino trágico da Rússia, onde, pouco depois, se iriam desenrolar os acontecimentos que mudariam o curso da história. Mais próxima de nós, as de Beauraing (1932) e Banneux (1933), belgas, parecem também estranhamente ligadas às preocupações mais imediatas dos homens — sobretudo a de Banneux, onde "a Virgem dos Pobres" transpõe para o âmbito do apelo místico a exigência de justiça social que o magistério pontifício da *Quadragesimo anno* acabava de recordar.

Dir-se-ia que, num tempo que se gaba de nada fazer que não seja conforme com a razão positiva, explicável por si mesma, justificável pelos seus cânones, o Espírito gosta de manifestar-se sob as formas mais desconcertantes. Uma *Santa Gemma Galgani* (1878-1903), nova Santa Ludovina, vive constantemente no mundo do sobrenatural, por onde caminha, apoiada no seu Anjo da Guarda, no meio de visões e de êxtases extraordinários que, fato raríssimo, ela consegue depois relatar. Outras místicas, a quem Deus parece falar, comporiam uma lista demasiado longa, desde aquela mulher de sociedade que não quis ser conhecida senão por "Lúcia Cristina", até Reine Colin, falecida em 1935, que ofereceu a vida pela conversão final de Charles Maurras. E Berthe Petit, e Madeleine Seimer, e Gabrielle Bossis, e tantas religiosas que, clarissas ou carmelitas, visitandinas ou Orantes da Assunção, têm experiências análogas. Alguns destes seres, que Cristo parece marcar com o seu selo, trazem visivelmente traços sangrentos na sua carne: são estigmatizados misteriosos, cuja existência se desenrola fora do âmbito cotidiano; os mais célebres de todos são *Teresa Neumann*, reclusa de Koenersreuth, onde viveu acamada; e o *pe. Pio de Pietrelcina*, capuchinho italiano de San Giovanni Rotondo[49].

A todo esse surto sobrenatural que parece brotar inesperada e paradoxalmente de tantos pontos da terra, é fácil opor o escárnio e a dúvida racional: ilusões, embustes, manifestações psíquicas ou somáticas ainda mal explicadas... Mas o argumento vale pouco contra a Igreja, que não pode ser acusada de se deixar enganar propositadamente. Basta ver a prudência com que encara todos esses fenômenos estranhos, a minúcia com que submete ao critério médico os "milagres" de Lourdes antes de os aceitar, a reserva com que considera certas aparições ou os mais impressionantes fenômenos da estigmatização, de modo a afastar toda e qualquer suspeita de complacência para com um insólito maravilhoso. Quando a Igreja o reconhece, o sobrenatural não é uma ilusão: é a prova autêntica, entre outras, da ação do Espírito Santo entre os homens.

No fundo das almas

O Espírito Santo não opera apenas de modo espetacular, suscitando o ímpeto dos místicos ou provocando fenômenos sobrenaturais; trabalha no fundo das almas. São muitos os sinais que nos podem convencer disso: a vida interior, a vida propriamente espiritual, progride. Talvez diminua o número global dos cristãos; mas aqueles que o são, são-no melhor e mais completamente.

O fato é importante em si, mas também porque, ao mesmo tempo, como fomos vendo ao longo deste livro, a Igreja se envolve numa ação multiforme, despende muitas forças no combate, na expansão, no apostolado. E esses esforços arriscar-se-iam a ficar reduzidos a mero ativismo[50] se, paralelamente, não se fizessem outros esforços para reforçar aquilo que se poderia chamar o equipamento espiritual das almas. Sobre este ponto, Brunetière tem uma palavra profunda: "Não se trata de conquistar a opinião pública, mas de conquistar a fé". Vimos como cada um dos papas do nosso período insistiu na necessidade de desenvolver e aprofundar a vida interior, e como todos eles dedicaram encíclicas a suscitar mais piedade, maior prática pessoal. Mas este aspecto do problema não é menos conhecido pelos dirigentes da Ação Católica ou do catolicismo social. Os participantes das Semanas Sociais assistem à Missa diariamente, e o pe. Cardijn repete sem cessar aos seus jocistas que é necessário orar e dedicar-se a exercícios de piedade.

As próprias formas dessa vida espiritual evoluem. "A ascese simplifica-se, humaniza-se: os jejuns, as vigílias, as disciplinas, o cilício, não desaparecem do horizonte espiritual, mas já não ocupam o lugar de outros tempos"[51]. Léon Harmel, leigo de ação, que se disciplinava[52], ou Matt Talbot, que usava correntes e cilício, não são casos únicos, sem dúvida, mas têm raros êmulos. É sobretudo à oração que se pede o meio de fazer a alma progredir no "castelo interior" de que falava a grande Santa Teresa. É impressionante que as duas figuras espirituais que vão exercer maior influência neste tempo — Santa Teresa de Lisieux e o pe. Foucauld, esse último gigante da ascese — sejam ambos partidários do "pequeno caminho", ou seja, da consagração pela prece dos deveres, das alegrias, das penas da vida quotidiana. Quantos grandes leigos cristãos são literalmente homens de oração!: um Contardo Ferrini, um Marius Gonin, e outros mesmo que ninguém pensa em propor que sejam canonizados. Huysmans após a conversão, ou o pintor Maurice Denis, que liam todos os dias as "Horas" como os monges, oferecem exemplos notórios de práticas vividas por inúmeros cristãos anônimos. O dr. Alexis Carrel virá a dedicar à oração um livro de caráter quase científico, para provar a sua eficácia cósmica e providencial. E é também, entre outros, o propósito de rezar que atira para as estradas essas coortes de peregrinos cuja importância iremos ver.

A vida de oração nutre-se naturalmente de leituras espirituais, e estas progridem. Não ousaremos dizer que as piedosas tolices de que tanto gostavam as antigas gerações tenham desaparecido. Continua-se a editar *Le Petit Jardinier des vertus chrétiennes* ou *Le Trésor des sourires du Petit Enfant Jésus*, assim como, nas igrejas, se persiste em cantar demasiados cânticos de desoladora banalidade. O que, aliás, não impede de modo algum que algumas almas se alimentem realmente desses pobres alimentos. No conjunto, porém, assiste-se a uma subida de nível.

As obras-primas das letras cristãs são cada vez mais reeditadas: sobretudo a *Imitação de Cristo*, a *Introdução à vida devota*, de São Francisco de Sales, as *Confissões* de Santo Agostinho. Pelos finais do nosso período, esboça-se um movimento de vivo interesse pela Bíblia e pelos Padres da Igreja. Em muitos países católicos, fundam-se organismos para a difusão do *Evangelho*. Os autores espirituais alcançam sucesso: é o caso dos livrinhos em que se reuniram textos do Cura d'Ars, ou do *Le véritable disciple*, do pe. Chevrier, ou das *Cartas e sermões de Dom Bosco*. Mal acabada de sair, já se vendia aos milhares a *História de uma alma*, autobiografia de Santa Teresinha do Menino Jesus. Também se leem obras do pe. Faber, como *Tudo por Jesus* [*All for Jesus*, 1853] e *O progresso da alma* [*Growth in Holiness*, 1854], as *Instructions pour les personnes du monde*, de mons. Gay, e, em todas as línguas, guias práticos, entre os quais os de mons. Sudreau, do cônego Beaudenon, do pe. Berthier e, mais tarde, do pe. Sertillanges. Multiplicam-se as *Vidas de Jesus*, cuja qualidade melhorou, como vimos: a do pe. Didon, as dos pes. Lebreton e Grandmaison, e também as escritas por leigos como Giovanni Papini e François Mauriac, mestres em literatura. A mesma melhoria de qualidade e o mesmo crescimento se dá na hagiografia: só na França, entre 1880 e 1939, lançam-se não menos de dez coleções de vidas de santos, enquanto outras apresentam o conjunto do catolicismo em forma de enciclopédias, ou agrupam monografias sobre as principais ordens religiosas.

Todo esse alimento espiritual é oferecido a toda a gente. Ao mesmo tempo, uma elite continua a aprofundar na vida interior mediante métodos mais exigentes, como são os *retiros*. Desde o século XV, sobretudo depois de Santo Inácio e os seus *Exercícios Espirituais*, estabelecera-se o costume de dedicar, de vez em quando, alguns dias ou mesmo semanas a um labor espiritual mais intenso, para renovar o fervor da alma. Decadente no século XVIII, esta prática restabeleceu-se no seguinte, e não cessou de se desenvolver. Para os mais ardorosos, retiros fechados, que Pio XI recomenda na encíclica *Mens nostra:* o completo isolamento, as meditações, os exames de consciência, as longas orações — tudo permite à alma compreender melhor a vontade de Deus e conformar com ela a sua vida. Obrigatório anualmente para os religiosos, de três em três anos para os padres seculares, o retiro fechado entra também nos costumes dos leigos. As Maisons Manrèse, abertas pelos jesuítas; as das Damas do Cenáculo, para mulheres; os grandes mosteiros beneditinos ou cistercienses oferecem para os retiros um ambiente apropriado.

Ao retiro acrescentam-se dias de recolhimento trimestral ou mesmo mensal. E há até recolhimentos semanais, como os *Ritiri minimi*, que vão do sábado à noite até à segunda-feira de manhã, fundados por frei Alexandre, irmão das Escolas Cristãs, pelo pe. Schuster, abade de São Paulo-Extramuros, futuro cardeal, e cujo grande animador foi D. Montini, que seria o papa Paulo VI. Para os cristãos que não possam dispor de tempo para se isolar, as paróquias ou diversos grupos oferecem, cada vez mais, *retiros abertos*, confiados a religiosos especializados e que se realizam frequentemente no fim da Quaresma. A partir de cerca de 1930, as principais paróquias das cidades promovem retiros adaptados às diferentes categorias de fiéis; e chegam a organizar-se oito diferentes, consoante os destinatários: homens, mulheres, rapazes, moças, empregadas domésticas, etc.

É este um dos testemunhos do zelo com que a Igreja cuida de desenvolver a vida espiritual dos seus fiéis e de lhe dar fundamentos sólidos. Mas podemos citar muitos outros.

O ensino da Palavra de Deus, função primordial da Igreja e "magistério eclesiástico", é objeto de crescente atenção. Começa sob a forma mais elementar, a do *Catecismo*, uma exposição em tom simples das verdades fundamentais às crianças e às pessoas menos cultas. O catecismo desempenhara um papel de primeiro plano por ocasião da Reforma católica, quando, em 1566, São Pedro Canísio redigira o seu, que Leão XIII viria a qualificar como "digno dos Padres da Igreja". O ensino catequético é agora uma das grandes preocupações da Igreja. Pio X, que em toda a sua vida de padre gostara de ministrá-lo, fixa-lhe as normas, em 1905, com a *Acerbo nimis*[53]. Pio XI, em 1923, dedica-lhe uma parte da *Orbem catholicum*. Quantos santos insistem nesta forma simples de apostolado, do Cura d'Ars a D. Orione, do pe. Chevrier ao pe. Lamy! Passa a ser obrigação dos pais cristãos mandar os filhos aos cursos de catequese, e obrigação estrita dos padres mantê-los. É um trabalho, diz Pio X, que "talvez não seja de molde a conquistar o favor popular", assim como certos padres terão pouco gosto em assumi-lo, mas os melhores deles têm-no como uma das mais puras alegrias do seu ministério.

Fixa-se o tipo do catecismo: dividem-se as matérias em perguntas e respostas, que a criança deve gravar na memória. Este método mnemônico talvez não esteja livre de inconvenientes, mas tem pelo menos o mérito de fixar duradouramente no espírito os princípios mais importantes. A maior parte das dioceses tem o seu, mas é evidente a semelhança entre eles.

A esta tarefa de ensino religioso a Igreja começa a associar os leigos, especialmente nos países onde os padres não podem bastar sozinhos para assegurá-lo. Na França, por exemplo, funda-se em 1884 a Obra dos Catequistas, que Leão XIII eleva à categoria de arquiconfraria. Inicialmente apenas feminina, foi pouco a pouco incluindo homens, depois diversificou-se em cinco ou seis grupos adequados às idades e condições sociais, e chegou a contar mais de 30 mil membros.

A Igreja também ficou atenta a outra forma de ensino doutrinário: a *pregação*. O *sermão*, parte da vida religiosa tradicional, não foi esquecido. É obrigatório na Missa solene dominical, e, geralmente, compete ao pároco fazê-lo. Com os proclamas, os avisos e a leitura dos nomes dos falecidos (um costume que se conservou em numerosas paróquias rurais até 1939), a fala dominical, sermão ou homilia, constitui um laço entre o sacerdote e os fiéis. Em princípio, deve ser simples, como uma conversa de um pai com os filhos. É certo que a formação recebida nos seminários nem sempre prepara para essa simplicidade. Mas com que frequência os papas insistem nesse ponto! Pio X, que censura o "falso-Bossuet" e os "engroladores de *oremus*"[54] na *Acerbo nimis*, sublinha que a oratória deve ser acessível a toda a gente. E, num discurso dirigido em fevereiro de 1917 aos pregadores romanos da Quaresma, Bento XV formula conselhos tão sábios que muitas vezes desejaríamos vê-los afixados nas sacristias. São Paulo, o maior dos pregadores — dizia o papa —, nunca se apresentou ao auditório *in sublimitate sermonis*. "Aqueles que, por excessiva busca das palavras, recorrendo a voos demasiado altos, não permitem ao povo fiel receber os seus ensinamentos, não só se afastam do exemplo de São Paulo, mas agem em sentido contrário". E critica com veemência os sermoneiros-tribunos e os sermoneiros-atores...

Não é só aos domingos e dias santos que a palavra de Deus é recordada aos fiéis; é também, de tempos a tempos, de modo mais insistente, ou mesmo espetacular, mediante a *missão*. Sabemos já que a fórmula tinha sido lançada no século XVI por São Francisco de Sales, retomada e desenvolvida no século XVII por São Vicente de Paulo, o Beato Maunoir, São João Eudes, São Francisco Régis, e mais tarde por

São Luís Maria Grignion de Montfort, Santo Afonso Maria de Ligório e São Paulo da Cruz[55]. Tratava-se, então, de reanimar — ou despertar... — a fé em regiões onde não estava bastante viva. No século XVIII, tornara-se muito generalizada, sob a forma de "missão paroquial": vinha uma equipe sacudir, durante duas ou três semanas, o torpor dos católicos de algum lugar. Após o eclipse do período revolucionário, logo a seguir a 1815, as missões tinham renascido sob o impulso dos pes. Rauzan, Legris-Duval, Forbin-Janson: fizera-se nessa altura uma obra considerável, com grandes procissões e cerimônias expiatórias nos locais onde se tinham erguido os cadafalsos revolucionários. No período que estudamos, passam a funcionar em toda a catolicidade, como instituições da Igreja que o cânon 1349 do *Código de Direito Canônico* torna obrigatórias[56].

Para as garantir, há institutos especializados que fornecem o pessoal; muitos bispos chegam a constituir equipes de "missionários diocesanos". Estabelece-se o método para "dar a missão": exercícios religiosos, pregação, confissões, por vezes cerimônias de grande solenidade. "Se já não há cristianismo — dissera Lamennais —, são precisas missões para o renovar; e, se o povo é cristão, para impedir que deixe de sê-lo". Talvez as missões, na sua forma tradicional, estejam mais preocupadas com manter a fé do que em difundi-la, e é por isso que veremos a fórmula evoluir no fim do nosso período. Mas não se pode duvidar de que contribuíram para conservar um certo nível religioso nos países onde se organizavam com regularidade, como, por exemplo, o oeste da França, a Itália e a Alemanha renana.

De todos esses esforços feitos pela Igreja para animar a vida das almas, há dois que devem ser destacados, pois os dois têm por finalidade pôr o fiel mais diretamente em contato com as realidades sobrenaturais: a *renovação litúrgica* e o *desenvolvimento da prática eucarística*. Em ambos os casos, o homem que realmente pesou, aquele cuja ação se revelou determinante, foi *Pio X*, nunca tão evidentemente santo, tão evidentemente inspirado como nessas duas decisões.

A liturgia, oração oficial e pública da Igreja, tinha-se degradado muito após a Idade Média. Produzira-se uma ruptura entre ela e o povo cristão, que cada vez menos compreendia a língua, cada vez mais perdia o sentido dos ritos e quase já não via nas cerimônias mais que um cenário, muitas vezes teatral ou sentimental. Assim, entrara em declínio o "culto integral do Corpo Místico de Jesus Cristo, Cabeça e Membros", como viria a dizer Pio XII na encíclica *Mediator Dei*. Alguns cristãos do século XIX tinham tido o mérito de se aperceberem disso e de tentar opor-se a esse perigo. J.A. Moehler[57], o teólogo de Tübingen a quem se deve em tão larga medida o regresso ao sentido da Igreja e da Tradição, já antes de 1838 pusera em relevo o papel da liturgia na vida espiritual da Idade Média. Dom Guéranger, o grande beneditino restaurador de Solesmes, tinha ido mais longe: com as suas *Institutions liturgiques* (1840) e o seu *Année liturgique* (a partir de 1841), empreendera uma autêntica restauração daquilo a que chamava "a expressão mais alta, mais santa, do pensamento e da inteligência da Igreja"[58]. Essa restauração fora acompanhada de um regresso às formas mais puras da música sacra, tal como as oferecia o canto gregoriano[59]. Pio IX encorajara-o e, fazendo suas as teses do monge, trabalhara pela unificação das liturgias à volta daquela que Dom Guéranger definia, em detrimento dos usos nacionais.

O último terço do século XIX assiste à continuação do movimento, sob o impulso, especialmente, de dois outros beneditinos, um e outro antigos noviços de Solesmes, os irmãos Wolter; um, Dom Mauro, abade de Beuron (Alemanha); o outro, Dom Plácido, primeiro abade de Maredsous (Bélgica). Mas às lições de Dom Guéranger eles acrescentam um constante recurso aos Padres da Igreja e à liturgia dos primeiros séculos. Nesse ínterim, na Inglaterra, sob a influência do cardeal Newman, um apaixonado pela liturgia, a *Henry Bradshaw Society* edita uma admirável coleção de textos litúrgicos. Também em Maredsous, há outra iniciativa rica de futuro: Dom Gérard van Caloen empreende a tradução do missal litúrgico para uso do público leigo; esse antepassado de todos os nossos *missais dos fiéis* não demora a difundir-se na França e é imitado na Alemanha e, pouco a pouco, em todo o mundo católico.

Ao assumir à Sé de São Pedro, Pio X conhecia por experiência a necessidade de certas reformas: tendo ele próprio subido todos os escalões das responsabilidades pastorais, sabia até que ponto se impunha a restauração litúrgica. Por isso consagrou-lhe um dos primeiros atos do seu pontificado, o ressoante *motu proprio Tra le sollecitudini*, de 22 de novembro de 1903, que constitui uma verdadeira carta magna do movimento litúrgico. Enquanto a música de igreja torna a encontrar o seu caráter propriamente religioso, tomam-se durante o pontificado numerosas providências destinadas a restituir à liturgia o seu lugar próprio.

Suprimem-se do missal as festas que se comemoravam em duplicado. Retomam a sua importância o ciclo temporal e especialmente as Missas dominicais, demasiadas vezes relegadas a segundo plano pelo ofício dos santos. Refunde-se o breviário e a sua leitura passa a ser menos trabalhosa para os clérigos. O Saltério, cuja recitação, outrora obrigatória, caíra em desuso, é novamente distribuído ao longo do ano. Alguns textos imperativos recordam a importância da Missa e o seu sentido sacrificial. Impressionante conjunto de regras, que iriam reger os usos eclesiásticos até ao Concílio Vaticano II.

O impulso dado por São Pio X comunica-se, pouco a pouco, a toda a Igreja. Ainda outro beneditino, Dom Lambert Beauduin, monge da abadia de Mont-César (perto de Lovaina), aplica as instruções do papa, tornando os livros litúrgicos mais acessíveis ao povo fiel, afastando-se de certas preocupações "arqueológicas" que não estavam de todo ausentes das intenções de Solesmes e de Beuron. O seu *Missal*, a sua *Vie liturgique*, o seu livro *La piété de l'Église* — que inspirará, trinta e cinco anos depois, a *Mediator Dei*, de Pio XII — exercem considerável influência. O beneditino é seguido, imitado. A partir de 1910, as suas *Semaines liturgiques* atraem numerosos participantes. Depois da Primeira Guerra Mundial, o cônego Pius Parsch, de Klosterenburg (Áustria) avança no mesmo sentido de "democratização" litúrgica, enquanto em Maria-Laach prevalece o espírito tradicional, com o regresso às formas litúrgicas dos primeiros séculos e às lições dos Padres da Igreja. Nas vésperas da Segunda Guerra Mundial, estavam já feitos sensíveis progressos, e a renovação litúrgica anunciada por Romano Guardini e Johannes Pinsk estava prestes a ganhar novo impulso.

Outro esforço, porventura ainda mais decisivo para o futuro da vida espiritual, foi realizado, com as mesmas intenções pastorais, no sentido de *desenvolver a prática eucarística*. A "comunhão frequente"! Vêm-nos à memória o grande Arnauld e o jansenismo. E, de fato, fora mesmo a heresia do Cristo-de-braços-estreitos que marcara profundamente os costumes, sobretudo na França, impondo com mais ou menos eficácia a ideia de que o Santíssimo Sacramento devia ser reservado às almas já muito próximas da perfeição. Mas conservara-se na Igreja uma corrente que considerava a Eucaristia, não já como uma espécie de recompensa, mas como alimento que fortalecia as almas. No decorrer do século XIX, esta corrente tornara-se mais forte[60]. Os grandes ensinamentos de Santo Afonso de Ligório produziam os seus frutos. São José Cottolengo dispusera que a comunhão fosse dada diariamente aos residentes do seu asilo que a pedissem. Don Bosco fora um caloroso partidário da comunhão frequente e também da comunhão precoce das crianças. Enquanto um vasto movimento doutrinal e místico — em que o pe. Eymard ocupava um lugar de primeiro plano — tendia a promover a devoção a Cristo Sacramentado[61], tinham surgido alguns defensores ardentes da prática eucarística frequente: José Frassinetti, cujo *Banquete do Amor Divino*, traduzido para o francês pelo pe. Couet, teve um sucesso duradouro; mons. Dupanloup, que mandara distribuir cem mil exemplares da carta de Fénelon sobre a comunhão frequente; mons. Ségur, o pe. Chevrier e muitos outros.

Depois de 1870, essa corrente tomou ainda mais impulso. É claro que vão trabalhar nesse sentido os Congressos Eucarísticos que estão a ponto de nascer[62]. A *Consulta teológica*, do cardeal Gennari, a tradução francesa do *Pão nosso de cada dia*, do Beato Falconi, os tratados do pe. Omer Coppin — espalham a ideia de que a comunhão frequente é uma necessidade. Um jesuíta originário de Rodez, mas que passou na Espanha a última parte da sua vida, o pe. Léonard Cros, defende a causa com um ardor indomável, denunciando os vestígios do jansenismo onde quer que os adivinhe, muitas vezes em luta com a hierarquia, mas repetindo sem cessar os quatro pontos do seu programa: *Comulgar — cada día — sin confesarse — hasta la muerte* ["comungar — cada dia — sem necessidade de confessar-se de cada vez — até à morte"].

Como seria natural, surgem resistências. O pe. Chatel critica asperamente a "doutrina relaxada". O pe. Godts, redentorista, denuncia os *Exageros históricos e teológicos*. Mais prudente, mons. Gay, embora se regozije com a prática cada vez mais difundida da comunhão frequente, interroga-se se "um grande número de cristãos que comungam muitas vezes, ou até todos os dias, não continuam a ser cristãos pelo menos medíocres, divididos entre Jesus Cristo e o mundo, amando-se a si mesmos com um amor egoísta, pouco desprendidos da terra, dos seus bens e vãos prazeres, pouco mortificados, pouco zelosos". Não era ilusório esse perigo. A verdadeira resposta era que se devia comungar frequentemente, mas sempre "com respeito, piedade, de um modo cada vez mais santo"[63]. Era exatamente o que viria a dizer Pio X.

Admirador de Dom Bosco, Giuseppe Sarto fora desde sempre favorável à comunhão frequente, e, quando bispo, autorizara-a primeiro em Mântua e depois em Veneza. Ao mesmo tempo, era zeloso protagonista da devoção ao Santíssimo Sacramento[64]. Uma vez papa, é evidente que, no seu programa *Omnia instaurare in Christo*, se incluía levar as almas o mais possível até junto de Cristo presente na Hóstia. Durante o Congresso Eucarístico de Roma, em junho de 1905, aprova e enriquece com indulgências uma *Oração a favor da comunhão frequente*. A 20 de dezembro do mesmo ano, a Congregação do Concílio publica um decreto, *Sacra tridentina synodus*, que, referindo-se aos cânones do Concílio de Trento, declara: "É desejável que, em todas as Missas, os fiéis que a ela assistam não se contentem com comungar espiritualmente, mas recebam realmente o Sacramento eucarístico". Seguiam-se indicações precisas, que, em substância, faziam seus os quatro pontos do programa do pe. Léonard Cros. Aconselhava-se aos institutos religiosos, aos seminários, aos colégios cristãos, que favorecessem essa prática. Subitamente, dá-se na Igreja como que uma agitação feliz. Em muitos países, formam-se associações, confrarias, ligas, nomeadamente a *Liga Eucarística Sacerdotal*, estabelecida em Roma, na igreja de São Cláudio, na qual o próprio papa se inscreve.

Mas há uma pergunta que se formula em diversos setores: a que idade convém recomendar a comunhão frequente? Desde o IV Concílio de Latrão (1245), exigia-se "a idade da razão", e até mais. Seria de modificar essa regra? Com uma nova intervenção de Pio X, a Congregação dos Sacramentos corta a discussão mediante o decreto *Quam singulari*, de 8 de abril de 1910. Por que esperar até os dez, doze ou catorze anos? Para receber com fruto o Corpo de Cristo, não é necessário ter "um conhecimento perfeito dos assuntos da fé". E o decreto precisa: "Para comungar, a idade do discernimento é aquela em que a criança sabe distinguir o pão eucarístico do pão comum e corporal".

O decreto suscitou alguma inquietação, designadamente na França. Com muita prudência, Pio X decide então que, para fixar a idade da "comunhão privada", se terá em conta o juízo formulado pela família e pelo pároco. Ao mesmo tempo, mantém-se o uso da "comunhão solene", no final do curso de catecismo. E, para bem mostrar que o debate terminou, Pio X recebe, em agosto de 1912, quatrocentas crianças francesas que foram a Roma fazer a sua primeira comunhão. A partir daí, estabelecem-se na Igreja critérios que entrarão progressivamente nos costumes e deixarão de ser contestados.

Grandes devoções e peregrinações

O desenvolvimento da prática eucarística traduz, no comportamento dos fiéis, uma realidade de importância capital: o primado da devoção que tem por objeto Jesus Cristo. A ideia de que só se pode ir a Deus por intermédio do Homem-Deus — que viveu, sofreu e morreu como todos os homens — fora retomada pelos grandes espirituais do século XIX, depois de uma espécie de eclipse que os separara dos do século XVII[65]: de Lacordaire ao pe. Perreyve, de mons. Ségur ao pe. Faber, poderíamos organizar uma antologia singularmente rica de textos que têm Jesus Cristo como único tema. Agora, estamos diante de uma doutrina definitivamente adquirida. É para a Segunda Pessoa da Santíssima Trindade que vão, na sua imensa maioria, pensamentos, orações, homenagens, a tal ponto que se pode perguntar por vezes se, no espírito dos cristãos, as duas outras Pessoas divinas não ficaram um tanto apagadas. É verdade que Leão XIII consagra ao Espírito Santo duas encíclicas, mas têm menos repercussão que todas aquelas que os quatro pontífices consagram a Jesus Cristo nos seus diversos aspectos e manifestações. Como símbolos tangíveis dessa grande corrente das almas, erguem-se estátuas gigantescas de Cristo no cume das montanhas, nos Alpes ou nos Andes, ou sobre a maravilhosa baía do Rio de Janeiro. O cristianismo do século XX irá centrar-se em Cristo.

Adora-se Cristo na Hóstia, onde está realmente presente. A devoção ao Santíssimo Sacramento vai ganhando espaço cada vez maior na vida das almas. Antes de ser o papa que abriu largamente o acesso à Sagrada Mesa, Pio X terá sido o sacerdote que, sendo bispo de Mântua ou patriarca de Veneza, tudo fez para reavivar a devoção à Eucaristia: multiplicou os grupos de adoradores de Jesus-Hóstia, reconstituiu a Companhia do Santíssimo Sacramento, ordenou que se prestassem honras ao Viático quando fosse levado aos doentes. Os teólogos meditam o mistério eucarístico — retomando, aliás, muitas vezes, os temas dos teólogos do século XI — e insistem no fato de que comungar não é simplesmente absorver um alimento divino, mas querer ser semelhante a ele e nele transformar-se, o que conduz diretamente à comunhão frequente.

Criam-se e desenvolvem-se congregações e institutos que têm por objeto a adoração do Santíssimo Sacramento. Depois das religiosas da Adoração Reparadora, fundadas em 1848 por Théodelinde Dubouché, surgem os Padres do Santíssimo Sacramento e as Servas do Santíssimo Sacramento, congregações constituídas pelo pe. Eymard, não apenas para "reparar" os pecados dos homens, mas para fazer irradiar o espírito cristão por meio da Eucaristia. Expandem-se ou nascem práticas piedosas: a Adoração Perpétua e a

Adoração Noturna, já lançadas pelo cônego Sinibaldi, em Roma, e depois por mons. Miollis, bispo de Digne, pelo judeu convertido Hermann Cohen e por mons. La Bouillerie, e de que se fez apóstolo Philibert Vrau (1829-1905). A antiga prática medieval das Quarenta Horas, tão querida ao coração de São Francisco de Sales, é novamente prestigiada. Multiplicam-se as procissões do Santíssimo Sacramento. A criação dos Congressos Eucarísticos[66] acrescenta a esse conjunto uma peça capital. Existem Confrarias do Santíssimo em numerosas paróquias. A Adoração Noturna estende-se aos doentes. E as crianças são associadas a todo esse movimento mediante a Cruzada Eucarística, que Pio XI qualificará como um aprendizado da Ação Católica.

Mas a devoção a Jesus Cristo não se desenvolve em torno de uma ideia abstrata, por mais ricas que sejam as suas ressonâncias. Dirige-se a uma Pessoa divina que assumiu a natureza humana e que trouxe à humanidade uma mensagem de amor. É, por isso, ao Homem-Deus, ao Consolador, ao Crucificado, que a devoção se aplica com um amor de predileção. Nenhum dos aspectos sob os quais se pode considerar Jesus Cristo fica sem um culto próprio.

A piedade mais carinhosa é para o Menino Jesus, cujo nome é adotado pela maior das santas da época; erigem-se confrarias com esse nome; uma vasta literatura, confessemos que nem sempre valiosa, vai buscar ao exemplo do Menino Jesus abundantes comentários sobre a virtude da infância espiritual. Mas o que atrai muito mais ainda a atenção e o amor dos fiéis é o Crucificado, o Homem-Deus oferecido como vítima pela salvação do mundo. Comentar a Paixão é um tema habitual entre os pregadores. Cada pormenor é considerado, meditado, exaltado. Léon Dupont, o santo homem de Tours, faz-se promotor do culto da Santa Face; o pe. Faber ensina o culto do Precioso Sangue. E, quando *Margareth Sinclair* (1900-1925), a costureirinha escocesa, se fizer clarissa como humilde coadjutora, há de querer ser "Irmã Francisca das Cinco Chagas".

De todas essas devoções a Cristo, a mais poderosa e difundida é, cada vez mais, a do *Sagrado Coração*. A partir de 1870, essa devoção assume tal importância que muitos católicos dos nossos dias estão convencidos de que data dessa época, esquecendo injustamente as suas origens no "Grande Século das Almas", com São João Eudes e Santa Margarida Maria, e o impulso que lhe foi dado a partir de meados do século XIX[67]. A França, onde essa devoção nasceu, contribuiu muito para desenvolvê-la. Depois das desgraças da guerra franco-prussiana, um poderoso movimento de opinião leva a realizar a ideia — concebida pelo pe. Argant e por um leigo, Alexandre Legentil — de um voto nacional para erguer em Paris uma basílica do Sagrado Coração. A basílica foi construída na mais alta das colinas de Paris e concluída em 1919. Outros países se juntam a esse movimento de piedade; alguns Estados consagram oficialmente o seu povo ao Sagrado Coração, como o Equador de García Moreno, ou a Colômbia, em 1900, ou a Espanha de Afonso XIII.

Algumas ordens religiosas fazem o mesmo, nomeadamente os dominicanos, sob o governo do seu geral, o pe. Jandel. São cada vez mais numerosas as Congregações e os institutos religiosos que têm o nome do Coração de Jesus. Fundam-se obras ou confrarias para propagar essa devoção. Lançada pelo pe. Ramière e pelo Apostolado da Oração e retomada pela Madre Maria Droste zu Vischering — em religião, Maria do Divino Coração, das Irmãs do Bom Pastor do Porto —, submete-se em 1898 a Leão XIII a ideia de consagrar o gênero humano ao Sagrado Coração, o que o papa faz no ano seguinte[68]. Mês do Sagrado Coração — junho —, ladainhas do Sagrado Coração, numerosas igrejas consagradas ao Coração de Jesus, prática das "primeiras sextas-feiras" de cada mês — outros tantos sinais da popularidade desta devoção.

Acompanha-a um aprofundamento teológico. O Sagrado Coração é "o símbolo expressivo e vivo do amor que Jesus teve e continua a ter pelos homens", mas é ao mesmo tempo expressão da vontade divina de que o homem imite Jesus nas suas perfeições[69]. Neste sentido, a devoção, que alguns hesitam em prezar, sobretudo à vista das discutíveis formas estéticas sob a qual é apresentada, contribui eficazmente para tornar mais conhecida e difundida a mensagem de Cristo, único modelo dos espíritos e das consciências. É por isso que permanecerá viva até aos nossos dias. Ela inspirará o pe. Gemelli na fundação da grande Universidade milanesa do Sacro Cuore. Terá almas fervorosas, terá apóstolos. Assim o *pe. Mateo* (1875-1960) — Mateo Crawley Boevey y Murga —, religioso picpuciano, que pudemos conhecer frágil e miudinho, como que reduzido a não ser senão uma chama, e a quem uma atividade irradiante na América do Sul, depois na Europa, depois na Ásia, confirmada por inúmeras conversões, valeu o título de Apóstolo mundial do Sagrado Coração[70].

Enfim, em 1925 Pio XI instaura uma última forma de devoção ao Deus humanado: a festa de Cristo-Rei. Menos fácil de compreender, de menor penetração no coração das multidões, esta devoção é talvez, afinal, a mais significativa das intenções profundas do pontífice que a instituiu e da Igreja do século XX. A realeza de que se trata é messiânica. É a Cristo que comanda as almas — que impõe a sua autoridade soberana às sociedades dos homens, no que estas têm de espiritual — que se deve adoração; é Ele que deve estar no centro de todas as vidas. A ideia fora lançada já em 1877, em Paray-le-Monial, pelo pe. Drevon e pelo barão de Sorachaga, fundadores da *Société du Règne de Jésus-Christ* — o título era expressivo —, e fora depois retomada por uma simples leiga, uma mãe de família, Marthe de Noaillat (1865-1926), que desenvolvera a Sociedade transformando-a em Liga Universal de Cristo-Rei[71]. Chamando-a a si, Pio XI dá a essa devoção um impulso que continua vivo até hoje. Erguem-se estátuas de Cristo-Rei no cume dos montes; é a Cristo-Rei que servem os membros da Arquiconfraria e a Milícia que ostentam esse título; e os antigos "missionários da Cruz Branca", do Sarre, designando-se como Sociedade de Cristo-Rei, vão definir-se como votados ao serviço da paz, da fraternidade social e da unidade cristã — os três principais atributos da realeza de Cristo.

Uma só devoção poderia rivalizar com essas devoções a Cristo nos seus diferentes aspectos: *a devoção a Nossa Senhora*. Evidentemente, não são da mesma ordem. Ao contrário do que entendem os críticos da "mariolatria", os católicos não adoram a Mãe de Jesus. Já Bossuet o frisava claramente: em Maria e em todos os Santos, os católicos reverenciam "os milagres operados pelo Altíssimo, a comunicação da sua graça, o desabrochar da sua glória, e a santa e gloriosa dependência pela qual eles permanecem eternamente sujeitos a esse primeiro Ser ao qual todo o culto se reporta". Mas agora é por meio da sua Mãe que a grande maioria dos fiéis católicos se dirigem a Cristo. Toda a imensa ternura que, desde São Bernardo e seus contemporâneos, enche o peito dos fiéis, chega ao ápice.

Sucedendo aos apóstolos marianos dos tempos clássicos — os Grignion de Monfort e outros —, uma vasta coorte de espirituais e místicos trabalhara maravilhosamente para fazer crescer a piedade para com Nossa Senhora. No mesmo sentido tinham concorrido numerosos acontecimentos, quer a proclamação do dogma da Imaculada Conceição (1854), quer as sucessivas aparições pelas quais a Santíssima Virgem manifestava a maternal atenção com que vela pela humanidade. O impulso fora tão poderoso que, daí em diante, já não podia deixar de se acelerar, empurrado por outras novas aparições, como já vimos[72].

Os quatro papas do nosso período são devotos da Virgem--Mãe. Leão XIII e Pio XI, os dois papas "políticos", consagram--lhe encíclicas cheias de amor. Nenhuma das santas figuras destes setenta anos deixa de ser um devoto zeloso de Maria: de Dom Bosco a Dom Orione, de Contardo Ferrini ao pe. de Foucauld. Há mesmo verdadeiros "loucos" de Nossa Senhora, como esse pe. Maximiliano Kolbe, polonês, que virá a morrer, como autêntico mártir da caridade, num campo de concentração alemão, oferecendo-se para substituir um companheiro designado como refém[73]. Quando a literatura volta a ser cristã, a devoção mariana inspira a numerosos escritores algumas das suas mais belas páginas: Péguy, fiel peregrino, canta a caminho de Notre-Dame de Beauce — a região de Chartres —; Claudel, em Brangues, vai rezar à Virgem, ao meio-dia. E Psichari cai, ao lado do seu canhão de calibre 75 — em 1914, logo no começo da Primeira Guerra —, com o terço preso ao pulso. Quanto aos artistas que, desde o Renascimento, tomaram Nossa Senhora como seu modelo mais frequentemente pintado, com que zelo continuam a evocá-la!

São inúmeros os sinais desta glória de Maria. Quantas congregações, ordens, institutos não se criam, somando--se a tantos outros, sob o nome de Maria ou de algum dos seus atributos, das suas graças! Oblatos de Maria Imaculada, Maristas, Marianistas, Assuncionistas, Servitas de Maria, Congregação de Jesus e Maria, Monfortinos, Padres de La Salette — a lista dos institutos masculinos seria longa e não teria menos de quarenta nomes. Mas, se olharmos para os femininos, só Deus poderia dizer o número... São as Damas de Maria Auxiliadora, de Maria Reparadora, de Nossa Senhora do Cenáculo, e todas as Irmãs, todas as Irmãzinhas, todas as Religiosas, todas as Oblatas! Só de direito pontifício com título mariano serão, em 1939, seis na Alemanha, cinco na Bélgica, quatro no Canadá, quatro na Espanha, três nos Estados Unidos, quinze na França, quatro na

Holanda, dezessete na Itália, um na Polônia, um na Checoslováquia... Espantosa emulação! E ainda ficam de lado, quer entre os homens, quer entre as mulheres, as congregações de direito diocesano, que, literalmente, pululam. Abramos uma exceção apenas para citar esses Missionários da Imaculada Conceição que o pe. Peydessus (1807-1882), apóstolo mariano da Bigorre, fundou em Garaison, antes de os instalar em Lourdes, e que todos os peregrinos aprenderam a amar como os "Padres da Gruta"[74].

Mas este é apenas um dos aspectos do prodigioso movimento de fervor mariano que inunda todo o nosso período. Há outros, não menos significativos. Veremos daqui a um instante o lugar ocupado pelas peregrinações nas manifestações públicas de devoção. Grande número de santuários que atraem as piedosas coortes são marianos: só na França, já foi possível contar mil. Para estudar teologicamente a mensagem da Virgem-Mãe, reúnem-se *Congressos Marianos* a partir de 1910. O cardeal Mercier promove uma corrente de estudos. Fundam-se Sociedades de Estudos Marianos, na França, no Canadá, na Bélgica. Imediatamente antes da Segunda Guerra, lança as suas bases a Academia Mariana. Multiplicam-se associações de devotos de Nossa Senhora. São incontáveis as Confrarias que se vinculam à Medalha Milagrosa, a Lourdes, a Fátima. Em todas as paróquias, as *Filhas de Maria*, restauradas por volta de 1820 e oficialmente restabelecidas por Pio IX em 1847, congregam as meninas para a sua santificação pessoal e para o apostolado: em 1939, não estavam longe de ser um milhão. Em 1921, *Franck Duff*, funcionário do ministério das Finanças em Dublin, depois de ter lido o *Tratado da verdadeira devoção à Santíssima Virgem*, de São Luís-Maria Grignion de Monfort, decide servir a causa da mediação de Maria, agrupa à sua volta algumas mulheres humildes, dois ou três homens, e assim começa a *Legião de Maria*, que, passados vinte anos, estará instalada em vinte países[75], com uma organização e uma terminologia bastante especiais, inspiradas na Legião romana; virá a medir-se a importância deste movimento de formação e apostolado quando tiver os seus mártires na China Vermelha.

É verdadeiramente um mundo a devoção mariana — com o seu *Mês de Maria*, a sua prática do *Rosário meditado*, as suas inumeráveis formas de piedade popular, as suas imagens veneradas; um mundo de que nem os quatro volumes da enciclopédia *Marie*, dirigida pelo pe. Du Manoir, conseguirão dar perfeita conta. Diremos que certos devotos de Nossa Senhora lhe atribuem uma importância excessiva?, que vão longe demais os teólogos que começam a falar de Maria "co-Redentora"? A grande maioria dos católicos faz sua a afirmação de um dos mais eminentes especialistas "marianos"[76]: "Maria é um meio, uma passagem, um caminho para Deus. O impulso mariano deve ir até ao seu termo, que é Cristo".

Ao lado destas gigantescas correntes, que mais se poderá citar? São José, esposo de Maria, ganha toda a sua importância na devoção dos católicos. Em 1889, Leão XIII publica uma encíclica sobre o Patriarca, consagra-lhe o mês de março, compõe em seu louvor uma bela oração[77]. Em 1910, Pio X proclama-o Padroeiro da Igreja universal. Há confrarias com o seu nome. No Canadá, o "Irmãozinho André", seu devoto, está na origem de um movimento que se tornará considerável[78]. Dos outros santos, qual poderia rivalizar com tão altas figuras? No entanto, alguns veem crescer a sua irradiação: São Francisco de Assis, São Vicente de Paulo e, sobretudo, com grande rapidez, mal a Igreja reconhece as suas virtudes heroicas, a santa cuja jovem presença vai fascinar as almas — Santa Teresa de Lisieux.

De todas as modalidades que a devoção assume para se exprimir, há uma cujo aparecimento, ou antes, reaparecimento, importa acentuar: as *peregrinações*. Em 1872, Thiers alcunhou-as de "superstições derrisórias"; também é verdade que, ao mesmo tempo, anunciou que as ferrovias nunca passariam de "brinquedo"... Trata-se de um dos fenômenos religiosos mais singulares desta época. Esboçado no período anterior, o movimento de renascença toma tal importância que constitui um dos traços marcantes da fé católica nos princípios do século XX.

Aliás, o seu caráter evolui. Logo depois de 1870 e durante uns quinze anos, parece ter o ar de demonstração pública da força e vitalidade do catolicismo em face dos seus adversários. É esse o sentido claro das peregrinações francesas a Paray-le-Monial e outros lugares[79]. Cedo, porém, as peregrinações tomam outro aspecto primacial, o de penitência, como na Idade Média. Tal foi a intenção das que foram organizadas pelo pe. Vincent de Paul Bailly e, depois, mais ousadamente, à Terra Santa, a partir de 1882, pelo pe. Picard, dos agostinianos da Assunção. Aquelas que levam a Lourdes as multidões, cada vez mais numerosas, de que falou Zola, obedecem ao mesmo intuito. Na ilustre esplanada, passa a ser frequente ver 60 mil, 70 mil, cem mil fiéis, e os auxiliares voluntários acompanham até à piscina um número cada vez maior de deficientes e doentes.

A partir de 1900, pode-se dizer que a prática das peregrinações se instalou novamente nos costumes. É certo que alguns povos católicos nunca tinham perdido esse hábito: os irlandeses sempre tinham ido em peregrinação a Croagh Patrick, no condado de Mayo, como também os poloneses a Czestochowa, os alemães a Altötting e a Mariazel, os suíços a Einsiedeln. Agora, os grandes lugares de peregrinação são Roma, Jerusalém, Santiago de Compostela, que reencontra o seu caráter internacional, Assis e os centros marianos: La Salette, Lourdes, Fátima — Fátima, onde, por muitos anos, os peregrinos tiveram de acampar ao ar livre, debaixo de sol ou de chuva. Organizam-se as viagens, com o apoio das estradas de ferro, para ajudar as multidões a deslocar-se. Mas há também os isolados, os "teimosos" que vão a pé, como os *paumiers* e os *jacquets* de outrora. Em 1912, para pedir a Nossa Senhora a saúde para o filhinho, Péguy vai de Paris a Chartres numa caminhada de três dias, dando um exemplo que será seguido: em 1935, um professor e quatro estudantes universitários decidem imitá-lo, e esse é o ponto de partida dessa peregrinação que, pelas estradas da Beauce, depois da Segunda Guerra Mundial, lançará, todos os anos, dez, quinze, vinte mil rapazes e moças entusiastas, a cantar.

Todas essas marchas para Deus, todas essas devoções coletivas têm um sentido, bem diferente do espetáculo. Traduzem uma nova consciência que a Igreja tem de si mesma, operada ao longo de todo o século XIX. Para ela contribuíram consideravelmente Moehler, na Alemanha, Lacordaire e depois o cardeal Pie, na França. Anunciou-a Leão XIII, na *Immortale Dei*. Confirmou-a o Concílio Vaticano. Os católicos sentem cada vez mais que toda a sua vida religiosa tem por marco a Igreja, e que é por ela que essa vida se realiza.

A partir de cerca de 1900, os livros do cardeal Mercier, do pe. Prat, orientam a piedade católica para a ideia, capital nos nossos dias, de que a Igreja é o Corpo Místico de Cristo. "O Verbo Encarnado — diz o cardeal Mercier — é a cabeça de um corpo vivo, a Igreja, da qual todos os fiéis são membros e cuja vida partilham"[80]. Uma Igreja mais unida, mais fraterna, da qual cada católico se sente responsável, e que, por conseguinte, deve ser mais conquistadora, mais irradiante — é a isto que levam os grandes movimentos de devoção. "Quanto mais Jesus entra em nós, tanto mais nós entramos uns nos outros, pela caridade" — exclama o pe. Monsabré, o grande pregador de Notre-Dame. Doravante, é num sentido simultaneamente apostólico e comunitário que a Igreja evolui, enquanto prossegue o esforço duas vezes milenar por aprofundar e purificar a fé.

Dois precursores: o pe. Anizan e o pe. Rémillieux

Porque a Igreja evolui, como é próprio de uma instituição integrada na história. A vida religiosa evolui. Já, em anos precedentes, por alguns indícios muito claros, se pudera compreender que se manifestavam novas tendências, e até certas opções quanto ao futuro[81]. A ação de alguns homens tinha preparado visivelmente esse futuro: por exemplo, a do pe. Chevrier, o santo fundador do *Prado*, em Lyon, ou a de São João Bosco, com o seu gênio profético, ou, na Suíça, a do pe. Mermillod, pároco popular e comunitário antes de ser bispo, cardeal e grande animador do catolicismo social. A partir de agora, já não se trata apenas de sinais anunciadores nem de opções longínquas: as correntes tornam-se precisas, tomam-se posições, esboça-se um vasto movimento que vai conduzir a uma renovação, não só de processos e métodos, mas de perspectivas. Uma vez mais, como tantas vezes o fez na história, a Igreja, sem deixar de permanecer fiel aos imperativos da Tradição, vai procurar adaptar-se às circunstâncias concretas para ser mais capaz de levar até aos homens a mensagem.

Aqueles e aquelas que, há cem, oitenta ou setenta anos, abriram os caminhos em que estamos agora lançados, são ao mesmo tempo demasiado numerosos e demasiado próximos de nós para tentarmos enumerá-los, tanto mais que vários dentre eles, e não dos menores, estão ainda vivos entre nós. Mas, para compreender o sentido dos seus esforços e também as dificuldades que encontraram pela frente, bastará acompanharmos a ação de dois dos mais significativos: o *pe. Anizan* e o *pe. Rémilleux*.

Por volta de 1890, em Paris, o bairro de Charonne, um amontoado confuso de oficinas, terrenos baldios, dancete-rias populares e casebres, era decerto um daqueles em que a Cruz estava menos implantada. Uma população em que eram muitos os desempregados habituais, os fugidos à justiça e as prostitutas, oferecia um terreno pouco propício a uma ação apostólica. Vinte cinco anos atrás, o pe. Planchat, um homem de coração de apóstolo, amigo de Ozanam, membro do Instituto dos Irmãos de São Vicente de Paulo, tentara a atrevida experiência de aí fundar um patronato, mas caíra fuzilado pela Comuna[82]. A bem dizer, não tinha chegado a obter qualquer resultado.

Nessa terra ingrata, porém, trabalhava um jovem padre. Era filho do mesmo Instituto e, tal como o pe. Planchat, vivia angustiado ante o espetáculo das massas proletárias que se afastavam da Igreja, sem que a Igreja parecesse poder oferecer-lhes um rosto capaz de as seduzir. À força de caridade, conseguira em menos de cinco anos fazer com que a sua batina fosse aceita nos piores casebres e nas mais duvidosas sentinas. E concebeu um vasto programa para reimplantar a Igreja nos setores descristianizados.

Os lugares de culto eram pouco numerosos e demasiado pequenos nos bairros populares: era preciso construí-los. E já em 1892, esse padre erguia em Charonne a primeira das "capelas de socorro", que se iriam generalizar. A Igreja não tinha ligação com as massas: importava criar organismos para assegurar os contatos; e ele fundou um Secretariado Popular, uma Comissão de Entreajuda, chamado *Comité du bien* — aberto aos não praticantes — e um amplo sistema de Conferências populares. O catolicismo não podia continuar a ser visto pelas massas proletárias como indiferente aos seus interesses, e por isso o jovem coadjutor de Saint-Anne militou a favor da criação de Uniões profissionais entre ferroviários e marceneiros. A vida sacramental devia ser acessível a todos. Em Charonne, celebrava-se uma Missa à uma da tarde, aos domingos, e procurava-se associar à celebração uma assistência que deixasse de ser massa amorfa. Esse jovem padre, que, bem antes de 1900, já assim pressentia os "Chantiers du Cardinal", a Ação Católica, o sindicalismo cristão e a paróquia comunitária, chamava-se *Jean-Émile Anizan* (1853-1928).

Era um homem de aspecto frágil e delicado, e de um ardor apostólico tão à flor da pele que era impossível ouvi-lo sem ficar com o coração abalado. Aos vinte anos, ainda seminarista em Saint-Sulpice, a leitura da vida do pe. Planchat no refeitório, feita *recto tono* — num tom de voz sempre igual —, tinha-o despertado para o grande drama da época, a apostasia das multidões. Tendo regressado após a ordenação ao seu torrão natal, na diocese de Orleáns, por ordem do seu imperioso bispo mons. Dupanloup, fizera durante oito anos a sua aprendizagem de padre dos bairros pobres. E fora sentindo crescer em si a impressão de um desacordo entre a vida relativamente confortável num presbitério e as exigências do apostolado no seio das massas. Ao mesmo tempo, contudo — e não é este um dos capítulos menos interessantes da sua história —, meditara longamente sobre a necessidade de que os homens desejosos de consagrar-se à ação por amor de Cristo assegurassem bem os fundamentos espirituais, desenvolvendo em si o espírito de oração.

Atingido, em palavras suas, pelo "mal de Deus", pensara então que só conseguiria realizar a sua vocação se seguisse os passos do pe. Planchat, no mesmo Instituto. E foi já como Irmão de São Vicente de Paulo que assumiu a paróquia de Sainte-Anne de Charonne. O êxito que teve despertou as atenções. Nomeado, em 1895, primeiro-assistente da sua Congregação, depois secretário-geral da União das Obras, tirou daí partido para alargar o seu raio de ação, mas de acordo com as diretrizes que concebera enquanto coadjutor. Construiu outras "capelas de socorro", em diversos bairros de Paris, e promoveu novos círculos de estudos. Enquanto multiplicava as conferências em diversos seminários ou ao laicato, não só na França mas até no Canadá, a fim de expor os seus novos métodos, ainda achava tempo para se ocupar dos militares e dos forasteiros. O ponto culminante dessa atividade foi alcançado quando, em 1900, fundou o primeiro sindicato de operários católicos, com os trabalhadores da construção civil[83].

Colocado, desde 1907, à frente do instituto, como superior geral, ao mesmo tempo que conseguia desenvolvê-lo, ia pensando no modo de modificar a sua orientação para o tornar mais eficaz. Nos tempos de Maurice Maignan, era útil abrir *patronages*, patronatos; agora, porém, já os havia quase por toda a parte. Não seria bom promover autênticas paróquias operárias, com padres especialmente preparados, cuja vida pobre "fizesse voltar ao contrário os argumentos de que se armam os ímpios", e padres que tivessem a seu lado equipes de leigos decididos a ajudá-los? Era, decerto, um programa demasiado avançado para a época. Denunciado a Roma por um dos frades do seu Instituto, acusado de "modernismo social", o pe. Anizan foi avisado em janeiro de 1914 de que a Congregação dos Religiosos o depusera, juntamente com todo o seu conselho. Ferido pela injustiça, nem por isso deixou de ser o que era, homem de uma heroicidade humilde, e submeteu-se imediatamente como verdadeiro filho da Igreja. Foi só depois de bastantes outros irmãos o terem precedido que ele pediu licença para deixar o Instituto. E, embora sexagenário, partiu como capelão voluntário em busca de outras frentes em que combater.

Os tempos mudaram. Em 1916, quando teve que deixar as trincheiras, Bento XV, que estudara pessoalmente o seu *dossier*, tratou de que lhe fosse confiada uma paróquia operária em Clichy. A provação tinha, pois, servido para o bem. Enquanto ia começando a aplicar as suas ideias, o novo pároco de Notre-Dame Auxiliatrice preparava-se ao mesmo tempo para fundar um novo Instituto, especialmente orientado para o apostolado operário segundo os métodos por ele concebidos e experimentados. "Queremos — dizia ele — oferecer aos bispos padres para as paróquias pobres, as mais difíceis de prover". Pelo Natal de 1918, a sua fundação estava já, não apenas aprovada, mas especialmente abençoada: tinham surgido os *Filhos da Caridade*, em breve seguidos por um ramo feminino. O seu objetivo era tornar Cristo presente nas massas que o tinham perdido. Foi aí que tiveram origem as paróquias missionárias e comunitárias que surgiram na França depois da Segunda Guerra Mundial, várias delas dirigidas pelos filhos do pe. Anizan.

Quanto a ele, continuou a levar para a frente o seu jovem Instituto, lançando os seus filhos a toda a espécie de obras, dando provas de estar, como sempre, à escuta do futuro. Quando o pe. Cardijn fundou na Bélgica a JOC, foi o pe. Anizan que, juntamente com o pe. Guérin, o ajudou a instalá-la na França[84]. Tinha emagrecido espantosamente, estava exausto; mas sempre infatigável. No bairro de Charonne, onde fizera os seus primeiros esforços para tornar Cristo presente entre os pobres, fora confiada uma nova paróquia aos seus filhos. Para lá voltou e foi lá que morreu, no meio de atrozes sofrimentos, no 1º de maio de 1928. Esse apóstolo mostrara o caminho à Igreja dos novos apóstolos[85].

Pela mesma altura, em Lyon, outro padre, mais obscuro, empreendia uma experiência que, sob muitos aspectos, era análoga à do pe. Anizan. Não eram, nem por sombras, um lugar agradável esses arrabaldes pelados que se estendiam ao longo da estrada para Grenoble: um conjunto de casebres e barracos, aonde chegou em 1919 *Laurent Rémillieux* (1882-1949), encarregado pelos superiores de aí instalar uma paróquia. Essa região sem encanto, a que chamavam "o Transvaal", contava quatro mil ovelhas possíveis, socialmente muito heterogêneas. Tudo estava por fazer.

O novo pároco era um sacerdote simples, modesto, totalmente desprovido dos grandes dons e dos esplêndidos carismas que parecem designar publicamente os mensageiros do Altíssimo. Esse homem pesado, atarracado, de rosto redondo e vermelho, ar bonacheirão, cabeça demasiado calva, nada tinha, aparentemente, de um condutor de homens audaciosamente fecundo. Mas havia nele aquela humildade que permite ouvir modestamente as lições dos fatos e conformar com elas os atos. E com toda a modéstia, ao tentar construir o melhor que podia a sua paróquia, Notre-Dame Saint-Alban, ia fazer dela a paróquia-piloto, que serviria de exemplo a muitas outras.

A sua paróquia... Mas seria possível chamar paróquia a esse conjunto heteróclito de três circunscrições desmembradas das vizinhas e onde nada ligava uns aos outros os eventuais paroquianos?... Nem igreja havia. Em vez dela, um barracão, que não tinha mais de 90 m^2. Presbitério, também não havia: fazia as suas vezes uma outra barraca modelo *Adrian*, resto dos acampamentos militares. Mas essa miséria era certamente providencial: assim a interpretou o pároco, pensando que, no meio dessa população de *zoniers*[86], de operários sem especialização, de trapeiros, uma igreja sólida e um presbitério de pedra, ainda que modestos, teriam sido um escândalo. Entre os pobres, devia-se ser pobre. Laurent Rémillieux foi pobre, tanto no estilo de vida como no espírito.

No princípio de dezembro de 1919, celebrou a primeira Missa no barracão-capela, diante de uma assistência muito reduzida. À saída, vieram duas mulheres falar com ele. Queriam repetir-lhe — seria com boa intenção? — um dito que tinham ouvido a um dos assistentes: "Temos um pároco instalado no bairro: vai ver que logo nos vai falar de *grana*..." E, como a homilia acabara sem alusão a fundos, o "compadre" mostrou o seu espanto soltando uma praga. O pe. Rémillieux viu no incidente um aviso. Descobriu a barreira que o dinheiro ergue com muita frequência entre a Igreja e os pobres, e, ao mesmo tempo, a pequena brecha que, sem querer, acabava de abrir... No dia seguinte, um comunicado enviado a todos os paroquianos informava-os de que em Notre-Dame Saint-Alban não haveria peditório, que não se fixaria nenhuma taxa para batizados, casamentos, enterros, que os padres viveriam da caridade anônima daqueles que quisessem ajudá-los.

Tal foi a primeira reforma de Laurent Rémillieux. Durante o quarto de século que passou à frente dessa paróquia, permaneceu perfeitamente fiel ao princípio que estabelecera. O que não quer dizer que não passasse por momentos de dificuldades, de angústia, principalmente durante a Segunda Guerra Mundial. Em Notre-Dame Saint-Alban, nunca se viram cadeiras pagas, nem mealheiros, nem coletas; e, como a morgue ficava precisamente em território da paróquia, as famílias dos defuntos mais pobres puderam verificar que eles eram enterrados gratuitamente, com todo o esplendor litúrgico. Mas como era indispensável um nadinha de dinheiro para conservar a igreja, foi colocada à porta de entrada uma caixa em que se lia uma expressão que alguns achavam exquisita: *Vie de l'âme*. Quem quisesse podia lá meter um sobrescrito. De mês a mês, prestavam-se minuciosas contas do emprego do dinheiro.

Essa experiência tinha por si própria um valor apologético bem flagrante. Em setembro de 1944, quando os membros da Resistência, incluídos os comunistas, vieram propor ao pároco Rémillieux a vice-presidência do seu comitê, disse-lhe um deles: "O senhor quebrou o jugo do dinheiro". Mas seria errado ver nessa decisão espetacular o essencial da obra que se levou a cabo em Notre-Dame Saint-Alban. Desembaraçando-se da servidão do dinheiro, o "*Père* Rémillieux" apenas quisera preparar os caminhos por onde pretendia trazer a sua gente para a Igreja. Seguiram-se outras medidas no mesmo sentido. Como a população era sobretudo operária, a paróquia tinha de ser concebida e concretizada, no espírito e no horário, em função da classe operária, não de algumas senhoras piedosas que ocupavam os genuflexórios. E esse propósito levaria, pouco a pouco, a uma renovação dos usos e costumes que viria a espantar muita gente.

Começou-se pela liturgia. A Missa, deixando de ser uma leitura em voz baixa de textos inaudíveis, acompanhada por gestos incompreensíveis, passou a ser — ou voltou a ser — o que fora na origem: uma cerimônia em que todo o povo cristão era convidado a participar. Um pormenor que pareceu revolucionário — quando a verdade era que estava expressamente previsto pelo *Ritus servandus in celebratione missae* —: o altar foi voltado para a assistência, que passou a poder ver o padre oficiar. Passaram a distribuir-se comentários em francês sobre os principais textos litúrgicos. Aproveitaram-se todas as ocasiões para que os fiéis compreendessem o verdadeiro sentido dos sacramentos: no batismo de uma criança, o padre comentava as fórmulas admiráveis que introduzem uma alma na Igreja; na "comunhão solene", tão querida das famílias, o celebrante, em meia dúzia de palavras, destacava o sentido de esperança sobrenatural que todo o fiel deve associar às cerimônias litúrgicas.

A essa ação pública, Laurent Rémillieux acrescentou uma outra, mais secreta, e pessoal. Esforçou-se durante toda a vida por fazer da sua paróquia, não já um conglomerado administrativo de seres desconhecidos uns dos outros, mas uma família espiritual que desse um testemunho insofismável de Cristo, pela caridade e pela prática religiosa. Criaram-se inúmeros laços entre as famílias: as "obras paroquiais" serviram para o estabelecimento de muitos contatos verdadeiramente fraternos. Rémillieux não estava interessado em ir mais além. Dizia: "Antes de causar aos pagãos o grande choque, não foi necessário que os primeiros cristãos fossem formados durante séculos inteiros na humildade, na vida generosa, até ao martírio?" Melhor que o pe. Anizan, pensou na renovação comunitária da paróquia, mas não a concebeu tão missionária como aquele: os dois completavam-se.

Laurent Rémillieux viveu o bastante para ver a sua obra ganhar raízes e para entregá-la àqueles que julgava mais capazes de a continuar: os Padres do Prado, filhos do pe. Chevrier. Quando, em 25 de agosto de 1949, o levaram a enterrar, Notre-Dame Saint-Alban, a nova igreja que fizera surgir do solo ingrato, era pequena demais para conter a multidão dos fiéis e dos descrentes, misturados uns com os outros, que tinha acorrido a prestar homenagem ao humilde pároco. Os ciganos dos *trailers* estavam lado a lado com os burgueses de Lyon. E ouviu-se um operário dizer a um camarada: "Este sim: acreditava mesmo".

A caminho da Igreja dos Novos Apóstolos

Laurent Rémillieux e Jean-Émile Anizan são, entre outros, testemunhas e protagonistas de uma evolução profunda no estado de espírito e no comportamento dos católicos, que é certamente um dos principais aspectos da vida religiosa durante o período que o presente livro cobre. Já iniciada no último terço do século XIX, e mais clara no começo de mil e novecentos, essa evolução impõe-se entre as duas Guerras Mundiais. A meta a atingir será uma Igreja, não nova, mas renovada e mais apta a fazer face às exigências da época: a Igreja que os cristãos de hoje se esforçam por promover.

O primeiro sintoma a registrar dessa evolução — porque é um fato que condiciona todo o resto — é que os católicos tomam progressiva consciência da situação em que se encontra a sua religião. Não é coisa nova: sempre houve, na Igreja, até nas épocas tradicionalmente tidas por crentes, homens lúcidos que não se iludiam sobre o nível autêntico da fé. Assim, em pleno século de Luís XIV, o cardeal Le Camus, bispo de Grenoble, comparava à China a sua diocese descristianizada. Mas muitos católicos preferiam ignorar o problema. Por volta de 1830, só uma pequena elite — especialmente a dos futuros católicos sociais — estivera atenta à crescente apostasia do proletariado das fábricas[87]. Por várias vezes, Lacordaire mostrara que havia aí um grave perigo. Mais tarde, Dom Bosco faria o mesmo.

No período que consideramos, multiplicam-se os testemunhos. Os católicos parecem cada vez mais sensíveis a essa preocupação. É o seminarista Calippe, depois padre, que exclama em 1891: "Por que não se diz mais claramente que a França e o mundo têm de ser evangelizados de novo?!" É o pe. Naudet, jornalista, que, em 1893, cinquenta anos antes de Godin e Daniel, aplica a expressão *país de missão* à França. Observações idênticas fazem, primeiro, em Olibet e em Charonne, o pe. Anizan, depois, em Plaisance (1903), o pe. Boyreau. E não é só a classe operária que parece em vias de descristianizar-se, mas também os campos — Maurice Barrès evoca as suas igrejas abandonadas — e a sociedade burguesa, cujas estruturas cristãs Paul Bourget e Henry Bordeaux mostram ameaçadas. Em 1902, o pe. Forbes, indo sem dúvida longe demais, assegura que "a imensa maioria dos homens está a caminho de perder a fé".

Essa tomada de consciência de um perigo sério generaliza-se. É ela que atira para a ação o pe. Cardijn, D. Orione e tantos outros. O grito de alarme de Pio XI sobre o "grande escândalo" que é a perda da classe operária pela Igreja, revela uma angústia que repercute nos espíritos. Basta abrir a coleção do jornal *Sept*, dos dominicanos franceses, para medir até que ponto os católicos estão resolvidos a olhar de frente a realidade. Dentro em pouco, será a sociologia religiosa, de Gabriel Le Bras, que traduzirá a ameaça em dados estatísticos. Quando aparecer durante a Segunda Guerra o célebre livro dos pes. Godin e Daniel, *La France, pays de mission?*, não descobrirá um perigo ignorado; mas não deixará de sacudir certas apatias — que estão longe de ser exclusivamente francesas. "Verificamos que o cristianismo recuou, e a nossa tranquilidade ficou abalada".

E é este o segundo fato importante: os católicos viram a sua tranquilidade abalada. Já não se limitam a observar, em demasiadas almas, a "morte de Deus" anunciada por Nietzsche. Os melhores dentre eles debatem-se com a questão de saber se a Igreja, se eles próprios não são responsáveis por isso. O "que fizeste do teu irmão?" é o apelo ouvido pelos católicos sociais, pelos fundadores da Ação Católica especializada. E é significativo que nesse momento se empreenda um exame crítico dos obstáculos que impedem a Igreja de se manter em contato com as massas humanas. O que está em causa não é a "dignidade do cristianismo", mas apenas, nas palavras de Nicolai Berdiaeff, "a indignidade dos cristãos".

Homens da Igreja, como o cardeal Mercier ou o cardeal Ferrari, de Milão, têm frases severas sobre o isolamento dos católicos e a sua falta de verdadeira caridade. Léon Bloy, Péguy, Giovanni Papini denunciam o prestígio do "dinheiro-rei". Outros deploram a ligação do catolicismo com certos partidos ou classes sociais. Mais profundas são as críticas que se dirigem à inadaptação dos métodos e dos costumes às exigências de uma fé vivida. Já em 1905, na *Justice sociale*, Boeglin falava de um "hiato" entre as necessidades reais e a organização. Essa auto-crítica, que se torna bastante corrente na imprensa católica de vanguarda, ultrapassa algumas vezes as medidas. Assim, no tempo do modernismo, o romance "reformador" de Fogazzaro, *Il Santo*, é condenado pelo Santo Ofício. "Por culpa nossa!" — exclama um polemista católico da década de 30. Talvez se esqueça demasiado a santidade da Igreja e os esforços admiráveis realizados por tantos dos seus filhos. Mas, pelo menos, esse *mea culpa* tem o mérito de não desembocar numa resignação angustiada, e sim de levar à ação um número crescente de cristãos.

Se tantos homens perderam ou continuam a perder a fé, cabe aos cristãos restituir-lha. E também aqui não se trata de uma descoberta. O dever do apostolado foi imposto por Jesus Cristo em pessoa. Mas as mais antigas verdades, os mandamentos mais enraizados, têm necessidade, de tempos a tempos, de ser lembrados à consciência dos cristãos. E este é outro fato muito importante da época que estudamos: o ressurgir do zelo apostólico. Contrariamente, aliás, a uma opinião muito espalhada, esse novo impulso não vem de ontem, nem sequer dos anos em que nasceu a Ação Católica especializada. É resultado do trabalho de quatro ou cinco gerações sucessivas. "Não salveis a vossa alma: salvai o mundo!" — já dissera Lacordaire. A encíclica *Immortale Dei*, de Leão XIII, contém apelos ao apostolado de um tom singularmente urgente, e a máxima de Pio X, *Omnia instaurare in Christo*, exige que todos os fiéis trabalhem pela instauração do Reino de Deus no meio dos que o ignoram. Não ser apóstolo é desobedecer ao preceito do Senhor.

Trata-se de uma ideia incessantemente repetida desde cerca de 1890. Numa visita à França, D. Ireland, o célebre arcebispo norte-americano, ao saber por um pároco que, de 15 mil paroquianos, estava em contato apenas com 2.500, exclamou: "No seu lugar, eu me consideraria condenado!" Por volta de 1900, é quase lugar-comum dizer que não se querem mais "párocos-funcionários", "mangas de alpaca sacerdotais", mas apóstolos. Nas vésperas da guerra de 1914, os apelos multiplicam-se: Cardijn, Anizan, D. Orione, e tantos outros, não param nem pararão de incitar ao apostolado. "Há milhões de homens, mesmo em países cristãos, que não são evangelizados": foi para pôr remédio a essa situação que

Pio XI trabalhou com todas as suas forças para organizar a Ação Católica.

Subitamente, a perspectiva missionária transforma-se. A palavra *Missão* quase que muda de sentido. Era muito frequente que a "missão paroquial" não atingisse senão os próprios cristãos. Útil para sacudir os entorpecidos, praticamente não ia à procura da parte do rebanho que errava fora do aprisco. Agora, a missão vai readquirir progressivamente a sua verdadeira vocação: implantar a cruz nos setores da sociedade que a ignoram. Já o tinham compreendido, antes de 1870, um pe. Ledreuille, um pe. Timon-David, um Maurice Maignen com os seus Irmãos de São Vicente de Paulo, assim como as equipes sacerdotais de D. Von Ketteler e as que o cardeal Maning enviava aos bairros periféricos de Londres. Durante o nosso período, se quisermos mostrar o nascimento — ou renascimento — de uma Igreja missionária, cabe-nos recordar um vasto conjunto de fatos.

Já nos finais do século XIX, vimos padres que pensavam em dedicar-se a ofícios manuais para estar mais perto dos operários[88]. A ideia vai ser retomada, em 1933, por aquele que podemos considerar o primeiro "padre-operário" do nosso tempo, o pe. Armand Vallée, de Saint-Brieuc. Cada um dos setores sociais ameaçados pela descristianização verá apóstolos dedicarem-se a combatê-la, mesmo os mais inesperados, como por exemplo os ciganos e os migrantes aos quais se consagra o cônego Bellenger, ou os marinheiros, que têm as preferências do pe. Huguenin. Lançam-se empreendimentos destinados a forçar a atenção das massas: o *Grand Retour* ["Grande Regresso"], que leva multidões a precipitarem-se à volta de uma imagem de Nossa Senhora, não é dos menos interessantes. Aperfeiçoam-se novas técnicas para a evangelização. Em 1930, mons. Rastouil, de Limoges, inventa a "missão em *roulottes*", em *traileres*... Que podemos citar ainda entre os inúmeros sinais desse alargamento da Missão? Os Institutos Seculares declaram-se desde o seu início animados de propósitos missionários, e é para serem apóstolos que se agrupam, em Milão, os membros da Companhia de São Paulo.

E já não são apenas algumas equipes especializadas que assumem o dever do apostolado. A maior descoberta espiritual do primeiro quartel do século XX é esta: que todo o cristão *é* verdadeiramente um apóstolo. A Missão não deve estar já limitada nem no tempo, nem no espaço: deve tornar-se uma atitude existencial, "o princípio vital da vida cristã", como dirá Pio XII. É esta a grande ideia estabelecida pela Ação Católica: não querer ser apóstolo é não ser cristão. O cântico da JOC formula uma norma imperativa: "*Nous referons chrétiens nos frères*". A nova técnica do apostolado resulta diretamente dessa convicção — a reconquista do semelhante pelo semelhante. A mudança de ótica é radical: a Igreja deixa de ser concebida como o clã dos praticantes e passa a ser a comunidade dos militantes.

A comunidade... Eis outro índice de uma das principais orientações da época. Desde o século XVII, notava-se no catolicismo uma certa tendência para fazer da religião um assunto pessoal, para acentuar as relações individuais da alma com Deus, muito mais do que tornar sensível o vínculo com a coletividade cristã. A Missa, por exemplo, perdera quase completamente o caráter de sacrifício coletivo, no entanto sublinhado em tantos textos da liturgia, para ser apenas uma ocasião de orações que cada qual recitava no seu foro íntimo. Essa atitude tende a mudar. A teologia da Igreja-Corpo Místico, à medida que se desenvolve, impõe uma concepção mais comunitária da vida religiosa. A renovação litúrgica contribui para o mesmo, ao permitir aos fiéis a participação na oração comum. As grandes manifestações de massa que entram nos costumes empurram poderosamente no mesmo sentido: fazer uma peregrinação, assistir a um Congresso

Eucarístico é necessariamente sentir-se *um* no *todo* da Igreja, membro de uma comunidade unida pela fé e pela esperança. Vimos já[89] como o sentimento comunitário era vivo nos movimentos da Ação Católica. Os seus membros sentem-se autênticos irmãos em Cristo. Mas não havia já esse sentimento nos militantes do *Volksverein* alemão, da Obra dos Congressos da Itália, do *Sillon* da França?

A paróquia, que, demasiadas vezes, sobretudo nas grandes cidades, já não parecia mais que uma circunscrição administrativa, tende agora à sua natureza de outrora, ao que a rigor deve ser: o quadro natural em que o cristão vive a sua vida, em união com todos os outros. Assim concebem as suas paróquias o pe. Anizan, mais ainda o pe. Rémillieux, como também Santo Antônio Maria Pucci, em Viareggio. Já antes de 1939 se começa a formular a teoria da "paróquia comunitária", e a experiência correspondente há de ser feita magnificamente pelo pe. Michonneau, em Colombes, a partir de 1940. E importa sublinhar que esse estreitamento dos laços comunitários não leva a Igreja a fechar-se sobre si própria, porque as duas intenções — a comunitária e a missionária — caminham a par. O fim para o qual se tende é o que será definido pelo pe. Michonneau, numa fórmula célebre: "paróquia-comunidade missionária". Quanto mais esta se sente forte e unida, mais a Igreja se abre[90].

Mas, para que alguém chegue a ser apóstolo, é necessário que satisfaça primeiro uma condição: a de ser verdadeiramente cristão. É o que recorda Leão XIII, já em 1885, na *Immortale Dei*, a encíclica consagrada às responsabilidades cívicas e sociais dos católicos: "O primeiro dever de cada um é conformar com toda a exatidão a sua vida e a sua conduta com os preceitos do Evangelho, e não recuar diante do que há de difícil na prática das virtudes cristãs". Trata-se de uma ideia que vemos progredir ao longo deste período: "Para sermos testemunhas de Cristo, não nos basta falar dEle. Não se leva ninguém a crer se não se vive com Ele. O exemplo de uma vida santa é contagioso. Para muitos, é o argumento que faz descobrir outros argumentos"[91]. Todos os grandes espirituais da época insistem nesse ponto: o cardeal Newman e mons. Gay, Dom Bosco e Léon Harmel, Soloviev e Jacques Maritain. Entre as duas Guerras, é mesmo um dos temas mais difundidos, como, por exemplo, no "personalismo cristão" das recentes escolas francesas. E é de recordar como o pe. Cardijn atribuiu uma importância capital ao tema da "unidade de vida"[92] na formação dos seus jocistas: é uma expressão que será utilizada com frequência.

Observa-se, pois, uma reação contra a dicotomia que demasiados cristãos praticaram e ainda hoje praticam... Consiste em dividir a vida em duas partes: uma, toda exterior, em que só se obedece aos imperativos do mundo, ou seja, aos interesses, se não mesmo às paixões; outra, toda interior, em que se julga ser fiel ao ensino de Cristo. Em matéria social, o magistério dos papas já não consente que alguém se considere católico se não estiver em regra com a justiça e a caridade; o exemplo de um Léon Harmel mostra que isso não é impossível. Há uma moral cristã dos negócios, como recordaram insistentemente as Semanas Sociais: algo bem diferente daquilo que se chama, certamente por antinomia, a "ética dos negócios". E é sobretudo entre as duas Guerras que a Igreja começa a falar, sem ser apenas na penumbra do confessionário, das relações sexuais entre esposos, reagindo assim à progressiva sexualização dos costumes e aos avanços do divórcio. Em 1930, Pio XI publica a encíclica *Casti connubii*, sobre o matrimônio cristão, portanto sobre a moral conjugal, e o documento faz história.

Todos estes esforços são convergentes, e, numa perspectiva histórica, ganham um enorme significado. Os fiéis vão tendo cada vez mais a certeza de que só uma fé vivida em todas as suas exigências lhes pode permitir fazer face às forças que conduzem à "morte de Deus"; a certeza de que é essa fé que lhes dá as melhores possibilidades de vitória.

Toda esta evolução cujos traços acabamos de estudar sucintamente[93] tende, pois, a criar uma elite de católicos fiéis aos imperativos da sua fé, decididos a ser apóstolos e conscientes de que é unidos uns aos outros — no Corpo Místico de Cristo — que se propõem correr os mesmos riscos e as mesmas oportunidades. Uma elite de católicos leigos. É este, afinal, o último traço que se deve destacar no retrato da Igreja de amanhã que se esboça pouco a pouco: o lugar doravante atribuído aos leigos.

Um dia, no meio de um grupo de cardeais, Pio X fez esta pergunta: "Que será hoje mais necessário para a salvação da sociedade? — Construir escolas, disse um. — Não. — Multiplicar as igrejas, disse outro. — Não. — Ativar o recrutamento sacerdotal, propôs um terceiro — Não! Não!, concluiu, finalmente, o papa. O que é atualmente mais necessário é ter em cada paróquia um grupo de leigos esclarecidos, virtuosos, decididos e verdadeiramente apóstolos!"[94] O que São Pio X adivinhara formularam-no os seus sucessores e repetiram-no com crescente insistência; e seria preciso um grosso volume para conter os discursos e mensagens em que há mais de meio século ressoa o apelo aos leigos.

Que "também os leigos sejam Igreja": a expressão bem conhecida de Santo Avito, bispo de Vienne nos finais do século V, não era novidade. Seria possível subir até aos Padres da Igreja, invocar o exemplo da Igreja primitiva e até citar a Bíblia para provar que o "Povo de Deus" era um elemento essencial da vida religiosa[95]. Mas a verdade é que, no decorrer dos séculos, se deu uma clericalização, particularmente depois do Concílio de Trento: tinha-se com frequência a impressão de que a Igreja era o clero, o mundo fechado das pessoas consagradas. Durante o século XIX, produzira-se uma reação[96] que levara a "desclericalizar" certas atividades da

Igreja e a conceder a alguns leigos um papel não despiciendo. Mas, mesmo assim, podia-se ter por bastante verdadeira a palavra feroz de Édouard Le Roy: "Os simples fiéis só desempenham o papel dos carneiros na Candelária[97]: são bentos e tosquiados". Ou a que o cardeal Gasquet atribuía a um dos seus padres: "A posição do leigo é dupla: de joelhos diante do altar, e sentado diante do púlpito", ao que o cardeal acrescentava: "Não nos esqueçamos do terceiro gesto do leigo: levar a mão à carteira".

Tais caricaturas já não correspondem à realidade dos nossos dias. E já nem correspondiam à situação vivida nas vésperas da Segunda Guerra Mundial. O lugar assumido pelos leigos no fim do período que estudamos é totalmente diverso daquele que ocupava cem anos antes. Doravante, já contam na Igreja; reconhece-se a sua importância. Há para isso inúmeras razões. Uma delas é a falta de padres, mas não é a mais importante, salvo quanto às missões da África ou da Ásia, onde essa carência faz com que se tenha de apelar para os auxiliares leigos e os catequistas. Também conta, para levar a reconhecer a importância do laicato, o papel que grandes cristãos leigos desempenham na defesa da Igreja, bem como a influência que muitos deles exercem mediante a ação, a pena, a palavra, o exemplo; a Igreja sabe o que deve aos La Tour du Pin, Harmel, Albert de Mun, aos Veuillot, Huysmans, Péguy, Claudel, aos Windthorst, Lüger, Toniolo e, mais ainda, aos Contardo Ferrini e Matt Talbot. Agrupando-se em poderosos movimentos, como o *Volksverein*, o *Piusverein*, e os que saem da Obra dos Congressos na Itália, e da Federação Nacional Católica e da Liga Feminina na França, os fiéis fazem sentir o seu peso, até sobre a hierarquia.

Mas há algo de mais fundo ainda: "O programa do Corpo Místico — dirá o pe. Congar — implica a recapitulação em Cristo de tudo o que pode ser desenvolvido pelas riquezas da Criação e pelas virtualidades da humanidade"[98]. E isso não pode ser feito senão pelos leigos, os quais, sendo da Igreja, sendo a Igreja, mas também sendo do mundo, estão em condições de agir em nome da Igreja sobre o mundo. Numa época em que o clero quase deixou de ter contatos com uma larga parcela da humanidade, feita de descrentes e de semi-crentes, esses contatos só podem ser restabelecidos por intermédio dos leigos. E, de ano para ano, acentua-se a tendência a apelar para eles, para a sua competência e influência.

Nas universidades e institutos católicos, os leigos são cada vez mais numerosos. A sua intervenção é desejada; os seus conselhos solicitados quando se trata de grandes debates em que a Igreja está em causa ou de grandes iniciativas apostólicas: na questão da *Action Française*, intervieram Georges Goyau e Jacques Maritain; os leigos da União de Friburgo forneceram a Leão XIII os elementos com que compôs a *Rerum novarum*; os dirigentes das Semanas Sociais e do sindicalismo operário não foram alheios à inspiração da *Quadragesimo anno*. Seria fácil multiplicar exemplos semelhantes. Ao mesmo tempo que reencontra o seu lugar na Igreja, o laicato toma consciência da sua missão. "Compreende os deveres que incumbem a um católico adulto, libertado da escravidão pelo Batismo, fortalecido pela Confirmação e alimentado pela Eucaristia. Será por obra do acaso que a ascensão do laicato corresponde à generalização da comunhão frequente, incentivada por Pio X?"[99]

Uma Igreja de santidade

Deste modo, o que a história viu preparar-se pouco a pouco, no decorrer dos setenta anos anteriores à Segunda Guerra Mundial, foi uma Igreja inteiramente fiel à sua fé, mais receptiva à doutrina do Mestre e, por isso, mais fraterna, mais aberta, mais resolvida a levar a todos os homens a mensagem recebida: uma Igreja mais capaz de fazer frente ao mundo e ao tempo. Esse combate por Deus foi antes de mais e sobretudo travado na arena das almas, e os católicos procuraram "a vitória que tudo vence", no dizer do Apóstolo. Essa a razão pela qual a Igreja continuou a ter as suas oportunidades e até as aumentou; essa a razão pela qual, no fim das contas, o desafio lançado por Nietzsche foi aceito... e vencido.

A menos de vinte cinco anos de distância, seria arriscado pretender traçar um balanço da situação tal como se apresentava no momento em que termina este livro — nas vésperas do advento de Pio XII e da Segunda Guerra Mundial. Mas os elementos que se impõem à atenção estão longe de ser desencorajantes. Ao término dos longos esforços que começaram logo a seguir à crise revolucionária e não cessaram durante todo o século XIX e já no século XX, a Igreja pôde avaliar os resultados obtidos.

Libertou-se da tutela dos Estados e afirmou a sua independência; tomou uma posição bem firme contra as novas formas de tirania coletiva. Renunciando às tentações e servidões do poder temporal, fez com que se reconhecesse no seu Chefe uma autoridade espiritual tão grande que talvez em nenhum outro tempo algum papa tenha disposto de outra igual. Ao redor desse Chefe, do Homem Branco sobre o qual o Espírito Santo pousou, a Igreja cerrou fileiras, em perfeita ordem, ganhando com essa disciplina forças novas. Atacada de todos os lados, tomou muito maior consciência dos perigos que a ameaçavam, e dos seus próprios defeitos extraiu lições.

Foi o que se passou no campo social, em que a revelação dolorosa da descristianização das massas a levou a aprofundar e formular a doutrina que estava implícita na moral das Bem-aventuranças, e a aperfeiçoar métodos novos de reimplantação do Evangelho. O mesmo se deu na ordem intelectual: consciente das suas falhas, realizou um esforço notável para as corrigir; há doravante um pensamento cristão, uma ciência cristã, que ninguém tem o direito de subestimar. Ao mesmo tempo que assim se opunha a perigos certos, levou adiante uma expansão que não é de pequena importância: repôs o pé em setores donde fora arredada; progrediu a passo rápido nas regiões do mundo que são, afinal, as que parecem mais promissoras. Multiplicou a sua presença em toda a face da terra, penetrando em todos os lugares onde se lhe oferecia a mais pequena hipótese. Algumas das suas decisões mais ousadas chegaram a abrir caminhos que os próprios Estados laicos ainda não viam: assim foi com a fundação das "igrejas de cor", com o que se antecipou em um quarto de século ao fenômeno capital da nossa época que se irá chamar descolonização. E defendendo os seus princípios, afirmando a sua verdade, surgiu aos olhos de muitos como a proteção, a salvaguarda dos valores que constroem a pessoa e a civilização, a última oportunidade do homem.

Todos estes fatos — e a lista que damos não é exaustiva — fornecem ampla prova da ação do Espírito Santo que ainda hoje evocamos. Não pode haver dúvidas de que, na história da Igreja, estes setenta anos, tantas vezes mal conhecidos e, mais ainda, mal apreciados, devem aparecer como um tempo de promessas, de preparação, de luz. Exatamente o contrário desse aniquilamento de Deus que alguns tinham anunciado.

No entanto, se é verdade que o exame, ainda que rápido e sucinto, da situação da Igreja justifica uma esperança bem fundada, não quer isto dizer que não comporte facetas sombrias, e, mais que sombrias, trágicas e angustiantes. Se é certo que, por um lado, "os grandes problemas do catolicismo contemporâneo nos aparecem como os de uma Igreja em marcha num mundo em movimento e em expansão" e que "dão testemunho da sua vida"[100], outros há dos quais não se pode dizer o mesmo, porque levantam a questão da própria existência da Igreja, da sua sobrevivência neste mundo em devir. Esses problemas aparecem-nos hoje mais claros do que em 1939; mas já então se apresentavam e eram discernidos por alguns espíritos lúcidos. A partir daí, só irão aumentar, em número, em complexidade, em dificuldade de solução.

Os inimigos da fé não desarmaram: mudaram de rosto. O humanismo ateu conquistou vastos setores do mundo e, favorecido pela grande crise que se ia abrir, preparava-se para acrescentar outros. Essas ideologias letais para a fé não cessam de progredir em todas as classes, e com elas essa espécie de desagregação espiritual que certo progresso acarreta: pode-se até perguntar se não haverá uma relação entre os progressos da civilização industrial e os da descristianização. Entre os povos não cristãos, a lei demográfica parece jogar contra o cristianismo, pois as massas não batizadas crescem a um ritmo que as conversões e os batismos não conseguem acompanhar. Na palavra profunda do pe. Karl Rahner, a Igreja vai dar cada vez mais a impressão de se encontrar em *diáspora*, como estavam os judeus dos últimos tempos no seio do mundo pagão, disseminada no seio ou à margem das massas humanas que a ignoram ou detestam. Ao mesmo tempo, anuncia-se ou já se inicia o despertar de outras religiões, islamismo, budismo, que amanhã proporão respostas diferentes das cristãs para as angústias dos homens. E é também ao mesmo tempo que, a tantas ameaças, os cristãos só opõem uma frente desunida e uma Igreja amputada de larga parcela dos seus filhos.

Tais observações e análises devem levar ao desencorajamento, à desistência? Para um cristão, convencido de que "a Palavra não passará" e de que as próprias portas do inferno não poderão prevalecer contra ela, a resposta não oferece nenhuma dúvida. Ter consciência clara dos riscos e das oportunidades que se apresentam aos fiéis de Jesus Cristo não é o mesmo que concluir que estas são menores que aqueles. Pelo contrário, é achar numa visão nítida da situação razões mais imperiosas para ter esperança e agir. Em 1947, ou seja, apenas oito anos depois de findar o período aqui analisado, apareceu um documento que formulava as razões dessa ação e dessa esperança, e com uma pertinência e uma largueza de vistas que fizeram dessa simples carta quaresmal de um bispo um dos textos mais importantes da história cristã no século XX: a carta pastoral do cardeal Suhard, arcebispo de Paris, *Essor ou déclin de l'Église* ["Arrancada ou declínio da Igreja"][101]. Só o seu título seria suficiente para formular exatamente o problema, ou melhor, o dilema dos cristãos do nosso tempo.

À medida que aumentam as ameaças e o conflito entre a descrença e a fé atinge um máximo de intensidade, os cristãos compreendem mais que essa luta é sua, que estão envolvidos nela e que, para eles, *tudo* depende dela. "Numa leitura profética do ateísmo contemporâneo, há uma interpelação e uma intimação das quais um cristão não pode escapar"[102]. *Oportet haereses esse, oportet inimici esse*... O marxismo e o comunismo talvez tenham tido o papel providencial de obrigar os cristãos a estar mais atentos aos imperativos da justiça social. Nietzsche talvez os tenha forçado a não se contentarem com esperanças fáceis, a arrancar-se ao sono. O "bem-pensante" desprezado por Bernanos terá cada vez menos lugar no mundo que se prepara. O combate que se vai travar é o combate da humanidade contra o Anjo: desse combate noturno, Jacó saiu ferido, mas abençoado; assim será com a Igreja dos tempos ímpios: da luta, poderá tirar uma renovação espiritual — e vai tirá-la.

"Se quisermos escapar dos males presentes, só o conseguiremos andando para a frente". A frase de Newman é ainda mais verdadeira em 1939 do que setenta anos antes. A elite de católicos que vimos constituir-se deve arrastar todo o resto, deve ser fermento na massa, sal da terra. Caso contrário, as forças inimigas vencerão e ficará desmentida a Promessa — um desmentido inadmissível. Ou assegurar a *arrancada* da Igreja ou aceitar o seu *declínio*; ou fazer do século XX um "século da graça"[103] ou reconhecê-lo como "a idade da morte de Deus" — este é o dilema que visivelmente encosta os cristãos contra a parede no momento em que se vai abrir um novo capítulo da história. Não têm outra saída senão ser santos.

E eis que já está dada a resposta à pergunta que nos acode aos lábios: onde estão os santos? Vinte séculos de história provaram de modo suficiente que é pela presença da santidade que se mede o nível espiritual de uma época: pelo número dos seus santos e pelo lugar que lhes é atribuído. Quer sejam testemunhas do seu tempo — cujas profundas tendências espirituais assumem com mais vigor e mais lógica —, quer juízes desse tempo — a cujas fatalidades opõem o mais insolente desafio —, os santos ocupam sempre, na história da Igreja — da autêntica, daquela que não se limita a considerar os conflitos políticos —, um lugar tão decisivo que se poderia reduzir essa história à história deles, e nem por isso haveria o risco de deixar escapar o essencial. Uma época com muitos santos não pode ser uma época de decadência espiritual nem antecâmara de grandes negações.

Ora, essas figuras exemplares abundam no período por nós considerado. Já eram numerosas no princípio do século XIX, e viriam a ser canonizadas ou ter a sua causa introduzida em Roma na nossa época[104]. Durante os setenta anos que estudamos, há talvez ainda mais. Encontramo-los em todos os países, em todas as classes sociais, de todas as raças, de todas as idades, de todos os estados. Hoje, ainda é difícil reconhecê-los todos, por causa da proximidade do tempo, que nem sempre tem permitido à Igreja emitir o seu juízo — apesar da pressa significativa com que, em alguns casos, elevou aos altares figuras de singular estatura: Teresa Lisieux, vinte e oito anos depois da morte; Pio X, menos de quarenta; Maria Goretti, quarenta e oito. Em inteira submissão aos juízos da Santa Igreja, o historiador católico não poderia antecipar-se a esses pronunciamentos, e, de acordo com o famoso decreto de Urbano VIII, o que faz, ao citar alguns nomes, é apenas formular uma apreciação humana. Mas, em relação a estas ou àquelas almas, totalmente ordenadas para Deus, não é possível admitir que apenas as forças humanas tenham podido levá-las a semelhantes cumes, e que o Espírito Santo não soprou sobre elas.

Dessas figuras luminosas, que são como faróis na rota dos homens — aqueles e aquelas de quem o poeta agnóstico Leconte de Lisle dizia admiravelmente que "fizeram da sua alma um céu interior" —, vimos um grande número nas páginas que precedem. Se fosse possível enumerá-las, a lista seria bem longa: iria das mais ilustres — um São Pio X, uma Santa Teresa de Lisieux — até às mais humildes, quase desconhecidas do próprio público católico. Vimos sacerdotes, santos sacerdotes, êmulos do Cura d'Ars ou do pe. Chevrier, confrades de um Lamy ou de um Rémillieux; fundadores de ordens, de São João Bosco ao pe. Anizan, do pe. Eymard à Madre Francesca Cabrini; almas votadas à ação silenciosa dos claustros, e místicos que se diria beneficiarem de carismas tão abundantes que poucas épocas poderiam apresentar outros semelhantes. A epopeia missionária revelou um número impressionante de mártires: pajens de Uganda[105], franciscanas torturadas pelos *boxers*, aventureiros de Cristo caídos nas selvas e nas savanas ou no limiar do Tibete proibido. A caridade de Cristo tem os seus heróis, almas totalmente entregues a Deus, até ao limite das forças humanas, como D. Orione, até ao mais espantoso sacrifício, como o pe. Damião. A luta contra o ateísmo tem os seus mártires, como o heroico padre mexicano, Miguel Pro[106]. Há mesmo santidades fora de série, tão audaciosamente provadas que a Igreja parece hesitar em reconhecê-las, como o pe. Lebbe e Charles de Foucauld.

De tantas e tantas formas de que a santidade se reveste no nosso tempo, uma é de sublinhar especialmente, por corresponder a uma das orientações que vimos serem decisivas. "Aquilo de que o mundo mais precisa — repetia muito Pio X — é de santos leigos". A promoção do laicato, ou, para melhor dizer, o seu regresso ao lugar que com toda a legitimidade lhe cabe na Igreja, está substancialmente vinculado à presença no seu seio de grandes figuras ilustradoras das intenções profundas que determinam a sua ação. Ora, existe uma santidade leiga tão evidente, tão abundante, que a Igreja já propôs vários dos seus modelos à veneração dos fiéis, enquanto, para outros, parece estar próximo o instante em que se irá pronunciar, como um Ozanam, um Léon Harmel, um Marius Gonin. Quantos nomes nos viriam à pena se fôssemos anotar todos os que puseram a vida inteira ao serviço da justiça social, da caridade, da obra apostólica! Não só Brandt e Camille Féron, empresários cristãos ao lado de Harmel, como Fernand Tonnet, um dos fundadores da JOC; não só Joseph Lotte, amigo de Péguy, organizador do grupo dos professores católicos da França, como Marie-Jeanne Bassot, a "social", ou Marie Bardot, a sindicalista, ou Margareth Sinclair, obscura testemunha da humildade. Mas ao menos algumas dessas figuras luminosas devem ser evocadas, figuras já inscritas pela Igreja na lista dos Santos ou dos Bem-aventurados.

Eis *Contardo Ferrini*[107] (1859-1909), o grande jurista italiano, professor de Direito Romano nas universidades de Messina, Módena e Pavia, cuja vida dedicada ao estudo se desenrolou toda ela numa simplicidade tão grande que dela não se pode citar um só episódio saliente, um homem que mal se envolveu nas questões do seu tempo[108], que não escreveu uma só linha em defesa da Igreja ou de caráter apologético, mas que viveu a sua fé e as suas exigências com tal plenitude que dele irradiava autenticamente Cristo.

E agora, mais singular, mas não menos exemplar, *Matt Talbot* (1856-1924), o homem das docas de Dublin, arrancado aos vinte e oito anos, por uma reviravolta da vontade, à tentação do uísque que o afogava, e que passou a levar uma existência ascética e mística cujo segredo só se veio a descobrir depois da sua morte: simples trabalhador, tinha o corpo todo envolvido em cilícios e correntes de ferro. Espantosamente admirável pela generosidade das suas obras de caridade, morreu no meio da rua, sozinho, como pobre-de-Deus que era[109].

E eis outros dois exemplos ainda mais tocantes: os de duas crianças que atingiram a santidade muito simplesmente obedecendo às instruções do catecismo que acabavam de aprender. A maravilhosa *Santa Maria Goretti*, autêntica mártir da pureza, morta em 1902 sob o punhal do assassino que tentava fazê-la ceder ao pecado, canonizada por Pio XII em 1950[110], e o pequeno aprendiz de tipógrafo *Maggiorino Vigolungo*, falecido em 1918, aos catorze anos, antes de poder entrar na Sociedade de São Paulo, como desejaria, e que nunca cessou de dar, durante a sua breve vida, o exemplo quotidiano da serenidade que vem do abandono pleno em Deus[111].

Assim, a essa exigência de santidade a que, como dissemos, os católicos do século XX se sentiram como que forçados, vemos responderem já homens e mulheres do seu tempo, do seu sangue, que, vivendo em cheio a sua fé, sendo fiéis aos compromissos do seu batismo, deram um testemunho de Deus tão completo e tão irrefutável como o dos maiores santos de outrora. Mas, se o historiador pode, por um lado, observar esta presença da santidade, por outro sabe muito bem que não lhe compete mostrar como ela é sobrenaturalmente eficaz. Muito mais do que testemunhas, guias ou juízes do seu tempo, os santos são seus mediadores junto da Sabedoria infinita que rege os destinos dos homens. E qual terá sido o tempo que teve mediador mais evidente do que aquele sobre o qual resplandece, como chama viva na noite das apostasias, essa menina de vinte anos cuja breve existência oferece aos homens da nossa época a mensagem mais pura e mais profunda que eles podem ouvir: *Santa Teresa do Menino Jesus*?

Notas

[1] Cf. vol. VIII, cap. VIII, par. *A vida profunda das almas*.

[2] Até à morte, Emilie Tamisier proibiu que se pronunciasse o seu nome e que se dissesse publicamente o que o empreendimento lhe devia.

[3] Para o resumo dos resultados obtidos nesses setenta anos, cf. neste cap. o par. *Uma Igreja de santidade*.

[4] Cf. vol. VIII, cap. VIII.

[5] De Nossa Senhora, Leão XIII fala em dez encíclicas.

[6] O termo é de Étienne Borne, em *Dieu n'est pas mort*.

[7] Cf. neste vol. o cap. I.

[8] Estas palavras profundas são de um grande historiador belga, Léon Halkin. Concluem um breve estudo na *Revue nouvelle*, jul.-ago. 1951, sobre os pontificados que nos ocupam neste volume. Não é possível dizer, em tão poucas palavras, mais coisas e de modo mais pertinente.

[9] Cf. vol. VIII, cap. VIII, par. *"Tais os padres, tais os povos"*.

[10] Cf. neste vol. o cap. V, par. *Na França, a separação da Igreja e do Estado*.

[11] Cf. neste vol. o cap. II, par. *Santidade de Pio X*.

[12] Equivalente a "Modelo" ou "Exemplo para o clero"; recorde-se a antiquíssima e persistente literatura dos *Espelhos de príncipes* e análogos.

[13] A *Obra das Vocações Sacerdotais*, na França, teve por finalidade associar os fiéis ao esforço de recrutamento e formação dos padres. Dirigida de 1906 a 1951 por um homem de primeiro plano, mons. Fleury Lavallée, exerceu indiscutível influência (cf. o livro de mons. Cristiani sobre *Mons. Lavallée*, Paris, 1963).

[14] Recorde-se a distinção francesa entre *abbé*, sacerdote secular, diocesano, e *père*, sacerdote regular; neste caso, a designação de *"père"* significava que o povo considerava o *abbé* Lamy como um pai (N. do T.).

[15] Em 1941, é a Congregação dos Servos de Jesus e Maria, instalada na antiga Abadia cisterciense de Ourscamp.

[16] Cf. Paul Biver, *Apôtre et mystique, le Père Lamy*, com Prefácio de Jacques Maritain, Paris, 1950, e o opúsculo do pe. J. F. Christian, prior do mosteiro de Ourscamp (1952).

[17] Jean Canu, *Ordres religieux masculins*, Paris, 1959.

[18] Cf. vol. VIII, cap. VIII, par. *Renovação monástica, proliferação de institutos, plétora de congregações*.

[19] Cf. *Don Bosco dans le monde*, Turim, 1959, em francês.

[20] Cf. neste vol. o cap. XIV, par. *"Palavra viva de Deus"*.

[21] Sobre Dom Pollien, cf. o estudo do pe. Mondrone na *Civiltà cattolica* de 19.12.1953, e o do pe. Broutin na *Revue d'Ascétique et de Mystique*, abr.-jun. 1963.

[22] Sobre o pe. Anizan, cf. neste cap. o par. *Dois precursores: o pe. Anizan e o pe. Rémillieux*.

[23] Sobre o pe. Charles de Foucauld, cf. neste vol. o cap. XI, par. *Charles de Foucauld, "Irmão universal"*.

[24] Canonicamente, distinguem-se os institutos seculares clericais, formados por sacerdotes (por exemplo, o do Prado), os institutos seculares leigos e os institutos seculares mistos. São estas duas últimas categorias que neste momento consideramos; quanto à primeira, é antes uma modalidade especial de institutos religiosos.

[25] Acerca do *Ad lucem*, cf. neste vol. o cap. XI, par. *Ao serviço das missões*.

[26] Beatificado a 10.05.1987 pelo papa João Paulo II.

[27] Cf. cap. XII, nota 60.

[28] Canonizado em 06.10.2002 pelo papa João Paulo II (N. do T.).

[29] Cf. vol. VIII, cap. VIII, par. *Flos caritatis*.

[30] *Ibid*.

[31] O bairro das crianças retardadas é chamado "os bons meninos".

[32] Cf. neste vol. o cap. XI, par. *Um leproso entre os leprosos*.

[33] Acerca do pe. Brottier na África, cf. neste vol. o cap. XI, par. *A marcha para o coração da África*, e ainda dois livros complementares: Christine Garnier, *Ce père avait deux âmes*, Paris, 1955, e mons. Cristiani, *Le Serviteur de Dieu Daniel Brottier*, Paris, 1962. [Foi beatificado por João Paulo II em 25 de novembro 1984 (N. do T.)].

[34] Foi ela quem assistiu a última mulher guilhotinada na França antes de 1939 e, durante a Primeira Guerra Mundial, a célebre espiã Mata Hari; cf. *Ecclesia*, Paris, out. 1956.

[35] *Le Bon Père Petit*, em *Ecclesia*, Paris, dez. 1950.

[36] Cf. J.M. Gosselin, *Le Père Cruz*, Toulouse, 1954.

[37] Jean Descola, *Histoire de l'Espagne chrétienne*, p. 323.

[38] Canonizado em 12.11.1989 pelo papa João Paulo II (N. do T.).

[39] Maria Winowska, *Frère Albert ou la Face aux outrages*, Paris, 1953.

[40] Canonizado em 16.05.2004 pelo papa João Paulo II (N. do T.).

[41] Antecipando-nos aos acontecimentos, podemos notar, neste ponto, que esta frase é de certa maneira a máxima do pontificado de João XXIII. Também ele, convencido de que "a conquista do mundo se faz pelo amor", abriu os braços da Igreja a todos. Douglas Hyde, o antigo comunista convertido, consagrou a D. Orione um livro fervoroso e documentado, *Bandit pour le Christ*, título da tradução francesa de Jean de Madre, Paris, 1958. Cf. também Giuseppe de Luca, *Don Orione*, Prefácio de D. Capovilla, Roma, 1962.

[42] Cf. neste vol. o cap. I, par. *Uma imensa deriva.*

[43] De resto, antes de 1939 e da entrada em cena da sociologia cristã, o cálculo desses números era muito pouco exato, por falta de pesquisas sérias e de estatísticas precisas.

[44] Cf. vol. VIII, cap. VIII, par. *A vida profunda das almas.*

[45] Cf. neste cap. o par. *Uma Igreja de santidade.*

[46] Para as conversões de escritores, cf. neste vol. o cap. XII, par. *Os escritores dão testemunho.*

[47] Cf., por exemplo, Paul Courant, *Des planches à Dieu*, Fayard, Paris, 1956.

[48] Cf. vol. VIII, cap. VIII, par. *Três sinais no céu.*

[49] O pe. Pio (1880-1951) foi canonizado em 16.06.2002 por João Paulo II (N. do T.).

[50] Recorde-se que o "americanismo" foi precisamente condenado por Leão XIII por insistir demasiado nos valores da ação sobre as virtudes passivas e os valores da contemplação; cf. neste vol. o cap. VI, par. *Pródromo da crise: o americanismo.*

[51] J. Folliet, *Le catholicisme mondial aujourd'hui*, Paris, 1936.

[52] Cf. neste vol. o cap. IV, par. *O triunvirato dos católicos sociais da França.*

[53] Eis um exemplo da minúcia com que Pio X regulamenta este ensino: "Todos os domingos e dias santos do ano, sem nenhuma exceção, os párocos explicarão o catecismo aos meninos e às meninas, durante uma hora completa. "A Confirmação e a Primeira Comunhão devem ser precedidas de uma explicação muito particular da Doutrina Cristã. "Em cada paróquia, será canonicamente instituída a Congregação da Doutrina Cristã; nas paróquias onde houver falta de padres, pedir-se-á a colaboração de catequistas leigos.

[54] Cf. neste vol. o cap. II, par. *Santidade de Pio X.*

[55] Cf. vol. VII, cap. V, pars. *São Paulo da Cruz, apóstolo da Paixão* e *Santo Afonso Maria de Ligório: a religião dos tempos novos.*

[56] No código de 1983, continuam recomendadas, a critério dos bispos; cf. especialmente o cânon 770 (N. do T.).

[57] Sobre J.A. Moehler, cf. vol. VIII, cap. VIII, par. *Opções para o amanhã.*

[58] Sobre Dom Guéranger e a liturgia, cf. vol. VIII, cap. VIII, par. *Rezar com a Igreja: Dom Guéranger restaura a liturgia.*

[59] Sobre Dom Guéranger e a música, cf. neste vol. o cap. XII, par. *A música regressa ao sagrado* e vol. VIII, cap. VIII, par. *Rezar com a Igreja: Dom Guéranger restaura a liturgia.*

[60] Cf. vol. VIII, cap. VIII, par. *A vida profunda das almas.*

[61] Cf. neste cap. o par. *Grandes devoções e peregrinações.*

[62] Cf. neste cap. o par. *Multidões de joelhos diante da Hóstia.*

[63] Mons. Gay, *Instructions pour les personnes du monde*, vol. II, Paris, 1894, p. 357.

[64] Cf. neste cap. o par. *Grandes devoções e peregrinações.*

[65] Cf. vol. VIII, cap. VI.

[66] Cf. neste cap. o par. *Multidões de joelhos diante da Hóstia.*

[67] Cf. vol. VIII, cap. VIII, par. *A vida profunda das almas*, e vol. VI, cap. V, par. *Do declínio dos místicos ao culto do Sagrado Coração.*

[68] Cf. neste vol. o cap. I, par. *O desafio.*

[69] Cf. P. Bainvel, *La dévotion au Sacré-Coeur*, Beauchesne, 1917, pp. 157-58.

[70] Cf. Mouly, *Le Père Mateo*, Montgeron, 1960.

[71] Cf. Simone de Noaillat-Ponvert, *Marthe de Noaillat*, Paris, 1931.

[72] Acerca das aparições de Nossa Senhora, cf. neste cap. o par. *O trabalho do Espírito Santo.*

[73] Maria Winowska, *Le fou de Notre-Dame, Maximilien Kolbe*, Paris, 1956. [O pe. Maximiliano Kolbe foi canonizado por João Paulo II em 1982 (N. do T.).].

[74] Cf. Gaétan Bernoville, *Jean-Louis Peydessus*, Paris, 1958.

[75] Só se estabeleceu na França em agosto de 1940, por obra de Mlle. O'Brien, refugiada em Nevers por causa da Segunda Guerra; o bispo, mons. Flynn, depois de hesitar um pouco, apoiou o movimento.

[76] O pe. René Laurentin.

[77] "A vós, São José, recorremos em nossa tribulação e, depois de ter implorado o auxílio de vossa santíssima esposa, cheios de confiança solicitamos também o vosso patrocínio. Por esse laço sagrado de caridade, que vos uniu à Virgem imaculada, Mãe de Deus, e pelo amor paternal que tivestes ao Menino Jesus, ardentemente vos suplicamos que lanceis um olhar benigno para a herança que Jesus Cristo conquistou com o Seu Sangue e nos socorrais em nossas necessidades com o vosso auxílio e poder. / Protegei, ó guarda providente da Sagrada Família, a raça eleita de Jesus Cristo. Afastai para longe de nós, ó Pai amantíssimo, a peste do erro e do vício. / Assisti-nos do alto do céu, ó nosso fortíssimo sustentáculo, na luta contra o poder das trevas. E assim como outrora salvastes da morte a vida ameaçada do Menino Jesus, assim também defendei agora a santa Igreja de Deus das ciladas dos seus inimigos e contra toda a adversidade. / Amparai cada um de nós com o vosso constante patrocínio, a fim de que, a vosso exemplo e sustentados por vosso auxílio, possamos viver virtuosamente, piedosamente morrer e alcançar no céu a eterna bem-aventurança. / Amém". Esta oração era muito divulgada até a década de 1940 (N. do T.).

[78] Cf. neste vol. o cap. IX, par. *Terra de fidelidade.*

[79] Cf. neste vol. o cap. III, par. *"O clericalismo, eis o inimigo!"*

[80] Mons. Mercier, *La vie intérieure*, Paris, 1923.

[81] Cf. vol. VIII, cap. VIII, par. *Opções para o amanhã.*

[82] Cf. neste vol. o cap. III, par. *Tiros de pelotão da Revolução.*

[83] Cf. neste vol. o cap. IV, par. *Nasce o sindicalismo cristão.*

[84] Cf. neste vol. o cap. VIII, par. *Do pe. Guérin à JOC mundial.*

[85] Cf. Gabriel Bard, *Jean-Émile Anizan*, Paris, 1945, e também o admirável *Choix de Lettres* ("Cartas escolhidas") organizado pelos Filhos da Caridade, Issy, 1949.

[86] Habitantes das *zones*, ou seja dos arrabaldes miseráveis (N. do T.).

[87] Cf. vol. VIII, cap. VIII, par. *A questão social e os socialismos.*

[88] Cf. neste vol. o cap. IV, par. *Um novo clima.*

[89] Cf. neste vol. o cap. VIII, par. *"Nós é que somos a Revolução!"*

[90] Deixamos agora de lado um aspecto importante dessa "abertura" da Igreja: a tendência para a aproximação com os "irmãos separados", os cristãos que se encontram foram da comunhão romana. No vol. VIII (cf. cap. VIII, par. *Opções para o amanhã*), indicamos que havia provas indiscutíveis da existência de uma corrente ecumênica; no vol. X, o último capítulo é inteiramente dedicado a esta questão. Aqui indicaremos apenas algumas dessas provas. São as tentativas de aproximação com os ortodoxos e os anglicanos feitas durante o pontificado de Leão XIII. É, em 1909, o "oitavário de orações pela unidade dos cristãos", instituído por Paul Wattson, pastor anglicano convertido, que Pio X encoraja, que o pe. Couturier trabalha por difundir o mais possível, e que, de fato, a partir de 1930, entra nos hábitos, vindo a ser adotado em 1936 por Igrejas não católicas: anglicanos, protestantes, ortodoxos. É a fundação de comunidades religiosas destinadas a estabelecer laços de união: dominicanos de *Istina*, beneditinos de Chevetogne.

[91] Nédoncelle, na obra coletiva *Cinquante ans de pensée catholique française.*

[92] Cf. neste vol. o cap. VIII, par. *"Nós é que somos a Revolução!"*

[93] Este parágrafo apenas traça as grandes linhas de um capítulo da história que culmina em 1963. Por isso, este parágrafo e o seguinte não pretendem de modo algum ser completos. O leitor poderá reencontrá-los, desenvolvidos, no vol. X.

[94] Cit. por mons. Bazelaire, em *Les laïcs aussi sont l'Église*, Fayard, Paris, 1958, p. 11. As duas expressões divertidas acerca dos leigos, que transcrevemos adiante, provêm também desta obra.

[95] Na linguagem do Concílio Vaticano II, esta expressão bíblica é mais fortemente utilizada para abranger todos os fiéis, sejam membros do clero, religiosos ou leigos (N. do T.).

[96] Cf. vol. VIII, cap. VIII, par. *Opções para o amanhã.*

[97] Candelária é o nome tradicional da festa da Purificação de Nossa Senhora, ou de Nossa Senhora da Luz, ou das Candeias, a 2 de fevereiro; é por essa altura, pelo menos na França, que se faz a tosquia das ovelhas (N. do T.).

[98] *Jalons pour une théologie du laïcat*, Paris, 1954, p. 639.

[99] J. Folliet, *Le Catholicisme mondial d'aujourd'hui*, Paris, 1936, p. 106. Pode-se acrescentar que esta afirmação do laicado se realiza em paralelo com o desenvolvimento de uma espiritualidade laical no seu seio. Os movimentos da Ação Católica insistem todos eles

na formação espiritual dos seus membros. As "ordens Terceiras" e outros agrupamentos religiosos a elas assimiláveis reencontram uma vitalidade ainda ontem um tanto declinante: Ordem Terceira de São Francisco, de São Domingos, da Família Carmelita, Oblatos beneditinos, Terciários do Sagrado Coração, Fraternidades de Nossa Senhora da Assunção, Filhos de São Francisco de Sales, agrupamentos leigos de D. Bosco, Ordem da Paz... E os Amigos de São Francisco oferecem ainda um quadro mais largo àqueles que querem viver a espiritualidade do *Poverello* sem deixar de permanecer no mundo.

[100] J. Folliet, *Le catholicisme mondial aujourd'hui*, Paris, 1936, p. 117.

[101] Reeditada em 1962 numa coleção de obras "de bolso".

[102] Étienne Borne, *Dieu n'est pas mort*, Fayard, Paris, 1963, p. 103.

[103] Karl Rahner, *Sendung und Gnade: Beiträge zur Pastoraltheologie*, Tyrolia, Innsbruck, 1959; trad. fr. *Mission et grâce* I. *Vingtième siècle, siècle de grâce? Fondements d'une théologie pastorale pour notre temps*, Mame, Paris, 1962.

[104] Entre elas, citaremos: já canonizados, Santa Ana Maria Javouhey, Santo André Fournet, São Clemente Hofbauer, Santa Elisabeth Seton, São Frederico Ozanam, São Gabriel de l'Addolorata, São Gabriel Perboyre, Santa Jeanne Thouret, São João Batista Maria Vianney, São José Cottolengo, Santa Madalena Sofia Barat, São Marcelino Champagnat, Santa Maria Eufrásia Pelletier, Santa Maria Madalena Postel, São Miguel Garicoits, São Pedro Chanel, São Pedro Julião Eymard, São Vicente Palotti; em processo de canonização, a Bem-aventurada Ana Catarina Emmerich, a Bem-aventurada Anna Maria Taigi, o Bem-aventurado Charles de Foucauld, o pe. Clorivière, o Bem-aventurado pe. Guillaume Chaminade, o Servo de Deus João José Lataste, Marie-Thérèse Dubouché, a Venerável Pauline Jaricot... Só Pio XI "fez" 33 santos e 500 bem-aventurados. [Pio XII canonizou 34; João XXIII, 10; Paulo VI, 123; e João Paulo II, 481. N. do T.].

[105] Canonizados em 18 de outubro 1964 pelo papa Paulo VI (N. do T.).

[106] Beatificado por João Paulo II em 25 de setembro de 1988 (N. do T.).

[107] Beatificado em 13 de abril de 1947 por Pio XII (N. do T.).

[108] Em língua francesa, podem-se consultar: A. Portaluppi, *L'âme religieuse de Contardo Ferrini*, Paris, 1933; Camille Corsango, *Le Vénérable Contardo Ferrini*, Domois par Ouger, 1935 e o capítulo da obra de M. Vaussard, *L'intelligence catholique dans l'Italie du XXème siècle*.

[109] Sir Joseph A. Glynn, *Life of Matt Talbot*, Benziger Brothers, Nova York, 1928; tradução francesa, Paris, 1934.

[110] Falecida em 1902, Maria Goretti foi canonizada menos de cinquenta anos depois. A mãe assistiu à cerimônia da Basílica de São Pedro, e o seu assassino, convertido, associou, num convento, as suas orações às dos 400 mil assistentes.

[111] Cf. a obra de L. Cristiani, Paris, 1960.

XIV. Teresa, "Palavra viva de Deus"

Uma santa no meio de nós

A aventura é bem extraordinária. Num modesto Carmelo da Normandia, uma filha da região consegue ser admitida pelas superioras aos quinze anos. Faz os seus votos. Aí vive, um pouco mais de nove anos, a existência de oração, de silêncio e de ascese que em toda a parte é própria das filhas da Santa de Ávila, de quem essa desconhecida usa o nome. Aí adoece, de uma tuberculose que cedo se revela galopante. Morre, e é levada, no caixão de madeira branca que é da Regra, acompanhada apenas por um pequeno grupo de parentes e de padres, até ao cemitério da cidade, onde a sua comunidade possui um jazigo.

Durante o curto período que essa freirinha passa no claustro, nada a distingue das religiosas que a rodeiam. Nenhum ato brilhante, nenhum sinal sobrenatural, nenhum milagre. As suas próprias virtudes não têm as cores vivas que chamam imediatamente a atenção para os destinos religiosos fora de série. As suas Irmãs do mosteiro — das quais, no entanto, três são também suas irmãs segundo a carne — podem estar enganadas, pois tudo nela parece discreto, modesto, quase diríamos banal e vulgar. O que estão com certeza bem longe de adivinhar é que essa menina frágil e daí a pouco doente, é feita da madeira em que Deus borda as almas que reserva para Si. Dir-se-ia que essa carmelita não viveu senão para obedecer ao preceito da *Imitação de Cristo*: "Preza ser ignorado e tido em nada".

E, no entanto, mal morreu, começa a correr um murmúrio, e cresce rapidamente. Transportado sabe-se lá por que presciências, por que gratidões, atravessa as portas do Carmelo um rumor que se espalha pela cidade e alcança, onda após onda, muitos lugares da cristandade: essa freirinha de Lisieux não seria uma santa? Um ano depois da sua morte, aparece um livro. Ligando, melhor ou pior, as narrativas autobiográficas com que preenchera, com a sua caligrafia certinha de noviça cuidadosa, alguns cadernos escolares, esse livro conta a *História de uma alma*[1]. À cautela, só se fez uma edição de dois mil exemplares. Poucos meses depois, eram dezenas, centenas de milhares os leitores que o reclamavam; seria traduzido em trinta e cinco línguas. Era uma nova joia que se acrescentava ao colar dos grandes textos místicos cristãos.

Num abrir e fechar de olhos, a *petite sainte* — a "santinha" — de Lisieux, como correntemente é designada, torna-se célebre. Citam-na oradores sagrados do alto dos púlpitos. São-lhe dedicados artigos de jornais e de revistas, e até livros. Espontaneamente, esboça-se um culto popular. Fala-se de milagres obtidos por sua intercessão. Nas trincheiras da Primeira Guerra Mundial, inúmeros homens querem ter consigo uma estampa-relíquia da linda e comovente carmelita. Os capelães militares distribuem brochuras com a narração daquela vida e o resumo da sua mensagem; rudes soldados se enchem de ternura pela freira carmelita que sofreu como eles, que passou frio como eles, que, como eles, enfrentou a morte, e cujas palavras, tal como o exemplo, são para eles promessas de paz e esperanças de eternidade.

"Haverá ainda santos canonizados em Roma" — escrevera Ernest Renan, o velho ironista —; "não haverá mais nenhum canonizado pelo povo"[2]. Pois enganava-se: foi a voz popular que começou por canonizar Teresa — e não somente na França, mas também no Canadá, no Brasil, na Inglaterra. Mais judiciosamente, um cardeal exclamou: "Temos de nos apressar a canonizar a pequena santa, se não quisermos que a voz do povo se antecipe"; e era precisamente o cardeal Vico, Prefeito da Sagrada Congregação dos Ritos, encarregada de instruir os processos de canonização!...

E a Igreja foi atrás do povo. O Carmelo onde viveu Teresa está agora orgulhoso, muito orgulhoso dela. Não demora que o pobre caixão de madeira branca seja tirado da terra e substituído por outro mais sólido[3]. O bispo de Bayeux, a princípio reservado, ouve o imenso clamor que sobe até ele. Pressionado pela voz pública, inicia o processo, que vai ser conduzido com uma pressa pouco habitual. Em 1909, mal passavam doze anos da morte da jovem carmelita, é introduzida a postulação da causa e, seis meses depois, constitui-se o tribunal eclesiástico encarregado de instruí-la. Em 1914, Pio X assina o documento de introdução da causa na Cúria romana; será esta uma das últimas decisões do santo papa. Em 1918, Bento XV isenta Teresa dos cinquenta anos de prazo impostos pelo Direito Canônico entre a morte dos santos e a discussão dos seus processos de beatificação. Em 1921, é assinado o decreto sobre a heroicidade das virtudes da carmelita. A 23 de abril de 1923, Pio XI declara-a bem-aventurada. E, como ele próprio é fervoroso devoto da santa — "a minha estrela" — dizia ele —, trata de precipitar ainda mais o movimento. Passados dois anos, inscreve-a no catálogo dos Santos, e, a 17 de maio de 1925, a cerimônia de canonização desfralda os seus ritos grandiosos na Basílica de São Pedro, no meio de um concurso de povo de tal modo extraordinário que o próprio papa se declara estupefato. Finalmente, em 1927, por uma decisão cujo significado profundo bem poucos compreenderam no momento, Pio XI proclama que — ao lado de São Francisco Xavier, o grande aventureiro de Deus — a jovem carmelita, que nunca em vida saíra da clausura do seu convento, deve ser venerada como "Padroeira das Missões".

E é então a glória — uma glória sem comparação entre os santos do mundo moderno: nem o Cura d'Ars nem Dom Bosco podem rivalizar com *Santa Teresa do Menino Jesus*", a "Teresinha de Lisieux". Multiplicam-se os livros acerca dela. Graves teólogos, tomistas consagrados, perscrutam linha a linha a autobiografia dessa menina, a fim de conhecer mais de perto a sua experiência e analisar o método pessoal que teve para ir a Deus. Todos os papas, um após outro, falam dela com uma ternura comovida, mas também com grande admiração. Ela é, para eles, "a querida criança do mundo", mas também traz um *omen novum*, um "novo prenúncio".

O seu nome ressoa por toda a parte. A sua celebridade ultrapassa a das estrelas de cinema ou a dos campeões do ringue, fabricadas pela publicidade. Muitas cidades querem ter igrejas sob a sua invocação. No Grande Norte canadense, nas margens da baía de Hudson, a "catedral" de Chesterfield — na realidade, um pobre barracão — tem o seu nome, tal como o têm igrejas-palhoças na selva africana. Lisieux, a cidade em que viveu tão ignorada, passa a ser *a sua* cidade, para onde afluem as peregrinações. De ano para ano, multidões crescentes correm a venerar o relicário em que repousam os seus restos mortais. Para conter esse cofre-relicário, tem de ser construída uma basílica, e, quando está concluída, em 1937, o papa envia para abençoá-la em seu nome o seu próprio Secretário de Estado, o cardeal Pacelli.

A fama da Santa carmelita chega a transbordar dos quadros da Igreja Católica: há protestantes que estudam a sua doutrina acerca da graça; há ortodoxos que colocam a sua imagem ao lado do ícone da Mãe de Deus; conta-se de um muçulmano condenado à morte que pediu para ter sob os seus olhos, no instante do enforcamento, o retrato dessa virgem cristã. Dir-se-ia que, nessa jovem falecida aos vinte e quatro anos, totalmente desconhecida, a humanidade do século XX reconhece um dos seus guias, uma mensageira de Deus, encarregada de lhe revelar as palavras de que está à espera.

Que palavras são essas? Como tudo isto é desconcertante, paradoxal! Não se trata aqui da irradiação de alguém vivo, como ocorrera tempos atrás com o Cura d'Ars. Os penitentes de João Maria Vianney iam ver um homem, receber o conforto de um conselho ou de um perdão. Os devotos de Santa Teresa que vão ajoelhar-se diante das suas relíquias não recebem dela senão a luz que dimana do seu livro e uma proteção inteiramente sobrenatural.

No caso dos grandes santos do passado, é fácil entender por que o Senhor os pôs neste mundo num lugar e num tempo determinados. De um Santo Agostinho, de um São Bernardo, de uma Joana d'Arc, pode-se adivinhar a missão de que foram incumbidos e de que modo assumiram as mais profundas exigências da sua época e como lhes marcaram uma orientação cristã. De outros, adivinha-se que foram investidos por Deus num papel de juízes, de profetas, a fim de denunciarem os perigos mortais a que os seus contemporâneos iam estar sujeitos: assim São Francisco de Assis, opondo a santa pobreza à força crescente do dinheiro-rei; ou São Vicente de Paulo, ensinando a caridade de Cristo a uma Europa dominada pelas piores violências; ou o Cura d'Ars, encarnando a mais completa humildade, a humildade segundo o espírito, a um século embriagado pelo orgulho da inteligência. Mas de Teresa de Lisieux, nossa contemporânea, essa menina de quem se podem recolher testemunhos diretos daqueles que a conheceram, como é difícil captar os seus meios de ação e o papel providencial que desempenhou! "A maior santa dos tempos modernos", como já dizia São Pio X, parece não ter qualquer relação com o seu tempo.

Não só Teresa de Lisieux não saiu do seu convento para ir pelas praças denunciar os erros do mundo, mas o seu próprio livro não faz praticamente alusão nenhuma aos problemas do mundo. Ela, que sabia que "iluminaria as almas como os Profetas", está o mais longe possível do estilo dos profetas de Israel, quando refaziam os vínculos entre Deus e o seu povo a golpes de santas invectivas. Para Teresa, tudo é secreto, tudo interior. A *História de uma alma* é apenas a história da sua alma. Mas essa experiência pessoal é tão rica, tão autenticamente exposta à luz do amor infinito do Deus Encarnado, que inclui em si todas as angústias, todas as dores dos homens do seu tempo, e para elas se mostra mais auxiliadora e fraternal que a de qualquer outro santo da mesma época. Dessa existência enclausurada, na aparência tão simples, eleva-se um cântico tão puro que milhões de almas se sentem pacificados por ele.

Tal é o sentido de um destino tão breve, de uma santa que não tem igual em todo o catálogo dos santos da Igreja, tal o seu "traço de fogo", para usarmos a linguagem do pai de todos os carmelitas, São João da Cruz. A missão de Santa Teresa de Lisieux não se compreende senão na ordem do sobrenatural. É assim que ela ocupa — dialeticamente, diriam Hegel e, a seguir a ele, Marx — um lugar de capital importância na vida religiosa do nosso tempo, cuja apostasia toma sobre os seus ombros para lhe dar o mais total desmentido. E não é por acaso, nem em vista de um fácil esforço de contraste, que este nosso volume, consagrado na sua maior parte às lutas muito temporais da Igreja contra as forças inimigas, quis concluir com a evocação desta luminosa figura mística. O "insolente" desafio que Teresa de Lisieux lança a todos os que afirmam a "morte de Deus" também é um fato da história. Nem há outro que seja mais importante.

Uma menina normanda de quinze anos

A audiência de Leão XIII desenrolava-se como habitualmente. Uma peregrinação francesa que assistira à Missa desfilava agora em procissão diante do papa, segundo o protocolo. Um após outro, cada peregrino ajoelhava-se, beijava o pé e a mão do papa, recebia a bênção, levantava-se quando um dos guardas-nobres lhe tocava discretamente no ombro, e afastava-se. Subitamente, a ordem regular da cerimônia foi interrompida. Uma menina muito nova — não parecia ter mais de quinze anos — estava ajoelhada diante do trono e acabara de beijar a sandália. Leão XIII já estendia para ela a mão direita. Mas, em vez de a beijar, a moça peregrina juntou as mãos erguidas e, com os olhos banhados em lágrimas fixando o pontífice, exclamou: "Santíssimo Padre!, tenho uma grande graça a pedir-lhe". Um frêmito de espanto agitou o público feito de prelados, camareiros e peregrinos. O gesto era desacostumado e o menos protocolar possível. O papa inclinou a cabeça para a mocinha, a ponto de os rostos quase se tocarem, e os seus negros e profundos olhos fixaram-se nela, perscrutando-a. Perturbada mas decidida, a francesinha continuou, sem se interromper: "Em honra do vosso Jubileu, Santo Padre, permiti-me entrar no Carmelo aos quinze anos".

A emoção talvez lhe tornasse a voz muito trêmula, porque Leão XIII, levantando a cabeça, murmurou: "Não compreendo..." O padre francês que dirigia a peregrinação interveio, pouco satisfeito: "Santíssimo Padre, é uma menina que deseja entrar no Carmelo aos quinze anos, mas neste momento os superiores estão examinando a questão". O que não disse foi que os superiores se opunham vivamente a esse desejo, e ele próprio mais que qualquer outro. "Pois bem, minha pequena — concluiu o papa, bondosamente —, faça o que os superiores lhe disserem".

O incidente parecia encerrado; mas a mocinha que provocara o piedoso escândalo não era daquelas a quem uma palavra desencoraja. Pousando as mãos nos joelhos do papa, lançou ainda, com voz súplice: "Santíssimo Padre, se Vós disserdes sim, toda a gente vai querer!" Espantado com tanta audácia juvenil, Leão XIII replicou, marcando cada uma das sílabas: "Vamos... Vamos... Há de entrar se Deus assim quiser..." Já dois guardas-nobres tocavam no ombro da suplicante, e, como ela não se mexia, procuravam levantá-la pelos braços. Mas ela continuava de joelhos, com as mãos juntas apoiadas nos joelhos do papa. Tiveram de retirá-la à força. No momento em que assim era levada, Leão XIII pousou-lhe a mão nos lábios e em seguida ergueu-a para uma última bênção. E a francesinha viu-se à porta, debulhada em lágrimas.

Essa criança audaciosa, a quem o cerimonial do Vaticano não intimidava, chamava-se *Thérèse Martin*. Era a quinta filha viva (quatro outros filhos tinham morrido em pequenos) de um antigo relojoeiro que se fizera negociante de rendas após o casamento com uma moça de Alençon que tivera a intuição de se meter nesse negócio e tivera êxito[4]. Burguesia média, comerciante. Mas as virtudes cristãs estavam solidamente implantadas na família Martin. O pai era modelo de piedade; moldava a vida pela liturgia, visitava as igrejas por onde passava e socorria generosamente os pobres. A mãe, certamente de temperamento mais firme e de inteligência mais viva que o marido, era de uma fé igualmente profunda; terciária franciscana, conseguia conciliar uma prática religiosa exigente com as pesadas tarefas domésticas. Chamava-se Zélie Guérin. A sua morte prematura transtornara a vida do lar quando Teresa tinha quatro anos[5]. Enquanto as filhas mais velhas "adotavam" as pequeninas, para junto delas substituírem a ternura materna, Louis-Stanislas Martin, sentindo-se muito isolado em Alençon para educar essa abundante ninhada, decidira ir para Lisieux, onde o cunhado Guérin tinha uma farmácia e era também cristão fervoroso, homem de bom conselho e resoluto.

A infância de Teresa desenrolara-se, pois, na casa dos Buissonnets, em Lisieux, onde a família se instalara. Era uma casa burguesa, confortável, com um modesto jardim que parecia grande porque descia a encosta de uma colina e tinha lindas árvores. Teresa tinha crescido, como uma criança sonhadora, entre os sortilégios dos arbustos floridos e das ervas altas, entre um pai que a idolatrava — chamava-lhe sempre "minha rainhazinha" — e as irmãs mais velhas, indulgentes para com a sua pequena *benjamim*... A vida teria transcorrido para ela como a de tantas meninas do seu tempo e do seu meio — educação no colégio das beneditinas durante cinco anos, férias pacatamente familiares nos Buissonnets ou, por vezes, na costa, em Trouville —, se o decorrer tranquilo dos anos não tivesse sido agitado por um acontecimento importante: a entrada em religião de três das irmãs. Pauline e Marie tinham-se feito carmelitas e Léonie tentara a experiência das clarissas. Essas rupturas sucessivas não tinham deixado de impressionar a mais novinha.

Era uma criança carinhosa, atraente, mas capaz de cóleras intensas, que a deixavam envergonhada e cheia de um gracioso arrependimento. De sensibilidade viva, quase excessiva, a ternura demasiado envolvente do pai contribuiria para torná-la mais emotiva, mais vulnerável às coisas da vida. Mas havia também nessa criança uma força singular, que lhe vinha da mãe, e essa força permitira-lhe desde cedo dominar aquilo que, no seu temperamento, estava demasiado preso à sensibilidade. Ao mesmo tempo secreta e franca, aberta aos outros e no entanto capaz de guardar no interior de si mesma um mundo de sentimentos, de ideias, de sonhos e de temores — assim era Teresa, que, nos Buissonnets, era tomada por neta.

Contudo, pelo menos uma vez tinha havido naquela vida de menina um sinal que parecia dizer aos que a rodeavam que nem tudo nela era assim tão simples. Teresa tinha dez anos. A sua irmã mais velha, Pauline, acabara de entrar para o Carmelo, e a caçulinha vira a sua querida "segunda mãe" desaparecer por trás das grades da clausura — para sempre. Algumas semanas depois, na sequência de uma conversa com o tio Guérin, em que este lhe falara da mãe defunta, Teresa fora tomada de um mal estranho, em que o psíquico e o físico pareciam igualmente afetados. Febres violentas, dores de cabeça, longos desmaios e delírios, em que a criança, sucessivamente exaltada e abatida, parecia assaltada por inexplicáveis terrores. Tudo isso foi explicado como uma doença desconhecida, talvez uma *influenza*, quem sabe se uma febre tifoide não diagnosticada. Hoje, o testemunho que Teresa deu de si mesma leva-nos a pensar que essa explicação clínica não era suficiente.

Os retratos autênticos que temos de Teresa aos treze ou catorze anos, isto é, no momento em que a sua vida ia tomar a orientação definitiva, deixam-nos uma impressão singular[6]. O rosto é agradável, atraente, não de uma beleza fácil, mas misteriosamente formoso. Debaixo de uma esplêndida cabeleira loura, louvada por todos os que a viam, as feições são nítidas, bem marcadas. A fronte voluntariosa é um pouco saliente; o nariz, reto; o queixo, bastante largo e redondo; a boca, grande. Mas o que mais impressiona — o que já impressionava nas fotografias tão desastradamente retocadas que se espalharam quando começou a sua fama — são os olhos, olhos profundos, sérios, insistentes, que têm o ar de olharem além do que têm diante. Diz-se que eram esverdeados e admiravelmente luminosos. Mas basta contemplá-los nos retratos para pressentir que se abriam para profundidades desconhecidas, e que a sorridente beleza dessa mocinha escondia, afinal, grandes dramas interiores.

E é isso o que há de extraordinário nessa infância, tal como a *História de uma alma* — completada em alguns pontos pelos testemunhos das irmãs — permite conhecer em toda a sua verdade. Tudo aquilo que a fórmula usual "vida interior" pode conter de mais preciso, mais forte, aplica-se à invisível realidade desse destino. Numa idade em que outras só pensam em brincar com bonecas, em que as adolescentes escutam dentro de si as primeiras pulsações do coração, Teresa tinha já percorrido várias jornadas no caminho que sobe para o Carmelo, e feito uma experiência autenticamente mística, tão rica em descobertas e lições que quase hesitamos em julgá-la possível, se ela própria, a santa sem ilusões nem mentiras, não o tivesse testemunhado.

A criança de quatro anos que Pauline achava "demasiado séria e avançada para a idade" compreenderia já o sentido da decisão que tomara? Era o dia em que soubera que a irmã ia entrar no Carmelo; e Teresa dizia para consigo: "Também eu hei de ser freira". O que é certo é que essa decisão nunca se alteraria. Dois anos mais tarde, foi a morte da mãe e o seu primeiro confronto com o enigma da vida humana e do destino. É dolorosa a cena dessa pequenina contemplando o caixão em que ia ser metida a morta — tão grande, tão grande, esse caixão... —; mas o que mais espanta é que, nessa ocasião, Teresa tenha penetrado no mundo do sobrenatural e lá se tenha sentido tão estranhamente à vontade.

Daí em diante, de ano para ano, a sua existência interior desdobrara-se, rica de acontecimentos, num plano inteiramente diverso daquele em que se via a sua vida exterior. Tinham-lhe sido dados carismas e sinais, alguns deles terríficos e dolorosos. Assim, aos seis ou sete anos, teve a visão — nesse momento incompreensível, mas que seria infelizmente explicitada mais tarde — do seu pai bem-amado, atingido tanto na inteligência como na saúde física, que passava diante dela como farrapo humano a caminho da morte. Outras visões tinham sido mais consoladoras. No pior momento da provação que a transtornara aos dez anos, Teresa tivera a mais maravilhosa das consolações. Enquanto as irmãs rezavam, ajoelhadas junto do leito onde ela delirava de febre, uma imagem se animara: a Virgem Maria avançara para ela, com um sorriso... E, subitamente, fora assim que tinham acabado os seus males. De um mal que, mais tarde, narrando os fatos, ela não hesitará em imputar ao demônio, a intervenção da Mãe Celeste fizera uma fonte de graças e de luz. Essa marcha simultânea de algum modo sobre dois mundos, o natural e o sobrenatural, iria prosseguir, para ela, até à morte.

Mas, mais ainda que os aspectos misteriosos da sua vida interior, o que parece admirável é a progressão contínua que aí se vê rumo à descoberta plena das mais altas realidades da fé cristã. É seguro que, desde a idade de onze anos, Teresa passava o melhor das suas horas de liberdade a pensar, no quarto, "em Deus, na brevidade da vida, na eternidade; que se sabia, sem nenhuma vaidade, nascida para a glória", mas certa, também, de que essa glória "nunca apareceria aos olhos dos mortais e consistiria em tornar-se santa". E é também seguro que, desde a meninice, descobrira o que havia de ser a mais decisiva máxima da sua conduta: que, para alcançar esse fim, não bastavam as forças da sua alma, que só Cristo poderia realizar nela o seu plano e nela gravar a sua semelhança. No momento da primeira comunhão, reinventara a regra de ouro dos místicos: que é necessário dar tudo a Cristo, que é necessário, de acordo com São Paulo, fazer Cristo viver em nós.

Esse itinerário não fora percorrido sem dificuldade, sem drama. É um completo erro pensar que, na via da santidade por onde avançou, Teresa caminhou sempre num chão de pétalas de rosa. "Nessa mocinha de carne, de sangue, de nervos e de alma, a perfeita unidade interior só foi conseguida com lutas e dores"[7]. Uma testemunha autorizada da sua vida interior julgou poder assegurar que desde os quatro anos e meio até 1886, ou seja, até aos catorze, Teresa atravessou "um período de escuridão"[8]. Pelo menos, após o êxtase do sorriso da Virgem, e talvez por causa dos comentários nem sempre animadores que ouviu aos seus próximos, a quem se abrira, atravessou um tempo de escrúpulos, de profunda inquietação, de dúvida sobre si mesma e sobre a orientação da sua vida. Muitos santos passaram por tais provas — ordinariamente, não em idade tão tenra —, mas, em geral, Deus leva-os a sair desses sofrimentos mais fortes, mais firmes na sua decisão. Assim acontecera com Teresa.

No Natal de 1886, bastara um instante para o Menino Jesus a libertar das trevas. Tudo o que ela não pudera fazer durante vários anos, fizera-o Jesus, subitamente e de um modo tão magnífico que Teresa há de vir a falar dessa hora santa como da sua "conversão" definitiva. A "noite da sua alma" tinha sido transformada em "caudais de luz". O que então compreendera, por ter sabido ficar disponível à graça, era que tudo o que sofrera tinha um sentido, por Cristo, em Cristo. Compreendera que, entregando-se a Ele até nos mais ínfimos pormenores da vida, dEle obteria tudo o que podia esperar. Os dois dados fundamentais do que viria a ser a espiritualidade de "Teresinha" estavam já presentes nessa alma designada por Deus para as grandezas sublimes: o espírito de infância e a sobrenaturalização da dor[9].

Portanto, aos catorze anos, quando partiu para Roma com a peregrinação da Normandia, Teresa era bem diferente da adolescente exaltada que os padres tinham visto sem prazer perturbar a audiência papal com um pedido impróprio; bem diferente até da entusiasta peregrinazinha que, no Coliseu de Roma, com o risco de quebrar os ossos, conseguira descer à arena para beijar o solo sagrado regado pelo sangue dos mártires. Tudo isso era exterior. O interior dessa alma era bem mais rico, bem mais extraordinário. Essa mocinha tinha já avançado tanto nas vias místicas, que ninguém dos que a rodeavam podia acreditar. Face a face com

Jesus Crucificado, ao contemplar um crucifixo sem nada de especial, experimentara o mesmo sentimento de renovação total, de reviravolta ponto por ponto, que a outra Teresa tivera diante do *Ecce Homo* da capela[10], ou São Francisco de Assis diante do de São Damião[11]. Mais ainda: compreendera que o apelo interior que então ouvira não lhe dizia respeito unicamente a ela, que teria de transmiti-lo ao mundo, que a sua missão seria salvar almas para Jesus.

E, precisamente, algumas semanas antes da partida para Roma, tivera a prova irrefutável de que essa era a sua vocação. Ouvira falar de um episódio trágico: um assassinato crapuloso, seguido da prisão do responsável. Teve então uma ideia extraordinária e sublime. Esse assassino sinistro que a justiça dos homens ia riscar do rol dos vivos — ela o adotaria, no plano sobrenatural. Pois não foi a todos os homens, ainda que abomináveis pecadores, que Cristo agonizante levou a sua graça? Por cada um — Teresa, sem o saber, pensava como Pascal —, Cristo derramou uma gota do seu sangue. Também esse Franzini tinha direito à salvação! E Teresa, "devorada pela sede de almas", "querendo a todo o custo arrancar os pecadores às chamas eternas", iniciara aí a sua carreira de mediadora; a sua oração alcançaria essa conquista das almas que é a única que pode consolar Cristo na agonia. Pedira, suplicara a Deus que salvasse aquela alma envolta em trevas. Fora mais longe: oferecera a Deus, por aquele Franzini, o próprio sangue do Crucificado... E a resposta viera. Deus tinha-lhe dado a saber que acolhera a sua súplica. Porque, quando ia ser estendido na báscula da guilhotina, o condenado, que até aí recusara os socorros da fé, subitamente se voltara e beijara as Chagas de Cristo, no pequeno crucifixo que o capelão lhe chegava aos lábios. O jornal *La Croix* referira o fato. Desse modo, enquanto a prudência humana hesitava em admiti-la no Carmelo, Teresa já sabia plenamente que sentido teria para ela essa vida contemplativa que desejava.

A freira das rosas

Acabou a espera! Cessaram as resistências... Teresa entrou no Carmelo de Lisieux no dia 9 de abril de 1888. Havia dez meses que pedira licença ao pai e que este, vencendo a sua emoção, aceitara que, pela quarta vez, o Senhor lhe tomasse uma filha. Dez meses de luta para ultrapassar as barreiras que a sabedoria e a prudência dos homens — talvez também a rotina administrativa — levantavam no caminho a que Jesus a chamava. Estavam, pois, acabadas as penosas visitas ao vigário-geral, ao próprio bispo, e as conversas com esses padres delicadamente céticos ou agressivamente desconfiados. "A fortaleza do Carmelo", dizia Teresa, tinha-a ela conquistado "à ponta de espada".

E estava muito bem que tivesse sido assim, pensava ela. Fora bom que tivesse pago caro a sua felicidade. Felicidade... Mas, como era diferente essa sua felicidade daquela que o comum dos homens deseja! A vida monástica, aos olhos de quem só a conhece de fora, parece fácil, suave, sem história... Quem quer que tenha alguma experiência dos Carmelos ou da Trapa sabe como essa imagem é enganadora... Mas Teresa, ao entrar no Carmelo, também não ia lá buscar a felicidade segundo a terra: ia buscar o amor de Cristo e a alegria da Cruz.

O Carmelo é uma ordem penitente[12]. A grande santa que lhe deu a sua forma definitiva — Teresa de Ávila —, horrorizada ao ver a heresia protestante deitar abaixo, por grandes lanços, o edifício da cristandade, quis que as suas filhas, por meio de orações contínuas e de práticas ascéticas, tomassem sobre os ombros o pecado coletivo dos batizados e, expiando-o, reabrissem as portas do Céu a tantos extraviados ou ignorantes. Daí o rigor da Regra, a austeridade de vida. A cela, tão pouco confortável como a dos presos — sete a oito metros quadrados —, paredes brancas, cruz de madeira sem o Crucificado, palha sobre uma tábua fazendo de cama, nada de lençóis de linho ou cânhamo, mas dois rudes cobertores de burel; a um canto, uma bilha de água, um banquinho e uma mesinha para escrever, e a cesta de costura: tal era — tal é ainda hoje, com alguma pequena diferença — o quadro em que se desenrolava a vida das carmelitas. As refeições estavam na mesma linha, mais que modestas ao longo do ano: jejum de 14 de setembro à Quarta-feira de Cinzas, abstinência de leite, manteiga e ovos em toda a Quaresma, mesmo aos domingos, água e pão seco na Sexta-feira Santa, e no resto do ano limitadas em quantidade pelo costume e pelo desejo de abstinência.

Teresa passou por tudo isso. Sofria? Claro que sofria. Não o escondeu. Sobretudo o frio foi para ela uma penitência severa. Nunca se habituaria à umidade glacial da sua cela, a essas noites sem dormir em que tremia debaixo dos cobertores demasiado finos, a esse levantar matinal em que o corpo inteiriçado e entorpecido mal conseguia obedecer ao ritmo da vida litúrgica. "Tive um frio de morte!", diz ela. Esta confissão, vinda de uma santa heroica, confrange-nos o coração[13].

Esses sofrimentos físicos faziam-se acompanhar de outros, de gênero bem diferente, mas não menos difíceis de suportar: aqueles que necessariamente impõe a vida em comum numa coletividade. Conseguir que vivam juntas, dia a dia, num espaço limitado, uma vintena de mulheres — ou de homens... — sem que, desse perpétuo acotovelamento, resultem atritos ou mesmo choques, seria uma pretensão inviável. Tendo entrado no Carmelo "sem nenhuma ilusão" (nas suas próprias palavras), Teresa, segundo nota o pe. François de Sainte-Marie, "não foi mimada"... Se lermos o seu próprio testemunho, até ficamos com a impressão de que foi completamente ignorada e incompreendida.

Achando demasiado audaciosos os seus desejos de santidade, a Madre Geneviève de Sainte-Thérèse, fundadora do

Carmelo de Lisieux e uma santa mulher, tratou de lhe cortar as asas, ou, pelo menos, não a compreendeu. Pior foi com a Madre Marie de Gonzague, que, por duas vezes em nove anos, foi a priora. Natureza rica e generosa, tinha, no entanto, um temperamento complicado, propenso à hipocondria. Foi dela que Teresa recebeu as provações mais penosas. Quantas vezes a jovem religiosa teve de suportar observações severas, os "espirros" dessa autoridade!... Mas o contato com outros membros da comunidade não foi muito mais fácil. Ou era a boa vontade pegajosa de uma que suscitava o mais legítimo enervamento; ou era a suscetibilidade de uma outra que se assemelhava muito à maldade... E até com aquelas que poderiam ter-lhe dado compensações de ternura, as duas irmãs segundo a carne, que a tinham precedido no convento — e das quais a mais velha, Pauline, Madre Inês de Jesus, foi por três vezes sua priora —, as relações pessoais eram raras e em nada íntimas. A Regra e — devemos dizê-lo — a própria vontade de Teresa, que antecipadamente recusava esse conforto, tudo se lhe opunha. Quando a santa escreve: "O sofrimento estendeu-me os braços desde que entrei no Carmelo", estas palavras devem ser tomadas à letra. Mas é preciso ler também a sequência: "e eu abracei-o com amor".

Porque a verdade é que todos os testemunhos são concordes: Teresa nunca deixou perceber que esses sofrimentos a atingiam. Parecia alegre, risonha, por vezes mesmo travessa, com "o céu no olhar". Esmerava-se em fazer rir as companheiras de recreio e em organizar pequenos sainetes para as distrair. Se adoecia e tinha de ficar na enfermaria, parecia que faltava alguma coisa à comunidade, que lhe faltava alegria. Não se pode duvidar de que havia aí uma atitude voluntária, resultante de um esforço de autodomínio. Em todos os retratos que temos dela do tempo do Carmelo (a irmã Celina, que entrou depois dela no convento, gostava muito de fotografia e, como foi autorizada a levar a máquina, fez inúmeras fotos dela), encontra-se sempre o mesmo sorriso, um sorriso que, à primeira vista, parece feito de paz e de boa disposição, mas que, examinado com mais atenção, no enquadramento de todo o rosto, se revela, ainda nas provas mais retocadas, melancólico e quase triste.

Podemos imaginar a força de caráter que terá sido necessária a essa criança amorosa, extremamente terna, excessivamente emotiva (como vimos), e além do mais de uma sensibilidade acentuada pelas circunstâncias da sua meninice, para assim dominar as suas reações naturais e mostrar continuamente a quem a rodeava essa equanimidade, essa gentileza sorridente. Porque nunca se ouviu dizer que Teresa tivesse perdido esse autocontrole, que tivesse deixado sair dos lábios uma palavra de desforra ou de indisciplina, nem sequer num gracejo. Já por esse sinal se via a santidade de Teresa.

Se, ao menos, ela pudesse ser consolada dessas penas bem humanas, dessas mortificações corajosamente suportadas, por Aquele mesmo que viera procurar no Carmelo! Porque, obedecendo ao apelo irresistível do Senhor, sempre soubera que só poderia tê-lo a Ele para satisfazer as expectativas da sua alma. Mas, aí, apareceram outras dificuldades, outras provações. Nos seus textos autobiográficos, voltam insistentemente frases que mostram a profundidade do seu drama, frases como esta: "Não tinha para a minha alma senão o pão quotidiano de uma secura horrorosa". E Teresa dominou esse sofrimento, como os outros. E era esse o único sofrimento que contava aos seus olhos — não o que é infligido pelo frio e pela fome, não o que tem por motivo as relações humanas, mas o que o próprio Deus impõe por vezes à alma que o procura e que só Ele pode aplacar.

Assim a vida enclausurada de Soror Teresa, que, vista de fora, parece toda ela una e fácil, foi na verdade um tempo quase ininterrupto de provações, por ela suportadas com extraordinária firmeza. Como é falsa a imagem, demasiado conhecida, da "freira das rosas"! Apoiada numas palavras da própria Teresa acerca da "chuva de rosas" que, quando estivesse no Céu, faria cair sobre a terra, palavras profusamente difundidas por um certo imaginário são-sulpiciano, essa imagem dissimulou por muito tempo a verdadeira mensagem da jovem heroica. Os seus primeiros resultados felizes foram talvez devidos a um mal-entendido. Não foram rosas que Teresa colheu no Carmelo; ou, antes, se colheu algumas, foi através de densos espinhos, e lacerando mãos e braços até ao sangue... Se a expressão bíblica "mulher forte" alguma vez foi justamente aplicada a alguém, foi a ela. Mas, sendo como foi mulher forte, não foi apenas isso.

"Quebrar a estátua"

Antes de estudarmos a aventura interior de Teresa — a única que interessa no seu caso —, é preciso afastar uma objeção e estreitar mais de perto a verdade. Há uma lenda dourada em torno de Santa Teresa de Lisieux que deriva claramente da imagem de gesso, com cara de bombom, sorriso estereotipado, que atormenta tantas igrejas. Temos de arredar essa lenda, se quisermos alcançar a autêntica Santa Teresinha. "Quebrar a estátua", diz um dramaturgo que consagrou uma peça de teatro à carmelita[14]. É uma estátua que já iludiu demais.

Mas temos de ser honestos: quem, em certa medida, contribuiu para fixar essa lenda foi a própria Santa. Antes de mais nada, é por aquilo que ela disse que nós a conhecemos: por essa autobiografia que começou a escrever no final do ano de 1894, por ordem da sua irmã Pauline, então priora. As recordações de infância ocupam um lugar considerável no primeiro dos seus manuscritos autobiográficos: encantadores, tocantes de muitos modos, não escapam inteiramente, mesmo depois de desembaraçados dos piedosos retoques infligidos ao original, a uma certa puerilidade aparente que facilmente ilude o leitor. Há palavras e expressões que aparecem sublinhadas, como fazem as crianças, com o propósito, nem sempre muito justificável, de lhes dar mais força. A pontuação parece obedecer muitas vezes a intenções análogas. Quando se observam, na reprodução fotográfica que delas se fez, as páginas dos cadernos cobertos de letrinha aplicada, escolar, é difícil não pensar que está ali o trabalho de uma menina.

Fica-se ainda mais inclinado a pensá-lo quando se considera um outro aspecto da produção literária de Santa Teresa. Se a *História de uma alma* é, no conjunto, escrita numa linguagem firme, talvez um pouco prolixa, mas ampla e capaz de fazer estremecer, também dela conhecemos algumas composições poéticas que é muito difícil admirar[15]. O tom geral é com demasiada frequência o das cançonetas sentimentais menos palatáveis ou dos cânticos mais melosos. E a admiração não aumenta quando sabemos que essas estrofes adocicadas podiam ser cantadas segundo as árias da moda — o *Noël*, de Adam, o solo da laranjeira do *Mignon*, ou mesmo *La folle de la plage*.

Tudo isto é desconcertante, porque o mais espantoso é que, sob essa forma bem pobre, a pequena poetisa de convento exprimiu realidades espirituais autênticas, de uma riqueza insigne, que os teólogos que iam debruçar-se com minuciosa atenção sobre a obra de Teresa saberão pôr a claro. É o que acontece, por exemplo, com as quinze estrofes, tão sem graça, da sua composição mais célebre, *Vivre d'amour*, em que o pe. Combes encontrou, com razão, uma das formulações mais precisas e mais adequadas do itinerário místico. E acabamos por nos perguntar se a barreira dessa poesia fácil não terá sido propositadamente erguida diante da revelação teresiana para obrigar a inteligência à humilhação, tal como as imagens frequentemente deploráveis da Santa constrangem as pessoas de bom gosto.

Mais grave ainda: o que contribuiu para fabricar a estátua de gesso de Teresa foi também o vocabulário de que ela se serviu. É inegável que esse vocabulário ajudou muito a irradiar a sua figura: foi por causa dele que as pessoas julgaram senti-la bem perto delas e não se deixaram intimidar pela sua perfeição, tão transcendente. Mas contribuiu muito para alimentar o mal-entendido. Teresa exprimiu o desejo de que se unisse ao seu nome o adjetivo *petite*, "pequena"; esse desejo foi escutado, e só se fala dela como de "Santa *Teresinha*". Em que medida não terá esse diminutivo alimentado a ilusão de uma santidade igualmente pequena, ou seja, cômoda e ao alcance da mão? Para falar da sua relação com Deus, Teresa não recorreu às comparações amorosas utilizadas por tantos místicos, nem aos misteriosos símbolos de um São João da Cruz. Serviu-se de um vocabulário de infância; aconselhou e praticou os modos próprios da infância no trato com Deus, olhado principalmente como um Pai que muito nos ama. Havia aí uma base para induzir em erro muitas boas almas para quem a religião se reduz a uma devoção fácil, quando não a um sentimentalismo. O culto do "Menino Jesus" ajuda nesse sentido[16].

Mas é justamente aí que reside o segredo de Santa Teresa, bem como a causa da sua absoluta originalidade. O "caminho de infância" que ela preconiza é exatamente o contrário do pueril, e a sua "pequenez" é exatamente aquela a que Cristo prometeu o Reino dos Céus.

O "pequeno caminho de infância"

No Carmelo, Teresa, como vimos, não encontrou a paz, ou antes, se conseguiu conquistá-la, foi através dos sofrimentos que só quem os conheceu pode sentir como são pesados. As provações espirituais que tinha atravessado durante a mocidade não cessaram miraculosamente quando ela passou o limiar do porto da graça que procurara atingir; pelo contrário, tornaram-se mais penosas. A *História de uma alma* refere-as, num tom reservado que nos emociona, mais do que o fariam frases gemidas. Durante nove anos, houve nela uma alternância de trevas e fases luminosas, ao cabo das quais iria chegar ao estado de total despojamento e abandono absoluto à vontade de Deus em que a morte a encontrou.

O seu drama interior foi o de não saber ao certo se Deus a amava ou não. Sentia-se tão fraca, tão miserável, tão incapaz por si mesma de realizar os esforços indispensáveis para atingir a meta que, desde a entrada no convento, se tinha proposto: "ser uma santa". Em longos momentos, invadia-lhe a alma uma obscuridade pavorosa: sentia-se abandonada por Aquele que tinha vindo procurar no Carmelo. Ansiosa, perscrutava nas palavras da priora, nos sermões de um pregador, a resposta à sua angústia. No começo da sua vida de clausura, lendo os místicos da sua ordem — a grande Santa Teresa, São João da Cruz —, avançava para a luz. Mais tarde, deixou-os, por não querer receber essa luz senão no face-a-face com o Amor infinito. Mas como era difícil fazer frente às tentações que o Inimigo infiltrava no seu coração! Certa vez, este quase teve êxito: "A minha vocação — confessava Teresa — apareceu-me como um sonho, uma quimera". Se não fosse uma palavra, cheia de bom senso, da Madre Maria dos Anjos, mestra de noviças, quem sabe lá que estragos essa dúvida sangrenta teria feito!

Mas, nessa demanda de Deus, Teresa não esteve abandonada. Em várias ocasiões recebeu misteriosamente a resposta, como a recebera, em criança, do sorriso da Virgem ou durante a noite de Natal. Estando em oração no jardim do convento, a Mãe de Deus envolveu-a mais uma vez no seu véu, colocando-a, como confessa com simplicidade, "num estado sobrenatural". Em outro momento, foi durante o exercício da Via-sacra que recebeu a graça da ferida de amor e, com ela, a lancinante e doce certeza de não estar abandonada. Mas descobre-se aqui um dos traços mais sublimes da aventura dessa alma: não foi Teresa que desejou essas graças carismáticas, essas manifestações diretas de Deus junto dela; até se pode dizer que as recusava. Há uma ideia que volta muitas vezes à sua pena, expressa em várias formas: "Não desejo o amor sensível: desde que seja sensível para Jesus, isso me basta". E ainda: "A todos os êxtases, prefiro o sacrifício". Que sacrifício? O mais obscuro: descobrir a sua própria fraqueza, e "as feridas do coração que tanto fazem sofrer".

Eis o ponto de partida da sua espiritualidade, um ponto que a torna tão próxima de cada um dos homens, e fraternal para com os pecadores. Teresa sabe e sente que é bem pouca coisa, que é incapaz de se "reformar" por si mesma, de dominar as distrações que a assaltam durante a recitação do ofício, de não se agastar com esta ou aquela irmã, de não sentir desprazer com as noites glaciais e o levantar-se matinal, tão penoso. É claro que estes debates interiores de uma alma marcada por Deus se situam num nível já muito alto, aonde não chegam as consciências enviscadas nos pecados que enlameiam a maior parte dos mortais. Mas este traço da psicologia teresiana é fundamental. Acaso se poderá dizer — seguindo um romancista que dela falou com mais fervor e talento que pertinência[17] — que, "sabendo-se antecipadamente vencida", ela se limitou a batizar como vitória o seu fracasso? Isso autorizaria o pior dos pecadores a julgar-se no bom caminho visto ter fracassado totalmente nos seus esforços por mudar de vida! Seria esquecer que nunca a certeza de ser fraca e miserável impediu Teresa de realizar esse esforço sobre si mesma sem o qual ninguém avança no caminho da luz. Para essa jovem heroica, nunca se tratou de legitimar o fracasso, mas de santificá-lo.

Teresa de Lisieux parte, portanto, do conhecimento lúcido da sua fraqueza. Sabe que não é nada — nada ao lado dos santos cujo exemplo considerou e que sonha imitar. Tomou consciência dos seus limites e compreendeu que não está em seu poder superá-los. Não passa, afinal, de uma criança débil no fundo de um convento, e a quem são impossíveis as vocações heroicas, das quais, como chegou a dizer numa página comovente, tinha nostalgia: vocação de apóstolo, de cruzado, de missionário, de mártir. Mas, já que o Senhor a quis como ela é, é porque quer servir-se dessa pobre matéria; dessa fraqueza, saberá Ele com certeza fazer alguma coisa. "Tornar-me maior, é impossível — diz ela —; tenho de me suportar tal como sou, com as minhas imperfeições sem número". É, portanto, tal como é que ela vai procurar o caminho do Céu: na sua fraqueza, por meio dessa própria fraqueza. Essa humilde monja, cuja formação, afinal, era a do catecismo e do Evangelho, coincide aqui com o ensinamento mais misterioso e mais paradoxal de São Paulo: "Quando sou fraco, então é que sou forte" (2 Cor 12, 10).

Tal é a via de Santa Teresa de Lisieux, a "pequena via bem direita, bem curta, uma pequena via inteiramente nova". Sente-se demasiado pequena, muito pequenina, "um grão de areia" apenas; mas crê, com toda a alma, que a sua própria fraqueza lhe pode oferecer o meio de ir até Deus. E como poderia ela duvidar disso, se o próprio Jesus o afirmara diversas vezes? "Em verdade, em verdade vos digo: se não vos converterdes e vos fizerdes como crianças, não entrareis no Reino dos Céus" (Mt 18, 3); "Deixai vir a mim os pequeninos, porque deles é o Reino dos Céus" (Mt 19, 14); "Aquele que se fizer pequeno como esta criança será o maior no Reino dos Céus" (Mt 18, 4). A isto chamam os teólogos a "via de infância": a via de Teresa. Não é em vão que o seu nome em religião a põe sob a proteção do *Menino* Jesus. "É uma via — dirá Bento XV — que exclui o sentimento soberbo de si mesmo, a presunção de alcançar por meios humanos um fim sobrenatural, e a falaciosa veleidade de se bastar na hora do perigo e da tentação". Fácil? Ah!, de maneira nenhuma! E é aqui que não podemos iludir-nos sobre o adjetivo "pequeno" que Teresa emprega. Para seguir o "pequeno caminho", quantos esforços não são necessários, de autodomínio, de humildade, de abandono total à vontade divina! Não é quietismo a espiritualidade teresiana. É ao preço de um combate permanente que a alma acaba por ficar plenamente nas mãos de Deus.

Também não se trata de uma espécie de estoicismo. Para Teresa, seguir o "pequeno caminho" é impossível ao homem por si só. "Não imagineis — escreve — que podereis subir nem sequer o primeiro degrau. Mas Deus só vos pede boa vontade". Ela mesma "jamais perde a coragem", enquanto, interiormente, sangra com o silêncio de Deus. "Abandona-se nos braços de Jesus". É Ele que há de levá-la aonde quiser. Para dar um nome a essa força sobrenatural que virá tomá-la, a ela, a criança, e a elevará à grandeza divina, encontra uma expressão um pouco ingênua, que faz sorrir os homens superiores: o *elevador*. "Estamos num século de invenções — escreve —. Agora, já não é preciso o trabalho de subir uma escada: nas casas ricas, ela é substituída vantajosamente por um elevador. Também eu quereria achar um elevador para subir até Jesus, porque sou demasiado pequena para subir a dura escada da perfeição". E, num grande impulso de confiança, exclama: "O elevador que há de erguer a minha alma até ao Céu são os vossos braços, Jesus!"

Neste ponto, Soror Teresa, a obscura freirinha do Carmelo de Lisieux, iguala-se aos mais altos místicos. O conhecimento do seu próprio nada leva-a a lançar-se em Deus. "Sou demasiado pequena para fazer grandes coisas — confidencia ela a Jesus —, e a minha loucura é esperar que o teu amor me aceite". Loucura? Não, porque se trata, para ela, de uma certeza total. Cristo ama-a. Mesmo quando não se sente nada envolta no seu amor, Teresa não duvida; não duvidará nunca. Deus ama os homens! É este o grito repetido por tantos altos espíritos — os que Teresa leu, como os da sua ordem, a grande Teresa e São João da Cruz, ou o pe. Surin, ou ainda a tão prezada *Imitação de Cristo* — e por todos os que não leu. De resto, não tem necessidade de que outros lho digam: é nela uma certeza interior que vem dos primeiros anos da sua vida. O seu "pequeno caminho" nada mais é do que "caminho ainda mais alto" de que fala São Paulo (cf. 1 Cor 12, 31), o caminho da caridade de Cristo.

Mas, nessa via, importa que o compromisso seja total, de corpo, inteligência e alma. A caridade de Cristo impõe uma conduta de vida. Se Teresa é uma mística que só vive verdadeiramente no sobrenatural, é também uma pessoa realista e uma psicóloga que conhece bem o coração humano. Quando se leem alguns passos da sua autobiografia — por exemplo, o de "fazer bem às almas" —, fica-se até surpreendido com a lucidez com que essa religiosa, que quase nada conhecera dos homens e do mundo, analisa os mais secretos meandros da consciência. A verdade é que, em estreita união com a sua concepção da vida espiritual, ela elabora um método. Vai ter, aliás, necessidade disso, quando, nomeada mestra-adjunta das noviças, passa a ter de formar almas jovens.

Já não é apenas dos seus progressos pessoais, mas também dos das suas noviças, que Teresa é responsável perante Deus. E ela compreende que lhe é "impossível fazer alguma coisa sozinha" (é sempre o "pequeno caminho", que parte da humildade total), mas que o que ela não pode fazer, o Amor infinito o fará. O método que vai seguir e ensinar partirá, portanto, das coisas corriqueiras da vida, dessas mil e uma realidades que diariamente encontramos no caminho, para delas extrair um meio de progresso constante. Aceitar com humildade e simplicidade as alegrias e as penas de cada instante; cumprir integralmente os deveres de estado, por mais difícil que possa ser; procurar todas as ocasiões de viver a fraternidade e de socorrer o próximo; realizar pequenos sacrifícios que só Deus conhecerá — e tudo isso feito à plena luz da caridade de Cristo: Teresa não pede mais. Mas esse conjunto de esforços quotidianos não exigirá, afinal, uma coragem maior do que a de certos gestos heroicos? Sobretudo se esse autodomínio tiver de ser acompanhado de um sorriso e vivido com o ar mais natural deste mundo.

A *História de uma alma* está toda ela cheia de pequenos episódios em que se vê Teresa pôr em prática esse heroísmo da aceitação. Porque, se esse heroísmo é a virtude mais essencial na vida corrente, seria falso pensar que não há no claustro ocasiões de o realizar: mesmo nos lugares mais prosaicos, como os refeitórios e os vestiários, os corredores e os armários de limpeza. Vemo-la, pois, quer ajudando uma velha freira rabujenta, que não lhe mostra nenhuma gratidão, quer multiplicando as atenções com uma outra por quem sente instintivamente uma certa antipatia, quer ainda agradecendo interiormente a uma irmã que lhe chamou má religiosa porque não gostava de tomar remédios desagradáveis, ou reprimindo-se de tapar a boca a uma outra que se dizia incomodada com o cheiro das rosas que Teresa tinha na mão, quando afinal eram rosas de papel... São, dir-se-á, proezas bem insignificantes... Mas só o são aos olhos de quem ignora a realidade da vida moral e não sabe que é travando batalha nesses pequenos campos que nos preparamos para travá-la em campos mais vastos.

Sobrenaturalizando todo o quotidiano, Teresa chegava à libertação total do egoísmo e à entrega de todas as faculdades ao Amor supremo: ou seja, chegava à santidade. Essa santidade de que ela diz tão perfeitamente que "não reside nesta ou naquela prática", mas "consiste numa disposição de coração que nos torna humildes e pequenos nos braços de Deus, conscientes da nossa fraqueza e confiantes até à ousadia na sua bondade de Pai": isto é, inteiramente entregues ao Amor.

Oferta em holocausto

Se tivesse ficado nesse ponto, a experiência espiritual de Teresa do Menino Jesus teria sido, certamente, digna de admiração, mas não teria atingido o seu significado pleno. A santa teria ensinado à humanidade, melhor que ninguém, a prática das virtudes de infância preferidas por Cristo: a simplicidade, a humildade, a pureza de coração. E ter-nos-ia proposto como modelo a sua heroica serenidade, o seu constante autodomínio. Mas a "pequena" carmelita é ainda bem mais que uma pedagoga eminente e uma figura exemplar. Para a compreendermos em todo o seu alcance, que é sobrenatural, temos de estar atentos à sua oblação, ao significado sacrificial da sua vocação.

Entramos agora numa ordem de coisas a que não têm acesso aqueles que não partilham a fé cristã — essa ordem da Comunhão dos Santos que faz parte do Credo cristão. Aí, pecadores e santos perfazem um todo único, todos são elementos do Corpo Místico de Cristo que é a Igreja. E uma vez que todos estão interligados pela graça do Batismo e pelo comum apelo à salvação, é natural que os méritos de uns transbordem misteriosamente para os outros, que os sacrifícios dos santos redimam, aos olhos da Justiça infalível, todas as fraquezas, todas as faltas, todos os crimes dos pecadores. É nesta perspectiva — que transcende toda a explicação pragmática — que se justifica a existência das ordens contemplativas, as quais, aos olhos do comum dos mortais, obcecados pelo afã do rendimento, não passam de coisa inútil. Das Trapas, das Cartuxas, dos Carmelos, dizia Huysmans que são os "para-raios de Deus". Palavra pitoresca e adequada, mas um tanto limitativa. A oração dos contemplativos faz mais do que afastar do mundo a cólera divina: ajuda as almas a subir.

Ao entrar no Carmelo, Teresa mostrara formalmente ser essa a sua vocação. A sua irmã Celina viria a confirmá-lo: "A vida conventual aparecia-lhe sobretudo como um meio de salvar as almas". Desse modo ela era bem a filha da Santa de Ávila, que, ao organizar uma ordem contemplativa, tinha por desígnio, como vimos, trabalhar pela conversão dos pecadores e dos hereges. Mas há muitas maneiras de trabalhar pela salvação das almas. Qual seria a de Teresa?

Teresa sonhara que o seu trabalho seria ir levar a mensagem divina aos que a ignoram. "Eu quereria ser missionária! — exclamara —. Quereria ter sido missionária desde a criação do mundo, e continuar a sê-lo até à consumação dos séculos". Materialmente, para uma religiosa de clausura, esse desejo era, não apenas irrealizável, mas absurdo. No entanto, pouco antes de morrer, ela ainda falava de partir para o Carmelo de Hanói. Mas não seria para ir lá converter diretamente os não-cristãos por meio da sua palavra, mas antes para aí prosseguir, em condições de isolamento mais duras do que em Lisieux, a mesma experiência, e estabelecer uma presença de oração em plena terra pagã.

Seria preciso partir para tão longe para cumprir a tarefa que o Senhor esperava dela? Cuidando de aprofundar a sua própria experiência, não trabalharia ela por "salvar almas"? Ao ensinar o seu "pequeno caminho" e o seu método de consagração da vida inteira, não estaria já a ser "apóstolo dos apóstolos"? Oferecendo ao Céu as suas orações e sacrifícios, não faria recair graças eficazes sobre todos os que tinham necessidade de ajuda espiritual, e em especial sobre os que têm por vocação precisamente trabalhar de modo concreto para a salvação das almas — os padres, aos quais, segundo dizia, se aplicava muito particularmente a sua oração?

Assim reencontramos toda inteira a maravilhosa mocinha que, em segredo, suplicara à Misericórdia divina pelo assassino Franzini e soubera que tinha sido ouvida. Teresa passou toda a sua vida de carmelita na certeza de que o seu objetivo último era esse: trabalhar para ganhar almas para Deus, oferecendo à Justiça divina tudo o que ela era, tudo o que fazia. Assim, a sua "pequena via" tomava um sentido bem mais alto que o de reduzir-se a um método de autodisciplina: levava a fazer participar a alma orante da economia da salvação.

É aqui que devemos considerar de novo os sofrimentos pelos quais Teresa passou durante os nove anos da sua vida religiosa. Não apenas os sofrimentos físicos, que já vimos, e aqueles que iam acumular-se sobre as suas costas, cada vez com maior peso, até à hora do supremo arremate. Não apenas os que lhe infligiam com demasiada frequência os contatos com as pessoas que a rodeavam, mas também os que, infinitamente mais sangrentos, experimentava durante os seus tempos de trevas interiores. Bem longe de os repelir, ela desejava-os. Lembramo-nos das suas palavras: "O sofrimento..., eu o abracei com amor".

Estamos em pleno paradoxo, num terreno a que só tem acesso uma ínfima minoria da humanidade. Ninguém no mundo terá, certamente, tentado fugir do sofrimento com a mesma decisão e perseverança com que Teresa do Menino Jesus se empenhou em procurá-lo. É isso o que o seu sorriso esconde, esse sorriso que iludiu tanta gente.

E não devemos pensar que esse amor pelo sofrimento e esse desejo de sofrer fizeram de Teresa uma natureza trágica, que tivesse em sofrer não sei que prazer mórbido. Ela era demasiado "menina", no sentido mais puro da palavra, para que a sua sensibilidade se desviasse por esses caminhos duvidosos. Simplesmente, o sofrimento tinha para ela um sentido; e ela lamentava de todo o coração "aqueles que não sabem aproveitar os seus sofrimentos", aqueles para quem o sofrimento nada significa. "Os santos que sofrem não me dão pena", dizia. O que não quer dizer que não se comovesse com os horrores dos martírios, mas sim que sabia muito bem que desses instantes de dor os santos tiram inesgotáveis tesouros de alegria.

Tal foi o primeiro estádio da vocação sacrificial de Teresa do Menino Jesus: oferecer os seus sofrimentos para salvar as almas. "Quando se quer chegar a um fim — diz ela —, é necessário procurar os meios". "Jesus tinha-me feito compreender que me daria almas por meio da cruz; portanto, quanto mais cruzes eu achava, mais aumentava a minha atração pelo sofrimento [...]. Durante cinco anos, esse caminho foi o meu". E acrescenta, o que torna mais pungente a confidência: "Mas só eu o conhecia. Era essa a flor ignorada que eu queria oferecer a Jesus, uma flor cujo perfume não se exala senão para o lado do Céu".

Mas Teresa não iria ficar nessa concepção penitencial. Afinal, muitos outros contemplativos, desde há dois mil anos, têm oferecido a sua cruz, em segredo, pela salvação do mundo. Alguma coisa nela lhe diria que não era no cômputo rigoroso da justiça divina que se operava a misteriosa reversão dos méritos, mas numa ordem ainda mais misteriosa: a ordem do amor. Uma vez que Deus ama os homens, não é possível que Ele seja somente o Deus que castiga. As "vagas de infinita ternura" que nEle se contêm devem espraiar-se sobre a terra. O seu amor misericordioso "deseja abrasar as almas" e erguê-las até Ele. Só é preciso suplicar-lhe com confiança, com uma confiança tão total que Ele seja como que forçado à Misericórdia. Basta uma oblação de amor para suplicar-lhe...

E Teresa venceu a jornada decisiva em 1895. A 9 de junho, era a festa da Santíssima Trindade. Sabe-se com precisão a data desse acontecimento espiritual, porque Teresa a anotou, como Pascal anotara a data — 23 de novembro — da sua "noite de fogo". Nesse dia, Teresa decidiu oferecer-se toda ela ao "Amor Misericordioso", ou seja, ao Deus tão imensamente amoroso que não quer castigar os homens por causa dos seus pecados, mas sim fazê-los arder de amor para os purificar. *Igne me examinasti* ["provaste-me pelo fogo"], diz o Salmista (Sal 17 (16), 3). E dos lábios da mística brotou esta oração: "Ó Jesus, que seja eu essa feliz vítima: consumi o vosso holocausto pelo fogo do vosso Divino Amor!"

Teresa atingira o vértice místico; tinha verdadeiramente escalado o monte Carmelo. Entre maio e setembro de 1896, compreendeu — ou melhor, Deus fê-la compreender — qual era o seu verdadeiro caminho. Desde o instante em que a alma se entrega por completo ao Amor Divino, todas as outras intenções são vãs ao lado dessa. O próprio sofrimento encontrava o seu sentido, não já, como anteriormente, numa aceitação penitencial, mas numa espécie de furacão de amor que arrebatava a alma inteira, fazendo-a unir-se aos sofrimentos que o próprio Jesus quis suportar por amor dos homens. E Teresa exclamava, como o *Eureka* do antigo: "Por fim, encontrei a minha vocação: a minha vocação é o amor!"

Um episódio curioso e comovedor não deixou de lhe trazer uma certa confirmação a essa descoberta; a bem dizer, pareceu-lhe até um sinal do céu. Um seminarista da diocese de Bayeux (a que então pertencia a cidade de Lisieux), que decidira entrar nas Missões Estrangeiras da rue du Bac, escrevera à Madre Priora do Carmelo de Lisieux pedindo-lhe "que uma religiosa se vincule particularmente à salvação da sua alma e obtenha que ele venha a ser fiel à vocação que Deus lhe deu: padre e missionário". A priora, que era então a Madre Inês de Jesus, irmã de Teresa, Paulina, encarregou a irmã mais nova dessa "adoção" espiritual. Alguns meses depois, outro missionário, futuro Padre Branco, dirigira idêntico pedido e ficou a ser o segundo pupilo espiritual de Teresa. Houve troca de correspondência, só interrompida pela morte, entre a freira e esses dois homens que ela tinha por missão ajudar a subir até Deus. Teresa sentiu uma alegria imensa com esse encargo. Não seria essa a resposta de Deus, a prova de que ela estava no bom caminho? E não seria também a promessa da safra de almas que ela havia de conseguir? Ela mesma dissera: "O zelo de uma carmelita deve abrasar o mundo". Essa premonição estava, pois, confirmada.

Oferecida em holocausto pela salvação do mundo, Teresa do Menino Jesus sabia já que cumprira tudo o que o Senhor esperava dela. E encontrara a paz. Ela própria contará que, logo que efetuou o ato interior de oblação, se sentiu inundada de oceanos de graça. "O amor penetra-me e envolve-me — dizia ela a cada instante —; esse amor misericordioso renova-me, purifica a minha alma e não me deixa no coração nenhum pecado". Os sofrimentos podiam agora voltar, e, entre eles, os piores: os do abandono por parte de Deus e os da dúvida torturante. Era bem para lá de todos eles que Teresa estava daí em diante firmemente enraizada: no amor sobrenatural que foi o de Jesus agonizante, abandonado por todos no Calvário — nesse mesmo amor que, diante da morte, iria envolver-lhe o rosto numa inefável claridade.

"Não há maior amor..."

Desde o começo da sua vida no Carmelo, Teresa manifestara por muitos indícios que, fisicamente, suportava bastante mal as austeridades da existência conventual, agravadas pelas que ela mesma se impunha. Tendo adquirido o hábito de se alimentar com os restos deixados pela comunidade, e que as irmãs cozinheiras, como boas ecônomas, não lhe negavam, começara a emagrecer e empalidecer. A linda moça sadia depressa ganhara um certo aspecto balofo e inchado, que impressionara a sua irmã Celina antes mesmo de juntar-se a ela por trás das grades da clausura. Durante as visitas no locutório, fizera-lhe perguntas, mas Teresa nunca falara da sua saúde senão em termos muito vagos. As suas superioras e companheiras não davam pela mudança, decerto por estarem demasiado acostumadas a vê-la, e também iludidas pela sua igualdade de ânimo, pelo sorriso e por nunca lhe ouvirem nenhuma queixa.

Durante o ano de 1895, o seu estado de saúde deteriorou-se mais seriamente. Acometia-a frequentemente uma tossezinha seca, e, segundo se adivinha ao ler o seu livro, tinha febre e sentia-se cada vez mais fatigada. Mas nada dizia, nem sequer à priora, que era então a sua irmã Pauline, Madre Inês de Jesus. Nada mudou no seu dia-a-dia, não pediu nenhum abrandamento dos rigores da Regra, nenhum aquecimento na cela, nem mesmo mais um cobertor. Janeiro e fevereiro de 1896 foram meses muito duros, de uma umidade glacial. E a tuberculose não teve dificuldade em se apoderar de um organismo tão debilitado.

Chegou a Quaresma, e a jovem doente viveu-a exatamente como nos outros anos: jejum e abstinência, disciplinas regulamentares, que duravam o tempo de três *Miserere*, na Quarta, Quinta e Sexta-feira Santas. Vendo-a fervorosa nos ofícios, a comunidade continuou a não suspeitar de nada. Na Quinta-feira-Santa, à noite — a noite em que começara a Paixão de Cristo —, Teresa recebeu o que chamaria "o primeiro apelo, como que um doce e distante murmúrio que me anuncia a sua feliz chegada". Quem havia de imaginar que essa linguagem poeticamente mística designava uma realidade terrível — uma hemoptise?! Mas é preciso dar a palavra à santa.

"À meia-noite, voltei para a cela. Mal pousei a cabeça na almofada, senti uma onda subir, borbulhando, até aos lábios... Julguei que ia morrer, e o meu coração desfez-se em alegria.

No entanto, como acabara de apagar a nossa pequena lâmpada, mortifiquei a minha curiosidade até de manhã, e adormeci tranquilamente".

"Que estoico foi jamais capaz de semelhante mortificação? — observa Mauriac[18]. — Seria sangue? Era uma questão de vida ou morte. Mas a virgem prudente não acende a sua lâmpada e permanece em paz nas trevas da Quinta-feira-Santa". Ficaríamos estupefatos com o heroísmo transcendente exigido por um tal autodomínio, se não soubéssemos que o método de Teresa, a sua pequena via de disciplina, fizera crescer nela a virtude da fortaleza, a tal ponto que exercia um império absoluto sobre as suas faculdades. Só de manhã, quando tocou o sino de levantar, é que ela se aproximou da janela e viu o lenço. À luz alvacenta, viu-o vermelho-escuro, cheio de sangue já meio seco.

Depois de ter participado normalmente da recitação dos ofícios com as companheiras, ajoelhou-se diante da priora e contou-lhe o incidente da noite. Essa priora era, havia pouco, a Madre Maria de Gonzaga, a autoritária, cujo temperamento robusto desconhecia a doença e que estava obcecada pelo desejo de austeridade, tanto para si como para as outras. Teresa obteve, pois, "facilmente" licença para levar até ao fim a sua Quaresma. Continuou a vida habitual, trabalhando como as outras — tendo porém de esforçar-se mais —, mas procurando sempre disfarçar o seu estado. Se estava tão esgotada que tinha de se sentar durante uma recitação litúrgica, e lhe chamavam a atenção, levantava-se imediatamente, como se tivesse sido por distração. Mas quase desfalecia durante as longas salmodias dos ofícios. Quando regressava à cela, demorava cada vez mais a vencer as centenas de metros que a separavam da capela, e, ao subir a escada, tinha de parar quase a cada degrau.

Mas havia aquela tosse seca, teimosa, que já não podia esconder e que, finalmente, acabou por inquietar a priora.

Chamaram um médico para que a examinasse. Não achou que fosse grave e limitou-se a receitar os remédios do tempo: ventosas, vesicatórios, cautérios, dieta fortificante. Tanta desatenção por parte das superioras e tanta ignorância no médico espantam-nos. Mas Teresa era tão forte e sabia enganar tão bem!... A dieta fortificante parece ter tido efeito, e a tosse diminuiu. Teresa brincava: "A doença é um guia demasiado lento — dizia ela —. Só conto com o amor".

O inverno de 1896-97 não deixou nenhuma dúvida: Teresa estava seriamente afetada. Certo dia, uma das noviças de que ela estava encarregada viu-a quase perder os sentidos, nitidamente no limite das suas forças, e, apesar de a enferma a ter proibido, foi avisar a priora. Esta, por fim, abriu os olhos. As irmãs de Teresa, Paulina e Celina, souberam então da hemoptise do ano anterior, e censuraram carinhosamente a caçula por não lhes ter dito nada. Foi decidido proibir-lhe que assistisse aos ofícios. Voltaram a chamar os médicos. Tarde demais. Um dos médicos confessou: "Esta alma não foi feita para a terra". No princípio de julho, fizeram-na deixar a cela e a palha do leito, para ocupar uma cama com colchão na enfermaria. De nada lhe valeram os protestos.

Daí em diante, Teresa passou, uma após outra, pelas fases próprias da tuberculose já perto do termo. No peito, as habituais punhaladas; na garganta, a queimadura da passagem do ar; nas mucosas da boca e da língua, exfloração e ulceração. Sem falar das hemoptises, das complicações intestinais e de todos os dolorosos incômodos bem conhecidos dos acamados: escaras, ossos doloridos. Nada disso era extraordinário; em certo sentido, era a "pequena via" que continuava. Teresa avançava para a morte de um modo perfeitamente vulgar, muito simples, como o comum dos mortais.

A essas provações, no entanto, outras se ajuntavam. Na Páscoa de 96, quer dizer, apenas uns dias após a hemoptise da Quinta-feira-Santa, de novo as trevas se abateram sobre a sua alma, mergulhando-a na mais terrível noite até aí experimentada. A sua fé, tão luminosa, pareceu vacilar, e faltou-lhe a esperança. Parecia-lhe que uma voz escarninha e ímpia lhe gritava: "Tu sonhas com a luz, com uma pátria de bálsamos; sonhas com a posse eterna do Criador dessas maravilhas; julgas sair um dia dos nevoeiros em que enlanguesces: avança! avança!..., rejubila com a morte que te dará, não o que tu esperas, mas uma noite mais profunda ainda, a noite do Nada!"

Esse estado de derrelição iria durar até ao fim de Teresa; só cessaria no derradeiro instante. Houve breves momentos em que foi interrompido. A venerável Madre Ana de Jesus, filha muito amada da grande Teresa de Jesus e fundadora do Carmelo na França, apareceu em sonhos à sua filhinha, tomou-lhe a cabeça entre as mãos e pronunciou palavras de conforto. Depois, houve a chuva de graças que se seguiu à "adoção" dos missionários e às revelações sobre a sua vocação. Uma vez, a própria Santíssima Virgem levou-lhe alguma consolação. Mas esses momentos de luz não duravam quase nada: dir-se-ia que apareciam unicamente para fazê-la sentir mais penosamente a opacidade das trevas. E, quando, a partir de 19 de agosto de 1897[19], as hemoptises a impediram de comungar, a doente pensou que a parede que a separava de Jesus se tornava intransponível. Deus ter-se-ia retirado dela para sempre?

Nessa provação, mais dolorosa que todas as outras, Teresa reconhecia, contudo, a mão de Deus. Via aí a prova suprema da sua vocação. Ela não teria sido a mensageira do "pequeno caminho" se tivesse saltado jubilosa para a morte, como tantos santos e mártires, se o Além em que pusera toda a esperança tivesse iluminado a sua passagem com uma luz serena e sobrenatural. Era bem adequado que entrasse na morte com esse peso no espírito e essa angústia inteiramente carnal, pois são essas as aflições que a maioria dos homens experimenta.

Já que tinha querido tomar sobre si os pecados dos seus contemporâneos, não teria de conhecer o horror da apostasia? "Jesus fez-me compreender — diz — que há almas sem fé nem esperança". Era por essas almas que devia rezar, lutar, sofrer — morrer. E, de resto, não ficaria assim estabelecida entre Cristo e ela uma última semelhança? No Jardim das Oliveiras, também Ele suara de angústia; sentira o abandono do Pai. Não era à toa que o nome completo que Teresa tinha em religião era "do Menino Jesus e *da Santa Face*". Para consumar a totalidade do seu sacrifício, para se assemelhar plenamente à Face ultrajada, teria de murmurar o *Lamma sabachtani* ["Por que me abandonaste", cf. Mt 27, 46].

Eis por que, diante da dupla provação, material e espiritual, a heroica jovem não flectiu nem por um instante. Confessava que o que sofria era espantoso; certa vez, chegou até a aludir à tentação do suicídio. Mas a sua esperança estava situada para lá de todo o desespero humano, e a fé da sua alma era demasiado sólida para que a pudessem vencer as dúvidas do espírito perturbado pelo sofrimento. "Apesar desta prova — dizia —, ainda posso exclamar: "Senhor, Vós me encheis de alegria por tudo o que fazeis". Sentia que tudo lhe fugia? Que importava! "Eu ainda posso dizer a Deus que o amo, e é o bastante". Paradoxal também essa experiência mística em que tudo parece feito para desconcertar os juízos meramente humanos. No momento em que, segundo ela mesma confessa, estava mergulhada no abismo do desespero, podia, afinal, escrever: "É a paz que se torna a minha herança, a paz calma e serena do navegador quando vê o farol que lhe indica o porto". Era ela que tinha querido tudo o que se passava; a sua vocação estava realizada. A poucos instantes da morte, Teresa poderia ainda pronunciar esta frase de vitória: "Cumpriram-se os meus menores desejos".

É por testemunhos de primeira mão que conhecemos toda esta história pungente. A Madre Inês de Jesus, Paulina, a "mãezinha" de Teresa, fora pouco a pouco adivinhando a santidade da sua irmã mais nova. Percebera que a simplicidade de Teresa, a sua delicadeza quase infantil escondiam a profundidade da sua vida interior. Quando a viu caminhar para a morte com tão maravilhoso ardor, não hesitou: passou a anotar todas as palavras que a sua irmã dizia. Assim foram redigidas as *Novissima verba* ["Últimas palavras"], verdadeiro testamento espiritual da santa. Depois, maravilhada com tudo o que ia registrando, sugeriu à Madre Maria de Gonzaga que ordenasse a Soror Teresa que escrevesse tudo o que sabia da sua própria vida religiosa. E a enferma, juntando todas as forças que ainda lhe restavam, obedeceu à ordem da priora enquanto pôde.

Mas a morte aproximava-se, a passos sorrateiros e vagarosos. Tinham transferido Teresa para a enfermaria. Já não passava de uma sombra do que fora, quase imaterial. Uma chocante fotografia mostra-a, estendida, numa *chaise-longue*, debaixo do claustro que rodeia o pátio de recreio, toda apoiada em almofadas, embrulhada numa manta, mas com o rosto imensamente calmo, o olhar vivo e direto, a boca esboçando um sorriso..., imagem de uma firmeza sobrenatural. Falava da morte — da sua morte — com uma serenidade que apertava o coração das que a rodeavam, detendo-se nos pormenores fúnebres, pedindo que, em vez de porem coroas no seu caixão, resgatassem da escravidão alguns meninos pretos. Repetia sem cessar palavras de abandono espiritual. "Eu deixo que Deus escolha por mim. O que eu amo é o que Ele faz!" Uma única vez a sua sensibilidade transbordou. Apoiada na Madre Inês, dava pelo jardim um breve passeio, um dos seus últimos passeios. Viu uma galinha branca que abrigava a ninhada debaixo das asas. Pôs-se a soluçar. Quando a irmã lhe perguntou por quê, murmurou: "Foi isso que Ele fez por mim: escondeu-me inteiramente debaixo das suas asas".

Nas últimas semanas, pareceu obcecada por uma ideia, por um suave pensamento: o de explicar a sua missão. Foi então que pronunciou as palavras que, pouco depois, correriam o mundo inteiro como a mais segura das promessas: "Sinto que a minha missão vai começar, a missão de fazer amar a Deus como eu o amo, de dar às almas o meu pequeno caminho" de confiança e abandono. *"Quero passar o meu céu fazendo o bem sobre a terra"*. E falou também da chuva de rosas que faria cair sobre o mundo... "Ajudar a Igreja", salvar as almas: a sua vocação terrena iria cumprir-se para além das portas da morte. Teresa sabia-o; estava certa disso. Uma misteriosa premonição lho assegurava. Poucos dias antes do fim, depois de ter desfolhado lentamente algumas rosas sobre um crucifixo, disse subitamente à sua irmã: "Recolha bem estas pétalas; não perca nenhuma. Hão de vir a fazer alguém feliz".

Uma das suas derradeiras palavras foi em resposta a uma das companheiras que lhe pedia um último adeus: "Já disse tudo. Tudo se cumpriu. Só o amor conta". Morreu na quinta-feira 30 de setembro de 1897, pelas sete e vinte da tarde. A comunidade, ajoelhada à sua volta, ainda a ouviu murmurar, com voz muito baixa, mas firme: "Oh! Eu o amo... Meu Deus..., eu Vos amo..." E, de repente, as religiosas viram a face da agonizante iluminar-se, os olhos abrirem-se, irradiarem, retomarem toda a vida, como se contemplassem quem sabe que realidade invisível e consoladora. Teresa esteve assim pelo tempo de um *Credo*; depois, voltou a cerrar as pálpebras e entregou a alma. Tinha posto em prática, até ao fim, o axioma evangélico: "Não há maior amor que o de morrer por aqueles que se ama" — por Aquele que se ama.

"Palavra viva de Deus"[20]

Assim foi Teresa, a "pequena" Teresa, religiosa obscura no fundo de um claustro e testemunha de Deus. Assim vemos surgir, na história da Igreja, essas figuras luminosas e significativas, que se diria estarem encarregadas pela Providência de levar aos homens do seu tempo uma mensagem que só elas são capazes de formular. Na sua época, nenhum santo terá sido tão visivelmente investido de uma missão capital como essa Teresa do Menino Jesus e da Santa Face, cujo singelo testemunho foi recebido por tantas almas como a palavra de que estavam à espera. E, mesmo no decorrer dos séculos, quantos santos poderemos referir que tenham desempenhado simultaneamente os dois papéis que geralmente os santos dividiam entre eles — serem juízes e guias do seu tempo, contradizê-lo e refleti-lo? Teresa, a simples e humilde Teresa, foi tudo isso ao mesmo tempo: expressão das angústias e das misérias dos homens; voz que indicava as causas de tudo isso; exemplo a seguir para lhes quebrar o círculo de ferro.

Para quem compreenda bem o seu sentido e alcance, a mensagem de Santa Teresa de Lisieux constitui a mais completa, a mais adequada das respostas a esse humanismo ateu que vimos cobrir todas as formas da apostasia do nosso tempo[21]. Às asserções de um Nietzche ou de um Karl Marx, a santa opõe a única resposta irrecusável, a que não vem apenas nos livros e na pena, mas brota de uma experiência vital e é assinada com sangue. "Deus morreu" — dizia o profeta de Sils-Maria. Para Teresa, não basta dizer que Deus está vivo: Ele é a Vida, num tal grau de evidência que, quando tudo poderia levar à convicção de que está aniquilado, ela sabe ainda que nada o pode destruir, porque só Ele é real.

Não foi apenas pelo lado externo, como se fosse um objeto de observação histórica, que Teresa considerou o drama da "morte de Deus": viveu-o, até ao fundo da sua alma em sangue. Assumiu plenamente a grande descrença do seu tempo, a fim de provar, pela sua experiência, que essa descrença era absurda e que a verdade ficava para além dela. E mostrou como é derrisória essa exaltação do homem a que conduzem todas as doutrinas do ateísmo. Se alguém dá a impressão de ter “ultrapassado” o super-homem do sonho de Nietzsche, é certamente ela; mas levou a cabo essa ultrapassagem pelos meios exatamente opostos aos que são preconizados pelo humanismo ateu: não pelo orgulho da inteligência nem pela vontade de poder, mas pela humildade absoluta e pela simplicidade do coração.

De resto, tudo aquilo que os homens do seu tempo tinham erigido em ídolos foi recusado pela vida e pela mensagem de Teresa. Tudo o que eles odiavam, ela o exaltou. Humanamente falando, a sua existência para nada serviu; estava radicalmente fora da perspectiva do rendimento. Foi uma existência completamente votada à imobilidade, ao silêncio, à solidão, à caridade: que desmentido à civilização da velocidade e do frenesi, ao mundo gregário do vizinho inevitável!

Mas o paradoxo teresiano é ainda mais impressionante se considerarmos não tanto o que ela nega como o que afirma. Amar o sofrimento, ansiar por ele como uma graça... Para a época dos anestésicos, nada de mais incompreensível. A misteriosa equação que Teresa estabelece entre a vida e a morte — “Não morro: entro na vida”, diz numa das suas últimas cartas — não comporta qualquer solução na ótica do materialismo. Se Deus morreu, tudo isso é absurdo. Mas não é precisamente nesse absurdo sublime que reside o remédio para os males de que sofre a humanidade — a contradição dos desejos, a desordem dos pensamentos, a instabilidade da vida? Foi por ter partilhado da fraqueza e das angústias dos homens do seu tempo, recusando as suas máscaras e as suas revoltas, que Teresa surgiu como infinitamente próxima deles e capaz de socorrê-los. O papel de juiz, que desempenhou sob tantos aspectos, viveu-o ela com um coração tão fraternal que persuadiu mais que todas as análises dos filósofos, mais que todos os sermões dos oradores sagrados.

E foi com esse mesmo coração que assumiu o seu outro papel, o de guia do seu tempo. Talvez o que mais conta não seja que ela tenha sido heroica diante da vida e diante da morte; houve muitos santos que deram exemplos não menos luminosos, mesmo entre aqueles que ainda não foram reconhecidos pela Igreja. Para uma alma tão inteiramente votada ao sobrenatural como Santa Teresa, o heroísmo faz parte do "óbvio". A sua mensagem é mais pessoal: não se reduz a um exemplo de coragem perante a dor e a morte. Se é certo que a "pequena" santa carmelita esteve na origem de uma nova espiritualidade, é porque, em três pontos decisivos, ela oferece esse *omen novum* louvado pelos papas.

Preconizando a sua "pequena via", ou seja, a consagração de todos os esforços, de todas as penas, de todas as dificuldades da vida, ela pôs em prática e ensinou a "unidade de vida" que vimos já ser o ideal mais imperiosamente proposto aos cristãos do nosso tempo[22], essa unidade de vida sem a qual nenhum empreendimento apostólico é possível, e ainda menos um propósito de santidade.

O próprio sentido dado por ela ao seu caminho espiritual não é menos rico em lições. Porque foi precisamente a uma intenção de apostolado que ela votou e ofereceu sobrenaturalmente todo o grande trabalho interior que realizou. Numa época em que se alastra a febre da eficácia, a voz de Santa Teresa de Lisieux lembra que é na oração e na contemplação que todos os homens de fé devem ir beber a sua força, e que os problemas do apostolado não podem encontrar soluções se, formulando-os somente em termos sociológicos ou econômicos, se esquece que elas procedem, antes de tudo, do desígnio divino[23].

Mais ainda, o que essa vítima voluntariamente oferecida ao Amor misericordioso tem a dizer é que tudo se resolve, no fim das contas, na recusa ou na aceitação da Caridade de Cristo, e que, se a Igreja quer conquistar almas para o seu

Senhor, só o pode fazer permitindo que o Amor seja tudo para todos.

Por essas três lições, Santa Teresa do Menino Jesus surge, de fato, como um farol no limiar da época decisiva que nós próprios fomos chamados a viver. Ela é o apóstolo dos novos apóstolos que o nosso tempo reclama, dos cristãos tal como o futuro os vai querer.

Ao elevar Santa Teresa de Lisieux aos altares, o papa Pio XI soube encontrar, como era habitual nele, as palavras precisas e fortes que a situavam no seu papel providencial. "Deus diz-nos muitas coisas por meio daquela que foi como que a sua Palavra viva". Que a idade da "morte de Deus" tenha sido também aquela em que existiu uma tal figura e em que uma tal mensagem ressoou, não pode ter sido obra do acaso. O combate que a Igreja travou durante setenta anos não pode ter sido em vão, porque, acima do campo em que se desenrolaram tantas lutas e tantos dramas, se eleva esta flama pura. Uma "palavra viva" foi dada ao mundo — penhor de fidelidade, sinal de esperança. E, já que essa palavra é de Deus, jamais, até ao fim dos tempos, deixará de ser pronunciada[24].

Neuilly, outubro de 1960 - Tresserve, julho de 1963.

Notas

[1] Ao morrer, Teresa de Lisieux deixou três manuscritos de desigual importância em que contava a sua vida, todos eles compostos a pedido das suas superioras no mosteiro. Ela sabia que se extrairiam desses documentos os elementos para a notícia necrológica que é de uso no Carmelo, e, achando que as páginas dos modestos cadernos escolares não podiam ser utilizadas tal e qual, autorizara expressamente a irmã, Paulina, religiosa do mesmo Carmelo e por algum tempo priora, a introduzir cortes e completar a redação. Uma vez morta, a Madre Inês de Jesus (Paulina) pôs-se ao trabalho. Fundiu num só relato os três documentos, não sem alterar a sequência das matérias e retocar o estilo. Assim se fixou o texto da *Histoire d'une âme*, o único que foi dado a conhecer durante o período que estudamos neste livro. Mais tarde, fez-se uma edição completa e rigorosamente fiel dos *Manuscrits autobiographiques de*

sainte Thérèse de l'Enfant Jésus. Foi realizada por um erudito carmelita, o pe. François de Sainte-Marie, e por equipes de carmelitas e dominicanas. Essa obra foi publicada pela primeira vez em 1956, sob a forma de reprodução fotográfica dos *Cadernos*, acompanhada por três volumes de Introdução, Notas e Índices. Depois, fizeram-se algumas edições impressas.

[2] *Études d'histoire religieuse*, p. 162.

[3] Seria levado para o convento em 26 de março de 1923, um mês antes da beatificação.

[4] Dissera na altura que seguira uma "palavra interior" recebida da Virgem.

[5] Teresa nascera a 2 de janeiro de 1873; a mãe morreu-lhe a 28 de abril de 1877.

[6] Sob o título de *Visage de Thérèse de Lisieux*, o Carmelo de Lisieux publicou um conjunto de retratos do mais alto interesse.

[7] André Combes.

[8] Soror Genoveva da Santa Face, sua irmã Celina, que entrou no Carmelo depois dela; cf. *Céline, soeur et témoin de Sainte Thérèse de l'Enfant Jésus*, (Office Central de Lisieux, 1963) do pe. Stéphane-Joseph Piat, O.F.M.

[9] Devemos compreender bem que a sobrenaturalização da dor não foi mais que a expressão concreta da fidelidade de Teresa, uma prova do seu amor em todos os acontecimentos da vida. É outro aspecto da sua humildade de coração.

[10] Cf. vol. V, cap. II, par. *A reforma das ordens antigas: Santa Teresa e São João da Cruz*.

[11] Cf. vol. III, cap. V, par. *São Francisco, "a imagem perfeita de Cristo"*.

[12] Embora a penitência não seja concebida como fim. O fim primordial é a contemplação.

[13] No fim da vida, Teresa dirá que não ter em conta, na aplicação da Regra, as diferenças de clima é pecar contra a prudência.

[14] Título da peça de Gilbert Cesbron (*Briser la statue*, Paris, 1952).

[15] Há exceções. Por exemplo, o poema sobre o Juízo Final, que começa com estes belos versos: *"Bientôt viendra le jour de la vengeance, / ce monde impur passera par le feu"* ("Cedo virá o dia da vingança, / este mundo impuro passará pelo fogo"). Os versos, de corte clássico, respeitam perfeitamente as regras prosódicas, ainda que recheados de adjetivos e redundâncias. Nem lhes falta um certo ritmo e *élan*.

[16] Convém notar que Santa Teresa do Menino Jesus censurou várias vezes tudo aquilo que pode haver de discutível em certas expressões de devoção. Tinha horror ao convencional, ao artificial. "O que me faz bem não são as coisas que se imaginam, que se contam. Por exemplo, que o Menino Jesus, depois de ter moldado passarinhos de barro, lhes soprava e lhes dava vida. Não! O Menino Jesus não fazia milagres inúteis como esse! Então, por que não foram transportados para o Egito por um milagre que teria sido tão útil e, aliás, tão fácil para Deus?..." (Sabe-se que a fábula dos passarinhos de barro vem dos evangelhos apócrifos.).

[17] Maxence van der Meersch.

[18] Em *Jeudi-Saint*.

[19] O cap. XII da *História da uma alma*.

[20] Palavras do papa Pio XI, em 30 de abril de 1923. — Sobre Pio XI e Santa Teresa de Lisieux, cf. *Pio XI et son étoile*, Carmelo de Lisieux, 1939.

[21] Cf. neste vol. o cap. I, par. *"Homo homini deus"*.

[22] Cf. neste vol. o cap. VIII, par. *Pio XI e a JOC, in fine*, e o cap. XIII, par. *A caminho da Igreja dos novos apóstolos.*

[23] Foi por isso que Pio XI fez de Teresa de Lisieux Padroeira das Missões.

[24] As carmelitas de Lisieux tiveram a bondade de ler em provas este capítulo consagrado à sua querida santa. O autor exprime-lhes o seu respeitoso agradecimento.

Quadro cronológico

Data	História da Igreja	Acontecimentos Políticos e Sociais	Artes, Letras e Ciência
1871	Pio IX rejeita a 'lei das Garantias' italiana Começo do *Kulturkampf* Fundação dos Círculos de Operários (Maignen, La Tour du Pin, Albert de Mun) Voto nacional do Sagrado Coração	Proclamação do *II Reich* ('segundo Império') alemão Tratado de Frankfurt Comuna de Paris *Kulturkampf* *Trade-unions* na Inglaterra	Gramme apresenta o dínamo à Academia das Ciências de Paris Pottier compõe o hino da Internacional Socialista *Une saison en enfer*, de Rimbaud
1872	Mons. Mermillod e o 'pequeno *Kulturkampf*' suíço		
1873	Na Alemanha, 'leis de maio' Nascimento de Santa Teresa do Menino Jesus	Queda de Thiers e ascensão de Mac-Mahon	
1874	Leis confessionais na Áustria	Windthorst torna-se presidente do *Zentrum* alemão	

1875	Na França, abertura das universidades católicas	García Moreno assassinado no Equador	
1876	Aprovação oficial da *Obra dos Congressos e dos Comitês Católicos*		Graham Bell inventa o telefone Invenção do frigorífico
1877		Gambetta: 'o clericalismo, eis o inimigo!'	Charles Cros e o fonógrafo
1878	Morte de Pio IX a 7 de fevereiro. Eleição de Leão XIII a 20 de fevereiro	Morte de Vittorio Emmanuele II Os católicos italianos são proibidos de participar das eleições políticas Conferência de Berlim sobre as zonas de influência no Oriente	O motor de explosão Edison e a lâmpada elétrica
1879	Encíclica *Aeterni Patris* sobre o tomismo	Apaziguamento do *Kulturkampf*	
1880	As leis francesas contra as ordens religiosas		*São João Batista*, de Rodin

1881	Os despojos de Pio IX são ultrajados em Roma Primeiro Congresso eucarístico Charles-Martial Lavigerie é nomeado Vigário Apostólico de Cartago (Túnis) Fundação da União de Friburgo (católicos sociais)	Assassinato do Czar Alexandre II O tratado de Bardo estabelece o protetorado francês sobre a Tunísia	*Positivisme et science expérimentale*, pelo pe. de Broglie *Sagesse*, de P. Verlaine
1882	Os mártires de Uganda	Assinatura da Tríplice Aliança Morte de Garibaldi Ensino obrigatório e laico na França Morte de Gambetta	
1883		A França no Anam e no Tonquim Fundação do primeiro grupo marxista	Morte de L. Veuillot Breve pontifício sobre os estudos históricos, e abertura dos Arquivos do Vaticano Fundação da Escola Bíblica de Jerusalém Fundação do jornal *La Croix* em Paris Morte de Karl Marx

1884	Encíclicas *Nobilissima gallorum* e *Humanum genus* (contra a franco-maçonaria) Giuseppe Sarto torna-se bispo de Mântua Terceiro Concílio nacional de Baltimore	Lei francesa sobre os sindicatos	
1885	*Immortale Dei* (sobre a política cristã) Leão XIII arbitra na questão das Ilhas Carolinas	Primeiras medidas internacionais contra a escravidão	Vítor Hugo é sepultado no Panthéon Hertz descobre o rádio
1886	Novos martírios em Uganda	Drumond publica *La France juive* Crispi torna-se primeiro-ministro italiano	O linotipo O motor a gasolina
1887	Primeiros sindicatos cristãos Peregrinação operária de Léon Harmel		Condenação do pensamento de Rosmini O primeiro arranha-céus
1888	Morte do pe. Hecker Teresa entra no Carmelo de Lisieux	Guilherme II torna-se imperador da Alemanha	O pneu

1889	Fundação da Universidade de Friburgo, na Suíça Instituição da festa do Sagrado Coração		A torre Eiffel Chardonnet e a seda artificial Difusão do uso da eletricidade *Le disciple*, de Paul Bourget
1890	O brinde do cardeal Lavigerie, em Argel, prenuncia o *Ralliement* Doutorado do pe. Loisy	Conferência do trabalho (Berlim)	*L'avenir de la science*, de Renan Branly descobre o princípio da telegrafia Morte de César Franck Ader e o avião a vapor Descoberta do fóssil do pitecantropo
1891	A grande encíclica social *Rerum Novarum*	A Aliança Franco-Russa	O automóvel
1892	A encíclica *Au milieu des sollicitudes* lança o *Ralliement*	Escândalo do Canal do Panamá, na França	Marcy apresenta o primeiro 'cinematógrafo' Morte de Ernest Renan

1893	Encíclica *Providentissimus Deus* sobre a Sagrada Escritura D. Sarto torna-se patriarca de Veneza e cardeal Loisy deixa o Instituto Católico de Paris		Tese de doutoramento de Maurice Blondel sobre *L'Action* Morte de Taine
1894	Encíclica *Rerum Orientalium*, sobre as igrejas orientais Joana d'Arc é proclamada venerável	Assassinato de Carnot. Condenação de Dreyfus. Nascimento do *Sillon* Primeiro massacre dos armênios pelos turcos Nicolau II torna-se Czar Guerra sino--japonesa	Conversão de Ferdinand Brunetière após a audiência com Leão XIII Lumière e o cinema
1895	Apogeu da Obra dos Congressos italiana		*En route*, de Joris-Karl Huysmans Branly e Marconi tornam possível a trasmissão radiofônica Röntgen descobre os raios X
1896	Conferências de Malines sobre a Unidade da Igreja entre o pe. Portal e Lord Halifax	Derrota italiana em Aduá, na Etiópia Os franceses em Madagascar	Méliès abre o primeiro estúdio de fotografia

1897	Encíclica *Divinum illud* sobre o Espírito Santo A *Vida do pe. Hecker* e a questão do americanismo Morte de Santa Teresa do Menino Jesus	Guerra greco-turca	*La femme pauvre*, de Léon Bloy
1898		O caso Dreyfus Guerra hispano-americana	Morte de Puvis de Chavannes
1899	Carta de Leão XIII ao cardeal Gibbons sobre o americanismo Ordenação de Eugênio Pacelli Encíclica *Annum Sacrum* sobre o Sagrado Coração	Dreyfus é agraciado Marc Sangnier assume a direção do *Sillon* Guerra dos *boers*	Plank e a teoria quântica O taylorismo *O enigma do Universo*, de Ernst Haeckel
1900	Fundação da Universidade de Utrecht	Humberto I assassinado na Itália, e sucedido por Vittorio Emmanuele III Insurreição dos *boxers* na China	Péguy funda os *cahiers de la quinzaine* Morte de Nietzsche Pierre e Marie Curie descobrem a radioatividade
1901	Encíclica *Graves de Communi* sobre a democracia cristã Lei francesa sobre as Associações, contra as congregações religiosas dedicadas à educação	Morte da Rainha Vitória, sucedida por Eduardo VII	

1902	Combes ataca as congregações religiosas Criação da *Pontifícia Comissão Bíblica* Início da crise modernista: Loysi lança *L'Évangile et l'Église*		
1903	*Morte de Leão XIII a 20 de julho* *Eleição de São Pio X a 4 de agosto*; Merry del Val é nomeado Secretário de Estado Loisy é posto no Índex Fundação da Universidade da Aurora, em Xangai	Guerra da Manchúria (1904--1905) Surgimento do bolchevismo	Os irmãos Wright fazem o primeiro voo *Motu proprio* de Pio X sobre a Música sacra
1904	Decreto sobre a codificação do Direito Canônico Supressão do *veto* das grandes potências no Conclave Supressão da Obra dos Congressos na Itália Ruptura das relações diplomáticas entre a França e o Vaticano O pe. Charles de Foucauld instala-se no Saara Primeira Semana Social em Lyon	Esboço da *Entente Cordiale*	

1905	Lei da Separação da Igreja e do Estado na França Desenvolvimento da crise modernista: *Qu'est-ce qu'un dogme?*, de Édouard Le Roy, e *Il Santo*, de Fogazzaro Decreto sobre a comunhão frequente Encíclica *Il fermo proposito*, sobre a Ação Católica Italiana	Guerra russo-japonesa	Descoberta do efeito fotoelétrico (base da célula fotoelétrica) Einstein publica a teoria da relatividade especial
1906	Encíclica *Vehementer nos*, contra a separação Igreja-Estado Aristide Brian procura conciliar a situação na França	Dreyfus é reabilitado Conferência de Algeciras sobre o Marrocos	Morte de Ferdinand Brunetière
1907	Condenação do modernismo: decreto *Lamentabili* e encíclica *Pascendi* D. della Chiesa torna-se arcebispo de Bolonha		Morte de Joris-Karl Huysmans
1908	Excomunhão de Loisy Condenação dos jornais 'democrata-cristãos'	Assassinato de D. Carlos I e do herdeiro D. Luís Filipe em Portugal	Émile Zola é enterrado no Panthéon

1909	Fundação do Instituto Bíblico de Jerusalém Beatificação de Joana d'Arc	Segundo massacre dos armênios pelos turcos	
1910	Decreto *Quam singulari*, sobre a comunhão das crianças Condenação do *Sillon* Theodore Roosevelt, em Roma, não é recebido pelo papa	Lei sobre a aposentadoria dos operários na França Proclamação da República em Portugal	*Le mystère de la charité de Jeanne d'Arc*, de Péguy
1911	Constituição sobre o Breviário Fundação da 'Sapinière'	Guerra ítalo-turca Proclamação da República Chinesa	
1912	Breve *Singulari quadam* sobre os sindicatos alemães	Protetorado francês sobre o Marrocos Guerra dos Bálcãs	*L'Annonce faite à Marie*, de Paul Claudel
1913		Poincaré torna-se presidente da França	
1914	Sete livros de Maurras são incluídos no Índex, mas o decreto não é publicado *Morte de São Pio X a 19 de agosto* *Eleição de Bento XV a 3 de setembro*; o cardeal Gasparri é nomeado secretário de Estado	*Início da I Guerra Mundial* a 28 de julho	Morte de Charles Péguy Morte de Ernest Psichari

1915	Fundação da União Missionária do Clero		Einstein publica a teoria da relatividade geral
1916	Assassinato do pe. Charles de Foucault a 1º de dezembro	Primeiro salário-família na fábrica Romance	
1917	A Congregação do Índex é integrada no Santo Ofício Promulgação do Código de Direito Canônico Nota de Bento XV aos beligerantes sobre a paz Mons. Pacelli torna-se núncio em Munique Fundação da Congregação para as Igrejas Orientais	A *Revolução Russa*, março-novembro Abolição da propriedade eclesiástica no México	Morte de Léon Bloy
1918	D. Ratti na Polônia Encíclica *Maximum illud* sobre as missões Fundação do Instituto de Estudos Orientais	Armistício a 11 de novembro	Rutherford consegue quebrar o átomo
1919	O interdito para as eleições legislativas na Itália é levantado	Revolução de Bela-Kun na Hungria, em abril Tratados de Versalhes, Saint-Germain, Trianon e Neully	O fordismo

1920	Mons. Pacelli torna-se núncio em Berlim Encíclica *Spiritus Paraclitus* sobre as Sagradas Escrituras Joana d'Arc é canonizada	A Polônia repele a invasão bolchevista	
1921	D. Ratti é nomeado arcebispo de Milão e depois cardeal Retomada das relações diplomáticas com a França Dissolução da 'Sapinière' Retomada das Conversações Portal/ Halifax em Malines Fundação da Universidade do Sacro Cuore, em Milão	A Irlanda do Sul torna-se livre	
1922	*Morte de Bento XV a 22 de janeiro* *Eleição de Pio XI a 6 de fevereiro: o cardeal Gasparri continua na secretaria de Estado* Mons. Constatini, delegado apostólico em Pequim Nascimento da JOC	Mussolini sobe ao Poder Mustafa Kemal na Turquia; queda do Império Otomano	Notre-Dame de Raincy, primeira igreja em concreto armado

1923		Ocupação do vale do Ruhr pelos alemães Primo de Rivera instala uma ditadura na Espanha	Louis de Broglie e a mecânica ondulatória
1924	A encíclica *Maximam gravissimamque* autoriza as 'associações diocesanas'	Morte de Lênin	
1925	Diversas concordatas Canonização de Santa Teresa de Lisieux Constituição da Federação Católica Nacional na França Encíclica *Quas Primas* sobre Cristo-Rei Morte do cardeal Mercier O pe. Cardijn é recebido por Pio XI, a propósito da JOC	Tratado de Locarno	
1926	Encíclica *Rerum Ecclesiae* sobre o clero autóctone; sagração dos seis primeiros bispos chineses a 28 de outubro Protestos da Santa Sé contra a perseguição mexicana		

1927	Sagração do primeiro bispo japonês A questão da *Action française*	Congresso de Lausanne	
1928	Concordatas e *modus vivendi* com Portugal, a Checoslováquia etc. Roma condena o antissemitismo		
1929	*Tratado do Latrão* a 11 de fevereiro e fundação da *Cidade do Vaticano*	*Crash* da bolsa de Nova York; crise econômica nos EUA e em seguida na Europa Ditadura de Stalin na URSS	*Les Degrés du Savoir*, de J. Maritain
1930	Enc. *Casti connubii* sobre o matrimônio cristão O cardeal Pacelli torna-se secretário de Estado		*Vita di Cristo*, de Giovanni Papini
1931	Encíclica *Quadragesimo anno* sobre a doutrina social da Igreja Encíclica *Non abbiamo bisogno* contra o fascismo	A República espanhola	Morte de Vincent d'Indy

1932	Encíclica *Acerbo nimis* sobre a perseguição mexicana Criação de um Instituto das Missões		Primeiras tentativas da transmissão televisiva
1933	Concordata com o Reich alemão	Hitler nomeado chanceler da Alemanha Salazar elabora a Constituição portuguesa	Morte do pe. Henri Bremond
1934	Condenação dos principais livros racistas alemães	Assassinato do chanceler da Áustria Dolfuss Hitler autonomeia-se *Reichsführer*	O casal Joliot-Curie descobre a radioatividade artificial *Chantiers du Cardinal* em Paris
1935		A Itália invade a Etiópia	
1936	O cardeal Pacelli torna-se legado na América do Sul Encíclica *Vigilanti cura* sobre o cinema	Frente Popular e ministério Blum na França Começo da Guerra Civil espanhola Na Alemanha, os jovens são obrigados a participar da *Hitlerjugend*	*Vie de Jésus*, de François Mauriac

1937	Encíclicas *Mit brennender Sorge*, contra o nacional-socialismo, e *Divini Redemptoris*, contra o comunismo Carta Apostólica *Nos es muy*, sobre a Igreja no México		
1938	Morte do pe. Lagrange	*Anschluss* da Áustria pela Alemanha Crise checoslovaca Hitler em Roma Conferência de Munique	Começos da eletrônica
1939	*Morte de Pio XI* a 10 de fevereiro *Eleição de Pio XII* a 2 de março; o cardeal Maglione torna-se Secretário de Estado Em julho, levanta-se o interdito sobre a *Action française* Sagração de doze bispos 'de cor' a 29 de outubro	Queda da Checoslováquia A Itália ocupa a Albânia Pacto germano-soviético Invasão da Polônia a 1º de setembro; começo da Segunda Guerra Mundial a 3 de setembro	

AS PRINCIPAIS ENCÍCLICAS DE 1878 A 1939

1. De Leão XIII (1878-1905)

Aeterni Patris, 4 de agosto de 1879. Sobre a filosofia tomista. Teve influência considerável no regresso das universidades e Seminários à filosofia de São Tomás de Aquino, e foi seguida pela criação de uma Academia de São Tomás em Roma e pelo florescimento do neotomismo.

Immortale Dei, 1º de novembro de 1885. Tinha por objetivo precisar os domínios próprios do Estado e da Igreja. Afirma que cada um dos dois poderes é soberano na sua esfera e que, normalmente, devem viver numa harmonia a mais perfeita possível.

Rerum novarum, 15 de maio de 1891. Consagrada à questão social. É considerada a mais importante das encíclicas de Leão XIII, e sem dúvida foi a que teve maior repercussão. Denunciava as injustiças sociais e indicava os remédios para elas. Iria ser retomada e completada pelas encíclicas *Quadragesimo anno*, de Pio XI, e *Mater et Magistra*, de João XXIII*.

Providentissimus Deus, 18 de novembro de 1893. Tratava da Sagrada Escritura, da inspiração e do modo de estudá-la. A questão da inspiração divina dos autores dos livros sagrados nunca fora perfilada como o foi neste documento, de rara profundidade.

2. De Pio X (1903-1914)

E Supremi Apostolatus cathedra, 4 de outubro de 1903. Não se trata simplesmente de uma encíclica de 'tomada de posse' do poder pontifício, mas da proclamação do único fim procurado por esse poder: 'Restaurar tudo em Cristo'. A política da Santa Sé recebia, assim, mediante essas palavras de São Paulo, a sua mais perfeita definição.

---

* É preciso acrescentar a essa lista os documentos de Paulo VI, sobretudo a encíclica *Populorum progressio*, de 26.03.1967, e de João Paulo II, concretamente as encíclicas *Laborem exercens*, de 14.09.1981; *Sollicitudo rei socialis*, 30.12.1987; e *Centesimus annus*, de 01.05.1991 (N. do T.).

Vehementer nos, 11 de fevereiro de 1906. O papa condenava solenemente a lei republicana de Separação entre a Igreja e o Estado na França, aprovada sem acordo prévio com a Santa Sé e de modo unilateral, e a declarava inaceitável pelos católicos da França.

Pascendi dominici gregis, 8 de setembro de 1907. Consagrada à condenação do modernismo, compreende duas partes: em primeiro lugar, um retrato do 'modernista', de cores carregadas mas de semelhança indiscutível; em segundo, um exame crítico das diversas afirmações modernistas e uma vigorosa crítica dessas teses. Na prática, a heresia, a despeito de numerosas e encarniçadas resistências, foi vencida e desapareceu quase inteiramente. É um dos mais importantes monumentos da história do papado contemporâneo.

3. Bento XV (1914-1922)

Maximum illud, 30 de novembro de 1919. Encíclica capital sobre as missões, que anuncia a fundação das igrejas de cor e inspirará diretamente Pio XI a nomear os primeiros bispos chineses.

4. Pio XI (1922-1939)

Casti conubii, 31 de dezembro de 1930. Verdadeira *Magna carta* do casamento cristão. Condenação de algumas ideias demasiado espalhadas nas legislações modernas acerca do divórcio e na literatura acerca das violações da fidelidade conjugal. Resume de maneira excelente toda a doutrina cristã sobre o matrimônio.

Quadragesimo anno, 15 de maio de 1931. Publicada por ocasião do quadragésimo aniversário da grande encíclica *Rerum novarum*, toma posições claríssimas no domínio social, como aliás já o fizera Leão XIII, e apresenta as necessárias atualizações daquela encíclica.

Non abbiamo bisogno, 29 de junho de 1931. Escrita em italiano, no intuito de protestar contra as disposições de Mussolini a respeito da AC e das organizações católicas de juventude. Pio XI declarava bem alto que tocar na AC era feri-lo na menina dos seus olhos. A encíclica levou a um *modus vivendi*, na sequência de uma conferência entre o papa e Mussolini.

Mit brennender Sorge, 14 de março de 1937. Publicada em alemão e introduzida em segredo na Alemanha, protestava contra a tirania do regime nazista, sob autoridade de Hitler. Suscitou grande emoção e foi o ponto de apoio da resistência católica ao partido hitlerista.

Divini Redemptoris, 19 de março de 1937. Publicada efetivamente na mesma data da anterior, esta encíclica condenava com não menor energia as doutrinas do comunismo ateu. As duas encíclicas, simultâneas, completavam-se mutuamente.

ÍNDICE BIBLIOGRÁFICO

Para o conjunto deste período, as indicações dadas no início do vol. VIII continuam válidas. Aqui se indicam apenas alguns trabalhos recentes ou outros não citados nesse volume.

História geral

Em *Peuples et civilisations*, os volumes que correspondem ao período estudado são: XVIII. Maurice Baumont, *L'essor industriel et l'impérialisme économique. 1878-1904*; XIX. P. Renouvin, *La crise européenne et la première guerre mondiale*; e XX. Maurice Baumont, *La faillite de la paix. 1918-1939*, 2 t. Na *Histoire générale des Civilisations*, dirigida por Maurice Crouzet, Robert Scherb, *Le XXe siècle*, 1957; e na coleção *Destins du monde*, dirigida por Lucien Febvre e Fernand Braudel, Charles Morazé, *Les bourgeois conquérants*, 1957. Para informações soltas, fatos e números, cfr. *Bilan du monde*, Casterman, 1958-59. Na *Revue d'Histoire de l'Église de France*, há numerosos estudos de importância.

História religiosa

Para panoramas gerais deste período, ver, em alemão, as *Papstgeschichten* ['História dos papas'] de Schmidlin, Berlim, 1936, e G. Castella, Zurique, 1948, e a obra de Heiler, *Der Katholizismus, seine Idee und seine Erscheinung* ['O catolicismo, a sua ideia e o seu aparecimento'], Munique, 1923; e em francês, Gaillard, *Histoire de l'Église*, 2 vols., Beauchesne, 1962. Ludwig Hertling, *Kirchengeschichte*, trad. francesa *Histoire de l'Église*, Paris, 1961, é sucinta, mas inclui informações frequentemente originais. Charles Ledré, *Un siècle sous la tiare*, Paris, 1955, merece ser lido, bem como o artigo de Léon E. Halkin, *Un siècle d'histoire pontificale: de Pie IX à Pie XI*, na *Revue Nouvelle*, Bruxelas, jul-ago de 1951.

Para a França, cfr. André Latreille, ed., *Histoire du Catholicisme en France*, 3º vol.: A. Latreille e R. Rémond, *Période contemporaine*, Paris, 1962. Jacques Chastenet, *Histoire de la IIIème. République*, tem páginas interessantes, assim como Maurice Garçon, *Histoire de la justice sous la IIIème. République*, t. I, Paris.

Para a Igreja universal, as coleções do *Osservatore Romano*, do *La Croix*, da *Documentation catholique*, do *La vie catholique*, bem como do *Almanach catholique* (editado desde 1920) são minas inesgotáveis. Há muitas biografias de bispos, padres, grandes personalidades católicas ou mesmo de apóstatas, que esclarecem certos aspectos deste período, como André Siegfried, *L'abbé Frémont*, 2 vols., Paris,

1932; Robert Cornilleau, *L'abbé Naudet*, Paris, 1935; Charles Droulers, *Chemin faisant avec l'abbé Lemire*, Paris, 1929. Há também livros de memórias, desde as do cardeal Ferrata às do pe. Desgranges, passando pelas do ex-Padre Loisy, do ex-Padre Houtin, etc.

I. A época da 'morte de Deus'

Sobre este tema, a obra mais rica é a do pe. H. de Lubac, *Le drame de l'humanisme athée*, Paris, 1944. O resumo mais claro é o de Étienne Borne, *Dieu n'est pas mort!*, Paris, 1959. Cfr. também Jean Lacroix, *Les sens de l'athéisme contemporain*, Paris, 1958; Hans Urs von Balthazar, *Dieu et l'homme d'aujourd'hui*, trad. fr. Paris, 1958; o vol. coletivo *Monde moderne et sens de Dieu*, Paris, 1953; Romano Guardini, *La fin des temps modernes*, trad. fr. Paris, 1952; Ignace Lepp, *Psychanalyse de l'athéisme moderne*, Paris, 1961; e Gustave Combes, *L'assaut contre le Christ*, Paris, 1948.

Sobre o papel da maçonaria, Georges Huard, *Essai sur l'histoire de la Franc-Maçonnerie*, Paris, 1930, e o Gaston Martin, *Manuel d'histoire de la Franc-Maçonnerie*, Paris, 1932. Ver também o sumário de Charles Ledré, Paris, 1956, bem como Bertheloo, *L'Église et la Franc-Maçonnerie*, Paris, 1954.

De Nietzsche, ver *Assim falou Zaratrustra*, *Ecce Homo*, *Para além do bem e do mal*, etc. Sobre ele, cfr. a obra de Charles Andler, Paris, 1920-31, e as de Lou-Andreas Salomé, 1904, Ludwig Klager, 1930, Daniel Halévy, 1909. Cfr. também as biografias de Thierry-Maulnier e de Gustave Thibon.

Sobre o marxismo, a síntese de Henri Chambre, *Christianisme et communisme*, Paris, 1959, e a exposição de J.-Y. Calvez, *La pensée de Karl Marx*, Paris, 1956. Há ainda outros trabalhos, como os de Ducatillon, 1937, Gaston Fessard, E. Rideau, A. Piettre, etc.

II. Sobre esta pedra, a minha Igreja

Sobre Leão XIII, há dois livros de valor testemunhal: T'Serclaes, *Le Pape Léon XIII*, Lille, 1894-1906, e Bernard O'Reilly, *Vie de Léon XIII*, trad. fr. Paris, 1887. O Mourret, *Histoire générale de l'Église*, t. IX, Paris, 1933, é inteiramente consagrado a esse pontificado. Lecanuet, *Vie de l'Église sous Léon XIII*, Paris, 1930, limita-se praticamente à França. Duas biografias vivas são Guillermin, Paris, 1902, e Fernand Hayward, Paris, 1930. Em italiano, há V. Mangano, Milão, 1931, e E. Soderini, Milão, 1932.

Sobre Pio X, há as obras de Marchesan, Roma, 1910, acompanhada pelo próprio biografado, e Dal-Gal, Paris, 1953, que utiliza habilmente os documentos dos processos canônicos. O cardeal Merry del Val deixou um pequeno volume de *Impressions et souvenirs*, Saint-Maurice, 1951. Outras recordações se encontram nos livros de L. Ferrari, Vicenza, 1922, e E. Bacchion, Pádua, 1925. Biografias: em francês, Charles Ledré, Paris, 1952; Fernand Hayward, Paris, 1951; e ainda René Bazin, cardeal Grente, Harry Mitchell e Abel Moreau. Charles Maurras, *Le Bienheureux Pie X, sauveur de la France*, é obra de polêmica. Leonardo von Matt publicou uma fotobiografia com texto de Nello Vian em 1954. Um bom resumo do pontificado de São Pio X é o artigo de Roger Aubert, *Revue nouvelle*, Bruxelas, 15.11.51. Citemos ainda duas obras sobre o cardeal Merry del Val: Dal-Gal, 1955, e Harry Mitchell, 1956.

São numerosos os livros sobre a política de Bento XV durante a I Guerra Mundial: A. d'Angel, 1916; P. Dudon, 1917 e 1918; P. Le Floch, 1919; P. Lemaître, 1932, etc. Poucos, porém, estudam o conjunto da obra desse pontificado; em italiano, há a biografia de F. Vistalli, Roma, 1928; em francês, G. Goyau, *Papauté et chrétienté sous Benoît XV*, Paris, 1922; Baudrillart, Paris, 1920; e sobretudo F. Hayward, *Un pape méconnu: Benoît XV*, Paris, 1955. Sobre Bento XV e os seus dois predecessores, ver também E. Vercesi, *Tre papi*, Milão, 1929.

Pio XI suscitou grande número de obras. As principais são A. Novelli, Milão, 1923, trad. fr. Paris, 1928; D.G. Frediani, Roma, 1929; G. Mussio, Milão, 1929; Guido Guida, Roma, 1938; G. Goyau, Paris, 1937; Paul Lesourd, Paris, 1939; M. Vincenti, Roma, 1941. São interessantes as recordações de mons. Confalonieri, Turim, 1957; de mons. Arborio Mella di Sant'Elia, Módena, 1956; e do cardeal Ruffini, Palermo, 1961. Cfr. também Y. de la Brière, *Les luttes présentes de l'Église*, 6 séries, 1924-38; André Saint-Denis, *Pie XI contre les idoles*, Paris, 1938; M. Pernot, *Le Saint-Siège, l'Église catholique et la politique mondiale*, Paris, 1932. Encontram-se ainda informações em N. Padellaro, *Pio XI*, Roma, 1948, e Tardini, Roma, 1961.

Capítulos III, V, VII e IX

As Histórias gerais, as Histórias da Igreja, as do Vaticano ou dos papas, consagram um lugar considerável aos problemas da política da Igreja. Esses problemas são também tratados nas diversas biografias dos papas, citadas a propósito do capítulo II. Entre as obras que tratam especialmente do assunto, há que destacar André Latreille e André Siegfried, *Les forces religieuses de la vie politique*, Paris, 1951. Cfr. também Cristiani, *Le Vatican politique*, Paris, 1956.

Para o estudo das relações do papado com a França, cfr. a exposição de Adrien Dansette, *Histoire religieuse de la France contemporaine*, vols. II e III, Paris, 1935-36; numa perspectiva hostil à Igreja, A. Debidour, *L'Église et l'État sous la IIIème. Republique*, Paris, 1906-1909; Maurice Vaussard, *Histoire de la démocratie chrétienne*, t. I, Paris, 1956, consagra a parte I aos assuntos franceses. Interessa confrontar os seus pontos de vista com os de Robert Havard de la Montagne, num livro do mesmo título, Paris, 1948. Cfr. também Michel Darbon, *Le conflit entre la droite et la gauche dans le catholicisme français*, Paris, 1953. Sobre a Separação entre a Igreja e o Estado, cfr. Louis Capéran, *De l'avènement de Combes à la Séparation*, Paris, 1927; L.V. Méjan, *La Séparation*, Paris, 1959; L. Crouzil, *Quarante ans de séparation*, 3 vols., Paris, 1951-1962; G. Le Bras, *Trente années de séparation*, in *Chiesa e stato*, Milão, 1939.

Para a Itália, Giorgio Candeloro, *Il movimento cattolico in Itália*, Roma, 1953-61, e G. Spadolini, *L'opposizione cattolica*, Turim, 1956, são obras bem documentadas; ver também os trabalhos de De Rosa, Scoppola e outros em revistas como *Civiltà Cattolica* e *Vita e pensiero*. Cfr. também Maurice Vaussard, *op. cit.*, parte III. Na mesma obra, parte II, encontram-se informações referentes à política religiosa da Bélgica. Sobre esse tema, cfr. também Deharveng, ed., *Histoite de la Belgique contemporaine*, t. II, Bruxelas, 1929, e H. Pirenne, *Histoire de Belgique*, Bruxelas, 1926.

Sobre as questões alemãs, Joseph Rovan, *Histoire de la démocratie chrétienne*, t. II. *Le catholicisme politique en Allemagne*, Paris, 1956. Sobre Bismarck e o *Kulturkampf*, G. Goyau, Paris, 1922, e Henry Valloton, Paris, 1961. Há também um artigo de Robert Grosche consagrado ao 'Catholicisme allemand' no caderno *Rencontres*, Paris, 1956. As relações de Pio XI com o fascismo e o hitlerismo são estudadas em todas as obras sobre esses sistemas políticos e os seus chefes, Mussolini e Hitler. Uma das melhores é H. Mau, H. Krausnick e A. Grosser, *Le national-socialisme allemand*, Paris, 1963. André Saint-Denis, *Pie XI contre les Idoles*, é o resumo mais acessível da ação do papa contra os diversos totalitarismos.

Quanto às relações da Igreja com o comunismo, as notas bibliográficas do capítulo I já tratam do antagonismo doutrinal. No plano dos acontecimentos, cfr. Albert Galter, *Le communisme et l'Église catholique*, Paris, 1956, e também Bernard Féron, *Dieu en Russie soviétique*, Paris, 1961. Sobre temas diversos, como mons. Mermillod e o 'Pequeno *Kulturkampf*' suíço, a questão da *Action Française*, a da revista *Sept*, a da Guerra Civil espanhola etc., ver as notas de rodapé.

IV. A grande jornada do catolicismo social

Para examinar o catolicismo social durante o período estudado, deve-se recorrer em primeiro lugar às encíclicas *Rerum novarum* e *Quadragesimo anno*, e também à *Mater et magistra* de João XXIII. Cfr. também Igino Giordani, *Le encicliche sociale da Pio IX a Pio XII*, 4ª ed., Roma, 1956. A *Rerum novarum* beneficiou de um admirável trabalho crítico da autoria de Antonazzi, Roma, 1957.

Quanto à história propriamente dita do catolicismo social nos diversos países: Henri Guitton, *Le catholicisme social*, é mais doutrinal que histórico; R. Kothen, *La pensée et l'action sociale des catholiques 1759-1944*, Lovaina, 1958, insiste especialmente na França e na Bélgica; há uma visão de conjunto no artigo que J. Folliet consagrou ao assunto na enciclopédia *Catholicisme*. Cfr. também o número especial de *Vita e Pensiero* de mar-abr 1961, uma síntese útil; e as coleções da *Chronique sociale*, especialmente out. 1961, e as da *Documentation catholique**.

Para o catolicismo social na França, Georges Hoog, *Histoire du catholicisme social en France 1871-1931*, Paris, 1946, de tendência sillonista; Henri Rollet, *L'Action sociale des catholiques en France*, t. I, Paris, 1948, e t. II, Paris, 1958; id., *Sur le chantier social*, Paris, 1959; Joseph Zamanski, *Nous, catholiques sociaux*, Paris, 1947. Emmanuel Barbier, *Histoire du catholicisme libéral et du catholicisme social en France*, 5 vols, Bordeaux, 1922, é uma mina de informações; Xavier Vallat, *La Croix, les lys et la peine des hommes*, Paris, 1960, põe em relevo o catolicismo social 'de direita'. Jean Megret e Pierre Badin têm uma *Anthologie du catholicisme social en France*, Lyon, 1948. Cfr. também os trabalhos de Charles Molette, na *Chronique sociale* e em *Professions*; Émile Poulat, 'Introduction' ao *Journal d'un prêtre d'après-demain*, de Calippe; os livros de Max Turmann, de G. Goyau, de

* Em português, cfr. as revistas *Brotéria*, *Estudos sociais*, *Estudos*, etc. (N. do T.).

H. Lorin, bem como A. Kannengieser, *Un sociologue alsacien, l'abbé Henri Cetty*, Colmar, 1923. Sobre as Semanas Sociais, cfr. a *Chronique sociale* de 1954, o número já citado sobre Leão XIII, e a *Actualité religieuse*, n. 31. Considerar também as biografias dos principais protagonistas; por exemplo, *Albert de Mun*, de Zamanski ou de J. Piou; Bossan de Garagnol, *La Tour du Pin*; Crétinon, *Marius Gonin*, ou a de J. Folliet; J. Guitton, *Léon Harmel*, etc.

Para os outros países, há trabalhos consideráveis. Por exemplo, para a Alemanha, E. Ritter, *Die Katholisch-Soziale Bewegung*, Colônia, 1954; para a Suíça, Cyrille Massard, *L'Oeuvre sociale du cardinal Mermillod: l'Union de Fribourg*, Lovaina, 1914. Para a Bélgica, os trabalhos de R. Rezsohazy, em especial *Origines et formation du catholicisme social en Belgique*, Lovaina, 1958, e Paul Géhin, *Le catholicisme liégeois et la question sociale*, Bruxelas, 1959. Para a Itália, A. Gambasin, *Il movimento sociale nell'opera dei Congressi*, Roma, 1958; L. Civardi, 'I cattolici e l'azione sociale in Itália', in *Quaderni di azione sociale*, jul. 1955; e A. de Gasperi, *I cattolici dall'opposizione al governo*, trad. fr. Paris, 1955. Encontram-se também informações nas obras consagradas à democracia cristã, como são as de M. Vaussard e Joseph Rovan citadas no cap. II, bem como *Il movimento cattolico* ou *Les Catholiques allemands*, também citados antes. Finalmente, há também informações em obras mais especializadas, como as histórias das doutrinas sociais ou das doutrinas econômicas de Gonnard, de Gide e Rist, ou de Lefranc, bem como nos livros de A. Dauphin-Mainier.

Quanto ao estudo doutrinário do catolicismo social, ver os livros de Rutten, de Henri Guitton, de Cavallera e de Villain, bem como J.-Y. Calvez e Jacques Perrin, *Église et société économique: l'enseignement social des Papes*, Paris, 1959.

VI. Uma crise espiritual: o modernismo

Jean Rivière, *Le Modernisme dans l'Église*, Paris, 1929, continua importante, bem como a tese de Émile Poulat, *Histoire, dogme et critique dans la crise moderniste*, Paris, 1962. Ver também as obras 'modernistas' de Albert Houtin, *Histoire du modernisme catholique*, e E. Buonaiuti, *Le modernisme catholique*. Lecanuet, *La vie de l'Église*, citado acima, atribui com frequência as páginas consagradas ao modernismo ao pe. Laberthonnière; Brugerette, *op. cit.*, ts. II e III, traz um resumo da questão; e ver também o balanço feito por Rouquette, 'Bilan du Modernisme', in *Études*, jun. 1956. Sobre o caso de Loisy, J. Guitton, *La pensée moderne et le catholicisme*, Aix, 1937, e Steinmann, *Friedrich von Hügel*, Paris, 1963. Sobre as características que o movimento assumiu na Itália, Pietro Scoppola, *Crisi modernista e rinnovamento cattolico in Italia*, Bolonha, 1962.

Acerca do contra-golpe integrista, cfr. o artigo de Charles Ledré em *Catholicisme*. O livro assinado 'Nicolas Fontaine', *Saint-Siège, Action française et catholiques intégraux*, Paris, 1928, cujo verdadeiro autor é Louis Canet, é parcial; o autor era discípulo fanático de Laberthonnière. Ver também o 'documento' sobre o integrismo publicado em *La vie intellectuelle*, ago-set 1952; em sentido contrário, os estudos de Jean Madiran em *Itinéraires*, 1958 e 1962; e os artigos mais equânimes de Joseph Folliet na *Chronique sociale* de Lyon. A posição de Maurice Blondel está bem exposta em J. Pallard, *Maurice Blondel et le dépassement chrétien*, Paris, 1961.

Uma nota *À propos de plusieurs livres récents sur quelques aspects du gouvernement de Pie X* (Ver *R. de l'Église de France*, 1954, p. 249) explica o modo como se tratou da questão da reação 'integrista' e da *Sapinière* por ocasião do processo de beatificação de Pio X*.

VIII. Da ação social à ação católica

Para a história geral do catolicismo social, cfr. as indicações dadas no cap. VI. Sobre o sindicalismo cristão: Georges Lévard, *Chances et périls du syndicalisme chrétien*, Paris, 1955, e *Actualité religieuse*, n. 6, bem como as *Informations catholiques internationales*, n. 3. Sobre a Ação Católica e suas diversas formas: Guerry, *L'A.C.*, Paris, 1936, resumido numa notícia da enciclopédia *Catholicisme*; Gerrone, *L'A.C.*; Émile Vauthier, *Initiation à l'A.C.*, Langres, 1955; J. Bécaud, *L'Église, espérance des peuples*; Étienne Gilson, *Pour un ordre social catholique*; e Bruno de Solages, *Le problème de l'apostolat dans le monde moderne*. Civardi, *Manuel d'A.C.*, trad. fr. Paris, 1934, contém um bom resumo histórico. Cfr. também, G. Nosengo, *Apostolato dei laici*, Roma, 1947, e A. Cavagna, *Collaborazione apostólica*, Milão, 1932. P. Bayard publicou uma visão geral da *Action catholique spécialisée*, Paris, 1935. Ver também F. Klein, *Nouvelles croisades de jeunes travailleurs*, Paris, 1934. Sobre a JOC, a documentação essencial é fornecida pelas obras do pe. Cardijn, especialmente *Laïcs en première ligne*, Bruxelas, 1963. Cfr. também Y. Berne, *Fiches pastorales*, de 1958; J. Rouzet, *L'élan jociste: jocisme mondial*, Bruxelas, 1935; a coleção *Masses ouvrières*, e especialmente as respostas desta revista a Adrien Dansette, *Destin du catholicisme français*, Paris, 1957. Sobre a JAC, P. Michel d'Haene, *La JAC a vigt ans*; *Pour compreendre la JAC*; *Vingt ans de JAC*. Sobre a JEC ou a JUC: A. Drujon, *JEC: quinze ans d'histoire*. Os textos de Pio XI sobre a AC foram reunidos pela Bonne Presse, 1933. Para ficar com uma impressão de conjunto de todos estes movimentos, cfr. o número especial de *Vie spirituelle*, out. 1961, sobre *AC, aujourd'hui*.

X. A Igreja à dimensão do mundo. 1. Em terras batizadas

Sobre as questões tratadas neste capítulo, os fascículos de *Actualité religieuse* e das *Informations catholiques internationales* fornecem importante documentação.

Quanto à Inglaterra, cfr. o volume coletivo *Catholicisme anglais*, Rencontres, Paris, 1958 (o volume paralelo consagrado aos *Catholiques allemands* não é tão bom); P. Thureau-Dangin, *La renaissance catholique en Angleterre*, Paris, 1908; A.D.

---

* Também se poderiam acrescentar, na linha do autor, É. Poulat, *Intégrisme et catholicisme intégral. Un réseau international antimoderne: La 'Sapinière' (1809-1921)*, Casterman, Paris-Tournai, 1969, ou a recensão deste livro em *Archives de Sociologie réligieuse*, 28, ficha 248; Paul Droulers, *Politique sociale et christianisme. Le Père Desbuquois et l'anti-Populaire. Débuts. Syindicalisme et Intégristes (1903-1918)*, Ed. Ouvrières, Paris, 1969; recensão *ibid.* (N. do T.).

Toledano, *Histoire de l'Angleterre chrétienne*, Paris, 1935; D. Mathew, *Catholicism in England*, Londres, 1936; e G.I. Walkin, *Roman catholicism in England*, Londres, 1957.

Suécia: *L'Église catholique en Suède*, Averbode, 1952.

EUA: John Gilmary Shea, *History of the Catholic Church in US*, New York, 1892; Donald Shearer, *Pontificia Americana*, Washington, 1933; Theodore Roemer, *The Catholic Church in US*, Saint Louis, 1950; Theodore Maynard, *The Story of American Catholicism*, New York, 1941; Louis Putz, ed., *The Catholic Church in USA*, Chicago, 1956; Shields, *Democracy and catholicism in America*, New York, 1958; François Houtard, *Aspects sociologiques du Catholicisme américain*, Paris, 1957.

Canadá: histórias do Canadá, como a de Lionel Groulx ou Albert Tessier; o *Dictionnaire générale du Canada*, Otawa, 1931; Georges de Québec, *L'Église catholique au Canada*, Montréal, 1944. Cfr. também *Recherches et Débats* sobre 'Le Canada français', Paris, 1961; Raoul Blanchard, *Le Canada français*, Paris, 1960, e M. Bovey, *Les Canadiens français d'aujourd'hui*, Paris, 1960.

América Latina: Corredo la Torre, *L'Église catholique en Amérique Latine*, Paris, 1960; a série de dossiês publicados pela *Actualité religieuse* e pelas *Informations catholiques internationales*, especialmente o n. 134, 15.12.1960; A. Serrau, M. Zanastu e R. Cersciva, *Terres d'angoisse et d'espérance*, Paris, 1959.

igrejas do Oriente: R. Janin, *Églises orientales et rites orientaux*, Paris, 1955; C. de Clerc, *Les Églises unies d'Orient*, Paris, 1930; C. Ricciotti, *Roma cattolica e Oriente cristiano*, Roma, 1955; Nicolas Liesel, *Les liturgies catholiques orientales*, Paris, 1959; H. Dalmais, *Les liturgies d'Orient*, Paris, 1959; Joseph Hajjar, *Les chrétiens uniates du Proche Orient*, Paris, 1962.

XI. A Igreja à dimensão do mundo. 2. Apogeu e reforma das missões

As notas bibliográficas do vol. VIII dão as indicações para um estudo genérico desta matéria. Vale a pena relembrar Delacroix, ed., *Histoire universelle des Missions*, e acrescentaremos ainda o volume da Union Missionnaire du Clergé, *Le Siège apostolique et les missions*, Paris, 1959; o *Nouvel Atlas des Missions*, 2a. ed., 1960; Thomas Ohm, *Les principaux faits de l'histoire des Missions*; os dois títulos da coleção 'Je sais, je crois': Bernard de Vaulx, *Les Missions, leur histoire*, Paris, 1960, e René P. Millot, *Missions d'aujourd'hui*, Paris, 1960; e *Recherches et Débats*: 'Colonialisme et conscience chrétienne', Paris, 1953, e 'L'Église, l'Occident et le monde', Paris, 1956.

São inúmeras as biografias de personagens das missões. Citemos V. Jourdan, *Le père Damien*, Braine-le-Comte, 1931, e, sobre o mesmo pe. Damião, Omer Englebert, Paris, 1963. Sobre o pe. Lebbe, cfr. os livros de Léopold Levaux, Bruxelas, 1948; do cônego Leclercq, Paris, 1962; e a edição das suas cartas, Paris, 1960. Sobre Charles de Foucault, J.F. Six, *Itinéraire spirituel de Charles de Foucauld*, Paris, 1958, e *Vie de Charles de Foucauld*, Paris, 1962; cfr. também Michel Carrouges, *Foucauld, exporateur mystique*, e Denise Barrat, ed., *Ouvres spirituelles de Charles de Foucauld*, Paris, 1958.

Sobre a evolução das missões no nosso tempo, cfr. a obra de Constantini, *Réforme des Missions au XXème. siécle*, Paris, 1960, e o opúsculo de B. de Vaulx, *Les Églises de couleur*, Paris, 1958.

XII. Uma renovação da inteligência

França: ver o volume coletivo *Cinquante ans de pensée catholique française*, 1955; F. Magnin, *Un demi-siècle de pensée catholique*, Paris, 1938; P. Fernessolle, *Témoins de la pensée catholique en France sous la IIIème. République*, Paris, 1940. Cfr. também G. Guy-Grand, *La Renaissance religieuse*, Paris, 1928, e as observações de P.W. Schmidt, *Origine et évolution de la religion*, trad. fr., Paris, 1931. Para a Itália, o livro de M. Vaussard, antes citado.

Acerca das universidades católicas: Stephen d'Irsay, *Histoire des Universités françaises et étrangères*, Paris, 1933; R. Aigrain, *Les Universités catholiques*, Paris, 1935; Baudrillart, *Vie de Mgr. d'Hulst* e *Université catholique dans la France contemporaine*, Paris, 1910.

Sobre o tomismo, o essencial encontra-se no livro de Étienne Gilson, *Le thomisme*, e em Buchberger, *Neoscholastik*, trad. fr., Paris, 1935.

Sobre os estudos bíblicos: Braun, *Le père Lagrange*, Friburgo, Suíça, 1943, bem como mons. Douais, *L'Étude de la Sainte Écritur*, Paris, 1905. Há um dossiê das *Informations catholiques internationales* consagrado a 'Les catholiques et la Bible', 1952.

Apologética e teologia: ver M. Brillant e M. Nédoncelle, eds., *Apologétique*, Paris, 1937; J. Martin, *L'apologétique traditionelle*, Paris, 1905; U. Zückler, *Geschichte der Apologie der Christentums*; Bellamy, *La theólogie catholique au XIXème. siècle*, Paris, 1902; o capítulo correspondente de Daniélou, *Cinquante ans de pensée catholique française*. E, para marcar o termo da evolução, R. Aubert, *La théologie catholique au milieu du XXème. siècle*, Paris, 1961; e a *Patrologie* de Cayré.

Filosofia: Louis Foucher, *La philosophie catholique au XIXème. siècle, avant la renaissance thomiste*; Sertillanges, *Le christianisme et la philosophie*, Paris, 1941; o volume de 'Recherches et Débats' sobre *La philosophie chrétienne*, Paris, 1955; M. Nédoncelle, *Existe-t-il une philosophie chrétienne?*, Paris, 1956; Jacques Maritain, *Existe-t-il une philosophie chrétienne?*, Paris, 1957; H. Bars, Paris, 1961, etc. Sobre Bergson e Blondel, há inúmeros trabalhos*.

Ciência e fé: os esboços biográficos reunidos por Lelotte sob o título de *Convertis du XXème. siècle* trazem exemplos de conversões de cientistas, escritores, artistas, políticos, etc.; ver também R. Chamet, *Le mythe moderne de la science*, in *L'avenir de la Science*, Paris, 1941; Van der Lugt, *L'action religieuse de F. Brunetière*, Paris, 1936; o inquérito de R. de Flers, *Le sentiment religieux et la science*; indicações sucintas in Dom Achard, *Hommes et science d'aujourd'hui devant Dieu*, e P. Courtois, *Des savants nous parlent de Dieu*.

---

* Para Blondel, cfr. Mário Pacheco, *A génese do problema da ação em Blondel*, Gulbenkian, Lisboa, 1982.

Imprensa: G. Hourdin, *La presse catholique*, Paris, 1957; Ch. Ledré, *Histoire de la presse*, Paris, 1958; R. Kokel, *Vincent de Paul Bailly*, Paris, 1957; e o opúsculo de mons. Cristiani, *Apôtres du XXème. siècle*, sobre a fundação do pe. Alberione.

Cinema: cfr. os trabalhos de Henri Agel, *Le cinéma a-t-il une âme?*, *Le cinéma et le sacré*, *Le prêtre à l'écran*; A. Ayffre, *Cinéma et foi chrétienne*, Paris, 1960; Charles Ford, *Le cinéma au service de la foi*, Paris, 1953.

Arte sacra: ver os citados no vol. VIII e as sínteses de M. Brillant e J. Pichard. Não esquecer as obras de Madeleine Ochsé, *Un art sacré pour notre temps*, Paris, 1959; *La nouvelle querelle des images*, Paris, 1957; e P. Régamey, *Art sacré au XXème. siècle*, Paris, 1952. Quanto à música, ver também Alfred Colling, *Histoire de la musique chrétienne*, Paris, 1956.

XIII. 'A vitória que vence tudo'

Para este capítulo, ver as obras gerais mencionadas acima; a enciclopédia *Ecclesia*; as coleções de *L'Osservatore Romano*, *La Croix*, da *Documentation catholique internationale*, etc.; e também J. Folliet, *Le catholicisme mondial aujourd'hui*, bem como Nédoncelle, *Les leçons spirituelles du XXème. siècle*, Paris, 1936. Outras informações em Ignace Leep, Étienne Borne, na carta pastoral do cardeal Suhard, *Essor ou déclin de l'Église?*, em Julien, *Le Prêtre*, col. 'Caractères de ce temps', em vários volumes da coleção 'Je sais, je crois', etc.

Sobre os Congressos Eucarísticos, *Retourner le monde*, de Antoine Lestra, Paris--Lyon, 1959. Sobre a devoção a Nossa Senhora, a enciclopédia de Du Manoir, *Marie*, 5 vols., ou Jeanne Dannemarie, *Histoire du culte de la Sainte Vierge*, Paris, 1958. Sobre o clero, a obra de Brugerette, *cit.*, e Calippe, *Journal d'un prêtre d'après-demain*, cit.; Henri-Marc-Bonnet, *Histoire des Ordres religieux*, Paris, 1949; Jean Canu, *Les Ordres religieux masculins*, Paris, 1959; e Suzanne Cita-Malard, *Un million de religieuses*, Paris, 1960. Para as peregrinações, cfr. Henri Engelmann, *Pèlerinages*, Paris, 1959. Sobre os leigos, Bazelaire, *Les laïcs aussi sont l'Église*, Paris, 1958.

XIV. Teresa, 'palavra viva de Deus'

A base de qualquer estudo de Santa Teresa de Lisieux é o conjunto dos seus manuscritos autobiográficos. Apresentados inicialmente em *Histoire d'une âme*, foram restituídos em 1956 pela edição fac-símile de François de Sainte-Marie e de uma equipe de carmelitas de Lisieux, *Manuscrits autobiographiques de sainte Thérèse de l'Enfant Jésus*. Esta edição foi completada em 1960 por um álbum de retratos da Santa, sob o título *Visages de Sainte Thérèse*. Os testemunhos das Irmãs de Teresa do Menino Jesus para o processo de canonização completam este conjunto: *Novissima Verba* e *Esprit de Sainte Thérèse*.

Da imensa bibliografia, são de destacar A. Combes, *Sainte Thérèse, contemplation et apostolat*, Paris, 1949; *Introduction à la spiritualité de sainte Thérèse*, 1948; *Sainte Thérèse et la souffrance*, 1948; *L'Amour de Jésus chez sainte Thérèse*, 1949.

Outras obras: Piat, *Histoire d'une famille*, 1945; Petitot, *Vie intégrale de sainte Thérèse*, 1925; e Philippon, *Sainte Thérèse, une voie toute nouvelle*.

As biografias de vulgarização são inumeráveis. Baste citar Lavelle, Blanche Morteville, Lelong, G. Bernoville, M.D. Poinsenet, e M. van der Meersch, *La petite sainte Thérèse*, Paris, 1947, bem como E. Estaunié, Daniel-Rops, Laignel-Levastine, J. Malègue, Stanislas Fumet, G. Thibon, J. Madaule no volume coletivo de *Présences*, 'Une sainte parmi nous', 1937.

ÍNDICE ANALÍTICO

Abdul Hamid II, sultão otomano, 65, 739.

Adam, Karl, sacerdote, teólogo, 866.

Afonso XII (Afonso Francisco de Asís Fernando Pío Juan María de la Concepción Gregorio Pelayo de Borbón), rei da Espanha, 187, 222, 347, 479, 639, 974.

Afonso XIII (Afonso León Fernando María Jaime Isidro Pascual Antonio de Borbón), rei da Espanha, 187, 347, 479, 639, 974.

Agliardi, Antonio, cardeal, 374.

Aglipay, Gregório, sacerdote filipino, 690.

Alberione, Tiago, fundador da Pia Sociedade de São Paulo, 894, 895, 919, 1087.

Alberto (Albert Leopold Clement Marie), rei da Bélgica, 156, 221, 507, 950.

Alexandre III, imperador da Rússia, 341, 729.

Amadeu I, rei da Espanha, 172.

Ana de Jesus, madre carmelita, 1051.

André Kim (Santo), mártir coreano, 799.

André, frei da Congregação de Santa Cruz, 66, 290, 297, 331, 446, 624, 655, 691, 701, 716, 799, 872, 933, 950, 979, 1014, 1059, 1079, 1081, 1082.

Andrieu, Pierre-Paulin, cardeal, 148, 230, 589, 590.

Anizan, Jean-Émille, sacerdote, fundador dos Filhos da Caridade, 121, 150, 279, 311, 434, 447, 556, 557, 559, 579, 638, 944, 982, 984, 985, 986, 990, 991, 993, 996, 1006, 1010, 1013.

Antonelli, Giácomo, cardeal, 79, 83, 147, 439.

Ardigo, Roberto, sacerdote (apóstata), filósofo positivista suicida, 25.

Ariens, Alphonse, mons., fundador da primeira associação sindical na Holanda, 313, 526.

Armand Vallée, sacerdote, 994.

Aujoulat, Louis, médico, fundador do Instituto Ad Lucem, 772, 946.

Aupiais, Francis, sacerdote missionário na África, 813.

Avanzini, Pietro, mons., fundador do Seminário Pontifício para Missões Estrangeiras, 149.

Avolio, sacerdote, membro da Associação de Sacerdotes operários, 279.

Azaña, Manuel, político espanhol, 18, 640.

Aznar, Severino Embid, sociólogo, católico social espanhol, 306, 518.

Bachem, Julius, político e jornalista, 376, 455.

Bailly, Vincent de Paul, sacerdote assuncionista, fundador das Oeuvres de Presse de l'Assomption, 213, 216, 892, 893, 897, 980, 1087.

Bain, Alexander, filósofo e educador, 25, 566, 1012.

Bainville, Jacques, historiador e jornalista, 586, 654.

Balfour, Arthur James (*lord*), homem de Estado inglês, 465, 867.

Balmes, Jaume, filósofo, 235, 268, 391, 849.

Barabino, Nicolo, pintor, 902.

Barbey d'Aurevilly, Jules, escritor, 836, 883, 884.

Barbier, Emmanuel, sacerdote, 148, 426, 435, 1082.

Bartels, Adolphe, católico social, 254.

Barth, Karl, teólogo protestante, 404.

Barthou, Louis, político, 499.

Bassot, Marie-Jeanne, diretora da Residência social de Levallois, 515, 1007.

Bastide, Roger, sociólogo, 66.

Batiffol, Pierre, sacerdote e historiador, 415, 434, 864, 870.

Baudrillart, Alfred, cardeal oratoriano e escritor, 229, 406, 425, 434, 442, 445, 456, 459, 470, 839, 847, 889, 916, 1081, 1086.

Bayet, Albert, educador, 27.

Bazaine, François Achille, marechal, 893.

Bazelaire de Ruppierre, Louis Marie Fernand, arcebispo de Chambéry, 579, 742, 1013, 1087.

Bazin, René, escritor, 281, 887, 1080.

Bazire, Henri, católico social, 280, 281, 545.

Beernaert, Auguste Marie François, jurista belga, 296, 371.

Bell, Alexander Graham, cientista, 12, 240, 285, 364, 445, 450, 664, 711, 902, 904, 905, 911, 994, 1062, 1086.

Bellaigue, Camille, cronista musical, 911.

Belloc, Hilaire, escritor, 664.

Bellot, Paul Louis Denis, sacerdote beneditino e arquiteto, 904, 905.

Bellver y Ramón, Ricardo, escultor espanhol, 902.

Benson, Robert Hugh, sacerdote e escritor, 886.

Bento XV (cardeal Giacomo della Chiesa), papa, 75, 102, 108, 115, 118, 119, 120, 121, 122, 123, 124, 125, 128, 132, 135, 145, 150, 151, 382, 440, 441, 444, 452, 453, 454, 455, 456, 457, 458, 459, 460, 461, 462, 464, 465, 466, 467, 468, 469, 470, 471, 472, 473, 475, 476, 477, 478, 479, 480, 481, 482, 483, 484, 485, 486, 494, 500, 507, 508, 523, 530, 549, 581, 583, 584, 586, 629, 635, 654, 692, 693, 698, 734, 735, 737, 756, 757, 758, 759, 761, 763, 783, 784, 785, 786, 787, 801, 821, 830, 832, 847, 851, 860, 928, 931, 964, 985, 1017, 1039, 1070, 1071, 1072, 1078, 1081.

Béranger, Henri, escritor, 34, 397.

Berdiaev, Nicolai, filósofo político, 139, 992.

Bérgard, Jeanne, fundadora da Obra de São Pedro Apóstolo, 778.

Bergson, Henri, filósofo, 27, 30, 242, 390, 414, 873, 875, 876, 918, 1086.

Bernadot, Marie-Vincent, sacerdote dominicano, 559, 654, 674, 894.

Bernadotte, Count Folke, marechal da França rei da Suécia, 674.

Bernanos, Georges, escritor, 279, 643, 888, 918, 1004.

Berne, Victor, católico social, 285, 291, 1084.

Berthelot, Pierre Eugène Marcellin, químico, 30, 35, 70, 836, 837, 840, 864.

Besse, Ludovic de, sacerdote capuchino, escritor, 104, 265, 291, 309, 334, 610, 613, 733, 807.

Bettencourt, Victor, católico social, 299.

Beust, Friedrich Ferdinand von, político austríaco, 167.

Beyschlag, Willibald, teólogo, 404.

Bidault, Georges, político, 502.

Bienvenu-Martin, Jean-Baptiste, político, patriarca dos radicais de L'Yonne, 331.

Bigandet, Paul Ambroise, vigário apostólico de Málaca-Singapura, 795.

Bilio, Luigi, cardeal, 77, 157.

Billot, Louis, jesuíta, cardeal, 426, 428, 440, 591, 592, 852, 853.

Biot, Jean Baptiste, físico, 879.

Bismarck, Otto von, chanceler da Alemanha, 17, 18, 22, 81, 83, 88, 159, 160, 161, 162, 163, 164, 165, 167, 168, 176, 181, 182, 183, 184, 198, 209, 210, 221, 353, 549, 623, 678, 767, 1082.

Bitter, Alberto, bispo, vigário apostólico da Suécia, 674.

Blain, Louis, católico social, 525.

Blanc de Saint-Bonnet, Antoine Joseph Élisée Adolphe, escritor, 929.

Blondel, Maurice, filósofo, 27, 304, 305, 402, 403, 414, 417, 432, 445, 446, 447, 515, 867, 874, 1066, 1083, 1086.

Bloy, Léon, escritor, 114, 436, 458, 884, 887, 992, 1067, 1071.

Bluntschli, Johann Kaspar, político e cientista suíço, 160.

Boismenu, Alain Guynot de, arcebispo, vigário apostólico de Papua, fundador da Congregação Ancillae Domini, 769, 803, 832.

Boissard, Adéodat, jurista, católico social, 282, 301, 302, 304.

Bonaparte, José, rei de Nápoles e Sicília e Rei de Espanha, 9, 18.

Bonnechose, Henri-Marie-Gaston Boisnormand de, cardeal de, 77.

Bonnefon, Jean de, jornalista, 507.

Bonomelli, Geremia, bispo de Cremona, 201, 256, 351.

Bordeaux, Henri, escritor, 173, 244, 281, 589, 887, 897, 991, 1082.

Bordes, Charles, compositor, 914.

Bossan, Pierre, arquiteto, 901, 1083.

Bossis, Gabrielle, mística e atriz, 958.

Bottai, Giuseppe, político italiano, 655.

Bougaud, Louis-Victor-Émile, bispo de Laval, 387.

Boulanger, Ernest Jean Marie Georges, general, 193.

Bourassa, Joseph-Napoleón Henri, jornalista e político franco-canadense, 710, 719.

Bourbon-Parma, príncipe de (Carlos Xaviers Bernardo Sixto Maria), 456.

Bourdelle, Émile-Antoine, escultor, 908.

Bourget, Paul, escritor, 31, 94, 281, 319, 397, 446, 700, 743, 838, 883, 884, 887, 916, 991, 1065.

Bourjade, sacerdote missionário na Oceania, 803.

Bourne, Francis Alphonsus, arcebispo de Westminster, 343.

Boutroux, Émile, filósofo, 877, 918.

Bradley, Francis Herbert, filósofo, 27.

Brauns, Heinrich, sacerdote e político alemão, 489, 513, 514.

Bremond, Henri, sacerdote jesuíta, 414, 433, 870, 916, 1075.

Brentano, Franz, filósofo, 875, 877, 878.

Breuil, Henri, sacerdote e arqueólogo, 880.

Breynat, Gabriel-Joseph-Élie, arcebispo de Mackenzie, 712, 805.

Briand, Aristide, político, 113, 234, 331, 332, 333, 336, 338, 340, 378, 382, 447, 463, 471, 472, 492, 505, 590, 651, 763, 917.

Brownson, Orestes August, pastor convertido, escritor e apologista, 393, 687, 704, 838.

Bruckner, Anton, compositor austríaco, 911.

Brunetière, Ferdinand, professor e escritor, 30, 32, 304, 318, 319, 336, 434, 776, 863, 866, 867, 882, 884, 959, 1066, 1069, 1086.

Brünning, Hermann, chanceler alemão, 489, 513.

Brunschvicg, Léon, filósofo, 28.

Büchner, Friedrich Carl Christian Ludwig, médico e filósofo, 26.

Buisson, Ferdinand, educador, professor de Sorbonne, 21, 65, 333, 884, 1023.

Buliard, Roger, oblato de Maria, sacerdote missionário no Ártico, 807.

Buonaiuti, Ernesto, historiador e modernista, 419, 430, 431.

Burke, John J., sacerdote paulista, 691, 694.

Cabrini, Francesca Saverio (Santa), madre fundadora dos missionários do Sagrado Coração de Jesus, 703, 1006.

Cagliero, Giovanni, cardeal, 809.

Cahensly, Peter-Paul, comerciante, membro da Sociedade de São Rafael, 684, 685, 686.

Caillaux, Jospeh, político conservador, 331.

Caldwell, Mary, educadora, 680.

Calippe, sacerdote, escritor e jornalista, 67, 225, 279, 319, 991, 1082, 1087.

Calvo Sotelo, José, político espanhol, 641, 642.

Campbell, Reginald John, pastor congregacionalista, 445.

Canalejas Méndez, José, político espanhol, 187, 347, 348.

Canoz, Aléxis, jesuíta, vigário apostólico de Bombaim, 794.

Cantú, Cesare, historiador, 257.

Cardijn, Joseph-Léon, cardeal, fundador da JOC, 67, 135, 151, 321, 498, 509, 529, 540, 541, 542, 543, 544, 545, 546, 551, 552, 553, 554, 555, 556, 557, 558, 560, 561, 564, 565, 571, 575, 579, 960, 986, 991, 993, 997, 1073, 1084.

Carlos Alberto, rei do Piemonte, 357.

Carlos, imperador de Áustria-Hungria, 166, 172, 229, 230, 345, 377, 456, 674, 825, 917, 1069.

Carlota (Maria Carlota Amelia Victoria Clementina Leopoldina), imperatriz do México, 635.

Carranza, Venustiano, general e ditador mexicano, 635, 636.

Carrel, Alexis, médico, 880, 957, 960.

Carton de Wiart, Henri, membro do partido católico belga, 254.

Cassagnac, Paul de, escritor e deputado, 191, 196.

Castelnau, Marie-Joseph Édouard de Curières de, general francês, 501, 509, 565, 654.

Cauchie, Alfred, historiador, 842, 870.

Cerejeira, Manuel Gonçalves, cardeal, 489, 508, 560.

Cerretti, Bonaventura, cardeal, 120, 463, 471, 473, 474, 485, 593.

Cesbron, Gilbert, escritor, 1059.

Cetty, cônego, católico social, 301, 302, 321, 1083.

Chaine, León, educador, 213.

Chamberlain, Houston Stewart, jornalista e teórico racial anglo-germânico, 618, 653.

Chappotin, Hélène de (Marie de la Passion), fundadora das franciscanas missionárias, 768.

Charbel Makhluf (São), 740, 745.

Charles-Roux, Edmond, diplomata, 491, 504, 655, 656.

Charvet, Louis, católico social, 515.

Chateaubriand, François-René de, escritor, 234, 447, 763, 917.

Chaudron, Louis, líder da JOC, 564.

Chevrier, Antoine (Bem-aventurado), 279, 922, 923, 961, 963, 969, 982, 990, 1006.

Chevrot, Georges, mons., pregador de Notre-Dame de Paris, 889.

Chmielowski, Adam, 'Irmão Alberto', pintor polonês, 950.

Chouvenc, sacerdote redentorista, 809.

Churchill, Winston Leonard Spencer, primeiro-ministro da Grã Bretanha, 771.

Claudel, Paul, escritor, 801, 835, 883, 885, 886, 887, 905, 918, 957, 977, 999, 1070.

Clemenceau, Georges, político francês, 21, 189, 196, 212, 215, 216, 218, 331, 332, 336, 338, 447, 458, 462, 463, 466, 467.

Clemente Hofbauer (São), 1014.

Cochin, Denys, político e ensaísta, 254, 336, 796.

Cohen, Hermann, filósofo alemão, carmelita, 973.

Collins, Michael, patriota irlandês, 465.

Combes, Émile, médico, teólogo, político radical da esquerda democrática, 18, 22, 197, 217, 218, 219, 327, 328, 329, 330, 331, 334, 338, 346, 354, 496, 500, 1034, 1059, 1068, 1080, 1081, 1087.

Comonfort, Ignácio, presidente da Republica Mexicana, 635.

Comte, Isidore Auguste Marie-François Xavier, filósofo, 24, 25, 27, 34, 37, 45, 48, 65, 587, 654, 720, 836, 854, 864, 956, 1085.

Conforti, Guido Maria (Bem-aventurado), bispo de Parma, 762.

Consalvi, Ercole, cardeal, 208, 485, 487.

Coppé, François, escritor, 884.

Coppin, Omer, sacerdote, 969.

Corrigan, Michael Augustine, arcebispo de Nova York, 680, 686.

Costa de Beauregard, Charles, escritor, 279, 281.

Costantini, Celso, cardeal, 784, 787, 788, 790, 831.

Couchoud, Paul-Louis, escritor, 446, 854.

Coullié, Pierre-Hector, cardeal, 302.

Courbe, Stanislas, bispo, 239, 570.

Couturier, Gerard, sacerdote, filósofo, 905, 908, 1013.

Crispi, Francesco, ministro italiano, 18, 22, 167, 203, 204, 209, 210, 493, 1064.

Cros, Léonard, sacerdote jesuíta, 969, 970, 1062.

Curci, Carlo Maria, sacerdote, polemista, 92, 157, 201.

Curie Marie (Maria Sklodowska), físico-química, 12, 1067.

Curie, Pierre, físico-químico, 1075.

Cuvier, Georges, filósofo e teólogo protestante, 855.

Czacki, Wlodzimierz, cardeal, Núncio Apostólico na França, 192, 195.

D'Audiffret-Pasquier, Edmé-Arman-Gaston, duque, senador francês, 317.

Dabry, Pierre, sacerdote (apóstata), fundador da *Vie catholique*, 227, 364, 382.

Daens de Aalst, ex-sacerdote, político socialista, 225, 226.

Dagnan-Bouveret, Pascal-Adolphe-Jean, pintor, 902.

Daladier, Édouard, político francês, 503.

Damião de Veuster (Joseph de Veuster, São), 748, 749, 750, 751, 752, 802, 944, 949, 1006, 1028, 1085.

Dangel, Anna, fundadora da Medical Mission Sisters, 770.

Daniel Brottier (Bem-aventurado), sacerdote do Espírito Santo, 10, 59, 151, 446, 598, 743, 831, 833, 950, 991, 992, 1010, 1080, 1088.

Darboy, Georges, Arcebispo de Paris, mártir, 153, 154, 228.

Daudet, Leon, escritor e fundador da 'Action Française', 583, 586, 588, 591, 654.

Day, Dorothy, fundadora do Movimento do Trabalhador Católico, 516, 517, 879, 881.

De Lai, Gaetano, cardeal, 22, 347, 428, 439, 1013.

De Luca, Antonio Saverio, cardeal, Prefeito de Estudos, historiador, 90, 869, 1011.

Della Chiesa, Giacomo, cardeal, ver Bento XV (cardeal Giacomo della Chiesa), papa, 102, 115, 116, 117, 118, 121, 125, 132, 468, 469, 478, 484, 757, 928, 1069.

Debauche, René, sacerdote jesuíta, 561.

Debout, Jacques, escritor, 281.

Debussy, Claude, compositor, 915.

Déchamps, Victor-Auguste-Isidore, cardeal, 865, 867.

Declercq, Fernand, líder sindical, jornalista, 311.

Decurtins, Gaspard, político suíço, 252, 253, 265, 266, 267, 270, 271, 278, 297.

Degrelle, Léon Joseph Marie Ignace, jornalista e político, 498.

Del Drago, Filippo Massimiliano Giovanni Battista (Príncipe del Drago), 257.

Delassus, Henri, mons., escritor, 397, 426, 435.

Delcassé, Theophile, político, 329.

Della Torre (conde), presidente da União Católica Italiana, 350.

Denifle, Heinrich Seuse, historiador e teólogo dominicano, 870.

Denis, Henri (dom), teólogo e historiador, 773.

Denis, Maurice, pintor, fundador do Atelier de arte sacra, 513, 903, 904, 906, 960.

Depretis, Agostino, primeiro-ministro italiano, 167, 203.

Desbuquois, Gustave, sacerdote jesuíta da Ação Popular, 300, 520, 559, 1084.

Desgranges, Jean, sacerdote da Ação Popular, 111, 149, 367, 1080.

Desgrées du Lou, Emmanuel, advogado, católico liberal, 282, 291.

Desjardins, Paul, educador, fundador da União para a Ação Moral, 397.

Dessailly, sacerdote, historiador, 387, 855.

Desvallières, Georges, pintor, 904, 908.

Dhiele, Ernest, engenheiro, líder sindical, 521.

Di Pietro, Agnelo, cardeal, 722.

Di Rudini, marquês (Antonio Starrabba), político, fundador da juventude direitista, primeiro-ministro italiano, 204.

Díaz, Porfirio José de la Cruz, ditador mexicano, 635.

Dibelius, Karl Friedrich Otto, pastor e teólogo luterano, 404.

Dollfuss, Engelbert, político austríaco, 513, 536.

Dostoievski, Fedor Mikhailovitch, escritor, 38, 341.

Doutreloux, mons., bispo de Liège, 229, 231, 250, 255, 265, 383, 733.

Dreyfus, Alfred, capitão do exército, 197, 211, 212, 213, 214, 215, 216, 220, 230, 501, 583, 588, 592, 890, 893, 1066, 1067, 1069.

Drioton, Étienne, cônego, arqueólogo, 870.

Du Bos, Charles, escritor e crítico literário, 885.

Du Lac, Stanislas, padre jesuíta, 214, 291.

Dubois, Louis-Ernest, cardeal, 501, 589, 896, 902.

Dubouché, Marie-Thérèse (Théodelinde), fundadora da Congregação da Adoração Reparadora, 972, 1014.

Ducattillon, Joseph-Vincent, sacerdote dominicano, 864.

Duchesne, Louis (mons.), historiador e filólogo, 100, 230, 400, 401, 415, 425, 430, 434, 688, 870.

Ducpétiaux, Édouard, economista, 253, 254, 268.

Duff, Franck, fundador da Legião de Maria, 978.

Duhamel, Georges, médico e escritor, 66.

Duhem, Pierre, cientista e filósofo francês, 864, 880, 882.

Duilhé de Saint-Projet, Marc-Antoine-Marie-François, cônego, teólogo, 847, 867.

Dumas, Fernand, arquiteto, 909.

Dupanloup, Felix-Antoine-Philibert, bispo de Orléans, 175, 250, 890, 969, 984.

Duparquet, Charles, sacerdote missionário, 817.

Durkheim, Émile, sociólogo, 27, 520.

Duthoit, Eugène, jurista, presidente das Semanas Sociais, 282, 304, 436, 517.

Dutil, Pierre-Alfred, sacerdote, 565.

Dutoo, John, cônego, 567.

Eblé, Maurice, jurista, 299.

Ehrard, Albert, professor de teologia católica em Strassbourg, 667.

Eliot, Thomas Stearns (T.S.), poeta anglo-católico, 664.

Emmerich, Ana Catarina (Bem-aventurada), religiosa, 1014.

Engels, Friedrich, pensador marxista, 45.

England, John, bispo de Charleston, 688, 1085.

Euch, Johannes von, bispo de Anastasiópolis, vigário apostólico da Dinamarca, 672, 674.

Fabre, Paul, historiador, 458, 872.

Fabre-Luce, Alfred, escritor, 458.

Falk, Paul Ludwig Adalbert, ministro dos cultos da Prússia, 161, 183.

Falla, Manuel de, compositor espanhol, 915.

Fallize, Johannes Olaf, vigário apostólico da Noruega e Spitzbergen, 188, 673.

Faraday, Michael, físico, 879, 881.

Faulhaber, Michael von, cardeal, 491, 614, 623, 626.

Fauré, Gabriel, compositor francês, 915.

Favier, Pierre-Marie-Alphonse, bispo auxiliar de Pequim, 776, 781, 797.

Féron-Vrau, Paul, jornalista, 216, 290.

Ferrari, Andrea Carlo, cardeal-arcebispo de Milão, 128, 148, 440, 516, 919, 934, 946, 992, 1080.

Ferrata, Domenico, cardeal, Secretário de Estado, 83, 136, 150, 155, 195, 440, 1080.

Ferrer, Francisco, pedagogo anarquista, 347.

Ferrini, Contardo (Bem-aventurado), 95, 257, 846, 960, 977, 999, 1007, 1014.

Ferry, Jules, político francês, 18, 23, 55, 189, 190, 191, 345.

Ferté, Jacques, fundador da Juventude Agrícola Cristã, 562.

Fessard, Gaston, sacerdote jesuíta, 864, 1080.

Feuerbach, Ludwig, filósofo, 24, 34, 37, 38, 43, 445.

Fischer, Anton Hubert, cardeal-arcebispo de Colônia, 376.

Fizeau, Armand-Hippolyte-Louis, físico, 880.

Flaubert, Gustave, escritor, 30, 231, 836.

Fleming, Alexander, médico e cientista escocês, 13.

Flers, Robert de, escritor, 880, 1086.

Fliche, Augustin, historiador, 871.

Flinders Petrie, William, arqueólogo, 20.

Fogazzaro, Antonio, escritor, 358, 412, 416, 418, 424, 427, 430, 431, 432, 446, 992, 1069.

Folliet, Joseph, jornalista, 317, 320, 538, 1011, 1013, 1014, 1082, 1083, 1087.

Fonsegrive, Georges, filósofo, 281, 411, 445.

Fontgalland, Bernard Heurard de, engenheiro e sindicalista cristão, 249, 308.

Foucauld, Charles de (Bem-aventurado), religioso, 765, 821, 822, 823, 824, 825, 828, 829, 833, 897, 935, 938, 945, 957, 960, 977, 1006, 1010, 1014, 1068, 1085.

Fouquier-Tinville, Antoine Quentin, político, 155.

France, Anatole (Jacques Anatole Thibault), escritor, 10, 15, 17, 24, 34, 47, 52, 55, 65, 88, 97, 114, 116, 118, 165, 169, 188, 189, 191, 194, 195, 196, 197, 203, 211, 220, 221, 222, 224, 230, 239, 244, 276, 280, 284, 299, 300, 303, 306, 313, 317, 320, 327, 329, 334, 336, 337, 338, 343, 349, 350, 354, 366, 396, 398, 401, 403, 404, 414, 415, 426, 431, 434, 440, 446, 452, 456, 465, 469, 471, 472, 473, 489, 494, 501, 502, 505, 507, 512, 518, 521, 523, 525, 526, 545, 551, 557, 558, 563, 564, 565, 569, 572, 576, 579, 585, 589, 590, 592, 593, 594, 654, 655, 660, 668, 672, 675, 678, 679, 683, 690, 691, 702, 704, 705, 706, 707, 708, 709, 710, 711, 712, 717, 718, 719, 742, 743, 745, 755, 767, 775, 792, 793, 796, 797, 799, 803, 804, 808, 817, 822, 825, 827, 828, 829, 830, 831, 833, 835, 841, 847, 858, 869, 870, 871, 872, 884, 887, 916, 969,

971, 980, 991, 992, 997, 1006, 1009, 1011, 1014, 1021, 1022, 1062, 1064, 1066, 1067, 1079, 1080, 1081, 1082, 1084, 1086, 1087.

Franchi, Alessandro, cardeal, secretário de Estado, 178.

Francisco José, imperador da Áustria-Hungria, 167, 168, 198, 372, 451, 456, 463.

Franck, César Auguste-Jean-Guillaume-Hubert, compositor sacro, 912, 914, 978, 1065.

Franco, Francisco, general, 'caudilho da Espanha', 17, 19, 55, 64, 156, 159, 162, 165, 217, 222, 229, 236, 281, 310, 345, 414, 536, 539, 585, 642, 643, 644, 656, 710, 711, 974, 1064, 1065.

François de Sainte-Marie, sacerdote carmelita, 1030, 1059, 1087.

François-Poncet, André, político, diplomata e ensaísta, 624, 655.

Franzelin, Johannes Baptiste, cardeal, teólogo jesuíta, 853, 866.

Frassinetti, José (Venerável), fundador da Pia União dos Filhos de Santa Maria Imaculada, 969.

Frazer, James George, sir, historiador das religiões, 18, 20.

Frederico III, imperador do IIº Reich, 130, 184.

Freppel, Charles-Émile, bispo de Angers, 191, 195, 245, 247, 250, 261, 265, 270, 400.

Frère Orban, Hubert Joseph Walthère, primeiro ministro belga, 186.

Fuzet, Edmond Frédéric, bispo, historiador, 195, 332, 336.

Gaillard-Bancel, Hyancinthe de, escritor político, 248, 249, 282, 308, 309.

Galen, Clemens August, Barão von (Bem-aventurado), bispo de Münster (depois cardeal), 615, 623.

Galliéni, Joseph, general, 817.

Gambetta, Léon Michel, político francês, 18, 81, 91, 175, 189, 192, 203, 277, 317, 1062, 1063.

Gandhi, Mahatma (Mohandas Karamchand Gandhi), líder indiano, 752, 773, 780, 821, 829.

Garcet, Paul, líder da Juventude Operária Francesa, 540, 544, 579.

Gardeil, Ambroise, sacerdote, teólogo, 852, 853, 865.

Garibaldi, Giuseppe, revolucionário, 18, 79, 202, 203, 204, 256, 598, 1063.

Garnier-Chabod, Mme., fundadora das damas do Calvário, 949.

Garric, Robert, escritor, 515.

Gasparri, Pietro, cardeal, Secretário de Estado, 108, 118, 128, 132, 137, 354, 456, 478, 485, 492, 493, 502, 504, 597, 602, 1070, 1072.

Gasquet, Francis Aidan, historiador beneditino, 860, 999.

Gaudí, Antoni, arquiteto, 903.

Gauguin, Eugène-Henri-, Paul, pintor impressionista, 903.

Gauss, Karl Friedrich, matemático, 879.

Gautier, Émile Théodore Léon, escritor e historiador, 237, 244.

Gayraud, Jules, sacerdote, 227, 362, 421, 446.

Gemelli, Agostino, sacerdote, fundador da Universidade do Sacro Cuore (Milão), 770, 846, 864, 975.

Gemma Galgani (Santa), mística, 958.

Geneviève de la Sainte Face (Marie-Céline), carmelita, irmã de Santa Teresa do Menino Jesus, 902.

Geneviève de Sainte-Thérèse, madre carmelita, 1030.

Gennari, Casimiro, cardeal, 969.

Gentile, Giovanni, filósofo, 27, 28, 116, 137, 425, 590, 599, 608, 655, 742, 744, 1032.

Gentili, Mattei Dario, bispo de Città di Castello, 294.

Gentiloni, Vicenzo Ottorino (conde), Presidente da 'União Eleitoral Católica Italiana', 352, 361.

George, Henry, teórico político e economista, 46.

Gerlich, Fritz, jornalista e historiador, 622.

Gerlier Pierre-Marie, cardeal-arcebispo de Vienne, 530, 557, 559, 578.

Germain, arcebispo de Toulousse, 214, 235, 249, 482, 529, 1071.

Ghika, Vladimir, mons., romeno, 935.

Ghiverghis, Jerzy, sacerdote, 740.

Gibbons, James, cardeal-arcebispo de Baltimore, 253, 259, 260, 318, 394, 395, 398, 680, 682, 685, 686, 687, 689, 690, 692, 693, 696, 699, 766, 932, 1067.

Gibier, Charles, bispo de Versalles, 434, 529.

Gilson, Étienne, filósofo, 852, 853, 874, 918, 1084, 1086.

Gioberti, Vicenzo, filósofo e teólogo, 357, 391, 417.

Gladstone, William Ewart, primeiro-ministro inglês, 88, 188, 210.

Goebbels, Joseph, ministro da propaganda de Hitler, 619.

Göering, Hermann, Comandante-em-chefe da Luftwaffe, 614.

Gonin, Marius, fundador das semanas sociais, 282, 285, 287, 291, 299, 301, 302, 309, 320, 367, 512, 562, 960, 1007, 1083.

Gotti, Girolamo Maria, cardeal, 230, 759.

Gounod, Charles, compositor, 911.

Goyau, Georges, historiador, 148, 281, 304, 319, 320, 336, 434, 593, 753, 764, 870, 872, 1000, 1081, 1082.

Grabmann, Martin (mons.), filósofo e historiador, 874.

Graham Greene, Henry, escritor, 12, 637, 744, 886, 1062.

Grandmaison, Leónce de, sacerdote, 247, 421, 427, 872, 946, 961.

Gratry, Joseph, sacerdote oratoriano, filósofo, 389, 417, 842, 849.

Gregório XVI, papa, 79, 90, 91, 713, 732, 753, 778, 793, 831.

Grente, Georges-François-Xavier-Marie, cardeal, 593, 653, 741, 1080.

Grévy, François-Paul Jules, Presidente da IIIa. República Francesa, 192, 193.

Griffith, Arthur, fundador e primeiro líder do Sinn Fein, 465.

Gröber, Conrad, arcebispo de Freiburg im Breisgau, 490.

Grosoli Pironi, Giovanni, conde, católico social, 358, 359, 475, 477, 492, 579.

Grouard, Pierre-Emile-Jean-Baptiste-Marie, missionário no Norte canadense e arcebispo titular de Egina, 805.

Grousset, René, historiador de arte, 870.

Guardini, Romano, filósofo e teólogo, 668, 853, 866, 867, 968, 1080.

Guébriant, Giovanni Battista Maria de, vigário apostólico de Cantão (Guangzhou), 775, 783, 786.

Guénon, René, filósofo panteísta, 956.

Guéranger, Prosper Louis Pascal, beneditino e liturgista, 112, 149, 910, 912, 966, 1011.

Guérin, Georges, sacerdote, fundador da JOC, 231, 555, 556, 557, 558, 560, 986, 1013, 1024.

Guérin, Zélie, mãe de Santa Teresa de Lisieux, 1022.

Guesde, Jules Bazile, político francês, fundador do Partido Operário Francês, 46, 237.

Guignebert, Charles, historiador, 444, 446, 854.

Guilherme I, imperador da Alemanha, 184.

Guilherme II, imperador da Alemanha, 88, 210, 222, 251, 404, 774, 1064.

Guiraud, Jean, historiador, 870, 872.

Guitton, Henri, filósofo e economista, 319, 578, 1082, 1083.

Guitton, Jean, filósofo, 944.

Gunther, Anders, filósofo e ensaísta, 389, 842.

Guyau, Jean-Marie, sociólogo, 27, 34.

Haberl, Francis Xavier, historiador de música sacra, 910, 914.

Haeckel, Ernst, biólogo e filósofo, 26, 1067.

Haecker, Theodor, escritor, 668.

Halifax, *lord* (Edward Frederick Lindley Wood), político britânico, 91, 123, 653, 663, 1066.

Hanotaux, Gabriel, político, historiador e diplomata, 471.

Harmel, Leon, católico social, 93, 225, 241, 242, 243, 244, 245, 246, 247, 249, 250, 258, 262, 266, 269, 271, 278, 282, 283, 287, 291, 299, 302, 308, 310, 512, 549, 960, 997, 999, 1007, 1064, 1083.

Harnack, Adolf von, teólogo protestante, 19, 404, 420, 445.

Hartmann, Karl Robert Eduard von, filósofo, 159.

Haussonville, Joseph Othenin Bernard de Gleron, conde d', 250, 265, 319, 336.

Havard de la Montagne, Robert, democrata cristão, 585, 1081.

Hébert, Marcel, sacerdote, filósofo, 401, 402, 414, 415, 422.

Hecker, Isaac, sacerdote, fundador dos 'Paulist Fathers', 395, 397, 398, 687, 702, 919, 1064, 1067.

Hefele, Carl Joseph von, historiador, 390, 869.

Hegel, Georg Wilhelm Friedrich, filósofo, 24, 27, 37, 43, 45, 65, 66, 388, 401, 404, 599, 840, 849, 854, 929, 1020.

Heine, Heirich, poeta e ensaista, 37, 38, 40, 66.

Helleputte, Joris, arquiteto, 254, 255, 266, 296, 371.

Hello, Ernest, filósofo e ensaísta, 883.

Henner, Jean-Jacques, pintor, 902.

Hennessy, John, arcebispo de Dubuque, 683.

Herbigny, Michel d', oficial da Cúria Romana, 633, 853.

Hergenröther, Joseph, cardeal, historiador e canonista, 90, 390, 869, 871.

Hertling, Georg Graf von, filósofo, 375, 1079.

Hertz, Gustav Ludwig, físico, 12, 1064.

Hettinger, Francis, filósofo e teólogo, 866.

Himmler, Heinrich, chefe da SS Nazista, 626.

Hindenburg, Paul von, marechal, presidente da República Alemã, 613.

Hitler, Adolf, ditador alemão, 22, 23, 42, 53, 54, 74, 132, 138, 144, 251, 374, 488, 489, 490, 491, 498, 507, 514, 527, 536, 595, 609, 610, 611, 612, 613, 614, 615, 617, 618, 619, 620, 621, 622, 623, 624, 625, 626, 627, 628, 645, 652, 655, 656, 667, 890, 930, 1075, 1076, 1078, 1082.

Hitze, Franz, sacerdote, católico social, 251, 295, 301, 527.

Hohenlode-Schillingsfürst, Gustav Adolf von, cardeal, 205.

Hölderlin, Friederich, poeta, 37.

Honegger, Arthur, compositor suíço, 915.

Hopkins, Gerard Manley, poeta, 664, 886.

Horthy de Nagybánya, Miklós, almirante, regente da Hungria, 482.

Houtin, Albert, sacerdote, teólogo, 412, 413, 422, 427, 1080, 1083.

Hummelauer, Franz von, sacerdote jesuíta, 855.

Husserl, Edmund, filósofo, 875, 877, 878.

Huxley, Thomas Henry, biólogo e filósofo, 30, 32, 66.

Huysmans, Joris-Karl, escritor, 840, 883, 884, 957, 960, 999, 1043, 1066, 1069.

Ibarruri, Dolores, ativista comunista, 642.

Ibsen, Henrik, escritor norueguês, 365.

Iglesias Posse, Pablo, fundador do Partido Socialista Operário Espanhol, 347.

Indy, Vincent d', compositor, 914, 1074.

Innitzer, Theodor, cardeal, 656.

Ireland, John, arcebispo dc Saint-Paul, 259, 278, 297, 394, 396, 397,

399, 680, 685, 687, 702, 704, 742, 993.

Isabelle, Étienne, fundador do Le Sillon, 364.

Jacob, Max, poeta, 165, 206, 257, 271, 463, 635, 728, 731, 740, 831, 885.

Jacquinot de Bésange, missionário e mártir, 799.

James, Francis, poeta, 887.

James, William, filósofo, 30, 877.

Jannet, Claude, historiador, 245, 250, 265.

Jaricot, Pauline-Marie, Fundadora da Obra da Propagação da Fé, 761, 1014.

Jarosseau, André, mons., missionário, 813.

Jaugey, Jean-Baptiste, sacerdote, filósofo e teólogo, 866.

Javouhey, Ana Maria (Santa), fundadora das Irmãs de São José de Cluny, 778, 831, 1014.

Jay, Raoul, jurista, 300, 304.

Jean-Baptiste-Marie Vianney (São), 938, 1014, 1019.

Jean-Gabriel Perboyre (São), missionário e mártir, 764, 781, 1014.

Jeanne Antide Thouret (Santa), 515, 761, 778, 1007, 1014, 1070, 1087.

João Bosco (São), 940, 941, 948, 951, 982, 1006.

João XXIII, papa (Bem-aventurado, cardeal Angelo Giuseppe Roncalli), 233, 319, 535, 657, 743, 757, 789, 830, 916, 934, 955, 1011, 1014, 1077, 1082.

Joergensen, Johannes, escritor, 672, 886.

Joly, Henri, escritor, 245, 249, 265, 781, 831.

Jonnart, Auguste, diplomata, 472.

José Cottolengo (São), fundador da Pequena Casa da Divina Providência, 934, 948, 951, 952, 968, 1014.

Juárez, Benito, político mexicano, 83, 635.

Judet, Ernest, escritor, 195.

Jugan, Jeanne (Bem-aventurada), fundadora das Irmãzinhas dos Pobres, 948.

Jungmann, Josef Andreas, historiador, 866.

Katherine Drexel (Santa), religiosa, fundadora das Irmãs do Santíssimo Sacramento, 471, 477, 689, 697.

Kautsky, Karl, teórico marxista, 45.

Keller, Émile, político e historiador, 195, 236, 239, 243, 247.

Kerenski, Alexander, político russo, 50.

Kerohant, Hervé de, jornalista, 213.

Ketteler, Wilhelm Emmanuel, bispo de Mainz, 160, 229, 231, 235, 239, 250, 252, 253, 268, 294, 317, 383, 667, 933, 994.

Keyserling, Hermann von, filósofo materialista, 45.

Klausener, Erich, político alemão, 622.

Kolping, Adolph (Bem-aventurado), sacerdote, fundador dos Gesellenvereine, 235, 239, 251, 253.

Kopp, Georg von, cardeal-arcebispo de Wroclaw, 376.

Kraus, Friedrich, teólogo modernista, 417, 431, 870, 1082.

La Brière, Yves de, mons., fundador do Instituto internacional de cooperação intelectual, 441, 447, 508, 520, 578, 1081.

La Tour du Pin Chambly de la Charce, René de, marquês, sociólogo francês, 196, 239, 240, 241, 242, 243, 252, 255, 260, 262, 263, 264, 265, 266, 267, 269, 271, 282, 285, 290, 291, 303, 316, 318, 319, 489, 512, 513, 534, 601, 655, 741, 999, 1061, 1083.

Laberthonnière, Lucien, sacerdote, filósofo e teólogo, 414, 417, 418, 419, 423, 427, 429, 430, 443, 446, 584, 875, 1083.

Lachat, Eugène, mons., arcebispo administrador apostólico de Lugano, 168, 169, 185.

Lachelier, Jules, filósofo, 876.

Lacordaire, Jean-Baptiste-Henri-Dominique, pregador e apologeta dominicano, 223, 285, 433, 849, 854, 856, 866, 888, 971, 981, 991, 993.

Ladmirault, Louis de, general, 239, 240.

Laffite, Pierre, político, 65.

Laflèche, Louis-François Richer (dito), bispo de Trois-Rivières, 707.

Lagneau, Jules, filósofo francês, 61, 67.

Lagrange, Marie-Joseph, sacerdote dominicano, teólogo, fundador da Escola Bíblica de Jerusalém, 90, 421, 426, 434, 444, 854, 856, 857, 858, 859, 860, 917, 1076, 1086.

Lamennais, Hugues Félicité Robert de, polemista e sacerdote apóstata, 79, 223, 234, 235, 253, 268, 356, 357, 389, 391, 392, 417, 873, 889, 891, 892, 965.

Lamont, Margaret, médica, 770.

Lamy, Étienne, ensaísta e político, 197, 583.

Lamy, Jean-Édouard, sacerdote, fundador da Congregação dos Servos de Jesus e Maria, 935, 936, 938, 963, 1006, 1009, 1010, 1086.

Langénieux, Benoit-Marie, cardeal-arcebispo de Reims, 148, 230, 243, 253, 270, 278, 291, 733.

Lanteri, Pio Bruno (Venerável), fundador da Congregação dos Oblatos da Virgem Maria, 547.

Lapparent, Albert Auguste de, geólogo, 845, 880.

Largo Caballero, Francisco, socialista espanhol, 19, 639, 642.

Lass, Ernst, filósofo, 25.

Lassalle, Ferdinand, socialista alemão, 47.

Latty, bispo de Châlons, 838, 931.

Laurier, Wilfrid, político canadense, 707, 710, 717.

Laval, Pierre, primeiro ministro francês, 330, 499, 503, 651, 715, 842, 843, 957, 1009.

Lavallière, Éva (Eva Maria do Coração de Jesus), atriz e religiosa, 957.

Laveleye, Émile Louis Victor de, economista, 319.

Lavigerie, Charles-Martial Alleman-, cardeal, 91, 194, 230, 756, 767, 770, 791, 810, 811, 812, 815, 821, 832, 1063, 1065.

Lavisse, Ernest, historiador, 201, 230, 320.

Law, Bonar, político canadense, 504.

Lazare, Bernard, jornalista anarquista e anticapitalista, 212.

Le Bras, Gabriel, historiador, 66, 521, 991, 1081.

Le Camus, Emile-Paul-Constant Ange, bispo de La Rochelle, 421, 855, 857.

Le Camus, Étienne, bispo de Grenoble, 991.

Le Corbusier, Charles Jeanneret, arquiteto, 905.

Le Dantec, Félix, filósofo, 26, 29, 33.

Le Fort, Gertrud von, escritora, 886.

Le Goffic, Charles, escritor e historiador, 230.

Le Play, Pierre-Guillaume Frédéric, engenheiro e sociólogo, 66, 235, 261, 262, 301, 303, 318.

Le Roy, Édouard, filósofo e matemático, 32, 403, 411, 414, 415, 417, 418, 419, 422, 423, 424, 427, 428, 429, 430, 443, 446, 578, 813, 867, 875, 882, 999, 1069.

Leão XIII (cardeal Vincenzo Gioacchino Raffaele Luigi Pecci), papa, 7, 74, 75, 78, 80, 82, 83, 84, 85, 86, 87, 88, 89, 90, 91, 92, 93, 96, 100, 101, 103, 111, 114, 116, 117, 125, 133, 134, 136, 148, 153, 178, 179, 180, 181, 183, 184, 185, 186, 187, 188, 189, 192, 195, 196, 197, 198, 199, 200, 201, 202, 203, 204, 205, 207, 208, 210, 211, 214, 216, 219, 220, 221, 222, 223, 224, 225, 227, 228, 229, 234, 250, 260, 268, 269, 270, 271, 272, 274, 275, 276, 277, 284, 288, 291, 295, 300, 318, 324, 325, 341, 342, 347, 349, 355, 357, 358, 362, 366, 368, 374, 379, 380, 381, 398, 399, 410, 426, 434, 442, 475, 484, 494, 513, 531, 532, 533, 534, 629, 651, 682, 710, 721, 722, 729, 733, 734, 737, 739, 742, 745, 756, 761, 793, 800, 811, 838, 847, 848, 850, 851, 854, 858, 859, 869, 871, 895, 902, 913, 923, 934, 941, 942, 963, 972, 974, 977, 979, 1000, 1009, 1011, 1021, 1022, 1062, 1064, 1067, 1068, 1077.

Lebeurier, Victor, mons., diretor da União Apostólica do Clero, 933.

Lebret, Louis Joseph, sacerdote dominicano, 520, 566, 579, 872, 961.

Lebreton, Jules, sacerdote jesuíta, historiador e teólogo, 872, 961.

Leclercq Jacques, cônego, teólogo, 538, 1085.

Leconte de Lisle, Charles-Marie, poeta, 1006.

Ledochowsky, Wlademer, geral dos jesuítas, 163, 184, 686, 759.

Lefebvre, Joseph-Charles, arcebispo de Bourges, cardeal, 436.

Legentil, Alexandre, arquiteto, 974.

Legris-Duval, René-Michel, sacerdote, orador, 965.

Lênin, Vladimir Ilich Ulianov, dito, revolucionário russo, 22, 25, 28, 47, 48, 49, 50, 51, 52, 53, 66, 484, 598, 639, 755, 953, 1073.

Lerolle, Jean, membro da Confederação francesa dos trabalhadores cristãos, 549.

Leroy-Beaulieu, Anatole, jornalista, 317, 514, 729.

Levesque, Georges-Henri, dominicano canadense, 718.

Levic, Michel, advogado, presidente dos 'Operários Reunidos', 371.

Lévy-Bruhl, Lucien, filósofo, psicólogo e etnologista, 26, 27.

Ley, Désiré, presidente da União Patronal de Halluin, 27, 32, 450, 656, 886, 975.

Liberatore, Matteo, sacerdote, escritor, filósofo e teólogo jesuíta, 257, 266, 271, 849, 851.

Lieber, Philip Ernst Maria, político alemão, 222, 375.

Liénart, Achille, cardeal, 530.

Lima, Alceu Amoroso (Tristão de Athayde), pensador católico brasileiro, 69, 126, 182, 217, 280, 285, 305, 319, 335, 361, 494, 500, 505, 572, 573, 576, 578, 582, 602, 616, 655, 684, 725, 726, 741, 750, 759, 800, 802, 814, 846, 1059.

Littré, Emile Maximilien Paul, filólogo francês, 25, 64, 223, 224, 862.

Lloyd George, David, político inglês, 463, 465, 504.

Loë, Barão von, general, 251, 295, 792.

Loison, Hyacinthe, ex-sacerdote, orador, 171.

Loisy, Alfred, sacerdote modernista, 358, 363, 403, 405, 406, 407, 409, 410, 411, 412, 413, 415, 417, 418, 419, 420, 421, 422, 424, 426, 427, 428, 429, 430, 431, 433, 442, 445, 446, 447, 701, 717, 856, 860, 917, 1065, 1066, 1068, 1069, 1080, 1083.

Lombroso, Cesare, médico, antropólogo criminal, 26, 35.

Lorin, Henri, escritor e filósofo, 266, 267, 282, 301, 302, 305, 312, 518, 1083.

Lotte, Joseph, organizador dos 'professores católicos da França', 994, 1007, 1086.

Loubet, Émile, político francês, 328, 329, 343, 350, 381.

Lu Tseu Tiang, ministro dos Negócios Estrangeiros da China, depois monge beneditino, 820.

Luçon, Louis-Henri-Joseph, cardeal--arcebispo de Reims, 450, 557.

Lüger, Karl político austríaco, 999.

Luís Filipe, rei da França, 154, 345, 830, 1069.

Lumière, Louis e Auguste, inventores do cinematógrafo, 13, 895, 1066.

Mac Closkey, John, arcebispo de Nova York, 394, 682.

Macé, Jean, educador, 65, 175.

Mach, Ernst, filósofo, 28.

Machado Santos, estadista português, 346.

Mac-Mahon, Patrice de, marechal de, político francês, 173, 174, 188, 190.

Maeterlinck, Maurice, poeta belga, 956.

Maffi, Pietro, cardeal-arcebispo de Pisa, 306, 880.

Maglione, Luigi, cardeal, secretário de Estado, 472, 501, 593, 1076.

Magnan, marechal, grão-mestre da ordem maçônica na França, 18, 126, 182, 470.

Maignen, Charles, sacerdote vicentino e escritor antimodernista, 435.

Maignen, Maurice, católico social, fundador dos Filhos de São Vicente de Paulo, 235, 240, 243, 319, 994.

Maigret, Louis-Désiré, vigário apostólico do Havaí, 747, 748, 749.

Maine de Biran, François-Pierre Gonthier, filósofo, 873.

Malard, Suzanne, poetisa, 899, 1087.

Mame, Alfred-Henri-Amand, editor e jornalista, 15, 39, 80, 86, 87, 94, 101, 105, 176, 194, 249, 252, 261, 282, 290, 323, 356, 360, 373, 377, 382, 410, 420, 430, 432, 439, 457, 463, 466, 467, 477, 507, 523, 530, 540, 541, 556, 568, 570, 589, 632, 651, 652, 656, 665, 670, 723, 731, 743, 823, 954, 1014, 1032.

Mangenot, Joseph-Eugène, teólogo dominicano, 853.

Manjón, Andrés, sacerdote e pedagogo espanhol, 297, 950.

Manna, Paolo, sacerdote das Missões Estrangeiras de Milão, 762.

Manning, Henry Edward, cardeal-arcebispo de Westminster, 82, 253, 258, 259, 265, 270, 278, 662, 704, 741, 932.

Mantegazza, Paolo, médico e antropólogo darwiniano, 25.

Manzoni, Alessandro, escritor, 127, 883.

Marcel, Gabriel, filósofo, 878, 885.

Marcelino Champagnat (São), 1014.

Marconi, Guglielmo, físico, inventor do rádio, 12, 134, 880, 897, 898, 899, 1066.

Margival, Henri, sacerdote, teólogo exegeta, 414.

Maria Bertilla Boscardin (Santa), 943.

Maria Goretti (Santa), 1005, 1008, 1014.

Marie Marguerite d'Youville (Santa), fundadora das Irmãs Cinzentas, 714, 768.

Marie-Madaleine Postel (Santa), 702, 980.

Marilley, Etienne, bispo de Lausanne e Genève, 169, 170.

Marin-Sola, sacerdote dominicano, 853.

Maritain, Jacques, filósofo, 16, 27, 131, 515, 590, 592, 743, 833, 852, 864, 874, 878, 885, 887, 905, 938, 997, 1000, 1010, 1074, 1086.

Martin du Gard, Roger escritor, 385, 445, 446.

Martínez, Maximiliano Arboleya, sacerdote jesuíta, 297, 315.

Marx, Karl, pensador e revolucionário, 37, 42, 43, 51, 65, 66, 235, 236, 263, 264, 598, 1055, 1063, 1080.

Marx, Wilhelm, jurista e político alemão, 489.

Massis, Henri, ensaísta, crítico literário e historiador da literatura, 887.

Mastai-Ferretti, Giovanni Maria, cardeal, ver Pio IX (bem-aventurado

cardeal Giovanni Maria Mastai-Ferretti), papa, 84.

Mathieu, François-Desiré, cardeal-arcebispo de Toulouse, 99, 211, 213, 219.

Matteoti, Giacomo, deputado socialista, 493.

Maumus, Elisée Vincent, sacerdote dominicano, teólogo, 213, 225.

Mauri, Ângelo, deputado italiano, 891.

Mauriac, François, escritor, 887, 918, 961, 1049, 1075.

Maurin, Aristide Pierre, fundador do Movimento Trabalhador Católico, 516, 590.

Maurras, Charles Marie Protius, jornalista, político, ensaísta e poeta, 26, 138, 150, 230, 382, 507, 583, 584, 585, 586, 587, 588, 589, 590, 591, 592, 593, 594, 602, 654, 655, 917, 958, 1070, 1080.

Maximiliano (Ferdinand Maximilian Joseph), arquiduque da Áustria e imperador do México, 319.

Maximiliano Kolbe (São), sacerdote, capuchinho e mártir, 977, 1012.

Maxwell, James Clerk, físico, 879.

Mazzella, Camillo, cardeal, Prefeito de Ritos, 271.

McFaul, James Augustine, bispo de Trenton, 298.

McGivney, Michel, sacerdote, filósofo, 681.

McLaren, Agnes, médica escocesa, 770.

Meda, Filippo, político italiano, 38, 163, 207, 226, 294, 776, 921, 978.

Medolago-Albani, Stanislao, conde, 266, 284, 360.

Meert, Jacques, católico social, 540, 544.

Meignan, Guillaume-René, cardeal--arcebispo de Tours, 408, 855.

Meinong, Alexius, filósofo austríaco, 875, 877.

Melchers, Paul, arcebispo de Colônia, 163, 184.

Melun, Armand de, conde, político, escritor, 235, 238, 317.

Memi Vian, membro da Companhia de São Paulo, 516.

Mendizábal-Villalba, Alfredo, jurista e filósofo, 536.

Menéndez, Josefa (Bem-aventurada), religiosa, 943.

Menthon, François de, presidente da Associação Católica da Juventude Francesa, 562.

Menzel, Adolph von, pintor alemão, 902.

Mercier, Desiré-Félicien-François-Joseph, cardeal-arcebispo de Malines, 122, 372, 555, 865.

Mercier, Honoré, primeiro ministro de Quebec, 707.

Mermillod, Gaspard, cardeal, 169, 170, 185, 235, 237, 253, 266, 267, 269, 270, 271, 318, 670, 845, 922, 923, 982, 1061, 1082, 1083.

Merry del Val y Zulueta, Rafael, cardeal, 101, 106, 117, 128, 302, 305, 326, 338, 343, 350, 379, 381, 428, 434, 439, 450, 451, 530, 584, 710, 896, 919, 1068, 1080, 1081.

Merson, Luc-Olivier, pintor, 902.

Messmer, Sebastian Gebhard, arcebispo de Milwaukee, 298.

Michel Garicoits (São), fundador dos Padres dos Sagrado Coração de Jesus, 371, 508, 745, 833, 1081, 1084, 1085.

Michelet, Edmond, político, 10, 516.

Michelin, Alfred, economista e sindicalista católico, 525.

Michonneau, Georges, sacerdote, missionário, filho da caridade, 996.

Milcent, Louis, sindicalista, 249, 290, 308, 309, 312.

Milhaud, Darius, compositor, 915.

Millerand, Étienne Alexandre, político, presidente da República da França, 215, 247, 293.

Mini, Andreu, chefe comunista catalão, 642.

Minocchi, Salvatore, sacerdote, teólogo, 416.

Misseroli, teórico fascista, 603.

Mivart, Saint George Jackson, biólogo inglês, 864.

Mondrone, Domenico, sacerdote jesuíta, redator do Civiltà Cattolica, 1010.

Monescillo y Viso, Antolín Cardinal, cardeal primaz da Espanha, 278, 297.

Monsabré, Jacques-Marie-Louis, sacerdote dominicano, orador, 244, 866, 889, 981.

Montmorency-Laval, François, primeiro bispo do Canadá, 842.

Monzie, Anatole, de político francês, 471.

Moreno, Gabriel García, político equatoriano, 176, 656, 720, 721, 974, 1062.

Motta, Joseph, presidente da Confederação Helvética, 466.

Moufang, Franz Christoph Ignaz, cônego, teólogo, 251, 294.

Mounier, Emmanuel, filósofo, fundador do personalismo, 443.

Mourret, Fernand, sacerdote sulpiciano, 871, 1080.

Müller, Joseph, mons., teólogo modernista, 416, 417, 674, 933.

Mun, Albert de, conde, político, ensaísta e militar, 213, 216, 230, 239, 240, 241, 242, 243, 244, 245, 247, 248, 249, 250, 261, 262, 265, 280, 281, 291, 300, 307, 317, 319, 348.

Mundelein, George William, cardeal-arcebispo de Chicago, 625.

Murat, Lucien, príncipe, grão-mestre da maçonaria, 18.

Murri, Romolo, sacerdote marchigiano, fundador do movimento democrata cristão, 207, 226, 284, 293, 319, 356, 357, 358, 359, 360, 361, 363, 416, 419, 432.

Mussolini, Benito, il Duce, primeiro ministro da Itália, fascista, 22, 42, 53, 54, 66, 141, 256, 477, 478, 493, 494, 506, 508, 514, 518, 551, 572, 593, 596, 598, 599, 601, 602, 603, 605, 606, 607, 608, 609, 610, 611, 612, 617, 627, 651, 652, 653, 655, 925, 1072, 1078, 1082.

Mustafa Kemal Ataturk, fundador e primeiro presidente da República da Turquia, 1072.

Muth, Karl, militar, 667.

Mutsuhito, imperador do Japão, 757, 774, 800.

Napoleão III (Charles Louis Napoléon Bonaparte), imperador da França, 18, 235, 240, 261, 403, 764, 775.

Nathan Rogers, Ernesto, político maçom, 18, 344, 352.

Nédoncelle, Maurice-Gustave, mons., teólogo e filósofo, 446, 837, 873, 916, 1013, 1086, 1087.

Neumann, Teresa, mística e visionária alemã, 958.

Neveu, mons., administrador apostólico de Moscou, 633.

Newman, John Henry (Venerável), cardeal, 318, 390, 417, 662, 663, 664, 741, 838, 846, 865, 867, 874, 886, 917, 967, 997, 1004.

Nicolau II, imperador da Rússia, 729, 738, 1066.

Nicoletti, Manfredo, arquiteto, 909.

Nicolle, Charles Jules Henri, médico, 957.

Niedermeyer, Louis, compositor, 911, 912.

Niemöller, Martin, pastor, ativista antinazismo, 623.

Nietzsche, Friedrich Wilhelm, filósofo, 7, 8, 30, 34, 37, 38, 39, 40, 41, 42, 43, 45, 46, 49, 63, 66, 388, 595, 597, 598, 617, 656, 837, 864, 992, 1001, 1004, 1056, 1067, 1080.

Niewenhuis, Constant, pintor, 47.

Nitti, Francesco, político italiano antifascista, 319, 492.

Noaillat, Marthe de, reorganizadora da Liga Universal de Cristo-Rei, 975, 1012.

Noblet, Marie-Thésère, religiosa, 803, 832.

Nocedal y Romea, Ramón, jornalista, 202, 223.

Nothomb, Alphonse, político francês, 254.

Nourry, Émile, editor, 411, 429.

Oberdörffer, Fritz, músico, 295, 314.

Obregón, Álvaro, revolucionário mexicano, 636.

Olichon, Armand (mons.), historiador, 818.

Ollé-Laprune, Léon, filósofo, 417, 866.

Orione, Luigi (São), fundador da Pequena Obra da Divina Providência, 434, 516, 578, 947, 949, 951, 952, 953, 954, 955, 963, 977, 991, 993, 1006, 1011.

Ortega y Gasset, José, escritor e filósofo espanhol, 15.

Oskar I, Joseph François Oscar Bernadotte, rei da Noruega, 673.

Ostwald, Wilhelm, químico, 26.

Ottaviani, Alfredo, mons., 594.

Ottenfels-Gschwind, Franz (Barão de Ottensfels), embaixador austríaco em Constantinopla, 267.

Overbeck, Johann Friedrich, pintor alemão, 902.

Ozanam, Frederico (bem-aventurado), fundador das Conferências de São Vicente de Paulo, 223, 235, 268, 283, 433, 547, 892, 919, 948, 983, 1007, 1014.

Pacelli, Francesco, advogado, irmão de Pio XII, 137, 138, 143, 456, 472,

474, 480, 491, 494, 503, 508, 579, 593, 613, 616, 623, 625, 655, 656, 660, 924, 1018, 1067, 1071, 1072, 1074, 1075.

Paepe, César Aimé Désiré, socialista belga, 254.

Pais, Sidónio Bernardino Cardoso da Silva, presidente de Portugal, 45, 52, 58, 89, 96, 97, 138, 175, 191, 206, 221, 226, 246, 260, 265, 311, 332, 333, 338, 343, 359, 365, 373, 375, 412, 427, 439, 472, 473, 480, 520, 525, 542, 604, 622, 623, 624, 635, 636, 657, 672, 683, 693, 704, 742, 748, 770, 796, 800, 830, 843, 884, 895, 919, 947, 961, 962, 963, 976, 989, 990, 995, 1075, 1077, 1081, 1083.

Palau, Gabriel, sacerdote jesuíta, 315.

Papen, Franz von, vice-chanceler da Alemanha, 490, 616, 620, 621, 622.

Papini, Giovanni, escritor e jornalista italiano, 515, 886, 961, 992, 1074.

Paris, Gaston, filólogo e historiador da literatura, 411.

Parsch, Pius, cônego agostiniano, liturgista, 968.

Parvillez, Bernard de, sacerdote, 899.

Pasquier, Isidore, fundador da 'Federação Francesa dos Trabalhadores da Terra', 317, 518, 526.

Pasteur, Louis, biólogo e químico, 13, 879.

Paulo VI (cardeal Giovanni Battista Enrico Antonio Maria Montini), papa, 361, 757, 962, 1014, 1077.

Pecci, Giuseppe, jesuíta, cardeal, Prefeito de Estudos da Cúria Romana, 849.

Pecci, Vincenzo Gioacchino Raffaele Luigi, cardeal, ver Leão XIII (cardeal Vincenzo Gioacchino Raffaele Luigi Pecci), papa, 76, 77, 78, 79, 80, 83, 84, 89, 93, 117, 147, 148, 178, 186, 197, 200, 229, 256, 268, 269, 349, 838, 850.

Pedro II (Pedro de Alcântara João Carlos Leopoldo Salvador Bibiano Francisco Xavier de Paula Leocádio Miguel Rafael Gabriel Gonzaga de Bragança e Bourbon), imperador do Brasil, 176, 229, 832.

Pedro Julião Eymard (São), 1014.

Péguy, Charles, escritor francês, 28, 106, 215, 541, 580, 835, 840, 876, 883, 885, 887, 918, 957, 977, 981, 992, 999, 1007, 1067, 1070.

Pelletan, Charles Camille, político e jornalista francês, 331.

Pératé, André, historiador, 597, 872.

Périn, Charles Jean Baptiste, presidente da França, 254, 265, 319.

Perosi, Carlo, cardeal, 913.

Perret, Auguste, arquiteto belga, 906, 907.

Perrin, Jean-Baptiste, físico, 12, 826, 901, 1083.

Petit, Berthe, mística belga, 958.

Peydessus, Jean-Louis, fundador da Congregação das Irmãs de Lourdes, 978, 1012.

Peyriguère, Albert, sacerdote, discípulo de Charles de Foucauld, 829.

Picquart, Georges, general, chefe da seção de inteligência do exército francês, 212.

Pie, Louis-François-Desiré-Édouard, cardeal, bispo de Poitiers, 84, 189, 244, 319, 381, 578, 654, 656, 769, 919, 1079, 1080, 1081, 1082, 1084.

Pieper, August, sacerdote, 295, 314.

Pilsudski, Josef Klemens, marechal polonês, 464, 465.

Pinard de la Boullaye, Henri, sacerdote jesuíta, 889.

Pinon, René, escritor e jornalista, 304.

Pinsk, Johannes, teólogo liturgista, 968.

Pio IX (bem-aventurado cardeal Giovanni Maria Mastai-Ferretti), papa, 65, 73, 75, 77, 79, 80, 82, 83, 84, 86, 87, 88, 90, 92, 93, 109, 131, 142, 148, 156, 157, 158, 161, 163, 164, 165, 166, 167, 169, 177, 180, 186, 200, 202, 205, 206, 210, 229, 235, 252, 393, 428, 442, 474, 491, 494, 547, 597, 628, 653, 678, 713, 721, 732, 753, 760, 800, 848, 862, 889, 925, 966, 978, 1061, 1062, 1063, 1082.

Pio X (São, cardeal Giuseppe Melchiore Sarto), papa, 74, 87, 100, 101, 102, 103, 105, 106, 107, 108, 109, 111, 112, 113, 115, 116, 117, 118, 122, 125, 129, 136, 142, 145, 147, 148, 149, 280, 284, 289, 294, 306, 314, 320, 323, 324, 325, 326, 327, 328, 329, 330, 334, 336, 340, 341, 342, 343, 344, 345, 347, 348, 349, 350, 351, 352, 353, 354, 355, 359, 360, 363, 364, 368, 369, 370, 371, 372, 374, 375, 376, 377, 378, 379, 380, 381, 382, 383, 385, 393, 413, 418, 424, 425, 426, 430, 431, 432, 439, 442, 449, 450, 451, 452, 472, 475, 507, 548, 549, 584, 585, 591, 594, 654, 682, 724, 734, 847, 851, 858, 859, 912, 913, 916, 919, 934, 942, 945, 954, 967, 971, 972, 979, 998, 1007, 1011, 1013, 1017, 1068, 1070, 1077, 1081.

Pio XI (cardeal Ambrogio Damiano Achille Ratti), papa, 54, 59, 67, 74, 75, 120, 122, 126, 131, 132, 133, 135, 136, 137, 138, 139, 141, 142, 144, 146, 147, 150, 151, 298, 301, 380, 465, 485, 486, 487, 488, 489, 491, 492, 494, 495, 496, 497, 498, 499, 501, 502, 504, 505, 506, 508, 509, 523, 524, 529, 532, 533, 534, 535, 537, 540, 547, 550, 551, 552, 553, 554, 560, 567, 569, 571, 579, 580, 581, 582, 583, 585, 586, 587, 588, 589, 590, 592, 593, 594, 595, 596, 597, 599, 600, 601, 602, 603, 604, 605, 607, 608, 609, 610, 611, 612, 613, 624, 625, 626, 627, 628, 629, 630, 631, 633, 634, 637, 638, 640, 643, 644, 645, 646, 647, 648, 649, 650, 651, 652, 654, 656, 657, 718, 721, 722, 724, 728, 736, 737, 740, 741, 758, 760, 762, 763, 766, 785, 787, 788, 789, 790, 807, 830, 832, 848, 860, 863, 896, 898, 899, 924, 928, 932, 942, 962, 973, 975, 976, 991, 994, 997, 1014, 1017, 1058, 1060, 1072, 1076, 1078, 1081, 1082, 1084.

Pio XII (cardeal Eugenio Maria Giuseppe Giovanni Pacelli), papa, 87, 106, 110, 113, 114, 382, 445, 456, 507, 570, 574, 594, 623, 657, 674, 728, 755, 757, 789, 830, 861, 947, 966, 968, 995, 1001, 1008, 1014, 1076, 1082.

Pitra, Jean-Baptiste-François, cardeal, bispo de Porto e Santa Rufina, 90, 202, 869.

Pizzardo, Giuseppe, cardeal, Prefeito da Congregação de Seminários e Universidades, 550, 604.

Planck, Max Karl Ernst Ludwig, físico e químico, 881.

Plekhanov, Georgi Valentinovich, marxista russo, 44, 46.

Poincaré, Henri Jules, matemático, 30, 882.

Poincaré, Raymond, primeiro ministro da França e Presidente da República Francesa, 456, 459, 466, 499, 503, 504, 507, 1070.

Poirier, Leon, diretor e produtor de cinema, 765, 897.

Pollien, François de Sales, dom, cartuxo, 943, 1010.

Pompili, Basílio, cardeal, 456.

Pottier, Eugène, poeta socialista, 10, 1061.

Powderly, Terence, criador da Associação sindical Knights of Labor, 260.

Prénat, Auguste, jornalista, 899.

Prévost, Eugène, sacerdote, fundador da Fraternidade Sacerdotal e dos Oblatos de Betânia, 933.

Pringle-Pattison Andrew, Seth, filósofo escocês, 27.

Probst, Adalbert, diretor nacional da Associação Desportista dos Católicos Alemães, mártir, 622.

Proske, Karl, cônego, músico, 910, 912.

Psichari, Ernest, escritor, 883, 885, 887, 977, 1070.

Pustet, Friedrich, editor, 910, 912.

Puvis de Chavannes, Pierre, pintor simbolista, 902, 1067.

Puzyna de Kolsielsko, Jan Maurycy Pawel, cardeal, bispo de Cravóvia, 99.

Python, Georg, conselheiro de Estado da Suíça, católico social, 186, 252, 266, 671, 761, 845.

Quatrefages de Breau, Jean-Louis Armand de, teólogo e naturalista protestante, 855.

Quélen, Hyacinthe-Louis de, arcebispo de Paris, 888.

Quentin, Bertinus Henri, beneditino, 767, 813, 816, 860.

Querbes, Louis-Marie-Joseph, sacerdote e educador, fundador do Instituto 'Clérigos de Saint-Viateur', 714, 743.

Quinet, Edgar, historiador francês, 20.

Radini-Tedeschi, Giacomo, bispo de Bergamo, 278, 319, 434.

Rahner, Karl, sacerdote, teólogo jesuíta, 1003, 1014.

Rampolla del Tindaro, Mariano, cardeal, oficial da Cúria Romana, 86, 87, 88, 99, 101, 102, 115, 116, 117, 200, 203, 210, 223, 296, 297, 329, 336, 685.

Rastouil, Louis, bispo de Limoges, 994.

Ratti, Ambrogio Damiano Achille, cardeal, ver papa Pio XI (cardeal Ambrogio Damiano Achille Ratti), papa, 125, 126, 127, 128, 131, 134, 138, 141, 319, 464, 465, 492, 495, 507, 530, 550, 578, 581, 582, 604, 612,

628, 629, 647, 650, 758, 759, 787, 846, 851, 1071, 1072.

Rauzan, Jean-Baptiste, sacerdote da Congregação da Misericórdia, 965.

Ravaisson-Mollien, Jean Gaspard Felix, filósofo e arqueólogo, 390, 873, 918.

Redon, Odilon, pintor, 903, 952, 987, 1024.

Reichensperger, August, político alemão, 251.

Reinach, Salomon, historiador das religiões, 64, 412, 864.

Reinkens, Joseph Hubert, primeiro bispo dos Velhos Católicos, 161, 171.

Rémillieux, Laurent, sacerdote, 150, 447, 579, 982, 986, 987, 988, 989, 990, 996, 1006, 1010.

Renan, Ernest, orientalista e escritor anticristão, 392, 404, 855, 1016, 1065.

Renaudin, Paul, escritor, 364, 365.

Renner, Karl, chanceler austríaco, 482.

Retté, Adolphe, poeta, 884.

Rezzara, Nicolo, jornalista e político, 257, 282, 293, 314, 351.

Richard, François-Marie-Benjamin Richard de la Vergne, cardeal-arcebispo de Paris, 25, 66, 213, 216, 397, 410, 414, 421, 434, 935.

Riel, Louis, fundador do Comitê Nacional de Métis (proteção dos direitos do povo canadense), 66, 315, 471, 521, 600, 708, 878, 885, 915, 916, 958, 991, 1013, 1014, 1079.

Rio Branco, Barão do (José Maria da Silva Paranhos Júnior), político brasileiro, 176, 775, 785, 790.

Ritschl, Albrecht, teólogo protestante, 445.

Rivera, José Antônio Primo de, general e ditador espanhol, 639, 641, 1073.

Rivière, Jacques, crítico literário e jornalista, 444, 446, 447, 707, 744, 885, 887, 1014, 1083.

Roberts Moore, Edward, mons., 743.

Robida, Albert, ilustrador, 31.

Rodin, Auguste, escultor, 903, 1062.

Rollet, Henri, historiador e escritor, 230, 298, 515, 539, 1082.

Roosevelt, Theodore, presidente dos Estados Unidos da América, 298, 343, 344, 517, 625, 693, 698, 1070.

Ropp, Edward von der, arcebispo de Mohilev, 629.

Roquefeuil, Robert de, fundador da Associação Católica da Juventude Francesa, 549.

Rose Philippine Duchesne (Santa), missionária, 100, 230, 400, 401, 415, 425, 430, 434, 688, 870.

Rosenberg, Alfred, teórico nazista, 614, 619, 620, 624, 627, 656.

Rosmini, Antonio, filósofo, 79, 92, 148, 388, 389, 391, 417, 873, 1064.

Rossi, Alessandro, industrial católico, 258.

Rossi, Giovanni Battista, arqueólogo, 869, 870.

Rossi, Giovanni, superior da Companhia de São Paulo, 946.

Rossum, Willem Marinus van, cardeal, Prefeito da Propaganda Fide, 676, 759, 763.

Rostand, Eugène, economista, 261, 318.

Rouault, Georges, pintor, 904, 908.

Rouvière, Jean-Baptiste, sacerdote missionário, mártir, 806.

Roy, Henri, sacerdote, fundador da JOC canadense, 560.

Ruch, Charles-Joseph-Eugène, arcebispo de Estrasburgo, 593.

Rutten, Georges, sacerdote dominicano, 280, 299, 372, 520, 526, 1083.

Ryan, Patrick John, arcebispo de Filadélfia, Estados Unidos, 298, 517, 693, 696.

Saint-Saëns, Camille, compositor, 915.

Salazar, António de Oliveira, político português, 3488, 489, 508, 513, 1075.

Salisbury, *lord* (Robert Arthur Talbot Gascoyne-Cecil), primeiro-ministro britânico, 210.

Salmon, Pierre, beneditino, 861.

Sangnier, Marc, político e jornalista, fundador do 'Le Sillon', 280, 292, 364, 365, 366, 368, 369, 370, 419, 502, 1067.

Sanseverino, Gaetano, filósofo, cônego da Catedral de Nápoles, 849.

Sanson, Pierre, sacerdote oratoriano, 889.

Sarto, Giuseppe Melchiore, cardeal, ver Pio X (São, cardeal Giuseppe Melchiore Sarto), papa, 96, 97, 98, 99, 110, 149, 257, 324, 326, 349, 378, 427, 757, 913, 934, 970, 1064.

Sarto, Margherita, mãe de São Pio X, 97.

Sartre, Jean-Paul, filósofo, 878.

Satie, Erik, compositor, 938.

Satolli, Francesco, cardeal, Prefeito de Estudos, filósofo e teólogo, 268, 319, 682.

Saurat, Denis, escritor, 836, 837, 883, 916, 918.

Savigny, Franz von, ultramontano, 160, 295, 314.

Schacht, Hjalmar, banqueiro e político, 613.

Scheeben, Matthias Josef, teólogo, 853, 854.

Scheler, Max, filósofo, 864, 875, 878, 918.

Schell, Hermann Ferdinand, teólogo, 416, 667, 853, 866, 870.

Schérer, Marc, líder da JEC, 564.

Scheurer-Kestner, Auguste, político francês, 212.

Schioffa, Antonio Padoa-, mons., 482.

Schirach, Baldur von, político e líder da juventude nazista, 617.

Schleicher, Kurt von, general e político, 622.

Schorderet, Joseph, cônego, fundador da Obra de São Paulo, 171, 891, 892, 919.

Schorlemer-Alst, Freiherr Bughard von, político e reformador social, 235, 249, 251.

Schuh, Julius Maximilian, sacerdote, fundador da 'Obra Apostólica de Jesus Operário' e das 'Pequenas Servas de Jesus Operário', 319.

Schulte, Karl Joseph, cardeal-arcebispo de Colônia, 624.

Schuster, Alfredo Ildefonso (Bem-aventurado), cardeal-arcebispo de Milão, 604, 962.

Schwalm, Benedikt, sacerdote dominicano, teólogo, 520.

Schwartz, Rudolph, arquiteto, 909.

Ségur, Louis-Gastón Adrien de, bispo de Saint-Denis, 923, 969, 971.

Seignobos, Charles, historiador, 300, 320.

Sertillanges, Antonin-Gilbert, teólogo e filósofo dominicano, 304, 458, 507, 866, 961, 1086.

Severini, Gino, pintor, 904, 908.

Shaw, George Bernard, escritor e dramaturgo, 47, 967.

Sheen, Fulton John, bispo de Rochester, escritor, 696, 743, 899.

Siegfried, André, historiador e geógrafo, 41, 446, 655, 691, 701, 1079, 1081.

Simmons, William J., pastor metodista, 692.

Sinclair, Margareth (Venerável), claretiana, 973, 1007.

Smedt, Charles de, sacerdote, 388, 870.

Smith, Alfred, político americano, 693.

Soloviev, Wladimir Sergeievich, poeta e filósofo, 303, 729, 886, 997.

Sonis, Gaston de, general, 243, 414, 875.

Sonnino, Giorgio Sidney, político italiano, 462, 463.

Sorel, Georges, engenheiro e teórico socialista, 46, 66, 598.

Spalding, John Lancaster, cardeal, bispo de Peoria, 394, 395, 685, 689.

Spellmann, Francis Joseph, cardeal-arcebispo de Nova York, 699.

Spencer, Herbert, filósofo e sociólogo, 28, 32, 37, 702, 876.

Spengler, Oswald, filósofo, 11, 780.

Staudenmaier, Franz Anton, sacerdote, teólogo, 388.

Stegerwald, Adam, político católico prussiano, 314.

Stojalowski, Stanislaw, sacerdote, 226.

Stolberg, Friedrich Leopold von, historiador converso, 390, 672.

Strasser, Gregor, político alemão, 622.

Strauss, David Friedrich, teólogo racionalista, 19, 38, 90, 159, 403, 445, 854, 855, 917.

Strossmayer, Josheph Georg, cardeal, bispo de Djakovár (Croácia), 199, 729, 730, 744.

Sturzo, Luigi, sacerdote, fundador do Partido Popular, 294, 361, 475, 476, 492, 493, 512, 513, 514, 520, 527, 530, 531.

Stuyt, Jean, arquiteto, 909.

Suhard, Emmanuel Célestin, cardeal-arcebispo de Paris, 436, 1004, 1087.

Suhr, Johannes Theodor, bispo de Balecium, vigário apostólico da Dinamarca, 673.

Tabaret, Joseph-Henri, sacerdote canadense, 715.

Taché, Alexander Antonine, arcebispo de Saint-Boniface, 708, 712.

Taine, Hippolyte, ensaísta, historiador, 24, 25, 305, 308, 317, 421, 589, 836, 868, 884, 1066, 1083.

Talamo, Salvatore, teólogo, 271.

Talbot, Matt, irlandês converso (ex--alcólatra), 960, 999, 1008, 1014.

Tamisier, Émilie (Marie Marthe), da Congregação das Servas do Santíssimo Sacramento, 922, 923, 1009.

Tanquerey, Adolphe, filósofo e teólogo, 853.

Taparelli d'Azeglio, Luigi, teólogo e filósofo jesuíta, 235, 256, 257, 838, 849.

Tappouni I, Ignácio Gabriel, Patriarca de Antioquia, 136, 737.

Tardini, Domenico, secretário de Estado, 319, 1081.

Taschereau, Elzéar-Alexandre, arcebispo de Québec, 707, 712.

Taxil, Gabriel Jogand-Pagès Léo, anticlerical converso, 17.

Taylor, Frederick Winslow, industrial, 14, 20, 531, 1067.

Tchitcherin, Georgi Vassilievitch, político, 484, 630.

Tedeschini, Federico, cardeal, núncio apostólico para Espanha, 639.

Teilhard de Chardin, Pierre, pensador jesuíta, 32, 33, 65, 447, 868, 880, 917.

Teófano Vénard (São), mártir, 795, 832.

Teresa do Menino Jesus (Santa), carmelita, 140, 1009, 1018, 1042, 1044, 1045, 1047, 1055, 1058, 1059, 1061, 1067, 1087.

Termier, Pierre Marie, geólogo, 840, 880, 887, 938.

Teyssier, Gaston, sindicalista católico, 512, 521, 522.

Thellier de Poncheville, Charles, sacerdote canadense da Ação Social, 247, 304, 559, 935.

Thierry, Augustin, historiador, 868, 1080.

Thiers, Louis-Adolphe, político e historiador, 154, 173, 229, 868, 979, 1061.

Thomas, Albert, socialista, 26, 30, 513, 743, 1085.

Tisserant, Eugène-Gabriel-Gervais--Laurent, arquivista do Vaticano, cardeal, 507, 736, 737, 745, 848.

Toledano, Vicente Lombardo, líder trabalhista mexicano, 727, 1085.

Tolstoi, Lev Nikolayevich, escritor, 30, 445.

Toniolo, Giuseppe, economista e sociólogo, 207, 228, 257, 265, 266, 270, 271, 278, 282, 283, 285, 293, 294, 299, 306, 320, 360, 512, 549, 846, 999.

Tonnet, Fernand, líder da Juventude Operária francesa, 540, 544, 555, 579, 1007.

Touchet, Stanislas-Arthur-Xavier, cardeal, bispo de Orléans, 472.

Tournon, Paul, arquiteto, 907.

Tourville, Henri de, sacerdote, escritor e sociólogo, 318, 520, 578.

Trotsky, Lev Davidovich Bronstein, dito, revolucionário russo, 46, 50.

Tukhatchevsky, Mikhail Nikolaevich, marechal russo, 128, 464.

Turinaz, Charles François, bispo de Nancy, 397, 426.

Turmann, Max, economista, 301, 302, 1082.

Turmel, Joseph, sacerdote modernista, historiador, 414, 422, 429.

Turquetil, Louis-Eugène-Arsène, bispo da baía de Hudson (Canadá), 712, 806, 807.

Tyrrell, George, filósofo e teólogo modernista, 358, 412, 415, 417, 423, 424, 425, 426, 428, 431, 434, 701, 717.

Ubaghs, Casimir, filósofo, 389, 873.

Undset, Sigrid, escritora norueguesa, 886.

Urssel, Charles Joseph, duque, 266.

Valera, Eamon de, político irlandês, 465, 1050.

Valéry, Paul, poeta, crítico literário e ensaísta, 11.

Van Caloen, Gérard, liturgista beneditino, 967.

Van der Linden, político protestante, 484.

Van Roey, Jozef-Ernest, cardeal-arcebispo de Malines, 555.

Vandervelde, Émile, político marxista belga, 47.

Vanutelli, Vincent, cardeal, 729, 733.

Vaughan, Herbert, cardeal-arcebispo de Westminster, 664, 665.

Verdier, Jean, cardeal-arcebispo de Paris, 516, 529, 559, 569, 593, 657, 907.

Verhaegen, Guy, fundador da Liga Democrática Belga, 225, 254, 255, 296, 371, 512.

Verjus, Odilon, missionário, 802.

Verkade, Jan, pintor pós-impressionista, 903.

Verlaine, Paul, escritor, 883, 884, 957, 1063.

Verne, Jules, escritor, 31, 923, 1084.

Veuillot, Louis, jornalista e escritor francês, 60, 192, 196, 277, 282, 433, 436, 889, 999, 1063.

Vico, Antonio, cardeal, Prefeito de Ritos, 573, 943, 1017.

Vidal, Henri, arquiteto, 907.

Vigolungo, Maggiorino (Servo de Deus), da Sociedade de São Paulo, 1008.

Villeneuve, Jean-Marie-Rodrigues, cardeal-arcebispo de Québec, 593.

Villeneuve-Bargemont, Alban de, visconde, economista, 235.

Vincent Lebbe (São), missionário lazarista, 764, 781.

Vincenzo Maria Palotti (São), sacerdote, fundador da União do Apostolado Católico, 320.

Vito d'Ondes Reggio, barão, político católico, 207.

Vitória, rainha da Inglaterra, 188, 704, 1067.

Vittorio Emmanuele, rei da Itália, 157, 165, 167, 168, 176, 329, 493, 508, 610, 1062, 1067.

Viviani, Vicenzo, físico e matemático, 21.

Vogelsang, Karl von, barão, escritor e reformador social, 198, 222, 235, 251, 255, 262, 269, 373, 601.

Vogt, Carl, biólogo, 26, 816.

Vogué, visconde de (Eugène Melchior), crítico, romancista e poeta, 31, 397.

Voillaume, René, sacerdote, escritor, êmulo de Charles de Foucauld, 829, 945.

Volpe-Landi, marquês, presidente da Associação do Patronato para os Emigrantes, 684.

Vrau, Philibert, membro da Ação Católica, 216, 290, 923, 973.

Vries, Hugo de, botânico, 31.

Wagner, Richard, compositor, 66.

Waldeck-Rousseau, Pierre-Marie-Ernest, Presidente da França, 18, 215, 216, 217, 310, 331.

Wattson, Paul Lewis Thomas, sacerdote, fundador da Atonement Society e da Chair of Unity Octave, 1013.

Weierstrass, Karl Wilhelm Theodor, matemático, 879.

Weiss, Bernard, teólogo protestante, 266, 404, 867.

Wells, Herbert George (H.G.), escritor e ensaísta, 31, 47.

Welly Pugin, August, arquiteto, 900.

Weygand, Maxime, general francês, 465.

Whitehead, Alfred North, matemático e filósofo anglicano, 877.

Whitman, Walt, poeta, 704.

Wilpert, Joseph, mons., arqueólogo, 870.

Wilson, Woodrow Thomas, presidente dos Estados Unidos, 457, 463, 466, 467, 468, 469, 470, 635, 688, 692, 698.

Windthorst, Ludwig, político católico alemão, 160, 161, 162, 222, 251, 375, 999, 1061.

Wirth, Joseph Karl, chanceler alemão, 481, 489.

Wright, Frank Lloyd, arquiteto, 909, 1068.

Wundt, Wilhelm Max, psicólogo e filósofo, 31.

Yu-Pin, Paul, cardeal, bispo de Nanquim, China, 651, 784.

Yussef, Gregório, patriarca melquita, 732.

Zamora y Torre, Niceto Alcalá, político espanhol, 639.

Zirnheld, Jules, presidente da Confederação Francesa dos Trabalhadores Cristãos, 311, 320, 512, 521, 522.

Zola, Émile, escritor, 31, 61, 212, 836, 840, 980, 1069.

ESTE LIVRO ACABOU DE SE IMPRIMIR
A 5 DE NOVEMBRO DE 2024,
EM PAPEL IVORY SLIM 65 g/m^2.